Georg Piltz · Kunstführer durch die DDR

Georg Piltz

Kunstführer
durch
die DDR

GONDROM

Sonderausgabe für Gondrom Verlag GmbH & Co. KG,
Bindlach, 1990
Alle Rechte vorbehalten
© 1969 Urania Verlag Leipzig · Jena · Berlin
7010 Leipzig, Salomonstraße 26–28
DDR
Gesamtherstellung: Ebner Ulm
ISBN 3-8112-0449-1

Inhaltsverzeichnis

Vorwort 7

Berlin 13

Die Bezirke Rostock, Schwerin und Neubrandenburg 37

Bezirk Rostock 39
Bezirk Schwerin 70
Bezirk Neubrandenburg 90

Die Bezirke Potsdam, Frankfurt/O. und Cottbus 111

Bezirk Potsdam 112
Bezirk Frankfurt/O. 149
Bezirk Cottbus 164

Die Bezirke Magdeburg und Halle 183

Bezirk Magdeburg 185
Bezirk Halle 234

Die Bezirke Erfurt, Suhl und Gera 299

Bezirk Erfurt 300
Bezirk Suhl 359
Bezirk Gera 384

Die Bezirke Leipzig, Karl-Marx-Stadt und Dresden 417

Bezirk Leipzig 419
Bezirk Karl-Marx-Stadt 458
Bezirk Dresden 505

Sachworterklärungen 573

Register der Historischen Gedenkstätten 587

Ortsregister 591

Vorwort

Die Deutsche Demokratische Republik ist so unendlich reich an Kunstwerken, daß es sogar dem Fachmann schwerfällt, sich einen Überblick zu verschaffen, um wieviel mehr erst dem Touristen. Gewiß, der Dom zu Magdeburg, der Dresdner Zwinger und die Schlösser und Gärten von Potsdam sind allgemein bekannt, aber wer vermag schon auf Anhieb zu sagen, was ihn in solchen Städten wie Görlitz, Annaberg, Mühlhausen und Wismar erwartet, von den vielen hundert Dörfern ganz zu schweigen.

Der »Kunstführer« will dem Touristen helfen, Schönheiten zu entdecken, die an seinem Wege liegen, und sich rasch über die wichtigsten Kunstwerke eines Gebietes zu informieren. Der Verfasser entschied sich daher für eine Gliederung nach geographischen Gesichtspunkten, welche die landschaftlichen Zusammenhänge berücksichtigt. Wer zum Beispiel Dresden besucht, kann sich in wenigen Minuten darüber unterrichten, welche Orte in der Umgebung der Stadt zu besuchen sich lohnt.

Der Wert eines Kunstwerks und der Rang, den es in der Kunstgeschichte einnimmt, gehen aus dem Umfang des Artikels hervor, der ihm gewidmet ist. Kunstwerke von europäischer und nationaler Bedeutung sind stets viel aufführlicher beschrieben worden als jene Werke, welche nur innerhalb ihres Bezirks oder Kreises Bedeutung haben.

Vollständigkeit im Sinne eines kunstwissenschaftlichen Inventarwerks ist von dem »Kunstführer« nicht erstrebt worden. Sein Verfasser mußte sich schon aus Platzgründen damit begnügen, eine Auswahl zu treffen. Sie fiel oft schwer bei jenen Werken, welche den Augenschein nicht für sich haben, zum Beispiel bei den vielen Dorfkirchen und ehemaligen Herrenhäusern. Die Frage nach Wert und Bedeutung des auf den ersten Blick Unscheinbaren ließ sich nur von Fall zu Fall beantworten. Oft gab ein besonders schönes Ausstattungsstück – eine Stuckdecke, ein Schnitzaltar, ein Taufstein oder dergleichen – den Ausschlag. Hervorragende Fachkollegen standen dem Verfasser mit Rat und Tat zur Seite. So wurde erreicht, daß trotz des geringen Umfangs nicht ein einziges wichtiges Werk unerwähnt blieb.
Die Gesamtauflage des »Kunstführers« beträgt heute weit über 280 000 Exemplare. Der Verfasser hofft, daß er den Touristen aus den deutschsprachigen Ländern ebenso nützlich ist wie den Bürgern der Deutschen Demokratischen Republik.

Berlin, 1985　　　　　　　　　　　　　　　　　　　　Georg Piltz

Zur vorliegenden Auflage

Die neunte Auflage des »Kunstführers durch die DDR« ist vom Verfasser gründlich überarbeitet worden. Die Städte der Deutschen Demokratischen Republik haben sich verändert. Historische Stadtkerne wurden behutsam den modernen Lebensbedingungen angepaßt, neue Wohnviertel entstanden, und die Architekten bemühten sich mit wachsendem Erfolg, sie so zu gestalten, daß lebendige Vielfalt an die Stelle der Monotonie trat. Der Benutzer des »Kunstführers« kann erwarten, daß ihn das Buch darüber informiert, was sich in den vergangenen zwölf Jahren auf den wichtigsten Bauplätzen der Deutschen Demokratischen Republik ereignet hat.

Die Leistungen der Denkmalpflege verdienen ebenfalls, daß man sie ausführlicher würdigt. Die Altstädte von Stralsund, Görlitz, Bautzen, Freiberg, Erfurt und Mühlhausen bezeugen, daß mit Erfolg historische Bauten restauriert und bedeutende Zentren aus vergangenen Jahrhunderten bewahrt wurden. Gewiß, vieles bleibt noch zu tun, aber die Fortschritte sind doch so groß, daß sie im »Kunstführer« registriert werden müssen.

Auch in der kunstgeschichtlichen Betrachtungsweise hat sich einiges gewandelt. Wir werten zum Beispiel die Neostile des 19. Jahrhunderts anders als in den späten sechziger Jahren, sind doch die Forschungen auf diesem Gebiet beträchtlich vorangekommen.

Auch in den sonst so unfruchtbaren Perioden der Neorenaissance, des Neobarocks und des Neoklassizismus gab es Architekten, die Hervorragendes leisteten – trotz aller Beschränkungen, welche die Herrschaft des Eklektizismus den schöpferischen Talenten auferlegte. Der überarbeitete »Kunstführer« berücksichtigt, was die Forschung inzwischen zutage gefördert hat.

Auch die Ausstattung mit Karten und Stadtplänen wurde verändert. Weitere wichtige Touristenstädte wurden mit Stadtplänen versehen. In den vorhandenen sind inzwischen fertiggestellte wichtige Baudenkmale und andere Bauwerke aufgenommen worden.

Lage- und Orientierungspläne wichtiger Parks und Gärten verbesserten die Informationsmöglichkeiten über bedeutende Anlagen. Zur Gewährleistung größerer Übersicht für das Auffinden einzelner Objekte wurden die Übersichtskarten ebenfalls neu gestaltet. Die Anzahl der Orte konnte reduziert werden, dafür sind zu den Reisezielen hinführende Straßenführungen verzeichnet.

Auch für diese Auflage standen dem Autor und dem Verlag wieder anerkannte Fachwissenschaftler zur Seite. Ihnen und allen, die am Zustandekommen der Neufassung mitwirkten, sei herzlich gedankt.

⊢·⊢·⊢·⊢·⊢	Staatsgrenze
⊢·⊢·⊢·⊢·⊢	Staatsgrenze im Wasserlauf
⊢ ⊢ ⊢ ⊢ ⊢ ⊢	Bezirksgrenze

Die Hauptstadt der DDR

Die Berliner haben den Überschwang nie geliebt. Die Armut des Landes und die drückenden politischen Verhältnisse sowie die durch stehende Heere und Kriege der preußischen Könige verursachten Belastungen und Leiden zwangen sie zu nüchterner Verständigkeit. Der Stil, der dieser geistigen Haltung am besten entsprach, war der Klassizismus. Die in Berlin tätigen Baumeister bauten schon klassizistisch, als man sich in anderen deutschen Landschaften noch dem Rausch des Barocks hingab. Was die Baukunst dadurch an Reichtum verlor, gewann sie an Folgerichtigkeit. Die Bauten am Ostende der Straße Unter den Linden und auf dem Platz der Akademie legen hierfür Zeugnis ab. Die in den sächsischen und süddeutschen Städten deutlich erkennbare Trennungslinie zwischen Barock und Klassizismus ist in Berlin bis zur Unkenntlichkeit verwischt.

Berlin ist jedoch nicht nur der Ort, in dem der Klassizismus märkischer Prägung seine überzeugendsten Leistungen hervorgebracht hat, sondern ebenso der größte Bauplatz und eines der wichtigsten Experimentierfelder der sozialistischen Architektur. In Berlin wurden die Grundsätze des sozialistischen Städtebaus zum ersten Male praktisch erprobt. Damals, zwischen 1952 und 1958, entstand der erste Abschnitt der Karl-Marx-Allee, begrenzt von Strausberger Platz und Frankfurter Tor. In Berlin vollzog sich der Übergang von der handwerklich gebundenen zur industriellen Bauweise. Die Neugestaltung des Stadtzentrums zwischen Brandenburger Tor und Friedrichshain, mit den drei Schwerpunkten Alexanderplatz, Marx-Engels-Platz und Leipziger Straße, bezeugt, daß die Berliner Architekten die Chance, die sich ihnen hier bot, vorbildlich zu nutzen verstanden. Noch nie ist in einer deutschen Stadt so großzügig, so unkonventionell im einzelnen und dabei so diszipliniert im ganzen gebaut worden wie im Berlin unserer Tage.

Berlin ist aber auch eine Stadt der Museen. Obwohl ein großer Teil der Bestände in Westberlin zurückgehalten wird, beherbergen die Staatlichen Museen auf der »Insel« noch immer eine der bedeutendsten Sammlungen der Welt. Wer wenig Zeit mitbringt, sollte sich darauf beschränken, drei Museen zu besuchen: das Vorderasiatische Museum, das unter anderem die Prozessionsstraße und das Ischtar-Tor aus Babylon beherbergt, das Ägyptische Museum, dessen Hauptanziehungspunkte die Werke der Amarna-Periode sind, und die Antiken-Sammlung mit dem Großen Altar von Pergamon und dem Markttor von Milet. Wer über mehr Zeit verfügt, sollte auch an den anderen Museen nicht vorübergehen. Besonders die in der Nationalgalerie vereinigte Sammlung moderner Kunst verdient Beachtung.

Berlin

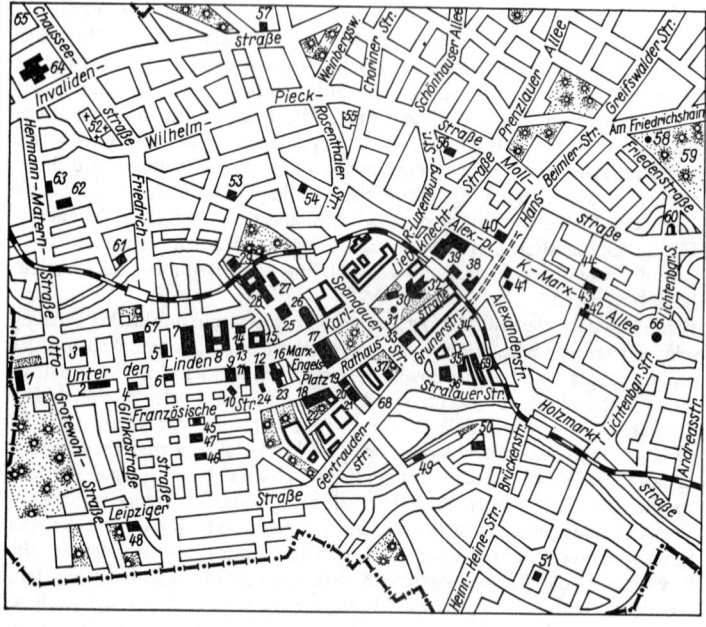

1 Brandenburger Tor, 2 Botschaft der UdSSR, 3 Schadowhaus, 4 Komische Oper, 5 Hotel »Unter den Linden«, 6 Linden-Corso, 7 Deutsche Staatsbibliothek, 8 Humboldt-Universität, 9 Deutsche Staatsoper, 10 Hedwigskathedrale, 11 Operncafé, 12 Palais Unter den Linden, 13 Neue Wache, 14 Maxim-Gorki-Theater, 15 Museum für deutsche Geschichte, 16 Marx-Engels-Brücke, 17 Palast der Republik, 18 Staatsratsgebäude, 19 Alter Marstall, 20 Ribbeckhaus, 21 Stadtbibliothek, 22 Jungfernbrücke, 23 Ministerium für Auswärtige Angelegenheiten, 24 Friedrich-Werdersche Kirche, 25 Altes Museum, 26 Dom, 27 Nationalgalerie, 28 Pergamon-Museum, 29 Bode-Museum, 30 Marienkirche, 31 Neptunbrunnen, 32 Fernsehturm, 33 Rathaus, 34 Klosterkirche, 35 Parochialkirche, 36 Haus des Ministerrats (ehem. Stadthaus), 37 Nikolaikirche, 38 Berolinahaus, Warenhaus »Centrum« und Weltzeituhr, 39 Interhotel »Stadt Berlin« und neues Warenhaus »Centrum«, 40 Haus des Reisebüros der DDR, 41 Haus des Lehrers und Kongreßhalle, 42 Restaurant »Moskau«, 43 Kino »International«, 44 Interhotel »Berolina«, 45 Französischer Dom, 46 Deutscher Dom, 47 Akademie der Wissenschaften, 48 Postmuseum, 49 Ermelerhaus, 50 Märkisches Museum, 51 Michaeliskirche, 52 Französischer und Dorotheenstädtischer Friedhof, 53 Synagoge, 54 Sophienkirche, 55 Alter Garnisonsfriedhof, 56 Volksbühne, 57 Elisabethkirche, 58 Märchenbrunnen, 59 Volkspark Friedrichshain und Friedhof der Märzgefallenen, 60 Leninendenkmal und Hochhaus am Leninplatz, 61 Berliner Ensemble, 62 Kammerspiele und Deutsches Theater, 63 Akademie der Künste, 64 Museum für Naturkunde, 65 Stadion der Weltjugend, 66 Springbrunnen, 67 Interhotel »Metropol«, 68 Mühlendammbrücke, 69 Reste der Berliner Stadtmauer und historische Gaststätte »Zur letzten Instanz«

Berlin

Gründung der beiden Schwesternstädte Kölln (1237 urkundlich genannt) und Berlin (1244 urkundlich genannt) im Zuge der feudalen deutschen Ostexpansion an einer Spreefurt in der Nähe der heutigen Mühlendammbrücke, wahrscheinlich mit Benutzung eines älteren Siedlungskernes um Nikolaikirche und Molkenmarkt. Annähernd regelmäßiges Straßengitternetz mit ausgesparten Marktplätzen (Neumarkt an der Marienkirche), im Zentrum von Kölln ein angerartiger Markt mit Rathaus und Petrikirche (abgerissen). 1307 Bildung eines gemeinsamen Rates. Seit dem Ende des 14. Jh. beauftragter Vertreter der märkischen Städte im Hansebund. 1442 und 1448 (»Berliner Unwillen«) Unterwerfung durch den hohenzollerschen Landesherrn. Ende 16. Jh.: rund 14 000 Einwohner. Seit 1658 Ausbau zur Festung nach einem Plan von J. G. Memhard. Seit 1662 Anlage des Stadtteils Friedrichswerder (begrenzt von Oberwall- und Niederwallstraße). 1668 Beginn des Baues der Dorotheenstadt außerhalb des Festungsgürtels auf dem Gelände zwischen der Spree und der späteren Straße Unter den Linden, gegen Ende des 17. Jh. von J. A. Nering bis zur heutigen Behrenstraße erweitert. 1688 Beginn der Arbeiten an dem neuen Stadtteil Friedrichstadt (bis 1736) südlich der Dorotheenstadt, Bauplan unter Mitwirkung von J. A. Nering, regelmäßiges Straßengitternetz mit meist zweigeschossiger Randbebauung. 1710 Zusammenschluß von Berlin, Kölln, Dorotheenstadt und Friedrichstadt zur Gemeinde Berlin. Ab 1734 Beseitigung der Festungswerke. 1786: 147 338 Einwohner. 1810 Gründung der Universität. Im 19. Jh. sprunghaftes Wachstum der Bevölkerungszahl (1840: 322 626; 1871: 825 937; 1900: 1 880 848) infolge fortschreitender Industrialisierung (u. a. Maschinenbau, Elektroindustrie und Chemiebetriebe) bei gleichzeitiger Ausdehnung des Stadtgebietes. Seit der Reichsgründung 1871 Hauptstadt des deutschen Kaiserreiches, rege Bautätigkeit bei hemmungslosen Bau- und Grundstücksspekulationen, größte Mietskasernenstadt Europas. Hochburg der Sozialdemokratie. Schwerpunkt der revolutionären Kämpfe während der Novemberrevolution 1918 und der Weimarer Republik, wichtigstes Widerstandszentrum gegen den Hitlerfaschismus. 1920 Vereinigung von acht Städten, 59 Landgemeinden und 26 Gutsbezirken zur Gemeinde Groß-Berlin (1925: 4 024 165 Einwohner). Bis 1933 bedeutende Leistungen auf dem Gebiet der modernen Architektur, speziell des Wohnungsbaus (Bruno und Max Taut, Peter Behrens, Martin Wagner u. a.). Seit 1942 starke Zerstörungen durch anglo-amerikanische Luftangriffe (1945: 70 Millionen m^3 Trümmerschutt). Im Januar 1945 von den Faschisten zur Festung erklärt. Am 2. Mai 1945 Kapitulation der Reste der Berliner Garnison vor den bis zum Stadtkern vorgedrungenen sowjetischen Truppen. Am 17. Mai 1945 Konstituierung des ersten demokratischen Magistrates von Groß-Berlin. 1946: etwa 2 300 000 Einwohner. Am 20. Juni 1948 Spaltung der Stadt durch Einführung der westdeutschen Separatwährung in den von Amerikanern, Engländern und Franzosen besetzten Westsektoren. Am 30. November 1948 Bildung eines Magistrats für den demokratischen Sektor von Berlin. 1949 Hauptstadt der Deutschen Demokratischen Republik. Großzügiger Wiederaufbau der zerstörten Stadtteile nach den Prinzipien des sozialistischen Städtebaus (1949–1965: über 90 000 Wohnungen, 1971–1975: 41 000 Wohnungen). Am 13. August 1961 Errichtung des antifaschistischen Schutzwalls. Nach 1962 Beginn der Neugestaltung des Stadtzentrums (bis 1973). 1975 Baubeginn des Wohngebiets Biesdorf-Marzahn, geplant für über 100 000 Einwohner. Weitere neue Wohngebiete südlich der Frankfurter Allee, im Köpenicker Salvador-Allende-Viertel, am Weißenseer Weg in Lichtenberg, in Buch, am Tierpark Friedrichsfelde und in Weißensee. 1976–1980: 81 000 Wohnungen, Planziel bis 1985: mindestens 100 000 Wohnungen. Bildungsstätten: Akademie der Wissenschaften der DDR, Akademie der Landwirtschaftswissenschaften der DDR, Bauakademie der DDR, Akademie der Künste der DDR, Humboldt-Universität, Parteihochschule »Karl Marx«, Akademie für Gesellschaftswissenschaften beim ZK der SED, Institut für Marxismus-Leninismus beim ZK der SED, Hochschule für Ökonomie, Hochschule für bildende und angewandte Kunst, Hochschule für Musik, Deutsche Staatsbibliothek (4 525 800 Bände), Archenhold-Sternwarte-Treptow.

Unter den Linden (von Westen nach Osten)

Brandenburger Tor. Klassizistisches Tor (1788–1791 von C. G. Langhans, im zweiten Weltkrieg beschädigt, rest.) mit fünf Durchfahrten, von dorischen Säulen getragene schwere, stufenförmige Attika; Quadriga mit Viktoria 1794 voll. von J. G. Schadow (Neuformung nach dem erhaltenen Gipsabguß des Holzmodells).

Botschaft der UdSSR. 1950–1953 nach Entwurf von A. Stryshewski.

Schadowhaus (Schadowstr. 10/11). Urspr. zweigeschossiger klassizistischer Bau (1805, 1851 um ein Geschoß erhöht), über den Eingängen und im Hausflur Reliefs (u. a. Büste des Meisters und Atelierszenen) von Schadow-Schülern.

Komische Oper (Eingang Behrenstr.). Erbaut 1891/92 von F. Fellner und H. Helmer, 1966 Neugestaltung des Äußeren nach Entwürfen von K. Nierade und F. Kühn.

Neubauten Ecke Unter den Linden/Friedrichstr. (Hotel »Unter den Linden«, »Linden-Corso« und Appartementhaus). 1964/65 nach Entwürfen von H. Scharlipp und G. Boy, W. Strassenmeier, E. Schmidt und H. Dübel.

Ehem. Gouverneurshaus (jetzt Universitätsinstitute). Die barocke Fassade (1721) mit Mittelrisalit, Balkon und großer Kartusche 1963/64 aus der Rathausstraße übertragen.

Altes Palais (jetzt Universitätsinstitute). Zweigeschossiger klassizistischer Bau (1834–1836 von K. F. Langhans d. J., 1854 von H. Strack erneuert und ausgebaut, im zweiten Weltkrieg zerstört, wiederaufgebaut), an der Vorderseite von vier dorischen Säulen getragener Balkon.

Deutsche Staatsbibliothek. 1903–1914 von E. v. Ihne (dreigeschossige Fronten von 106 und 170 m Länge); im Eingangshof »Lesender Arbeiter« und Reliefplatte von W. Stötzer.

Die folgenden vier Bauten (Humboldt-Universität, Deutsche Staatsoper, Hedwigskathedrale und Alte Bibliothek) bilden das *Linden-Forum*, eine städtebauliche Schöpfung, die maßgeblich auf G. W. v. Knobelsdorff zurückgeht. Knobelsdorff plante, die westliche Platzwand mit dem Gebäude der königlichen Akademie zu schließen, das in Aufbau und Gliederung der Staatsoper gleichen sollte. Statt des Akademiegebäudes wurde später die Alte Bibliothek (»Kommode«) errichtet.

Humboldt-Universität (früher Palais des Prinzen Heinrich). Dreigeschossige barocke Dreiflügelanlage (1748–1753 von J. Boumann d. Ä. möglicherweise mit Benutzung eines Entwurfes von Knobelsdorff, rest.) mit gequadertem und geböschtem Erdgeschoß, in der Mitte des Haupttraktes sechs Freisäulen mit Attika, Nordflügel 1913–1919 hinzugefügt. Am Eingang zum Ehrenhof die Denkmäler der Brüder Wilhelm und Alexander v. Humboldt, 1883 von R. Begas und M. P. Otto. Im Treppenhaus die Büste von Karl Marx, der hier von 1836–1841 studierte. – Vor der Universität Reiterstandbild Friedrichs II., Monument auf mehrstufigem Postament mit reichem Skulpturenschmuck, 1839–1851 von Ch. D. Rauch.

Deutsche Staatsoper. 1741–1743 von G. W. v. Knobelsdorff, 1843 abgebrannt und von Langhans d. J. wiederaufgebaut, später mehrfach verändert und erweitert, im zweiten Weltkrieg ausgebrannt, bis 1955 unter Leitung von R. Paulick wiederaufgebaut. Urspr. langgestreckter rechteckiger Baukörper mit flachen Seitenrisaliten, letztere aus bühnentechnischen Gründen zu Anbauten erweitert, vor der schmalen Vorderfront korinthischer Portikus mit zweiarmiger Freitreppe, im Giebelfeld »Opfer an Apoll«, auf den Dachfirsten Apoll und die Musen, in den Nischen des Portikus die Statuen der griechischen Dichter Sophokles, Aristophanes, Menander und Euripides; neugestalteter Zuschauerraum mit gewölbter Kassettendecke, Apollosaal mit wiederhergestellten Rokoko-Dekorationen und Marmor-Intarsien.

Hedwigskathedrale. Barocker Zentralbau (1747–1773 von J. Legeay, J. G. Büring und J. Boumann d. Ä., im zweiten Weltkrieg zerstört, Äußeres originalgetreu, Innenraum nach Plänen von H. Schwippert in modernen Formen bis

1963 wiederaufgebaut) nach dem Vorbild des Pantheons in Rom, in der dem kreisförmigen Hauptraum angefügten Tauf- und Beichtkapelle moderne Plastiken von F. Press, Kuppel aus freitragenden Betonsegmenten, an der Vorderseite Vorhalle mit Halbsäulengliederung und großem Giebeldreieck, im Giebelfeld Anbetung der Könige (1887 von N. Geiger vollendet).

Alte Bibliothek. Viergeschossiger Barockbau (1774–1780 von G. Ch. Unger in Anlehnung an einen Entwurf von J. B. Fischer von Erlach, im zweiten Weltkrieg zerstört, wiederaufgebaut) auf annähernd segmentförmigem Grundriß, starker Mittelrisalit mit vier Doppelsäulen und Attika, an den Enden gerundete Seitenrisalite mit Freisäulen und Attiken.

Operncafé (früher Prinzessinnenpalais). Zweigeschossiger Barockbau (1733 bis 1737 von F. W. Dietrichs, im zweiten Weltkrieg zerstört, 1962/63 wiederaufgebaut) über langgestrecktem rechteckigem Grundriß, am schwachen Mittelrisalit zwei Figuren in Nischen und Blumengehänge. — Vor dem Palais die *Denkmäler* der Feldherren Scharnhorst, Blücher, Yorck und Gneisenau, 1819 bis 1826 von Ch. D. Rauch.

Ehem. Kronprinzenpalais (jetzt Gästehaus des Magistrats). Spätklassizistischer Bau 1857/58 von H. Strack mit Benutzung eines älteren Baus, 1945 zerstört, 1968/69 rekonstruiert.

Neue Wache (jetzt Mahnmal für die Opfer des Faschismus und Militarismus). Kastellartiger klassizistischer Bau (1816–1818 von K. F. Schinkel) mit vorgelegtem dorischem Portikus, im Giebelfeld Darstellungen von Kampf und Sieg, Flucht und Niederlage, ausgeführt von A. Kiss 1842.

Maxim-Gorki-Theater (früher Singakademie). Schlichter klassizistischer Bau, im Auftrag des Musikers C. F. Zelter 1825–1827 von K. Th. Ottmer in Anlehnung an Entwürfe von Schinkel.

Museum für deutsche Geschichte (früher Zeughaus). Zweigeschossige barocke Vierflügelanlage (1695–1706 von J. A. Nering, M. Grünberg, A. Schlüter und J. de Bodt mit Benutzung eines Entwurfes von F. Blondel, rest.), Obergeschoß mit Pilastergliederung, Attika mit Trophäengruppen, Hauptfront mit starkem Mittelrisalit, vor vier Freisäulen getragenes Giebeldreieck (im Giebelfeld Minerva, ihre Jünger in der Kriegskunst unterweisend), in der Portalwölbung Reliefbildnis König Friedrichs I.; im Hof über den Erdgeschoßfenstern die *Masken sterbender Krieger* 1696 von A. Schlüter. — Das Gebäude beherbergt eine umfangreiche *Sammlung zur deutschen Geschichte* von 1648 bis zur Gegenwart (vor 1648: Museumsgebäude Clara-Zetkin-Str. 26), u. a. gewerbliche, industrielle und landwirtschaftliche Produktionsinstrumente, Kunst und materielle Kultur (deutsche Graphik, Porträts, historische Stadtansichten, Möbel, höfische und bürgerliche Kostüme), Gegenstände zur Darstellung der sozialen Lage der werktätigen Klassen und ihres Kampfes, umfangreiche Spezialbibliothek (80 000 Bände).

Marx-Engels-Brücke (früher Schloßbrücke). 1819 und 1822–1824 nach Entwurf Schinkels, die gußeisernen Geländer mit figuralen Brüstungsfeldern nach Entwürfen Schinkels in Lauchhammer gegossen, die acht Marmorgruppen auf den Podesten (1843–1847) 1982 wieder aufgestellt.

Marx-Engels-Platz und nähere Umgebung

Palast der Republik. 1973–1976 nach Entwürfen der Kollektive H. Graffunder, W. Eisentraut, Ch. Schulz, K.-E. Swora, M. Prasser und H. Aust; Technologie der Einrichtungen K. Wever. Bildkünstlerische Gestaltung von einem Kollektiv unter Leitung von F. Cremer. Repräsentativer Gebäudekomplex von 86 × 180 m, etwa 678 000 Kubikmeter umbauter Raum mit einer Gesamtnutzfläche von 103 423 Quadratmetern. Großer Saal mit 5 000, Sitzungssaal (Plenarsaal der Volkskammer) mit 780 Plätzen. An der Vorderfront Tribüne für Partei- und Staatsführung. Zahlreiche gastronomische Einrichtungen mit insgesamt 1 500 Plätzen. Im Hauptfoyer »Gläserner Baum«, Stahl-Glas-Plastik von R. Richter und R. Wilhelm, sowie »Galerie des Palastes« mit Gemälden von C. Brendel, B. Heisig, A. Mohr, W. Neubert, R. Paris, W. Sitte, W. Womacka u. a. In der Eingangshalle zur Volkskammer Bronzerelief »Lob des Kommunismus« von J. Jastram. Im vierten Geschoß »Theater im Palast« (TiP).

Gebäude des Staatsrates der DDR. 1962–1964 nach Entwürfen des Architektenkollektivs R. Korn. In die Vorderfront barockes Eosanderportal des ehem. Berliner Schlosses eingebaut (sog. Liebknechtportal; von dem darüberliegenden Balkon hat Karl Liebknecht am 9. Nov. 1918 die Sozialistische Deutsche Republik ausgerufen). Im Festsaal Fries aus Meißner Porzellan (Darstellungen aus der Geschichte der DDR) von G. Brendel, im Treppenaufgang Glasfenster (Darstellungen aus der Geschichte der deutschen Arbeiterbewegung) von W. Womacka. – Neben dem Verwaltungstrakt in der Breiten Straße *Ministerium für Bauwesen* mit monumentalem Wandbild von W. Womacka.

Marstall (1918/19 Sitz der Volksmarinedivision, jetzt Verwaltung), Neubarokker Bau 1896–1902 von E. v. Ihne.

Alter Marstall (Breite Str. 36). Dreigeschossiger Frühbarockbau (1665–1670 von M. Smids, 1865 teilweise umgebaut, nach Kriegsbeschädigungen in vereinfachten Formen wiederhergestellt), paarweise angeordnete Fenster, von Quaderbändern eingefaßter Mittelrisalit mit jetzt leerem Giebeldreieck.

Ribbeckhaus (Breite Str. 35). Dreigeschossiger Renaissancebau mit Sandstein-Portal von 1624, vier Zwerchhäuser mit reichen Giebeln.

Stadtbibliothek (Breite Str. 34). 1965/66 nach Entwurf von H. Mehlan, Eingangsportal mit geschmiedeten Türflügeln (Varianten des Buchstaben A) von F. Kühn; im Obergeschoß Musikbibliothek mit Schallplattensammlung.

Berlin, Jungfernbrücke

In der Brüderstraße zwei bemerkenswerte barocke *Bürgerhäuser*: Galgenhaus (Brüderstr. 10) um 1680, Front um 1805 erneuert. Treppenhaus mit geschnitzten Decken. Lessing-Nicolai-Haus (Brüderstr. 13) um 1710 mit Benutzung älterer Teile, 1787 von C. F. Zelter umgebaut. Treppe mit reichgeschnitztem Geländer, Hof mit Galerie.

Jungfernbrücke (Friedrichsgracht). Rad-Zugbrücke, erbaut um 1798. – An der Brücke *Appartementhaus-Komplex* nach Entwurf von H. Hopp.

Ministerium für Auswärtige Angelegenheiten 1965–1967 nach Entwürfen des Architektenkollektivs J. Kaiser.

Friedrich-Werdersche Kirche (Werderscher Markt). Einschiffiger neugotischer Backsteinbau (1824–1830 von K. F. Schinkel, stark beschädigt, Wiederaufbau geplant), im Süden Zweiturmfront mit Doppelportal. – Vor der Kirche *Bärenbrunnen* von H. Lederer.

Altes Museum. Zweigeschossiger klassizistischer Bau (1824–1830 von Schinkel, Außenbau, Kuppelsaal und Vorhalle bis 1966 im originalen Sinne rest.), vor dem Vierflügelbau mit zwei Innenhöfen vorgelagerte Halle mit achtzehn ionischen Säulen, breite Freitreppe, auf den Treppenwangen Amazone (von A. Kiß) und Löwenkämpfer (von A. Wolff), auf dem erhöhten Mittelbau Rossebändiger und Pegasusgruppen (von C. F. Tieck, H. Schievelbein und H. Hagen), Bronzeportal von A. Wolff, Vestibül mit großer Treppenanlage, Kuppelsaal mit Säulengalerie. – Das Gebäude beherbergt neben wechselnden Ausstellungen auch das *Kupferstichkabinett*: Zeichnungen alter Meister aller Schulen von den Anfängen bis um 1800, europäische Druckgraphik von den Anfängen bis zur Gegenwart (etwa 120000 Blätter), illustrierte Bücher 15.–20. Jh. – Vor dem Museum große Granitschale (7 m Durchmesser) von 1834, wieder aufgestellt 1981.

Dom. Großer Neubarockbau (1894–1904 von J. Raschdorff, stark beschädigt, Wiederaufbau im Gange). Von der Ausstattung besonders bemerkenswert: Bronze-Grabmal des Kurfürsten Johann Cicero 1530 von P. Vischer aus Nürnberg. Prunksärge der Königin Sophie Charlotte (gest. 1705), des Königs Friedrich I. (gest. 1713) und des Markgrafen Philipp Wilhelm von Schwedt (gest. 1711), sämtlich nach Modellen von A. Schlüter.

Bauten und Sammlungen auf der Museumsinsel

Die Museumsinsel ist ein Komplex von Museumsgebäuden an der Nordspitze des von den beiden Spreearmen gebildeten Berliner Werders. Dieser Komplex entstand im 19. und frühen 20. Jahrhundert. Nördlich des Alten Museums (s. o.) finden wir das Neue Museum (1843–1855 von F. A. Stüler, Wiederaufbau begonnen) und die Nationalgalerie (1867–1876 von F. A. Stüler, Ausführung und Programm der Innendekoration von H. Strack). Dem Neuen Museum schließt sich das Pergamon-Museum (1909–1930 nach Entwurf von A. Messel, ausgeführt von L. Hoffmann) an. Im Norden der Museumsinsel liegt das Bode-Museum (1897–1920 nach Entwurf von E. v. Ihne). In seinem Haupttreppenhaus Replik des Reiterdenkmals für Kurfürst Friedrich Wilhelm von Brandenburg mit Originalsockel, 1698 von Andreas Schlüter.

Nationalgalerie. Bedeutende Sammlung neuzeitlicher Kunst vom ausgehenden 18. Jh. bis zur Gegenwart mit folgenden Abteilungen: Deutsche Kunst bis zur Mitte des 19. Jh. (u. a. Blechen, Krüger, Schadow, Rauch). Deutsche Kunst 2. H. 19. Jh. (u. a. Menzel, Feuerbach, Böcklin, Marées). Französische Kunst des 19. Jh. (u. a. Courbet, Cézanne, Degas, Rodin, Maillol, Meunier). Malerei des deutschen Impressionismus (u. a. Liebermann, Corinth, Slevogt, Trübner, Schuch). Malerei und Plastik des 20. Jh. (besonders bemerkenswert die Sammlung expressionistischer Gemälde). Zeichnungs-Sammlung (etwa 30 000 Blätter, besonders reich vertreten Menzel, Blechen und Krüger). Schinkel-Museum (etwa 4500 Zeichnungen und Entwürfe von K. F. Schinkel).

Antiken-Sammlung (Pergamon-Museum). Besonders bemerkenswert das Architekturmuseum mit dem Pergamonsaal (Rekonstruktion der Westseite des Großen Altars von Pergamon mit dem Götter-Giganten-Kampffries) und zahlreichen Proben hellenistischer und römischer Baukunst aus den griechischen Städten Kleinasiens (u. a. Markttor von Milet), ferner bedeutende Sammlung archaisch-ionischer Plastik des 6. Jh. v. u. Z. aus Milet und Samos (u. a. liegender Löwe, Widderträger, Hasenträgerin) und griechische Plastik des 5. und 4. Jh. v. u. Z. (Göttin mit dem Granatapfel, sitzende Göttin aus Tarent, betender Knabe, Grab- und Weihreliefs). Im Antiquarium Sammlung griechischer bemalter Keramik von der archaischen Zeit bis zum Hellenismus sowie etruskische Keramik.

Vorderasiatische Sammlung (Pergamon-Museum). Kunst und Kultur des alten Vorderasiens von der frühen Steinkupferzeit bis in die parthische Ära, be-

Berlin, Pergamonaltar

sonders bemerkenswert das Ischtar-Tor und die Prozessionsstraße aus Babylon, ferner bedeutende Sammlung von Funden aus Sumer, Assur und Urartu sowie aus Nordwestmesopotamien und Sammlung von Keilschriftentafeln (etwa 30 000 Stück).

Islamisches Museum (Pergamon-Museum). Kunst und Kultur der muslimischen Völker von ihren Anfängen im 8. Jh. bis zum Beginn des 19. Jh., besonders bemerkenswert die Fassade des Wüstenschlosses Mschatta aus der Frühzeit der islamischen Kunst.

Ostasiatische Sammlung (Pergamon-Museum). Vorwiegend Keramik, Porzellan, Holzschnitte, Lackarbeiten aus China und Japan.

Museum für Volkskunde (Pergamon-Museum). U. a. Trachtenteile und Volkstextilien, Keramik, Möbel und Schnitzarbeiten.

Zentralbibliothek (Pergamon-Museum). 85 000 Bände einschließlich der Handbibliotheken der einzelnen Museen, wissenschaftliche Spezialbibliothek.

Ägyptisches Museum (Bode-Museum). Vorwiegend Kunst und Kultur Ägyptens aus der Pharaonenzeit, besonders bemerkenswert die Werke aus der Amarna-Periode (Köpfe und Statuetten der Nofretete, Kopf des Echnaton, Köpfe von Mitgliedern der königlichen Familie, Stuckmasken von Privatpersonen, meist Arbeiten aus der Werkstatt des Bildhauers Thutmosis). – *Papyrus-Sammlung,* etwa 20 000 Papyri, Ostraka, Pergamente, Papiere, Wachs- und Holztafeln.

Frühchristlich-byzantinische Sammlung (Bode-Museum). U. a. spätantik-frühchristliche Denkmäler aus dem Westen des Römischen Reiches, spätantiköstliche und byzantinische Denkmäler sowie frühmittelalterliche Denkmäler aus Italien, darunter das Apsismosaik (6. Jh.) aus S. Michele in Affricisco zu Ravenna.

Gemäldegalerie (Bode-Museum). Bedeutende Sammlung von Werken der altdeutschen Malerei (u. a. Meister des Hausbuches, Cranach, Elsheimer), der altniederländischen Malerei (u. a. Jan Gossaert), der niederländischen Malerei des 17. Jh. (u. a. van Goyen, Ruysdael, Ostade, Terborch), der Bildnismalerei des 18. Jh., der italienischen Malerei (u. a. Costa, Canaletto, Guardi, Reni), der französischen Malerei (u. a. Poussin, Rigaud) und der englischen Malerei (u. a. Gainsborough, Raeburn), umfangreiche Sammlung von Miniaturen 16. bis 18. Jh.

Skulpturensammlung (Bode-Museum). Besonders bemerkenswert die Werke der deutschen Plastik des Mittelalters (u. a. Gröninger Empore, Kruzifix aus der Naumburger Moritzkirche, Propheten von der Fassade der Trierer Liebfrauenkirche, Prophetenköpfe und Fürst vom Meister des Schönen Brunnens in Nürnberg, Anna selbdritt von N. Gerhaert von Leyden, Kanzelträger von A. Pilgram, Mindener Hochaltar) und der Florentiner Frührenaissance (u. a. Donatello, Luca und Giovanni della Robbia, Rossellino).

Münzkabinett (Bode-Museum). U. a. 100000 griechische und 50000 römische Münzen, 155000 Münzen vom Mittelalter bis zur Neuzeit (überwiegend deutsche Münzen), 25000 Medaillen (besonders deutsche und italienische Renaissancemedaillen), Papiergeldsammlung (80000 Scheine).

Bauten in der unmittelbaren Umgebung der Museumsinsel

Magnus-Haus (Am Kupfergraben 7). Barockbau (um 1750 möglicherweise nach Entwurf von Knobelsdorff, 1830 um Flügelbauten erweitert) mit doppelarmiger Freitreppe und korinthischer Pilastergliederung am Mittelrisalit, innere Wendeltreppe mit geschmiedetem Geländer, Bibliotheksraum mit Bibliothek des Physikers Max Planck.

In der *Bauhofstraße* geschlossene klassizistische Bebauung (Nr. 3–5) um 1830/40 und Gottfried-Keller-Haus (Nr. 2).

Bauten zwischen Marx-Engels-Platz und Alexanderplatz

Heiligegeistkapelle (Spandauer Straße). Einschiffiger gotischer Backsteinbau (1313 urk. gen., rest.) mit spätgot. Sterngewölben, an Ostseite Blendengiebel.

Marienkirche (Neuer Markt). Dreischiffige gotische Hallenkirche (im Kern frühgotisch um 1260/70, 1380 abgebrannt, im 15. Jh. in spätgotischen Formen wiederaufgebaut, neugotischer Turmhelm 1789/90 von C. G. Langhans d. Ä., im zweiten Weltkrieg beschädigt, wiederhergestellt) mit Kreuzrippengewölben und Bündelpfeilern, an der Südseite des Langhauses Kapellenanbauten, der östliche (Sakristei) spätgotisch, die übrigen 1893/94, einschiffiger Chor mit fünfseitigem Schluß, eingebauter quadratischer Westturm, in der Turmhalle

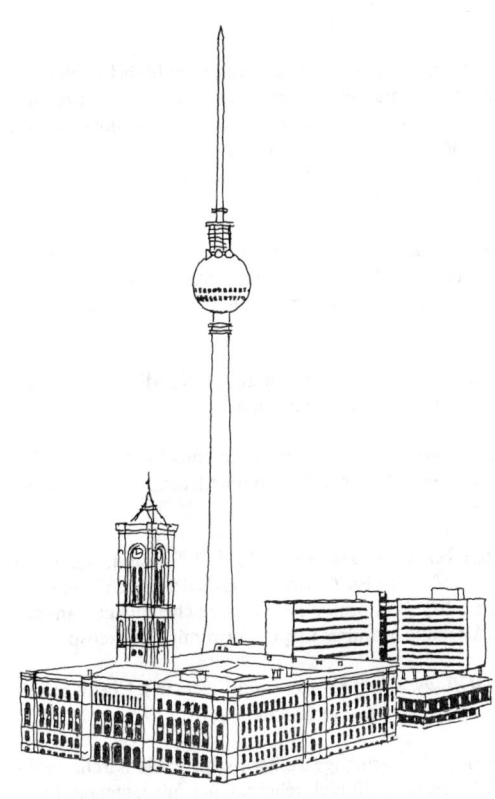

Berlin, Rotes Rathaus und Fernsehturm

spätgotischer Totentanz (vermutlich 1484). Von der Ausstattung besonders bemerkenswert: Kanzel 1703 von A. Schlüter. Altaraufsatz mit Gemälden von B. Rode 1762. Bronze-Taufkessel (getragen von vier Drachen, an der Wandung Christus, Maria und Apostel) 1437. Orgelprospekt 1742 von J. G. Glume und P. de Ritter. In der Südkapelle spätgotischer Flügelaltar (im Schrein Maria in der Strahlensonne) 15. Jh. Marmor-Grabmal des Feldmarschalls Graf Sparr (Nordwand des Chors) 1662 von A. Quellinus aus Antwerpen.

Fernsehturm, 1965–1969 von G. Kollmann, G. Franke und K. Timm nach Gestaltungsidee von H. Henselmann. Höhe 365 m, davon Stahlbetonschaft 250 m, zweithöchstes Bauwerk Europas. Turmkopf als Kugel aus 140 Segmenten in sieben Geschossen. – *Umbauung* 1969 bis 1972 von W. Herzog, H. Aust und R. Heider. 2400 Quadratmeter Ausstellungsfläche, Gastronomie mit 884 Plätzen. – *Freiflächengestaltung* nach Entwürfen von H. Matthes, E. Horn und R. Rühle mit Einbeziehung des *Neptunbrunnens,* 1891 von R. Begas in Anlehnung an italienische Barockbrunnen, 1969 nach Rest. hier neu aufgestellt.

Rathaus (Rathausstr.). Dreigeschossige Neurenaissance-Mehrflügelanlage (1861 bis 1869 von H. F. Waesemann, im zweiten Weltkrieg stark beschädigt, wiederhergestellt) mit drei Binnenhöfen, an der Vorderseite 74 m hoher Turm; umlaufender Terrakottenfries (Darstellungen aus der Geschichte Berlins) von Geyer, Schweinitz und Calandrelli. — Dem Rathaus gegenüber *»Trümmerfrau«* und *»Aufbauhelfer«* 1953 von F. Cremer.

Klosterkirche des ehem. Franziskaner-Klosters (Klosterstr.). Dreischiffige frühgotische Backstein-Basilika (um 1300, nur als Ruine erhalten) mit Bündelpfeilern, langgestreckter einschiffiger Chor mit einem aus sieben Seiten des Zehnecks gebildeten Schluß.

Stadtgericht (Littenstr.). 1896—1905 von O. Schmalz und R. Mönnich, bemerkenswert vor allem das große Jugendstil-Treppenhaus.

Ehem. Palais Podewils (Klosterstr. 68). Dreigeschossiger Barockbau (1701—1704 von J. d. Bodt, rest.), Mittelrisalit mit Pilastergliederung und kleinem Giebeldreieck.

Parochialkirche (Klosterstr.). Barocker Zentralbau (1695—1703 von J. A. Nering und M. Grünberg, Turm 1713/14 von Ph. Gerlach, nach Kriegsbeschädigungen provisorisch wiederhergestellt) in Form einer Vierkonchenanlage, an der Vorderfront rechteckige Vorhalle, darüber urspr. Turm mit Glockenspiel.

Haus des Ministerrats der DDR (zwischen Kloster- und Jüdenstr.). Ehem. Stadthaus, 1902—1911 nach Entwurf von L. Hoffmann.

Nikolaikirche (Molkenmarkt). Dreischiffige spätgotische Hallenkirche (vollendet um 1470, seit 1945 Ruine) mit Bündelpfeilern, Chor mit Umgang, frühgotischer Westbau aus Granit (nach 1230) mit zwei spätgotischen Türmen. Teile der reichen Ausstattung ausgebaut und gesichert.

Ehem. Palais Schwerin (Molkenmarkt 3, jetzt vom Ministerium für Kultur genutzt). Dreigeschossiger Barockbau (1704 von J. de Bodt) mit flachem, von Putzquaderbändern eingefaßtem Mittelrisalit und Wappenaufsatz.

Bemerkenswerte *Bürgerhäuser*: Frommelsches Haus (Littenstr. 46) klassizistisch 1. H. 19. Jh. Knoblauchhaus (Poststr. 23) Barockbau 1759/60. Gaststätte »Zur letzten Instanz« (Waisenstr. 14—16) im Kern vermutlich 16. Jh., im 18. Jh. verändert, schlicht.

Bauten am Alexanderplatz

Urspr. vor dem Georgentor gelegen, Einbeziehung in die Stadt erst nach Schleifung der Festungswälle (ab 1734), Namensgebung 1805 zu Ehren des russischen Zaren Alexander I., fast alle Bauten im April 1945 zerstört, völlige

Neugestaltung bis 1971 nach Entwürfen des VE BMK Ingenieurhochbau Berlin unter Leitung von R. Korn.

Berolinahaus und Warenhaus »Centrum«. 1928–1931 nach Entwürfen von P. Behrens. — *Weltzeituhr,* 1969 nach Entwürfen eines Kollektivs unter Leitung von E. John.

Haus des Lehrers mit Kongreßhalle, 1961–1964 nach Entwürfen des Kollektivs H. Henselmann, B. Geyer, J. Streitparth, Bildfries (7 m Höhe und 125 m Länge) von W. Womacka; pädagogische Zentralbibliothek.

Haus der Statistik (Hans-Beimler-Str.), 1968–1970 nach Entwürfen des Kollektivs M. Hörner, P. Senf, J. Härter.

Haus des Reisens, 1969–1971 nach Entwürfen des Kollektivs R. Korn, J. Brieske, R. Steiger.

Haus der Elektroindustrie. Vollendet 1969 nach Entwürfen des Kollektivs M. Mehlan, E. Leibold und P. Skujin.

Haus des Berliner Verlages. 1970–1973 nach Entwürfen des Kollektivs K.-E. Swora, R. Hanslick, G. Derdau.

Hotel »Stadt Berlin«. 1967–1970 nach Entwürfen des Kollektivs R. Korn, H. Scharlipp und H.-E. Bogatzky.

Neues Warenhaus »Centrum«. 1967–1970 nach Entwürfen eines Kollektivs unter Leitung von J. Kaiser und G. Kuhnert.

Brunnen, nach Entwürfen eines Kollektivs unter Leitung von W. Womacka, aufgestellt 1970.

Neuer Abschnitt der Karl-Marx-Allee mit Restaurant »Moskau«, Kino »International« und Interhotel »Berolina«. 1959–1964 nach Entwürfen von E. Collein, W. Dutschke und des Architektenkollektivs J. Kaiser. An der Eingangswand des Restaurants »Moskau« Wandmosaik (Motive aus dem Leben der Sowjetvölker) von B. Heller, im Innenhof Springbrunnen von F. Kühn.

Bauten auf dem Platz der Akademie (früher Gendarmenmarkt)

Langgestreckte Platzanlage in der Friedrichstadt zwischen Charlotten- und Wilhelm-Külz-Str., Wiederherstellung der Platzumbauung in der vorhandenen Traufhöhe vorgesehen.

Schauspielhaus. Klassizistischer Bau (1818–1821 von K. F. Schinkel, in den letzten Kriegstagen stark beschädigt, Wiederaufbau als Konzerthalle im

Gange) über annähernd kreuzförmigem Grundriß, an der Vorderseite ionischer Portikus mit breiter Freitreppe, plastischer Schmuck der Giebelfelder von C. F. Tieck, auf dem Dachfirst Apollo auf dem Sonnenwagen von Chr. D. Rauch.

Französischer Dom (mit Hugenotten-Museum). Barocker Saalbau (1701–1705 von L. Cayart und Quesnay) in Form eines Rechtecks mit halbkreisförmigen Ausbauten an der Nord- und Südseite, an die Ostseite Kuppelturm (1780 bis 1785 von K. v. Gontard) mit hohem Tambour und drei korinthischen Portiken angefügt; im zweiten Weltkrieg stark beschädigt, Wiederaufbau im Gange. – *Hugenotten-Museum,* kleine Sammlung zur Geschichte der französischen Protestanten und der Französischen Gemeinde in Berlin.

Deutscher Dom. Barocker Saalbau (1701–1708 von M. Grünberg und G. Simonetti) in Form eines durch fünf halbkreisförmige Exedren erweiterten Fünfecks, an die Ostseite Kuppelturm (1780–1785 von K. v. Gontard und G. Ch. Unger) angefügt, bis in die Einzelheiten dem des Französischen Doms entsprechend; im zweiten Weltkrieg stark beschädigt, Wiederaufbau eingeleitet.

Bauten und Sammlungen im übrigen südlichen Teil des Stadtbezirks Mitte (von Westen nach Osten)

Ensemble Leipziger Straße zwischen Spittelmarkt und Friedrichstraße, seit 1969 nach Entwürfen der Kollektive J. Näther (Städtebau) und W. Strassenmeier (Hochbau), 2000 Wohnungen und zahlreiche gesellschaftliche Einrichtungen. In der Leipziger Straße ehem. *Spittelkolonnaden,* 1776/77 von K. v. Gontard, 1945 zerstört, 1979 rekonstruiert.

Postmuseum (Mauerstr. 69–75). Sammlung zur Geschichte des deutschen Post-, Fernmelde- und Funkwesens, u. a. umfangreiche Briefmarkensammlung.

Kolonnaden (Mohrenstr.). 1787 von C. G. Langhans d. Ä.

Gewerkschaftshaus »Hermann Schlimme« (Wallstr.). 1922/23 nach Entwürfen von M. Taut mit expressiven Gestaltungselementen.

Märkisches Museum (Am Köllnischen Park). 1901–1907 von L. Hoffmann mit Benutzung märkischer Architekturmotive, rest. – Umfangreiche *Sammlung zur Geschichte Berlins und der Mark Brandenburg,* u. a. Sammlung zur Geschichte der Literatur und der Wissenschaften in Berlin (Gerhart-Hauptmann-Gedächtnis- und Forschungsstätte mit Nachlaß des Dichters aus dem Hause Wiesenstein in Agnetendorf, Theodor-Fontane-Gedenkraum mit Originalmöbeln, Gedenkraum für den Berliner Verleger Friedrich Nicolai). Autographensammlung (darunter Fontane-Manuskripte), Gemäldesammlung (vorwiegend Berliner Maler vom 18. Jh. bis zur Gegenwart). – Im Köllnischen Park

Wusterhausener Bär, ehem. Befestigungsturm (13./14. Jh.), 1893 hierher versetzt, und Sammlung Berliner Architektur- und Plastikfragmente.

Ehem. Landesversicherung (Am Köllnischen Park 3), 1909 nach Entwurf von A. Messel in neubarocken Formen.

Gewerkschaftshaus »Fritz Heckert« (Fritz-Heckert-Str.). 1925/26 nach Entwürfen von M. Taut.

Michaeliskirche (Michaelisplatz). Neuromanischer Backsteinbau (1853 bis 1856 von A. Soller), im zweiten Weltkrieg beschädigt, Wiederherstellung geplant.

Bemerkenswerte Bürgerhäuser: Pfarrhäuser der zerstörten Dreifaltigkeitskirche (Johannes-Dieckmann-/Glinkastr.), darunter Schleiermacherhaus, Barockbauten von 1738. Neue Grünstraße 27 Barockbau vom Ende des 18. Jh. mit Treppenhaus. Märkisches Ufer 14–18 schlichte Barockbauten vom Ende des 17. Jh., rest. In das Märkische Ufer eingefügt das Ermelerhaus, Barockbau 1762, 1968/69 aus der Breiten Str. hierher versetzt, z. T. alte Innenausstattung. – *Otto-Nagel-Haus* (Märkisches Ufer 16–18), Sammlung über Leben und Werk des Berliner Malers Otto Nagel (1894–1967).

Ensemble Fischerkietz. 1965–1971 nach der städtebaulichen Grundkonzeption eines Kollektivs unter Leitung von J. Näther und dem Projekt eines Kollektivs unter Leitung von H. Stingl.

Bauten und Anlagen im nördlichen Teil des Stadtbezirks Mitte
(von Westen nach Osten)

Stadion der Weltjugend (Chausseestr.). 1950 nach Entwurf von Prof. S. Selmanagic.

Museum für Naturkunde (Invalidenstr. 43), 1875–1888 nach Entwurf von A. Tiede, gleichzeitig die seitlichen Institutsbauten.

Ehem. Tierärztliche Hochschule (H.-Matern-Str. 56), 1840 von L. F. Hesse. – Im Garten das *Anatomische Theater* der ehem. Tierarzneischule (1789/90 von C. G. Langhans), an der Nordseite Säulenportal mit Triglyphengebälk, in der Mitte runder Hörsaal mit amphitheatralisch angeordneten Sitzreihen und flacher Kuppel mit Malereien von Ch. B. Rode.

Friedrichstadt-Palast (Bertolt-Brecht-Platz). 1869 als Markthalle errichtet, später als Zirkus benutzt, 1919 von H. Poelzig zum »Großen Theater« umgebaut, im zweiten Weltkrieg beschädigt, in vereinfachten Formen wiederhergestellt; seit 1980 geschlossen, Abbruch vorgesehen. – Im Juni 1981 Grundsteinlegung für den neuen Friedrichstadt-Palast (Friedrichstr. zwischen Johannis- und Ziegelstr.), Fertigstellung für Ende 1983 vorgesehen.

Theater am Schiffbauerdamm, 1891/92 von H. Seeling, seit 1954 Sitz des Berliner Ensembles.

Französischer und Dorotheenstädtischer Friedhof (Chausseestr.) U. a. Gräber des Kupferstechers Daniel Chodowiecki (gest. 1801), des Zeichners Theodor Hosemann (gest. 1875), des Baumeisters Karl Friedrich Schinkel (gest. 1841), der Bildhauer Johann Gottfried Schadow (gest. 1850) und Christian Daniel Rauch (gest. 1857), der Philosophen Johann Gottlieb Fichte (gest. 1814) und Georg Wilhelm Friedrich Hegel (gest. 1831), der Dichter Heinrich Mann (gest. 1950), Bertolt Brecht (gest. 1957), Johannes R. Becher (gest. 1958), Bodo Uhse (gest. 1963) und Arnold Zweig (gest. 1968), des Komponisten Hanns Eisler (gest. 1962), des Regisseurs Erich Engel (gest. 1966) und der Politiker Otto Nuschke (gest. 1957) und Hans Loch (gest. 1960). — Neben dem Friedhof das *Brecht-Haus* (Chausseestr. 125), Arbeits- und Wohnräume des Dichters Bertolt Brecht und seiner Frau Helene Weigel, Sitz des Bertolt Brecht-Archivs der Akademie der Künste.

Synagoge (Oranienburger Str.). 1859–1866 nach Entwürfen von E. Knoblauch und F. A. Stüler, 1938 von den Faschisten in Brand gesteckt, als Ruine erhalten.

Sophienkirche (Große Hamburger Str.). Barocker Saalbau (1712) über rechteckigem Grundriß, reicher Turm (1732–1734 von J. F. Grael) mit zweigeschossigem Säulenaufbau und geschweifter Haube; schlichte Ausstattung der Entstehungszeit. — Auf dem *Friedhof* die Gräber der Dichter Anna Louise Karschin (gest. 1791) und Karl Wilhelm Ramler (gest. 1798), des Historikers Leopold v. Ranke (gest. 1886) und des Komponisten Carl Friedrich Zelter (gest. 1832).

Alter Garnisonsfriedhof (Kleine Rosenthaler Str.). U. a. Grab von Lützow (gest. 1834).

Volksbühne (Rosa-Luxemburg-Platz). 1913–1915 nach Entwurf von O. Kaufmann, 1945 zerstört, 1954 vereinfacht rekonstruiert; im Sternfoyer Büste des Dramatikers Friedrich Wolf von G. Seitz. — Am Rosa-Luxemburg-Platz *Wohnblöcke*, 1929–1932 von Hans Poelzig.

Elisabethkirche (Ecke Invaliden-/Elisabethkirchstr.). Klassizistischer Saalbau mit Säulenvorhalle (1832–1834 von Schinkel), im zweiten Weltkrieg bis auf die Umfassungsmauern zerstört. Wiederaufbau in Erwägung gezogen.

Bemerkenswerte *Bürgerhäuser*: Neue Schönhauser Str. 8 Barockbau 2. H. 18. Jh. Rosenthaler Str. 36 und 37 Barockbauten 2. H. 18. Jh. Erhaltene Straßenzüge aus der 1. H. 19. Jh. in der H.-Matern-, Schumann- und Marienstraße sowie am Koppenplatz.

Bemerkenswerte Denkmäler: Rudolf Virchow (Karlplatz) 1906–1910 von

Berlin, Springbrunnen auf dem Strausberger Platz

F. Klimsch. Albrecht v. Graefe (Ecke Schumann-/H.-Maternstr.) um 1880 von R. Siemering. Robert Koch (Robert-Koch-Platz) um 1910 von L. Tuaillon. Heinrich Heine (Veteranenstraße) 1958 von W. Grzimek.

Bauten und Anlagen im Stadtbezirk Friedrichshain

Volkspark Friedrichshain. Erste Anlage 1846–1848, 1874/75 nach Plänen von J. H. G. Meyer erweitert, nach 1945 Anlage von zwei Bergen aus Trümmerschutt (78 und 48 m hoch). — In der Südecke (Leninallee) *Friedhof der Märzgefallenen* mit dem Standbild eines bewaffneten Matrosen von H. Kies. — Am Königstor der *Märchenbrunnen,* 1913 von L. Hoffmann, Figuren von G. Wrba und I. Taschner. — Dem Märchenbrunnen gegenüber die *Bartholomäuskirche,* 1854–1858 nach Entwurf von F. A. Stüler. — An der Friedenstraße *Denkmal für die deutschen Spanienkämpfer,* eingeweiht 1968, Freiplastik von F. Cremer, Relief von S. Krepp. — *Sport- und Erholungszentrum* (Dimitroffstr./Leninallee), im März 1981 eröffneter großer Gebäudekomplex mit zahlreichen Sportstätten und Erholungseinrichtungen; großer Freizeitpark mit Sport- und Spielplätzen.

Ensemble Leninplatz. 1968–1970 nach den städtebaulichen Entwürfen von Kollektiven unter Leitung von H. Henselmann und H. Mehlan auf der Grundlage eines städtebaulichen Wettbewerbs. — *Lenindenkmal,* 1969/70 von N. Tomski.

Alter Abschnitt der Karl-Marx-Allee. 1952–1958 nach Entwürfen von Henselmann, Paulick, Hopp, Leucht, Hartmann und Souradny. Auf dem Strausberger Platz großer *Springbrunnen* (1965) von F. Kühn. An der Südseite der Allee das *Hochhaus an der Weberwiese,* 1952 nach Entwurf von H. Henselmann (erstes Hochhaus nach 1945 im Bereich der Karl-Marx-Allee).

Dorfkirche in Stralau. Einschiffiger spätgotischer Backsteinbau (Mitte 15. Jh., rest.) mit Kreuzrippen- und Sterngewölben, Glasmalereien des 16. Jh., neugotischer Turm von 1823; spätgotischer Flügelaltar (im Schrein Maria mit drei Heiligen) Anfang 16. Jh., Taufstein 15. Jh.

Bauten, Denkmäler und Anlagen im Stadtbezirk Prenzlauer Berg

In der Greifswalder Straße hinter dem Königstor in großen Teilen erhaltene *geschlossene Bebauung* aus der Mitte des 19. Jh., schlichte spätklassizistische Mietshäuser.

Wohnanlage Erich-Weinert-Straße; ausgeführt 1929/30 nach Entwürfen von B. Taut und F. Hillinger, vier- bis fünfgeschossige Bebauung mit 1 150 Wohnungen, die Häuser U-förmig mit Wohnhöfen, kubisch geschnittene Baukörper. — *Wohnanlage Grellstraße,* 1927 nach Entwurf von B. Taut.

Käthe-Kollwitz-Denkmal (Kollwitzplatz). 1958/59 von G. Seitz.

Jüdischer Friedhof (Schönhauser Allee 23–25). 1827 angelegt, u. a. Gräber des Komponisten Giacomo Meyerbeer (gest. 1864) und des Malers Max Liebermann (gest. 1935).

Bauten und Anlagen im Stadtbezirk Pankow

Schloß Niederschönhausen (ehem. Amtssitz des ersten Präsidenten der DDR, Wilhelm Pieck, jetzt Gästehaus der Regierung). Zweieinhalbgeschossiger Barockbau (nach 1701 von J. F. Eosander mit Benutzung der Grundmauern eines älteren Herrenhauses, rest.), Mittelrisalit der Gartenfront mit Pilastergliederung und Segmentgiebel, reiches Treppenhaus, Gartensaal, Festsaal und Wohnräume mit reichen Rokoko-Dekorationen (1764). — *Schloßpark,* 1828 bis 1831 nach einem Plan von P. J. Lenné.

Johannes-R.-Becher-Haus (Majakowskiring 34). Sammlung über Leben und Werk des Dichters J. R. Becher, gest. 1958 in Berlin; Johannes-R.-Becher-Archiv der Deutschen Akademie der Künste. — *Ernst-Busch-Haus* (Leonhard-Frank-Str. 11), Sammlung über Leben und Werk des Sängers und Schauspielers Ernst Busch. Gest. 1980 in Berlin.

Wohnbebauung P.-Franke-Straße, 1908/09 nach Entwürfen von P. Mebes, Reformwohnungsbau mit Wohnhöfen.

Dorfkirche auf der alten Dorfaue (J.-R.-Becher-Str.). Frühgotischer Chor mit fialengeschmücktem Ostgiebel (vermutlich um 1230, Fialen von 1470), Langhaus und zwei schlanke Türme (1857–1859 von F. A. Stüler).

In der frühgotischen *Dorfkirche von Blankenburg* (Mitte 13. Jh.) besonders bemerkenswert: Altaraufsatz und Taufengel, beide Ende 17. Jh.

Dorfkirche in Karow. Einschiffiger spätromanischer Bau (13. Jh.) mit Chor, Apsis und neuromanischem Westturm; reiche Ausstattung (u. a. bemalte Empore) aus dem späten 17. Jh.

Schloßkirche in Buch. Barocker Zentralbau (1731–1736 von F. W. Dietrichs, im zweiten Weltkrieg stark beschädigt, bis auf die Kuppel wiederaufgebaut) in Form eines lateinischen Kreuzes, urspr. Kuppel auf hohem Säulentambour, an der Vorderfront Halbsäulengliederung und Giebeldreieck. Bemerkenswerte Ausstattungsstücke: Kanzel 1736. Epitaph Adam Otto v. Viereck 1763 von J. G. Glume. – *Schloßpark,* urspr. barocker Lustgarten, im 19. Jh. in Landschaftspark umgewandelt.

Städtisches Klinikum in Buch, 1899–1929 nach Entwürfen von L. Hoffmann in historisierenden Formen, insgesamt fünf Komplexe: Hufeland-Krankenhaus 1899–1906, Orthopädische Klinik 1901–1903, Ludwig-Hoffmann-Krankenhaus 1904–1908, Städt. Krankenhaus Buch 1910–1914, Dr.-Heim-Tbc-Krankenhaus 1913–1916.

Bauten und Anlagen im Stadtbezirk Weißensee

Sportforum am Weißenseer Weg. Begonnen 1956 (Sporthalle 1956–1958) nach Entwürfen eines Architektenkollektivs unter Leitung von W. Schmidt, zahlreiche Plastiken und Wandbilder.

Dorfkirche in Hohenschönhausen (Taborkirche). Im Kern frühgotisch, im 15. Jh. zur zweischiffigen Anlage umgebaut, Rippengewölbe. Bemerkenswerte Ausstattungsstücke: Spätgotischer Flügelaltar (im Schrein Maria auf der Mondsichel) 15. Jh. Zwei Schnitzfiguren um 1420. Kanzel und Orgelempore Anfang 17. Jh.

Wohnhaus Oberseestr. 60. Flachbau 1932 von L. Mies van der Rohe.

Wohnblock Trierer Str. 8–14. 1926 von B. Taut, rest.

Wohnhäuser in der Buschallee. 1926–1930 von B. Taut.

Bauten, Anlagen und Gedenkstätten im Stadtbezirk Lichtenberg

Kraftwerk Klingenberg. 1924–1926 nach Plänen von G. Klingenberg und W. Issel, erstes europäisches Kraftwerk mit Kohlenstaubfeuerung.

Fabrikgebäude VEB Berliner Bremsenwerk (Hirschbergstr. 14), 1913–1916 nach

Berlin, Tierpark, Brehmhaus

Plänen von A. Grenander (Knorr-Bremse A. G.), quadratische Anlage mit hohen Ecktürmen, Klinkermauerwerk mit Lisenenstruktur.

Hans-Loch-Viertel (südlich des U-Bahnhofs Friedrichsfelde). Großes Neubaugebiet Berlins, begonnen 1960 nach Entwürfen eines Architektenkollektivs unter Leitung von W. Dutschke. Elfgeschossiges Mittelganghaus (380 Wohnungen), drei siebzehngeschossige Punkthäuser (je 240 Wohnungen), an der Volkradstraße kulturelles Zentrum (vollendet 1967).

Schulkomplex Schlichtallee, 1927–1935 nach Entwürfen von M. Taut, der Neuen Sachlichkeit verpflichtet.

Wohnkomplex Lichtenberg-Nord. Begonnen 1972, geplant drei Wohngebiete für 50 000 Einwohner um ein Komplexzentrum am Fennpfuhl.

Wohnbebauung Sonnenhof (Marie-Curie-Allee), 1926/27 nach Entwürfen von E. Gutkind, rest., horizontal gelagerte Beton- und Klinkerbänder, Eckstaffelung.

Tierpark Friedrichsfelde. Begonnen 1954 nach Entwürfen des Architektenkollektivs H. Graffunder und des Gartenarchitektenkollektivs E. Bendig mit Benutzung einer barocken Gartenanlage und eines von P. J. Lenné geschaffenen Landschaftsparkes. – Im Park das ehem. *Schloß*, zweigeschossiger Barockbau (1719 von M. Böhme, um 1785 und um 1800 umgebaut, 1970–1981 rekonstruiert), innen Eichenholztreppe 2. V. 18. Jh., Festsaal 1785 mit Stuckdekorationen und Deckenmalereien, und das *Alfred-Brehm-Haus* (Raubtierhaus), vollendet 1963 nach Entwurf von H. Graffunder in Zusammenarbeit mit Prof. Dr. Heinrich Dathe. – *Wohngebiet am Tierpark*, 1968–1972 nach Entwürfen des Kollektivs H. Stingl und E. Diehl, Komplex mit 5000 Wohneinheiten.

Gedenkstätte der Sozialisten (Zentralfriedhof Friedrichsfelde). Angelegt 1926, 1933 von den Faschisten zerstört, 1951 im vorderen Teil des Zentralfriedhofs wiederaufgebaut. In der Mitte die Gräber von Karl Liebknecht und Rosa Luxemburg (ermordet 1919), Wilhelm Pieck (gest. 1960), Rudolf Breitscheid (ermordet 1944), Franz Künstler (ermordet 1942), Wilhelm Sylt (ermordet 1921), Franz Mehring (gest. 1919) und John Schehr (ermordet 1934). Im Halbrund die Grabstätten von Carl Legien (gest. 1920), Emma Ihrer (gest. 1911), Paul Singer (gest. 1911), Johannes Stelling (ermordet 1933), Adolph Hoffmann (gest. 1930), Rudolf Schwarz/Erich Steinfurth/Eugen Schönhaar (ermordet 1934), Edwin Hoernle (gest. 1952), Martha Arendsee (gest. 1953), Wilhelm Florin (gest. 1944), Hermann Duncker (gest. 1960), Heinrich Rau (gest. 1961), Rosa Thälmann (gest. 1962), Wilhelm Koenen (gest. 1963), Bernhard Koenen (gest. 1964), Otto Grotewohl (gest. 1964), Bruno Leuschner (gest. 1965), Hermann Matern (gest. 1971) sowie der Schriftsteller Friedrich Wolf (gest. 1953), Erich Weinert (gest. 1953) und Willi Bredel (gest. 1964). Auf dem Zentralfriedhof ferner die Gräber von Käthe Kollwitz (gest. 1945), Eduard von Winterstein (gest. 1961), F. C. Weiskopf (gest. 1955) und Hans Marchwitza (gest. 1965).

Wohngebiet Berlin-Marzahn, begonnen 1977 nach Entwürfen der Kollektive R. Korn, P. Schweizer und H. Graffunder, bedeutendstes Wohnungsbauvorhaben der DDR, geplant für 100 000 Einwohner auf 600 Hektar Fläche; drei Wohnkomplexe mit einem Hauptzentrum, einem zugeordneten Arbeitsstätten- und Dienstleistungsgebiet sowie einem Erholungspark. — *Dorfkirche in Marzahn,* neugotischer Backsteinbau 1870/71 von F. A. Stüler.

Dorfkirche in Kaulsdorf, einschiffiger gotischer Feldsteinbau, 1715 nach Osten erweitert, 1875 Westquerbau; Altaraufsatz 1656.

Dorfkirche in Mahlsdorf, einschiffiger frühgotischer Granitquaderbau (Mitte 13. Jh.); Altaraufsatz 1710. — *Gründerzeitmuseum* (Hultschiner Damm 333), umfangreiche Sammlung von Möbeln und kunstgewerblichen Gegenständen aus den Jahrzehnten nach 1870.

Bauten und Sammlungen im Stadtbezirk Köpenick

Pionierpalast »Ernst Thälmann« (Wuhlheide), 1976–1979 nach Entwürfen des Kollektivs G. Stahn; aus mehreren Funktionsbereichen bestehend: den Räumen für Zirkel und Arbeitsgemeinschaften, einem Festsaal (600 Plätze) mit zugeordnetem Foyer und einem Auditorium sowie Schwimm- und Turnhalle. — Im Zentrum der Pionierrepublik *Wilhelm-Pieck-Denkmal,* 1981 von F. Diettrich.

Schloß Köpenick (jetzt Kunstgewerbemuseum). Dreigeschossiger Frühbarockbau (1677–1681 von R. v. Langervelt), starker Mittelrisalit mit Segmentgiebel, Seitenrisalite, an der Nordseite schmaler zweigeschossiger Flügel (1682–1685 von J. A. Nering); Vestibül, Festsaal (»Wappensaal«) und mehrere Wohnräume mit reichen Stuckdekorationen (um 1684–1690 von G. Caroveri und G. Simonetti) und Deckengemälden (um 1683–1690 wohl von J. Vaillant). — *Kunstgewerbemuseum,* u. a. europäische Möbel von der Gotik bis zum Biedermeier, Prunksilber vom Silberbuffet im Rittersaal des ehem. Berliner Schlosses, deutsches Porzellan, vorwiegend Meißner und Berliner Manufaktur, europäische und außereuropäische Textilien, kleine Schmucksammlung, darunter Teile des Gisela-Schmuckes, kleine Sammlung deutscher Gläser. — *Schloßkapelle,* barocker Zentralbau (1682–1685 von J. A. Nering) mit Kuppel und Laterne, am Portal und auf der Attika Sandsteinfiguren, Innenraum mit Pilastergliederung; reiche Ausstattung der Entstehungszeit. – *Schloßpark,* urspr. Barockanlage, im 19. Jh. in Landschaftspark umgewandelt, 1963/64 wiederhergestellt.

Ehem. Dorotheenlyzeum (Lindenstr. 50). 1928/29 von M. Taut.

Institut für Lehrerbildung (Linden- Ecke Bahnhofstr.), 1908/09 von H. Kinzer in historisierenden Formen; neugotische Aula.

Rathaus (Alt-Köpenick), 1901–1904 von H. Schütte und H. Kinzer, erweitert 1926/27 und 1936–1939, neugotischer Backsteinbau mit Eckturm.

Salvador-Allende-Viertel, 1971–1973 nach Entwürfen der Kollektive H. Stingl und E. Diehl, Wohnkomplex mit 2670 Wohneinheiten für etwa 8000 Einwohner auf einer Fläche von 35 ha.

Siedlung Elsengrund (am Stellingdamm), 1919–1929 nach Plänen von O. R. Salvisberg, Einfamilienhäuser in Gruppierungen für zwei, vier oder sechs Familien im Gartenstadtcharakter.

Bootshaus KWO (Oberschöneweide, An der Wuhlheide 192), 1912 nach Plänen von P. Behrens.

Bauten und Gedenkstätten im Stadtbezirk Treptow

Treptower Park. 1876–1882 nach Plänen von G. Meyer als weiträumiger Landschaftspark.

Sowjetisches Ehrenmal (Treptower Park). Angelegt 1946–1949 nach Entwürfen des Architekten J. B. Belopolski, des Bildhauers E. W. Wutschetitsch und der Ingenieurin S. S. Walerius. Ruhestätte von 5000 im Kampf um die Befreiung Berlins gefallenen sowjetischen Soldaten, im Vorhof Steinplastik einer trauernden Mutter, im Ehrenhain Steinsarkophage der sechzehn Unionsrepubliken, auf dem Hügel Mausoleum mit Kolossal-Bronzefigur eines sowjetischen Soldaten mit gerettetem Kind.

Gaststätte Zenner (Alt-Treptow 14/17), von K. F. Langhans, 1955/56 wiederaufgebaut in freier Anlehnung an die urspr. Baugestalt von 1821/22.

Siedlung Am Falkenberg (Altglienicke, Akazienhof/Gartenstadtweg), frühe Gartenstadt mit typisierenden Reihenhäusern, 1913/14 von B. Taut.

Verwaltungsgebäude der Sozialversicherung (Niederschöneweide, Fennstr. 5/6), 1929/30 von K. Vogeler.

Die Bezirke Rostock, Schwerin und Neubrandenburg

In den Nordbezirken der DDR ist die Backsteingotik beheimatet. Die Pfarrkirchen in Wismar, Rostock, Stralsund und Greifswald, die Ordensbauten in Doberan und Eldena zählen zu den schönsten Zeugnissen dieser »Kunst voll Mark und Saft und Eigenwillen« (G. Dehio). Auch in kleineren Städten – Parchim, Malchin, Neubrandenburg, Grimmen – und selbst in vielen Dörfern findet man Werke von hohem künstlerischem Wert.

Die Frage nach dem Ursprung dieser Kunst führt uns zurück in das 12. und 13. Jh. Damals eroberten die Heere der deutschen Feudalherren das von slawischen Stämmen bewohnte Gebiet zwischen Elbe und Oder. Den Heeren folgten deutsche Bauern, Handwerker und Kaufleute, die im Ostland »een betere stêe«, d. h. bessere Lebensbedingungen, zu finden hofften. Neue Dörfer wurden gegründet und unbebaute oder verwüstete Landstriche unter Kultur genommen; an der Küste und in den Zentren der binnenländischen Kirchspiele entstanden Städte.

Die Küstenstädte schlossen sich im 13. Jh. unter der Führung Lübecks zur Hanse zusammen. Nachdem die Konkurrenz der Dänen in langen, wechselvollen Kämpfen ausgeschaltet worden war, kontrollierte die Hanse den gesamten Handel, der auf seinem Weg von Ost nach West die Ostsee passieren mußte. Dieses Zwischenhandelsmonopol beschleunigte die Ansammlung von Handelskapital in den Hansestädten, deren Reichtum in repräsentativen Bauten seinen sichtbaren Ausdruck fand.

Die Bauten der hansischen Backsteingotik sind von herber Schönheit. Die Sprödigkeit des Materials erzwang eine Vereinfachung des hochgotischen Formenschatzes, einen weitgehenden Verzicht auf Formen, die lediglich Schmuckzwecken dienten. Der Zerlegung der Mauermasse in einzelne Kräftebahnen, kennzeichnend für die Hochgotik der deutschen Kernlande, waren beim Backsteinbau bestimmte Grenzen gesetzt, die nicht ungestraft überschritten werden durften. Aber diese Beschränkungen hatten auch ihre positive Seite: Sie führten zur Vorherrschaft des Sachlichen in der Architektur und damit zu einem vollendeten Gleichmaß der Gesamterscheinung. Die Backsteingotik ist, nach einem schönen Wort von Georg Dehio, »selbstbewußt ohne Selbstgefälligkeit, kühn im Großen und haushälterisch im Kleinen, besonnen und immer geradeaus auf die Hauptsache gerichtet«.

Die nordostdeutsche Baukunst hat diese Höhe nie wieder erreicht. Zwar findet man in den Städten und Dörfern Mecklenburgs manches hochachtbare Werk aus der Zeit der Renaissance und des Barocks – der Fürstenhof in Wismar und das Schloß in Güstrow zählen sogar zu den schönsten deutschen Renaissancebauten –, aber diesen Werken fehlt im Unterschied zu den Schöpfungen der Backsteingotik das Merkmal des Bodenständigen. Ihre Formen sind nicht hier gewachsen, sondern von auswärtigen Meistern — Oberdeutschen, Niederländern, Italienern — importiert worden.

Noch eines verdient Erwähnung: Wir finden in den Nordbezirken mehrere hervorragende Beispiele des Städtebaus. Stralsund steht hier für das Mittelalter, der Barock hinterließ uns Ludwigslust, der Klassizismus den Marktplatz von Güstrow. Die Neugestaltung von Rostock und Neubrandenburg zeigt dem Kundigen, welche außergewöhnlichen Leistungen die Stadtplaner unter den Bedingungen des Sozialismus vollbringen können.

Bezirk Rostock

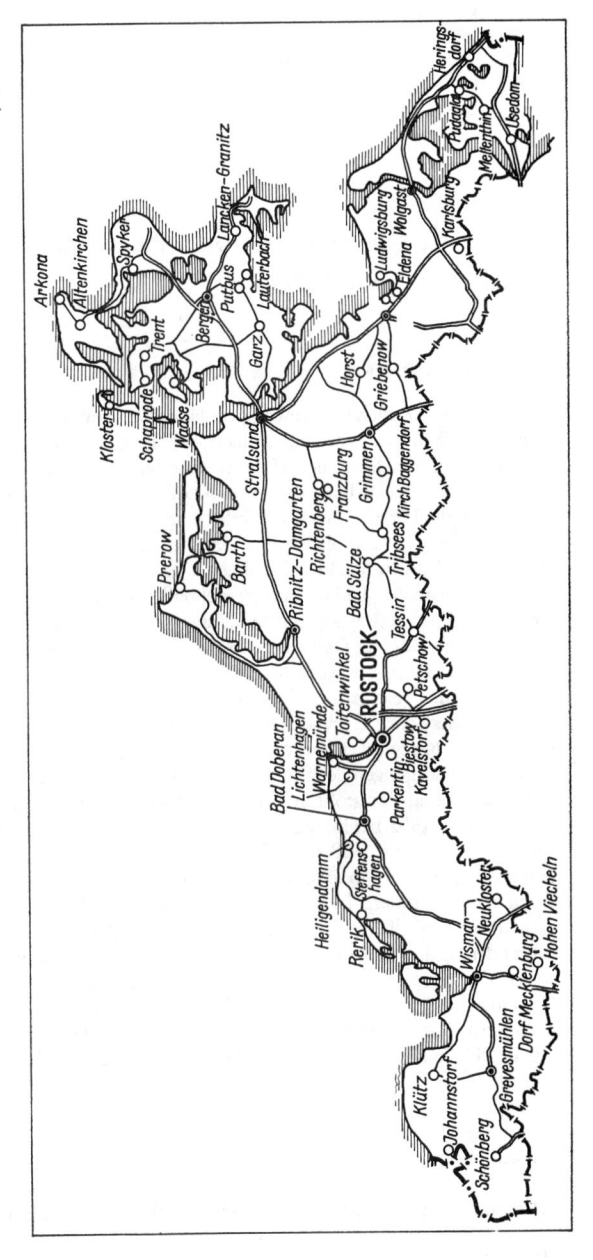

Die Stadt Rostock und die Kreise Rostock und Ribnitz-Damgarten

Die Stadt Rostock

Ursprünglich fürstlicher Burgwall des slawischen Stammes der Kessiner in der sumpfigen Warnowniederung südlich des Petridammes. 1189 urkundliche Erwähnung einer slawischen Handelsniederlassung in der Nähe dieses Burgwalls. Um 1200 Ansiedlung deutscher Kaufleute auf dem Hügel um den Alten Markt und die Petrikirche. 1218 Verleihung des Lübecker Stadtrechtes an die Altstadt Rostock. 1230 planmäßige Anlage der Mittelstadt um die Marienkirche und den Neuen Markt, 1250 Anlage der Neustadt um den Hopfenmarkt und die (zerstörte) Jakobikirche, regelmäßiges Straßengitternetz innerhalb einer annähernd rechteckigen Umwallung. 1265 Vereinigung von Alt-, Mittel- und Neustadt zu einer Gemeinde. Im 14. und 15. Jh. wirtschaftliche Blüte als Mitglied der Hanse, ausgedehnte Handelsbeziehungen vorwiegend nach Osten (Riga), Norden (Bergen) und Westen (Brügge), Höhepunkt der architektonisch-künstlerischen Entwicklung. 1419 Gründung der Universität. Im Dreißigjährigen Krieg wirtschaftlicher Niedergang. 1677 großer Stadtbrand. Schwere Schädigungen der Schiffahrt durch die napoleonische Handelssperre. 1942 Zerstörung des größten Teiles der Altstadt durch anglo-amerikanische Luftangriffe. 1952 Beginn eines großzügigen Wiederaufbaus, rasches Wachstum der Stadt (von 1950 bis 1973 um 74 200 Einwohner). Bedeutende Aufbauleistungen, u. a. in den neuen Wohngebieten Südstadt, Reutershagen, Evershagen, Schmarl, Lütten Klein, Groß Klein und Lichtenhagen. Ausbau zum modernen Überseehafen (geplant etwa 10 Mill. t Umschlag) und zum führenden Industriestandort der Nordbezirke (u. a. Warnow- und Neptunwerft, Fischverarbeitung, allgemeiner Maschinenbau, Chemie, Baukombinat). Erweiterung der Universität, Musikhochschule, Fachschulen, Museen. Nach 1945 gegründete Bildungsstätten: Ingenieurhochschule für Schiffstechnik »Ernst Thälmann«, Institute für Hochseefischerei, Fischverarbeitung und Schiffbau.

Bauten in der Altstadt

Petrikirche. Dreischiffige gotische Backstein-Basilika (Mitte 14. Jh.) mit einem spätgotischen Turm (urspr. 126 m hoch) aus dem 15. Jh., 1942 zerstört, wiederaufgebaut (moderner Innenausbau), Turm noch in Arbeit.

Nikolaikirche. Dreischiffige frühgotische Backstein-Hallenkirche (Mitte 13. Jh.) mit spätgotischem Chor und Turm aus dem 15. Jh., 1942 ausgebrannt, Wiederherstellung des Chores sowie Sicherung von Langhaus und Turm.

Bürgerhäuser. Große Wasserstraße 30 spätes 15. Jh., siebenteiliger Staffelgiebel. Walldienerhaus (Hinter dem Rathaus 1) 16. Jh., fünfteiliger Staffelgiebel. Kerkhofhaus (Hinter dem Rathaus 8, jetzt Stadtarchiv) 1. H. 16. Jh., siebenteiliger Staffelgiebel, Reliefschmuck. Spitalpfarrhaus (Kröpeliner Str. 82), fünfteiliger Staffelgiebel und Reliefschmuck aus dem späten 15. Jh. Weitere Beispiele, vorwiegend aus der Zeit der Renaissance und des Barocks, in der Kröpeliner Straße, die nach der umfassenden Rekonstruktion von 1968/69 als Fußgängerbereich gestaltet ist.

Rathaus. Gotischer Backsteinbau, urspr. aus zwei parallellaufenden Giebelhäusern bestehend (zwischen 1270 und 1290), um 1315 Bau eines dritten Giebelhauses in der Lücke zwischen den vorhandenen Gebäuden, im 14. Jh. Errichtung der Schauwand an der Marktseite, 15. Jh. Vorbau mit Laubengang, 1727 abgebrochen und durch barocke Palastfassade ersetzt.

Rostock
1 Petrikirche, 2 Nikolaikirche (Ruine), 3 Rathaus, 4 Marienkirche, 5 Steintor (Museum), 6 Schiffahrtsmuseum, 7 Klosterkirche, 8 Kröpeliner Tor, 9 Wallanlagen, 10 Haus der Gewerkschaften, 11 Alte Münze, 12 Kleine Mönchenstr., 13 Universität, 14 Stadtmauer, 15 Mönchentor, 16 Interhotel »Warnow«, 17 ehem. Michaelskloster, 18 Kerkhofhaus (Stadtarchiv), 19 Lagebuschturm, 20 Kuhturm, 21 Fischerbastion

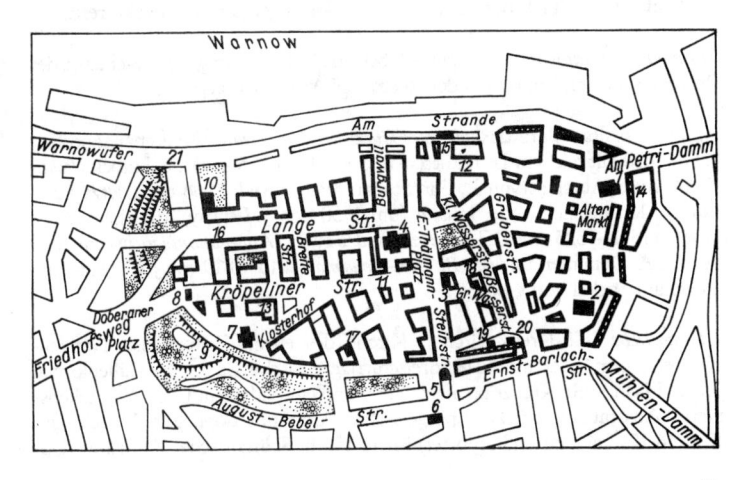

Marienkirche. Erster Bau Backstein-Hallenkirche nach westfälischem Vorbild, begonnen kurz nach 1230, erhalten untere Geschosse des Westbaues (um 1270). Gegen Ende des 13. Jh. Beginn der Umgestaltung der Hallenkirche in eine dreischiffige gotische Backstein-Basilika, 1398 Einsturz des halbfertigen Langhauses, Neubau von Langhaus und weitausladendem Querschiff gegen 1452 vollendet. Im Mittel- und Querschiff Sterngewölbe, in den Seitenschiffen Kreuzrippengewölbe, Chor mit Umgang und Kapellenkranz nach dem Muster der Marienkirche in Lübeck, im Langhaus und in den westlichen Teilen des Chors Seitenkapellen; der relativ niedrige Turm urspr. als Zweiturmfront geplant, vierseitiges Dach mit Laterne, am nördlichen Querschiffarm Werkstein-Portal mit Laubschmuck. Besonders bemerkenswerte Ausstattungsstücke: Bronzener Taufkessel (getragen von vier Männern, an der Wandung Szenen aus dem Leben Christi, reicher Deckel) 1290. Spätgotischer Flügelaltar (im Schrein die Hl. Rochus, Antonius und Sebastian) um 1530, vermutlich rheinische Arbeit. Astronomische Uhr, 1472 vollendet, 1643 von L. Burchard wiederhergestellt, Spätrenaissance-Rahmen von M. Grote, A. Brandenburg und K. Wilbrandt. Kanzel 1574. Barocker Hochaltar 1720/21. Fürstenempore 1749–1751. Orgelprospekt 1766–1770. Erbbegräbnisse 18. Jh., Epitaphe 16./17. Jh. Pastorenbildnisse 17./18. Jh.

Steintor. Renaissancebau 1574–1577, 1942 zerstört, 1954 annähernd originalgetreu wiederaufgebaut. – *Haus Sonne* (Steinstr.), Wohnheim der Deutschen Seereederei auf dem Boden der durch Kriegseinwirkung zerstörten historischen Gaststätte »Haus Sonne«, eingeweiht 1970. – Östlich vom Steintor das *Kuhtor,* 1262 urkundlich genannt, 1937 freigelegt und rekonstruiert. – Im Norden der Altstadt das *Mönchentor,* klassizistischer Neubau von 1805.

Michaeliskirche. Einschiffiger Backsteinbau mit langgestrecktem Chor (1480 bis 1488 von B. Wardenberg), nur der Chor als Kirche benutzt, der westliche Teil (vollendet 1502) für Wohn- und Werkzwecke eingerichtet, teilweise rest.

Museum der Stadt Rostock (August-Bebel-Str. 1). Sammlung zur Geschichte der Rostocker Seeschiffahrt und der Rostocker Arbeiterbewegung.

Am Universitätsplatz das *Hauptgebäude der Universität* (Neurenaissancebau 1866–1870 mit reichem Terrakotten- und Sgraffitoschmuck), das barocke *Palais* (1714 unter Aufsicht von L. Chr. Sturm, reicher Saal, 1968 rest., jetzt Festraum), der anschließende *Saalbau* (um 1750 von J. Legeay), die ehem. *Neue Wache* (1822–1825 von C. Th. Severin), das ehem. *Appellationsgericht* (um 1840 von G. A. Demmler) und das *Blücher-Denkmal* (1815–1819 von J. G. Schadow, Verse am Sockel von Goethe).

Klosterkirche (Hl.-Kreuz-Kirche). Kirche des ehem. Zisterzienser-Nonnen-Klosters, gegründet um 1270, dreischiffige gotische Backstein-Hallenkirche (1. H. 14. Jh.) mit Kreuzrippengewölben und einschiffigem Chor. Bemerkenswerte Ausstattungsstücke: Spätgotischer Altar mit doppelten Flügeln (im Schrein Kreuzigung und Apostel) Mitte 15. Jh. Spätgotischer Altar mit dop-

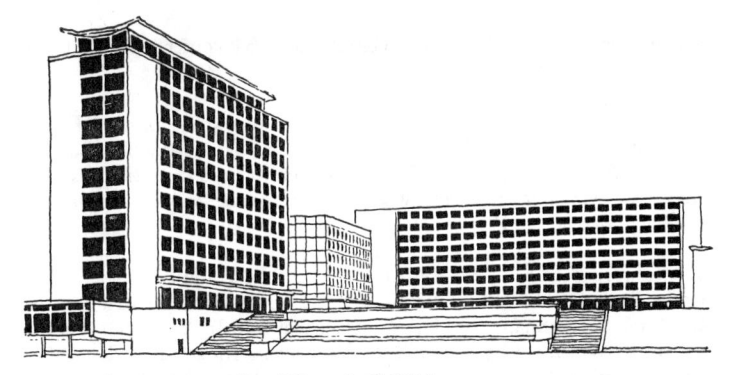

Rostock, Hotel "Warnow" und Haus der Schiffahrt

pelten Flügeln (im Schrein figurenreiche Kreuzigung) Anfang 16. Jh. Marienfigur frühes 14. Jh. Triumphkreuzgruppe, Sakramentshaus und Chorgestühl, sämtlich spätgotisch. Kanzel 1616. — In den *Klostergebäuden* (Museum und Ausstellungszentrum) spätgotische und barocke ornamentale Bemalung, rest.

Kröpeliner Tor (jetzt Stadtgeschichtliches Museum). Gotischer Backsteinbau, 54 m hoch, unterer Teil vor 1300, oberer Teil mit Türmchen um 1400. — Am Kröpeliner Tor das *Haus der Gewerkschaften*, 1959–1962 nach Entwürfen des Kollektivs J. Näther. *Interhotel »Warnow«*, 1964–1967 nach Entwürfen des Kollektivs D. Jastram, H. Fleischhauer, W. Hartmann. Zwischen Interhotel und Kröpeliner Tor *Bronzeplastik* »Sieben Schwestern küßt das eine Meer«, 1968/69 von R. Dietrich. — Südlich des Kröpeliner Tores erhebliche Reste der alten *Stadtmauer* erhalten. *Gedenkstätte der revolutionären Matrosen* (Kabutzenhof am Warnowufer), Reliefwand 1970 von R. Dietrich, Monumentalplastik 1977 von W. Eckardt, im Innern des Denkmalsockels befindet sich ein Traditionsraum.

Neubaugebiete im Süden und Nordwesten der Altstadt

Wohngebiet Südstadt. 1960–1968 nach Entwürfen der Kollektive K. Brauns, R. Lasch (Städtebau) und K. Tauscher (Hochbau), 6500 Wohneinheiten für etwa 21 500 Einwohner. Am Wilhelm-Pieck-Ring die *Sport- und Kongreßhalle*, 1975 bis 1978 nach Entwürfen von W. Langwasser und U. Hammer.

Wohngebiet Reutershagen, erster Bereich 1953–1957 nach einer städtebaulichen Konzeption des Kollektivs K. Brauns, etwa 1 800 Wohnungen für 6000 Einwohner, zweiter Bereich 1957–1961 nach städtebaulichem Entwurf von W. Urbanski, K. Tauscher und H. Colden, 3000 Wohnungen für etwa 10 000 Einwohner. — Am Schwanenteich *Kunsthalle*, 1967–1969 nach Entwürfen von

H. Fleischhauer und M. Halwas, zweigeschossiger Baukörper mit 1 500 Quadratmetern Ausstellungsfläche.

Wohngebiet Evershagen, seit 1971 nach Entwürfen von P. Baumbach, K. Ebert, W. Urbanski, R. Lasch, P. F. Sager, D. Weise, J. Holland, 8 060 Wohneinheiten für etwa 28 000 Einwohner. Im Wohngebietszentrum *Monumentalplastik »Familie«,* 1974 von J. Jastram, und *Wandgemälde »Mensch und sozialistische Gesellschaft«,* 1976 von R. Paris.

Wohngebiet Lütten Klein, 1965–1975 nach städtebaulichem Entwurf von W. Urbanski, R. Lasch, H. Colden, H. Burchardt, E. Franz, H. J. Lorenzen und der Kollektive E. Kaufmann, C.-H. Pastor (Hochbau), 10 270 Wohneinheiten für 37 000 Einwohner. — Östlich von Lütten Klein entsteht seit 1976 das *Wohngebiet Schmarl,* geplant für etwa 18 000 Einwohner, denen 5 700 Wohneinheiten zur Verfügung stehen werden.

Wohngebiet Lichtenhagen, begonnen 1974 nach Plänen von W. Urbanski, W. Sieber, W. Heyn, Ch. Weinhold, E. Flor, E. Waack u. a., 6 700 Wohneinheiten für etwa 22 000 Einwohner. — Östlich von Lichtenhagen wurde 1979 das *Wohngebiet Groß Klein* begonnen, geplant für mehr als 18 000 Einwohner.

Bauten in den eingemeindeten Vororten

WARNEMÜNDE. In der *Pfarrkirche* (1866–1871) bemerkenswert: Spätgotischer Flügelaltar (im Schrein Christus mit Heiligen) 1475, Danziger Arbeit. Überlebensgroßer hl. Christophorus Anfang 16. Jh. Kanzel 1591. — *Kurhaus,* 1914–1928 nach Entwurf von G. W. Berringer. — *Restaurant »Teepott«,* 1968 nach Entwürfen von E. Kaufmann, künstlerische Gestaltung von A. Kühn, J. Jastram und F. Büttner. — *Hotel »Neptun«,* 1970/71 nach Entwürfen des Kollektivs F. Jaenicke und S. Samuelson, Gesamthöhe 64 m. — *Volkskundemuseum der Fischer und Seefahrer* (Alexandrinenstr. 31), u. a. Arbeitsstube eines Fischers mit Geräten zur Netzbereitung, Modelle und Ansichten von Segelschiffen.

BIESTOW. *Dorfkirche,* dreischiffige Hallenkirche aus Granit (2. H. 13. Jh.), Chor mit Kuppelgewölbe, Turm von 1912; spätgotische Triumphkreuzgruppe Ende 15. Jh.

TOITENWINKEL. *Dorfkirche,* dreischiffige frühgotische Backstein-Hallenkirche (Anfang 14. Jh.) mit Querschiff und kreuzrippengewölbtem Chor, im Chor umfangreicher Wandgemäldezyklus (beginnend mit der Erschaffung der Welt, endend mit Weltgericht und Auferstehung) aus dem 14. Jh., Turm von 1889. Bemerkenswerte Ausstattungsstücke: Spätgotischer Altar mit doppelten Flügeln (im Schrein Kreuzigung und Apostel) Ende 15. Jh. Spätgotisches Triumphkreuz Ende 15. Jh. Kanzel 1601. Zwei Epitaphe 17. Jh.

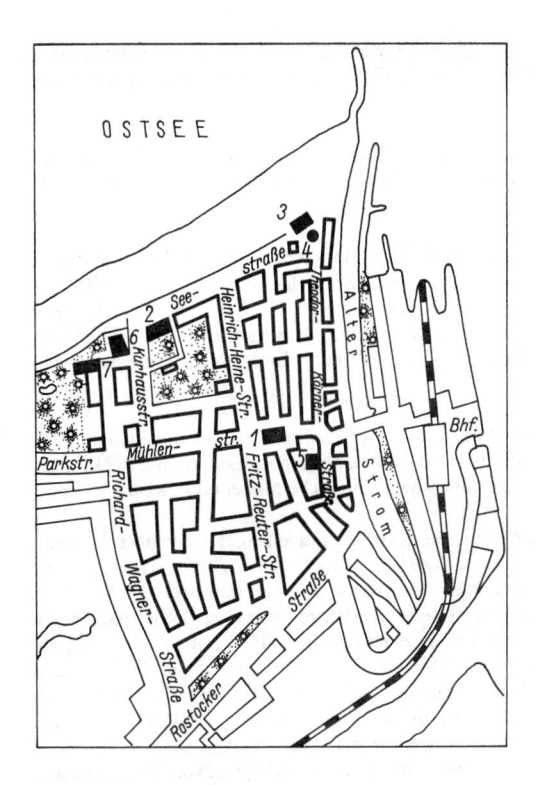

Rostock-Warnemünde
1 Pfarrkirche, 2 Kurhaus, 3 Teepott, 4 Leuchtturm, 5 Heimatmuseum, 6 Hotel »Neptun«, 7 Meeresbrandungsbad

Die Kreise Rostock und Ribnitz-Damgarten

LICHTENHAGEN. *Dorfkirche,* dreischiffige Hallenkirche (14. Jh.) mit Kreuzrippengewölben, im Chor Gewölbemalereien (Schöpfungsgeschichte, Leben Christi) aus dem späten 14. Jh. Bemerkenswerte Ausstattungsstücke: Spätromanischer Taufstein (getragen von sechs Männern) 13. Jh. Kanzel 1619. Triumphkreuz 15./16. Jh. Opferstock und Sakramentshäuschen 14. Jh.

KAVELSTORF. *Dorfkirche* (Mitte 13. Jh.) mit ungewöhnlich mächtigem Westturm.

PETSCHOW. *Dorfkirche* (Mitte 13. Jh.), umfangreicher Wandgemäldezyklus (Heiligenlegenden, Leben Christi, Weltgericht) 2. H. 14. Jh. Bemerkenswerte

Ausstattungsstücke: Gotischer Sakramentsschrank 14. Jh. Hängetabernakel 14. Jh. Kanzel 1610. Altaraufsatz 1707. Triumphkreuzgruppe 15. Jh. Grabstein 1578.

TESSIN. *Pfarrkirche*, dreischiffige gotische Basilika (Mitte 14. Jh.) mit Chor (Kuppelgewölbe) aus dem 13. Jh. — An der Oberschule *Anne-Frank-Stele*, 1969 von G. Rommel.

BAD SÜLZE. *Pfarrkirche*, einschiffiger Backsteinbau (Mitte 13. Jh.) mit spätgotischen Sterngewölben, Chor mit Kuppelgewölbe; Kanzel 1770, Orgelprospekt 1772. — *Salzmuseum* (ehem. Kurhaus von 1828, jetzt Rheumaheilstätte und Kindersanatorium), u. a. Geschichte des 1823 gegründeten Bades, Salzgewinnung, die alte Saline. — In der Nähe *Gradierwerk* von 1774.

KLOCKENHAGEN. *Ethnographisches Freilichtmuseum*, eingerichtet 1972, bestehend aus einem Hof mit niederdeutschen Hallenhäusern (um 1690), einem Backhaus und einer Tagelöhnerkate; bäuerliche Möbel und Arbeitsgeräte.

RIBNITZ-DAMGARTEN. *Klosterkirche* des ehem. Klarissinnen-Klosters, gegründet 1323, einschiffiger Backsteinbau (um 1400) mit Kreuzrippengewölben, im Westen des Langhauses Nonnenempore, im Osten und Westen je ein kleiner Turm. Bemerkenswerte Ausstattungsstücke: Sechs spätgotische Tafelgemälde (Marienleben und Leben Christi) 1. H. 16. Jh. Zahlreiche spätgotische Figuren (Ribnitzer Madonnen), vorwiegend 15. Jh. Spätgotisches Holzkruzifix. Epitaph Herzogin Ursula 1590 von Ph. Brandin. — *Pfarrkirche St. Marien* (Ortsteil Ribnitz), dreischiffige Backstein-Hallenkirche (Mitte 13. Jh., im 14. Jh. nach Osten erweitert, mehrmals abgebrannt, zuletzt wiederhergestellt 1765–1789), Westturm mit Laterne und Spitze von 1841; Altaraufsatz und Kanzel 1781. — *Rostocker Tor*, Rest der spätgotischen Stadtbefestigung (15. Jh.), Blendengliederung, achteckiges Oberteil mit hölzernem Helm. — *Heimatmuseum* (Kloster 12), u. a. Ur- und Frühgeschichte des Kreisgebietes, Stadtgeschichte, Werften und Seefahrt, Boddenfischerei, Bernstein. — *Pfarrkirche* (Ortsteil Damgarten), einschiffiger spätgotischer Bau (15. Jh.) mit Chor aus dem 13. Jh., rest.; reicher Altaraufsatz 1771.

PREROW. *Darßer Heimatmuseum* (Deichhaus), u. a. Darß- und Fischlandliteratur, Darßmaler, alte Darßer Schiffahrt und Fischerkultur. — *Seemannskirche*, schlichter Barockbau (1726–1728), im Innenraum Segelschiffsmodelle, auf dem Friedhof wertvolle Grabsteine (Segelschiffreliefs).

BARTH. *Pfarrkirche St. Marien*, dreischiffige gotische Hallenkirche (frühes 14. Jh.) mit frühgotischem Chor aus dem 13. Jh., im südlichen Seitenschiff gotische Gewölbebemalereien (Jüngstes Gericht), spätgotischer Westbau mit großem Turm; spätgotischer Taufkessel, Epitaph Herzogin Klara 1579. — Von der spätgotischen *St.-Jürgen-Kapelle* (vermutlich 15. Jh.) nur der Chor erhalten. — *Ehem. Fräuleinstift* (jetzt Wohnungen), schlichte barocke Anlage von 1741.

— *Dammtor*, Rest der spätgotischen Stadtbefestigung (15. Jh.). — *Antifaschistisches Mahnmal* mit Bildhauerarbeiten von J. Jastram.

Bemerkenswerte Pfarr- und Dorfkirchen in LAMBRECHTSHAGEN (Chor Mitte 13. Jh., spätgotisches Langhaus Anfang 15. Jh., Gewölbemalereien), STÄBELOW (frühgotisch Anfang 14. Jh.), REEZ (Rokokobau mit reicher Ausstattung von 1772, in der Nähe klassizistisches Gutshaus), KESSIN (Chor Mitte 13. Jh., gotisches Langhaus 14. Jh.; gotische Figuren 14./16. Jh.), BENTWISCH (spätgotischer Flügelaltar 2. H. 15. Jh.), VOLKENSHAGEN (gotisch 14. Jh.), RÖVERSHAGEN (gotisch 14. oder 15. Jh.; spätgotisches Kruzifix, Altaraufsatz 1708), BLANKENHAGEN (im Kern 13. Jh.), THULENDORF (13. Jh.; Altaraufsatz 1664), SANITZ (Mitte 13. Jh.), WEITENDORF (gotisch 14. oder 15. Jh., Ausstattung 18. Jh.), CAMMIN (spätgotischer Flügelaltar Anfang 16. Jh.), VILZ (spätgotischer Flügelaltar Anfang 16. Jh., Kanzel 1755), THELKOW (spätgotischer Flügelaltar, im 18. Jh. verändert), KÖLZOW (frühgotischer Feldsteinbau Mitte 13. Jh.; Altaraufsatz 1736), MARLOW (frühgotischer Backsteinbau vor Mitte 13. Jh.), EIXEN (Granitquaderbau 1. H. 13. Jh.; spätgotischer Flügelaltar, rest., reiche Kanzel 1744), SEMLOW (Granitquaderbau 1. H. 13. Jh.; Altaraufsatz 1723 von E. Keßler, Grabdenkmäler 17./18. Jh., v. Behr), AHRENSHAGEN (Chor 13. Jh. mit Malereien 14. Jh., Schiff 15. Jh.; Kanzelaltar und Logenprospekte 18. Jh.), TRIBOHM (Granitquaderbau 1. H. 13. Jh.), LANGENHANSHAGEN (spätgotischer Flügelaltar 2. H. 15. Jh.), KENZ (spätgotisch 15. Jh., Reste von Glasmalereien 15. Jh.; Schrein des Herzogs Barnim IV., 1. H. 15. Jh.), LÜDERSHAGEN (zweischiffiger gotischer Bau vermutlich 14. Jh.), SAAL (dreischiffige frühgotische Hallenkirche um 1300, rest.), AHRENSHOOP (Holzbau 1950/51 von Hardt Hämer), ROSTOCKER-WULFSHAGEN (spätgotischer Flügelaltar Anfang 16. Jh.) und DÄNSCHENBURG (frühgotisch; Altaraufsatz 1722, spätgotische Anna selbdritt).

Stadt und Kreis Bad Doberan

Die Stadt Bad Doberan

1171 Gründung des Klosters durch Zisterzienser-Mönche aus dem westfälischen Mutterkloster Amelungsborn, Namensgebung nach dem bereits bestehenden slawischen Dorf Doberan. 1179 Slawenaufstand, Zerstörung des Klosters. 1186 Neugründung, rascher Aufstieg zu einem der reichsten Klöster im norddeutschen Raum. 1232 Weihe der ersten Klosterkirche. 1552 Aufhebung des Klosters. 1793 Gründung des ersten deutschen Seebades (Doberan-Heiligendamm) und Errichtung einer Sommerresidenz der mecklenburgischen Herzöge, Umgestaltung des Kamp (einst Viehweide) zum Park, rege klassizistische Bautätigkeit, Beginn der Entwicklung zur Stadt (Verleihung des Stadtcharakters erst 1879). 1807 Bau der ältesten Rennbahn des Kontinents

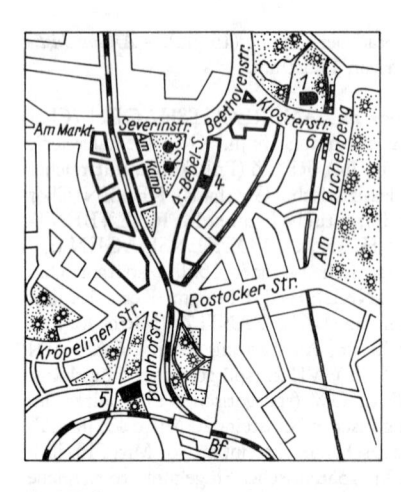

Bad Doberan
1 Klosterkirche und Beinhaus, 2 Roter Tempel, 3 Weißer Pavillon, 4 Salongebäude (jetzt Rat des Kreises), 5 Moorbad, 6 Klostermauer

(jetzt Bodendenkmal). 1825 Errichtung des Eisenmoorbades. Bildungsstätten: Fachschule für angewandte Kunst in Heiligendamm.

Klosterkirche. Gotischer Backsteinbau mit älteren romanischen Bauteilen an Stelle eines 1291 abgebrannten Baues aus dem frühen 13. Jh., begonnen zwischen 1294 und 1299, geweiht 1368 (nachweisbar: Werkmeister Heinrich), im 19. Jh. rest., 1962–1975 das Äußere instandgesetzt, 1976 Rest. des Inneren begonnen. Dreischiffige Basilika mit zweischiffigem Querhaus, Kreuzrippengewölbe, die Querhausarme durch Scheinarkaden vom Mittelschiff getrennt, gemaltes Triforium, Konsolen, Kapitellbänder und Schlußsteine mit reichem ornamentalem Schmuck, Chor mit Umgang und Kapellenkranz nach dem Muster der Lübecker Marienkirche, in den Querhausgiebeln Blenden in Rosettenform, über der Vierung Dachreiter. Von der reichen Ausstattung besonders bemerkenswert: Gotischer Flügelaltar (im Schrein urspr. Reliquienbehälter, in den Flügeln Szenen aus dem Alten und Neuen Testament sowie Apostel und Heilige) um 1310. Fronleichnamsaltar (im Mittelfeld Kreuzigungsgemälde) 14. Jh. Laienaltar (im Schrein der Vorderseite Adam und Eva, Christus vor Pilatus und Kreuztragung) 2. H. 14. Jh. Mühlenaltar (Gemälde mit Darstellung der Sakramentsmühle) um 1400. Frühgotischer Sakristeischrank (segnender Christus) 2. H. 13. Jh. Sog. Abendmahlsschrein 1. H. 14. Jh. (älteste gemalte Tafel des Ostseegebietes). Gotisches Sakramentshaus (11,6 m hoch) 14. Jh. Gotische Marienleuchte um 1290. Achteckiger Kapellenüberbau (Oktogon) 1422. Reiches spätgotisches Konversengestühl. Grabmal des Kanzlers Samuel v. Behr (Reiterstandbild unter Baldachin) nach 1621 von

F. J. Döteber. Grabkapelle Herzog Adolf Friedrich und Herzogin Anna Maria, 1634 von F. J. Döteber und D. Werner. — *Ehemaliges Klostergebäude:* Beinhaus, achteckiger frühgotischer Backsteinbau (Mitte 13. Jh.) mit Laterne, über dem Eingang Rosenfenster, Verwendung von glasierten Backsteinen. Kornhaus (jetzt Haus der Jungen Pioniere) um 1270. Brauhaus (jetzt Werk- und Schülergaststätte) um 1290. Ruine des Gästehauses (»Wolfsscheune«) um 1285. Ringmauer (Gesamtlänge 1 400 m) um 1285. Südlich der Kirche Reste des Kreuzgang-Ostflügels.

Spätbarocke Fachwerkbauten. Logierhaus am Kamp (jetzt Hotel) 1793 von J. Ch. H. v. Seydewitz, zweigeschossig mit Giebeldreieck und Mansarddach. Amtshaus (Klosterstr. 1, jetzt Sonderschule) 1795 von Seydewitz, im 19. Jh. mehrfach umgebaut. Gutshaus Kammerhof 1786 von Seydewitz, Satteldach mit Schmuckformen des Rokokos.

Klassizistische Bauten. Salongebäude am Kamp (jetzt Rat des Kreises) 1801/1802 von C. Th. Severin, Mittelrisalit mit hoher Attika, Empire-Festsaal 1819 bis 1821. Ehem. Palais am Kamp (jetzt Kreisleitung der SED) 1806—1810 von Severin, im Zentrum der Fassade Nische mit vier ionischen Säulen, ovaler Gartensaal mit französischen Bildtapeten 1822. Johannes-R.-Becher-Oberschule (Karl-Marx-Platz) 1821/22 von Severin als Wohnhaus für sich selbst erbaut, Mittelrisalit mit Giebeldreieck und tiefer Bogennische. Eisenmoorbad (Nähe Bahnhof) um 1825 von Severin, um 1900 aufgestockt, Mittelrisalit mit verandaartiger Vertiefung und flachem Giebeldreieck. Wohnhaus Medini (Severinstr. 5) 1825 von Severin. Wohnhäuser Karl-Marx-Platz 5, 6 und 7 nach 1822 von Severin.

Pavillons auf dem Kamp. Kleiner Pavillon (achteckiger Fachwerkbau) 1808/09, großer Pavillon (zweigeschossiger Massivbau über ovalem Grundriß) 1810 bis 1813 von Severin, auf Wunsch des Bauherrn in »chinesischem Geschmack«, beide mit Säulenumgang.

Doberan, Klosterkirche, Langhaus

Der Kreis Bad Doberan

HEILIGENDAMM. *Kurhaus*, klassizistischer Bau 1814–1816 von C. Th. Severin, langgestreckte dorische Säulenvorhalle mit Giebeldreieck, in einem Nebensaal französische Bildtapeten der Entstehungszeit. – *Landhäuser*, sog. Cottages (»Haus Weimar« und »Haus Dresden«), spätklassizistisch 1839. – *Neue Logierhäuser* (»Maxim Gorki«, »Käthe Kollwitz«, »August Bebel«, »Walther Rathenau«), spätklassizistisch nach 1845; Erweiterung der Reihe (»Rosa Luxemburg«, »Karl Liebknecht«, »Max Planck«, »Fritz Reuter«) 1857 bis 1865. – *»Burg«*, neugotisch um 1845 von G. A. Demmler, 1948/49 völlig umgebaut (jetzt Kurmittelhaus).

STEFFENSHAGEN. *Dorfkirche*, dreischiffige gotische Backstein-Hallenkirche (Ende 13. und 1. H. 14. Jh.) mit Kreuzrippengewölben, an den Außenwänden Flachreliefplatten mit Darstellungen von Pflanzen und Fabeltieren, an der Südseite Portal mit Apostelfiguren, Turm aus dem späten 19. Jh., rest.; spätgotischer Flügelaltar (im Schrein Maria in der Strahlensonne) Ende 15. Jh., spätromanische Granitfünte, spätgotische Triumphkreuzgruppe 2. H. 14. Jh.

RERIK. *Pfarrkirche*, dreischiffige frühgotische Backstein-Hallenkirche (3. V. 13. Jh.) mit ungewöhnlich reicher Barock-Ausstattung; spätgotischer Altarschrein (Kreuzigung) und spätgotisches Triumphkreuz.

PARKENTIN. *Dorfkirche*, dreischiffige gotische Backstein-Hallenkirche (14. Jh.) mit romanischem Chor (Mitte 13. Jh.) und spätgotischen Wand- und Gewölbemalereien; spätgotischer Altar mit doppelten Flügeln (im Schrein barock erneuerte Gnadenstuhlgruppe) 1. H. 16. Jh., rest., und Kanzel 1615.

Bemerkenswertes Herrenhaus in HOHEN-LUCKOW (Barockbau 1707/08, im Saal Stuckdekorationen italienischer Meister).

Bemerkenswerte Pfarr- und Dorfkirchen in ALTHOF (spätgotisch um 1450), RETHWISCH (dreischiffige spätgotische Stufenhalle 14. Jh.; spätgotischer Flügelaltar 15./16. Jh., Kanzel 1666), KRÖPELIN (frühgotischer Chor 2. H. 13. Jh., gotisches Langhaus 14. Jh.; Taufkessel 1508 von A. Ribe), KÜHLUNGSBORN-OST (frühgotisch um 1300, spätgotische Triumphkreuzgruppe 15. Jh.), WESTENBRÜGGE (spätgotischer Flügelaltar, im 18. Jh. verändert), RUSSOW (gotisch 14. Jh.; romanischer Taufstein, Kanzel 1702), NEUBUKOW (Chor Mitte 13. Jh., frühgotisches Langhaus Ende 13. Jh.), ALTBUKOW (spätgotischer Altaraufsatz), KIRCH-MULSOW (gotisch 14. Jh.; spätgotische Figuren), BERENDSHAGEN (spätgotischer Flügelaltar, 1668 in Barockaltar eingebaut), RETSCHOW (gotisch 14. Jh., spätgotische Wandgemälde um 1400, spätgotischer Flügelaltar 2. H. 15. Jh.) und HEILIGENHAGEN (Granitbau 13. Jh., niedriger hölzerner Turm; Rest eines spätgotischen Flügelaltars).

Die Stadt Wismar und die Kreise Wismar und Grevesmühlen

Die Stadt Wismar

Zwischen 1226 und 1229 planmäßige Anlage der Stadt durch Einwanderer aus Lübeck, Westfalen, Niedersachsen und Flandern, annähernd regelmäßiges Straßennetz mit einem der größten Marktplätze im Küstengebiet der DDR (100 m × 100 m). 1250 Stadterweiterung nach Westen, Anlage der Neustadt um die Georgenkirche. 1259 Bündnis mit Lübeck und Rostock zum Schutz der Seehandelswege vor Seeräubern, führendes Mitglied der aus diesem Bündnis entstandenen Hanse. Im 14. und 15. Jh. wirtschaftliche Blüte, vor allem durch Zwischenhandel. Höhepunkt der architektonisch-künstlerischen Entwicklung (Neubau der Nikolai- und Georgenkirche). Im Westfälischen Frieden 1648 mit der Insel Poel und dem Gebiet Neukloster Schweden zugesprochen. Um 1680 Ausbau zur stärksten Festung Nordeuropas. Nach 1720 allmähliche Abtragung der Festungswerke. 1803 von Schweden für hundert Jahre an Mecklenburg verpfändet (»Schwedischer Pfandvertrag«). 1815 Anlage des Lindengartens,

Wismar
1 Wassertor, 2 Nikolaikirche, 3 Rathaus, 4 Turm der Marienkirche, 5 Fürstenhof, 6 Georgenkirche, 7 Hospitalkirche zum hl. Geist, 8 Schabbelthaus mit Heimatmuseum, 9 »Alter Schwede« und Wasserkunst, 10 Grüne Str., 11 Kleinschmiedestr., 12 Zeughaus

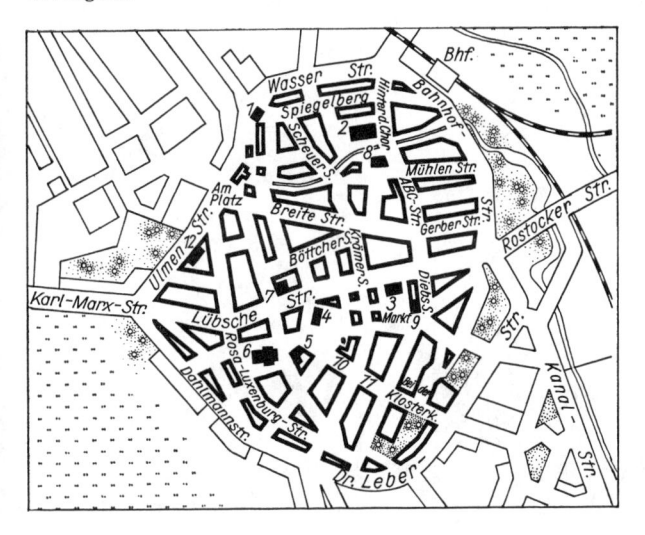

erster Teil eines breiten Grüngürtels im Zuge der alten Befestigungsanlagen. 1903 endgültige Ablösung der schwedischen Hoheitsrechte. Im April 1945 Zerstörung eines großen Teiles der Altstadt durch anglo-amerikanische Luftangriffe. Großzügiger Wiederaufbau, u. a. *Wohngebiet Wendorf*, beg. 1950, drei Komplexe mit 18 000 Einwohnern, *Wohnkomplex Friedenshof I*, beg. 1975 nach Entwürfen der Kollektive W. Domhardt und A.-C. Martin, 2245 Wohneinheiten, und *Wohnkomplex Kagenmarkt*, 1973–1975 nach Entwürfen des Kollektivs G. Nickel, W. Strübing, K. Goerlt und G. Schult, 1085 Wohneinheiten. Ausbau des Überseehafens (1973: 2,4 Mill. t Umschlag) und der Werften (Mathias-Thesen-Werft für Schiffe bis zu 20 000 t). Nach 1945 Gründung der Ingenieurschule für Bauwesen und Erweiterung der 1908 gegründeten Ingenieur-Akademie zur Ingenieurschule für Schwermaschinenbau und Elektrotechnik.

Von der *Stadtbefestigung des Mittelalters* das Wassertor am Westende des Spiegelberges (spätgotisch 2. H. 15. Jh.), der Wasserturm in der Bauhofstraße (14. oder 15. Jh.) sowie Stadtmauerreste an der Dr.-Leber-Straße (Altersheim) und an der Pestalozzi-Oberschule erhalten. — Von den *Wehreinrichtungen der Schwedenzeit* das ehem. Provianthaus am Lindengarten (jetzt Kommunale Poliklinik, Frühbarockbau von 1690) und das ehem. Zeughaus an der Ulmenstraße (1699) erhalten.

Rathaus. Zweieinhalbgeschossiger klassizistischer Bau (1817–1819 von J. G. Barca), an den Seiten kurze Flügel mit Giebeldreiecken. — *Wasserkunst*, Renaissancebau (1580–1602 von Ph. Brandin) über zwölfeckigem Grundriß, an den Ecken Hermenpfeiler, geschweifte Haube, Laterne. — *»Alter Schwede«* (Markt 20), spätgotischer Backsteinbau (um 1380) mit dreiteiligem Staffelgiebel.

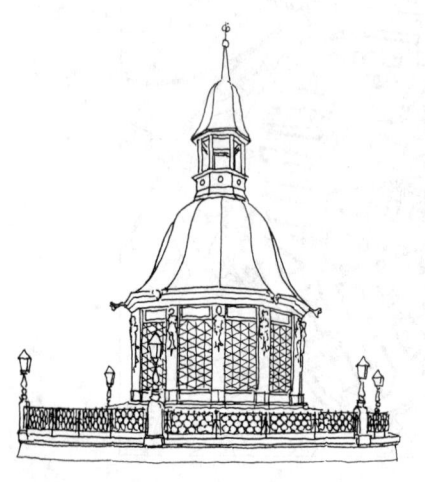

Wismar, Wasserkunst

Marienkirche. Gotischer Backsteinbau 13. und 14. Jh., 1945 zerstört, Ruinen von Langhaus und Chor abgetragen, Turm (80 m hoch) erhalten. — An der Marienkirche *Archidiakonat* (Mitte 15. Jh., rest.), an den Schmalseiten Staffelgiebel, Wechsel von hellen und dunkel glasierten Backsteinen.

Fürstenhof. Dreigeschossiger Renaissancebau (1553/54 unter Mitwirkung von Gabriel van Aken und Valentin v. Lira, Schöpfer des Entwurfs vielleicht E. Altdorfer), in der Mitte des Gebäudes Tordurchfahrt mit reichen Portalen, Fenster mit Einfassungen aus Terrakotta, an der Rückseite Pilastergliederung, seitlich Treppenturm; zwischen den Geschossen Kalkstein- und Terrakottenfriese (unterer Fries: Trojanischer Krieg, Legende vom verlorenen Sohn, oberer Fries: Reliefbilder antiker Heroen und Cäsaren), die Terrakottenfriese aus der Lübecker Werkstatt des Statius van Düren.

Georgenkirche. Dreischiffige spätgotische Backstein-Basilika des 15. Jh. an Stelle eines Baues aus dem frühen 14. Jh., Werkmeister 1442–1445 Herman von Münster, in der 2. H. 15. Jh. H. Martens, 1945 schwer beschädigt, Wiederaufbau vorgesehen.

Hospitalkirche zum hl. Geist. Einschiffiger gotischer Backsteinbau des 14. Jh. (1964–1968 rest.), bemalte Holzdecke (1687), Ost- und Westgiebel von 1665, an der Nordseite Kapellen und Pfründnerhaus; Kanzel 1585, zwei hölzerne Stableuchter mit Marienbild Mitte 15. Jh., schmiedeeiserner Stableuchter 1711, zwei spätgotische Flügelaltäre aus der Georgenkirche, beide von Anfang 16. Jh.

Nikolaikirche. Gotischer Backsteinbau an Stelle eines Baues aus dem 13. Jh., Chor kurz vor 1380 begonnen, geweiht 1403, Werkmeister Heinrich von Bremen, Weihe des Langhauses 1459, Werkmeister Herman von Münster, Glockengeschoß des Turmes 1485–1487 von H. Martens. Dreischiffige Basilika mit Kreuzrippengewölben, im Norden und Süden querhausartige Kapellenbauten, Chor mit Umgang und Kapellenkranz, in der Turmhalle spätgotische Wandmalereien. Voll entwickeltes Strebewerk, Giebel des südlichen Kapellenanbaues mit reichem figürlichem und ornamentalem Schmuck, an der Südseite Portale mit Reliefziegeln. Besonders bemerkenswerte Ausstattungsstücke: Spätgotischer Flügelaltar, sog. Schifferaltar (Maria mit Jakobus major und hl. Nikolaus), Anfang 16. Jh. Hochaltar 1772, Kopie der Rubensschen Kreuzabnahme von B. Block 1653. Kanzel 1708. Taufgehäuse 1719. Orgelprospekt nach 1703. Spätgotische Triumphkreuzgruppe. — Aus der Marienkirche: Taufkessel (getragen von drei knienden Männern, an der Wandung Szenen aus dem Leben Christi) um 1335. Schmiedeeisernes Gitter (sog. Teufelsgitter) letztes V. 16. Jh. Mittelschrein des sog. Krämeraltars (Maria mit dem Hl. Michael und Mauritius) 2. V. 15. Jh. Bronzegrabplatte der Herzogin Sophie, gest. 1504. — Aus der Georgenkirche: Spätgotischer Hochaltar mit doppelten Flügeln (im Schrein Marienkrönung) um 1430. Gemalter Flügelaltar um 1410. Maria und Johannes von einer spätgotischen Triumphkreuzgruppe. Reste des spätgotischen Chorgestühls mit figürlichen Schnitzereien 15./16. Jh.

Südlich der Nikolaikirche *Schabbelthaus* (jetzt Heimatmuseum), zweigeschossiger Renaissancebau (1569/71 von Ph. Brandin) mit Volutengiebel und reichen Portalen. — *Heimatmuseum*, u. a. Stadtgeschichte bis zur Gegenwart einschließlich der Geschichte der örtlichen Arbeiterbewegung, bäuerliche Volkskultur, kleine Gemäldesammlung.

Wohnhäuser. Typische Straßenbebauung des 16. und 17. Jh. in der Krämerstraße (Ostseite), der Lübschen Straße (Südseite), der Großen Hohestraße und am Spiegelberg. — Teile der Lübschen Straße, der Krämerstraße, der Hegede und der Altböterstraße 1971–1973 zum *Fußgängerboulevard* umgestaltet.

Die Kreise Wismar und Grevesmühlen

NEUKLOSTER. Klosterkirche des ehem. Zisterzienser-Nonnen-Klosters Sonnenkamp, gegründet 1219, einschiffiger Backsteinbau des Übergangsstils (begonnen kurz nach 1219, vollendet um 1245), Querschiff und Chor mit Kreuzrippengewölben, in den Ostfenstern des Chors Glasgemälde der Entstehungszeit (vermutlich älteste erhaltene Glasgemälde im Norden der DDR), Rundbogenfriese und -portale, abgesonderter Glockenturm; spätgotischer Flügelaltar (Maria in der Strahlensonne) Anfang 16. Jh.

HOHEN VIECHELN. *Dorfkirche*, dreischiffige spätgotische Backstein-Hallenkirche (beg. um 1300) mit Kreuzrippengewölben, Rundpfeiler in roten und grün glasierten Schichten aufgemauert. Bemerkenswerte Ausstattungsstücke: Romanischer Taufstein mit Gesichtsmasken. Lebensgroße Figur des Ritters v. Plessen 14. Jh. Maria mit Kind frühes 14. Jh. Triumphkreuzgruppe um 1500. Ehem. Altaraufsatz (Kreuzigung) um 1630.

DORF MECKLENBURG. *Dorfkirche*, einschiffiger spätgotischer Backsteinbau (vermutlich 16. Jh., Turm 13. Jh.) mit reicher Ausstattung aus dem 17. Jh.: Altaraufsatz 1622. Kanzel 1618. Triumphkreuzgruppe 1633. An der Nordwand spätgotisches Wandgemälde (Kruzifix mit Maria und Johannes) vermutlich frühes 16. Jh. — *Alte Mühle* (1849) als Gasthaus ausgebaut.

GREVESMÜHLEN. *Rathaus*, zweigeschossiger Backsteinbau von 1715. — *Pfarrkirche St. Nikolai*, dreischiffige Hallenkirche (Mitte 13. Jh.) mit Kreuzrippengewölben und neugotischem Chor (1870–1872), Westturm vermutlich Mitte 14. Jh.; spätromanischer Taufstein.

KLÜTZ. *Schloß Bothmer* (jetzt Kreisfeierabendheim), weiträumige barocke Dreiflügelanlage (begonnen 1726 von J. F. Künnecke), aus Galerien, Pavillons und Nebengebäuden locker zusammengefügt, zweigeschossiger Haupttrakt mit Mittelrisalit und Giebeldreieck, im Saal und Treppenhaus Rokoko-Stuckdekorationen (um 1750). — *Pfarrkirche St. Marien*, dreischiffige Backstein-Hallenkirche des Übergangsstils (Mitte 13. Jh., rest.) mit langgestrecktem Chor

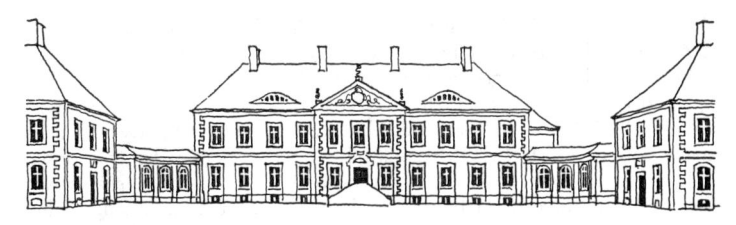

Klütz, Schloß Bothmer

und quadratischem Westturm. Bemerkenswerte Ausstattungsstücke: Altaraufsatz Anfang 18. Jh. Kanzel 1587. Taufgehäuse 1653. Spätgotisches Chorgestühl 14. Jh. Grabdenkmäler 17./18. Jh.

JOHANNSTORF. *Schloß*, zweieinhalbgeschossiger barocker Backsteinbau von 1743, Mittelrisalit mit Giebeldreieck und Wappen, Treppenhaus und Saal mit Rokoko-Dekorationen.

SCHÖNBERG. *Pfarrkirche St. Lorenz und St. Katharina*, dreischiffige gotische Backstein-Basilika (14. Jh.) mit spätgotischem Westturm (Mitte 16. Jh.); bronzener Taufkessel 1357 von G. Kranemann. — *Heimatmuseum* (An der Kirche 8/9), u. a. Ur- und Frühgeschichte des Kreises, örtliches Handwerk, Altratzeburger Trachten. — *Freilichtmuseum »Bechelsdorfer Schulzenhaus«*. — Im Ortsteil Petersberg ein *Niederdeutsches Hallenhaus* (Hof IX), in Retelsdorf *Kübbungsdielenscheune* (Hof V), in Sabow sechs *Gehöfte* mit älteren und jüngeren niederdeutschen Hallenhäusern. — *Bemerkenswerte Herrenhäuser* in KALKHORST-GROSS SCHWANSEE (Barockbau 1745) und PLÜSCHOW (Barockbau 1763, reiche Rokoko-Stuckdekorationen).

Bemerkenswerte Pfarr- und Dorfkirchen in KIRCHDORF AUF POEL (spätgotischer Bau des 15. Jh. innerhalb einer Erdwallbefestigung des 17. Jh.; zwei spätgotische Flügelaltäre: Marienkrönung 1. H. 15. Jh., Maria in der Strahlensonne um 1500), DREVESKIRCHEN (frühgotisch 13. Jh.; Altaraufsatz 18. Jh., spätgotisches Triumphkreuz), NEUBURG (Übergansstil 1. H. 13. Jh.; spätgotische Triumphkreuzgruppe Anfang 16. Jh.), HORNSTORF (gotisch 2. H. 14. Jh., Gewölbemalereien um 1400), GOLDEBEE (spätgotisch 15. Jh.), PASSEE (frühgotisch um 1300), GROSS TESSIN (gotisch 2. H. 14. Jh.; Kanzelaltar 1750), ZUROW (spätgotischer Flügelaltar, Gewölbemalereien 1. H. 14. Jh.), LÜBOW (spätromanisch Anfang 13. Jh.; spätgotische Triumphkreuzgruppe Anfang 16. Jh., Grabdenkmäler 14., 15. und 17. Jh.), DAMBECK (gotisch 14. Jh.; spätgotisches Triumphkreuz), BEIDENDORF (Chor frühgotisch 13. Jh., Langhaus gotisch 14. Jh.), GRESSOW (gotisch 14. Jh.; Grabdenkmäler 17. Jh., v. Plessen), PROSEKEN (frühgotisch 2. H. 13. Jh.; romanischer Taufstein mit Gesichtsmasken, Grabdenkmäler 17. Jh., v. Negendanck), WEITENDORF (spätgotisch 15. Jh.), HOHENKIRCHEN (spätgotisch 15. Jh.; romanischer Taufstein mit Gesichtsmasken, frühgotisches

Triumphkreuz), BÖSSOW (gotisch 1. H. 14. Jh., Glasgemälde Ende 14. Jh.), DAMSHAGEN (gotisch 14. Jh.; Kanzelaltar 1724 von H. Hassenberg), ELMENHORST (zentralbauähnliche frühgotische Anlage Mitte 13. Jh.; spätgotischer Flügelaltar 15. Jh.), KALKHORST (dreischiffige gotische Stufenhalle 2. H. 14. Jh., reiche barocke Ausstattung, spätgotische Wandmalereien), ROGGENSTORF (gotisch 14. Jh.), DASSOW (Chor frühgotisch 2. H. 13. Jh.), HERRNBURG (Chor frühgotisch 13. Jh., Langhaus spätgotisch 2. H. 15. Jh.; spätgotischer Flügelaltar, bronzener Taufkessel Anfang 15. Jh., Kanzel 1675 von J. Vicke aus Lübeck), BÖRZOW (gotisch 14. Jh.) und FRIEDRICHSHAGEN (spätgotischer Schreinaltar).

Die Stadt Stralsund und die Kreise Stralsund und Grimmen

Die Stadt Stralsund

1234 im Zuge der feudalen deutschen Ostexpansion Gründung der Stadt an der Stelle des slawischen Fischer- und Fährdorfes Stralow, regelmäßiges Straßennetz um den Alten Markt und die Nikolaikirche. Nach einem Überfall der Lübecker Flotte 1249 Errichtung einer festen Stadtmauer und Anlage der Neustadt um den Neuen Markt und die Marienkirche, Schutz der Stadt vor Angriffen von der Landseite vor allem durch die großen Teiche im Westen und Süden (Knieper- und Frankenteich). 1271 großer Stadtbrand, Wiederaufbau der Stadt in Massivbauweise. Nach dem Aussterben des rügenschen Fürstenhauses 1325 unter pommerscher Oberhoheit. Im 14. und 15. Jh. wirtschaftliche Blüte als Mitglied der Hanse (vorwiegend Zwischenhandel mit skandinavischen und russischen Erzeugnissen, bedeutender Schiffbau, zeitweise 300 Schiffe unter Stralsunder Flagge), Höhepunkt der architektonisch-künstlerischen Entwicklung (Neubau der Nikolai- und Marienkirche, Umbau der Jakobikirche), eine der besterhaltenen historisch gewachsenen deutschen Stadtanlagen und als solche ein Denkmal von nationaler Bedeutung und internationalem Kunstwert. 1628 erfolglose Belagerung durch kaiserliche Truppen unter Wallenstein. Im Westfälischen Frieden 1648 mit dem übrigen Vorpommern Schweden zugesprochen. 1678 und von 1711 bis 1715 schwere Belagerungen durch brandenburgisch-preußische Heere. 1815 mit Neuvorpommern und Rügen an Preußen. 1936 Vollendung des Rügendammes. 1944 Zerstörung eines Teiles der Altstadt durch anglo-amerikanische Luftangriffe. Großzügiger Wiederaufbau in Zusammenarbeit mit der staatlichen Denkmalpflege (seit 1960 umfassende Rekonstruktion der gesamten historischen Bausubstanz), Errichtung von Neubauvierteln, u. a. *Wohngebiet Knieper-Nord*, 1960–1964 nach Entwurf des Kollektivs H. Werner (Städtebau) und R. Schwanz (Hochbau), etwa 3500 Wohneinheiten, und *Wohngebiet Knieper-West*, seit 1964 nach Entwürfen des Kollektivs H. Werner, K.-H. Wegner und S. Meklenburg, etwa 8000 Wohneinheiten, größtes Neubaugebiet der Stadt. Bildungsstätten: Fachschulen für Medizin und Landwirtschaft.

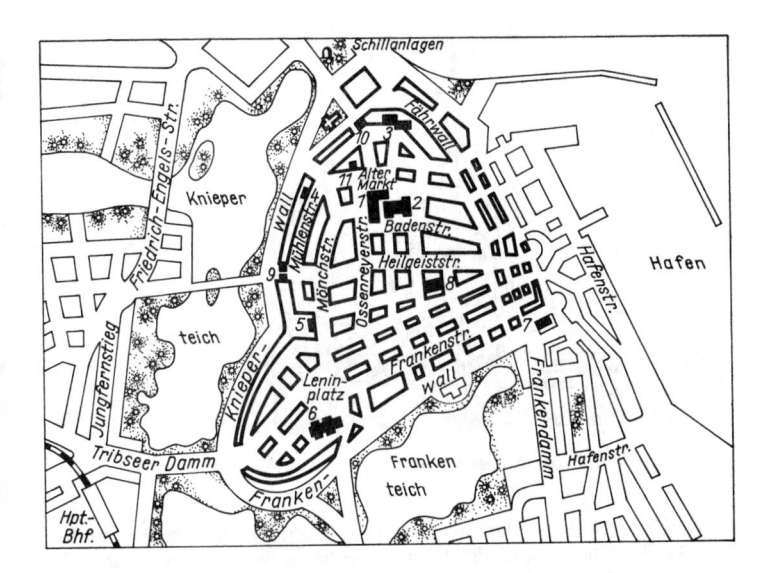

Stralsund
1 Rathaus, 2 Nikolaikirche, 3 Johanniskloster mit Räucherboden und Rosengarten, 4 Hof des ehem. Klosters Neuenkamp (Großer Kurhof), 5 Katharinenkloster, Kulturhistorisches und Naturkundemuseum, 6 Marienkirche, 7 Hl.-Geist-Kirche, 8 Jakobikirche, 9 Kütertor, 10 Kniepertor, 1 Wulflamhaus

Von der mittelalterlichen *Stadtbefestigung* größere Reste der Stadtmauer mit mehreren Wiekhäusern am Knieperwall und unweit des Johannisklosters erhalten, ferner das Kütertor von 1446 (Jugendherberge) und das Kniepertor (Wohnungen) aus dem frühen 14. Jh.

Rathaus. Gotischer Backsteinbau, urspr. aus zwei parallellaufenden Giebelhäusern (2. H. 13. Jh.) bestehend, diese möglicherweise schon im späten 13. Jh. durch Querbau im Süden verbunden, nördlicher Querbau mit Fassade (zwischen den Pfeilervorlagen drei Reihen gepaarter Kleeblattbögen, darüber kreisförmige Öffnungen mit Sternen aus Kupferblech und Giebel mit Krabben) vermutlich aus dem 15. Jh., an der Westseite Barockrisalit mit schwedischem Wappen, im ersten Obergeschoß Löwenscher Saal (18. Jh.), Renaissancetreppe von 1579 an den Verwaltungsräumen, im Innenhof Barockgalerien (um 1680).

Bürgerhäuser am Alten Markt. Wulflamhaus (Nr. 5) spätgotisch Mitte 15. Jh., Staffelgiebel mit reichem Maßwerk. Ehem. schwedische Kommandantur (Nr. 14) dreigeschossiger Barockbau mit hohem Walmdach 1746, Mittelrisalit mit Giebeldreieck.

Stralsund, Rathaus und Nikolaikirche

Nikolaikirche. Gotischer Backsteinbau, um 1270 beg., Hauptbauzeit vermutlich 1. H. 14. Jh., 1366 Einsturz des Turmes, Neubau als zweitürmige Anlage 2. H. 14. Jh., Barockhaube des südlichen Turmes 1667. Dreischiffige Basilika mit Kreuzrippengewölben, zwischen den nach innen gezogenen Strebepfeilern Kapellen, Chor mit Umgang und Kapellenkranz sowie niedrigen Nebenkapellen an der Ost- und Südseite, in zwei Kapellen der Südseite spätgotische Wandmalereien. Vollentwickeltes Strebewerk, reiches Westportal mit barocker Tür, die Türme mit reicher Blendengliederung (Höhe des Südturmes: 102,6 m). Von der reichen Ausstattung besonders bemerkenswert: Spätgotischer Hochaltar (im Schrein figurenreiche Kreuzigung) Ende 15. Jh. Flügelaltar der Riemer und Beutler (Kreuzigung), gestiftet 1451. Flügelaltar der Bürgermeister Sabel Osborn und Henning Mörder (Kreuzabnahme) Anfang 16. Jh. Flügelaltar der Bergenfahrer (Kreuzigung und Passionsszenen) um 1500. Barocker Altaraufsatz 1708 von Th. Phalert aus Stralsund nach Entwurf von A. Schlüter. Kanzel 1611. Gotische Anna selbdritt um 1290. Spätgotisches Kruzifix (4,9 m hoch) Mitte 14. Jh. Madonna der Familie Junge um 1430. Rest des Nowgorodfahrergestühls (Jagdszenen aus Rußland) 14. Jh. Kramergestühl 1574. Ratsgestühl 1652. Epitaphe 16.–18. Jh.

Johanniskloster (Schillstraße). Gegründet 1254 (Franziskaner), die frühgotische Kirche 1624 abgebrannt, nur der Chor wiederaufgebaut, in den Klosterräumen (jetzt Archiv) wertvolle spätmittelalterliche Wandmalereien. Am Klosterhof reizvolle zweigeschossige Spitalbauten.

Hof des ehem. Klosters Neuenkamp (sog. Kampischer Hof, Mühlenstr. 23). Baustelle 1257 von den Zisterziensern erworben, Hof 1319 urkundlich erwähnt, Dreiflügelanlage, zur Straße mit Mauer abgeschlossen, die Bauteile aus verschiedenen Stilperioden: Wohnhaus barock, Flügelbauten (Speicher) spätgotisch, im 17. Jh. erneuert, rest. — Daneben *Haus Mühlenstr. 21* (2. H. 15. Jh., rest.) mit Spitzbogenportal und siebenteiligem Giebel.

Katharinenkloster. Gegründet 1251 (Dominikaner), dreischiffige frühgotische Hallenkirche, vollendet vermutlich 1317, durch eingezogene Zwischendecken Museumszwecken nutzbar gemacht (jetzt Meeres-Museum). An der Südseite spätgotische Klostergebäude (im wesentlichen 15. Jh.), im Südflügel des östlichen Hofes dreischiffiger Remter mit Kreuzrippengewölben, schlanken Kalksteinsäulen und Gewölbemalereien, die übrigen Räume ein- und zweischiffig, im West- und Südflügel des westlichen Hofes mit reichen Sterngewölben. — *Kulturhistorisches Museum.* Kunst- und kulturgeschichtliche Sammlung, u. a. ur- und frühgeschichtliche Kunst (Goldschalen von Langendorf, Goldschmuck von Hiddensee), mittelalterliche Sakralkunst (niederdeutsche Tafelaltäre 15. und 16. Jh.), Münzen und Medaillen, Kunstgewerbe, ferner volkskundliche und stadtgeschichtliche Sammlungen.

Marienkirche. Gotischer Backsteinbau nach 1382 mit Benutzung älterer Teile, Westbau 1416 begonnen, im Mauerwerk vollendet 1473, Barockhaube 1708. Dreischiffige Basilika mit Kreuzrippengewölben und dreischiffigem Querhaus, zwischen den nach innen gezogenen Strebepfeilern Kapellen, Chor mit vereinfachtem Umgang und Kapellenkranz, in der westlichen Turmhalle reiche Stern- und Netzgewölbe. Quadratischer Unterbau des Turmes sowie Turmseitenhallen von Treppentürmen flankiert, oberer Teil des Turmes achteckig mit reicher Blendengliederung (Höhe: 104 m). Bemerkenswerte Ausstattungsstücke: Drei spätgotische Schnitzfiguren um 1430. Orgel 1659 von F. Stellwagen (rest.). Wandgrab des J. v. Lilljenstedt, gest. 1732. Sechs Erbbegräbnisse 16.–18. Jh. — Südwestlich der Marienkirche die *Apollonienkapelle*, spätgotischer Zentralbau (1416) über achteckigem Grundriß mit Rippengewölbe und Spitzdach.

Hl.-Geist-Kirche. Dreischiffige spätgotische Backstein-Hallenkirche (vermutlich 15. Jh.) mit Kreuzrippen- und Sterngewölben; Altaraufsatz 18. Jh. — An der Ostseite der Kirche zweiflügeliges und zweigeschossiges *Spital*, Innenhof mit hölzernen Galerien (erneuert 1643), weiter östlich *Elendenhaus* von 1641.

Jakobikirche. Dreischiffige gotische Backstein-Basilika (urspr. Hallenkirche, im 14. oder frühen 15. Jh. durch Erhöhung des Mittelschiffes umgewandelt, 1944 beschädigt, rest.) mit Kreuzrippengewölben, zwischen den nach innen gezogenen Strebepfeilern Kapellen, eingebauter dreigeschossiger Turm (15. Jh.) mit achteckigem Aufsatz und von Türmchen flankierter Barockhaube. Bemerkenswerte Ausstattungsstücke: Spätgotischer Flügelaltar (im Schrein Gnadenstuhl) Anfang 16. Jh. Flügelaltar (Szenen aus dem Marienleben) Anfang 16. Jh. Spätbarocker Hochaltar mit Gemälde von J. H. Tischbein 1786/88. Epitaphe 17./18. Jh. Grabplatten 14.–18. Jh., die älteste 1333.

Bürgerhäuser. Besonders schöne charakteristische Bebauung mit Giebelhäusern in der Mönch- und Ossenreyerstraße sowie in der Mühlenstraße (komplexe

Instandsetzung im Zuge der Stadtrekonstruktion). Besonders bemerkenswerte Einzelbeispiele: Mühlenstr. 21 spätgotisch. Fährstr. 29 Mitte 18. Jh., rest., schöner Giebel. Fährstr. 29/30 Mitte und Ende 17. Jh., rest. Badenstr. 17 Barockbau 1726–1730 von C. Loos. Badenstr. 39 (ehem. Landständehaus) Barockbau 1. H. 18. Jh., Portal mit zwei Putten und Wappen. Badenstr. 40 gotisch 15. Jh., Staffelgiebel. Badenstr. 44 Renaissancebau Mitte 17. Jh. Badenstr. 45 Frühbarockbau 1636, Giebel. Jacobiturmstr. 33/34 Renaissancebau 17. Jh., reiches Sandstein-Portal. Frankenstr. 28 gotisch 14. Jh., im 17. Jh. erneuert, alte Diele mit Hängegalerie.

Die Kreise Stralsund und Grimmen

RICHTENBERG. *Pfarrkirche*, dreischiffige gotische Backstein-Hallenkirche (vermutlich Anfang 15. Jh.) mit Kreuzrippengewölben, Chor (Granitquaderbau des 13. Jh.) mit Kuppelgewölbe, quadratischer Westturm; reiche Kanzel um 1700, Grabplatten 15.–18. Jh.

FRANZBURG. *Klosterkirche* des ehem. Zisterzienser-Klosters Neuenkamp, urspr. dreischiffige gotische Backstein-Hallenkirche (Anfang 14. Jh., in der 2. H. 16. Jh. entstellt) mit dreischiffigem Querhaus und Kreuzrippengewölben, die vorhandene Kirche im südlichen Querhausarm eingerichtet; spätgotische Maria auf der Mondsichel um 1430, großes Epitaph 1615.

TRIBSEES. *Pfarrkirche St. Thomas,* dreischiffige frühgotische Backstein-Hallenkirche (1. H. 14. Jh.) mit Kreuzrippengewölben, spätgotische Sakristei mit Netzgewölben, quadratischer Westturm. Bemerkenswerte Ausstattungsstücke: Spätgotischer Flügelaltar (im Schrein Darstellung der Sakramentsmühle) 1. H. 15. Jh. Kanzel 1577. Hölzernes Epitaph 1577. Grabplatten zweier Geistlicher Anfang 16. Jh. – *Mühlen- und Steintorturm,* Rest der spätgotischen Stadtbefestigung (vermutlich 15. Jh.).

KIRCH BAGGENDORF. *Dorfkirche*, einschiffiger Granitbau des Übergangsstils (13. Jh.) mit Kuppelgewölben, am Triumphbogen spätgotische Wandmalereien (kluge und törichte Jungfrauen) um 1400; Grabsteine 15., 17. und 18. Jh., Kanzel 1702, Altaraufsatz um 1703.

GRIMMEN. *Rathaus,* gotischer Backsteinbau (14. Jh.) mit siebenteiligem Staffelgiebel und offenem barockem Türmchen. – Von der *Stadtbefestigung* erhalten: Stralsunder Tor spätgotisch Mitte 15. Jh., Blendengliederung und Staffelgiebel. Mühltor spätgotisch 15. Jh. Greifswalder Tor spätgotisch, um 1800 zerstört, unvollständig wiederaufgebaut. – *Pfarrkirche St. Marien,* dreischiffige frühgotische Backstein-Hallenkirche (um 1280) mit Kreuzrippengewölben, Chor mit Umgang, eingebauter Westturm; Kanzel 1707, Gestühl 16./17. Jh. mit spätgotischen Resten.

GRIEBENOW. *Schloß* (jetzt Pflegeheim), stattlicher Putzbau von dreizehn

Achsen Breite und mit dreiachsigen Mittelrisaliten, an der Hofseite Portal mit Freitreppe und Puttenplastik. — *Dorfkirche*, Fachwerk-Zentralbau von 1616, rest.; reicher Altaraufbau 1654, Kanzel, Orgel und Gestühl aus der gleichen Zeit.

HORST. *Dorfkirche*, einschiffiger spätgotischer Backsteinbau (15. Jh.) mit Kreuzrippengewölben, Chor des Übergangsstils (13. Jh.), Westturm; spätgotischer Flügelaltar (Szenen aus dem Marienleben) Anf. 16. Jh., Kanzel 1602 von M. Buggenhof aus Greifswald.

Bemerkenswerte Dorfkirchen in PROHN (zweischiffige Anlage aus dem 14. Jh., reiche barocke Ausstattung), GROSS-MOHRDORF (frühgotisch Ende 13. Jh., rest., reiche barocke Ausstattung; spätgotisches Kruzifix, Epitaph 1613), NIEPARS (urspr. dreischiffige frühgotische Basilika 2. H. 13. Jh.; Epitaph v. Jäger 1729), PÜTTE (frühgotisch 2. H. 13. Jh.; zwei Grabsteine 14./15. Jh.), FLEMENDORF (spätgotisch vermutlich 15. Jh.; spätgotische Ausmalung und Tafelgemälde frühes 16. Jh.), STARKOW (dreischiffige frühgotische Basilika 2. H. 13. Jh.), VELGAST (spätgotisch 15. Jh.), STEINHAGEN (frühgotisch spätes 13. Jh.; spätgotische Kreuzigungsgruppe Anfang 16. Jh., Epitaph v. Klinkowström 2. H. 17. Jh.), ABTSHAGEN (spätgotisch Ende 14. Jh.), ROLOFSHAGEN (frühgotisch 13. Jh., ungewöhnlich reiche Barockausstattung), VORLAND (frühgotisch 13. Jh.), NEHRINGEN (Altaraufsatz 1598, übrige Ausstattung 1772), GLEWITZ (Chor frühgotisch 2. H. 13. Jh., Langhaus spätgotisch vermutlich 15. Jh.), RAKOW (frühgotisch Mitte 13. Jh.), GROSS-BISDORF (spätgotisch Ende 14. Jh.; reicher Altaraufsatz 1703, Kanzel Mitte 17. Jh.), STOLTENHAGEN (Mitte 13. Jh.), REINKENHAGEN (Chor um 1300, Langhaus spätgotisch vermutlich 15. Jh.), REINBERG (Chor Mitte 13. Jh., dreischiffiges Langhaus gotisch 1. H. 14. Jh.; barocke Kreuzigungsgruppe) und BRANDSHAGEN (dreischiffige Hallenkirche des 14. Jh.; reicher Altaraufsatz 1707, Empire-Kanzel).

Kreis Rügen

BERGEN. Im 12. Jh. als fester Handelsplatz genannt, wahrscheinlich aus zwei Siedlungen zusammengewachsen: dem slawischen Fischerdorf Gadmund oder Gatemin und einem Kolonistendorf um das 1193 gegründete Zisterzienser-Nonnen-Kloster; Verleihung des Stadtrechtes erst 1613. *Pfarrkirche St. Marien* (ehem. Klosterkirche), dreischiffige Backstein-Hallenkirche (spätromanisch begonnen um 1180, gotisch vollendet in der 1. H. des 14. Jh.) mit Querschiff und Kreuzrippengewölben, im Chor und Querschiff umfangreicher spätromanischer Wandgemälde-Zyklus (Szenen aus dem Alten und Neuen Testament) vom Anfang des 13. Jh. (nach 1900 stark ergänzt). Bemerkenswerte Ausstattungsstücke: Altaraufsatz um 1730. Kanzel um 1775 von J. Freese aus Stralsund. Gotischer Taufstein 14. Jh. Grabplatte der Äbtissin Elisabeth, gest. 1473.

PUTBUS. Planmäßige Anlage des Residenz- und Badeortes 1808–1845 unter Mitwirkung der Architekten W. Steinbach und J. G. Steinmeyer, stilistisch einheitliche Bebauung der Alleestraße, des Marktes und des sog. Circus (jetzt Thälmannplatz) mit meist zwei- oder dreigeschossigen Häusern, in der Bebelstraße vorwiegend eingeschossige Handwerkerhäuser; das baufällige Schloß (1864) um 1960 abgebrochen. — *Theater*, zweigeschossiger klassizistischer Bau (1819–1821 vermutlich nach Entwurf von W. Steinbach, 1835 umgebaut) mit Portikus und Giebeldreieck. — *Schloßpark*, urspr. Barockanlage (1725–1730), zwischen 1810 und 1825 in einen Landschaftspark umgestaltet und erweitert, Wildgehege 1833, alter Baumbestand mit vielen botanischen Seltenheiten. — *Bauten im Schloßpark:* Marstall klassizistisch 1821–1824. Orangerie 1824 angeblich nach Plänen von Schinkel, 1853 umgebaut, Mittelpavillon und Seitenpavillons als selbständige Baukörper hervorgehoben. Gartenhaus (jetzt Parkcafé) 1828/29 nach Entwurf von Steinmeyer. Affenhaus um 1830. Fasanenhaus um 1835. Gärtnerhaus vor 1815. Mausoleum neugotischer Zentralbau Mitte 19. Jh. Denkmal Fürst Wilhelm Malte I. 1859 von F. Drake. — *Pfarrkirche*, dreischiffige spätklassizistische Basilika (1844–1846 nach Plänen von F. A. Stüler und J. G. Steinmeyer, urspr. Kurhalle, 1891/92 zur Kirche umgestaltet). Vor der nördlichen Schmalseite Turm, an der rückwärtigen Schmalseite Anbau mit Dienstwohnungen und Sakristei.

LANCKEN-GRANITZ. *Jagdschloß Granitz*, neugotische Vierflügelanlage (ab 1836 nach Plänen von Steinmeyer, rest.) mit Ecktürmen, im Hof 38 m hoher Rundturm (1844 nach Entwurf von Schinkel), im Erdgeschoß Räume mit gekachelten Wänden und Stuckdecken, im Obergeschoß reicher Festsaal.

LAUTERBACH. *Badehaus in der Goor* (jetzt Erholungsheim), aus mehreren Trakten zusammengesetzter klassizistischer Bau (1817/18, um 1820 und kurz nach 1830 erweitert, rest.), vor der Vorderfront langgestreckte Kolonnade.

GARZ. *Pfarrkirche St. Petri*, einschiffiger spätgotischer Backsteinbau (beg. Mitte 14. Jh., Chor um 1500 nach Osten verlängert) mit Kreuzrippengewölben und niedrigem Turm (um 1450), rest. Bemerkenswerte Ausstattungsstücke: Romanischer Taufstein 1. H. 13. Jh. Altaraufsatz 1724 von E. Keßler aus Stralsund. Kanzel 1707/08 von H. Broder aus Stralsund. Taufengel 2. V. 18. Jh. von M. Becker aus Stralsund. Gestühl 17./18. Jh. — *Ernst-Moritz-Arndt-Heimatmuseum*, u. a. Geschichte des Bauernstandes auf Rügen von der Leibeigenschaft bis zur Gegenwart, Reliquienschrein aus der Kirche von Kasnevitz.

SCHAPRODE. *Dorfkirche*, einschiffiger spätgotischer Bau (2. H. 15. Jh.) mit weitgespannten Kreuzrippengewölben, spätromanischer Chor mit Apsis und Kreuzbogenfriesen (1. H. 13. Jh.). Bemerkenswerte Ausstattungsstücke: Spätgotische Triumphkreuzgruppe um 1500. Kanzel 1723 von H. Broder und F. Rose aus Stralsund. Taufe um 1725.

TRENT. *Dorfkirche*, dreischiffige spätgotische Hallenkirche (Chor um 1400, Langhaus Ende 15. Jh.) mit tief herabgezogenen Kreuzrippengewölben; Al-

Schaprode, Dorfkirche

taraufsatz sowie Taufe und Beichtstuhl 1752–1754 von M. Müller aus Stralsund.

GLOWE-SPYKER. *Schloß* (jetzt Erholungsheim), dreigeschossiger Renaissancebau (Ende 16. Jh., nach 1650 umgebaut, rest.) mit runden Ecktürmen und Treppenturm, im ersten Obergeschoß reiche Stuckdecken von A. Lohr und N. Eriksson.

ALTENKIRCHEN. *Dorfkirche*, dreischiffige gotische Basilika (vermutlich 13./14. Jh., innen restauriert) mit Kreuzrippengewölben, spätromanischer Chor mit Apsis (um 1200), abgesonderter Glockenstuhl (vermutlich 17. Jh.). Bemerkenswerte Ausstattungsstücke: Spätromanischer Taufstein mit Gesichtsmasken um 1250. Altaraufsatz 1724 von E. Keßler aus Stralsund. Taufengel um 1730. Spätgotisches Kruzifix Ende 14. Jh. Slawischer Grabstein (Südvorhalle) vor 1168.

ARKONA. *Alter Leuchtturm,* dreigeschossiger klassizistischer Backsteinbau (1826–1829 nach Entwurf von K. F. Schinkel) mit verglaster Laterne.

KLOSTER AUF HIDDENSEE. *Gerhart-Hauptmann-Gedächtnisstätte* im Haus Seedorn (ehem. Wohnhaus des Dichters, erworben 1930), mehrere Räume im ursprünglichen Zustand, Ausstellung »Gerhart Hauptmann – Leben und Werk«; in der Nähe das Grab des Dichters. – *Heimatmuseum*, vorwiegend Sammlung zur Geschichte der Insel Hiddensee. – *Dorfkirche*, spätgotisch um 1400, 1781 verändert, rest.; Kanzelaltar 1781, Taufengel 18. Jh.

WAASE AUF UMMANZ. *Dorfkirche*, spätgotischer Bau nach Mitte 15. Jh., Reste von Wandmalereien um 1470; großer Schnitzaltar (Kreuzigung, Kreuztragung und Beweinung sowie drei Szenen aus der Legende des hl. Thomas von Canterbury), um 1520, Antwerpener Arbeit, Kanzel 1572, Bronzeleuchter

15. Jh., Sakramentsschrein 15. Jh., zehn Wappenscheiben 1697. — *Ortsbild*, typisch für die Fischerdörfer auf Rügen, zum größten Teil erhalten. — Im Ortsteil Freesenort *Niederdeutsches Hallenhaus* (»Hasenburg«), im Kern Ende 17. Jh.

Typische Fischerdörfer mit erhaltener alter Bebauung: VITT auf der Halbinsel Wittow und NEUENDORF auf der Insel Hiddensee.

Bemerkenswerte Herrenhäuser in BOHLENDORF (Barockbau 1794–1796), LANCKEN (Barockbau um 1720/30), GRANSKEVITZ (Renaissancebau 17. Jh. auf älteren Fundamenten), UDARS (Frühbarockbau 2. H. 17. Jh.), VENZ (Renaissancebau 2. H. 16. Jh., Ende 17. Jh. verändert), PANSEVITZ (urspr. Renaissancebau um 1600, im 18. und 19. Jh. stark verändert, Dreiflügelanlage), KARTZITZ (Barockbau um 1750; alter Park), BOLDEVITZ (Renaissancebau um 1635, Seitenflügel 18. Jh.; Festsaal mit Grisailletapeten von Ph. Hackert, rest.; alter Park mit Erbbegräbnis und Kapelle). ÜSELITZ (Renaissancebau um 1600, Räume mit Stuckdecken 17. Jh.), RENZ (Renaissancebau um 1600), GROSS-SCHORITZ (schlichter Barockbau Mitte 18. Jh., Geburtshaus von Ernst Moritz Arndt) und KARNITZ (ehem. Jagdschloß neugotisch 1834/35).

Bemerkenswerte Dorfkirchen in ALTEFÄHR (spätgotisch 2. H. 15. Jh., Altaraufsatz 1746 von M. Müller aus Stralsund), BESSIN (spätgotischer Zentralbau 2. H. 15. Jh.), RAMBIN (Chor frühgotisch um 1300, Langhaus 2. H. 14. Jh.; in der Nähe ehem. Klosterkapelle und -gebäude 15., 18. und 19. Jh.), SAMTENS (Grabdenkmäler 17. Jh., v. d. Osten), GUSTOW (Chor frühgotisch Ende 13. Jh., Langhaus gotisch 14. Jh., Wandmalereien um 1420; Triumphkreuzgruppe Mitte 15. Jh.), POSERITZ (gotisch 14. Jh.; zwei Kreuzigungsgruppen 15./16. Jh.), SWANTOW (spätgotisch 2. H. 15. Jh.), ZUDAR (gotisch 14. Jh.; Altaraufsatz 1707 von H. Broder), KASNEVITZ (gotisch 14. Jh., Kanzelaltar 1746), VILMNITZ (Altaraufsatz 1603, Grabdenkmäler 16./17. Jh., v. Putbus), ZIRKOW (spätgotisch 15. Jh.), MIDDELHAGEN (spätgotischer Flügelaltar Ende 15. Jh.), GROSS-ZICKER (spätgotisch Ende 14. Jh.; Kanzel 1653 von J. Meyer), SAGARD (urspr. spätromanisch Anfang 13. Jh., im 15. und 16. Jh. stark verändert; Altaraufsatz 1726/27 von E. Keßler), BOBBIN (spätgotisch Anfang 15. Jh.; Gemälde 17. Jh. von A. J. van Diepenbeck, Kanzel 1622), WIEK (spätgotisch 1. H. 15. Jh.; Triumphkreuzgruppe um 1300 und um 1500, Altaraufsatz 1747/48 von M. Müller), NEUENKIRCHEN (spätgotisch 15. Jh.; Epitaph 1646), RAPPIN (Chor gotisch 14. Jh., Langhaus spätgotisch um 1400), PATZIG (spätgotischer Flügelaltar 15. Jh.), GINGST (dreischiffige spätgotische Hallenkirche um 1400 mit spätgotischem Chor, rest.), LANDOW (spätgotisch 15. Jh.; Triumphkreuz um 1500).

Die Stadt Greifswald und die Kreise Greifswald und Wolgast

Die Stadt Greifswald

Um 1200 Gründung des Zisterzienser-Klosters Hilda (später Eldena) am Südufer der Ryckmündung in der Nähe des klostereigenen Salzwerkes. Vermutlich schon im 1. D. 13. Jh. Ansiedlung von Salinenarbeitern auf dem flachen Hügel des heutigen Stadtkerns. 1241 Verleihung des Rechtes an das Kloster Hilda, jährlich einen Markt abzuhalten. Zwischen 1241 und 1248 (erste Nennung des Marktfleckens »Gripheswald«) planmäßige Anlage der Siedlung durch Einwanderer aus dem west- und nordwestdeutschen Raum sowie aus Dänemark, auffallend regelmäßiges Straßengitternetz mit ausgespartem Marktplatz (jetzt Platz der Freundschaft). 1250 Verleihung des Lübecker Stadtrechtes. 1264 Vereinigung der um 1250 entstandenen Neustadt um die Jakobikirche mit der Altstadt um den Markt und die Marienkirche. 1456 Gründung der Universität im wesentlichen auf Initiative des Bürgermeisters Heinrich Rubenow. Im Westfälischen Frieden 1648 mit dem übrigen Vorpommern Schweden zugesprochen. 1713 und 1736 Stadtbrände. 1815 mit Neuvorpommern und Rügen an Preußen. 1945 durch kampflose Übergabe (Oberst Petershagen) vor der Zerstörung gerettet. Nach 1945 bedeutende Stadterweiterungen, u. a. *Wohngebiet Ostseeviertel*, 1956–1960 und 1970–1973 in zwei Etappen errichteter Komplex für etwa 2 500 Einwohner, Erweiterung

Greifswald
1 Rathaus, 2 Marienkirche, 3 Franziskanerkloster und Museum der Stadt Greifswald, 4 Jakobikirche, 5 Hospital St. Spiritus, 6 Universität, 7 Dom St. Nikolai, 8 Fangelturm, 9 Spätgotische Giebelhäuser

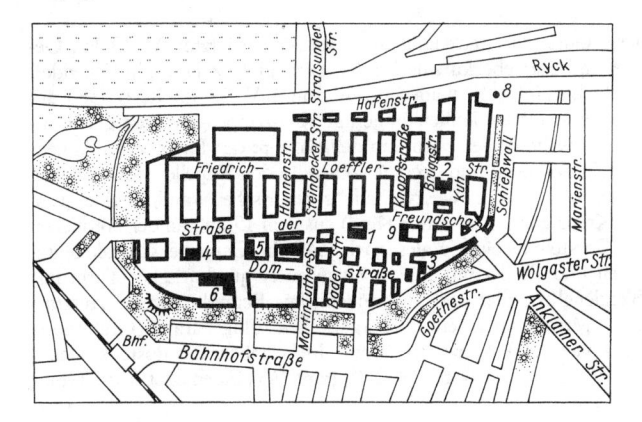

in Richtung Wieck und Eldena geplant, und *Wohngebiet Schönwalde*, seit 1960 nach Entwurf des Kollektivs G. Richardt und seit 1968 nach Entwürfen der Kollektive G. Richardt, R. Lasch und F. Mohr in Zusammenhang mit dem Aufbau des Kernkraftwerks Nord, etwa 35 000 Einwohner; komplexe Stadtrekonstruktion des Hafenviertels begonnen, denkmalpflegerische Rekonstruktion des Viertels um die Marienkirche vorgesehen. Bildungsstätten: Ernst-Moritz-Arndt-Universität, Ingenieurschule für Meliorationswesen, Medizinische Schule.

Bauten im Stadtkern

Rathaus. Urspr. gotischer Backsteinbau (Mitte 14. Jh.), nach Bränden 1713 und 1736 in Spätrenaissance-Formen erneuert, langgestreckter rechteckiger Grundriß, Schmuckgiebel, Arkaden, Dachreiter von 1738; Kellerräume mit Kreuzrippengewölben, Ratssitzungszimmer mit Stuckdecke (1748 von B. Braun) und Tapetengemälden, rest.

Bürgerhäuser: Platz der Freundschaft 11 spätgotischer Backsteinbau (Anfang 15. Jh.) mit siebenteiligem Staffelgiebel und reichem Maßwerk, Wechsel von hellen und dunkel glasierten Steinen. Platz der Freundschaft 13 (15. Jh.) urspr. vierteiliger Staffelgiebel, wiederhergestellt. Platz der Freundschaft 26 Barockbau 1709. Platz der Freundschaft 27 Renaissancebau 1594. Brüggstr. 9 um 1540, fünfteiliger Giebel. Knopfstr. 33 Renaissancebau um 1600. Straße der Freundschaft 92 Renaissancebau 2. H. 16. Jh. Baderstr. 2 urspr. 14. Jh., im 18. Jh. umgestaltet, Barockgiebel. Steinbeckerstr. 15 klassizistisch 1818. Steinbeckerstr. 31 Renaissancebau um 1550. Domstr. 9 Barockbau 1747. Domstraße 10 Barockbau 18. Jh. Domstr. 24 mit Rokoko-Haustür 18. Jh. — Bemerkenswerte *Speicherbauten*: Kuhstr. 25 1648. Baderstr. 25 2. H. 17. Jh. Hunnenstr. 22 1801.

Marienkirche. Gotischer Backsteinbau, begonnen im letzten V. 13. Jh., Gewölbe, Dach und Ostgiebel kurz nach 1350, Turm in der 2. H. 14. Jh. vollendet, Annenkapelle um 1400, Südkapellen aus dem 1. V. 15. Jh. Rest. 1980 abgeschlossen. Dreischiffige Hallenkirche mit Kreuzrippengewölben und Bündelpfeilern von wechselnder Form, an der Südseite des Langhauses Annenkapelle mit Kreuzrippen- und Sterngewölben, in den Kapellen des südlichen Seitenschiffes und in der Westvorhalle spätgotische Wandgemälde (u. a. Geißelung, Kreuzigung, Maria mit Kind) aus dem 15. Jh., an der nördlichen Turmwand Darstellung eines Wales (nach 1545). Im Ostgiebel schmale Spitzbogenblenden und Pfeiler mit Fialen, eingebauter quadratischer Turm mit reicher Blendengliederung und Pyramidenhelm. Bemerkenswerte Ausstattungsstücke: Mittelschrein eines spätgotischen Flügelaltars (Grablegung Christi) kurz nach 1500, Kanzel 1587 von J. Mekelenborg aus Rostock. Denkstein für H. Rubenow, erschlagen 1462. Epitaph F. v. Essen, gest. 1714. Grabsteine 14.–17. Jh.

Vom ehem. *Franziskanerkloster* (gegründet um 1245) erhalten das Wohnhaus des Guardians (jetzt Museum), dreigeschossiger gotischer Backsteinbau (im Kern Anfang 14. Jh.) mit Strebepfeilern. — *Museum der Stadt Greifswald*, u. a. Gemälde, Zeichnungen und Graphiken von C. D. Friedrich (geb. 1774 in Greifswald), Greifswalder Maler des 19. und 20. Jh., Funde aus dem Kloster Eldena, Geschichte der Universität, Ernst-Moritz-Arndt-Gedenkraum.

Dom St. Nikolai. Gotischer Backsteinbau, begonnen in der 2. H. 13. Jh., vollendet Ende 13. Jh., in der 2. H. 14. Jh. nach Osten erweitert und umgebaut, achteckiges Turmobergeschoß nach 1400, Turmhaube von 1653, Innenraum 1824–1833 von G. Giese umgebaut. Dreischiffige Basilika mit Kreuzrippen- und Sterngewölben, zwischen den nach innen gezogenen Strebepfeilern Kapellen, ungewöhnlich reich gegliederter Turm (99,9 m hoch), Haube mit doppelter Laterne und steiler Spitze. Bemerkenswerte Ausstattungsstücke: Spätgotisches Gemälde (Maria mit sieben betenden Professoren), gestiftet 1460 von H. Rubenow. In den Seitenschiffskapellen Familienbegräbnisse 18. Jh. Grabsteine 14.–17. Jh.

Hospital St. Spiritus. 1262 urkundlich genanntes Altersheim, Hof mit eingeschossigen Fachwerkhäusern aus der 2. H. 18. Jh. und Ergänzungsbauten aus der Mitte 19. Jh.

Universität. Dreigeschossiger, langgestreckter Barockbau (1747–1750 von A. Meyer aus Augsburg), Mittelrisalit mit Pilastergliederung und Giebeldreieck, in der Aula (urspr. Bibliothekssaal) von ionischen Holzsäulen getragene Galerie. Bemerkenswerte Ausstattungsstücke: Sog. Croy-Teppich (Luther predigt das Evangelium) 1554 von P. Heymans. Denkmal des Herzogs Ernst Ludwig, gest. 1592.

Jakobikirche. Dreischiffige (urspr. wohl zweischiffige) gotische Backstein-Hallenkirche (beg. 2. H. 13. Jh., Umbau um 1400) mit Kreuzrippengewölben, quadratischer Turm mit Blendengliederung, rest.; spätromanischer Taufstein 13. Jh., Grabsteine 14.–17. Jh.

Stadtbefestigung. Von den Anlagen im Zuge des jetzigen Grüngürtels Reste der Backsteinmauer an der Süd- und Westseite und Fangelturm (Backsteinbau 14. Jh., urspr. mit Kegeldach, jetzt mit Zinnen) am Nordende des Schießwalls erhalten.

Bauten in den eingemeindeten Vororten

WIECK. *Typisches Fischerdorf* mit teilweise erhaltener charakteristischer Bebauung, hölzerne Zugbrücke von 1886/87 über den Ryck (noch in Betrieb).

ELDENA. *Klosterkirche* des ehem. Zisterzienser-Klosters, gegründet 1199, seit 18. Jh. Ruine, dreischiffige Backstein-Basilika (Ostteile spätromanisch 1. H.

13. Jh., Westteile spätgotisch Ende 14. Jh., Westfront Anfang 15. Jh.) mit Querschiff, an den Querschiffsarmen urspr. je zwei Nebenchöre, Westfront mit hohem Mittelfenster, an der Nordseite kleiner Treppenturm. — *Klostergebäude*, zweigeschossige Ruine des Ostflügels der Klausur (vermutlich 2. H. 13. Jh.) mit Grabsteinen aus dem 14./15. Jh.

Die Kreise Greifswald und Wolgast

LUDWIGSBURG. *Schloß* (jetzt Wohnungen), urspr. Renaissancebau (nach 1577), im 19. Jh. umgebaut, dreigeschossig, hohe Satteldächer, im Erdgeschoß gewölbte Halle, im Obergeschoß Balkendecke aus der Entstehungszeit. Weiträumige Hofanlage mit Fachwerkhäusern des 18. Jh., östlich des Schlosses Kapelle von 1708. — Im Kern barocke *Gartenanlage* mit Lindenallee, Hainbuchenhecken und Rundtempel.

KARLSBURG. *Schloß* (jetzt Diabetikerheim), unvollendete barocke Dreiflügelanlage von 1732, zweigeschossig, Gartensaal mit reicher Stuckdecke. — Vor der Frontseite barocke Gartenanlage mit Wasserbassin. Vor der Rückseite Landschaftspark, vermutlich nach Entwurf von Fürst Pückler-Muskau. Nordöstlich des Schlosses der barocke Marstall.

WOLGAST. Entstanden im 12. Jh. als Sitz der Herzöge von Pommern-Wolgast, planmäßige Anlage der Stadt (1282 Stadtrecht) im Schutze des nicht mehr vorhandenen Schlosses, 1713 großer Stadtbrand. *Gertrudenkapelle* (Alter Friedhof), zwölfeckiger spätgotischer Backstein-Zentralbau mit Sterngewölbe auf Mittelpfeiler sowie Zeltdach mit Türmchen, vermutlich um 1400. — *Pfarrkirche St. Petri*, dreischiffige spätgotische Backsteinbasilika (2. H. 14. Jh. mit

Wolgast, Gertrudenkapelle

Benutzung älterer Teile) mit Stern- und Kreuzrippengewölben, Chor mit Umgang, Wandgemälde aus dem 15. Jh. sowie Totentanzgemälde (1700 von C. S. Köppe) aus der Gertrudenkapelle, eingebauter Turm; Gerovit-Stein 12. Jh., spätgotische Schnitzfiguren 15. Jh., Epitaph Herzog Philipp I., gest. 1560, Messingguß von W. Hillger aus Freiberg. – *Rathaus*, schlichter Barockbau (1718–1724) mit Benutzung spätgotischer Teile. – *Bürgerhäuser:* In der Lange- und Burgstraße einige Häuser des 16./17. Jh., z. T. mit mehreren Kornböden. – *Heimatmuseum* (Karl-Liebknecht-Platz 6, Anfang 17. Jh.), u. a. urgeschichtliche Funde, Wolgast als Herzogsstadt, Gedenkraum für den 1777 in Wolgast geborenen Maler der Romantik Ph. O. Runge (Geburtshaus Kronwickstr. 45).

SEEBAD HERINGSDORF. *Maxim-Gorki-Gedenkstätte* (Gorkistr. 20), ehem. »Villa Irmgard«, Wohnsitz des Dichters Maxim Gorki 1922, Wohn- und Arbeitsraum im alten Zustand.

PUDAGLA. *Herrenhaus*, schlichter zweigeschossiger Renaissancebau (1574), an der Hofseite Treppenvorbau mit Wendeltreppe, über dem Haupteingang großes pommersches Wappen.

MELLENTHIN. *Schloß* (jetzt Wohnhaus), zweigeschossiger Renaissancebau (1575–1580, rest.), an der Hofseite Treppenturm, zwei Erker und zwei eingeschossige Flügelbauten, die meisten Räume mit Stichkappen-Tonnengewölben, im Erdgeschoß Kamin von 1613. – In der *Dorfkirche* (frühgotischer Chor Anfang 14. Jh., spätgotisches Langhaus 15. Jh.) bemerkenswert: Kanzel, Gestühl und Emporen 17./18. Jh., Grabstein nach 1594.

USEDOM. *Anklamer Tor*, spätgotischer Backsteinbau (um 1450) mit Blendengliederung, an der Feldseite Fallgatternische. – *Rathaus*, schlichter Bau aus dem 18. Jh. – *Marienkirche*, im Kern spätgotisch, 1891 stark erneuert.

Bemerkenswerte Pfarr- und Dorfkirchen in NEUENKIRCHEN (Chor um 1300, spätgotisches Langhaus vermutlich 15. Jh.), LEVENHAGEN (dreischiffige Stufenhalle 2. H. 14. Jh., spätgotische Ausmalung, rest., am Kirchhofseingang kleine Wallfahrtskapelle, 14. Jh.), BEHRENHOFF (dreischiffige spätgotische Basilika vermutlich 15. Jh., Chor 13. Jh.), GROSS-KIESOW (Chor 13. Jh., gotisches Langhaus vermutlich 14. Jh., Wandmalereien 1. H. 16. Jh.), GÜTZKOW (1241 urkundlich genannt, vermutlich im 15. Jh. zur zweischiffigen Anlage umgebaut), HANSHAGEN (Chor 13. Jh., gotisches Langhaus vermutlich 14. Jh.), KEMNITZ (urspr. frühgotische Stufenhalle um 1300, nördl. Seitenschiff abgebrochen), WUSTERHUSEN (geweiht 1271, im 15. Jh. zur dreischiffigen Hallenkirche umgebaut; spätromanischer Taufstein mit Gesichtsmasken), KATZOW (frühgotisch, um 1300), HOHENDORF (frühgotischer Chor Ende 13. Jh., gotisches Langhaus 14. Jh.), LASSAN (dreischiffige spätgotische Hallenkirche 15. Jh., Chor Mitte 13. Jh.; Altaraufsatz und Kanzel um 1727), MÖNCHOW (Epitaph 1. H. 17. Jh., Hängeleuchter 1653) und KOSEROW (spätgotischer Flügelaltar 2. H. 15. Jh.).

Bezirk Schwerin

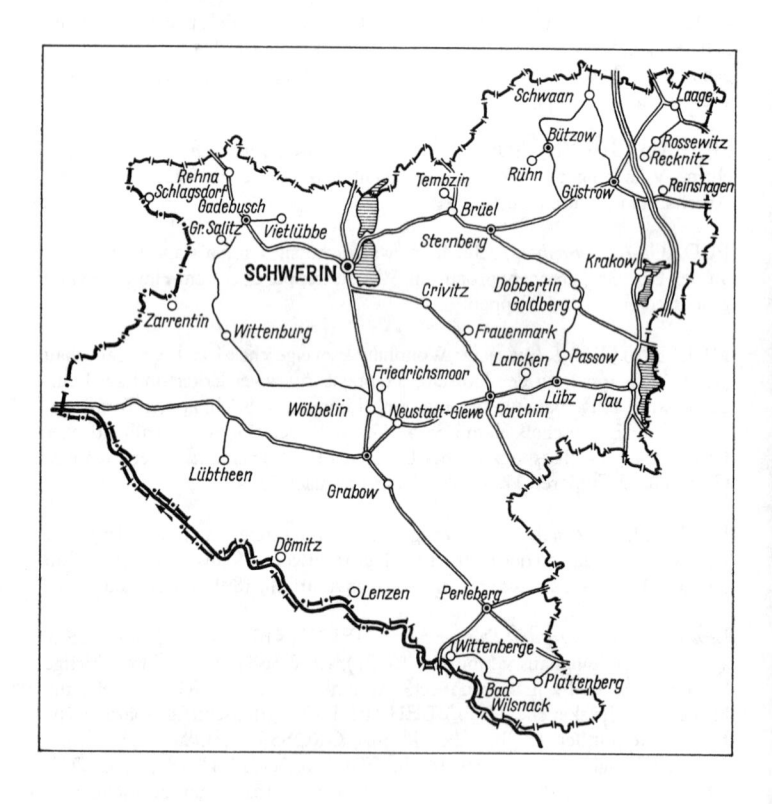

Stadt und Kreis Schwerin

Die Stadt Schwerin

1018 in der Chronik Thietmars von Merseburg als Burg des Obotritenfürsten Mistizlaw genannt. Im Krieg gegen den Obotritenfürsten Niklot 1160 von Heinrich dem Löwen erobert, im selben Jahr Gründung der Grafschaft Schwerin, Neugründung des Bistums Schwerin und Verleihung des Stadtrechtes an die bereits bestehende deutsche Siedlung um den heutigen Markt. 1284 vertragliche Regelung der Besitzverhältnisse innerhalb der Stadt: das nördliche Drittel der Altstadt um den Dom und die nördlich davon gelegene Moorinsel (die spätere Schelfvorstadt) Eigentum des Domkapitels, die übrigen Teile der Altstadt unter der Jurisdiktion des Rates. 1358 Vereinigung von Stadt und Grafschaft mit dem Herzogtum Mecklenburg. 1531 und 1558 Stadtbrände. Unter Herzog Johann Albrecht 1533 Beginn des Umbaus der gotischen Burg auf der Schloßinsel in ein Renaissanceschloß (F. und J. B. Parr, Ph. Brandin, V. v. Lira, Statius van Düren), nach 1612 erneuter Umbau (nicht vollendet), diesmal nach Plänen von G. E. Piloot. 1628 Besetzung der Stadt durch kaiserliche Truppen. 1631 Rückeroberung nach schwerer Belagerung. Zu Beginn des 18. Jh. Ausbau der Schelfvorstadt nach Plänen des Ingenieur-Kapitäns J. Reutz. Nach der Rückkehr des Hofes von Ludwigslust 1837 Beginn der Arbeiten an einem neuen Stadtteil westlich der Altstadt in der Umgebung des Pfaffenteiches. Nach 1945 Ausbau zu einem der bedeutendsten Industriestandorte der Nordbezirke, u. a. *Wohngebiet Weststadt*, erster Abschnitt 1955–1963, zweiter Abschnitt 1971–1974, *Wohngebiet Lankow*, 1962–1972 für etwa 20 000 Einwohner, und *Wohngebiet auf dem Großen Dreesch*, begonnen 1971, geplant für 55 000 Einwohner. Seit 1977 umfassende Rekonstruktion der städtischen Altbaugebiete. Bildungsstätten: Fachschulen für Musik und Medizin, Institute für Lehrerbildung und Lehrmeisterausbildung.

Schloß (umfassend rest.). Im wesentlichen Neubau (1843–1857) in den Formen der Neurenaissance unter Leitung von G. A. Demmler und F. A. Stüler in Anlehnung an einen Entwurf von G. Semper, Teile des urspr. Renaissancebaus im Trakt gegenüber dem Haupteingang und der Schloßkapelle erhalten. — *Schloßkapelle*, Renaissancebau (1560–1563 von J. B. Parr) nach dem Muster der Schloßkapelle in Torgau, einschiffig mit Sterngewölben, von toskanischen Säulen getragene Emporen, Portal von H. Walther (II) aus Dresden, neugotischer Chor nach Plänen des Kölner Dombaumeisters Zwirner. Bemerkens-

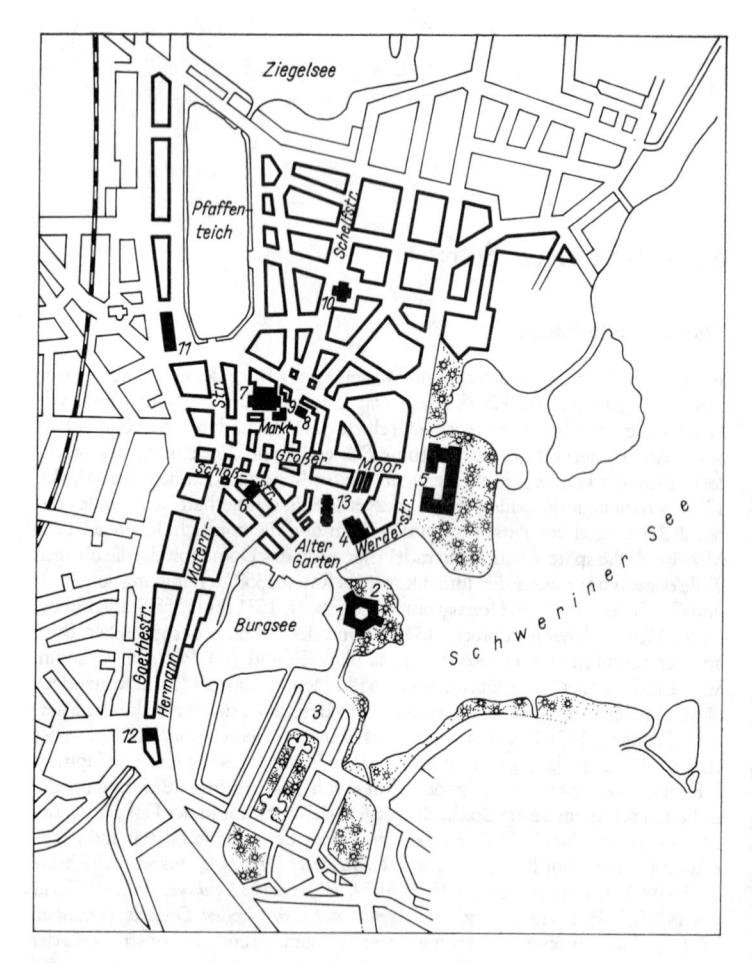

Schwerin
1 Schloß (Pädagogische Schule und Polytechnisches Museum), 2 Schloßkapelle, 3 Schloßgarten, 4 Staatliches Museum und Museum für Ur- und Frühgeschichte, 5 Marstall, 6 Katholische Kirche, 7 Dom St. Maria und St. Johannes Evangelista, 8 Altstädtisches Rathaus, 9 Neues Gebäude, 10 Schelfkirche, 11 Arsenal, 12 Berliner Tor, 13 Mecklenburg. Staatstheater

werte Ausstattungsstücke: Kanzel von S. Schröter aus Torgau. Mehrere Alabaster-Reliefs (Szenen aus dem Leben Christi). — *Thronsaal* als Konzertsaal rest. — *Schloßgarten*, Barockanlage mit Kanälen (1708 von Ingenieur-Kapitän v. Hammerstein, 1748–1756 von J. Legeay erneuert), Gartenplastik aus der Werkstatt B. Permosers (jetzt durch Kopien ersetzt).

Kollegiengebäude (am Alten Garten, jetzt Bezirksleitung der SED). Klassizistische Dreiflügelanlage (1825–1834 nach Plänen von G. A. Demmler) mit Portikus.

Staatliches Museum am Alten Garten. Kunstgeschichtliche Sammlung mit mehreren Abteilungen: Kunst des Mittelalters (u. a. Tempziner Altar 1411, Neustädter Altar 1435, Cranach, Altdorfer). Niederländische Malerei des 17. Jh. (u. a. Hals, Steen, Ostade, Fabritius, Terboch). Europäische Malerei des 18. Jh. (u. a. Gainsborough, Pesne). Deutsche Malerei des 19. Jh. (u. a. Friedrich, Krüger, Trübner, Schuch, Liebermann, Corinth). Kunst der Gegenwart (u. a. Seitz, Cremer, Grzimek). Graphische Sammlung (etwa 4000 Handzeichnungen, rund 20000 Blatt Druckgraphik, vorwiegend Deutsche und Niederländer). Bemerkenswerte volkskundliche Sammlung. — *Museum für Ur- und Frühgeschichte*, u. a. reiche Fundkomplexe vom mittelsteinzeitlichen Wohnplatz Hohen-Viecheln bei Wismar sowie vom slawischen Burgwall Teterow und aus Behren-Lübchin.

Marstall (Werderstr.). Klassizistische Vierflügelanlage (1838–1843 von G. A. Demmler) mit Pavillons an den Ecken und nach Westen geöffnetem Hof.

Haus des Maurermeisters Barca (Ritterstr. 14/16). Klassizistischer Backsteinbau um 1780 vermutlich nach Plänen von J. J. Busch.

Katholische Kirche (Schloßstr.) Klassizistischer Saalbau (1792 vermutlich von J. J. Busch) mit Pilastergliederung und Glockentürmchen.

Altstädtisches Rathaus (am Markt). Neugotische Fassade 1835 von G. A. Demmler, dahinter vier *Fachwerk-Giebelhäuser* aus dem späten 17. Jh.

Neues Gebäude (am Markt). Klassizistische Kaufhalle (1783–1785 von J. J. Busch) mit dorischen Kolonnaden.

Dom St. Maria und St. Johannes Evangelista. Erster Dombau 1248 geweiht, bestehender gotischer Backsteinbau im wesentlichen aus dem 14. und frühen 15. Jh.: Chor vor 1327, Langhaus wohl 1374 voll., Einwölbung des Mittelschiffes vollendet 1416, Westturm 1888–1892 nach Plänen von G. Daniel. Dreischiffige Basilika mit dreischiffigem Querhaus, Kreuzrippen- und Netzgewölbe, in der Marienkapelle Reste mittelalterlicher Wandmalereien (u. a. Evangelistensymbole, thronende Maria), Chor mit Umgang und Kapellenkranz nach dem Muster der Lübecker Marienkirche, am Langhaus voll entwickeltes

Schwerin, Neues Gebäude und Dom

Strebewerk, am Chor Strebepfeiler, Stirnseiten des Querhauses von Treppentürmen flankiert, Giebel mit Blenden. Besonders bemerkenswerte Ausstattungsstücke: Spätgotischer Flügelaltar (Kreuzaltar), im Schrein Sandsteinrelief (Kreuzigung) um 1420, Lübecker Arbeit, Flügel (Apostel und Heilige) vom Ende des 15. Jh. Bronzener Taufkessel (getragen von acht männlichen Figuren, an der Wandung Heilige) Ende 14. Jh. Zwei Doppelgrabplatten für vier Bischöfe aus dem Hause Bülow 2. H. 14. Jh., Messingguß aus Flandern. Grabtafel der Herzogin Helena 1527 von P. Vischer d. Ä. aus Nürnberg. Freigrab Herzog Christoph und Elisabeth von Schweden 1595 von R. Coppens aus Antwerpen. – *Kreuzgang*, spätgotischer Backsteinbau (1. H. 15. Jh.), Ost- und Westflügel im 19. Jh. umgebaut. Ehem. Mecklenburgisches Landesarchiv mit wertvollen mittelalterl. Handschriften.

Schelfkirche (Nikolaikirche). Barocker Zentralbau (1708–1711 von J. Reutz, rest.) über kreuzförmigem Grundriß, ringsum Pilastergliederung, Barockhaube; Innenausstattung von 1858.

Neustädtisches Rathaus am Schelfmarkt. 1776 umgebautes Fachwerkwohnhaus mit vorgeblendeter Fassade, Portal mit Freitreppe.

Arsenal am Pfaffenteich (jetzt Hans-Kahle-Haus). 1840–1844 von G. A. Demmler in Formen der Tudorgotik und der Florentiner Renaissance.

Arsenal am Pfaffenteich (jetzt Hans-Kahle-Haus). 1840–1844 von G. A. Demmler) in Form von zwei kleinen dorischen Antentempeln.

Paulskirche. 1863–1869 von J. Krüger, neugotische dreischiffige Halle mit Querschiff.

Sport- und Kongreßhalle (Lambrechtsgrund). 1959–1962 nach dem Entwurf eines Kollektivs unter Leitung von H. Fröhlich.

Jagdschloß Friedrichsthal (jetzt Feierabendheim). Kleiner zweigeschossiger spätbarocker Fachwerkbau mit eingeschossigen Seitenflügeln (nach 1790).

Im Ortsteil MUESS mehrere *Fachwerkhäuser* (rohrgedeckte Büdnerkaten und Zweiständer-Bauernhäuser aus dem 18. Jh.) als Bauernhausmuseum.

Der Kreis Schwerin

CRIVITZ. *Pfarrkirche.* Dreischiffige spätgotische Backstein-Hallenkirche (spätes 14. Jh.) mit Holzgewölben des 19. Jh., Chor mit Netzgewölbe, quadratischer Westturm, Reste von Wandmalereien (um 1380); spätgotischer Flügelaltar Anfang 16. Jh., Triumphkreuz 15. Jh., Kanzel 1621.

Bemerkenswertes Herrenhaus in BÜLOW (Barockbau 1746, Festsaal).

Bemerkenswerte Dorfkirchen in KIRCH STÜCK (frühgotisch um 1300, gotische Glasfenster um 1300 und um 1400; spätgotischer Flügelaltar um 1430 bis 1440), ZICKHUSEN (klassizistisch 1827; ägyptisierende Leichenhalle), CRAMON (spätgotisch 14. Jh.), GROSS-BRÜTZ (Seitenflügel eines spätgotischen Altars Anfang 16. Jh.), STRALENDORF (spätgotisch vermutlich 15. Jh.), SÜLSTORF (spätgotisch 15. Jh.; Kanzelaltar 1726), PLATE (spätgotischer Flügelaltar um 1500), TRAMM (spätgotische Schnitzfiguren 15. Jh. und um 1500), BÜLOW (spätgotisch 15. Jh.; Kanzelaltar 1752), PRESTIN (spätgotisch vermutlich 15. Jh.), DEMEN (frühgotisch um 1300; im Pfarrhaus Vesperbild 2. H. 15. Jh.), PINNOW (gotisch 14. Jh.; spätgotischer Altar um 1500), VORBECK (im Kern frühgotisch um 1300; spätgotischer Flügelaltar um 1500), ZITTOW (spätromanisch 13. Jh.) und RETGENDORF (gotisch 14. Jh.; spätgotischer Flügelaltar Anfang 16. Jh., kreuztragender Christus 1. H. 15. Jh.).

Die Kreise Gadebusch und Hagenow

REHNA. *Klosterkirche* des ehem. Benediktiner-Nonnen-Klosters, gegründet vor 1236, einschiffiger spätromanischer Backsteinbau (1. H. 13. Jh., im 15. Jh. spätgotisch umgebaut, erneute Weihe 1456) mit Kreuzrippengewölben, gotischer Wandgemäldezyklus (Szenen aus dem Leben Christi, Propheten, Heilige) um 1330/40, unvollendeter Westturm; spätgotische Schnitzfiguren um 1520, Chorgestühl Mitte 15. Jh. — Von den *Klostergebäuden* erhalten: Teile des Kreuzganges und zweischiffiger Kapitelsaal, spätgotisch um 1430. — *»Deutsches Haus«*, altes Rasthaus mit Schmiede (17. Jh.) an der ehem. Poststraße Hamburg–Berlin, nach 1945 wiederhergestellt.

Gadebusch, Schloß

SCHLAGSDORF. *Dorfkirche*, zweischiffiger Backsteinbau des Übergangsstils (Mitte 13. Jh.) mit Kreuzrippen- und Sterngewölben, Bündelpfeiler mit Trapezkapitellen, Turm Mitte 16. Jh.; bronzenes Taufbecken 1652 von S. Woillo und N. Gabe, Altaraufsatz 1641.

GADEBUSCH. *Schloß* (jetzt Internat), dreigeschossiger Renaissancebau (1570/71 von Ch. Haubitz, 1955 restauriert) auf rechteckigem Grundriß, seitliches Treppenhaus, reiche Terrakottareliefs (Werkstatt des Statius van Düren) nach dem Muster des Fürstenhofes in Wismar. — *Rathaus*, urspr. Zweckbau für den Kaufmannsstand, gotisch um 1340, an der Marktseite Gerichtslaube von 1618. — *Heimatmuseum* (Amtsstraße), u. a. ur- und frühgeschichtliche Funde, Ortsgeschichte, Geschichte der Arbeiterbewegung im Kreisgebiet. — *Pfarrkirche*, dreischiffige spätromanische Backstein-Hallenkirche (im wesentlichen um 1220/30, in der Zeit der Früh- und Spätgotik mehrfach verändert, 1955/56 rest.), Kuppelgewölbe mit verlaufenden Graten, in der Westwand Radfenster mit bronzenen Speichen, am Chorpfeiler Wandgemälde (hl. Christophorus), an der Südseite Rundbogenportal, niedriger Westturm aus dem 14. Jh. Bemerkenswerte Ausstattungsstücke: Bronzener Taufkessel (getragen von drei Engeln, an der Wandung Passionsszenen) 1450. Spätgotisches Triumphkreuz Ende 15. Jh. Kanzel 1607. Zwei Grabsteine 15. Jh.

VIETLÜBBE. *Dorfkirche*, spätromanischer Backstein-Zentralbau (frühes 13. Jh.) mit Kreuzgratgewölben, vermutlich unter dem Einfluß der Ratzeburger Dombauhütte, Grundriß aus fünf Quadraten zusammengesetzt, am Ostquadrat Apsis, am Außenbau reiche Backsteinfriese aus gekreuzten Rundbögen und Rauten, Rundbogenfenster und -portale; Kalksteintaufe 13. Jh., Triumphkreuzgruppe Ende 15. Jh.

GROSS SALITZ. *Dorfkirche*, dreischiffige frühgotische Backstein-Basilika (um 1300) mit Kreuzrippengewölben, Satteldach des Mittelschiffes später über die Seitenschiffe herabgezogen, hölzerner Westturm nach 1648; Altaraufsatz 1736, Kanzel und Taufgehäuse 17. Jh., zwei Epitaphe 1. H. 17. Jh.

ZARRENTIN. *Klosterkirche* des ehem. Zisterzienser-Nonnen-Klosters, gegründet um 1250, einschiffig mit Kreuzrippengewölben, urspr. Granitbau des Übergangsstils (Mitte 13. Jh.), um 1460 als spätgotischer Backsteinbau erneuert, im Chor spätgotische Wandmalereien (u. a. Christus als Weltenrichter) 14. Jh., Westturm; Altaraufsatz 1733 von H. J. Bülle, Kanzel 1668, spätgotische Figuren (u. a. Anna selbdritt) 2. H. 15. Jh. – Von den *Klostergebäuden* Ostflügel der Klausur erhalten, zweischiffige Räume mit Kreuzrippengewölben, an der Westseite gewölbter Kreuzgang.

WITTENBURG. *Pfarrkirche St. Bartholomäus*, dreischiffige Backstein-Hallenkirche des Übergangsstils (beg. um 1240, Gewölbe 14. Jh., rest.) mit Kreuzrippengewölben, Chor mit Sterngewölbe, Westturm von 1909; spätgotischer Flügelaltar Ende 15. Jh., bronzener Taufkessel (getragen von vier Männern in Zeittracht, an der Wandung Christus und die Apostel) 1342, Kanzel 1666. – Von der *Stadtbefestigung* erhalten: Torturm der alten Burg, um die Stadt Wallanlage mit altem Baumbestand, am Wall zwei Türme mit Mauer sowie Rundturm. – *Haus Große Straße 25*, nach dem großen Brand von 1627 als einziges Haus erhalten.

LÜBTHEEN. *Ortsbild am Markt*, mittelalterliche Marktanlage mit Fachwerkhäusern und altem Baumbestand. – *Pfarrkirche*, klassizistischer Bau (1817 bis 1820) mit Emporen, an der nördlichen Schmalseite Turm, Kanzelaltar und Orgel in der Mitte der beiden Langseiten.

Bemerkenswerte weltliche Bauten in WEDENDORF (klassizistisches Herrenhaus 1805 mit wertvollen Deckengemälden), LÜTZOW (Schloß von 1876; Park mit wertvollem Baumbestand), DREILÜTZOW (barocke Dreiflügelanlage um 1730), LEHSEN (klassizistisches Herrenhaus 1822), ZÜHR (barockes Fachwerk-Herrenhaus frühes 18. Jh.), GOLDENBOW (Barockschloß von 1696), SCHILDFELD (Fachwerk-Forsthof Anfang 18. Jh.), VELLAHN (barocker Posthof mit Zollgebäude Anfang 18. Jh.) und REDEFIN (Gestüt, einheitliche klassizistische Anlage, ab 1820 von C. H. Wünsch).

Bemerkenswerte Dorfkirchen in CARLOW (reicher Altaraufsatz und Kanzel 1695), DEMERN (spätgotischer Flügelaltar um 1400), MÜHLEN-EICHSEN (gotisch frühes 14. Jh., reicher Kanzelaltar 1711), GROSS-EICHSEN (gotisch 1. H. 14. Jh.; reicher Altaraufsatz 1698, Orgelprospekt 1671), DREILÜTZOW (gotisch mit Kreuzrippengewölben 14. oder 15. Jh.), DÖBBERSEN (Übergangsstil, geweiht 1255), NEUENKIRCHEN (im Kern romanisch mit gotischen Bestandteilen; spätgotischer Flügelaltar Mitte 15. Jh.), LASSAHN (Chor Mitte 13. Jh., Fachwerk-Langhaus 17. Jh.), ZWEEDORF (spätgotischer Flügelaltar), GRANZIN (spätklassizistische Mitte 19. Jh.), BENNIN (Fachwerkbau 1682; barocker Altaraufsatz mit spätgotischen Schnitzfiguren), ZAHRENSDORF (Übergangsstil 13. Jh.; Kanzel 1634), MARSOW (gotisch Ende 14. Jh.), KÖRCHOW (spätromanisch 13. Jh.), WARLITZ (Barockbau 1768, reiche Ausstattung in Weiß, Gold und Mattgrün), STAPEL (reicher Kanzelaltar um 1700) und KRAAK (spätgotischer Flügelaltar Anfang 16. Jh.).

Kreis Ludwigslust

LUDWIGSLUST. Kleine, planmäßig angelegte spätbarocke Residenz (Entwurf und Ausführung 1758–1796 von J. J. Busch), einheitliche Bebauung des Bassinplatzes (zweigeschossige Backsteinhäuser) und des Kirchenplatzes (eingeschossige Fachwerkhäuser), beide in der Achse des Schlosses gelegen, sowie der Schloßstraße (jetzt Wilhelm-Pieck-Straße) und der Nummerstraße (Soldatenhäuser). *Schloß* (jetzt Rat des Kreises), dreieinhalbgeschossiger Spätbarockbau (1772–1776 von J. J. Busch) mit stark überhöhtem Mittelrisalit und ionischer Pilastergliederung, Attika mit 40 Figuren und 16 Vasen von R. Kaplunger, an der Gartenfront zwei schmale kurze Flügel; Goldener Saal mit reicher Dekoration. – Vor dem Schloß *Kaskade* (1775) mit vier Bildwerken von R. Kaplunger. – Der barocke *Schloßpark* im 19. Jh. von P. J. Lenné in einen Landschaftspark umgewandelt; von der Barockanlage erhalten: Hofdamenallee, Lindenallee, Johannisdamm, Kanal mit Wasserspielen und sog.

Ludwigslust
1 Schloß, 2 Kaskade, 3 Stadtkirche, 4 Glockentürme, 5 Spritzenhaus, 6 Ehem. Großherzoglicher Marstall (Staatsarchiv), 7 Katholische Kirche, 8 Helenen-Pawlownen-Mausoleum, 9 Louisen-Mausoleum, 10 Rathaus, 11 »Schweizerhaus«, 12 Teehaus

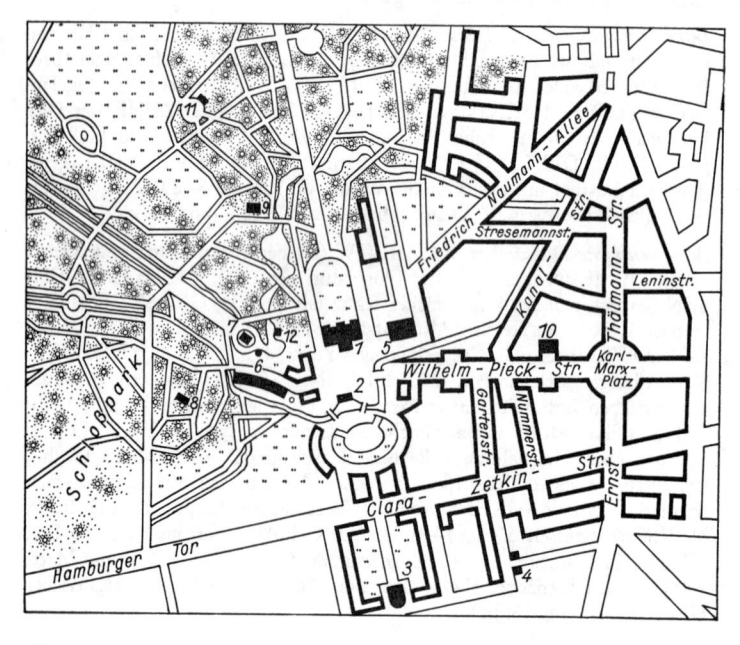

Vierundzwanzig Sprüngen, erneuert 1963. — *Bauten im Schloßpark:* Steinerne Brücke von 1760. Denkmal des Herzogs Friedrich, 1785 von R. Kaplunger. Katholische Kirche, neugotisch 1803–1809 von J. C. H. v. Seydewitz, Glockenturm von J. G. Barca. Mausoleum der Erbprinzessin Helene Paulowna, klassizistisch 1806 von Lilie aus Lübeck, Denkmal in der Halle von dem englischen Bildhauer P. Rouw. Mausoleum der Herzogin Luise, klassizistisch 1809 von J. G. Barca. Schweizerhaus 1789. — Dem Schloß gegenüber die *Stadtkirche*, einschiffiger Spätbarockbau (1765–1770 von J. J. Busch) mit hölzernem Tonnengewölbe, an den Langseiten je acht toskanische Säulen, an der Altarwand Gemälde (Verkündigung an die Hirten) von D. Findorff und J. H. Suhrlandt, gegenüber Empore mit herzoglichem Stuhl, Vorhalle mit Giebeldreieck und stufenförmigem Aufsatz; schmiedeeiserner Taufständer 1804 von A. Niens. — *Glockentürme* (am Friedhof), ägyptisierende Pylonen, 1791/92 von J. J. Busch. — *Gedenkstätte für die Opfer des Konzentrationslagers »Reiherhorst«* bei Wöbbelin, 1951/52 von Bartholomäus. — *Spritzenhaus* ostwärts vom Schloß, klassizistisch 1814/15 von Barca. — *Ehem. großherzoglicher Marstall* (jetzt Außenstelle des Landeshauptarchivs), klassizistischer Bau (1821 von Barca), in der Mittelachse kleines Giebeldreieck, an den Seiten Pavillons. — In der Kanal- und der Schweriner Straße *klassizistische Wohnbauten*, besonders bemerkenswert: Kanalstr. 22 (Wohnhaus Barcas) und 24 (Wohnhaus des Hofmalers Suhrlandt), beide nach 1815 von Barca. Kanalstr. 14 und 16, beide 1817 von F. G. Groß. Kanalstr. 26 (ehem. Seminargebäude, jetzt Oberschule »Fritz Reuter«) 1828 von F. G. Groß. Kanalstr. 28 (ehem. Wohnhaus des Oberstallmeisters, jetzt Haus der Jungen Pioniere) 1836 von F. G. Groß.

NEUSTADT-GLEWE. *Burg* (ältester weltlicher Bau Mecklenburgs), gotischer Backsteinbau (1. H. 14. Jh.), runder Bergfried mit Wehrgang, Teile der Ringmauer sowie beide Häuser erhalten. — *Schloß*, zweigeschossige Dreiflügelanlage, 1619–1622 von G. E. Piloot in holländischem Renaissancestil begonnen, 1711–1717 von L. Chr. Sturm im Barockstil beendet, Mittelachse des Haupttraktes durch zwei Doppelsäulen und Giebeldreieck betont, an Kaminen und Decken Stukkaturen italienischer Meister. — *Rathaus*, klassizistisch (1802 bis 1805), Eingangstreppe aus Sedimentgestein mit Einschlüssen. — *Pfarrkirche*, einschiffiger gotischer Backsteinbau (14. Jh., Mauerwerk im »wendischen Verband«) mit flacher Holzdecke; Kanzel 1587 von T. Evers d. J. aus Lübeck.

FRIEDRICHSMOOR. *Jagdschloß* (jetzt Außenstelle der Universität Rostock), eingeschossige barocke Fachwerk-Dreiflügelanlage (um 1780); Bildtapete mit Jagdszenen (vor 1815, Pariser Arbeit) aus Schloß Friedrichsthal.

WÖBBELIN. *Theodor-Körner-Gedenkstätte*, im Park Grab des Dichters, gefallen am 26. August 1813 bei Rosenberg (Kr. Gadebusch). — *Mahnmal* (1960 von J. Jastram) an der Ruhestätte von zweihundert Häftlingen aus dem faschistischen Konzentrationslager »Reiherhorst«.

GRABOW. *Markt* mit Fachwerkhäusern (nach 1725). — *Rathaus*, zweigeschossiger barocker Fachwerkbau (nach 1725) mit Giebeldreieck, Türmchen mit geschweifter Haube. – *Heimatmuseum*, u. a. urgeschichtliche Funde, Stadtgeschichte, örtliches Handwerk. – *Pfarrkirche*, dreischiffige gotische Backstein-Hallenkirche (13./14. Jh.), Gewölbe beim Stadtbrand von 1725 eingestürzt, Turmbau von 1907; Kanzel 1555, Taufständer 1785.

DÖMITZ. *Ehem. Festung*, erster Bau 1235, 1554–1565 von Fr. a. Bornau befestigt, Anfang 17. Jh. von G. E. Piloot verstärkt, erneuert 1851–1865, besonders bemerkenswert: Festungstor in niederländischer Spätrenaissance, dreigeschossiges Kommandantenhaus, an der Südostseite Turm mit Festungskapelle (jetzt Fritz-Reuter-Gedenkstätte). – Im Kommandantenhaus *Heimatmuseum*, u. a. umfangreiche Sammlung zur bäuerlichen Volkskultur des Bereiches Dömitz-Boizenburg.

LENZEN. *Burgturm* aus dem 13. Jh. (14 m Durchmesser, Stärke des Mauerwerkes 2 m); an den Fenstern des Wohnhauses der Burg (1727) wertvolle schmiedeeiserne Gitter von der ehem. Berliner Gerichtslaube. – *Heimatmuseum* (Burghof) u. a. Deichmodell der Elbniederung zwischen Lenzen und Dömitz, großes Diorama mit 8 500 Zinnfiguren. – *Rathaus*, nach dem großen Brand von 1703 im Jahre 1713 neu erbaut. – Von der *Stadtbefestigung* erhalten: Stumpfer Turm (14. Jh.) und Scharfrichterhaus mit Teil der Stadtmauer (14. Jh.) – *Pfarrkirche St. Katharinen*, dreischiffige spätgotische Backstein-Hallenkirche (14. Jh., im 17. und 18. Jh. umgebaut und erweitert) mit Querschiff und Kreuzrippengewölben; bronzener Taufkessel (getragen von vier Katharinenfiguren, an der Wandung Apostel) 1486 von H. Grawert aus Braunschweig, dreißigarmiger Kronleuchter aus Messing 1656, Altaraufsatz 1652.

Bemerkenswerte Dorfkirchen in LANZ (gotisch vermutlich 14. Jh.), GORLOSEN (spätgotisch 15. Jh., Holzdecke von 1679; Taufständer 1801 von A. Niens), MÖDLICH (spätgotisch 15. Jh.; wertvolle holzgeschnitzte Taufe 1602) und WERLE (Balkendecke und Ausstattung von 1724).

Die Kreise Lübz, Parchim und Perleberg

DOBBERTIN. *Klosterkirche* des ehem. Benediktiner-Nonnen-Klosters, gegründet um 1220 von Heinrich Borwin I., einschiffiger gotischer Backsteinbau (14. Jh., Äußeres nach Plänen von K. F. Schinkel 1828–1837 grundlegend verändert) mit Kreuzrippengewölben, im Westen Nonnenempore und Oberkirche, darunter niedrige zweischiffige Halle. Bemerkenswerte Ausstattungsstücke: Taufstein 1586 in der Art des Ph. Brandin. Kanzelaltar der Oberkirche 1747 von Klinkmann. Gestühl der Oberkirche 1746–1749. – Von der *Klausur* im Südwesten der Kirche (im 17./18. Jh. umgestaltet, 1857/58 erneuert) der Kreuzgang (14. Jh.) und zweischiffiges Refektorium im Südflügel erhalten, rest.

GOLDBERG. *Kreis-Heimatmuseum* (Müllerweg 2), u. a. bäuerliche Volkskultur und Mecklenburger Glashüttenerzeugnisse. — In der gotischen *Pfarrkirche* (14. Jh.) bemerkenswert: Kelch von 1609.

FRAUENMARK. *Dorfkirche,* einschiffiger spätromanischer Granitbau (13. Jh.), der gegen das Langhaus erhöhte Chor mit Kuppelgewölbe und Apsis; spätgotischer Flügelaltar (Maria in der Strahlensonne) Ende 15. Jh.

PARCHIM. *Pfarrkirche St. Georg,* dreischiffige gotische Backstein-Hallenkirche (begonnen nach 1289, geweiht 1307, romanische Reste) mit Kreuzrippengewölben, Chor mit Umgang und verkümmerten Kapellen (Mitte 15. Jh.), an den südlichen Chorpfeilern Gemälde (Gregor und Ambrosius), niedriger Turm. Bemerkenswerte Ausstattungsstücke: Im neugotischen Altaraufsatz spätgotische Figuren 1421 von H. Leptzow aus Wismar. Zwei spätgotische Triumphkreuzgruppen 2. H. 15. Jh. Kanzel 1580, Lübecker Arbeit. Taufstein um 1620. Ratsgestühl, Brüstung 1608, Rückwand 1623. — *Pfarrkirche St. Marien,* dreischiffige Backstein-Hallenkirche des Übergangsstils (geweiht 1278) mit Kreuzrippengewölben, an der Nordseite zwei Kapellen mit Sterngewölben (um 1420), frühgotischer Turm (Anfang 14. Jh.). Bemerkenswerte Ausstattungsstücke: Spätgotischer Altar mit doppelten Flügeln (im Schrein Maria in der Strahlensonne) um 1500. Bronzener Taufkessel (getragen von vier Männern, an der Wandung Heilige) 1365. Kanzel 1601. Orgelempore um 1620. Orgelprospekt spätes 17. Jh. — *Rathaus,* spätgotischer Backsteinbau mit Staffelgiebeln, im frühen 19. Jh. neugotisch erneuert. — Zahlreiche *Fachwerkhäuser,* oft aus dem 16./17. Jh. — *Heimatmuseum* (Straße des Friedens 54), u. a. Gegenstände der bäuerlichen Volkskultur, vor allem Mecklenburger Glashüttenerzeugnisse 18./19. Jh.

LANKEN. In der gotischen *Dorfkirche* (15. Jh.) bemerkenswert: spätgotischer Altar mit doppelten Flügeln (im Schrein Maria, Anna selbdritt und Jakobus d. Ä.), um 1530/40 aus der Werkstatt des Lübecker Bildschnitzers C. Berg, die acht Gemälde der ersten Wandlung (Marienleben) unter dem Einfluß der Donauschule, rest.

LÜBZ. *Amtsturm* (urspr. Weißer Turm genannt, Rest des Amtsschlosses Eldenburg) mit vier Wappen, spätromanisch. — *Pfarrkirche,* einschiffiger spätgotischer Backsteinbau (um 1570), gewölbte Holzdecke mit angehefteten Rippen, Westturm mit Schmuckformen der Renaissance; Grabdenkmal der Herzogin Sophie und ihrer Tochter, angefertigt um 1630.

PASSOW. *Herrenhaus* (jetzt Kulturhaus »Thomas Müntzer«), zweigeschossiger klassizistischer Bau mit eingeschossigen Seitenflügeln (Anfang 19. Jh.), das Vestibül 1835 von G. A. Pellicia ausgemalt, rest. — *Dorfkirche,* spätromanischer Feldsteinbau (Mitte 13. Jh.) mit Backstein-Chor, zierliche Gliederung am Ostgiebel, im Chor achtstrahliges Kuppelgewölbe; Kanzel 1676, Chorgestühl etwa gleichzeitig.

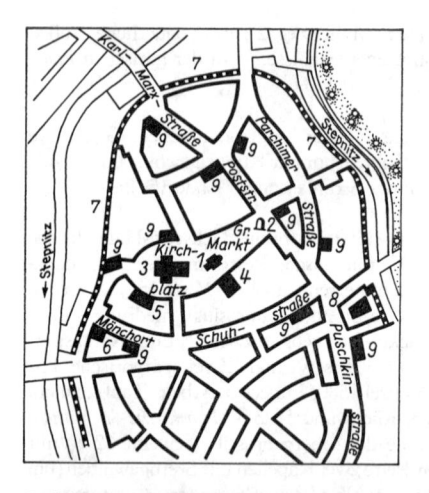

Perleberg
1 Rathaus, 2 Roland, 3 Pfarrkirche St. Jakob, 4 Spätgot. Fachwerkbau, 5 Renaissancehaus, 6 Heimatmuseum, 7 Verlauf der ehem. Stadtmauer, 8 »Wall«, 9 Haus unter Denkmalsschutz

PLAU. *Pfarrkirche,* dreischiffige Backstein-Hallenkirche des Übergangsstils (2. H. 13. Jh., 1877/79 verändert) mit Kreuzrippengewölben, Bündelpfeiler mit Trapezkapellen, Westturm; bronzener Taufkessel 1570 von E. Wichtendal. — Von der alten *Burg* (errichtet 1448/49) nur der 12 m hohe Turm (Burgverlies) und Kellergewölbe unter dem Wohnhaus von 1822 erhalten.

PERLEBERG. *Rathaus,* neugotisch (um 1850) mit mittelalterlichem Westteil (Ratskeller, Gerichtslaube, Remter und Staffelgiebel). — *Roland* von 1546. — Von den *Bürgerhäusern* besonders bemerkenswert: Markt 4 Fachwerkbau (15. Jh.) mit figürlichen Schnitzereien. Kirchplatz 9 Fachwerkbau (1606), an den Schwellen Psalmenverse. Kirchplatz 11 Renaissancebau (1584) mit Sitznischenportal, Giebel mit Pilastern und Gesimsen. — *Pfarrkirche St. Jakob,* dreischiffige spätgotische Hallenkirche (14./15. Jh.) mit gotischem Chor (begonnen 1361), Kreuzrippengewölbe, massige Rundpfeiler, Portale mit Glasuren und Blattschmuck, Westturm; Messing-Standleuchter, 1475 von H. Bonstede.

PLATTENBURG. *Wasserburg* (jetzt Ferienheim), 1319 urkundlich genannt, unregelmäßige Vierflügelanlage, Südwest- und Nordwestflügel (sog. Bischofsbau) vermutlich 16. Jh. auf älteren Fundamenten, an der Nordseite gotischer Bau (ehem. Brau- und Backhaus) mit Kreuzrippengewölben, darüber neugotische Kapelle, im Nordosten Küchenbau aus dem 17. Jh., neugotischer Turm aus dem späten 19. Jh.; Speisesaal im Bischofsbau (vermutlich 1609), Gewölbe und Kamin mit reichem figürlichem und ornamentalem Schmuck, rest.

BAD WILSNACK. *Wallfahrtskirche St. Nikolaus* (Wunderblutkirche), dreischiffige spätgotische Backstein-Hallenkirche (begonnen 1384, vollendet um 1430) mit Querschiff, Kreuzrippengewölben und massigen Rundpfeilern, an der Ostseite des Querschiffes Kapellen und Emporen, an der Westwand des südlichen Querschiffsarmes Wandgemälde (hl. Christophorus) aus dem 15. Jh., in den Chorfenstern Glasgemälde (u. a. St. Michael mit der Sündenwaage, Christus am Kreuz mit Maria und Johannes) aus 2. V. 15. Jh., Renaissance-Westgiebel (2. H. 16. Jh.) mit breiten Gurtgesimsen und kleinen Rundbogenöffnungen bzw. -blenden, Dachreiter. Besonders bemerkenswerte Ausstattungsstücke: die spätgotischen Flügelaltäre, auf dem Altar übereinander aufgestellt (unten Maria und Apostel, oben Maria und zwei Heilige), 15. Jh. Tragaltar (auf den Flügeln Maria und Heilige, Flachrelief) um 1400. Osterleuchter Ende 14. Jh. Taufstein 15. Jh. Standbild des Bischofs Johann v. Wöpelitz 15. Jh. Maria mit zwölfjährigem Jesus 15. Jh. Standbild eines gekrönten Ritters 15. Jh. Christuskopf Anfang 15. Jh. Wunderblutschrein (in der oberen Hälfte kniender Papst mit Gefolge, Gemälde) 2. H. 15. Jh. Spätgotische Bildwerke (Kruzifix, Maria, Christus in der Rast). Kanzel Ende 17. Jh. Orgelempore 17. Jh. – *Schloß* (jetzt Schule), zweigeschossiger Barockbau (1. H. 18. Jh.), Mittelrisalit mit Giebeldreieck. – An der Rückseite des Schlosses alter *Schwibbogen-Hochgang* zur Kirche.

WITTENBERGE. *Steintorturm,* gotischer Backsteinbau (Anfang 14. Jh.), an der Stadtseite drei große Spitzbogenblenden.

Bemerkenswerte Herrenhäuser in NEUHAUSEN (Barockbau 1738, im Südwestflügel gotische Schloßkapelle mit Gemälden und Torhaus 16. Jh.), DALLMIN (klassizistisch 1808; Park 1808–1810) und WOLFSHAGEN (Barockbau um 1780).

Bemerkenswerte Dorfkirchen in MESTLIN (zweischiffiger gotischer Bau 14. Jh.; spätgotische Triumphkreuzgruppe um 1500), TECHENTIN (spätgotisch 15. Jh.), RUEST (spätgotisch 15. Jh.), BELOW (gotisch 14. Jh.; Wandgemälde mit Szenen aus dem Leben Christi 1. H. 15. Jh.), WOOSTEN (frühgotisch 14. Jh.; reiche Taufe 1612), KAROW (spätgotischer Schreinaltar), KUPPENTIN (Langhaus 13. Jh., Chor Ende 15. Jh.), BENTHEN (spätromanisch 1. H. 13. Jh., rest.), GREVEN (Barockbau 1721; spätgotischer Flügelaltar 2. H. 15. Jh.), GREBBIN (frühgotisch 13. Jh.), KLADRUM (frühgotisch 14. Jh.), KLINKEN (14. Jh., im 15. Jh. zur dreischiffigen Stufenhalle erweitert; spätgotischer Schreinaltar Ende 15. Jh.), RADUHN (spätgotischer Flügelaltar 2. H. 15. Jh.), BERGRADE (spätgotischer Flügelaltar Anfang 16. Jh.), GARWITZ (spätgotischer Flügelaltar Ende 15. Jh.), DÜTSCHOW (spätgotisch, 1733 erneuert, rest.), SLATE (spätgotisch 15. Jh.; spätgotischer Flügelaltar Ende 15. Jh.), GISCHOW (spätgotischer Flügelaltar Anf. 16. Jh.), BENZIN (spätgotischer Flügelaltar), KARBOW (spätgotische Schnitzfiguren Ende 15. Jh.), GROSSPANKOW (spätgotischer Flügelaltar um 1530/40), DAMBECK (Übergangsstil 13. Jh.), NEUHAUSEN (spätgotisch 15. Jh.), DALLMIN (spätgotischer Flügelaltar Ende 15. Jh.), POSTLIN (spätgotischer Flügelaltar um 1500), QUITZOW (Langhaus 13. Jh., Chor und Turm 15. Jh.), GULOW (spätgotisch 15. Jh.), UENZE (gotisch 14. Jh.; Kanzelaltar 1753 von P. Pankow aus Wittenberge), GRUBE (spätgotischer Flügelaltar Ende 15. Jh.), KLETZKE (Grabdenkmäler 16./17. Jh., v. Quitzow), SÖLLENTHIN (spätgotischer Flügelaltar Ende 15. Jh., rest.), LEGDE (spätgotisch 15. Jh.; reicher Kanzelaltar Anfang 18. Jh.), RÜHSTÄDT (in der Apsis spätgotisches Weltgericht 15. Jh.; spätgotischer Flügelaltar Anfang 15. Jh., Grabdenkmäler 16.–19. Jh.), WENTDORF (Altaraufsatz 1682 von B. Sengespeik aus Seehausen), SÜKOW (gotisch spätes 13. Jh.), NEBELIN (frühgotisch 13. Jh.), MELLEN (spätgotischer Flügelaltar), MILOW (spätgotischer Flügelaltar), PRÖTTLIN (spätgotischer Flügelaltar Anfang 16. Jh.) und GROSS-WARNOW (spätgotischer Flügelaltar Anfang 16. Jh.).

Die Stadt Güstrow und die Kreise Güstrow, Bützow und Sternberg

Die Stadt Güstrow

1226 Gründung des Güstrower Domes und des Domkollegiatstiftes durch Fürst Heinrich Borwin II., ungefähr gleichzeitig (möglicherweise 1228) Verleihung des Stadtrechtes an die planmäßig angelegte Siedlung nordöstlich des

Güstrow

1 Schloß, 2 Dom St. Maria, St. Johannes Evangelista und St. Cäcilia, 3 Pfarrkirche St. Marien, 4 Rathaus, 5 Gertrudenkapelle und Ernst-Barlach-Gedenkstätte, 6 Heilige-Geist-Kirche

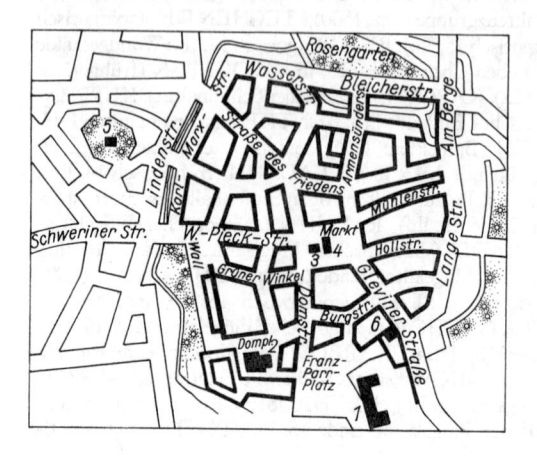

Güstrow, Schloß, Portalhaus

Domes, annähernd regelmäßiges Straßengitternetz mit ausgespartem großem Marktplatz. Seit der Landesteilung 1228 Hauptort des Landes Werle-Güstrow (Fürstenburg an der Stelle des heutigen Schlosses). 1436 Erlöschen der Linie Werle-Güstrow. Im 14. und 15. Jh. wirtschaftliche Blüte (vorwiegend Wollweberei und Bierbrauerei). 1503 großer Stadtbrand. 1550 Aufhebung des Domstiftes. 1555 von Herzog Ulrich wiederum zur Residenz erhoben. 1558 Beginn des Schloßbaues (bedeutendster norddeutscher Renaissancebau). Von 1621 bis 1695 Hauptstadt des Herzogtums Mecklenburg-Güstrow (1628/29 Residenz des zum Herzog von Mecklenburg erhobenen Wallenstein). Um 1800, wahrscheinlich gleichzeitig mit dem Neubau des Rathauses und vom selben Meister, einheitliche Umgestaltung des Marktplatzes, bedeutendes Denkmal der Stadtbaukunst des Klassizismus. Um 1840 Stadterweiterungen nach Westen. Norden und Süden. Nach 1945 umfassende denkmalpflegerische Maßnahmen zur Sicherung und Erhaltung der historischen Bausubstanz. Bildungsstätten: Pädagogisches und Zootechnisches Institut, Fachschulen für Landwirtschaft.

Schloß (jetzt kulturelles Zentrum und Heimatmuseum des Kreises). Unvollendete Vierflügelanlage der Renaissance (begonnen 1558 von F. Parr, West- und Südflügel bis 1566 vollendet, Nordflügel 1587–1588 von Ph. Brandin, umfassende Instandsetzung bis 1971), ungewöhnlich reiche Gliederung der Stadtfront (asymmetrische Anordnung der Türme und Risalite, ferner: breite Bandgesimse, Putzquaderung, wenig figürlicher Schmuck), die Hofseite des Südflügels mit drei Galerien, die beiden unteren mit flachbogigen Kreuzgewölben, als östlicher Abschluß ovaler Treppenturm, der Brandinsche Nordflügel mit altanartiger Vertiefung, als Abschluß Turm mit Erker; im Innern mehrere gewölbte Räume (u. a. Jagdsaal mit Stuckdecke Anf. 17. Jh.) mit reichen farbigen Stuckreliefs, Türen mit Intarsien. – *Kreis-Heimatmuseum*, u. a. Ur- und Frühgeschichte des Kreisgebietes, Stadtgeschichte, Geschichte der feudalen

Jagd, Gemälde 18./19. Jh., darunter Werk von G. F. Kersting, geb. 1785 in Güstrow. — *Pforthaus*, Frühbarockbau um 1671 von Ch. Ph. Dieussart. — *Renaissancegarten* vor dem Schloß, gärtnerische Rekonstruktion weitgehend abgeschlossen.

Dom St. Maria, St. Johannes Evangelista und St. Cäcilia. — Gotischer Backsteinbau, begonnen nach 1226, Chor und Querschiff Mitte 13. Jh., Mittelschiff des Langhauses, Untergeschoß des Turmes und Chorverlängerung frühes 14. Jh., Seitenschiffe und Kapellen 2. H. 14. Jh., Obergeschosse des Turmes 15. Jh. Dreischiffige Basilika im gebundenen System mit Kreuzrippengewölben, nördliches Seitenschiff zur zweischiffigen Halle erweitert. Querschiff in der Flucht der Außenmauern, langgestreckter Chor mit dreiseitigem Schluß, querrechteckiger Westturm, über den Abseiten quergestellte Satteldächer, Rund- und Spitzbogenfriese. Von der reichen Ausstattung besonders bemerkenswert: Spätgotischer Altar mit doppelten Flügeln (im Schrein figurenreiche Kreuzigung) um 1500. Güstrower Domapostel um 1530 von dem Lübecker Bildschnitzer C. Berg (Apostel Johannes Werk der Riemenschneider-Schule), früher vermutlich am beseitigten Lettner und im Chor aufgestellt. Triumphkreuz um 1370. Levitenstuhl um 1400. Kanzel 2. H. 16. Jh. Taufstein 1591 von C. Midow und B. Berninger. »Der Schwebende« 1926/27 von E. Barlach (Zweitguß). Kruzifix von Barlach, Zweitguß nach dem Gipsmodell von 1918. Tumba des Fürsten Borwin II. 1574. Wandgrab des Fürsten Borwin II. 1575 wahrscheinlich von Ph. Brandin. Wandgrab der Herzogin Dorothea, gest. 1575, von Ph. Brandin. Wandgrab des Herzogs Ulrich 1584–1587 von Ph. Brandin, C. Midow und B. Berning. Grabdenkmal Günther v. Passow, gest. 1657, von Ch. Ph. Dieussart.

Wohnhäuser am Domplatz und in seiner Nähe: Domplatz 14 Renaissancebau 1579 von Ph. Brandin. Domplatz 15/16 Renaissancebau 1583 wohl von Ph. Brandin. Domplatz 18 Renaissancebau 17. Jh. Domstr. 2 Renaissancebau Mittte 17. Jh., Domstr. 8 und 20 klassizistisch Anfang 19. Jh. Franz-Parr-Platz 7 Barockbau 18. Jh.

Theater (Franz-Parr-Platz). Ältester Theaterbau Mecklenburgs, klassizistisch (1828/29 von G. A. Demmler) mit moderner Inneneinrichtung, rest.

Pfarrkirche St. Marien (Markt). Urspr. dreischiffige gotische Basilika (1. Dr. 14. Jh.), Umwandlung in fünfschiffige spätgotische Backstein-Hallenkirche (begonnen nach 1503) mit Sterngewölben, bei der Wiederherstellung 1880–1883 zur dreischiffigen Halle umgestaltet, über den Schiffen Satteldächer, quadratischer Turm. Bemerkenswerte Ausstattungsstücke: Spätgotischer Altar mit doppelten Flügeln (im Schrein Kreuzigung und andere Passionsszenen) von J. Bormann aus Brüssel, die Gemälde vermutlich von einem Antwerpener Meister (B. van Orley?), aufgestellt 1522, rest. Triumphkreuzgruppe 1516. Holztafel mit Maria in der Strahlensonne Anfang 16. Jh. Kanzel 1583. Ratsgestühl 1599 von M. Meyer aus Rostock. Eingangstür zur Taufkapelle aus dem Jahr 1729.

Rathaus. Dreigeschossiger klassizistischer Bau (um 1800 von D. A. Kufahl) mit einem vermutlich aus dem 16. Jh. stammenden Kern (vier Giebelhäuser), erhöhter Mittelteil, Pilastergliederung und Girlandenschmuck.

Bürgerhäuser am Markt und in der näheren Umgebung: Markt 10 Renaissancebau 1631, rest. Markt 11 Renaissancebau 17. Jh., rest. Markt 17, 22 (Grotesken), 23, 28, 30, 32 und 33 klassizistisch Anfang 19. Jh. Mühlenstr. 17 Renaissancebau 1607. Mühlenstr. 43 Renaissancebau 17. Jh., 1966 abgetragen und originalgetreu wiederaufgebaut. Mühlenstr. 48 Anf. 16. Jh., spätgotischer Staffelgiebel. Gleviner Str. 1 Renaissancebau Mitte 17. Jh. Gleviner Str. 6 klassizistisch um 1800. Gleviner Str. 32 Renaissancebau 1620. Grüner Winkel 10 Barockbau um 1750.

Gertrudenkapelle (jetzt Barlach-Gedenkstätte). Einschiffiger spätgotischer Backsteinbau (Mitte 15. Jh., rest.), die Seitenwände aus mit Backstein verkleidetem Fachwerk. — *Ernst-Barlach-Gedenkstätte*, zahlreiche Plastiken Barlachs (gest. 1938 in Güstrow), u. a. »Der Zweifler«, »Wanderer im Wind«, »Der Apostel«, »Lesender Klosterschüler«, »Gefesselte Hexe«, »Das Wiedersehen«. — *Barlach-Haus am Inselsee* (Heidberg 15), Archiv der Barlach-Nachlaß-Verwaltung, Handschriften, Zeichnungen, Graphiken, Gipsmodelle.

Heiligegeistkapelle. Schlichter gotischer Backsteinbau (14. Jh.), im 16. Jh. und 1863 stark verändert; Altargemälde 1687.

Die Kreise Güstrow, Bützow und Sternberg

LAAGE. *Pfarrkirche,* dreischiffige frühgotische Backstein-Hallenkirche (13. Jh.) mit hölzernen Kreuzrippengewölben (um 1848) und niedrigem Westturm; Orgelprospekt 1794/95.

ROSSEWITZ. *Schloß,* Frühbarockbau (1657–1680 von Ch. Ph. Dieussart) über rechteckigem Grundriß mit zwei Voll- und zwei Halbgeschossen, Mittelrisalit mit Portal aus rotbraunem Marmor und kleinem Giebeldreieck; großer Saal mit illusionistischen Architektur-Freskomalereien, im Erdgeschoß Stuckdekorationen.

RECKNITZ. *Dorfkirche,* zweischiffiger Granitbau des Übergangsstils (Mitte 13. Jh.) mit Kreuzrippengewölben (14. Jh.), Chor mit Kuppelgewölbe; spätgotischer Flügelaltar (im Schrein Maria auf der Mondsichel) 15. Jh., Kanzel 1579, Orgelprospekt Anfang 18. Jh.

REINSHAGEN. *Dorfkirche,* dreischiffige frühgotische Backstein-Hallenkirche (um 1270, rest.) mit Kreuzrippengewölben, Westturm mit Seitenkapellen; spätgotischer Flügelaltar (im Schrein Kreuzigung) Mitte 15. Jh., Kanzel 1586.

SCHWAAN. *Pfarrkirche,* einschiffiger Backsteinbau des Übergangsstils (Mitte

13. Jh.) mit achtrippigen Kuppelgewölben, Chor mit Kreuzgratgewölbe; gotische Triumphkreuzgruppe um 1300, Taufstein 1589.

BÜTZOW. *Pfarrkirche* (ehem. Kollegiatstift, gegründet 1248), dreischiffige frühgotische Backstein-Hallenkirche (2. H. 13. Jh., Chor nach Mitte 14. Jh. erweitert) mit Kreuzrippengewölben, Chor mit Umgang und Kapellenkranz nach dem Muster des Lübecker Domes, an der Nordseite Portal mit Laub- und Blumenschmuck der Kapitelle und Bögen, Westturm. Bemerkenswerte Ausstattungsstücke: Spätgotischer Altar mit doppelten Flügeln (im Schrein Marientod, darüber Marienkrönung), gestiftet 1503. Bronzener Taufkessel 1474. Kanzel 1617. Silberner Belt (Maria mit Kind) 1504. — Von dem *Schloß* (Renaissancebau 1556, jetzt Schule) nur geringe Teile erhalten, darunter Terrakottafries mit Rundbildern.

RÜHN. In der frühgotischen *Klosterkirche* des ehem. Zisterzienser-Nonnen-Klosters (gegründet 1232) besonders bemerkenswert: Renaissance-Flügelaltar (im Mittelfeld Abendmahl, auf den Flügeln Herzog Ulrich I. und Herzogin Elisabeth) 1578, flämische Malerschule. Spätgotisches Triumphkreuz 15. Jh. Fürstenempore um 1600. Epitaph der Herzogin Sophie, gest. 1694. — Von den *Klostergebäuden* Ost- und Südflügel des Kreuzganges erhalten, Gewölbe abgebrochen.

TEMPZIN. *Pfarrkirche* der ehem. Antoniter-Präzeptorei (gegründet 1222), dreischiffige spätgotische Backstein-Stufenhalle (15. Jh.) mit Stern- und Netzgewölben, unvollendetes nördliches Seitenschiff; spätgotische Kolossalfigur eines hl. Antonius 2. V. 15. Jh.

STERNBERG. *Pfarrkirche,* dreischiffige frühgotische Backstein-Hallenkirche (begonnen Ende 13. Jh., vollendet im 14. Jh.) mit Kreuzrippengewölben, im Chor Wandgemälde (u. a. Christus als Weltenrichter) aus dem 14. Jh., an der Südseite Hl.-Blut-Kapelle (1496), Westturminschr. 1322; Altaraufsatz und Kanzel (Vorhalle) 1747.

BRÜEL. *Pfarrkirche,* einschiffiger frühgotischer Backsteinbau (13. Jh.) mit Kreuzrippengewölben, breiter Westbau mit Staffelgiebel (vermutlich 15. Jh.), Wandgemälde um 1511; Altaraufsatz 1753, Kanzel 1624.

Bemerkenswerte Herrenhäuser in ZAPKENDORF (Barockbau Mitte 18. Jh.), VIETGEST (Barockbau 1792/94), WARDOW (um 1840 im Stil der Tudorgotik) und DIEKHOF (von der Anlage nur noch die Schloßkapelle erhalten, Barockbau 1768, rest.), sämtlich im Kreis Güstrow.

Bemerkenswerte Dorfkirchen in BERNITT (Gewölbemalereien um 1330, spätgotischer Flügelaltar), KAMBS (frühgotisch 13. Jh.; spätgotischer Flügelaltar 2. H. 15. Jh.), WIENDORF (gotisch 14. Jh.), HOHENSPRENZ (13. Jh., mittelalterliche Wandmalereien Ende 13. Jh.), LÜSSOW (13. Jh.), WEITENDORF (spätgotisch 15. Jh.; spätgotischer Flügelaltar Anfang 16. Jh.),

WATTMANNSHAGEN (frühgotisch Mitte 13. Jh.), LÜBSEE (spätgotischer Flügelaltar um 1500), SERRAHN (Mitte 13. Jh.), DOBBIN (spätgotische Schnitzfiguren), KIRCH-KOGEL (frühgotisch 13. Jh.), LOHMEN (frühgotisch Ende 13. Jh., umfangreiche Wand- und Gewölbemalereien 15. Jh., 1872/73 mit Zutaten versehen; spätgotischer Flügelaltar Ende 15. Jh.), ZEHNA (spätgotischer Flügelaltar Anfang 16. Jh.), BELLIN (spätromanisch 13. Jh., umfangreiche Wand- und Gewölbemalereien 14./15. Jh.) LÜDERSHAGEN (13. Jh., am Chorgewölbe Malereien um 1300), KIRCHROSIN (spätgotischer Flügelaltar um 1520), BADENDIEK (spätgotischer Flügelaltar Anfang 16. Jh.), GROSS-UPAHL (spätromanisch 13. Jh.), PARUM (gotisch 14. Jh.), TARNOW (spätgotischer Flügelaltar Ende 15. Jh.), BOITIN (spätgotischer Wandgemäldefries mit Passionsszenen vermutlich 14. Jh., an den Portalen Reliefziegel mit Darstellungen von Drachen und Löwen), EICKELBERG (15. Jh.), GROSS-RADEN (gotisch 14. Jh.), LAASE (gotisch um 1400), QUALITZ (spätgotischer Flügelaltar), JESENDORF (gotisch 14./15. Jh.; Altaraufsatz 1714), BIBOW (gotisch Ende 14. Jh.) und ZASCHENDORF (barocke Deckenbemalung, rest.; spätgotischer Flügelaltar, rest).

Bezirk Neubrandenburg

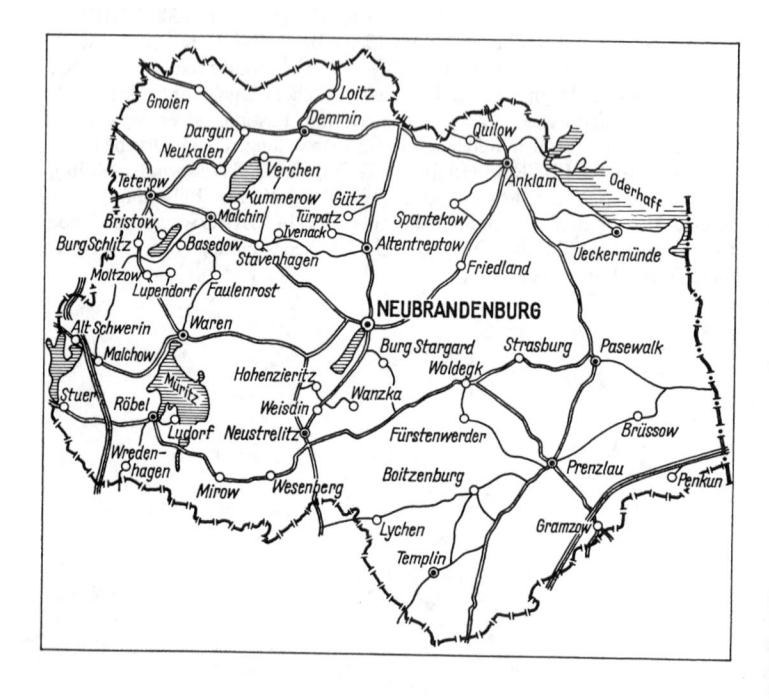

Stadt und Kreis Neubrandenburg

Die Stadt Neubrandenburg

1248 Gründung der Stadt durch den Lokator Herbord von Raven im Auftrage des Markgrafen Johann von Brandenburg, günstige Lage an der einzigen Übergangsstelle über die 30 km lange Sperre der Tollense und des Tollensesees im Zuge der Handelsstraße nach Stettin. Musterbeispiel des deutschen Kolonisationsschemas im Osten: kreisförmiger Grundriß mit geländebedingten Abweichungen (umschlossene Fläche ca. 40 Hektar), das Innere durch neun sich im rechten Winkel kreuzende Straßen in rechteckige Baublöcke aufgeteilt, die Plätze im Stadtzentrum ausgespart. Die erste Befestigung (Palisadenzaun) um 1300 durch Mauerring mit Wiekhäusern (Umfang: 2 300 m) ersetzt, verstärkt durch einfachen, stellenweise doppelten Wall und Graben. Im 14. und 15. Jh. wirtschaftliche Blüte (Tuchweberei, Hopfenbau und Brauerei, Hauptmarkt für den nördlichen Teil des Landes Stargard), Höhepunkt der architektonisch-künstlerischen Entwicklung (Vollendung der Marienkirche, Bau der Stadttore). 1631 von den Kaiserlichen unter Tilly erstürmt und verwüstet. 1614, 1676 und 1732 Stadtbrände. Nach 1860 Erweiterung über den Mauerring hinaus. 1945 nahezu vollständige Zerstörung der Altstadt. Großzügiger Wiederaufbau unter weitgehender Berücksichtigung des alten Stadtgrundrisses, Vergrößerung der Einwohnerzahl von 21 000 (1946) auf 68 000 (1978), bedeutende Stadterweiterungen, u. a. *Südstadt* (1957–1962 nach Entwürfen von B. Schulz-Friedemann und D. Riechen), *Wohngebiet Ost* (nach Entwürfen eines Kollektivs unter Leitung von I. Grund) und die noch im Bau befindliche *Nordstadt*. Am Karl-Marx-Platz *Haus der Kultur und Bildung* (1965 nach Entwürfen des Kollektivs I. Grund), an der Leninstraße *Kulturpark* mit sehenswertem Plastikgarten. Bildungsstätten: Institute für Landwirtschaftswissenschaften und Agrarökonomik.

Der *Mauerring* fast vollständig, von den urspr. 56 Wiekhäusern nur noch die Hälfte erhalten, als Denkmal von nationaler Bedeutung und internationalem Kunstwert komplex rest. Besonders bemerkenswert die vier Stadttore: *Neues Tor* (2. H. 15. Jh.), flache Blenden, Staffelgiebel, acht aus Backstein geformte Figuren. – *Friedländer Tor* (14./15. Jh., jetzt Zentrum Bildende Kunst), Doppeltor mit Vorwerk (Zingel), das innere Tor mit tiefen Blenden im zweiten Geschoß und reichem Staffelgiebel. – *Stargarder Tor* (14./15. Jh.), Doppeltor, die äußere Anlage dem Außenbau des Treptower Tores ähnelnd, die innere mit

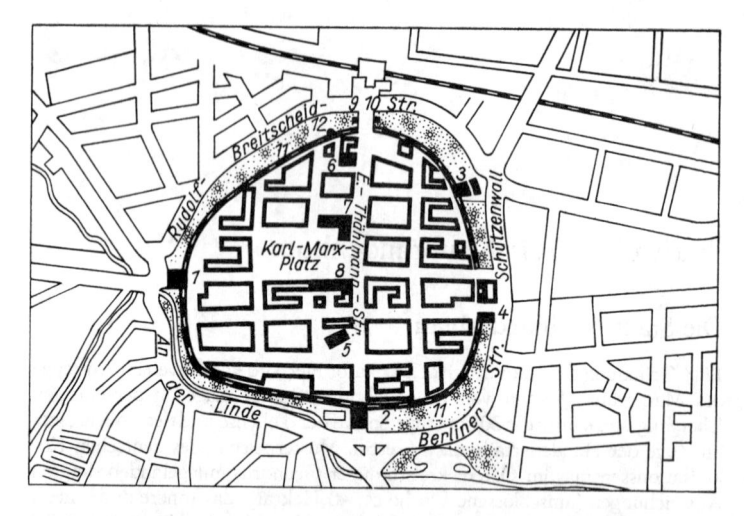

Neubrandenburg
1 *Treptower Tor mit Kreisheimatmuseum*, 2 *Stargarder Tor*, 3 *Friedländer Tor*, 4 *Neues Tor*, 5 *Marienkirche (Ruine)*, 6 *Johanniskirche*, 7 *Haus der Kultur und Bildung*, 8 *Hotel »Vier Tore«*, 9 *Mutter-Schulten-Brunnen*, 10 *Fritz-Reuter-Denkmal*, 11 *Stadtmauer mit Wiekhäusern*, 12 *Fangelturm*

schmal. Spitzbogenblenden, Figuren, Staffelgiebeln. — *Treptower Tor* (Kulturhistorisches Museum), spätgotischer Backsteinbau (um 1400) in Form eines Doppeltores, die beiden Anlagen durch Mauern miteinander verbunden, an der Feldseite breitgelagerter Bau mit reichen Maßwerkblenden, an der Stadtseite Turm mit reicher Blendengliederung und Staffelgiebeln. — *Kulturhistorisches Museum*, u. a. Ur- und Frühgeschichte des Kreisgebietes (slawischer Fundkomplex vom Tollensesee), Ergebnisse der Stadtkernforschung nach 1945, Fritz-Reuter-Sammlung.

An der 1945 zerstörten gotischen *Marienkirche* (1298 geweiht, Wiederaufbau als Konzerthalle beg.) besonders bemerkenswert: Ostgiebel mit Fialen, Wimpergen und frei vor die Giebelfläche gestelltem Maßwerk, letzteres vermutlich nach dem Vorbild der Westfassade des Straßburger Münsters.

Johanniskirche (ehem. Franziskaner-Klosterkirche, gegründet um 1260). Spätgotischer Backsteinbau (14. Jh. mit Benutzung ält. Teile, 1892/94 erneuert, rest.), urspr. als Basilika geplant, doch nur Mittelschiff und nördliches Seitenschiff ausgeführt; Altaraufsatz (1. H. 18. Jh.) und Kanzel (1588). — Von den *Klostergebäuden* (jetzt Standesamt) Nordflügel mit Kreuzgang fast unversehrt erhalten (vermutlich um 1300, Inneres im späten 16. Jh. verändert, rest.), Säle mit Sterngewölben. — Gegenüber dem Bahnhof *Fritz-Reuter-Denkmal* (1893)

Neubrandenburg, Kulturzentrum

und *Mutter-Schulten-Brunnen* (um 1920 von W. Jäger), 1964 nach Rest. hier aufgestellt.

Spitalkapelle St. Georg. Einschiffiger spätgotischer Backsteinbau (15. Jh.), außen Maßwerkfriese, schlankes barockes Türmchen; spätgotischer Flügelaltar.

Belvedere am Tollensesee. Klassizistischer Bau (1823 von F. W. Buttel) in Form eines dorischen Tempels, Saal mit kassettierter Decke.

Neubrandenburg, Stargarder Tor

Der Kreis Neubrandenburg

BURG STARGARD. Von der 1271 urkundlich erwähnten *Burg* (Mitte 13. Jh., im 16. Jh. verstärkt), einer Randhausburg mit Vorburg im Osten, die meisten Teile Ruinen oder in späterer Zeit entstellt, besonders bemerkenswert: Bergfried (um 1250) mit Zinnenkranz und Kegelspitze von 1823. — *Pfarrkirche*, Chor Mitte 13. Jh. (Backsteinbau), Langhaus 2. H. 13. Jh. (Granitbau), nach Brand 1758 barock wiederaufgebaut, Turm von 1894; Kanzelaltar 1770. — *Kapelle zum hl. Geist*, frühgotischer Granitbau (um 1300), 1553 zum Hospital ausgebaut, über dem Eingang Terrakotta-Wappentafel von 1553.

FRIEDLAND. Die mittelalterliche *Stadtbefestigung* mit zahlreichen Wiekhäusern zum größten Teil erhalten, besonders bemerkenswert: Anklamer Tor (vermutlich 1. H. 14. Jh.), Torhaus von zwei Rundtürmen flankiert, an der Feldseite Vorbau, lebhafte Blendengliederung. Neubrandenburger Tor (15. Jh., jetzt Heimatmuseum), am Torhaus vier Ecktürme, lebhafte Blendengliederung und Staffelgiebel. — *Heimatmuseum*, u. a. urgeschichtliche Funde aus der Umgebung, Stadtgeschichte, Arbeits- und Innungsgeräte. — *Pfarrkirche St. Marien*, dreischiffige gotische Backstein-Hallenkirche (14./15. Jh. nach einheitlichem Plan, 1703 abgebrannt, bis 1714 wiederaufgebaut) mit Kreuzrippengewölben, querrechteckiger Westbau mit stattlichem Portal. Bemerkenswerte Ausstattungsstücke: Altaraufsatz und Kanzel 1716. Garnweberchor von 1724 mit Bemalung von 1733. Orgelempore um 1725. Orgelprospekt 1746. — *Pfarrkirche St. Nikolaus*, frühgotischer, in einigen Teilen noch romanischer Granitbau (2. H. 13. Jh.), seit 1945 Ruine.

Bemerkenswerte Herrenhäuser in CÖLPIN (klassizistisch 1780), SPONHOLZ (Barockbau, 1742–1745 von J. Löwe, reiche Rokoko-Stuckdekorationen), GALENBECK (Fachwerkbau 18. Jh.), KOTELOW (Barockbau 1773), BRUNN (klassizistisch um 1800), GANZKOW (Barockbau Anfang 18. Jh., Vorhalle um 1820 von F. W. Buttel), IHLENFELD (neugotisch um 1850 von Buttel), NEVERIN (klassizistisch um 1800) und TROLLENHAGEN (Fachwerkbau 18. Jh., Saalanbau spätes 18. Jh.).

Bemerkenswerte Dorfkirchen in BARGENSDORF (spätgotisch Ende 15. Jh.), GROSS-NEMEROW (gotisch 14. Jh.), BALLWITZ (spätgotisch um 1500), CAMMIN (frühgotisch um 1300), GRAMELOW (klassizistischer Kuppelbau 1805 von F. W. Dunkelberg), CÖLPIN (spätgotischer Flügelaltar um 1500), PRAGSDORF (gotisch Anfang 14. Jh.), JATZKE (frühgotisch um 1300; Gnadenstuhl Anf. 16. Jh.), BROHM (Mitte 13. Jh.), GALENBECK (gotisch 1. H. 14. Jh.), KLOCKOW (frühgotisch 13. Jh.; Georgsrelief Anfang 16. Jh.), KOTELOW (spätgotischer Flügelaltar, in Altaraufsatz von 1678 eingefügt), LÜBBERSDORF (spätgotischer Flügelaltar Ende 15. Jh.), SALOW (frühgotisch 2. H. 13. Jh.; Vesperbild um 1420), ROGA (Altaraufsatz und Kanzel Anf. 17. Jh.), DAHLEN (frühgotisch Ende 13. Jh., Westportal mit Terrakottaplatten), GANZKOW (gotisch Anfang 14. Jh.; reicher Altaraufsatz 1626 von J. und M. Adler), NEUENKIRCHEN (frühgotisch 2. H. 13. Jh.),

TROLLENHAGEN (spätgotisch 2. H. 15. Jh.), ZIRZOW (spätgotisch 15. Jh.), CHEMNITZ (geweiht 1305), WULKENZIN (neugotisch 1832 von Buttel) und GEVEZIN (spätgotisch Ende 15. Jh.).

Die Kreise Altentreptow, Demmin, Teterow und Malchin

ALTENTREPTOW. *Pfarrkirche St. Petri*, dreischiffige gotische Backstein-Hallenkirche (14. Jh., im 15. Jh. spätgotisch nach Osten erweitert) mit Kreuzrippen- und Sterngewölben, Chor mit Umgang, Westturm. Bemerkenswerte Ausstattungsstücke: Spätgotischer Altar mit doppelten Flügeln (im Schrein oben Christus und Maria, unten Christus mit Stiftern) 2. H. 15. Jh. Spätromanischer Taufstein mit Trägerfiguren und Gesichtsmasken. Spätgotisches Chorgestühl 1. H. 15. Jh. – *Kapelle St. Jürgen*, spätgotischer Backsteinbau (15. oder 16. Jh.), Ende 16. Jh. zum Spital umgebaut. – *Neubrandenburger Tor*, spätgotisch (um 1450) mit reicher Blendengliederung und Staffelgiebel. – *Demminer Tor*, spätgotisch, im 19. Jh. ergänzt.

TÜTZPATZ. *Schloß* (jetzt Institut), Barockbau (1779), eingeschossig mit hohem Sockelgeschoß, zweigeschossiges Mittelrisalit mit Segmentgiebel, Seitenrisalite mit giebelartigen Aufsätzen. – *Dorfkirche*, einschiffiger spätgotischer Granitbau (15. Jh.), Chor mit Sterngewölbe; zwei Epitaphe 17. und 18. Jh., v. Maltzan.

GÜLTZ. *Dorfkirche*, einschiffiger frühgotischer Granitbau (Ende 13. Jh., im 18. und 19. Jh. erweitert), an der Südseite frühgotisches Portal; Kanzel und Altarschranken Ende 16. Jh.

DEMMIN. *Pfarrkirche St. Bartholomäi*, dreischiffige gotische Backstein-Hallenkirche (14. Jh., 1945 beschädigt, wiederhergestellt) mit Kreuzrippenge-

Tützpatz, Schloß

wölben, an der Nord- und Südseite je eine Kapelle, eingebauter Turm mit neugotischem Oberteil von 1853/54; zwei Gemälde (Kreuzigung und Auferstehung) 2. H. 17. Jh. — Von der 1945 beschädigten und teilweise wiederhergestellten *Stadtbefestigung* das Luisentor (13. und 15. Jh.), der Pulverturm und Reste des Mauerrings erhalten. — *Kreis-Heimatmuseum* (Ernst-Thälmann-Str. 23), u. a. Ur- und Frühgeschichte des Kreisgebietes, Holzplastik 13.–18. Jh., Münzen- und Autographensammlung, Zinn, Kunstmöbel.

LOITZ. *Pfarrkirche St. Marien,* dreischiffige frühgotische Hallenkirche (im Kern 13. Jh., im 17. und frühen 19. Jh. stark verändert), im Mittelschiff Kreuzgrat- und Sterngewölbe; Altaraufsatz und Kanzel um 1725, spätromanischer Taufstein.

VERCHEN. *Klosterkirche* des ehem. Benediktiner-Nonnen-Klosters, gegründet 1191, nach Verchen verlegt 1245, einschiffiger frühgotischer Backsteinbau (beg. um 1270), Chor mit Sterngewölbe, in den Chorschlußfenstern spätgotische Glasgemälde (u. a. Kreuzigungsgruppe und Heilige) 2. H. 15. Jh. (stark rest.), im Ostgiebel Vierpaßrose, an der Nordseite Glockenturm (15. Jh.); spätgotischer Schreinaltar (Verkündigung) Anfang 15. Jh., Kanzel 17. Jh.

NEUKALEN. *Pfarrkirche,* einschiffiger spätgotischer Backsteinbau (15. Jh.). Bemerkenswerte Ausstattungsstücke: Altaraufsatz (1610) mit spätgotischen Figuren. Spätgotisches Vesperbild. Kanzel 1. H. 17. Jh.

DARGUN. *Ruine der Klosterkirche* des ehem. Zisterzienser-Klosters, gegründet 1172, dreischiffige Backstein-Basilika (beg. um 1225), Querschiff und Chor mit Umgang und Kapellenkranz (nach 1464). — *Ruine des Schlosses,* Vierflügelanlage der Renaissance mit Arkadenhof, beg. 2. H. 16. Jh., mehrmals umgebaut, vollend. Ende 17. Jh. — In der *Dorfkirche* (13. Jh., 1753 und 1861 umgebaut) spätgotischer Flügelaltar.

GNOIEN. *Pfarrkirche,* zweischiffige gotische Anlage (14. Jh.) mit Kreuzrippengewölben, im Chor (13. Jh.) gotische Malereien (u. a. Leben Christi), erneuert Ende 19. Jh., Turm von 1445; spätgotischer Flügelaltar (Maria in der Strahlensonne) um 1500, rest., und Kanzel 1596.

BELITZ. *Dorfkirche,* dreischiffige spätgotische Backstein-Basilika (Anfang 15. Jh.), Chor mit Kreuzrippengewölbe; Epitaph 1602, Westempore 1670, Orgelprospekt 1784.

TETEROW. Planmäßige Anlage von kreisförmigem Grundriß mit gitterförmigem Straßennetz, in der Stadtmitte rechteckiger Markt, daran die Pfarrkirche. Von der Stadtbefestigung besonders bemerkenswert: *Malchiner Tor,* dreigeschossiger Backsteinbau (vermutlich 15. Jh.) mit Giebel und Spitzbogenblenden. *Rostocker Tor* (vermutlich 15. Jh.), Staffelgiebel und reiche Blendengliederung. — *Pfarrkirche,* dreischiffige frühgotische Backstein-Basilika (2. H. 13. Jh.), im Mittelschiff spätgotische Sterngewölbe, in den verschieden breiten Seitenschiffen Rippengewölbe, in den Chorgewölben Gemäldezyklus (Geschichte Christi von der Verkündigung bis zur Kreuzigung) um 1350, Westturm. Bemerkenswerte Ausstattungsstücke: Spätgotischer Flügelaltar (Christus und Maria mit sechzehn Heiligen) Anfang 15. Jh. Maria auf der Mondsichel spätes 15. Jh. Frühgotischer Taufstein. Spätgotisches Triumphkreuz Anfang 16. Jh. Kanzel Ende 16. Jh.

BURG SCHLITZ. *Schloß* (jetzt Pflegeheim), klassizistischer Bau (1806 bis 1824 von F. A. Leiblin mit starker Beteiligung des Bauherrn, 1954 rest.), drei parallele, durch Galerien miteinander verbundene Baukörper, der mittlere mit Säulenvorbau, halbrundem Aufsatz und Aussichtsturm; Treppenhaus, Saal, Gartensalon und Galerien mit reichen Dekorationen, im ehem. Musikzimmer Landschaftstapeten. — Großer *Landschaftspark* mit zahlreichen Denkmälern des frühen 19. Jh. — *Nymphenbrunnen,* 1903 von W. Schott.

BRISTOW. *Dorfkirche,* einschiffiger Renaissancebau (1597) mit Tonnengewölbe und ungewöhnlich reicher Ausstattung der Entstehungszeit.

BASEDOW. Von dem 1945 teilweise zerstörten *Schloß* besonders bemerkenswert: Zwei Flügel (16. und 17. Jh.) mit Terrakotten aus der Werkstatt des Statius van Düren. — In der gotischen *Dorfkirche* (Chor 13. Jh., Langhaus 15. Jh.) bemerkenswert: Altaraufsatz 1592. Taufbehälter 17. Jh., Orgelempore 16. Jh. Spätgotische Triumphkreuzgruppe. Grabdenkmäler spätes 16. Jh., v. Hahn.

MALCHIN. Von der Stadtbefestigung besonders bemerkenswert: *Kalensches Tor* (15. Jh.), an der Feldseite Spitzbogenblenden, Fialen und Wimpergen. *Steintor* (15. Jh.), an der Feldseite Spitzbogenblenden und Zinnen. Fangelturm (ehem. Mauerturm). — *Pfarrkirche St. Maria und St. Johannes,* dreischiffige spätgotische Backstein-Basilika (nach Brand 1397 mit Benutzung älterer Teile) mit Stern- und Kreuzrippengewölben, an der Nordwestseite Turm, südlich des Turmes Kapelle mit Sterngewölben. Bemerkenswerte Ausstattungsstücke: Spätgotischer Flügelaltar (im Schrein Marienkrönung) Anfang 15. Jh. Spätgotische Triumphkreuzgruppe um 1400. Alte Kanzel 1571 von H. Boeckler. Orgelprospekt 1780. Grabdenkmäler 15.–17. Jh.

KUMMEROW. *Schloß* (jetzt Schule), zweigeschossiger Barockbau (1733, rest.) mit dreigeschossigem Mittelrisalit und eingeschossigen Flügelbauten mit Pavillons an den Enden. — *Dorfkirche,* einschiffiger gotischer Backsteinbau (vermutlich 13. Jh.); Grabsteine 16. Jh.

FAULENROST. *Schloß* (jetzt Schule), barocke Dreiflügelanlage (1760) mit zweigeschossigem Haupttrakt und anderthalbgeschossigen, vom Haupttrakt getrennten Flügeln (Kavalierhäuser).

REUTERSTADT STAVENHAGEN. *Schloß* (jetzt Schule), barocke Dreiflügelanlage (Anfang 18. Jh.) mit dreigeschossigem Haupttrakt, Mittelrisalit mit Giebeldreieck, geräumiges Treppenhaus. – *Rathaus*, zweigeschossiger Spätbarockbau (1783), Mittelrisalit mit Segmentgiebel. – *Fritz-Reuter-Literaturmuseum* (Rathaus), Sammlung über Leben und Werk des Dichters Fritz Reuter, geb. 1810 in Stavenhagen. – *Pfarrkirche*, barocker Backsteinbau (geweiht 1782) auf kreuzförmigem Grundriß, Turm mit Haube; Kanzel 17. Jh., Altaraufsatz der Entstehungszeit.

IVENACK. *Schloß* (jetzt Feierabendheim), urspr. Renaissancebau (Ende 16. Jh.), 1709 umgebaut und erweitert, Flügel von 1810, zweigeschossig mit zweieinhalbgeschossigem Mittelrisalit, Flügel mit Segmentgiebeln. – *Nebengebäude:* Marstall, Orangerie (jetzt Kulturhaus) und Gartenhaus, alle um 1750. – *Großer Landschaftspark* mit altem Baumbestand, im Wildpark zwischen Ivenack und Stavenhagen tausendjährige Eichen. – *Klosterkirche*, spätklassizistischer Bau (1867/68) mit Benutzung einiger Teile der im Dreißigjährigen Krieg zerstörten gotischen Kirche; Kanzel Ende 16. Jh., Altarschranken Ende 16. Jh., Epitaph nach 1721.

Bemerkenswerte Herrenhäuser in GÜTZKOW (Barockbau 1777), SCHMARSOW (1796 mit Benutzung älterer Bauteile), LÜHBURG (barocke Dreiflügelanlage nach 1700), PREBBEREDE (Barockbau um 1750, rest.), GROSSEN-LUKOW (neugotisch 1842) und REMPLIN (urspr. barocke Dreiflügelanlage, erhalten Nordflügel, quadratischer Torturm, Verwalterhaus und Fachwerk-Gutskirche).

Bemerkenswerte Dorfkirchen in LUPLOW (spätgotisch vermutlich 16. Jh., Ausstattung frühes 17. Jh.), KLEIN-HELLE (spätgotischer Flügelaltar Ende 15. Jh.), ROSENOW (spätgotischer Flügelaltar Ende 15. Jh.), WILDBERG (Chor Mitte 13. Jh., Langhaus 16. Jh.), WOLDE (neuromanisch 1859/60; Kreuzesgruppe 1854 von E. Rietschel), ZWIEDORF (13. Jh.), GROSS-TEETZLEBEN (spätgotischer Flügelaltar Ende 15. Jh.), RÖCKWITZ (frühgotisch um 1300), PRIPSLEBEN (spätgotisch vermutlich 15. Jh.), SIEDENBOLLENTIN (spätgotisch 15. Jh., verändert 1874), KÖLLN (spätgotischer Flügelaltar vermutlich Anfang 16. Jh.), WELTZIN (spätgotisch 16. Jh.), BARTOW (spätgotisch 15. Jh., rest.), JAGETZOW (Fachwerkbau 1726; Rokoko-Kanzelaltar), DABERKOW (spätgotisch vermutlich 14. Jh., Friedhofsportal 17. Jh.), HOHENMOCKER (frühgotisch Ende 13. Jh.; mittelalterliches Kruzifix), UTZEDEL (Mitte 13. Jh.), SCHMARSOW (spätgotisch um 1400), KARTLOW (geweiht 1249), VÖLSCHOW (spätgotisch 15. Jh., Friedhofsportal vermutlich 2. H. 16. Jh.), LINDENBERG (Findlingsbau Ende 16. Jh., Wandmalereien 1596/97; Altar und Kanzel 2. H. 17. Jh.), GNEVEZOW (Altarschrein 17. Jh., übrige Ausstattung Anfang 18. Jh.), WOLKWITZ (spätgotischer Flügelaltar um 1500), SCHÖNFELD (Chor 14. Jh., sonst 19. Jh.; Spätrenaissance-Kanzel), NOSSENDORF (frühgotisch vermutlich 14. Jh.; Grabstein eines 1364 ermordeten Geistlichen), LEVIN (spätromanischer Feldsteinbau, geweiht 1258), SCHORRENTIN (Chor 13. Jh., gotisches Langhaus von 1390), BEHREN-LÜBCHIN (spätromanischer Granitbau, rest.; Altaraufsatz 1712), WALKENDORF (frühgotisch Mitte 13. Jh., rest.; Wandgemälde Mitte 14. Jh., spätgotischer Flügelaltar um 1450), JÖRDENSTORF (Chor Mitte 13. Jh., gotisches Langhaus frühes 14. Jh.; spätromanische Sakramentsnische), GROSS-WOKERN (spätromanisch 1. H. 13. Jh.), SCHWINKENDORF (frühgotisch 13. Jh.), RITTERMANNSHAGEN (frühgotisch 13. Jh.), ZETTEMIN (gotisch 14. oder 15. Jh.), KITTENDORF (frühgotisch 2. H. 13. Jh.; reicher Altar 1603), JÜRGENSTORF (spätgotischer Flügelaltar um 1500) und PRIBBENOW (spätgotischer Flügelaltar 2. H. 15. Jh.).

Die Kreise Waren, Röbel und Neustrelitz

PENZLIN. Von der *Alten Burg,* einem Renaissancebau (2. H. 16. Jh.) auf mittelalterlicher Grundlage, zwei im rechten Winkel angeordnete Gebäudeteile erhalten, unter dem Längsgebäude altes Gefängnis (»Hexenkeller«). — *»Neue Burg«* (ehem. Herrenhaus), klassizistisch 1810. — *Pfarrkirche St. Marien,* dreischiffige gotische Backstein-Hallenkirche (14. Jh., verändert 1877) mit Kreuzrippengewölben und niedrigem Westturm.

GROSS-GIEVITZ. *Dorfkirche,* spätromanischer Feldsteinbau (13. Jh.) mit kuppeligen Kreuzgratgewölben, bei der Rest. 1964 gut erhaltene Wandmalereien (um 1300) aufgedeckt; Kanzel, Altar, Orgelempore und Herrschaftsloge 1707, frühgotische Granit-Taufe, gotisches Kruzifix.

WAREN. *Altes Rathaus* (am Alten Markt, jetzt Küster- und Organistenhaus), zweigeschossiger Backsteinbau, vor dem Stadtbrand von 1699. — *Pfarrkirche St. Georg,* dreischiffige frühgotische Backstein-Basilika (nach 1300) mit neugotischem Chor (Mitte 19. Jh.) und spätgotischem Westturm (Anfang 15. Jh.); Triumphkreuzgruppe 14. Jh. — *Pfarrkirche St. Marien,* urspr. dreischiffiger frühgotischer Bau (14. Jh.) mit Chor des Übergangsstils (Ende 13. Jh.), 1637 und 1671 ausgebrannt, 1792 einschiffig wiederhergestellt, Aufsatz und Kuppel des Turmes sowie die Innenausstattung 1789–1792 von J. J. Busch aus Ludwigslust. — *Müritz-Museum* (Friedensstr. 5). Seit 1962 Bezirksmuseum, u. a. ur- und frühgeschichtliche Funde aus dem Bezirk Neubrandenburg und Material zur Geschichte der Müritzlandschaft. — *Richard-Wossidlo-Oberschule,* Neurenaissancebau, 1869 nach Plänen von G. A. Demmler aus Schwerin. — *Löwenapotheke* (am Neuen Markt), Fachwerkbau mit Fassade 18. Jh. — *Neues Rathaus,* neugotisch Mitte 19. Jh.

LUPENDORF-ULRICHSHUSEN. *Schloß Ulrichshusen,* dreigeschossiger Renaissancebau (vermutlich 2. H. 16. Jh., 1624/26 umgebaut) mit Benutzung von großen Teilen der mittelalterlichen Wasserburg, an der Südseite runder Treppenturm und Torhaus, Terrakottenreliefs aus der Werkstatt des Statius van Düren, im mittelalterlichen Teil alte Küche mit Rauchfang. Kleiner Landschaftspark am Ulrichshuser See.

MOLTZOW-RAMBOW. *Dorfkirche,* einschiffiger Renaissancebau (Ende 16. Jh.) mit schmalem Turm; Altaraufsatz, Kanzel und Nordempore aus der Entstehungszeit. — *»Wüste Kirche«* (auf der Rambower Feldmark), Ruine der romanischen Feldsteinkirche des verschwundenen Dorfes Domherrenhagen (Papenhagen).

MALCHOW. *Klosterkirche,* neugotisch 1844–1849 von F. W. Buttel, nach Brand 1888–1890 von G. Daniel wiederhergestellt. — *Stadtkirche,* neugotische Kreuzkirche, 1870–1873 von Daniel. — *Rathaus,* zweigeschossiger Fachwerkbau aus dem 18. Jh.

ALT-SCHWERIN. *Agrarhistorisches Freilichtmuseum,* mehrere Bauernhäuser mit alten Einrichtungsgegenständen, Schauanlagen zur Agrargeschichte, Neubauerngehöft.

STUER. *Burgruine* (vermutlich 13. Jh., seit dem 17. Jh. verfallen), Reste eines tiefen Gewölbes und eines Wohnturmes erhalten. — In der *Dorfkirche* (Fachwerkbau 1750) bemerkenswert: Spätgotischer Flügelaltar (im Schrein figurenreiche Kreuzigung) um 1500. Kanzel und Taufständer 17. Jh.

RÖBEL. *Pfarrkirche St. Marien,* dreischiffige frühgotische Backstein-Hallenkirche (begonnen Mitte 13. Jh.) mit spätgotischen Sterngewölben und neugotischem Turm (1849–1851); spätgotischer Flügelaltar (im Schrein Maria mit zwei Heiligen) Anfang 16. Jh., spätgotische Triumphkreuzgruppe 15. Jh., zwei Priestergrabsteine von 1412. — *Pfarrkirche St. Nikolai,* dreischiffige frühgotische Backstein-Hallenkirche (begonnen nach Mitte 13. Jh.) mit spätgotischen Kreuzrippengewölben, Chor mit Stutzkuppeln und Schmuckgiebel, spätgotischer Westturm (15. Jh.); romanischer Taufstein, Chorgestühl 1519 von U. Schumann. — *Stadtbefestigung,* Reste der alten Stadtmauer am Töpferwall, an der Mauerstraße und am Mönchteich erhalten.

LUDORF. *Dorfkirche,* gotischer Backstein-Zentralbau (geweiht 1346) über achteckigem Grundriß mit Rippengewölbe, dreiviertelkreisförmiger Chor mit Kuppelgewölbe, im Norden und Süden je eine Kapelle, im Westen Vorhalle, über dem Mittelraum Spitzdach, über dem Chor Kegeldach. — *Herrenhaus,* zweigeschossiger barocker Backsteinbau von 1698, später umgebaut. Großer Landschaftspark.

WREDENHAGEN. Von der mittelalterlichen *Randhausburg* (in den achtziger Jahren des 13. Jh. urkundlich erwähnt) erhebliche Reste erhalten, so beiderseits der Auffahrt und im Zuge der Ringmauer (im Osten sog. Kellerhaus). — *Dorfkirche,* klassizistisch Ende 18. Jh.

MIROW. *Schloß* (jetzt Feierabendheim), zweigeschossiger Barockbau (1749 bis 1760, rest.) mit dreigeschossigem Mittelrisalit und kurzen dreigeschossigen Flügelbauten, in einigen Räumen Barock- und Rokoko-Stuckdekorationen sowie barocke Tapeten. — *Torhaus,* Renaissancebau von 1588. — *Ehem. Kavalier-*

und Küchengebäude, zweigeschossiger Barockbau (1758), flacher Mittelrisalit mit Giebeldreieck. — *Sog. unteres Schloß* (auch Seminar genannt, jetzt Rat der Stadt und Schule), zweigeschossiger Barockbau (1766, nach Brand 1848 erneuert), Pilastergliederung, flacher Mittelrisalit mit Giebeldreieck. — *Pfarrkirche* (früher Kirche der Johanniter-Komturei, gegründet 1226), gotischer Backsteinbau (Anfang 14. Jh.), nach Brand 1742–1744 barock erneuert, 1945 ausgebrannt, 1951 als St. Johanniskirche wiederaufgebaut.

WESENBERG. *Pfarrkirche,* dreischiffige spätgotische Stufenhalle (Granitbau mit Backsteinteilen, 14./15. Jh.) mit Kreuzrippengewölben, Chor mit Sterngewölbe, Westturm mit Haube und Laterne von 1714; Kanzel 1711 mit Apostelfiguren vom Ende des 16. Jh., Chorgestühl Anfang 17. Jh., Epitaph 1698. — Von der 1282 urkundlich erwähnten *Burg* Turm an der Südostecke und Teile der Mauer erhalten.

NEUSTRELITZ. Gegründet 1733 von Adolf Friedrich III., dem Herzog von Mecklenburg-Strelitz, Grundriß in Form eines achtstrahligen, nach den Himmelsrichtungen orientierten Sternes, im Zentrum urspr. quadratischer Marktplatz, nach 1860 Rundplatz mit gärtnerischen Anlagen. — *Stadtpark,* urspr. Barockanlage (1732 von J. Löwe), um 1825 in Landschaftspark umgewandelt, mit *Luisentempel* (1891, rest.), darin Marmorsarkophag der Königin Luise (Kopie nach Rauch von A. Wolff), und eingeschossiger *Orangerie* (urspr. Barockbau 1755, 1840 von F. W. Buttel und K. F. Schinkel klassizistisch umgestaltet) mit zweigeschossigem Mittelrisalit und kurzen Flügelbauten; drei Säle mit Abgüssen von Rauch, Thorwaldsen und nach der Antike. — *Schloßkirche,* neugotische kreuzförmige Saalkirche (1855–1859 von F. W. Buttel), Westfassade mit Seitentürmen. — *Friedrich-Wolf-Theater,* urspr. Barockbau (»Reithaus«), zuletzt 1952 nach Entwürfen von G. Böckler, E. Conell und F. Torka umgebaut. — *Tiergarten* (jetzt Tierpark mit vielen Gehegen), angelegt 1721, darin Wildhof (klassizistisch 1818) und Hirschportal (1824–1826 von Rauch). — *Stadtkirche,* barocke Saalkirche (1768–1778 nach Plänen von Verpoorten, Turm 1828 bis 1831 von F. W. Buttel unter Beteiligung Schinkels) mit Spiegelgewölbe und doppelten Emporen. — *Rathaus,* zweigeschossiger klassizistischer Bau (1841 von Buttel) mit offener Pfeilervorhalle. — *Ehem. Gymnasium Carolinum* (jetzt Oberschule I), zweigeschossiger klassizistischer Bau (1806 von F. W. Dunkelberg), flacher Mittelrisalit mit Giebeldreieck. — *»Deutsches Haus«* (Wilh.-Pieck-Str.), schöne Jugendstilfassade.

WANZKA. *Klosterkirche* des ehemaligen Zisterzienser-Nonnen-Klosters, gegründet vor 1283, einschiffiger frühgotischer Backsteinbau (geweiht 1290), zweigeschossige Anordnung der Fenster, Westfassade mit großen Spitzbogengewänden und Portal, durch unsachgemäße Restaurierung 1843 stark entstellt.

WEISDIN. *Herrenhaus* (jetzt Schule), zweigeschossiger Barockbau (1749), Mittelrisalit mit Giebeldreieck, geräumiges Treppenhaus, Räume mit reichen Stuckdekorationen. — Dem Herrenhaus gegenüber die *Dorfkirche,* barocker

Zentralbau (1749) über achteckigem Grundriß, reiche Ausstattung der Entstehungszeit.

HOHENZIERITZ. *Schloß* (jetzt von der Akademie der Landwirtschaftswissenschaften genutzt), Barockbau (1746–1751, 1790 aufgestockt) mit eingeschossigen Seitenpavillons (1776 von Verpoorten), Pilastergliederung, Mittelrisalit, Giebeldreieck mit farbigem Wappen, die gesamte Anlage rest. — *Luisentempel,* klassizistischer Rundtempel (1815 von Chr. Ph. Wolff). — *Rundkirche,* klassizistischer Zentralbau (1806 von F. W. Dunkelberg) mit dorischem Säulenvorbau und Kuppel. — Von den *Bauten im Dorf* bemerkenswert: Alte Schmiede (klassizistisch frühes 19. Jh.) und Kruggehöft (klassizistisch von F. W. Dunkelberg).

Bemerkenswerte Herrenhäuser in RETZOW (klassizistisch um 1810; kleiner Landschaftspark), RUMPSHAGEN (Barockbau 1730–1772, Fassade mit Flaschenscherbenputz, im Gartensaal Rokoko-Stuckdecke), ANKERSHAGEN (Barockbau 18. Jh. auf älterer Grundlage), WITTENHAGEN (klassizistisch um 1800) und FELDBERG (ehem. Amtshaus, Fachwerkbau 1781).

Bemerkenswerte Dorfkirchen in MOLLENSTORF (gotisch vermutlich 14. Jh.; spätgotisches Vesperbild), ZAHREN (frühgotisch Ende 13. Jh.), ANKERSHAGEN (13. Jh., im 14. oder 15. Jh. zur zweischiffigen Anlage umgebaut), RUMPSHAGEN (Barockbau 1779), VARCHENTIN (frühgotisch 13. Jh.), SCHLOEN (Ende 13. Jh.), ALT-SCHÖNAU (frühgotische Feldsteinkapelle 13. Jh.), VIELIST (spätromanischer Feldsteinbau Mitte 13. Jh.), SOMMERSTORF (frühgotisch 13. Jh.), LÜTGENDORF (Grabdenkmäler 16. Jh.), KIRCHGRUBENHAGEN (Grabdenkmäler 15.–18. Jh., v. Maltzahn), HOHENWANGELIN (spätgotisch 15. Jh.), KLINK (Barockbau 1736–1742), SIETOW (frühgotisch um 1300), GRÜSSOW (spätroman. 2. H. 13. Jh.), ZISLOW (Fachwerkbau 1749 mit abseits stehendem Glockenturm), DAMMWOLDE (Fachwerkbau 1619), FINCKEN (klassizistisch Ende 18. Jh.), LEIZEN (spätgotischer Flügelaltar), KARCHOW (spätgotischer Flügelaltar in Spätrenaissance-Rahmen), KAMBS (im Kern spätromanisch 13. Jh.), MELZ (spätgotischer Flügelaltar), NÄTEBOW (spätgotischer Flügelaltar 1522), BUCHHOLZ (gotisch vermutlich 14. Jh., rest.; Altaraufsatz Ende 16. Jh.), VIPPEROW (spätgotischer Flügelaltar), LÄRZ (Fachwerkbau 1724), SCHWARZ (Barockbau 1767), DIEMITZ (Barockbau 1765; Kreuzigungsrelief und Vesperbild 1. H. 16. Jh.), DROSEDOW (spätgotischer Flügelaltar Ende 15. Jh.), PRIEPERT (Fachwerkbau 1719; reicher Altaraufsatz), FÜRSTENSEE (Fachwerkbau 1779; Kanzelaltar mit spätgotischen Schnitzfiguren), MECHOW (spätromanisch 13. Jh.), CARWITZ (Fachwerkbau 1706; Kanzelaltar 1714 mit Benutzung eines spätgotischen Flügelaltars um 1500), WITTENHAGEN (Barockbau 1758), DOLGEN (klassizistischer Rundbau mit Kuppel 1803 von F. W. Dunkelberg), GRÜNOW (gotisch 14. Jh.), MÖLLENBECK (frühgotisch Ende 13. Jh.), WARBENDE (frühgotisch Ende 13. Jh.; Altaraufsatz 1589), RÖDLIN (klassizistisch 1808–1813 nach Plänen von D. Gilly unter Leitung von F. W. Dunkelberg, 1945 beschädigt, rest.), PRILLWITZ (zwei spätgotische Flügelaltäre Anfang 16. Jh.), PECKATEL (spätgotischer Flügelaltar Anfang 16. Jh.), ZACHOW (spätgotische Flügelaltäre um 1500 und um 1520) und BLANKENFÖRDE (Fachwerkbau Anf. 18. Jh.; Altaraufsatz 1700).

Die Kreise Templin und Prenzlau

TEMPLIN. *Stadtanlage,* nach Stadtbrand 1735 Korrektur des mittelalterlichen Straßennetzes und einheitliche Bebauung der rechteckigen Häuserblocks mit zweigeschossigen Fachwerkhäusern. — *Stadtbefestigung,* die mittelalterlichen Wehranlagen fast vollständig erhalten (vermutlich 13. und 14. Jh.), Feldsteinmauer mit Backsteinkrone, insgesamt 51 Mauertürme und Wiekhäuser, ferner: Berliner Tor (an der Stadtseite reiche Blendengliederung, an der Feldseite tiefe Fallgatternische), Lychener Tor (Blendengliederung und Plattenfries aus Formsteinen), Prenzlauer Tor (Volkskundemuseum) mit Vortor und Zwinger. — *Volkskundemuseum,* u. a. Stadtgeschichte, Lebens- und Arbeitsverhältnisse der Bauern, Waldarbeiter, Schiffer, Flößer und Fischer vom Mittelalter bis zur Neuzeit, uckermärkische Volkskunst, Sonderausstellungen. — *Rathaus,* schlichter dreigeschossiger Barockbau (um 1750 nach Plänen von K. S. Schmidt) mit Türmchen. — *Pfarrkirche St. Maria Magdalena,* dreischiffige barocke Hallenkirche (1749 nach Plänen von Schmidt mit Benutzung der Fundamente eines frühgotischen Vorgängerbaus, rest.), Chor mit Umgang, im Süden Schauseite, Turm mit Laterne. — In der spätgotischen *Kapelle St. Georg* (14. oder 15. Jh.) bemerkenswert: Spätgotischer Flügelaltar (im Schrein zwei Heilige) um 1500. Holzplastik eines St. Georg mit dem Drachen, Anfang 16. Jh.

LYCHEN. Von der *Stadtbefestigung* Teile der Stadtmauer sowie das Stargarder Tor (eingestürzt, Wiederaufbau vorgesehen) und die Ruine des Fürstenberger Tores erhalten. — *Pfarrkirche St. Johannes,* einschiffiger frühgotischer Granitbau mit Backsteinteilen (2. H. 13. Jh., später mehrmals erneuert), in den Sakristeifenstern Glasgemälde (Ende 17. Jh.), wuchtiger Westturm mit reicher Blendengliederung (15. Jh.). Bemerkenswerte Ausstattungsstücke: Altaraufsatz 1698. Kanzel und Emporen Ende 17. Jh. Kronleuchter 17. Jh. — *Rathaus,* schlichter Barockbau von 1748.

BOITZENBURG. *Schloß* (jetzt Ferienheim, nicht zugänglich), vom Renaissancebau (Ende 16. Jh.) erhalten: »Oberhaus«, drei Zwerchhäuser mit Pilastergliederung, Portal im oberen Hof, Jagdzimmer mit reichen Stukkaturen (1. H. 17. Jh.); die übrigen Teile 1881–1884 gänzlich umgebaut. — *Schloßpark* (urspr. Barockanlage, um 1840 von P. J. Lenné zum Landschaftspark umgestaltet und beträchtlich erweitert) mit klassizistischem *Gedächtnistempel* (1804 von C. G. Langhans), im Innern urspr. Marmorfigur einer Trauernden, Werk der Schadow-Schule (jetzt vor dem Schloß aufgestellt). — *Marstall,*

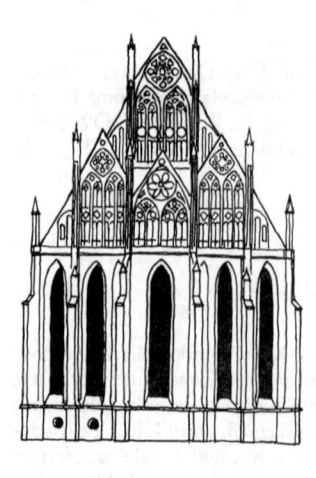

Prenzlau, Ostgiebel der Marienkirche

zweigeschossiger klassizistischer Bau (Ende 18. Jh.) mit Mittelrisalit. — Von dem außerhalb des Ortes gelegenen *Kloster* (gegründet 1269) Nordwand der Kirche mit halbem Chor sowie West- und Südwand des Konventhauses erhalten. — *Pfarrkirche,* einschiffiger frühgotischer Granitbau (13. Jh., im 18. und 19. Jh. stark verändert) mit viergeschossigem Barockturm. Bemerkenswerte Ausstattungsstücke: Altaraufsatz und Kanzel um 1718. Eiserne Taufe 1841. Grabdenkmal G. D. v. Arnim, gest. 1733. Grabsteine 17./18. Jh., sämtlich v. Armin.

FÜRSTENWERDER. Von der *Befestigung* Feldsteinmauer (1. H. 13. Jh.) mit einigen Wiekhäusern sowie Reste des Woldegker und Berliner Tores erhalten. — *Pfarrkirche,* einschiffiger Granitbau (Mitte 13. Jh.) mit querrechteckigem Turm, Backsteinaufsatz von 1786; Kanzelaltar 18. Jh.

PRENZLAU. Urspr. Burg der pommerschen Fürsten zur Beherrschung des Ueckerüberganges mit slawischer Siedlung im Schutz der Burg, nach der Zerstörung im Wendenkreuzzug (1147) Neubau und Befestigung durch deutsche Kolonisten, Ausbau der Altstadt gegen Mitte des 13. Jh. vollendet, annähernd fünfeckiger Grundriß mit vier breiten Längs- und sieben schmaleren Querstraßen, in der Mitte rechteckiger Markt. Von der *Stadtbefestigung* bedeutende Reste der Stadtmauer (Erlaubnis zum Mauerbau 1287) mit Wiekhäusern und Mauertürmen (u. a. Hexen- oder Pulverturm) erhalten, ferner drei Tortürme: Blindower Tor (Zinnenkranz und gemauerter Helm), Schwedter Tor (reicher oberer Teil über älteren Zinnen), Mitteltor (unterer Teil über quadratischem Grundriß, Wehrgang auf Steinkonsolen, runder oberer Teil mit Zinnenkranz und gemauertem Helm). — An der 1945 ausgebrannten *Marienkirche* (im wesentlichen 2. V. 14. Jh., Wiederaufbau des Äußeren abgeschlossen, Rekonstruktion des Innern im Gange) besonders bemerkenswert: Ostgiebel mit Fialen, Wimpergen und frei vor die Giebelfläche gestelltem Maßwerk aus roten und schwarzen glasierten Formsteinen, verwandt mit dem Ostgiebel der

Marienkirche in Neubrandenburg. — *Ehem. Dominikaner-Klosterkirche zum hl. Kreuz* (jetzt Nikolaikirche), dreischiffige frühgotische Backstein-Hallenkirche (beg. 1275, geweiht 1343, 1961 rest.) mit Kreuzrippengewölben und einschiffigem Chor; Altaraufsatz 1609, Gemälde (Kreuzigung mit Stiftern, im Hintergrund Ansicht von Prenzlau) 17. Jh. Aus der Marienkirche: Bronze-Taufkessel (getragen von drei Männern, an der Wandung Christus und Apostel) Anfang 15. Jh. Spätgotische Schnitzfiguren aus dem ehem. Hochaltar 1512. — Die *Klostergebäude* (jetzt Kreis-Heimatmuseum) nahezu vollständig erhalten (vermutlich Mitte 14. Jh.), im Ostflügel Kapitelsaal, im Westflügel Refektorium (Wandgemälde von 1516) und Raum mit Sterngewölbe, im Obergeschoß Schlafräume. — *Kreis-Heimatmuseum,* u. a. ur- und frühgeschichtliche Funde aus der Uckermark, Geschichte der Landwirtschaft vom Hakenpflug bis zur Kombine. — In der *Sabinenkirche* (im Kern frühgotisch, 1816/17 umgebaut, Inneres 1954 restauriert) bemerkenswerter Kanzelaltar von 1597. — *Dreifaltigkeitskirche* (ehem. Franziskaner-Klosterkirche), einschiffiger frühgotischer Granitbau (im wesentlichen Mitte 13. Jh.) mit Kreuzrippengewölben, dreiviertelsäulenartige Wandvorlagen mit Trapezkapitellen, Ostgiebel mit kleinem Turm. — *St. Georgskapelle* (jetzt als Wohnhaus benutzt), 1325 urkundlich genannt, gotischer Bau (vermutlich 14. Jh.), reicher Westgiebel. — *Jakobikirche,* frühgotischer Feldsteinbau (Mitte 13. Jh.) 1945 ausgebrannt, beim Ausbau die Turmhalle zum Altarraum umgestaltet. — *Westbau der alten Nikolaikirche,* frühgotisch Mitte 13. Jh. — *Heiliggeistkapelle* am Mitteltor, gotischer Feldsteinbau (frühes 14. Jh.), 1945 ausgebrannt, Ruine.

GRAMZOW. *Ruine der Klosterkirche* des ehem. Prämonstratenser-Klosters, urspr. dreischiffige spätgotische Backstein-Hallenkirche (vermutlich 14. Jh.), Reste eines Kapellenunterbaues an der Westseite des Mittelschiffes erhalten. — *Pfarrkirche,* einschiffiger frühgotischer Granitbau (vermutlich 13. Jh.); Kanzel und Altar Anfang 19. Jh.

GERSWALDE. *Stadtkirche,* im Kern Feldsteinbau 13. Jh., seit dem 15. Jh. mehrfach verändert, einschiffig mit Westturm und dreiseitigem Chorschluß; klassizistische Ausstattung 1814–1820. — Von der im 13. Jh. gegründeten *Burg* der Bergfried (14. Jh.) und weitere Teile der alten Wehranlage erhalten. — In der ehem. Vorburg *Schloß,* erbaut Ende 19. Jh.

Bemerkenswerte Dorfkirchen in THOMSDORF (spätgotischer Flügelaltar Ende 15. Jh., rest.), ROSENOW (Barockbau 1753/54; Kanzelwand 1757/58 angeblich von F. Ch. Glume). JAKOBSHAGEN (zwei spätgotische Flügelaltäre Mitte und Ende 15. Jh.), HERZFELDE (gotisch 13. oder 14. Jh.; Altaraufsatz und Kanzel um 1600), ANNENWALDE (klassizistisch 1833 von Baumeister Hermann aus Zehdenick, Pläne von Schinkel revidiert), VIETMANNSDORF (Eichenholztafel mit Reliefdarstellungen der Passion, Anfang 14. Jh.), RINGENWALDE (frühgotisch 13. Jh.; Gnadenstuhl und Kruzifix Anfang 16. Jh.), STEGELITZ (frühgotisch 13. Jh., Ende 16. Jh. in zweischiffige Anlage umgewandelt; Grabdenkmal G. A. v. Arnim 1734), FERGITZ (spätgotisch 14. oder 15. Jh.; Figuren von Altaraufsatz um 1600), KAAKSTEDT (frühgotisch 13. Jh., bedeutende volkskünstlerische Ausstattung 17./18. Jh.), KUHZ (frühgotisch Ende 13. Jh.; Altaraufsatz 1697), SEEHAUSEN (Fachwerkbau 18. Jh.; Altaraufsatz 2. H. 16. Jh., Kanzel 1619), MELZOW (gotisch vermutlich 14. Jh.; reicher Kanzelaltar 1610), SEELÜBBE (gotisch vermutlich 13. Jh.; reicher Kanzelaltar 1607), BERTIKOW (frühgotisch 13. Jh.; spätgotischer Flügelaltar Ende 15. Jh., Kanzel um 1600), LÜTZLOW (frühgotisch vermutlich 13. Jh.; Altaraufsatz 17. Jh., Kanzel 1622), FALKENWALDE (frühgotisch 2. H. 13. Jh.; reiche Kanzel 1. H. 18. Jh.), SCHMÖLLN (frühgotisch Ende 13. Jh.; Altaraufsatz Anf. 17. Jh., rest., Kanzel 1604), SCHWANEBERG (13. Jh.; Kanzel 1719, Taufengel 18. Jh.), KLEPTOW (13. Jh.; Altaraufsatz und Kanzel Anfang 17. Jh.), CARMZOW (frühgotisch vermutlich 13. Jh.; Kanzelaltar 1726, Grabstein nach 1608), MALCHOW (gotisch vermutlich 14. Jh., Ausstattung Anfang 18. Jh.), GÖRITZ (gotisch vermutlich 13. Jh.; Altaraufsatz um 1710), BLINDOW (frühgotisch vermutlich 13. Jh.; frühgotischer Taufstein 14. Jh.), SCHÖNWERDER (frühgotisch 13. Jh.; Kanzel 1739, übrige Ausstattung 17. Jh.), DEDELOW (frühgotisch 13. Jh.; spätgotischer Flügelaltar in Renaissance-Gehäuse, Taufe um 1690; südlich der Kirche Gruftgebäude, neugotisch angeblich nach Entwurf von Schinkel), HOLZENDORF (spätgotisch Anfang 16. Jh.; Altaraufsatz und Kanzel Anfang 17. Jh.), RITTGARTEN (barocker Fachwerkbau 1710 von M. Lehmann; spätgotischer Flügelaltar), SCHÖNERMARK (frühgotisch vermutlich 13. Jh.; Kanzel um 1620) und GÜSTOW (frühgotisch vermutlich 13. Jh.; spätgotischer Flügelaltar 1516).

Die Kreise Strasburg, Pasewalk, Ueckermünde und Anklam

PENKUN. *Schloß* (jetzt LPG), Dreiflügelanlage der Renaissance (frühes 17. Jh. mit älteren Bauteilen), der rechte Flügel wesentlich länger als der linke, auf dem Ende des rechten Flügels achteckiger Turm, das Ende des linken mit niedrigem Dachturm, Sitznischenportal, in den Erdgeschoßräumen Tonnen-, Kreuz- und Sterngewölbe, Torbau mit Volutengiebel und Wappenschmuck von 1614.

BRÜSSOW. *Pfarrkirche*, einschiffiger frühgotischer Granitbau (13. Jh.), unter dem Altar Gruftgewölbe, Fachwerkturm. — Von der *Stadtbefestigung* Reste der mittelalterlichen Ringmauer mit einigen Wiekhäusern erhalten, im Park Turmhügel mit Gewölbe sowie Sockel eines Wehrturmes (13. Jh.).

PASEWALK. Urspr. slawische Siedlung (Posdowlc), erste deutsche Namen 1239 nachweisbar, ellipsenförmiger Grundriß mit regelmäßigem Straßengitternetz und großem viereckigem Marktplatz. Von der *Stadtbefestigung* Teile der Mauer sowie mehrere Tore und Türme erhalten: Prenzlauer Tor (um 1450, schmale Rund- und Spitzbogenblenden), Mühlentor (um 1450, schmale

Spitzbogenblenden, achteckiger Aufsatz mit gemauertem Helm), »Kiek in de Mark« (1445), Pulverturm (15. Jh.). — *Pfarrkirche St. Marien*, dreischiffige gotische Backstein-Hallenkirche (14. Jh., 1945 geringfügig beschädigt, wiederhergestellt) mit Kreuzrippengewölben, an der Nordseite spätgotische Kapelle (15. Jh.), querrechteckiger Westturm. — Vor der Marienkirche *Mordkreuz*, vermutlich 1367. — *Pfarrkirche St. Nikolai*, dreischiffige Hallenkirche in Granitquaderbauweise (13. Jh., Anfang 16. Jh. spätgotisch umgebaut, Turm 1945 stark beschädigt, verändert wiederhergestellt) mit Querschiff, Stern- und Kreuzrippengewölbe. — *Hospital zum hl. Geist* (jetzt Feierabendheim), zweigeschossiger spätgotischer Backsteinbau aus dem Anfang des 16. Jh. (1951/52 restauriert), an der südlichen Schmalseite Giebel mit Rund- und Korbbogenblenden.

STRASBURG. *Pfarrkirche St. Marien*, dreischiffige spätgotische Backstein-Hallenkirche (Mitte 15. Jh.) mit Sterngewölben, frühgotischer Chor (2. H. 13. Jh.), von der geplanten Zweiturmfront nur Südturm ausgeführt, Fachwerkaufsatz von 1837; die gesamte Kirche nach 1945 rest.

WOLDEGK. *Pfarrkirche*, dreischiffige spätgotische Backstein-Hallenkirche (nach Brand 1442) mit frühgotischem Chor (2. H. 13. Jh.), 1945 ausgebrannt, 1955 Wiederaufbau in vereinfachten Formen.

LANDSKRON. *Festungsruine* (stark umwachsen), dreigeschossiger Renaissancebau (1576) mit Ecktürmen, an der östlichen Schmalseite sog. Schloßplatz, im Süden des Schloßplatzes Ruine der Schloßkirche, Ringmauer mit Wall, Wassergraben und Außenwall.

SPANTEKOW. *Ehem. Festung* (jetzt Altersheim), Renaissancebau (1558 bis 1567, die Wälle 1677 bis auf die Gewölbe zerstört), unregelmäßiges Viereck mit Bastionen von unterschiedlicher Größe, innerer Hof von Wohn-, Wirtschafts- und Stallgebäuden begrenzt, über dem Festungsportal Relief des Ritters Ulrich v. Schwerin und seiner Frau (2. H. 16. Jh.).

QUILOW. *Wasserschloß* (jetzt Kultur- und Verwaltungszentrum der Gemeinde), zweigeschossiger Renaissancebau (2. H. 16. Jh., rest.) über rechtekkigem Grundriß, Treppenturm mit geschweifter Haube, Erkergiebel mit Halbsäulchen und geschweiften Seitenstücken, im Erdgeschoß Räume mit Stichkappen-Tonnengewölben.

ANKLAM. Gegründet 1242/43, planmäßige Anlage mit gitterförmigem Straßennetz innerhalb eines unregelmäßigen Umrisses, großer geviertförmiger Markt. Von der *Stadtbefestigung* (1945 beschädigt, wiederhergestellt) neben Teilen der Mauer das Steintor, 32 m hoher spätgotischer Backsteinbau (1434 urkundlich genannt) mit Blendengliederung und Staffelgiebel, erhalten. Südöstlich der Stadt an der Fernverkehrsstraße 109 der Hohe Stein (Teil der ehem. Landwehr) von 1458, zylindrischer Baukörper, Zinnenkranz und gemauerter Helm. — *Pfarrkirche St. Marien*, dreischiffige gotische Backstein-Hallenkirche

Anklam, Marienkirche

(2. H. 14. Jh. mit Benutzung von frühgotischen Teilen) mit Kreuzrippengewölben, an der Südseite zwischen den nach innen gezogenen Strebepfeilern sechs Kapellen (15. Jh.), an der Südseite des Chors (Ende 15. Jh.) Sakristei mit Blendengiebel (16. Jh.), im Nordwesten des Langhauses Marienkapelle (1488), von den geplanten zwei Türmen nur der Südturm (1945 beschädigt) ausgeführt. Bemerkenswerte Ausstattungsstücke: Marienfigur Ende 15. Jh. Schrein mit Marienfigur Ende 15. Jh. Gemälde im Altar Anfang 16. Jh. Reste des Chorgestühls 1. H. 15. Jh. Epitaph A. Riebe, 1585 von Ph. Brandin. Grabsteine 14.–18. Jh. – *Pfarrkirche St. Nikolai,* dreischiffige gotische Backstein-Hallenkirche (14. Jh.), seit 1945 Ruine, 1966/67 gesichert. – *Heimatmuseum* (Ellbogenstr. 1), u. a. ur- und frühgeschichtliche Funde aus der näheren Umgebung, Ergebnisse der Stadtkernforschung nach 1945, Stadtgeschichte, örtliches Handwerk, Erinnerungsstücke an den Segelflugzeugkonstrukteur Otto Lilienthal, geb. 1848 in Anklam, Gemälde des Anklamer Malers Peters.

UECKERMÜNDE. *Schloß* (jetzt Rat der Stadt und Museum), urspr. Vierflügelanlage der Renaissance (1546 mit Benutzung älterer Teile), drei Flügel 1720 abgebrochen, erhalten der zweigeschossige Südflügel, quadratischer Treppenturm, Portale und Fenster mit spätgotischen Vorhangbögen, über dem Treppenturm-Portal Flachrelief-Bildnis des Bauherrn (1546), rechts vom Treppenturm Rest eines älteren Bergfrieds. – *Pfarrkirche St. Marien,* schlichter Barockbau (1766) mit neugotischem Turm (1863); Kanzelaltar 1775, Pastorenbildnisse 1684 und 19. Jh.

Bemerkenswerte Burgruine in LÖCKNITZ (Turmhügel mit Backsteinturm des 14./15. Jh.).

Bemerkenswerte Herrenhäuser in NEETZOW (historisierend um 1850 von F. Hitzig; Landschaftspark), GRÜNBERG (klassizistisch um 1800, urspr. Dreiflügelanlage, Nordflügel zerstört) und WODDOW (klassizistisch Ende 18. Jh., in der Nähe klassizistische Kavalierhäuser).

Bemerkenswerte Dorfkirchen in RATTEY (spätgotischer Flügelaltar Anfang 16. Jh.), HETZDORF (frühgotisch 2. H. 13. Jh.; Altaraufsatz 1620), WILSICKOW (frühgotisch 2. H. 13. Jh.; spätgotischer Flügelaltar Anfang 16. Jh.), WOLLIN (frühgotisch 13. Jh.), GRÜNBERG (barocker Zentralbau 1792), MENKIN (im Kern frühgotisch, mehrfach erneuert; Schnitzaltar 1599, Kanzel um 1600, übrige Ausstattung um 1650), ROTHENKLEMPENOW (1738; reicher Kanzelaltar der Entstehungszeit), BELLING (Barockbau 18. Jh. mit neugotischem Turm; Kanzelaltar, Taufengel und Christus als Triumphator 18. Jh.), DARGITZ (frühgotisch 13. Jh., mittelalterliche Wandmalereien; schlichte Barockausstattung), SCHMARSOW (im Kern gotisch, im 18. Jh. verändert, reiche Barockausstattung), NIEDEN (im Kern gotisch, mehrfach verändert, reiche Barockausstattung mit Altaraufsatz von 1618), WETZENOW (vermutlich spätgotisch, asymmetrischer Grundriß; Altaraufsatz 17. Jh., spätgotischer Heiliger), ZÜSEDOM (frühgotisch; reicher Kanzelaltar 17. Jh.), FAHRENWALDE (frühgotisch, massiger Turm, Kanzelaltar Ende 18. Jh.), ZERRENTHIN (frühgotisch; reicher Kanzelaltar 18. Jh.), BREDENFELDE (spätgotischer Flügelaltar in neugotischem Rahmen um 1500),

BALLIN (um 1300; Ausstattung Mitte 18. Jh.), HOLZENDORF (spätgotisch Anfang 15. Jh., Granitportal mit Terrakottenfries, Gestühl und Emporen mit bäuerlicher Malerei), BADRESCH (frühgotisch um 1300), LINDOW (spätgotischer Flügelaltar um 1480, Kanzel 1617), PUTZAR (Mitte 16. Jh., Anfang 18. Jh. umgebaut; reiche Ausstattung 1. H. 18. Jh., Grabdenkmäler 17./18. Jh., v. Schwerin), JAPENZIN (spätgotischer Flügelaltar Ende 15. Jh.), IVEN (spätgotisch 15./16. Jh.; reiche Ausstattung 18. Jh.), KRIEN (gotisch 14. Jh., spätgotische Sitzmadonna, rest.), LIEPEN (spätgotischer Flügelaltar Anfang 16. Jh.), MURCHIN (Renaissancebau 1604), ZIETHEN (Feldsteinbau, geweiht 1257, mächtiger Westturm; große Taufe Mitte 13. Jh.), LEOPOLDSHAGEN (barocker Fachwerkbau Mitte 18. Jh.; reicher Kanzelaltar der Entstehungszeit), LIEPGARTEN (spätgotisch um 1500) und ALTWARP (Barockbau 1786; Altaraufsatz Anfang 17. Jh.).

Die Bezirke
Potsdam, Frankfurt/O. und Cottbus

Die Mark Brandenburg ist erst im 12. und 13. Jh. von Deutschen besiedelt worden. Mit den deutschen Siedlern kamen die Zisterzienser in das von Kriegen verwüstete Land. Im Gegensatz zu anderen Mönchsgemeinschaften, die sich von zins- und fronpflichtigen Bauern ernähren ließen, nahm dieser Orden in seiner Frühphase den Grund und Boden, den er geschenkt oder zugewiesen erhielt, selbst unter den Pflug. Da die Zisterzienser Bauern und Handwerkern, die vor der Willkür der Feudalherren Schutz suchten, Zuflucht boten und somit über große, straff organisierte Arbeiterscharen verfügten, entwickelten sich ihre Klöster zu landwirtschaftlichen Lehr- und Musterbetrieben, die weit über den engeren Bereich hinaus befruchtend wirkten. Ernst und streng wie die Ordensregeln waren die Bauten, welche Mönche und Laienbrüder errichteten. Die großen Klosterkirchen in Doberlug, Zinna, Lehnin und Chorin legen für die allen Prunk schroff verneinende Baugesinnung der Zisterzienser Zeugnis ab.

Die große Zeit der märkischen Städte war das späte Mittelalter. Fast ein Jahrhundert lang – vom Tode des letzten askanischen Markgrafen Woldemar (1319) bis zur endgültigen Niederwerfung der von den Quitzows angeführten Adelsfronde (1414) – herrschte in der Mark Anarchie. Die Städte bildeten das einzige stabile, die Ordnung wahrende Element in dem zerrütteten Land. Sie mußten wehrhaft sein, wenn sie den Erpressungen des Adels widerstehen wollten. Damals entstanden die mächtigen Befestigungswerke von Wittstock, Bernau und Jüterbog. Trotz dieser gewaltigen Leistungen blieb noch ein Überschuß an Kraft, der vor allem dem Kirchenbau zugute kam. Die märkischen Städte schmückten sich mit Kirchenbauten, die oft so groß waren, daß die gesamte Bürgerschaft nicht ausreichte, sie zu füllen. Die Stadt Brandenburg zählte im Mittelalter nie mehr als 10000 Einwohner, aber sie besaß fast ein Dutzend Kirchen und Kapellen, von denen acht teils unversehrt, teils als Ruinen erhalten sind.

Kaum eine andere deutsche Landschaft ist im Dreißigjährigen Krieg so oft und so gründlich verwüstet worden wie die Mark Brandenburg. Das einst blühende Land erholte sich nur sehr langsam. Der Barock brachte hier nur wenige Werke hervor, die mit den großen barocken Schöpfungen in Sachsen verglichen werden können. Erst drei Generationen nach dem Ende des großen Gemetzels entstand in der Mark wieder eine Kunst von überregionaler Bedeutung: das märkische Rokoko. Die Schöpfungen des märkischen Rokokos besitzen Eigenschaften, die der norddeutschen Kunst bis dahin fehlten: Sie sind elegant und liebenswürdig. Die Kunst wird zum genialen Spiel mit Form und Farbe, sie dient allein dem Zweck, den Alltag festlich zu verklären, sie gibt dem Müßiggang des Herrschers die höhere Weihe; ihre Devise lautet: Es lebe die Freude!

Bezirk Potsdam

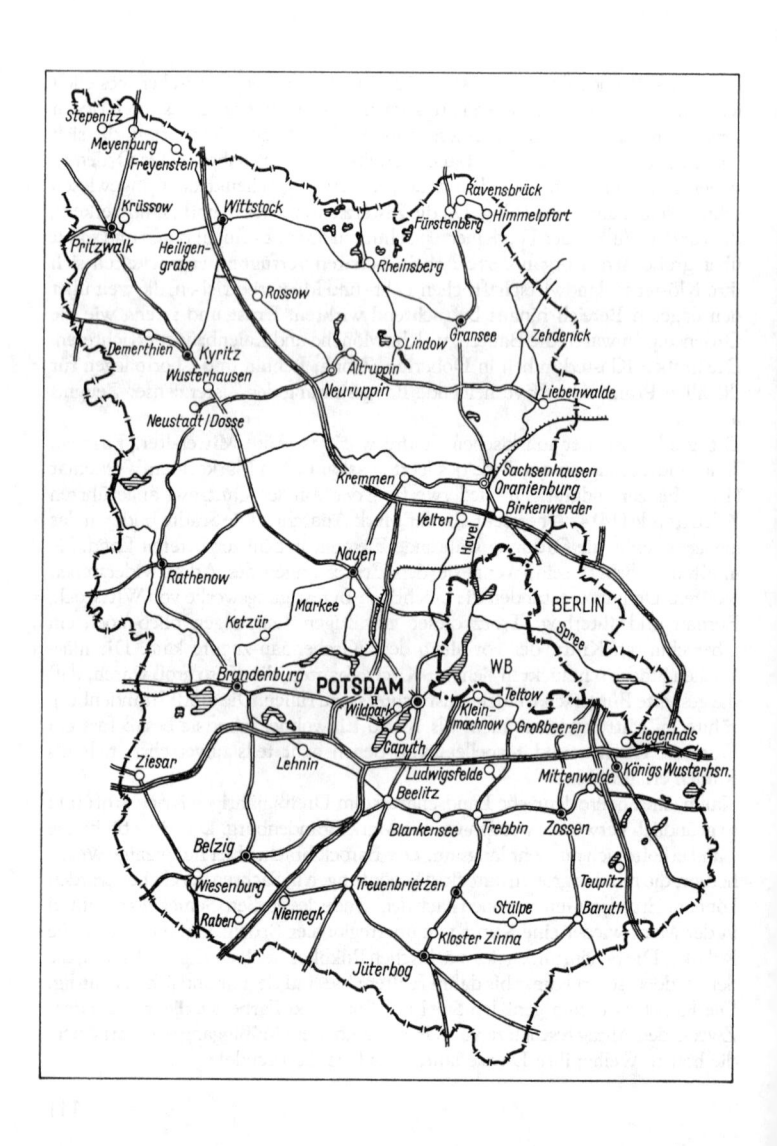

Stadt und Kreis Potsdam

Die Stadt Potsdam

Im Jahre 993 als locum Poztupimi in einer Schenkungsurkunde Kaiser Ottos III. genannt. Um 1200 Beginn der planmäßigen deutschen Besiedlung. 1317 als oppidum erwähnt, dörfliche Anlage mit verstreuten Häusern zwischen Gärten und Äckern, drei Siedlungskerne: slawische Siedlung in der Gegend der späteren Heiliggeistkirche, deutsches Dorf im Bereich des heutigen Alten Marktes, slawischer Kietz in der heutigen Kietzstraße. 1526 Schloßbau durch Kurfürst Joachim I. von Brandenburg unter Ausnutzung einer bestehenden Burganlage an einer günstigen Übergangsstelle über die Havel. 1536 und 1550 große Stadtbrände. Von 1660 bis 1682 Umbau des Schlosses zum Stadtschloß und Erweiterung der Stadt nach Westen und Norden vorwiegend durch den Baumeister G. Memhardt. Nach 1685 Ansiedlung von Hugenotten. Von 1722 bis 1742 unter Friedrich Wilhelm I. planmäßige Vergrößerung der Stadt von 43 ha auf 142 ha (11 000 Einwohner, dazu 8 000–9 000 Soldaten), regelmäßiges Straßensystem mit größtenteils schiefwinklig sich kreuzenden Straßen, einheitliche zweigeschossige Blockbebauung mit Typenhäusern, keine direkte Ausrichtung der Gesamtstadt auf die barocke Schloßanlage (1945 zerstört, Ruinen abgetragen). Bis 1786 allmählicher Ausbau der Stadt (Knobelsdorff, Boumann d. Ä., Büring, Gontard, Unger u. a.); bedeutendes Manufakturwesen (Gewebe- und Tabakwaren, Gewehrfabrik). 1838 Eisenbahnbau Berlin–Potsdam. Im 19. und frühen 20. Jh. Erweiterung der Stadt entlang der Ausfallstraßen. Im April 1945 Zerstörung wertvoller Teile der Altstadt durch angloamerikanische Luftangriffe. Großzügiger Wiederaufbau unter Wahrung der noch vorhandenen historischen Bausubstanz nach dem städtebaulichen Entwurf eines Kollektivs unter Leitung von W. Berg (u. a. Karl-Liebknecht-Forum im Gebiet des ehem. Alten Marktes, zahlreiche neue Wohnkomplexe, 1971–1976: 7309 Wohnungen), gleichzeitig komplexe Rekonstruktion der unzerstörten Teile der Altstadt (u. a. Holländisches Viertel, Nuschkestraße, Wilhelm-Pieck-Straße mit Nebenstraßen, Klement-Gottwald-Straße). Bildungsstätten: Pädagogische Hochschule, Akademie für Staats- und Rechtswissenschaften, Hochschule für Filmkunst, Ingenieurschule für Filmtechnik, Spielfilmstudio der DEFA, Astrophysikalisches Observatorium und Sternwarte sowie das Hauptobservatorium des Meteorologischen Dienstes der DDR.

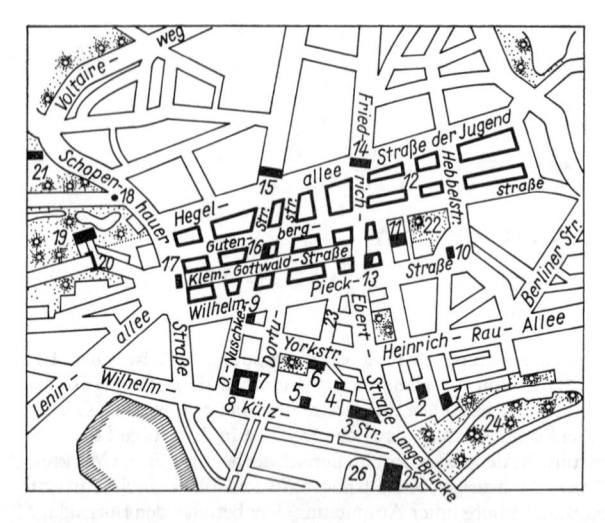

Potsdam
1 *Ehem. Rathaus (jetzt Kulturhaus »Hans Marchwitza«)*, 2 *Nikolaikirche und Obelisk*, 3 *Marstall*, 4 *Kutschstall*, 5 *Exerzierhaus*, 6 *Ehem. Oberrechnungskammer*, 7 *Ehem. Militärwaisenhaus*, 8 *Bezirksheimatmuseum*, 9 *Ehem. Hauptwache*, 10 *Französische Kirche*, 11 *Katholische Pfarrkirche St. Peter und Paul*, 12 *Holländisches Viertel*, 13 *Ehem. Stadtschule*, 14 *Nauener Tor*, 15 *Jägertor*, 16 *Ehem. Kommandantenhaus*, 17 *Brandenburger Tor*, 18 *Obelisk*, 19 *Friedenskirche*, 20 *Grünes Gitter*, 21 *Bildergalerie*, 22 *Bassinplatz mit sowjetischem Ehrenmal*, 23 *W.-Staab-Straße (Barockstraße)*, 24 *Freundschaftsinsel*, 25 *Interhotel »Potsdam«*, 26 *Ernst-Thälmann-Stadion*

Historische Bauten um den Alten Markt

Rathaus (jetzt Kulturhaus »Hans Marchwitza«). Zweigeschossiger Barockbau (1753 von J. Boumann d. Ä., 1945 stark beschädigt, wiederaufgebaut) mit aufgesetztem Halbgeschoß, an der Fassade korinthische Dreiviertelsäulen, turmartiger Aufsatz mit Stufenkuppel, darauf Atlas mit der Weltkugel. – *Stadtpalais*. Zweieinhalbgeschossiger Barockbau (1750 von G. W. v. Knobelsdorff, 1945 stark beschädigt, wiederaufgebaut) mit Giebeldreieck.

Nikolaikirche. Klassizistischer Zentralbau (1831–1837 von K. F. Schinkel, Ausführung der Kuppel 1843–1849 von L. Persius und F. A. Stüler, 1945 stark beschädigt, Wiederaufbau abgeschlossen), kurze Kreuzarme mit Tonnengewölben und Emporen, an der Nordseite Apsis (Altarraum), äußere Kuppel mit Säulentambour, an den Ecken je ein Glockentürmchen, an der Südseite Säulen-Vorhalle. – Vor der Nikolaikirche ein *Obelisk* (1753 nach Entwurf von Knobelsdorff).

Interhotel »Potsdam«. 1966–1969 nach Entwurf eines Kollektivs unter Leitung von S. Weber. – Auf dem Freigelände hinter dem Interhotel *Bau- und Plastikteile* des ehem. Stadtschlosses.

Marstall. Langgestreckter Barockbau (1675 von J. A. Nering, 1746 von Knobelsdorff und A. Krüger umgebaut, 1945 beschädigt, rest. als Filmmuseum der DDR), eingeschossig mit aufgesetztem Halbgeschoß, drei Risalite mit Halbsäulen, Attiken und Roßbändiger-Gruppen von F. Chr. Glume.

Bauten südlich der Wilhelm-Pieck-Straße (von Osten nach Westen)

Kutschstall (Am Neuen Markt). Zweigeschossiger frühklassizistischer Bau (1787–1791 von A. L. Krüger d. J.), Mittelrisalit mit Säulen und Attika, auf der Attika Wagengruppe.

Von dem ehem. *Exerzierhaus* nur noch der barocke Kopfbau (1781 von G. Ch. Unger) erhalten, Obergeschoß mit toskanischen Säulen, Giebel und Attika. Einbeziehung in das *Rechenzentrum* an der Wilhelm-Külz-Straße (1969–1972 nach Entwurf eines Kollektivs unter Leitung von S. Weber, Wandmosaik von F. Eisel).

Ehem. Oberrechnungskammer (Am Kanal). Dreigeschossiger Barockbau (1776 von K. v. Gontard), Mittelrisalit mit freistehenden Säulen, Gebälk und Giebeldreieck.

Ehem. Militärwaisenhaus (jetzt Internat). Ausgedehnte barocke Vierflügelanlage (1771–1777 von K. v. Gontard) mit Einbeziehung älterer Bauten, an der Westseite (Nuschkestraße) mächtiger Mittelrisalit mit Giebeldreieck und Attika, darüber urspr. von korinthischen Säulen getragene offene Kuppel mit Caritas-Figur (1945 eingestürzt, Wiederaufbau vorgesehen), großes Treppenhaus, die Treppe um einen runden Schacht gelegt.

Bezirks-Heimatmuseum (Wilhelm-Külz-Str. 10/11). Ehem. Ständehaus der Zauche (1770 von Unger), u. a. Geschichte Potsdams unter besonderer Berücksichtigung der revolutionären und humanistischen Traditionen der Stadt, Kunstgewerbe, Werke bildender Künstler Potsdams.

Ehem. Hauptwache (Ecke W.-Pieck- und Nuschkestraße). Zweigeschossiger frühklassizistischer Bau (1795–1797 von A. L. Krüger d. J.), vor den Hauptfronten Bogenhallen mit toskanischen Doppelsäulen.

Dampfmaschinenhaus an der Havel. 1841/42 nach Entwürfen von L. Persius im Stil des romantischen Eklektizismus (Moschee mit Minarett).

Bürgerhäuser. Besonders bemerkenswerte Beispiele einer geschlossenen spätbarocken Straßenbebauung in der Wilhelm-Staab-Straße (um 1780 unter

Potsdam, Holländisches Viertel

Mitwirkung von K. v. Gontard), Am Kanal (hier auch Beispiele aus der Zeit des Frühklassizismus) und am Westende der Wilhelm-Pieck-Straße (teilweise 1783, komplex rest.). Besonders bemerkenswerte Einzelbeispiele: Ehem. Predigerwitwenhaus (Südseite der Wilhelm-Külz-Str.) um 1674, verändert 1827. Haus an der Südseite der Bauhofstr. (jetzt von der VP genutzt) 1752 nach Entwurf von Knobelsdorff.

Bauten nördlich der Wilhelm-Pieck-Straße (von Osten nach Westen)

Französische Kirche (Bassinplatz). Barocker Zentralbau 1751/52 von J. Boumann d. Ä. nach Entwurf von Knobelsdorff) über elliptischem Grundriß mit Flachkuppel und Säulenvorhalle, an der Vorderfront zwei Statuen (Liebe, Hoffnung) und Relief von F. Ch. Glume.

Kath. Pfarrkirche St. Peter und Paul (Bassinplatz). Spätklassizistischer Zentralbau (1867–1870 von W. Salzenberg) in Form eines griechischen Kreuzes, an der Nordseite Glockenturm nach dem Vorbild des Campanile von San Zeno in Verona; Altargemälde (Christus am Ölberg) 1728 von A. Pesne.

Holländisches Viertel (nördlich des Bassinplatzes). 1737–1742 von J. Boumann d. Ä., einheitliche Bebauung mit Backsteinhäusern im Wechsel von Giebel- und Traufenhaus, besonders gut erhalten in der Mittelstraße, komplexe Rest. beg. — An der Westseite des Bassinplatzes reichere Backstein-Giebelhäuser mit Stuckzierat (1776–1785).

Ehem. Stadtschule (Friedrich-Ebert-Str.). Zweigeschossiger Barockbau (1736/37 vermutlich von P. v. Gayette) mit Pilastergliederung, Mittelrisalit mit Balkon und Attika.

Nauener Tor (Friedrich-Ebert-Str.). Neugotischer Bau 1755 von J. G. Büring.

Jägertor (Hegelallee). 1733, über der Durchfahrt Jagdgruppe.

Ehem. Kommandantenhaus (Nuschkestr.). Zweigeschossiger Barockbau (1737 von Ph. Gerlach, 1852–1854 erweitert), Mittelrisalit mit Balkon und Segmentgiebel.

Brandenburger Tor (Platz der Nationen). Barockbau (1770 von G. Ch. Unger), Nachbildung eines römischen Triumphbogens.

Bürgerhäuser. Besonders bemerkenswerte Beispiele einer geschlossenen Straßenbebauung an der Nordseite der Gutenbergstraße (zweigeschossige Traufenhäuser mit Giebelstuben 1733–1737 von Gayette und Berger) und in der Hermann-Elflein-Straße (um 1775, rest.).

Klement-Gottwald-Straße, 1975–1978 komplex rest. (93 Häuser erneuert) und Ausbau zur Hauptgeschäftsstraße Potsdams, über 90 Handelseinrichtungen, Gaststätten und Imbißstuben, Fußgängerboulevard.

Bauten und Anlagen im Park von Sanssouci

Der Park von Sanssouci mit seinen Bauten ist das Werk von vier Generationen. In den Jahren von 1744 bis 1756 entstanden jene Anlagen, welche heute den östlichen Teil des Parkes bilden. Von 1763 bis 1772 wurde der westliche Teil mit dem Neuen Palais geschaffen. 1826 begannen die Arbeiten an den gärtnerischen Anlagen um das Schloß Charlottenhof, das im Südwesten des Parkkomplexes liegt. Die letzte Generation (nach 1844) schuf die Anlagen um die Orangerie und die Friedenskirche.

Schloß Sanssouci. Grundsteinlegung am 14. April 1745, im Mai 1747 Vollendung des östlichen Teils, Ende 1748 Fertigstellung der übrigen Teile, 1753 Abschluß der Arbeiten im Innern, 1841/42 Verlängerung und Erhöhung der Flügelgebäude. Eingeschossiger Rokokobau, in der Mitte der Gartenfront elliptischer Kuppelbau und an ihren Enden je ein Rundzimmer. An der Gartenfront 36 Karyatiden (von F. Ch. Glume), an der Rückseite Mittelrisalit mit korinthischen Doppelsäulen und Attika, zwischen den Fenstern Doppelpilaster, vor der Rückseite halbkreisförmige, in der Mitte offene Kolonnade aus korinthischen Doppelsäulen. Von den Innenräumen besonders bemerkenswert: Kuppelsaal auf ovalem Grundriß, korinthische Doppelsäulen, Kuppel mit goldenen Dekorationen, allegorische Gruppen von G. F. Ebenhech, in den Wandnischen Apollo und Venus Urania von F. G. Adam. Kleine Galerie, Dekorationen von J. Ch. Hoppenhaupt. Konzertzimmer, Dekorationen von J. M. Hoppenhaupt, Wandgemälde (Szenen aus den Metamorphosen des Ovid) von A. Pesne. Arbeits- und Schlafzimmer 1786/87 von F. W. v. Erdmansdorff. Bibliothek, Dekorationen von J. A. Nahl, vier antike Büsten (u. a. Homer und

Sokrates). Voltairezimmer, Dekorationen 1753 von J. Ch. Hoppenhaupt. – *Park Sanssouci*, Rokokogarten nach Entwürfen von Knobelsdorff (im 19. Jh. in einigen Teilen verändert), Hauptallee im Unterschied zur Gartenordnung des Barocks seitlich am Schloß vorbeigeführt, rasche Abfolge der Rondells (von Osten nach Westen): Halbrondell vor der Neptungrotte, Rondell vor der

Park von Sanssouci
1 Grünes Gitter, 2 Obelisk, 3 Friedenskirche, 4 Bildergalerie, 5 Schloß Sanssouci, 6 Neue Kammern, 7 Orangerie, 8 Naturbühne, 9 Drachenhaus, 10 Belvedere, 11 Communs, 12 Neues Palais, 13 Antikentempel, 14 Freundschaftstempel, 15 Chinesisches Teehaus, 16 Römische Bäder, 17 Schloß Charlottenhof, 18 Nordischer Garten

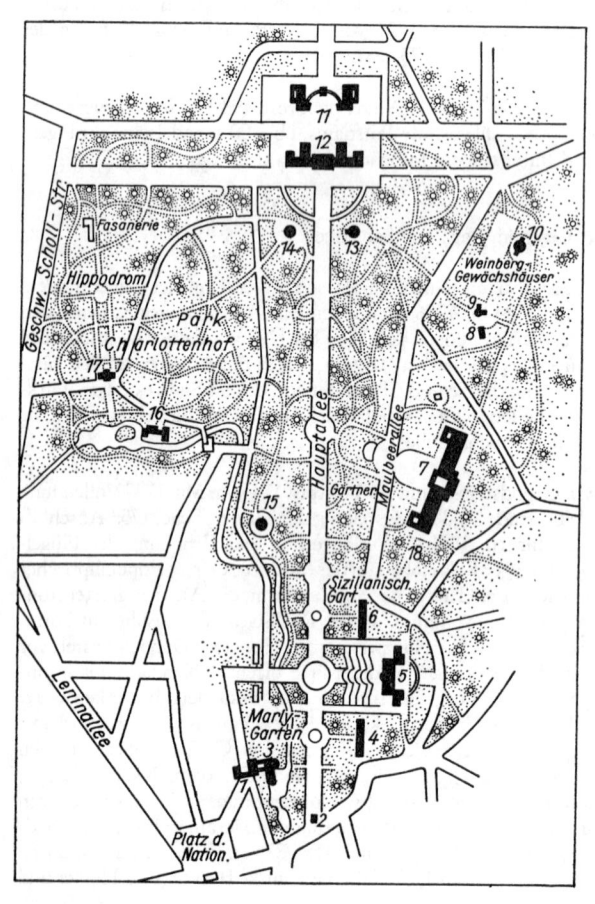

Potsdam, Schloß Sanssouci, Karyatide

Bildergalerie (Büsten oranischer Fürsten), großes Rondell am Fuße der Terrassenanlage vor dem Schloß (Gruppen von L. S. und F. G. Adam, am Fuße der Treppe »Venus« und »Merkur«, Kopien nach J.-B. Pigalle), Rondell vor den Neuen Kammern, Musenrondell (Statuen von F. Ch. Glume), Entführungsrondell (Gruppen von G. F. Ebenhech). Nördlich vom Schloß Sanssouci Ruinenberg, künstliche Ruinen nach Entwürfen von Bellavite, im 19. Jh. ergänzt. — *Bauten im Park* (von Osten nach Westen): Obelisk vor dem Hauptportal 1748 von Knobelsdorff. Hauptportal 1747 von Knobelsdorff in Anlehnung an das Gartenportal in Rheinsberg, Statuen (Flora, Pomona, Nymphen) von F. Ch. Glume. Neptungrotte 1751–1761 nach Entwurf von Knobelsdorff, Neptungruppe von J. P. Benckert, Nymphen von Ebenhech. Bildergalerie 1755–1762 von J. G. Büring, segmentförmiger Mittelrisalit, Kuppel mit Laterne, im Innern Muldengewölbe mit vergoldeten Dekorationen, plastischer Schmuck von Benckert, Heymüller und Jenner, Gemäldesammlung vorwiegend 17. Jh. (u. a. Rubens, van Dyck, Tintoretto, Caravaggio, Reni). Neue Kammern (jetzt Museum des Potsdamer Rokokos, u. a. Gemälde von Knobelsdorff) 1747 als Orangerie, umgebaut 1771–1774 von G. Ch. Unger, Kuppel mit Laterne, vor der Front Marmorstatuen. Chinesisches Teehaus 1754–1756 von J. G. Büring, plastischer Schmuck (vergoldete Gruppen und Einzelfiguren) von Benckert und Heymüller, Ausstellung von chinesischem Porzellan. Am Ende der Allee vom Grünen Gitter rechts ein Gärtnerwohnhaus (jetzt Gartendirektion) 1752 vermutlich nach Entwurf von Knobelsdorff, links das Lordmarschallhaus 1764 bis 1766.

Neues Palais. Zweieinhalbgeschossige spätbarocke Dreiflügelanlage (1763 bis 1769 unter Leitung von J. G. Büring, L. Manger und K. v. Gontard) von ca. 250 m Länge in Backsteinbauweise mit Sandsteingliederung, korinthischer Pilastergliederung und kupfergedeckter Kuppel auf hohem Tambour. Vor den Fassaden und auf der Attika 428 Statuen, am Nord- und Südende je ein eingeschossiger Anbau. Von den Innenräumen besonders bemerkenswert: Marmorsaal, Nachbildung des Marmorsaales im ehem. Potsdamer Stadtschloß, Gemälde von Pesne, van Loo und Restout, 16 Statuen hohenzollernscher Kurfürsten um 1680 von dem Holländer B. Eggers. Marmorgalerie im Erdgeschoß, Dekorationen von Calame und Pedrozzi. Obere Galerie, Dekorationen von J. Ch. Hoppenhaupt. Theater, Nachbildung des Knobelsdorffschen Theaters im ehem. Potsdamer Stadtschloß, Dekorationen von J. Ch. Hoppenhaupt. Im südlichen Anbau Kleines Speisezimmer und Schlafzimmer, Dekorationen von J. Ch. Hoppenhaupt. – Dem Neuen Palais gegenüber die *Communs* (Name abgeleitet vom frz. pour les communs = für die Dienerschaft), zwei dreigeschossige barocke Backsteinbauten mit Sandsteingliederung (1765–1769 von K. v. Gontard mit Benutzung eines Entwurfes von J. Legeay), an den Vorderseiten Säulenvorhallen und geschwungene Freitreppen, Kuppel auf hohem Tambour (südliche Kuppel 1945 zerstört), zwischen den Bauten korinthische Kollonade mit Triumphbogen, zu seiten der beiden Gebäude Kastellanwohnungen (1769 von Gontard). – *Park*, entstanden in Fortsetzung der Hauptallee durch den Rehgarten bis zum Neuen Palais, dort Ausweitung zu einem großen Halbrondell, der Eichenwald des Rehgartens nach den Worten des Bauherrn nur »durch die Kunst etwa gelüftet und geordnet«, um 1770 Einbeziehung des Geländes südlich des Drachenberges. – *Bauten im Park:* Antikentempel (1768/69 von Gontard), kleiner Rundbau mit flacher Kuppel und Laterne. Freundschaftstempel (1768–1770 von Gontard), offener Rundbau mit flacher Kuppel, im Innern Statue der Markgräfin Wilhelmine v. Bayreuth (Werk der Brüder Räntz). Belvedere auf dem Drachenberg (1770–1772 von Unger, 1945 ausgebrannt). Drachenhaus (1770–1772 von Gontard nach dem Vorbild der Pagode in Kew Garden), jetzt Gaststätte.

Schloß Charlottenhof. Eingeschossiger klassizistischer Bau (1826–1829 nach Entwurf von K. F. Schinkel, rest.) auf hohem Sockelgeschoß, an der Vorderseite Mittelrisalit mit Giebeldreieck, an der Rückseite dorischer Portikus, davor Hausgarten mit Brunnen, Pergola und Rundbank. Innenräume mit gediegener klassizistischer Ausstattung; besonders bemerkenswert: Treppenhaus mit Brunnen. Speisesaal, in den Wandnischen Marmorstatuen (David, Ganymed), kolorierte Kupferstiche. Arbeitszimmer der Kronprinzessin, Kopien nach pompejanischen Wandgemälden. Arbeits- und Schlafzimmer Alexander

Potsdam, Schloß Charlottenhof

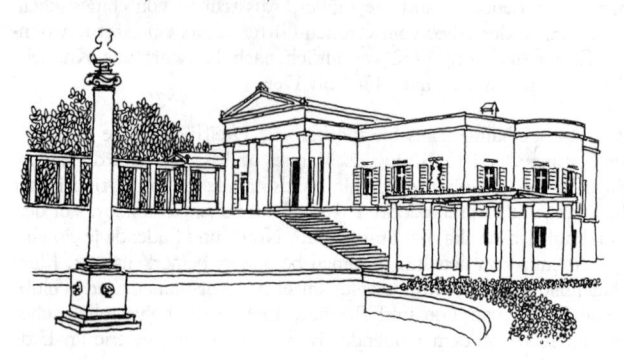

v. Humboldts, letzteres in Form eines Zeltes. Zahlreiche Gemälde (u. a. von Friedrich, Carus und Blechen). — *Park Charlottenhof*, weiträumiger Landschaftspark (entworfen 1825 von P. J. Lenné, in einigen Teilen von Schinkel korrigiert, Ausführung seit 1826), in der Achse des Schlosses regelmäßige Anlagen (Dichterhain, Rosengarten), westlich des Schlosses sogen. Hippodrom, künstlicher See mit Insel. — *Bauten im Park:* Römische Bäder (1828–1844 von Schinkel und L. Persius), locker zusammengefügt aus Italienischer Villa (jetzt Wechselausstellungen), Gärtnergehilfenhaus, kleinem Tempel (gemalte Tapeten aus dem ehem. Herrenhaus zu Paretz um 1790) und Römischem Bad (u. a. Atrium mit Impluvium, Calidarium, Frigidarium, Sammlung zeitgenössischer Porträts). Fasanerie 1842–1844 von L. Persius in Anlehnung an italienische Villen.

Orangerie (jetzt Archiv). Langgestrecktes Gewächshaus mit kurzen Flügelbauten (1851–1860 nach Entwürfen von L. Persius ausgeführt von F. A. Stüler in starker Anlehnung an italienische Renaissancepaläste), Mittelbau mit Türmen und Säulengalerie, vor der Front Plastiken von Schülern Rauchs, Raffaelsaal mit 47 Kopien nach Gemälden Raffaels. — *Sizilianischer Garten* (südöstlich der Orangerie), regelmäßige Anlage (1857 von P. J. Lenné) mit vorwiegend südlichen Gewächsen, zahlreichen Plastiken (u. a. Dresdener Vase, Kopie von Ebenhech nach Corradini). — *Paradiesgärtchen* (westlich der Orangerie), Nachbildung eines italienischen Nutzgartens mit kleinem Pavillon (1844 von Persius).

Friedenskirche. Dreischiffige querschiffslose Säulenbasilika (1845–1854 von L. Hesse und F. v. Arnim) in Anlehnung an die Kirche San Clemente in Rom, Apsismosaik (Christus mit Maria, Petrus, Johannes d. T. und St. Cyprianus) aus der Kirche S. Cipriano auf Murano bei Venedig (12. Jh.), an der Südseite Kampanile; Maria mit dem Leichnam Christi, 1855 von E. Rietschel, und Moses, gestützt von Aaron und Hur, 1856 von Ch. D. Rauch. Vor der Westseite Atrium mit segnendem Christus (Kopie nach Thorwaldsen), an der Nordseite Säulengang, an der Südseite Kreuzgang. — *Marlygarten* (westlich der Friedenskirche), kleiner Landschaftspark (1845/46 von Lenné). — *Bauten an der Allee vom Grünen Gitter:* Altes Kabinettshaus vor dem Grünen Gitter 1844–1846 nach Entwurf von L. Persius. Marlyschlößchen (jetzt Pfarrhaus der Friedenskirche) 1845–1849 von F. A. Stüler und L. Hesse. Villa Illaire 1844 bis 1846 nach Entwurf von Persius. Villa Liegnitz 1841 von A. D. Schadow.

Bauten und Anlagen in den nördlichen und nordwestlichen Außenbezirken

Marmorpalais (jetzt Armeemuseum). Zweigeschossiger klassizistischer Backsteinbau mit Strukturteilen aus Marmor (1787–1791 von K. v. Gontard und C. G. Langhans), an der Seeseite Säulenvorbau, auf dem Dach turmartiger Aufsatz (Belvedere) mit Stufenkuppel, an der Gartenseite eingeschossige Flügelbauten (begonnen 1797, vollendet 1844/45), Treppenhaus mit schraubenförmig gewundener Treppe. — *Armeemuseum,* militärgeschichtliche Sammlung mit folgenden Abteilungen: Fortschrittliche militärische Traditionen des deutschen Volkes und die revolutionären Traditionen der deutschen Arbeiterklasse. Nationale Volksarmee. Entwicklung der Handfeuerwaffen in ihrer Abhängigkeit vom Stand der Produktivkräfte. Waffenbrüderschaft zwischen den Armeen der sozialistischen Staatengemeinschaft. — *Neuer Garten,* weiträumiger Landschaftspark, erste Anlage 1787–1791 von J. A. Eyserbeck d. J., 1816 bis 1824 von P. J. Lenné völlig umgestaltet. — Im Nordteil des Neuen Gartens die *Historische Gedenkstätte des Potsdamer Abkommens* (Schloß Cecilienhof, 1913–1916 von P. Schultze — Naumburg), historische Konferenzräume und Ausstellung über Inhalt und Bedeutung des Potsdamer Abkommens Juli/August 1945. — *Weitere Bauten im Neuen Garten:* Toranlage um 1790 von C. G. Langhans. Kavalier- und Dienerhäuser an der Zufahrtsallee um 1790 nach dem Vorbild der Giebelhäuser im Holländischen Viertel. Orangerie 1791/92 von C. G. Langhans, Kopfbau mit Portalnische und ägyptisierenden Figuren, Konzertsaal. Obelisk vor dem Marmorpalais 1793/94. Römische Tempelruine 1788 v. Gontard. Pyramide 1791/92. Rotes und Grünes Haus (ehem. Gärtnerwohn.) im Kern 18. Jh., später verändert. Meierei an der Nordspitze (nicht zugänglich) 1791, von Persius und Hesse 1844 umgebaut. Gotischer Turm an der Südspitze (ehem. Bibliothek) 1792–1794 von Langhans, seit 1945 Ruine. — In der Nähe des Gotischen Turmes das *Haus Behlertstr. 31,* zweigeschossiger klassizistischer Bau, 1796/97 von Ph. Boumann und C. G. Langhans, rest.

Belvedere auf dem Pfingstberg. 1849–1863 von F. A. Stüler und L. Hesse mit Benutzung eines Vorentwurfs von L. Persius. Gartenanlagen von P. J. Lenné. — Südlich des Belvedere die Ruine des· *Pomona-Tempels,* 1800/01 von K. F. Schinkel.

Alexandrowka. Russische Kolonie an der Chaussee nach Nedlitz, gegründet 1826, Anlage mit zahlreichen Blockhäusern, Gartenanlagen von Lenné. — Nördlich der Kolonie auf dem Kapellenberg *Russische Kapelle* (1826 bis 1829), Zentralbau mit Mittelkuppel und vier Seitenkuppeln.

Heilandskirche am Port (Ortsteil Sacrow). 1841–1844 von Friedrich Wilhelm IV. und Persius nach dem Vorbild einer frühchristlichen Kirche mit Kampanile. — In unmittelbarer Nähe das klassizistische *Herrenhaus* (um 1800) inmitten eines Landschaftsparkes von Lenné (nach 1842).

Pfarrkirche (Ortsteil Bornstedt). 1854/55 von F. A. Stüler nach dem Vorbild einer frühchristlichen Kirche mit Kampanile. — Auf dem Friedhof die Gräber von Ludwig Manger (gest. 1790), Ludwig Persius (gest. 1845), Ferdinand v. Arnim (gest. 1866) und Peter Joseph Lenné (gest. 1866). — Der Pfarrkirche gegenüber ein spätklassizistisches *Herrenhaus* (1842–1844 von Persius) mit kleinem Hauspark (1842 von Lenné). — Westlich von Bornstedt *Schloß Lindstedt* (jetzt Institut der Pädagogischen Hochschule), eingeschossiger spätklassizistischer Bau (1855–1860 nach Entwurf von Friedrich Wilhelm IV. sowie Persius und Stüler) mit hohem Sockelgeschoß, an der Vorderseite Portikus mit Frei-

Potsdam, Einsteinturm

treppe, an der Rückseite Rundturm mit Flachkuppel, Pergola von der Straße zum Haus.

Bauten und Anlagen in den Vororten östlich der Havel

Einsteinturm (Observatorium auf dem Telegraphenberg). 1920/21 von E. Mendelsohn, rest., aus einem Guß modellierter Betonbau mit Turmteleskop und astrophysikalischem Laboratorium, die gesamte Ausstattung erhalten.

Schloß Babelsberg (jetzt Museum für Ur- und Frühgeschichte). Neugotischer Bau (1834/35 von Schinkel, 1845–1849 von J. H. Strack mit Benutzung eines Entwurfes von Persius erweitert) auf einem Grundriß in Form eines S-Winkels, an den Gelenkstellen niedrige Türme, an der Westseite hoher Rundturm, Innenräume mit neugotischem Dekor. — *Museum für Ur- und Frühgeschichte.* Vorwiegend Fundbestände der Bodendenkmalpflege aus den Bezirken Potsdam, Frankfurt/O. und Cottbus seit 1953, insbesondere Material des kaiserzeitlichen Gräberfeldes Kemnitz (Kr. Potsdam). — *Schloßpark Babelsberg,* weiträumiger Landschaftspark (begonnen 1833 von Lenné, fortgeführt ab 1837 von Kindermann nach Entwürfen von Fürst Pückler-Muskau), im Osten stark bewaldeter Bergpark, im Westen flacher Wiesenpark. — *Bauten im Park:* Gerichtslaube vom alten Berliner Rathaus, gotischer Backsteinbau (2. H. 13. Jh., Obergeschoß vermutlich 15. Jh.), 1871/72 in den Park versetzt. Kleines Schloß oder Prinzenhaus am Havelufer (jetzt Gaststätte), neugotisch von 1833, umgebaut 1841/42; dahinter Marstall 1842 von Gebhardt. Matrosenhaus am Havelufer, neugotisch, 1842 von Strack. Flatowturm 1853 nach dem Vorbild des Eschenheimer Tores in Frankfurt/M. Maschinenhaus am Ufer der Glienicker Lake, zweigeschossiger neugotischer Bau (1843–1845 nach Entwurf von Persius) mit Zinnenkranz, Schornstein als Turm maskiert.

Dorfkirche (Ortsteil Drewitz). Barocker Zentralbau (1732) über quadratischem Grundriß, Zeltdach mit Laterne; Kanzel 18. Jh. — Östlich von Drewitz, inmitten eines in den Grundzügen erhaltenen Wildparks (1726 bis 1730 nach Entwurf des Landmessers C. Henning) das *Jagdhaus Stern*, 1730–1732 nach Art der späteren Bürgerhäuser im Holländischen Viertel, Saal mit Holztäfelung und gemalten Jagdszenen. — Neben dem Jagdhaus das ehem. Kastellanhaus (jetzt Gaststätte) 1730–1732.

Der Kreis Potsdam

TELTOW. *Pfarrkirche St. Andreas,* einschiffiger, im Kern frühgotischer Bau (um 1300), nach einem Brand 1811/12 wiederaufgebaut, vermutlich nach einem Entwurf Schinkels, Inneres 1958 erneuert; spätgotisches Kruzifix (wahrscheinlich Kopie von 1910).

KLEINMACHNOW. *Dorfkirche,* einschiffiger spätgotischer Backsteinbau (um 1500, vollendet 1597 von K. Jacke aus Potsdam) mit tonnenförmigem Netzgewölbe und querrechteckigem Turm. Bemerkenswerte Ausstattungsstücke: Renaissance-Altar mit doppelten Flügeln (im Schrein Abendmahl) 1599 von H. Zinckeisen aus Berlin. Taufstein 1597 von N. Zinckeisen. Kanzel Ende 16. Jh. Zwei Gemälde (Luther, Melanchthon) 16. Jh. Grabdenkmäler 18. Jh., v. Hake.

BEELITZ. *Pfarrkirche,* dreischiffige Hallenkirche (im Kern frühgotisch 2. H. 13. Jh., im 1. V. 16. Jh. umgebaut, 1898–1902 erneuert) mit Kreuzrippen- und Sterngewölben, an der Nordseite des Chors sechseckige Blutkapelle (gestiftet 1370) mit Sterngewölbe, querrechteckiger Turm mit Aufsatz des 18./19. Jh.; Spätrenaissance-Kanzel 1656. — *»Alte Post«* (ehem. Postrelaishaus, jetzt Stadt- und Zentralbibliothek), schlichter Barockbau (um 1789), im Saal des Obergeschosses Wandbilder von Ideallandschaften, vermutlich von einem Fechhelm-Schüler.

CAPUTH. *Schloß* (jetzt Fachschule), eingeschossiger Barockbau (1662 von Ph. de la Chièze, 1673 und um 1700 umgebaut, erweitert und neu ausgestattet) mit hohem Kellergeschoß, an der Nordseite eingeschossiger Flügel von 1808/1809; Festsaal und mehrere Wohnräume mit reichen Stuckdekorationen und Deckengemälden, im Kellergeschoß mit Delfter Kacheln ausgelegter Sommersaal. — Kleiner Landschaftspark, 1820 von Lenné umgestaltet. — *Landhaus Waldstraße* 7, ehem. Wohnheim Albert Einsteins, 1929 von K. Wachsmann.

WILDPARK (südlich von Potsdam in der Nähe des heutigen Hauptbahnhofs). Ausgedehntes Wildgehege in der sog. Pirschheide, angelegt 1841/42 nach einem Plan von Lenné, darin Bayrisches Häuschen (1847 von Hesse) und Wildmeisterhäuser (um 1841 nach Entwürfen von Persius).

Bemerkenswerte Herrenhäuser in PETZOW (neugotisch, um 1828 vermutlich von Schinkel, Park von Lenné), GROSS-KREUTZ (Barockbau in Anlehnung an Schloß Sanssouci, 1765–1767 vermutlich von F. W. Dietrichs) und PLESSOW (Barockbau nach dem Vorbild der Potsdamer Bürgerhäuser, um 1780).

Bemerkenswerte Dorfkirchen in STAHNSDORF (spätromanisch 1. H. 13. Jh.; spätgotischer Flügelaltar 1. H. 15. Jh.), SCHENKENHORST (gotisch 13. Jh.), NUDOW (Barockbau 1733), WILDENBRUCH (spätromanisch 1. H. 13. Jh.), WITTBRIEZEN (spätromanisch 1. H. 13. Jh.; Grabdenkmäler 16./17. Jh.), FERCH (Fachwerkbau mit bemalter Holzdecke, Ende 17. Jh.; Kanzelaltar und Taufengel der Entstehungszeit, viele Totentafeln), GROSS-KREUTZ (im Kern frühgotisch, im 18. Jh. zum Zentralbau erweitert), DERWITZ (spätgotischer Backstein-Staffelgiebel), EICHE (barocker Zentralbau mit Kuppel 1770, zwei Grabdenkmäler Ende 18. Jh. nach Entwürfen von J. G. Schadow), WERDER (neugotischer Putzbau 1857 von F. A. Stüler), GROSS-GLIENICKE (im Kern 13. Jh., 1680 umgebaut und ausgestaltet als Renaissancebau; Grabdenkmäler 16./17. Jh., v. Ribbeck) und SAARMUND (neuromanische Backsteinbasilika 1846–1848 von Stüler).

Die Kreise Nauen und Oranienburg

NAUEN. *Pfarrkirche St. Jakobi,* dreischiffige spätgotische Backstein-Hallenkirche (15. Jh.) mit Kreuzrippengewölben, Chor mit Umgang, querrechteckiger Turm; reicher Taufstein 1724, Altaraufsatz 18. Jh.

MARKEE-MARKAU. *Dorfkirche,* Westturm spätgotisch, 1712 barock erneuert, rest., in Blau und Weiß gehaltener Innenraum; Altaraufsatz, Kanzel und zweigeschossige Herrschaftsloge Anfang 18. Jh., Werke der Schlüter-Nachfolge.

BIRKENWERDER. *Clara-Zetkin-Gedenkstätte* (Summter Str. 4), Wohnhaus Clara Zetkins in den Jahren 1929 bis 1932, Wohnraum mit Originalmöbeln, Handbibliothek.

ORANIENBURG. Neubau von großen Teilen der Stadt nach den Grundsätzen der barocken Stadtplanung gleichzeitig mit dem Bau des Schlosses, repräsentativ gestalteter Schloßvorplatz (Bebauung überwiegend zerstört) als Endpunkt von vier Straßen. *Schloß* (jetzt von der NVA genutzt), urspr. mittelalterliche Wasserburg der Askanier, 1560 Jagdschloß Joachims II., 1651 Neubau unter Leitung von J. G. Memhardt und M. M. Smids, 1688 bis 1709 Umbau und Erweiterung unter Leitung von J. A. Nering und M. Grünberg. Zweigeschossige Dreiflügelanlage über H-förmigem Grundriß (rechter vorderer Seitenflügel 1842 abgebrannt und nicht wieder aufgebaut), an der Stadtseite des Haupttraktes dreieinhalbgeschossiger Mittelrisalit mit Pilastergliederung und Attika, auf der Attika Figuren (Jahreszeiten), an der Rückseite dreigeschossiger Mittelrisalit mit kleinem Segmentgiebel, die Flügel an der Rückseite mit pavillonartigen Kopfbauten; Porzellankabinett mit reicher Stuckdecke und Deckengemälde (1963 rest.). — *Lustgarten* nordwestlich vom Schloß, urspr. Barockanlage, im 19. Jh. in Landschaftspark umgewandelt; Gartenportal (um 1700 von J. A. Nering) und Orangerie (nach 1754 von G. Ch. Berger, 1966/67 rest.). — *Waisenhaus,* zweigeschossiger frühbarocker Backsteinbau mit Werksteingliederung (gestiftet 1665, 1671 abgebrannt und sofort wieder aufgebaut, rechte Hälfte 1944 zerstört), Festons. — *Amtshauptmannshaus* (jetzt Kreis-Heimatmuseum), zweigeschossiger Frühbarockbau (1657, um 1700 erneuert), an der Gartenfront dreifach hohlgeschweifter Mittelrisalit, ovaler Gartensaal. — *Kreis-Heimatmuseum,* u. a. Ortsgeschichte, städtisches Handwerk 18./19. Jh. — *Denkmäler* vor dem Schloß: Kurfürstin Louise

Gedenkstätte Sachsenhausen

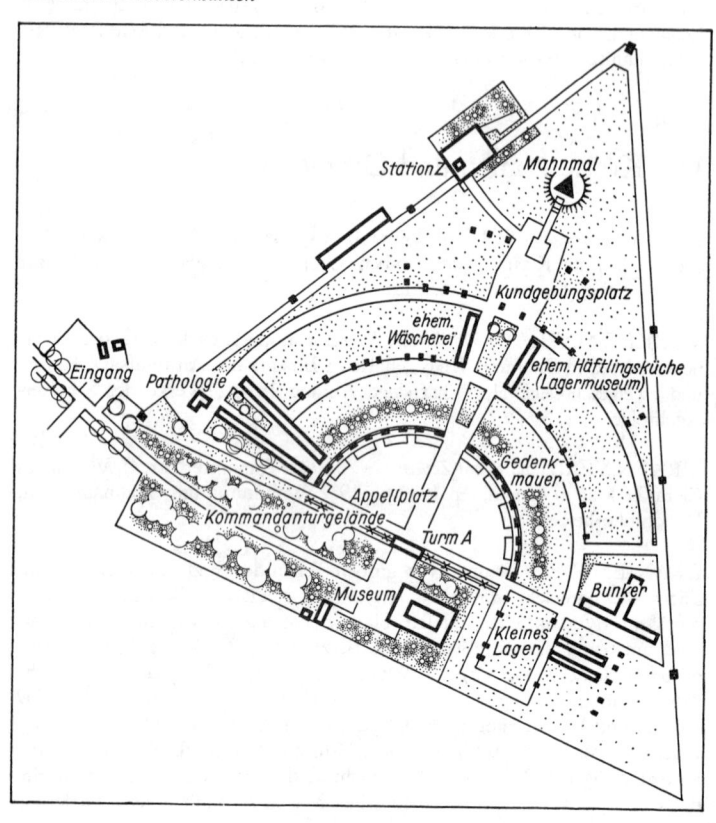

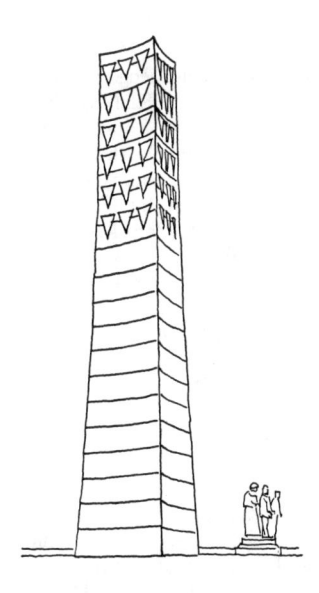

Sachsenhausen, Mahnmal

Henriette 1858 von W. Wolff. »Anklagende« von F. Cremer, Kopie nach dem Original von 1948. — *Pfarrkirche,* neuromanisch 1864–1866 von F. A. Stüler.

SACHSENHAUSEN. *Nationale Mahn- und Gedenkstätte.* 1958–1961 nach Entwürfen des »Architektenkollektivs Buchenwald« unter Leitung von L. Deiters, plastische Arbeiten von R. Graetz und W. Grzimek. In der ehem. Häftlingsküche Museum zur Geschichte des KZ Sachsenhausen. Vor dem Turm A *Museum des antifaschistischen Freiheitskampfes der europäischen Völker* mit 17 Länderausstellungen, im Vorraum farbiges Glasfenster von W. Womacka.

KREMMEN. *Pfarrkirche St. Nikolai,* dreischiffige spätgotische Hallenkirche (2. H. 15. Jh., nach Brand 1680 wiederaufgebaut) mit Stern- und Kreuzrippengewölben, frühgotischer Chor (2. H. 13. Jh.). Bemerkenswerte Ausstattungsstücke: Altaraufsatz 1686. Kanzel 1690. Taufe 1694. Grabdenkmäler 17./18. Jh.

LIEBENWALDE. *Pfarrkirche,* einschiffiger klassizistischer Bau (1833–1835 von Bauinspektor Hermann aus Zehdenick) mit Kampanile; reicher klassizistischer Taufstein, die übrige Ausstattung schlicht.

Bemerkenswerte Herrenhäuser in STOLPE (Barockbau 18. Jh.), VEHLEFANZ (ehem. Amtshaus, Barockbau Mitte 18. Jh.), SCHWANTE (barocke Dreiflügelanlage 1. H. 18. Jh.), BEETZ (klassizistisch um 1800), PESSIN (Fachwerkbau 17. Jh., später verändert) und SENZKE (spätklassizistisch 1872).

Bemerkenswerte Dorfkirchen in PARETZ (Chor gotisch, sonst neugotisch 1797 von D. Gilly; Flachrelief, 1811 von J. G. Schadow), FALKENREHDE (Barockbau, um 1910 verändert; barockes schmiedeeisernes Taufgehänge), WUSTERMARK-DYROTZ (Barockbau Ende 18. Jh. mit einheitlicher Ausstattung), TREMMEN (spätgotisch 1. H. 15. Jh., Zweiturmfassade mit barocken Zwiebelkuppeln), WACHOW (urspr. spätgotisch, im 18. Jh. verändert, Westturm 1820–1822 von J. C. L. Schmid), BERGE (Barockbau 1747; reicher Kanzelaltar der Entstehungszeit), VEHLEFANZ (Barockbau mit Benutzung mittelalterlicher Reste; spätgotisches Triumphkreuz 14. Jh.), STOLPE (gotisch 13. Jh., klassizistischer Turm von 1822) und TESCHENDORF (frühgotisch 2. H. 13. Jh., Ausstattung 17./18. Jh.).

Die Kreise Gransee und Neuruppin

ZEHDENICK. Von dem ehem. *Zisterzienser-Nonnen-Kloster* (gegründet 1230, abgebrannt 1801) erhalten: Gebäude südlich der einstigen Kirche und nördlicher Kreuzgangflügel, zweischiffige Räume mit Kreuzrippengewölben, ferner Ruine des Konventshauses, sonst nur Mauerreste, teilweise in neuere Häuser eingebaut. — *Amtshaus,* zweigeschossiger Bau (um 1750), an der Südseite Mittelrisalit mit Pilastern. — *Rathaus,* schlichter klassizistischer Bau (nach 1801) mit Mittelrisalit. — *Pfarrkirche,* einschiffiger klassizistischer Bau (1803–1812), Turm mit Haube und Laterne. — *Schloß* (östlich der Havel, jetzt Internat), eingeschossiger verputzter Fachwerkbau (18. Jh.), im Nordosten Festsaalbau.

GRANSEE. Gründung des Markgrafen Johann I. von Brandenburg, im Jahre 1262 (Verleihung des Stadtrechtes) als Gransoyge erstmalig erwähnt, regelmäßiges Straßengitternetz mit zwei Längsstraßen und ausgespartem Kirchplatz innerhalb eines annähernd ovalen Mauerringes. Von der z. g. T. erhaltenen *Stadtbefestigung* besonders bemerkenswert: Ruppiner Tor, spätgotischer Backsteinbau (1. H. 15. Jh.) mit Spitzbogenblenden und Fialen. Pulverturm (2. H. 15. Jh.) mit Zinnenkranz und Spitzhelm. — *Pfarrkirche St. Marien,* dreischiffige spätgotische Backstein-Hallenkirche (Hallenchor um 1370/80, Langhaus vollendet 1. V. 15. Jh., komplex rest.) mit Kreuzrippengewölben, an der Südseite Kapellenanbau (um 1510/20), über dem Ostende der drei Schiffe Blenden- und Maßwerkgiebel nach dem Muster der Marienkirchen in Neubrandenburg und Prenzlau, auf dem Westbau (Untergeschoß um 1240) zwei Türme. Bemerkenswerte Ausstattungsstücke: Spätgotischer Flügelaltar (im Schrein figurenreiche Kreuzigung) um 1500. Gemalter Flügelaltar (im Mittelfeld Anna selbdritt mit Heiligen) 1. H. 16. Jh. Triumphkreuzgruppe um 1500. Hl. Wolfgang Ende 15. Jh. — Von dem ehem. *Franziskaner-Kloster* (frühgotisch um 1300) nur Rest der Nordwand des Chors sowie Ostflügel der Klausur mit Kreuzgang und Schlafsaal erhalten (mehrmals umgebaut). — *Spitalkapelle St. Spiritus,* einschiffiger frühgotischer Backsteinbau (14. Jh., 1711 abgebrannt, um 1715 wiederaufgebaut) mit Dachreiter. – *Heimatmuseum* (Klosterplatz), u. a. ur- und frühgeschichtliche Funde aus dem Kreisgebiet, kleine Möbelsammlung. – *Luisendenkmal,* Sarkophag unter neugotischem Eisenguß-Baldachin, 1811 nach Entwurf von Schinkel.

HIMMELPFORT. *Klosterkirche* des ehem. Zisterzienser-Klosters, gegründet 1299, gotischer Backsteinbau (14. Jh., rest.), urspr. dreischiffig, Westteil Ruine, Ostteil 1663 in vereinfachter Form als Dorfkirche ausgebaut; Altaraufsatz und Kanzel 2. H. 17. Jh. – *Ehem. Brauhaus,* spätgotischer Backsteinbau (wohl Ende 14. Jh.) mit Blendengiebel.

FÜRSTENBERG. *Schloß* (jetzt Krankenhaus), barocke Dreiflügelanlage (1741–1752 von Ch. J. Löwe, 1913 umgebaut) mit reichem Dekor, zweigeschossig mit erhöhtem Mittelrisalit, im Innern Rokoko-Stuckdekorationen. – Von der *Alten Burg* (1333 erstmalig genannt) drei Flügel erhalten: Altes Haus (Ostflügel), Neue Küche (Westflügel) und Großes Neues Haus (Südflügel), letzteres 1572, die anderen Ende 16. Jh. – Am Markt und in der Thälmannstraße einige schlichte klassizistische *Bürgerhäuser,* nach 1807 von F. W. Dunkelberg. – *Pfarrkirche,* 1845–1848 erbaut nach Entwurf von F. W. Buttel.

RAVENSBRÜCK. *Nationale Mahn- und Gedenkstätte.* 1955–1959 nach Entwürfen des »Architektenkollektivs Buchenwald« unter Leitung von L. Deiters, Plastik von W. Lammert, nach seinem Tode von F. Cremer vollendet, im Vorgelände Plastikgruppe von F. Cremer. Im ehem. Zellenbau *Museum zur Geschichte des Frauenkonzentrationslagers,* im Untergeschoß einige Länderausstellungen.

RHEINSBERG. Nach dem Stadtbrand im April 1740 planmäßiger Wiederaufbau nach Angaben von G. W. Knobelsdorff, Einteilung der Stadt in elf »Quarrés«, regelmäßiges Straßengitternetz mit einheitlicher Randbebauung, in den Nebenstraßen mit eingeschossigen, in den Hauptstraßen und an den Plätzen mit zweigeschossigen Häusern. *Schloß* (jetzt Diabetikersanatorium), zweigeschossige barocke Dreiflügelanlage (1734–1739 von J. G. Kemmeter und G. W. v. Knobelsdorff, Eckbauten an der Stadtseite 1786 von C. G. Langhans), die Flügel durch Kolonnade miteinander verbunden, an den Stirnseiten der Flügel je ein Rundturm, an der Stadtseite Mittelrisalit mit Attika und vier Figuren. In einigen von Knobelsdorff geschaffenen Räumen Deckengemälde von A. Pesne, u. a. im Konzertsaal (»Apoll vertreibt die Nacht«), im Ritterzimmer (»Mars nähert sich Venus«) und im Turmkabinett des Südflügels (»Minerva mit den Wissenschaften und Künsten«). Umbau einiger Räume 1762/63 und 1769 durch C. G. Langhans, u. a. Muschelsaal und Bibliothek in derbem Rokoko mit einzelnen klassizistischen Motiven. – *Kavaliershaus* nördlich des Schlosses, zweigeschossige barocke Dreiflügelanlage (begonnen 1738 von Knobelsdorff, nach 1774 von Hennert umgestaltet), linker Flügel mit Theater 1945 ausgebrannt. – *Schloßpark,* urspr. Barockanlage (1734–1741 von Knobelsdorff), nach 1764 in Landschaftspark umgewandelt und erweitert; zwischen

Schloß und See ein Gartenparterre (»Apollo mit den vier Jahreszeiten« 1766 von G. A. Cybei), südlich vom Schloß die Hauptallee mit Sphinxtreppe und Hauptportal (»Flora« und »Pomona«, um 1741 von F. Ch. Glume), in der Querachse Pavillon (1740 von Knobelsdorff), um den Pavillon »Jahreszeiten« (von Cybei). Im Park ferner das Grabmal des Prinzen Heinrich (gest. 1802), Obelisk (1791) sowie Reste anderer Bauten und Denkmäler. — *Pfarrkirche,* frühgotischer Granitbau mit gotischen Backsteinteilen, 1566–1568 Umbau mit Erweiterung, zweischiffiges Langhaus, dreischiffiger Chor, beide mit Kreuzrippengewölben. Bemerkenswerte Ausstattungsstücke: Altaraufsatz (im Mittelfeld Kreuzigung) 1568. Kanzel und Taufe (gebrannter Ton) 1. H. 16. Jh. Epitaphe 16. Jh., v. Bredow. In der südlichen Vorhalle sechs Grabsteine des 16. Jh., teilweise v. Bredow.

Gedenkstätte Ravensbrück

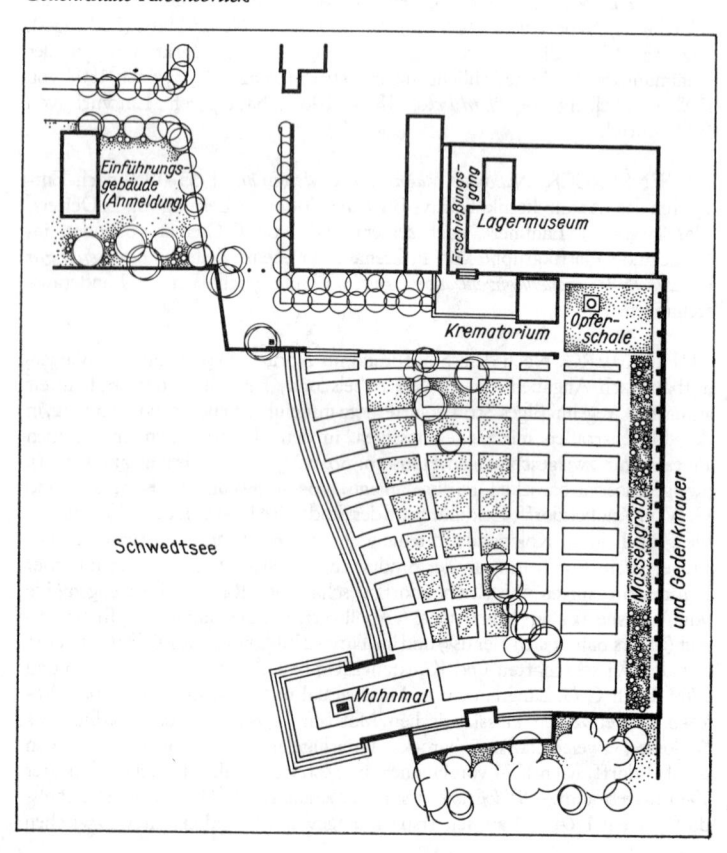

Rheinsberg, Schloß von der Wasserseite

LINDOW. Von dem ehem. *Prämonstratenser-Nonnen-Kloster* (2. H. 13. Jh.) Ruine des Konventshauses und sog. Klosterschule erhalten. Grundmauern der Klosterkirche freigelegt. — *Pfarrkirche*, Barockbau (1751–1755 nach Plänen von Berger) mit zwei kurzen Kreuzarmen, Turm mit Haube; schlichte Ausstattung der Entstehungszeit, rest.

ALTRUPPIN. *Pfarrkirche*, einschiffiger frühgotischer Backsteinbau (13. Jh., 1598/99 erweitert und umgestaltet, 1846 erneuert), gotisierender Turm von 1598; Kanzelaltar 1712, Orgelprospekt Mitte 18. Jh., Grabdenkmäler 16. und 18. Jh.

NEURUPPIN. Gegründet vor 1238 von den Herren von Ruppin als wirtschaftlicher Mittelpunkt ihres neuen Landes, auf den drei Landseiten dreifacher Wall (teilweise in Grünanlage umgewandelt). Nach dem Stadtbrand 1787 (Zerstörung von 386 Bürgerhäusern und 24 öffentlichen Gebäuden) planmäßiger Wiederaufbau (bis 1806) unter Leitung von B. M. Brasch, Stadterweiterung nach Südwesten, Regulierung und Verbreiterung der Straßen, regelmäßiges Straßengitternetz, an der Hauptstraße (Karl-Marx-Str.) drei große Plätze (Kirchplatz—Platz der Opfer des Faschismus—Ernst-Thälmann-Platz), einheitliche Randbebauung unter Verwendung von Typengrundrissen, fast unversehrt erhalten am Ost- und Südrand des Kirchplatzes, am Ernst-Thälmann-Platz und in der Straße Am Gericht. Die von Brasch entworfenen *Bürgerhäuser* fast ausnahmslos zweigeschossig mit bescheidenem Dekor in der Art des norddeutschen Zopfklassizismus, reichere Beispiele: August-Bebel-Str. 14/15 (jetzt Kreis-Heimatmuseum), Rudolf-Breitscheid-Str. 16, Friedrich Engels-Str. 22. — *Kreis-Heimatmuseum*, u. a. Schinkel-Gedenkraum, Fontane-Gedenkraum, Neuruppiner Bilderbögen. — *Kulturhaus* (früheres Gymnasium), zweigeschossiger frühklassizistischer Bau (1790 von Brasch), Mittelrisalit mit Giebeldreieck, offenes Türmchen mit Haube. — *Tempelgarten*, in den Grundzügen erhaltene barocke Anlage, darin Rundtempel (1735 von Knobelsdorff), mehrere Statuen (18. Jh., aus Dresden) und Gebäude im »maurischen« Stil (um 1855 von Diebitsch). — *Denkmäler:* Karl Friedrich Schinkel (geb. 1781 in Neuruppin) 1883 von M. Wiese. Theodor Fontane (geb. 1819 in Neuruppin) 1907 von Wiese. Karl-Marx-Büste von F. Cremer. — *Pfarrkirche St. Marien*, klassizistische Saalkirche (1801–1804 von Berson), in der Mitte der Vorderseite

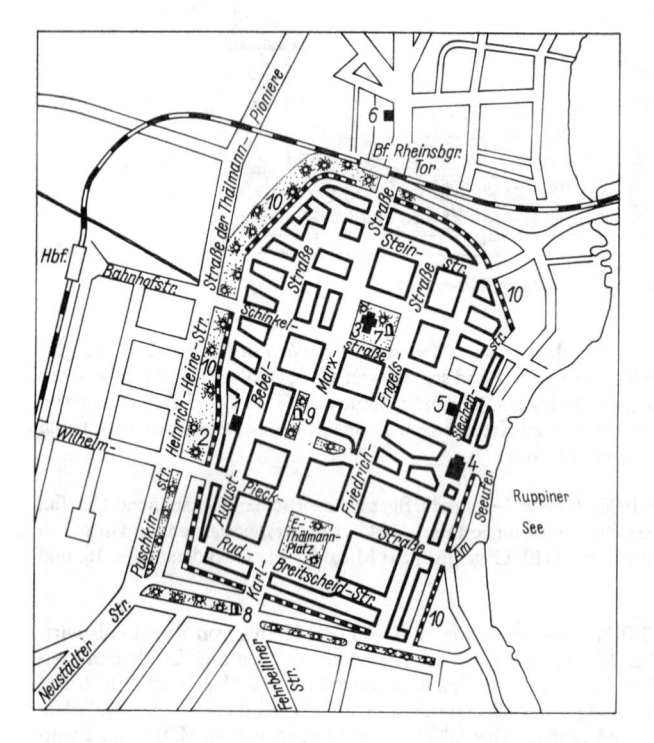

Neuruppin

1 *Heimatmuseum,* 2 *Tempelgarten,* 3 *Pfarrkirche St. Marien,* 4 *Klosterkirche,* 5 *Siechenhauskapelle,* 6 *Kapelle St. Georg,* 7 *Karl-Friedrich-Schinkel-Denkmal,* 8 *Theodor-Fontane-Denkmal,* 9 *Büste von Karl Marx,* 10 *Stadtmauer*

halbrunder Vorbau mit Kuppel und Laterne; schlichte Ausstattung der Entstehungszeit. – *Klosterkirche* des ehem. Dominikaner-Klosters (gegründet 1246), dreischiffige frühgotische Backstein-Hallenkirche (um 1300, Rest. im Gange) mit Kreuzrippengewölben und langgestrecktem Chor, Türme von 1906/07. Bemerkenswerte Ausstattungsstücke: Statue des Pater Wichmann um 1380. Sechs gotische Sandsteinreliefs (Lebensgeschichte Christi) 14. Jh. in neugotischem Altaraufbau. Vesperbild Anf. 15. Jh. Maria und Johannes Ende 15. Jh. – *Siechenhauskapelle*, einschiffiger spätgotischer Backsteinbau (1491) mit Netzgewölbe, am Gewände des Südportals Tonplatten (Christus an der Martersäule, hl. Franziskus); Kanzelaltar 1715, spätgotisches Kruzifix Ende 15. Jh. – *Kapelle St. Georg*, einschiffiger gotischer Backsteinbau (1. H. 14. Jh.) mit barocker Stuckdecke; spätgotischer Flügelaltar (im Schrein Marienkrönung) Anfang 16. Jh.

Bemerkenswerte Herrenhäuser in LÖWENBERG (Barockbau Anfang 18. Jh.), HOPPENRADE (barocke Dreiflügelanlage 1724; Rokoko-Kapelle mit reichem Kanzelaltar), MESEBERG (Barockbau 1738), BADINGEN (spätgotisches Festes Haus 16. Jh., Netz- und Sterngewölbe), WUSTRAU (Barockbau um 1750) und LÜCHFELD (klassizistisch 1822).

Bemerkenswerte Dorfkirchen in LÖWENBERG (frühgotisch 13. Jh.), GUTEN GERMENDORF (frühgotisch Ende 13. Jh.), BUBEROW (spätgotisch 15. Jh.), KLEIN-MUTZ (Barockbau 1754; bronzener Taufkessel Ende 13. Jh.), MESEBERG (urspr. gotisch, 1772 verändert; großes Gemälde 1588), KELLER (Barockbau 1743), RÖNNEBECK (frühgotisch 2. H. 13. Jh.), BREDEREICHE (Fachwerkbau Ende 17. Jh.; Altaraufsatz, 1689 von Ch. Wegener aus Templin, klassizistisches Erbbegräbnis), ZECHLIN-FLECKEN (Barockbau 1775; kleines spätgotisches Kruzifix mit Maria und Johannes), ZECHLIN-DORF (spätgotisch 15. Jh.; Altaraufsatz 1722 von M. Kühne und Ch. L. Schlichting), WALSLEBEN (Renaissancebau 1586), DABERGOTZ (frühgotisch 13. Jh.), BECHLIN (frühgotisch Mitte 13. Jh.; reicher Kanzelaltar 18. Jh.), WUTHENOW (spätklassizistisch 1836 von Baukonducteur Jakobi), WUSTRAU (spätgotischer Flügelaltar um 1480/90), RADENSLEBEN (gotisch vermutlich 13. Jh.; zwei Majolikareliefs aus der Werkstatt des G. della Robbia um 1500), HERZBERG (spätgotisch, Turm mit Staffelgiebeln, im Innern Fresken freigelegt) und STRUBENSEE (Fachwerkbau 1596).

Die Kreise Wittstock, Pritzwalk und Kyritz

WITTSTOCK. Entstehung der Siedlung in Anlehnung an die Burg der Bischöfe von Havelberg, um 1240 planmäßig zur Stadt erweitert, unregelmäßige Kreisform, Straßen von der Burg zur Stadt radial geführt, in der Stadt Straßengitternetz mit großem rechteckigem Markt. Von der *Burg* (gegründet Anfang 13. Jh.) nur der wuchtige Torturm der Oberburg (Mitte 13. Jh.) und Mauerreste erhalten; die sehr starke *Stadtbefestigung* hingegen fast unversehrt, Mauer mit zahlreichen halbrunden und rechteckigen Wehrtürmen, ferner Gröper Tor, gotischer Backsteinbau (14. Jh., wahrscheinlich 1503 umgestaltet) mit Blendengliederung. — *Kreis-Heimatmuseum* (Amtshof 5), u. a. Ur- und Frühgeschichte des Kreisgebietes, Wittstock als Residenz der Bischöfe von Havelberg, Geschichte der örtlichen Arbeiterbewegung, bäuerliche Volkskultur. — *Pfarrkirche St. Marien*, dreischiffige gotische Backstein-Hallenkirche (Turm und Westteil des Langhauses 1. H. 14. Jh., Ostteil mit Chor 2. H. 15. Jh.) mit Kreuzrippengewölben, an der Nordseite Marienkapelle (1484), an der Südseite Kapelle mit zwei Staffelgiebeln (1498), im Innern reiches Portal, Westturm mit Barockhaube von 1704. Bemerkenswerte Ausstattungsstücke: Spätgotischer Hochaltar, aus zwei Flügelaltären zusammengesetzt, der untere Altar (im Schrein Marienkrönung sowie die Hl. Anna und Dorothea) um 1530 aus der Werkstatt des Lübecker Bildschnitzers C. Berg, der obere (Maria in der Strahlensonne) eine süddeutsche Arbeit vom Anfang des 16. Jh. Maria mit Kind um 1400. Kanzel 1608. Taufe 2. H. 17. Jh. Spätgotisches Sakramentshäuschen 1516. — *Kapelle zum hl. Geist*, 1733 umgebauter einschiffiger spätgotischer Backsteinbau (15. Jh.), Turm (um 1500) mit barocker Laterne.

HEILIGENGRABE. *Klosterkirche* des ehem. Zisterzienser-Nonnen-Klosters, gestiftet 1289, einschiffiger gotischer Backsteinbau (13. Jh., nach Brand 1719 Gewölbe erneuert) mit Kreuzrippengewölbe. Bemerkenswerte Ausstattungsstücke: Acht Holztafeln mit Darstellung der Gründungssage 16. Jh. Altaraufsatz mit Flügelgemälden, um 1420. Orgelprospekt Anfang 18. Jh. An der Nordseite Kreuzgang mit Klausurgebäuden, letztere im 18. und 19. Jh. stark verändert. — *Kapelle des hl. Grabes*, einschiffiger spätgotischer Backsteinbau (gew. 1512, 1903/04 entstellend rest.) mit Sterngewölben, im Westen reicher Staffelgiebel.

FREYENSTEIN. Von dem *Alten Schloß* (Renaissancebau 1556; rest.) Teile der Südwand und zweigeschossiger Gebäuderest mit Rundturm erhalten. Pilaster, Gesimse und Medaillons aus Terrakotta in der Art des Statis van Düren. — *Neues Schloß* (jetzt Schule), dreigeschossiger Frühbarockbau (Anf. 17. Jh.), vor der Vorderfront Treppenturm, an den Schmalseiten zwei weitere Türme, der rechte urspr. Torturm (Wittstocker Tor). *Pfarrkirche*, dreischiffige gotische Backstein-Hallenkirche (um 1300, nach Brand 1718 wiederaufgebaut) mit Kreuzrippengewölben und Westturm; Grabdenkmäler 18./19. Jh., v. Winterfeldt.

MEYENBURG. *Schloß*, urspr. spätgotisch um 1500, 1865/66 umgebaut und zur Dreiflügelanlage erweitert, an der Nordostecke erkerartiger Turm mit Sterngewölbe, rechts vom Mittelrisalit kleines Formsteinportal. — Landschaftspark um 1860 von Hofgärtner Fink. — *Pfarrkirche*, einschiffiger Barockbau (1749) mit abgesondertem Turm (1849).

STEPENITZ. *Klosterkirche* des ehem. Zisterzienser-Nonnen-Klosters Marienfließ, gegründet 1230, einschiffiger frühgotischer Backsteinbau (2. H. 13. Jh.), Chor mit Kreuzrippengewölbe, lebhafte Blendengliederung der Langhauswände, großer Dachreiter von 1829; Wappengrabsteine.

ALT KRÜSSOW. In der spätgotischen *Dorfkirche* (geweiht 1520, Westpartie und Turm 1880) bemerkenswert: Spätgotischer Flügelaltar und Anna selbdritt, um 1500, Kruzifix Anf. 16. Jh.

PRITZWALK. *Pfarrkirche*, dreischiffige spätgotische Backstein-Hallenkirche (Ostteile geweiht 1441, vollendet 1451 und 1501) auf frühgotischen Fundamenten, Stern- und Kreuzrippengewölbe, Chor mit Umgang, an der Südseite Kapelle mit Staffelgiebel, neugotischer Turm von 1882. — *Kreismuseum*, u. a. ur- und frühgeschichtliche Funde aus dem Kreisgebiet und Material zur Geschichte der örtlichen Arbeiterbewegung.

PUTLITZ. *Rathaus*, schlichter barocker Fachwerkbau Ende 18. Jh. — In den Straßen zahlreiche schlichte *Fachwerkhäuser* aus dem 18. und frühen 19. Jh. — Von der mittelalterlichen *Burg* der Gänse von Putlitz runder Bergfried und Mauerreste des Nordflügels erhalten.

DEMERTHIN. *Schloß* (jetzt Wohnhaus), zweigeschossiger Renaissancebau (1604) mit drei Zwerchhäusern, Treppenturm mit Barockhaube, einige Räume mit Netzgewölben. — In der gotischen *Dorfkirche* (15. Jh., im 17. und 19. Jh. stark verändert) bemerkenswert: Spätgotische Wandfresken sowie reicher Kanzelaltar und Pastorenstuhl um 1700.

KYRITZ. Von der *Stadtmauer* größere Reste im Osten erhalten. — Mehrere *Fachwerk-Giebelhäuser* (17. Jh.) in der Johann-Sebastian-Bach-Straße. — *Pfarrkirche St. Marien*, dreischiffige gotische Backstein-Hallenkirche (2. H. 14. Jh., 1708–1714 umgebaut) mit Kreuzrippengewölben und zweitürmigem Westbau nach 1849; Taufstein Mitte 16. Jh., Kanzel 1714.

ROSSOW. *Dorfkirche* mit spätgotischer Ausmalung (Anfang 16. Jh.) und reichem gotischem Flügelaltar (im Mittelschrein oben Marienkrönung, unten Kreuzigung) aus dem Dom zu Havelberg, dort 1330 als Hauptaltar geweiht, rest.

WUSTERHAUSEN A. D. DOSSE. Von der *Stadtmauer* Reste im Osten erhalten. — *Pfarrkirche St. Peter und Paul*, urspr. romanisch (Mitte 13. Jh.), im 14. Jh. zur Basilika, im 15. Jh. (geweiht 1479) zur dreischiffigen Hallenkirche umgewandelt, Kreuzrippengewölbe, Chor mit Umgang (Freilegung von Wandmalereien), an der Südseite Kapelle mit Staffelgiebel (um 1500), eingebauter Turm. Bemerkenswerte Ausstattungsstücke: Spätgotisches Triumphkreuz 2. H. 15. Jh. Kanzel 1610 von J. Fischer. Taufstein 1712. Altaraufsatz und Orgelprospekt 18. Jh. Frühbarocke Nordempore mit zahlreichen Tafelbildern Anf. 17. Jh., rest. Epitaphe 16. und 18. Jh. — *Friedhofskapelle St. Stephan*, einschiffiger spätgotischer Backsteinbau (15. Jh.). — *Fachwerk-Wohnhäuser* in der Karl-Marx-Straße, vorwiegend zweigeschossig, 17.–19. Jh.

NEUSTADT A. D. DOSSE. *Verwaltungsgebäude des VEG Tierzucht* (früher Friedrich-Wilhelm-Gestüt), Spätbarockbau (1787–1790 von Bauinspektor Glasewald, rest.) mit zweigeschossigem Mitteltrakt und eingeschossigen Seitentrakten; kleiner Hauspark. — *Verwaltungsgebäude des Staatl. Hengstdepots* (früher Gestüt Lindenau), zweigeschossiger Spätbarockbau (1789–1791, rest.) von 29 Achsen Breite. — *Pfarrkirche*, barocker Zentralbau (1673–1696, rest.) in Form eines griechischen Kreuzes mit Kuppeldach, geschweifter Haube und Laterne; schlichte Ausstattung der Entstehungszeit, Altar, Emporenkanzel und Orgel übereinander angeordnet.

Bemerkenswerte Herrenhäuser in HOPPENRADE (klassizistisch 1830; Landschaftspark um 1800, erweitert 1847 von E. Neide), HORST (Barockbau 18. Jh.; Ruinenreste eines Renaissanceschlosses; kleiner Landschaftspark),

DESSOW (klassizistisch Anfang 19. Jh.) und LÖGOW (klassizistisch Anfang 19. Jh., rest.).

Bemerkenswerte Dorfkirchen in FRETZDORF (Fachwerkbau 1704; Kanzel mit Mosesfigur), KÖNIGSBERG (gotisch 14. Jh.; reicher Altaraufsatz 1631), GLIENIKE (klassizistischer Zentralbau 1815, schlichte Ausstattung der Entstehungszeit), SCHWEINRICH (gotisch vermutlich 14. Jh.; Altaraufsatz und Kanzel 1683), SEWEKOW (Barockbau um 1650), JABEL (klassizistisch um 1800), WERNIKOW (gotisch 14. Jh.), WULFERSDORF (spätgotisch Ende 15. Jh.), BLUMENTHAL-HORST (1688; Grabmal H. Blumenthal 1795 von G. Schadow), POREP (spätgotischer Flügelaltar Ende 15. Jh.), PREDDÖHL (spätgotischer Flügelaltar Ende 15. Jh.), HELLE (spätgotischer Flügelaltar Anfang 16. Jh.), FALKENHAGEN (spätgotisch Ende 15. Jh.), SARNOW (spätgotisch um 1500), KUHSDORF (frühgotisch 2. H. 13. Jh.; Kanzelaltar 1707 von S. Weidner aus Perleberg), KLEIN-WOLTERSDORF (spätgotischer Flügelaltar um 1500), BRÜSENHAGEN (zwei Flügel eines spätgotischen Schnitzaltars, Predella und Bekrönung 1683), VEHLOW (spätgotischer Flügelaltar Anfang 16. Jh.), WUTIKE (gotisch 14. Jh.), DREWEN (frühgotisch Mitte 13. Jh.), TEETZ (spätgotischer Flügelaltar, Gemälde in der Art der Cranach-Schule um 1520), LÖGOW (spätgotisch 14. Jh.; reicher Kanzelaltar 1636), KAMPEHL (frühgotisch Mitte 13. Jh.; Mumie des Kahlbutz), VETTIN (Fachwerkbau um 1830, schlichte klassizistische Ausstattung), BARENTHIN (gotisch 1. H. 14. Jh., Ost- und Turmgiebel mit Blenden), SIEVERSDORF (Barockbau 1. H. 18. Jh.), DREETZ (Barockbau 1778), HOLZHAUSEN (gotisch 2. H. 13. Jh.; reicher Altaraufsatz, 1707 von J. Becker aus Rathenow) und GÖRIKE (spätgotischer Flügelaltar 2. H. 15. Jh.).

Die Stadt Brandenburg/Havel und die Kreise Brandenburg und Rathenow

Die Stadt Brandenburg/Havel

Ursprünglich slawische Festung an der Havel zwischen Plauer und Beetzsee am Fuße des Marienberges. 928 Eroberung der Feste durch ein sächsisches Heer unter König Heinrich I., Errichtung eines deutschen Burgwards. 948 Gründung des Bistums Brandenburg. 983 großer Slawenaufstand, Vertreibung von Bischof und Domkapitel. 1150 Tod des letzten Hevellerfürsten Pribislaw. 1157 erneute und letzte Eroberung der Festung durch ein Heer unter dem Askanier Albrecht dem Bären. 1161 Rückverlegung des Bischofssitzes nach Brandenburg, zunehmende Einwanderung von deutschen Kaufleuten und Handwerkern. Um 1170 Entstehung der Ackerbausiedlung in der Altstadt, um 1200 der Kaufmanns- und Marktsiedlung in der Neustadt. Die Stadt folglich aus drei Siedlungskernen zusammengewachsen: Der Dombezirk auf der Dominsel (erst

Brandenburg/Havel
1 Dom St. Peter und Paul, 2 Kapelle St. Peter, 3 Katharinenkirche, 4 Ruine der Kirche St. Pauli und Klostergebäude, 5 Kapelle St. Jakob (jetzt Dreifaltigkeitskirche), 6 Steintorturm, 7 Altstädtisches Rathaus mit Roland, 8 Gotthardtkirche, 9 Ruine der Pfarrkirche St. Johannis, 10 Nikolaikirche, 11 Heimatmuseum (Freihaus), 12 Altstädtische Mauer, 13 Neustädtische Mauer, 14 Plauer Torturm

1930 eingemeindet), daran angelehnt die beiden Kietze (spätere Domgemeinde). Die Neustadt (um die Katharinenkirche) mit rechteckigem Markt und annähernd rechtwinklig gekreuzten Hauptstraßen. Die Altstadt (um die Gotthardtkirche) mit birnenförmigem Grundriß und Straßengitternetz mit rechteckigem Markt. 1249 Vereinigung des Dorfes Luckenberg (Nikolaikirche) mit der Altstadt. Im 14. und 15. Jh. wirtschaftliche Blüte (vorwiegend durch Handel und Erzeugung von Tuchen), Höhepunkt der architektonisch-künstlerischen Entwicklung (Neubau der Katharinen- und Gotthardtkirche). 1518 Austritt Brandenburgs aus der Hanse. 1562 Abdankung des letzten Bischofs, Einsetzung einer landesherrlichen Bistums-Administration. Während des Dreißigjährigen Krieges Rückgang der Einwohnerzahl von etwa 10000 auf 4000. 1690 Einwanderung von Hugenotten (Lederverarbeitung und Gerberei). 1715 Vereinigung von Alt- und Neustadt. Erst im 19. Jh. Entwicklung über die beiden Stadtkerne hinaus. Im zweiten Weltkrieg starke Zerstörung der Stadt durch anglo-amerikanische Luftangriffe und unsinnige Verteidigung Ende April 1945. Großzügiger Wiederaufbau unter weitgehender Schonung der vorhandenen historischen Bausubstanz, Entwicklung zum führenden Industriestandort (Stahl- und Walzwerk, Binnenschiffswerft »Ernst Thälmann«, Traktorenwerk) des Bezirkes Potsdam.

Bauten auf der Dominsel

Dom St. Peter und Paul. Baubeginn um 1165, Ende der ersten (romanischen) Bauperiode um 1193, in den zwanziger Jahren des 13. Jh. Umbau der Krypta und Verlängerung der Kirche nach Westen, in den siebziger und achtziger Jahren des 14. Jh. Umwandlung in eine gotische Basilika, 1426 umfangreiche Erneuerung, 1672 Fertigstellung des Turmes, 1836 Abschluß der Arbeiten am Westbau und neuer Turmhelm, 1962–1966 umfangreiche Sicherungs- und Restaurierungsarbeiten. Dreischiffige Pfeilerbasilika mit Querschiff, Krypta und einschiffigem Chor, Kreuzrippengewölbe, an der Nordseite des Chors zwei übereinanderliegende Kapellen, in der unteren Kapelle Reste von früh- und spätgotischen Wandgemälden, zweischiffige Krypta mit Kreuzrippengewölben und reichen Figuren- und Laubwerkkapitellen (seit 1953 Gedächtnisstätte für die Blutzeugen der evangelischen Kirche 1933–1945), bei der letzten Restaurierung zum Langhaus und zu den Kreuzarmen in je zwei Bogenstellungen geöffnet, dieser historische Befund unmittelbar verwandt mit der Krypta der Klosterkirche in Jerichow. Am nördlichen Querschiffsarm reicher Staffelgiebel, am unvollendeten Westbau südlicher Turmstumpf und Mittelteil mit Zinnenkranz, Nordturm mit achteckigem Aufsatz und stumpfem Helm, reiches Westportal, am Kämpfergesims figürliche Reliefs (Tierfabeln). Besonders bemerkenswerte Ausstattungsstücke: Spätgotischer Flügelaltar (im Schrein Maria zwischen Petrus und Paulus) 1518. Flügelaltar, sog. Böhmischer Altar (im Schrein Marienkrönung mit vier Heiligen), um 1375/80. Flügelaltar (im Schrein Maria mit Kind) um 1430. Gemalter Flügelaltar (im Mittelteil Marienkrönung, Apostel, Heilige und Märtyrer) 1465. Kruzifix 1357. Sitzmadonna frühes 14. Jh. Sakramentshäuschen 1375. Triumphkreuzgruppe um 1430/40. Vesperbild um 1420/30. Schmerzensmann um 1500. Frühgotischer Levitensitz. Chorgestühl 1539. Kanzel 1691. Taufstein Mitte 16. Jh. Orgelprospekt 1723–1725 von J. G. Glume. Zwei Messingleuchter in Gestalt von knienden Engeln 1441. Grabdenkmäler Ende 14.–18. Jh. — Von den *Klausurgebäuden* (nach der Restaurierung z. T. als Dom-Museum vorgesehen) erhalten: Ostflügel (1. H. 13. Jh., später umgebaut), an seinem Nordende zweischiffige Halle (wahrscheinlich Kapitelsaal). Nordflügel (vermutlich 14. Jh., um 1830 stark verändert). — Im Klausurgebäude das *Domarchiv*, u. a. wertvolle Handschriften (Stiftungsurkunde Otto I. von 949, Evangelistar Anfang 13. Jh.) sowie reicher Bestand an mittelalterlichen Textilien (u. a. Hungertuch um 1290).

Kapelle St. Peter. Zweischiffiger frühgotischer Backsteinbau (Mitte 13. Jh.) mit spätgotischen Zellengewölben (um 1520). Bemerkenswerte Ausstattungsstücke: Altartriptychon (um 1500), Kreuzigungsgruppe mit Heiligen und Stiftern. Kanzel 1768.

*Brandenburg, Katharinenkirche,
Giebel der Fronleichnamskapelle*

Bauten in der Neustadt

Katharinenkirche. 1395 Abbruch des ersten Baues (1. H. 13. Jh.) unter Erhaltung von Westfront und Turm, Neubau (begonnen 1401) unter Leitung von H. v. Brunsberg aus Stettin, 1494 Instandsetzung unter Leitung von K. Derentin. 1582 Einsturz des Turmes, Wiederherstellung (vollendet um 1600) unter Leitung von J. B. de Sala aus Mailand, Turmhaube (ab 1592) von B. Richter aus Dresden. Dreischiffige Hallenkirche mit Netz-, Kreuzrippen- und Sterngewölben und nach innen gezogenen Strebepfeilern, Chor mit Umgang, an der Nordseite des Langhauses Fronleichnamskapelle (geweiht 1434) mit Sterngewölben, an der Südseite zwei Kapellen und Vorhalle. Am Außenbau breite Wandvorlagen aus glasierten Formsteinen, der Nordgiebel der Fronleichnamskapelle ungewöhnlich reich gegliedert (Fialen, Wimpergen und Maßwerkrosetten aus glasierten Formsteinen), ein ähnlicher Giebel an der westlichen Südkapelle, Südportal mit Wimperg und reichem Maßwerk, geschweifte Turmhaube mit Laterne. Besonders bemerkenswerte Ausstattungsstücke: Spätgotischer Altar mit doppelten Flügeln (im Schrein Maria mit den Hl. Andreas, Katharina, Amalberga und Ägidius) 1474 von G. Weger. Bronze-Taufkessel (an der Wandung Taufe Christi, Apostel und Heilige) 1440 von D. Molner aus Erfurt. Sandsteinrelief (Maria mit den Hl. Paulus, Magdalena, Augustinus und Benedikt) um 1430. Kanzel 1668. Orgelprospekt 1726. Epitaphe 16. bis 18. Jh.

Bei der Katharinenkirche *ehem. Gymnasium* (jetzt Pestalozzi-Oberschule). Dreigeschossiger Barockbau (1787–1797) mit Pilastergliederung, schmaler Mittelrisalit mit Wappenkartusche.

Kreis-Heimatmuseum (Hauptstr. 96). Barockbau von 1723 mit bemerkenswertem Treppenhaus; neben den Beständen zur Ur- und Frühgeschichte des Havellandes und zur Stadtgeschichte bedeutende Sammlung europäischer Graphik des 16. bis 20. Jh. (Rubensstecher, J. Callot, fast vollständiges Werk D. Chodowieckis, Ornamentstiche).

Ruine der ehem. Dominikaner-Klosterkirche St. Pauli, gestiftet 1286, dreischiffige frühgotische Backstein-Hallenkirche (um 1300, im zweiten Weltkrieg ausgebrannt), an der Südseite des Chors schlanker Glockenturm von 1469. — An der Südseite der Kirche *Kreuzgang* mit Klausurgebäuden, vor der Westseite Bibliothek und Marienkapelle (im zweiten Weltkriege ausgebrannt, Wiederherstellung im Gange).

Kapelle St. Jakob. Einschiffiger spätgotischer Backsteinbau (um 1400) mit hölzernem Tonnengewölbe, am Ostgiebel Spitzbogenblenden und Kreuzigungsrelief.

Tortürme der Neustadt. Steintorturm (2. V. 15. Jh.) mit Zinnenkranz und steinernem Helm, im Innern fünf Geschosse. Mühlentorturm (1411 von N. Kraft aus Stettin) mit schmalen Spitzbogenblenden, Zinnenkranz und steinernem Helm.

Bauten in der Altstadt

Altstädtisches Rathaus. Zweigeschossiger spätgotischer Backsteinbau (um 1480) auf rechteckigem Grundriß, an der Vorderseite Staffelgiebel mit Turm (Turmaufsatz von 1826) und Portal mit reichem Backstein-Maßwerk, an der Rückseite reicher Staffelgiebel und zweigeteiltes Spitzbogenportal. — Neben dem Rathaus der Roland und das *Steinhaus* (auch Ordonnanzhaus genannt), gotischer Backsteinbau (vermutlich 14. Jh.), Nordgiebel mit sechs spitz abgedeckten Halbrundpfeilern, im Innern urspr. Halle und drei Räume mit Kreuzrippengewölben.

Gotthardtkirche. Gegründet zwischen 1140 und 1150, Westbau um 1200, Turm um 1250, Abbruch des romanischen Langhauses mit Chor vermutlich 1. H. 15. Jh., bestehender spätgotischer Backsteinbau 1456–1475 unter Leitung von H. Reinstorp, Turmhaube 1767. Dreischiffige Hallenkirche mit Kreuzrippengewölben, Rundpfeiler mit tauartigen Diensten, Chor mit Umgang, an der Südseite des Langhauses Sakristei und zwei Kapellen, an der Nordseite Vorhalle, über der Nordempore Wandgemälde (Figur des Todes) von 1585. Langhausdach im Süden bis zu den Kapellen herabgezogen, auf seinem Ostende Dachreiter, im Westen Rundbogenportal, sonst schlichte Spitzbogenportale. Besonders bemerkenswerte Ausstattungsstücke: Bronzener Taufkessel (getragen von vier Evangelistenfiguren, an der Wandung Ornamente und Löwenköpfe) 1. H. 13. Jh., Deckel 1621 von Z. Peters. Spätgotische Triumphkreuzgruppe um 1500. Fünf spätgotische Schnitzfiguren (u. a. St. Gotthardt,

St. Maternus, Apostel Matthias) 2. H. 15. Jh. Altaraufsatz 1559/61, Gemälde von W. Gulden aus Leipzig. Kanzel 1624 von G. Zimmermann. Orgelprospekt 1736. Gobelin (Jagd nach dem Einhorn) 3. V. 15. Jh. Epitaphe 16.–18. Jh.

Ruine der ehem. Franziskaner-Klosterkirche St. Johannis, gegründet nach 1234, einschiffiger frühgotischer Backsteinbau (um 1300, im zweiten Weltkrieg ausgebrannt), über dem Nordportal reiches Rundfenster, an der Südseite des Chors schlanker Glockenturm um 1500.

Nikolaikirche. Dreischiffige spätromanische Backstein-Basilika (1170–1230, im zweiten Weltkrieg schwer beschädigt, wiederhergestellt), im Chor Kreuzgratgewölbe, Mittelschiff und Seitenschiffe mit apsidalen Schlüssen, kreisförmige Hochschiffsfenster, an der Westseite abgetreppte Giebelmauer mit kleinem Glockenturm.

Tortürme der Altstadt. Rathenower Torturm (15. und 16. Jh.) mit Stich- und Spitzbogenblenden sowie steinernem Helm. Plauer Torturm (vermutlich 15. Jh.) mit gemauerter Turmspitze und durchbrochenem Zierkranz.

Bauten in den eingemeindeten Vororten

Schloß im Ortsteil Plaue (jetzt Verwaltungsschule). Zweigeschossiger Barockbau (1711–1716, 1861 umgestaltet) mit erhöhtem Mittelrisalit, an der Hoffront eingeschossige Seitenflügel. — *Pfarrkirche,* zweischiffiger spätromanischer Backsteinbau (Anfang 13. Jh., 1570 umgebaut) mit Kreuzrippengewölben, an der Westwand spätgotische Wandgemälde (Anf. 15. Jh.), abgesonderter Turm von 1848. Bemerkenswerte Ausstattungsstücke: Altaraufsatz 1. H. 17. Jh. Taufengel 18. Jh. Grabsteine 17. Jh.

Die Kreise Brandenburg/Havel und Rathenow

LEHNIN. *Klosterkirche* des ehem. Zisterzienser-Klosters, gestiftet 1180. Frühgotischer Backsteinbau mit spätromanischen Ostteilen um 1190, geweiht 1262, 1542 säkularisiert, wiederhergestellt 1872–1877. Dreischiffige Pfeilerbasilika im gebundenen System mit Kreuzrippengewölben, Querschiff mit ausgeschiedener Vierung, an der Ostseite der Querschiffsarme Kapellen und Emporen, Chorrechteck mit Apsis, deren Fenster in zwei Reihen angeordnet. Rund- und Kreuzbogenfriese, Westfront im Erdgeschoß mit Blendenreihe, darüber je drei Fenster in zwei Geschossen, an der Nordecke Treppenturm, Dachreiter von 1910. Bemerkenswerte Ausstattungsstücke: Spätgotischer Flügelaltar (im Schrein Marientod und Marienkrönung) 1476. Gemalter Altar (auf der Mitteltafel Kreuzigung) 3. Viertel 15. Jh. Triumphkreuz um 1230/40. Grabstein des Markgrafen Otto IV. (Mönchsfigur), gest. 1303. Grabstein eines Abtes, gest. 1509. — Von den *Klausurgebäuden* (jetzt Diakonissenheim) nur Teil des Ostflügels mit Sakristei, zweischiffigem Kapitelsaal und Kreuzgang nahezu unversehrt erhalten, die übrigen Teile wiederholt umgebaut und entstellt. — *Klostergebäude außerhalb der Klausur:* Königshaus (ehem. Abtshaus), zweigeschossiger spätgotischer Backsteinbau (15. Jh.), im Süden reicher Giebel, im Erdgeschoß Holzdecken, im Obergeschoß Kreuzrippengewölbe, Wendeltreppe. Falkonierhaus (15. Jh.), im Südgiebel Spitzbogenblenden. Kornhaus (14. Jh.), Zwillingsfenster mit Spitzbogenschluß. Klostermauer und Wehrturmreste.

ZIESAR. Von dem *ehem. Schloß* der Bischöfe von Brandenburg der Rundturm der Vorburg (Backsteinbau Ende 15. Jh.) und der Granit-Bergfried der Hauptburg (kuppelartiger Helm Mitte 16. Jh.) erhalten. — *Schloßkapelle*, einschiffiger spätgotischer Backsteinbau (geweiht 1470) mit Kreuzrippengewölben, Empore nach dem Muster der Schloßkapelle in Wolmirstedt, farbige Ausmalung der Entstehungszeit. — *Pfarrkirche*, einschiffiger spätromanischer Granitbau (2. H. 12. Jh., 1861 umgebaut und entstellt) mit Querschiff, drei Apsiden und querrechteckigem Turm; Grabstein 1383.

KETZÜR. In der *Dorfkirche* (urspr. frühgotisch, 1599 nach Osten erweitert, Ausmalung des 17. Jh.) besonders bemerkenswert: Epitaph Heinrich v. Brösicke, 1611–1613 von Chr. Dehne aus Magdeburg. Kanzel 1605.

RATHENOW. In der urspr. romanischen, im 15. Jh. und 1. H. 16. Jh. erneuerten *Stadtkirche* (nur das Langhaus in Benutzung) besonders bemerkenswert: Spätgotischer Flügelaltar um 1380. Zwei Gemälde (barmherziger Samariter, Verurteilung Christi) um 1570 und um 1700. — *Denkmal* des Kurfürsten Friedrich Wilhelm (1736–1738 von J. G. Glume, rest.), Standfigur in römischer Imperatorentracht, am Postament gefesselte Sklaven.

Bemerkenswerte Herrenhäuser in RECKAHN (Barockbau um 1720 mit bemerkenswerter Holztreppe; Wirtschaftsgebäude Ende 16. Jh.), ROSKOW (Barockbau 1723–1727, um 1880/90 umgebaut, Festsaal mit Stuckdekor-Resten), BAGOW (Renaissancebau 1545 vom Typ des Festen Hauses), NENNHAUSEN (urspr. Barockbau 1735, um 1860 neugotisch umgebaut; großer Landschaftspark um 1815), HOHENNAUEN (Spätbarockbau von 1792; Fachwerkbau von 1778), GÖRNE (Barockbau 1786) und KLESSEN (Barockbau um 1770).

Bemerkenswerte Dorfkirchen in ROSKOW (barocker Zentralbau 1724), SAARINGEN (Barockbau 1796), KLEIN-KREUTZ (spätgotischer Flügelaltar 1463), BUCKAU (spätgotischer Flügelaltar 15. Jh.), BÜCKNITZ (spätromanisch Anfang 13. Jh.), WARCHAU (spätromanisch Anfang 13. Jh.; reiche Kanzel 1720), WUSTERWITZ (spätromanisch), BÜTZER (spätromanisch um 1200), gotische Wandgemälde), SCHMETZDORF (spätromanisch um 1200), HOHENNAUEN (Barockbau 1. V. 18. Jh., Turm 13. Jh.; reicher Altaraufsatz 1603, Epitaphe 18. Jh.), SPAATZ (13. Jh.), WOLSIER (Barockbau 1752; Kanzelaltar 1772 von Meister Plau aus Friesack), STÖLLN (reicher Altaraufsatz um 1615), KLESSEN (Fachwerkbau 1698; reiche Taufe 1607),

KOTZEN (mittelalterlich, 1711 barock umgebaut), NENNHAUSEN (ungewöhnlich reiches Epitaph 1614 von Ch. Dehne aus Magdeburg) und GARLITZ (klassizistisch 1826).

Die Kreise Belzig, Jüterbog und Luckenwalde

BELZIG. *Burg Eisenhardt* (jetzt Jugendherberge und Heimatmuseum), von der Anlage des frühen 13. Jh. nur der runde Bergfried (33 m hoch) erhalten, an den Ecken der Ringmauer (vermutlich nach 1465) Rundtürme mit Stückpforten, im nördlichen Eckturm Verlies, das Gebäude an der Südseite (um 1500) mehrfach umgebaut, in der Flurhalle Zellengewölbe. — *Heimatmuseum*, u. a. einzelne ur- und frühgeschichtliche Funde, heimatkundliche Ausstellung zur Geschichte des Kreises Belzig, Gegenstände der bäuerlichen Volkskunst, Bauernstube. — Postmeilensäule von 1725. — An den *Bürgerhäusern* mehrere Renaissance-Sitznischenportale (meist 17. Jh.). — *Rathaus*, zweigeschossiger Renaissancebau (17. Jh.) mit Giebel aus dem 19. Jh. — *Pfarrkirche*, einschiffiger spätromanischer Granitbau (13. Jh., mehrmals abgebrannt und wiederhergestellt) mit Querschiff und im 15. Jh. angefügtem südlichem Seitenschiff, über dem Seitenschiff drei Giebel, querrechteckiger Feldsteinturm mit nördlichem Barockaufsatz; Altaraufsatz 1661, spätgotisches Kruzifix, Gemälde (Leben Christi) 1616. — *St.-Briccius-Kapelle*, spätgotischer Granitbau auf rechteckigem Grundriß (vermutlich 15. Jh.), möglicherweise auf der Grundlage eines romanischen Vorgängerbaus, Chorpolygon, kleiner Glockenturm.

WIESENBURG. *Schloß* (jetzt Oberschule), unregelmäßige, zweigeschossige Vierflügelanlage (urspr. mittelalterliche Burg, 1547 abgebrannt, nach 1550 neugebaut, 1864–1866 von O. Mothes wiederhergestellt und verändert), neben dem Eingangstor runder 48 m hoher Bergfried der alten Burg, mehrere Renaissance-Portale, sog. Männekentor, in der Mitte des Hofes Brunnen von 1609, vor der Gartenfront ausgedehnte Terrassenanlage. — Großer *Landschaftspark* (1868–1880), dendrologische Seltenheiten. — *Pfarrkirche*, einschiffiger spätromanischer Granitbau (13. Jh., 1769 und 1852 erneuert) mit Querschiff, Chor mit Apsis, Turm von 1880; reicher Altaraufsatz (gestiftet 1562).

RABEN. Von der *Burg Rabenstein* (jetzt Jugendherberge, 1251 erwähnt, 1395 zerstört, 1401 wiederhergestellt, später mehrfach verändert) erhalten: Ringmauer, 28 m hoher Bergfried (Mauerstärke: 4 m) und Gebäude an der Nord- und Westseite, letztere aus späterer Zeit. — *Dorfkirche*, spätromanischer Granitbau (Mitte 13. Jh.).

NIEMEGK. *Rathaus*, zweigeschossiger Renaissancebau (1570), an der Vorderfront Volutengiebel, Rundbogenportal. — *Pfarrkirche St. Johannis* (1853 von F. A. Stüler), neugotischer Backsteinbau mit polygonaler Apsis und Westturm. — *Postsäule* (1710), Obelisk mit sächsischem Wappen.

TREUENBRIETZEN. *Pfarrkirche St. Nikolai*, dreischiffige frühgotische Backstein-Pfeilerbasilika (1. H. 13. Jh. in Anlehnung an die Klosterkirche in Doberlug) im gebundenen System mit Kreuzrippengewölben, über der Vierung urspr. Kuppel, am Chor und an den Querschiffsarmen drei Apsiden, Vierungsturm mit kuppelartigem Aufsatz von 1756. – *Pfarrkirche St. Marien*, dreischiffige spätromanische Pfeilerbasilika (Anfang 13. Jh., Langhaus um 1230, rest.) im gebundenen System mit Kreuzrippen- und Kreuzgratgewölben, Querschiff, Chor mit Apsis, an der Apsis zwei Fensterreihen nach dem Muster von Lehnin, reiches Westportal, massiger Westturm (begonnen 1452); Altaraufsatz, Kanzel und Orgelprospekt 18. Jh. – *Hl.-Geist-Kapelle* (jetzt Heimatmuseum), spätgotischer Zentralbau (2. H. 15. Jh.) über achteckigem Grundriß. – *Heimatmuseum*, u. a. ur- und frühgeschichtliche Funde, Stadtgeschichte.

JÜTERBOG. Urspr. slawischer Burgwall, nach der Eroberung (1157) Anlage eines deutschen Burgwalls (1161 urkundlich genannt), östlich davon planmäßige Anlage einer civitas (1174 Stadtrecht), annähernd ellipsenförmiger Grundriß mit zwei gebogenen Längsstraßen, einem großen rechteckigen Markt und ungleichmäßig verteilten Querstraßen. Von der *Stadtbefestigung* Teile der Stadtmauer (1335 erwähnt) mit Resten von Wiekhäusern erhalten (vorwiegend im Westen der Stadt), ferner drei Stadttore: Dammtor (um 1480), Doppeltor, Außentor mit Blenden und Friesen, neben dem Innentor Rundturm mit Zinnenkranz. Neumarkter Tor (um 1480/90), Doppeltor, Außentor mit Ecktürmchen, Blenden und Friesen, neben dem Innentor Rundturm mit Zinnenkranz. Zinnaer Tor (um 1480/90), Blendengliederung, daneben Rundturm mit gemauerter Spitze. – *Rathaus*, erster Bau 1380, spätgotischer Umbau 1450 bis 1506, zweigeschossig, aus drei Teilen hervorgegangen: an der Südostecke aus einem viereckigen Stadtturm (1432 als »Burgfrieden« bezeichnet), im Westen aus einem Fachwerkbau (?), Rathaus und Kaufhaus zugleich (während des Umbaus abgerissen, um dem Neubau Platz zu machen), und im Norden aus einem Vorbau (ehemals Gerichtslaube und Tuchhalle). Vorhangbogenfenster, im Osten reicher Maßwerkgiebel, an der Nordostecke Standbild des hl. Mauritius (Original von 1508 im Heimatmuseum), im Innern Räume mit

Jüterbog, Neumarkter Tor

Kreuzrippen- und Zellengewölben, besonders bemerkenswert: Bürgermeisterzimmer mit Zellengewölbe und reicher spätgotischer Tür. — *Abtshof* (Planeberg 9; ehemals Haus der Äbte von Kloster Zinna, jetzt Heimatmuseum), eingeschossiger spätgotischer Backsteinbau (nach 1478) mit Staffelgiebel, im Innern Kreuzrippengewölbe. — *Kreis-Heimatmuseum*, u.a. Stadtgeschichte vom Mittelalter bis zur Gegenwart, Flämingtrachten, Blaudrucke. — *Pfarrkirche St. Nikolai*, dreischiffige spätgotische Backstein-Hallenkirche (2. H. 14. Jh. und um 1420, Hallenumgangschor 1475 begonnen, nördliche Sakristei 1488, südliche Sakristei 1447) mit Kreuzrippengewölben, Chor mit Umgang, südliche Sakristei mit alter Bemalung (u.a. Heiligenlegenden und Propheten, rest.), Westfassade mit zwei Türmen (Türme durch Brücke verbunden), reiches Sandstein-Westportal (Statue des hl. Nikolaus). Bemerkenswerte Ausstattungsstücke: Zahlreiche spätgotische Bildwerke und Gemälde, in der Mehrzahl vom ehem. Hochaltar etwa 1430. Gemalter Flügelaltar (Beweinung Christi) 1. H. 16. Jh. aus der Cranach-Schule. Schmerzensmutter um 1500. Schreinaltar (Maria mit Kind) Anfang 16. Jh. Sakramentshaus (6 m hoch) 1507. Kanzel 1608. Altaraufsatz 1700. — *Mönchskirche* (ehem. Franziskaner-Klosterkirche, jetzt Lagerhalle), dreischiffige spätgotische Backstein-Hallenkirche (1480–1510) mit Kreuzrippengewölben, im Mittelschiff Gewölbemalereien (Christus als Weltenrichter, Stigmatisation des hl. Franziskus) der Entstehungszeit, an der Nordseite des Chors ehem. Kapitelsaal (um 1510); reiche Kanzel 1577, Taufstein 16. Jh. — *Liebfrauenkirche*, gegründet um 1160, urspr. dreischiffige spätromanische Backstein-Basilika (1. H. 13. Jh., Seitenschiffe später abgebrochen) mit Querschiff und spätgotischem Chor (15. Jh.). Bemerkenswerte Ausstattungsstücke: Kanzel 1573, spätgotischer Taufstein, Altaraufsatz 1710, Orgelprospekt 1737.

KLOSTER ZINNA. *Klosterkirche* des ehem. Zisterzienser-Klosters, gegründet 1170 oder 1171, dreischiffige frühgotische Granitpfeilerbasilika (um 1230 beg.), teilweise mit spätgotischen Kreuzrippengewölben (15. Jh.), Querschiff mit ausgeschiedener Vierung, an seiner Ostseite je zwei Nebenkapellen, Chor mit Apsis. Bemerkenswerte Ausstattungsstücke: Sakramentsnische 15. Jh.

Kloster Zinna, Abtshaus

Chorgestühl um 1360. Im Chorfußboden ein Schriftfeld aus Fliesen mit dem englischen Gruß in Majuskeln, 13./14. Jh. Barockes Wandgrab 1. V. 18. Jh. Schmiedeeiserne Gittertür der Nordkapelle 1700. — *Klostergebäude* (rest.): Wohnhaus (um 1400), an der Nordseite reicher Giebel mit Wimpergen. Fürstenhaus (ehem. Abtshaus, jetzt Heimatmuseum), zweigeschossiger spätgotischer Bau (um 1440/50) mit reichem Staffelgiebel, im Innern Wandgemälde (Schutzmantelmadonna, Heilige) Mitte 15. Jh. — *Heimatmuseum*, u. a. Klostergeschichte 1170/71 bis 1555, Geschichtsdarstellung der Weberkolonie ab 1764.

LUCKENWALDE. *Kreis-Heimatmuseum* (Platz der Jugend 11), u. a. Ur- und Frühgeschichte des Kreisgebietes, Stadtgeschichte bis zur Gegenwart, besonders Geschichte der Luckenwalder Industrie. — *Pfarrkirche St. Johannes*, zweischiffiger spätgotischer Bau (2. H. 15. Jh., Südkapelle um 1520, 1905 ausgebaut) mit Kreuzrippen- und Sterngewölben, abgesonderter spätgotischer Glockenturm mit Barockhaube, urspr. zur Burg des 12./13. Jh. gehörend; spätgotische Heiligenfiguren Anfang 16. Jh. Taufstein 1. H. 16. Jh.

STÜLPE. *Schloß* (jetzt Pflegeheim), zweigeschossiger Barockbau (1. V. 18. Jh.), Mittelrisalit mit Giebeldreieck; Landschaftspark (19. Jh.). — In der *Dorfkirche* (1562, verändert 1690) bemerkenswert: Kanzelaltar Ende 17. Jh. Zwei spätgotische Flügelaltäre Mitte und Ende 15. Jh. Taufengel 17. Jh. Grabsteine 16./17. Jh.

TREBBIN. *Pfarrkirche St. Marien*, einschiffiger Bau, urspr. gotisch, 1744 barock umgebaut, Turm von 1755; schlichte Ausstattung 1744. — In der spätgotischen *Hospitalkapelle St. Anna* (15./16. Jh.) bemerkenswert: Spätgotisches Kruzifix, Maria mit Kind und hl. Katharina 1. H. 16. Jh.

BLANKENSEE. *Herrenhaus* (jetzt Schule) von 1701, im Park reiche Skulpturensammlung aus dem Besitz von H. Sudermann, darunter italienische Barockplastiken. — In der *Dorfkirche* aus derselben Sammlung venezianischer Brunnenstein aus Marmor (12. Jh.), jetzt als Taufstein benutzt. — Im Dorf *Fachwerkhaus* mit Bauernstube (Heimatmuseum).

Bemerkenswerte Herrenhäuser in FREDERSDORF (Barockbau 1719), SCHMERWITZ (Barockbau um 1700) und WIEPERSDORF (Barockbau 1731–1738, 1780 und 1878 umgebaut; alter Park mit barocken italienischen Skulpturen; nahebei Kirche mit Gräbern von Achim und Bettina v. Arnim).

Bemerkenswerte spätromanische Dorfkirchen (sämtlich um 1200) in GÖRZKE, JESERIG, BORNE, BERGHOLZ, DAHNSDORF (Altaraufsatz 1. V. 17. Jh.), LÜSSE, PREUSSNITZ, HOHENWERBIG, GRABOW, HASELOFF, SCHLALACH (spätgotischer Flügelaltar um 1500), BARDENITZ, PECHÜLE (im 15. Jh. zur zweischiffigen Anlage umgebaut, spätgotische Wandgemälde um 1500; spätgotischer Flügelaltar um 1500, sog. Böhmische Tafel mit Darstellung der Passion als Predella um 1390), NIEDER-

GÖRSDORF, DENNEWITZ, WERDER, NEUMARKT (spätgotische Wandgemälde), WERBIG, GRÄFENDORF (1697 umgebaut), ILLMERSDORF und IHLOW (zweitürmig, rest.).

Die Kreise Zossen und Königs Wusterhausen

GROSSBEEREN. *Siegesdenkmal* nördlich der Kirche auf dem ehem. Friedhof, gußeiserner Obelisk auf Sandsteinsockel (1817 nach Entwurf von Schinkel zur Erinnerung an die Schlacht von Großbeeren im August 1813). – *Dorfkirche*, neugotischer Zentralbau in Form eines griechischen Kreuzes (1818 bis 1820 nach Entwurf von Schinkel) mit Nordturm; Altargemälde (Beweinung Christi) niederrheinisch-kölnische Arbeit um 1460, Taufe und Kronleuchter 1820 nach Entwürfen von Schinkel.

LUDWIGSFELDE. *Klubhaus* in der neuerrichteten sozialistischen Wohnstadt. 1956 nach Entwurf von E. Wachlin unter künstlerischer Beratung von A. Fritzsche.

ZOSSEN. Im *Burgbezirk* nur das alte Torhaus (16. Jh., um 1800 Einbau eines Zwischengeschosses und Nutzung als Amtshaus) und die Ruine einer Bastion als letzter Rest der ehem. Festungsanlage erhalten. – Das *Schloß* (im Kern vermutlich Ende 16. Jh.) durch mehrfache Umbauten (zuletzt 1920) bis zur Unkenntlichkeit verändert. – *Dreifaltigkeitskirche*, langgestreckter barocker Saalbau (1739 von Bauinspektor Hedemann, 1873–1875 verändert), Turm im wesentlichen 1876. – *Haus Berliner Str. 1*, zweigeschossiger Barockbau (1783) mit Mansarddach.

BARUTH. *Schloß*, schlichter eingeschossiger Barockbau (17. Jh.), am Ostgiebel zweigeschossiger Anbau (Mitte 19. Jh.) und sog. Küchentrakt (Anfang 20. Jh.). – *Schloßpark*, 1838 nach einem Plan von P. J. Lenné. – *Pfarrkirche St. Sebastian*, dreischiffige gotische Hallenkirche (Anf. 16. Jh., 1671 erneuert, Ausstattung und Holzdecke 1678), an der Nordseite Herrschaftslaube mit Sterngewölben und Maßwerkgiebel; Altaraufsatz 1679 von A. Jäger aus Finsterwalde und M. Scharbe aus Lübben, Kanzel 1680, Orgelempore 1683.

TEUPITZ. *Schloß* (jetzt Erholungsheim), von der urspr. spätgotischen Burg (vermutlich 15. Jh., im 17. Jh. verfallen) Teile der Mauer, niedriger Turm und ehem. Burghaus an der Nordwestecke mit Rittersaal Ende 18. Jh. erhalten. Im Norden ehem. Amtshaus, eingeschossiger Barockbau (1769) mit schlichter Pilastergliederung. Um 1950 gesamte Anlage umgestaltet. – *Pfarrkirche*, einschiffiger spätgotischer Backsteinbau (14. Jh., angeblich 1566 erweitert, im 19. Jh. stark verändert), an der Südwestecke Turm mit Treppengiebeln; Kanzel 1692 von F. Schenck aus Lübben.

MITTENWALDE. *Pfarrkirche St. Moritz*, dreischiffige spätgotische Backstein-Hallenkirche (14./15. Jh.) mit Sterngewölben, Sechseckpfeiler mit halbrunden Diensten, Chor mit Umgang, frühgotischer Turmunterteil mit neugotischem Oberteil von 1877/78. Bemerkenswerte Ausstattungsstücke: Spätgotischer Altar mit doppelten Flügeln (im Schrein figurenreiche Kreuzabnahme) gestiftet 1514. Schnitzfigur (hl. Papst) um 1520. Gemälde (Verspottung Christi) 1628. Chorgestühl Mitte 16. Jh. Orgelprospekt 1787. Gemalte Epitaphe 16. Jh. — *Hospitalkirche St. Georg*, gotischer Backsteinbau (Ende 14. Jh., 1945 beschädigt), im Osten Giebel mit Fialen und Blenden. — *Berliner Tor*, rechteckiges Vortor aus Backstein mit Ecktürmen und Giebel (Ende 15. Jh.), vom Haupttor der Rundturm mit Zinnen (Oberteil 1898 erneuert) erhalten. — In fast allen Straßen mehrere ein- oder zweigeschossige *Bürgerhäuser* (18. und frühes 19. Jh.).

KÖNIGS WUSTERHAUSEN. *Jagdschloß* (jetzt Rat des Kreises), zweigeschossiger Renaissancebau (Mitte 16. Jh., 1717/18 erneuert und verändert, 1965–1970 rest.) mit zwei gleichlaufenden Satteldächern und Treppenturm mit geschweifter Haube. Der Schloßhof von zwei langen zweigeschossigen Bauten seitlich eingefaßt und durch kurze Flügel nach vorn abgeschlossen (vermutlich 1703).

ZIEGENHALS. *Ernst-Thälmann-Gedenkstätte* (Sporthaus), Ort der letzten illegalen Tagung des von Ernst Thälmann geleiteten ZK der KPD (7. 2. 1933).

Bemerkenswerte Herrenhäuser in DIEDERSDORF (klassizistisch spätes 18. Jh.), LÖWENBRUCH (klassizistisch 1796–1800, an der Straßenseite Vorbau um 1890), SIETHEN (Tabea-Haus von 1855), MÄRKISCH-WILMERSDORF (urspr. klassizistisch 1801, neugotisch umgebaut 1901, kleiner Landschaftspark) und GROSS-MACHNOW (klassizistisch 1815, Werk der Gilly-Schule), sämtlich im Kr. Zossen.

Bemerkenswerte Dorfkirchen in DAHLEWITZ (frühgotisch Ende 13. Jh.), BLANKENFELDE (mittelalterlicher Feldsteinbau mit barocker Erweiterung nach Westen, Ziegelfachwerkturm von 1710), DIEDERSDORF (13./14. Jh., Westturm und Herrschaftslaube 1710–1712), AHRENSDORF (gotischer Feldsteinbau, 1575 erneuert), SIETHEN (gotisch 13. Jh.; Altaraufsatz 1616), THYROW (frühgotisch 2. H. 13. Jh.; Kanzelaltar 1719 von N. Hahn aus Beelitz), CHRISTINENDORF (barocker Saalbau von 1754), NUNSDORF (barocker Saalbau von 1765), SCHÜNOW (barocker Saalbau von 1765, 1968 rest.), GROSS-MACHNOW (spätromanischer Feldsteinbau mit Chorquadrat und Apsis, 13. Jh.; reiche Ausstattung spätes 17. Jh., rest.), SPERENBERG (Barockbau 1752/53, 1844 Umbau des Turmes, 1966/67 rest.), MOTZEN (Barockbau 1755), GRÄBENDORF (gotisch 14. Jh.), SCHENKENDORF (spätgotischer Flügelaltar 1516), RAGOW (spätgotisch; reicher Kanzelaltar Ende 17. Jh.), MIERSDORF (spätgotisch, erneuert 1710; spätgotische Maria Ende 14. Jh.) und SELCHOW (frühgotisch 1. H. 13. Jh.; Kanzelaltar und Taufe 1710 von D. Maschmann aus Potsdam).

Bezirk Frankfurt/O.

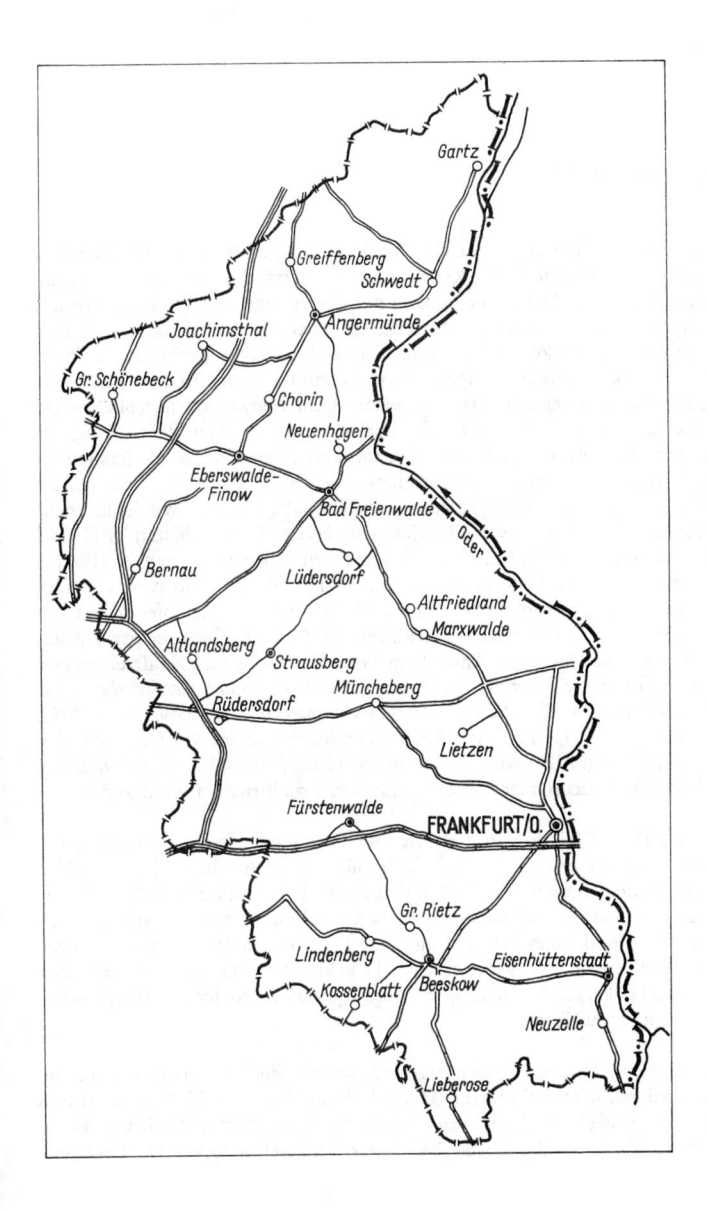

Frankfurt/O.

Um 1226 Gründung einer deutschen Marktsiedlung am Westufer der Oder. Der Schulze der Erstsiedlung, Godinus oder Gottfried von Hertzberg, im Jahre 1253 vom Markgrafen Johann mit der Anlage der civitas beauftragt; planmäßige Erweiterung der bestehenden Siedlung nach Süden, Erlaubnis zum Bau einer Brücke, Belehnung mit Berliner Stadtrecht. Rechteckiger Umriß mit einer dem Uferlauf folgenden Ausbuchtung nach Osten, regelmäßige Gitterform mit geraden Straßen, viereckigem Markt und anschließendem viereckigem Kirchplatz. 1319 Erwähnung einer starken Befestigung, im Norden und Westen doppelter Graben mit Zwischenwall. 1351 Verleihung des Niederlags- und Straßenzwangsrechtes. Bis Ende des 15. Jh. bedeutender Wohlstand, vor allem infolge eines ausgedehnten Eigen- und Zwischenhandels. 1506 Gründung der Universität. Gegen Ende des 16. Jh. bedeutender Handel mit Polen, die drei diesem Handel dienenden Jahrmärkte vom Kurfürsten Friedrich Wilhelm 1649 zu Messen erhoben. 1686 Einwanderung von Hugenotten. 1811 Aufhebung der Universität. Während der Kämpfe an der Oder im Frühjahr 1945 fast völlige Zerstörung der Altstadt. Großzügiger Wiederaufbau bei gleichzeitiger Ansiedlung neuer Industrie (u. a. Halbleiterwerk, Baumwollspinnerei, Metallverarbeitung), u. a. *Neubebauung des Stadtkerns* mit der Karl-Marx-Straße (1956–1968), *Wohnkomplexe in Beresinchen* (1969–1976), *Stadtteil Nord* (1971–1975) mit 3 200 Wohnungen und *Stadtteil Neuberesinchen* (1976–1980) mit 8 000 Wohnungen für etwa 25 000 Einwohner. Grenzbahnhof Oderbrücke bedeutender Umschlagplatz des sozialistischen Welthandels.

Rathaus (jetzt Galerie Junge Kunst und Festraum). Zweigeschossiger spätgotischer Backsteinbau (14. und 15. Jh. mit Benutzung älterer Teile, 1607 bis 1610 von dem Italiener T. Paglion umgebaut, 1945 stark beschädigt, wiederhergestellt), an den Schmalseiten reiche Giebel mit Wimpergen und Pfeilern (um 1400), vor der nördlichen Schmalseite Turm mit Laterne, an der westlichen Langseite Anbau mit Volutengiebel, in beiden Geschossen zwei- und dreischiffige Hallen mit Renaissance-Kreuzgratgewölben, Keller mit frühgotischen Kreuzrippengewölben.

Pfarrkirche St. Marien. Fünfschiffige spätgotische Backstein-Hallenkirche (im Kern frühgotische dreischiffige Halle 2. H. 13. Jh., um 1375 Nordschiff und Kapelle hinzugefügt, gleichzeitig Umgangschor, Südschiff und Sakristei an der Südseite Ende 15. Jh., 1828–1830 unter Schinkel umgestaltet, 1945 ausgebrannt, Ruine gesichert, Märtyrerchor von 1521/22 wiederaufgebaut) mit Querschiff, zwei Sandsteinportale mit figürlichem Schmuck, vor der Westseite des Langhauses Vorhalle mit zwei seitlichen Turmhallen, von den urspr. zwei Türmen nur der Nordturm erhalten. Von der Ausstattung (jetzt z. T. im Pfarrhaus und in der Friedenskirche) besonders bemerkenswert: Bronze-Taufkessel (getragen von Engeln und Greifen, an der Wandung Szenen aus dem Alten und Neuen Testament, turmartiger Deckel) 1376 von Meister Arnold. Siebenarmiger Bronzeleuchter mit figürlichem Schmuck 2. H. 14. Jh. Spätgotischer Flügelaltar (im Schrein Maria mit den Hl. Hedwig und Adalbert) angeblich 1489.

Bezirksmuseum »Viadrina« (ehem. Junkerhaus, Philipp-Emanuel-Bach-Str. 11), u. a. umfangreiches kulturgeschichtliches Material aus der Stadtkernforschung seit 1958; im ersten Obergeschoß reiche Stuckdecken Ende 17. Jh. – *Kleist-Gedenkstätte* (ehem. Garnisonschule, 1777/78 von F. Knoblauch, Julian-Marchlewski-Str. 17/18), Ausstellung über den Dichter Heinrich v. Kleist (geb. 1777 in Frankfurt/O.) und seine Zeit; Spezialbibliothek (1 700 Bände), Zeitschriften- und Zeitungsausschnittsammlung.

Frankfurt/Oder
1 Rathaus, 2 Pfarrkirche St. Marien (Ruine), 3 Friedenskirche, 4 Friedensglocke, 5 Sowjetisches Ehrenmal, 6 Konzerthalle (ehem. Franziskanerkirche), 7 H.-v.-Kleist-Gedenkstätte (ehem. Garnisonsschule), 8 Hochhaus, 9 Hotel »Stadt Frankfurt«, 10 Karl-Marx-Denkmal

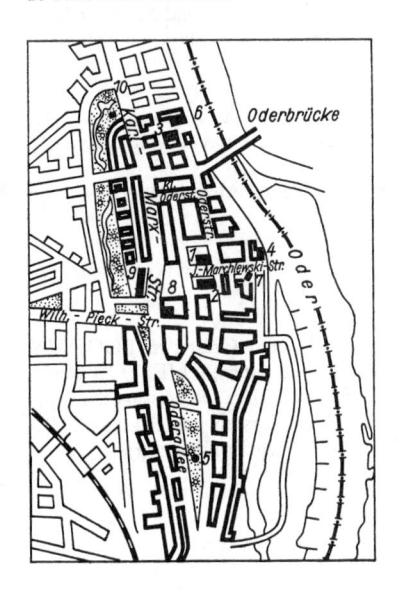

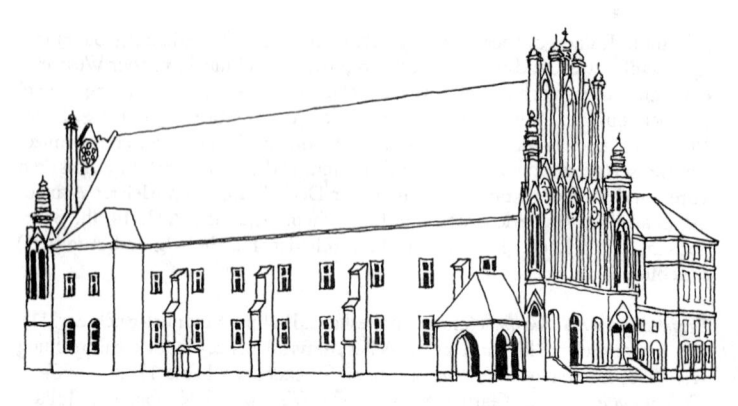

Frankfurt/Oder, Rathaus

Friedenskirche (früher Nikolaikirche). Dreischiffige frühgotische Backstein-Hallenkirche (13. Jh., im 15. Jh. umgebaut und nach Osten erweitert) mit Kreuzrippengewölben, Chor mit Umgang, neugotische Zweiturmfront von 1881–1893; Grabdenkmäler 17./18. Jh.

Nikolaikirche (ehem. Franziskaner-Klosterkirche, jetzt Konzerthalle, rest.). Dreischiffige frühgotische Backstein-Hallenkirche (geweiht vermutlich 1301, 1516–1525 von A. Lange Langhaus-Neubau) mit Netz- und Sterngewölben sowie spätgotischen Gewölbemalereien, langgestreckter Chor, im Westgiebel Maßwerk, im Ostgiebel Spitzbogenblenden.

Ehem. St.-Spiritus-Hospital (Oderallee 4/7, jetzt Altersheim), zweigeschossiger spätbarocker Putzbau, 1787 von F. Knoblauch, 1820 und 1834 erweitert.

Ehem. Georgen-Hospital (Karl-Marx-Str. 47, jetzt Altersheim), 1794 von F. Knoblauch.

Lenné-Park, 1833–1845 von P. J. Lenné anstelle von Wall- und Grabenanlagen an der westlichen Altstadt, rekonstruiert.

Bemerkenswerte Dorfkirchen in den eingemeindeten Ortsteilen BOOSSEN (mittelalterlicher Feldsteinbau, umgebaut und verputzt), KLIESTOW (frühgotischer Feldsteinbau um 1300), HOHENWALDE (Renaissancebau, geweiht 1607, 1961 rest.; reicher Kanzelaltar der Entstehungszeit) und GÜLDENDORF (spätgotisch 15. Jh., 1945 zerstört, wiederaufgebaut).

Die Kreise Beeskow und Eisenhüttenstadt

GROSS-RIETZ. *Schloß* (jetzt Wohnhaus), zweigeschossiger Barockbau (Ende 17. Jh.), starker Mittelrisalit mit reichem Portal und Giebeldreieck, großes Treppenhaus mit zweiarmiger Holztreppe, in einigen Räumen Stuckdekorationen. — In der barocken *Dorfkirche* (1704) bemerkenswerte Grabdenkmäler 16./17. Jh.

LINDENBERG. *Dorfkirche*, frühbarocker Zentralbau (1667–1669) über kreuzförmigem Grundriß, über dem Mittelteil hölzernes Gewölbe, Pilastergliederung; Taufgestell 1697, Grabdenkmäler 17./18. Jh.

BEESKOW. Bedeutende Teile der *Stadtmauer* mit Wiekhäusern und Türmen erhalten, an einigen Stellen Wehrgang mit Zinnen. — *Schloß* (jetzt Heimatmuseum), von dem spätgotischen Backsteinbau (1519–1524 mit Benutzung älterer Teile, die Ruine im 18. und 19. Jh. ausgebaut) der Bergfried und ein Saal mit Balkendecke des 17. Jh. (in neueres Wohnhaus eingebaut) erhalten. — *Heimatmuseum*, u. a. Erinnerungsstücke an den Australienforscher L. Leichhardt (geb. 1813 in Trebatsch bei Beeskow). — *Pfarrkirche St. Marien*, dreischiffige spätgotische Backstein-Hallenkirche (beg. 1388, voll. 1511, seit 1945 Ruine), an der Südseite zweites niedrigeres Seitenschiff (zur Notkirche ausgebaut), an der Nordseite des Chors wiederaufgebaute Sakristei mit spätgotischen Wandgemälden (u. a. hl. Hieronymus); spätgotischer Schreinaltar 15. Jh., ergänzt im 16. Jh. — Barockes *Pfarrhaus* von 1750.

KOSSENBLATT. *Schloß* (jetzt Archiv), zweigeschossige barocke Dreiflügelanlage (1705–1712), Haupttrakt mit pavillonartigem Mittelrisalit, lange und schmale Flügel, an ihren Enden Pavillons, an der Gartenfront Mittelrisalit mit Segmentgiebel, geräumiges Treppenhaus mit Holztreppe.

LIEBEROSE. *Schloß* (jetzt Zentrale Berufsschule), dreigeschossige barocke Vierflügelanlage (1658–1699) mit Benutzung von Teilen eines Renaissancebaues, ein Flügel nach 1945 wegen Baufälligkeit abgebrochen, neben der Durchfahrt (1695) großer Turm mit barocker Haube, im Hof kleinerer Turm; in einigen Räumen Gewölbe mit reichen Stuckdekorationen (vermutlich Arbeiten italienischer Meister), Blumen-, Frucht- und Tuchgehänge, figürliche Motive (3. V. 17. Jh.). — In der schlichten barocken *Landkirche* ungewöhnlich reicher Altaraufsatz (urspr. Epitaph Joachim v. d. Schulenburg, gest. 1594) sowie Taufstein von 1603, beide aus der 1945 ausgebrannten benachbarten Stadtkirche.

NEUZELLE. *Klosterkirche* des ehem. Zisterzienser-Klosters, gegründet 1268, dreischiffige Hallenkirche, im Kern gotisch (geweiht vermutlich 1310, 1429 ausgebrannt, nach 1434 wiederaufgebaut), 1654–1658 unter Mitwirkung italienischer Meister spätmanieristisch um- und ausgestaltet und dann seit Anf. 18. Jh. bis 1711 (Schlußweihe) durch böhmische und Wessobrunner

Eisenhüttenstadt, Magistrale

Meister barock umgebaut und erweitert; Decken- und Wandgemälde (Szenen aus dem Alten und Neuen Testament) 1654–1658 von dem Italiener J. Vanet, Malereien u. a. im Chor, in der Josephskapelle, Vorhalle und an der unteren Fensterzone der Seitenschiffe um 1725/1740 von G. W. Neunherz; der Hochaltar 1740/41 von J. W. Hennevogel, ihm zugeschrieben sechs Nebenaltäre, Altargemälde aus der Schule des M. Willmann; Taufaltar 1730 von J. Wentzl Löw; vor der Westseite des Langhauses breite Vorhalle, vor der Südseite der Kuppelbau der Josephskapelle, Westturm mit geschweifter Haube und Laterne, Vorhalle mit geschwungener Fassade und Prunkportal; ungewöhnlich reiche Barockausstattung von hohem künstlerischem Wert. – *Klostergebäude:* An der Nordseite Kreuzgang (2. H. 15. Jh.), in seinem Nordflügel Refektorium und Kapitelsaal mit Netzgewölben. Vor dem Nordflügel Brunnenhaus. Außerhalb der Klausur: Portal zum Klosterbezirk (1736), an der West- und Nordseite des Vorplatzes Gebäude mit toskanischen Bogenhallen. »Schiefe Kapelle« (Anf. 18. Jh.) mit spätgotischem Flügelaltar (15. Jh.) sowie Christussäule (18. Jh.), beide an der Kastanienallee vor dem Portal. – *Pfarrkirche zum Hl. Kreuz*, dreischiffige barocke Hallenkirche (1728–1734, rest.) mit Spiegelgewölben und Deckengemälden, über der Vierung Kuppel auf hohem Tambour, in den Kreuzarmen Emporen, Westfassade mit zwei Türmen; reiche Ausstattung der Entstehungszeit.

EISENHÜTTENSTADT. *Erste sozialistische Stadt der DDR*, begonnen 1951 auf der Grundlage eines Entwurfs von K. W. Leucht. An der städtebaulichen Planung beteiligt: Forschungsinstitut für Städtebau und Siedlungswesen der Deutschen Bauakademie unter Leitung von K. W. Leucht, Staatl. Entwurfsbüro für Stadt- und Dorfplanung Halle unter der Leitung von H. Mertens, Entwurfsbüro für Stadt- und Dorfplanung des Bezirkes Potsdam unter Leitung der Chefarchitekten Oehme und Kalisch. Weiträumiger Stadtgrundriß (Wohngebietsfläche: 155 ha, Fläche für Erholungszwecke: 449 ha), Gliederung in vier Wohnkomplexe (je Komplex 5400–6900 Einwohner, drei- und viergeschossige Bebauung) und einen zentralen Bezirk, geschwungene Nord-Süd-

Magistrale zwischen Zentralem Platz und Eingang zum Eisenhüttenkombinat, im Osten der Stadt großer Kulturpark (79 ha), Stadterweiterung nach Südosten. — Seit 1961 mit der ehem. Stadt Fürstenberg/Oder vereinigt, dort *Pfarrkirche St. Nicolai*, gotisch, beg. 2. H. 14. Jh., 1945 zerstört, Wiederaufbau im Gange.

Bemerkenswerte Pfarr- und Dorfkirchen in MÜLLROSE (Barockbau 1746 mit Benutzung älterer Teile), MÖBISKRUGE (gotisch 1. H. 14. Jh.) und RIESSEN (Fachwerkbau Anfang 17. Jh.).

Die Kreise Fürstenwalde, Strausberg und Seelow

FÜRSTENWALDE. *Rathaus*, zweigeschossiger spätgotischer Backsteinbau (um 1500, 1945 beschädigt, wiederaufgebaut), im Westen Maßwerkgiebel, im Osten offene Halle mit Sterngewölben, Ostgiebel und Turm von 1624. — *Pfarrkirche St. Marien* (ehem. Domkirche des Bistums Lebus), dreischiffige spätgotische Backstein-Hallenkirche (begonnen 1446, abgebrannt 1766, 1769–1771 von J. Boumann d. J. in veränderten Formen wiederaufgebaut, 1945 beschädigt, Wiederaufbau im Gange), Chor mit Umgang, barocke Westturmgruppe; bedeutende Grabdenkmäler 15./16. Jh. und Sakramentshaus von 1517, z. Z. sichergestellt. — *Heimatmuseum* (Holzstr. 1), u. a. Ur- und Frühgeschichte des Kreisgebietes, besonders Steinzeitfunde von Streitberg, Berkenbrück und Trebus. — *Ehem. Jagdschloß*, langgestreckter Frühbarockbau (1699–1700 von M. Grünberg, seit 1750 Getreidemagazin) mit starkem Mittelrisalit. — Spätbarockes *Wohnhaus* (Müglenstr. 26), um 1790.

ERKNER. *Gerhart-Hauptmann-Gedenkstätte* (G.-Hauptmann-Str. 1/2), Sammlung über Leben und Werk des Dichters Gerhart Hauptmann, der hier von 1885 bis 1889 wohnte.

RÜDERSDORF-KALKBERGE. Kanalanlage aus dem frühen 19. Jh. für den Kalktransport nach Berlin mit zahlreichen Unterführungen; besonders bemerkenswert: *Eingang zum Heinitz-Kanal* (1805), Rundbogen zwischen zwei Pylonen. *Eingang zum Bülow-Kanal* (1816 nach einem Entwurf von J. G. Schlätzer), Segmentbogen zwischen zwei halbrunden Pylonen mit Löwenköpfen. *Eingang zum Reden-Kanal* (1827, am Entwurf beteiligt Schinkel, Rauch und F. Tieck), Segmentbogen mit starken Seitenteilen, fünf Büsten (nur zum Bülow-Kanal zugänglich).

ALTLANDSBERG. Große Teile der *Stadtmauer* erhalten, im Süden zwei Wälle und Gräben, neben dem ehem. Berliner und Strausberger Tor je ein quadratischer Torturm 14./15. Jh. — *Stadtkirche*, dreischiffige gotische Hallenkirche (im Kern 13. Jh., um 1500 spätgotisch umgebaut, 1845/46 und 1892/93 erneuert) mit stark überhöhtem Mittelschiff, Stern- und Kreuzrippengewölbe, querrechteckiger Turmunterbau, barocke Haube von 1772; spätgotischer Taufstein, Kanzel um 1600, Grabstein 2. H. 16. Jh. — *Schloßkirche*, frühbarocker Saalbau (um 1670, 1768 und 1896 umgestaltet) über quadratischem Grundriß, West- und Südportal um 1670, Nordportal um 1710, an der Südseite Turm von 1802; neubarocke Dekorationen.

STRAUSBERG. Reste der *Stadtmauer* mit einigen Wiekhäusern sowie geringe Reste des Wriezener und Müncheberger Tores erhalten (im wesentlichen Mitte 13. Jh.). — *Pfarrkirche St. Marien*, dreischiffige Pfeiferbasilika (Mitte 13. Jh., im 15. Jh. umgebaut) mit spätgotischen Kreuzrippengewölben, einschiffiger Chor mit geradem Schluß und Sterngewölben, in den Gewölbekappen spätgotischer Gemäldezyklus von 1448 (u. a. Christus als Weltenrichter, Marienkrönung, Engel mit Passionswerkzeugen), gedrungener Westturm. Bemerkenswerte Ausstattungsstücke: Spätgotischer Flügelaltar (im Schrein Maria auf der Mondsichel) Mitte 15. Jh. Kanzel Mitte 17. Jh. Orgelprospekt 1773. Grabsteine 16./17. Jh. — *Kreis-Heimatmuseum* (Georg-Kurtze-Str. 35), Geschichte der Stadt, der örtlichen Arbeiterbewegung und der Landwirtschaft im Kreisgebiet. — *Rathaus*, schlichter klassizistischer Bau 1818—1825 (rest.).

MÜNCHEBERG. Von der *Stadtbefestigung* erhalten: Küstriner Torturm, spätgotischer Backsteinbau mit Zinnenkranz. Berliner Torturm, spätgotischer Backsteinbau mit Blendengiebel und Fialen, dazu fast die gesamte Stadtmauer. — *Pfarrkirche*, zweischiffiger gotischer Bau (im Kern 13. Jh., im 15. Jh. spätgotisch umgebaut, seit 1945 Ruine) mit neugotischem Westturm (1826—1829 von Schinkel).

BUCKOW. *Brecht-Weigel-Haus* (Bertolt-Brecht-Straße), Sommerwohnsitz des Dichters Bertolt Brecht und seiner Frau Helene Weigel; in einem Nebengebäude der Planwagen der »Mutter Courage«.

SEELOW. *Gedenkstätte der Befreiung auf den Seelower Höhen*, errichtet 1972 am östlichen Stadtrand. Rekonstruktion des Befehlsbunkers, von dem aus der Befehlshaber der 8. Gardearmee, W. Tschuikow, den Angriff leitete; Ehrenmal für die gefallenen Sowjetsoldaten von L. Kerbel. — *Pfarrkirche*, klassizistisch 1830—1832 von Siedler und K. F. Schinkel, 1945 zerstört, turmlos wiederaufgebaut.

LIETZEN. *Herrenhaus* (jetzt Kultur- und Wohnhaus), zweigeschossiger Renaissancebau (16. Jh., um 1690 umgebaut) vom Typ des Festen Hauses, im Innern Stuckdecken mit Gemälden (Ende 17. Jh.). *Gutskirche* der ehem. Templer-Kommende, gegründet 1244, 1318—1811 Johanniter-Komturei, einschiffig mit Sterngewölbe (Mitte 13. Jh., Ende 15. Jh. in Backstein nach Osten erweitert und umgebaut, erneuert 1624), Fachwerkturm von 1727; reicher Kanzelaltar Anfang 18. Jh., Taufengel 1730. — Massiver *Speicher*, spätgotisch. — *Dorfkirche*, gotisch 14. Jh.

MARXWALDE. *Schloß* (jetzt Oberschule), im Kern barocke Dreiflügelanlage (um 1763), 1820–1823 von K. F. Schinkel umgebaut und erweitert (rest.), Mittelrisalit mit Giebeldreieck. – *Wirtschaftsgebäude* am Vorplatz des Schlosses, nach 1801 (Großbrand) von K. F. Schinkel. – Großer *Landschaftspark*, 1821 nach einem Plan von P. J. Lenné unter Mitwirkung des Fürsten Pückler-Muskau, darin Denkmal Friedrichs II. (Mars und Minerva) 1792 nach Entwurf von J. Meil. – *Dorfkirche*, klassizistische Saalkirche (1814–1817 von Schinkel) mit Emporen, im Osten Apsis, quadratischer Turmunterbau, elliptisches Obergeschoß mit Kegeldach; reiche Ausstattung der Entstehungszeit. – Vor der Ostseite der Kirche *Mausoleum* des Fürsten Hardenberg (gest. 1822) in Form einer dorischen Säulenhalle nach Entwurf Schinkels.

ALTFRIEDLAND. *Klosterkirche* des ehem. Zisterzienser-Nonnen-Klosters, gegründet Mitte 13. Jh., einschiffiger frühgotischer Granitbau, im 18. und 19. Jh. stark verändert. – Von den spätgotischen *Klostergebäuden* (2. H. 15. Jh.) nur Reste des Refektoriums erhalten.

Bemerkenswerte Herrenhäuser in ALT-MADLITZ (Mitte 18. Jh., in der 2. H. des 19. Jh. umgebaut, großer Landschaftspark), SAAROW-DORF (Barockbau 1723), DAHLWITZ (spätklassizistisch 1856 von F. Hitzig), PRÖTZEL (urspr. um 1712, 1859 von F. A. Stüler umgebaut), REICHENBERG (Barockbau 1. H. 18. Jh.), STEINHÖFEL (um 1790/95 von D. Gilly, um 1845 und 1885 umgebaut zur Dreiflügelanlage mit Türmen; gleichzeitig von Gilly das ehem. Amtshaus und sog. Bibliothek am großen Landschaftspark um 1795), HEINERSDORF (Dreiflügelanlage Ende 17. Jh., 1886 und Anf. 20. Jh. erweitert; Stuckdecken Ende 17. Jh.), BEHLENDORF (Gutshof 1802 nach Plan von K. F. Schinkel, Wohn- und Wirtschaftsgebäude verändert) und GUSOW (im Kern 17. Jh., in der 2. H. 19. Jh. zur Dreiflügelanlage erweitert in Form eines englischen Landsitzes).

Bemerkenswerte Pfarr- und Dorfkirchen in LEBUS (klassizistisch 1810 mit Benutzung von Ostteilen eines gotischen Vorgängerbaus; schlichte Ausstattung der Entstehungszeit), BIEGEN (frühgotisch 2. H. 13. Jh.; Altaraufsatz 2. H. 16. Jh.), SIEVERSDORF (spätromanisch 1. H. 13. Jh.), STEINHÖFEL (frühgotisch 2. H. 13. Jh.; Grabdenkmäler 17./18. Jh.), HEINERSDORF (spätromanisch 13. Jh.), BEERFELDE (frühgotisch 2. H. 13. Jh.), SCHÖNFELDE (spätgotisch 15. Jh.; reicher Kanzelaltar Anf. 18. Jh.), RAUEN (spätgotisch 15. Jh.), MARKGRAFPIESKE (gemalter Flügelaltar um 1530, Mittelbild vermutlich aus der Werkstatt L. Cranachs d. Ä.), SCHÖNEICHE (evang.: Granitbau vermutlich 15. Jh., Kanzelaltar 18. Jh.; kathol.: urspr. frühgotisch, 1725 barock umgebaut, drei Grabsteine 16./17. Jh., Grabdenkmal von J. G. Schadow 1797), HERZFELDE (spätromanisch 1. H. 13. Jh.; spätgotischer Taufstein), WEGENDORF (spätromanisch Anfang 13. Jh., Turm Anfang 19. Jh.), GIELSDORF (spätromanisch Mitte 13. Jh.; spätgotischer Flügelaltar Anf. 16. Jh.). WILKENDORF (spätgotisch), HOPPEGARTEN BEI MÜNCHEBERG (Barockbau 1714), REICHENBERG (14./15. Jh.), RINGENWALDE (frühgotisch 13. Jh.; reicher Altaraufsatz um 1600) und BATZLOW (spätromanischer Turm 13. Jh., Langhaus 1876 umgebaut.

Die Kreise Bernau, Eberswalde und Bad Freienwalde

BERNAU. Deutsche Gründung aus wilder Wurzel, aus einer städtischen Siedlung bei der Marienkirche und zwei wüsten Hufendörfern zusammengewachsen (Stadtrecht frühestens 1232), annähernd kreisförmiger Umriß, Stammsiedlung bei der Kirche im Norden in halber Radform, im übrigen Gitterform, in der Mitte rechteckiger Markt. Die mit rechteckigen oder halbrunden Wiekhäusern besetzte *Stadtmauer* zum größten Teil erhalten, an der Nordseite drei Gräben und Wälle, im Nordwesten Pulverturm mit Zinnenkranz und gemauertem Helm, ferner das *Steintor* (jetzt Heimatmuseum), viergeschossiger spätgotischer Backsteinbau (nach 1450) mit Barockhaube (1752), sog. untere Rüstkammer mit Kreuzrippengewölben. Nördlich vom Steintor Mauer mit zwei Wehrgängen und sog. Hungerturm. – *Heimatmuseum* (Steintor), u. a. Stadtgeschichte, städtisches Gerichtswesen, Bürgerbewaffnung (Rüstkammer mit Waffen und Knechtsharnischen), städtisches Handwerk (Seidenweberei und -wirkerei), Geschichte der örtlichen Arbeiterbewegung. – *Rathaus*, zweigeschossiger klassizistischer Bau (1805 nach Plänen des Bauinspektors Dornstein aus Wriezen), in der Mitte und an den Ecken Putzquaderung. – *Pfarrkirche St. Marien*, spätgotische Backstein-Hallenkirche (Hauptbauzeit letztes V. 15. Jh., 1519 Vollendung der Mittelschiffsgewölbe, Restaurierung im Gange) mit Sterngewölben, im Süden schmales Seitenschiff, im Norden zwei breitere Seitenschiffe, Chor mit Umgang, Westturm von 1846. Von der reichen Ausstattung besonders bemerkenswert: Spätgotischer Hochaltar mit sechs Flügeln (im Schrein Marienkrönung mit vier Heiligen und zwei Engeln) um 1520, Triumphkreuzgruppe um 1520. Sakramentshaus um 1500. Taufe 1606. Kanzel 1609. An der Ostwand der Nordseitenschiffe Ölbergrelief (Anfang 15. Jh.), darüber Geißelung Christi (1591). Maria mit zwei Leuchterengeln Anfang 16. Jh. Gestühl 16./17. Jh. Mehrere Epitaph-Gemälde 16./17. Jh. – *Spitalkapelle St. Georg*, einschiffiger spätgotischer Backsteinbau (15. Jh.) mit Kreuzrippengewölben, im Westen Blendengiebel, schlankes Dachtürmchen. – *Hochschule des FDGB*, Kernbau der Anlage 1928/30 von H. Meyer (1928–1930 Direktor des Dessauer Bauhauses), nach 1945 Erweiterung des Komplexes. Bildungsstätte zur Ausbildung von Gewerkschaftsfunktionären aus dem In- und Ausland.

GROSS SCHÖNEBECK. *Jagdschloß* (jetzt Forstverwaltung), zweigeschossiger Frühbarockbau (nach 1660, in der 1. H. 19. Jh. geringfügig verändert) über annähernd quadratischem Grundriß, Eckürmchen mit Zinnen, Raum mit Stuckdecke (Anfang 18. Jh.). – *Dorfkirche*, einschiffiger Frühbarockbau (1664 bis 1673) mit massigem gotischen Westturm; Kanzelaltar, Orgelprospekt und Emporen 18. Jh.

JOACHIMSTHAL. *Pfarrkirche*, im Kern barocker Saalbau (1740 vermutlich mit Benutzung älterer Teile), 1817 unter Schinkels Einfluß neugotisch wiederhergestellt, an der Südseite Turm.

Chorin, Westfront der Klosterkirche

CHORIN. *Klosterkirche* des ehem. Zisterzienser-Klosters, gegründet 1258 auf einer Insel im Parsteiner See, 1272 nach Chorin verlegt, dreischiffige frühgotische Backstein-Basilika (begonnen um 1273, geweiht 1334, im 17. Jh. als Steinbruch benutzt, dabei das südliche Seitenschiff abgetragen), urspr. mit Kreuzrippengewölben, Pfeiler mit Laubwerk-Kapitellen, im Osten Querschiff, an der Ostseite der Querschiffsarme urspr. zweigeschossige Kapellen, Querschiffsgiebel mit reicher Blendengliederung, einschiffiger Chor, reiche dreiteilige Westfassade, Mittelteil von Treppentürmen flankiert, Spitzbogen- und Rosettenblenden, als oberer Abschluß Wimpergen mit Fialen und Krabben. — *Klostergebäude:* Von der Klausur Ost- und Westflügel erhalten, im Ostflügel Sakristei mit Kreuzrippengewölben, Armarium mit Tonnengewölbe, Kapitelsaal (bis zur Unkenntlichkeit verändert), Karzer, Parlatorium und Tagesraum (jetzt Kapelle) mit Kreuzrippengewölben, im Westflügel sog. Fürstensaal, zweischiffig mit Kreuzrippengewölben, an der Nordwand Reste gotischer Malereien (Anbetung der Könige, Urteil Salomonis), ferner Konversen-Refektorium und Flur mit Vorhalle, letztere mit Wimpergen und Spitzbogenblenden. Im Südwesten die Küche, zweischiffig mit Kreuzrippengewölben, altem Kamin und Staffelgiebel. Westlich der Küche das ehem. Gästehaus mit Staffel- und Blendengiebel. Östlich des Ostflügels ehem. Abtshaus (stark verändert). — *Dorfkirche* des ehem. Dorfes Chorinchen, einschiffiger Feldsteinbau (1. H. 14. Jh.) mit Fachwerkturm; Kanzelaltar Ende 17. Jh., lebensgroßes Kruzifix 16. Jh.

EBERSWALDE. *Pfarrkirche St. Maria Magdalena*, dreischiffige frühgotische Backstein-Basilika (um 1300, wiederholt erneuert, 1874–1876 umgebaut) mit Kreuzrippengewölben, Portale mit figürlichem Schmuck, eingebauter Westturm; bronzener Taufkessel spät. 13. Jh., Altaraufsatz 1606. — *Spitalkapelle St. Georg*, einschiffiger gotischer Backsteinbau (wohl 15. Jh.) mit Kreuzrippengewölben. — *Heimatmuseum* (Kirchstr. 8), u. a. ur- und frühgeschichtliche Funde aus dem Kreisgebiet.

NEUENHAGEN. *Herrenhaus* (jetzt Rat der Gemeinde), zweigeschossiger Renaissancebau (um 1600) vom Typ des Festen Hauses, im Erdgeschoß Stichkappen-Tonnengewölbe, in der ehem. Kapelle einige Stuckreliefs.

BAD FREIENWALDE. *Schloß* (jetzt Kreiskulturhaus), zweigeschossiger klassizistischer Bau (1798/99 von D. Gilly, 1837 und 1909 umgebaut) mit Ecklisenen und Pilastergliederung, Treppenhaus mit Stuckreliefs. Kleiner *Landschaftspark* (nach 1820 von Lenné umgestaltet), darin Teehäuschen von 1795. — *Landhaus* am Kurpark (jetzt Oberschule), zweigeschossiger klassizistischer Bau (1789/90 von C. G. Langhans), Mittelportal in tiefer Nische mit kassettierter Halbkugel. — *Oderland-Museum* (Uchtenhagenstr. 2; ehem. Freihaus mit Barockfassade), u. a. ur- und frühgeschichtliche Funde aus dem Kreisgebiet, bäuerliche Volkskultur des Oderbruches. — *Pfarrkirche St. Nikolai*, urspr. frühgotischer Granitbau, Mitte 15. Jh. in Backstein umgebaut und erweitert, im Mittelschiff Netzgewölbe, im südlichen Seitenschiff Kreuzrippengewölbe, im Chor Sterngewölbe, an der Südseite Turm; gotischer Taufstein, Altaraufsatz und Kanzel 1623. — In der barocken *Georgenkapelle* (Fachwerkbau 1696) bemerkenswerter Kanzelaltar, 1698 von S. Liebenwald.

LÜDERSDORF. *Herrenhaus* (jetzt Oberschule), zweigeschossiger klassizistischer Bau (1. V. 19. Jh.), an der rechten Seite Doppelportal, zwei eingeschossige Flügel; kleiner Hauspark. — In der *Dorfkirche* bemerkenswerte Renaissance-Stuckdecke mit Wappen und figürlichen Reliefs (Erschaffung der Welt, Sündenfall, Leben Christi), 1611 (rest.). — *Giebellaubenhaus* (*»Löwinghaus«*) mit Vorlaube in ganzer Giebelbreite, 17. Jh.

Bemerkenswerte Pfarr- und Dorfkirchen in ODERBERG (1853/55 neugotisch von F. A. Stüler), KUNERSDORF (Grabanlage mit Grabdenkmälern von Schadow, Rauch, Tieck u. a.), BUCKOW (gotisch Anfang 14. Jh.), LINDENBERG (spätromanisch Anfang 13. Jh., rest., in der Apsiskuppel spätgotische Gemälde), SCHWANEBECK (spätromanisch Anfang 13. Jh., im 15. Jh. in zweischiffige Anlage umgewandelt), BLUMBERG (frühgotisch 13. Jh., in der 2. H. 14. Jh. in zweischiffige Anlage umgewandelt; Grabdenkmäler 18./19. Jh.), LÖHME (spätgotisch 15. Jh., 1683 wiederhergestellt), WILLMERSDORF (spätromanisch 13. Jh., Anfang 16. Jh. in zweischiffige Anlage umgewandelt), BÖRNICKE (frühgotisch 13. Jh., um 1500 in zweischiffige Anlage umgewandelt), LADEBURG (frühgotisch 13. Jh., reiches Nordportal), RÜDNITZ (spätromanisch 1. H. 13. Jh., umgebaut 1. H. 18. Jh.), BASDORF (im wesentlichen spätgotisch 15./16. Jh., im 18./19. Jh. verändert), WANDLITZ (spätgotisch 15./16. Jh., 1716 nach Osten verlängert), KLOSTERFELDE (frühgotisch 13. Jh., im 15. Jh. nach Osten verlängert), LÜDERSDORF (Barockbau 1772), NEUENDORF (frühgotisch 2. H. 13. Jh.; reicher Altaraufsatz Anfang 17. Jh.), HOHENFINOW (spätromanisch Mitte 13. Jh.), NEUTORNOW (Barockbau 1770), WRIEZEN (spätgotische Hallenkirche, 1945 ausgebrannt, ein Schiff zur Notkirche ausgebaut) und SCHULZENDORF (Mitte 13. Jh.).

Kreis Angermünde

ANGERMÜNDE. Gründung zwischen 1230 und 1267 durch die Markgrafen Johann I. und Otto III., 1284 urkundlich civitas genannt, annähernd quadratischer Umriß mit weit ausgezogener Nordwestecke, die teilweise geschwungenen Straßen gewöhnlich im rechten Winkel gekreuzt, in der Mitte rechteckiger Markt. Von der *Stadtbefestigung* größere Teile der Stadtmauer (im Süden) sowie ein Rundturm (Pulverturm) mit Zinnenkranz und Spitzhelm (15. Jh.) erhalten. — Von der z. g. T. überbauten spätromanisch-frühgotischen *Burg* (Schloßwall) nur noch der Torturm und ein Eckturm (um 1250) vorhanden. — *Rathaus*, zweigeschossiger spätbarocker Bau mit klassizistischen Details (1828), Ecklisenen und Türmchen, 1923 mit zwei Flügelbauten versehen. — *Heimatmuseum* (Brüderstr. 14), u. a. Geologie des Kreises Angermünde, ur- und frühgeschichtliche Funde aus dem Kreisgebiet. — *Ehm-Welk-Gedenkstätte* (Puschkinallee 10), Ausstellung über Leben und Werk des Dichters Ehm Welk (geb. 1884 in Biesenbrow, Kr. Angermünde). — *Pfarrkirche St. Marien*, dreischiffige Hallenkirche (urspr. frühgotisch 13. Jh., im 15. Jh. in Backstein erweitert und umgebaut) mit Stern- und Rippengewölben, an der Nordseite Marienkapelle und Sakristei, querrechteckiger Westturm mit Staffelgiebeln. Bemerkenswerte Ausstattungsstücke: Bronzener Taufkessel (getragen von drei Männern, an der Wandung Heiligenfiguren) 1. H. 14. Jh. von J. Justus. Drei Renaissance-Reliefs (Abendmahl, Kreuzigung, Himmelfahrt) 1601. Orgelprospekt 1742–1744 von J. Wagner aus Berlin. — *Ehem. Franziskanerkirche* (urspr. Mitte 13. Jh., um 1300 erweitert und umgebaut, Gewölbe 1802 abgebrochen, jetzt Lagerraum) Langhaus mit südlichem Seitenschiff, langgestreckter Chor mit Lettner, reiches Nordportal. — *Heiligegeistkapelle*, einschiffiger spätgotischer Backsteinbau (15. Jh.) mit Sterngewölben, Ost- und Westgiebel sowie Südseite mit Blendengliederung.

GREIFFENBERG. *Pfarrkirche*, einschiffiger Barockbau (1723/24); Taufstein mit figürlichen Reliefs (2. H. 16. Jh.), sonst schlichte Ausstattung der Entstehungszeit. — Von der *Burgruine* (gotisch 14. Jh.) viereckiger Turm und runder Eckturm erhalten.

SCHWEDT. Im letzten Viertel des 17. Jh. Neubau als barocke Residenz der Markgrafen von Brandenburg-Schwedt, regelmäßiges Straßengitternetz mit Betonung der Hauptstraßen, nach der Zerstörung im Frühjahr 1945 Anlage einer weiträumigen sozialistischen Wohnstadt (geplant für 60 000 Einwohner) nach der städtebaulichen Konzeption des Kollektivs J. Beige, Chr. Dielitzsch, H. Kuntzak, E. Tattermusch und G. Wollner. Von den Neubauten besonders bemerkenswert: *Bildungszentrum* in der Thälmannstraße (1967 nach Entwurf des Kollektivs G. Wollner und K. Kozok) mit monumentalem Glasmosaik (Der Mensch erobert das Weltall) von E. Enge. — *Heimatmuseum* (Markt 4), u. a. Stadtgeschichte bis zum Neuaufbau als sozialistische Industriestadt, ur- und frühgeschichtliche Funde aus der Umgebung. — *Pfarrkirche St. Katharinen*, urspr. gotisch, 1887–1891 völlig umgestaltet, 1945 ausgebrannt, bis 1950 wieder-

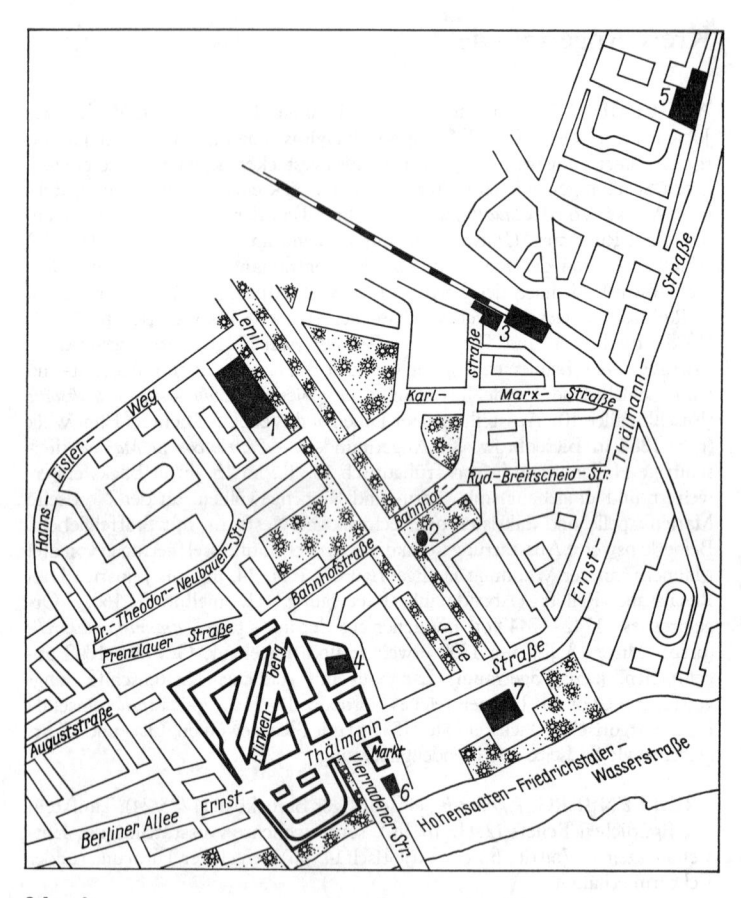

Schwedt

1 Warenhaus »Konsument« u. Platz d. Befreiung, 2 Ehem. Gedächtnishalle (Barockbau), 3 Bahnhof, 4 Pfarrkirche St. Katharinen, 5 Kulturzentrum, 6 Heimatmuseum, 7 Kulturhaus (Theater)

aufgebaut. — *Französisch-Reformierte Kirche*, Barockbau (1777–1779, rest.) über ovalem Grundriß, Kuppel mit Laterne, Putzquaderung und Lisenengliederung.

GARTZ. Von der *Stadtbefestigung* große Teile der Stadtmauer (2. H. 13. Jh.) und Mauerturm (»Storchnest«) sowie ein Stadttor (15. Jh.) erhalten, an der Feldseite des Tores Ziermauer mit Spitzbogenöffnungen. — *Pfarrkirche*

St. Stephan, dreischiffige spätgotische Backstein-Hallenkirche (14./15. Jh.), seit 1945 Ruine. — *Heiliggeistkapelle*, spätgotischer Backsteinbau (vermutlich 15. Jh.), 1793 zum Hospital umgebaut, vor der Westseite Türmchen.

Bemerkenswerte Herrenhäuser in ZÜTZEN (klassizistisch um 1820), STOLPE (Renaissancebau 1553, Seitenflügel 2. H. 18. Jh., 1921/22 neu ausgebaut), MÜROW (Frühbarockbau 2. H. 17. Jh.), ZICHOW (urspr. gotische Burg, Burgturm erhalten, 1745 barocker Winkelbau) und BLUMBERG (klassizistisch um 1800).

Bemerkenswerte Burgruinen in VIERRADEN (spätgotisch, runder Turm und Teile weiterer Gebäude erhalten), STOLPE (gotisch, Rundturm mit 6 m dicken Mauern, sog. Grütztopp) und NIEDERLANDIN (Treppenturm um 1600).

Bemerkenswerte Dorfkirchen in FLEMSDORF (frühgotisch Mitte 13. Jh.; spätgotisches Vesperbild Ende 14. Jh., reicher Kanzelaltar 1736), DOBBERZIN (Mitte 13. Jh.; ungewöhnlich reicher Kanzelaltar 1699), KERKOW (frühgotisch 2. H. 13. Jh., rest.; Altaraufsatz Ende 16. Jh.), STEINHÖFEL (spätgotischer Flügelaltar Ende 15. Jh.), GÜNTERBERG (Barockbau 1723; reicher Taufstein 1596), SCHMIEDEBERG (spätromanisch 2. V. 13. Jh.; spätgotischer Flügelaltar um 1500, Altargehäuse 18. Jh.), ZICHOW (frühgotisch 2. H. 13. Jh.), FREDERSDORF (spätgotischer Flügelaltar Anfang 16. Jh.), BRIEST (frühgotisch 2. H. 13. Jh.; spätgotischer Flügelaltar), GRÜNOW (spätromanisch 1. H. 13. Jh.), PASSOW (frühgotisch Ende 13. Jh.; spätgotischer Flügelaltar Anfang 16. Jh.), NIEDERLANDIN (spätgotischer Flügelaltar um 1480), PINNOW (frühgotisch 2. H. 13. Jh., im Ostgiebel Backstein-Rose), WOLTERSDORF (frühgotisch Ende 13. Jh.; reiche Kanzel um 1700), GROSS-PINNOW (frühgotisch Mitte 13. Jh.), HOHENSELCHOW (Mitte 13. Jh., wiederaufgebaut 1953, barocke Ausstattung), KUNOW (frühgotisch 2. H. 13. Jh.; barocke Ausstattung) und WARTIN (frühgotisch 2. H. 13. Jh.).

Bezirk Cottbus

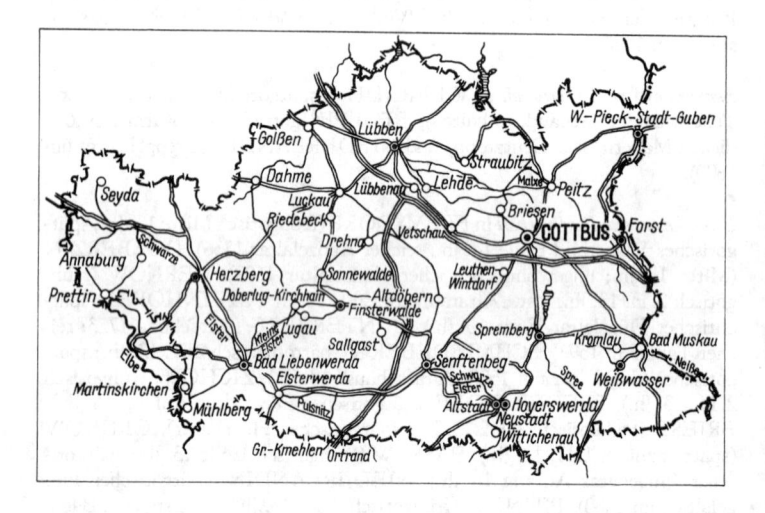

Stadt und Kreis Cottbus

Die Stadt Cottbus

Im Jahre 1156 als Chotibuz urkundlich genannt, wahrscheinlich deutscher Burgward mit Marktsiedlung. Noch vor 1200 planmäßige Anlage der Stadt durch die Herren von Cottbus, Straßengitternetz mit möglichst rechteckigen Häuserblocks, am Treffpunkt der beiden Hauptstraßen Markt mit (zerstörtem) Rathaus. 1405 erste urkundliche Erwähnung des Tuchmachergewerbes, bedeutende Tuchmacherei und Leineweberei. 1445 durch Kauf an Brandenburg. 1468 und 1479 Stadtbrände. 1631 von kaiserlichen Truppen erstürmt und geplündert. 1600 und 1671 große Stadtbrände, dabei Vernichtung fast aller geschichtlichen Quellen. 1726 Anlage der Neustadt im Süden, vorwiegend für Loh- und Weißgerber sowie für Tuchmacher. Gegen Ende des 18. Jh. Aufschwung der Tuchmanufakturen (Hauptblütezeit 1808–1826), bis zur Mitte des 19. Jh. meist handwerksmäßige Produktion, dann Entwicklung zum modernen Fabrikbetrieb. Im zweiten Weltkrieg Beschädigung durch anglo-amerikanische Luftangriffe. Neugestaltung des Stadtzentrums nach der städtebaulichen Konzeption eines Kollektivs unter Leitung von G. Guder auf der Grundlage einer Konzeption des Büros für Städtebau und Dorfplanung Cottbus, Kollektiv M. Röser. Neue Wohngebiete vorwiegend im Süden und Osten. Bildungsstätten: Hochschule für Bauwesen, Fachschulen für Medizin und Landwirtschaft.

Bauten im Stadtkern

Von den neuen Bauten im Stadtzentrum besonders interessant: *Stadthalle* (1973–1975 nach Entwürfen des Kollektivs E. Kühn und S. Noack) mit einem sechseckigen, flexibel verwendbaren Hauptsaal. *Warenhaus »Konsument«* (1968 nach Entwürfen des Kollektivs K. Frauendorf und F. Dietze) und *Milch-Mokka-Eisbar »Kosmos«* (nach Entwurf des Kollektivs J. Streitparth und G. Wessel) mit bemerkenswerter Faltdachkonstruktion.

Von der *Stadtbefestigung* Backstein-Stadtmauer (15. Jh.) erhalten, im Westen mehrere Wiekhäuser, dieser Teil als *Kontaktzone* zwischen der Altstadt und dem neuen Zentrum ausgebildet, vorbildliche Kombination von mittelalterlichen und modernen Bauten, ferner Rundturm am ehem. Spremberger Tor (1823 bis

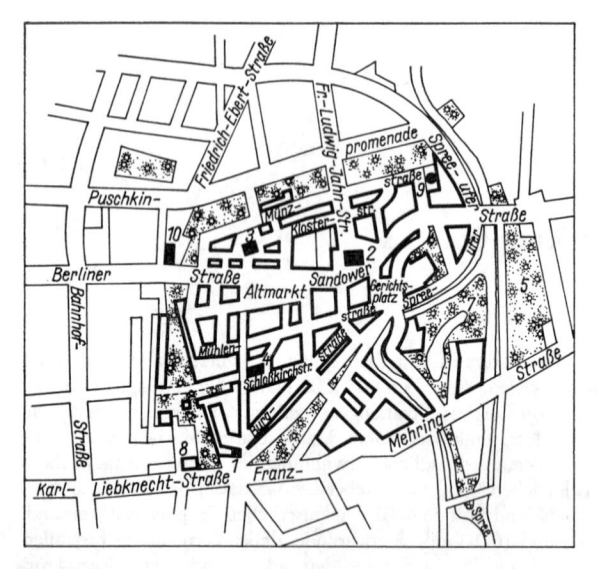

Cottbus
1 *Spremberger Turm,* 2 *Oberkirche,* 3 *Ehem. Franziskaner-Klosterkirche,* 4 *Schloßkirche,* 5 *Blechenpark,* 6 *Freiheitsstr. (Wollspinnhäuser),* 7 *Goethepark,* 8 *Warenhaus »Konsument«,* 9 *Münzturm,* 10 *Stadthalle*

1825 von K. F. Schinkel mit Benutzung älterer Teile) und Münzturm an der Nordostecke der Stadtmauer. In der Nähe des Münzturmes *Tuchmacherbrunnen,* nach 1930 von R. Kuöhl.

Oberkirche. Im 16. Jh. Pfarrkirche St. Nikolai, dreischiffige spätgotische Backstein-Hallenkirche (begonnen vermutlich nach 1468 mit Benutzung älterer Teile, vollendet Anfang 16. Jh., 1945 stark beschädigt, Wiederherstellung im Gange) mit Sterngewölben und Achteckpfeilern, an der Südseite Anbau mit Staffelgiebel und Vorhalle mit Spitzhelm, Chor mit Umgang, an seiner Nordseite zweigeschossiger, im Obergeschoß zum Chor geöffneter Anbau mit Staffelgiebeln, Westturm; Altaraufsatz 1661 von A. Schulze. Umgesetzte Ausstattungsstücke: Barockkanzel, Taufe 16. Jh., Orgelprospekt 1759.

Ehem. Franziskaner-Klosterkirche (Wendische Kirche). Einschiffiger frühgotischer Backsteinbau (14. Jh.) mit Netzgewölbe (Anfang 16. Jh.), an der Südseite Seitenschiff mit Kreuzrippengewölben, eigenem Satteldach und Staffelgiebeln (Anfang 16. Jh.), an der Südostseite kleiner Glockenturm mit Spitzhelm. Bemerkenswerte Ausstattungsstücke: Spätgotischer Taufstein um 1500. Kanzel um 1671. Altaraufsatz 1750. Doppelgrabstein Fredehelm und Adelheid v. Cottbus Anfang 14. Jh.

Schloßkirche. Einschiffiger Barockbau (1707–1714) mit hölzernem Kappengewölbe und neugotischem Westturm (1870).

Stadttheater. Jugendstilbau 1908 von B. Sehring.

Bürgerhäuser: Altmarkt 14 zweigeschossiges barockes Giebelhaus (1763). Altmarkt 15 klassizistisch (vermutlich 1793) mit Giebeldreieck. Altmarkt 16 Barockbau (um 1675). Sandower Str. 20 zweigeschossiger Barockbau (1778). Sandower Str. 50 klassizistisch (1795/96) mit Pilastergliederung. Sandower Str. 54 Barockbau (Mitte 18. Jh.) mit Pilastergliederung. Mönchsgasse 1 klassizistisch (1804–1806) mit Puttenfries. Berliner Platz 3 klassizistisch (1832/1833), in der Tür dorische Säulen. In der Uferstraße einige Gerberhäuser aus dem 18. Jh.

Friedhofskapelle auf dem alten Friedhof. Um 1835 von C. G. Kahle unter Schinkels Einfluß, dorischer Prostylostempel mit niedrigeren seitlichen Säulengängen.

Bauten und Sammlungen in den eingemeindeten Vororten

Schloß Branitz (jetzt Bezirksmuseum). Zweigeschossiger Barockbau (1772), Mittelrisalit mit Giebeldreieck, die Freitreppe, Terrasse und Pergola vor dem Schloß (um 1850) nach Entwurf von G. Semper, reicher Musiksaal, übrige Räume um 1850 umgebaut. — *Bezirksmuseum mit Blechen-Gedenkstätte*, u. a. deutsche und italienische Landschaften sowie Schülerarbeiten des Malers Carl Blechen (geb. 1798 in Cottbus), Kunstschmiedearbeiten, sorbische Volkskunst,

Cottbus, Stadttheater

Cottbus-Branitz, Schloß

Reste der Pücklerschen Orientsammlung. – *Weiträumiger Landschaftspark*, angelegt 1844 bis 1871 von Hermann Fürst Pückler-Muskau, zwei Erdpyramiden, in der größeren Grab des Fürsten (gest. 1871).

Dorfkirche (Ortsteil Madlow). Einschiffiger spätgotischer Backsteinbau (um 1400) mit Westturm (Anfang 16. Jh.); Kanzelaltar um 1840, Emporen und Gestühl Anfang 19. Jh., Grabstein nach 1804.

Der Kreis Cottbus

PEITZ. *Festung*, begonnen 1559, vollendet 1595, nach 1763 allmählich abgetragen. Rechteckiger Backsteinturm mit hölzerner Laterne erhalten, im Innern Magazinräume und Kasematten. – *Rathaus*, zweigeschossiger klassizistischer Bau (vollendet 1804) mit neugotischer Giebelfront (Mitte 19. Jh.). – *Pfarrkirche* (1854–1860), dreischiffige Backsteinbasilika mit Apsiden und Westturm, das Innere 1978/79 modern umgestaltet; Reliefgrabstein 1. H. 17. Jh. – *Hüttenwerk* (Schauobjekt südöstlich der Stadt), angelegt im 16. Jh., Werk- und Wohngebäude meist 1809 bis 1830, darunter eingeschossiges Hochofengebäude (1809/10 von K. G. Voigtmann, rest.) mit Risalit und Giebeldreieck, innen Hochofen mit dorischen Halbsäulen.

BRIESEN. Dorfkirche, einschiffiger spätgotischer Backsteinbau (2. Dr. 15. Jh., Inneres 1952–1965 rest.) mit reicher Ausmalung (1486), im Osten Staffelgiebel, Dachreiter von 1804; reicher Altaraufsatz 1701, Grabdenkmäler 17. Jh.

LEUTHEN-WINTDORF. *Schloß*, dreigeschossiger Renaissancebau (1595) mit zwei eingeschossigen Flügeln (18. Jh.), an der Nordseite Turm mit geschweifter

Haube und Laterne, daneben Zwerchhaus mit Volutengiebel, an der Westseite ebenfalls Volutengiebel. — *Dorfkirche*, einschiffiger spätgotischer Backsteinbau (um 1400, im 16. Jh. nach Westen erweitert, rest.), im Osten reicher Giebel, an der Südseite Vorhalle mit Staffelgiebel, neugotischer Westturm (1855). Bemerkenswerte Ausstattungsstücke: Altaraufsatz 1593. Spätgotischer Altarschrein (Maria in der Strahlensonne) frühes 15. Jh. Schnitzfigur (hl. Jakobus) um 1500.

Bemerkenswerte Herrenhäuser in TRANITZ (Barockbau 1704), GUHROW (klassizistisch um 1800), BRAHMOW (klassizistisch Anfang 19. Jh.), HÄNCHEN (klassizistisch Anfang 19. Jh.), GROSS-OSSNIG (Barockbau 18. Jh.) und NEUHAUSEN (Barockbau um 1760, ehem. Dreiflügelanlage; Landschaftspark).

Bemerkenswerte Dorfkirchen in KAHREN (spätgotisch um 1500, 1706 nach Osten erweitert; reiche Kanzel 1706, Grabdenkmäler 17./18. Jh., v. Pannwitz), DISSEN (Fachwerkbau 1778), SIELOW (Altaraufsatz um 1600 mit spätgotischer Himmelfahrt der Maria Magdalena), GULBEN (klassizistisch 1797), BURG-DORF (klassizistisch 1799–1804), PAPITZ (spätgotisch 15. Jh., Turm mit Zinnenkranz Anfang 16. Jh.), KRIESCHOW (im Kern spätgotisch 16. Jh.; Altaraufsatz 1680), KOLKWITZ (spätgotisch 15. Jh., 1876 nach Osten erweitert), ILLMERSDORF (Barockbau 1742 von Reimann aus Lübben), SCHORBUS (spätgotisch 16. Jh., 1862 nach Osten erweitert; Altaraufsatz 1582 mit eingebautem spätgotischem Flügelaltar um 1500), KLEIN-DÖBBERN (spätgotisch 16. Jh., 1680 nach Osten erweitert; Kanzelaltar um 1600, Grabdenkmäler 18./19. Jh., v. Blücher) und KOMPTENDORF (spätgotisch um 1500, im 16. Jh. nach Osten erweitert; Altaraufsatz 1575).

Die Kreise Guben, Forst, Spremberg, Weißwasser und Hoyerswerda

FORST, ab Mitte 19. Jh. Textilindustriestadt, im heutigen *Stadtbild* noch bemerkenswerte Fabrikgebäude, Fabrikantenvillen und Mietshäuser Ende 19./Anfang 20. Jh. — *Amtshaus* (jetzt Pflegeheim), zweigeschossiger Barockbau (um 1700, 1945 zerstört, wiederaufgebaut), im Erdgeschoß Räume mit Kreuzgewölben. — *Hauptkirche St. Nikolai*, dreischiffige, im Kern spätgotische Hallenkirche (15. Jh.), 1945 ausgebrannt, in veränderten Formen wiederaufgebaut. — *Dorfkirche* (Ortsteil Eulo), spätgotisch 15. Jh. — *Dorfkirche* (Ortsteil Sacrow), spätgotisch um 1500.

GUBEN, WILHELM-PIECK-STADT. *Wilhelm-Pieck-Monument*, 1975 errichtet, plastischer Schmuck von G. Thieme. — *Klostermühle*, ehem. Vorwerk aus dem 19. Jh. — An einem Gebäude des Chemiefaserkombinats große *Reliefwand* von J. Jastram.

BAD MUSKAU. *Weiträumiger Landschaftspark* (1815–1845 von Fürst Pückler-Muskau), urspr. unterteilt in Schloßpark, Bergpark und Oberpark, große Wiesenflächen, Laubgehölze, zahlreiche Rhododendron-Sträucher, allmählicher Übergang des Parkes in die freie Landschaft. — *Schloß* im Kern 16. Jh., 1863–1866 umgebaut und stark verändert, seit 1945 Ruine. — *Rentamt* (17. Jh.), 1945 ausgebrannt, bis 1968 wiederhergestellt. — *Bergkirche* (Oberpark), gotischer Feldsteinbau des 13. Jh.

WEISSWASSER. *Jagdschloß*, im Kern 17. Jh., 1860 im »normannischen« Stil umgebaut, Mittelbau und zwei Seitenflügel, in den unteren Räumen Holzverkleidungen. — *Umgebung* zwischen 1810 und 1820 im Auftrage des Fürsten Pückler-Muskau parkartig gestaltet.

KROMLAU. *Schloßpark*, weiträumiger Landschaftspark (um 1850) nach dem Vorbild von Muskau und Branitz, viele botanische Seltenheiten, wertvolle Rhododendron- und Azaleenkulturen, Kavalierhaus und Rakotzbrücke (beide 1850). — *Schloß* 1845.

SPREMBERG. *Pfarrkirche*, dreischiffige spätgotische Backstein-Hallenkirche (1. H. 16. Jh., mehrfach durch Brand beschädigt und wiederaufgebaut) mit Netzgewölben und Achteckpfeilern; Altaraufsatz 1660, Kanzel und Taufengel 18. Jh., spätgotische Schnitzfiguren um 1500. — *Schloß*, dreigeschossige barocke Zweiflügelanlage (nach 1731 mit Benutzung älterer Teile), an den Flügelenden Türme.

HOYERSWERDA-NEUSTADT. *Zweite sozialistische Stadt der DDR* (Wohnstadt für die Werktätigen des Braunkohlenkombinats Schwarze Pumpe), begonnen 1957 auf der Grundlage eines von einem Architektenkollektiv unter Leitung von R. Paulick entworfenen Stadtbebauungsplanes, bestehend aus acht Wohnkomplexen und einem durch Wohnbauten aufgelockerten Zentrum mit den zentralen gesellschaftlichen, ökonomischen und kulturellen Einrichtungen der Stadt (1975: ca. 45 000 Einwohner); bildkünstlerische Gestaltung der Bauten und Anlagen unter Leitung von J. v. Woyski. Grüngürtel entlang der Elster (Sport- und Naherholungsstätten) als Verbindung zur Altstadt Hoyerswerda, wenige Kilometer entfernt Anlage eines Naherholungsgebietes um den Knappensee (rekultiviertes Restloch eines ehem. Tagebaues).
HOYERSWERDA-ALTSTADT: *Rathaus*, dreigeschossiger Renaissancebau

Hoyerswerda, Kaufhalle

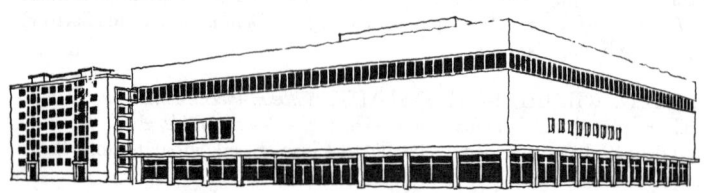

(1591/92) mit doppelläufiger Freitreppe und Rundbogenportal mit Wappen. — *Schloß* (jetzt Heimatmuseum), dreigeschossiger Renaissancebau (Ende 16. Jh. mit Benutzung mittelalterlicher Teile, im 18./19. Jh. umgebaut) auf annähernd elliptischem Grundriß, risalitartiger Vorbau mit Barockportal. — *Kreis-Heimatmuseum*, u. a. Ur- und Frühgeschichte der Lausitz, sorbische Kultur im 19./20. Jh., Zinn- und Blaudruckmodeln. — *Amtshaus* (sog. Lessinghaus), zweigeschossiger Barockbau (1702), im Erdgeschoß Kreuzgewölbe, im Obergeschoß Balkendecken. — *Pfarrkirche*, dreischiffige spätgotische Hallenkirche (1. H. 16. Jh., 1945 ausgebrannt, rest.) mit Netz- und Sterngewölben, Westturm (19. Jh.); Taufstein um 1600. — *Kreuzkirche* (ehem. Begräbniskirche), einschiffiger Barockbau (vermutlich 18. Jh., 1945 stark beschädigt, rest.) mit Balkendecke und Dachreiter.

WITTICHENAU. *Jakubetzstift*, zweigeschossiger Barockbau (1780, Inneres 1953–1964 umgebaut), im Erdgeschoß gewölbte Decke. — *Pfarrkirche Mariae Himmelfahrt*, dreischiffige spätgotische Hallenkirche (vermutlich um 1440, vollendet 1. H. 16. Jh.) mit Netzgewölben und Achteckpfeilern, aus der Achse gerückter quadratischer Westturm. Bemerkenswerte Ausstattungsstücke: Altaraufsatz (Gemälde von A. Dressler aus Kamenz) 1597. Spätgotische Schnitzfiguren (Maria, Johannes) um 1500. Grabdenkmal F. E. zu Solms 1754. — *Kreuzkirche*, einschiffiger Barockbau (1780/81) mit Balkendecke und Dachreiter; spätgotischer Flügelaltar 15. Jh.

Bemerkenswerte Herrenhäuser in SEMBTEN (Barockbau 18. Jh.), KRAYNE (Barockbau 1780), DEULOWITZ (Barockbau 1788), ALTLIEBEL (»Kellerhaus«, Barockbau 17./18. Jh.), RIETSCHEN (17. Jh. mit gleichzeitigem Gutshof, Kutscherhaus 1686, Gedenkhalle 18. Jh.) und DAUBITZ (Barockbau vermutlich 17. Jh.; Landschaftspark nach 1840).

Bemerkenswerte Dorfkirchen in REICHERSKREUZ (Fachwerkbau vermutlich 18. Jh.), ATTERWASCH (gotisch um 1300), DREWITZ (klassizistisch 1827), TAUER (Barockbau 1790), JÄNSCHWALDE (klassizistisch 1806), GRIESSEN (im Kern gotisch 13./14. Jh.; Kanzelaltar mit Teilen eines spätgotischen Flügelaltars), HORNO (im Kern gotisch, um 1700 barock umgebaut), WEISSAGK (frühmittelalterlicher Feldsteinbau), PRESCHEN (spätgotisch um 1400), GABLENZ (Barockbau 1757–1759), PECHERN (Schrotholz-Fachwerkbau um 1600), SCHLEIFE (gotisch 14. Jh., Wandmalereien), UHYST (Barockbau 1716; Grabdenkmäler 17./18. Jh.), LOHSA (reicher Kanzelaltar 2. H. 17. Jh.), SOLLSCHWITZ (Barockbau 1716), LAUTA (gotisch 14./15. Jh.; Altaraufsatz Mitte 17. Jh., Christus im Elend um 1500), TÄTZSCHWITZ (Barockbau 1790), GROSS-PARTWITZ (Fachwerkbau um 1650; spätgotische Maria 1420), BLUNO (Fachwerkbau 1673) und SPREEWITZ (Fachwerkbau 1688.)

Die Kreise Lübben, Calau und Senftenberg

LÜBBEN. Planmäßige, um 1220 mit Magdeburger Recht belehnte Stadtanlage an der Stelle einer älteren Marktsiedlung, Straßennetz in Rippenform, in der Mitte der Altstadt rechteckiger Markt, bis 1815 (Angliederung an Preußen) gelegentliche Nebenresidenz der sächsischen Kurfürsten und Sitz der Stände der Niederlausitz. Von der *Stadtbefestigung* (um 1480) geringer Teil der Mauer im Westen der Stadt (runder Eckturm, Wiekhaus mit Spitzbogenblenden und Maßwerk) erhalten. — *Schloß* (jetzt Berufsschule), dreigeschossiger Spätrenaissancebau (2. H. 17. Jh., rest.), im Osten reicher Giebel mit korinthischen Halbsäulen und Voluten, an der Nordseite reiches Portal mit sächsischem Wappen, vor der Nordseite mächtiger Wohnturm (2. H. 14. Jh., im 18. Jh. ausgebaut, 1915 erneuert und erhöht). — *Ehem. Ständehaus* (jetzt u. a. Archiv), schlichte barocke Dreiflügelanlage (1717), zweigeschossig. — *Paul-Gerhardt-Kirche* (ehem. Nikolaikirche), dreischiffige spätgotische Backstein-Hallenkirche (vermutlich zwischen 1494 und 1550 mit Benutzung älterer Teile, Turm 1945 beschädigt, rest.) mit Netzgewölben, quadratischer Westturm (2. H. 16. Jh.). Bemerkenswerte Ausstattungsstücke: Altaraufsatz, Kanzel und Taufstein, sämtlich 1609/10. Spätgotisches Triumphkreuz 1. H. 16. Jh. Epitaphe und Grabsteine 16./18. Jh. In der Kirche begraben der Dichter Paul Gerhardt (gest. 1676). — *Herrenhaus* (Ortsteil Steinkirchen), sog. Neuhaus (jetzt Kindergarten), eingeschossiger klassizistischer Bau (1801) über hohem Kellergeschoß, erhöhter Mittelrisalit mit Giebeldreieck, Vorbau mit zwei dorischen Säulen, unregelmäßig angeordnete Innenräume, Kuppelsaal. — *Dorfkirche* (Ortsteil Steinkirchen), im Kern frühgotischer Bau mit bemalter Holzdecke.

STRAUPITZ. *Dorfkirche*, klassizistischer Bau, 1827–1832 nach einem bei der Ausführung veränderten Entwurf von Schinkel, rest.; Altaraufsatz 2. H. 17. Jh., Grabdenkmäler 17.–19. Jh., v. Houwald.

LÜBBENAU. *Schloß* (jetzt Schulungszentrum), klassizistische Zweiflügelanlage (1816–1820 von K. A. B. Siegel aus Leipzig, 1839 umgebaut) in Form eines Winkelhakens, an der Rückseite zwei niedrige Türme, geräumiges Treppenhaus. — Am Rande des großen Landschaftsparks (nach 1817 von J. E. und H. W. Freschke) die klassizistische *Orangerie* (um 1820 vermutlich von Siegel), das barocke *Kanzleigebäude* (1745–1748) und ein langgestrecktes zweigeschossiges Fachwerkhaus (1744–1746). — *Spreewaldmuseum*, in der ehem. Kanzlei heimatkundliche Sammlung (u. a. Spreewaldtrachten), in der Orangerie kultur- und kunstgeschichtliche Sammlung (u. a. Gemälde von Pesne, Graff und F. A. Tischbein, Lutherdrucke und Streitschriften der Reformationszeit, Gläser und Porzellan). — *Pfarrkirche*, einschiffiger Barockbau (1744) mit Flachdecke und Emporen, Turm mit geschweifter Haube und Laterne (1773); Taufengel 1864, Zinkguß nach Modell von Ch. D. Rauch, Wandgrab M. K. zu Lynar 1765 von G. Knöffler aus Dresden.

LEHDE. *Freiland-Museum*, Sammlung von Spreewald-Bauernhäusern (Wohn-

Lehde, Spreewaldhaus

stallhaus um 1800, Stallgaleriegebäude um 1800, Giebelumgebindewohnhaus), Hausrat, Arbeitsgeräten und Trachten des Spreewaldgebietes.

VETSCHAU. In der Umgebung der Stadt große landschaftsbestimmende *Kraftwerksanlage*, begonnen 1960. — *Pfarrkirche der Landgemeinde*, im Kern spätgotischer Feldsteinbau (erneuert 1. H. 19. Jh.) mit doppelten Emporen, Feldsteinturm mit Backsteinteilen (vermutlich 15. Jh.) und welscher Haube (2. H. 17. Jh.). — An der Nordseite *Pfarrkirche der Stadtgemeinde*, einschiffiger Barockbau (Ende 17. Jh.), mit hölzernem Tonnengewölbe und gediegener Ausstattung der Entstehungszeit. — *Herrenhaus*, schlichter zweigeschossiger Barockbau (um 1725), von Wassergraben umgeben.

ALTDÖBERN. *Schloß*, dreigeschossige, im Kern barocke Dreiflügelanlage (1717, umgebaut 1749 und 1880–1883, rest.), mehrere Räume mit alter Ausstattung, u. a. Treppenhaus (Wand- und Deckengemälde von Krinner 1750), Grüner Saal (reiche Schnitzereien und Stukkaturen, Wandgemälde), Teesalon (Wandgemälde von Moreau d. J.) und Marmorsaal (reiche Stuckdekorationen mit Reliefs). — *Park*, im Kern Barockanlage (1755, teilweise erhalten, 1965/67 rekonstruiert), seit 1880 Umgestaltung zum Landschaftspark, mehrere Sandstein-Statuen (1755 von G. Knöffler).

SENFTENBERG. *Schloß* (jetzt u. a. Heimatmuseum), Dreiflügelanlage der Renaissance (2. H. 16. Jh. mit Benutzung von Teilen einer mittelalterlichen Burg), die vierte Seite von Mauer mit Portal begrenzt, umgeben von hohem Wall mit vier Bastionen und Graben, tunnelartige Zufahrt, auf einer Bastion kleines Wachgebäude (1672). — *Kreis-Heimatmuseum*, u. a. kirchliche Kunst 16. Jh., bäuerliche Volkskultur, Niederlausitzer Bergbau. — *Pfarrkirche St. Peter und Paul*, dreischiffige spätgotische Feldstein-Hallenkirche mit Backsteinteilen (um 1400, 1945 stark beschädigt, rest.), Netzgratgewölbe, querrechteckiger Westturm.

ORTRAND. *Pfarrkirche*, dreischiffige spätgotische Hallenkirche mit Renaissance-Elementen (1563), auf dem Ostende des Chors Barockturm (1730). — *Friedhofskapelle*, einschiffiger, im Kern gotischer Backsteinbau (1563 erneuert), an der Nordseite Vorhalle, Dachreiter (1721); spätgotischer Flügelaltar (im Schrein Maria und hl. Dorothea) um 1500, Epitaph von Lüttichau aus dem Jahre 1548.

GROSSKMEHLEN. *Schloß* (jetzt Feierabendheim), dreigeschossiges Wasserschloß der Renaissance (16. Jh.), runde Ecktürme mit Zwiebelhauben, Schmuckgiebel, im unteren Hof Renaissance-Brunnen mit Delphinen und Putto. — *Dorfkirche*, einschiffiger, im Kern gotischer Backsteinbau (im 18. Jh. umgebaut und erweitert), an der Nordseite zwei Herrschaftskapellen, an der Südseite Sakristei und Gruftgewölbe, Westturm. Bemerkenswerte Ausstattungsstücke: Altaraufsatz um 1620, aus zwei spätgotischen Schreinaltären (niederländische Arbeiten aus der Werkstatt von J. Bormann um 1510) zusammengesetzt. Kanzel 16. Jh. Taufstein und Orgelprospekt 1718. Spätgotisches Triumphkreuz. Grabstein 17. Jh.

Bemerkenswerte Herrenhäuser in GROSS-LEUTHEN (Renaissancebau 1. H. 16. Jh.), LINDENAU (Renaissancebau um 1600, 1660 und 1783 verändert), HERMSDORF-LIPSA (Barockbau 18. Jh.) und GROSS-JEHSER (Fachwerkbau 1596).

Bemerkenswerte Pfarr- und Dorfkirchen in RIETZNEUENDORF (Fachwerkbau 1704), WALDOW (Fachwerkbau 1709), NIEWITZ (Fachwerkbau 1772), BUCKOW (im Kern spätgotisch, 1671 erneuert; spätgotischer Taufstein), CALAU (dreischiffige, spätgotische Backstein-Hallenkirche, 1945 ausgebrannt, notdürftig wiederhergestellt), GROSS-JEHSER (Frühbarockbau 1664; Epitaphe und Grabsteine 17./18. Jh.), FREIENHUFEN (gotisch vermutlich 14. Jh.; reicher Altaraufsatz Mitte 17. Jh.), KROPPEN (barock um 1720 mit Ausstattung), LAUCHHAMMER-MITTE (gotisch vermutlich 14. Jh.; Taufständer um 1810, Grabdenkmäler 16. und 18./19. Jh.), LAUCHHAMMER-WEST (ehem. Schloßkapelle, Barockbau 1746) und RUHLAND (Barockbau 18. Jh.).

Die Kreise Luckau und Finsterwalde

GOLSSEN. *Schloß* (jetzt u. a. Ambulatorium), zweigeschossiger Barockbau (1. Dr. 18. Jh.) mit Putzquaderung, Mitte 19. Jh. seitlich verlängert. — Weiträumiger Landschaftspark. — *Pfarrkirche*, dreischiffiger klassizistischer Bau

(1811–1825) mit Flachdecke, in den Seitenschiffen Emporen, eingebauter Turm (1825); schlichte Ausstattung der Entstehungszeit.

DAHME. *Pfarrkirche St. Marien*, einschiffiger, im Kern gotischer Feldsteinbau (1441 und 1666 abgebrannt, nach 1666 wiederaufgebaut und erweitert), Westturm mit geschweifter Haube und durchbrochener Spitze; Altaraufsatz, Kanzel und Taufstein um 1700, Empore 1678. — *Hospitalkirche* (ehem. Karmeliter-Klosterkirche zum hl. Erasmus), im 18. Jh. völlig verändert; Kanzelaltar 18. Jh. — *Heimatmuseum* (Töpferstr. 16), u. a. ur- und frühgeschichtliche Funde, bürgerlicher Hausrat 19. Jh.

LUCKAU. Urspr. Burg der Wettiner mit angelehnter Kirchsiedlung, planmäßige Anlage der Stadt vor 1250 (1297 civitas), elliptischer Grundriß, breite, zweimal rechtwinklig gebrochene Hauptstraße mit rechtwinkligen Querstraßen, am nördlichen Knick der Hauptstraße rechteckiger Markt mit Rathaus, 1652 großer Stadtbrand. Von der *Stadtbefestigung* (um 1290 bezeugt) fast die gesamte Backsteinmauer erhalten, Wiekhäuser bis auf eines zerstört, spätgotischer Turm mit welscher Haube am ehem. Calauer Tor. — *Rathaus*, im Kern gotischer Backsteinbau, 1851 klassizistisch umgebaut, einige Räume mit Kreuzrippen-, Netz- und Sterngewölben. — Fast alle mittelalterlichen *Bürgerhäuser* 1652 vernichtet, dafür schöne Beispiele des Frühbarocks: Markt 13, 30 und 32, alle drei (Ende 17. Jh.) mit Volutengiebeln und reichen Stuckdekorationen, ausgeführt von italienischen Meistern. — Auf dem Markt *Karl-Liebknecht-Denkmal* von Th. Balden. — *Pfarrkirche St. Maria und Nikolaus* (Nikolaikirche), dreischiffige spätgotische Backstein-Hallenkirche (Hauptbauzeit Mitte und 2. H. 14. Jh., Gewölbe 2. H. 15. Jh., 1644 und 1652 durch Brand beschädigt, 1656–1674 wiederaufgebaut) mit Netz- und Sterngewölben, an der Nordseite seitenschiffsartige Anbauten und Sakristei, doppelläufige Holztreppe zu den Emporen, Chor mit Umgang und Kreuzgratgewölben von 1670, im Westen Zweiturmfront. Von der reichen Ausstattung besonders bemerkenswert: Altaraufsatz und Taufe 1670. Ungewöhnlich reiche Kanzel 1666 von A. Schulze aus Torgau. Orgelprospekt 1672/73. Ratsempore 2. H. 17. Jh. Kleiner Reliquienschrein (Kupferplatten mit farbigen Schmelzemaileinlagen und eingravierten Heiligenfiguren) Mitte 13. Jh., Limoger Arbeit. Grabdenkmäler besonders 17. Jh. — *Ehem. Pfarrkirche St. Georg*, einschiffiger im Kern frühgotischer Backsteinbau (seit dem 16. Jh. profaniert, jetzt Feierraum der Stadt, rest.) mit Stern- und Netzgewölben (16. Jh.), im Osten Volutengiebel und reiches Portal (17. Jh.), an der Nordseite Portal mit Delphinen (1697), mächtiger achteckiger Turm (»Hausmannsturm«, 14./15. Jh.) mit welscher Haube und Laterne (im wesentlichen 1656). — *Klosterkirche* des ehem. Dominikaner-Klosters (nicht zugänglich), urspr. frühgotischer Backsteinbau (nach 1848 umgebaut und entstellt), Mittelschiff mit nördlichem Seitenschiff, langgestreckter Chor. — *Hl.-Geist-Hospital* (jetzt Feierabendheim), zweigeschossiger Barockbau (1727) mit dreigeteilter Straßenfront, im Mittelteil die einschiffige Kirche, in den Seitenteilen Wohnungen. — *Kreis-Heimatmuseum* (Lange Str. 71), u. a. Entwicklung der Landwirtschaft von der Ostkolonisation bis zum vollgenossenschaftlichen Kreis, Flämingtrachten.

RIEDEBECK. *Dorfkirche*, einschiffiger spätromanischer Granitbau (im Kern 1192–1204, rest.) mit Flachdecke, Chor und Apsis, in der Apsiswölbung spätgotische Wandmalereien (u. a. Christus als Weltenrichter), querrechteckiger Westturm; spätgotischer Flügelaltar (im Schrein Anna selbdritt mit den Hl. Barbara und Margarete) Ende 15. Jh., Taufengel 18. Jh.

DREHNA. *Wasserschloß* (jetzt Jugendwerkhof), unregelmäßige Vierflügelanlage der Renaissance (2. H. 16. Jh., im 18. Jh. schlicht erneuert), an der Nordwest- und Südwestecke große Rundtürme, an der Nordostecke quadratischer Turm, über dem Haupteingang Uhrturm mit welscher Haube und Laterne, im Erdgeschoß mit Tonnen-, Zellen-, Netz- und Sterngewölben, im ersten Geschoß Stuckdecken. – In der *Dorfkirche* (1895) bemerkenswerte Grabsteine 16. Jh., v. Minkwitz.

SONNEWALDE. *Schloß*, Renaissancebau (Ende 16. Jh., mehrfach umgebaut, zuletzt um 1860), urspr. gegliedert in Vorder- und Hinterschloß, Hinterschloß nach 1945 abgebrannt, Vorderschloß über verwinkeltem Grundriß, reiches Portal (1592), zwei Schmuckgiebel.

FINSTERWALDE. Wohl bald nach 1200 Errichtung einer deutschen Burg an der Stelle des heutigen Schlosses, im 13. Jh. Entwicklung einer Markt-Siedlung an der Nordseite des Schloßgrundstückes, gitterförmiges Straßennetz mit fast rechteckigem Marktplatz, im Dreißigjährigen Krieg fast völlig vernichtet. *Schloß*, weiträumige Anlage der Renaissance (Hauptbauzeit 1553 bis 1597) mit spätgotischen Bestandteilen, gegliedert in Vorder- und Hinterschloß, unregelmäßige Vierflügelanlagen um annähernd rechteckige Höfe, über der Einfahrt zum Hinterschloß Turm mit Pyramidenhelm und Laterne, zwei Flügel urspr. mit Arkaden (jetzt teilweise vermauert), einige Räume mit Kreuzgrat- und Sterngewölben. – *Rathaus*, zweigeschossiger Barockbau (1739 unter Leitung von G. Ch. Haubtmann und M. Günther mit Benutzung spätgotischer Teile) mit zwei Portalen, davon eines mit Sitznischen, und Dachreiter. – *»Kurtsburg«*, urspr. Vierflügelanlage der Renaissance (Mitte 16. Jh.), vorderer Flügel mit reichem Sitznischenportal erhalten, im Erdgeschoß Räume mit Kreuzgewölben und Balkendecken. – *Dreifaltigkeitskirche*, dreischiffige spätgotische Hallenkirche (begonnen 1578 von M. Piger aus Dresden, vollendet kurz vor 1618, erneuert 1667 und 1881) mit Renaissance-Bestandteilen, Netzgewölbe, in den schmalen Seitenschiffen Emporen, Westturm mit geschweifter Haube. Bemerkenswerte Ausstattungsstücke: Reiche Kanzel 1615 von M. Kuntze aus Dresden. Altaraufsatz 1594. Epitaphe und Grabsteine 16./17. Jh.

DOBERLUG-KIRCHHAIN. Die Siedlung Doberlug planmäßige Anlage aus der Zeit des Frühbarocks (1664 zur Stadt erhoben), vom Schloßtor nach Nordosten schnurgerade Hauptstraße (60 m breit), begleitet von zwei schmaleren Nebenstraßen, in der Mitte eine Querstraße. Die Bürgerhäuser meist zweigeschossig; besonders bemerkenswert: *Ehem. Gasthaus zum Rautenstock* (1665/1666) mit Rundbogenportal und *Alte Apotheke* (1689 privilegiert) mit

Fassadenmalerei. – *Schloß* (jetzt von der NVA genutzt), unregelmäßige Vierflügelanlage des Frühbarocks (im wesentlichen 2. H. 17. Jh. mit Benutzung einiger älterer Teile) mit zahlreichen schlichten Schmuckgiebeln, in der Südwestecke Treppenturm mit geschweifter Haube und Laterne, in der Nordostecke quadratischer Treppenturm, an der Westseite reiches Portal (1663 von H. Weinhardt aus Pirna), im Schloßhof Brunnen, mehrere Räume mit reichen Stuckdecken. – *Klosterkirche* des ehem. Zisterzienser-Klosters Doberlug, dreischiffige spätromanische Backstein-Basilika (Ende 12. Jh., Weihe angeblich 1228, 1905–1911 historisierende Neurenaissance-Ausstattung) mit Kreuzrippen- und Kreuzgratgewölben im gebundenen System, Querschiff mit ausgeschiedener Vierung, Chor mit Apsis, an der Außenwand der Apsis Halbsäulen und Kreuzbogenfries, über der Vierung Dachreiter (Anf. 20. Jh.). Bemerkenswerte Ausstattungsstücke: Altaraufsatz 1625 mit spätgotischem Flügelaltar (Maria mit Petrus und Paulus) Anfang 16. Jh. Gemalter Flügelaltar (im Mittelfeld Geißelung) 15. Jh. Mehrere Gemälde (u. a. David vor König Saul) Ende 16. Jh. Epitaphe und Grabsteine 17./18. Jh. – *Postmeilensäule* (Ortsteil Kirchhain) von 1736. – *Weißgerbermuseum* (Kirchhain, Potsdamer Str. 18), eingerichtet in der ältesten Weißgerberwerkstatt des Ortes (1787). – *Pfarrkirche* des Ortsteils Kirchhain, dreischiffige spätgotische Backstein-Basilika (vermutlich nach 1380, im 18. Jh. verändert) mit bemalten hölzernen Tonnengewölben, Chor mit Zellengewölbe (16. Jh.), spätromanischer Backsteinturm mit zwei Spitzhelmen. Bemerkenswerte Ausstattungsstücke: Altaraufsatz 1743. Kanzel 18. Jh. Spätgotische Triumphkreuzgruppe Anfang 16. Jh. Epitaphe und Grabsteine 16.–18. Jh.

LUGAU. *Dorfkirche*, spätromanische doppeltürmige Anlage mit gediegener spätbarocker Ausstattung, zwei gotischen Eichentruhen und Sakramentsschrank.

SALLGAST. *Schloß* (jetzt Kulturhaus), zweigeschossige Vierflügelanlage der Renaissance (16. Jh., 1911 durch B. Ebhardt wiederhergestellt, außen rest.), Fenster unregelmäßig verteilt, an den Ecken massige Rundtürme mit geschweiften Hauben.

Bemerkenswerte Herrenhäuser in GOLZIG (Renaissancebau 16. Jh., Kreuzrippen-, Stern- und Tonnengewölbe), KASEL (Barockbau 2. H. 18. Jh., daneben klassizistische Orangerie Anfang 19. Jh.), SCHENKENDORF (Barockbau Anfang 18. Jh.), ZIECKAU (spätklassizistisch Mitte 19. Jh.), KÜMMRITZ (Barockbau Ende 17. Jh.) und BORNSDORF (unregelmäßige Dreiflügelanlage der Renaissance 16. Jh., 1734 barock umgebaut), sämtlich im Kr. Luckau.

Bemerkenswerte Dorfkirchen in ZÜTZEN (spätgotisch vermutlich 15. Jh.; reicher Altaraufsatz 1710), KASEL (gotisch 14. Jh.), KROSSEN (im Kern gotisch, Mitte 18. Jh., barock umgebaut; gediegene Barock-Ausstattung, rest.), DRAHNSDORF (gotisch vermutlich 14. Jh.; Altaraufsatz 1619 mit spätgotischer Madonna Mitte 15. Jh.), LIEDEKAHLE (gotisch 14. Jh., bemalte

Holzdecke, freistehender hölzerner Glockenturm; Altaraufsatz 1717 von Ch. Zimmermann aus Luckau), SCHENKENDORF (spätgotisch vermutlich 15. Jh.; Altaraufsatz Ende 17. Jh. von J. Bandicken aus Luckau), GÖRSDORF (reicher Altaraufsatz 1582), WILDAU (spätromanisch 13. Jh.), PASERIN (spätgotisch 15. Jh.; Altaraufsatz 1690, Kanzel 1. H. 16. Jh., spätgotisches Kruzifix), WALTERSDORF (spätromanisch 1. H. 13. Jh.), GEHREN (klassizistisch 1825), GOSSMAR (im Kern gotisch, um 1500 nach Osten erweitert; Kanzelaltar 17. Jh. mit mehreren spätgotischen Schnitzfiguren), CAHNSDORF (spätgotisch um 1400, im Ostteil Netzgewölbe 16. Jh.), SCHLABENDORF (spätgotisch vermutlich 15. Jh.; spätgotische Schnitzfiguren 1. H. 15. Jh. und Anfang 16. Jh.), BORNSDORF (spätgotisch vermutlich 15. Jh.; reiche Kanzel um 1730, zwei lebensgroße Sandsteinfiguren 17. Jh.), WALDDREHNA (spätgotisch 15. Jh., Turm auf zwei Säulen stehend, Unterbau als offene Vorhalle gebildet), SCHÖNEWALDE (frühgotisch um 1300; Altaraufsatz 1765 von Ch. H. Rathmann aus Kirchhain), FRANKENA (fruhgotisch Ende 13. Jh.; Altaraufsatz 1696 von M. Scharben aus Lübben), TREBBUS (frühgotisch Ende 13. Jh.; spätgotisches Chorgestühl 1521), PRIESSEN (spätgotischer Flügelaltar Anfang 16. Jh.), TRÖBNITZ (spätgotischer Flügelaltar Anfang 16. Jh.), SCHÖNBORN (spätromanisch 1. H. 13. Jh.; spätgotischer Flügelaltar Anfang 16. Jh., reiche Kanzel 1655), LINDENA (dreischiffige frühgotische Basilika 1. H. 13. Jh.; spätgotischer Flügelaltar um 1500, frühgotischer Taufstein), FRIEDERSDORF bei DOBERLUG (spätromanisch Anfang 13. Jh.; großer romanischer Taufstein, Reste gotischer Wandgemälde), OPPELHAIN (spätgotischer Flügelaltar Ende 15. Jh.), RÜCKERSDORF (Renaissancebau um 1600), SORNO (klassizistisch 1832), FISCHWASSER (Fachwerkbau vermutlich 1699), BETTEN (spätgotischer Flügelaltar Anfang 16. Jh.), MASSEN (spätromanisch mit vollständiger volkstümlicher Barock-Ausstattung; spätgotischer Flügelaltar 2. H. 15. Jh.) und GÖLLNITZ (frühgotisch vermutlich Anfang 14. Jh.; spätgotische Triumphkreuzgruppe 15. Jh.).

Die Kreise Jessen, Herzberg und Bad Liebenwerda

SEYDA. *Amtshaus* (Bergstr. 3), dreigeschossiger Fachwerkbau (1605) mit zwei Giebeln und Sitznischenportal. — *Pfarrkirche zum hl. Kreuz*, einschiffiger gotischer Feldsteinbau (14. oder 15. Jh.) mit Westturm (um 1850).

ANNABURG. *Schloß*, Renaissancebau (1572–1575), bestehend aus Vorder- und Hinterschloß, an den Ecken und über dem Mittelportal des Vorderschlosses massige Rundtürme, das Hinterschloß Vierflügelanlage um einen kleinen Lichthof, im Hof offene Loggia auf Säulen, drei Risalite, im Südturm Wendeltreppe, schlichte Portale. — *Pfarrkirche*, einschiffiger, im Kern gotischer Bau (14. oder 15. Jh., im 17. Jh. verändert) mit bemalter Kassettendecke; Taufstein 1674, Orgelprospekt 18. Jh., Altaraufsatz 1602, Epitaphe 16./17. Jh. — Von den

Fachwerkbauten besonders bemerkenswert: Ehem. Amtshaus vermutlich 16. Jh. Ehem. Oberforst- und Wildmeisterei (Holzdorfer Straße) vermutlich 16. oder 17. Jh. Karl-Marx-Platz 23a vermutlich 16. oder 17. Jh.

PRETTIN. *Schloß Lichtenburg* (jetzt u. a. Kreismuseum und Gedenkstätte für die Opfer des faschistischen Konzentrationslagers 1933–1936), Dreiflügelanlage der Renaissance (1565–1582 von H. Irmisch und Ch. Tendler, barock umgestaltet; rest.), im Hof stark hervortretender Risalit auf drei Pfeilern, reiche Portale, Neptunbrunnen. — *Schloßkirche*, zweischiffiger Renaissancebau (1581) mit Westempore, gotische Fenster und Gewölbe; Altar 1612 von G. M. Nosseni und S. Walther. — *Pfarrkirche*, dreischiffige kreuzförmige Basilika (im Kern 13. Jh., vermutlich im 14. Jh. verlängert und eingewölbt); großer spätgotischer Flügelaltar nach 1500, aus zwei Teilen zusammengesetzt, Kanzel 1552, bemerkenswerte barocke Gemälde in Altarraum und Turmhalle. — *Turm am Lichtenburger Tor*, gotischer Backsteinbau über rundem Grundriß.

HERZBERG. *Pfarrkirche St. Nikolai*, dreischiffige spätgotische Backstein-Hallenkirche (Osthälfte vor 1377 beg., Westhälfte um 1430 voll., rest.) mit Netz- und Sterngewölben, in den Gewölbefeldern umfangreicher spätgotischer Gemäldezyklus (u. a. Evangelisten, Propheten, Verkündigung, Jüngstes Gericht), Osthälfte durch breite Gurtbögen und Pfeiler vor der Westhälfte abgesetzt, Mittelschiff und Seitenschiffe flach dreiseitig geschlossen, an der Nordseite Sakristei über unregelmäßigem sechseckigem Grundriß, querrechteckiger Westturm mit Aufsatz, Haube und Laterne aus dem 17. Jh. Bemerkenswerte Ausstattungsstücke: Altaraufsatz 1765. Kanzel 17. Jh. Taufstein 1624. Grabdenkmäler 16./17. Jh. — *Begräbniskirche St. Katharinen*, einschiffiger spätgotischer Backsteinbau (um 1400) mit Flachdecke. — *Rathaus*, Spätrenaissancebau (1680) mit Benutzung älterer Teile, Giebel, Dacherker und Dachreiter.

BAD LIEBENWERDA. *Schloß* (jetzt Heimatmuseum), von der mittelalterlichen Burg gotischer Backstein-Bergfried (»Lubwart«) erhalten, die übrigen Gebäude des Schloßbezirks urspr. Mitte 16. Jh., nach Brand 1733 in veränderten Formen wiederaufgebaut. — *Kreis-Heimatmuseum*, u. a. Ur- und Frühgeschichte des Kreisgebietes, Stadtgeschichte, örtliches Handwerk. — *Rathaus*, zweigeschossiger klassizistischer Bau (um 1800), in der Mitte Erker mit Giebeldreieck, Dachreiter. — *Pfarrkirche St. Nikolai*, urspr. dreischiffige spätgotische Backstein-Hallenkirche (14. oder 15. Jh., nach 1513 erneuert), jetzt einschiffig, an der Nordseite Sakristei und Ratsloge, Westturm (1898); Taufstein 1671, Triumphkreuz und Schmerzensmann, beide spätgotisch.

MARTINSKIRCHEN. *Schloß*, dreigeschossige barocke Dreiflügelanlage (1751 bis 1756 vermutlich von F. A. Krubsacius, teilweise restauriert), der Haupttrakt mit halbrundem Pavillon, Giebeldreieck mit Wappen, im Pavillon Festsaal mit reichen Stuckdekorationen sowie Wand- und Deckengemälden. — *Dorfkirche*, einschiffiger spätromanischer Backsteinbau (Anfang 13. Jh., 1697–1699 erweitert und umgebaut), Chor mit flachem Tonnengewölbe, quer-

Mühlberg, Schloß

rechteckiger Turm; Kanzelaltar 1697, Taufstein 18. Jh., Bildnisgrabsteine 16./17. Jh.

MÜHLBERG. Urspr. Schutzburg gegen die Slawen an der Stelle des heutigen Schlosses, vor 1228 Gründung des Zisterzienser-Nonnen-Klosters Güldenstern, Entstehung der Altstadt aus der Ansiedlung von Fischern und Schiffern um Burg und Kloster, erst 1346 Vereinigung der durch Doppelgraben und Wall getrennten Alt- und Neustadt zu einer Stadtgemeinde. — *Schloß*, urspr. gotische Wasserburg, 1535 abgebrannt, nach 1545 in veränderten Formen wiederaufgebaut, zweigeschossige Vierflügelanlage über hohem Kellergeschoß, schlichte Giebel, in der Nordostecke Treppenturm, in der Kapelle neugotischer Altar mit spätgotischen Schnitzfiguren (15. Jh.). — *Klosterkirche* des ehem. Zisterzienser-Nonnen-Klosters Güldenstern, einschiffiger Backsteinbau (urspr. nach 1228, in der 2. H. 13. Jh. frühgotischer Umbau der Ostteile, zwischen 1330 und 1350 Umbau des Langhauses, 1539 und 1643 durch Brand beschädigt, 1906 erneuert) mit Kreuzrippengewölben, Querschiff mit ausgeschiedener Vierung, langgestreckter Chor, spätgotische Westfassade, Dachreiter. Bemerkenswerte Ausstattungsstücke: Renaissance-Flügelaltar (im Mittelfeld Abendmahl) 1569 von H. Göding d. Ä. aus Dresden. Kanzel 1621. Zwei spätgotische Triumphkreuzgruppen um 1520. Grabdenkmäler 14.–18. Jh. — Von den *Klostergebäuden* Ostflügel der Klausur abgebrochen, Nordflügel mehrmals umgebaut und profaniert, Westflügel mit Äbtissinnenwohnung 1717 zum Herrenhaus umgestaltet, im Erdgeschoß Zellengewölbe, im Giebel spätgotisches Maßwerk. — Westlich der Kirche *Neue Propstei*, spätgotischer Hauptflügel (um 1530) mit reichem Maßwerk-Staffelgiebel, Anbauten (nach 1554) mit Frührenaissance-

Giebeln, sowie das ehem. Hospiz (vermutlich 15. Jh. mit späteren zusätzlichen Bauten), an der Nordecke Treppenturm. — *Heimatmuseum* (Museumsstr. 9), sakrale Plastik 16. Jh., ur- und frühgeschichtliche Funde, bürgerlicher und bäuerlicher Hausrat. — *Rathaus*, Renaissancebau (1543 mit Benutzung älterer Teile), im Ostgiebel spätgotisches Maßwerk, Westgiebel 17. Jh. — In der spätgotischen *Neustädter Kirche* (nach 1487, nach Brand 1535 wiederaufgebaut) bemerkenswert: Spätgotischer Flügelaltar (im Schrein Anbetung des Kindes) um 1525 in Renaissancerahmen von 1578. Grabsteine 16.–18. Jh. — In der *Friedhofskapelle* (1590) bemerkenswert: Renaissance-Altar (im Mittelfeld Kreuzigung, in der Predella Sündenfall) 1614. Kanzel um 1600.

ELSTERWERDA. *Schloß*, zweigeschossige barocke Dreiflügelanlage (um 1720–1737) mit reichem Hauptportal und Dachreiter, im Obergeschoß Saal mit Stuckdecke. — *Postmeilensäule* von 1736. — *Pfarrkirche St. Katharinen*, einschiffiger Barockbau (1718, 1904 stark verändert) mit spätgotischem Chor (vermutlich 15. Jh.), Turm mit Haube und Laterne. Bemerkenswerte Ausstattungsstücke: Kanzelaltar um 1760. Triumphkreuz und Anna selbdritt, beide spätgotisch. Bildnisgrabsteine 16./17. Jh., v. Maltitz.

Bemerkenswerte Pfarr- und Dorfkirchen in NAUNDORF bei SEYDA (frühgotisch vermutlich Ende 13. Jh.; zwei spätgotische Schnitzfiguren), GADEGAST (spätromanisch 13. Jh.), ARNSDORF (spätgotischer Flügelaltar um 1520, zum Kanzelaltar umgearbeitet), SCHWEINITZ (im Kern romanisch, im 15. und 18. Jh. verändert; in der Nähe Amtshaus, barocker Fachwerkbau 17. Jh.), JESSEN (Frühbarockbau 2. H. 17. Jh. mit Benutzung älterer Teile; Altaraufsatz 1662), BATTIN (spätgotischer Flügelaltar um 1500), GERBISBACH (zweischiffiger spätgotischer Bau, vermutlich 15. Jh.), KLÖDEN (spätromanisch 12. Jh., Wandmalereien 14. Jh.; romanisches Kruzifix Anfang 12. Jh.), AXIEN (spätromanisch Anfang 13. Jh., in der Apsis spätromanische Fresken), LABRUN (Renaissancebau 1632; gediegene Ausstattung), KLOSSA (spätgotischer Flügelaltar um 1500), LÖBEN (urspr. frühgotisch, im 15./16. Jh. umgebaut; spätgotischer Flügelaltar Ende 15. Jh.), STOLZENHAIN (spätgotischer gemalter Altar um 1480, niederrheinische Arbeit), SCHÖNEWALDE (klassizistisch nach 1803), WILDENAU (Renaissancebau um 1600; Altaraufsatz und Taufstein der Entstehungszeit), KÖRBA (reicher Kanzelaltar um 1600, spätgotischer Christus in der Rast um 1500), HOHENBUCKO (frühgotisch vermutlich 14. Jh.; spätgotisches Vesperbild und zwei Leuchterengel Anfang 16. Jh.), PROSSMARKE (gotisch vermutlich 14. Jh., mächtiger spätgotischer Westturm), DRASDO (Barockbau 1695 von Ch. Klengel aus Liebenwerda; reicher Taufstein 1594), LANGENNAUNDORF (Barockbau 1715 von A. Kröpper; gediegene Ausstattung der Entstehungszeit), KOSSDORF (Barockbau vermutlich 1736, Apsis und Westturm romanisch), BURXDORF (frühgotisch Mitte 13. Jh.; Altaraufsatz um 1680 mit spätgotischen Schnitzfiguren), ALTENAU (spätromanisch 13. Jh., im 17. Jh. erweitert; Altaraufsatz um 1615), FICHTENBERG (klassizistisch 1808–1810 mit Benutzung älterer Teile), OSCHÄTZCHEN (spätgotischer Flügelaltar Ende 15. Jh.), WÜRDENHAIN (spätgotischer Flügelaltar um

1500), STOLZENHAIN (Renaissancebau 1592, reiche Ausstattung mit Altar um 1600), DOBRA (spätgotischer Flügelaltar Anfang 16. Jh.), DRESKA (spätgotischer Flügelaltar um 1500), HOHENLEIPISCH (spätromanisch um 1200) GROSSTHIEMIG (spätgotisch vermutlich 15. Jh., 1545 erweitert; reicher Altaraufsatz um 1620) und SAXDORF (romanisch; Wandmalereien 15. Jh. und Altar um 1500).

Die Bezirke Magdeburg und Halle

In diesen beiden Bezirken stehen die ältesten Baudenkmäler der Deutschen Demokratischen Republik. Die Stiftskirche in Gernrode wurde 963 geweiht. Im letzten Viertel des 10. Jh. entstanden die Kirchen des Stifts Walbeck und des Benediktinerklosters Memleben, beide heute Ruinen. Die Grundrisse anderer bedeutender Bauten sind durch Grabungen bekannt geworden (Quedlinburg, Halberstadt, Magdeburg, Tilleda).
Die Geschichte gibt Antwort auf die Frage, warum gerade damals, im 10. Jh., und gerade hier, im Osten des Reiches, so viele Kirchen gebaut worden sind. 968 gründete Otto I. (936–973) das Erzbistum Magdeburg sowie die Bistümer Merseburg, Meißen und Zeitz (seit 1032 Naumburg). Im Gegensatz zu den großen weltlichen Feudalherren, die nach Unabhängigkeit strebten und dadurch die Einheit der herrschenden Klasse in Frage stellten, war die Kirche die stärkste Stütze des Königtums. Otto I. übertrug den Bistümern weltliche Hoheitsrechte und erhob die Bischöfe zu Exekutivorganen der Staatsverwaltung. Nur mit Hilfe dieses »Reichskirchensystems«, das ein machtpolitisches Gleichgewicht schuf, gelang es der Zentralgewalt, der rebellischen Stammesherzöge Herr zu werden und den frühfeudalen deutschen Staat so zu festigen, daß er seine Aufgaben sowohl nach innen als auch nach außen erfüllen konnte.
Die neugegründeten Bistümer an der Ostgrenze sicherten die Unantastbarkeit des königlichen Stammlandes Sachsen besser als alle Verträge und Absprachen. Überall dort, wo sich ein Dom oder eine Stiftskirche erhob, war die Herrschaft des Königs unbestritten. Die geistlichen Feudalherren zogen aus diesem Bündnis reichen Gewinn, und ihr Machtzuwachs fand seinen Ausdruck in den trutzigen Bauten, die sie errichten ließen. Erst als das erstarkte Papsttum das Recht, Bischöfe in ihre Ämter einzusetzen, für sich in Anspruch nahm und der deutsche Hochadel in dem Kampf, der nun entbrannte, für die Päpste Partei ergriff, zerbrach die Klammer, die das Reich zusammengehalten hatte.
Die Romanik hat das künstlerische Antlitz des alten sächsischen Landes im Norden und Osten des Harzes stärker geprägt als jeder andere Stil. Es sind nicht die Werke der Gotik – so bedeutend sie auch sein mögen –, sondern die romanischen Bauten in Gernrode, Quedlinburg, Leitzkau, Hamersleben und Hecklingen, die sich kunsthistorisch mit dem Namen dieser Landschaft verbinden. Auch abseits der großen Straßen, in Drübeck, Huysburg und Gröningen oder, um einige Beispiele aus der Altmark zu nennen, in Jerichow, Arendsee und Diesdorf, findet man romanische Werke von überraschend hoher Qualität – Bauten, die bekannter zu sein verdienten, als sie es sind.
Die altsächsische Baukunst hat von diesem Erbgut lange gezehrt. Der Chor des Magdeburger Domes, begonnen 1209, gilt mit Recht als eines der frühesten

gotischen Bauwerke in unserer Republik, aber an den Kapitellen des Chorumganges begegnen wir einem plastischen Zyklus, der von den bodenständigen spätromanischen Überlieferungen stärker beeinflußt ist als von dem Formengut der nordfranzösischen Gotik, das den für den Gesamtplan verantwortlichen Meistern sonst durchaus gegenwärtig war. Und schließlich soll nicht vergessen werden, daß auch die Werke des großen Naumburger Meisters nicht allein aus gotischen Voraussetzungen erklärt werden können. So sicher es ist, daß er entscheidende Anregungen in Frankreich empfangen hat, so gewiß ist es auch, daß erst die Verschmelzung des Fremden mit dem Heimatlichen seiner Kunst ihr unverwechselbares Gepräge gab.

Bezirk Magdeburg

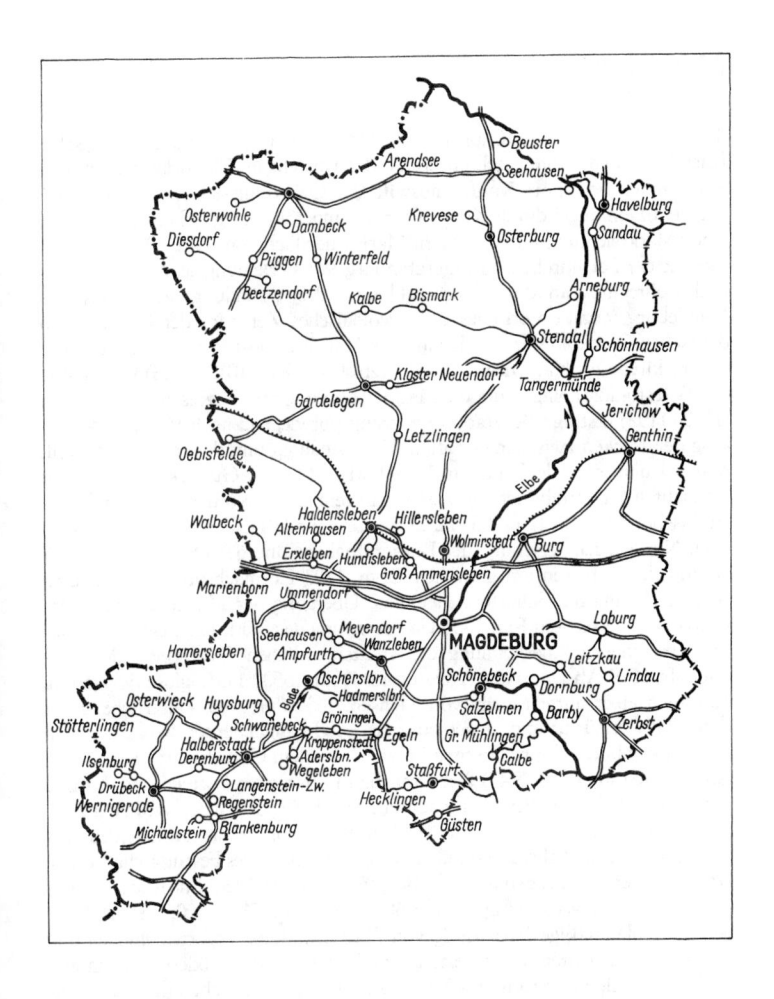

Magdeburg

805 im Diedenhofener Capitular als Handelsplatz genannt, karolingisches Kastell auf dem Domhügel, unterhalb des Kastells im Elbvorland der nur zu Marktzeiten bewohnte Kaufmannswik. 937 Gründung des Mauritiusklosters auf dem Domhügel durch Kaiser Otto I., ungefähr zur gleichen Zeit Anlage einer Marktsiedlung um den Alten Markt, nördlich vom Alten Markt in der Gegend der Petrikirche die Burggrafenburg. 965 Verleihung des Markt-, Münz- und Zollrechtes an das Mauritiuskloster. 968 Gründung des Erzbistums Magdeburg, organisatorisches und ideologisches Zentrum der frühfeudalen deutschen Ostexpansion, Verlegung des Mauritiusklosters und Erhebung der Klosterkirche zur Kathedrale. Unter Erzbischof Gero (1012–1023) Vollendung der Befestigungsanlagen um die Marktsiedlung. Unter Erzbischof Wichmann (1152–1192) erste große Stadterweiterung vorwiegend nach Westen, Besiedlung der Lücken zwischen der alten Marktsiedlung und dem neuen Stadtteil, Mauerbau im Zuge der heutigen Danz- und der Otto-v.-Guericke-Straße unter Verzicht auf die Einbeziehung der Burggrafenburg im Norden der Stadt. Unter Erzbischof Albrecht II. (1205–1232) zweite planmäßige Erweiterung der Stadt nach Norden, Einbeziehung der Burggrafenburg und des Dorfes Frose. 1209 Beginn der Arbeiten am gotischen Dom. 1293 Entmachtung des vom Erzbischof abhängigen Schöffenkollegiums, Übergang der Macht auf den vom Patriziat beherrschten Rat. 1486 Unterwerfung der Stadt nach langen Kämpfen, erzwungene Anerkennung der staatsrechtlichen Oberhoheit des Erzbischofs. 1520 Abschluß der Arbeiten am Dom. 1550/51 erfolglose Belagerung durch ein Heer unter Moritz von Sachsen. 1631 durch ein kaiserliches Heer unter Tilly erstürmt und niedergebrannt. 1680 Eingliederung Magdeburgs in den brandenburgisch-preußischen Staat. Unter dem Gouverneur Leopold von Anhalt-Dessau (1693–1747) Wiederaufbau in barocken Formen und Ausbau zur stärksten Festung Preußens nach Plänen von G. C. v. Walrave. In der 2. H. 19. Jh. Entwicklung zu einer der wichtigsten Industriestädte Mitteldeutschlands (vorwiegend Schwermaschinenbau), Aufhebung des Festungscharakters, große Stadterweiterungen nach Norden, Westen und Süden ohne Rücksicht auf städtebauliche Zweckmäßigkeit. Bevölkerungszahl 1871: 84 000, 1890: 202 000. Seit 1921 planmäßige Errichtung von Gartenstädten, Vorortsiedlungen und Gemeinschaftsbauten unter Leitung von B. Taut und J. Göderitz. Im Januar 1945 fast völlige Zerstörung der Altstadt und starke Beschädigung der Vorstädte durch anglo-amerikanische Luftangriffe. Großzügiger Wiederaufbau nach einem vom Büro des Stadtarchitekten, der Bauakademie der DDR und

Magdeburg, Karl-Marx-Straße (neuer Abschnitt)

der Hochschule für bildende und angewandte Kunst in Berlin unter Leitung von H. Michalk erarbeiteten städtebaulichen Entwurf. Von den Neubauten im Stadtzentrum besonders bemerkenswert: *Elbe-Schwimmhalle* (1962 nach Entwurf des Kollektivs W. Heynisch, R. Korn, M. Vogel und M. Brieske), *Hotel »International«* in der Otto-v.-Guericke-Straße (1963 nach Entwurf des Kollektivs H. Scharlipp), *Appartementhaus* im Südabschnitt der Karl-Marx-Straße (1965 nach Entwurf des Kollektivs J. Schroth und R. Maeß) und *Nordabschnitt der Karl-Marx-Straße* (1965 nach Entwurf des Kollektivs G. Dalchau, H. Heinemann und F. Jacobs); am Elbufer *»Promenade der Völkerfreundschaft«* (1974), gärtnerisch gestaltete Fußgängerzone mit Brunnen und Plastiken. Wirtschaftliche Bedeutung durch zweitgrößten Binnenhafen der DDR, Schwermaschinen- und Chemieanlagenbau. Bildungsstätten: Technische Hochschule »Otto von Guericke«, Medizinische Akademie, Pädagogisches Institut, mehrere Fachschulen.

Historische Bauten um den Domplatz

Dom St. Mauritius und St. Katharina. Von dem 1207 abgebrannten ottonischen Dom (begonnen 955) südöstlich des Chors Reste einer 1926 ausgegrabenen Krypta sowie im Chorhaupt und im Remter Marmorsäulen (Spolien aus Italien) erhalten. Gotischer Neubau, begonnen 1209. Chor vollendet um 1240. Nach 1240 Errichtung von Querschiff und Langhaus, 1310 Beginn der Arbeit am Westbau, kurz nach 1330 Einwölbung des Langhauses vollendet. 1363 Weihe des Doms, 1445 Beginn der Arbeiten am Lettner (Meister J. Brochstete), 1477–1520 Vollendung des Westbaus (letzter Meister B. Binder), 1945 stark beschädigt, bis 1955 wiederhergestellt. Dreischiffige Basilika mit Kreuzrippengewölben und kreuzförmigen Pfeilern, Chor mit Umgang und Kapellenkranz sowie einem oberen Umgang (»Bischofsgang«), letzterer von einem Zisterzienser-Meister, an den eckigen Chorkapellen Rundbogenfriese, über den Fenstern des Hochchors Galerie, in den Stirnflächen der Querschiffsarme große Spitzbogenfenster, vor dem nördlichen Querschiffsarm Vorhalle (»Paradies«) um 1330, östlich der Querschiffsarme zwei unvollendete Türme, über den Seitenschiffen Zwerchgiebel mit Blendenmaßwerk, querrechteckiger Westbau (Westvorhalle 1495 in Grabkapelle umgewandelt), reiches Westportal mit Wimperg, die unteren Geschosse des Westbaus und der Mittelteil zwischen den Türmen mit Gitterwerk (vermutlich nach dem Vorbild des Straßburger Münsters), die beiden Türme mit achteckigen Aufsätzen und gedrungenen Spitzhelmen. – Von der *Bauplastik* besonders bemerkenswert: Umfangreicher figürlicher und ornamentaler Zyklus an den Pfeilern des Chorumgangs zwischen 1210 und 1225. Sechs Säulenfiguren, davon vier mit den etwas tiefer eingesetzten Reliefs zu einem geplanten frühgotischen Portal gehörig, zwei

Magdeburg
1 Dom St. Mauritius und Katharina, 2 Klosterkirche Unser Lieben Frauen, 3 Stiftskirche St. Sebastian, 4 Rathaus und Magdeburger Reiter, 5 Pfarrkirche St. Johannis (Ruine) und Lutherdenkmal, 6 Pfarrkirche St. Petri, 7 Fronleichnamskapelle St. Magdalena, 8 Wallonerkirche, 9 Elbeschwimmhalle, 10 Kulturhistorisches Museum, 11 Hotel »International«, 12 Lukasturm, 13 Stadthalle, 14 Ehem. Wehrturm »Kiek in de Köken«, 15 Kulturpark »Rotehorn«, 16 Warenhaus

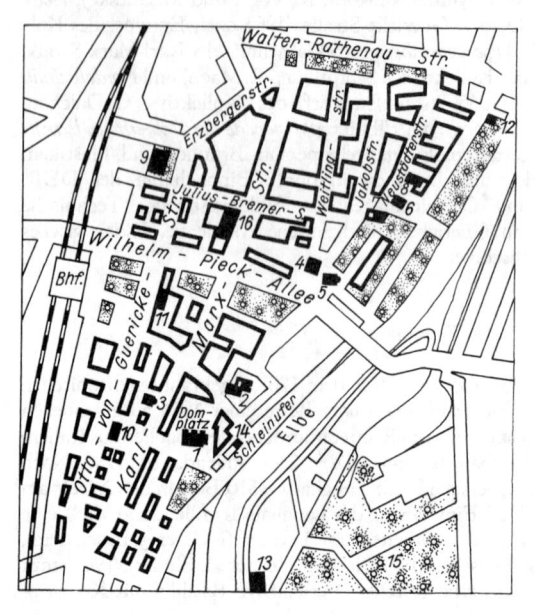

Magdeburg, Liebfrauenkirche, Westwerk

bereits für den heutigen Standort im Chor gearbeitet, zwischen 1225 und 1235, Sitzbilder Kaiser Ottos I. und seiner Gemahlin Editha (nach anderen Christus und die Kirche) zwischen 1230 und 1240. Maria mit Kind im nördlichen Querschiff um 1235/40. Baumeister-Konsole am südwestlichen Vierungspfeiler um 1245. Kluge und törichte Jungfrauen an der Paradiespforte um 1245/50. Ecclesia und Synagoge um 1245/50. Hl. Mauritius um 1245/50. Hl. Katharina um 1245/50. Verkündigungsgruppe um 1255. Standbild Kaiser Ottos I. am Westportal um 1310. – Von der *Ausstattung* besonders bemerkenswert: Kanzel 1595–1597 von Ch. Capup. Gotisches Chorgestühl um 1340. Maria mit Kind (»wundertätige Maria«) um 1300. Vesperbild vermutlich böhmische Arbeit aus dem frühen 15. Jh. Alabasterfigur des hl. Mauritius 1467, Alabasterfigur des auferstandenen Christus um 1467, beide vom Meister des hl. Michael in der Erfurter Severikirche. Denkmal für die Gefallenen des ersten Weltkrieges 1929 von E. Barlach. – Von den zahlreichen *Grabdenkmälern* besonders bemerkenswert: Bronze-Grabplatte des Erzbischofs Friedrich v. Wettin (Chorumgang) um 1150/60. Bronze-Grabplatte des Erzbischofs Wichmann (Chorumgang) Ende 12. Jh. Bronzetumba des Erzbischofs Ernst (Westvorhalle) 1495 von P. Vischer d. Ä. aus Nürnberg. Epitaph v. Mandelsloh (südliches Seitenschiff) nach 1602 von Ch. Capup. Epitaph Friedrich v. Arnstedt (südliches Seitenschiff) 1610 von B. Ertle. Epitaph Christian v. Hopkorf (südliches Seitenschiff) um 1625 von Ch. Dehne. – Südlich des Domes die *Klausurgebäude*: Südlicher Kreuzgangflügel spätromanisch (Ende 12. Jh.), Nord- und Westflügel im wesentlichen hochgotisch, Ostflügel frühgotisch (um 1235/40), über seinen Fenstern Putzritzungen (Kaiser Otto I. mit den Kaiserinnen Editha und

Adelheid) um 1250, am Ostflügel zweischiffiger Remter (um 1350), Redekin-Kapelle (gestiftet 1405), spätgotische Wand- und Deckengemälde (Jüngstes Gericht), und Marienkapelle (Mitte 15. Jh.), darin neun beschädigte Reliefplatten (Seligpreisungen) vom Ambo des alten Doms (Mitte 12. Jh.) sowie Retabel vom Elisabethaltar des Doms (um 1360) mit Kreuzgruppe, Schmerzensmann und vier Heiligen (u. a. Elisabeth).

Stadtpaläste am Domplatz. Ostseite: Königliches Palais, dreigeschossiger Barockbau von fünfzehn Achsen Breite, beg. 1707 von G. Simonetti, drittes Geschoß 1850 verändert. Domdechanei (Nr. 5) 1728 begonnen. Domplatz 4 1731/32, am Mittelrisalit mächtige Hermen. Nordseite: Domplatz 7, 8 und 9 dreigeschossige Barockbauten mit einheitlichem Dach, sämtlich 1724–1728 von G. C. v. Walrave. Alle Bauten 1945 beschädigt und in der Folge wiederhergestellt.

Klosterkirche Unser Lieben Frauen (Konzerthalle). Gegründet 1015, ab 1129 Prämonstratenser-Kloster. Romanischer Bau, begonnen um 1064, vollendet um 1160, nach Brand 1188 wiederhergestellt und verändert, um 1220/40 gotisch eingewölbt, nach 1945 durchgreifend rest. Dreischiffige Basilika mit Querschiff, im Mittelschiff sechsteilige Rippengewölbe, sonst Kreuzrippengewölbe, über dem Chor Flachdecke von 1949, ausgeschiedene Vierung, unter der Vierung und dem Chor (mit Apsis) dreischiffige Krypta mit Kreuzgratgewölben, annähernd quadratisches westliches Turmhaus, von zwei Rundtürmen flankiert. Südportal der Kirche mit Bronzetür von W. Grzimek (1977). – Nördlich der Kirche die *Klausurgebäude* (Museum) mit Kreuzgang, einheitlich romanisch zwischen 1135 und 1150, 1945 stark beschädigt, umfassende Wiederherstellung abgeschlossen, am östlichen Kreuzgangflügel Brunnenhaus, am Nordflügel Altes Refektorium mit Tonnengewölben, am Südflügel dreischiffige hochsäulige Kapelle, am Westflügel Sommerrefektorium. – Im Museum bedeutende *Sammlung* von modernen Kleinplastiken.

Stiftskirche St. Sebastian. Gegründet nach 1015, im Kern romanisch Mitte 12. Jh., Chor im 3. V. 14. Jh. neu erbaut, Langhaus im frühen 15. Jh. Dreischiffige Hallenkirche mit Querschiff, Kreuzrippengewölben und Stützen von wechselnder Form (zwei von ihnen tauartig gewunden), an der Nordseite des einschiffigen Chors kurzes Seitenschiff, querrechteckiger romanischer Westbau mit zwei Türmen (welsche Hauben). Im Mittelfenster des Chors schöne Figurenscheiben (1315/20, aus der ehem. Klosterkirche Hadmersleben).

Kulturhistorisches Museum (1906 von F. Ohmann; Otto-v.-Guericke-Str. 68 bis 73). U. a. mittelalterliche Plastik (Magdeburger Reiter mit Schild- und Bannerträgerin, um 1240, früher auf dem Alten Markt), altdeutsche Malerei, deutsche Malerei 19./20. Jh. (Wasmann, Rayski, Marées, Thoma, Buchholz, Weisgerber, Lingner), Plastik 19./20. Jh. (Rodin, Meunier, Kolbe, Barlach, Seitz, Cremer, Grzimek), graphische Sammlung (etwa 8000 Blatt), Kunsthandwerk, Ur- und Frühgeschichte, Wirken Otto von Guerickes, Nachbildungen seiner berühmten Halbkugeln, Geschichte der Arbeiterbewegung des Bezirkes Magdeburg.

Bauten um den Alten Markt

Rathaus. Zweigeschossiger Barockbau (1691–1698 von H. Schmutze), an der Vorderseite Arkaden sowie Mittelrisalit mit Säulenvorhalle und Segmentgiebel, offener Dachreiter. Unter dem Rathaus zweischiffiger spätromanischer Ratskeller (um 1230/40) mit Stichkappen-Tonnengewölbe. — Vor dem Rathaus Standbild des *Magdeburger Reiters* (Abguß nach dem Original im Kulturhistorischen Museum).

Halle an der Buttergasse (jetzt Gaststätte). Urspr. Untergeschoß eines mittelalterlichen Innungs- oder Kaufhauses, spätromanisch um 1200, vierschiffig mit Kreuzgratgewölben, Rundpfeiler mit Zwickelkapitellen, nördlicher Teil mit Tonnengewölben.

Bürgerhäuser. Von den einst sehr zahlreichen barocken Häusern nur zwei erhalten: Karl-Marx-Str. (früher Breiter Weg) 178 und 179, beide um 1728.

Pfarrkirche St. Johannis. Spätgotischer Umbau zur dreischiffigen Hallenkirche (15. Jh.) mit querrechteckigem, zweitürmigem spätromanischem Westbau (um 1200), 1945 ausgebrannt.

Kapelle St. Magdalena. Um 1315 als Fronleichnamskapelle gegründet, einschiffiger gotischer Bau mit Kreuzrippengewölben, reiches Fischblasenmaßwerk, Satteldach mit Dachreiter 1966 nach alten Abbildungen erneuert.

Pfarrkirche St. Petri. Dreischiffige spätgotische Hallenkirche (um 1400 bis Ende 15. Jh.) mit niedrigem romanischem Westturm (12. Jh.), 1945 ausgebrannt, Wiederaufbau 1972 abgeschlossen.

Wallonerkirche (ehem. Augustiner-Klosterkirche). Dreischiffige gotische Hallenkirche (begonnen 1285, geweiht 1366) mit langgestrecktem einschiffigem Chor, an seiner Südseite Glockentürmchen, 1945 ausgebrannt, Wiederaufbau abgeschlossen, im Innern mit flacher Decke anstelle der urspr. Kreuzrippengewölbe. Die Ausstattung aus der Ulrichskirche in Halle übernommen: Spätgotischer Flügelaltar (im Schrein Marienkrönung mit den Hl. Ulrich und Ludger) 1488. Kanzel 1588. Taufkessel 1430 von Ludolfus von Braunschweig.

Lukasturm. Achteckiger Turm (1460) als nordöstlicher Eckpfeiler der Stadtbefestigung errichtet, 1631 hier Einbruch der Belagerer unter Tilly. — Neugestaltung der *Elbuferpromenade* unter Einbeziehung von Teilen der mittelalterlichen Stadtbefestigung und von Bastionen des 18. und 19. Jh.

Bauten in den nördlichen, westlichen und südwestlichen Außenbezirken

Nikolaikirche in der Neuen Neustadt (Nikolaiplatz). Einschiffige klassizistische Saalkirche (1821–1824 nach Entwurf von K. F. Schinkel) mit doppelten

Emporen und kassettiertem Tonnengewölbe, neben dem Chor zwei gedrungene Türme; schlichte Ausstattung.

Hermann-Beims-Siedlung (an der Gr. Diesdorfer Str.). Vorstädtische Wohnsiedlung von hohem künstlerischem Wert, erbaut 1925–1927 nach Plänen von K. Rühl und G. Gauger.

Hermann-Gieseler-Sporthalle (Zugang von der Liebknechtstraße). Langgestreckte Fest- und Ausstellungshalle mit skeletthafter Eisenbetondecke, erbaut 1922 von B. Taut in Zusammenarbeit mit J. Göderitz.

Gartenstadtsiedlung »Hopfengarten« (1910/11) und *Gartenstadtkolonie »Reform«* (begonnen 1912, fortgeführt nach 1921), beide nach Entwürfen von B. Taut.

Bemerkenswerte Dorfkirchen in den Ortsteilen DIESDORF (im Kern romanisch, 1697 umgebaut und erweitert), GROSS-OTTERSLEBEN (dreischiffige spätgotische Hallenkirche Mitte 16. Jh., frühgotischer Chor, romanischer Westturm; Kreuzigungsrelief 1510, Altaraufbau 1704) und KLEIN-OTTERSLEBEN (im Kern romanisch 12. Jh., mehrfach verändert; Prunkepitaph 1700).

Bauten in den südlichen, südöstlichen und östlichen Außenbezirken

Kloster-Berge-Garten mit Gesellschaftshaus (Steubenallee). Das zweigeschossige Gesellschaftshaus (jetzt Haus der Jungen Pioniere) 1825–1829 nach einem veränderten Entwurf von K. F. Schinkel, im Obergeschoß offene Säulenhalle. Der kleine Landschaftspark (jetzt Pionierpark) 1823–1825 nach einem Plan von P. J. Lenné.

Erich-Weinert-Gedenkstätte (Buckau, Thiemstraße 7). Kleine Sammlung über Leben und Werk des proletarisch-revolutionären Dichters Erich Weinert, geb. 1890 in Magdeburg.

Ausstellungsgelände auf dem Rotehorn. Weiträumige Anlage, geschaffen unter der künstlerischen Leitung von Prof. Albinmüller aus Darmstadt für die Deutsche Theaterausstellung 1927, zur Restaurierung vorgesehen. Von den Bauten besonders bemerkenswert: Stadthalle als architektonische Dominante, erbaut nach einem Entwurf von J. Göderitz, Pferdetor von Prof. Albinmüller mit Plastiken von M. Roßdeutscher. Aussichtsturm mit Plastiken von F. Maenicke.

Bemerkenswerte Dorfkirche im Ortsteil CRACAU (im Kern 12./13. Jh., 1661 erneuert; Kanzelaltar 2. H. 17. Jh.).

Die Kreise Burg und Zerbst

BURG. *Oberkirche Unser Lieben Frauen,* dreischiffige spätgotische Hallenkirche (1412–1455 mit Benutzung spätromanischer Teile) mit gotischem Chor (begonnen 1356), Kreuzrippengewölbe, im Chor bemalte Kassettendecke von 1592, spätromanischer Westbau mit zwei Türmen; Altaraufsatz 1607 von M. Spies aus Magdeburg. Kanzel 1608 vermutlich von M. Spies. Taufstein 1611. – *Unterkirche St. Nikolai,* dreischiffige spätromanische Feldstein-Pfeilerbasilika (vermutlich spät. 12. Jh.) mit Querschiff, hölzernes Tonnengewölbe von 1606, Chor mit gotischem Kreuzrippengewölbe und Apsis, querrechteckiger zweitürmiger Westbau; Kanzel Anf. 17. Jh. von M. Spies, Epitaph v. Eckstett Anf. 17. Jh. von H. Hierzig aus Überlingen. – *Pfarrkirche St. Petri,* einschiffiger romanischer Feldsteinbau. – *Maria-Magdalenen-Kapelle,* got. 1. H. 15. Jh., Backstein-Staffelgiebel. – Von der *Stadtbefestigung* nur Reste der Mauer und zwei Mauertürme erhalten. – *Hermann-Matern-Gedenkstätte* (Platz des Friedens 22), Sammlung über Leben und Werk des Arbeiterführers Hermann Matern, geb. 1893 in Burg.

LOBURG. *Pfarrkirche St. Laurentius,* einschiffiger, im Kern frühgotischer Bau, 1580–1584 in Renaissanceformen erneuert, hölzernes Tonnengewölbe mit aufgelegtem Rippennetz, querrechteckiger Westbau mit drei Turmspitzen von 1569; gediegene Ausstattung aus der Zeit der Erneuerung (1737 teilweise umgestaltet), Sakramentsschrank mit bemalter Tür um 1400. – Im Pfarrhaus »Gekreuzigter« von H. Grundig (1935). – *Pfarrkirche Unser Lieben Frauen,* urspr. dreischiffige spätromanische Granit-Basilika mit Stützenwechsel, 1900 als Ruine gesichert. – *Wohnhäuser:* Ehem. Barbysches Gutshaus verputzter Fachwerkbau nach 1660, Portal von 1675. Dammstr. 37 Barockbau 1705. Platz des Friedens 10 Fachwerkbau vermutlich 17. Jh. – *Turm des Mönchentores,* spätgot. Granitbau 15. Jh. – Von der *Burg* nur der mittelalterl. Bergfried erhalten.

LEITZKAU. *Schloß,* Renaissancebau, begonnen 1564, vollendet Ende 16. Jh., »Althaus« 1945 zerstört, Ruine bis auf Treppenturm und Galerie abgetragen, »Neuhaus« (jetzt Oberschule) stark beschädigt, wiederhergestellt. »Neuhaus«: Rechteckiger Grundriß, dreigeschossig, über der Ost- und Westseite je drei Zwerchgiebel, an der Nordseite runder Treppenturm mit reichem Portal, an der Nordostecke Auslucht, Säle mit reichem Stuck und Malereien. Vom Schloßteil Althaus erhalten viergeschossige Kolonnade, im Erdgeschoß romanische Säulen, sonst Säulen oder Halbsäulen ionischer und korinthischer Ordnung. Im Nordosten das Hobeckschloß, urspr. 15. Jh., im späten 16. Jh. umgebaut; Räume mit bemalten Balkendecken. – *Klosterkirche* des ehem. Prämonstratenser-Klosters, gegründet 1133. Dreischiffige romanische Bruchstein-Basilika (geweiht 1155, 1945 stark beschädigt, Wiederherstellungsarbeiten abgeschlossen) mit Querschiff, Stützenwechsel und Kapitellen mit Schachbrettkämpfern, zweitürmige Westfassade. – *Dorfkirche,* urspr. dreischiffige romanische Basilika (begonnen 1114, 1737 verändert) mit Querschiff, über dem nördlichen Querschiffsarm Glockenturm; Triumphkruzifix um 1620.

DORNBURG. *Schloß* (jetzt Archiv), dreigeschossiger großer Barockbau (1751 bis 1755 von F. J. Stengel, 1945 ausgebrannt, rest.), Mittelrisalit mit Kolossalpilastern, an den Enden kurze Flügelbauten.

LINDAU. In der einschiffigen spätromanischen *Pfarrkirche* (um 1200, 1863 umgebaut) bemerkenswert: Taufstein 1689. Grabstein nach 1267. Sandstein-Epitaph v. Walwitz nach 1560.

ZERBST. Im Jahre 1007 als befestigte Siedlung urkundlich erwähnt, 1209 als Stadt genannt, von 1603 bis 1793 Residenzstadt des Fürstentums Anhalt-Zerbst. *Stadtbefestigung*, Stadtmauer aus dem 15. Jh. fast vollständig erhalten, einige Wehrtürme (u. a. »Kiekinpott« von 1396), Wehrgang mit Fachwerkbedachung. Von den urspr. fünf Stadttoren drei erhalten: Frauen-, Heide- und Breitestraßentor, sämtlich 15. Jh. — *Schloß*, Frühbarockbau 1681 bis 1696 von C. Ryckwaert, Ausbau ab 1696 von G. Simonetti, 1945 bis auf einen Flügel völlig zerstört, dessen Wiederherstellung vorgesehen. — *Zwei Kavalierhäuser* (Schloßfreiheit), zweigeschossige Barockbauten (1707, wohl von J. T. Schuchardt), Mittelrisalit mit Segmentgiebel. — Im Schloßpark *Reitbahn* (jetzt Stadthalle), 1724–1727 von J. Chr. Schütze, ehem. *Marstall*, Fachwerkbau 18. Jh., und *Pavillon* von 1724. — *Stifts- und Hofkirche St. Bartholomäi*, im Kern spätromanisch, nach 1300 vergrößert, im frühen 15. Jh. zur Hallenkirche ausgebaut, seit 1945 Ruine. Von der Ausstattung u. a. erhalten: Großes Gemälde (Taufe Christi mit Stifterbildnissen), 1568 von L. Cranach d. J. — *Trinitatiskirche*, frühbarocker Zentralbau in Form eines griechischen Kreuzes 1683–1696 nach Entwurf von C. Ryckwaert, 1945 stark beschädigt, wiederhergestellt; Altarschauwand 1690 von G. Simonetti. — *Stadtkirche St. Nikolai*, mächtige dreischiffige Hallenkirche, im wesentlichen spätgotisch, seit 1945 Ruine. — *Klosterkirche* des ehem. Barfüßer-(Franziskaner-)Klosters (jetzt Schule und Heimatmuseum), einschiffiger frühgotischer Bau (Mitte 13. Jh., wohl im 15. Jh. vergrößert, im 19. Jh. umgebaut) mit langgestrecktem Chor. — An der Südseite der Kirche die *Klostergebäude*, spätgotische Backsteinbauten, um zwei Kreuzgänge angeordnet, Refektorium. — *Heimatmuseum*, u. a. dreibändige Cranachbibel von 1541, Zerbster Fayencen, Bibliothek mit 30000 Bänden (Handschriften, Wiegendrucke, Luther- und Melanchthondrucke). — *Wohnhäuser:* Zahlreiche Fachwerkbauten meist 17. und 18. Jh., u. a. auf der »Breite«. Reiche Haustür von 1667 am Haus Mühlenbrücke 60. — *Roland* (Markt) von 1445/46. — *Mahnmal für die Opfer des Faschismus*, 1950 von G. Weidanz.

Bemerkenswerte Schlösser und Herrenhäuser in PIETZPUHL (Barockbau, vollendet 1730, Rokoko-Dekorationen), KÖNIGSBORN (Barockbau um 1760/70), GRABOW (Burgruine 12. Jh.; Brücke mit Barockportal 17. Jh.) und GOMMERN (Renaissancebau 1578/79 mit Benutzung mittelalterlicher Teile, runder Bergfried).

Bemerkenswerte Pfarr- und Dorfkirchen in HOHENWARTHE (spätgotischer Flügelaltar 2. H. 15. Jh.), NIEGRIPP (barocker Zentralbau 1732), DETERSHAGEN (spätromanisch), SCHERMEN (spätromanisch; Altaraufsatz und Kanzel 1. H. 17. Jh.), GRABOW (spätromanisch, bemalte Decke 1523; Grabdenkmäler 14.–18. Jh.), STRESOW (spätromanisch; reicher Altaraufsatz 1588), KRÜSSAU (Barockbau 1713; reicher Altaraufsatz 1758 von J. G. Bossmann, Grabdenkmäler ab 1527, v. Arnim), HOHENZIATZ (spätromanisch; Taufstein 1671), STEGELITZ (spätromanisch, 1727 barock erneuert; gediegene Barockausstattung), KÖRBELITZ (spätromanisch; Altaraufsatz um 1681), GÜBS (Grabdenkmal nach 1678), NEDLITZ (spätromanisch; spätromanischer Taufstein), VEHLITZ (spätromanisch; spätgotischer Flügelaltar um 1500), LÜBARS (spätromanisch), WALLWITZ (spätromanisch), ZEDDENICK (spätromanisch, Wandmalereien 13. Jh.), MÖCKERN (urspr. spätromanisch, im 15. Jh. umgebaut; Kanzel 1674, Rundgrabstein mit Kreuzigung 1407), MÖCKERN-LÜHE (spätromanisch), ROSIAN (spätgotischer Flügelaltar um 1500), ISTERBIES (spätgotischer Flügelaltar), DEETZ (spätromanisch), HOBECK (Grabdenkmal nach 1577, v. Wulffen), BRIETZKE (Grabdenkmal nach 1745), KLEPPS (Grabdenkmäler 16. Jh.), GÖDNITZ (Mittelschrein eines spätgotischen Flügelaltars um 1520, Magdeburger Meister nach niederländischen Vorbildern), EICHHOLZ (Granitbau 12. Jh.), BORNUM-TRÜBEN (Granitbau 12. Jh.) und GRIMME (spätromanisch; Altaraufsatz 1718).

Die Kreise Havelberg und Genthin

HAVELBERG. Im Jahre 948 Gründung des Bistums Havelberg im Zuge der deutschen Ostexpansion, 983 Vertreibung des Bischofs, 1148 Rückkehr nach erneuter Eroberung, um 1150 planmäßige Anlage der Stadt im Schutze des Dombergs. *Dom St. Marien*, im Kern romanisch, geweiht 1170, nach Brand 1279 gotisch umgebaut, vollendet um 1330, um 1400 Errichtung des Lettners und der seitlichen Chorschranken, 1508 Annenkapelle am südlichen Seitenschiff. Dreischiffige Basilika mit Kreuzrippengewölben, unterhalb der Mittelschiffsfenster triforiumsartiger Laufgang, in den Seitenschiffsfenstern gotische Glasmalereien (frühes 15. Jh.), an den Ost-Chorabschlüssen der Seitenschiffe zweigeschossige Kapellen, querrechteckiges Westwerk, im späten 12. Jh. in Backstein aufgestockt, oberer Teil der heutigen Turmanlage von 1908. Von der *Bauplastik* besonders bemerkenswert: Zwanzig Reliefplatten am Lettner und an den Chorschranken (Passion und Auferstehung Christi), die wertvollsten an der Westseite kurz vor 1400 von einem bedeutenden Meister der Parlerschule. Gekrönte Maria mit Kind (Innenseite der südlichen Chorschranke) um 1370/80. Drei Sandsteinleuchter (Ende 13. Jh.), der südliche von Mönch und Novize, der nördliche von Koch und Kellermeister gestützt. Von der *Ausstattung* besonders bemerkenswert: Hochaltar 1700. Kanzel 1693. Taufstein 1587. Chorgestühl Ende 13. Jh. und 1. H. 14. Jh. Gotische Triumphkreuzgruppe Ende 13. Jh. Hochgrab des Bischofs Johann v. Wöpelitz (Alabasterfigur), gest. 1401. Orgel 1777 (Wagner-Schule). Südlich des Doms die *Stiftsgebäude*: Konventbau (Ostflügel) spätromanisch 2. H. 12. Jh., später umgebaut, zwei-

Havelberg, Dom, Leuchterhalter

geschossig mit Kapitelsaal, Küche und Schlafsaal. Refekturbau (Südflügel) frühgotisch 1. H. 13. Jh., zweischiffiger Paradiessaal (14. Jh.) mit Kreuz- und Sterngewölben. Westflügel frühgotisch Mitte 13. Jh., über dem Eingang Sandsteinrelief (Anbetung der Könige) Anfang 15. Jh., Kreuzgang frühgotisch 13. Jh. — *Prignitz-Museum* (Am Dom) u. a. Ur- und Frühgeschichte der Prignitz, Geschichte des Bistums und der Stadt Havelberg, Dombaugeschichte, Schiffahrt und Schiffsbau, bäuerliches und bürgerliches Haus- und Arbeitsgerät. — *Kurien* sämtlicher ehemaliger sieben Präbenden vorhanden (Domherrenstraße, Platz der Einheit), besonders bemerkenswert: Ehem. Dechanei (südöstlich vom Domchor) Barockbau 1748. Ehem. Dompropstei (nördlich vom Domchor) urspr. spätgotisch, mehrfach umgebaut. Ehem. Domschule (westlich des Doms) klassizistisch 1803–1815. — *Kapelle St. Anna* (am Fuße des Dombergs), spätgotischer Zentralbau (15. Jh.) über achteckigem Grundriß mit Spitzdach. — *Pfarrkirche St. Laurentius*, dreischiffige spätgotische Hallenkirche (vermutlich Anfang 15. Jh. auf älterer Grundlage), Westturm mit Barockhaube von 1660, rest. Bemerkenswerte Ausstattungsstücke: Kanzel 1691. Bronzene Taufe 1723 von H. Rollet aus Berlin. Grabdenkmäler 16./17. Jh. — *Kapelle des St.-Spiritus-Hospitals* (Ende Sandauer Straße), spätgotisch um 1400, später zu Wohnzwecken umgebaut, über dem Portal Relief mit Passionsszenen (um 1400). — *Bürgerhäuser:* Thälmannstr. 12 Fachwerkbau 1666. Thälmannstr. 13 (ehem. Freihaus) Barockbau 1759. Thälmannstr. 33 Barockbau um 1780. Ehem. Magdeburger Hof (Thälmannstr.) klassizistisch um 1800. Steinstr. 4 Fachwerkbau 1715. Sandauer Str. 1 klassizistisch um 1800.

SANDAU. *Pfarrkirche St. Nikolai*, dreischiffige spätromanische Backstein-Pfeilerbasilika (um 1200, 1945 stark beschädigt, wiederhergestellt), Chor mit spätgotischen Kreuzrippengewölben und Apsis, querrechteckiger Westturm.

SCHÖNHAUSEN. *Dorfkirche*, dreischiffige spätromanische Backstein-Pfeilerbasilika (geweiht 1212, 1642 ausgebrannt, 1665–1712 wiederhergestellt) mit barocken Stuckdecken, Chor mit Tonnengewölbe und Apsis, Lisenengliederung, Bogen- und Winkelfriese, querrechteckiger Westturm; spätromanisches Triumphkreuz, Epitaphe 16.–18. Jh., v. Bismarck.

JERICHOW. *Klosterkirche* des ehem. Prämonstratenser-Klosters, gegründet 1144. Spätromanischer Backsteinbau, Hauptbauzeit 2. H. 12. Jh., nach 1945 rest. Dreischiffige Säulenbasilika mit Querschiff und ausgeschiedener Vierung, flache Holzdecken, Trapezkapitelle, Hauptchor und Nebenchöre mit Apsiden, in den Nebenchören Tonnengewölbe, unter der Vierung und dem Hauptchor zweischiffige Krypta mit Kreuzgratgewölben und Kalksteinsäulen, reiche Kapitelle. Außen Lisenengliederung sowie Rund- und Kreuzbogenfriese, querrechteckiger zweitürmiger Westbau (Anfang bis Mitte 13. Jh.) mit spätgotischen Turmhelmen (2. H. 15. Jh.); Osterleuchter aus Säulenschaft und Kapitell des 12. Jh. — An der Südseite der Kirche *Klausur* mit drei Flügeln des Kreuzganges, im Kern spätromanisch um 1200, Wiederherstellung abgeschlossen, im Südflügel Winter- und Sommerrefektorium, zweischiffig, Kreuzgratgewölbe, reiche Kapitelle, im Ostflügel zweischiffiger Kapitelsaal. — In der spätromanischen *Pfarrkirche* (1. H. 13. Jh.) bemerkenswertes Wandepitaph v. Arnstedt, 1609 von S. Ertle aus Überlingen.

GENTHIN. *Pfarrkirche*, dreischiffige barocke Hallenkirche (1707–1722) mit Kreuzgratgewölben, in den Seitenschiffen Emporen, Westturm mit geschweifter Haube (vollendet 1765); mächtiger Altaraufbau um 1720. — *Kreis-*

Jerichow, Stiftskirche

Heimatmuseum (Mützelstr. 22), u. a. Ur- und Frühgeschichte des Elbe-Havel-Gebietes, Geschichte der Kolonisation im Kreisgebiet.

Bemerkenswerte Herrenhäuser in SCHOLLENE (Barockbau 1752), PARCHEN (im Kern 1783, um 1830 von F. A. Stüler umgebaut), DRETZEL (klassizistisch 1807–1810) und KAROW (barocke Dreiflügelanlage kurz nach 1708, mehrfach umgebaut).

Bemerkenswerte Dorfkirchen in NITZOW (spätgotisch 15. Jh.), TOPPEL (gotisch 14. oder 15. Jh.), KAMERN (urspr. spätromanisch, 1702 umgebaut; Kanzelaltar 1725), GARZ (Fachwerk-Zentralbau 1688), SCHÖNFELD (spätgotisch 15. Jh.), NEUERMARK (Grabdenkmäler 17./18. Jh., v. Treskow), HOHENGÖHREN (Grabdenkmäler 16. und 18. Jh., v. Möllendorf), FISCHBECK (Mitte 13. Jh., Chor um 1500 erneuert; spätgotischer Flügelaltar um 1400), KABELITZ (spätgotisch vermutlich 15. Jh.), MANGELSDORF (spätromanisch um 1200), MELKOW (spätromanisch um 1200; romanischer Taufstein mit beschädigter figürlicher Plastik), WUST (spätromanisch um 1200; gediegene Barockausstattung, Grabdenkmäler 18. Jh., v. Katte), SYDOW (urspr. spätromanisch, 1616 umgebaut; Kanzel 1616), GROSSWULKOW (spätromanisch um 1200; Eichenkruzifix 1. V. 13. Jh.), REDEKIN (spätromanisch um 1200; spätgotischer Altarschrein 2. H. 15. Jh.), FERCHLAND (Fachwerkbau 1729; rest.), SCHARTEUCKE (Grabdenkmäler 18. Jh., v. Treskow), GENTHIN-ALTENPLATOW (Grabdenkmal um 1171, v. Plotho), PAREY (Barockbau 1698; gediegene Ausstattung der Entstehungszeit, Grabdenkmäler 18. Jh., v. Plotho), ZERBEN (Barockbau 1743), HOHENSEEDEN (spätromanische Chorturmkirche, vollständig erhaltener gotischer Wandgemäldezyklus 1. H. 15. Jh., volkskünstlerische Arbeit), GLADAU (spätromanisch, 1881 verändert), DRETZEL (urspr. spätromanisch, gotisch und barock umgebaut, dreischiffig), TUCHEIM (Barockbau über kreuzförmigem Grundriß 1756; gediegene Ausstattung, reicher Taufstein 1686 vermutlich von L. Bartels), PAPLITZ (Grabdenkmäler 18. Jh., v. Schierstedt), KAROW (Barockbau 1703–1711; gediegene Ausstattung der Entstehungszeit), KADE (spätgotischer Flügelaltar um 1520, Flügelgemälde von einem Cranach-Schüler), ROSSDORF (urspr. spätromanisch, barock verändert; Altaraufsatz 1678), SCHLAGENTHIN (Fachwerkbau um 1670 mit spätromanischem Chor), ALTENKLITSCHE (Barockbau 1714; reicher Kanzelaltar der Entstehungszeit) und NEUENKLITSCHE (Mitte 13. Jh.; Grabdenkmal nach 1694, v. Katte).

Stadt und Kreis Stendal

Die Stadt Stendal

Um 1160/70 Gründung einer Marktsiedlung in der Bruchniederung zwischen nördlicher und südlicher Uchte (Gegend um den Markt und die Marienkirche) auf Betreiben des askanischen Markgrafen Albrecht. 1188 Gründung des Doms auf dem Gelände des südlich der Marktsiedlung gelegenen Dorfes Schadewachten. Bis 1250 allmähliches Zusammenwachsen der Marktsiedlung, des Dorfes Schadewachten und des nördlich der Marktsiedlung gelegenen Alten Dorfes (um die Jakobikirche). Zwischen 1289 und 1306 Einbeziehung der dörflichen Siedlung um die Petrikirche westlich von Marktsiedlung und Altem Dorf. Um 1300 Errichtung der Stadtmauer, innerhalb des ovalen Mauerringes annähernd regelmäßige Straßenführung. Von 1359 bis 1517 Mitglied der

Stendal
1 Uenglinger Tor, 2 Rathaus, 3 Pfarrkirche St. Marien, 4 Dom St. Nikolaus, 5 Pfarrkirche St. Katharinen, 6 Altmärkisches Museum, 7 Pfarrkirche St. Annen, 8 Pfarrkirche St. Petri, 9 Pfarrkirche St. Jakobi, 10 Winckelmann-Memorial-Museum, 11 Tangermünder Tor, 12 Pulverturm

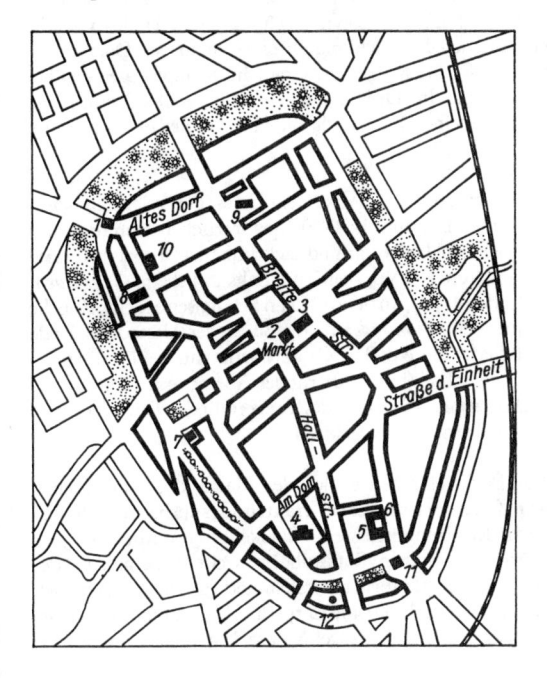

Stendal, Uenglinger Tor

Hanse. Im 14. und 15. Jh. wirtschaftliche Blüte (vorwiegend Zwischenhandel, vor allem mit Wismar und Lübeck, sowie Tuchmacherei), Höhepunkt der architektonisch-künstlerischen Entwicklung (1423 Neubau des Doms, 1435 Bau der Marienkirche). 1488 Niederlage der Stadt im Kampf gegen den hohenzollernschen Landesherrn. Im Dreißigjährigen Krieg völlige Verarmung, Rückentwicklung zu einer kleinen Landstadt mit ca. 3000 Bewohnern (heute: 38000 Einwohner).

Uenglinger Tor (im Nordwesten der Altstadt). Eines der reichsten norddeutschen Stadttore, einheitlich um 1450/60, quadratischer Unterbau mit ungewöhnlich reicher Blendengliederung und Ecktürmchen, runder Aufsatz mit reichem Zinnenkranz (rest.). – Vor dem Tore links das ehem. *Gertrauden-Hospital*, spätgotisch (Ende 14. Jh.), an der östlichen Schmalseite kleine Kapelle mit Kreuzrippengewölbe. – *Tangermünder Tor* (im Süden der Altstadt am Ende der Straße der Freundschaft), unterer Teil Granitquaderbau des 13. Jh., spätgotisches Backstein-Obergeschoß (um 1440), runder Aufsatz mit Zinnenkranz (nach 1450), Blendengliederung. – Westlich des Tangermünder Tores der ehem. *Pulverturm*, niedriger Rundturm mit Kegeldach.

Rathaus. Verwinkelter Backsteinbau westlich der Marienkirche aus mehreren, zu verschiedenen Zeiten entstandenen Trakten (Hauptbauzeit 15. Jh.). Von den Räumen besonders bemerkenswert: Ratskeller (vor Mitte 15. Jh.), zweischiffig mit Kreuzrippengewölben; Ratsstube im zweiten Obergeschoß des Ratsflügels, Schauwand mit reichem ornamentalem und figürlichem Schmuck (1462); »Kagelwit-Zimmer« (um 1500) im Corpsflügel, Gewölbe mit figürlichem Schlußstein. – Vor dem Laubenflügel *Roland* von 1525 (Kopie).

Pfarrkirche St. Marien. Spätgotischer Backsteinbau, begonnen um 1435 mit Benutzung eines Westbaus aus dem 13. Jh., vollendet 1447, Restaurierung abgeschlossen. Dreischiffige Hallenkirche mit Kreuzrippengewölben und Rundpfeilern, zwischen dem nach innen gezogenen unteren Teil der Strebepfeiler Kapellen, Chor mit Umgang, über seiner Dachbrüstung Zinnenkranz, über dem Südportal des Langhauses Kreuzigungsgruppe (um 1430/40), querrechteckiger Westbau mit zwei Türmen (obere Teile 15. Jh., Helme frühes 16. Jh.). Von der Ausstattung besonders bemerkenswert: Spätgotischer Hochaltar mit doppelten Flügeln (im Schrein Marientod und Marienkrönung) 1471. Spätgotische Schranken (2. H. 15. Jh.), an der westlichen Apostelreihe (um 1230), darüber Triumphkreuzgruppe (14. Jh.). Bronzener Taufkessel 1474, getragen von Evangelisten. Kanzel 1566. Spätgotisches Chorgestühl 1508 von H. Ostwalt. Maria in der Strahlensonne um 1500. Unter der Orgelbühne (Orgelpositiv 1580) astronomische Uhr Ende 16. Jh. Grabdenkmäler 16./17. Jh.

Dom St. Nikolaus. Spätgotischer Backsteinbau mit Benutzung von Teilen eines frühgotischen Vorgängerbaus, begonnen 1423, vollendet 1463, nach 1945 Beseitigung von Kriegsschäden. Dreischiffige Hallenkirche mit Querschiff, Kreuzrippengewölben und Rundpfeilern, langgestreckter, durch einen Lettner vom Langhaus abgetrennter einschiffiger Chor, nördlicher Querschiffsarm mit reichem Staffelgiebel sowie einem Portal mit zwei Sandsteinfiguren (hl. Nikolaus und hl. Bartholomäus) um 1390, in den Fenstern von Langhaus, Querschiff und Chor umfangreicher spätgotischer Glasgemäldezyklus (Leben Christi und Heiligenlegenden) von 1425 bis etwa 1470, querrechteckiger Westbau (untere Geschosse 1. H. 13. Jh.) mit zwei Türmen. Von der Ausstattung besonders bemerkenswert: Spätgotisches Chorgestühl (unter den Sitzen Drolerien) um 1430/40. Im Chor 13 Sandsteinfiguren vom Lettner des alten Doms (Apostel und ein hl. Bischof) um 1240/50. Am Lettner 8 Sandsteinreliefs (Leben Christi) um 1240. Grabdenkmäler 14.–18. Jh. — Von den *Kapitelgebäuden* besonders bemerkenswert: Im Untergeschoß des Ostflügels zweischiffiger Kapitelsaal mit Kreuzrippengewölben und stämmigen Rundpfeilern (vollendet 1463). Kreuzgang mit Kreuzrippengewölben und frühgotischen Arkaden.

Pfarrkirche St. Katharinen (Klosterkirche des ehem. Augustiner-Nonnen-Klosters). Einschiffiger spätgotischer Backsteinbau (2. H. 15. Jh., seit 1952 nicht mehr kirchlich genutzt) mit Kreuzrippengewölben, zwischen den Strebepfeilern der Südseite halbhohe Kapellen. — Von den spätgotischen *Klostergebäuden* Reste des Süd- und Westflügels der Klausur sowie auffallend kleiner und schmaler Kreuzgang erhalten, jetzt vom Altmärkischen Museum genutzt. — *Altmärkisches Museum,* u. a. Ur- und Frühgeschichte des Kreisgebietes, romanische Kleinbronzen, Holzplastik 14./15. Jh., Schnitzaltäre 15. Jh., mittelalterliche Irdenware, Fayencen, Porzellane, Blaudruckmodeln. — *Winckelmann-Memorialmuseum* (Winckelmannstr. 36, Winckelmanns Geburtshaus), Sammlung über Leben und Werk des Begründers der modernen Kunstwissenschaft Johann Joachim Winckelmann, geb. 1717 in Stendal, im Obergeschoß wechselnde Kunstausstellungen; Rekonstruktion im Gange.

Pfarrkirche St. Annen (Klosterkirche des ehem. Franziskaner-Nonnen-Klosters). Einschiffiger spätgotischer Backsteinbau (2. H. 15. Jh.) mit Kreuzrippengewölben, über der westlichen Nonnenempore bemalte Bretterdecke (frühes 17. Jh.). — Von den *Klostergebäuden* (Mönchsfriedhof) nur noch Reste des spätgotischen Nordflügels (jetzt Kreis- und Stadtbücherei) erhalten, in zwei Geschossen Kreuzrippengewölbe.

Pfarrkirche St. Petri. Dreischiffige frühgotische Hallenkirche (Hauptaltar 1306 gew.) mit Kreuzrippengewölben des 15. Jh., reicher Backsteinlettner mit Holzfiguren aus der Zeit um 1340/50, einschiffiger Chor, eingebauter Westturm mit 1583 erneuertem Turmhelm. Bemerkenswerte Ausstattungsstücke: Spätgotischer Hochaltar, aus zwei verschiedenen Altären zusammengesetzt, 15. Jh. und um 1500. Triumphkreuz um 1450.

Pfarrkirche St. Jakobi. Dreischiffige spätgotische Hallenkirche (begonnen vor 1340, nach mehreren Unterbrechungen um 1470 vollendet) mit Kreuzrippengewölben und Achteckpfeilern, spätgotische Chorschranke mit Triumphkreuzgruppe (kurz nach 1500), langgestreckter einschiffiger Chor, in den Chorfenstern spätgotische Glasgemälde (u. a. Apostel und Heilige) aus dem späten 14. und dem 15. Jh., Westturm (Neubau 1906). Bemerkenswerte Ausstattungsstücke: Altaraufsatz 1603, Kanzel 1612, beide von H. Hake aus Werben. Taufstein um 1560. Chorgestühl um 1420/30.

Der Kreis Stendal

TANGERMÜNDE. 1009 erste Erwähnung der Burg, in der 1. H. 12. Jh. Entstehung einer Marktsiedlung im Schutze der Burg, im frühen 13. Jh. Erhebung zur Stadt, annähernd rechteckiger Stadtgrundriß mit regelmäßiger Straßenführung, die beiden Hauptachsen (Lenin- und Kirchstraße) parallel

Tangermünde, Rathaus

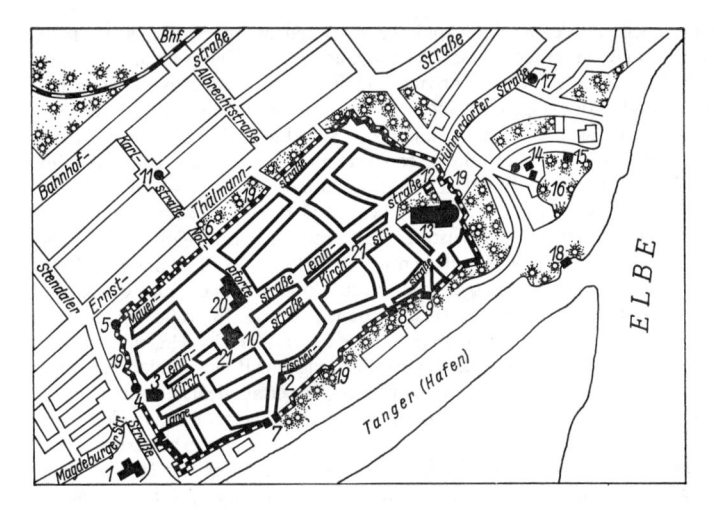

Tangermünde
1 *Ehem. Dominikanerkloster,* 2 *Buhnenkopf (trapezförmiges Fachwerkhaus),*
3 *Ehem. Nicolaikirche,* 4 *Neustädter Tor,* 5 *Schrotturm,* 6 *E.-Thälmann-Gedenkstätte,* 7 *Putinnen,* 8 *Steighergturm,* 9 *Elbtor (Roßfurt),* 10 *Rathaus mit Museum,* 11 *Wasserturm,* 12 *Hühnerdorfer Torturm,* 13 *Stephanskirche,* 14 *Burgtor mit Turm, ehem. Schloßkapelle,* 15 *Kapitelturm,* 16 *Denkmalsplatz mit Standbildern,* 17 *Elisabethkapelle,* 18 *Schiffsgaststätte »Störtebeker«,* 19 *Stadtbefestigung,* 20 *Stadthaus,* 21 *Kirchstraße mit Fachwerkbauten*

geführt und durch schmale Quergassen (»Brücken«) miteinander verbunden. *Burg,* nach 1373 von Kaiser Karl IV. neu ausgebaut, im 15. Jh. verändert, 1640 abgebrannt, 1902 historisierend ergänzt. Von den erhaltenen Teilen bemerkenswert: Bedeutende Teile der Ringmauer mit dem Burgtor (»Gefängnisturm«) um 1480. Bergfried von 1376. Sog. Kanzlei vermutlich nach 1373, im Erd- und Obergeschoß je ein Saal mit Balkendecken. Ehem. Amtshaus (jetzt Krankenhaus) Barockbau 1699–1701 mit Benutzung mittelalterlicher Fundamente. — *Stadtbefestigung,* Backsteinmauer mit Wiekhäusern fast vollständig erhalten (um 1300), an den vier Ecken kräftige Türme, am stattlichsten der sog. Schrotturm im Nordwesten, an der Elbfront zwei sog. Putinnen (burtinne = Bürgergewahrsam), rechteckige Wehrtürme mit Blendengliederung. Von den Stadttoren erhalten: Hühnerdorfer Torturm spätgotisch 2. H. 15. Jh., Blendengliederung. Elbtor um 1470, am Oberteil schlichte Blendengliederung. Neustädter Tor um 1450, ungewöhnlich reiche Blenden- und Zinnengliederung, Räume mit Kreuzrippengewölben. — *Rathaus* (jetzt z. T. Heimatmuseum), spätgotischer Backsteinbau, Ostflügel um 1430 von H. Brunsberg aus Stettin, ungewöhnlich reicher Schmuckgiebel mit Fialen, Wimpergen und Maßwerk aus dunkel glasierten Backsteinen, verwandt mit dem Giebel der Fronleichnamskapelle an der Katharinenkirche zu Brandenburg, Südflügel um 1480, Verbindungsbau im Nordwestzwickel Anfang 16. Jh., Treppenbau mit Laube und Türmchen 1846 nach Entwurf von F. A. Stüler, Säle und Zimmer mit Stern- und Kreuzrippengewölben. — *Heimatmuseum* (Außenstelle des Altmärkischen Museums), u. a. Ur- und Frühgeschichte der Tangermünder Hochfläche, darunter römischer Bronzegeschirrdepotfund Grieben, Elbschifffahrt und Fischerei, Möbel, Blaudruckmodeln, glasierte Masken. — Von den zahlreichen *Fachwerkbauten* (17./18. Jh.) besonders bemerkenswert: Kirchstr. 18 1679. Kirchstr. 20 1618. Kirchstr. 23 1619, reiches Portal. Kirchstr. 48 1679. Kirchstr. 59 1679, reiche Rundbogentür. Leninstr. 46 1688. Leninstr. 47 1680. — *Pfarrkirche St. Stephan*, spätgotischer Backsteinbau mit Benutzung von Resten eines romanischen Vorgängerbaus, begonnen nach 1376, vollendet Anfang 16. Jh., Taufkapelle an der Südseite um 1500. Dreischiffige Hallenkirche mit Querschiff und Kreuzrippengewölben, im Langhaus Bündelpfeiler, Emporen nach 1617, die Gemälde an ihren Brüstungen (Szenen aus dem Alten und Neuen Testament) 17. Jh. Chor mit Umgang, querrechteckiger Westbau, Nordturm mit barocker Haube von 1712. Von der Ausstattung besonders bemerkenswert: Kanzel 1619. Altaraufsatz 1705. Bronzener Taufkessel 1508 von H. Mente aus Braunschweig. Orgel 1624 von H. Scherer d. J. aus Hamburg. Grabdenkmäler 15. bis 19. Jh. — *Pfarrkirche St. Nikolai* (jetzt Wohngebäude), spätromanischer Feldsteinbau wohl Ende 12. Jh., wuchtiger spätgotischer Backsteinturm um 1470, 1966/67 rest. — *Kapelle St. Elisabeth*, einschiffiger spätgotischer Backsteinbau (2. H. 15. Jh.) ohne Gewölbe, zwischen den nach innen gezogenen Strebepfeilern Kapellennischen, im Westen Staffelgiebel. — *Klosterkirche* des ehem. Dominikaner-Klosters (Allerheiligenkirche), spätgotischer Backsteinbau nach Mitte 15. Jh., seit dem Dreißigjährigen Krieg Ruine. Von den Klostergebäuden zweigeschossiges Klausurgebäude (jetzt Scheune), Nordgiebel mit Blendengliederung und Masken aus gebranntem Ton, erhalten.

ARNEBURG. *Pfarrkirche St. Georg*, einschiffiger spätromanischer Feldsteinbau (vermutlich um 1200) mit Querschiff und Flachdecke, Chor von der Mittelachse nach Süden abweichend, querrechteckiger Westturm mit Backsteinaufsatz von 1886; Altaraufsatz 1791. — *Heimatmuseum* (Karl-Marx-Str. 43), u. a. Ur- und Frühgeschichte der engeren Heimat, Schiffahrt, Fischfang, Marktwesen, Ortsgeschichte von 925 bis zur Gegenwart.

Bemerkenswerte Herrenhäuser in DÖBBELIN (Barockbau 1736 mit Benutzung älterer Teile) und HOHENWULSCH (klassizistisch 1815; alter Park).

Bemerkenswerte Dorfkirchen (Wenn nicht anders vermerkt, spätromanisch oder frühgotisch) in DAHLEN (reicher Kanzelaltar um 1728), GOHRE, BUCHHOLZ, WELLE, HEEREN (1765 erweitert), MILTERN (1789 bis 1791 nach Osten erweitert), BINDFELDE (Chor mit Kreuzrippengewölbe), LANGENSALZWEDEL, HÄMERTEN (Chorturmkirche, Chor mit Kreuzgratgewölbe), STAFFELDE (Chorturmkirche, Chor mit Kreuzgratgewölbe; Kanzelaltar 1732), STORKAU (Chorturmkirche, mehrfach umgebaut; reicher Kanzelaltar 1772, Grabdenkmäler 17./18. Jh., v. Arneburg),

HASSEL (geweiht 1230, mehrmals umgebaut), SANNE (Kanzelaltar um 1730), BEELITZ (Chorturmkirche, Chor mit Kreuzgratgewölbe), LINDTORF (reicher Altaraufsatz Ende 17. Jh.), RINDTORF (Kuppelgewölbe), JARCHAU (Chor mit Tonnengewölbe, 1786/87 umgebaut), BAUMGARTEN (Kuppelgewölbe), PEULINGEN (spätgotischer Flügelaltar um 1440), EICHSTEDT (geweiht 1230, 1724/25 nach Osten erweitert), GROSSSCHWECHTEN (Altaraufsatz 1712), ROCHAU, SCHARTAU (spätgotische Schnitzfiguren 2. H. 15. Jh.), GRÄVENITZ, SCHORSTEDT, MÖLLENBECK, HOHENWULSCH (Schiff mit Kreuzgratgewölbe; Kanzelaltar 1738, Grabdenkmal nach 1752, v. Jeetze), GARLIPP, KLÄDEN (Schiff mit Kreuzgratgewölben, Chor mit Kuppelgewölbe; Grabdenkmäler 16.–19. Jh.), STEINFELD (spätgotischer Flügelaltar um 1440), BÜLITZ, GRASSAU (Chor mit Kreuzgratgewölbe), BELKAU, UENGLINGEN (Kanzelaltar 1709/10), TORNAU (klassizistisch 1836), WAHRBURG (Barockbau 1725–1727 mit Benutzung gotischer Grundmauern; Kanzelaltar 1725), INSEL (Altaraufsatz und Kanzel 1745), MÖRINGEN (vermutlich 1. H. 12. Jh.; Taufstein um 1230, zwei spätgotische Reliefs um 1460/70, mehrere Grabsteine 15.–18. Jh., der älteste in Ritzzeichnung nach 1439) und DÖBBELIN (1747 umgebaut).

Kreis Osterburg

OSTERBURG. *Pfarrkirche St. Nikolai*, dreischiffige Hallenkirche (urspr. spätromanisch, in der 2. H. 15. Jh. spätgotisch umgebaut, rest.) mit unregelmäßigem dreiapsidalem Chorschluß, mächtiges Satteldach, massiver Westturm mit barockem Aufsatz; bronzener Taufkessel 1442 von Meister Volker aus Münster. – *Friedhofskapelle St. Martin*, romanischer Chor mit Apsis (12. Jh.), Vorhalle von 1866. – *Kreis-Heimatmuseum* (Str. des Friedens 21), u. a. Ur- und Frühgeschichte des Kreisgebietes, Funde von der Burgwallgrabung Osterburg, bäuerliche Web- und Spinngeräte.

KREVESE. *Klosterkirche* des ehem. Benediktiner-Nonnen-Klosters, gegründet nach 1175, dreischiffige spätromanische Basilika (zwischen 1175 und 1200, Inneres im 18. Jh. verändert, rest.) mit Stützenwechsel, im nördlichen Seitenschiff Tonnengewölbe, im Mittelschiff und im erhöhten südlichen Seitenschiff spätgotische Kreuzrippengewölbe, Chor mit Apsis, Fachwerkturm von 1598. Bemerkenswerte Ausstattungsstücke: Kanzelaltar 1743–1746. Orgel mit altem Werk von A. H. Hansen aus Salzwedel 1721. Gestühl 18. Jh. Grabdenkmäler 16.–17. Jh., v. Bismarck. – *Herrenhaus*, schlichter Barockbau von 1725.

SEEHAUSEN. *Pfarrkirche St. Petri*, dreischiffige Hallenkirche (urspr. spätromanisch, Mitte 15. Jh. spätgotisch umgebaut, 1866–1869 erneuert) mit Kreuzrippengewölben und Rundpfeilern, niedriger Chor, doppeltürmiger

Westbau (begonnen 1. V. 13. Jh., vollendet Ende 15. Jh., Turmhauben nach 1676) mit reichem spätromanischem Portal (jetzt in der angebauten Westkapelle). Bemerkenswerte Ausstattungsstücke: Spätgotischer Flügelaltar (im Schrein figurenreiche Kreuzigung) Anfang 16. Jh. Kanzel 1710. Grabdenkmäler 16./17. Jh. — *Beuster Tor*, spätgotisch 15. Jh.

WERBEN. *Pfarrkirche St. Johannis*, dreischiffige spätgotische Hallenkirche (begonnen 1. V. 15. Jh., vollendet 2. H. 15. Jh., 1868 erneuert) mit Kreuzrippengewölben, in den Fenstern des Chors spätgotische Glasmalereien (u. a. Weltgericht, Marienleben, Petruslegende), reich gegliedertes Nordportal (»Brauttür«), querrechteckiger spätromanischer Westbau (Untergeschosse Ende 12. Jh.). Bemerkenswerte Ausstattungsstücke: Spätgotischer Flügelaltar (im Schrein Fürbitte der Maria) um 1430, darüber Flügelaltar (Dreieinigkeit) um 1500/10. Flügelaltar (Maria mit den Hl. Gertrud und Margarete) Anfang 16. Jh. Kanzel 1602 von M. Spies. Fünfarmiger Leuchter 1488, Taufkessel 1489, beide von H. Bonstede aus Hamburg, Grabdenkmäler 16.–18. Jh. — *Hl.-Geist-Kapelle*, einschiffiger spätgotischer Backsteinbau (vermutlich 15. Jh.), jetzt profaniert. — *Kapelle* der ehem. Johanniter-Komturei, spätromanisch Anfang 13. Jh., jetzt profaniert. — *Rathaus*, klassizistisch 1792/93 mit Benutzung gotischer Fundamente, 1908 aufgestockt. — *Elbtor* (jetzt Heimatstube), spätgotisch nach 1450, Rundturm mit reicher Zinnengliederung, Räume mit Kuppelgewölben, anschließend Torhaus. — *Heimatstube*, u. a. Stadtmodell.

BEUSTER. *Stiftskirche* des ehem. Augustiner-Kollegiatstiftes, dreischiffige spätromanische Pfeilerbasilika (2. H. 12. Jh., im 14. Jh. verändert), im Mittelschiff gotische Kreuzrippengewölbe, Chor mit Apsis, Westturm 14. Jh.; Altaraufsatz 1720, spätromanischer Taufstein.

ARENDSEE. *Klosterkirche* des ehem. Benediktiner-Nonnen-Klosters, gestiftet 1184. Dreischiffige spätromanische Pfeilerbasilika (begonnen kurz nach 1184, vollendet etwa 1210, 1850/51 erneuert) mit Querschiff und ausgeschiedener Vierung, Chor mit Apsis, in Mittelschiff, Querschiff und Chor Kuppelgewölbe, in den Seitenschiffen Stichkappen-Tonnengewölbe, an der Südseite des Langhauses Nonnenempore aus dem 15. Jh., an Chor und Apsis Lisenengliederung und Kreuzbogenfriese, sonst Zackenfriese, reich gegliedertes Südportal. Von der Ausstattung besonders bemerkenswert: Spätgotischer Flügelaltar (im Schrein Marienkrönung und Heilige) um 1370/80. Spätromanischer Taufstein. Frühgotisches Kruzifix um 1240. Grabdenkmäler 16.–18. Jh. — *Glockenturm* (südöstlich der Kirche), vermutlich frühgotischer Backsteinbau, 1481 und nach 1831 erneuert. — Von den *Klostergebäuden* nur der spätgotische Südflügel des Kreuzganges, die Ruine des Kapitelsaales im Osten und Reste des frühgotischen Nordflügels erhalten. — *Heimatmuseum* (Am See 3, ehem. Klosterspital), u. a. urgeschichtliche Funde aus dem Kreisgebiet, der Arendsee als Landschaftsschutzgebiet.

Bemerkenswertes Schloß in KRUMKE (neugotisch 1854–1860; alter Park mit Orangerie von 1649 und barockem Pavillon).

Bemerkenswerte Dorfkirchen (wenn nicht anders vermerkt, spätromanisch oder frühgotisch) in KRUMKE (Kanzelaltar 1722), GROSS-ROSSAU (Altaraufsatz 1784), KLEIN-ROSSAU (ungewöhnlich reiche und vollständige spätgotische Ausmalung 2. H. 15. Jh.), ORPENSDORF (barocker Zentralbau 1747 von F. W. Diterichs), RÖNNEBECK (frühgotisches Kruzifix, Kanzel 1569), FLESSAU (mächtiger Westturm; Kanzel 1663), STORBECK (Altaraufsatz und Kanzel 1712), WOLLENRADE (mächtiger Turm; Altaraufsatz 1713, Kanzel und Taufengel 1715), ERXLEBEN (Chor mit Tonnengewölbe), UCHTENHAGEN (Kreuzgratgewölbe; Kanzelaltar 1721), WALSLEBEN (Sakramentshaus und Chorgestühl 14. Jh., Kanzel 1599), MÖLLENDORF (Kuppelgewölbe; spätgotischer Wandgemäldezyklus Ende 15. Jh.), BERTKOW (Altaraufsatz um 1710), IDEN (1888 umgebaut; Altaraufsatz um 1670), GIESENSLAGE (Chor mit Kreuzgratgewölbe), BERGE (reicher Kanzelaltar 1724), RENGERSLAGE (reicher Kanzelaltar um 1730), WOLTERSLAGE (Chor mit Rippengewölbe), KÖNIGSMARK (urspr. dreischiffige Basilika), MESEBERG (Turm 1748; Kanzelaltar 1749), DOBBRUNN, BRETSCH (mächtiger Turm), KOSSEBAU (spätgotischer Flügelaltar um 1460/70), RATHSLEBEN (Fachwerkbau 1828), HEILIGENFELDE (Taufstein 1521, barocke Empore), SANNE (spätgotischer Flügelaltar um 1470), DESSAU (mehrere spätgotische Schnitzfiguren), KLEINAU (mächtiger Turm), STAPEL (Balkendecke mit barocker Ornamentmalerei, Taufengel 18. Jh.), KLÄDEN (mächtiger Turm, Chor mit Kreuzrippengewölbe), GENZIEN (Chor mit Kreuzgratgewölbe), NEULINGEN (Taufengel Anfang 18. Jh.), PRIEMERN (Fachwerkbau vermutlich Anfang 19. Jh.; Kanzelaltar 1. H. 18. Jh.), HÖWISCH, KRÜDEN, VIELBAUM (mächtiger spätgotischer Turm), AULOSEN (Fachwerkbau 1730, neugotischer Turm), WANZER (spätgotischer Flügelaltar um 1450), SCHÖNBERG AM DAMM (mächtiger Turm; Kanzelaltar um 1720), FALKENBERG (Altaraufsatz 1694, Kanzel Ende 17. Jh.), FERCHLIPP (reiche Kanzel 1693), LICHTERFELDE und NEUKIRCHEN (1726 verändert; reicher Kanzelaltar 1751).

Stadt und Kreis Salzwedel

Die Stadt Salzwedel

1112 erste urkundliche Erwähnung der Burg Saltwidele an der Kreuzung zweier Handelsstraßen (Salzstraße Bardowik—Magdeburg sowie Braunschweig—Werben). 1134 Belehnung Albrechts des Bären mit der Burg (erbliches Reichslehen), Entstehung einer Siedlung im Schutze der Burg um die Lorenzkirche, allmähliche Erweiterungen in Richtung auf die Marienkirche (um 1200) und die im 18. Jh. abgebrochene Nikolaikirche, 1233 erste urkundliche Erwähnung als Stadt. 1247 Gründung der Neustadt im Norden um die Katharinenkirche, planmäßige Anlage mit regelmäßiger Straßenführung. 1263 bis 1514 Mitglied

Salzwedel
1 Pfarrkirche St. Lorenz, 2 Pfarrkirche St. Marien und Propstei, 3 Pfarrkirche St. Katharinen, 4 Ehem. Franziskaner-Klosterkirche und Rathaus, 5 Altstädtisches Rathaus, 6 Johann-Friedrich-Danneil-Museum, 7 Spitalkapelle St. Gertrud, 8 Geburtshaus von Jenny Marx (jetzt Gedenkstätte »Familie Marx«), 9 Ritterhaus, 10 Fachwerkhaus von 1584, 11 Steintor, 12 Neuperver Tor, 13 Adam-und-Eva-Portal

der Hanse. Im 14. und 15. Jh. wirtschaftliche Blüte (vorwiegend Tuchmacherei). 1488 Unterwerfung der Stadt durch den hohenzollerschen Landesherrn, Verlust der meisten Privilegien. Im Dreißigjährigen Krieg völlige Verarmung der Einwohnerschaft. 1705 großer Stadtbrand. 1713 Zusammenschluß von Alt- und Neustadt unter einer einheitlichen Verwaltung.

Stadtbefestigung. Von der ehem. Burg nur mächtiger Backstein-Bergfried, ein Burgwall und Reste einer Burgkapelle erhalten. Von der Stadtmauer große Teile erhalten, besonders bemerkenswert: Karlsturm 14. oder frühes 15. Jh., runder Backsteinturm. Neupervertor um 1460/70, Staffelgiebel mit schlanken und hohen Spitzbogenblenden. Steintor um 1525, Staffelgiebel mit Blendmaßwerk.

Pfarrkirche St. Lorenz. Backsteinbau des Übergangsstils Mitte 13. Jh., im 18. und 19. Jh. als Salzmagazin benutzt (starke Beschädigung des Mauerwerks), 1961–1964 rest. Urspr. dreischiffige Basilika (Seitenschiffe abgebrochen, nördliches Seitenschiff 1962 wiederhergestellt), spätgotische Kreuzrippengewölbe, verschieden gebildete Pfeiler aus Halbsäulen mit Würfelkapitellen. Chor mit geradem Schluß; Triumphkreuzgruppe 2. V. 16. Jh.

Jenny-Marx-Geburtshaus (Jenny-Marx-Str. 20, jetzt Gedenkstätte »Familie Marx«). Barockpalais 18. Jh.

Altstädtisches Rathaus. Spätgotische Zweiflügelanlage (erster Bauteil vollendet 1509, bald nach 1509 Erweiterung) mit Staffelgiebeln und Türmchen, Saal mit Sterngewölben.

Pfarrkirche St. Marien. Urspr. Feldsteinbau 2. H. 12. Jh., nach 1210 Errichtung einer Backsteinbasilika, um 1300 Beginn des Umbaus, zunächst als Halle, dann als Basilika, vollendet gegen Ende 14. Jh., Arbeit am Turmhelm 1496 abgeschlossen, 1956–1960 rest. Fünfschiffige Backsteinbasilika mit Querschiff, dreiseitig geschlossenem Chor und Kreuzrippengewölben, im Chor Reste von spätgotischen Glasmalereien sowie Wandgemälde, über den Seitenschiffen Blendmaßwerk-Giebel, eingebauter achteckiger Westturm mit schlankem Spitzhelm (Bleihaube). Von der Ausstattung besonders bemerkenswert: Großer spätgotischer Flügelaltar (Szenen aus dem Leben Christi) um 1510. Kanzel 1581. Bronzener Taufkessel 1520–1522 von H. v. Köln aus Nürnberg. Spätgotische Triumphkreuzgruppe. Lebensgroße Steinfiguren (u. a. Maria, Christus, Petrus und Paulus) um 1410. Buchpult wohl 1. H. 14. Jh. Umfangreiche Gestühlreste 14. Jh. und um 1500.

Johann-Friedrich-Danneil-Museum (An der Marienkirche 3, ehem. Propstei, 1578, dreigeschossig mit zwei Nebengebäuden, gemauerter Treppenturm von 1754). U. a. Ur- und Frühgeschichte der nördlichen Altmark, Fachwerkbau in Salzwedel, sakrale Plastik (Salzwedler Madonna. 1. H. 13. Jh.), Salzwedler

Salzwedel, Geburtshaus von Jenny Marx (jetzt Gedenkstätte »Familie Marx«)

Handwerk 18./19. Jh. Gedenkraum für J. F. Danneil (1783–1864), Begründer des Dreiperiodensystems in der Urgeschichte.

Bürgerhäuser. Von den zahlreichen Fachwerkbauten besonders bemerkenswert: Schmiedestr. 27, Portal mit reichen figürlichen Schnitzereien (u. a. Adam und Eva) 1534. Schmiedestr. 30 Hochständerhaus. Radestr. 9 (»Ritterhaus«) 1596.

Ehem. Franziskaner-Klosterkirche (Mönchskirche). Zweischiffige spätgotische Backstein-Hallenkirche (Chor 1435–1453, Langhaus vollendet 1493) mit Kreuzrippengewölben und Rundpfeilern, schmales südliches Seitenschiff mit nach innen gezogenen Strebepfeilern, spätgotischer Lettner, Chor mit fünfseitigem Schluß, reicher Westgiebel; gemalter spätgotischer Flügelaltar (im Mittelfeld Weinberg des Herrn) 1582 von L. Cranach d. J. (jetzt im Danneil-Museum). – Die schlichten *Klostergebäude* (jetzt Rat der Stadt) z. gr. T. erhalten, vermutlich 13. Jh.

Pfarrkirche St. Katharinen. Urspr. frühgotischer Backsteinbau Mitte 13. Jh., in der 1. H. 15. Jh. spätgotisch umgebaut, um 1467 Bau der Fronleichnamskapelle im Westen, Restaurierung im Gange. Dreischiffige Backsteinbasilika mit Kreuzrippen- und Sterngewölben, Chor mit fünfseitigem Schluß, in den Fenstern spätgotische Glasmalereien (15. Jh.), über den Seitenschiffen Staffelgiebel, eingebauter querrechteckiger Westturm mit Spitzhelm; bronzener Taufkessel 1421 von L. Gropengeter aus Braunschweig, Taufgitter 1567, Kanzel 1592. – An der Katharinenkirche 6 bemerkenswerter *Fachwerkbau* um 1550.

Spitalkapelle St. Gertrud. Einschiffiger spätgotischer Backsteinbau (Mitte 15. Jh.) mit Kreuzrippengewölben und dreiseitigem Schluß.

Von der *Stiftskirche zum hl. Kreuz* (Ortsteil Perver) nur der Chor erhalten, spätgotisch Mitte 15. Jh., 1878 erneuert, Kreuzrippengewölbe, fünfseitiger Schluß; spätgotisches Kruzifix, Sitzfiguren 1. V. 15. Jh.

Spitalkapelle St. Georg (Ortsteil Perver). Einschiffiger spätgotischer Backsteinbau (wohl 13. Jh., im 15. Jh. verändert) mit Flachdecke, im Osten Apsis mit Rippengewölbe.

Der Kreis Salzwedel

DAMBECK. In der einschiffigen *Klosterkirche* des ehem. Benediktiner-Nonnen-Klosters (Übergangsstil Mitte 13. Jh.) besonders bemerkenswert: Spätgotischer Flügelaltar (im Schrein Einhornjagd) 1474. Grabdenkmäler 16. Jh., v. d. Schulenburg. – Die frühgotische *Klausur* an der Südseite der Kirche mehrmals umgebaut und entstellt. – In der spätromanischen *Dorfkirche* (Ende 12. Jh.) bemerkenswerter spätgotischer Schreinaltar um 1500.

OSTERWOHLE. *Dorfkirche*, langgestreckter rechteckiger Feldsteinbau des 13. Jh., im frühen 17. Jh. vereinheitlichend umgestaltet; ungewöhnlich reiche Renaissance-Ausstattung aus der Zeit der Umgestaltung.

DIESDORF. *Klosterkirche* des ehem. Augustiner-Nonnen-Klosters, gegründet 2. H. 12. Jh. Dreischiffige spätromanische Backstein-Basilika (frühes 13. Jh.) mit Querschiff und Kreuzgratgewölben im gebundenen System, im nördlichen Querschiffsarm Nonnenempore, Hauptchor und zwei Nebenchöre mit Apsiden, Sakristei mit Tonnengewölbe, reiches Südportal, querrechteckiger frühgotischer Westbau (Mitte 13. Jh.), aufgesetzter Turm von 1872. Bemerkenswerte Ausstattungsstücke: Spätgotische Triumphkreuzgruppe Ende 15. Jh. Grabstein v. Lüchow, gest. 1273. — *Freilichtmuseum:* niederdeutsches Bauernhaus 1787, Backstube 17. Jh., Speicher 18. Jh., umfangreiche Sammlung zur bäuerlichen Volkskultur der Altmark 17.–19. Jh.

PÜGGEN. Kleines *Museum* mit Werken der altmärkischen Volkskunst und frühen technischen Denkmälern.

Bemerkenswerte Dorfkirchen in WALLSTAWE (spätromanisch, spätgotischer Ostturm um 1500; Kanzelaltar Anfang 18. Jh.), BOMBECK (15. Jh; spätgotischer Flügelaltar Ende 15. Jh., reiche Kanzel 1585), DANKENSEN (spätromanisch; spätgotischer Flügelaltar, Taufstein 1649), BIERSTEDT (spätgotischer Flügelaltar vermutlich um 1500), ABBENDORF (Vesperbild und hl. Christophorus um 1500), HOHENLANGENBECK (spätgotische Wandmalereien; Taufe 1598), KUHFELDE (spätromanisch, Westturm mit Staffelgiebeln), BINDE (spätromanisch), STAPPENBECK (spätgotischer Flügelaltar Ende 15. Jh.), GROSS-CHÜDEN (spätromanisch; spätgotisch: Flügelaltar Ende 15. Jh. und Triumphkreuz) und RITZE (spätromanisch, spätgotischer Westturm um 1500).

Die Kreise Gardelegen, Kalbe und Klötze

GARDELEGEN. *Pfarrkirche St. Marien*, urspr. spätromanischer Backsteinbau um 1200, Langhaus im 13. Jh. erweitert, gotischer Chor 14. Jh., weitere Um- und Zubauten im 15. und frühen 16. Jh., nach Einsturz des Turmes 1658 wiederhergestellt. Fünfschiffige Hallenkirche mit Kreuzgratgewölben und quadratischen Pfeilern, langgestreckter einschiffiger Chor, an seiner Nordseite zweigeschossige Kapelle (1558) mit Sterngewölbe und Ziergiebel, eingebauter quadratischer Westturm. Von der Ausstattung besonders bemerkenswert: Spätgotischer Altar mit doppelten Flügeln (im Schrein Marienkrönung und Kreuzigung mit zwölf Heiligen) Anfang 15. Jh. Flügelaltar (fünf Heilige) Ende 15. Jh., Flügelaltar (Maria mit zwei Heiligen) Ende 15. Jh. Kanzel 1605. Chorgestühl 16. Jh. Grabdenkmäler 16./17. Jh. Aus der zerstörten Nikolaikirche: Epitaph v. Alvensleben 1597, Gemälde (Christus und die Kinder) 1562 von

F. Floris, sowie mehrere Einzelstücke. — *Pfarrkirche St. Nikolai*, dreischiffige spätgotische Hallenkirche (15. Jh.) mit Benutzung von spätromanischen Teilen, 1945 bis auf die Umfassungsmauern und den Turm zerstört, der abgesetzte Chor wiederhergestellt. — *Rathaus*, im Kern spätgotisch (vermutlich 15. Jh.), 1526–1552 Neubau nach Brand, 1706 Turm mit Haube, im Erdgeschoß offener Laubengang, im Innern mehrere Räume mit Netz- und Sterngewölben. — *Salzwedeler Tor*, Tordurchfahrt mit Sterngewölbe (um 1550), die zwei mächtigen Rundbastionen (10 m und 19 m Durchmesser) zu seiten der Tordurchfahrt 17. Jh. — *Bürgerhäuser*, zahlreiche schlichte Fachwerkbauten aus dem 16.–18. Jh., einige Renaissanceportale. — *Ehem. Hospital St. Georg*, im Kern spätgotischer Backsteinbau, 1734 erneuert. — *Hospital St. Spiritus*, Renaissancebau 1591, 1728 barock erweitert. — *Kreis-Heimatmuseum* (Ph.-Müller-Str. 22), u. a. Ur- und Frühgeschichte des Kreisgebietes, gußeiserne Ofenplatten 17.–19. Jh (z. T. magaziniert), Geschichte des antifaschistischen Widerstandskampfes. — Nördlich der Stadt die *Gedenkstätte »Isenschnibber Feldscheune«* zur Erinnerung an die hier am 13. April 1946 von der SS ermordeten 1 016 Antifaschisten aus dem KZ »Dora-Mittelbau«; Statue eines Widerstandskämpfers von J. Sendler.

KLOSTER NEUENDORF. *Klosterkirche* des ehem. Zisterzienser-Nonnen-Klosters, einschiffiger frühgotischer Backsteinbau (2. H. 13. Jh.), im Westteil Nonnenempore des späten 15. Jh., in den Chorfenstern Glasmalereien des 14. und 15. Jh.; Grabsteine 14.–18. Jh. — Drei Flügel der ehem. *Klausur* westlich der Kirche erhalten, größtenteils Ende 15. Jh., im Südflügel Rest des Kreuzganges.

LETZLINGEN. *Ehem. Jagdschloß*, neugotisch 1843 von F. A. Stüler, von Wassergraben und Mauer mit vier runden Ecktürmen umgeben. — *Pfarrkirche*, neugotisch nach 1843.

OEBISFELDE. *Burg*, unregelmäßige Anlage mit zwei Höfen, älteste Teile spätromanisch und frühgotisch (u. a. ehem. Kapelle mit Tonnen- und Kreuzgratgewölbe), sonst im wesentlichen 14.–16. Jh. mit neueren Zutaten, im Hof der Hauptburg Bergfried (ca. 27 m hoch). — In der *Pfarrkirche St. Katharinen* (im Kern vermutlich 2. H. 14. Jh., mehrfach umgebaut, 1901 grundlegend erneuert, rest.) besonders bemerkenswert: Spätgotischer Altar mit doppelten Flügeln (im Schrein Kreuzigung und Marienkrönung) Ende 15. Jh. Grabdenkmäler 16. Jh. — *Bürgerhäuser*, zahlreiche schöne Fachwerkbauten 15.–17. Jh., besonders bemerkenswert Thälmannstr. 61 (1471) und 45 (1571). — In der *Pfarrkirche St. Nikolai* (Ortsteil Kaltendorf) bemerkenswert: Spätgotischer Flügelaltar (im Schrein Kreuzigung und Verkündigung) vermutlich Ende 15. Jh. Sakramentshaus 1518.

BEETZENDORF. *Dorfkirche*, schlichter Barockbau (1735) mit klassizistischer Ausstattung. — Neben der Kirche *Ruine einer Niederungsburg* mit quadratischem Wohnturm aus dem 13. Jh., Toranlage im Norden und Reste der Ringmauer mit Wehrgang.

WINTERFELD. *Dorfkirche,* spätromanischer Granitquaderbau, in der Apsis spätgotische Fresken (Mitte 15. Jh.); Vesperbild Anf. 16. Jh. – Im Pfarrgarten gut erhaltenes *Großsteingrab.*

KALBE. *Pfarrkirche St. Nikolaus,* Feldsteinbau mit barocker Innengestaltung (Anfang 18. Jh.) über kreuzförmigem Grundriß mit Emporen; Epitaph v. Alvensleben um 1600 sowie Ausstattungsreste aus dem Mittelalter.

BISMARK. *Pfarrkirche,* urspr. spätromanische Basilika, vermutlich im 14. Jh. zur dreischiffigen Stufenhalle umgebaut, Kreuzgratgewölbe, Querschiff und Chor mit geradem Schluß, querrechteckiger Westturm; Altaraufsatz und Kanzel 1711. – *Ruine der Wallfahrtskirche zum hl. Kreuz* (»Goldene Laus«), spätromanischer Westturm erhalten, im Untergeschoß Tonnengewölbe.

Bemerkenswerte Dorfkirchen, in LINDSTEDTERHORST (spätromanisch; Kanzel 1549), LÜFFINGEN (spätgotischer Flügelaltar vermutlich um 1500), ESTEDT (mächtiger spätromanischer Turm; Altaraufsatz 1711), WIEPKE (spätromanisch; frühgotischer Taufstein), ZICHTAU (im Kern um 1589, 1779 barock erneuert), BERGE (Renaissancebau, geweiht 1610, von italienischen Meistern bemaltes Tonnengewölbe), JERCHEL (spätgotischer Flügelaltar 1516), GEHRENDORF (im Kern spätromanisch, 1711–1716 erneuert), DANNEFELD (Fachwerkbau 1775; reiche Kanzel 18. Jh., spätgotischer Flügelaltar, Bauernfahne von 1675), JEGGAU (Fachwerkbau 1688; schlichte Ausstattung von 1824), NESENITZ (spätgotisch, geweiht 1489; spätgotischer Flügelaltar um 1500), RISTEDT (spätgotischer Flügelaltar), ROHRBERG (spätromanisch, 1884 erweitert; Altaraufsatz und Kanzel um 1700), AUDORF (spätromanisch, spätgotische Wandmalereien; spätgotischer Flügelaltar um 1500, spätgotisches Sakramentshaus 15. Jh.), SIEDENGRIEBEN (spätromanisch), LOCKSTEDT (spätgotische Taufe um 1500), ENGERSEN (spätromanisch, 1738–1745 um- und ausgebaut), BERKAU (urspr. spätromanisch, 1886 stark verändert; Altaraufsatz und Taufengel um 1710), PORITZ (spätromanisch Mitte 13. Jh.; Kanzelaltar um 1710), ARENSBERG (1. H. 13. Jh.; Wandmalereien Ende 15. Jh.), BÜSTE (spätromanisch 1. H. 13. Jh., 1829 umgebaut; spätgotischer Taufstein 1521), MESSDORF (spätromanisch 2. H. 12. Jh.; Innenausstattung 1883), SPÄNINGEN (frühgotisch; Kanzelaltar Mitte 17. Jh.), BIESENTHAL (spätgotischer Flügelaltar um 1520) und BEESE (spätromanisch).

Die Kreise Haldensleben, Wolmirstedt und Tangerhütte

HALDENSLEBEN. *Pfarrkirche St. Marien,* dreischiffige, im Kern spätgotische Hallenkirche (begonnen vor 1375, vollendet nach 1414, nach Brand 1665 bis 1675 wiederhergestellt, 1975 rest.), im Mittelschiff hölzerne Gewölbe aus dem späten 19. Jh., Westturm 1812–1821; Altaraufsatz und Kanzel 1666. — *Rathaus*, zwischen 1815 und 1823 klassizistisch umgebauter Barockbau von 1703. — Vor dem Rathaus *Roland* zu Pferde, Sandsteinkopie nach dem hölzernen Original (im Kreismuseum) von 1528. — *Bürgerhäuser:* Kühnsches Haus (Ecke Hagen- und Holzmarktstr.) reicher Fachwerkbau 1592. Ratsfischerhaus (Stendaler Str. 12) Fachwerkbau Anfang 17. Jh. Pfarrhaus (Burgstraße) Fachwerkbau 18. Jh. Ecke Markt und Hagenstraße Anfang 17. Jh. — *Stadtbefestigung:* Bülstringer Torturm vermutlich 14. Jh. Stendaler Tor 1593. — *Kreismuseum* (Breiter Gang), u. a. kleine Gemäldesammlung, darunter Werk von L. Cranach d. Ä. (1519). — *Herrenhaus* (Althaldensleben) des ehem. Klostergutes (jetzt Berufsschule), zweigeschossige barocke Anlage (18. Jh.), der Hof urspr. von Kreuzgang umgeben, im Nordwesten frühere Kapelle. — *Simultankirche* (Althaldensleben), klassizistisch 1830, langgestreckter rechteckiger Grundriß, über der Mitte Turm; reiche Kanzel (kath.) 1724. — Zwischen Althaldensleben und Hundisburg großer Landschaftspark, angelegt nach 1810 von J. G. Nathusius.

CALVÖRDE. *Ehem. Sumpfburg* (jetzt LPG), 1196 urkundlich genannt, erhalten Reste der Umfassungsmauern, zwei Turmstümpfe und Rest eines Renaissancebaus. — In der *Dorfkirche* (1704 mit Benutzung romanischer Teile, im 19. Jh. verändert) bemerkenswert: Kanzel 1609, Orgelprospekt 1742, Epitaphe und Grabsteine 17. und 18. Jh.

HUNDISBUG. *Schloß* (jetzt Schule), Südflügel Renaissancebau von 1571, sonst Barockbau 1694–1702, Hauptwerk von H. Korb, Mittelbau und Nordflügel 1945 ausgebrannt, Wiederherstellung im Gange, am zweigeschossigen Haupttrakt Mittelrisalit und Seitenrisalite mit Giebeldreiecken, an der Südwest- und Nordwestecke je ein Turm, die Wirtschaftsgebäude im Halbkreis angeordnet. — In der *Dorfkirche* (im Kern spätromanisch 1266, 1587 und 1708 erweitert) bemerkenswertes Epitaph v. Alvensleben nach 1596.

ALTENHAUSEN. *Schloß* (jetzt Krankenhaus), dreigeschossiger Haupttrakt über hufeisenförmigem Grundriß, im Kern spätgotisch (2. H. 15. Jh. und nach 1500) mit Benutzung älterer Teile, nach Brand (1625) Ende 17. Jh. wiederhergestellt, mehrfach erneuert; spätgotische Küche mit Herd und Rauchfang. — *Dorfkirche*, spätgotischer Nachzüglerbau von 1594 mit interessanten Holzgewölben, von der Ausstattung bemerkenswert: Altaraufsatz und Kanzel 1666. Orgelprospekt Anfang 18. Jh. Geweihmadonna 3. V. 15. Jh.

WALBECK. *Chorherrenstift*, gegr. nach 945. Kirchenbau 2. H. 10. Jh., Pfeilerbasilika, urspr. mit durchgehendem Querhaus, im 11. Jh. um zwei Joche verlängert, Westbau 12. Jh. Seit dem frühen 19. Jh. Ruine. Stucksarkophag des Grafen Lothar II. (gest. 964), ehem. in der Mitte des Querhauses, heute in der (neuromanischen) Dorfkirche aufgestellt.

ERXLEBEN. Von der ehem. Burg (12. Jh.) erhalten: *Schloß* (jetzt Schule), zweigeschossiger Barockbau (1782 bis 1784 von J. C. Huth) mit dreigeschossigem Mittelrisalit. – *Schloß* (jetzt Schule), dreigeschossige Zweiflügelanlage, Hauptflügel von 1526 mit Benutzung älterer Grundmauern, Nebenflügel von 1563, nach Brand 1679 wiederhergestellt, Treppentürmchen, Eckerker, schlichte Volutengiebel. – *Schloßkapelle*, einschiffiger Renaissancebau (1564–1580, 1674 erneuert) mit hölzernem Tonnengewölbe, im Westen ehem. Bergfried (»Hausmannsturm«), als Glockenturm benutzt; Altaraufsatz 1675 und Kanzel von T. Wilhelmi Anfang 18. Jh., ferner Grabdenkmäler 15. bis 19. Jh. – *Dorfkirche*, barocker Zentralbau (1716) über kreuzförmigem Grundriß; Altaraufsatz 1733, Kanzel 1736 von C. A. Osten.

HILLERSLEBEN. *Klosterkirche* des ehem. Benediktiner-Klosters, urspr. dreischiffige spätromanische Pfeilerbasilika nach Hirsauer Schema (begonnen nach 1179, vollendet um 1260, im 18. Jh. Ruine), bei der Erneuerung nach 1859 stark verändert, im Osten des Mittelschiffes Apsis, zweitürmiger Westbau nach 1859. – Von den *Klostergebäuden* nur Teile des Kreuzgangs (Ende 13. Jh.) und sog. Altes Schlafhaus (1436) erhalten.

GROSS AMMENSLEBEN. *Klosterkirche* des ehem. Benediktiner-Klosters (jetzt Simultankirche), gegründet 1124. Dreischiffige romanische Pfeilerbasilika (gew. 1144, im 15. und 16. Jh. umgebaut, Inneres rest.), urspr. mit vier Türmen geplant, im Mittelschiff spätgotisches Kreuzrippengewölbe, Chor und südliches Chorseitenschiff in der 2. H. 15. Jh. spätgotisch verändert, an der Nordseite Sakristei und Marienkapelle (geweiht 1523), an der Südseite romanisches Säulenportal, querrechteckiger Westbau, der Turm urspr. mit hohem Spitzhelm, über der Vierung Dachreiter (um 1490) mit drei Spitzhelmen. Bemerkenswerte Ausstattungsstücke: Altaraufsatz (Gemälde 1615 von N. Rosmann) 1769. Schmerzensmann um 1500. Zwei weibliche Heilige um 1380. Grabdenkmäler 16.–18. Jh. – *Klostergebäude:* Pferdestall (1600), zweischiffige Halle mit Kreuzgewölben. Torhaus (»Schäfertor«) 1797 mit Benutzung älterer Teile, 1965 rest.

WOLMIRSTEDT. *Schloßkapelle*, einschiffiger spätgotischer Backsteinbau (begonnen 1480, im Dreißigjährigen Krieg stark beschädigt), urspr. mit Gewölben, nach innen gezogene Strebepfeiler, an der Südseite Laufgang, die südliche Außenseite als Schauseite ausgebildet, reiches Portal. – *Herrenhaus* der ehem. Stiftsdomäne (jetzt Berufsschule), schlichter Barockbau (vermutlich 1732), nach 1945 mehrfach umgebaut. – Ehem. *Gasthof zum schwarzen Adler*, Fachwerkbau um 1650, Giebelfront 1966 rest. – *Kreis-Heimatmuseum* (Glindenbergerstr. 9), u. a. Fundkomplex von der Ausgrabung der Hildagsburg.

Bemerkenswerte Schlösser und Herrenhäuser in ROGÄTZ (urspr. mittelalterliche Burg, mächtiger Bergfried erhalten), DETZEL (neugotisch 1844), BEBERTAL (Veltheimsburg im Kern 12. Jh., im 18./19. Jh. mehrfach umgebaut; in der Nähe als Wasserturm verwendeter Bergfried und Ruine eines Palas, Reste einer Bischofsburg aus dem 11. Jh.; Neues Schloß Neurenaissancebau von 1882), DÖNSTEDT (Barockbau 1734), KLEINSANTERSLEBEN (Barockbau 1734), EMDEN (1676, reiche Stukkaturen), BODENDORF

(Barockbau um 1700 mit Schloßkapelle von 1709), GROSSBARTENSLEBEN (Dreiflügelanlage, Südflügel im Kern 2. H. 16. Jh., übrige Flügel Mitte 18. Jh., Saal mit reichen Stukkaturen), WEFERLINGEN (ehem. Wasserburg, Wohngebäude 1. H. 16. Jh., Bergfried vermutlich um 1300) und FLECHTINGEN (im 19. Jh. neugotisch ausgebaute gotische Wasserburg).

Bemerkenswerte Pfarr- und Dorfkirchen in BARLEBEN (Barockbau 1699; Grabdenkmal nach 1714, v. Quast), OLVENSTEDT (Barockbau 1726, romanischer Westturm, nach 1945 rest.; Holzplastiken um 1700), SCHNARSLEBEN (Barockbau 1693, romanischer Westturm, Renaissanceportal von 1612; reiche Barockausstattung), NIEDERNDODELEBEN (1711 mit Benutzung romanischer Teile; Altaraufsatz 1764/75 von Ph. Geilfuß, Grabdenkmal 1469), EICHENBARLEBEN (dreischiffiger Renaissancebau von 1596 mit Holzsäulen und hölzernem Tonnengewölbe; Grabdenkmäler 16.–18. Jh., v. Alvensleben, darunter Hängeepitaph von T. Wilhelmi d. J., nach 1693), KLEIN AMMENSLEBEN (Barockbau 1726, bemalte Holzdecke, romanischer Westturm; drei Kreuzigungsreliefs, das älteste vermutlich 14. Jh.), KLEIN SANTERSLEBEN (im Kern romanisch, Querschiff vermutlich barock; gediegene Barockausstattung), GROSS ROTTMERSLEBEN (Barockbau Anfang 18. Jh., romanischer Turm; gediegene Barockausstattung), BEBERTAL (früher Alvensleben-Dorf, Barockbau 1697 mit gediegener Ausstattung; früher Alvensleben-Markt, im Kern romanisch, reiche Kanzel 1693), GROPPENDORF (romanische Chorturmkirche, spätgotischer Chor, Wandmalereien Anfang 16. Jh.), NORDGERMERSLEBEN (im Kern frühromanisch, geweiht 966, 1905 romanisierend umgebaut; Kanzelaltar 1701), EIMERSLEBEN (romanischer Westturm, spätgotischer Chor, barockes Langhaus 1712–1715; gediegene Barockausstattung), MORSLEBEN (im Kern frühromanisch 11. Jh., 1489 nach Osten erweitert, 1721/22 erneuert; reicher Kanzelaltar 1722), GROSS BARTENSLEBEN (im Kern romanisch, 1530 nach Osten erweitert; Altaraufsatz 1676, Kanzel um 1590, Grabdenkmäler 16./17. Jh., v. Veltheim), WEFERLINGEN (an der Südseite der Kirche reiche Grabkapelle von 1766), SCHWANEFELD (spätgotischer Flügelaltar Ende 15. Jh.), IVENRODE (romanisch 1. H. 12. Jh., im 18. Jh. umgebaut), BÜLSTRINGEN (Barockbau 1708, romanischer Westturm; reiche Ausstattung der Entstehungszeit, spätgotisches Kruzifix um 1500), ROGÄTZ (Barockbau um 1700 mit Benutzung romanischer Teile; reiche Ausstattung um 1620, Grabdenkmäler 16. Jh., v. Alvensleben), MAHLWINKEL (spätgotischer Flügelaltar um 1520), UCHTDORF (spätromanisch 1. H. 13. Jh., rest., Wandmalereien um 1250; spätgotischer Flügelaltar 1. H. 16. Jh.), TANGERHÜTTE (Fachwerkbau 1724; reicher Kanzelaltar der Entstehungszeit, spätgotischer Flügelaltar), ELVERSDORF (spätromanisch Ende 12. Jh.), DEMKER (spätromanisch 1. H. 13. Jh.), BELLINGEN (romanisch um 1200; Altaraufsatz 1731) und GROSS SCHWARZLOSEN (Barockbau 1706 mit Benutzung spätromanischer Teile; Altaraufsatz 1714, Kanzel 1712).

Die Kreise Wanzleben und Oschersleben

WANZLEBEN. Von der *Burganlage* (im Kern 12. Jh.) nur der mächtige Bergfried und kleinerer Torturm im Norden erhalten, Torhaus und östlicher Gebäudezug Neubau von 1583. — *Rathaus*, schlichter Renaissancebau (nach 1550 mit Benutzung spätgotischer Grundmauern, im 17. Jh. und 1705 umgebaut) mit Freitreppe und Dachreiter. — *Pfarrkirche St. Jakobi*, dreischiffige Hallenkirche (im Kern romanisch, in der Zeit der Spätgotik umgebaut, um 1840 wiederhergestellt und erneuert) mit Stern-, Kreuzrippen- und Netzgewölben, quadratischer Westturm; reicher Taufstein Mitte 16. Jh. — Westlich und südwestlich der Stadt zwei spätgotische *Warten*.

HADMERSLEBEN. *Klosterkirche* des ehem. Benediktiner-Nonnen-Klosters, 961 urkundlich genannt. Einschiffiger Gemengbau (11.–16. Jh.) mit hölzernem Tonnengewölbe, an der Nord- und Südseite je eine Kapelle mit Rippengewölbe, im Westen Nonnenempore, darunter dreischiffige Halle mit Kreuzgratgewölben, eingebauter querrechteckiger Westturm mit Zwillingshelmen; reiche Barockausstattung (1699–1710) und spätgotischer Flügelaltar (Ende 15. Jh.). Am Südeingang Löwentürklopfer um 1160. — Von den *Klostergebäuden* zweischiffiger Kapitelsaal mit Kreuzgratgewölben und Reste des gotischen Kreuzganges bemerkenswert. — *Pfarrkirche Unser Lieben Frauen*, zweischiffiger Barockbau (nach 1664) mit bemaltem hölzernem Tonnengewölbe und frühgotischem Westturm. Bemerkenswerte Ausstattungsstücke: Altaraufsatz 1665. Kanzel und Taufstein 2. H. 17. Jh. Barockes Triumphkreuz. Epitaphe 17./18. Jh. — *Rathaus*, Fachwerkbau 1665 über älterem massivem Erdgeschoß. — *Hospitalkirche St. Georg*, einschiffiger spätgotischer Bau (vermutlich 15. Jh.) mit hölzernem Tonnengewölbe. — *Dorfkirche St. Stephan* im ehem. Burgbezirk, Barockbau (um 1750) mit schlichter Ausstattung der Entstehungszeit.

GRÖNINGEN. *Stadtkirche St. Martin*, 1905, Grabdenkmäler des 16. Jh. — *Klosterkirche St. Cyriakus* des ehem. Benediktiner-Klosters, gegründet 936. Urspr. dreischiffige romanische Flachdecken-Basilika (1. H. 12. Jh., Seitenschiffe, Chorapsis und Querschiffsapsiden abgebrochen) mit sächsischem Stützenwechsel und ausgeschiedener Vierung, am Westende des Mittelschiffes Kapelle mit Tonnengewölbe (2. H. 12. Jh.), am Gewölbe Malereien (Szenen aus dem Alten und Neuen Testament), über der Kapelle Empore, an der Emporenbrüstung Stuckreliefs (Christus und die Apostel, Kopie nach den Originalen in den Staatl. Museen Berlin, um 1170), unterh. der Brüstung Reste eines gemalten Jüngsten Gerichtes, über der Vierung achteckiger Turm; romanischer Taufstein, Grabstein 1580. — Am südlichen Querschiffsarm Reste der ehem. *Abtei*, zweischiffig mit Kreuzgratgewölben.

OSCHERSLEBEN. Von der (nicht zugänglichen) *Schloßanlage* viergeschossiges Wohnhaus (Renaissancebau von 1545) bemerkenswert. — *Rathaus*, Schlichter Barockbau 1691 mit Benutzung älterer Teile. — *Pfarrkirche St. Nikolai*, neugotisches Langhaus (1881), spätgot. Westbau mit zwei Türmen (2. H. 14. Jh.).

Hamersleben, Stiftskirche, Kapitelle

HAMERSLEBEN. *Stiftskirche* des ehem. Augustiner-Chorherren-Stiftes St. Pankratius, gegründet wohl 1107. Dreischiffige romanische Säulenbasilika (begonnen 1. H. 12. Jh., Restauration abgeschlossen) nach Hirsauer Schema, Querschiff, drei Chöre mit Apsiden, Flachdecken, in den Querschiffsarmen Doppelarkaden, an den Schranken urspr. Stuckfiguren (nur drei an der Nordseite erhalten), Kapitelle mit reichem figürlichem Schmuck, in der Apsis des Hauptchores spätgotische Malereien (Weltgericht und Heilige), an der Außenseite der Apsis Blendarkatur, über den Ostenden der Seitenschiffe Türme, achteckige Abschlüsse erst 1512. Bemerkenswerte Ausstattungsstücke: Hochaltar und Orgel 1687. Spätromanischer Ciborienaltar (südlicher Querschiffsarm) Anfang 13. Jh. — *Klostergebäude*, Ost- und Nordflügel des Kreuzganges spätgotisch (16. Jh.) mit Kreuzrippengewölben, übrige Gebäude im 18. Jh. erneuert, Einfahrt zum Gutshof 1751. In der Bibliothek vorzügliche Marienfigur (Ende 15. Jh.), wohl aus dem ehem. spätgotischen Hauptaltar.

MARIENBORN. In der einschiffigen spätromanischen *Klosterkirche* des ehem. Augustiner-Nonnen-Klosters (2. H. 13. Jh. mit Benutzung älterer Reste, im 18. und 19. Jh. verändert) bemerkenswert: Spätgotischer Flügelaltar (im Schrein Maria auf der Mondsichel) Anfang 16. Jh. Flügelaltar (Maria in der Strahlensonne mit Engeln) um 1475. Vesperbild Ende 14. Jh. Zwei Kruzifixe Ende 15. Jh. und um 1500. — Süd- und Westflügel des spätgotischen *Kreuzganges* (2. H. 15. Jh.) erhalten, von den anderen Flügeln nur noch Reste vorhanden.

UMMENDORF. *Burg* (jetzt Schule und Kreismuseum), unregelmäßige Vierflügelanlage der Renaissance (1535–1581 mit Benutzung von Teilen einer mittelalterlichen Burg, 1888 und nach 1900 erweitert und erneuert), in der Nordostecke mittelalterlicher Bergfried, an der Nordseite dreigeschossiges Torhaus. — *Kreismuseum*, umfangreiche Sammlung zur bäuerlichen Volkskultur der Börde (Hausbau, Möbel, Wirtschaftsgeräte, Trachten; Keramik und Schmuck des 19. Jh.), Geschichte der Landwirtschaft sowie Ur- und Frühgeschichte des Kreisgebietes (u. a. Funde der Grabung Bahrendorf-Stemmern 1950–1960). — *Dorfkirche*, im Kern spätromanisch, 1556–1566 erneuert und umgebaut; Altaraufsatz (1588), Kanzel (1697), figürliche Grabsteine (2. H. 16. Jh.).

SEEHAUSEN. *Pfarrkirche St. Laurentii*, dreischiffige spätgotische Hallenkirche (14./15. Jh., 1679 umgebaut, im 19. Jh. erneuert) mit Flachdecken, Chor mit Rippengewölbe, über dem Langhaus quergestelltes Satteldach, Westturm; Altaraufsatz um 1620, figürliche Grabsteine 16./17. Jh. — *Pfarrkirche St. Pauli*, einschiffiger romanischer Bau (12. Jh.), Chor mit Apsis, querrechteckiger Westturm. — *Rathaus*, schlichter Bau aus dem Anfang des 19. Jh. — *»Marktturm«* im Kern vermutlich spätgotisch, 1712 erneuert.

MEYENDORF. *Klosterkirche* des ehem. Zisterzienser-Nonnen-Klosters, einschiffiger Barockbau (um 1720) mit reicher Ausstattung der Entstehungszeit; spätgotischer Flügelaltar (im Schrein Marienkrönung) Ende 15. Jh. — *Klostergebäude:* Propstei schlichter Barockbau um 1720. Südwestlich der Kirche barockes Torhaus von 1787.

AMPFURTH. *Schloß*, Vierflügelanlage der Renaissance (2. H. 16. Jh., im 17. Jh. umgebaut, mehrfach verändert), im Westen Torhaus und Treppenturm, beide mit reichen Portalen. — *Dorfkirche*, einschiffiger Renaissancebau (um 1560 mit Benutzung mittelalterlicher Reste) mit hölzernem Tonnengewölbe, an der Nordseite Turm, Chor von hölzernem Laubengang umgeben; Altaraufsatz (Gemälde von A. Offinger 1566) 17. Jh., Grabdenkmäler 2. H. 16. Jh.

Bemerkenswerte Schlösser und Herrenhäuser in KROTTORF (urspr. mittelalterliche Burg, im 16. und späten 19. Jh. umgebaut), NEINDORF (klassizistisch 1824–1827), SOMMERSCHENBURG (Neubau 1896/97; im Park Mausoleum und Denkmal des Generalfeldmarschalls Neithardt v. Gneisenau 1841 von Chr. D. Rauch) und HARBKE (Renaissancebau 1572–1578, im 18. Jh. umgebaut und erneuert, ehem. berühmter Englischer Garten des 18. Jh.).

Bemerkenswerte Pfarr- und Dorfkirchen in HOHENDODELEBEN (Barockbau 1770; Christus als Weltenrichter, spätgotisches Relief), DOMERSLEBEN (barocker Zentralbau 1736–1740), LANGENWEDDINGEN (barokker Zentralbau 1703, romanischer Westturm; reiche Ausstattung der Entstehungszeit), OSTERWEDDINGEN (Barockbau 1708, romanischer Westturm; Altaraufsatz und Kanzel der Entstehungszeit), SÜLLDORF (Figurengrabsteine 16./17. Jh.), DODENDORF (Barockbau Ende 17. Jh. auf älterer Grundlage, romanischer Westturm; Altarwand und Kanzel 1693),

BAHRENDORF (Barockbau 1749, romanischer Westturm mit Zwillingshelmen; Grabdenkmal nach 1729), ALTENWEDDINGEN (neugotisch 1836), SCHWANEBERG (Barockbau um 1740), GROSS-GERMERSLEBEN (zweischiffiger Barockbau 1713–1724; spätgotisches Triumphkreuz), BOTTMERSDORF (Barockbau um 1690, romanischer Westturm), SCHERMCKE (Grabdenkmäler 16./17. Jh., v. d. Asseburg), BERGEN (Figurengrabsteine 17. Jh.), WORMSDORF (spätromanisch um 1200; Altaraufsatz 1711), WEFENSLEBEN (Barockbau 1735, romanischer Westturm), HARBKE (Renaissancebau 1572, Turm 1719, schöne Stuckdecke aus der Bauzeit; Altaraufsatz 1676, Orgel mit altem Werk um 1720 von Chr. Gröger, Grabdenkmäler 16./17. Jh., v. Veltheim), SOMMERSDORF (Barockbau 1717; reicher Kanzelaltar der Entstehungszeit), VÖLPKE (Barockbau 1786), BADELEBEN (im Kern romanisch, rest.), HÖTENSLEBEN (im Kern spätgotisch um 1500, 1678 bis 1680 erneuert, Barockausst.), ÜPLINGEN (barocker Zentralbau 1786–1788), WULFERSTEDT (Barockbau 1786/87), OHRSLEBEN (im Kern romanisch, 1588 erneuert, Inneres 1832), AUSLEBEN (spätgotischer Flügelaltar um 1480), WARSLEBEN (Barockbau 1699; schlichte Ausstattung der Entstehungszeit), BECKENDORF (Barockbau 1700 mit Benutzung älterer Grundmauern), NEINDORF (ehem. Schloßkirche, Renaissancebau 1582; Altaraufsatz 1679, reiche Epitaph-Ausstattung und Emporen mit Wappen, das reichste Epitaph nach 1604), OTTLEBEN (im Kern spätromanisch, in der 2. H. 17. Jh. umgebaut; Kanzelaltar der Umbauzeit) und KROTTORF (Grabdenkmäler 16.–18. Jh.).

Die Kreise Schönebeck und Staßfurt

SCHÖNEBECK. *Pfarrkirche St. Jakobi*, dreischiffige, im Kern frühgotische Basilika (2. H. 13. Jh., mehrfach verändert), Westbau mit zwei Türmen und Barockhauben von 1753. — *Wohnhäuser*, von den schlichten Barockbauten bemerkenswert: Str. der Thälmannpioniere 11/12 (1756), 13 (1797) und 14 (1765). — *Salzturm*, Bruchsteinbau mit barocker Haube, erneuert 1714. — *Denkmal für die Opfer des Faschismus*, Gruppenplastik von R. Horn, enthüllt 1951.

SCHÖNEBECK-SALZELMEN. *Pfarrkirche St. Johannis*, dreischiffige spätgotische Hallenkirche (begonnen 1430, Westhälfte um 1485, Osthälfte 1519 vollendet) mit Netz- und Sterngewölben (1536/37 unter Leitung von L. Binder), an der Nordseite reichverzierte Backstein-Vorhalle von 1487, querrechteckiger Westbau mit zwei Türmen. Bemerkenswerte Ausstattungsstücke: Altaraufsatz 1665. Kanzel 1678. Taufstein 1682. Rats- und Pfännereremporen 1682. Hölzernes Chorgitter 1682 von T. Wilhelmi aus Magdeburg. — *Burg Schadeleben* (jetzt Pflegeheim und Stadtarchiv), erbaut zwischen 1310 und 1319, Erweiterungen 1533 (dreigeschossiges Haus mit zwei spätgotischen Giebeln) und 1804, ältester Teil 1874 abgerissen. — Bemerkenswerte *Wohnhäuser*: Rosmarienstr. 9 Fachwerkbau um 1550. Schadeleber Str. 4 Fachwerkbau vermutlich 16. Jh. Schneidewindstr. 1 Barockbau um 1750. — *Kreismuseum* (Pfännerstr. 41), u. a. Ur- und Frühgeschichte des Kreisgebietes, Salzgewinnung in Schönebeck, Geschichte der Elbschiffahrt. — *Gradierwerk* am Kurpark, erbaut 1756–1765, urspr. Länge 1 837 m, jetzt noch etwa 350 m erhalten. — *Solturm* (Kurpark) 1776.

BARBY. *Schloß* (jetzt Aufnahmeheim für Übersiedler aus der BRD), Barockbau 1687–1715 von G. Simonetti; langgestrecktes Corps de logis mit pavillonartigem Mittelteil. — *Stadtkirche St. Marien*, urspr. einschiffiger, im Kern frühgotischer Bau (etwa 1250–1280), niedrige Seitenschiffe 1683 angebaut, spätgotischer Westturm mit Kuppelhaube von 1711; Altaraufsatz 1728, Kanzel 1722, Taufstein 1564, Orgelempore um 1700. — In der einschiffigen frühgotischen *Johanniskirche* (ehem. Franziskaner-Klosterkirche, gegründet 1264) bemerkenswert: Maria auf der Mondsichel (um 1510) und Grabdenkmäler der Grafen v. Barby (14.–16. Jh.).

GROSSMÜHLINGEN. *Schloß*, hufeisenförmige Renaissance-Anlage (16./ 17. Jh.), Ostflügel mit Volutengiebel und Erker, Westflügel mit Holzgalerie, im Innern kleiner Prunksaal mit Kreuzgratgewölbe und Stuckdekorationen von 1602.

CALBE. *Pfarrkirche St. Stephan*, dreischiffige spätgotische Hallenkirche (15. Jh. mit Benutzung spätromanischer Teile) mit Kreuzrippengewölben, an der Südseite Backstein-Vorhalle von 1494/95, Westbau mit zwei niedrigen Türmen. Bemerkenswerte Ausstattungsstücke: Spätgotischer Flügelaltar (im Schrein Anna selbdritt) Anfang 16. Jh. Kanzel 1562, Taufstein 1561, beide von U. Hachenberg aus Aderstedt. — *Laurentiuskirche* (ehem. Bernburger Vorstadt), im Kern romanisch 12. Jh., einschiffiger Innenraum 3. V. 19. Jh. umgestaltet. — Von den *Wohnhäusern* bemerkenswert: Markt 9 Renaissancebau vor 1660. Markt 11 Portal mit Ornament- und Figurenschmuck. Markt 12 verputzter Fachwerkbau 1653. Markt 13 Fachwerkbau 17. Jh. Markt 14 Barockbau 1722. Markt 23 Barockbau 18. Jh.

STASSFURT. Im *Städtischen Feierabendheim* (Thälmannplatz 9) bemerkenswerter spätgotischer Flügelaltar (im Schrein Kreuzigung) um 1495, Brüsseler Werkstatt (aus der abgebrochenen Johanniskirche).

GÜSTEN. *Pfarrkirche*, einschiffiger spätgotischer Bau (16. Jh.), an der Südseite Renaissanceportal von 1591, Westturm; Kreuzigungsgemälde aus der 2. H. 16. Jh.

HECKLINGEN. *Klosterkirche* des ehem. Benediktiner-Nonnen-Klosters. Dreischiffige romanische Basilika (2. H. 12. und 1. H. 13. Jh.) mit Querschiff, einfachem Stützenwechsel, ausgeschiedener Vierung und flachen Holzdecken, ungewöhnlich reiche Kapitelle und Basen, an Chor und Querschiff Apsiden, über dem südlichen Seitenschiff sowie im Westen des Mittelschiffes Nonnenempore (um 1230), in den Zwickeln der Hochschiffswand aus Stuck modellierte

Engelsgestalten (um 1230, möglicherweise Teil einer verschwundenen oder nicht ausgeführten Weltgerichtsdarstellung), an der Nordseite reiches Portal, querrechteckiger Westbau mit zwei Türmen; Grabdenkmäler der Familie v. Trotha 16./17. Jh. — *Schloß* (Ortsteil Gänsefurth), im 16. Jh. umgebaute mittelalterliche Burganlage mit reichem Barockbau von 1757.

EGELN. *Klosterkirche* des ehem. Zisterzienser-Nonnen-Klosters Marienstuhl, gegründet 1259. Einschiffiger Barockbau (1732–1734) mit Kreuzrippengewölben, im Westen Dachreiter; ungewöhnlich reiche Ausstattung der Entstehungszeit, dazu wertvolles Kruzifix 1. H. 14. Jh. — *Klostergebäude,* schlichte Barockbauten vor 1720. — *Stadtkirche,* schlichter einschiffiger Barockbau (1701–1703) mit einigen bemerkenswerten Ausstattungsstücken: Kanzel 1616. Altaraufsatz 1703. — *Burg,* weiträumige Anlage (im wesentlichen Mitte 16. Jh. mit Benutzung älterer Teile), gegliedert in Haupt- und Vorburg, in der Hauptburg mittelalterlicher Bergfried, spätgotisches Torhaus und Herrenhaus mit reichem Volutengiebel von 1617.

KROPPENSTEDT. *Rathaus,* zweigeschossig, im Kern spätgotischer Bau (16. Jh., 1719 umgebaut) mit Dachreiter. — Gegenüber dem Rathaus reiches *Freikreuz* von 1651. — *Stadtbefestigung,* bedeutende Teile der Stadtmauer und fünf Wehrtürme erhalten. — *Pfarrkirche St. Martini,* im Kern spätgotisch (vermutlich 15. Jh.), Ende 16. Jh. nach Süden erweitert, asymmetrische vierschiffige Hallenkirche mit Holzdecken, einschiffiger Chor mit Kreuzrippengewölben, an der Südseite Kielbogenportal von 1593, an der Nordseite zwei barocke Portale, quergestellte Satteldächer mit Ziergiebeln, spätromanischer Westturm. Bemerkenswerte Ausstattungsstücke: Altaraufsatz 1693. Kanzel 1684. Taufstein 1610. Spätgotisches Sakramentshaus. Orgelempore 1611. Epitaph A. Fischer 1611.

Bemerkenswerte Dorfkirchen in PLÖTZKY (spätromanisch 2. H. 12. Jh., nach 1690 erweitert), PRETZIEN (im Kern romanisch, Fachwerkturm von 1793), RANIES (Fachwerkbau, bemalte Holzdecke von 1629; Taufstein 1610), GNADAU (Barockbau 1780, Bethaus der Brüdergemeinde), GROSS-ROSENBURG (Südkapelle und unterer Teil des Turmes im Kern romanisch, sonst barock; Taufstein 1584), ZUCHAU (im Kern frühromanisch, Langhaus 1739 barock erneuert und erweitert, an der Südseite romanisches Säulenportal), BRUMBY (im Kern romanisch, Langhaus in gotischer Zeit erweitert, bemalte Kassettendecke von 1664; Altaraufsatz und Kanzel 1667), EICKENDORF (Barockbau 1750 mit älterem Turm; gediegener Kanzelaltar der Entstehungszeit, romanisches Tympanon mit Darstellung des Jüngsten Gerichts), KLEIN-MÜHLINGEN (im Kern vermutlich frühromanisch, nach 1648 wiederaufgebaut), EGGERSDORF (romanischer Turm, gotisches Langhaus, 1751 barock erweitert), WELSLEBEN (spätromanischer Ostturm um 1225, barockes Langhaus 1671; Taufstein 1671), BORNE (romanischer Westturm, zum Schiff Doppelarkade; reicher spätromanischer Taufstein), UNSEBURG (romanischer Westturm; spätromanisches Triumphkreuz), TARTHUN (im Kern romanisch, 1680 erneuert), WESTEREGELN (Barockbau 18. Jh.,

Westturm 1662), OSMARSLEBEN (romanisch, Archivoltenportal) und FÖRDERSTEDT (frühgotischer Westturm; spätgotischer Flügelaltar vermutlich Ende 15. Jh., reicher spätgotischer Taufstein).

Stadt und Kreis Halberstadt

Die Stadt Halberstadt

In den Jahren vor 827 Verlegung des um 780/81 gegründeten Missionsstiftes von Seligenstadt (dem heutigen Osterwieck) nach Halberstadt, einer Siedlung an einer Furt der Holtemme. Unter Heinrich I. (919–936) Einbeziehung des seit 827 urkundlich gesicherten Bischofssitzes in das sächsische Burgward-System, Entstehung einer Handwerker- und Kaufleutesiedlung an der östlichen Seite der Domburg, im Nordwesten der Domburg Entstehung oder Ausbau einer Siedlung (die spätere Vogtei). 989 Übertragung des vom Reichsoberhaupt ausgeübten Markt-, Münz- und Zollrechtes sowie der Gerichtsbar-

Halberstadt
1 Dom St. Stephanus, 2 Dompropstei, 3 Städtisches Museum, 4 Stiftskirche Unser Lieben Frauen, 5 Marktkirche St. Martini, 6 Pfarrkirche St. Moritz, 7 Pfarrkirche St. Katharinen, 8 Pfarrkirche St. Andreas, 9 Stadtmauer, 10 Johanniskirche, 11 Gleimhaus, 12 Haus Moritzplan, 13 Haus Lichtengraben 15, 14 Kulkmühle

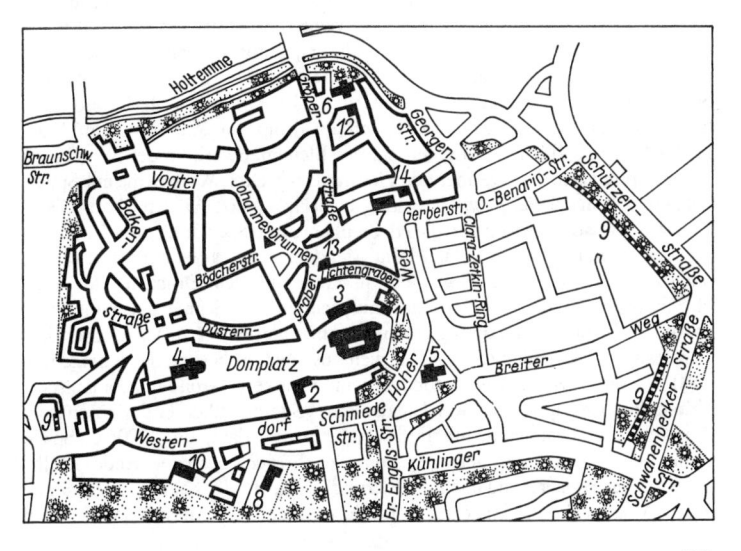

keit auf den Bischof von Halberstadt. 1018 Ummauerung der Domburg (Düsterngraben, Lichtengraben) einschließlich des um 1000 gegründeten Augustiner-Chorherren-Stiftes (Liebfrauenkirche). Im 11. und 12. Jh. bedeutende Erweiterung der bürgerlichen Marktsiedlung (1108 erstmalig civitas genannt). 1179 Zerstörung von Domburg und civitas durch Heinrich den Löwen. 1184 Lösung des Ortes aus dem Landrecht und Übernahme des Goslaer Stadtrechtes. 1186 erste urkundliche Erwähnung der Marktkirche St. Martini. 1206–1236 Abriß der alten Palisadenbefestigung und Bau einer Steinmauer um die Stadt. Um 1323 Einbeziehung der Vogtei in den Mauerring. Seit 1387 Mitglied der Hanse, ausgedehnter Tuch- und Leinenhandel mit Flandern, den Niederlanden und England. 1486 Niederlage der Stadt im Kampf gegen den Bischof, Verlust der Gerichtsbarkeit. 1648 Angliederung an Brandenburg-Preußen. 1650 großer Stadtbrand. Im 19. Jh. Nahrungsmittelindustrie. 1945 fast völlige Zerstörung (82%) durch anglo-amerikanische Luftangriffe. Großzügiger Wiederaufbau unter weitgehender Schonung der noch vorhandenen historischen Bausubstanz.

Bauten im Dombezirk

Dom St. Stephanus. Gotischer Bau (1945 stark beschädigt, 1946–1960 wiederhergestellt), im Westen 1239 im Bau, Westjoche des Langhauses vor 1317 voll., Chor begonnen um 1340, vollendet 1401, Schlußweihe 1491, Westtürme 1896. Dreischiffige Basilika mit Querschiff, im Mittelschiff Kreuzrippengewölbe, im Querschiff und in den Seitenschiffen Stern-, Netz- und Kreuzrippengewölbe, Bündelpfeiler, reicher spätgotischer Lettner (um 1500/10), im nördlichen und südlichen Querschiff Emporen, langgestreckter Chor mit Umgang, an der Ostseite des Umgangs Marienkapelle (geweiht 1362), stark erneuerte gotische Glasmalereien (14. und 15. Jh.), Westbau, urspr. mit Vorhalle. Reiche Westfassade mit Doppelportal, darüber Rosenfenster, daneben Blendbögen mit Säulenstellungen, an Langhaus und Chor voll entwickeltes Strebewerk, am nördlichen Querschiffsarm reiches Portal (im Tympanon Marientod um 1440), im Giebel des südlichen Querschiffsarmes Blendmaßwerk, in der Stirnfläche großes Spitzbogenfenster, über der Vierung Dachreiter, Westtürme mit Spitzhelmen. – Von der *Bauplastik* besonders bemerkenswert: An den Chorpfeilern 14 Statuen (zwölf Apostel und die Hl. Stephanus und Sixtus) 2. und 3. V. 15. Jh. An den Vierungspfeilern u. a. Maria Magdalena und hl. Laurentius (beide um 1510), hl. Hieronymus (um 1480), hl. Georg mit dem Drachen (1487) und hl. Sebastian (1510). An den Langhauspfeilern u. a. Schmerzensmann (um 1510), Maria mit Kind (Anfang 16. Jh.) und hl. Mauritius (1513). Zwischen den Fenstern der Marienkapelle vier Statuen aus einer Anbetung der Könige um 1360. – Von der *Ausstattung* besonders bemerkenswert: Große spätromanische Triumphkreuzgruppe mit zwei Engeln, am Triumphbalken Halbfiguren von Aposteln und Propheten, am Fuß des Kreuzes Adam, um 1220/30. Spätromanischer Taufstein, getragen von vier Löwen, gestiftet Ende 12. Jh. Dreiarmiger Bronzestandleuchter (Vierung) frühes 16. Jh. Kanzel 1592. Maria, Maria Magdalena und Engel, 3. V. 14. Jh. vielleicht vom Meister des Erfurter

Severi-Sarkophags. Gruppe der Anbetung des Kindes 1517. Große Madonna (Marienkapelle) um 1270/80. Zwei Leuchterengel vor 1400. Lebensgroßer hl. Stephan Anfang 16. Jh. Chorgestühl 1. V. 15. Jh. Bronzenes Lesepult in Gestalt eines Adlers um 1500. Orgelprospekt 1718. Im Chor Lichterkrone 15. Jh. Im Mittelschiff Kronleuchter Anfang 16. Jh. – Von den zahlreichen *Grabdenkmälern* (15. bis 17. Jh.) besonders bemerkenswert: Bronze-Grabplatte B. v. Neuenstadt (Südempore), gest. 1516, Werkstatt P. Vischers d. J. Alabaster-Epitaph C. v. Kannenberg (Vierungspfeiler), gest. 1605, von S. Ertle. Epitaph des Erzbischofs Friedrich von Magdeburg (Chor) 1558 von H. Schenk aus Berlin. Grabkapelle v. d. Busche-Streithorst (südliches Seitenschiff) 1696. – Südlich des Domes die *Klausurgebäude*: Kreuzgang 1. H. 13. Jh., an Westseite zweischiffig. Remter, an Ostseite zweischiffig. Kapitelsaal (Mitte 12. Jh. mit späteren Veränderungen) und spätgotische Stephanskapelle (gew. 1417). Über dem Nordflügel spätgotischer Kapitelsaal (voll. 1514). An der Ostseite des Westflügels spätgotische Neuenstädter Kapelle (voll. 1503) mit spätgotischem Flügelaltar (Ende 15. Jh.). – In Remter, Kapitelsaal und Schatzkammer der reiche *Domschatz*, neben dem Bamberger Domschatz bedeutendste kirchliche Kunstsammlung in den beiden deutschen Staaten, u. a. romanische Bildteppiche (Abrahamsteppich aus dem letzten D. 12. Jh., Apostelteppich vom Ende des 12. Jh., Karlsteppich um 1200), Pontificalgewänder und Paramente 12.–16. Jh., gotische Plastik und Tafelmalerei, Reliquiare und andere liturgische Geräte der Romanik und Gotik, Handschriftensammlung von der Karolingerzeit bis zur ausgehenden Gotik.

Dompropstei (jetzt Ratssitzungssaal, Stadtbauamt und Standesamt). Zweigeschossiger Renaissancebau (1945 beschädigt, wiederhergestellt), errichtet 1591–1611 vom ersten protestantischen Bischof Halberstadts, Heinrich Julius von Braunschweig, im Erdgeschoß steinerne Arkaden, das Obergeschoß in Fachwerk, an der Brüstung Wappen der Ministerialen des Domstiftes.

Von den *Domkurien* besonders bemerkenswert die Redernsche Kurie (Domplatz 3) von 1796 und die Spiegelsche Kurie (Domplatz 36, jetzt Städtisches Museum) von 1782. – *Städtisches Museum*, u. a. Ur- und Frühgeschichte des Nordharzvorlandes, sakrale Holzplastiken, Gemälde (Niederländer und Romantiker), volkskundliche Sammlung, bäuerliche Volkskultur (Möbel, mittelalterliche Keramik und Hafnerware, Zinn), umfangreiche Sammlung zur Geschichte der örtlichen Arbeiterbewegung.

Gleimhaus (Domplatz 31, Fachwerkhaus des 16. Jh.). Sammlung über Leben und Werk des Dichters Johann Wilhelm Ludwig Gleim, gest. 1803 in Halberstadt, u. a. 130 Porträts von Zeitgenossen, 15000 Graphiken, 10000 Originalhandschriften, Bibliothek (20000 Bände) mit bedeutenden Bibliophilien.

Stiftskirche Unser Lieben Frauen (Liebfrauenkirche). Kirche des ehem. Augustiner-Chorherren-Stiftes, Bau I zwischen 1005 und 1020, Bau II um 1140 begonnen und zwischen 1160 und 1170 vollendet, mit Benutzung des Unterteils der Westfassade von Bau I; 1945 stark beschädigt, 1946–1954 wiederhergestellt. Dreischiffige Basilika mit Querschiff, im Langhaus Flachdecken, in Chor und Querschiff Kreuzgratgewölbe, Wechsel von quadratischen und rechteckigen Pfeilern, ausgeschiedene Vierung, an den beiden Chorschranken je sechs in Stuck gearbeitete Apostel mit Christus (Nordseite) und Maria, darüber und darunter Blattfriese, an der Südseite mit umgebildetem Lehngut aus der antiken Mythologie (Hauptwerk der spätromanischen sächsischen Plastik Anfang 13. Jh.), westlich der beiden Querschiffsarme zwei Türme mit achteckigen Obergeschossen, querrechteckiger Westbau mit zwei Türmen, neben dem Südwestturm zweischiffige romanische Taufkapelle mit reichen Kapitellen und Apsis 2. V. 14. Jh. sowie am südlichen Seitenschiff Barbarakapelle mit Gewölbemalereien (Anfang 15. Jh.) und Altarschrein aus der Bauzeit (Anfang 15. Jh.); frühgotisches Triumphkreuz um 1230, Gedächtnis-Grabplatte Bischof Rudolf Mitte 15. Jh., im nördlichen Nebenchor Vesperbild um 1420, in der Taufkapelle Taufkessel 1614 von M. Kipman. – Westlich der Kirche *Kreuzgang*, im wesentlichen 14./15. Jh. mit romanischen Resten.

Bauten in der Altstadt und in der Vogtei

Bürgerhäuser. Von den 223 datierbaren Fachwerkhäusern Halberstadts wurden die meisten im April 1945 zerstört. Nur die in der Regel schlichten Ackerbürgerhäuser in der Vogtei nördlich des Dombezirks entgingen der Vernichtung. Hier finden wir noch gut erhaltene Straßenzüge in Fachwerkbauweise, so besonders in der Gröperstraße, der Taubenstraße und der Vogtei (hier Straßenname). Besonders bemerkenswerte Einzelbeispiele: Düsterngraben 3 1537, Trillgasse 10 1550, Lichtengraben 15 nach 1550, reiche ornamentale Schnitzereien. Hoher Weg 1 (Kulkmühle) 1594. Am Kulke 10 1678.

Marktkirche St. Martini. Dreischiffige gotische Hallenkirche (begonnen 2. H. 13. Jh. mit Benutzung romanischer Teile, um 1320 Planänderung, 1945 beschädigt, wiederhergestellt) mit Querschiff, Kreuzgratgewölben und Rundpfeilern mit vier Diensten, Chor mit zwei niedrigen Nebenchören, über dem südlichen Hauptportal Relief (hl. Martin) aus dem 18. Jh., querrechteckiger Westbau mit zwei Türmen. Bemerkenswerte Ausstattungsstücke: Bronzener Taufkessel (getragen von den vier Paradiesströmen, an der Wandung Szenen aus der Kindheit Christi) Anfang 14. Jh. Altaraufsatz 1696. Kanzel 1595. Spätgotisches Triumphkreuz. Orgelprospekt aus der Schloßkapelle von Gröningen Anfang 17. Jh., 1770 hier aufgestellt. Zahlreiche Grabsteine meist 16./17. Jh. – An der Westfront *Roland* von 1433, erneuert 1686.

Pfarrkirche St. Moritz. Im Kern romanische dreischiffige Pfeilerbasilika (11. Jh., nach 1238 einheitlich neu errichtet, im 19. Jh. erneuert) mit Flachdecken, Querschiff mit ausgeschiedener Vierung, Chor mit geradem Schluß, querrechteckiger Westbau mit zwei Türmen. Bemerkenswerte Ausstattungsstücke: Mittelschrein eines spätgotischen Flügelaltars (Beweinung Christi) um 1500. Chorgestühl 15. Jh. Orgelprospekt 1787. Bronzekronleuchter 1488. Schmiedeeiserner Kronleuchter 1517.

Pfarrkirche St. Katharinen (ehem. Dominikaner-Klosterkirche). Dreischiffige gotische Hallenkirche (14. Jh.) mit Flachdecken und langgestrecktem einschiffigem Chor. Bemerkenswerte Ausstattungsstücke: Hochaltar und zwei Nebenaltäre Anfang 18. Jh. Kanzel 1. H. 17. Jh. Kreuzigungsgruppe Anfang 16. Jh. Leuchterengel Mitte 15. Jh. Orgelbühne 18. Jh., in der Kreuzwegkapelle kleines Kruzifix 13. Jh., Kreuzweg 1952 von K. Petersen.

Pfarrkirche St. Andreas (ehem. Franziskaner-Klosterkirche). Dreischiffige gotische Hallenkirche (bald nach 1300 erbaut), 1945 zerstört, einschiffiger Chor mit dreiseitigem Schluß wiederaufgebaut. Bemerkenswerte Ausstattungsstücke: Spätgotischer Flügelaltar Anfang 15. Jh. Maria mit Kind aus Alabaster 3. V. 15. Jh., rest. In der *Johanneskirche* (Fachwerkbau 1646–1648 von W. Götze aus Quedlinburg) bemerkenswert: Altaraufsatz 1693, Kanzel 1653, bronzenes Taufbecken 15. Jh. – Im Nordwesten freistehender *Glockenturm*, im wesentlichen nach 1684.

Von der *Stadtbefestigung* nur der Wassertorturm von 1444 und einige Mauerreste, darunter je ein verhältnismäßig geschlossenes Stück an der Schützenstraße sowie längs der Schwanebecker Straße erhalten.

Bauten südlich der Stadt

Jagdhaus Spiegelsberge (jetzt Gaststätte). Schlichter Barockbau 1780–1782, an der Vorderseite reiches Portal von 1606 (Rest des abgebrochenen Schlosses Gröningen), im Keller großes Weinfaß mit 132 7601 Fassungsvermögen, ebenfalls aus Schloß Gröningen, angefertigt 1593–1598 von M. Werner aus Landau (Erbauer des Heidelberger Fasses). – *Parkanlage* mit dem Mausoleum des Freiherrn v. Spiegel (sechseckiger barocker Zentralbau 1783), zahlreichen Grotten und zwei Aussichtstürmen.

Der Kreis Halberstadt

LANGENSTEIN-ZWIEBERGE. *Gedenkstätte* für die Opfer des faschistischen Konzentrationslagers »Malachit«; Bronzerelief von E. Roßdeutscher.

WEGELEBEN. *Pfarrkirche*, dreischiffige frühgotische Basilika (vermutlich 2. H. 13. Jh.) mit Querschiff, querrechteckiger Westturm. Bemerkenswerte Ausstattungsstücke: Spätgotischer Altar mit doppelten Flügeln (im Schrein Marienkrönung mit musizierenden Engeln) 2. H. 15. Jh. Kanzel 1601. Brustbild Christi von 1565, Cranach-Schule. Grabdenkmäler 15.–17. Jh. – *Rathaus*, Renaissancebau (1592, umgebaut 1741) mit Freitreppe und Erker.

ADERSLEBEN. *Klosterkirche* des ehem. Zisterzienser-Nonnen-Klosters, einschiffiger Barockbau (3. V. 18. Jh.) mit reicher Ausstattung aus der 2. H. 18. Jh.

SCHWANEBECK. In der barocken *Pfarrkirche St. Petri* (geweiht 1683) bemerkenswert: Altaraufsatz 1690. Kanzel 2. H. 17. Jh. Gemälde (Jüngstes Gericht) 1692, volkskünstlerische Arbeit. — *Dorfkirche St. Johannis*, einschiffiger, im Kern spätromanischer Bau (vermutlich 1. H. 13. Jh.) mit gotischem Chor; Kanzelaltar 1701, Pfarrstuhl 17. Jh. — *Wallfahrtskapelle*, einschiffiger gotischer Bau (gegründet 1334); spätgotisches Vesperbild um 1500. — *Rathaus* mit Fachwerk-Obergeschoß 1674.

HUYSBURG. *Klosterkirche* des ehem. Benediktiner-Klosters, gegründet 1084. Dreischiffige romanische Basilika (geweiht 1121) mit Stützenwechsel, im Mittelschiff, Querschiff und Chor (mit Apsis) bemalte barocke Holzdecken von 1729, in den Seitenschiffen barocke Kreuzgewölbe, an der Nordseite des Chors Kapelle, an der Südseite des Langhauses Vorhalle von 1756, im Westen des Mittelschiffes Apsis, querrechteckiger Westbau mit zwei Türmen (vollendet 1487). Bemerkenswerte Ausstattungsstücke: Hochaltar (Gemälde von Stratmann aus Paderborn) wohl 2. V. 18. Jh. Zwei Nebenaltäre 1793 von Hinse aus Hildesheim. Kanzel um 1770. Taufstein Ende 17. Jh. Grabdenkmäler 15. und 18. Jh. — Von den *Klostergebäuden* erhalten: Acht Joche des Kreuzgang-Nordflügels mit spätgotischen Kreuzrippengewölben und zweigeschossiger Bauteil des Südflügels, in jedem Geschoß zweischiffig mit Kreuzgratgewölben, im Obergeschoß reiche Kapitelle. An der Südseite des äußeren Klosterhofes ehem. Abtei (Barockbau 1746, jetzt Altersheim), Treppenhaus und Kaisersaal (gemalte Tapeten), barockes Torhaus von 1768. — Nördlich des Klosters der *Röderhof* mit Herrenhaus (1830–1842), im Park Bauteile der abgebrochenen Klostergebäude.

OSTERWIECK. Im 8. Jh. von den ersten christlichen Missionaren Seligenstadt genannt, im 10. Jh. Marktsiedlung, bedeutend vor allem durch seine zahlreichen *Fachwerkbauten* aus dem 16. und 17. Jh. in den Stilformen der Spätgotik und Renaissance, durchweg in Traufenstellung. — *Pfarrkirche St. Stephani*, dreischiffige spätgotische Hallenkirche (begonnen nach 1511, geweiht 1562) mit Kreuzrippengewölben, Achteckpfeilern und reliefierten Arkadenbögen, an der Südseite Stabwerkportal von 1552, querrechteckiger spätromanischer Westbau (Mitte 12. Jh.) mit zwei Türmen. Bemerkenswerte Ausstattungsstücke: Spätgotischer Altar mit doppelten Flügeln (im Schrein Marienkrönung) Ende 15. Jh. Bronzener Taufkessel Ende 13. Jh. Kanzel um 1570. Chorgestühl 1620. Grabdenkmäler 16./17. Jh. — In der einschiffigen gotischen *Pfarrkirche St. Nikolai* (Schiff 1583) bemerkenswerter gemalter spätgotischer Flügelaltar (Szenen aus der Passion Christi) 2. V. 15. Jh., Umkreis des Konrad von Soest. — *Heimatmuseum* (Markt 11), unter anderem Frühgeschichte, örtliches Handwerk und Produktionsmittel, Geschichte der örtlichen Arbeiterbewegung.

STÖTTERLINGENBURG. *Klosterkirche* des ehem. Benediktiner-Nonnen-Klosters, gegründet 992. Von der dreischiffigen Pfeilerbasilika (12. Jh.) mit Querschiff und Chor nach Hirsauer Schema nur das Mittelschiff, der Hauptchor mit Apsis und der Westturm erhalten.

Bemerkenswerte Burgen und Schlösser in SCHLANSTEDT (schlichte Vierflügelanlage der Renaissance, 1616 mit Benutzung mittelalterlicher Teile), WESTERBURG (kreisförmige Anlage, im Kern 11. und 12. Jh., mehrfach umgebaut), HESSEN (im Kern mittelalterlich, zu großen Teilen Ruine, Ende 16. Jh. umgebaut) und ZILLY (große ehem. Wasserburg, 1179 erstmalig genannt, im 15. und 16. Jh. verändert).

Bemerkenswerte Dorfkirchen in HARSLEBEN (Renaissancebau 1601 mit gotischem Chor und romanischem Westturm; Kanzel 1601 von C. Redding, Taufstein 1602), DEESDORF (im Kern romanisch, im 17. Jh. umgebaut; spätgotisches Kruzifix Anfang 15. Jh., reicher Altaraufsatz 1693, Kanzel 1653, Emporen 1612), KLEIN QUENSTEDT (spätgotisch auf romanischen Grundmauern; reicher Kanzelaltar 1744), EMERSLEBEN (Barockbau 1742, romanischer Westturm; gediegene Ausstattung der Entstehungszeit), EILENSTEDT (im Kern romanisch 1138, im 15. und 18. Jh. umgebaut; Altaraufsatz 1730, Kanzel 1649), SCHLANSTEDT (im Kern romanisch, Ende 17. Jh. umgebaut; Kanzel 1621), ADERSTEDT (Barockbau, geweiht 1696), ROHRSHEIM (im Kern romanisch, 1753 umgebaut; Altaraufsatz 1661), HESSEN (Grabstein v. Bredow 1557 von J. Spinrad), BADERSLEBEN (Dorfkirche im Kern romanisch, 1719 umgebaut; ehem. Klosterkirche spätgotisch 2. H. 15. Jh.; Altaraufsatz frühes 18. Jh., Kanzel 1575), ANDERBECK (1728 umgestaltet und erweitert, romanischer Westturm mit zwei Helmen), DINGELSTEDT (Barockbau 1714), DANSTEDT (Barockbau 18. Jh., romanischer Westturm; Kanzelaltar Anfang 18. Jh.), ZILLY (klassizistisch 1838), DEERSHEIM (im Kern romanisch, Langhaus barock erneuert, Zweiturmfront), BEXHEIM B. DEERSHEIM (spätgotischer Flügelaltar 15. Jh.), VELTHEIM (im Kern romanisch, 1569 umgebaut, zweischiffig; gediegene Ausstattung des späten 17. Jh.), RHODEN (im Kern spätromanisch, im 18. Jh. umgebaut; reicher Altaraufsatz 1734), HOPPENSTEDT (spätgotischer Flügelaltar um 1500) und STÖTTERLINGEN (im Kern romanisch, 1629 und 1726 umgebaut; reicher Kanzelaltar Anfang 18. Jh.).

Kreis Wernigerode

WERNIGERODE. Urspr. Rodung und Dorfsiedlung des 9. Jh., im frühen 12. Jh. Burg des Gaugrafen nachweisbar, 1229 Verleihung des Stadtrechtes, vor 1250 Anlage der Neustadt, seit 1429 unter der Oberhoheit der Grafen v. Stolberg. Von der *Stadtbefestigung* Reste der Mauer und zwei Wehrtürme (Schalentürme) erhalten. — *Rathaus* (urspr. Spielhaus), zweigeschossiger Fachwerkbau mit massivem Keller- und Erdgeschoß, erbaut zwischen 1420 und 1427, umgebaut 1494–1498 von Th. Hilleborch, an der Vorderfront zwei Erkertürmchen mit Spitzhelmen und doppelläufige Freitreppe, Dachreiter von 1699, zweischiffiger Ratskeller mit Kreuzgewölben, zwei Lagerkeller mit Tonnenge-

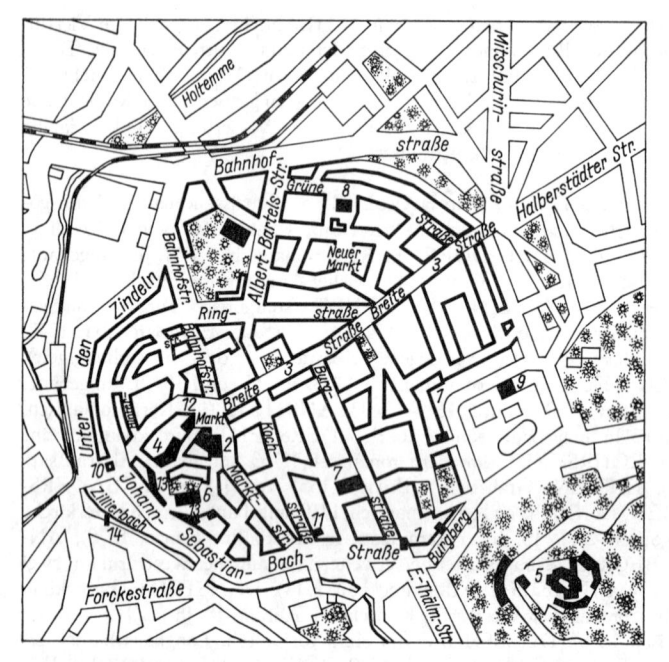

Wernigerode
1 Reste d. Stadtbefestigung mit 2 Wehrtürmen, 2 Rathaus (ehem. Spielhaus), 3 Breite Straße mit zahlreichen Fachwerkhäusern, 4 Harzmuseum, 5 Schloß (Feudalmuseum), 6 Oberpfarrkirche St. Silvester, 7 Liebfrauenkirche, 8 St.-Johanniskirche, 9 Planetarium, 10 Westerntorturm, 11 Kleinstes Haus, 12 Gotisches Haus, 13 Oberpfarrkirchhof, 14 1. Karl-Marx-Denkmal d. DDR, 15 Kreiskulturhaus

wölben. – An der Südwestecke des Rathauses das *Waghaus* (1. H. 15. Jh.), massives Erdgeschoß und niedriges Fachwerk-Obergeschoß, an den Knaggen, Balkenköpfen und Schwellen figürliche und ornamentale Schnitzereien. – Von den zahlreichen *Fachwerkhäusern* besonders bemerkenswert: Breite Str. 72 (Krummelsches Haus) 1674, an den Fensterbrüstungen figürliche Reliefs. In den Höfen der Häuser Markt 3 und Breite Str. 6 gotische Steinbauten (»Kemenaten«). – *Harzmuseum* (Klint 10), u. a. Stadtgeschichte, Bodenfunde von mittelalterlichen Burgen der Umgebung, Entwicklung des Fachwerkbaus, Trachten des Nordharzes. – *Schloß* (jetzt Feudalmuseum), im wesentlichen Neubau 1862–1881 von K. Frühling, von älteren Bestandteilen die Orangerie im ehem. Lustgarten (Barockbau 1713–1719) erhalten. – *Feudalmuseum*, u. a. Material zur feudalen Jagdgeschichte, deutsches Kunsthandwerk 17./18. Jh., sakrale Kunstwerke, darunter Magdalenentuch (Leinenstickerei um 1280), Altardecke aus Roßla und Löwenteppich (niedersächsische Wollstickerei, 4. V.

15. Jh.), Waffen, Folterwerkzeuge und Richtschwerter. – *Oberpfarrkirche St. Silvester*, dreischiffige frühgotische Basilika (13. Jh., um 1500 und 1881/85 verändert) mit niedrigem Querschiff und Flachdecken, langgestreckter einschiffiger Chor, Westturm von 1880; spätgotischer Flügelaltar (im Schrein Szenen aus dem Marienleben) 3. V. 15. Jh., Grabdenkmäler 14.–16. Jh. – *Pfarrkirche Unser Lieben Frauen*, einschiffiger Barockbau 1756–1762; Altarbild (Kreuzigung) von B. Rhode um 1760. – *Pfarrkirche St. Johannis*, dreischiffige Hallenkirche, im Kern romanisch nach 1265, Langhaus und Chor 1497 umgebaut, romanischer Westturm. Bemerkenswerte Ausstattungsstücke: Spätgotischer Altar mit doppelten Flügeln (im Schrein Maria mit Engeln und Szenen aus dem Marienleben) um 1420/30. Kanzel um 1600. Taufstein 1569. – *Hospitalkapelle St. Georg*, einschiffiger, vermutlich spätgotischer Bau (14. Jh.), an der Südostecke quadratische Wegekapelle. – *Kapelle St. Theobaldi* (Ortsteil Nöschenrode), einschiffiger frühgotischer Bau (vermutlich 2. H. 13. Jh.) mit Querschiff, Emporen mit bemalten Brüstungen (1636). Bemerkenswerte Ausstattungsstücke: Spätgotischer Flügelaltar (im Schrein Maria mit Engeln und Szenen aus dem Marienleben) um 1420. Kanzel und Triumphkreuzgruppe 1696. Orgelprospekt 1670. Chorgestühl 1621.

BLANKENBURG. *Pfarrkirche St. Bartholomäus*, dreischiffige Hallenkirche mit hölzernen Gewölben von 1586, urspr. romanisch, Chor in der 2. H. 13. Jh. nach Osten und Süden erweitert, Langhaus im 14. Jh. umgebaut, erneuert 1887–1891, rest. Bemerkenswerte Ausstattungsstücke: Altarwand 1712. Kanzel 1582. Spätgotisches Triumphkreuz Anfang 16. Jh. Im Chor gotische Stuckfiguren um 1270. Grabdenkmäler 15.–17. Jh. – *Schloß*, bedeutender Barockbau (1705 bis 1718 von H. Korb) mit Benutzung einiger mittelalterlicher Teile und eines Renaissanceflügels, im Innern drei Säle mit Pilasterdekoration. – *Kleines Schloß* (jetzt Heimatmuseum), urspr. barocker Fachwerkbau von 1725, 1777 massiv erneuert; kleiner barocker Terrassengarten. – *Heimatmuseum*, u. a. Bodenfunde von der Burg Regenstein, sakrale Gegenstände aus dem Kloster Michaelstein, Harzer Bauernstube. – *Rathaus*, zweigeschossiger Renaissancebau (um 1546 mit Benutzung gotischer Reste, 1584 aufgestockt) mit Treppenturm und Ziergiebel, Portale von 1577, Dachreiter von 1738. – *Stadtbefestigung*, in der Nähe des Schlosses kleiner Abschnitt der mittelalterlichen Stadtmauer erhalten.

REGENSTEIN. *Burgruine*, im Kern 12.–14. Jh. mit Benutzung älterer Anlagen, nach 1671 zur Festung ausgebaut, 1758 geschleift. Von der mittelalterlichen Burg unterer Teil eines Bergfrieds und mehrere in den Felsen gehauene Räume – vielleicht schon aus frühgeschichtlicher Zeit – erhalten, ferner Reste von Kasematten des 18. Jh.

MICHAELSTEIN. *Ruine des Zisterzienser-Klosters*, gegründet 1147, urspr. flachgedeckte kreuzförmige Basilika, erhalten: Kapitelsaal und Refektorium, beide spätromanisch, zweischiffig mit Kreuzgratgewölben. – *Großer Kreuzhof*, die kreuzrippengewölbten Gänge einheitlich um 1270. – *Hofkirche*, 1718 von H. Korb im nördlichen Teil des Westflügels eingerichtet, flachgedeckter Raum, durch zwei Geschosse reichend; Marmor-Epitaph nach 1726. — *Torhaus* (Nordtor), schlichter Barockbau von 1713.

VOLKMARSKELLER. *Höhlenkirche St. Michael*, eingerichtet vor 956, seit 1167 Wallfahrtskapelle mit Wirtschaftshof, Grundmauern einer klosterähnlichen Anlage erhalten.

DERENBURG. *Pfarrkirche*, einschiffiger Barockbau von 1726, spätromanischer Westbau mit zwei Türmen; reicher Orgelprospekt 1770. — *Rathäuser:* Unteres Rathaus Fachwerkbau nach 1769. Oberes Rathaus Fachwerkbau um 1560.

DRÜBECK. *Klosterkirche* des ehem. Benediktiner-Nonnen-Klosters St. Viti, gegründet um 960, urspr. dreischiffige romanische Basilika (2. H. 12. Jh.) mit Querschiff und Stützenwechsel (Seitenschiffe, nördlicher Querschiffsarm und Chorapsis abgebrochen, südliches Seitenschiff um 1955 wiederhergestellt), unter dem Chor urspr. fünfschiffige Krypta (südliches Seitenschiff verschüttet) mit Kreuzgratgewölben und reichen Kapitellen, spätromanischer Westbau mit zwei Türmen und Apsis (um 1200), rest. Bemerkenswerte Ausstattungsstücke: Spätgotischer Flügelaltar. Äbtissinnen-Grabstein nach 1555 von J. Spinrad aus Braunschweig.

ILSENBURG. *Klosterkirche* des ehem. Benediktiner-Klosters St. Petri und Pauli, gegründet nach 1003, urspr. dreischiffige romanische Basilika (1078–1087, im 16. Jh. stark verändert) mit Querschiff und Stützenwechsel (nördliches Seitenschiff und nördlicher Querschiffsarm abgebrochen), Kreuzgratgewölbe im Seitenschiff Ende 12. Jh., im Mittelschiff nach 1573, romanischer Gips-Estrich mit Zeichnungen (Baum des Lebens), im südlichen Querschiffsarm Sakristei und Orgel, Chor mit hölzernem Tonnengewölbe, querrechteckiger Westbau (nur unterer Teil des Südturmes erhalten), reiches Westportal (im Tympanon Christus und die beiden Johannes). Bemerkenswerte Ausstattungsstücke: Hochaltar 1706, Kanzel Anfang 18. Jh., Epitaph nach 1710. Alle vermutlich von B. Heidekamp. — Von der *Klausur* Ost- und Südflügel erhalten, beide spätroman.: Im Ostflügel Sakristei, Auditorium, Kapitelsaal und Camera oder Küche, alle dreischiffig mit Kreuzgratgewölben und reich ornamentierten Kapitellen. Im Südflügel u. a. großes dreischiffiges Refektorium mit Kreuzgratgewölben, Säulenschäfte mit Tau- und Damastmustern. — In der romanischen *Dorfkirche* (um 1883 stark verändert) bemerkenswert: Taufstein 1551 von J. Wink. Spätromanisches Kruzifix um 1230. Grabdenkmäler 17./18. Jh. — *Hüttenmuseum* (Ernst-Thälmann-Str. 9), u. a. Ilsenburger Ofenplatten, Entwicklung der heimischen Eisenindustrie der Gegenwart.

Bemerkenswerte Burgruinen: HARTENBERGER FORST (nordöstlich von Elbingerode, ehem. kaiserliches Jagdhaus 11./12. Jh.), KÖNIGSBURG (südlich von Königshütte), TRAGEBURG (westlich von Hasselfelde), ALTENBURG (bei Heimburg), STAPELBURG (Südmauer des Palas erhalten),

MINSLEBEN (ehem. Warte) und ILSESTEIN (südlich von Ilsenburg, Anfang 11. Jh., geringe Reste).

Bemerkenswerte Dorfkirchen in DARLINGERODE (romanisch; spätgotischer Schnitzaltar um 1500), STAPELBURG (1890/91; reicher Altaraufsatz spätes 16. Jh.), ABBENRODE (Barockbau 1695; spätgotischer Flügelaltar 15. Jh., reiche Kanzel Anfang 18. Jh., Orgel mit altem Werk von Cunzius 1708), WASSERLEBEN (ehem. Klosterkirche, im Kern gotisch; schlichte Barock-Ausstattung), LANGELN (spätromanisch, Kreuzgratgewölbe; spätgotischer Flügelaltar vermutlich Ende 15. Jh., zwei Kruzifixe 14. und 15. Jh.), REDDEBER (im Kern romanisch, 1590 erweitert), MINSLEBEN (romanisch), SILSTEDT (spätgotisch; hl. Nikolaus um 1500), HEIMBURG (Barockbau 1724), CATTENSTEDT (im Kern romanisch, um 1700 umgestaltet), WIENRODE (im Kern mittelalterlich, 1702 umgebaut), STIEGE (Fachwerkbau 1711) und TRAUTENSTEIN (Fachwerkbau 1696–1701).

Bezirk Halle

Halle (Saale)

Im Jahre 806 urkundliche Erwähnung eines karolingischen Kastells »ad locum, qui vocatur Halla« (bei einem Ort, der Halle genannt wird), Wehranlage auf der heutigen Domhöhe zum Schutze der schon in vorgeschichtlicher Zeit ausgebeuteten Salzquellen. 961 urkundliche Erwähnung der Burg Giebichenstein und einer in ihrem Schutz gelegenen Saline. Die frühmittelalterliche Siedlung Halle aus drei Siedlungskernen bestehend: Kastell mit anschließender Hörigensiedlung vermutlich auf dem Domberg, Salzsieder- und Handwerkersiedlung um den Trödel (planlose Streusiedlung mit mehreren kleinen Plätzen) und vorwiegend von Kaufleuten bewohnte Siedlung um den dreieckigen Alten Markt. 968 Angliederung Halles an das Erzbistum Magdeburg. Im 12. Jh. Umwandlung der vorstädtischen Siedlungslandschaft in die Stadt Halle (bis um 1150 villa, dann civitas genannt). Um 1170 große Stadterweiterung vorwiegend nach Norden und Osten, rechteckiger Markt mit sternförmig angeordneten Straßen (Große und Kleine Klausstraße, Große und Kleine Ulrichstraße, Große Steinstraße, Rathausstraße, Klement-Gottwald-Straße, Schmeerstraße); starker, annähernd halbkreisförmiger Mauerring, beginnend an der Saale in der Nähe der Moritzkirche und endend an der Stelle der später erbauten Moritzburg. 1258 erste urkundliche Nennung des Rates. Um 1280 Anschluß an die Hanse. 1310 Anerkennung der Stadtverfassung durch den Erzbischof von Magdeburg. Im 14., 15. und frühen 16. Jh. wirtschaftliche Hochblüte (ausgedehnter, von den patrizischen »Pfännern« monopolartig beherrschter Salzhandel, ferner Zinngießerei und Textilgewerbe, zwei Jahrmärkte), Höhepunkt der architektonisch-künstlerischen Entwicklung (Moritz- und Marktkirche, Umbau des Domes, Plastiken von Conrad von Einbeck und vom Meister der halleschen Domapostel). 1478 Verlust der städtischen Freiheit, Neuwahl des Rates seitdem von der Zustimmung des Landesherrn abhängig, Bau der Moritzburg. Von 1503 bis 1680 Residenz der Erzbischöfe und späteren Administratoren des Erzbistums Magdeburg. 1680 Angliederung an Brandenburg. 1683 großer Stadtbrand. 1694 Gründung der Universität (1817 Vereinigung mit der Universität Wittenberg), zur Zeit ihrer Entstehung Hauptsitz des deutschen Pietismus, im 18. Jh. eines der Zentren der deutschen Aufklärung (Christian Wolff). 1695 Gründung der Franckeschen Stiftungen. In der 2. H. 19. Jh. Entwicklung zu einer der bedeutendsten Industriestädte Mitteldeutschlands (u. a. Maschinenbau- und Zuckerrübenfabriken, Wagenbauanlagen); Einwohnerzahlen 1852: 25 000, 1891: 120 000. 1945 Beschädigung durch anglo-amerikanische Luftangriffe. Umfassende Altstadtrekonstruktion im Gange,

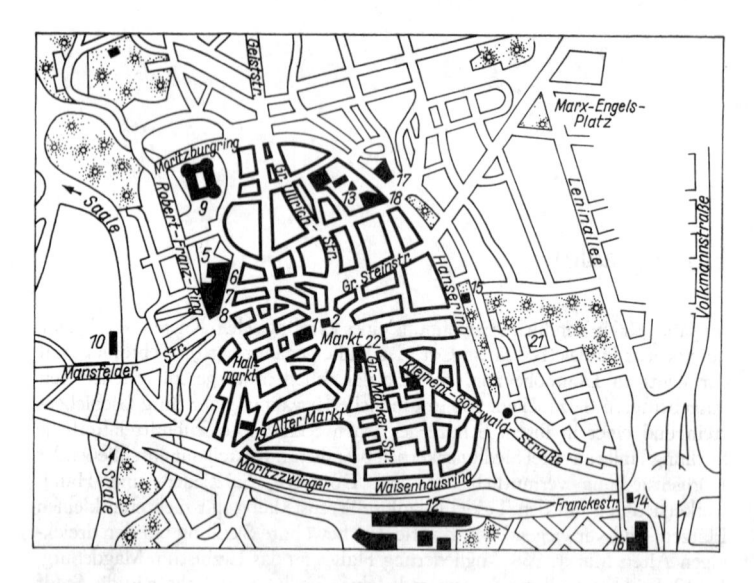

Halle
1 Pfarrkirche Unser Lieben Frauen (Marienkirche), 2 Roter Turm, 3 Pfarrkirche St. Ulrich, 4 Leipziger Turm, 5 Dom, 6 Kapelle der Neuen Residenz, 7 Neue Residenz, 8 Museum für mitteldeutsche Erdgeschichte mit Geiseltalsammlung, 9 Moritzburg, 10 Hallorenmuseum, 11 Händelhaus, 12 Franckesche Stiftung, 13 Martin-Luther-Universität, 14 Monument der revolutionären Arbeiterbewegung, 15 Monument am Hansering, 16 Interhotel »Stadt Halle«, 17 Stadttheater des Friedens, 18 Archäologisches Museum, 19 Pfarrkirche St. Georg, 20 Pfarrkirche St. Laurentii, 21 Stadtgottesacker, 22 Stadthaus

bereits vollendet: Rekonstruktion der *Klement-Gottwald-Straße* als Fußgängerbereich (1974/75 nach Plänen von H.-C. Riecken und W. R. Thäder). Von den modernen Bauten und Denkmälern am Rande des alten Stadtzentrums besonders bemerkenswert: *Monument der revolutionären Arbeiterbewegung* (1969 von G. Lichtenfeld, H. Beberniß und S. Fliegel), *Haus des Lehrers* (1969/70 nach Entwurf von P. Spiesecke) mit Reliefwand »Traditionen der revolutionären Arbeiterbewegung« (1973 von R. Sitte, R. Ponndorf, H. Peschel und V. Wanitschke), *Bürogebäude VEB Wasserwirtschaft* am Thälmannplatz (1965/66 nach Entwürfen von A. Möller, F. Funkat und U. Tielsch) mit Majolikamalerei »Die friedliche Nutzung der Energie« von J. Renau, *Interhotel »Stadt Halle«* (1964/65 nach einem Projekt von M. Böhme, H. Hönig und J. v. Jagow). Großzügige Stadterweiterungen, u. a. *Wohnstadt Nord* (1962/63 nach städtebaulichem Entwurf von H. Gebhardt) mit 2 200 Wohnungen, *Baugebiet Böllberger Weg* (1972–1975 nach städtebaulichem Entwurf von H. Weber, P. Weeck und

D. Bendemann) mit 1945 Wohnungen, *Wohnstadt Süd II* (beg. 1975 nach städtebaulichem Entwurf von P. Weeck, H. Weber und D. Bendemann) mit 4472 Wohnungen und *Chemiearbeiterstadt Halle-Neustadt*. Bildungsstätten: Martin-Luther-Universität (ca. 5000 Studenten), Deutsche Akademie der Naturforscher (Leopoldina), Hochschule für industrielle Formgebung Burg Giebichenstein, Konservatorium, Pädagogische Hochschule.

Halle-Neustadt

Chemiearbeiterstadt, begonnen 1964 nach Plänen eines Kollektivs unter Leitung von R. Paulick (Chefarchitekt 1964/68) und K. Schlesier (1969/73) sowie deren Stellvertretern J. Bach, S. Fliegel, H. Siegel und H. Zaglmaier, vorgesehen acht um das Stadtzentrum gruppierte Wohnkomplexe mit insgesamt 33000 Wohnungen für etwa 100000 Einwohner. Im Stadtzentrum (noch im Bau) besonders bemerkenswert: *Bildungszentrum* (1966–1971 nach städtebaulichen Entwürfen von J. Bach und R. Deutloff) mit monumentalen Wandgemälden von J. Renau. – Im *Wohnkomplex I* (1964–1968 nach städtebaulichen Entwürfen von H. Gebhardt, G. Gabriel und H.-J. Gürtler) Zeilenbebauung mit relativ gleichförmigen Räumen, bemerkenswert: *Deltakindergarten »Buratino«* (1968 von E. Hauschild) und *Kinderdorf* (1970/71 nach Entwürfen von G. Föllner und K. Beinert), Ensemble aus fünf Gebäuden mit großer Spielwiese. Im *Wohnkomplex II* (1966–1970 nach städtebaulichen Entwürfen von H.-J. Gürtler) verbesserte räumliche Gestaltung durch Ausbildung von Eck- und Längsverbindungsbauten, im Wohnkomplex-Zentrum große *Gruppenplastik »Völkerfreundschaft«* von H. Beberniß. Im *Wohnkomplex III* (1967–1972 nach städtebaulichen Entwürfen von H. Zaglmaier, Z. Dziedzinski, K. Toteff und O. Val de Ruten) hohe Einwohnerdichte durch mäanderförmige fünf- und sechsgeschossige Bebauung. – Im Wohngebiet West *Gaststätte »Eselsmühle«*, entstanden durch Ausbau (1969 von I. Liebscher und H. Letzel) einer alten Holländer-Windmühle.

Bauten und Sammlungen in der Innenstadt von Halle

Pfarrkirche Unser Lieben Frauen (Marktkirche). Urspr. zwei romanische Kirchen, diese 1529 bis auf die Türme abgebrochen, zwischen den Türmen Neubau einer dreischiffigen spätgotischen Hallenkirche (1530–1554 von Caspar Kraft und Nickel Hofmann) mit dichten Netz- und Sterngewölben und schlanken Achteckpfeilern, in den Seitenschiffen Emporen, die spätgotischen Obergeschosse des östlichen Turmpaares (»Hausmannstürme«) durch Brücke verbunden, das westliche Turmpaar («Blaue Türme») mit Spitzhelmen. Von der reichen Ausstattung besonders bemerkenswert: Gemalter spätgotischer Flügelaltar (im Mittelfeld Maria mit Kind, zu ihren Füßen Kardinal Albrecht von Brandenburg) 1529 von einem Meister der Cranach-Schule. Kanzel 1541, Schalldeckel 1596. Bronzener Taufkessel 1430 von Ludolfus von Braunschweig. Orgelprospekte 1713 und 1663. Tafel- und Stuhlwerk unter den Emporen

Halle, Marktkirche

1561–1575 von A. Pauwaert aus Ypern. Bräutigamsstühle 1595. – Auf dem Markt der spätgotische *Rote Turm* (begonnen 1418, vollendet 2. H. 15. Jh., Turmhelm 1945 zerstört, 1975 wiederhergestellt) mit achteckigen Obergeschossen, moderne Umbauung (Ausstellungszentrum) 1976 nach Entwürfen von G. Kröber und J. Schönduve. – Am Fuß des Roten Turmes der *Roland* (Nachbildung von 1719). – Auf dem Markt ferner das *Händel-Denkmal* (1859 von Heidel). – An der Ostseite des Marktes *Rathaus*, 1928–1930 nach Entwürfen von W. Nell, Th. Swillens, Ph. Löhr und W. Jost, Stahlbetonskelettbau mit Natursteinfassade. – An der Südseite *Stadthaus*, 1891–1894 von E. Schreiterer, Pseudorenaissancefassade aus Naturstein. – In der näheren Umgebung des Marktes mehrere alte *Bürgerhäuser*, besonders bemerkenswert: »Kühler Brunnen« (zwischen Markt und Großem Schlamm), eine Baugruppe der Frührenaissance (1523–1532), bestehend aus dem (völlig veränderten) Haus Markt 16, dem Zwischenbau, dem Küchengebäude, dem Saalbau mit Wendelstein und reichem Portal und den Arkaden neben dem Haus Großer Schlamm 2. »Marktschlößchen«, Renaissancebau (vermutlich um 1600, rest.) mit Pilastergiebeln, Treppenturm. Haus Graseweg 18, Fachwerkbau (16. Jh.).

Pfarrkirche St. Ulrich (jetzt Konzerthalle). Zweischiffiger spätgotischer Bau (begonnen vermutlich 1339, eingewölbt um 1510, geweiht 1531, 1976 rest.) mit Netzgewölben und Achteckpfeilern, im Tympanon des zweigeteilten Nordportals Marientod (Ende 14. Jh.), Chor mit dreiseitigem Schluß. – Am Ende der Klement-Gottwald-Straße der spätgotische *Leipziger Turm* (vermutlich 1. H. 15. Jh.) mit Renaissance-Haube. – Am Hansaring monumentale *Fahnenplastik*, 1967 nach gemeinsamem Entwurf von S. Fliegel und der Hochschule Burg Giebichenstein.

Stadtgottesacker. Weiträumige Renaissance-Anlage (1557–1594 nach Entwurf von N. Hoffmann) in Form eines unregelmäßigen Gevierts, in den langgestreckten Flügeln 94 Grüfte, Schwibbögen und Pfeiler mit reichen Ornamenten, über dem stadtseitigen Haupteingang Turm mit Giebeln und offener Laterne, über dem inneren Torbogen Selbstbildnis des Baumeisters.

Zwischen Altem Markt und Franckeplatz mehrere bemerkenswerte *Bürgerhäuser*: Rannische Str. 16 Renaissancebau 2. H. 16. Jh. Rannische Str. 17 Rokokobau (2. H. 18. Jh.) mit reichem Dekor, im Hof Holzgalerien. Rannische Str. 20 (»Goldene Rose«) Renaissancebau 1593. Großer Berlin 16 (»Riesenhaus«), reiches barockes Atlantenportal von 1697. Gr. Märkerstraße 21, im Hof Renaissance-Treppenturm (16. Jh.). Gr. Märkerstr. 10 (jetzt Heimatmuseum) Renaissancebau, 1558 vermutlich von N. Hoffmann. – *Heimatmuseum*, u. a. Stadtgeschichte, Autographensammlung 17.–20. Jh., umfangreiche Sammlung zur Geschichte der örtlichen Arbeiterbewegung.

Hauptgebäude des Franckeschen Waisenhauses (Franckeplatz). Viergeschossiger Barockbau (begonnen 1698), flacher Mittelrisalit mit Giebeldreieck und vorgelegter Freitreppe. – *Naturalienkabinett und Historische Sammlungen der Franckeschen Stiftungen* (Besichtigung nur nach Voranmeldung), u. a. Geschichte der Franckeschen Stiftungen, Bibelsammlungen der ehem. v. Cansteinschen Bibelanstalt. – Östlich des Lindenhofes das *Francke-Denkmal*, 1829 von Ch. D. Rauch, Sockel nach Entwurf von K. F. Schinkel.

Pfarrkirche St. Moritz (urspr. Stiftskirche). Dreischiffige spätgotische Hallenkirche (begonnen 1388 von Konrad von Einbeck und Petrus von Mortal, vollendet nach 1511, rest.) mit Netz- und Sterngewölben sowie Bündel- und Achteckpfeilern, an der Südseite Eingangshalle (spätes 14. Jh.), dreischiffiger Chor, die Seitenschiffe mit dreiseitigem, das Mittelschiff mit fünfseitigem Schluß, reicher plastischer Schmuck, eingebauter niedriger Westturm. Von der reichen Ausstattung besonders bemerkenswert: Hl. Mauritius (»Schellenmoritz«) 1411, Schmerzensmann 1416, Trauernde Maria um 1416, Flachrelief mit der Anbetung der Könige um 1420/30, Christus an der Geißelsäule um 1420, Selbstbildnis um 1420, sämtlich von Konrad von Einbeck. Spätgotischer Altar mit dreifachen Flügeln (im Schrein Kruzifix mit Maria und Maria Magdalena, Gemälde von G. Jhener aus Orlamünde) 1511. Kanzel 1592 von Z. Bogenkrantz. Kruzifix Ende 15. Jh.

Pfarrkirche St. Georg (Glauchaische Kirche). Barocker Zentralbau (1740–1744) in Form eines griechischen Kreuzes, über dem östlichen Arm Turm mit Haube, in den übrigen Armen doppelte Emporen.

Dom (urspr. Dominikaner-Klosterkirche). Dreischiffige frühgotische Hallenkirche (begonnen um 1280, unter Kardinal Albrecht von Brandenburg zur Stiftskirche umgewandelt und kostbar ausgestattet, Einbauten und Dachgiebelkranz nach 1520–1525 von B. Binder) mit Kreuzrippengewölben und schlanken Achteckpfeilern, in den Seitenschiffen Empore, an den Innenseiten der Pfeiler und am Choreingang siebzehn Statuen (Christus, Apostel und Heilige, am Choreingang die Hl. Mauritius und Magdalena) aus der Werkstatt des Peter Schroh (Backoffen-Schule), an der Nordostecke des Langhauses Sakristei mit reichem Frührenaissance-Portal, kurzer einschiffiger Chor. Bemerkenswerte Ausstattungsstücke: Altaraufsatz 1662, Kanzel 1525. Weihetafel (nördliches Seitenschiff) 1523, Chorgestühl um 1530. Orgelempore 1667. Grabdenkmäler 17./18. Jh. — Südlich des Domes die *Kapelle der Neuen Residenz*, zweigeschossiger Frührenaissancebau (voll. 1539), im Erdgeschoß Netzgewölbe, halbrunder Chor mit viereckigen Fenstern und runden Strebepfeilern. — Vom Dom zur Neuen Residenz *Verbindungsgang*, Frührenaissancebau (nach Entwürfen von B. Binder und C. Kraft) mit Flachbogenarkaden auf anschwellenden toskanischen Säulen. — *Neue Residenz*, zweigeschossiger Frührenaissancebau (begonnen 1531 nach Entwurf von A. Günther), später verändert. — *Museum für mitteldeutsche Erdgeschichte mit Geiseltalsammlung* (Domstr. 5), u. a. Darstellung der seit 1925 systematisch ausgegrabenen Fossilien der eozänen Braunkohle des Geiseltales bei Halle.

Händel-Haus (Gr. Nikolaistr. 5, Barockbau, rest.). Sammlung über Leben und Werk des Komponisten Georg Friedrich Händel (geb. 1685 in Halle), ferner bedeutende Sammlung von Musikinstrumenten. — In der Nähe *Haus Kl. Ulrichstr. 7*, Barockbau 1707.

Moritzburg. Von tiefen Gräben umgebene unregelmäßige Vierflügelanlage der Spätgotik (1484–1503 unter Mitwirkung von K. Pflüger, 1637 ausgebrannt, 1901–1913 Ost- und Südflügel als Museum ausgebaut), an den Ecken vier mächtige Rundbastionen, in der Mitte des Ostflügels Torturm, im Westflügel mehrere zweischiffige Festsäle und Wohnräume mit Gewölben (Bankettsaal im dritten Geschoß Ruine), Vorhangbogenfenster, an der Hofseite Treppenturm, im Nordflügel einschiffige Kapelle (geweiht 1509, 1894 neu eingewölbt). — *Staatliche Galerie Moritzburg*, u. a. Bildwerke und Bauplastik aus Halle, deutsche Malerei 19./20. Jh. (umfangreicher Bestand von Werken des Expressionismus und der proletarisch-revolutionären Kunst der zwanziger Jahre), deutsche Plastik 20. Jh. (Lehmbruck, Barlach, Haller, Marcks, Kolbe, Blumenthal, Scheibe, Lammert, Weidanz, Cremer, Seitz, Grzimek und Geyer), graphisches Kabinett (fast vollständiges Radierwerk von H. Thoma, große Sammlung von Arbeiten der »Brücke«, Aquarelle und Kohlezeichnungen von L. Feininger), Münzkabinett.

Pfarrkirche St. Laurentii (Neumarktkirche). Im Kern romanisch (12. Jh.), in der Zeit der Spätgotik nach Osten erweitert, 1690 zur dreischiffigen Anlage umgebaut, rest.; spätgotischer Flügelaltar (im Schrein Maria mit den Hl. Katharina und Barbara) Ende 15. Jh., reicher Taufstein 1478.

Hauptgebäude der Universität (Universitätsplatz). Zweieinhalbgeschossiger klassizistischer Bau (1832–1834 nach Entwürfen von Zwirner und Matthias), Obergeschosse mit Pilastergliederung, weiträumiges Treppenhaus mit allegorischen Wandgemälden von G. A. Spangenberg. Aula mit säulengetragenen Emporen. – Daneben das *Archäologische Museum* der Martin-Luther-Universität (Besichtigung nur nach Voranmeldung), u. a. Teile der Sammlung Kurth (mesopotamische Keilschriftenurkunden), Teile der Sammlung Schliemann (Keramik von Troja), griechische und römische Keramik, gräco-römische Terrakotten und Kleinbronzen, Gipsabgußsammlung. – *Universitätsbibliothek* (August-Bebel-Str. 50), 1879/80 von P. v. Tiedemann, reich profilierte Klinkerfassade. – Der Bibliothek gegenüber das ehem. *Oberbergamt*, 1882–1884 vermutlich von A. Kiss, dreigeschossig mit Klinker- und Natursteinfassade.

Landesmuseum für Vorgeschichte (Richard-Wagner-Str. 9/10). 1911/12 nach Entwurf von W. Kreis. – In der *Sammlung* Funde von der Altsteinzeit bis zur Eisenzeit, u. a. Hortfunde von Leubingen, Adelsgräber von Bornitz, Leuna und Stößen sowie Reiterstein von Hornhausen.

Bauten in den Vororten

Salinehalbinsel in der Saaleaue, seit 1967 Ausbau der alten Produktionsstätte der halleschen Pfännerschaft zu einem Naherholungszentrum (Entwürfe von J. Münzberg und H. J. Jordan). In der Anlage das *Hallorenmuseum*, u. a. Silberschatz der Halloren, bedeutendster Innungsschatz in der DDR, dazu seit 1969 *Technisches Museum* mit Ausstellungsräumen und einer in Funktion befindlichen Siedepfanne.

Burg Giebichenstein (in der Unterburg Hochschule für industrielle Formgebung, Oberburg Besichtigungsobjekt). 961 urkundlich genannt, unregelmäßige Anlage mit romanischen und gotischen Bestandteilen, gegliedert in die Oberburg mit dem Bergfried und die Unterburg mit den Wirtschaftsgebäuden, große Teile der Bauten 1920/21 von P. Thiersch unter Wahrung des Wehrcharakters zu Werkstätten und Schulräumen umgestaltet, 1960/61 Freilegungsarbeiten auf der Oberburg, 1966 Architektur-Freilichtmuseum. – *Dorfkirche St. Bartholomäi* im Ortsteil Giebichenstein, barocker Zentralbau in Form eines griechischen Kreuzes (1740/42) mit Muldengewölbe, an den Kreuzarmen Emporen, querrechteckiger romanischer Westturm; gediegene Ausstattung der Entstehungszeit, klassizistischer Taufstein nach romanischem Vorbild. – *Saalebrücke*, vollendet 1928 nach Entwürfen von A. Heilmann und P. Thiersch, Brückenplastik (Pferd und Kuh) von G. Marcks.

Bemerkenswerte Dorfkirchen in den Ortsteilen LETTIN (romanisch, 1714/15 barock umgebaut; spätgotischer Flügelaltar vermutlich Ende 15. Jh., spätgotischer hl. Wenzel), DÖLAU (spätgotischer Flügelaltar 2. H. 15. Jh.), BÖLLBERG (romanisch, bemalte Holzdecke), BEESEN (spätgotische Schnitzfiguren von 1522 in einem Kanzelaltar von 1729), RADEWELL (spätromanisch, in der Barockzeit umgebaut; barocker Kanzelaltar), BÜSCHDORF (romanisch, in gotischer Zeit umgebaut; spätgotischer Altarschrein um 1500), REIDEBURG (romanisch, in der Barockzeit umgebaut; spätgotischer Altarschrein um 1430) und TROTHA (Barockbau 1730 mit Benutzung älterer Teile).

Der Saalkreis und der Kreis Bitterfeld

PETERSBERG. *Klosterkirche* des ehem. Augustiner-Chorherren-Stiftes, gegründet 1124, dreischiffige romanische Flachdecken-Basilika (begonnen nach 1124, Schlußweihe 1184, seit 1565 Ruine, 1853–1857 wiederhergestellt, rest.) mit Querschiff, quadratische Pfeiler mit stark abgeschrägten Ecken, im Chor Kreuzgratgewölbe, Hauptchor mit Apsis, über den kryptenartigen Nebenchören Emporen, querrechteckiger Westbau, im Inneren querhausartig ausgebaut, im Mittelschiff und im Westbau Grablage der Wettiner, tumbaartiges Grabmal (1567 von H. und Ch. Walther II aus Dresden); spätgotisches Kruzifix 1. H. 16. Jh.

MÜCHELN. *Dorfkirche* (ehem. Templer-Kirche), einschiffiger frühgotischer Bau (um 1280, profaniert) mit Kreuzrippengewölben, Laubwerkskonsolen und dreiseitigem Ostschluß, im Westen Empore, in der Südwestecke Treppentürmchen. — Nahe der Kirche Reste einer *Befestigungsanlage* mit Eckturm.

WETTIN. *Burg*, 785 und 961 urkundlich genannt, nur unbedeutende Reste aus dem 16./17. Jh. erhalten (u. a. Turm der Unterburg 1606), alle übrigen Gebäudeteile im 19. Jh. völlig verändert. — *Pfarrkirche St. Nikolai*, einschiffiger spätgotischer Bau (Schiff 1. V. 16. Jh.), im Kern romanischer Westturm mit Renaissance-Backsteingiebeln und Dachreiter; reiche Kanzel 1611, Altaraufsatz 2. H. 17. Jh. — *Rathaus*, urspr. zweigeschossiger Renaissancebau (1660) mit Benutzung älterer Teile, vor der Vorderfront Turm mit welscher Haube.

LÖBEJÜN. *Pfarrkirche St. Petri*, dreischiffige spätgotische Hallenkirche (vollendet vermutlich um 1520, 1583 ausgebrannt, danach erneuert, Turm nach 1588 von E. Schmidt aus Sangerhausen wiederaufgebaut, rest.) mit flachen Holzdecken, einschiffiger Chor, Westturm mit laternenartigem Dachreiter. Bemerkenswerte Ausstattungsstücke: Großer Altaraufsatz 1605, Kanzel 1589 von H. Michael aus Bernburg. Taufstein 1589. Spätgot. Schnitzfiguren Ende 15. Jh.

LANDSBERG. Kleine, aus bäuerlicher Siedlung hervorgegangene Stadt am Fuße der 1174 gegründeten Burg (nur Kapelle erhalten), völlig unregelmäßiges Straßennetz, dem Gelände angepaßt und offenbar durch allmähliche Bebauung der Hauptzugangsstraßen entstanden. *Doppelkapelle*, zweigeschossiger und dreischiffiger spätromanischer Bau (um 1170, Obergeschoß 15. Jh., rest.) mit

Kreuzgratgewölben und Stützenwechsel, im Erdgeschoß Würfelkapitelle mit figürlichem und ornamentalem Schmuck, im Obergeschoß Palmetten- und Palmettenfächerkapitelle, im Osten drei Apsiden, am Nordportal verwitterte Skulpturen (vielleicht Stifterdarstellungen), im Türsturz des Südportals zwei Pfauen; spätgotischer Flügelaltar um 1525/30. – *Pfarrkirche*, einschiffiger spätromanischer Bau (nach 1200) mit Apsis, im Tympanon des Südportals hl. Nikolaus mit Gotteslamm und Löwe, zum Schiff offener querrechteckiger Westturm. – *Heimatmuseum »Bernhard Brühl«*, u. a. Ur- und Frühgeschichte der näheren Umgebung, Stadtgeschichte.

BREHNA. *Pfarrkirche* (ehem. Nonnenklosterkirche), urspr. einschiffiger, im Kern spätromanischer Bau (um 1200), an der Nordseite spätgotisches Seitenschiff, spätgotischer Chor mit dreiseitigem Schluß, querrechteckiger Westturm; spätgotischer Flügelaltar (im Schrein Anna selbdritt mit zwei Heiligen), eingebaut in Altaraufsatz um 1700. – *Postsäule* von 1730.

BITTERFELD. In der neugotischen *Pfarrkirche* (1905–1910) bemerkenswert: Spätgotischer Flügelaltar (im Schrein Maria mit zwei Heiligen) und Flügelaltar (Maria mit hl. Martin und Johannes Ev.), 1499 und Anfang 16. Jh. – *Kreismuseum* (Kirchplatz 3, z. Z. Ausbau zum Industriemuseum), u. a. Entstehung, Abbau und industrielle Nutzung der Bitterfelder Braunkohle.

ZÖRBIG. *Schloß* (jetzt Heimatmuseum), Barockbau (beg. 1694) mit Benutzung mittelalterlicher Teile (romanischer Bergfried 13. Jh.), später mehrfach verändert. – *Heimatmuseum*, u. a. baugeschichtliche Entwicklung der Stadt von der Slawenzeit bis um 1700. – *Hallescher Torturm*, Renaissancebau 1556. – *Pfarrkirche*, dreischiffiger spätgotischer Bau (1888 umgebaut) mit dreiseitig geschlossenem Chor und spätgotischem Turm; spätromanisches Triumphkreuz, vielleicht aus der Klosterkirche Petersberg.

Bemerkenswerte Schlösser und Herrenhäuser in OSTRAU (ehem. mittelalterliche Wasserburg, Tor und Wirtschaftsgebäude Mitte 16. Jh., Neubau des Schlosses als barocke Dreiflügelanlage seit 1713 durch Louis Remy de La Fosse), SCHOCHWITZ (Renaissancebau Mitte 16. Jh.), MERBITZ (Barockbau Anfang 18. Jh.), DIESKAU (Renaissancebau 16. Jh., 1878 erneuert) und POUCH (18. Jh. mit Benutzung mittelalterlicher Teile, u. a. Roter und Weißer Turm).

Bemerkenswerte Dorfkirchen in STEUDEN (Barockbau 1697), OBERTEUTSCHENTHAL (Renaissancebau 1617), EISDORF (romanische Chorturmkirche, figürliches Tympanonrelief), ZSCHERBEN (spätgotisches Langhaus, Barockturm, in der Langhauswand frühromanisches Reiterrelief 11./12. Jh.), HOLLEBEN (spätgotischer Flügelaltar um 1530, Emporengemälde 1936 von K. Völker aus Halle), MÜLLERSDORF (Figuren eines spätgotischen Altars, vermutlich 2. H. 15. Jh.), BEESENSTEDT (klassizistisch 1815), NEUTZ (romanisch, im Chor Kreuzgratgewölbe, an der Südseite Portal mit reichem Tympanon), DORNITZ (spätgotischer Flügelaltar um 1460),

SCHLETTAU (am Südportal Rosetten-Tympanon), KROSIGK (am Nordportal Tympanon mit figürlicher Darstellung), SYLBITZ (romanisch, am Nordportal Tympanon mit figürlicher Darstellung), TEICHA (spätgotischer Flügelaltar Anfang 16. Jh.), NIEMBERG (spätgotischer Flügelaltar Anfang 16. Jh.), PLÖSSNITZ (romanisch 13. Jh.; spätgotische Decke mit Schablonenmalerei 1505; spätgotischer Flügelaltar um 1430), PEISSEN (spätromanisch, runder Westturm; spätromanischer Taufstein um 1230), HOHENTHURM (romanisch, in unmittelbarer Nähe romanischer Bergfried), NAUNDORF BEI HALLE (neuromanisch spätes 19. Jh., an der Südseite spätromanisches Tympanon), DIESKAU (Barockbau 1728; Anna selbdritt um 1520, Marmorgrabmal nach 1770 vermutlich von A. F. Oeser, Epitaph v. Dieskau um 1730), DÖLLNITZ (Barockbau 1713; gediegene Ausstattung der Entstehungszeit), OSMÜNDE (spätromanisch, West- und Nordturm, ersterer mit Renaissancegiebeln, letzterer vermutlich 15. Jh.; Ausstattung um 1686), SIETZSCH (romanisch mit spätgotischem Chor Ende 15. Jh.; reicher Taufstein Anfang 18. Jh.), SPÖREN (spätgotischer Flügelaltar 1489), THALHEIM (romanisch vermutlich 12. Jh.), SCHIERAU (drei Frauengrabsteine 1539–1577), ALTJESSNITZ (romanisch um 1200, rest., in der Apsis Wandmalerei der Bauzeit; spätgotischer Flügelaltar Ende 15. Jh.), BURGKEMNITZ (Barockbau 1722, bemalte Holzdecke), FRIEDERSDORF (spätgotischer Flügelaltar um 1520), MÜHLBECK (romanisch vermutlich 12. Jh.; spätgotischer Flügelaltar Anfang 16. Jh.) und POUCH (spätgotischer Flügelaltar um 1520).

Die Stadt Dessau und die Kreise Roßlau und Gräfenhainichen

Die Stadt Dessau

Im Jahre 1213 als Dissowe urkundlich genannt. 1228 noch als oppidum bezeichnet. Planmäßige Anlage als deutsche Marktsiedlung in der Nähe des Zusammenflusses von Mulde und Elbe mit nicht mehr nachweisbarem ältestem Markt, zwei gleichlaufende Hauptstraßen und einige Zwischengassen. Vermutlich im 13. Jh. Erweiterung nach Norden mit neuem, rechteckigem Markt. 1323 erste Erwähnung eines Rates. 1341 Errichtung eines festen Sitzes für die Fürsten von Anhalt. 1467 großer Stadtbrand. Vorwiegend Ackerbau und handwerkliche Produktion für den Bedarf des fürstlichen Hofes und der nächsten Umgebung. 1534 und 1536 Anlage der Sand- und Muldvorstadt überwiegend auf fürstlichem Grund und Boden (»Stadt unter dem Amt«, im Unterschied zur »Stadt unter dem Rat«). Von 1474 bis 1863 Residenz des Fürstentums Anhalt-Dessau. Nach 1706 Anlage der Wasserstadt jenseits der Mulde und der Neustadt im Westen. Unter der Regierung des Fürsten Leopold Friedrich Franz (1758–1817) Blütezeit des Dessau-Wörlitzer Kulturkreises

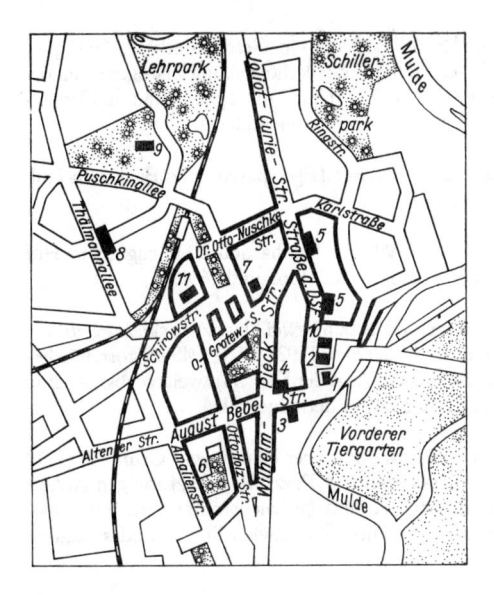

Dessau
1 Johannbau (ehem. Schloß), 2 Schloß- und Stadtkirche St. Marien (Ruine), 3 Georgenkirche, 4 Museum für Naturkunde und Vorgeschichte, 5 Bürgerhäuser, 6 Historischer Friedhof, 7 Johanniskirche, 8 Bauhaus, 9 Schloß Georgium (Staatl. Galerie), 10 Rathaus, 11 Landestheater

(bedeutende Leistungen auf den Gebieten der Baukunst, der Pädagogik und der Landeskultur, Umgestaltung des kleinen Fürstentums zu einem »Gartenreich«). Von 1863 bis 1918 Residenz des Herzogtums Anhalt. Gegen Ende des 19. Jh. Ansiedlung von Großbetrieben (u. a. Flugzeugwerke, Waggonfabrik), Ausdehnung der Stadt nach allen Seiten. 1925 Ansiedlung des Bauhauses unter Walter Gropius (bis 1932). Im März 1945 fast völlige Zerstörung des Stadtkerns durch anglo-amerikanische Luftangriffe. Großzügiger Wiederaufbau, bis 1956 in herkömmlicher Bauweise, danach in Großblockbauweise, besonders bemerkenswert: *Y-Hochhäuser* (1969–1972 nach Entwürfen von G. Plahnert, G. Rudowsky und W. Brandstädter) als westlicher Abschluß des Stadtparks. Bildungsstätten: Medizinische Fachschule, Landesbibliothek.

Bauten und Sammlungen in der Innenstadt und in ihrer näheren Umgebung

Residenzschloß. Von der urspr. vorhandenen Dreiflügelanlage nur noch der Westflügel (Johannbau) erhalten, urspr. zweigeschossiger Renaissancebau (begonnen 1530 von L. Binder, 1812/13 um ein Geschoß erhöht, 1957 provisorisch wiederhergestellt, endgültige Wiederherstellung erwogen), an der Ostseite reicher Treppenturm (1531–1533) mit Freitreppe, Altan und Prunkportal, an der nördlichen Schmalseite Kreissegmentgiebel.

Schloß- und Stadtkirche St. Marien. Dreischiffige spätgotische Backstein-Hallenkirche (1506–1523), seit 1945 Ruine.

Rathaus. Neurenaissancebau 1899–1901 von Reinhardt und Süßenguth, im Hof zwei Renaissanceportale des Vorgängerbaus, 1563 und 1601.

Am Markt und in seiner näheren Umgebung zwei klassizistische *Bürgerhäuser* von F. W. v. Erdmannsdorff: Stadtbücherei (1792–1795) 1945 zerstört, wiederaufgebaut. Gaststätte »Kristallpalast« (Str. der DSF 36) zweigeschossiger Bau (1795/96), 1945 zerstört, Fassade 1964 wiederhergestellt.

Georgenkirche. Urspr. barocker Zentralbau über elliptischem Grundriß (1712 bis 1717), 1818–1821 nach Plänen von C. I. Pozzi zur kreuzförmigen Anlage erweitert (1945 ausgebrannt, ohne Kreuzarme wiederaufgebaut, innen modern), im Westen dreigeschossiger Turm mit Zwiebelhaube und schlanker Spitze.

Museum für Naturkunde und Vorgeschichte (August-Bebel-Str. 32). Ehem. Leopolddankstift, Barockbau 1746–1750, Obergeschoß und hoher Turm 1847; u. a. ur- und frühgeschichtliche Funde aus den Kreisen Dessau, Roßlau und Köthen, Ergebnisse der Stadtkernforschung, Stiche zur Stadtgeschichte.

Ehem. Arbeitsamt (jetzt Gewerkschaftshaus, August-Bebel-Platz). Stahlskelettbau 1928/29 von W. Gropius.

Historischer Friedhof. Angelegt 1787–1789 nach dem Vorbild der italienischen Camposanti, Eingangsportal und Aufseherhaus nach Entwürfen von Erdmannsdorff, Umfassungsmauer mit Grabgewölben; Grabmal Putiatin (1800) sowie die Gräber von Erdmannsdorff (1736–1800) und dem Dichter Wilhelm Müller (»Griechenmüller«, gest. 1827).

Johanniskirche. Einschiffiger Barockbau (1688–1693 von M. Grünberg, 1945 stark beschädigt, rest.) mit Flachdecke, an den Seiten breite querschiffsartige Anbauten mit Emporen, Westturm mit niedrigem Spitzhelm; an den Außenwänden Grabdenkmäler 18. Jh.

Ehem. Staatliches Bauhaus. Ausgedehnte, aus mehreren in der Regel dreigeschossigen Trakten zusammengesetzte Anlage (1925/26 von W. Gropius, 1945 beschädigt, 1975/77 rekonstruiert), als Kernstücke Werkstättentrakt mit durchlaufender Glasfassade und Berufsschultrakt mit Dreierreihung der Fensterbänder, an der Südseite fünfgeschossiges Atelierhaus. – In der Nähe *»Meisterhäuser«*, 1926 von W. Gropius.

Dessau, Bauhaus

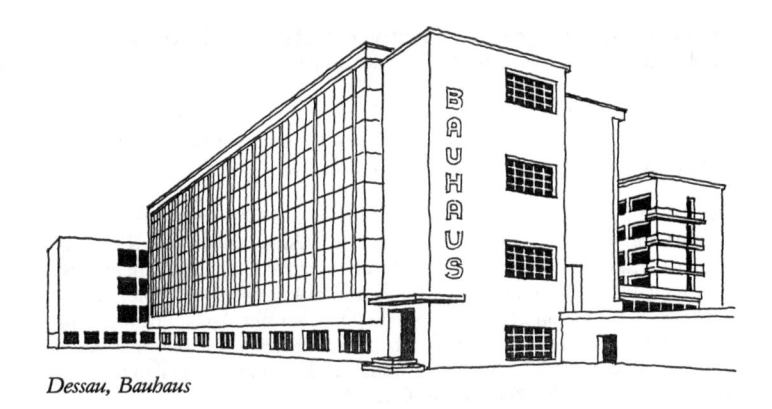

Schloß Georgium (jetzt Staatl. Galerie). Zweigeschossiger klassizistischer Bau (nach 1780 von Erdmannsdorff, 1893 durch Anbauten an den Schmalseiten erweitert) mit toskanischer Pilastergliederung, kleinem Giebeldreieck und Belvederebekrönung. – *Staatliche Galerie Schloß Georgium*, bedeutende Kunstsammlung, u. a. altdeutsche und niederländische Meister (Massys, J. v. Cleve, Hans Süß von Kulmbach, Baldung-Grien, Cranach-Saal), flämische Landschaftsmalerei (Momper, P. Brueghel, Savery), flämische und holländische Malerei des Barocks (Rubens, van Goyen, Hals, Ostade), Bildnismalerei des 18. Jh. (Pesne, Graff, J. H. und F. A. Tischbein), Klassizismus und Romantik (Koch, Olivier), Romantik und Biedermeier in Anhalt (Kügelgen, Bardua, F. Krüger), Meister des 19./20. Jh. (Corot, Rayski, Feuerbach, Thoma, Trübner), graphische Sammlung (etwa 30 000 Blätter, darunter altdeutsche Handzeichnungen und Werke der Chalkografischen Gesellschaft). – *Georgengarten*, angelegt nach 1780 von J. F. Eyserbeck, mehrere Kleinarchitekturen (u. a. Blumengartenhaus, Römische Ruinen, Rundtempel) nach Entwürfen von Erdmannsdorff.

Bauten und Sammlungen in den eingemeindeten Vororten

Lusthaus Solitude (auf dem Sieglitzerberg). Klassizistischer Bau (1777–1783 von Erdmannsdorff) in Form eines dorischen Tempels, seit 1945 Ruine.

Landhaus Luisium (beim Ortsteil Jonitz). Zweigeschossiger klassizistischer Bau (1774–1778 von Erdmannsdorff) über quadratischem Grundriß, im Erdgeschoß reicher Festsaal, Dekorationen der Stuben und Kabinette unter Verwendung pompejanischer und etruskischer Motive; ständige Ausstellung »Kunst der Goethezeit«, u. a. Werke Frankfurter Maler des 18. Jh. – *Park Luisium*, entstanden zwischen 1780 und 1792 nach Plänen von Eyserbeck, Orangerie und mehrere Kleinarchitekturen (u. a. Schlangenhäuschen, Ruinenbogen, Grotte, Blumensitz). – *Dorfkirche* (Ortsteil Jonitz), Barockbau 1722/25,

1816/17 klassizistisch erneuert, Turmbau mit Obelisk, im Innern des Turmes Grabstätte des Fürsten Leopold Friedrich Franz.

Schwedenhaus (Ortsteil Naundorf). Zweigeschossiger neugotischer Bau (1784/85 von G. Ch. Hesekiel) mit vier erkerartigen Ecktürmen, an der Vorderseite Relief des Schwedenkönigs Gustav Adolf II.

Pfarrkirche (ehem. Konventskirche, Ortsteil Mildensee). Urspr. dreischiffige spätromanische Backstein-Basilika (um 1180 in Anlehnung an die Klosterkirche in Jerichow, 1804/06 von Hesekiel stark verändert, Seitenschiffe abgebrochen) mit Flachdecken und ungewöhnlichem Stützenwechsel (Säule – Pfeiler – Pfeiler – Säule), im Osten Querschiff und Chor mit Apsis, über der Apsis Staffelgiebel, Vierungsturm (1805); Abendmahlsgemälde mit Reformatoren als Apostel, 1565 von L. Cranach d. J. (aus der Dessauer Marienkirche), zwei weitere Gemälde (1564/65) aus der Cranach-Werkstatt.

Jagdschloß Haideburg (beim Ortsteil Törten). Unregelmäßiger neugotischer Bau (1782/83 vermutlich von Hesekiel), an der Vorderfront ruinenartig aufgemauerter Giebel, von einem niedrigen und einem hohen Turm flankiert, dem Schloß gegenüber Gesindehäuser. – *Dorfkirche* (Ortsteil Törten), einschiffiger, im Kern vermutlich gotischer Feldsteinbau (Ende 13. Jh.) mit Westturm, Chor (1. H. 16. Jh.) 1945 zerstört. – Im Ortsteil Törten ferner die *Bauhaus-Siedlung*, 1926–1928 von W. Gropius und 1928–1930 von H. Meyer, meist kleine Einfamilien-Zeilenhäuser, später z. T. verändert.

Schloß Mosigkau (jetzt Staatl. Museum). Zweigeschossiger Barockbau (1754 bis 1756 vermutlich nach Entwürfen von Knobelsdorff), in der Mitte der Gartenfront von zwei ionischen Dreiviertelsäulenpaaren getragenes Hauptgesims mit Architrav, darüber Kartusche mit Initialen, von Putto und weiblicher Figur flankiert, an der Vorderfront Wiederholung des Motivs, seitlich zwei kurze Flügel und, vom Hauptbau getrennt, zwei Kavalierhäuser und zwei Gesindewohnungen. Im Erdgeschoß des Hauptbaus festsaalartige Bildergalerie in Hängung des 18. Jh. mit Werken von Rubens, van Dyck, Jordaens, Fyt und Pesne, zahlreiche Räume mit reichen Rokoko-Dekorationen von J. M. Hoppenhaupt und Wandgemälden von A. Pesne, Treppenhaus mit zweiläufiger Holztreppe. – *Staatliches Museum*, neben der erwähnten Gemäldesammlung vorwiegend Gegenstände der feudalen Wohnkultur des Rokokos (u. a. Möbel, Porzellan und Fayencen). – *Schloßgarten*, angelegt 1752 bis 1755 von J. G. Schoch und C. F. Brose, in den Grundzügen erhaltene Rokokoanlage mit Irrgarten (1756), Weiher und Kegellauben aus Weißbuche, am Ende der zentralen Wegachse zwei Orangeriegebäude (1755, 1757) mit bedeutender historischer Exotensammlung, »Japanischer Garten« mit Teehäuschen von C. F. Brätsch (1757). – *Dorfkirche* (Ortsteil Mosigkau), einschiffiger im Kern gotischer Bau (1780 verändert und erweitert), im Westen Zweiturmfront.

Schloß (jetzt FDGB-Schule, Ortsteil Großkühnau). Zweigeschossiger Barockbau (1754) mit flachen Risaliten, geräumiges Treppenhaus mit zweiläufiger

Holztreppe. – Im verwilderten *Landschaftspark* Ruine des klassizistischen Weinbergschlößchens und »Rittertor« mit zwei barocken Sandsteingruppen (um 1750), vermutlich Dresdener Arbeiten. – *Dorfkirche*, neuromanischer Backsteinbau (1828–1830) mit Tonnengewölbe und Westturm.

Die Kreise Roßlau und Gräfenhainichen

ROSSLAU. *Schloß*, schlichte unregelmäßige Mehrflügelanlage, im Kern mittelalterlich, vermutlich im 16. Jh. ausgebaut, im 18. Jh. verfallen, 1836 wiederhergestellt. – *Pfarrkirche*, neugotisch (1851–1884) über kreuzförmigem Grundriß.

COSWIG. *Schloß* (jetzt Archiv), unregelmäßige Vierflügelanlage der Spätrenaissance (1667 bis 1677 mit Benutzung älterer Grundmauern, im 19. Jh. stark verändert, rest.). Haupttrakt mit Volutengiebeln, an der Hofseite Treppenturm mit geschweifter Haube, im Südosten und Südwesten Ecktürme. – *Pfarrkirche St. Nikolai*, einschiffiger, im Kern frühgotischer Bau (1. H. 13. Jh. mit Benutzung romanischer Teile, 1699–1708 barock erneuert und ausgebaut) mit Flachdecke und Emporen, frühgotisches Nordportal, romanischer Triumphbogen, Chor mit geradem Schluß und Kreuzrippengewölben, romanischer Westturm; Altaraufsatz, Kanzel, Taufstein und Orgelprospekt aus der Zeit der barocken Erneuerung, Grabdenkmäler 16.–18. Jh. – *Rathaus*, zweigeschossiger, im Kern spätgotischer Bau (um 1500, 1569 in Renaissanceformen erneuert). – *Ehem. Kavalierhaus* (jetzt Sparkasse), Renaissancebau (um 1600), zwei Rundbogenportale mit Freitreppen. – *Kreismuseum* (Rosa-Luxemburg-Platz 13), Sammlung über die Entwicklung der Töpferei von der Urzeit bis zur Gegenwart.

WÖRLITZ. *Schloß* (Kunstsammlung), zweigeschossiger frühklassizistischer Bau (1769–1773 von F. W. v. Erdmannsdorff) auf rechteckigem Grundriß, vor der Vorderfront korinthischer Portikus mit Giebeldreieck, auf dem flachen Dach Belvedere (1784). Von den einheitlich klassizistischen Räumen besonders bemerkenswert: Runder Vorsaal mit Kuppel, in der Mitte Kopie des Apoll von

Wörlitz, Stein mit Villa Hamilton

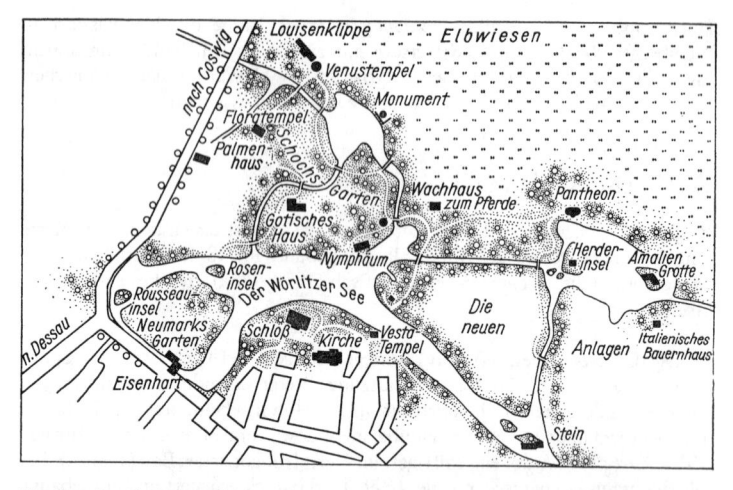

Wörlitz, Landschaftspark

Belvedere. Speisesaal mit reicher Stuckdecke und Bildnissen anhaltinischer Fürsten. Festsaal mit reichem Muldengewölbe sowie Wand- und Deckengemälden (1770/71 von Robigliard) nach Originalen von A. Carracci. Bibliothek, an den Wänden zahlreiche Bildnisse von Dichtern und Wissenschaftlern. — *Kunstsammlung*, antike Plastiken (»Wörlitzer Antiken«), Gemäldesammlung niederländischer, französischer, italienischer und deutscher Meister des 17./18. Jh. (u. a. Rubens, Ruysdael, Wouwerman, Canaletto, Pesne, Hackert, Averkamp). — *Landschaftspark*, erste Anlage begonnen 1764 mit Benutzung eines kleinen Barockgartens, 1770/71 durch Hochwasser zerstört, zweite noch bestehende Anlage kurz nach 1771 begonnen, vollendet um 1800 unter Leitung von J. F. Eyserbeck mit Hilfe der Gärtner Schoch Vater und Sohn, Neumark, Klewitz und Obereit und unter Beteiligung von Erdmannsdorff und Fürst Leopold Friedrich Franz. Erster großer deutscher Landschaftspark (112 ha), gruppiert um den Wörlitzer See (toter Elbarm), unterteilt in Neumarks Garten, Schochs Garten und die Anlagen am Großen Walloch, im Norden durch den Elbwall begrenzt, im Osten und Westen allmählicher Übergang in die freie Landschaft. — *Bauten im Park*, die meisten nach Entwürfen von Erdmannsdorff: Englischer Sitz 1765. Sommersaal 1770/71. Vestatempel 1789 (nach der Erbauung als Synagoge benutzt). Stein (künstlicher Vulkan) mit Villa Hamilton, Amphitheater, Neptungrotte und anderen Kleinarchitekturen, 1788 bis 1796 unter starker Beteiligung des Fürsten. Amaliengrotte (auf einer Insel im Großen Walloch) 1793. Pantheon 1795/96, Kuppelbau mit Portikus, Rundsaal mit antiken Statuen. Wachhaus zu Pferde 1769. Monument 1801/07. Venustempel 1793/94. Luisenklippe 1797/98. Floratempel 1796 bis 1798. Gotisches Haus (Kunstsammlung), 1773–1813 von F. W. v. Erdmannsdorff und J. Chr. Hesekiel. Nymphäum 1767/68. Pavillons

auf dem Eisenhart 1779/84. Ferner zahlreiche kleinere Bauten und Denkmäler.
— *Kunstsammlung* (Gotisches Haus), Schweizer Glasgemälde, deutsche, niederländische und italienische Gemälde, niederländische und englische Kupferstiche. — *Pfarrkirche*, einschiffiger neugotischer Bau (1805–1810 von Hesekiel mit Benutzung romanischer Reste), Tonnengewölbe mit aufgelegten Rippen, doppelte Emporen, weit ausladendes Querschiff, Chor mit dreiseitigem Schluß, hoher Westturm; schlichte Ausstattung der Entstehungszeit, zwei Gemälde (Taufe und Abendmahl) 1810 von F. und H. Olivier. — *Rathaus*, zweigeschossiger klassizistischer Bau (1792–1795 von Erdmannsdorff). — *Domäne*, klassizistischer Bau (1783/87 von Erdmannsdorff, im 19. Jh. durch Anbauten entstellt), in der Gartenfront tiefe Nische mit dorischen Säulen, auf dem Zeltdach Belvedere.

ORANIENBAUM. Kleine, streng geometrisch barocke Stadtanlage, gleichzeitig mit dem Schloß entstanden, die Hauptachse vom Schloß ausgehend, am südlichen Ende der Querachse die Stadtkirche, am Schnittpunkt beider Achsen der Markt mit dem Wahrzeichen der Stadt, einer Sandsteinvase mit Orangenbaum. *Schloß* (jetzt Archiv), barocke Dreiflügelanlage (1693–1698 von C. Ryckwaert) mit zweigeschossigem Haupttrakt, an der Stadtseite flacher, an der Gartenseite starker Mittelrisalit mit Giebeldreieck, die pavillonartigen Bauten an den Flügelenden und die seitlichen Stallgebäude aus Fachwerk. Treppenhaus mit zweiarmiger Treppe aus Eichenholz, Sommerspeisesaal mit Delfter Kacheln, Teesaal mit gepreßten Ledertapeten. — *Schloßpark*, in den Grundzügen erhaltene Barockanlage mit großem Gartenparterre, im Norden kleiner Landschaftspark, angelegt zwischen 1793 und 1797 von J. F. Eyserbeck, darin Pavillon und Pagode in »chinesischem Geschmack«, beide 1795–1797 von Hesekiel. — *Stadtkirche*, barocker Zentralbau (1704–1712) über elliptischem Grundriß mit Emporen, hohes kuppelförmiges Mansarddach, in der Mitte Glockentürmchen mit Laterne, an den Seiten vier Risalite mit Giebeldreiecken; gediegene Ausstattung der Entstehungszeit.

GRÄFENHAINICHEN. Von der *Stadtbefestigung* Teile der Ringmauer und zwei gotische Tortürme erhalten. — *Burgruine*, spätgotisch mit Benutzung älterer Reste, 1637 zerstört, die Ruinenreste heute in Freilichttheater einbezogen. — *Pfarrkirche*, im Kern gotischer Bau (nach der Zerstörung von 1637 verändert wiederaufgebaut) mit Hauptschiff und nördlichem Seitenschiff, im Osten querschiffsartige Erweiterungen, Westturm (1866); Altaraufsatz und Kanzel 2. H. 17. Jh., Epitaphe 2. H. 16. Jh. und 1640. — *Paul-Gerhardt-Kapelle*, klassizistisch 1844.

Bemerkenswerte Schulhäuser nach Entwürfen von Erdmannsdorff in GRIESEN (1788) und RIESIGK (1789), beide im Kr. Gräfenhainichen.

Bemerkenswerte Dorfkirchen in HUNDELUFT (barocker Zentralbau mit Westturm 1746; schlichte Ausstattung der Entstehungszeit), MÜHLSTEDT (spätromanisch Anfang 13. Jh.; spätgotischer Sakramentsschrein), LUKO (spätromanisch 1. H. 13. Jh.; Altaraufsatz 1772), BUKO (Barockbau 1724;

reicher Kanzelaltar der Entstehungszeit), ZIEKO (im Kern romanisch; reicher Altaraufsatz 17. Jh., Kanzel 1700), BURO (Kirche der ehem. Deutschordens-Komturei, im Kern vermutlich spätromanisch, 1697 und 1744 barock ausgebaut; gediegene Ausstattung der Ausbauzeit, Grabdenkmäler von Komturen 16.–18. Jh.), KLIEKEN (kreuzförmiger Fachwerkbau 17. Jh. mit jüngerem Turm; spätgotischer Schnitzaltar mit Flügelbildern aus der Cranach-Werkstatt um 1515), VOCKERODE (neugotisch 1810/12 von Hesekiel), RIESIGK (neugotisch 1798–1800 von Hesekiel), JÜDENBERG (im Kern romanisch mit gotischen Ergänzungen, gotischer Taufstein), GRÖBERN (im Kern frühgotische Chorturmkirche, 1689 barock erneuert; Altaraufsatz um 1689 mit spätgotischen Schnitzfiguren) und SCHWEMSAL (im wesentlichen Barockbau 1768, klassizistischer Turm).

Stadt und Kreis Wittenberg

Die Stadt Wittenberg

Im Jahre 1180 als Burgward im Gau Ciervisti urkundlich genannt. Entwicklung der Stadt im Schutze der Burg, von Ost nach West gerichtetes Rechteck mit zwei dem Elblauf folgenden Hauptstraßen und mehreren schwach entwickelten Querstraßen, baulicher Mittelpunkt der rechteckige Marktplatz mit Rathaus und Marienkirche. 1293 Verleihung des Stadtrechtes. Nach dem Aussterben der askanischen Landesherren 1422 Residenz der sächsischen Kurfürsten aus dem Hause Wettin. 1502 Gründung der Universität durch Kurfürst Friedrich den Weisen (erste landesfürstliche deutsche Universität), bedeutender wirtschaftlicher Aufschwung durch Zuzug von Professoren und Studenten. 1508 Berufung Martin Luthers auf den Lehrstuhl für Moralphilosophie. 1517 Veröffentlichung der 95 Thesen wider die Heilskraft des päpstlichen Ablasses an der Tür der Schloßkirche, Beginn der Reformation. 1518 Übersiedlung Philipp Melanchthons nach Wittenberg. 1520 Verbrennung der päpstlichen Bannandrohungsbulle vor dem Elstertor. Nach dem Schmalkaldischen Krieg 1547 der albertinischen Linie der Wettiner zugesprochen, Verlust des Charakters einer Residenzstadt, allmählicher Niedergang der Universität. 1760 Beschießung der von den Preußen verteidigten Stadt durch die Reichsarmee, große Brände. Nach der Auslieferung der Festung an die Franzosen 1813 von den Preußen belagert und erstürmt, Zerstörung der Schloßkirche und großer Teile des Schlosses. 1815 vom Wiener Kongreß Preußen zugesprochen. 1817 Vereinigung der Universitäten Halle und Wittenberg. 1874 Aufhebung des Festungscharakters, Ansiedlung von Großbetrieben (u. a. Eisengießereien, Maschinenfabrik, Gummiwerk). Nach 1945 weiterer Ausbau der Industriekapazität (u. a. VEB Stickstoffwerk Piesteritz, VEB Gummiwerk »Elbe«).

Augusteum. Als Universitätsgebäude um 1564–1586 in Renaissanceformen erbaut, 1781–1802 aufgestockt und umgebaut, Ostgiebel aus dem Jahre 1900,

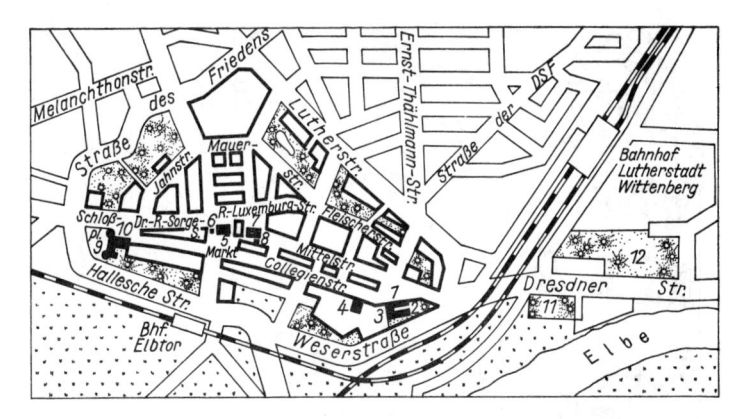

Wittenberg
1 Augusteum, 2 Lutherhaus, 3 Reformationsgeschichtliches Museum, 4 Melanchthonhaus, 5 Rathaus mit Melanchthon- und Lutherdenkmal, 6 Marktbrunnen, 7 Stadtkirche St. Marien, 8 Kapelle zum hl. Leichnam, 9 Schloß, 10 Schloßkirche, 11 Alter Friedhof, 12 Neuer Friedhof

1966/67 Fassadenerneuerungen. – Im Hof des Augusteums *Lutherhaus* (Museum), 1502 bzw. 1504 als Konventbau des mit der Universität verbundenen Augustiner-Eremiten-Klosters spätgotisch begonnen, seit 1524 als Wohnhaus im Besitz Luthers, seit 1564 Universitätsbesitz und daraufhin um 1566 Umbau und Einbeziehung in den neuerrichteten Komplex des Augusteums, 1846–1873/83 Umgestaltung zum reformationsgeschichtlichen Museum nach gotisierenden Plänen F. A. Stülers, 1967 außen erneuert, dreigeschossiger Bau über langgestrecktem rechteckigem Grundriß mit Treppenturm (1566) und Kielbogenportal (1540), im Erdgeschoß Refektorium, im ersten Geschoß Lutherstube und großer Hörsaal (Universitätskatheder mit Disputationsschranken, Lutherkanzel aus der Stadtkirche). – *Reformationsgeschichtliches Museum* (»Lutherhalle«), u. a. Lutherdarstellungen von 1520 bis zur Gegenwart, fast lückenlose Sammlung von Lutherschriften in Originaldrucken, 2400 Gemälde und Druckgraphiken (darunter Werke von Cranach d. Ä., Hopfer, Baldung-Grien, Aldegrever, tom Ring), Handschriften, Urkunden und Autografen, Bibelsammlung vor und nach Luther, Münzen und Medaillen.

Melanchthonhaus (Gedenkstätte, Collegienstr. 60). Dreigeschossiger Renaissancebau (1536, seit 1845 museal ausgebaut, 1945 beschädigt, rest.). mit Sitznischenportal und fünfteiligem Kreissegmentgiebel, an der Seite zweigeschossiges Torhaus (nach 1604); kleiner Garten. – *Melanchthon-Gedenkstätte*, Sammlung über Leben und Werk des Humanisten und Theologen Ph. Melanchthon (gest. 1560 in Wittenberg), u. a. Studier- und Sterbezimmer sowie Scholarenzimmer mit Wandmalerei von 1538 und 1543 (Familienwappen von Melanchthonschülern).

Wittenberg, Melanchthonhaus

Rathaus. Neubau mit spätgotischen Elementen 1523–1535, repräsentativer Renaissance-Umbau 1570–1573, 1926–1928 innen völlig umgebaut, dreigeschossig über rechteckigem Grundriß, in den beiden oberen Geschossen Vorhangbogenfenster, an den Langseiten je vier Zwerchhäuser mit Volutengiebeln, an den Schmalseiten je ein Volutengiebel, an der Marktfront reicher Portalbau mit Altan (1573 von G. Schröter aus Torgau), kleiner Dachreiter. – Vor dem Rathaus auf dem Markt die *Denkmäler* Luthers (1817–1821 von J. G. Schadow) und Melanchthons (1858–1865 von F. Drake) sowie *Marktbrunnen* (1617, 1967 völlig überarbeitet). – Am Markt einige *Bürgerhäuser* aus der Zeit der Renaissance mit reichen Volutengiebeln.

Stadtkirche St. Marien (Predigtkirche Luthers). Vom frühgotischen Neubau (Ende 13. Jh./Anf. 14. Jh.) der asymmetrische zweischiffige Chor mit Kreuzrippenwölbung und bemerkenswerter Bauplastik erhalten, die westliche Doppelturmfront mit Bauplastik aus dem 14. Jh., 1411 Beginn des spätgotischen Neubaus der dreischiffigen Langhaushalle mit Südvorhalle, aufwendigen Seitenschiffsportalen, Achteckpfeilern, Kreuzrippen- und Netzgewölben und reicher Bauplastik, 1555/58 Turmaufsätze (von L. Binder aus Zerbst), 1569–1571 Aufstockung der gotischen Sakristei für eine Ordinandenstube und Umbau der Ostteile, 1655/56 Bau der massiven Turmbrücke (anstelle einer hölzernen) und der schmiedeeisernen Ziergitter auf den Türmen. 1810/11 und 1814/15 Neugestaltung des vorher zweckentfremdeten Kircheninnern durch C. I. Pozzi, 1928–1931 neugestaltende Innenrestaurierung, 1945 beschädigt, bis 1967 rest. Von der Ausstattung besonders bemerkenswert: Reformationsaltar (im Mittelfeld Abendmahl, im linken Flügel Taufe mit Bildnis Melanchthons, im rechten Beichte mit Bildnis Bugenhagens, in der Predella Predigt mit Bildnis Luthers), geweiht 1547, von L. Cranach d. Ä., seiner Werkstatt und L. Cranach d. J. Bronze-Taufbecken (von Löwen getragen, an der Wandung Apostel) 1457 von H. Vischer d. Ä. aus Nürnberg.

Grabplatte J. Bugenhagen, gest. 1558. Epitaph Caspar Niemegk (Anbetung der Hirten) 1564 von L. Cranach d. J. Epitaph Paulus Eberus (Weinberg des Herrn) nicht vor 1574 von L. Cranach d. J. Epitaph Matthias v. d. Schulenburg 1571 von G. Schröter aus Torgau. Epitaph V. Örtel (Bekehrung Pauli) 1586. Epitaph L. Cranach d. J., Alabasterrelief von S. Walther aus Dresden 1606. — Südlich der Kirche die *Kapelle zum hl. Leichnam*, gewölbter gotischer Saalraum (um 1370) mit östlichem Dreiachtelschluß und axial angebautem westlichem Treppenturm.

Schloß (jetzt Museum für Natur- und Völkerkunde). 1489–1525 als kurfürstliches Residenzschloß für Friedrich den Weisen unter Mitarbeit K. Pflügers erbaut, von der regelmäßigen dreigeschossigen Anlage mit ihrer aufwendigen Innenausstattung nach mehrfachen Zerstörungen und starken Umbauten nur noch der Hauptflügel des Westteils in seiner äußeren Substanz (vermauerte Vorhangbogenfenster) erhalten, außen mit zwei mächtigen Ecktürmen und im Hof mit zwei offenen Wendelsteinen (spätgotische Zellengewölbe), der südliche mit Wappenfries, 1967 außen erneuert. — *Museum für Natur- und Völkerkunde »Julius Riemer«*, u. a. völkerkundliches Material aus Afrika und Ozeanien, Ur- und Frühgeschichte des Kreises. — *Schloßkirche*, als Nordflügel des Schlosses mit dessen Neubau 1498 als Stiftskirche begonnen, 1503–1507 von K. Pflüger eingewölbt, 1509 vollendet, 1760 ausgebrannt, 1767–1770 in zopfigen Formen von Fr. W. Exner neugestaltet, 1883–1892 Neubau von F. Adler unter Beibehaltung der Umfassungsmauern, doch Umgestaltung des originalen Raumcharakters und des Turmes; die Thesentür 1760 verbrannt, 1858 Neuanlage unter Mitarbeit F. Drakes aus Berlin. Von der einst ungewöhnlich reichen Ausstattung nur wenig erhalten: Bronze-Epitaphe Kurfürst Friedrich der Weise (1527 nach einer Zeichnung L. Cranachs d. Ä. von P. Vischer d. J.), Johann der Beständige (1534 von H. Vischer) und Henning Göden (nach 1521 von H. Vischer). Lebensgroße Steinfiguren Friedrichs des Weisen und Johanns des Beständigen 1520. Gräber Martin Luthers und Philipp Melanchthons sowie moderner Abguß der Bronze-Grabplatte Luthers (Original in der Stadtkirche zu Jena). Grabplatte für Kurfürst Rudolf II. und seine Gattin (gest. 1373) und die für beider Tochter Elisabeth (gest. 1353) aus der Kirche des Franziskaner-Klosters.

Alter Friedhof (vor dem Elstertor). U. a. zahlreiche Grabdenkmäler aus der Zeit der Renaissance, des Barocks und des Klassizismus, darunter Gräber von Luthers Tochter Elisabeth und Melanchthons Nichte Magdalena. — Gegenüber *Neuer Friedhof*, angelegt 1602, erhaltene Portalanlage, Grabmäler aus dem 18. Jh.

Der Kreis Wittenberg

ZAHNA. *Pfarrkirche Unser Lieben Frauen*, urspr. dreischiffige spätromanische Basilika (Seitenschiffe abgebrochen), aus Granitquadern errichtet, im Osten Apsis, querrechteckiger Westturm, sein oberer Teil aus Backstein, rest. —

Hl.-Geist-Hospital, urspr. gotisch (Anfang 14. Jh.), 1637 abgebrannt, 1754 wiederaufgebaut, 1813 nochmals durch Brand zerstört und neu errichtet.

KEMBERG. Von der *Stadtbefestigung* (um 1440) große Teile der Mauer erhalten, vor der Mauer Wall. — Am Markt das *Rathaus,* spätgotischer Bau (15. Jh.) mit zwei reichen Maßwerkgiebeln, vor der Marktfront Renaissance-Anbau (1609) mit drei Volutengiebeln. — Am Markt ferner *Bürgerhäuser* aus der Zeit der Renaissance und des Klassizismus. — *Pfarrkirche Unser Lieben Frauen,* dreischiffige spätgotische Hallenkirche (angeblich 1325–1346, vermutlich jedoch erst 2. H. 15. Jh.) mit reichen Sterngewölben, hoher neugotischer Westturm (1859 nach Entwurf von Stüler); Altartriptychon 1565 von L. Cranach d. J., Sakramentshaus 2. H. 15. Jh., Kruzifix um 1500.

REINHARZ. *Wasserschloß* (jetzt Genesungsheim), Barockbau (1696–1701) mit 68 m hohem Turm, im Erdgeschoß zwei Säle mit Rokoko-Dekorationen und große Eingangshalle. — Dem Schloß benachbart die gleichzeitig erbaute *Dorfkirche,* ebenfalls mit hohem Turm; gediegene Ausstattung der Entstehungszeit.

BAD SCHMIEDEBERG. Von der *Stadtbefestigung* nur das Au-Tor (16. Jh.) erhalten. — Am Markt das *Rathaus,* urspr. Renaissancebau (1570), nach der Zerstörung im Dreißigjährigen Krieg in frühbarocken Formen (1648) wiederhergestellt, reiche Portale. — Mehrere *Bürgerhäuser* mit bemerkenswerten Renaissanceportalen. — *Pfarrkirche,* dreischiffige spätgotische Hallenkirche (Inschrift 1453/54), nach der Zerstörung im Dreißigjährigen Krieg 1681 neu geweiht, Flachdecken, Westturm (im wesentlichen 1904); barocke Ausstattung, Vorhalle mit spätgotischen Wandmalereien 2. H. 15. Jh.

PRETZSCH. *Schloß* (jetzt Heimschule), stattlicher Renaissancebau (1571–1574), der Hauptbau in Form einer Zweiflügelanlage mit mehreren Volutengiebeln, reiches Portal, älterer Bergfried mit Zeltdach und Laterne, Nebengebäude (Vorburg) aus der Zeit der Renaissance und des Barocks. — In dem von M. D. Pöppelmann angelegten *Schloßpark* (1. V. 18. Jh.) Orangerie und Communs (ebenfalls von Pöppelmann). — *Rathaus,* schlichter barocker Fachwerkbau (nach 1790) mit massivem Erdgeschoß. — Am Markt und in der Elbstraße mehrere *Barockhäuser* (1. V. 18. Jh.). — *Stadtkirche,* einschiffiger spätgotischer Bau mit Westturm, 1647–1652 die Choranbauten, nach 1720 nach Entwurf von Pöppelmann barock umgebaut; reiche Ausstattung mit Hofloge.

Bemerkenswerte Schlösser in WARTENBURG (kastellförmige Anlage von 1663, 1820 umgebaut; kleiner englischer Park mit barockem Gartenhaus neben Grottenarchitektur) und TREBITZ (Zweiflügelanlage, im Kern 17. Jh., Nordflügel 1892 in neubarocken Formen).

Bemerkenswerte Dorfkirchen in RAHNSDORF (im Kern spätromanische Wehrkirche), PRATAU (Gemälde aus der Cranach-Werkstatt; in der Nähe der Kirche Gasthof »Zum Freischütz«, 1706), RACKITH (freistehender

Glockenturm; geschlossene Ausstattung des 18. Jh.), BLEDDIN (geschlossene Ausstattung des frühen 18. Jh.), OGKELN (Feldsteinkirche mit abgesetztem Chor, vermutlich 13. Jh.) und SACHAU (im Kern romanisch, von Luther 1522 geweiht, 1622 verändert).

Die Kreise Bernburg und Köthen

NIENBURG. *Schloßkirche* (urspr. Benediktinerabteikirche), frühgotisch, begonnen nach 1242 als Basilika, vollendet nach 1280 als Hallenkirche mit Kreuzrippengewölben und Bündelpfeilern, im Osten Querschiff und Chor mit fünfseitiger Apsis, in der Sakristei frühgotischer ehem. Osterleuchter mit den Figuren der zwölf Monate, Westturm (Ende 19. Jh.). Bemerkenswerte Ausstattungsstücke: Gemälde-Epitaph (Kreuzigung mit Stiftern) 1570 von L. Cranach d. J. Grabstein des Grafen Thietmar und seines Sohnes 1350. Grabstein des Fürsten Bernhard III., gest. 1348. – *Ehem. Klostergebäude* Ende 17. Jh. zum Schloß umgebaut, nach 1871 als Fabrik benutzt, nur Reste erhalten. – An der Klostermauer *ehem. Doppelkapelle*, frühgotisch (spätes 13. Jh.), urspr. zweigeschossig, Kreuzrippengewölbe, Ende 17. Jh. zu Wohnzwecken umgebaut. – *Stadtkirche*, einschiffiger Barockbau (1687–1693) mit Flachdecke und Emporen, Westturm (im Kern 14. Jh., 1776 erneuert).

BERNBURG. Gruppenstadt im Schutze einer 1138 erstmalig urkundlich genannten askanischen Burg, aus drei fast völlig getrennten und selbständigen Gemeinwesen zusammengewachsen: Der Altstadt (1278 Stadtrecht) mit der Marienkirche, der Neustadt (1278 Stadtrecht, 1561 mit der Altstadt vereinigt) mit der Nikolaikirche und der Bergstadt (Stadtrecht erst zwischen 1442 und 1457) mit der Ägidienkirche. Von der *Stadtbefestigung* die Mauer um Alt- und Neustadt (im wesentlichen 15.–17. Jh.) in nahezu gesamtem Umfang erhalten, ferner geringe Reste mittelalterlicher Turmanlagen, darunter Nienburger Torturm (nach 1400, Renaissancegiebel um 1600) und Hasenturm (15. Jh.). – *Schloß* (große Teile rest., Kreismuseum und Kulturzentrum) unregelmäßige Mehrflügelanlage der Renaissance (Hauptbauzeiten 1538/39, 1567–1570, nach 1586 bis 1690, mit Benutzung älterer Teile) um geräumigen Schloßhof, im Süden Haupteingang mit reichem Barockportal, »Blauer Turm« (im Kern mittelalterlich) und dreigeschossiges Altes Haus (im Kern 15. Jh.), im Südwesten Reste der spätromanischen Burgkapelle (um 1170/80) und Renaissanceneubau (1565), im Westen dreigeschossiger Renaissancebau über älteren Resten (nach 1586, Neubau 1895 nach Brand mit Ziergiebeln und reichem Barockportal (1718), nach Norden anschließend Zwischenflügel mit urspr. offener Loggia (1680), im Norden »Langhaus«, dreigeschossiger Renaissancebau (begonnen 1538 von A. Günther, vollendet 1567–1570 von N. Hoffmann) mit reicher Giebelarchitektur und zwei Erkern mit reichem plastischem Schmuck, im Südosten des »Langhauses« ehem. mittelalterlicher Bergfried (»Eulenspiegel«), im Osten vorwiegend Wirtschaftsgebäude und Barockmauer

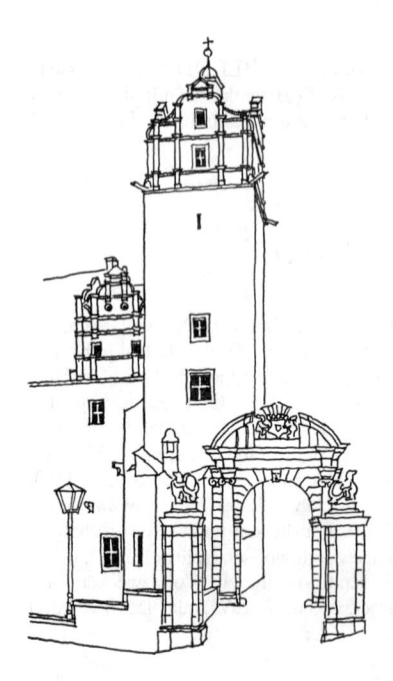

Bernburg, Schloß mit Schloßeinfahrt

(1682). – In den Schloßgärten Reste mittelalterlicher *Ringmauern* und *Orangerie* (1732), im Südosten des Schloßkomplexes ehem. barocke *Reitbahn* (1756). – *Kreismuseum*, u. a. Funde aus den jungsteinzeitlichen Grabhügeln Latdorf, Baalberge und Stockhof bei Gröna, Sammlung anhaltinischer Münzen, Malerei und Grafik aus ehem. anhaltinischen Schlössern, Mineralienkabinett. – *Pfarrkirche St. Ägidien*, einschiffiger Barockbau (1752) mit romanischen Teilen, im Osten Querschiff und romanischer Chor mit Apsis (1625 als dreigeschossige Fürstengruft eingerichtet), über der ehem. Vierung Turm, in der Mitte des Langhauses querschiffsartige Anbauten; zwei barocke Prunksärge. – *Ehem. Wolfgangskapelle*, spätgotisch 1480, 1704 profaniert. – *Pfarrkirche St. Marien*, dreischiffige gotische Hallenkirche (14. und 2. H. 15. Jh. mit Benutzung frühgotischer Teile, rest.) mit im Kern frühgotischem Westturm. – *Pfarrkirche St. Nikolai*, im Kern frühgotisch (13. Jh.), die im 15. Jh. begonnene Umgestaltung zur Hallenkirche nicht vollendet, daher nur Hauptschiff und niedriges nördliches Seitenschiff, frühgotischer Westbau (beg. 2. H. 13. Jh.), Südturm im 14. Jh. vollendet; Renaissance-Grabmal spätes 16. Jh. – *Ehem. Klosterkirche der Marienknechte*, einschiffiger frühgotischer Bau (Anfang 14. Jh., Ruine) über langgestrecktem rechteckigem Grundriß, im Osten und Westen reiche Maßwerkfenster. An der Südseite der Kirche zweigeschossige Klausurgebäude (seit 1526 Hospital), Kreuzgang mit Gewölbeanfängern. – *Wohnhäuser* meist aus der Zeit der Renaissance und des Barocks, besonders bemerkenswert: Thälmannplatz 18 (ehem. Regierungsgebäude) Barockbau 1745. Breite Str. 25

(ehem. fürstliche Kanzlei) um 1600 mit spätgotischen Formen. Breite Str. 103 Fachwerkbau von 1550. Breite Str. 115 spätbarocker Bau von 1775 mit reicher Fassade. Nikolaistr. 18 Teil einer ehem. fürstlichen Eigenbefestigung, Renaissance-Wohngebäude (16./17. Jh.) mit Sitznischenportal (1653) und bewegtem Giebelumriß. — *Pfarrkirche St. Stephan* (Ortsteil Waldau), einschiffiger spätromanischer Bau (Ende 12. Jh.) mit Flachdecke, an der Südseite Säulenportal, Chor mit Apsis, querrechteckiger Westturm (um 1200). — *Waldauer Saalebrücke*, 14. Jh. und später.

KÖNNERN. *Pfarrkirche St. Wenzel*, zweischiffige spätgotische Hallenkirche (2. H. 15. Jh., geplantes südliches Seitenschiff nicht ausgeführt), romanischer Westturm; spätgotischer Flügelaltar (im Schrein die Hl. Wolfgang, Norbert und Erasmus) um 1520, Bronze-Taufkessel (an der Wandung Heilige) um 1500.

GRÖBZIG. *Heimatkundliche Sammlung* (ehem. Synagoge von 1796, 1877 umgebaut, Ernst-Thälmann-Str.), u. a. Geschichte der jüdischen Gemeinde in Gröbzig im 18. und 19. Jh. (Geräte, Thora, Gebetsumhang, Schutzbriefe), Ur- und Frühgeschichte der näheren Umgebung. — Vom 1809 abgebrochenen *Schloß* nur der Bergfried (14. Jh.) erhalten, achteckiger Aufsatz mit welscher Haube und Laterne. — *Pfarrkirche*, im Kern mittelalterlich, 1661 und 1870 stark verändert.

KÖTHEN. Planmäßige Anlage aus dem späten 12. Jh. im Schutze einer askanischen Burg (an der Stelle des heutigen Schlosses), im Zentrum der unregelmäßig viereckigen Altstadt der rechteckige Markt (Jakobskirche) mit sternförmig angeordneten Hauptstraßen. Von der *Stadtbefestigung* Türme am ehem. Halleschen und Magdeburger Tor (im Kern gotisch) erhalten. — *Schloß* (jetzt teilweise Museum), Dreiflügelanlage der Renaissance (begonnen nach 1597 mit Benutzung älterer Teile, vollendet 1611, Hauptbauleiter P. und F. Niuron, im 18.–19. Jh. umgebaut und ergänzt) mit Pergolaabschluß, im Westen dreigeschossiger Johann-Georgsbau (vollendet 1608) mit mehreren Erkern und Giebeln, im Süden langgestreckter dreigeschossiger Ludwigsbau (vollendet 1604) mit mehreren Giebeln und zwei Treppentürmen mit welschen Hauben, im Erdgeschoß ehem. Kapelle (jetzt Bachsaal). — Im Ferdinandsbau des Schlosses (klassizistisch, 1823 von G. Bandhauer) *Johann-Friedrich-Naumann-Museum*, Sammlung über das Lebenswerk des Ornithologen J. F. Naumann (geb. 1780 in Ziebigk bei Köthen). — *Heimatmuseum* (Museumsstr. 4/5), Geschichte der Fruchtbringenden Gesellschaft (erster deutscher Sprachverein) 1618–1650, Johann-Sebastian-Bach-Gedenkraum, Wissenschaftler und Künstler in Köthen, Kirchenglocken, Stadtgeschichte, städtisches Handwerk, bäuerliche Volkskultur, Ur- und Frühgeschichte des ehem. Landes Anhalt. — *Pfarrkirche St. Jakob*, dreischiffige spätgotische Hallenkirche (begonnen 1400, vollendet 1518, im 19./20. Jh. erneuert, 1964 rest.) mit Netz- und Kreuzrippengewölben, einschiffiger Chor mit dreiseitigem Schluß, unter östlichem Teil der Kirche Fürstengruft, im mittleren Chorfenster spätgotische Glasgemälde (Anfang 16. Jh.); Grabdenkmäler und Prunksärge. — In der barocken

Agnuskirche (1694–1698) besonders bemerkenswert: Spätgotischer Flügelaltar (im Schrein Christus mit Maria und Johannes) Anfang 16. Jh. Gemälde (Abendmahl) nach 1565, Replik aus der Cranach-Werkstatt. Epitaph der Fürstin Gisela Agnes, gest. 1740, von A. Pesne. – *Kath. Pfarrkirche St. Marien*, klassizistisch (begonnen 1826, rest.) von G. Bandhauer; schlichte Ausstattung der Entstehungszeit. – Von den *Wohnhäusern* bemerkenswert: Holzmarkt 10 Fachwerkbau mit Portal um 1600. Markt 1 Barockbau 1. H. 18. Jh., wertvolle Stuckdecken. Stiftstr. 6 und 10, 1. H. 18. Jh.

AKEN. *Pfarrkirche St. Marien*, dreischiffige spätgotische Basilika (nach 1485 mit Benutzung spätromanischer Grundmauern) mit Flachdecken, Chor und Seitenschiffe geradlinig geschlossen, massiger Westbau mit zwei niedrigen achteckigen Türmen; spätgotischer Flügelaltar (im Schrein Maria mit den Hl. Anna und Barbara) um 1500. – *Pfarrkirche St. Nikolai*, dreischiffige, im Kern spätromanische Basilika (vermutlich Anfang 13. Jh., Chor wohl Anfang 14. Jh.) mit Flachdecken, zwei romanische Portale, massiger Westbau mit zwei niedrigen achteckigen Türmen. – *Rathaus*, spätgotischer Neubau von 1490, 1609 erweitert. – *Heimatmuseum* (Str. der Freundschaft 15), u. a. Ur- und Frühgeschichte des Kreisgebietes, örtliches Handwerk (besonders Schiffsbauer), Aken als Schifferstadt.

Bemerkenswerte Schlösser und Herrenhäuser in NEUGATTERSLEBEN (urspr. mittelalterliche Wasserburg, Spätrenaissancebau 1658–1665), HAUS ZEITZ (Zweiflügelanlage der Spätrenaissance um 1630 und 1688, Ruine), PLÖTZKAU (auf den Grundmauern der alten Rundburg Renaissance-Mehrflügelanlage 1566–1573, zahlreiche Ziergiebel, in den Untergeschossen noch romanische und gotische Bauteile, im ehem. Fürstensaal Sandsteinkamin 1566/67 und Stuckdecke um 1716, hoher Bergfried), ALSLEBEN (Barockbau 1698 im Bereich des alten Burgbezirks und eines ehem. Nonnenklosters, spärliche ältere Bauteile sowie Umriß der mittelalterlichen Gesamtanlage von Burg und Kloster erhalten, Ausbau des Schlosses im 18. Jh.), TREBNITZ (im Kern Renaissancebau 16. Jh. mit Benutzung von spätgotischen Teilen, im frühen 18. Jh. barock umgebaut) und BIENDORF (Orangerie 1760/63, über den beiden Eingängen Wappen und Figuren der vier Jahreszeiten).

Bemerkenswerte Dorfkirchen in ALTENBURG (romanisch 12. Jh.; spätgotischer Sakramentsschrein), DRÖBEL (klassizistisch 1827–1829), ADERSTEDT (im Kern romanisch, 1861 erneuert, spätromanische Säulenportale), BEESENLAUBLINGEN (romanisch mit barockem Chor, an der Südseite spätromanisches Säulenportal, im Tympanon Christus mit Petrus und Paulus; romanischer Taufstein), TREBNITZ (Marmor-Epitaph Ende 17. Jh.), KIRCHEDLAU (spätgotischer Flügelaltar Anfang 16. Jh.), WOHLSDORF (barocker Zentralbau 1783), WÖRBZIG (spätromanisch 13. Jh., Portal; Schnitzfiguren um 1520). GROSS-WÜLKNITZ (im Kern romanisch 12. Jh., im 18. Jh. barock umgebaut), KLEIN-WÜLKNITZ (klassizistisch 1833/34), GÖRZIG (Barockbau 1706, erneuert 1836/37; Marmorkanzel der Entstehungszeit, reicher Taufstein 1585), CÖSITZ (spätgotischer Flügelaltar um

1470/80), WEISSANDT (romanischer Westturm, spätgotisches Langhaus 1496, erneuert 1872, Chor mit Sterngewölben von 1590), GROSS-BADEGAST (spätgotischer Flügelaltar um 1500), KLEIN-BADEGAST (Spätrenaissancebau 1677), LAUSIGK (spätgotischer Flügelaltar um 1500) und LIBBESDORF (spätgotischer Flügelaltar Anfang 16. Jh.).

Die Kreise Aschersleben und Hettstedt

FROSE. *Stiftskirche St. Cyriakus* (?), 959 urkundlich genannt, dreischiffige spätromanische Basilika (2. H. 12. Jh., 1892 ausgebaut) mit sächsischem Stützenwecksel und Flachdecken, die meisten Säulen mit Würfelkapitellen und Eckblattbasen, im Osten Querschiff (im 18. Jh. entstellt) und Chor mit Apsis, zweitürmiger Westbau, im Erdgeschoß Halle mit Kreuzgewölben, darüber Empore mit Tonnengewölbe, Teile der Türme frühgotisch (1. H. 13. Jh.).

ASCHERSLEBEN. Urspr. offene Siedlung im Schutze einer Wehranlage (seit dem 11. Jh. Burg der Grafen von Aschersleben) an einer alten Thingstätte (»Tie«) in der Nähe des Rathauses und der Marktkirche, möglicherweise schon um 1000 Erweiterung nach Süden (Gründung der Stephanikirche), nach der Verleihung des Stadtrechtes (1266) Bau einer Ringmauer, die folgenden Stadt-

Aschersleben
1 Rathaus, 2 Franziskaner-Klosterkirche, 3 Stephanikirche, 4 Margaretenkirche, 5 Heimatmuseum, 6 Grauer Hof, 7 Krukmannsches Haus, 8 Rabenturm, 9 Schmaler Heinrich, 10 Johannistorturm, 11 Stumpfer Turm, 12 Stadtmauer

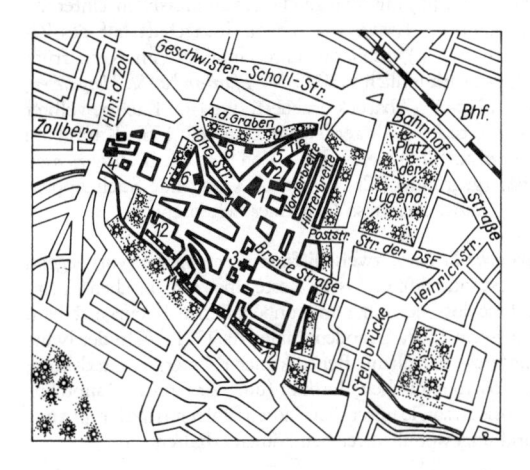

erweiterungen (nach 1400) im Osten und Südosten gegen Mitte des 15. Jh. durch neuen Mauerring mit der Altstadt zusammengeschlossen. Von der *Stadtbefestigung* große Teile der Mauer mit Zwinger, Graben und fünfzehn Wehrtürmen erhalten, rings um die Stadt urspr. ein System von Warttürmen, erhalten die Westdorfer Warte im Südwesten. — *Rathaus*, urspr. zweigeschossiger spätgotischer Bau (vollendet 1518, im 19./20. Jh. umgebaut und erweitert), Treppenturm und Erker mit Maßwerkreliefs, seitlich hoher Turm mit geschweifter Haube und Laterne. — *Marktkirche* (ehem. Franziskaner-Klosterkirche), einschiffiger frühgotischer Bau (vermutlich Ende 13. Jh., mehrmals umgebaut) über langgestrecktem rechteckigem Grundriß, Kreuzrippengewölbe, Fenster zu Dreiergruppen zusammengefaßt; Kanzel 1703, Orgelprospekt 1737/38, Epitaph Louis de Feyrac gest. 1724. — *Heimatmuseum* (Markt 21, ehem. Freimaurerloge »Zu den drei Kleeblättern«, erbaut 1788), u. a. Urgeschichte des Kreisgebietes (Hortfund von Sandersleben), Kammacherwerkstatt aus Quenstedt, große geologische Sammlung, Münzsammlung und kleine Waffensammlung. — *Pfarrkirche St. Stephani*, dreischiffige spätgotische Hallenkirche (Westbau begonnen 1406, Halle um 1480–1507) mit Kreuzrippengewölben (figürliche Schlußsteine) und Achteckpfeilern, im Westen Renaissance-Orgelempore (1596), einschiffiger Chor mit dreiseitigem Schluß, massiger Westbau, urspr. mit zwei Türmen geplant, nur der Südturm ausgeführt. Von der reichen Ausstattung besonders bemerkenswert: Gemalter Flügelaltar (im Mittelfeld Maria mit Johannes d. Ev. und Apostel Andreas) Anfang 16. Jh. Gemalter Flügelaltar (Petrus mit vier Heiligen) um 1530. Kanzel 1656. Bronze-Taufkessel 1464. Gemälde (hl. Stephan und hl. Katharina) 3. V. 15. Jh., südniederländische Arbeit. Gemälde (Heilsgeschichte vom Sündenfall bis zum Triumph Christi) Mitte 16. Jh., Cranach-Werkstatt. Gemälde (hl. Sippe) um 1500. Kirchstuhl (Nordseite) nach 1602. — Von den in der Regel schlichten *Bürgerhäusern* aus der Zeit der Renaissance besonders bemerkenswert: Haus am Markt 2 (1572), runder Eckerker. Über den Steinen 5 (um 1600), Erker mit Reliefs; Hohe Str. 7 (1. H. 16. Jh.) mit zweigeschossigem massivem Unterbau und Fachwerk-Obergeschoß. — *Grauer Hof* (ehem. Wirtschaftshof des Zisterzienser-Klosters Michaelstein), schlichte unregelmäßige, im Kern frühgotische Gebäudegruppe (urkundlich 1309). — *Pfarrkirche St. Margareten*, einschiffiger Bau (1586, 1715–1717 barock erneuert, rest.) mit flach gewölbter Holzdecke, in der Nordwestecke niedriger Turm; Taufstein 1587, Kanzel um 1715, spätgotisches Kruzifix, Bildnisse 17. Jh. — Von dem ehem. *Zisterzienser-Nonnenkloster St. Marien* (gegründet 1266) lediglich Gang mit Stichkappen-Tonnengewölbe erhalten, möglicherweise Rest eines Seitenschiffes.

ERMSLEBEN. *Pfarrkirche St. Sixti*, zweischiffiger Gemengbau (vorwiegend gotische und barocke Bestandteile), im Osten Reste einer romanischen Turmanlage und dreiseitig geschlossener Chor mit unbeholfenen Kreuzgewölben; Altaraufsatz 1755, Taufstein 1567, Grabdenkmäler 16./17. Jh. — In der Nähe von Ermsleben *Klosterkirche* des ehem. Benediktiner-Klosters Konradsburg, von der dreischiffigen spätromanischen Basilika (um 1200, rest.) Hauptchor und Nebenchöre mit Apsiden sowie unter den Chören fünfschiffige Krypta mit Kreuzgratgewölben und ungewöhnlich reichen Säulen erhalten.

FALKENSTEIN. *Burg* (Staatliches Museum), gegründet vermutlich um 1120, unregelmäßige Dreiflügelanlage aus romanischer und gotischer Zeit, in der Südostecke mächtiger Bergfried, Umbau zum Wohnschloß Ende 16./Anfang 17. Jh., an der Südseite mit Volutengiebeln, an der Westseite reicher Fachwerkbau auf massivem Untergeschoß, in der Südwestecke Treppenturm mit reichem Portal; im Nordosten, Süden und Westen mehrere Vorhöfe und Außenwerke. – *Staatliches Museum Burg Falkenstein*, u. a. Jagdgeschichte, Jagdwaffen vom Mittelalter bis zur Gegenwart, Jagdzoologie.

RAMMELBURG. *Schloß* (jetzt Rehabilitationszentrum), 1259 urkundlich genannt, unregelmäßige Vierflügelanlage (16.–18. Jh. auf mittelalterlicher Grundlage, Kernburg 1896–1905 romanisierend und gotisierend erneuert), an der Westseite Renaissance-Schloß (2. H. 16. Jh.) mit drei mächtigen Giebelerkern, Schloßkapelle (eingerichtet 1575), an der Decke und den oberen Seitenwänden Reliefdarstellungen aus der biblischen und der Profangeschichte.

MANSFELD. Gewachsene Siedlung im Schutze der 1229 erstmalig genannten Burg (bis 1780 Sitz der Grafen v. Mansfeld), rechteckiger Umriß, urspr. nur eine Hauptstraße mit gering entwickelten Querstraßen, angerartiger Markt, daneben befindet sich der Kirchplatz mit der Georgskirche. – *Schloß* (jetzt Erholungsheim), unregelmäßige Mehrflügelanlage (im Kern mittelalterlich, Anfang 16. Jh. erweitert und verstärkt) mit mächtigen Festungswerken, die meisten Gebäude seit dem 17./18. Jh. Ruinen, an der Westseite Schloß Vorderort (neugotisch 1860–1862 mit Benutzung älterer Teile), über den Türen zum Felsenkeller zwei Reliefs (Bacchus mit Putten und zechende Landsknechte, um 1530). – *Schloßkirche*, einschiffiger spätgotischer Bau (Anfang 15. Jh., rest.) mit Kreuzrippengewölben und umlaufenden Emporen im Westteil des Schiffes, am Choreingang schmiedeeisernes Gitter (Anfang 16. Jh.). Von der Ausstattung bemerkenswert: Gemalter spätgotischer Flügelaltar (im Mittelfeld Kreuzigung) um 1520 aus der Cranach-Werkstatt. Taufstein 1522. Zwei Sakramentshäuser 1438 und 1537. Grabdenkmal Graf Günther v. Mansfeld, gest. 1526. – *Stadtkirche St. Georg*, einschiffiger spätgotischer Bau (Ende 15. Jh.) mit Flachdecke und dreiseitig geschlossenem Chor, im Kern romanischer Westturm mit achteckigem Aufsatz und welscher Haube, rest. Von der Ausstattung besonders bemerkenswert: Spätgotischer Flügelaltar (im Schrein Kreuzigung) Anfang 16. Jh. Flügelaltar (Geburt Christi) Anfang 16. Jh. Drei Grabdenkmäler der Grafen v. Mansfeld 16.–18. Jh. Luther-Bildnis 1540. – *Lutherhaus* (fälschlich als Luthers Elternhaus bezeichnet), erbaut 1530 für Jakob Luther, Bruder des Reformators, im 19. Jh. verändert, kleine Luthersammlung. – *Lutherbrunnen* von 1913.

HETTSTEDT. *Schloßruine*, von der ehem. gotischen Anlage (1334 urkundlich genannt) nur noch ein runder Turm erhalten. – *Pfarrkirche St. Jakobi*, dreischiffige spätgotische Hallenkirche (Chor 1418–1429, Brand 1697, hölzerne Tonne von 1706), Chor mit Gewölbe, Westturm mit barocker Haube.

WALBECK. *Ehem. Benediktiner-Nonnen-Kloster*, gegründet 992, die Kirche vermutlich im 18. Jh. abgerissen. — Reste des *Kreuzganges* im spätbarocken Schloß erhalten. — Weiträumiger Landschaftspark Anfang 19. Jh.

FRECKLEBEN. *Ehem. Burg* (jetzt LPG), 973 und 981 urkundlich genannt, um 1200 von den Magdeburger Erzbischöfen ausgebaut. Von der ältesten Anlage erhalten: Doppelgraben als Ringgraben und zwei doppelte Abschnittsgräben mit drei hohen Wällen. Von der Anlage um 1200 erhalten: Bergfried sowie Teile der angrenzenden Gebäude und des Festen Hauses in der Unterburg. — *Dorfkirche*, im Kern vermutlich 13. Jh.; Kanzel 1594, Taufstein 1595, Kindergrabstein nach 1641, Epitaph (Choraußenwand) um 1570.

SANDERSLEBEN. *Rathaus*, zweigeschossiger Renaissancebau (1556—1559, 1853 verändert) mit drei Giebeln, Eckerker und Freitreppe. — *Pfarrkirche St. Marien*, einschiffiger spätgotischer Bau (vermutlich 15. Jh., erneuert 1519) mit Flachdecke, der Chor mit dreiseitigem Schluß, der Westturm mit Spitzhelm.

GERBSTEDT. *Rathaus*, zweigeschossiger Renaissancebau (1566, nach Bränden 1668 und 1678 erneuert) mit hohem achteckigem Treppenturm und Runderker, romanische Kellerräume mit Kreuzgratgewölben. — In der schlichten barocken *Pfarrkirche* bemerkenswerter spätgotischer Flügelaltar (im Schrein Marienkrönung) um 1430/40.

Bemerkenswerte Burgruinen bei SYLDA (Burg Arnstein, gegründet vermutlich um 1135, weiträumige Anlage, unterteilt in Ober- und Vorburg, im Südwesten Reste eines spätgotischen Palas) und WIPPRA (vermutlich 13. oder 14. Jh., Teile der Ringmauer erhalten), beide im Kreis Hettstedt.

Bemerkenswerte Herrenhäuser in HOYM (schlichter Barockbau 1714; in der Nähe ehem. Prinzenhaus 1721) und GATERSLEBEN (Festes Haus, spätgotisch 1465), sämtlich im Kreis Aschersleben.

Bemerkenswerte Pfarr- und Dorfkirchen in COCHSTEDT (im Kern gotisch; spätgotischer Flügelaltar Anfang 16. Jh., Sakramentsnische 1513), HETEBORN (Barockbau 1716; schlichte Ausstattung der Entstehungszeit), GATERSLEBEN (Ende 19. Jh. mit Benutzung älterer Teile, Reste eines romanischen Südportals; Kanzelaltar 1710), HOYM (im Kern romanisch, im 15. Jh. spätgotisch umgebaut, im 18. Jh. barock erneuert, 1911 ausgebaut, Hauptschiff und südliches Seitenschiff, im Osten Chor mit Apsis; Epitaph 16. Jh.), RADISLEBEN (Barockbau 1693; romanischer Taufstein), GROSSSCHIERSTEDT (spätgotischer Flügelaltar 1. V. 16. Jh.), KLEINSCHIERSTEDT (Renaissancebau 1590, Turm 1825; Kanzel und Taufstein der Entstehungszeit), MEHRINGEN (ehem. Klosterkirche frühgotisch 2. H. 13. Jh.; an der Dorfkirche von 1880 romanisches Tympanon mit Steinigung des hl. Stephanus), QUENSTEDT (im Kern romanisch, 1448 nach Osten verlängert; im Innern zwei Reliefs, vermutlich vorromanisch), WELBSLEBEN (Langhaus spätgotisch um 1500, Chor gotisch Mitte 14. Jh.), ABBERODE

(Barockhaus 1769, romanischer Turm; zwei spätgotische Altarflügel, jetzt im Pfarrhaus), HEILIGENTHAL (spätromanisch, romanisches Figurenportal um 1170) und IHLEWITZ (romanisch, Turm 1868).

Stadt und Kreis Quedlinburg

Die Stadt Quedlinburg

Im Jahre 922 als villa Quitilingaburg urkundlich genannt, sächsischer Königshof mit alter Wehranlage auf dem Schloßberg, einer Vorburg auf dem gegenüberliegenden Münzenberg und einer Hörigensiedlung. 936 Gründung des adligen Frauenstiftes auf dem Schloßberg durch Kaiser Otto I. 994 Verleihung

Quedlinburg
1 Stiftskirche St. Servatius, 2 Schloß, 3 Klopstockhaus, 4 Stadtbefestigung, 5 Rathaus, 6 Marktkirche St. Benedikti, 7 Pfarrkirche St. Blasii, 8 Pfarrkirche St. Ägidien, 9 Freihaus von Hagen, 10 Pfarrkirche St. Nikolai, 11 Münzenberg, 12 »Finkenherd« 13 Stiftskirche St. Wiperti, 14 Fachwerkhaus Nordgasse 3 (um 1300), Museum, 15 Stadtmauer (Reste) mit Türmen

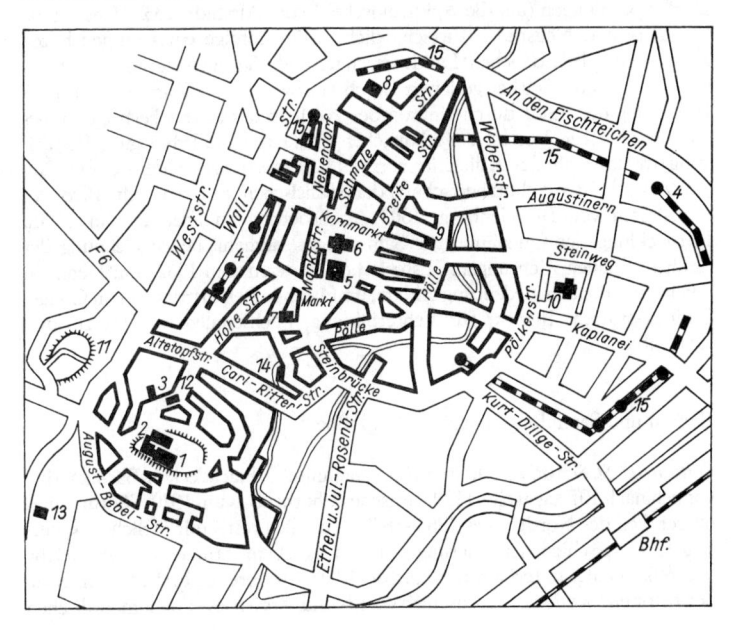

Quedlinburg, Schloßberg

des Marktrechtes an das Frauenstift durch Kaiser Otto III., Entstehung einer Marktsiedlung in der Gegend der späteren Blasiikirche. Gegen Mitte des 12. Jh. Gründung der Altstadt um die Benediktikirche (spätestens 1179 befestigt), gegen Ende des 12. Jh. Gründung der Neustadt um die Nikolaikirche, im Unterschied zur winkligen Altstadt mit geraden, sich rechtwinklig schneidenden Straßenzügen. Allmähliches Aufgehen der Marktsiedlung und des alten Dorfes Nördlingen (um die Ägidienkirche) in der Altstadt. 1333 Vereinigung von Alt- und Neustadt. Wirtschaftliche Blüte infolge eines ausgedehnten Zwischenhandels, daneben Landwirtschaft und Viehzucht (städtische Feldmark von rund 7500 ha, gesichert durch ein System von Warttürmen). 1477 Eroberung der Stadt durch ein von der Äbtissin des Stiftes herbeigerufenes sächsisches Heer, Verlust der städtischen Freiheiten und Privilegien, Bestätigung der Ratswahl durch die Stiftsherrin. Das Frauenstift seit der Reformation (1539) unter der Schutzherrschaft der sächsischen Fürsten, seit 1698 der Kurfürsten von Brandenburg, 1803 Angliederung an Preußen. Im 19. Jh. Entwicklung der Quedlinburger Samenzucht, allmähliche Ausdehnung der Stadt nach allen Richtungen. Historisches Stadtzentrum 1962 zum Denkmal von internationaler Bedeutung erklärt, umfassende Rekonstruktion im Gange. Bildungsstätten: Institut für Lehrerbildung, Fachschulen für Medizin und Gartenbau.

Bauten und Sammlungen auf dem Schloßberg

Stiftskirche St. Servatius. Dreischiffige romanische Flachdecken-Basilika (begonnen nach 1070, geweiht 1129, gotischer Chorneubau um 1320, Südturm und oberer Teil des Nordturmes 1863–1882, gründlich rest.) mit östlichem Querschiff, ausgeschiedener Vierung und sächsischem Stützenwechsel, reiche Würfelkapitelle, unterhalb der Hochschiffsfenster breiter Fries, Ornamentik der Kapitelle sowie der Hochschiffswand- und Apsisfriese von lombardischen

Steinmetzen (Como), im Westen zweijochige Nonnenempore, im nördlichen Querschiffsarm Schatzgewölbe (Zitter, um 1170), Chor mit dreiseitig geschlossener Apsis. Unter dem Chor und dem Querschiff dreischiffige *Krypta* mit Nebenräumen, Kreuzgratgewölbe auf Säulen mit Pilzkapitellen (ält. Westjoche, 11. Jh.) und antikisierenden Kapitellen, romanische Gewölbemalereien (2. H. 12. Jh.). Im Osten der Krypta Märtyrergruft (Confessio), Rest des ersten Baues (vor 997), davor die Gräber von König Heinrich I. und Königin Mathilde, an der Treppe zu den Grabgewölben unter dem südlichen Seitenschiff (zahlreiche Äbtissinnen-Särge) kleine Kapelle St. Nicolai in vinculis. Doppeltürmiger Westbau, an der Nordseite des Langhauses schlichtes romanisches Portal, an der Nordseite der Krypta reiches gotisches Portal (um 1320), unter den Dachansätzen Rundbogen- und Ornamentfriese mit ähnlichen Motiven wie im Innenraum; zehn Äbtissinnen-Grabsteine aus grauem Stuck 2. H. 12. und 1. H. 13. Jh. — *Kirchenschatz*, viele Teile seit April 1945 verschollen, wertvolle sakrale Kunstschätze erhalten, u. a. fünf Teile des Quedlinburger Knüpfteppichs (Hochzeit des Merkur mit der Philologie, um 1200).

Schloß (jetzt Museum). Unregelmäßige, den Gegebenheiten des Geländes folgende Anlage aus dem 16. und 18. Jh., aus drei Trakten von unterschiedlicher Größe bestehend, Treppenturm, mehrere Volutengiebel, Portal von 1568, mehrere Repräsentationsräume mit reicher Ausstattung des 18. Jh., darunter Fürstensaal, Thronsaal (1736) und flämisches Wohnzimmer der Äbtissin (1756). — *Schloßmuseum*, u. a. italienische und holländische Gemälde (16./17. Jh.), Graphik, Knaggenfiguren und Brüstungsfelder von Fachwerkhäusern (16./17. Jh.), Möbel aus der Zeit der Renaissance und des Barocks.

Am Fuße des Schloßbergs das *Klopstockhaus* (Fachwerkbau um 1600) mit einer Sammlung über Leben und Werk des Dichters Friedrich Gottlob Klopstock (hier geb. 1724). In der Nähe der »*Finkenherd*«, Fachwerkbau 17. Jh. (rest.).

*Quedlinburg,
Stiftskirche, Krypta*

Bauten in der ummauerten Altstadt

Von der *Stadtbefestigung* große Teile der Stadtmauer (im wesentlichen aus dem 14. Jh.) erhalten, dazu neun viereckige und drei runde Mauertürme, meist mit hohen Helmen und nach der Stadtseite offen, ferner vier niedrige Bastionen.

Rathaus. Im Kern gotisch, 1613–1615 eingreifender Umbau, reiches Portal, an der Südwestecke kleiner gotischer Archivturm mit Blendmaßwerk, im Flur reiche Holzdecke, reiche Türen zum Bürgersaal (um 1693). – Am Rathaus der *Roland* von 1427 (1477 gestürzt und 1869 wieder aufgestellt).

Marktkirche St. Benedikti. Dreischiffige spätgotische Hallenkirche (15. Jh., Chor Ende 14. Jh.) mit Tonnengewölbe (Mittelschiff) und Balkendecken, Chor mit Kreuzrippengewölben, an seiner Nordseite Kalands-Kapelle, an der Südseite Sakristei, querrechteckiger Westbau, in den unteren Teilen romanisch, sonst frühgotisch. Von der Ausstattung besonders bemerkenswert: Barocker Hauptaltar (Schnitzwerk von S. Huggenberg und J. Querfurth, Gemälde von J. Luhn) 1700 nach Entwurf von Ch. L. Sturm. Großer spätgotischer Flügelaltar (im Schrein Maria mit dem Leichnam Christi und den Hl. Servatius und Benedikt) um 1500. Kanzel 1595 vermutlich von G. Steyger. Taufstein 1648. Ratsgestühl 1687. Grabdenkmäler 16./17. Jh.

Pfarrkirche St. Blasii. Barocke Saalkirche (1713–1715, rest.) über achteckigem Grundriß mit Emporen und Stuckdecke, frühromanischer Westturm mit Zwillingshelm; großer Kanzelaltar 1723 von J. W. Kunze, nach Entwurf von J. H. Hoffmann.

Pfarrkirche St. Ägidien. Dreischiffige spätgotische Hallenkirche (Umbau seit 1484 mit Benutzung älterer Teile, Inneres 1678 barock erneuert) mit hölzernen Tonnengewölben, im Süden querschiffsartige Kapelle, Chor mit geradem Schluß, frühgotischer Westbau mit Südturm. Bemerkenswerte Ausstattungsstücke: Spätgotischer Flügelaltar (im Schrein Marienkrönung und sechs Apostel) um 1430. Temperagemälde (hl. Sippe) Anfang 16. Jh. Kanzel 1724. Grabstein eines Ehepaares 1439.

In der näheren Umgebung der Benedikti-, Blasii- und Ägidienkirche (Altstadt links des Mühlgrabens) die meisten erhaltenen *Bürgerhäuser*, besonders reiche Beispiele: Hagensches Freihaus (Klink 11) dreigeschossiger Renaissancebau (1561) mit Treppenturm, Volutengiebel und Turmerker, Prunkzimmer mit reichen Schnitzereien und Intarsia-Arbeiten. Ehem. Amtsgericht (Kornmarkt 5) dreigeschossiger Barockbau (1737) mit Pilastergliederung und erhöhtem Mittelteil mit Segmentgiebeln, Saal mit reichen Stuckdekorationen. Haus Grünhagen (Markt 2) ein Spätbarockbau (1701, umgebaut 1780) mit reicher Treppe. – Von den zahlreichen *Fachwerkbauten* (15.–18. Jh.) besonders bemerkenswert: Wordgasse 3 (ältestes deutsches Fachwerkhaus, jetzt Fachwerkmuseum) vermutlich um 1300. Hohe Str. 8 1576. Marktstr. 5/6 1562. Pölle 28/29 1632. Stieg 28 (»Alter Klopstock«) 1580. Breite Str. 39 (Gasthaus zur Rose) 1612. Schmale Str. 13 1592. — *Geschlossenes Straßenbild mit Fachwerkhäusern* (meist 16./17. Jh.) in der Hohen Straße, ferner Ensembles Lange Straße, Hölle, Stieg und Steinweg.

Pfarrkirche St. Nikolai (Neustadt). Dreischiffige gotische Hallenkirche (14. Jh. mit Benutzung von Teilen aus dem 13. Jh., Umbau zur Halle 15. Jh., rest.) mit Kreuzrippengewölben, einschiffiger Chor mit Kreuzgewölben, querrechteckiger Westbau mit zwei Türmen, im Erdgeschoß spätromanische Turmhalle mit Kreuzgratgewölben; reicher Altaraufsatz 1712, Kanzel 1731, beide von J. J. Müller aus Braunschweig. Frühgotischer Taufstein. Grabsteine 17. Jh.

Von den *Bürgerhäusern* in der Neustadt besonders bemerkenswert: Pölkenstr. 27 und 29, beide klassizistisch Anfang 19. Jh. Steinweg 23 (»Börse«) Fachwerkbau 1683. Steinweg 68 Fachwerkbau 1675.

Bauten außerhalb der Altstadt

Stiftskirche St. Wiperti. Gestiftet im 9. Jh. auf dem Burgberg, bei der Gründung des Damenstiftes 936 auf den Wirtschaftshof der Pfalz verlegt, Reste der Kanonikerkirche des 10. Jh. in den Chormauern erhalten, dazu die um 1020 der Kirche eingefügte Krypta. Dreischiffige romanische Pfeilerbasilika (seit 1812 profaniert, 1956 ausgebaut, dabei südliches Seitenschiff neu errichtet) mit Flachdecken, Chor mit geradem Schluß, urspr. mit zwei Nebenchören, nördlicher Nebenchor erhalten, reiches romanisches Säulenportal (im Tympanon Anbetung Mariens) von der Klosterkirche auf dem Münzenberg. Unter dem Chor die *Krypta*, dreischiffig mit Tonnengewölbe und Stützenwechsel, Säulen mit ottonischen Pilzkapitellen, in der Apsiswölbung Spuren alter Freskomalerei, Seitenschiffe als Umgang um den Chor herumgeführt. — Von der *Klausur* an der Südseite nur romanischer Ostflügel erhalten.

Von der ottonischen *Klosterkirche St. Marien* auf dem Münzberg (gegründet 986, seit dem 16. Jh. Ruine) nur das Erdgeschoß des Westbaus sowie Reste des nördlichen Seitenschiffes, der Apsis mit Krypta und der Querschiffs-Südwand erhalten, meist von Wohnhäusern überbaut.

Hospitalkirche St. Johannis (Süderstadt). Einschiffiger romanischer Bau (1704 nach Osten erweitert) mit bemalter Holztonne, an der Südseite Sakristei mit Obergeschoß aus Fachwerk; Kanzelaltar 1725.

Der Kreis Quedlinburg

BALLENSTEDT. *Schloß* (jetzt Forstfachschule), barocke Dreiflügelanlage (im wesentlichen 1. H. 18. Jh., Südflügel 1766 und 1773 umgebaut) mit Benutzung von Teilen einer romanischen Stiftskirche (2. H. 12. Jh.), am Ostende des Nordflügels urspr. Schloßkapelle (1946 zerstört) mit romanischer Apsis, unter der Apsis urspr. dreischiffige Krypta (1. H. 12. Jh., im 18. Jh. durch Substruktionen verbaut) mit Kreuzgratgewölben, am Westende des Nordflügels Reste des urspr. zweitürmigen romanischen Westbaus, südlich davon zweischiffiges romanisches Refektorium, schlichter Südflügel, im jetzigen Kulturraum gemalte Wandtapeten (2. H. 18. Jh.). — *Schloßtheater* 1788, *Marstall* 1820. — *Heimatmuseum* (Goetheplatz 1, ehem. Großer Gasthof, Barockbau 1733), u. a. Funde von der Burg Anhalt, Gedenkraum für den Maler W. v. Kügelgen (gest. 1867 in Ballenstedt), umfangreiche Sammlung von Arbeitsgeräten der Schäfer und Hirten, bäuerliche Haus- und Küchengeräte. — *Ehem. fürstliches Amtshaus*, spätgotisch 1. H. 16. Jh. — Von der *Stadtbefestigung* große Teile der Stadtmauer (1551) sowie zwei Türme (Ober- und Unterturm) erhalten, gegenüber dem Rathaus der Marktturm. — *Altes Rathaus*, schlichter zweigeschossiger Fachwerkbau (1683), über der Doppeltür Wappen vom Obertor (1551). *Neues Rathaus*, 1905/06 von A. Messel. — *Pfarrkirche St. Nikolai*, einschiffiger spätgotischer Bau (um 1500, 1692/93 und 1881 erneuert) mit Emporen (1587), im Osten dreiseitiger Schluß, querrechteckiger Westturm (12. Jh.); Grabmal 1559. — *Oberhof*, Dreiflügelanlage der Renaissance (2. H. 16. Jh.), die vierte Seite durch drei Bogenstellungen geschlossen, im Erdgeschoß Räume mit Kreuzgewölben.

GERNRODE. *Stiftskirche* des ehem. Benediktiner-Damen-Stiftes St. Cyriacus, gegründet 961, dreischiffige ottonische Flachdecken-Basilika (begonnen um 961, erste Weihe 963, Westbau im 12. Jh. verändert, 1858–1866 erneuert durch F. v. Quast) mit Stützenwechsel, Kapitelle mit reichem ornamentalem und figürlichem Schmuck, über den Seitenschiffen Emporen, im Osten Querschiff und einschiffiger Chor mit Apsis, unter dem Chor dreischiffige Krypta mit Tonnengewölben, vom Westbau des 10. Jh. die Türme erhalten (rest.), Mittelbau im 12. Jh. durch Westchor mit Apsis und Hallenkrypta ersetzt, im Tympanon des Hauptportals Lebensbaum mit Drachen und Löwen (um 1170). Von der Ausstattung besonders bemerkenswert: Im südlichen Seitenschiff *Heiliges Grab* (2. H. 11. Jh.), an der nördlichen Außenwand Christus und Maria, an der Westwand weibliche Figur (möglicherweise Stifterin) sowie phantastische figürliche und ornamentale Reliefs, im Innern zwei Grabengel und — wohl nicht zur Grabanlage gehörig — große Bischofsfigur, alles aus Stuck. Romanischer Taufstein (an der Wandung mehrere Christusdarstellungen, Maria, Johannes d. Ev. und Engel) Mitte 12. Jh., ländliche Arbeit aus Alsleben. Spätgotisches Grabmal des Markgrafen Gero (Stifter der Kirche, gest. 965) 1519. Bildnis des Markgrafen Gero, um 1510. Äbtissinnen-Grabsteine 15./16. Jh. — Von den *Stiftsgebäuden* nur der zweigeschossige spätromanische Nordflügel des Kreuzganges (3. V. 12. Jh.) erhalten, im Erdgeschoß Kreuzgratgewölbe, reiche Kapitelle. — *Rathaus*, schlichter Fachwerkbau (im wesentlichen 1665).

HARZGERODE. *Schloß*, dreigeschossiger Renaissancebau (1549–1552 von L. Binder) mit Treppenturm, an der Nord-, West- und Südseite des Hofes bedeckte Wehrgänge, im Nordwesten Rundturm. — *Pfarrkirche*, einschiffiger Barockbau (1697–1699 mit Benutzung älterer Teile) mit dreigeschossigen Emporen, im Osten reiche Fürstenloge, im Kern romanischer Westturm mit mächtiger barocker Haube, im unteren Geschoß Fürstengruft; Grabsteine 16./17. Jh.

THALE. In der *Pfarrkirche* im Bereich des ehem. Klosters (im 9. Jh. gegründet) bemerkenswert: Reicher barocker Altaraufsatz 1718. Grabdenkmal 18. Jh., v. Steuben. — *Walpurgishalle* (Hexentanzplatz), Holzhalle (1901) in altgermanischem Stil, Gemälde (Walpurgissage) von H. Hendrich.

Bemerkenswerte Burgruinen bei BADEBORN (Gersdorfer Burg, gegründet im 10. Jh., doppelter Rundwall in der Anlage erkennbar, Bergfried 14. Jh.), STECKLENBERG (»Stecklenburg«, 1364 zerstört und wiederhergestellt, im 17. Jh. verlassen, in den Trümmern Bergfried, Palas und Kapelle noch erkennbar; 1 km südwestlich Ruine der Lauenburg, 1164 urkundlich genannt, im 14. Jh. zerstört, Reste von Kapelle und Bergfried), MÄGDESPRUNG (»Heinrichsburg«, 1290 urkundlich genannt, kleine Anlage) und HARZGERODE (»Burg Anhalt« 5 km nordöstlich des Ortes, 1040 urkundlich genannt, im 14. Jh. verlassen, im wesentlichen romanisch 12. Jh., in den Grundzügen noch erkennbar, Ausgrabungen 1901–1907).

Bemerkenswerte Dorfkirchen in WESTERHAUSEN (barocker Altaraufsatz 1697 von V. Kühne), NEINSTEDT (im Kern romanischer Turm; gediegene Ausstattung 16./17. Jh.), RIEDER (spätromanischer Westturm, spätgotisches Langhaus mit Chor Anfang 16. Jh.).

Die Kreise Sangerhausen und Artern

STOLBERG. *Schloß* (jetzt FDGB-Ferienheim), weiträumige Anlage (im Kern gotisch und spätgotisch, in der Zeit der Renaissance und des Barocks mehrfach umgebaut, im 19. Jh. erneuert und verändert), besonders bemerkenswert die den Schloßhof umgebenden östlichen Renaissancegebäude (im wesentlichen 2. V. 16. Jh.), reiches Portal mit Wappenaufsatz, daneben Schloßturm, im Innern Schloßkapelle mit reichen spätgotischen Stern- und Netzgewölben, in den übrigen Teilen mehrere Räume mit reicher Barockausstattung. — *Rathaus*, dreigeschossiger Fachwerkbau (1482, um 1600 stark erneuert) mit vorragendem Obergeschoß, inmitten der Front Sonnenuhr mit stolbergischem Wappen. — *Heimatmuseum* (Thomas-Müntzer-Gasse 19, ehem. Stolbergische Münze, reicher Fachwerkbau von 1535), u. a. Thomas-Müntzer-Gedenkstätte (geb. um 1490 in Stolberg), Münzwerkstatt der Grafen v. Stolberg mit Geräten. — Von den zahlreichen *Fachwerkhäusern* (15.–19. Jh.) besonders bemerkenswert das dem Heimatmuseum angeschlossene Bürgerhaus (Rittergasse 14, um 1450) mit alter Einrichtung (16.–18. Jh.) in sechs kleinen Räumen. — Frühgotisches *Rittertor* mit Fachwerkoberbau von 1640. — *Pfarrkirche St. Martin*, dreischiffige spätgotische Basilika (1485–1490 mit älteren Teilen), mit Stuck verkleidete Holztonnen, Chor mit dreiseitigem Schluß, an seiner Nordseite Kapelle, an der

Südseite Sakristei mit Netzgewölbe, Westturm mit Spitzhelm. Von der Ausstattung besonders bemerkenswert: Taufstein 1599. Beweinung Christi um 1500. Messing-Grabplatte Magister U. Rispach (Schmerzensmann), gest. 1488, vermutlich Vischer-Werkstatt. Bronze-Grabplatte Elisabeth v. Stolberg, gest. 1505. Wandgrab G. F. v. Stolberg, gest. 1737. – *Marienkapelle* (nordwestlich der Martinskirche), einschiffiger spätgotischer Bau (geweiht 1482) mit dreiseitigem Ostschluß.

KELBRA. *Klosterkirche St. Georgi* des ehem. Zisterzienser-Nonnen-Klosters, gegründet 1251, einschiffiger, im Kern gotischer Bau (vermutlich 2. H. 13. Jh., nach Brand 1607 erneuert, rest.) mit spätgotischem Langhaus, Chor mit geradem Schluß; gemalter Flügelaltar 1619, Kanzel und Emporen 17. Jh., Taufstein Ende 16. Jh., Lesepult 1719. – *Martinikirche*, einschiffiger, im Kern vermutlich spätromanischer Bau, Chor mit geradem Schluß und Kreuzgratgewölben, darüber Turm; reicher Kanzelaltar um 1700.

ROSSLA. *Schloß* (jetzt Kulturhaus), klassizistischer Neubau (1827–1831) anstelle einer mittelalterlichen Wasserburg um unregelmäßigen quadratischen Hof, schönes Treppenhaus mit doppelläufiger Treppe. – Westlich des Schlosses das ehem. *Rentamt*, Renaissancebau (spätes 16. Jh.) mit massivem Untergeschoß und Obergeschoß aus Fachwerk, an der Hofseite Treppenturm.

SANGERHAUSEN. Im 9. Jh. offene Marktsiedlung in der Gegend der späteren Ulrichskirche, südlich der in Ost-West-Richtung verlaufenden Hauptstraße ein langgestreckter Markt, im 13. Jh. Ausbau des Fleckens zu einer Grenzfeste gegen die Thüringer, am Ostende des alten Marktes Errichtung einer Burg (»Altes Schloß«), Erweiterung der Siedlung (um 1260 Stadtrecht) nach Westen, im Zentrum des neuen Teils der Neue Markt mit Rathaus, Neuem Schloß und Jakobikirche. *Klosterkirche St. Ulrich* des ehem. Benediktiner-Klosters, dreischiffige romanische Basilika (im wesentlichen 1. H. 12. Jh., nach Brand 1389 erneuert, rest.) mit Kreuzgratgewölben und Querschiff (nördlicher Querschiffsarm teilweise erneuert), dreischiffiger Chor im Hirsauer Schema, im Tympanon des ehem. Nordportals (jetzt im Innern der Kirche) Stifter und hl. Ulrich, gotischer Vierungsturm mit barockem Helm; Kruzifix um 1500, gotischer Bronze-Taufkessel 1369, Grabdenkmäler 16./17. Jh. – Von dem im wesentlichen gotischen *Alten Schloß* (im Kern 2. H. 13. Jh.), schlichter zweigeschossiger Bau, im Erdgeschoß Kreuzgewölbe auf Bündelpfeilern, sowie Reste von Türmen und Mauern erhalten. – *Rathaus*, schlichter, im Kern spätgotischer Bau (1431–1437), 1556 nach Westen erweitert. – *Neues Schloß*, Renaissancebau (1616–1622 unter Einbeziehung eines Gebäudes von 1586), über dem Eingangstor kursächsisches Wappen, im Hof und an der Ostecke Erker. – *Pfarrkirche St. Jakobi*, dreischiffige gotische Hallenkirche (14./15. Jh., 1711–1714 verändert, rest.) mit hölzernen Decken, einschiffiger Chor (1495–1502) mit reichem Netzgewölbe und dreiseitigem Schluß, Westturm (1516–1542). Bemerkenswerte Ausstattungsstücke: Spätgotischer Flügelaltar (im Schrein Kruzifix mit zehn Heiligen) um 1400. Kanzel 1593. Spätgotischer Bronze-Taufkessel 15. Jh. Grabdenkmal Caspar Tryller 1618 aus der Nosseni-

Werkstatt. – *Gottesackerkirche St. Mariae virginis*, einschiffiger gotischer Bau (im wesentlichen 14. Jh.), Chor mit dreiseitigem Schluß, Westturm. – *Städtisches Spengler-Museum* (Str. der Opfer des Faschismus 33), u. a. Ur- und Frühgeschichte des Kreisgebietes, Geschichte des Sangerhäuser Kupferbergbaus. – Ruine der spätromanischen *Katharinen-Kirche im Helmstal* (2 km nordöstlich der Stadt), geweiht 1220.

BEYERNAUMBURG. Von der um 900 urkundlich genannten *Burg* nur der mittelalterliche Bergfried erhalten. Im Oberhof neugotisches Schloß (1865). – *Dorfkirche*, einschiffiger, kreuzförmiger spätromanischer Bau (1. H. 13. Jh.), über der Vierung Turm mit Zeltdach; spätgotischer Flügelaltar (im Schrein Maria mit Petrus und Paulus) um 1500.

BLANKENHEIM-KLOSTERODE. Von dem romanischen *Prämonstratenser-Kloster* (12. Jh.) zweischiffiger Raum mit Kreuzgratgewölben sowie kleinere Nebenräume mit Tonnengewölben erhalten, an der Nordseite Treppenturm mit Renaissanceportal (1569).

ALLSTEDT. *Schloß* (jetzt Thomas-Müntzer-Gedenkstätte und Dauerausstellung über den Deutschen Bauernkrieg), 777 genannt, später Reichsburg und Pfalz, weiträumige Anlage aus der Zeit der Spätgotik und Renaissance, von den drei großen Baugruppen besonders bemerkenswert: Hinteres Schloß, unregelmäßige Vierflügelanlage, darin barocke Schloßkapelle (1. V. 18. Jh., rest.). – *Pfarrkirche St. Johannis*, einschiffiger Barockbau (1775) mit zweigeschossigen Emporen und Westturm; gediegene Ausstattung der Entstehungszeit. – *Pfarrkirche St. Wigberti*, romanisch, Langhaus abgetragen, Chor Ende 15. Jh. zum Wohnhaus umgebaut, im Turm Thomas-Müntzer-Gedenkstätte (1523/24 Prediger in Allstedt), – *Rathaus*, Erdgeschoß im Kern spätgotisch (2. H. 15. Jh.), sonst Renaissancebau (16./17. Jh.), Sitzungssaal mit reicher Ausstattung (1672).

ARTERN. *Pfarrkirche St. Marien*. Gemengbau mit spätromanischen, spätgotischen und Renaissance-Bestandteilen, Chor mit Kreuzrippengewölben, querrechteckiger Ostturm, einschiffiges Langhaus (1608–1620) mit hölzernem Tonnengewölbe, im Westen fünfseitiger Schluß. – *Ruine der Veitskirche*, einschiffiger spätromanischer Bau (vermutlich 1. H. 13. Jh.) auf kreuzförmigem Grundriß, über der Vierung Turm.

ROSSLEBEN. *Ehem. Klosterschule*, dreigeschossige barocke Dreiflügelanlage (1740–1742), Mittelrisalit mit abgeschrägten Ecken, Pilastergliederung und Giebeldreieck, darüber Dachreiter; Nordflügel Ende 19. Jh. hinzugefügt. – *Dorfkirche*, einschiffiger Barockbau (um 1690) mit frühgotischem Chor und bemaltem hölzernem Tonnengewölbe, Westturm; reicher Kanzelaltar um 1700.

HELDRUNGEN. *Wasserburg* (jetzt Gedenkstätte des Deutschen Bauernkriegs), im Kern 13. Jh., Anfang 16. Jh. zur Festung ausgebaut, 1645 zerstört,

1664–1668 Wiederaufbau nach den Grundsätzen der italienisch-französischen Festungsbauweise, Musterbeispiel einer Regular-Fortifikation, fast vollständig erhaltene Erdwallbefestigung, rest. — In der Kernburg *Thomas-Müntzer-Gedenkstätte* (1525 in Heldrungen eingekerkert und gefoltert). — *Pfarrkirche St. Wigberti*, einschiffiger Barockbau (1682–1696) mit Ostturm; Kanzel 1685, Taufstein 1696, Altaraufsatz 1. H. 18. Jh.

BAD FRANKENHAUSEN. Schon vor 900 ländliche Siedlung neben einer Salzquelle, im 13. Jh. (1282 civitas) planmäßige Anlage der Stadt (»Unterstadt«) zwischen dem Dorf Frankenhausen und der Saline, Straßennetz in Gitterform, im nordöstlichen Teil rechteckiger Markt, gegen Ende des 13. Jh. das Gebiet um die Saline als »Oberstadt« in den Mauerring einbezogen. *Unterkirche* (ehem. Klosterkirche des Zisterzienser-Nonnen-Klosters, gegründet 1215), dreischiffiger Barockbau (1691–1701 von H. Walther), flaches Holzgewölbe, in den Seitenschiffen Logen und Emporen, Chor mit vierseitigem Schluß, an seiner Nordseite Turm. Bemerkenswerte Ausstattungsstücke: Reicher Taufstein um 1701. Gotisches Kruzifix 15. Jh. Große barocke Orgel. Grabdenkmäler 17./18. Jh. (aus der Ruine der Oberkirche). — *Rathaus*, im Kern spätgotisch (1444), 1833/34 in vereinfachten Formen erneuert. — *Schloß* (jetzt Heimatmuseum), schlichter Barockbau (Ende 18. Jh.) mit Benutzung älterer Teile von 1533; rest. — *Kreis-Heimatmuseum*, u. a. Thomas Müntzer und die Entscheidungsschlacht im Bauernkrieg bei Frankenhausen 1525, Frankenhausen als Salzstadt. — *Panorama am Schlachtberg*, 1974 begonnen, Ausstellungsräume und Panoramabild des Bauernkriegs von 1525 von W. Tübke. — Von den zahlreichen *Fachwerkbauten* besonders bemerkenswert: Angerapotheke um 1490. Haus Klosterstraße 14, 1534. Erfurter Str. 9, 1555. — *Hausmannsturm*, kleines, im Kern romanisches Kastell (12. oder 13. Jh., im 16. Jh. erneuert) mit Rundturm im Zuge der Stadtmauer. — *Altstädter Kirche* (urspr. Kirche des außerhalb der Stadt gelegenen Dorfes Frankenhausen), von dem romanischen Bau (vermutlich 12. Jh.) nur Chor mit Apsis erhalten, am südlichen Chorbogenpfeiler Kämpfergesims mit reichem figürlichem und ornamentalem Schmuck, in der Apsiskuppel Gemälde (um 1400, um 1900 im Sinne des noch Vorhandenen übermalt).

KYFFHÄUSER. *Ruine der Reichsburg Kyffhausen*, weiträumige romanische Anlage (11./12. Jh.), bestehend aus Ober-, Mittel- und Unterburg, Mittelburg und Teile der Oberburg beim Bau des nationalistischen Kyffhäuser-Denkmals (1891–1896 von B. Schmitz) zerstört, in der Unterburg Reste von Mauern, Toranlagen, Wohnbauten, Türmen, Kapellen und Brunnen erhalten. — *Burgmuseum*, u. a. Funde der ur- und frühgeschichtlichen Besiedlung des Burggeländes, Geschichte der Reichsburg Kyffhausen, Funde der Ausgrabung 1934–1938.

TILLEDA. *Ehem. Kaiserpfalz* auf dem Pfingstberg (10.–13. Jh.), bei umfangreichen Grabungen (1935–1939 und 1956–1970) Reste der Wehrmauern und der Gebäude der Haupt- und Vorburg freigelegt und z. T. sichtbar gelassen, darunter die Fundamente der großen Pfalzkirche (nach 972).

GÖLLINGEN. Von der romanischen *Klosterkirche* (2. H. 12. Jh., 1525 zerstört) der Westturm erhalten, annähernd quadratisches Untergeschoß, zwei achteckige Obergeschosse, Lisenen und Rundbogenfriese, die Krypta dreischiffig, Kreuzgratgewölbe, Säulen mit Würfelkapitellen.

Bemerkenswerte Burgruinen bei MORUNGEN (Alt-Morungen westlich des Ortes, gegründet um 1030; Neu-Morungen nördlich des Ortes, vermutlich 13. Jh.), GRILLENBERG (1217 genannt, Reste einer Mauer mit fünf Rundtürmen), STEINTHALLEBEN auf dem Kyffhäuser (»Rothenburg«, im Kern um 1100, Reste des Bergfrieds und eines frühgotischen Wohngebäudes), SEEGA (»Arnsburg«, 1116 genannt), SACHSENBURG (1249 genannt, Ober- und Unterburg, Reste von Türmen und Gebäuden).

Bemerkenswerte Schlösser und Herrenhäuser in EMSELOH (Barockbau Mitte 18. Jh., Räume mit Rokokodekorationen), WALLHAUSEN (ehem. Wasserburg, Renaissancebau des späten 16. und frühen 17. Jh.), BRÜCKEN (ehem. Wasserburg, im Kern spätgotisch, mehrfach umgebaut), NIEDERRÖBLINGEN (1708 erneuerter Renaissancebau von 1597), RATHSFELD (Jagdschloß, schlichter Barockbau 1698, 1908 umgebaut), KANNAWURF (Dreiflügelanlage der Renaissance 1564, die vierte Seite durch Schildmauer geschlossen) und GORSLEBEN (»Schieferhof«, reicher Renaissance-Fachwerkbau 1620).

Bemerkenswerte Dorfkirchen in SCHWENDA (barocker Zentralbau 1736/37, Ausmalung 1938 von K. Völker aus Halle; Kanzelaltar 1695), BRÜCKEN (im Kern spätromanisch, Chor mit Kreuzgratgewölbe), MARTINSRIETH (im Kern romanische Chorturmkirche), RIETHNORDHAUSEN (im Kern romanische Chorturmkirche, spätgotischer Chor 1524), EMSELOH (spätgotischer Schnitzaltar Anfang 16. Jh.), WOLFERSTEDT (im Kern romanisch, romanisches Südportal; Kreuzigungsgruppe um 1500), WINKEL (spätgotisch 1499–1503, später verändert, Emporengemälde 1730 von R. Ch. Buder aus Allstedt), VOIGTSTEDT (spätgotischer Chor Ende 15. Jh., Renaissance-Langhaus 1620–1623), HEYGENDORF (Renaissancebau 17. Jh. mit Benutzung gotischer Teile; reicher Kanzelaltar Ende 17. Jh.), DONNDORF (spätgotischer Flügelaltar Mitte 15. Jh.), BOTTENDORF (Barockbau 1787 mit spätgotischem Chor; reicher Kanzelaltar der Entstehungszeit), BILZINGSLEBEN (Turm spätgotisch 1512), GORSLEBEN (spätgotisch, Chor mit Kreuzrippengewölbe; spätgotischer Flügelaltar 15. Jh., reiche Kanzel Ende 17. Jh., über dem Friedhofseingang »Tod von Gorsleben« 1568), SEEHAUSEN (Barockbau 1713 mit älteren Resten; Kanzelaltar und Gestühl der Entstehungszeit), RINGLEBEN (romanischer Turm, spätgotischer Chor, barockes Langhaus 1720; Kanzelaltar 1720) und ICHSTEDT (Ruine einer romanischen Wehrkirche).

Die Kreise Eisleben, Querfurt und Nebra

KLOSTERMANSFELD. *Klosterkirche* des ehem. Josaphat-Ordens-Klosters (um 1170, 1960–1970 rest.), dreischiffige romanische Basilika mit Querschiff und Flachdecken, im Langhaus Stützenwechsel, Würfelkapitelle, Chor urspr. mit Apsis, Rundbogenfriese; Hochwände der Querhausflügel teilweise abgebrochen, Seitenschiffe wiederaufgerichtet. Spätgotischer Schnitzaltar Ende 15. Jh., Grabdenkmäler 16.–18. Jh.

LUTHERSTADT EISLEBEN. Bereits um 800 als Dorf genannt, im 12. Jh. (um 1180 civitas) Gründung der Markt- und Bergmannssiedlung (Kupferschieferbergbau), langer rechteckiger Markt mit Rathaus, dahinter Andreaskirche, vermutlich gegen Ende des 12. Jh. Entstehung des Nikolaiviertels um die Nikolaikirche und des Brückenviertels um die Petri-Pauli-Kirche, 1511 Anlage des »neuen Dorfes« (1514 Stadtrecht) um die Annenkirche. *Rathaus der Altstadt*, zweigeschossiger spätgotischer Bau (voll. 1531) mit schlichten Zwerchhäusern und Dachreitern, vor der nördlichen Langseite doppelläufige Freitreppe, an der Nordostseite gekrönter Kopf (»Knoblauchkönig«) vermutlich 13. Jh. – Auf dem August-Bebel-Plan das während des zweiten Weltkrieges von Faschisten geraubte und dann von Antifaschisten vor dem Einschmelzen gerettete *Lenindenkmal* (1925 von M. G. Maniser) aus der sowjetischen Stadt Puschkin. – *Ehem. Bergamt* (Markt 58), spätgotischer Bau (1500) mit reichem Kielbogenportal, im Sessions- oder Konferenzzimmer zahlreiche Wappen. –

Lutherstadt Eisleben
1 Rathaus, 2 Andreaskirche, 3 Lutherdenkmal, 4 Luthers Sterbehaus, 5 Heimatmuseum, 6 Luthers Geburtshaus, 7 Petri-Paul-Kirche, 8 Nikolaikirche, 9 Lenindenkmal

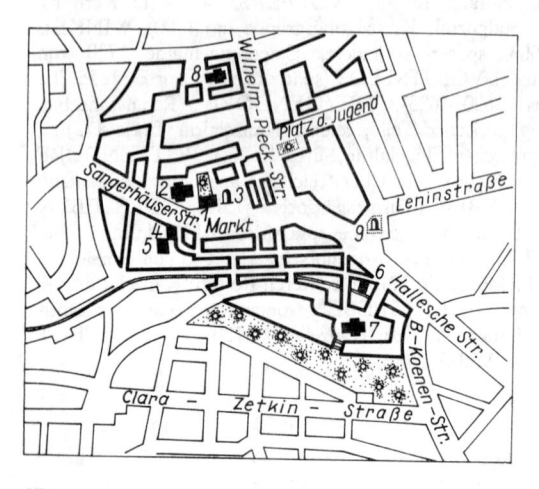

Marktkirche St. Andreas, dreischiffige spätgotische Hallenkirche (beg. 2. V. 15. Jh. mit Benutzung romanischer und frühgotischer Reste, 1970 rest.) mit Kreuzrippengewölben, dreischiffiger Chor mit Stern-, Netz- und Kreuzrippengewölben, an seiner Nordseite Turm mit achteckigem Obergeschoß, Haube und Laterne, querrechteckiger Westbau mit zwei achteckigen Türmen. Von der Ausstattung besonders bemerkenswert: Spätgotischer Flügelaltar (im Schrein Marienkrönung) um 1500. Kanzel Anfang 16. Jh. Tumba des Grafen Hoyer v. Mansfeld, 1541 von H. Schlegel. Sandstein-Tumba eines Grafen v. Mansfeld, nach 1615. Spätgotischer Flügelaltar (vermutlich um 1520) aus der Nikolaikirche. — *Luthers Sterbehaus* (Andreaskirchplatz 7, um 1500), u. a. Originalbriefe und Lutherbilder. — *Superintendentur* (nördlich der Andreaskirche), schlichter spätgotischer Bau (Anfang 16. Jh., 1602 erneuert) mit reichem Kielbogenportal. — *Kreis-Heimatmuseum* (Andreaskirchpl. 7), u. a. bronzezeitliches Fürstengrab, Geschichte des Mansfelder Bergbaus, Eisleber Handwerk, Münzsammlung. — *Pfarrkirche St. Nikolai* (nicht mehr genutzt), dreischiffige spätgotische Hallenkirche (Chorweihe 1426, Beginn des Turmbaus 1462) mit Kreuzrippengewölben und Achteckpfeilern, einschiffiger Chor, querrechteckiger Westturm mit Spitzhelm. — *Gedenkstätte der Mansfelder Arbeiterbewegung »Bürgergarten«* (Nikolaistraße 20), Sammlung zur Geschichte der Arbeiterbewegung 1900–1920. — *Pfarrkirche St. Petri und Pauli*, dreischiffige spätgotische Hallenkirche (1486 bis 1513) mit Stern- und Netzgewölben, einschiffiger Chor, querrechteckiger Westturm mit achteckigem Aufsatz, Haube und Laterne; spätgotischer Flügelaltar (im Schrein Anna selbdritt mit den Hl. Elisabeth und Magdalena) nach 1500. — *Luthers Geburtshaus* (Lutherstr. 16), u. a. Bibeln, Flugschriften, Reformationsmünzen und -medaillen. — *Pfarrkirche St. Annen*, einschiffiger Bau der Spätgotik und Renaissance (begonnen 1513, fortgeführt nach 1585, vollendet 1608) mit Flachdecke, im Chor Netzgewölbe (1586) und 26 Reliefs von H. Thon Uttendrup (1585), an der Westseite Grabkapelle der Grafen v. Mansfeld (1588), an der Nordseite Turm. Bemerkenswerte Ausstattungsstücke: Kanzel 1608. Grabmal des Grafen Karl v. Mansfeld, gest. 1594. Gemälde (Jüngstes Gericht) 1569. — An der Südseite *Pfarrhaus* (urspr. Augustiner-Eremiten-Kloster) mit fünf Fachwerkgiebeln. — *Rathaus der Neustadt*, schlichter Renaissancebau (1571 bis 1589) mit reichem Portal (1580). — Vor dem Rathaus *Bergmannsfigur* (»Kamerad Martin«), Kopie nach dem Original um 1590.

WIMMELBURG. Von der romanischen *Klosterkirche* (um 1170, 1680 abgebrannt) Nordarm des Querschiffes, Hauptchor und nördlicher Nebenchor sowie Reste des südlichen Nebenchors erhalten.

HELFTA. *Klosterkirche* des ehem. Zisterzienser-Nonnen-Klosters, gegründet 1229, einschiffiger frühgotischer Bau (2. H. 13. Jh., seit langem profaniert) auf rechteckigem Grundriß. — In der spätgotischen *Dorfkirche* bemerkenwert: Spätgotischer Flügelaltar (im Schrein die Hl. Katharina, Georg und Barbara) um 1500, Grabdenkmal Anna v. Karssenbrock, gest. 1591.

SEEBURG. *Burg* (jetzt Volksgut und Jugendherberge), vielleicht mit der

743/44 genannten Hochseoburg identisch, weiträumige Anlage (15.–17. Jh. mit Benutzung älterer Teile, im 19. Jh. erheblich verändert), im Südwesten ehem. romanische Burgkapelle (vermutlich 12. Jh.) mit Apsis, im Südosten spätgotische Schloßkirche, an der Seeseite Roter oder Witwenturm, im Osten Bergfried, südlich davon ehem. Palas (»Rittersaal«), im Hof der Oberburg zweigeschossiges Renaissance-Herrenhaus (1665, Inneres im 18. Jh. verändert), Zwerchhäuser mit Pilastergiebeln. – *Dorfkirche*, romanische Chorturmkirche (vermutlich 12. Jh.) mit gotischem Chor. Bemerkenswerte Ausstattungsstücke: Gemalter spätgotischer Flügelaltar (im Mittelfeld hl. Ritter und hl. Florian) Anfang 16. Jh. Epitaph v. Hahn, gest. 1578. Grabsteine 2. H. 16. Jh.

SCHRAPLAU, *Pfarrkirche*, einschiffiger romanischer Bau (vermutlich Ende 12. Jh.) mit Flachdecke, an der Chorapsis Bogenfries und Lisenen, im Tympanon des Säulenportals Kreuz, querrechteckiger Westturm; spätgotischer Flügelaltar wohl um 1500. – Von der alten *Scrapenlevaburg* (979 genannt) und der *Neuen Burg* (erbaut 1206) nur geringe Reste vorhanden.

OSTERHAUSEN-SITTICHENBACH. Von dem ehem. *Zisterzienser-Kloster* (gegründet um 1141) nur zwei kleine frühgotische Kapellen und Reste der Klausur erhalten, die ev. Kapelle rest.

QUERFURT. Gewachsene Siedlung (1262 Bestätigung der Stadtstatuten) im Schutze einer Burg der Herren von Querfurt, Grundriß und Straßennetz unregelmäßig, keilförmiger Markt mit Rathaus, südwestlich vom Markt die Lampertikirche. Von der *Stadtbefestigung* der innere Ring (12./13. Jh., erneuert 14./15. Jh.) fast vollständig, vom äußeren drei Türme und einige Ruinen im NW und NO erhalten. – *Schloß*, weiträumige Anlage (12./13. Jh. auf älterer Grundlage, Umwallung vermutlich nach 1461, im 16.–19. Jh. mehrfach verändert) über unregelmäßigem Grundriß, gegliedert in Vorburg mit Westtoranlage und Hauptburg mit Wohn- und Wirtschaftshof, Ringmauer mit drei Bastionen (1461–1479), runder Bergfried (»Dicker Heinrich«), südöstlich davon ehem. Wohnturm (»Marterturm«), ein dritter Turm (»Pariser Turm«) neben dem Korn- und Rüsthaus (1535), ferner nördlich des »Marterturms« das »Fürstenhaus« (16./17. Jh. auf romanischen Grundmauern). – Inmitten des Schloßhofes die einschiffige romanische *Schloßkapelle* (Anfang 12. Jh., 1716 barock ausgestattet, rest.), Querschiff und Chor mit Apsiden, über der Vierung achteckiger Turm, in der Ecke zwischen nördlichem Querschiffsarm und Langhaus Grabkapelle (Ende 14. Jh.), darin die Tumba des Grafen Gebhardt v. Querfurt (gest. 1383, von einem Meister der Parler-Schule), auf der Deckplatte Figur des Verstorbenen, an den Seitenwänden Trauergefolge. – Im Korn- und Rüsthaus das *Kreismuseum*, u. a. Ausstellung zur Baugeschichte der Burg. – *Rathaus*, zweigeschossiger Renaissancebau (vermutlich Anfang 16. Jh.), vor der Mitte der Vorderfront Archivturm (1698/99). – *Pfarrkirche St. Lamperti*, dreischiffige spätgotische Hallenkirche (voll. 1523, 1655 und 1678 ausgebrannt, bis 1687 in veränderten Formen wiederhergestellt), in den Seitenschiffen Emporen (17. Jh.), quadratischer Westturm; reicher Altaraufbau um 1720, Kanzel Ende 16. Jh. – Von den *Bürgerhäusern* bemerkenswert: Apotheke (am oberen Markt) Barockbau 1760. Gasthof zum Goldenen Stern (am Rathaus) Barockbau 1702 mit Benutzung älterer Teile. — *Friedhofskirche*, einschiffiger Barockbau (vermutlich spätes 17. Jh.) mit Dachreiter, an der Südseite Pilasterportal; Kanzelaltar der Entstehungszeit, Epitaphe 18. Jh.

LODERSLEBEN. *Dorfkirche*, einschiffiges barockes Langhaus (1718) mit hölzernem Tonnengewölbe, spätgotischer Chor sowie Turm an der Nordseite des Chors (beide 1518); reicher Kanzelaltar und Herrschaftsstühle um 1718. — *Schloß*, barocke Zweiflügelanlage (18. Jh.), an der Parkseite hohe Substruktionen.

VITZENBURG. *Schloß*, Zweiflügelanlage der Renaissance (2. H. 16. Jh. vermutlich von N. Delitzscher, im 18. Jh. und 1880 umgebaut) mit 1694 angebautem Nordflügel, an der inneren Hofseite Treppentürmchen (1586), im Schloßpark Pavillon mit Deckengemälde (Mitte 18. Jh.). — *Dorfkirche*, einschiffiger Barockbau (1713–1715, 1868 umgestaltet) mit Ostturm; drei Epitaphe 18. und frühes 19. Jh., v. Heßler.

REINSDORF. *Klosterkirche* des ehem. Benediktiner-Klosters, spätromanischer Bau (geweiht 1206, Langhaus vermutlich im 17. Jh. abgebrochen, Chor und Querschiff Ende 17. Jh. zur Pfarrkirche umgebaut, rest.), reiche Stuckdecke mit Gemälden, über der ehem. Vierung gedrungener Turm mit Haube und Laterne, spätromanisches Tympanon mit Maria, Engeln und Stiftern (um 1200); Altaraufsatz und Kanzel um 1700.

BURGSCHEIDUNGEN. *Schloß* (als Zentrale Schule der CDU genutzt), Vierflügelanlage der Renaissance (begonnen Ende 16. Jh., vollendet 1. H. 17. Jh.) und des Barocks (1724–1728 Neubau zweier Flügel von D. Schatz), dreigeschossiger Westflügel mit Treppenturm und reichem Portal (1633), zweigeschossiger Haupttrakt mit ungewöhnlich reichem Mittelrisalit, reich geschwungene Freitreppe zum Garten; von der Ausstattung nur Reste erhalten, u. a. der Festsaal. — der *Schloßpark* als Terrassengarten nach italienischem Muster angelegt, gleichfalls von D. Schatz, auf halber Höhe Grottenhof mit drei Brunnennischen, mehrere Statuen. — *Dorfkirche*, im Kern romanischer Bau (1723–1728 durchgreifend erneuert) mit hölzernem Tonnengewölbe, querrechteckiger Westturm; Kanzel und vier reiche Epitaphe Ende 16. Jh., vermutlich sämtlich von Ch. Weber.

LAUCHA. Von der *Stadtbefestigung* das spätgotische Obertor (2. H. 15. Jh.) und Reste der Stadtmauer erhalten. — *Rathaus*, dreigeschossiger Renaissancebau (1563) mit zweiarmiger Freitreppe und Dachreiter. — *Pfarrkirche St. Marien*, einschiffiger spätgotischer Bau (1479–1496) mit dreiseitigem Ostschluß, quadratischer Westturm über nach Norden und Süden offener Vorhalle; Taufstein und Orgelprospekt Anfang 18. Jh. — *Glockenmuseum* (Glockenmuseumstr. 1), u. a. Glockengießerwerkstatt und Glocken (15.–19. Jh.).

FREYBURG. Planmäßige Anlage (1253 urbs, 1292 civitas) am Unstrutüber-

Freyburg, Doppelkapelle, oberer Raum

gang im Schutze der 1076 von den Landgrafen von Thüringen gegründeten Neuenburg, regelmäßiges Geviert mit abgestumpften Ecken, Straßennetz in beinahe vollendeter Gitterform, im Mittelpunkt der Markt, die Stadtkirche am Ostrande der Stadt. Von der *Stadtbefestigung* die Mauer mit runden Wehrtürmen stellenweise gut erhalten, u. a. in der Nähe des Eckstedter Torturmes (1385). – *Schloß Neuenburg*, weiträumige, im Kern romanische Anlage (im 13. Jh. erweitert, 1557, nach 1666 und im 18. Jh. umgebaut, umfassende Rekonstruktion im Gange) über unregelmäßigem Grundriß, in der Nordostecke der Vorburg romanischer Bergfried, die Hauptburg von Ringmauer eingefaßt, Wohngebäude im wesentlichen 2. H. 16. Jh., Fürstenhaus an Stelle des romanischen Palas, darin Fürstensaal mit reichem Portal (1552). – 117 m tiefer *Brunnen*. – In der Mitte des Hofes die spätromanische *Doppelkapelle* (um 1220), im Chorjoch des Untergeschosses Kreuzgratgewölbe, sonst Balkendecke mit vergitterter Öffnung, im Obergeschoß bemerkensw. Kreuzrippengewölbe, Gurtbögen in Zackenform, aus vier schlanken Säulen zusammengesetzter Mittelpfeiler, in beiden Geschossen reiche Kapitelle mit Pflanzen- und Tierornamenten. – *Schloßmuseum* (während der Rekonstruktion nicht zugänglich), u. a. Geologie des Kreisgebietes, Weinbau im Unstruttal, Gedenkraum für den Minnesänger Heinrich von Veldeke. – *Rathaus*, dreigeschossiger, im Kern spätgotischer Bau (nach Brand 1682 in einfachen Formen wiederaufgebaut) mit Dachreiter. – *Stadtkirche Unser Lieben Frauen*, dreischiffige, im Kern spätromanische Hallenkirche (um 1220, um 1400 Erweiterung des Chors nach Osten, vermutlich Ende 15. Jh. spätgotischer Neubau des Langhauses) mit Netz-, Stern- und Kreuzrippengewölben, im Osten Querschiff, über der ausgeschiedenen Vierung gedrungener Turm, einschiffiger Chor mit Netzgewölbe und reichen Strebepfeilern, im Westen Zweiturmfront in Anlehnung an die Osttürme des Naumburger Doms, zwischen den Türmen nach drei Seiten offene Vorhalle. Von der Ausstattung bemerkenswert: Spätgotischer Flügelaltar (im Schrein Marienkrönung) angeblich 1499. Taufstein um 1500. Spätromanisches Tympanon (Maria mit zwei Engeln). Gemälde (hl. Sippe) um 1530. Grabdenkmäler 16./17. Jh. — Von den *Wohnhäusern* bemerkenswert: Marktplatz 14 mit Portal von 1554. Marienstr. 4 1552. Superintendentur 1626. — *Jahnmuseum* (Schloßstr. 11, Jahns Wohnhaus von 1825 bis zu seinem Tode 1852), Sammlung über Leben und Werk des Patrioten und Turnvaters Friedrich Ludwig Jahn.

MEMLEBEN. *Ehem. Kaiserpfalz und Benediktinerkloster*, Reste der ottonischen Abteikirche (beg. nach 973) teils auf dem Westteil des VEG-Hofes erhalten, teils durch Grabungen festgestellt: Basilika mit zwei Querhäusern, zwei Chören und zwei Krypten, nach dem Magdeburger Dom der größte Bau des 10. Jh. im Osten des ottonischen Reiches. In der 1. Hälfte des 13. Jh. zerstört und durch Neubau nordöstlich des alten Baus ersetzt: Dreischiffige Basilika mit Westtürmen, Querschiff und polygonalem Chor, darunter Krypta, heute Ruine. Die ottonische Kaiserpfalz (Sterbeort König Heinrichs I. und Kaiser Ottos I.) im Südosten der beiden Kirchen zu vermuten. — In der *Dorfkirche* (im Kern 2. H. 15. Jh.) bemerkenswert: Spätgotisches Schnitzrelief (Beweinung Christi) 1. V. 16. Jh. Reste spätgotischer Altarplastik.

WENDELSTEIN. *Burg*, unregelmäßige Anlage (im wesentlichen 16. Jh. mit Benutzung älterer Teile, 1640 zerstört, seitdem zum großen Teil Ruine), an der Nordseite urspr. Oberes Schloß, an der Südseite Rechtes und Mittleres Schloß sowie »der Reisigen Stall«, an der Westseite Altes Kornhaus, nordwestlich davon Reste der Schloßkapelle und Nonnenturm, an der Ostseite Neues Schloß (1596 von F. Fuß, nach 1640 vereinfacht wiederaufgebaut) mit Treppenturm und reichem Portal, im Kapellensaal Rokoko-Stuckdecke.

Bemerkenswerte Ruinen in HOLZZELLE (ehem. Benediktiner-Nonnen-Kloster, 1147 genannt, Reste des Südturmes) und NEBRA (Burg, im wesentlichen 1. H. 16. Jh., mit frühgotischer Kapelle des 13. Jh.).

Bemerkenswerte Herrenhäuser in GLEINA (1. H. 18. Jh., Räume mit Rokokostukkaturen; in der Nähe ehem. Fronfeste) und BALGSTÄDT (Renaissance-Zweiflügelanlage vermutlich 17. Jh.), sämtlich im Kreis Nebra.

Bemerkenswerte Pfarr- und Dorfkirchen in UNTERRISSDORF (spätgotischer Flügelaltar um 1500, im Mittelfeld Kanzel), OBERRISSDORF (im Kern romanisch, gotisch umgebaut; Tabernakel 1504, Kanzel 1715), BURGSDORF (romanisch, an der Südseite Vorhalle, am Südportal Tympanon mit Hand Christi, Reste frühgotischer Wandmalereien), AHLSDORF (spätgotischer Flügelaltar um 1500), HERGISDORF (spätgotisch, Turm 1472, Schiff 1512; Flügelaltar, Kanzel, Taufstein und Chorgestühl der Entstehungszeit), OBERRÖBLINGEN (Barockbau 1743–1745), STEDTEN (spätgotischer Flügelaltar 2. V. 15. Jh.), DORNSTEDT (romanisches Tympanon mit Lamm Gottes), OBHAUSEN (St. Petri, frühgotische Chorturmkirche Mitte 13. Jh.; spätgotischer Flügelaltar Anfang 16. Jh.), HORNBURG (im Kern romanisch, frühromanisches Tympanon mit Lamm Gottes), OSTERHAUSEN (gotisch vermutlich 15. Jh., Westturm mit Ecktürmchen; spätgotischer Flügelaltar um 1525, Taufstein 1594, Grabdenkmäler 17./18. Jh.), FARNSTÄDT (Barockbau 1698 mit Benutzung gotischer Teile; fünf Relieftafeln um 1615), GATTERSTÄDT (St. Petri, romanisch, an der Südseite Tympanon mit Kelch und Hand), NEMSDORF (Barockbau 1730; gediegene Ausstattung der Entstehungszeit), GÖHRENDORF (frühgotischer Chor, barockes Langhaus 1732, romanischer Chorturm), BARNSTÄDT (Barockbau 1748, spätgotischer Westturm mit gedrehtem Spitzhelm; Kanzelaltar und Orgel um 1748), GROCKSTÄDT (spätgotischer Chor, Langhaus 1721 von H. W. Zahn, im Kern romanischer Turm), STEIGRA (Barockbau 1699, bemalte Emporen), KARSDORF (spätgotisch, Anfang 19. Jh. klassizistisch umgebaut), NEBRA (spätgotisch, begonnen 1416, nach Brand 1666 notdürftig wiederhergestellt; Grabdenkmäler 17./18. Jh.), WANGEN (Barockbau 1716 von G. H. Zincke), WIPPACH (Barockbau 1715–1717 von G. H. Zincke), ALTENRODA (gotischer Chor und Westturm, barockes Langhaus 1718 von G. H. Zincke), WOHLMIRSTEDT (spätgotisch nach 1461, Sterngewölbe), STEINBACH (romanisch 12. Jh., Säulenportal), DORNDORF (Barockbau 18. Jh., bemalte Decke und Empore), ZSCHEIPLITZ (ehem. Klosterkirche, romanisch vermutlich 12. Jh.), ZEUCHFELD (Chorturmkirche, im Kern spätromanisch, frühgotischer Chor; spätgotischer Flügelaltar 2. V. 15. Jh.), SCHLEBERODA (romanischer Ostturm, barockes Langhaus; Kanzelaltar und Taufengel 18. Jh.) und BRANDERODA (spätgotisch mit Benutzung romanischer Reste; spätgotische Maria, Grabdenkmäler 16. Jh. bis 18. Jh.).

Stadt und Kreis Naumburg

Die Stadt Naumburg

Um das Jahr 1000 Errichtung einer Burg der Markgrafen von Meißen auf dem rechten Ufer der Saale an der Kreuzung mehrerer Handelsstraßen, in ihrem Schutz Entstehung einer Marktsiedlung (1028 Marktrecht, seit 1030 civitas). Nach der Rückverlegung des Bischofssitzes von Zeitz nach Naumburg (1028) Entstehung einer geistlichen Siedlung (»Immunitas«) um den Dom, Rechteck mit Straßennetz in Rippenform. Im 12. Jh. planmäßige Anlage der Stadt (»Ratsstadt«) um den weiträumigen viereckigen Markt (mit Rathaus) östlich der Domsiedlung, annähernd regelmäßiges Straßennetz in Gitterform innerhalb einer ungefähr trapezförmigen Fläche. 1236 und 1276 erste urkundliche Erwähnungen eines Immunitas und Ratsstadt einschließenden Mauerringes. 1384 Erweiterung der Ratsstadt nach Südwesten (Ratsvorstadt). Im 14./15. Jh. bedeutender Messe- und Fernhandelsplatz, ausgedehnter Handel mit Waid, Bier und Wein. Nach der Säkularisation der außerhalb der Mauer liegenden Klöster St. Georg und St. Moritz (1542/43) Bildung der Amtsvorstadt. Unter kursächsischer Herrschaft (1542–1815) allmählicher Niedergang Naumburgs als Messe- und Zwischenhandelsplatz, im 17./18. Jh. wachsende Bedeutung seiner Schulen (vor allem Domschule, gleichzeitig mit dem Bistum entstanden).

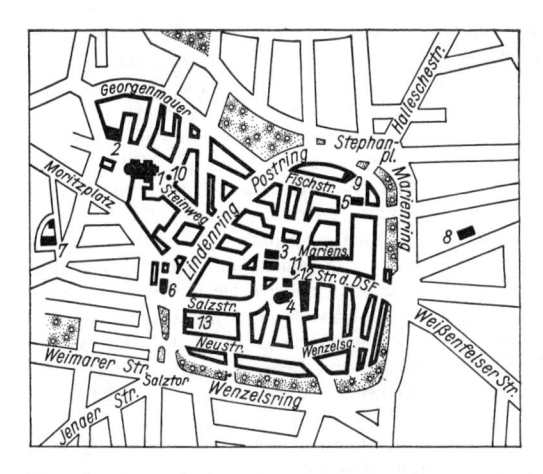

Naumburg
1 Dom St. Peter und Paul (Stifterfiguren), 2 Ägidienkurie, 3 Rathaus, 4 Stadtkirche St. Wenzel, 5 Spitalkirche St.-Marien-Magdalenen, 6 Pfarrkirche St. Othmar, 7 Moritzkirche, 8 Heimatmuseum, 9 Marientor/Stadtmauer, 10 Ekkehardbrunnen, 11 Marktbrunnen mit Wenzelsfigur, 12 Schlößchen, 13 Kathol. Kirche

1714 und 1716 große Stadtbrände. 1815 Angliederung an Preußen. Bildungsstätten: Institut für Obstzüchtung, Fachschulen für Landwirtschaft und Postwesen.

Dom St. Peter und Paul. Erster Bau 1042 geweiht, kurz vor 1213 Beginn des in wesentlichen Zügen spätromanischen Neubaues, Schlußweihe 1242, um 1250 Bau des frühgotischen Westchors, in der 1. H. 14. Jh. hochgotische Erweiterung des Ostchors, nach 1884 Vollendung des Südwestturmes, 1960–1968 durchgreifend rest. Dreischiffige, zweichörige Basilika mit Kreuzrippen- und Kreuzgratgewölben im gebundenen System, im Osten Querschiff mit ausgeschiedener Vierung, vor beiden Chören Lettner, am Ostchor zwei kleine Nebenchöre mit Apsiden, unter dem Ostchor und der Vierung dreischiffige Krypta mit Kreuzgratgewölben, Gruppenpfeilern und kannelierten Säulen, in den älteren Teilen reich ornamentierte Würfelkapitelle, sonst spätromanische Kelchblockkapitelle mit stilisiertem Blattwerk. Vier Türme, die beiden Osttürme über den Nebenchören mit achteckigen Obergeschossen sowie Barockhauben mit Laternen, die beiden Westtürme neben dem Westchor, gestaltet in enger Anlehnung an die Türme von Laon und Bamberg, die Obergeschosse achteckig mit offenen Türmchen an den Diagonalseiten, Spitzhelme, West- und Ostchor mit Strebepfeilern, Fialen und figürlichen Wasserspeiern, im südlichen Querschiffsarm reiches Säulenportal (im Tympanon Christus mit zwei Engeln), im südlichen Querschiffsgiebel Rautenfenster. Am Westlettner und im Westchor *Hauptwerke des Naumburger Meisters* (vorher tätig in Metz und Mainz, vermutlich auch in Amiens und Noyon). Reliefs des Westlettners von Süden nach Norden: Abendmahl, Auszahlung der Silberlinge, Gefangennahme Christi, Verleugnung des Petrus, zwei Wächter, Christus vor Pilatus, Geißelung und Kreuztragung (die beiden letzten Reliefs Holznachbildungen aus dem 2. V. 18. Jh.), im Portal des Lettners gekreuzigter Christus (links Maria, rechts Johannes, über dem Querbalken des Kreuzes zwei Engel mit Weihrauchfässern). Stifterfiguren im Westchor: an der Nordseite Dietrich von Brehna, Gepa (von einigen Forschern auch als Berchta bezeichnet), Ekkehard und Uta, an der Südseite Gerburg, Konrad (vermutlich erst zwischen 1270 und 1280, Kopf und rechter Arm ergänzt), Hermann und Reglindis, im Chorhaupt Dietmar (auf dem Schild die Inschrift comes occisus – der erschlagene Graf), Sizzo von Käfernburg, Wilhelm von Camburg und Timo von Kistritz. Weitere Arbeiten der Naumburger Meister-Werkstatt: Wasserspeier des Westchors, Tumba des Bischofs Dietrich II. (Ostchor), Diakon mit Lesepult (am Ostlettner), unvollendetes Tympanonrelief mit thronendem Christus, Maria und Johannes (Ostchor). Von der Ausstattung ferner bemerkenswert: Altarwand im Ostchor 1567. Kanzel 1466. Hieronymusaltar (Steinretabel im südlichen Seitenschiff) um 1350. Gemalter Flügelaltar (im Mittelteil Bekehrung des Paulus) von G. Lemberger um 1520. Spätgotischer Flügelaltar (Maria mit den Hl. Barbara und Katharina) um 1510. Spätgotisches Kruzifix im südlichen Querschiff. Chorgestühl, ältester Teil (Viersitz) um 1260, die übrigen Teile 15. und frühes 16. Jh. Großes Vesperbild Anf. 14. Jh. in der Kapelle des Südwestturms. Zahlreiche wertvolle Grabdenkmäler 14. bis 18. Jh. – An der Südseite des Domes *Kreuzgang mit Klausurgebäuden:* Spätromanischer Südflügel 1. V. 13. Jh., Westflügel nach 1223, die beiden Kreuzgangarme um 1220, die Kreuzrippengewölbe um 1270. An der Ostseite der Klausur spätgotische *Dreikönigskapelle* (1416), zweigeschossig, im Obergeschoß Dreistrahlgewölbe, an der Ostseite Anbetung der hl. drei Könige, im Innern Flügelaltar mit Anbetung der Könige (Anf. 15. Jh.).

In der näheren Umgebung des Domes mehrere Kurien und Kapellen: *Ägidienkurie* (Anfang 13. Jh.), im Untergeschoß Kreuzgratgewölbe auf Mittelsäule, im Obergeschoß (Kapelle) achtteiliges Rippen-Kuppelgewölbe. *Bischofskurie*, im wesentlichen spätgotisch (nach 1532 mit Benutzung älterer Teile, 1581 erneuert), zweigeschossig, zwei Renaissance-Giebel. *Johanniskapelle* (Domfriedhof), frühgotisch (um 1250/60) mit Kreuzrippengewölbe, Baudekor aus der Werkstatt des Naumburger Meisters.

Rathaus dreigeschossiger spätgotischer Bau (1517–1528 von H. Witzleube), an der Vorderfront sechs Zwerchgiebel mit halbrunden Aufsätzen und Blendmaßwerk, reiches Hauptportal (1612), an der Nordostecke Halbsäule mit figürlichem Kapitell (zwei raufende Hunde), reicher Fürstensaal (1556) mit Stuckdecke (1655), Stiegen- und Wendeltreppe (1556), vor der Wendeltreppe reiches Portal (1557).

Am Wilhelm-Pieck-Platz und Umgebung bemerkenswerte *Bürgerhäuser*: Wilhelm-Pieck-Platz 6 (»Schlößchen«) 1543. Wilhelm-Pieck-Platz 7 (sog.

Schloß, auch Residenzhaus genannt) 1652 aus drei Wohnhäusern zusammengebaut. Wilhelm-Pieck-Platz 16 (Hohe Lilie) 2. V. 16. Jh., spätgotischer Staffelgiebel. Straße der DSF 25, beg. 1574, dreigeschossiger Erker. Straße der DSF 28 (Hotel Drei Schwanen) 1543. Große Salzstr. 15/16 (Haus des Handwerks) 2. H. 16. Jh. Marienstr. 12a, 1574.

Stadtkirche St. Wenzel. Dreischiffige spätgotische Hallenkirche (im wesentlichen 1517–1523 mit Benutzung von Umfassungsmauern aus dem 15. Jh., Inneres 1724 umgestaltet, 1945 beschädigt, rest.) mit extrem kurzem Langhaus (ca. 11 m bei einer Breite von 33 m), im Westen segmentbogenförmiger Schluß, hölzerne Spiegelgewölbe mit Stuckverkleidung, einschiffiger Chor, an seiner Nordseite Turm mit Barockhaube (1706), an der Südseite unvollendeter Turm und Sakristei, im Westen und Norden reiche Kielbogenportale. Von der Ausstattung besonders bemerkenswert: Hauptaltar 1677–1680 von H. Schau, Altarbild (Kreuzigungsgruppe mit Stiftern) 1683 von J. O. Harms. Relieftafeln aus Marmor (u. a. Weltgericht und Anbetung des Kindes) um 1620. Kanzel 1725–1729. Bronze-Taufkessel 1441. Orgelgehäuse 1695/97 von J. Göricke. Jesus als Kinderfreund (Gemälde), 1529 von L. Cranach d. Ä. Anbetung der Könige (Gemälde), 1. V. 16. Jh., L. Cranach d. Ä. zugeschrieben. Grabstein des Augustus v. Leubelfing (Gustav Adolfs Page), gefallen 1632 bei Lützen.

Spitalkirche St. Marien-Magdalenen. Einschiffiger Barockbau (1712–1730, rest.) mit Emporen, hölzernes Spiegelgewölbe mit Stukkaturen und Gemälden; gediegene Ausstattung der Entstehungszeit. — In der Nähe der Marienkirche als einziger vollständig erhaltener Teil der Stadtbefestigung das spätgotische *Marientor* (1455/56 von V. Weise), Torburg mit Innen- und Außentor und von Wehrmauern eingefaßtem Hof, neben dem Innentor quadratischer Wehrturm mit Zinnenkranz, an den Hofmauern Kielbogenblenden.

Pfarrkirche St. Othmar. Dreischiffiger Barockbau (1691–1699, Inneres jetzt verbaut), im östlichen Teil Gewölbe, sonst flache Holzdecken, über der östlichen Altarnische Turm mit Haube und Laterne.

Moritzkirche (ehem. Benediktinerinnen-Klosterkirche). Spätgotischer Bau (wahrscheinlich 1483–1521) mit Hauptschiff und schmalem nördlichem Seitenschiff, Holzdecken, langgestreckter einschiffiger Chor, im Westen Zweiturmfront (im Kern vermutlich romanisch); Grabstein des Bischofs Richwin (nach 1260).

Heimatmuseum (Grochlitzer Str. 49/51). Unter anderem Ur- und Frühgeschichte des Kreisgebietes, Erzeugnisse des örtlichen Handwerks, Dokumente zur Geschichte der örtlichen Arbeiterbewegung.

Der Kreis Naumburg

SCHULPFORTE. *Klosterkirche* des ehem. Zisterzienser-Klosters St. Mariae de Porta, gegründet 1137, dreischiffige, im Kern romanische Basilika (Mitte 12. Jh., 1251–1268 frühgotischer Neubau des Chors, anschließend bis gegen 1300 gotischer Umbau des Langhauses, rest.) mit Kreuzrippengewölben im gebundenen System, südliches Seitenschiff um das östliche Querschiff herumgeführt, an der Ostseite der Querschiffsarme je zwei Kapellen mit Tonnengewölben, über ihnen die Kapellen St. Trinitatis und St. Margarete, dreiseitig geschlossener Chor mit Nischen, schmale und hohe Westfassade mit Portal, Maßwerkfenster und Nische, darin Kreuzigungsgruppe. Bemerkenswerte Ausstattungsstücke: Frühgotischer Dreisitz Ende 13. Jh. Spätgotischer Schmerzensmann um 1500. Großes gemaltes Triumphkreuz Mitte 13. Jh. Vesperbild Anfang 15. Jh. Tumba des Markgrafen Georg v. Meißen, gest. 1402 (1641 verstümmelt, 1705 notdürftig wiederhergestellt). Grabstein Heinrich Varch, gest. 1294. Epitaph eines Bürgers und seiner Frau 3. V. 14. Jh. – An der Nordseite der Kirche die im Kern romanische *Klausur* (12. Jh., später mehrfach umgebaut), der Südflügel des Kreuzganges zweischiffig mit Kreuzgratgewölben, am Ostflügel ehem. Kapitelsaal, urspr. ohne Gewölbe, am Nordflügel ehem. Speisesaal, am Westflügel ehem. Refektorium, in der Nordostecke Gebäudekomplex um das sog. Wasserhöfchen. Im Osten der Anlage das *Fürstenhaus*, schlichter Renaissancebau (1568–1575) mit Benutzung von Resten der romanischen Abtei, und die einschiffige *Abtskapelle* (um 1230/40) mit Kreuzrippengewölben, an den Wänden und in den Fenstern Säulchen mit reichen Kapitellen, im Osten fünfseitiger Schluß, außen Rundbogenfriese und Ecklisenen. – Von den weiteren Bauten bemerkenswert die im Kern romanische *Klostermühle* (im 16. Jh. mehrfach verändert), die *Friedhofslaterne* südöstlich vom Chor (gestiftet 1268) und die spätgotische *Betsäule* (1521).

BAD KÖSEN. *Heimatmuseum Romanisches Haus* (ehem. Wirtschaftshof des Bischofs von Naumburg, erbaut im 12. Jh., ältester Wohnbau der DDR), u. a. Geschichte des Zisterzienser-Klosters Schulpforte und der Kösener Solequellen. – *Gradierwerk* (320 m lang).

RUDELSBURG. *Burgruine*, 1171 urkundlich genannt, im Kern romanische Vierflügelanlage (im 14./15. Jh. ausgebaut, 1641 zerstört) über annähernd rechteckigem Grundriß, an der Westseite Rest des Palas, in der Südostecke romanischer Bergfried, an der Ostseite zweigeschossige Schildmauer, im Norden Außenmauer der ehem. Kemenate. – SAALECK. *Burgruine*, zwei romanische Bergfriede (vermutlich Mitte 12. Jh.), durch Schildmauern miteinander verbunden, im Westen Mauerreste einer Vorburg. – *Dorfkirche*, einschiffiger, im Kern romanischer Bau mit Fachwerkturm (1656); Kanzelaltar um 1790.

ECKARTSBERGA. *Burgruine Eckartsburg*, weiträumige, im Kern romanische Anlage (urkundlich seit 988, seit dem späten 15. Jh. allmählicher Verfall) mit zwei Höfen, im Osten und Westen je ein Bergfried, an der Südseite sowie an der Ostseite des inneren Hofes je ein Torhaus. — *Pfarrkirche St. Mauritius*, im wesentlichen Neubau 1928–1930; Altaraufsatz 1643 von H. Böhme und H. Mayer, Kanzel 1663, Grabsteine 16./17. Jh. — In der nahe gelegenen *Dorfkirche* Millingsdorf (1772/74) reicher spätgotischer Flügelaltar.

GROSSJENA. *»Steinernes Bilderbuch«*, überlebensgroße Reliefs in den Kalksteinwänden des Steinauerschen Weinberges (u. a. Hochzeit zu Kana, Lot und seine Töchter, Christus in der Kelter, Arbeiter im Weinberg, Josua und Kaleb) 1722.

SCHÖNBURG. *Burgruine*, weiträumige romanische Anlage (urkundlich 1137) über annähernd trapezförmigem Grundriß, im Süden Vorburg, im Norden Hauptburg, im Süden der Hauptburg mächtiger Bergfried und Zwinger mit Torhaus, im Westen und Norden Reste von Palas und Kapelle. Im Süden der Vorburg Försterei, schlichter Renaissancebau (1539/40). — *Dorfkirche*, einschiffiger Barockbau (1726–1737) mit verschiefertem Fachwerkturm; Kanzelaltar 1728, spätgotischer Flügelaltar um 1500, rest.

Bemerkenswerte Dorfkirchen in NAUMBURG-ALTENBURG (Barockbau 1739, Spiegeldecke und Emporen), FLEMMINGEN (romanische Chorturmkirche, im 18. Jh. verändert, romanisches Säulenportal), LEISLAU (romanische Chorturmkirche), KLEINGESTEWITZ (romanische Chorturmkirche), GÖRSCHEN (romanische Chorturmkirche; spätgotische Freskenfragmente), MERTENDORF (klassizistisch 1809–1817), SCHELLSITZ (spätromanischer Ostturm 1226, gotischer Chor, barockes Langhaus 1719; Kanzelaltar um 1719), PÖDELIST (romanische Chorturmkirche mit spätgotischem Chor, Langhaus barock erneuert; spätgotischer Flügelaltar um 1510), MÖLLERN (im Kern romanische Chorturmkirche, Langhaus 1710 barock erneuert; Kanzelaltar 1686), BURGHESSLER (im Kern romanisch, 1635 erneuert und erweitert; in der Nähe sog. Gotisches Haus, zweigeschossiger Profanbau der Zeit um 1500), NIEDERHOLZHAUSEN (Renaissancebau 1658–1661; Kanzel 1576) und TROMSDORF (Barockbau 1687, Mitte 18. Jh. erneuert; Kanzelaltar um 1750 von N. Kalkofen aus Kölleda).

Die Kreise Weißenfels, Hohenmölsen und Zeitz

WEISSENFELS. Vermutlich Ende des 12. Jh. planmäßige Anlage der Marktsiedlung im Schutze eines Kastells auf dem rechten Saaleufer zwischen bereits bestehenden Niederlassungen slawischen Ursprungs (spätere Vorstädte), annähernd rechteckiger Grundriß mit gitterförmigem Straßennetz und rechteckigem Markt; von 1656 bis 1746 Residenz des Herzogtums Sachsen-Weißenfels. *Schloß-Neu-Augustusburg* (jetzt Schuhmuseum), frühbarocke Dreiflügelanlage (1660–1693 nach Plänen von J. M. Richter d. Ä. und J. M. Richter d. J.), auf dem Mittelflügel Turmaufsatz mit Haube und Laterne. — Im Nordflügel *Schloßkapelle*, Saalbau mit dreigeschossigen Emporen, ungewöhnlich reiche Stukkaturen (ab 1677 von G. Caroveri und B. Quadri, rest.), reicher Altaraufsatz (von J. H. Böhme d. Ä. begonnen 1678, Altar und Kanzel getrennt), unter dem Altar Fürstengruft. — *Schuhmuseum*, u. a. umfangreiche Schuhsammlung aller Zeiten und Völker, Weißenfels als Schulstadt, Musikpflege in Weißenfels zur Herzogszeit und im 19./20. Jh., Weißenfelser Dichter und Schriftsteller (Novalis, Seume, A. Müllner u. a.). — *Rathaus*, schlichter Barockbau (1718–1722 von Chr. Schütze). — *Pfarrkirche St. Marien*, dreischiffige Hallenkirche (geweiht 1303, mehrmals abgebrannt, nach 1465 spätgotisch wiederaufgebaut), in den schmalen Seitenschiffen Netzgewölbe, Chor mit fünfseitigem Schluß und reichem Dekor, an seiner Nordseite Sakristei mit Sterngewölbe, querrechteckiger Westbau, 1718–1722 erneuerter Turm mit geschweifter Haube. Bemerkenswerte Ausstattungsstücke: Altaraufsatz 1684 von A. Griebenstein. Kanzel 1674. Taufstein 1681. — Am Markt einige *Bürgerhäuser* (17./18. Jh.), Marienstr. 4 Barockbau von 1725. — *Gustav-Adolf-Gedenkstätte* (Gr. Burgstr. 22, ehem. Geleithaus, reicher Renaissancebau von 1522), u. a. Obduktionszimmer Gustav Adolfs. — *Heinrich-Schütz-Gedenkstätte* (Nicolaistr. 13, Renaissancebau von 1530), Sammlung über Leben und Werk des Komponisten H. Schütz (1585–1672).

GOSECK. Von der romanischen *Klosterkirche* (geweiht 1056) des ehem. Benediktiner-Klosters (gegründet 1041) erhalten: Querschiff mit Apsiden und Chor mit geradem Schluß (1615–1619 als Schloßkapelle eingerichtet) sowie zweischiffige Krypta, im Westteil Tonnengewölbe, im tiefer gelegenen Ostteil Kreuzgratgewölbe, letzterer im 16. Jh. durch Einziehung eines Tonnengewölbes zweigeschossig unterteilt. Bemerkenswerte Ausstattungsstücke: Epitaph B. v. Pölnitz, gest. 1628. Epitaph W. O. v. Alvensleben, gest. 1714. — *Schloß* (jetzt Jugendherberge), schlichte Zweiflügelanlage der Renaissance (16./17. Jh.) mit Einbeziehung eines Westturmes (1. H. 13. Jh.) der ehem. Klosterkirche. — *Dorfkirche*, einschiffiger spätgotischer Bau (vermutlich Ende 15. Jh., im 18. Jh. verändert) mit Flachdecke und Dachreiter; zwei Epitaphe 16. und 18. Jh.

LÜTZEN. *Schloß* (jetzt Heimatmuseum), ehem. Wasserburg, schlichte zweigeschossige Anlage (begonnen 1252, im 16. Jh. ausgebaut), mächtiger Bergfried mit Renaissancehaube. — *Heimatmuseum*, u. a. Diorama der Schlacht bei Lützen, Sammlung über Leben und Werk des Dichters Johann Gottfried Seume (geb. 1763 in Poserna bei Lützen). — *Pfarrkirche*, dreischiffige spätgotische Hallenkirche (begonnen 1488) mit flachen Putzdecken; Altaraufsatz 1710 von J. H. Böhme. — An der Fernstraße nach Leipzig *Gustav-Adolf-Gedenkstätte* (Svensson Blockhaus) mit Denkmal (1837, Entwurf von Schinkel), Kapelle (1907 von L. Wahlmann) und Gustav-Adolf-Zimmer mit Schlachtenrelief und Funden vom Schlachtfeld (1632 schwedischer Sieg im Dreißigjährigen Krieg über Wallenstein, Tod Gustav Adolfs II. von Schweden).

POSA. Der Grundriß der ehem. romanischen *Benediktiner-Klosterkirche* (1. V. 12. Jh., jetzt VEG) durch Grabungen festgestellt, Hirsauer Schema nach dem Vorbild von Paulinzella. — Am Westhang des Berges spätromanischer *Palas*.

DROYSSIG. *Schloß*, im Kern mittelalterliche Anlage (im 17.–19. Jh. mehrfach umgebaut) mit fünf halbrunden Türmen. *Schloßkapelle* der Renaissance (begonnen 1622, nicht vollendet). – In der *Dorfkirche* (im Kern 13. Jh., im 16. und 19. Jh. erweitert, rest.) bemerkenswert: Spätgotischer Flügelaltar (im Schrein Maria mit den Hl. Barbara und Katharina) um 1510/20. Grabdenkmäler 15.–18. Jh.

ZEITZ. Urspr. slawische Burg mit angelegtem Brühl (967 genannt), 968 Gründung des Bistums Zeitz (1028 Rückverlegung nach Naumburg), die mittelalterliche Stadt (1210 civitas) aus drei Siedlungskernen zusammengewachsen: der Burg mit Dom und Domfreiheit, dem Brühl (»Unterstadt«) um die abgebrochene alte Nikolaikirche, gewachsene Siedlung mit unregelmäßigem Straßennetz, und der planmäßig angelegten Marktsiedlung (»Oberstadt«) mit geraden Straßen in Gitterform und großem Altem Markt (Rathaus, Michaeliskirche). Von der im 19. Jh. zum größten Teil abgebrochenen *Stadtbefestigung* sechs Mauertürme (15./16. Jh.) erhalten. – *Schloß Moritzburg* (jetzt Kreismuseum), frühbarocke Anlage (begonnen 1657 von J. M. Richter d. Ä.) mit reichem Zufahrtsportal, im Innern Herzogssaal mit Kassettendecke und Räume mit reichen barocken Stuckdekorationen (um 1690). – *Kreismuseum*, u. a. Gemälde, Plastiken und Möbel von der Gotik bis zur Gegenwart, graphische Sammlung (4500 Blatt), Kunsthandwerk. – *Schloßkirche* (ehem. Dom), dreischiffige, im Kern romanische Hallenkirche (nach 1430 spätgotisch umgebaut, nach 1660 barock verändert, rest.) mit Kreuzrippengewölben, an den Bündelpfeilern dreizehn fast lebensgroße Heilige (3. V. 15. Jh.) und an der Südwand Mann in Fuhrmannstracht (»Käselieb«), im südlichen Seitenschiff Steinempore, im Westen barocke Fürstenloge, im Osten romanisches Querschiff mit ausgeschiedener Vierung, Chor mit fünfseitigem Schluß, unter dem Chor dreischiffige Hallenkrypta (1. H. 11. Jh.) mit Kreuzgratgewölben. Von der Ausstattung bemerkenswert: Hochaltar, Kanzel und Orgel 1671. Romanischer Taufstein 13. Jh. Alabaster-Relief (Kreuzigung) 16. Jh. Grabdenkmäler 16.–18. Jh. In der Krypta reiche Zinnsärge der Herzogsfamilie 17./18. Jh. – An der Südseite der Kirche im wesentlichen frühgotischer *Kreuzgang* (um 1400). – *Altes Rathaus*, im Kern spätgotischer Bau (1505–1509 von S. Woltstein aus Altenburg, 1909 stark verändert und erweitert), hohes Satteldach mit fünf reichen Maßwerk-Zwerchgiebeln und ungewöhnlich reichem Ziergiebel mit Fialen. – *Pfarrkirche St. Michael*, dreischiffige, im Kern romanische Hallenkirche (12. Jh., um 1240 frühgotisch umgebaut, nach Brand 1430 spätgotisch wiederhergestellt, rest.) mit Kreuzrippengewölben, an der Südseite Vorhalle, Kielbogenportal mit Wimperg, im Osten Querschiff (romanische Ostwand), Chor mit geradem Schluß und frühgotischen Wandgemälden, an seiner Nordseite zweigeschossige Sakristei, im Westen Zweiturmfront, Unterbau romanisch, obere Teile um 1680; spätgotischer Altarschrein um 1510/20 und kleine barocke Kreuzigungsgruppe 1685. – *Klosterkirche* des ehem. Franziskaner-Klosters, gegründet um 1238, einschiffiger frühgotischer Bau (um 1300) mit Kreuzrippengewölben, spätgotischer Chor (15. Jh.) mit fünfseitigem Schluß. Über dem Kreuzgangflügel an der Südseite zum Langhaus offene Empore. Die Klausur nach 1542 zur Schule umgebaut und dabei bis zur Unkenntlichkeit verändert, in einem Raum und im Kreuzgang Reste gotischer Fresken. Flügelaltar und Triumphkreuz, beide spätgotisch, Grabsteine 15.–18. Jh. – *Pfarrkirche St. Stephan*, einschiffiger Barockbau (1739–1741) mit Westturm; gediegene Rokoko-Ausstattung. – Im ehem. Oberen Johannisfriedhof (jetzt Goethepark) *Grabmal* für Superintendent Delbrück (Entwurf von Schinkel 1834/35).

PROFEN. *Dorfkirche*, im Unterteil spätromanischer Turm mit barocker Haube, spätgotischer Chor 1495; ungewöhnlich reiche Spätrenaissance-Ausstattung mit Kanzel und Altaraufsatz.

Bemerkenswerte Burgruinen bei BREITENBACH (Reste einer frühmittelalterlichen Burg innerhalb einer vorgeschichtlichen Wallanlage; in unmittelbarer Nähe die »Kempe«, Königsburg aus dem 11. Jh.) und HAYNSBURG (Höhenburg, über dem Elstertal gelegen, 1214 urkundlich erwähnt, mit wuchtigem Bergfried sowie gotischen und Renaissance-Burggebäuden), sämtlich im Kr. Zeitz.

Bemerkenswerte Pfarr- und Dorfkirchen in PETTSTÄDT (romanische Chorturmkirche mit spätgotischem Chor; spätgotischer Flügelaltar um 1510), MARKRÖHLITZ (Barockbau 1694, Westturmanlage; reicher Taufstein 1599, Epitaph 1576), OBER-GREISSLAU (romanisches Säulenportal, im Tympanon Lamm Gottes und Evangelistensymbole), UNTER-GREISSLAU (vermutlich ehem. Klosterkirche, im Kern spätromanisch Ende 12. Jh., Apsis mit Halbsäulen), BURGWERBEN (ehem. Pfeilerbasilika des 13. Jh., Chor 1581; Grabdenkmal nach 1570, v. Bothfeld, gemalter Flügelaltar Ende 16./Anfang 17. Jh.), DEHLITZ A. D. SAALE (spätgotisch um 1500; Altarbild 1738 angeblich von G. A. Guardi, reiche Sandsteinkanzel Anfang 17. Jh., Epitaph v. Wolfersdorf 1613), GROSSKORBETHA (gotischer Chor, spätgotisches Langhaus, Stuckgewölbe 1700 von A. Perri; spätgotischer Flügelaltar vermutlich Ende 15. Jh., Altaraufsatz 1696, Kanzel 1687), RÖCKEN (spätgotisch mit romanischem Turm), ZORBAU (romanischer Westturm, spätgotischer Chor mit Kreuzrippengewölbe; spätgotischer Flügelaltar 1515), HOHENMÖLSEN (im Kern spätgotisch, 1592 und 1652–1664 wiederhergestellt; spätgotischer Flügelaltar um 1490), JAUCHA (romanisch vermutlich 12. Jh.; spätgotische Figuren Mitte 15. Jh.), TEUCHERN (Grabdenkmäler 1533–1556, v. Bünau), KISTRITZ (spätgotischer Flügelaltar um 1500), LISSEN BEI OSTERFELD (urspr. romanische Basilika, vermutlich 13. Jh.), MEINEWEH (Alabaster-Epitaph G. v. Bünau, gest. 1706), HASSEL (romanisch; barocker Altaraufsatz), SCHKAUDITZ (romanisch 12. Jh.; spätgotischer Flügelaltar Anfang 16. Jh.), PÖTEWITZ (dreischiffige spätgotische Hallenkirche 2. H. 15. Jh. mit romanischem Westturm; spätgotischer Flügelaltar um 1510), SALSITZ (im Kern romanisch, Tympanon mit Lamm Gottes; Kanzel 1639), AUE-AYLSDORF (im Kern romanisch 12. Jh., im Tympanon des Südportals Gekreuzigter mit langem Rock), GLEINA (im Kern spätromanisch, in der Apsis Fresken), KAYNA (spätgotischer Flügelaltar Anfang 16. Jh.) REHMSDORF (Barockbau 1704), PREDEL (spätgotischer Chor

1507, barockes Langhaus 1701, spätromanischer Turm mit gotischem Helm; spätgotischer Flügelaltar spätes 15. Jh.), KRETZSCHAU (spätgotischer Flügelaltar Anfang 16. Jh.).

Stadt und Kreis Merseburg

Die Stadt Merseburg

Um 780 im Hersfelder Zehntverzeichnis als Mersiburc genannt, befestigter fränkischer Missionsstützpunkt auf der Altenburg (nördlicher Teil des Burgfelsens). Unter Heinrich I. (919–936) Errichtung einer mit Steinmauern befestigten königlichen Pfalz auf dem südlichen Teil des Burgfelsens. 968 Gründung des Bistums Merseburg. 980 Übertragung des Marktes an den Bischof, Einrichtung einer Münzprägestätte, Königshof mit Siedlung für Fernkaufleute an der Stelle des heutigen Schloßgartens. 1015 Beginn des Dombaues in unmittelbarer Nähe der sächsischen Königspfalz. Vor 1045 Entstehung der Sixtisiedlung südlich der Domimmunität. Vor 1136 planmäßige Anlage der Neustadt südl. der Geisel, unregelmäßiger viereckiger Markt (Marktkirche St. Maximi) mit radial angelegten Straßen. 1188 Gründung des Neumarktes (Neumarktkriche St. Thomas) östlich der Saale. Um 1218 Neumarktes (Neumarktkirche St. Thomas) östlich der Saale. Um 1218 städtebaulicher Zusammenschluß von Domimmunität, Sixtisiedlung und Neustadt durch Anlage eines Mauerringes. 1289 erste Erwähnung einer bürgerlichen Selbstverwaltung. Im 13. und 14. Jh. wirtschaftliche Blüte (vorwiegend Zwischenhandel). 1323, 1387, 1400, 1444, 1475 und 1662 Stadtbrände. Im Dreißigjährigen Krieg wiederholte Brandschatzungen. Von 1656 bis 1738 Residenz der Herzöge von Sachsen-Merseburg. 1815 Angliederung an Preußen. Seit 1906 (Erschließung der Braunkohlenfelder des Geiseltals) Umwandlung Merseburgs zu einem Schwerpunkt des mitteldeutschen Industriegebietes. Im zweiten Weltkrieg Zerstörung von großen Teilen der Stadt durch angloamerikanische Luftangriffe. Seit 1953 Entwicklung zum politischen, wirtschaftlichen und kulturellen Zentrum des Industrie-Großraums Leuna–Buna–Geiseltal. Mehrere neue Wohngebiete, u. a. *Wohngebiet Süd* (1953–1956 nach Entwürfen von J. Bonitz), *Wohngebiet West* (1961–1969 nach Entwürfen von G. Kröber und H. Gebhardt), *Wohngebiet im innerstädtischen Bereich* südlich des Marktplatzes (1966–1972 nach städtebaulicher Planung von G. Kröber, H. Gebhardt und W. Wohlrath) und *Ensemble Gotthardsteich* (1969 nach städtebaulicher Konzeption von G. Kröber und H. Gebhardt). Seit 1968 durchgreifende *Sanierung des Stadtkerns* unter Aufgabe des alten Straßennetzes. Bildungsstätten: Technische Hochschule für Chemie, Fachschule für Binnenhandel und Schwesternschule.

Von der *Stadtbefestigung* die Stadtmauer (Mitte 13. Jh.) in geringen Resten noch vorhanden, jedoch oft überbaut, von den übrigen Anlagen nur der Eulenturm (vermutlich 13. Jh.) und unbenannter Mauerturm am Sanddurchbruch erhalten sowie zwischen Domimmunität und Stadt das Krumme Tor (1822 abgebrochen und 1888 verändert wiederaufgebaut) mit altem Turm.

Dom und Schloß

Dom St. Johannes Baptista und St. Laurentius. Dreischiffige spätgotische Hallenkirche (1510–1517 an Stelle des romanischen Langhauses, rest.), Netzgewölbe mit wechselnden Mustern, schlanke Achteckpfeiler, im Osten Querschiff und Chorquadrat mit Kreuzgratgewölben und Apsis (im Kern romanisch, zwischen 1225 und 1240 frühgotisch umgestaltet), im Winkel zwischen südlichem Querschiffsarm und Chor die Fürstengruft (eingerichtet 1670), unter dem Chorquadrat und der Apsis dreischiffige Krypta (geweiht 1042) mit Kreuzgratgewölben und gegliederten Stützen, im Westen dreischiffige frühgotische Vorhalle (zwischen 1225 und 1240) mit spätgotischen Schlaufen- und Netzgewölben (zwischen 1535 und 1537 von J. Moestel). Vier Türme, die beiden runden Osttürme vor 1042 zur Sicherung des Chors zu dessen beiden Seiten errichtet, die beiden im Grundriß quadratischen Westtürme in den Fluchten der Seitenschiffe zwischen Vorhalle und Langhaus, am Langhaus staffelförmig gegliederte Quergiebel mit Blendmaßwerk, an der Westvorhalle reiches spätgotisches Figurenportal (Johannes d. T., St. Laurentius und Büste Kaiser Heinrichs II. mit Dommodell). Von der ungewöhnlich reichen *Ausstattung* besonders bemerkenswert: Barocker Hochaltar 1668. Sakramentsgehäuse 1. V. 16. Jh. Reiche spätgotische Kanzel um 1520. Reiches spätgotisches Gestühl in Chor, Vierung und Seitenschiffen Mitte 15. und Anfang 16. Jh. Orgelprospekt 1697. Schranken unter der Orgelempore mit den Hauptheiligen des Stiftes (Sixtus, Romanus, Johannes d. T., Maximus, Heinrich II. und Laurentius) um 1535 von W. Blechschmidt. Reicher romanischer Taufstein (an der Wandung Propheten und Apostel) um 1180. Frühgotisches Triumphkreuz Mitte 13. Jh. Gemälde (Türkenschlacht) 1526 von G. Lemberger. Zahlreiche geschnitzte und gemalte spätgotische Flügelaltäre. Von den zahlreichen wertvollen *Grabdenkmälern* (11.–18. Jh.) besonders bemerkenswert: Bronze-Grabplatte des Gegenkönigs Rudolf von Schwaben, gefallen 1080 in der Schlacht bei Hohenmölsen, sehr flache Figur, nur der Kopf stärker hervortretend, urspr. vergoldet und mit Schmelzen und Steinen besetzt. Kastenförmiger Sarkophag des Bischofs Thilo v. Trotha nach 1470 von H. Vischer d. Ä. Bronze-Epitaph des Bischofs Sigismund v. Lindenau nach 1540 von H. Vischer. – An der Südseite des Domes *Kreuzgang*: Frühgotischer Westflügel (1. H. 13. Jh.) mit Kreuzrippengewölben, am Westflügel romanische Johanniskapelle (12. Jh.), darin Rittergrabstein (Mitte 13. Jh., Arbeit der Naumburger Werkstatt), der Süd- und Ostflügel vermutlich unter T. v. Trotha neu gewölbt, am Ostflügel zwei Kapellen, die nördliche mit dreiseitigem Schluß, die südliche (Michaeliskapelle) mit spätgotischem Gewölbe und Sängerempore, östlich der Michaeliskapelle das im Krieg stark zerstörte spätgotische Kapitelhaus (1. H. 16. Jh., rest.). – *Domstiftsarchiv*, umfangreiche Sammlung mittelalterlicher Handschriften, darunter die im 10. Jh. aufgezeichneten Merseburger Zaubersprüche, das fränkische

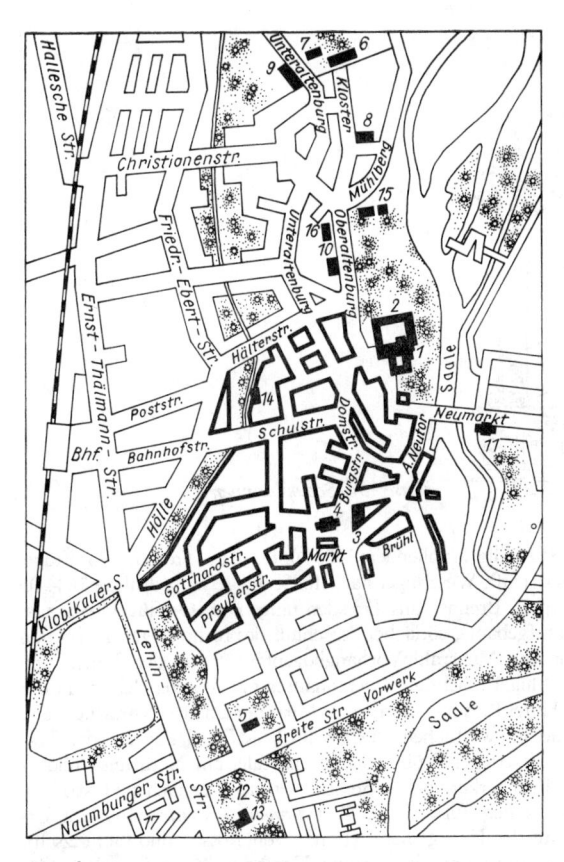

Merseburg
1 Dom St. Johannes Baptista und St. Laurentius, 2 Schloß, 3 Altes Rathaus, 4 Marktkirche St. Maximi, 5 Wasserturm (Sixtiruine, Freilichtmuseum), 6 Peterskloster, 7 Pfarrkirche St. Viti, 8 Obere Wasserkunst, 9 »Versunkenes Schlößchen«, 10 Ehem. Ständehaus (jetzt Kulturhaus), 11 Neumarktkirche St. Thomas, 12 Stadtfriedhof, 13 Friedhofskapelle, 14 Eulenturm, 15 Schloßgartensalon mit Orangerie, 16 Ehem. Zechsches Palais, 17 Marx-Engels-Platz

Taufgelöbnis aus dem 9. Jh., das Martyrologium des Bischofs Thietmar (Anfang 11. Jh.) und reich illuminierte Bibelhandschrift mit Vulgata-Text (um 1200).

Schloß (jetzt Verwaltung der VVB Braunkohle Halle-Merseburg und Rat des Kreises, im Ostflügel Kreismuseum). Dreiflügelanlage der Spätgotik und

Merseburg, Schloßbrunnen

Spätrenaissance (Ostflügel vollendet 1483 unter T. v. Trotha, Nordflügel zwischen 1489 und 1510, Westflügel nach 1525, die gesamte Anlage 1604/05 unter Leitung von M. Brenner aus Dresden umgebaut, Ostflügel 1945 ausgebrannt, wiederaufgebaut), südlicher Abschluß des rechteckigen Hofes von Dom gebildet, in der Mehrzahl Vorhangbogenfenster, an den Innen- und Außenseiten der Flügel mächtige Zwerchhäuser mit Volutengiebeln, in der Nordostecke des Hofes Kammerturm, in der Mitte der äußeren Nordflügelseite Konditorturm und im westlichen Vorhof am Westflügel Pagen- oder Trabantenturm, am Westflügel Frührenaissanceportale, am Nordflügel reiches Hauptportal und Prunkerker von M. Brenner, Prunkerker auch am Ostflügel. – An der Südostseite des Hofes reicher *Zierbrunnen*. – *Kreismuseum*, u. a. Ur- und Frühgeschichte des Kreisgebietes (Funde von Rössen und Göhlitzsch), Stadtgeschichte, Entwicklung der Braunkohlenindustrie im Geiseltal, Geschichte der örtlichen Arbeiterbewegung. – Am südöstlichen Eingang zum *Schloßgarten* (angelegt 1661) der »Dicke Heinrich«, als Teehaus (1. H. 17. Jh., rest.) über altem Turmfundament errichtet, auf der Nordseite des Schloßgartens der zweigeschossige barocke Schloßgartenpavillon (nach 1727 – vor 1738 von J. M. Hoppenhaupt).

Bauten in der Altstadt

Altes Rathaus. Zweigeschossiger, im Kern spätgotischer Bau (nach 1444, bis 1568 von N. Hoffmann aus Halle in bürgerlicher Hochrenaissance umgebaut), in der Mehrzahl Vorhangbogenfenster, Kastenerker, Portale aus beiden Bauperioden, Dachreiter, im Straßengiebel Blendmaßwerk. – Auf dem Markt der *Staupenbrunnen* (urspr. 1545, heutige Gestalt Ende 17. Jh.).

Marktkirche St. Maximi. Dreischiffige spätgotische Hallenkirche (Mitte 15. Jh., rest.) mit Kreuzrippengewölben, an den Zwickeln der Achteckpfeiler dämonisch-drollige Tier- und Menschenmasken, am Südportal zwei Kopfkonsolen, neugotischer Westturm (1867–1872). Bemerkenswerte Ausstattungsstücke: Epitaphgemälde (Kreuzigung) 1584, Reste eines Barockaltars aus der Werkstatt der Merseburger Künstlerfamilien Hoppenhaupt und Trothe. Epitaph C. Forberger nach 1697.

Wasserturm (1888) mit Benutzung von Teilen der spätgotischen Stiftskirche St. Sixti (1. H. 16. Jh.), urspr. dreischiffige Hallenkirche, an der Nordseite reiches Portal aus der Bauzeit.

Bauten und Anlagen außerhalb der Altstadt

Peterskloster (auf der Altenburg). 1091 geweiht, von den Gebäuden noch vorhanden: Unter der Erde gelegenes romanisches Gewölbe (Anf. 13. Jh.) mit Mittelstützenreihe, Ansätze des Kreuzganges an der Nordaußenseite sowie ehem. Remter (jetzt Museum »Natur und Mensch«) aus dem frühen 13. Jh. – Westlich der ehem. Klosterkirche die *Pfarrkirche St. Viti*, einschiffiges barockes Langhaus (1692 mit Benutzung romanischer Fundamente) und querrechteckiger romanischer Westturm.

Obere Wasserkunst. Turmartiger Barockbau (1738 von J. M. Hoppenhaupt) mit Muschelwerk, Tropfsteinpilastern und wasserspeienden Masken.

»Versunkenes Schlößchen« (in der Unteraltenburg). Zweigeschossiger Barockbau (1744 von J. M. Hoppenhaupt als Wohnhaus für sich selbst erbaut) mit erhöhtem Mittelrisalit, über der Balkontür Selbstbildnis des Baumeisters.

Palais des Grafen Zech (jetzt Altenburger Schule). Dreigeschossiger Spätbarockbau (1782 vermutlich von J. W. Chryselius) mit flachem Mittelrisalit.

Ehem. Ständehaus (jetzt Kultur- und Bildungszentrum). 1892–1895 nach Plänen von F. Schwechten, Neurenaissancebau.

Neumarktkirche St. Thomas. Urspr. kreuzförmige romanische Flachdecken-Basilika (um 1230 im Bau) mit sächsischem Stützenwechsel (Seitenschiffe und Südturm um 1825 abgerissen), am Chor Hauptapsis, an den Querschiffsarmen urspr. Nebenapsiden, zwei spätromanische Portale, eines davon mit Knotensäule, urspr. zweitürmiger Westbau; Altaraufsatz mit barocken Figuren (Rest eines größeren Altars, gestiftet 1695, vermutlich von J. M. Hoppenhaupt), spätgotische Anna selbdritt um 1500.

Stadtfriedhof (vor dem Sixtitor). Angelegt 1581, mehrfach erweitert, Pforte zwischen den Teilen I und II urspr. mit den Statuen von Tod und Totengräber (1727 von Ch. Trothe, jetzt im Museum), in diesen beiden Teilen zahlreiche wertvolle Grabdenkmäler des 18. Jh., von Ch. und J. Ch. Trothe, den verschiedenen Mitgliedern der Familie Hoppenhaupt (Michael, Johann Michael sen. und jun.) und von J. H. Agner. — *Friedhofskapelle*, einschiffiger Renaissancebau (1613) mit Dachreiter, an der Ostwand Tympanon mit Blätter- und Rankenwerk (um 1240, von der Sixtikirche).

Der Kreis Merseburg

BAD LAUCHSTÄDT. Nach der Entdeckung der Heilquelle (um 1700) und dem Ausbau der Kuranlagen (nach 1730) Modebad der kleinen thüringischen und sächsischen Fürstenhöfe, Glanzzeit von 1775 bis 1810, mehrmalige Kuraufenthalte Goethes und Schillers, die meisten historischen Bauten rest. *Goethe-Theater*, dreigliedrige klassizistische Anlage (1802 von H. Gentz unter Mitwirkung von J. W. v. Goethe), unterteilt in Eingangshalle, halbrund geschlossenen Zuschauerraum mit Wandelgang sowie Bühnenhaus, über dem Zuschauerraum aufgehängte Leinwanddecke, schlichte Dekorationen, funktionstüchtige Bühnenmaschinerie der Goethezeit. — *»Herzogspavillon«* (1735 von J. M. Hoppenhaupt), in der Frühzeit des Bades von den Merseburger Herzögen errichtet, Rokoko-Ausstattung, u. a. originalgetreues Spielsaloninterieur mit zeitgenössischem Kunstgut. — *Quellenensemble*, bestehend aus Kursaal (zur Goethezeit Speise- und Tanzsaal), zwei Pavillons, Quellenfassung und Teichgarten mit Achsenweg zum Schloß, zwischen 1776 und 1787 nach einheitlichem barockem Gesamtplan von J. W. Chryselius, der Kursaal mit teilweise noch vorhandener originaler Ausmalung und Einrichtung, Entwürfe der Malerei von K. F. Schinkel. — *Kolonnaden*, 29 Verkaufsstände in Holzkonstruktion (1787 von J. W. Chryselius) entlang der Laucha. — *Pfarrkirche*, einschiffiger Barockbau (1684/85) mit Benutzung spätgotischer Teile, Chor mit dreiseitigem Schluß und Sterngewölbe, im Südosten Turm; Hochaltar 1686 von H. Schau aus Zeitz und steinerner Taufengel der gleichen Zeit. — *Schloß*, aus Wasserburg entstanden, 1462 als bischöfliche Sommerresidenz gebaut, 1528–1536 weiter ausgebaut und 1684 für die Herzöge von Sachsen-Merseburg umgebaut, am Innenerker Wappenschmuck von W. Blechschmidt.

MÜCHELN. *Rathaus*, dreigeschossiger Renaissancebau (1571), vor der Vorderfront Treppenturm mit geschweifter Haube, Wendeltreppe mit Hohlspindel, von Halbsäule gestützter runder Erker, zwei Portale mit Giebeldreiecken, reicher figürlicher Schmuck. — *Pfarrkirche*, einschiffiger gotischer Bau (wohl 14./15. Jh., 1892 durchgreifend erneuert), unter dem Chorhaupt gewölbte Gruft, Westturm; schlichte Barock-Ausstattung. — *Dorfkirche* (Ortsteil Stöbnitz), einschiffiger Barockbau (1783) mit Flachbogendecke und Westturm; zwei Grabsteine spätes 16. Jh. — *Dorfkirche* (Ortsteil St. Ulrich), frühklassizistischer Bau (1789–1794), der äußere Grundriß ein Rechteck mit abgeschrägten Ecken, der innere Grundriß oval, an den Langseiten kleine Anbauten, Turm an der Ostseite; schlichte Ausstattung der Entstehungszeit. — *Wasserschloß* (Ortsteil St. Ulrich), Neubarockbau (1921–1925 von P. Salinger) mit Benutzung von gotischen und Renaissance-Bauteilen. — *Gartenanlage* mit Teehäuschen und

Resten von Barockskulpturen. – *Dorfkirche* (Ortsteil St. Micheln), einschiffiger spätromanischer Bau (um 1200), Chor mit geradem Schluß, querrechteckiger Westturm, sein Untergeschoß durch zwei Arkadenbögen auf Pfeilern zum Langhaus geöffnet.

BAD DÜRRENBERG. *Borlach-Museum* (im Borlachturm von 1764, Förderturm der 1763 durch den kursächsischen Berg- und Salineningenieur Gottfried Borlach erschlossenen Solequelle), u. a. Geschichte der Salzgewinnung im halleschen Raum, Entstehung der Saline Dürrenberg.

Bemerkenswerte Schlösser und Herrenhäuser in ERMLITZ (ehem. Apelsches Landhaus vom Anfang 18. Jh. mit wertvollen Stukkaturen), RÖGLITZ (Weinkelterhaus von 1687), ZWEIMEN-DÖLKAU (großer klassizistischer Bau 1804–1806 vielleicht von J. F. Dauthe, in der Mitte mächtiger Portikus; Landschaftspark), BURGLIEBENAU (Renaissancebau, 1687 nach Zerstörung im Dreißigjährigen Krieg neu aufgebaut), SCHAFSTÄDT (Barockbau um 1740 im Bereich des Schlosses von 1291), SCHKOPAU (im Kern Wasserburg des 16. Jh., 1876 im Stil der Neurenaissance umgebaut), BÜNDORF (zweigeschossiger Barockbau 3. V. 18. Jh., vor dem Schloß Terrassenanlage, ihm gegenüber Musikpavillon um 1720/30 vielleicht von J. M. Hoppenhaupt) und FRANKLEBEN (»Unterhof«, ehem. Wasserschloß, Vierflügelanlage der Renaissance 1597–1603).

Bemerkenswerte Dorfkirchen in HORBURG (spätgotisch 1516 an Stelle einer romanischen Wallfahrtskirche; an der Südwand Madonna aus der Werkstatt des Naumburger Meisters, im 17. Jh. zerschlagen, 1930 aus den aufgefundenen Bruchstücken zusammengesetzt, spätgotisches Triumphkreuz um 1500), KÖTSCHLITZ (spätgotische Kapelle 1516; spätgotischer Flügelaltar Anfang 16. Jh.), ZWEIMEN (spätgotisch 1492; reicher Kanzelaltar Anfang 18. Jh., spätgotische hl. Barbara Anfang 16. Jh.), WALLENDORF (im Kern romanisch, in gotischer Zeit nach Osten erweitert, um 1700 barockisiert; Kanzelaltar 1703), TREBNITZ (Kanzelaltar 1752 von J. H. Agner aus Merseburg, gotische Sakramentsnische), BURGLIEBENAU (Barockbau 1731, barocke Ausmalung und Deckengemälde), KOLLENBEY (spätgotischer Flügelaltar um 1510, Kanzelaltar um 1700), SCHKOPAU (Barockbau 1732–1734 von Ch. Trothe, Inneneinrichtung von J. Ch. Trothe; spätgotischer Flügelaltar, Vesperbild, Grabdenkmäler 17. Jh. und 1740), BISCHDORF (romanische Anlage mit Apsis, außen gotisch umbaut, 1704 umgebaut), KNAPENDORF (Barockbau 1734–1739 von Ch. Trothe, im Turm vermauert Relieftafeln mit Evangelisten 2. H. 16. Jh.), DÖRSTEWITZ (Barockbau 1697; spätgotischer Flügelaltar um 1500), LÖSSEN (spätgotischer Flügelaltar spätes 15. Jh.), OBERWÜNSCH (frühgotisch 1. H. 13. Jh., um 1720 überarbeitet; Kanzelaltar 1722), NIEDERWÜNSCH (spätgotisch 1517; spätgotischer Flügelaltar Anfang 16. Jh.), NIEDERKLOBIKAU (spätgotisch 1508, 1717 renoviert; Kanzelaltar von Ch. Trothe), OBERKLOBIKAU (ungewöhnlich reicher Kanzelaltar 1723), BLÖSIEN (spätgotischer Chor Ende 15. Jh., im Schiff Tonnendecke von 1575; spätgotischer Flügelaltar vermutlich Ende 15. Jh., reicher Renaissance-Taufstein), GEUSA (fünf größere und zwölf kleinere spätgotische Altarfiguren, barocker Taufengel, Epitaph nach 1573), KREYPAU (Frührenaissancebau 1550/51, Turm 1530, hölzernes Tonnengewölbe), LEUNA-OCKENDORF (Barockbau 1710–1714 von Ch. Trothe; einheitliche Ausstattung der Entstehungszeit), LEUNA-RÖSSEN (spätgotischer Altarschrein Anfang 16. Jh., steinernes Sakramentshaus spätes 15. Jh.), LEUNA-GÖHLITZSCH (spätgotisch 1492; spätgotischer Flügelaltar um 1480), LEUNA-KRÖLLWITZ (spätgotisch, im Chor Netzrippengewölbe; Kanzelaltar Ende 18. Jh.), VESTA (im Kern romanischer Chor, Langhaus mit Renaissance-Holzdecke; barocker Altaraufsatz), SPERGAU (spätgotischer Chor, Schiff 16. Jh., Turm barock 1698; Renaissance-Taufstein, spätgotisches Relief, in der Außenwand Passionsgruppe), OBERBEUNA (Barockbau von J. M. Hoppenhaupt, Schiff 1725, Turm 1743; Kanzelaltar der Entstehungszeit), LEIHA (romanische Chorturmkirche, im 18. Jh. nach Westen erweitert; gediegene Barock-Ausstattung) und LUNSTÄDT (spätgotisch um 1500, bemalte Holzdecke 18. Jh., spätgotische Wandmalereien; Altaraufbau und Kanzel 18. Jh.).

Die Bezirke
Erfurt, Suhl und Gera

Thüringen war einst das klassische Land der deutschen Kleinstaaterei. Erfurt und das Eichsfeld wurden von Mainz aus regiert. In den Gebieten um Rudolstadt und Sondershausen herrschten die Grafen von Schwarzburg. Die Landstriche um Gera und Greiz gehörten den beiden Häusern Reuß. Südwestlich des Thüringer Waldes gab es Territorien, die Eigentum des Fürstbistums Fulda, und andere, die im Besitz der Landgrafen von Hessen waren. Den Rest teilten sich die wettinischen Fürstenhäuser Sachsen-Weimar-Eisenach, Sachsen-Meiningen, Sachsen-Altenburg und Sachsen-Coburg-Gotha.

Die Bauleidenschaft der thüringischen Kleinfürsten nahm oft groteske Formen an. Jeder Duodezdespot wollte sein Versailles und sein Trianon haben. Da die wirtschaftliche Leistungsfähigkeit der Ländchen begrenzt war, griffen die Bauherren verzweifelt zu Mitteln, um dem Staatsbankrott zu entgehen. Herzog Ernst August von Sachsen-Weimar (1728–1748) bedrohte Lieferanten und Handwerker, die um Auszahlung ihrer Löhne baten, mit Krummschließen, Auspeitschen und Zuchthausstrafen.

Die Existenz vieler kleiner Staaten auf engstem Raum erklärt, warum die Kunst Thüringens von so großer Mannigfaltigkeit ist. Sieht man von den Hirsauer Bauten in Thalbürgel und Paulinzella sowie von jenen Städten ab, die schon in der Zeit der Gotik eine bedeutende Rolle spielten (Erfurt, Mühlhausen, Saalfeld), so haben vor allem zwei Baustile das künstlerische Antlitz Thüringens geprägt: Renaissance und Barock. Thüringen beherbergt einige der schönsten deutschen Renaissanceschlösser (Wilhelmsburg in Schmalkalden, Veste Heldburg). Es besitzt zudem eine Fülle kleinerer Bauten aus dem 16. und frühen 17. Jh., so daß sich die Entwicklung der Renaissance von den Anfängen bis zur vollen Entfaltung in keiner anderen Landschaft der DDR so gut verfolgen läßt wie gerade hier.

Der thüringische Barock zeichnet sich durch das ausgesprochen hohe Durchschnittsniveau seiner Werke aus. Die Prunkräume der Heidecksburg in Rudolstadt und des Schlosses Friedenstein in Gotha halten jedem Vergleich stand, selbst dem mit den ungleich berühmteren Sälen und Kabinetten der Schlösser um Dresden und Berlin. Das sichere Gefühl für Maß und Wert der barocken Formen, das die thüringischen Meister besaßen, bewährte sich auch bei der Lösung kleinerer Bauaufgaben. Die vielen barocken Dorfkirchen legen hierfür Zeugnis ab. Zudem waren einige Gebiete Thüringens auf Grund ihrer politischen Bindungen starken Einflüssen aus dem Südwesten ausgesetzt. Das ehemals kurmainzische Eichsfeld ist eine Exklave des rheinischen Jesuitenbarocks, und in der ehemals fürstbischöflich-fuldaischen Vorderrhön findet man Werke, an deren Wiege Johann Dientzenhofer Pate gestanden hat (Dermbach, Zella, Schleid).

Bezirk Erfurt

Stadt und Kreis Erfurt

Die Stadt Erfurt

Im Jahre 742 Gründung eines Bistums (später mit dem Bistum Mainz vereinigt) durch Bonifatius »an dem Erphesfurt genannten Ort, der schon seit langem eine Siedlung heidnischer Ackerbauern war«. 802 urkundliche Nennung einer karolingischen Pfalz wohl auf dem Petersberg. 805 als alleiniger Slawengrenzmarkt Thüringens erwähnt. Um 1167 Bau des ersten geschlossenen Mauerringes um die beiden Hauptsiedlungskerne: Die vermutlich unter bischöflicher Jurisdiktion stehende Marktsiedlung westlich der Gera (Hauptmarkt vor den Graden am Fuße des Domsbergs, Kornmarkt, Fischmarkt vor dem Rathaus) und die vom Ursprung her wohl königliche Marktgründung östlich der Gera (Wenigenmarkt und Waidmarkt auf dem Anger). Stadtgrundriß in Gestalt eines unregelmäßigen abgerundeten Vierecks mit unregelmäßigem Straßennetz. Günstige zentrale Lage an der Kreuzung der Hohen Königsstraße (via regia) und der Nürnberger Geleitstraße. Um 1250 endgültiger Übergang der Stadtverwaltung in die Hände des bürgerlichen Rates. Im 14. und 15. Jh. wirtschaftliche Blüte (Meßprivileg von 1331, ausgedehnter Handel mit der blauen Farbpflanze Waid), Höhepunkt der architektonisch-künstlerischen Entwicklung (u. a. Bau des Domchors sowie der Prediger- und Barfüßerkirche, Meister des Severi-Sarkophags, Meister des Cinna von Vargula). 1392 Gründung der Universität durch den Rat (1816 aufgehoben). 1483 Vertrag von Amorbach: Anerkennung der staatsrechtlichen Oberhoheit des Erzbistums Mainz. Im frühen 16. Jh. Blütezeit der Universität, einflußreicher Humanistenkreis (u. a. Nikolaus Marschalk, Eobanus Hessus, Crotus Rubianus, Justus Jonas). 1525 Kapitulation der Stadt vor den aufständischen Bauern ihres Landgebietes. In der 2. Hälfte 16. Jh. erneuter wirtschaftlicher und künstlerischer Aufschwung (u. a. Bürgerhausbau, Epitaphienkunst). 1631 Auslieferung der Stadt an die Schweden. 1664 Kapitulation vor einem durch französische Truppen verstärkten Heer des Erzbischofs von Mainz, Umbildung der Stadtverwaltung, Einsetzung eines kurmainzischen Statthalters, Bau der Zitadelle auf dem Petersberg. In der Mitte des 18. Jh. Aufschwung des Gartenbaues, besonders der Samenzucht. 1802 Eingliederung in den preußischen Staat. Von 1807 bis Anfang 1814 Domaine des französischen Kaiserreichs. 1873 Aufhebung des Festungscharakters und verstärkte kapitalistische Industrialisierung, rasche Ausdehnung der Stadt entlang der Ausfallstraßen. 1891 Erfurter Parteitag der Sozialdemokratischen Partei Deutschlands (Er-

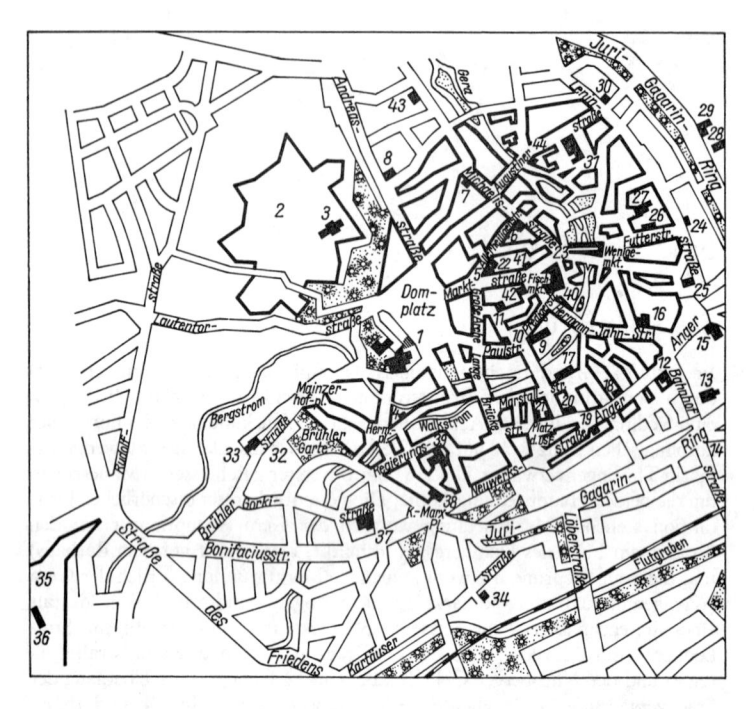

Erfurt
1 *Domhügel (Dom u. Severikirche),* 2 *Festung Petersburg,* 3 *Ehem. Peterskirche,* 4 *Brunnenkapelle,* 5 *Allerheiligenkirche,* 6 *Michaeliskirche,* 7 *Georgsturm,* 8 *Andreaskirche,* 9 *Predigerkirche,* 10 *Paulsturm,* 11 *Magdalenenkapelle,* 12 *Angermuseum,* 13 *Reglerkirche,* 14 *Alter Erfurter Bahnhof,* 15 *Ursulinerinnenkirche u. -kloster,* 16 *Lorenzkirche,* 17 *Barfüßerkirche,* 18 *Bartholomäusturm,* 19 *Haus zum güldenen Hecht,* 20 *Wigbertikirche,* 21 *Statthalterei,* 22 *Engelsburg,* 23 *Krämerbrücke mit Ägidienkirche,* 24 *Haus zum Stockfisch (Museum für Stadtgeschichte),* 25 *Kaufmannskirche,* 26 *Kongreßsäle,* 27 *Schottenkirche,* 28 *Hospitalkirche,* 29 *Volkskundemuseum,* 30 *Johannisturm,* 31 *Augustinerkirche u. -kloster,* 32 *Brühl,* 33 *Martinikirche,* 34 *Kartause,* 35 *Cyriaksburg u. Intern. Gartenbauausstellung,* 36 *Gartenbaumuseum,* 37 *Opernhaus,* 38 *Neuwerkskirche,* 39 *Schauspielhaus,* 40 *Rathaus u. Roland auf dem Fischmarkt,* 41 *Haus zum breiten Herd,* 42 *Haus zum roten Ochsen,* 43 *Kornhaus,* 44 *Nikolaiturm*

furter Programm). 1906 Großstadt mit 100 000 Einwohnern. 1952 Bezirkshauptstadt. Seit 1961 Stadt der Internationalen Gartenbauausstellung (»iga«) der sozialistischen Länder. In den sechziger Jahren Beginn der umfassenden Rekonstruktion der Altstadt. Von den neuen Wohnvierteln außerhalb der Altstadt besonders bemerkenswert: *Wohnhochhäuser am Juri-Gagarin-Ring* (nach Entwürfen der Kollektive W. Nitsch und J. Stahr), *Wohngebiet Johannesplatz* (1965–1972 nach Entwürfen der Kollektive W. Nitsch, E. Henn, H. Schwarzbach und G. Andres), *Wohngebiet Riethviertel* (1969–1977 nach Entwürfen der Kollektive W. Nitsch, K. Thomann, H. Weingart, E. Göbel) und *Wohngebiet Nordhäuser Straße* (1973–1978 nach Entwürfen der Kollektive W. Nitsch, E. Henn, K. Thomann und G. Andres). Bildungsstätten: Medizinische Akademie, Pädagogische Hochschule Erfurt/Mühlhausen, Ingenieurschule für Bauwesen, Fachschule für Gartenbau.

Domhügel und Petersberg

Domhügel und Petersberg bilden die Stadtkrone von Erfurt. Die aus dem Dom und der Severikirche gebildete Baugruppe auf dem Domhügel mit der breiten Freitreppe vom Domplatz (»Graden«) ist einzig in ihrer Art.

Dom (ehem. Stiftskirche Beatae Mariae Virginis). Nach Einsturz des ersten Baues 1154 Baubeginn einer spätromanischen Basilika (1253 Weihe), von dieser nur noch Teile (u. a. untere Geschosse der Türme) erhalten. Nach 1325 künstliche Erweiterung d. Domhügels nach Osten durch Substruktionen (Kavaten), über den Kavaten der hochgotische Chor (1349–1372). Nach dem Einsturz des Langhauses (1452) spätgotischer Neubau (vollendet 1476), 1849 bis 1854 Aufbau der 1717 abgebrannten Turmhelme in der jetzigen Form, bei der umfassenden Restaurierung (nach 1967) Wiederherstellung der urspr. Dachform. Dreischiffige Hallenkirche mit ungewöhnlich breiten Seitenschiffen, Sterngewölbe und Achteckpfeiler mit Diensten, im Osten Querschiff mit Kreuzrippen- und Sterngewölben, östlich der Vierung »Chorhals« (romanisches Sanktuarium), flankiert von den unteren Geschossen der Türme, von der Achse nach Norden abweichender einschiffiger Chor mit fünfseitigem Schluß, in seinen Fenstern umfangreicher spätgotischer Glasgemäldezyklus (etwa 1370–1420), unter dem Chor in den Domhügel eingebaute zweischiffige Unterkirche (geweiht 1353). Am nördlichen Querschiffsarm Portalvorhalle über dreieckigem Grundriß (»Triangel«), an ihrem Nordostportal Maria und die zwölf Apostel, im Tympanon Kreuzigungsgruppe, am Nordwestportal kluge und törichte Jungfrauen mit Ecclesia und Synagoge (stark ergänzt), im Tympanon Gnadenstuhl, an der abgestumpften Ecke die Hl. Bonifatius, Adolar und Eoban (sämtlich um 1330/40), unter den Heiligen kleine Anna selbdritt (spätes 13. Jh.). Von der reichen *Ausstattung* besonders bemerkenswert: Romanischer Stuck-Altaraufsatz (thronende Maria, im Bogenrahmen Christus als Salvator mundi, die hl. Bischöfe Adolar und Eoban sowie acht Heilige) um 1160. Lichterträger aus Bronze (sog. Wolfram) um 1160. Barocker Hochaltar 1697. Taufstein 1587 von H. Fridemann d. Ä. Sakramentshaus 1592/93 vermutlich von H. Fridemann d. Ä. Spätgotisches hl. Grab (Unterkirche) um 1420/30. Gemalter spätgotischer Flügelaltar (im Mittelfeld Einhornjagd) um 1420. Gemälde (Verlobung der hl. Katharina) um 1529 von L. Cranach d. Ä. Ungewöhnlich reiches gotisches Chorgestühl um 1350/60. Kronleuchter mit Maria als Fürbitterin um 1400. – Von den zahlreichen *Grabdenkmälern* be-

Erfurt, Dom und Severikirche

sonders bemerkenswert: Ein Graf v. Gleichen mit zwei Frauen (südliches Seitenschiff) um 1250. Henning Göde (nördliches Seitenschiff), gest. 1521, von H. Vischer. Wilhelm und Amely v. Harstall (südl. Seitenschiff) um 1612 von H. Fridemann d. J. – An der Südseite des Doms *Kapitelgebäude mit Kreuzgang,* zweischiffiger Ostflügel mit spätromanischen Arkaden, Süd- und Westflügel mit gotischen Arkaden, über dem Ostflügel ehem. Auditorium coelicum, an der Ostseite Clemenskapelle (vollendet 1455), einschiffig mit Rippengewölben, im Südflügel Kapitelsaal, Kilianskapelle und Paramentenkammer; im Ostflügel des Kreuzganges zwei Tympanonreliefs (Kreuzigungsgruppe und Rechtfertigung der hl. Kunigunde) um 1240. – *Domschatz,* bedeutende Sammlung kirchlicher Kunst, u. a. mittelalterliche und barocke Plastik (romanische Ampel um 1150, Alabasterstatuetten Johannes d. T. und des hl. Andreas um 1430), Reliquiare und Reliquienbehälter (Kopfreliquiar in Gestalt einer Bischofsbüste um 1150), Textilien (Elisabethkasel Anfang 14. Jh., Tristanteppich um 1380), Werke Erfurter und Augsburger Silberschmiede.

Stiftskirche St. Severi. Ehem. Kirche der regulierten Augustiner-Chorherren, 1121 urkundlich genannt (chronikalisch früher). Fünfschiffige frühgotische Hallenkirche (begonnen 1278, vollendet wahrscheinlich um die Mitte des 14. Jh., Abschluß der Einwölbung erst um 1400) mit östlichem und westlichem Querschiff (nach außen nicht hervortretend), Kreuzrippengewölbe, Pfeiler mit Eckrunddiensten, an der Nordseite zweigeschossige Marienkapelle, Vorhalle mit Portal (Marienfigur um 1360), große Fensterrose, an der Westseite zweigeschossiger Anbau (nach 1472), an der Südseite Blasiuskapelle (1363) und Portal (Severusfigur um 1375), im Osten einschiffiger Chor mit dreiseitigem Schluß sowie Turmbau mit erhöhtem Mittelteil und drei Spitzhelmen. – Von der reichen *Ausstattung* besonders bemerkenswert: Sarkophag des hl. Severus (Deckplatte mit hl. Severus zwischen Frau und Tochter jetzt an der Ostwand rechts vom Chor, auf den Seitenplatten Abschied des Severus, Bischofswahl, Inthronisation und Anbetung der Könige) um 1365, Taufstein mit ca. 15 m hohem Überbau 1467. Maria mit Kind um 1350/60 von J. Gehart. Alabasterrelief mit hl. Michael 1467. Spätgotischer Flügelaltar (im Schrein Maria mit den Hl. Katharina und Barbara) um 1510. Gemalter Flügelaltar (im Mittelfeld Maria mit Jesaias und Johannes d. Ev.) um 1520 von Meister Peter von Mainz. Barocker Hochaltar um 1670. Kanzel 1576. – Nordöstlich vom Chor der Severikirche die sog. *Bonifatiuskapelle*, urspr. wohl Befestigungsturm der ehem. Bischofsburg (Krummhaus), im Kern romanisch (12. Jh.), im 14. und 17. Jh. umgebaut.

Zitadelle Petersberg (Denkmal der Festungsbaukunst). In drei Hauptabschnitten und nach verschiedenen Systemen angelegt: 1664–1707 die Bastionen wohl nach Plänen von A. Petrini, 1707–1726 weiterer Ausbau unter M. v. Welsch, 1814–1868 Um- und Neubauten durch die Preußen. Wesentliche Teile der Anlage erhalten, u. a. das Polygon von sieben vorspringenden Bastionen (1644–1695), im Süden das Kommandantenhaus mit dem Eingangstor (nach 1665–1673), südwestlich der Lauentorturm (15. und 20. Jh.), südlich der Peterskirche eine Kaserne (1681–1697), im Westen und Norden zwei Raveline, Lünetten sowie zwei Geschützcaponnieren (alles 17. und 19. Jh.), auf dem Zentrumsplateau die Defensionskaserne (1828–1831). – Auf dem Plateau der Festung die überdachten Reste der ehem. *Benediktiner-Klosterkirche St. Peter* (beg. 1103, gew. 1147), einer der Großbauten der hirsauischen Reformbewegung, kreuzförmige Basilika mit geradem Chorschluß, Querschiffsapsiden und -portal, Doppelturmfront im Osten, 1813 durch Beschuß stark beschädigt, der Torso 1819/20 als Militärmagazin ausgebaut.

Bauten westlich der Gera

Zentrum dieses Teiles der Stadt ist der Fischmarkt, ein annähernd quadratischer kleiner Platz vor dem neugotischen Rathaus (1869–1875). Auf dem Fischmarkt der *Roland* (1591, rest.), ein Werk des Niederländers I. von der Milla. An der Nord- und Westseite des Platzes das *Haus »Zum Breiten Herd«* (Nr. 13, rest.), ein dreigeschossiger Renaissancebau (1584, Nr. 14/16 18. Jh. und 1892) mit Pilastergliederung, Giebel und reichem plastischem Schmuck, und das *Haus »Zum Roten Ochsen«* (Nr. 7, rest.), ein Renaissancebau (1562) mit Zwerchgiebel, jetzt Kunstgalerie.

Predigerkirche: Klosterkirche des ehem. Dominikaner-Klosters, gegründet 1229, langgestreckte dreischiffige gotische Pfeilerbasilika (Weihe der ersten Kirche 1238, um 1279 Chor des zweiten Baus vollendet, Klostergebäude Anfang 14. Jh., Langhaus bis etwa 1370, Wölbung 1. H. 15. Jh., rest.) mit ungewöhnlich hohen Seitenschiffen und Kreuzrippengewölben, spätgotischer Lettner (Anfang 15. Jh.) mit Verkündigungsgruppe (um 1370), Chorschranken, Mittelschiff des Chors mit dreiseitigem Schluß, in der Nische des Zelebrantensitzes Wandgemälde (Marientod 1. H. 14. Jh.), im Südosten schlanker Glockenturm (beg. 1447). Bemerkenswerte Ausstattungsstücke: Spätgotischer Altar mit doppelten Flügeln (Gemälde von L. Koenbergk) 1492. Gemälde (figurenreiche

Kreuzigung) um 1360. Maria mit Kind um 1360. Ölbergrelief 1484. Grabdenkmäler 14. bis 17. Jh., vor allem Epitaph Gottschalk Legat (Schmerzensmann), gest. 1422, und Grabstein des Heinrich Reinbott, gest. 1518. Spätgotisches Chorgestühl. — *Die Klostergebäude* bis auf das Kapitelhaus an der Ostseite der ehem. Klausur abgetragen. — Westlich der Predigerkirche der *Paulsturm*, spätgotischer Bau 1465.

Brunnenkapelle (am Fischersand). Einschiffiger, im Kern gotischer Bau (begonnen 1253, nach Brand 1472 wiederhergestellt, 1701 und vor 1890 erneuert) mit dreiseitigem Ostschluß; spätgotische Schnitzfiguren (15. Jh.), Gemälde mit Darstellungen aus der Geschichte der Brunnenkapelle (nach 1700).

Allerheiligenkirche (an der Gabelung Allerheiligen- und Marktstr.). 1125 urkundlich genannt, zweischiffiger gotischer Bau (Ende 13.–14. Jh., rest.) über annähernd trapezförmigem, der Gabelung angepaßtem Grundriß, Chor mit geradem Schluß, quadratischer Westturm. Bemerkenswerte Ausstattungsstücke: Spätgotisches Vesperbild Ende 14. Jh. Ehem. Hochaltar 1782. Grabsteine 14. bis 17. Jh., darunter Epitaph Georg Hugolt, gest. 1613, von H. Fridemann d. J. — Östlich der Allerheiligenkirche »Haus zur Engelsburg«, Wirkungsstätte des Erfurter Humanistenkreises zu Anfang des 16. Jh.

Michaeliskirche (ehem. auch Universitätskirche, Ecke Allerheiligen- und Michaelisstr.). Zweischiffiger frühgotischer Bau (letztes V. 13. Jh., Anfang 15. Jh. nach Norden erweitert, rest.), über dem Nordportal Kruzifix (um 1405), im Südosten Turm; Orgelprospekt 1652, Grabdenkmäler 15.–18. Jh. — An der Michaeliskirche die spätgotische *Dreifaltigkeitskapelle* (1500) mit reichem Chorerker im Osten. — Gegenüber der Michaeliskirche die Ruine der spätgotischen *Alten Universität* (Collegium majus), im wesentlichen 2. V. 16. Jh., 1945 ausgebrannt, Kielbogenportal. — Am Ende der Michaelisstraße in der Georgsgasse der *Georgsturm*, spätgotisch, begonnen 1380.

Andreaskirche (Ecke Andreasstr. und Webergasse). Einschiffiger, im Kern hochgotischer Bau (13. Jh., nach Brand 1416 im 15. Jh. wiederaufgebaut, Umbau um 1830) mit Flachdecke und Spitztonne, über dem südlichen Haupteingang Kreuzigungsrelief (um 1370), an der Südwestecke Turm; Steinrelief (Beweinung Christi) um 1450.

Von den *Bürgerhäusern* in diesem Teil der Stadt besonders bemerkenswert: Haus »Zur hohen Lilie« (Domplatz 31, jetzt Gaststätte, rest.) Frührenaissancebau (1538) mit Einbeziehung von gotischen Bauteilen. Doppelhaus Marktstr. 21 16. Jh. und 1677. Haus »Zum roten Stern« (Allerheiligenstr. 11) spätgotisch (1459) mit Erker. Haus »Zum güldenen Krönbacken« (Michaelisstr. 10) Renaissancebau (15. Jh. und 1561), Portal mit Giebeldreieck, daneben zwei Fenster mit Korbgittern. In der Turnier- und Waagegasse, beides Nebenstraßen der Allerheiligenstr., alte Fachwerkbauten.

Bauten östlich der Gera (südlicher Teil)

Zentrum dieses Teiles der Stadt ist der Anger (1976–1978 komplex restauriert und als Fußgängerboulevard eingerichtet), ein langgestreckter Straßenmarkt im Zuge der Nord-Süd-Verbindung, der ursprünglich als Waidmarkt diente. Der Anger gabelt sich am Dacherödenschen Haus (Haus »Zum güldenen Hecht«) in die Neuwerk- und Regierungstraße.

Ehem. kurmainzischer Packhof (jetzt Angermuseum, Ecke von Anger und Bahnhofstr.). Dreigeschossiger Barockbau (1706–1712, rest.), starker Mittelrisalit mit reichem plastischem Schmuck, Aufsatz mit Giebeldreieck, darin hl. Martin mit Bettler (von G. Gröninger aus Münster), im Erdgeschoß zweischiffige Halle mit barocken Kreuzgratgewölben. — *Angermuseum*, umfangreiche Sammlung zum Thüringer Kunsthandwerk, bedeutende Sammlung mittelalterlicher und moderner Kunst, u. a. mitteldeutsche Plastik und Tafelmalerei (Augustiner-Altar 3. V. 14. Jh., Mystiker-Kruzifix aus Suhl-Heinrichs um 1340, Vesperbild aus der Ägidienkirche um 1365, Hirsch-Madonna um 1370, Rebstock-Madonna um 1450, Gemälde von H. Baldung-Grien und L. Cranach d. Ä.), deutsche Malerei des 19. Jh. (Friedrich, Kersting, Blechen, Spitzweg, Schuch, Trübner), deutscher Impressionismus und Malerei des 20. Jh. (Liebermann, Slevogt, Corinth, Hofer, Rohlfs, Feininger, Wandgemälde von Erich Heckel).

Reglerkirche (Klosterkirche der regulierten Augustiner-Chorherren in der Bahnhofstr.). Dreischiffige gotische Basilika (vollendet vermutlich 1366, rest.) mit Benutzung romanischer Teile (Südturm und Westportal), hölzerne Gewölbe, einschiffiger Chor mit geradem Schluß, im Westen Zweiturmfront; spätgotischer Altar mit doppelten Flügeln (im Schrein Marienkrönung), die zweite Schauseite mit Gemälden (Dornenkrönung, Geißelung, Himmelfahrt und Pfingstwunder) um 1460, rest., Relief (Passionswerkzeuge) 2. H. 15. Jh., Meister des Regleraltars.

An der Westseite des Bahnhofsplatzes der spätklassizistische alte *Erfurter Bahnhof* (nicht mehr in Betrieb).

Klosterkirche der Ursulinerinnen (Ecke Anger/Trommsdorffstr.). Einschiffiger frühgotischer Bau (Ende 13. und 14. Jh.) mit angefügtem nördlichem Seitenschiff (vermutlich um 1400). Bemerkenswerte Ausstattungsstücke: Gotisches Vesperbild um 1320/30 in Anlehnung an das Scheuerfelder Vesperbild. Spätgotischer Flügelaltar (im Schrein Apostelaussendung) um 1480. (Die Kunstwerke befinden sich in der nicht zugänglichen Klausur.)

Pfarrkirche St. Lorenz (Hermann-Jahn-Str.). Erbaut Ende 13. und 14. Jh., Umbau und nördliche Erweiterung 1. H. 15. Jh., breites Haupt- und schmales nördliches Seitenschiff, Tonnengewölbe, Südwand als Schauseite ausgebildet. Bemerkenswerte Ausstattungsstücke: Spätgotischer Hochaltar, aus zwei Altären zusammengefügt, 1448 und um 1450/60. Schreinaltar (Maria mit den

Hl. Katharina und Laurentius) um 1430. Gemälde (Stammbaum Mariae) 1521 von Meister Peter von Mainz. Grabdenkmäler 15./17. Jh. — Gegenüber ehem. *Jesuitenkollegium* (1737) mit Portal vom ehem. Stotternheimschen Palais (1612).

Barfüßerkirche (Klosterkirche der Franziskaner, Barfüßerstr.). Dreischiffige gotische Basilika (im wesentlichen 14. Jh., Langhaus 1944 ausgebrannt, als Ruine erhalten) mit langgestrecktem einschiffigem Chor (gew. 1316, rest.) und Kreuzrippengewölben, in den drei östlichen Fenstern des Chors Glasgemälde (2. V. 13. Jh.), an der Südseite spätgotische Kapelle (15. Jh.). Bemerkenswerte Ausstattungsstücke: Spätgotischer Hochaltar (im Schrein Marienkrönung) 1445/46 von Hans v. Schmalkalden und Jakob in Leipzig, Gemälde von M. Wiespach und einem Göttinger Maler. Triptychon mit figurenreicher Kreuzigung (sog. Färberaltar) um 1410. Grabplatte der Cinna v. Vargula, gest. 1370. Grabplatte des Weihbischofs Albert v. Beichlingen, gest. 1371.

Bartholomäusturm (am Anger). 1412–1468, an der Südseite Epitaph (Ölberg) Anfang 16. Jh.; im Turm Glockenspiel, 1979.

Haus »Zum güldenen Hecht« (auch Dacherödensches Haus genannt, Anger 37). Renaissancebau 1557 mit reichem Portal, an der Rückseite kleiner Hof.

Pfarrkirche St. Wigberti (Platz der DSF). Einschiffiger spätgotischer Hallenbau (1409–1475, rest.) mit Sterngewölben, an der Nordseite Sakristei mit reicher Stuckdecke (1685), an der Südostseite Turm, an der Westfassade zwei Statuen (2. V. 15. Jh.); barocke Beichtstühle. — In der Klausur an der Nordseite *Refektorium* mit reicher Stuckdecke (2. H. 17. Jh.).

Ehem. kurmainzische Statthalterei (Platz der DSF). Zweieinhalbgeschossiger Barockbau (1712–1720 nach Plänen von M. v. Welsch, rest.) mit Einbeziehung zweier Renaissancehäuser östlich vom Mittelrisalit (1540), Mittelrisalit mit Pilastergliederung, kleinem Giebeldreieck und reichem plastischem Schmuck (von G. Gröninger); Festsaal mit Stuckdekorationen von J. P. Castelli. — Vor der Statthalterei zwei barocke Wachhäuser.

Neuwerkskirche (Karl-Marx-Platz). Einschiffiger Barockbau (1731–1735 mit Benutzung der Umfassungsmauern eines spätgotischen Vorgängerbaues) mit bemalten Stichkappen-Tonnengewölben, im Osten dreiseitiger Schluß und Turm. Reiche Ausstattung der Entstehungszeit, weiter bemerkenswert: Spätgotischer Flügelaltar (im Schrein Anna selbdritt) Ende 15. Jh. Maria mit Kind (sog. Neuwerksmadonna) um 1370. Maria mit Kind um 1380.

Bemerkenswerte Bürgerhäuser: Anger 6 (Barockbau 1713), Anger 11 (»Schwarzer Löwe«, Renaissancebau 1566–1577), Regierungstr. 64 (»Buntes Schiffchen«, 1472, 16. Jh. und später), Regierungstr. 72 (»Güldener Stern«, ehem. Geleitshaus, Renaissancebau mit mehrflügeliger Speicheranlage, 1572).

Bauten östlich der Gera (mittlerer und nördlicher Teil)

Zentrum dieses Teiles der Stadt ist der Wenigemarkt, ein annähernd quadratischer, niedrig umbauter Platz im Zuge der von Westen nach Osten führenden Handelsstraße (via regia). Nordwestlich des Wenigemarktes liegt die Krämerbrücke, einst die wichtigste Verbindung zum Fischmarkt westlich der Gera.

Krämerbrücke. Mit Häusern überbauter Brückensteg (1156 urkundlich genannt, 1293 Holzbau abgebrannt, 1325 in Stein wiederhergestellt, die Bebauung 17.–19. Jh., nach 1955 umfangreiche Sicherungs- und Wiederherstellungsarbeiten), einzige erhaltene Brückenkonstruktion dieser Art nördlich der Alpen. – Über dem Osteingang zur Brücke die *Ägidienkirche,* ein annähernd quadratischer gotischer Bau (Neubau Ende 13. und 1. H. 14. Jh.) mit spätgotischem Chorerker (2. H. 15. Jh.) und einem Turm im Nordosten. – Am Kreuzsand *Studentenbursen* (17./18. Jh.) über mittelalterlichen Grundmauern.

Kaufmannskirche (vielleicht schon durch Bonifatius als Pfarrkirche der Marktsiedlung gegründet). Dreischiffige gotische Basilika (nach 1291–1368, 1898/99 erneuert) mit Flachdecken, von zwei Türmen flankierter Chor mit dreiseitigem Schluß. Bemerkenswerte Ausstattungsstücke: Renaissance-Hochaltar (im Mittelfeld Abendmahl) 1625 von H. Fridemann d. J. und P. Fridemann. Kanzel 1598 von H. Fridemann d. Ä. Taufstein 1608 von H. Fridemann d. Ä. Von H. Fridemann d. Ä. ferner die Epitaphe Hans Zigler (gest. 1584), Wolfgang v. Tettau (gest. 1585) und Sigismund v. d. Sachsen (gest. 1590).

In unmittelbarer Nähe der Kaufmannskirche das *Haus »Zum Stockfisch«* (Leninstr. 169, Museum für Stadtgeschichte), Renaissancebau (1607) mit gequadertem Erdgeschoß, Portal mit Ädikula, reicher Erker. – Daneben das *Haus »Zum Mohrenkopf«* (Nr. 168), im Kern 15. Jh., 1607 umgebaut.

In den »Kongreß-Sälen« (Futterstr. 15/16) *Gedenkstätte der deutschen Arbeiterbewegung* zur Erinnerung an den Erfurter Parteitag von 1891 (Erfurter Programm), die klassizistische Fassade von 1831.

Schottenkirche (Klosterkirche des ehem. Schotten-Klosters St. Jakob, Schottengasse). Dreischiffige romanische Pfeilerbasilika (um 1136–um 1200, urspr. Zustand 1964–1967 wiederhergestellt) mit Kreuzgratgewölben, einschiffiger Chor mit geradem Schluß (nach 1472), im Westen gotischer Turm (1512) mit welscher Haube und Barockfassade von 1724; spätgotische Maria Anfang 16. Jh., Grabstein des Klosterstifters Walter v. Gleisberg und seiner Frau 2. H. 13. Jh.

Im umfangreichen Gebäudekomplex des großen Hospitals (entstanden seit 1385, am Juri-Gagarin-Ring) die ehem. *Hospitalkirche zum hl. Geist,* einschiffiger gotischer Bau (1385–1389) mit dreiseitigem Ostschluß, an der Nordseite niedriger Turm mit Barockhaube. – Im ehem. Herrenhaus des Großen Hospitals (1547) das *Museum für Thüringer Volkskunde*, u. a. Altertümer aus Thüringer Dorfkirchen, Volkstrachten, Geräte der Hirten und Waldarbeiter, Innungsgeschirre, Thüringer Glashüttenerzeugnisse, Fayencen und Porzellan, Spielzeug, ur- und frühgeschichtliche Altertümer. – An der Ecke Lenin- und Franckestr. der *Johannisturm*, spätgotisch 1469–1486.

Augustinerkirche (Klosterkirche der Augustiner-Eremiten, Augustinerstr.). Dreischiffige got. Basilika (Ende 13. Jh. bis etwa 1334, Rest. im Gange) mit hölz. Tonnengewölbe, südliches Seitenschiff als Empore über dem Nordflügel des Kreuzganges, einschiffiger Chor (geweiht 1308), an der Nordseite Glockentürmchen (begonnen 1432), in den drei Fenstern der Ostwand Glasgemälde (1. Dr. 14. Jh.). Bemerkenswerte Ausstattungsstücke: Grabplatte des Heinrich v. Frimar (gest. 1354). Grabplatte des Theoderich Brun (gest. 1462). – An der Südseite der Kirche gotischer *Kreuzgang und Klostergebäude* (Ende 13. Jh. bis Mitte 14. Jh.), u. a. mit Katharinenkapelle, Kapitelsaal und Lutherzelle (1505–1511 Mönch im Erfurter Augustinerkloster). – Ferner Gebäude des *alten evangelischen Waisenhauses* (1669, rest.) mit hölzernen Galerien und Treppenturm. – Westlich der Augustinerkirche der *Nikolaiturm*, gotisch 1360. – Südwestlich (Komturgasse) der ehem. *Komturhof*, Renaissancebau um 1570 (verändert), 1968 rest. mit Renaissance-Farbgebung.

Brühl und Cyriaksburg (südwestlich vom Domhügel)

Der *Brühl* war ursprünglich ein Küchendorf des Erzbischofs von Mainz, das vom erzbischöflichen Wirtschaftshof (Mainzer Hof) verwaltet wurde. Große Teile des Brühl lagen außerhalb des ersten geschlossenen Mauerringes (um 1167). Die *Cyriaksburg* wurde 1480 an Stelle des Cyriaknonnenklosters angelegt. Sie hatte die Aufgabe, die Stadt gegen Angriffe aus Südwesten zu schützen. Später wurde die Cyriaksburg zu einer zweiten Zitadelle ausgebaut.

Pfarrkirche St. Martini im Brühl. Einschiffiger spätgotischer Neubau (1472 bis 1483 mit Benutzung älterer Teile, 1755 barock umgestaltet), hölzernes Tonnengewölbe, an der Nordseite des Chors Turm (Anfang 14. Jh.); Hochaltar und Kanzel zwischen 1755 und 1758.

Von dem ehem. *Karthäuser-Kloster* (gegründet 1371) in der Karthäuserstr. nur die prunkvolle Barockfassade der Kirche (1728 möglicherweise von M. v. Welsch) bemerkenswert, alles übrige seit dem 19. Jh. stark verbaut und profaniert.

Internationale Gartenbauausstellung (auf der Cyriaksburg). 1961–1969 nach dem Entwurf eines Kollektivs unter Leitung von R. Lingner, u. a. 13 große Ausstellungshallen, Kinder- und Freilichttheater, Parkbibliothek mit Lesegarten und Gaststätten. – In der ehem. Kaserne der Cyriaksburg das *Museum für*

Gartenbau, u. a. Überblick über die Entwicklung der Gartenkunst von der Renaissance bis zur Neuzeit. — Am Fuße der Cyriaksburg das *Sibyllentürmchen,* spätgotische Betsäule (vor 1400) mit vier Reliefs unter Wimpergen.

Bauten in den eingemeindeten Vororten

Martinikirche (in Ilversgehofen). Einschiffiger klassizistischer Bau (1818 bis 1821 nach Entwurf von K. C. Riedel) mit Muldengewölbe und Emporen, im Westen barock veränderter gotischer Turm; schlichte Ausstattung der Entstehungszeit.

Bemerkenswerte Dorfkirchen in den Ortsteilen GISPERSLEBEN (Kilianikirche Barockbau 1790–1792; Vitikirche Barockbau 1726 mit gotischem Turm; Antoniuskirche 1954–1956 von Fleckner), BINDERSLEBEN (Barockbau 1737–1740 mit spätgotischem Turm), HOCHHEIM (Barockbau 1729–1731 mit älteren Teilen), BISCHLEBEN (spätgotisch 1470, im 16. und 18. Jh. umgebaut; Grabsteine 16.–18. Jh.), STEDTEN (einheitliche Barockausstattung 1745), MÖBISBURG (gestiftet 1308, inmitten einer frühgeschichtlichen Wallanlage), MELCHENDORF (Barockbau 1715 mit spätgotischen Teilen) und DITTELSTEDT (Barockbau mit Benutzung älterer Teile, über dem Eingang spätgotisches Relief mit Maria und Johannes).

Der Kreis Erfurt

MOLSDORF. *Schloß* (jetzt kulturelles Zentrum und Gaststätte), zweigeschossiger Barockbau (nach 1734 mit Benutzung von Teilen einer Vierflügelanlage aus dem 16. Jh., seit 1743 unter Mitwirkung von G. H. Krohne, rest.) mit reichem plastischem Schmuck, Mittelrisalit mit aufgesetztem Halbgeschoß und Attika, Seitenrisalite mit Giebeldreiecken; Räume mit festlicher Rokoko-Ausstattung und zahlreichen Gemälden, darunter Arbeiten von J. Kupetzki und A. Pesne. — *Dorfkirche,* dreischiffiger Barockbau (1717–1721) über kreuzförmigem Grundriß, Spiegelgewölbe, umlaufende Emporen, Westturm mit Haube und Laterne. — Brücke über die Apfelstedt 1752.

WILLRODA bei Schellroda. *Forsthaus,* ehem. Wasserburg mit erhaltenem Graben und Ringmauer, Hauptgebäude 1754, darin Festsaal mit Stuckdecke und Jagdtapeten 18. Jh.; spätgotische Kapelle 1495.

Bemerkenswerte Dorfkirchen in EGSTEDT (Barockbau 1711 mit älterem Turm; befestigter Friedhof), OBERNISSA (Barockbau 1723 und 1745; Kanzelaltar 1724), LINDERBACH (spätgotische Flügelaltarteile um 1500), KERSPLEBEN (Barockbau 1720, spätgotischer Turm 1456, rest.) mit reicher Kanzelaltar der Entstehungszeit, spätgotischer Flügelaltar um 1500), OLLENDORF (reicher Kanzelaltar 1702 von V. Ditmar aus Erfurt), GROSSMÖLSEN (Kanzelaltar, Taufgestell und Gestühl 1723, zwei Gemälde um 1520 von

Meister Peter aus Mainz), UDESTEDT (1592/93 unter Verwendung älterer Teile, spätgotischer Altarschrein um 1520), ECKSTEDT (zentralbauähnlicher Barockbau 1744; reicher Kanzelaltar und Taufgestell der Entstehungszeit), SCHLOSSVIPPACH (einheitlicher Bau um 1500; spätgotischer Flügelaltar um 1494, Flügelgemälde um 1510/20), GROSSRUDESTEDT (Barockbau mit kreuzförmigem Grundriß 1724–1734; spätgotischer Flügelaltar um 1480/90), HASSLEBEN (reicher Kanzelaltar 1. H. 18. Jh.), ELXLEBEN (Barockbau 1722–1725), WITTERDA (Barockbau 1709/10 von M. Mock aus Erfurt mit Turm von 1550/53, Deckenfresken 1722 von J. Belloni; Altaraufsatz 1713), GROSSFAHNER (im Kern romanisch 12. Jh., 1653–1663 wiederhergestellt, von der dreischiffigen Anlage Hauptschiff und nördliches Seitenschiff erhalten), ERMSTEDT (Renaissancebau 1613 mit älterem Turm; spätgotische Grablegung Christi), NOTTLEBEN (spätgotischer Flügelaltar Anfang 16. Jh.), GOTTSTEDT (spätgotischer Flügelaltar Ende 15. Jh.), GAMSTÄDT (im Kern spätgotisch 1522; reicher Orgelprospekt 1790), APFELSTÄDT (spätgotisch, Chor 1434, Langhaus 1491, spätgotische Sakramentsnische mit Kreuzigungsgruppe 1444).

Die Stadt Weimar und die Kreise Weimar und Apolda

Die Stadt Weimar

975 als Ort eines Hoftages urkundlich genannt. Um 1250 Gründung der Stadt (1254 civitas genannt) durch die Grafen von Orlamünde. Planmäßige Anlage zwischen der am Ufer der Ilm gelegenen Burg und dem ältesten Siedlungskern im Bereich der Jakobskirche, unregelmäßiger viereckiger Umriß mit Straßennetz in Gitterform, quadratischer Markt seitlich der Hauptstraße. Nach dem Aussterben der Grafen von Orlamünde um 1373 an das Haus Wettin. Bei der Landesteilung 1485 an die ernestinische Linie der Wettiner. Seit 1547 ständige Residenz (bis 1918) des in seinem Bestand oft veränderten Herzogtums (seit 1815 Großherzogtum) Sachsen-Weimar. Vorwiegend landwirtschaftliche und gewerbliche Betätigung der Bevölkerung für den eigenen städtischen Bedarf (1557: 2786 Einwohner). 1775 Regierungsantritt des Herzogs Carl August (gest. 1828) und Übersiedlung Goethes nach Weimar, Beginn der klassischen Periode in der Geschichte der Stadt (1779: 6041 Einwohner.) 1832 Tod Goethes. In der nachklassischen Zeit Wohnsitz vieler Schriftsteller, Maler und Musiker (u. a. Franz Liszt, Peter Cornelius, Friedrich Preller, Bonaventura Genelli, Hoffmann von Fallersleben). 1860 Gründung der Kunstschule (später Kunstgewerbehochschule), von 1902–1914 unter der Direktion Henry van de Veldes. 1919 Sitz der Nationalversammlung (Annahme der Weimarer Verfassung). 1919 Erhebung des Weimarer Theaters zum Deutschen Nationaltheater und Gründung des Bauhauses durch Walter Gropius (1925

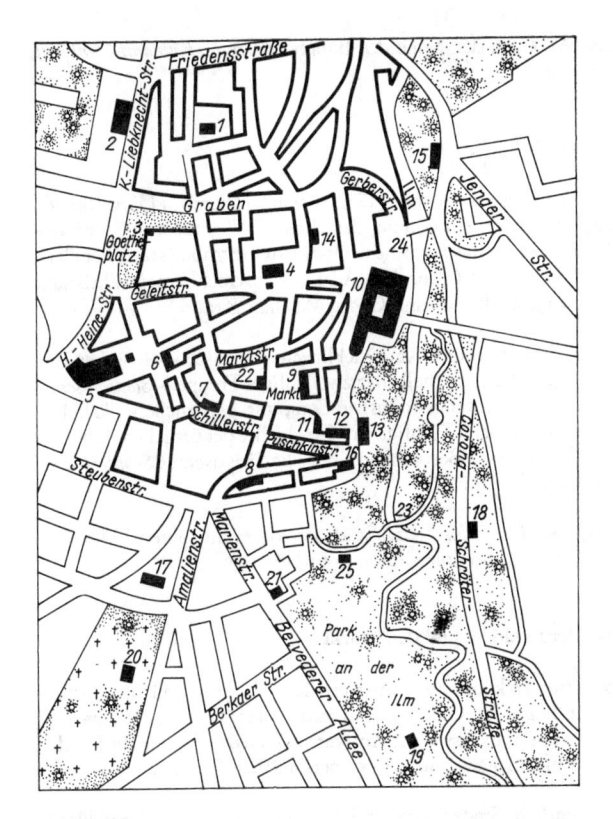

Weimar
1 Jakobskirche, 2 Weimarhalle, Stadtmuseum, Bertuchhaus, 3 Kasseturm, 4 Herderkirche, Herderdenkmal, 5 Deutsches Nationaltheater und Goethe-Schiller-Denkmal, 6 Wittumspalais, 7 Schillerhaus, 8 Goethe-Nationalmuseum, 9 Lukas-Cranach-Haus u. Stadthaus, 10 Schloß, Sitz der Nationalen Forschungs- und Gedenkstätten u. Kunstsammlungen, 11 Rotes Schloß, 12 Fürstenhaus (Franz-Liszt-Hochschule), 13 Grünes Schloß (Zentralbibliothek der deutschen Klassik), 14 Kirms-Krackow-Haus, 15 Goethe-Schiller-Archiv, 16 Haus der Frau v. Stein, 17 *Museum für Ur- und Frühgeschichte, 18 Goethes Gartenhaus, 19 Römisches Haus, 20 Goethe-Schiller-Gruft, 21 Liszthaus, 22 Rathaus, 23 Naturbrücke, 24 Kegelbrücke, 25 Tempelherrenhaus*

Übersiedlung nach Dessau). 1920–1952 Hauptstadt des Landes Thüringen. Bildungsstätten: Nationale Forschungs- und Gedenkstätten der klassischen deutschen Literatur, Hochschule für Architektur und Bauwesen, Franz-Liszt-Hochschule für Musik, mehrere Fachschulen.

Am »Platz der 56000« in der Nähe des Bahnhofs *Ernst-Thälmann-Denkmal*, 1958 von W. Arnold.

Bauten um die Jakobskirche

Jakobskirche. Einschiffiger Barockbau (1712/13 von J. Mützel und J. A. Richter, rest.) mit zweigeschossiger Anordnung der Fenster, Westturm mit Zwiebelhaube. — Auf dem *Friedhof* das Kassengewölbe (erste Begräbnisstätte Schillers) sowie die Gräber von Lucas Cranach d. Ä., Luise v. Göchhausen, Christiane v. Goethe, Karl August Musäus und Georg Melchior Kraus.

Bertuchhaus (jetzt Stadtmuseum, Karl-Liebknecht-Str.). Klassizistischer Bau (1780, erw. 1803), geräumige Vorhalle mit zweiläufiger Treppe. — *Stadtmuseum*, u. a. F. J. Bertuch und das Landes-Industrie-Comptoir, bäuerliche Volkskultur um Weimar, kulturhistorische Zinnfiguren, Geschichte der örtlichen Arbeiterbewegung. — Neben dem Bertuchhaus ein klassizistisches *Schulgebäude*, 1822–1825 von C. W. Coudray.

Am Goetheplatz der *Kasseturm* (jetzt Studentenklub), im späten 18. Jh. umgebauter Rundturm der mittelalterlichen Stadtbefestigung.

Bauten um die Herderkirche und den Markt

Kirms-Krackow-Haus (Jakobstr. 10). Im Kern 1. H. 16. Jh., schlichte Barockfassade, Hof mit hölzerner Galerie, Hausgarten mit Teehaus; Wohn- und Wirtschaftsräume mit klassizistischer Ausstattung, Gedenkräume für Herder, Falk und Musäus mit Gegenständen ihres persönlichen Besitzes.

Herderkirche (eigentlich Stadtkirche St. Peter und Paul, am Herderplatz). Dreischiffige spätgotische Hallenkirche (1498–1500 mit Benutzung älterer Teile, 1726–1745 barock umgebaut, 1945 stark beschädigt, bis 1953 wiederhergestellt) mit Kreuzgratgewölben und Achteckpfeilern, einschiffiger Chor mit dreiseitigem Schluß, unter der Orgelempore Sarkophag J. G. Herders (gest. 1803), niedriger Westturm mit Spitzhelm. Bemerkenswerte Ausstattungsstücke: Großer gemalter Flügelaltar (im Mittelfeld Erlösung des Menschengeschlechts durch Christi Blut, rechts L. Cranach d. Ä. und Luther), vollendet 1553 von L. Cranach d. J., Grabstein L. Cranach d. Ä. (Chor-Nordwand), gest. 1555, von N. Gromann. Zahlreiche wertvolle Grabdenkmäler des ernestinischen Fürstenhauses, in der Mehrzahl 16. und Anfang 17. Jh. — Vor der Kirche *Herder-Denkmal*, 1850 von L. Schaller. — Am Herderplatz 14 das ehem. *Gymnasium Wilhelminum Ernestinum* (jetzt Naturkundemuseum), schlichter Barockbau (1712–1716).

Deutsches Nationaltheater (Theaterplatz). Urspr. Barockbau (1779), 1825 abgebrannt, nach 1825 klassizistischer Neubau von Steiner, 1907 wegen Bau-

Weimar, Goethehaus am Frauenplan

fälligkeit abgebrochen und 1908 in seiner jetzigen Gestalt wiederaufgebaut, 1945 ausgebrannt, 1948 wiedereröffnet. — Vor dem Theater *Goethe-Schiller-Denkmal*, 1857 von E. Rietschel.

Wittumspalais (Am Palais 3). Zweigeschossiger Barockbau (1767) mit schmalem Mittelrisalit, im Grünen Salon Deckengemälde von F. A. Oeser, mehrere Räume mit Einrichtungsgegenständen der Goethezeit, Porträtplastiken von Klauer und Döll, Gemälde von Graff, F. A. Tischbein, W. Tischbein, Jagemann und Kraus, Erinnerungsstücke an die Tafelrunde der Herzogin Anna Amalia.

Schillerhaus (Schillerstr. 12, 1777). Wohnsitz des Dichters von 1802 bis zu seinem Tode 1805, im Mansardengeschoß historisch getreu wiederhergestellte Wohn- und Arbeitsräume, im ersten Geschoß kleines Museum, u. a. Teilbestände der Schillerschen Bibliothek.

Goethehaus (am Frauenplan). Zweigeschossiger schlichter Barockbau (1709, rest.). Wohnsitz Goethes von 1782 bis zu seinem Tode 1832, im Innern nach Goethes eigenen Angaben umgebaut, u. a. große Teile der Goetheschen Kunstsammlungen entsprechend Goethes persönlicher Aufstellung, Teile seiner naturwissenschaftlichen (besonders mineralogischen) Sammlungen, neben dem Arbeitszimmer das Sterbezimmer und die Handbibliothek mit 5400 Titeln. — Im angeschlossenen *Goethe-Nationalmuseum* (1914 und 1933/35), zu dem auch das Goethehaus selbst gehört, umfassende Darstellung von Leben und Werk des Dichters.

An der Ackerwand das *Haus der Frau v. Stein*, entstanden aus dem Umbau (1773 unter Anleitung Goethes) eines ehem. Stallgebäudes.

Lucas-Cranach-Haus (Markt 11, jetzt Galerie des Staatl. Kunsthandels), dreigeschossiger Renaissancebau (1549 von N. Gromann, rest.) mit zwei Zwerchhäusern und reicher Gliederung des Erdgeschosses (z. T. 19. Jh.). An der

Nordseite des Marktes das *Stadthaus* (jetzt Gebäude des Reisebüros), Renaissancebau 1547, nach Kriegszerstörung 1970 wiederaufgebaut, großer Maßwerkgiebel. – An der Westseite des Marktes das *Rathaus*, neugotisch 1837–1841.

Das Schloß, seine nähere Umgebung und die Bauten
am Platz der Demokratie

Schloß (jetzt Staatl. Kunstsammlungen und Direktion der Nationalen Forschungs- und Gedenkstätten). Mittelalterliche Burg 1424 abgebrannt, lebhafte Bautätigkeit bis Anfang 16. Jh. und seit 1540 unter Leitung von N. Gromann, erneuter Brand 1618, Neubau 1650–1664 unter Leitung von G. Bonalino und J. M. Richter d. Ä., 1774 ausgebrannt, nach 1789 Wiederaufbau unter Leitung von J. A. Arens, N. F. Thouret (ab 1802) und H. Gentz (1801–1803), nach 1828 bis 1840 Ausbau des Westflügels unter Mitwirkung von C. W. Coudray. Urspr. dreigeschossige Dreiflügelanlage (vierter Flügel im Süden erst 1913/14) um tiefen, rechteckigen Hof, an den beiden Obergeschossen Pilastergliederung, zweigeschossiger Westflügel mit dreigeschossigen pavillonartigen Anbauten an den Enden, Mittelteil der Ostfront an der Ilm mit klassizistischer Säulenhalle. Von den Innenräumen besonders bemerkenswert: Treppenhaus, großer Festsaal und Falkengalerie, sämtlich von H. Gentz in Zusammenarbeit mit dem Bildhauer F. Tieck. Luisenzimmer nach Entwurf von N. F. Touret mit Malereien von H. Meyer. Goethe-Galerie nach Entwurf von K. F. Schinkel. – Südwestlich vom Schloß mittelalterlicher *Schloßturm* mit reichem Barockaufsatz (1729–1732 von G. H. Krohne) und sog. *Bastille* (im Kern spätgotisch 1439, um 1545 von N. Gromann überarbeitet). – *Staatliche Kunstsammlungen* mit

Weimar, Schloß, Festsaal

mehreren Abteilungen: Deutsche Kunst des Mittelalters und der Renaissance (u. a. Thüringer Tafel- und Schnitzaltäre, Gemälde von L. Cranach d. Ä., Baldung-Grien, B. Bruyn). Italienische Malerei 16./17. Jh. (u. a. Veronese, Tintoretto). Niederländische Malerei 16./17. Jh. (u. a. Rubens, Brouwer, Ostade). Kunst der Goethezeit (u. a. Füßli, Kraus, F. A. Tischbein, A. Kaufmann, Graff, Hackert, Kobell, Chodowiecki). Deutsche Romantik (u. a. Friedrich, Runge, Kersting). Deutsche Spätromantik und Weimarer Malerschule (u. a. Schwind, Preller, Blechen, Buchholz, Rohlfs). Deutsche Malerei 19./20. Jh. (u. a. Rayski, Böcklin, Liebermann, Beckmann). Graphische Sammlung (10 000 Zeichnungen und etwa 40 000 graphische Blätter) sowie Münzkabinett (1 400 Stück).

Nördlich vom Schloß jenseits der Kegelbrücke das *Goethe- und Schiller-Archiv* (erbaut 1896), größtes Archiv der neueren deutschen Literatur mit sechzig geschlossenen Dichternachlässen (u. a. Herder, Wieland, Mörike, Hebbel, Otto Ludwig, Reuter) und Einzelhandschriften von etwa 450 Persönlichkeiten aus der Zeit vom 18. Jh. bis zum beginnenden 20. Jh., insgesamt etwa 600 000 Handschriften; gedrucktes Bestandsverzeichnis.

Südlich vom Schloß das ehem. *Reithaus* (jetzt Haus der Jungen Pioniere). Dreigeschossiger Barockbau 1715–1718 von Chr. Richter, 1803/04 von H. Gentz umgearbeitet, an der nördlichen Schmalseite Pilastergliederung und Giebeldreieck.

An der Südseite des Platzes der Demokratie das ehem. *Fürstenhaus* (jetzt Hochschule für Musik „Franz Liszt"). Dreigeschossiger Barockbau (1770 bis 1774, 1889 umgebaut) über rechteckigem Grundriß, vor den mittleren fünf Achsen Säulenvorbau (1889). – Vor dem Fürstenhaus *Reiterstandbild* des Großherzogs Carl August, 1875 von A. Donndorf. An der Ostseite des Platzes das *Grüne Schloß* (jetzt Zentralbibliothek der Deutschen Klassik), im Kern Renaissancebau 1562–1569, 1761–1766 umgebaut, 1803–1805 Verbindungsbau zum Bibliotheksturm, der Turm 1821–1825 umgebaut, reicher Rokoko-Bibliothekssaal mit ovalem Pfeilerumgang, Porträtplastiken von Trippel, Dannecker, Schadow, P. J. David und J. A. Houdon. – An der Westseite das *Rote Schloß*, langgestreckter dreigeschossiger Renaissancebau (1574–1576, im 19. Jh. durch Abbruch der Erker und Ausbauten stark verändert) mit reichem Hauptportal. – Benachbart das *Gelbe Schloß*, zweigeschossiger Barockbau (begonnen 1702), in der Mitte der Front von ionischen Säulen eingefaßtes Rechteckfenster, darüber gebrochener Giebel. – Im Hof Figur des »Aktenmännchens« von G. Elster (1911).

Der Park an der Ilm und seine Bauten

Südöstlich vom Schloß Reste einer Barockanlage *(»Sterngarten«)*, angelegt um 1650. 1778 Beginn der Umgestaltung des Ilmtales zwischen Weimar und Oberweimar in einen Landschaftspark nach Ideen und unter tätiger Mitwirkung Goethes (1778 Felsentor und Borkenhäuschen, 1782 Dessauer Stein), Hauptarbeiten zwischen 1783 und 1796 (1784 Umbau der Schießmauer zur Ruine, unterhalb das Shakespeare-Denkmal 1904 von T. Lessing, 1784–1786 Grottenanlage an der Läuter mit Sphinx-Statue, 1787 Schlangenstein, jetzt Kopie). 1791–1797 Erbauung des *Römischen Hauses* auf der Höhe des Westufers nach Entwurf von J. A. Arens, Giebelplastik 1819 von J. P. Kaufmann, im Durchgang an der Ostseite Deckengemälde und Wandfries nach Entwürfen von H. Meyer. 1811–1824 Fortsetzung der Arbeiten an den Gartenanlagen (1811–1820 Tempelherrenhaus, seit 1945 Ruine, 1819 Duxbrücke), 1830–1836 Erweiterung des Parkes nach Süden, 1844–1852 teilweise Neugestaltung nach Plänen von Fürst Pückler-Muskau und E. Petzold. Am Ostufer der Ilm *Goethes Gartenhaus*, ein schlichter Bau aus dem 17. Jh., 1776–1782 ständiger Wohnsitz des Dichters, historische Einrichtung, Erinnerungsstücke an Goethes Leben und Schaffen, besonders aus den ersten Jahren seines Weimarer Aufenthaltes.

Bauten, Sammlungen und Gedenkstätten außerhalb des alten Stadtkerns

Posecksches Haus (Amalienstr. 6, jetzt Museum für Ur- und Frühgeschichte). Schlichtes Patrizierhaus der Goethezeit von 1790. — *Museum für Ur- und Frühgeschichte Thüringens*, u. a. Altsteinzeitmenschen von Ehringsdorf, jungsteinzeitliche Kulturen in Thüringen, bronzezeitliches Hügelgrab von Schwarza, frühmittelalterliches Fürstengrab von Haßleben.

Goethe- und Schiller-Gruft (Friedhof vor dem Frauentor). Erbaut 1825/27 nach Plänen von C. W. Coudray, im Gruftgewölbe u. a. Sarkophage Goethes, Schillers und des Großherzogs Carl August. — Hinter der Gruft seit 1862 die *Russisch-griechische Kapelle*, Grabstätte der Großherzogin Maria Paulowna. Auf dem Friedhof Erbbegräbnis der Familie v. Goethe, die Gräber von J. P. Eckermann und Ch. v. Stein sowie das *Denkmal der Märzgefallenen*, 1922 von W. Gropius, von den Faschisten 1933 zerstört, wiedererrichtet 1945.

Hauptgebäude der Hochschule für Architektur und Bauwesen (Geschwister-Scholl-Str.) 1904/05 und 1911 von H. van de Velde, im Mittelteil des Hauptgebäudes bemerkenswertes Treppenhaus.

Liszthaus (Marienstr. 17), erbaut 1798. 1869–1886 Wohnsitz des Komponisten, historisch getreu wiederhergestellte Wohn- und Arbeitsräume mit Erinnerungsstücken aus dem Leben Liszts. — Im Park südöstlich vom Liszthaus das *Liszt-Denkmal*, 1902 von H. Hahn.

Haus Belvedere-Allee 58. 1907/08 nach Entwurf von H. van de Velde.

Haus am Horn 61, 1923 von G. Muche, Versuchsbau des Bauhauses.

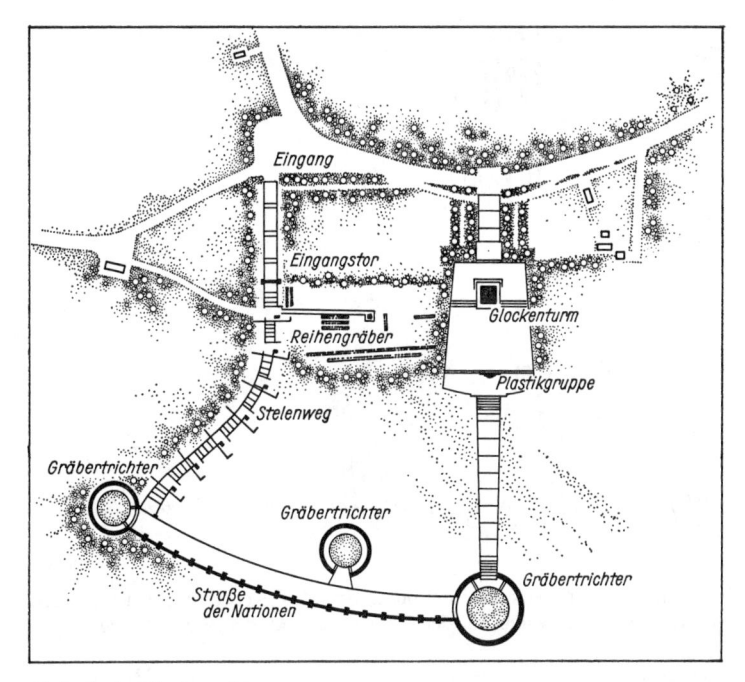

Gedenkstätte Buchenwald

Bauten, Sammlungen und Gedenkstätten in den eingemeindeten Vororten

Nationale Mahn- und Gedenkstätte Buchenwald. 1954–1958 nach Entwürfen eines Kollektivs unter Leitung von L. Deiters. Ehrenhain, bestehend aus dem Stelenweg (Reliefs von R. Graetz, W. Grzimek und H. Kies), der Straße der Nationen und dem Feierplatz mit dem Glockenturm (50 m hoch) und der Plastikgruppe von F. Cremer. – Auf dem ehem. Lagergelände *Museum der Widerstandsbewegung* (Geschichte des KZ-Lagers Buchenwald) und *Ernst-Thälmann-Gedenkstätte* (historischer Raum der illegalen Gedenkfeier für Ernst Thälmann, am 18.8.1944 von der SS vor dem Krematorium des Lagers ermordet).

Schloß Tiefurt (jetzt Gedenkstätte). Ehem. barockes Kammerguts-Pächterhaus, erbaut Ende 16. Jh., Umbau 1776, 1781–1806 Sommersitz der Herzogin Anna Amalia, zahlreiche Räume im Stile des Rokoko, Klassizismus und Biedermeier mit Gemälden von G. M. Kraus und F. A. Oeser und Plastiken von M. Klauer. – *Landschaftspark*, begonnen 1776 von K. L. v. Knebel, erweitert nach 1781, in der 1. H. 19. Jh. wiederhergestellt. Zahlreiche Kleinarchitekturen und Denkmäler, u. a. Musentempel, Teesalon (1805), Herder-Gedenkstein, Mozart-

*Weimar-Buchenwald,
Turm und Denkmal*

Denkmal, Amor-Denkmal für Corona Schröter, Kenotaph für den Prinzen Constantin, Gedenkstein für den Herzog Leopold von Braunschweig.

Schloß Belvedere (jetzt Rokokomuseum). Barockbau (1724–1732 unter Mitwirkung von J. A. Richter und G. H. Krohne, rest.), zweigeschossiger Mittelbau mit Risalit und Attika, auf dem Dach Belvedere mit Kuppel, an den Mittelbau anschließend zwei Verbindungsbauten mit Tordurchfahrten und zwei runde Pavillons mit kleinen Kuppeln, Fest- und Speisesaal sowie Wohnräume mit Rokoko-Ausstattung, ferner zahlreiche Gegenstände der höfischen Kunst des 17. und 18. Jh. – Zu seiten des Schlosses symmetrisch angeordnete vier Kavalierhäuser (1724–1750). – Der Barockgarten (1756 Anlegung der Belvedere-Allee, sonst nach 1758) nach 1776 unter Mitwirkung Goethes und 1806–1830 unter Leitung von J. K. Sckell in einen *Landschaftspark* umgewandelt, 1843–1853 unter dem Einfluß des Fürsten Pückler-Muskau durch E. Sckell erneuert. Zahlreiche Bauten und Kleinarchitekturen, u. a. Orangerie mit Sammlung historischer Wagen, Naturtheater (1823), Roter Turm (1828 von der Stadt in den Park übertragen), künstliche Ruine (erbaut 1818).

Klosterkirche des ehem. Zisterzienser-Nonnen-Klosters Oberweimar. Einschiffiger Bau (im Kern frühgotisch, um 1361 umgebaut, durch spätere Umbauten sehr entstellt) mit dreiseitigem Ostschluß, im Westen Nonnenempore, darunter zweischiffige Halle mit Kreuzgewölben, im Tympanon des Südportals Jüngstes Gericht (um 1360), Westturm. Bemerkenswerte Ausstattungsstücke: Kanzelaltar 1733. Doppelgrabstein Friedrich v. Orlamünde und Frau nach 1365. Grabstein eines Knaben nach 1519.

Die Kreise Weimar und Apolda

BUTTELSTEDT. *Pfarrkirche St. Nikolai*, einschiffiger spätgotischer Bau (begonnen 1486, das Innere 1690 und Anfang 19. Jh. umgestaltet) mit hölzernem Tonnengewölbe und dreiseitigem Ostschluß, im Südwesten Turm; Kanzel um 1630, Grabdenkmäler 16.–18. Jh., Tafelbild 1563 von P. Roddelstedt.

ETTERSBURG. *Jagdschloß* (jetzt Feierabendheim), schlichte barocke Dreiflügelanlage (1706–1712 vermutlich von J. Mützel), an der offenen Südseite barocker Neubau eines Corps de Logis (1717–1722 von J. Mützel), Umgestaltung der Anlage 1729–1739 durch J. A. Richter und G. H. Krohne, in der Mitte der Hoffassade elliptischer Baukörper (Treppenhaus), in der Mitte der Gartenfassade breiter Risalit und Freitreppe (1844). »Weißer Saal« und Speisesaal mit reichen Stukkaturen. – Der urspr. barocke Park 1776–1780 und 1844–1852 in einen *Landschaftspark* umgewandelt, zuletzt unter Mitwirkung von Fürst Pückler-Muskau und E. Petzold. – In der neugotischen *Schloßkirche* (1863–1865) bemerkenswert: Spätgotischer Flügelaltar (im Schrein Marienkrönung mit vier Heiligen) Ende 15. Jh. Kanzel Ende 16. Jh. Taufstein 1487. Kruzifix 16. Jh. Grabstein Ludwig v. Blankenhain und Frau Anfang 14. Jh.

BAD BERKA. *Tbk-Heilstätte und Kulturhaus*, 1951–1955 bzw. 1953 nach Entwürfen von H. Hopp. – *Pfarrkirche*, einschiffiger Barockbau (1739 mit Benutzung älterer Teile) mit hölzernen Kreuzgewölben und Emporen; Kanzelaltar und Taufgestell der Entstehungszeit. – *Burgruine* (urk. 1277), geringe Reste einer Anlage aus dem späten Mittelalter.

BUCHFART. In der *Dorfkirche* spätgotischer Flügelaltar (1492 von J. Linde aus Jena) und Kruzifix (um 1500 von J. Linde). – Überdachte *Holzbrücke* über die Ilm (1816–1818). – In der Nähe sog. *Fels- und Höhlenburg* von noch nicht ermittelter Bestimmung, vermutlich aus dem frühen Mittelalter.

KRANICHFELD. *Ruine des Oberschlosses*, im wesentlichen Frührenaissancebau (um 1530 mit Benutzung von Bauteilen des 12. Jh.), 1934 ausgebrannt. – *Pfarrkirche*, einschiffiger spätgotischer Bau (1496–1499, 1887 Inneres völlig umgestaltet) mit Flachdecke, Chor mit dreiseitigem Schluß und Gewölbe; spätgotisches Gestühl um 1500, Grabstein Walpurgis v. Gleichen 1570.

BLANKENHAIN. *Schloß* (jetzt Heimatmuseum und Archiv), im Kern spätgotisch (begonnen um 1480, vollendet im 16. Jh.), 1667 abgebrannt, 1680 bis 1690 in veränderter Form wiederaufgebaut, 1861 und 1880 erweitert, unregelmäßiger Grundriß, in der Westecke Treppenturm, Hoftor mit reichem Erker, an der Erkerbrüstung spätgotisches Wappen (1480). – *Heimatmuseum*, u. a. Blankenhainer Porzellan von 1790 bis zur Gegenwart. – *Pfarrkirche*, einschiffiger spätgotischer Bau (begonnen 1481, vollendet 1493, im 18. und 19. Jh. verändert) mit Benutzung älterer Reste, gewölbte Holzdecke (1779), an der Nordseite des Chors Sakristei, an der Südwestecke Turm; spätgotisches Relief (hl. Sippe) und Schnitzfiguren um 1525, Sakramentsschrein 1443.

MAGDALA. *Rathaus*, schlichter Renaissancebau (1571 und 17. Jh.) mit reichem Säulenportal (1571). — *Pfarrkirche*, einschiffiger gotischer Bau (14. Jh., 1516 umfassender Umbau, im 17., 18. und 20. Jh. erneut verändert) mit hölzernem Tonnengewölbe, Chor mit dreiseitigem Schluß, mächtiger Westturm; Kanzelaltar 1739.

KAPELLENDORF. *Wasserburg* (umfassend rest.), Rundburg mit Randbebauung (12.–16. Jh. mit Ergänzungen aus dem 18. und 19. Jh.), Ringmauer in Form eines unregelmäßigen Fünfecks, an jeder Ecke ein Turm, drei davon als Schalentürme, von den Gebäuden innerhalb der Ringmauer besonders bemerkenswert: ein fünfgeschossiger Breitwohnturm (sog. Kemenate) aus dem 14. Jh. und Reste der Burgküche. — *Burgmuseum*, u. a. Abteilungen »Thüringer Burgen in Geschichte und Gegenwart«, »Frühgeschichtliche Burgen« und »Wehrtechnik und Wehrbauten im Feudalismus«. — *Klosterkirche* des ehem. Zisterzienser-Nonnen-Klosters (gegründet 1235), urspr. dreischiffige Basilika, die Seitenschiffe vermutlich um 1600 abgebrochen, hölzerne Flachdecke, Chor mit dreiseitigem Schluß (1503 erweitert). Bemerkenswerte Ausstattungsstücke: Spätgotischer Taufstein 1505. Grabmal Albrecht III. v. Kirchberg und Frau 1. H. 15. Jh.

OSSMANNSTEDT. *Wieland-Gedenkstätte*, ehem. barockes Rittergutsgebäude (Mitte 18. Jh.), 1797–1803 Eigentum Christoph Martin Wielands, zwei Zimmer mit Möbeln aus dem Besitz des Dichters. — Im großen Park Grabstätte Wielands, seiner Frau Dorothea und Sophie Brentanos. — *Dorfkirche*, einschiffiger spätgotischer Bau (2. H. 15. Jh., 1610 durchgreifend erneuert) mit Tonnendecke, Chor mit Flachdecke, Westturm mit Barockhaube; reicher Taufstein um 1611, Kanzelaltar und Kruzifix 18. Jh.

APOLDA. *Rathaus*, zweigeschossiger Renaissancebau (1558/59 und 1674) mit profilierten Fensterlaibungen, Treppenturm mit Barockhelm, Rundbogenportal. — *Glocken- und Heimatmuseum* (Bahnhofstr. 41), geschichtliche Entwicklung der Glocke, Apoldaer Glockengießerei, Entwicklung der Apoldaer Industrie.

BAD SULZA. *Pfarrkirche*, einschiffiger Barockbau (1714–1716) mit Stuckdecke, Westturm von 1822; Kanzelaltar 1716 vermutlich Arbeit eines italienischen Meisters. — *Salineneinrichtungen* von 1868/70, einzigartiger Komplex technischer Denkmale, u. a. Solebohrtürme, Handgöpel, Kunstrad mit Kunstgestänge, Solebehälter (1. H. 19. Jh.), Siedehäuser 1–3 und 4/5 als Beispiele früher Industriearchitektur. — *Salinenmuseum* mit Darstellungen der Fördertechniken und des Bade- und Kurbetriebs seit 1847.

Bemerkenswerte Schlösser und Herrenhäuser in THANGELSTEDT (dreigeschossiger Bau um 1680), TANNRODA (ehem. Burg 12.–19. Jh., unregelmäßige Anlage, in der SW-Ecke runder Bergfried), TONNDORF (12. Jh., 1680 umgebaut, mit hohem rundem Bergfried, jetzt Heilstätte), DENSTEDT (Altes Schloß 16./17. Jh. mit hohem Rundturm und Graben, östlich davon Neues Schloß 18. Jh., jetzt VEG), KROMSDORF-NORD (Renaissancebau um 1580, nach 1664 erweitert, Treppenturm; Park nach 1664 mit 64 Büsten antiker, mittelalterlicher und neuzeitlicher Herrschergestalten in Parkmauernischen), LIEBSTEDT (ehem. Deutschordens-Kommende, erbaut 1486–1493 und 16. Jh., unregelmäßige Anlage mit Wassergraben; im Hof und im Innern Details der Erbauungszeit) und NIEDERROSSLA (ehem. Wasserburg, Graben verschüttet, 15./16. Jh. mit hohem quadratischem Turm, Ausbau im Gange).

Bemerkenswerte Pfarr- und Dorfkirchen in LEUTENTHAL (Barockbau 1717/1719 mit romanischem Nordturm, bemalte Emporen; spätgotischer Altarschrein um 1430), SCHWERSTEDT (Barockbau 1766–1772; gediegene Ausstattung der Entstehungszeit), SACHSENHAUSEN (ehem. Wallfahrtskirche, spätgotisch, Chor 1425, Langhaus und Turm Mitte 16. Jh.; spätgotischer Flügelaltar aus dem späten 15. Jh., fünf Kopfreliquiare Anfang 16. Jh.), NEUMARK (Barockbau 1689 mit 69 m hohem spätgotischem Nordturm, Emporenmalereien; Taufstein 1582, Grabdenkmäler 15.–17. Jh.), UTZBERG (im Kern spätgotisch; reicher Kanzelaltar 1725), NIEDERGRUNSTEDT (Barockbau 1728/29; reicher Kanzelaltar 1728), RETTWITZ (Chorturmkirche 13. Jh., Umbau 16. und 18. Jh.; barocker Kanzelaltar 1718), TONNDORF (spätgotischer Flügelaltar um 1500), POSSENDORF (spätgotischer Flügelaltar um 1500), SAALBORN (Chorturmkirche 13. Jh., 1718 nach Westen erweitert; romanisches Altarkruzifix 12. Jh.), MELLINGEN (Spätrenaissancebau 1669; reicher Kanzelaltar 1. H. 18. Jh.), UMPFERSTEDT (romanischer Chorturm, frühgotischer Chor, Langhaus 1592), KROMSDORF-SÜD (spätgotischer Flügelaltar um 1510), RÖDIGSDORF (spätgotischer Flügelaltar um 1500), PFIFFELBACH (nach 1718 mit Benutzung älterer Teile; reicher Kanzelaltar 2. H. 18. Jh.), NIEDERROSSLA (Barockbau nach Plänen von J. A. Richter, geweiht 1721; reiche Ausstattung der Entstehungszeit), UTENBACH (im Kern romanische Chorturmkirche mit spätgotischem Chor), NAUENDORF (spätgotisch um 1500; reiche Kanzel um 1580), NIEDERTREBA (Barockbau um 1750; spätgotischer Flügelaltar um 1480).

Die Kreise Sömmerda und Langensalza

BUTTSTÄDT. *Pfarrkirche St. Michaelis*, dreischiffige spätgotische Hallenkirche (begonnen 1510, 1684 ausgebrannt, bis 1728 barock erneuert) mit hölzernen Tonnengewölben, an der Südseite des langgestreckten Chors Turm mit achteckigem Aufsatz, geschweifter Haube und Laterne, Ausmalung des Innern 1. H. 18. Jh. von F. D. Minetti aus Florenz; reicher Kanzelaltar 1727, Taufstein um 1720. — *Rathaus*, Gemengbau aus der Zeit der Spätgotik und Renaissance (begonnen 1501, vollendet Anfang 17. Jh., nach 1684 mehrfach verändert), unregelmäßige Dreiflügelanlage, Nordflügel dreigeschossig, sonst zweigeschossig, reiche Giebel, Portale und Erker. — *Alter Friedhof* von 1603, an der Ost- und Südseite Renaissancehallen (2. H. 16. Jh.), zahlreiche Grabdenkmäler 17.–19. Jh. — *Heimatmuseum* (Vogtshaus in der Freiheitsstr., 1604 bis 1606), u. a. Thüringer Bauernstube um 1800, bürgerlicher und bäuerlicher Hausrat.

RASTENBERG. Im Süden Reste der *Stadtbefestigung* mit zwei Wehrtürmen aus dem 15./16. Jh. — *Burgberg* mit Bergfriedresten der Raspenburg (zerstört 1321). — *Rathaus* von 1560, um 1900 stark verändert. — *Bürgerhäuser:* Friedensplatz 9 und Leninstr. 24 mit Sitznischenportalen sowie »Raspehaus« (Pascheplatz 1) von 1641 mit Pforte und Schießscharten. — *Pfarrkirche*, klassizistischer Bau (1825 von C. W. Coudray) mit Benutzung von Teilen einer ehem. Klosterkirche.

KÖLLEDA. *Pfarrkirche St. Wigberti*, einschiffiger, im Kern spätgotischer Bau (15. Jh., Inneres um 1720/40 barock ausgebaut) mit Westturm (1810 bis 1812); Altaraufsatz und Kanzel 1740, Alabaster-Epitaph Dietrich v. Werthern 1586. — *Klosterkirche St. Johannis* (ehem. Zisterzienser-Nonnen-Klosterkirche), urspr. dreischiffige frühgotische Basilika (um 1300, mehrfach umgebaut, zuletzt 1965), Seitenschiffe vermutlich 1626 abgebrochen, Chor mit Gewölben, Turm von 1825; spätgotischer Flügelaltar (im Schrein figurenreiche Kreuzigung) Anfang 16. Jh. — *Rathaus*, zweigeschossiger Barockbau (1702 mit Benutzung älterer Teile), Mittelturm mit Haube und Laterne. — Von der *Stadtbefestigung* geringe Teile des Mauerrings (nach 1392) und schlichtes Backleber Tor (1553) erhalten. — *Marktbrunnen* mit Brunnenfigur des hl. Wippertus (18. Jh.). — *Heimatmuseum* (Thälmannstr. 10), u. a. ur- und frühgeschichtliche Funde.

SÖMMERDA. *Pfarrkirche St. Bonifatius*, einschiffiger spätgotischer Bau (Turm 1462 beg., Chor nach 1400, Langhaus 1562), Chor mit Kassettendecke von 1562; spätgotischer Flügelaltar Ende 15. Jh., zwei Gemälde (Kreuzigung, Auferstehung) Anfang 15. Jh., Barockorgel um 1680. — *Petrikirche*, 1703 in jetziger Form erbaut, Turm 1716. — *Rathaus*, zweigeschossiger spätgotischer Bau (1529–1539), hohes Satteldach mit zwei Dachreitern, im Ratskeller *Gedenkstätte* für die im März 1920 ermordeten Sömmerdaer Arbeiter und rekonstruierter Weinkeller. — *Pfarrhaus* (ehem. kurmainzisches Amtshaus), Fachwerkbau (1589) mit massivem Erdgeschoß und Dachreitern. — Von der *Stadtbefestigung* an der Ostseite Ringmauer (1591–1598) mit sechs Wehrtürmen und schlichtes Erfurter Tor (1395) erhalten.

WEISSENSEE. Erste Marktsiedlung südlich der Landgrafenburg um die Nikolaikirche, im 13. Jh. östlich der Burg planmäßige Anlage der Stadt (1265 Stadtrecht), regelmäßiges Straßennetz in Gitterform, als Zentrum die zum Markt verbreiterte Hauptstraße mit Rathaus und Stadtkirche St. Peter und Paul. Frei stehende *Stadtmauer* (13./14. Jh.) fast vollständig erhalten. — *Landgrafenburg* (»Runneburg«), im Kern spätromanische Anlage (nach 1150) innerhalb eines ovalen Mauerringes, im 16. und 19. Jh. verändert. Von den spätromanischen Bauten erhalten: Torbau, Reste eines Palas (vermutlich kurz vor 1200) und Untergeschosse eines Bergfrieds (»Streitturm«). Neben dem ehem.

Palas Fürstenhaus von 1738. – *Ehem. Kirche St. Nikolai*, einschiffiger romanischer Bau (gegründet vor 12. Jh., später erweitert) mit gotisch verändertem Langhaus und Chor mit Apsis; Sakramentshaus um 1470. – *Rathaus*, schlichter spätgotischer Bau (begonnen nach 1447, 1547 umgebaut) mit älteren Teilen. – *Stadtkirche St. Peter und Paul*, einschiffiger gotischer Bau (gegr. 12. Jh., Langhaus im 16./17. Jh. mehrfach umgebaut) mit Kassettendecke, langgestreckter Chor mit Stichkappen, freistehender Glockenturm von 1774. Bemerkenswerte Ausstattungsstücke: Spätgotischer Flügelaltar (Christus und Maria mit Heiligen).

BAD TENNSTEDT. *Pfarrkirche*, dreischiffige basilikale Anlage (wohl 14. Jh., 1636 ausgebrannt, bis 1659 wiederhergestellt, rest.), Chor (1418) mit dreiseitigem Schluß und Kreuzrippengewölbe, an seinen beiden Seiten je ein Turm, Nordturm mit älteren Teilen; barocke Ausstattung mit Kanzel 1659, Taufstein 1682, Ölberggruppe (am Chor) um 1400. – *Gottesackerkirche*, einschiffiger spätgotischer Bau (vermutlich 15. Jh.) mit Dachreiter. – In großen Teilen erhaltener *Mauerring* mit Osthöfer Tor, im wesentlichen 1443–1489.

GRÄFENTONNA. *Schloß* (nicht zugänglich), Vierflügelanlage der Renaissance (16./17. Jh. mit Benutzung älterer Teile, im 19. Jh. mehrmals umgebaut). – *Pfarrkirche St. Peter und Paul*, einschiffiger, 1646–1692 überarbeiteter spätgotischer Bau (2. H. 15. Jh.) mit doppelten Emporen und Ostturm. Bemerkenswerte Ausstattungsstücke: Reicher Altaraufsatz (1645) mit mehreren spätgotischen Reliefs um 1512. Reiche Kanzel von 1646 von M. Fiedler aus Erfurt. Grabsteine der Grafen v. Gleichen 1525–1601.

BAD LANGENSALZA. Urspr. Dorf an einer Unstrutfurt, auf Grund eines kaiserlichen Privilegs (1222 oppidum) von den Herren von Salza zur Stadt ausgebaut, unregelmäßiger Grundriß der Altstadt, diese 1356 mit den beiden Vorstädten, der Neustadt und der Jakobsstadt, vereinigt. Fast vollständig erhaltener *Mauerring* (13./14. Jh.) mit zehn (von urspr. 24) Wehrtürmen und sog. Klagetor. – *Marktkirche St. Bonifatius*, dreischiffige spätgotische Hallenkirche (begonnen 1395, Hauptbauzeit 2. H. 15. Jh.), Netz- und Sterngewölbe (vollendet 1521), Rundpfeiler mit Diensten, Nordportal mit Kreuzigung, Westportal mit Jüngstem Gericht, Chor mit dreiseitigem Schluß und hölzerner Flachdecke, an seiner Nordseite Sakristei und Empore, letztere mit bemalter Bretterdecke (Heilige und Wappen) von 1519, im Nordwesten Turm mit reichem Renaissance-Aufsatz (vollendet 1590/92); vier Tafelgemälde (u. a. Taufe Christi und Enthauptung Johannes d. T.) 15. Jh., reiche Kanzel 1732. – *Bergkirche St. Stephan*, dreischiffige spätgotische Hallenkirche (begonnen 1394) mit älteren Teilen, über den Seitenschiffen kleine Staffelgiebel, Chor mit dreiseitigem Schluß, im Südwesten Turm mit neugotischem Aufsatz von 1860; Altaraufsatz 1684, Kanzel 1590, Grabsteine 14. und 16. Jh. – *Ehem. Augustiner-Kloster* (jetzt Heimatmuseum), gegründet 1280, 1711 bis auf Turm abgebrannt. An der Nordseite schlanker Turm mit achteckigem Aufsatz. – *Heimatmuseum*, u. a. Früh- und Stadtgeschichte, Volkskunde. – *Friederikenschlößchen* (jetzt Klubhaus der Kurverwaltung), eingeschossiger Barockbau (1749/50) mit tief herabgezogenem Mansarddach, Mittelrisalit mit Giebeldreieck, an beiden Seiten kleine Kavalierhäuser. – *Rathaus*, dreigeschossiger Barockbau (1742 bis 1751), drei starke Risalite mit Giebeldreiecken an der Ost-, Süd- und Westseite, im Kern spätgotischer Turm. – Vor dem Rathaus *Marktbrunnen*, 1582 von F. Dietmar und M. Begke. – Von den zahlreichen *Bürgerhäusern* (15. bis 18. Jh., vorwiegend in Fachwerkbauweise) besonders bemerkenswert: Haus zum Herkules (Vor dem Schlosse 20) Renaissancebau 1688, an der Ecke hölzerne Herkules-Statue. Klopstockhaus Salzstr. 2/3, Barockbau 2. H. 17. Jh.

Bemerkenswerte Schlösser und Herrenhäuser in BEICHLINGEN (ausgedehnte Anlage im wesentlichen 16. Jh., sog. Hohes Haus mittelalterlich, im Innern wertvolle bemalte Bohlenwände und -decken um 1600, rest., Schloßkapelle mit Stuckreliefs um 1600), MITTELSÖMMERN (zwei massive Untergeschosse, Obergeschoß Fachwerk, zwei große Zwerchhäuser, 16. Jh.), GROSSVARGULA (ehem. Amtshaus, zweigeschossiger Barockbau mit Mittelrisalit, ab 1727 von G. H. Krohne, jetzt Pflegeheim), NÄGELSTEDT (Renaissancebau 1565, halbkreisförmiger Vorhof mit Ummauerung) und BEHRINGEN (Renaissancebau ab 1547, später verändert, reicher Eckerker).

Bemerkenswerte Pfarr- und Dorfkirchen in TEUTLEBEN (romanisch Mitte 12. Jh., im Westen Empore, Fußbodenplatten mit Tier- und Pflanzenornamenten, 12. Jh.; Taufstein 1580), HARDISLEBEN (spätgotisch, vollendet 1505, 1684 barock erneuert; gediegene Barockausstattung), MANNSTEDT (Barockbau 1744/46; gediegene Ausstattung der Entstehungszeit), GUTHMANNSHAUSEN (Barockbau 1687; Kanzelaltar 1709, Taufe 1787), SPRÖTAU (Barockbau 1692–1704, Kanzelaltar der Entstehungszeit, Taufstein 1599), SCHALLENBURG (Hauptbau 15. Jh., ehem. Wehrturm, Tonnengewölbe mit Malerei, Umbau 1701; spätgotischer Schnitzaltar 1464, Sakramentsnische 15. Jh.), STRAUSSFURT (15. Jh., Chor 1504, Holztonne, umlaufende Empore; Taufstein 1593, an der Südseite drei Epitaphe), WALTERSDORF (barocker Zentralbau 1711–1713; einheitliche Ausstattung), FRÖMMSTEDT (romanische Anlage mit mächtigem Turm, Chor und Langhaus im 15. Jh. erweitert, 1609 Umbau; spätgotischer Flügelaltar um 1500, Taufstein 1574), OTTENHAUSEN (ehem. Klosterkirche, romanische Doppelturmfassade 12. Jh., Langhaus 1717 barock erneuert; Flügelaltar 1517), GANGLOFFSÖMMERN (romanische Doppelturmanlage 13. Jh., frühgotischer Chor, Langhaus 1785 umgebaut; spätgotisches Sakramentshaus, Flügelaltar Ende 15. Jh.), KLEIN BALLHAUSEN (spätgotischer Flügelaltar Ende 15. Jh.), GROSS VARGULA (15.–17. Jh.; Moseskanzel 1609), NÄGELSTEDT (ehem. Deutschordens-Kirche, urspr. kreuzförmige spätromanische Basilika nach 1222, Seitenschiffe abgebrochen), BURGTONNA (zwei spätgotische Flügelaltäre Ende 15. und Anfang 16. Jh.), UFHOVEN (Barockbau 1724/25; Grabdenkmäler 16./17. Jh.), THAMSBRÜCK (gotischer Chorturm 14./15. Jh., barockes Langhaus 1669; Grabdenkmäler 16. Jh., v. Berlepsch), WEBERSTEDT (spätgotischer Flügelaltar Anfang 16. Jh.) und OESTERBEHRINGEN (Barockbau 1689–1692; Kanzel, Taufe und Gestühl der Entstehungszeit).

Die Kreise Sondershausen und Nordhausen

SONDERSHAUSEN. Planmäßige Anlage (gegründet 1. H. 14. Jh.) am Fuße der Burg mit unregelmäßigem viereckigem Umriß, Straßennetz in Leiterform mit geschwungenen Längsstraßen, der Markt seitlich der Hauptstraße. Residenz des ehem. Fürstentums Schwarzburg-Sondershausen. Von der *Stadtbefestigung* geringe Reste der Stadtmauer und einiger halbrunder Wehrtürme erhalten. — *Schloß* (jetzt u. a. Museum und Fachschule), unregelmäßige Vierflügelanlage aus verschiedenen Bauzeiten: Ost- und Nordflügel mit Turm 1533 bis 1576, Südflügel um 1700 und Westflügel seit 1766 im Bau. Von den Räumen besonders bemerkenswert: Hofapotheke mit reichen Stukkaturen (1616), »Riesensaal« mit hochbarocken Stukkaturen und Plastiken (um 1700), »Weißer Saal« mit Rokoko-Stukkaturen (2. H. 18. Jh.), Schloßkapelle 1645 und 18. Jh. — In der Mitte des Schloßhofes barocker Brunnen (Mitte 18. Jh.). — Am östlichen Abhang des Schloßberges klassizistische *Hauptwache* (1838) und barockes *Prinzenhaus* (1724–1726). — Westlich vom Schloß das als Lusthaus erbaute *»Karussell«* (jetzt Konzertsaal) von 1708/09 (rest.), Innenraum auf achteckigem Grundriß mit zwei Emporenrängen auf mächtigen Säulen, Deckengemälde von

Sondershausen
1 Schloß mit Heimat- und Schloßmuseum, 2 Hauptwache (heute Eis-Café), 3 Prinzenhaus (heute Rat des Kreises), 4 Karussell, 5 Pfarrkirche St. Trinitatis, 6 Rathaus, 7 Gottschalksches Haus, 8 Fachwerkbauten, 9 Klosterkirche St. Crucis, 10 Lohmühle (T. D.), 11 Stadtmauer, 12 Brunnen

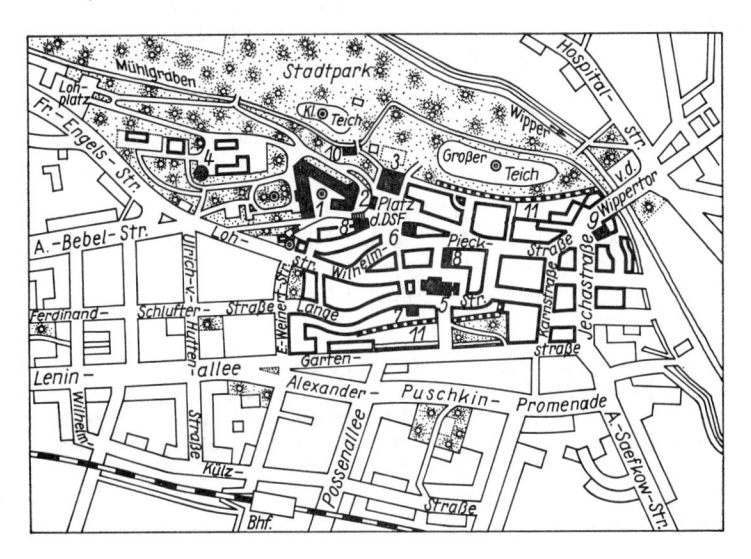

*Sondershausen,
Innenansicht des Karussells*

L. M. Sanguinetti (Kopie), im Keller Triebwerk für die Drehscheibe des Erdgeschoßbodens. – Schloßpark mit »Lohplatz« und Lustgarten (1. H. 19. Jh.). – *Heimat- und Schloßmuseum*, naturwissenschaftliche und heimatkundliche Sammlungen, Kunst- und Kunstgewerbesammlung in historischen Räumen, Abgußsammlung antiker Skulpturen. – *Pfarrkirche St. Trinitatis*, Teile des Mauerwerks und Turm gotisch (1. H. 14. Jh.). Turmhaube und Innenausstattung 1608–1620 und 1663–1691, Erneuerung und Anbau einer fürstlichen Grabkapelle Ende 19. Jh. – *Kirche St. Crucis*, erbaut 1392, nur als Ruine erhalten. – Von den *Bürgerhäusern* bemerkenswert: Mehrere Fachwerkbauten 18. Jh. – *Dorfkirche* im Ortsteil Jechaburg, Barockbau (1721–1736). – Auf dem Frauenberg Grundmauern einer romanischen Kapelle. – *Dorfkirche* im Ortsteil Jecha, romanischer Chorturm, spätgotisches Langhaus (1476), Altarretabel (Anfang 18. Jh.).

EBELEBEN. In der barocken *Pfarrkirche* (im wesentlichen 1702) bemerkenswert: Grabdenkmal Hans und Magdalena v. Ebeleben nach 1569. Grabdenkmal der Prinzessin Friederike Auguste v. Schwarzburg, gest. 1725. An der Südseite schwarzburgische Grabkapelle (1. H. 17. Jh.). – Teile einer *Parkanlage* von 1774 mit Skulpturenschmuck.

BLEICHERODE. Von der *Stadtbefestigung* Reste der Stadtmauer (14. Jh.) mit ehem. Zinsturm (erneuert 1717) erhalten. – *Rathaus*, Quaderbau mit aufgesetztem Fachwerkgeschoß (1540/41), gotische Innentüren mit Steinmetzzeichen und Siegeln. – Von den *Bürgerhäusern* besonders bemerkenswert: Maxim-Gorki-Str. 9 (1778), 39 (17. Jh.) und 131 (um 1650), Haus Billich (1734), Waasenmeisterhaus am Georgsberg (1708). – *Pfarrkirche*, kleine ehem. dreischiffige, jetzt zweischiffige spätgotische Hallenkirche (Anlage 1411,

1711–1713 stark verändert) mit Deckenmalerei aus der Zeit der Renaissance und des Barocks. — *Waldhaus Japan* (jetzt Gaststätte) mit reicher Ausstattung (18. Jh.), darunter französische Tapeten (1812/13 und um 1838).

GROSSLOHRA-MÜNCHENLOHRA. *Klosterkirche* des ehem. Benediktiner-Nonnen-Klosters, dreischiffige spätromanische Pfeilerbasilika (um 1200, 1882/1883 erneuert, rest.) auf kreuzförmigem Grundriß, im Mittelschiff Kreuzgratgewölbe, im Westen des Langhauses Nonnenempore, darunter zweischiffige Halle, an Chorjoch und Querschiff reich gegliederte Apsiden, im Westen Doppelturmfront; spätgotischer Taufstein 15. Jh.

GROSSLOHRA-AMT LOHRA. *Doppelkapelle*, romanischer Bau (spätes 12. Jh.), Untergeschoß dreischiffig mit Kreuzgratgewölben und Säulen, davon zwei mit gewundener Kannelierung, Obergeschoß mit Flachdecke des 17. oder 18. Jh., in beiden Geschossen quadratischer Altarraum ohne Apsis. — Von der chem. *Burg* Reste des Bergfrieds (11. Jh.), Torhaus mit Pulvermagazin (14./15. Jh.) und mehrere Wohngebäude (16. Jh. auf älteren Grundmauern, nach 1631 wiederhergestellt) erhalten.

NORDHAUSEN. Urspr. Reichsburg und Nonnenstift, 1220 Lösung aus der Stiftsabhängigkeit, bis 1802 Freie Reichsstadt, 1945 durch anglo-amerikanische Luftangriffe zum großen Teil zerstört, Wiederaufbau im Gange. Gruppenstadt, bestehend aus der Altstadt zwischen Domstift und Petersberg sowie der Neustadt, dem Altendorf und dem Frauenberg (sämtlich um 1365 mit der Altstadt vereinigt), die Stadtteile, dem Geländefall entsprechend, durch steile Treppenanlagen miteinander verbunden. Große Teile der *Stadtmauer* (erster Bau nach 1180, Neubauten und Erweiterungen im 14./15. Jh.) erhalten. — *Dom zum hl. Kreuz*, von Königin Mathilde 961 als Damenstift gestiftet, von Kaiser Friedrich II. 1220 in ein weltliches Chorherrenstift umgewandelt. Dreischiffige spätgotische Hallenkirche (Mitte 14. Jh.) mit Netzgewölben (Anfang 16. Jh.) und Achteckpfeilern, gerade geschlossener frühgotischer Chor (geweiht 1267)

Nordhausen,
Rathaus mit Roland

mit Kreuzgrat- und Kreuzrippengewölben, unter dem Chor dreischiffige romanische Krypta (spätes 12. Jh.) mit Kreuzgratgewölben und gedrungenen Würfelknaufsäulen, zu seiten des Chors zwei schlanke romanische Türme (spätes 12. Jh.). Bemerkenswerte Ausstattungsstücke: Barocker Hochaltar 1726. An den Chorwänden sechs Steinfiguren um 1300. Sakramentshäuschen 1455. Madonna mit der Akelei 2. H. 14. Jh. Chorgestühl um 1400. Grabsteine 14. und 16. Jh. — Vom ehem. Kreuzgang nur Reste des Westflügels erhalten. — *Pfarrkirche St. Blasii*, dreischiffige spätgotische Hallenkirche (15. Jh.) mit Kreuzrippengewölben und Querschiff, einschiffiger Chor mit dreiseitigem Schluß, spätromanischer Westbau mit zwei Achtecktürmen; Kanzel 1592. — *Rathaus*, dreigeschossiger Renaissancebau (1608–1610 auf Fundamenten des 14. Jh., 1945 zerstört, bis 1952 wiederaufgebaut), im Erdgeschoß Laube, Treppenturm mit Haube und doppelter Laterne. — Am Rathaus *Roland* von 1717 und *Denkmal* für die Opfer der Luftangriffe (J. v. Woyski). — Von den wenigen erhaltenen *Bürgerhäusern* besonders bemerkenswert: Finkenburg (an der Wassertreppe) gotischer Fachwerkbau um 1400. Barfüßerstr. 6 (»Flohburg«) Fachwerkbau um 1500. — *Meyenburg-Museum* (Alexander-Puschkin-Str. 31), u. a. Ur- und Frühgeschichte des Kreisgebietes, Ergebnisse der Stadtkernforschung, Möbel und Porzellane, Bronzegrabplatten, Münzen, kleine völkerkundliche Sammlung. — *Frauenbergkirche*, kreuzförmige romanische Basilika (Mitte 12. Jh.) mit Apsiden an Chor und Querschiffsarmen, seit 1945 Ruine, Wiederaufbau der Ostpartie mit Querschiff im Gange. — *Altendörfer Kirche* (ehem. Zisterzienser-Nonnen-Klosterkirche), gotischer Bau, 1353 als dreischiffige Hallenkirche erneuert, 1695 umgebaut, sehr entstellt.

EHEM. LAGER DORA. *Gedenkstätte* am Ort des ehem. Konzentrationslagers »Dora — Mittelbau«, errichtet im August 1943 als unterirdische Werkanlage für die faschistische Geheimwaffenproduktion (mehr als 18 000 Häftlinge ermordet), ab 1969 Neugestaltung der Gedenkstätte nach Entwürfen des Instituts für Denkmalpflege Berlin, im ehem. Krematorium Museum, vor dem Krematorium Plastikgruppe von J. v. Woyski.

ELLRICH. *Frauenbergkirche*, einschiffiger gotischer Bau (um 1300 mit Benutzung wesentlich älterer Teile) mit Flachdecke und dreiseitig geschlossenem Chor, im Chor Wandwaschbecken mit Teufelsfratze; spätgotische Sitzmadonna 15. Jh. — *Hospitalkirche*, einschiffiger, im Kern romanischer Bau (nach 1100, mehrfach umgebaut) mit Flachdecke, Wandgemälde (Auferstehung Christi) von 1598; spätgotischer Flügelaltar, spätromanisches Kruzifix, Votivstein 1461. — *Pfarrhaus* der Johanniskirche, Fachwerkbau 1655. — Von der *Stadtbefestigung* Teile mit Raventurm und Wernaer Tor (um 1315) erhalten.

Bemerkenswerte Burgruinen bei NEUSTADT (Burg Hohnstein, im Kern frühes 12. Jh., seit 1627 Ruine) und HERRMANNSACKER (Ebersburg, im Kern romanisch, Reste von Torturm und Bergfried), beide im Kr. Nordhausen.

Bemerkenswerte Schlösser und Herrenhäuser in WASSERTHALEBEN (Spätrenaissancebau 1663), GROSSENEHRICH (»Rappenstein« Renaissancebau

1590), ALLMENHAUSEN (Barockbau 1776/77), OBERSPIER (Jagdschloß »zum Possen« barocker Fachwerkbau 1736; daneben Fachwerk-Aussichtsturm von 1781), GROSSFURRA (»Schloß« urspr. mittelalterliche Burg, davon erhalten ein Flügel und Rundturm; »Hof« Renaissancebau 1600), HAINRODE (ehem. Wasserschloß der Renaissance 16. Jh., eingebaut in spätromanische Anlage), HERINGEN (Altes Schloß, fünfgeschossig, drei runde Ecktürme, um 1590; Neues Schloß 1729), AULEBEN (»Schlotheimsches Haus« monumentaler Fachwerkbau um 1630 über massivem Erdgeschoß; »Humboldtsches Schloß« Renaissancebau um 1600 mit älteren Teilen, Zweiflügelanlage mit rundem Treppenhaus, Wendeltreppe; »Rüxleber Hof« Fachwerkbau um 1700), GEBRA-OST (»Blauer Hof«, Wasserschloß, Barockbau um 1730, Türme mit barocken Hauben) und WOLKRAMSHAUSEN (»Hue de Grais«, barocker Fachwerkbau 1680 mit reicher Ausstattung um 1720, umfassende Rest. im Gange).

Weitere bemerkenswerte weltliche Bauten in NEUSTADT (Stadttor um 1450; Roland 1734), ILFELD (Altes Rathaus Fachwerkbau 16. Jh.), GEBRA-OST (Wohnhaus am »Krummen Ellenbogen« Nr. 94 Fachwerkbau 1712; Gasthaus zur Schenke Fachwerkbau Ende 16. Jh.) und ELENDE (Hospital 1767).

Bemerkenswerte Dorfkirchen in OBERBÖSA (Kanzel 1611, Taufstein 1607), NIEDERBÖSA (Barockbau 1698, an der Südseite Treppenaufgang), OTTERSTEDT (im Kern romanisch, 1247 urkundlich genannt), GROSSENEHRICH (Grabdenkmäler 2. H. 16. Jh., v. Tottleben), FREIENBESSINGEN (Barockbau 18. Jh.; Taufstein 2. H. 16. Jh.), ALLMENHAUSEN (Grabdenkmäler nach 1589 und nach 1619, v. Schlotheim), BELLSTEDT (spätgotischer Flügelaltar Ende 15. Jh.), NIEDERSPIER (spätgotisch um 1515), HACHELBICH (romanischer Chorturm vermutlich Ende 12. Jh., Langhaus 1567), BENDELEBEN (reicher Altaraufsatz Ende 16. Jh., Kanzel 1611, Grabdenkmal 1661), GÖRSBACH (spätgotischer Flügelaltar Ende 15. Jh.), WINDEHAUSEN (frühgotischer Chor um 1270, Langhaus 1725 barock umgebaut; fast lebensgroßes spätgotisches Vesperbild um 1500), BIELEN (frühgotischer Chor mit Kreuzgratgewölbe; spätgotischer Flügelaltar um 1500), STEMPEDA (romanischer Turmchor, Langhaus 1604), ILFELD-WIEGERSDORF (gotisch 14. und 16. Jh.), WOFFLEBEN (Barockbau 1752–1755), SÜLZHAYN (spätgotischer Flügelaltar um 1500), LIEBENRODE (gotisch 14. Jh.), WIPPERDORF-MITTELDORF (spätromanisch Mitte 13. Jh., Kreuzgratgewölbe, Chor mit Apsis), ELENDE (Rosenkirche, ehem. Wallfahrtskirche, spätgotisch 1419, später umgebaut), HAINRODE (gotisch 14. Jh. mit romanischen Resten; Grabplatten 15.–17. Jh.), WOLKRAMSHAUSEN (spätromanischer Westturm, gotisches Langhaus), STEINBRÜCKEN (Wehrkirche im Kern vermutlich frühromanisch 9./10. Jh.), HAIN (romanischer Chorturm mit Apsis), UTHLEBEN (Barockbau 1696, bemalte Emporen), GROSSFURRA (im Kern romanisch, 1326 den Zisterzienser-Nonnen überwiesen, zwei Osttürme, Chor mit Kreuzgewölbe), GROSSBRÜCHTER (Renaissancebau 1593–1597) und KEULA (Frühbarockbau 1652/53; Kanzel und Taufstein 2. H. 17. Jh.).

Die Kreise Worbis und Heiligenstadt

WEISSENBORN-LÜDERODE. *Ehem. Benediktiner-Kloster Gerode* (jetzt Jugendwerkhof), gegründet um 1100, säkularisiert 1803. Kirche Spätbarockbau 1795–1802, Dach, Turm und Gewölbe 1836 abgebrochen. Klostertrakt 1794–1801, Klostertor 1681, Pferdestall 1707, Schafstall 1768, Scheune (Quaderbau in Hufeisenform) 1773 und 1778.

KIRCHOHMFELD. *Burg Bodenstein* (jetzt Müttererholungsheim), erbaut 1150 und 1484, seit 1688 ausgebaut. Zugbrücke, Burghof, Söller mit Wappen.
– *Kapelle* 1688 in gotisierendem Barock, Ausstattung (Altaraufsatz, Taufengel, Empore mit Wandteppich) und Epitaphe aus der Bauzeit. – Im Burggarten Ruine eines dreigeschossigen *Mannschaftshauses* mit Schießscharten, Kamin und Fluchtausgang.

WORBIS. *Ehem. Franziskaner-Kloster*, gegründet 1667, aufgehoben 1824. Barocke Saalkirche (1668–1678 nach Plänen von A. Petrini), 1765 von C. Schmitt spätbarock umgebaut, Tonnengewölbe mit starken Gurtbögen; reiche Ausstattung der Umbauzeit. Neben der Kirche Antoniuskapelle (1690/1691). Schlichte Klostergebäude (1668–1670 von A. Petrini). – In der barocken *Pfarrkirche St. Nikolaus* (1756, Unterbau des Turmes romanisch) bemerkenswerter spätgotischer Altarschrein (Leben Christi) 1475. – *Ehemaliges kurmainzisches Rentamt* (jetzt Rathaus und Kreismuseum), reicher Fachwerkbau des 16./17. Jh. – *Kreismuseum*, u. a. Ur- und Frühgeschichte des Kreisgebietes, Geschichte der Stadt, Volkskunde des Kreises. – *Ehem. Junkerhof* (jetzt Hauptgebäude des Kreisrates), klassizistisch von 1850. – Zahlreiche *Wohnhäuser* in Fachwerkbauweise, darunter Beispiele aus dem 16. bis 18. Jh. – *St.-Rochus-Kapelle*, schlichter Barockbau von 1683, Erinnerungsstätte an die 386 Pesttoten der Stadt Worbis 1682/83. – In der schlichten barokken *Hardtkapelle* (1749) bemerkenswert: An der Nordwand vierzehn Nothelfer (nach 1682), Altaraufsatz 1771.

BEUREN. *Ehem. Zisterzienser-Nonnen-Kloster* (jetzt Feierabendheim), gegründet um 1200, säkularisiert 1810. Kirche im Kern romanisch (2. H. 12. Jh.), im 13. Jh. nach Osten verlängert, Inneres um 1672 nach Plänen von A. Petrini umgestaltet, Deckengemälde (Heiligenlegenden) um 1718. Ost- und Südflügel der Klostergebäude 1673–1679 nach Plänen von A. Petrini, Westflügel 1702 vollendet. – In der *Dorfkirche* bemerkenswerter spätgotischer Flügelaltar (Passion Christi) 2. H. 15. Jh. – *Burg Scharfenstein* (jetzt Naherholungsstätte), erbaut um 1200, zerstört um 1525, wiederaufgebaut seit 1532, bis 1802 Staatsgefängnis. – *Zollwartturm* 1342.

DINGELSTÄDT. *Kleine Kirche* (»Mariae Geburt«), einschiffiger Barockbau (1688) mit Benutzung spätgotischer Teile, Chor mit Kreuzgratgewölbe, Ostturm mit Spitzhelm; spätgotische Schmerzensmutter Mitte 15. Jh. – *Pfarrkirche St. Gertrudis*, neugotisch 1852–1855. – In der neuromanischen *Franziskaner-*

Klosterkirche (1892/93) auf dem Kerbschen Berg bemerkenswerte spätgotische Schnitzfiguren Ende 15. Jh. – *Kreuzweg* auf dem Kerbschen Berg, 1752–1767, die Stationen um 1900 verändert und ergänzt.

WACHSTEDT. *Burg Gleichenstein*, 1643 zerstört, in neuzeitliche Gebäude eingebaute spätgotische Reste. – Am Fuß der Burg *Wallfahrtskapelle Klüschen Hagis*, Barockbau (1768–1771) mit Außenkanzel von 1614; spätgotisches Vesperbild um 1400.

KLEINBARTLOFF. *Ehem. Zisterzienser-Kloster Reifenstein* (jetzt Krankenhaus), gegründet 1162, säkularisiert 1803. Einschiffige barocke Kirche (1737–1743, profaniert) mit Tonnengewölbe, Chor mit halbkreisförmigem Schluß, ungewöhnlich reiches Westportal, unter dem Chor dreischiffiges Totengewölbe. – Ostflügel der *Klausur* mit Refektorium und Kapitelsaal 1763, Westflügel mit ehem. Prälatur 1770–1775.

DÖRINGSDORF. *Wallfahrtskirche Hülfensberg*, dreischiffige gotische Hallenkirche (vollendet vermutlich 1367, ältere Reste, 1890 stark verändert) mit Kreuzrippengewölben; romanisches Kruzifix (»Hülfenskreuz«) vermutl. 12. Jh., Statue des hl. Bonifatius 1661. – Nördlich der Kirche die barocke *Bonifatiuskapelle* (1716, 1903 stark verändert). – In der klassizistischen *Dorfkirche* (1813) reicher Altaraufsatz 1687.

HEILIGENSTADT. Im 9. Jh. dörfliche Siedlung im Schutze des Martinstiftes, im 11. Jh. Anlage eines Marktes östlich des Dorfes, unregelmäßiges Wachstum der Altstadt um den Markt und die Marienkirche, im 1. V. 12. Jh. planmäßige Anlage der Neustadt um die Ägidienkirche, 1227 Verleihung des Stadtrechtes. Von der urspr. sehr starken *Stadtbefestigung* große Teile der Mauer erhalten. – *Ehem. Stiftskirche St. Martin* (Bergkirche), dreischiffige gotische Basilika (begonnen um 1304 mit Benutzung älterer Teile, vollendet 1487 von J. Wirouch) mit unterschiedlicher Jochweite, Kreuzrippengewölbe, Kapitelle mit ornamentalem und figürlichem Schmuck, am Ostende des nördlichen Seitenschiffes zweischiffige Krypta (Mitte 13. Jh.), von Türmen flankierter Chor (nur der Südturm vollendet) mit dreiseitigem Schluß, im Tympanon des Nordportals hl. Martin zu Pferde (um 1350); gotischer Bronze-Taufkessel, Pulthalter (Chorknabe) Anfang 14. Jh., Tumba des Erzbischofs Adolf von Mainz, gest. 1390. – *Schloß* (jetzt Rat des Kreises, Friedensplatz 8), dreigeschossiger Barockbau (1736–1738 von Ch. Heinemann aus Dingelstädt), Mittelrisalit mit Segmentgiebel, geräumiges Treppenhaus, Räume mit reichen Stukkaturen, an der Südostseite Anbau im fränkischen Fachwerkstil. – *Pfarrkirche St. Marien* (Altstädter oder Liebfrauenkirche), dreischiffige gotische Hallenkirche (2. H. 14. Jh., rest.) mit Kreuzrippengewölben und Bündelpfeilern, dreiseitig geschlossener Chor (beg. um 1400) mit wesentlich höheren Gewölben als im Langhaus, an seiner Nordseite Kapelle, querrechteckiger Westbau mit zwei achteckigen Türmen (um 1300); Schöne Madonna 1414, Bronze-Taufkessel 1492 von H. Tegetmeiger und A. Eddelendes, Altartafel von H. Raphon um 1500, Wandmalerei von 1507. – Gegenüber dem Nordportal

Heiligenstadt, Portal des Jesuitenkollegs

die *Friedhofskapelle St. Annen,* frühgotischer Zentralbau (nach 1300) über achteckigem Grundriß mit Rippengewölbe, über dem Hauptgesims Giebelkranz und achtseitige steinerne Pyramide mit Laterne. — *Altes Rathaus* (Ratsgasse 9), im Kern gotisch (vermutlich 13. Jh.), 1739 ausgebrannt, 1789 instand gesetzt. — *Ehem. Jesuitenkolleg* (jetzt Heimatmuseum und Streckersche Vogelsammlung, Kollegiengasse 10), dreigeschossiger Barockbau (1739/40 von Ch. Heinemann) mit reichem Hauptportal, geräumiges Treppenhaus mit wertvoller Ausstattung. — *Eichsfelder Heimatmuseum,* u. a. urgeschichtliche Funde, historische Abteilung, sakrale Plastik, Trachten, Eichsfelder Töpferei. — *Ehem. Waisenhaus* (jetzt Krankenhaus), zweigeschossiger Barockbau (1740), Mittelrisalit mit Giebeldreieck. — *Pfarrkirche St. Ägidien* (Kirche der Neustadt), dreischiffige gotische Hallenkirche (begonnen vermutlich nach 1333) mit erhöhtem Mittelschiff und Kreuzrippengewölben, kurzer einschiffiger Chor mit geradem Schluß, querrechteckiger Westbau (seit 1370) mit Figurenportal und achteckigem Südturm. Bemerkenswerte Ausstattungsstücke: Reicher Altaraufsatz 1638. Spätgotischer Bronze-Taufkessel 1507. Flügelaltar (Anna selbdritt) Ende 15. Jh. Doppelgrabsteine der Märtyrer Aureus und Justinus um 1320/30. Chorgestühl Ende 17. Jh. — *Neues Rathaus,* zweigeschossiger Barockbau (1739, im 19. Jh. verändert), im Westen Freitreppe, im Norden stattliches Portal, geräumiges Treppenhaus. — Neben dem Rathaus auf dem Marktplatz *Neptunsbrunnen* (1738). — Von den *Bürgerhäusern* aus der Zeit vor dem Stadtbrand von 1739 bemerkenswert: Mainzer Haus (Am Berge 2) 1443. Windische Gasse 48 1539. Rindermannsche Schmiede Fachwerkbau 1650. Witzelsches Wohnhaus Steinstr. 5 Fachwerkbau 17. Jh. Aus der Zeit nach dem Stadtbrand u. a. Karl-Marx-Str. 41 und 43 (beide 1740) sowie ehem. Haus v. Westernhagen neben dem Jesuitenkolleg (klassizistisch nach 1802). — *Nikolaikirche* am Lindenanger, ehem. spätgotische Wehrkirche (1461) innerhalb der Stadtmauer, bei der Belagerung 1632 zerstört, inmitten der Umfassungsmauern der ehem. Kirche eine Kapelle.

BORNHAGEN. *Burgruine Hanstein* (1070 urkundlich genannt) annähernd kreisförmige gotische Anlage (begonnen 1308) mit doppeltem Mauerring, Kernburg in Form eines unregelmäßigen Vielecks um engen fünfeckigen Hof, im Norden und Süden Rundturm, zahlreiche Gebäudereste, 1838–1840 teilweise ausgebaut.

Bemerkenswerte Burgruinen GREIFENSTEIN bei Kella (vermutlich gotisch, Reste eines Bergfrieds und Kellergewölbe erhalten) und auf dem RUSTEBERG bei Marth (1125 urkundlich genannt, Teile der Kapelle, der Schreiberei, des Gefängnisturmes und der Mauer erhalten), beide im Kr. Heiligenstadt.

Bemerkenswerte Fachwerkbauten in GROSSBARTLOFF, ERSHAUSEN, NIEDERORSCHEL (17./18. Jh.), BERNTERODE (Schwerdt-Mühle 1559), GROSSBODUNGEN (Rathaus von 1660, Erker), HAURÖDEN und NEUSTADT (einige Bauten um 1600; ferner bemerkenswerte Massivhäuser aus Sandstein).

Bemerkenswerte Schlösser und Herrenhäuser in GROSSBODUNGEN (Quaderbau von 1331, Umbau 1584), VOLLENBORN (1707 und Ende 18. Jh.), DEUNA (Hinterschloß Wasserburg, um 1300 und um 1500, Wehrtürme und starke Mauern mit Schießscharten; Vorderschloß Ende 17. Jh.), RÜDIGERSHAGEN (Fachwerkbau 1592), BERNTERODE (Barockbau mit Fachwerk-Obergeschoß 1717), MARTINFELD (Renaissancebau mit Fachwerk-Obergeschoß 1611), ERSHAUSEN (»Oberhof«, Barockbau mit Fachwerk-Obergechoß 1701 bis 1703; »Unterhof« Fachwerkbau 1719), in der Nähe von ARENSHAUSEN (»Unterstein«, Renaissancebau mit Fachwerk-Obergeschoß 1544), BIRKENFELDE (»Roterhof« Fachwerkbau 1659 bis 1667) und MARTH (»Schloß Rusteberg« Barockbau 1749/50).

Barocke Dorfkirchen mit reicher Ausstattung in NIEDERORSCHEL (geweiht 1685), BREITENWORBIS (1681–1689 nach Plänen von A. Petrini), LEINEFELDE (1729–1733), KREUZEBRA (1738–1743), REINHOLTERODE (1761), RENGELRODE (1738), BURGWALDE (1735; Renaissance-Flügelaltar 2. H. 16. Jh.), FREIENHAGEN (1777–1779), RUSTENFELDE (1740), MARTH (1732), KIRCHGANDERN (1686 und 1730), GERBERSHAUSEN (1777–1780), SCHÖNHAGEN (1741), LENTERODE (1774), WAHLHAUSEN (1718 mit älteren Teilen, doppelte Emporen, Ausmalung 1775), WIESENFELD (1768), VOLKERODE (1780–1782), MARTINFELD (1674 und 1723), FLINSBERG (1756), HEUTHEN (zwischen 1745 und 1748) und GEISLEDEN (1780).

Weitere bemerkenswerte Dorfkirchen in HELMSDORF (reicher spätgotischer Taufstein 1503), DEUNA (1687, erweitert 1870; reicher Barockaltar), KIRCHWORBIS (barocke Kapelle St. Valentin 1734/35), NEUSTADT (gotisierender Barockbau 1736; Rokoko-Hochaltar), HAURÖDEN (reicher Fachwerkbau 1692), NEUENDORF (zwei spätgotische Flügelaltäre Anfang und 1. H. 15. Jh.), GÜNTERODE (spätgotischer Flügelaltar Ende 15. Jh.), SCHACHTEBICH (spätgotischer Flügelaltar in barockem Rahmen Anfang 16. Jh.), UDER (Hauptbauzeit 1608, reiche Ausstattung, spätgotischer Flügelaltar um 1500), RÖHRIG (1800, Kanzel 1584), HOHENGANDERN (reicher Rokoko-Altar mit spätgotischem Vesperbild Anfang 16. Jh.), RIMBACH bei BORNHAGEN (spätgotischer Flügelaltar um 1500), LINDEWERRA (spätgotischer Flügelaltar Ende 15. Jh.) und GEISMAR (1805; reicher Altaraufsatz 1. H. 18. Jh.).

Stadt und Kreis Mühlhausen

Die Stadt Mühlhausen

Im Jahre 775 als Molinhuso urkundlich genannt, dörfliche Siedlung im Schutze einer fränkischen Burg. Im 10. Jh. Kammergut der Könige aus sächsischem Hause. Nach 1000 Entstehung der Altstadt mit der Pfarrkirche Divi Blasii, Straßennetz in uneinheitlicher Rippenform, Untermarkt (jetzt Wilhelm-Pieck-Platz) an der Kreuzung mehrerer Straßen. Im 12. Jh. Entstehung der Neustadt um die Marienkirche, Straßennetz in einheitlicher Gitterform, rechteckiger Obermarkt als Erweiterung der Hauptstraße. 1180 urkundlich civitas imperatoris (kaiserliche oder Reichsstadt) genannt, Bürgerausschuß als beratendes Organ des kaiserlichen Beamten im Verwaltungs- und Gerichtswesen. Nach 1227 und 1243 Niederlassung des Deutschen Ritterordens mit zwei Kommenden in der Alt- und Neustadt. Vor 1251 Errichtung der steinernen Stadtmauer. Während des Interregnums 1256 Zerstörung der kaiserlichen Pfalz durch die Bürgerschaft, Beginn der städtischen Selbstverwaltung. Seit 1418 Mitglied der Hanse, wirtschaftliche Blüte hauptsächlich infolge eines ausgedehnten Wollwaren- und Leinenexports. 1525 Übersiedlung Thomas Müntzers von Allstedt nach Mühlhausen. Im Frühjahr 1525 Zentrum des Volksaufstandes in Thüringen, Bildung des »Ewigen Rates«, am 23. Mai Kapitulation der Stadt vor dem Heer der Fürsten, Verlust der Reichsfreiheit. 1548 Wiederherstellung der Reichsfreiheit durch Kaiser Karl V. 1689 letzter großer Stadtbrand. 1802 Angliederung an Preußen.

Stadtbefestigung (zum großen Teil rest.). Die Stadtmauer ist fast in vollem Umfang erhalten, besonders bemerkenswert die Teile nördlich des 1654 erneuerten Inneren Frauentores (Raben-, Hospital- und Sackgassenturm sowie mehrere im 18./19. Jh. zu Gartenhäuschen umgebaute Wiekhäuser), der Abschnitt an der Straße Hinter der Mauer (Reste der Kaiserpfalz und Rundturm)

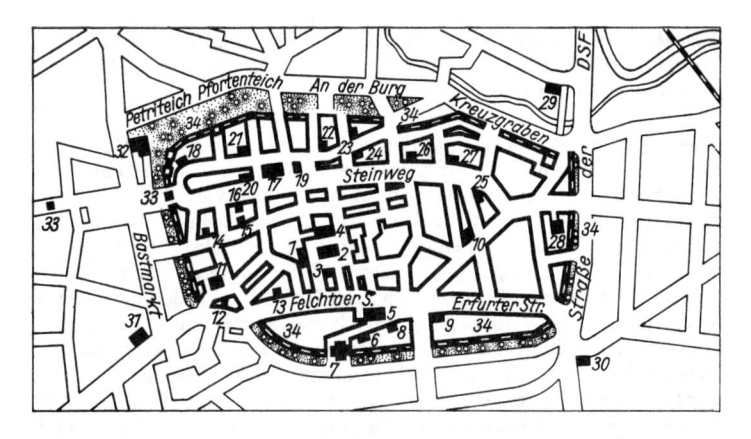

Mühlhausen
1 Rathaus, 2 Kornmarktkirche (Gedenkstätte Deutscher Bauernkrieg), 3 Ehem. Apotheke, 4 Ehem. Gymnasium, 5 Pfarrkirche Divi Blasii, 6 Annenkapelle, 7 Heimatmuseum, 8 »Bürenhof«, 9 Altes Backhaus, 10 »Schiffchen«, 11 Pfarrkirche St. Jakobi, 12 St. Jakobi 22 (Fachwerkbau), 13 Ehem. Färberei, 14 Handwerkerhaus von 1650, 15 Patrizierhaus von 1605, 16 Fachwerkhaus 1700, 17 Pfarrkirche St. Marien (Museum), 18 Antoniuskapelle, 19 Brotlaube, 20 Wohnhaus Thomas Müntzers, 21 Altes Posthaus von Thurn und Taxis, 22 »Goldener Stern«, 23 Ehem. Bäckerei, 24 Ehem. Gasthaus, 25 Allerheiligenkirche, 26 Ehem. Brauhaus von 1699, 27 Ehem. Brauhaus von 1690, 28 Pfarrkirche St. Kiliani, 29 Pfarrkirche St. Georg, 30 Pfarrkirche St. Martini, 31 Pfarrkirche St. Nikolai, 32 Pfarrkirche St. Petri, 33 Inneres und Äußeres Frauentor, 34 Stadtmauer

und der Abschnitt an der Leninstraße (drei Wehrtürme, darunter fünfeckiger Turm).

Rathaus (Ratsstr.). Stein- und Fachwerkbau aus verschiedenen Bauzeiten (nachweisbare Bautätigkeit: 1310, 1383, 1455, 1507/21, 1571, 1595, 1605, 1609, 18. Jh., 1874), verwinkelte Baugruppe, das im Kern gotische Hauptgebäude (14. Jh., im späten 16. Jh. umgebaut) über annähernd T-förmigem Grundriß (ehem. Gefängnisräume, Ratsstube von 1571 und großer Ratssaal), Nebengebäude (im wesentlichen 1605) über winkelhakenförmigem Grundriß, mit dem Hauptgebäude durch brückenartigen Gang verbunden, Hof mit Brunnen von 1747. – In den Archivgewölben des Südflügels *Stadtarchiv*.

Barfüßerklosterkirche (Kornmarktkirche, jetzt Gedenkstätte des Deutschen Bauernkrieges). Einschiffiger gotischer Bau (begonnen um 1230, Vollendung um 1280, Umbau um 1300, Ende 14. Jh. nach Osten erweitert, 1722 bis 1729 erneuert), Chor mit geradem Schluß, an seiner Südseite schlanker Turm mit barocker Haube.

Bemerkenswerte Bürgerhäuser in der näheren Umgebung des Kornmarktes: Neue Straße 10 (Alte Schule, 1721), 11 (1718), 17 und 18. Wahlstr. 69, 1605–1607. Brückenstr. 11 mit wertvoller Barocktür 1690.

Pfarrkirche Divi Blasii. Hauptpfarrkirche der Altstadt, 1227 dem Deutschritterorden übertragen, dreischiffige gotische Hallenkirche (um 1270 bis Mitte 14. Jh.) mit Kreuzrippengewölben und Bündelpfeilern, Querschiff mit großer Fensterrose in der Nordfassade, langgestreckter einschiffiger Chor mit dreiseitigem Schluß, in seinen Fenstern gotische Glasgemälde (Mitte 14. Jh.), an seiner Nordseite Taufkapelle, an der Südseite Sakristei, über den Seitenschiffen und am Chor quergestellte Satteldächer mit Giebeln und Fialen, querrechteckiger frühgotischer Westbau (um 1235) mit zwei reichen achteckigen Türmen (vollendet um 1260), beide infolge ungenügender Fundamentierung aus dem Lot gewichen. Bemerkenswerte Ausstattungsstücke: Spätgotischer Flügelaltar (im Schrein Marienkrönung) und Kanzel, beide Ende 15. Jh. Taufstein 1596. Lettnergitter 1640. Grabsteine der Bischöfe Kristan v. Samland (gest. 1295) und Theodor v. Ammern (gest. 1353).

In der ehem. Deutschordens-Kommende südwestlich der Blasii-Kirche die *Annenkapelle*. Einschiffiger hochgotischer Bau (2. H. 13. Jh.) mit Kreuzrippengewölbe, im Osten dreiseitiger Schluß.

Heimatmuseum (Leninstr. 61). U. a. Ur- und Frühgeschichte des Kreisgebietes, Wirken Thomas Müntzers in und um Mühlhausen, Mühlhäuser Handwerk und Innungswesen, thüringische Fayencen und bemalte bäuerliche Keramik, neuere und neueste Geschichte.

Bemerkenswerte Bürgerhäuser in der näheren Umgebung der Blasii-Kirche: Wilhelm-Pieck-Platz 7 (»Bürenhof«) spätgotisch, 1607 umgebaut. Links neben dem Bürenhof Patrizierhaus von 1728. Wilhelm-Pieck-Platz 15 (altes Backhaus) 1631. Wilhelm-Pieck-Platz 16 1745. Wilhelm-Pieck-Platz 23 1729. Erfurter Str. 2 1587 mit Hofgebäuden aus dem 16. Jh. Görmarstr. 1 1707. Görmarstr. 68 (»Schiffchen«) 16. Jh. und 1747. Felchtaer Str. 36 (ehem. Bauernhof). Felchtaer Str. 34 1723. Ratsstr. 6a (altes Lagerhaus) 1500.

Pfarrkirche St. Jakobi. Dreischiffige gotische Hallenkirche (Chor 1308/13, Abschluß der Arbeit 1418, 1592 abgebrannt, bis 1598 als Halle wiederhergestellt, seit dem 19. Jh. profaniert) mit flacher Holzdecke von 1732, an der Nord- und Südseite Portale, über ihnen Fenster mit reichem Maßwerk, im Gewände des Nordportals Menschen- und Tiergestalten, querrechteckiger Westbau mit zwei Türmen.

Bemerkenswerte Bürgerhäuser in der näheren Umgebung der Jakobikirche: Felchtaer Str. 18 (ehem. Färberei) 1577. Jakobistr. 8 1571, barocke Umbauten. Wahlstr. 85 Handwerkerhaus von 1650.

Pfarrkirche St. Marien. Hauptpfarrkirche der Neustadt, an Stelle von zwei durch

Mühlhausen, Marienkirche, Querhaus

Grabungen ermittelten Vorgängerbauten, nach dem Erfurter Dom größte Kirche Thüringens, umfassende Restaurierung als Thomas-Müntzer-Gedenkstätte im Gange. Fünfschiffige gotische Hallenkirche (begonnen um 1317, Chor bis 1327 vollendet, Querschiff und Langhaus 2. H. 14. Jh.) mit Kreuzrippengewölben und Bündelpfeilern, langgestreckter Hauptchor mit zwei kürzeren Nebenchören, in den Fenstern des Hauptchors Glasgemälde (14./15. Jh.), am Dachansatz der Chöre Fialen, Wasserspeier und Maßwerkgiebel, über den Seitenschiffen quergestellte Satteldächer mit Treppengiebeln, Südportal des Langhauses mit frühgotischem Rankentympanon, an der südlichen Querhausfassade Maßwerkbrüstung mit vier Figuren (Kaiser Karl IV. und Gemahlin mit zwei Begleitern nach 1360, rest.), darüber Anbetung der Könige und Christus als Weltenrichter (beide um 1370/80), querrechteckiger Westbau mit drei Türmen, Nordturm spätromanisch (Ende 12. Jh.), Südturmunterbau gleichzeitig, oben frühgotisch, Mittelturm spätgotisch (vollendet um 1560, Turmspitze nach 1893). – Von der *Ausstattung* besonders bemerkenswert: Spätgotischer Flügelaltar (im Schrein Marienkrönung mit den beiden Johannes) um 1520, Renaissance-Baldachin 1608 von H. Croberger. Drei gemalte Flügelaltäre (Kreuzigung, Marienkrönung, Nikolauslegende) spätes 15. und Anfang 16. Jh. Kanzel spätes 16. Jh. Levitensitz 1. H. 14. Jh. mit Maria und Johannes um 1480. Spätgotisches Triumphkreuz. Anbetung der Könige (westliche Vierungspfeiler), Maria spätes 15. Jh., Könige Anfang 16. Jh. Gemälde (im Vordergrund Stifterfamilie, im Hintergrund Ansicht Mühlhausens) 1566, Cranach-Schule. Ratsstuhl 1608 von H. Croberger. Grabdenkmäler 14., 15. und 17. Jh.

Antoniuskapelle (Holzstr. 12). Einschiffiger gotischer Bau (vermutlich 14. Jh., seit 19. Jh. profaniert) mit hölzerner Flachdecke und barockem Dachreiter.

Brotlaube (Karl-Marx-Platz 21/23). Dreigeschossiger Bau (jetziges Aussehen von 1722) an Stelle eines mittelalterlichen Kaufhauses.

Bemerkenswerte Bürgerhäuser in der näheren Umgebung der Marienkirche: Herrenstr. 1 (Wohnhaus Thomas Müntzers), jetziger Bau erst 1697. Herrenstr. 6, wertvolle Tür von 1650. Herrenstr. 19 Fachwerkhaus um 1650. Holzstr. 15 1690, im Treppenhaus geschnitzte Säule. Holzstr. 1 (altes Posthaus von Thurn und Taxis) 1660. Bei der Marienkirche 5 1692. Bei der Marienkirche 6 nach 1820, klassizistische Innenräume. Gasthaus »Goldener Stern« (Obermarkt 8) seit 1542. Obermarkt 9 1590. Burgstr. 25 (ehem. Bäckerei) 1610. Grasegasse 2 1690.

Allerheiligenkirche. Urspr. einschiffiger gotischer Bau (vorwiegend 14. Jh., seit dem 19. Jh. profaniert), vermutlich im 15. Jh. Anbau eines nördlichen Seitenschiffes, hoher Westturm mit achteckigen Obergeschossen und geschweifter Haube.

Bemerkenswerte Bürgerhäuser in der näheren Umgebung der Allerheiligenkirche: Brückenstr. 31/32 1694. Steinweg 75 (ehem. Brauhaus) 1690.

Pfarrkirche St. Kiliani. Einschiffiger gotischer Bau (14. Jh., nach Brand 1421 verändert, 1685 ausgebrannt, 1775 ausgemalt) mit dreiseitig geschlossenem Chor, an seiner Nordostseite Turm mit barocker Haube.

Pfarrkirche St. Georg (vor dem Görmartor). Einschiffiger gotischer Bau (vollendet Anfang 14. Jh.) mit Tonnengewölbe, Westturm mit Barockhaube von 1770. – An der Südseite des Langhauses *Friedhofskapelle*, kleiner spätgotischer Zentralbau (2. H. 14. Jh.) von unbekannter Bestimmung über sechseckigem Grundriß mit Rippengewölbe, an der Südseite schönes Gewändeportal.

Pfarrkirche St. Martini (Ecke Langensalzaer und August-Bebel-Str.). Einschiffiger gotischer Bau (vollendet 1360) mit fünfseitig geschlossenem Chor (um 1464 spätgotisch umgebaut), an der Nordwestecke quadratischer Turm, in seinem Erdgeschoß gotische Wandgemälde, Turmaufsatz 1735 von J. G. Köthe.

Pfarrkirche St. Nikolai (Ecke Bastmarkt und Wanfrieder Str.). Dreischiffige gotische Hallenkirche (im Kern vermutlich 14. Jh., später wiederholt verändert), Chor mit Kreuzrippengewölben und dreiseitigem Schluß, an seiner Südseite Turm mit spätromanischen Untergeschossen, achteckigem Aufsatz und Spitzhelm, über dem Südportal Nische mit Sitzfigur des hl. Nikolaus, im Westen Treppengiebel.

Pfarrkirche St. Petri (Petristeinweg). Urspr. dreischiffige gotische Hallenkirche (ab 1352, nach Brand 1422 wiederhergestellt) mit dreiseitig geschlossenem Chor, an seiner Südseite Turm mit Fachwerkaufsatz und hohem Spitzhelm; spätgotischer Taufstein.

Der Kreis Mühlhausen

SCHLOTHEIM. In der urspr. romanischen *Pfarrkirche* (nach Brand 1547 in vereinfachten Formen wiederaufgebaut) bemerkenswert: Altaraufsatz mit Benutzung von spätgotischen Schnitzfiguren und -reliefs um 1670. Kanzel 18. Jh. Herrschaftslogen 17. Jh. – *Schloß*, schlichter zweigeschossiger Barockbau von 1773. – *Bürgerhaus* Steinweg, 1567, mit reicher Fachwerkfassade und -giebel.

VOLKENRODA. *Klosterkirche* des ehem. Zisterzienser-Klosters, gestiftet 1130. Von der urspr. kreuzförmigen romanischen Basilika (Weihe 1150) nur das Querschiff und der Chor mit Apsis erhalten. An der Südseite Reste der romanischen und gotischen Klausur. – Südöstlich der Klosteranlage *Wirtschaftshof* mit Fachwerkbau 1768–1773 auf älteren Grundmauern.

Bemerkenswerte Schlösser in LENGENFELD (»Bischofsstein« Barockbau 1747 von Ch. Heinemann, alter Park; in der Nähe Burgruine) und SEEBACH (Wasserburg im Kern 13. Jh., im 19. Jh. in Fachwerk ergänzt; jetzt Vogelschutzwarte, biologische Zentralanstalt der Akademie für Landwirtschaftswissenschaften, im Park Lehrschau und Vogelkäfige, in der Feldflur Beispielspflanzungen, Ausstellung über Vogelschutz).

Bemerkenswerte Reste von Klosterbauten in ZELLA (ehem. Benediktiner-Nonnen-Kloster, ältestes Kloster des Eichsfeldes, gegründet vermutlich 12. Jh., im Kern spätromanische einschiffige Kirche, rest.; Wohn- und Wirtschaftsgebäude 17./18. Jh.) und ANRODE (ehem. Zisterzienser-Nonnen-Kloster, die 1590 mit Benutzung frühgotischer Teile erbaute einschiffige Renaissance-Kirche 1670/90 nach Plänen von A. Petrini erneuert; Wohn- und Wirtschaftsgebäude nach 1597 und nach 1648).

Bemerkenswerte Dorfkirchen in GÖRMAR (Barockbau 1747 mit gotischem Chorturm; spätgotischer Taufstein), KLEINGRABE (spätgotischer Flügelaltar um 1500), MEHRSTEDT (Barockbau 1690 mit spätgotischen Resten; Taufengel und Kanzelaltar 18. Jh., letzterer mit spätgotischen Figuren), MENTERODA (Barockbau 1720), EIGENRODE (spätgotischer Flügelaltar Ende 15. Jh.), HORSMAR (Barockbau 1721 mit romanischen und Renaissanceteilen, bemaltes hölzernes Tonnengewölbe; barocke Ausstattung, spätgotischer Flügelaltar Anfang 16. Jh.), DACHRIEDEN (spätgotische Flügelaltarteile um 1500), REISER (spätgotischer Flügelaltar um 1510), AMMERN (reicher gotischer Taufstein um 1300, Renaissance-Triptychon), HOLLENBACH (romanischer Chorturm, barockes Langhaus 1724; gotischer Taufstein 14. Jh., Altaraufsatz 18. Jh.), DIEDORF (Barockbau 1737 mit älteren Teilen, Altaraufsatz 1754, Emporen und Gestühl 1755; neben der Kirche Kapelle, Barockbau 1728, spätgotisches hl. Grab 1501), OPPERSHAUSEN (romanischer Chorturm, spätgotisches Langhaus), SEEBACH (Grabdenkmäler 16./17. Jh., v. Berlepsch) und GROSSENGOTTERN (spätgotischer Flügelaltar Ende 15. Jh.).

Stadt und Kreis Eisenach

Die Stadt Eisenach

Planmäßige Anlage der Stadt vermutlich im Zusammenhang mit der Erbauung der Wartburg, annähernd dreieckiger Umriß, Gassen vorwiegend in Ostwest- und Nordsüdrichtung verlaufend, im Osten der Sonnabendsmarkt (jetzt Platz der Deutsch-Sowjetischen Freundschaft) mit der Nikolaikirche, in der Mitte der Mittwochsmarkt (jetzt Markt) mit der Georgenkirche und dem Rathaus, als dritter Markt im Süden der Frauenplan. Um 1150 als Isinacha urkundlich genannt. 1196 urkundliche Erwähnung eines Ratskollegiums. 1264 Übergang der Oberhoheit an das Haus Wettin. 1466 urkundliche Erwähnung eines Kaufhauses der Tuchhändler. Bei der Landesteilung 1485 an die ernestinische Linie der Wettiner. 1525 Beteiligung großer Teile der Bürgerschaft am Bauernaufstand, Besetzung der Stadt durch die Heere der Fürsten, Hinrichtung von siebzehn Bauernführern. Von 1572 bis 1741 mit kurzen Unterbrechungen Residenz des Herzogtums Sachsen-Eisenach. 1617 und 1636 große Stadtbrände. Im 19. Jh. allmähliches Wachstum über die alte Begrenzung hinaus. 1869 Gründungsparteitag der Sozialdemokratischen Arbeiterpartei, der »Eisenacher«. Bildungsstätten: Kirchenmusikschule, mehrere Fachschulen.

Bauten, Sammlungen und Gedenkstätten in der Altstadt

Schloß (im linken Flügel Thüringer Museum). Dreigeschossiger Barockbau (1742–1751 von G. H. Krohne, rest.), an der Vorderfront drei Portale, im Schloßhof schmaler Mittelrisalit mit geschweiftem Giebel, auf dem Dach von sechs Säulen getragene kleine Kuppel; Festsaal mit reichen Rokoko-Dekorationen und Deckengemälden von Daysinger (Triumph der Galathea, Fürstenbildnisse). – *Thüringer Museum,* u. a. Gemäldegalerie (vorwiegend deutsche Meister), Gläser thüringischer Glashütten vom Mittelalter bis zur Gegenwart, Thüringer Porzellan.

Rathaus. Dreigeschossiger, im Kern spätgotischer Bau (1508), 1564 unter Verwendung von Renaissanceformen umgebaut, nach dem Stadtbrand von 1636 wiederaufgebaut, im zweiten Weltkrieg beschädigt, rest., Fenster in Zweier- und Dreiergruppen, am Untergeschoß Zierat und Reliefbildnisse von H. Leonhard, Sitznischenportal, Turm mit geschweifter Haube und Laterne.

Pfarrkirche St. Georg. Gegründet um 1180, im Kern spätgotische (begonnen 1515), mehrfach umgebaute (1560/61 und 1898/99) dreischiffige Hallenkirche mit Rundsäulen, in den Seitenschiffen drei Emporen, einschiffiger Chor mit geradem Schluß, im Nordwesten Turm von 1902. Bemerkenswerte Ausstattungsstücke: Kanzel 1676. Orgelprospekt 1719. Spätgotische Kreuzigungsgruppe um 1500. Kreuzigungsgruppe Ende 16. Jh. Gedenktafel an das Reformationsfest 1617. Landgrafen-Grabsteine aus dem Kloster Reinhardsbrunn

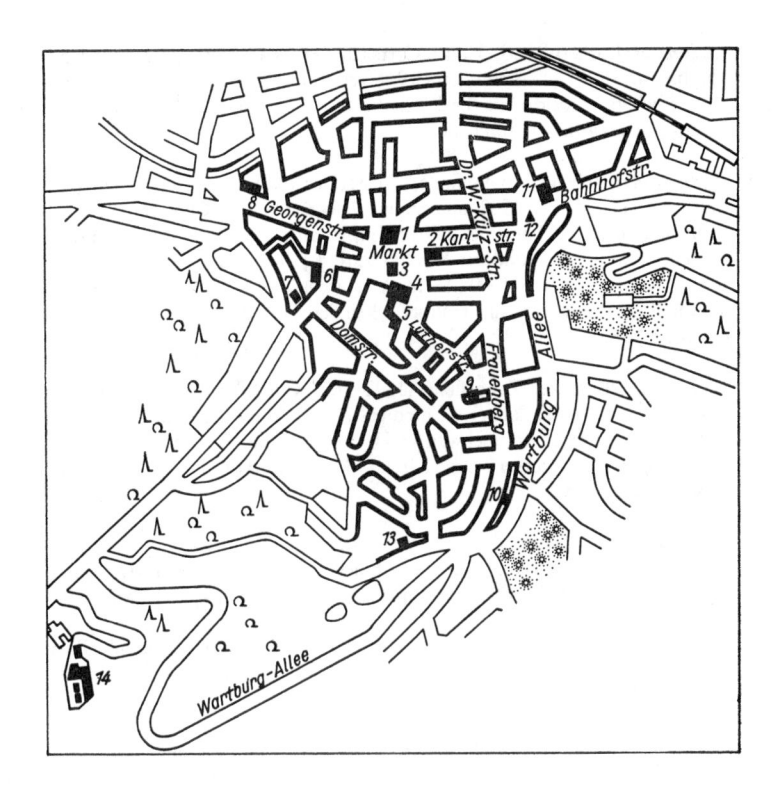

Eisenach
1 Schloß mit Thüringer Museum, 2 Rathaus, 3 Pfarrkirche St. Georg mit Marktbrunnen, 4 Residenzhaus, 5 Lutherhaus, 6 Predigerkirche mit Skulpturensammlung, 7 Kreuzkirche, 8 Hospitalkirche St. Annen, 9 Bachhaus, 10 Gedenkstätte »Eisenacher Parteitag 1869«, 11 Nikolaikirche mit Nikolaitor, 12 Lutherdenkmal, 13 Reuter-Wagner-Museum, 14 Wartburg

2. H. 14. Jh. Wandepitaph des Prinzen Friedrich August, gest. 1684. Wandepitaph des Herzogs Johann Georg I., gest. 1686. Wandepitaph Johann Thomas Moll, gest. 1587. Grabstein Nikolaus v. Amsdorf, gest. 1565. Bronzegrabplatte Eberhard v. d. Tann 1543. — Vor dem Westportal der Kirche *Marktbrunnen* (St. Georg im Kampf mit dem Drachen) von 1549.

Residenzhaus. Dreigeschossiger spätgotischer Westflügel (vermutlich 1507) mit schlankem Treppenturm, Nordflügel mit Renaissanceportal von 1539, die beiden massiven Untergeschosse mit Vorhangbogenfenstern, hoher Fachwerkgiebel.

Lutherhaus (Lutherplatz 8). Ehem. Cottasches Haus, im Kern spätgotisch Ende 15. Jh., im 16./17. Jh. verändert, 1944 zerstört, wiederaufgebaut, u. a. Lutherstübchen, Bibeldrucke und geistliche Bücher des 16. Jh., »Deutsches Evangelisches Pfarrhausarchiv«.

Predigerkirche (ehem. Dominikaner-Klosterkirche). Frühgotischer Bau (vermutlich 2. H. 13. Jh., 1902 umgebaut), langgestreckter Chor mit geradem Schluß, unter dem Chor dreischiffige Krypta, an der Südseite zweigeschossige Kapelle. An der Südwand der Kirche Reste der ehem. Klausur mit spätgotischem Kreuzgang (um 1500). – In der Kirche die *Skulpturensammlung* des Thüringischen Museums mit Hauptwerken der thüringischen sakralen Plastik des Mittelalters.

Kreuzkirche. Barocker Zentralbau (1692–1697 von J. Mützel) in Form eines griechischen Kreuzes, doppelte Emporen mit bemalten Brüstungen, über der Mitte kleiner Turm mit geschweifter Haube; schlichte Ausstattung der Entstehungszeit. – Neben der Kirche klassizistische Leichenhalle von C. W. Coudray (1829).

Hospitalkirche St. Annen. Einschiffiger, im Kern spätgotischer Bau (1634 bis 1639 erneuert und erweitert, rest.) mit Flachdecke und Emporen, zwei Rundbogenportale von 1634, Dachreiter mit geschweifter Haube und Laterne.

Bachhaus (Frauenplan 21). Sammlung über Leben und Werk der Familie Bach und des 1685 in Eisenach geborenen Johann Sebastian Bach, Sammlung historischer Musikinstrumente.

Gedenkstätte »Eisenacher Parteitag 1869« (ehem. Gasthaus Zum Löwen, Marienstr. 45). Tagungsort der Vorversammlung des Eisenacher Kongresses von 1869, auf dem die Gründung der Sozialdemokratischen Arbeiterpartei beschlossen wurde.

Nikolaikirche (ehem. Benediktiner-Nonnen-Klosterkirche). Dreischiffige romanische Flachdecken-Basilika (vermutlich 1172–1190, 1967–1969 rest.) mit Stützenwechsel und reichen Kapitellen, im Westen Vorhalle, im Osten Hauptchor mit südlichem Nebenchor, beide mit Apsiden, über dem Nebenchor Turm mit achteckigen Obergeschossen; spätgotischer Schreinaltar (Beweinung Christi) Anfang 16. Jh. – Im Süden der Kirche das *Nikolaitor* (im Kern spätromanisch um 1200), einer der letzten Reste der Stadtbefestigung. – Neben der Kirche *Denkmal* von H. Lederer für die im ersten Weltkrieg gefallenen deutschen Ärzte. – Auf dem Platz der DSF *Lutherdenkmal*, 1895 von A. v. Donndorf.

Bürgerhäuser. Die einst zahlreichen Fachwerkbauten meist im 18. Jh. verputzt, bemerkenswert der alte Gasthof in Fischbach (ehem. Witwensitz einer Herzogin), Zweiflügelanlage der Renaissance (1624) mit Erker und ehem. Treppenturm, sowie die Ratsapotheke (um 1560). Bemerkenswerte Beispiele aus dem 18. und frühen 19. Jh.: Goldschmiedenstr. 1 und 1a Rokokobau (um 1760) mit klassizistischem Saal (Anfang 19. Jh.). Jakobsplan 9 mit klassizistischem Saal (um 1800). Karlstr. 3 mit klassizistischem Saal (um 1810).

Bauten und Sammlungen außerhalb der Altstadt

Reuter-Wagner-Museum (Reuterweg 2, 1864–1867 von L. Bohnstedt). Sammlung über Leben (Wohnräume mit historischer Einrichtung) und Werk des Dichters Fritz Reuter (gest. 1874 in Eisenach) sowie die 1895 angekaufte Oesterleinsche Sammlung über Leben und Werk des Komponisten Richard Wagner.

Kartausgarten, um 1700 fürstlicher Lust- und Küchengarten, in der Goethezeit zum Landschaftspark umgestaltet. In dem frühklassizistischen Gärtnerhaus *Teezimmer* mit Bildtapete (Amor und Psyche) um 1830 aus der Werkstatt von J. Dufour nach Entwürfen von Lafitte und Blondel.

Burschenschaftsdenkmal (auf der Göpelskuppe). 1900–1902 nach Entwurf von W. Kreis.

Südlich von Eisenach an der Straße nach Wilhelmsthal (F 19) die *Hohe Sonne* (jetzt Gaststätte), barockes Jagdschloß 1741–1747 von G. H. Krohne, davon erhalten zwei Pavillons, Hauptbau 1900 erneuert.

Wartburg. Sagenhafte Gründung 1067, weiträumige Anlage aus verschiedenen Bauzeiten, um zwei Höfe gruppiert, 1838–1890 wiederhergestellt, teilweise stark verändert, seit 1952 umfassende Restaurierung der Gesamtbauanlage, 1967 im wesentlichen abgeschlossen, seit 1979 Erhaltungsarbeiten am Palas. Ältester und wertvollster Teil der spätromanische *Palas* im Südosten, die beiden unteren Geschosse begonnen kurz nach 1190, vollendet um 1220, drittes Geschoß um 1250 aufgesetzt, die Erdgeschoßarkaden aus Vierergruppen, die des zweiten Geschosses aus Fünfergruppen gebildet, Kapitelle mit reichem pflanzlichem und figürlichem Schmuck. Im Erdgeschoß des Palas zwei gewölbte Räume (Rittersaal und Elisabeth-Kemenate, letztere mit Mosaiken von 1902/1906) sowie Speisesaal mit hölzerner Flachdecke (Adlerkapitell), im zweiten Geschoß Landgrafenzimmer und Sängersaal (beide im 19. Jh. stark verändert) sowie die um 1320 eingebaute Kapelle (Wandgemälde der Bauzeit), in Landgrafenzimmer, Sängersaal und Galerie *Freskenzyklus* (Geschichte der Wartburg, Sängerkrieg, Elisabeth-Legende) von M. v. Schwind (1854/55); im dritten Geschoß Festsaal mit reicher Ausstattung von 1867. Die *übrigen Bauten* der Burg von Norden nach Süden: Torhaus (im Kern 12. und 15. Jh., im 19. Jh. verändert), Ritterhaus und Vogtei (beide im 19. Jh. umgebaut), im Ritterhaus spätgotische Diele (Ende 15. Jh.), in der Vogtei Lutherstube, an der Südseite Erker vom Harsdörferschen Haus in Nürnberg (1872 eingebaut), im Osten und Westen zwei Wehrgänge (Elisabethen- und Margaretengang), im Kern spätgotisch (nach 1450), im Süden des vorderen Hofes Torhalle und Dirnitz (beide

Eisenach, Wartburg von Osten

1866/67), nördlich und nordwestlich des Palas Treppenhaus (1953/54 von F. Steudtner), Neue Kemenate (1853–1860) und Bergfried (1853–1859), an der Südseite des Palas neuromanisches Bad (nach 1889), dem Palas gegenüber das Gadem (ehem. Gästehaus, jetzt Gaststätte, Fachwerkbau 1874–1877), südlich davon der Südturm (im Kern spätromanisch um 1200, im 19. Jh. erneuert) mit Burgverlies. — *Kunstsammlung*, u. a. Möbel von der Gotik bis zum Barock (Dürerschrank), mittelalterliches Kunsthandwerk (Emailarbeiten aus Limoges, Aquamanile, Wandbehang mit Szenen aus der Elisabeth-Legende um 1475), deutsches Kunsthandwerk der Renaissance und des Barocks, deutsche Malerei des 16. Jh. (vor allem Bildnisse von L. Cranach d. Ä.), einzelne gotische Plastiken (Leuchterengel der Riemenschneider-Werkstatt), Medaillen zur Reformationsgeschichte, Erstdrucke und Flugschriften Luthers und seiner Zeitgenossen.

Der Kreis Eisenach

GERSTUNGEN. *Schloß* (jetzt Heimatmuseum), dreigeschossiger Fachwerkbau der Renaissance (1. H. 17. Jh.), an der Südseite Treppenturm, an der Straßenseite dreigeschossiger Erker. — *Heimatmuseum*, u. a. Bauernstube mit Küche, Acker- und Erntegerät, heimische Bauerntöpferei. — *Pfarrkirche*, spätgotischer Chor (15. Jh.) mit Kreuzrippengewölben, Renaissance-Langhaus (nach 1588) mit Flachdecke und dreigeschossigen Emporen. Bemerkenswerte Ausstattungsstücke: Kanzel Ende 16. Jh. Taufstein 2. H. 17. Jh. Lesepult 1708. Grabsteine 15.–17. Jh.

BERKA AN DER WERRA. *Pfarrkirche*, spätgotischer Chor (begonnen 1439) mit Kreuzrippengewölben, über dem Chor massiger Turm mit Spitzhelm und vier Erkern, Renaissance-Langhaus (1616) mit kassettiertem Tonnengewölbe und doppelten Emporen. Bemerkenswerte Ausstattungsstücke: Kanzel 1634. Taufstein um 1530. Orgelprospekt 1667. Chorgestühl 17. Jh. Spätgotisches

Kruzifix um 1500. – *Untertor*, schlichter Barockbau (1738) mit älteren Teilen. – *Fachwerkhäuser* des 16.–18. Jh., besonders bemerkenswert: Storchenbäckerei (ehem. Amtshaus). Gasthaus zum Stern (1521).

MARKSUHL. *Schloß* (jetzt Wohn- und Verwaltungsgebäude), urspr. dreigeschossige Vierflügelanlage der Renaissance (1587–1591, drittes Geschoß und Ostflügel 1714 abgetragen), Hauptfront mit Doppelfenstern und Eckerkern, in den Fenstergiebeln des Erdgeschosses Gaffköpfe, an der Rückseite Treppenturm urspr. mit drei Fachwerkgeschossen von 1739, im Hauptgebäude einige Räume mit Rokoko-Stuckdecken (1741–1744 von Güldner), reiches Einfahrtstor (1613–1616). – *Pfarrkirche*, einschiffiger Barockbau (um 1667) mit hölzernem Tonnengewölbe und doppelten Emporen, massiger spätgotischer Westturm (1454) mit Spitzhelm und vier Ecktürmchen; reiche Kanzel der Entstehungszeit, Taufstein 1588, Orgelprospekt 1770.

WILHELMSTHAL. *Schloß* (jetzt Heim einer Oberschule), weiträumige Anlage mit schlichten, um eine breite Parkstraße gruppierten Wohngebäuden aus der Zeit des Barocks und des Klassizismus (begonnen 1712–1719, 1741 Änderung der Anlage und neue Innendekorationen durch G. H. Krohne, um 1850 und 1909 erweitert), am Nordende toskanische Säulenhalle, am Südende zierlicher Kuppelturm. – Ehem. barocke Gartenanlage um 1800 in Landschaftspark umgewandelt, heute durch Ferienlager verändert.

RUHLA. *Concordiakirche*, Frühbarockbau (1660/61 von J. H. M. Richter) in Winkelhakenform (Westflügel: Neue Kirche oder Männerkirche, Südflügel: Alte Kirche oder Weiberkirche) mit hölzernem Tonnengewölbe und doppelten Emporen, über dem Schnittpunkt der beiden Flügel niedriger Turm; reiche Kanzel der Entstehungszeit. *Trinitatiskirche*, einschiffiger Barockbau (1682–1686) mit hölzernem Tonnengewölbe, doppelten Emporen und Dachreiter; Kanzel und Taufstein der Entstehungszeit, Orgelprospekt 1709. – *Heimatmuseum* (Obere Lindenstr. 29/31, Fachwerkbau um 1600), u. a. Messerschmiede, Trachten.

CREUZBURG. *Schloß* (z. Z. umfassende Rekonstruktion), im Kern romanische Anlage (vermutlich 12. Jh.) im 16.–18. Jh. mehrfach umgebaut, Ringmauer teilweise mit Zinnenkranz, am ehem. Palas (Herzogshaus) geringe romanische Reste; Gelbes Haus, schlichter Renaissancebau (vermutlich 1606) mit Fachwerk-Obergeschoß. – Von der *Stadtbefestigung* (1215 begonnen) der Mauerring teilweise erhalten, einige Abschnitte im Kern spätromanisch, Reste von Wehrtürmen. – *Nicolaikirche*, urspr. romanische Basilika, gegr. 1215, im 15. Jh. Umbau, Turm von 1428, 1785 Schiff als Saalbau eingerichtet, 1945 stark zerstört. Vom romanischen Bau der halbkreisförmige Chor mit Blendnischen gegliedert, erhalten und gesichert. Kirche seit 1968 im Wiederaufbau. – *Gottesackerkirche*, einschiffiger, im Kern spätromanischer Bau (im 17. Jh. verfallen, 1710 in vereinfachten Formen wiederaufgebaut) mit Holzgewölbe und doppelten Emporen. – In der Nähe *Friedhofsportal* von 1624. – *Liboriuskapelle* an der Werrabrücke (1223 genannt, im 16. Jh., 1797 und 1907 umfassend erneuert), einschiffiger spätgotischer Bau (begonnen 1499) mit Sterngewölbe und schlanken Wandsäulen, die Wandflächen des Innenraumes 1514–1523 ausgemalt (inschriftlich von Cunrad Stebel), reichverzierte Strebepfeiler, im Osten dreiseitiger Schluß.

MIHLA. *Rotes Schloß* (jetzt Alterspflegeheim), Renaissancebau (1581, nach 1914 verändert) mit massivem Erdgeschoß und zwei Fachwerk-Obergeschossen, Treppenturm zwischen zwei Erkern, Rittersaal mit Stuckdekorationen von 1631, in den drei Geschossen drei große Dielen. — *Graues Schloß* (jetzt Wohnhaus, Gaststätte und Kulturzentrum), zweigeschossiger Renaissancebau (1536–1560), an den Langseiten je drei Giebel und ein Turm. — *Dorfkirche*, einschiffiger Barockbau (1711 mit romanischen Resten) mit bemaltem hölzernem Tonnengewölbe (1751/52) und bemalten doppelten Emporen; gediegene Ausstattung der Entstehungszeit, ferner: Schranknische (auferstandener Christus mit Maria und Johannes) um 1420. Flügelaltar (Passion) um 1490.

TREFFURT. *Burgruine Normannstein*, entstanden wohl im späten 12. Jh., nach Zerstörung 1333 wiederhergestellt, unregelmäßig polygonaler Bering, an seiner Innenseite der Palas, zwei starke viereckige Wohntürme und zwei weitere Gebäude, im Hof freistehend der runde Bergfried. — *Pfarrkirche St. Bonifatius*, Chor und Querschiff (spätromanisch um 1260) mit drei Apsiden, Kreuzrippengewölben und Rundbogenfriesen, an der Nordseite des Querschiffes reiches Portal, einschiffiges gotisches Langhaus (1341) mit Flachdecke, Umbauten 1866–1869 und 1928–1930. — *Rathaus*, Renaissancebau (Anlage Mitte 16. Jh., Obergeschosse von 1609), viergeschossiger Turm mit hoher Haube, Freitreppe. — *Fachwerkhaus* (Torstr. 1, 1608) mit dreigeschossigem Erker.

GROSSBURSCHLA. *Ehem. Stiftskirche*, urspr. dreischiffige Basilika mit sächsischem Stützenwechsel, auf Vorgängerbauten zwischen 1130 und 1150 errichtet, nach Teilzerstörung im 14. Jh. Wiederaufbau mit Verwendung von Teilen der nördlichen Arkadenreihe, dadurch jetzt zweischiffig, flacher Chorschluß; 1965–1968 rest., besonders Freilegung der verbauten Arkadenreihe und von Resten einer Chorschranke.

Bemerkenswerte Burgruinen bei THAL (»Scharfenburg«, romanischer Bergfried, Reste von Wehrmauern), LAUCHRÖDEN (»Brandenburg«, im Kern romanische Doppelburg, mehrere Türme, umfangreiche Reste von Wohngebäuden) und NAZZA (»Burg Haineck«, erbaut 1385, später verstärkt, fünfeckiger Mauerring mit Resten zweier Ecktürme).

Bemerkenswerte Schlösser und Herrenhäuser in STEDTFELD (verputzter Fachwerkbau 1667, Saal mit Gemälden von 1755; in der Nähe Wehrturm von 1534), OBERELLEN (Renaissancebau mit Fachwerk-Obergeschoß und Pfeilerhalle, 1596–1604), BERKA VOR DEM HAINICH (Fachwerkbau mit Vorhalle aus ionischen Säulen um 1820), BISCHOFRODA (Fachwerkbau 1752, Räume mit Rokoko-Ausstattung), FRANKENRODA (ehem. Gerichtshaus, Renaissancebau mit Fachwerk-Obergeschoß 1688).

Bemerkenswerte Dorfkirchen in OBERELLEN (1556; im Tympanon des romanischen Westportals Christus zwischen Maria und Johannes), FERNBREITENBACH (spätgotischer Chorturm, barockes Langhaus 1698; reiche Kanzel Ende 17. Jh.), HERDA (spätgotischer Flügelaltar um 1500), SALLMANNSHAUSEN (spätgotischer Chorturm, barockes Langhaus 1717 mit bemaltem hölzernem Tonnengewölbe um 1760; spätgotischer Flügelaltar um 1500), UNTERSUHL (Zentralbau der Renaissance über kreisförmigem Grundriß, Chor in Form eines Halbkreises 1615), SEEBACH (Barockbau 1734–1736; reiche Ausstattung der Entstehungszeit), FARNRODA (zwei spätgotische Flügelaltäre um 1500 und um 1510), ETTENHAUSEN (spätgotischer Chorturm 1505, barockes Langhaus 18. Jh.; befestigter Friedhof), WENIGENLUPNITZ (klassizistisch 1796; gediegene Ausstattung der Entstehungszeit, Grabdenkmal nach 1588, v. Farnroda), GROSSENLUPNITZ (spätgotischer Flügelaltar 1516), BERKA VOR DEM HAINICH (Barockbau 1752; reiche Ausstattung der Entstehungszeit), SCHERBDA (im Kern spätgotisch 15. Jh., reiche Ausmalung 1761; Grabdenkmäler 16./17. Jh.), SCHNELLMANNSHAUSEN (spätromanischer Chorturm, Langhaus 1792; befestigter Friedhof), FALKEN (barocke Ausstattung, spätgotischer Flügelaltar um 1500, Tafelbild 1. H. 15. Jh.).

Stadt und Kreis Gotha

Die Stadt Gotha

Im Jahre 775 als villa Gotaha urkundlich genannt, bäuerliche Siedlung am Fuße des heutigen Schloßberges. 1168 im Besitze der thüringischen Landgrafen, planmäßige Anlage einer Marktsiedlung mit langgestrecktem rechtwinkligem Hauptmarkt im Norden des Schloßberges und regelmäßigem Straßennetz in Gitterform. 1180 ausdrücklich als Stadt bezeichnet. 1217 Erwähnung der Burg auf dem Schloßberg (1316 erstmalig Grimmenstein genannt). Im 15./16. Jh. wirtschaftliche Blüte infolge eines ausgedehnten Handels mit Getreide, Walderzeugnissen und Färberwaid (Waidhandel nach der Lausitz und bis nach Köln). 1547 erste Zerstörung der Burg Grimmenstein (bis 1554 wiederaufgebaut). 1567 Eroberung der Stadt durch sächsische Truppen und endgültige Schleifung des Grimmensteins. 1632 großer Stadtbrand. Seit 1640 Residenzstadt, zuletzt von Sachsen-Coburg und Gotha (bis 1918). 1875 Vereinigungskongreß der Sozialdemokratischen Arbeiterpartei Deutschlands (Eisenacher) und des Allgemeinen Deutschen Arbeitervereins (Lassalleaner). Bildungsstätten: Ingenieurschulen für Bau- und Verkehrswesen, Fachschule für Finanzwirtschaft.

Schloß Friedenstein (jetzt Schloßmuseum, Heimatmuseum, Forschungsbibliothek und Staatsarchiv). Frühbarockbau, entworfen 1640–1643 (vier Modelle, vermutlich an der Planung beteiligt: A. Rudolfi, N. Teiner aus Weimar,

J. M. Richter, M. Staude aus Breisach und C. Vogel aus Erfurt), Grundsteinlegung 1643, Abschluß der Arbeiten 1655; umfassende Restauration im Gange. Ungewöhnlich weiträumige Dreiflügelanlage mit viergeschossigem Haupttrakt und dreigeschossigem Seitenflügel, an ihren Enden viergeschossige quadratische Pavillons, im Erdgeschoß des Haupttraktes und der Seitenflügel umlaufender Arkadengang, die vierte (Süd-)Seite der Anlage durch niedrige Bogengalerie geschlossen. Zahlreiche Räume mit Barock-, Rokoko- und klassizistischer Ausstattung, besonders bemerkenswert: Festsaal mit ungewöhnlich reicher barocker Ausstattung (im wesentlichen 1687–1697). Einschiffige *Schloßkirche* (geweiht 1646, umgebaut 1687–1697) mit doppelten Emporen und bemalter Stuckdecke, Gruft mit Prunksärgen gothaischer Herzöge. *Schloßthea-*

Gotha
1 Schloß Friedenstein mit Schloß- und Heimatmuseum und Ekhof-Theater, 2 Schloß Friedrichsthal, 3 Margarethenkirche, 4 Rathaus, 5 Hospital Maria Magdalena, 6 Augustinerkirche, 7 Altes Waidhaus, 8 Haus zum »Königs-Sahl«, 9 Ständehaus, 10 Lukas-Cranach-Haus, 11 Frankenbergsches Gartenhaus, 12 Gartenparterre (Orangerie) von Schloß Friedrichsthal, 13 Gedenkstätte der deutschen Arbeiterbewegung, 14 Wasserkunst am Schloßberg, 15 Museum der Natur, 16 Teeschlößchen, 17 Alte Münze

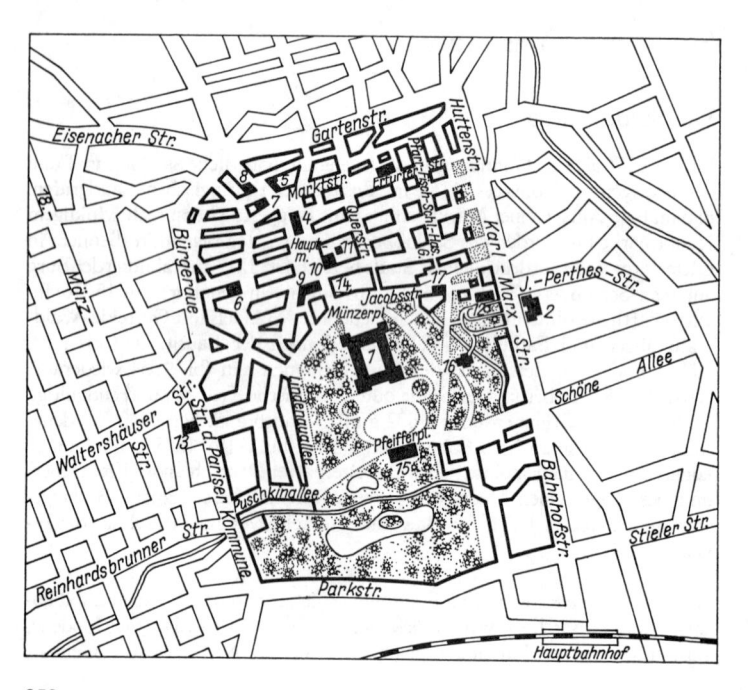

Gotha, Schloß, Ekhof-Theater

ter (Ekhof-Theater) im südwestlichen Pavillon (1683), Zuschauerraum mehrfach geändert, Bühnentechnik weitgehend im ursprünglichen Zustand erhalten, rest. — *Schloßmuseum* mit mehreren Abteilungen: Mittelalter bis Renaissance (u. a. Hausbuchmeister, Cranach, Amberger, Bruyn), niederländische Malerei (u. a. Rubens, van Dyck, Hals, van Goyen), einzelne Werke aus anderen Ländern (u. a. Ribera, Liotard, Rigaud, Plastiken von Houdon), Kupferstichkabinett (etwa 30 000 Blätter, vorwiegend Dürerzeit und Barock), Münzkabinett (etwa 100 000 Stück), Kunsthandwerk, Antikensammlung (griechische Vasen) und Chinasammlung. — *Forschungsbibliothek*, etwa 500 000 Bände, besonders Literatur der Reformationszeit und naturwissenschaftliche Literatur des 17./18. Jh., ferner 5 500 europäische und 3 300 orientalische Handschriften, damit eine der bedeutendsten Handschriftensammlungen der DDR. — *Museum für Regionalgeschichte*, u. a. Ur- und Frühgeschichte; ehem. Kestnersche Trachtensammlung, Waffen, angeschlossen das Ekhof-Theater.

Schloß Friedrichsthal (jetzt Fachschule). Zweigeschossige barocke Dreiflügelanlage (1708–1711 von W. C. Zorn v. Plobsheim), Mittelrisalit mit Pilastergliederung und Giebeldreieck, an den Flügelenden seitlich angeordnete Pavillonbauten. — Westlich des Schlosses *Orangerieanlage* mit zwei Orangeriegebäuden und einem Treibhaus (jetzt Café und Stadtbücherei), begonnen 1747 von G. H. Krohne, vollendet 1774 von J. D. Weidner.

HO-Kaufhaus (Erfurter Str.). 1928 nach Entwurf von B. Tamme.

Margarethenkirche (am Neumarkt). Dreischiffige spätgotische Hallenkirche (begonnen 1494) auf den Grundmauern einer romanischen Basilika, 1636–1652 und 1725–1727 umgebaut, im zweiten Weltkrieg stark beschädigt, bis 1952 in freier Anlehnung an den früheren Bau neu errichtet, Westturm mit barockem

Helm; Kanzel vermutlich 1727, Taufstein 1687, spätgotisches Relief (Abendmahl) um 1500, Epitaph für Herzog Ernst den Frommen 1728 von J. C. Bieder.

Rathaus (auf dem Hauptmarkt). Urspr. Kaufhaus, vor dem Bau des Schlosses Friedenstein Residenz des Herzogs, seit 1665 Rathaus, dreigeschossiger Renaissancebau (1567–1577, im 19. Jh. besonders im Innern stark verändert) auf rechteckigem Grundriß, auf der südlichen Schmalseite Turm mit Kuppel und Laterne, an der Nordseite reiches Portal mit Wappenaufsatz.

Hospital Maria Magdalena (jetzt Feierabendheim, im Brühl). Gegründet 1223, Barockbau (im wesentlichen 1716–1719), zweigeschossiger Mittelbau mit Giebeldreieck und stattlichem Portal, über der Kapelle Turm mit Kuppel und Laterne.

Augustinerkirche (am Klosterplatz). Einschiffiger, im Kern gotischer Bau (begonnen 1216 als Zisterzienser-Nonnenkloster, 1258 von den Augustiner-Eremiten übernommen, 1366, 1605 und 1676–1680 gotisch bzw. barock erweitert und umgebaut), von Holzpfeilern getragene Kassettendecke, Doppelemporen, an der Ostseite kleiner Turm. Bemerkenswerte Ausstattungsstücke: Kanzel 17. Jh. und Fürstenloge. Grabdenkmäler 16./17. Jh. – Die ehem. Klostergebäude mit dem *Kreuzgang* im wesentlichen 14. Jh., später verändert.

Gedenkstätte der deutschen Arbeiterbewegung (Tivoli, Cosmarstr. 10). Tagungsort des Vereinigungskongresses (s.o.) von 1875, Rekonstruktion des historischen Tagungsraumes, Darstellung der Geschichte der deutschen Arbeiterbewegung unter besonderer Berücksichtigung des Gothaer Vereinigungsparteitages von 1875.

Amts- und Bürgerhäuser. Zahlreiche Beispiele (16.–18. Jh.) erhalten, besonders bemerkenswert: Altes Waidhaus (Hauptmarkt 45) Renaissancebau 1577. Haus zum »Königs-Sahl« (Brühl 7) Renaissancebau um 1580. Ehem. Ständehaus (Oberer Hauptmarkt) Barockbau Anfang 18. Jh. Lucas-Cranach-Haus (Hauptmarkt 17), jetziger Bau aus dem 18. Jh., Portal und Keller älter. Alte Münze (Friedrich-Jakobs-Str.) Frühbarockbau 17. Jh. Frankenbergsches Gartenhaus (im Hof von Lucas-Cranach-Str. 9) Rokokobau 1. H. 18. Jh., im Innern Stuckdekorationen.

Der Kreis Gotha

FRIEDRICHSWERTH. *Schloß* (jetzt Jugendwerkhof), dreigeschossige barocke Dreiflügelanlage (1680–1689 von J. Tütleb), Mittelrisalit mit aufgesetztem Halbgeschoß und Giebeldreieck, Atlantenportal mit Freitreppe. Räume mit reichen Stuckdekorationen, besonders bemerkenswert: Kapelle, Blauer Saal, Grüner Saal und Paradesaal.

TABARZ. *Theodor-Neubauer-Gedenkstätte* (Theodor-Neubauer-Park), Ausstellung über Leben und Kampf des kommunistischen Widerstandskämpfers Dr. Theodor Neubauer (ermordet 1945), der in Tabarz seinen letzten Wohnsitz hatte.

WALTERSHAUSEN. *Schloß Tenneberg* (jetzt Heimatmuseum), kleine Vierflügelanlage der Renaissance (Hauptbauzeit Mitte 16. Jh.), an der Hofseite des Nordflügels offener Arkadengang (17. Jh.), im Westflügel Festsaal, im Südflügel Kapelle, beide vermutlich nach Entwürfen von W. C. Zorn v. Plobsheim (um 1720), Deckengemälde von J. H. Ritter, rest. — *Heimatmuseum*, u. a. Thüringer Trachten und Schmuck, Erzeugnisse der Spielwarenindustrie. — *Gotteshilfkirche*, großer barocker Zentralbau (1719–1723 von J. E. Straßberger) über vieleckigem Grundriß, elliptische Anordnung der dreigeschossigen Emporen, Stuckdecke mit illusionistischem Deckengemälde (1723 von J. H. Ritter), spätgotischer Turm (1458) mit Haube (1869); gediegene Ausstattung der Entstehungszeit. — Zwei *Stadttore:* Nikolaustor (untere Teile 1561, obere 1728 und 1768) und Töpfersturm (1474, Fachwerkaufsatz 18. und 19. Jh.). — *GutsMuths-Gedenkstätte* im Ortsteil Schnepfenthal (ehem. Erziehungsanstalt von Ch. G. Salzmann, Barockbau 1784–1793, jetzt Salzmann-Oberschule), Leben und Werk von J. Ch. F. GutsMuths als Wegbereiter der Körperkultur.

FRIEDRICHRODA. *Schloß Reinhardsbrunn* (urspr. Benediktiner-Kloster, gegründet 1085, im 16. Jh. zerstört, bis auf geringe Reste abgetragen; jetzt Hotel), weiträumige Anlage mit großem Landschaftspark, im Westen neugotisches Schloß (1827–1835 von G. Eberhard) mit Saalgebäude, etwa parallel zum Hauptbau ein langer schmaler Flügel (»Hirschgalerie«), im Südosten prunkvolle neuromanische Schloßkirche (1857–1874). — *Pfarrkirche*, einschiffiger Barockbau (1770 mit älteren Teilen, 1834 Umbauten) mit spätgotischem Turm (1511 bis 1538); Taufstein um 1600.

GEORGENTHAL. *Reste der ehem. Zisterzienser-Klosterkirche*, gegründet um 1140, zerstört 1525. Der Grundriß des spätromanischen Baues (begonnen nach 1152) durch Grabungen festgestellt: Dreischiffige kreuzförmige Basilika mit Stützenwechsel und Staffelchor im Hirsauer Schema; im Chor noch einige Mauerzüge erhalten, urspr. Standorte der Säulen markiert. Von den Klosterbauten lediglich das gotische Kornhaus (jetzt Heimatmuseum) westlich der Kirche und die Ruine des spätromanischen Abtshauses erhalten. — *Heimatmuseum*, u. a. Geschichte der Hexenprozesse im alten Amt Georgenthal. — *Schloß* im Nordwesten der Klosteranlage, im Kern Renaissancebau (16. Jh.) mit Benutzung von Teilen des alten Kloster-Amtshauses, im 17./18. Jh. verändert, zweigeschossig, Mittelrisalit mit Giebeldreieck, Südflügel mit Fachwerk-Obergeschoß. — *Dorfkirche*, einschiffiger, im Kern spätromanischer Bau (Anfang 13. Jh., mehrfach umgebaut) mit Dachreiter; Kanzelaltar Ende 18. Jh., reicher Orgelprospekt 18. Jh.

OHRDRUF. *Schloß Ehrenstein*, unvollendete, unregelmäßige Vierflügelanlage der Renaissance (im wesentlichen 1550–1590, von G. und V. Kirchhof), an der

Hofseite des Ostflügels Erker mit Diamantquaderung und reiches Portal, am Südflügel Vorbau mit reichem Giebel, im Südosten mächtiger Turm mit Haube und Laterne. — *Rathaus*, im Kern Renaissancebau von 1546, 1808 abgebrannt, in vereinfachter Form wiederaufgebaut. — *Marktbrunnen* von 1567 (mehrfach umgebaut). *Heimatmuseum* (Thüringer Hof, Johann-Sebastian-Bach-Str.), u. a. Bahrtücher und Gothaer Hauben. — *Trinitatiskirche*, einschiffiger Barockbau (1709–1714) mit doppelten Emporen, flache Holzdecke mit Gemälden (1895), Dachreiter; Kanzelaltar der Entstehungszeit, Taufstein um 1680, Grabsteine 18. Jh. — *Siechhofkapelle*, schlichter Barockbau von 1780; spätgotischer Flügelaltar. — *Stadtmauer* mit drei Streichwehren.

Bemerkenswerte Burgruinen bei WANDERSLEBEN (Burg Gleichen, die nördliche Burg der in enger Nachbarschaft liegenden »Drei Gleichen«, 1034 urkundlich genannt, bedeutende Reste), MÜHLBERG (die westliche der »Drei Gleichen«, Hauptbauzeit 13. Jh.) und WINTERSTEIN (gegründet vor 1250, Reste von drei Gebäuden).

Bemerkenswerte Dorfkirchen in MOLSCHLEBEN (spätgotischer Flügelaltar 1518, rest.), WARZA (spätgotisch, Chor 1520, Langhaus 1554 und 1768 erweitert), WANGENHEIM (Grabdenkmäler 15. bis 18. Jh., v. Wangenheim), TEUTLEBEN (Barockbau 1673/74; spätgotischer Flügelaltar Ende 15. Jh., Gabelkruzifix 14. Jh.), GRÄFENHAIN (Barockbau 1727, bemalte Holzdecke; reicher Orgelprospekt Ende 18. Jh.), HÖRSELGAU (spätgotischer Altar Anfang 16. Jh., rest.), HOHENKIRCHEN (spätgotisch 1511 mit romanischen Teilen; Kanzelaltar 1776), WECHMAR (neuromanischer Zentralbau 1843), WANDERSLEBEN (im Kern romanisch, im 17./18. Jh. umgebaut; spätgotischer Flügelaltar 2. H. 15. Jh., spätgotisches Kruzifix, Grabdenkmäler 16.–17. Jh., v. Gleichen), GRABSLEBEN (Barockbau 1696 mit romanischen und spätgotischen Teilen, bemalte Decke und Emporen) und SEEBERGEN (im wesentlichen spätgotisch 1511, bemalte Emporen 1620; Taufstein 16. Jh.; befestigter Kirchhof).

Stadt und Kreis Arnstadt

Die Stadt Arnstadt

Im Jahre 704 als Arnestati urkundlich genannt, einer der drei ältesten urkundlich genannten Orte Thüringens. Zwischen dem curtis (Herrenhof) an der Stelle des späteren Schlosses Neideck und einem vermuteten Dorf an der Weiße Bildung einer offenen grundherrlichen Marktsiedlung mit weiträumigem dreieckigem Marktplatz. Umfestigung mit Mauern etwa um 1200, Grundriß in Form eines unregelmäßigen Fünfecks mit unregelmäßigem (vermutlich bereits vor der Umfestigung vorhandenem) Straßennetz. 1220 urkundlich civitas genannt. 1266 Verleihung des Stadtrechtes, vorwiegend lokaler Handel mit Getreide, Holz und Wolle, daneben Waidanbau und Waidhandel. 1332 im Alleinbesitz der Grafen v. Schwarzburg. 1525 Beteiligung der Bürgerschaft am Aufstand der Bauern des schwarzburgischen Gebietes, nach der Niederwerfung des Aufstandes Hinrichtung von vierzehn Bauernführern und Verlust aller städtischen Privilegien. Von 1709 bis 1716 Residenz des Fürstentums Schwarzburg-Arnstadt, bis 1918 Nebenresidenz und Verwaltungsmittelpunkt des südlichen Landesteiles von Schwarzburg-Sondershausen.

Stadtbefestigung (1260 errichtet, 1332 und 1430 verstärkt). Von der Stadtmauer nur geringe Reste, von den früher vorhandenen sechs Toren das Neutor, das Fischtor und das Riedtor (im Kern vermutlich 14. Jh.) erhalten, in der Nähe Turm der abgebrochenen Jakobskirche (1484, Obergeschoß 17. Jh.).

Liebfrauenkirche. Dreischiffige Basilika des Übergangsstils (genaue Baudaten nicht bekannt, begonnen etwa um 1215/35, Chor um 1275–1300, die beiden letzten Geschosse des Nordwestturmes nach 1300, umfassende Restaurierung 1973 abgeschlossen) mit Kreuzrippengewölben im gebundenen System, Wechsel von starken und schwachen Pfeilern, über den Seitenschiffen Emporen, weiträumiges Querschiff und dreischiffiger Hallenchor, alle drei Schiffe mit dreiseitigem Schluß, Reste mittelalterlicher Glasmalerei (Passionsfenster), an der Nordseite zwei reiche Portale, eines mit Tympanonrelief (Kruzifix mit Kaiser Otto und Erzbischof), doppeltürmige Westfront, die Türme mit achteckigen Aufsätzen und von kleinen Giebeln eingefaßten Pyramidenhelmen, über dem östlichen Joch des Langhaus-Mittelschiffes Glockenturm in der Art der spätromanischen Vierungstürme. Von der Ausstattung besonders bemerkenswert: Spätgotischer Altar mit doppelten Flügeln (im Schrein Marienkrönung mit den Hl. Laurentius und Bonifatius) 1498. Schöne Madonna um 1415. Tumbengrab des Grafen Günther XXV. v. Schwarzburg (gest. 1368) und seiner Gemahlin Elisabeth (gest. 1381) Arbeit der Prager Parler-Schule. Grabstein des Theoderich v. Witzleben, gest. 1376. Prunkepitaph des Grafen Günther XLI., errichtet 1590.

Oberkirche (ehem. Franziskaner-Klosterkirche). Gegründet um 1250, langgestreckter, einschiffiger gotischer Bau (begonnen um 1300, vollendet um 1350) mit hölzernem Tonnengewölbe (1725), an der Südseite doppelte Empore mit bemalten Brüstungen (1576 und 1715), Adelsstand mit Brüstungsgemälden (um 1600 und 1671), reicher Fürstenstand (1610–1619), an der Nordseite des Langhauses spätgotischer Turm von 1461 mit barocker Haube von 1746. Von der reichen Ausstattung besonders bemerkenswert: Altaraufsatz 1642, Kanzel 1625, Taufstein mit Baldachin 1639/40, sämtlich von B. Röhl. Grabstein des Hüttenherrn Georg Fischer (Gregorsmesse), gest. 1505. Gedenktafel in Form eines Flügelaltars für Graf Günther den Streitbaren (Kreuztragung, Kreuzigung und Grablegung, Gemälde von Frans Floris 1554), errichtet 1594.

Rathaus. Dreigeschossiger Renaissancebau (1581–1583 nach dem Vorbild niederländischer Bauten von Ch. Junghans) mit zwei rechtwinklig aneinanderstoßenden Flügeln, nach dem Markt zwei reichgeschmückte Volutengiebel und ein reiches Portal mit Stadtwappen, in Nischen zwei Skulpturen (um 1370/80) des Meisters der Erfurter Neuwerksmadonna. — An der Ostseite des Marktes *Renaissancegalerie* (ehem. Tuchhändlergaden) von 1583, 1673 erneuert.

Neues Palais (jetzt Schloß- und Heimatmuseum). Zweigeschossiger Barockbau (1728–1732), um ein Geschoß erhöhter Mittelrisalit mit Giebeldreieck, geräumiges Treppenhaus, einige Räume mit Rokoko-Ausstattung, Empire-Räume. — *Schloß- und Heimatmuseum*, u. a. Puppenstadt »Mon plaisir« (84 Stuben mit mehr als 400 Puppen), ostasiatisches Steinzeug und Porzellan (Porzellankabinett mit Aufstellung des 18. Jh.), Brüsseler Bildteppiche (16. Jh.), Gemälde (16.–20. Jh.), Dorotheenthaler Fayencen, Meißner und Thüringer Porzellan, volkskundlich wertvolle Rokokoschnitzereien.

Ruine des Schlosses Neideck. Renaissancebau (1557–1560, 1779 eingestürzt), Reste des Ostflügels und schlanker Turm (65 m hoch) mit barocker Haube erhalten.

Bachkirche. Schlichter einschiffiger Barockbau (1676–1683 mit Benutzung von Teilen eines spätgotischen Baues von 1444) mit Holzemporen; Bach-Orgel 1701–1703. — *Johann-Sebastian-Bach-Gedenkstätte* (Bahnhofstr. 2a), Sammlung über das Wirken J. S. Bachs als Organist an der Bachkirche 1703–1707.

In der Erfurter Straße *Hopfenbrunnen* von 1573.

Von den erhaltenen alten *Bürgerhäusern* besonders bemerkenswert: Haus »Zum Großen Christoph« (Ried 9) im Kern spätgotisch (Ende 15. Jh.), Wandmalereien von 1574, erneuert 1957: Ehem. Papiermühle (An der Liebfrauenkirche) Renaissancebau 16. Jh. Haus »Zum Palmbaum« (Markt 3) Renaissancebau 1586 und 18. Jh. Gasthof »Zum Ritter« (Kohlenmarkt 20) Barockbau 18. Jh.

Himmelfahrtskirche. Schlichter einschiffiger Barockbau (1738–1748) über gestrecktem achteckigem Grundriß mit umlaufenden dreigeschossigen Emporen. — *Alter Friedhof*, Grabstätten von 25 Angehörigen der Familie Bach, Grab des Schriftstellers Willibald Alexis (gest. 1871), Gedenkstätte für die Opfer des Faschismus mit Plastik (»Der Rufer«) von F. Cremer.

Dorfkirche (Ortsteil Oberndorf). Romanische Chorturmkirche (um 1200, rest.) mit Benutzung frühmittelalterlicher Teile, urspr. dreischiffige Basilika (Seitenschiffe im 16. Jh. abgebrochen), in das Untergeschoß des Osturmes eingebaut ältere Bausubstanz, geradlinig geschlossener Chor mit Rundbogenfries, Ecklisenen und Halbsäulchen.

Der Kreis Arnstadt

PLAUE. *Ruine Ehrenburg* (gotisch nach 1324, im 16. Jh. verfallen), Bergfried sowie Reste der Wohngebäude und der Mauer erhalten. — *Sigismundkapelle*, 1730 auf alten Grundmauern (gotischer Bau 14. Jh., im 16. Jh. verfallen) errichtet. — *Liebfrauenkirche*, im Kern romanisch (vermutlich 12. Jh.), im 16. Jh. nach Westen erweitert, um 1700 durchgreifend erneuert.

STADTILM. Von der *Stadtbefestigung* große Teile der Stadtmauer mit mehreren Wehrtürmen (im wesentlichen 15. und 16. Jh.) erhalten. — *Pfarrkirche*, dreischiffiger frühgotischer Bau (seit Mitte 13. Jh., geweiht 1335) mit Flachdecken, 1784 barock umgebaut, einschiffiger Chor mit geradem Schluß, an der Nord- und Südseite des Langhauses je ein Figurenportal (um 1320) mit Vorhalle, im Westen zwei spätromanische Türme mit gotischen Obergeschossen (Mitte 14. Jh.) und Pyramidenhelmen; Rokokokanzel, Orgelprospekt und Chorschranken 1788. — *Rathaus* (jetzt u. a. Heimatmuseum), zweigeschossiger Renaissancebau (Anfang 17. Jh., Anfang 20. Jh. durch Anbau entstellt) mit Benutzung von Teilen eines frühgotischen Zisterzienser-Nonnen-Klosters (1287), Zwerchhäuser mit Spätrenaissancegiebeln, im Osten Treppenturm mit geschweifter Haube, im Westen Turm der Stadtbefestigung, in das Innere eingebaut das ehem. Refektorium des Klosters (jetzt Ratskeller). — *Heimatmuseum*, u. a. Funde vom slawischen Gräberfeld Kirchhügel bei Geilsdorf, Schuh- und Porzellanindustrie.

ICHTERSHAUSEN. *Ehem. Klosterkirche* des Zisterzienser-Nonnen-Klosters (z. Z. nicht zugänglich), urspr. dreischiffige romanische Flachdeckenbasilika (Mitte 12. Jh., im 17./18. Jh. stark verändert), jetzt einschiffig, im Osten Hauptapsis und zwei Nebenapsiden, zweitürmige Westfassade.

HOLZHAUSEN. *Veste Wachsenburg* (jetzt Gaststätte und Hotel, rest.), die östliche der »Drei Gleichen«, im Kern romanisch (12. Jh.), in der Zeit der Gotik und im 17. Jh. erweitert, nach 1710 zur kleinen Festung ausgebaut, an einigen Gebäuden romanische Details, Burgbrunnen von 1651 (93 m Tiefe), Bergfried und andere Gebäude von 1905. — In der schlichten *Dorfkirche* (im Kern gotisch, im 17./18. Jh. verändert) bemerkenswert: Kanzel und Taufengel 18. Jh. Grabsteine 2. H. 16. Jh.

Bemerkenswerte Burgruinen bei LIEBENSTEIN (im Kern romanisch, beträchtliche Reste von Palas, Bergfried, West- und Südbau) und EHRENSTEIN (beträchtliche Reste einer regelmäßigen Anlage vermutlich 14. Jh.).

Bemerkenswerte Dorfkirchen in THÖREY (spätromanischer Ostturm, spätgotischer Chor, Langhaus 2. H. 16. und Anfang 17. Jh.; Taufstein 17. Jh.), DORNHEIM (Wirkungsstätte von J. S. Bach, spätgotischer Flügelaltar 1. H. 15. Jh.), DOSDORF (spätgotischer Flügelaltar Anfang 16. Jh.), BITTSTÄDT (romanischer Ostturm, Chor und Langhaus barock umgebaut; Kanzel 1658), ESPENFELD (spätromanischer Chorturm, Langhaus 18. Jh.;

Reste einer Friedhofsbefestigung), CRAWINKEL (im Kern spätgotisch 1421, Taufstein 1781), FRANKENHAIN (Barockbau 1719–1722 mit älteren Teilen, bemaltes hölzernes Tonnengewölbe; einheitliche Ausstattung um 1750), GRÄFENRODA (Barockbau 1713 bis 1733; spätgotischer Flügelaltar 16. Jh.), KLEINBREITENBACH (Kruzifix 14. Jh., Pieta 2. H. 15. Jh., Flügelaltar um 1500), WIPFRA (befestigte Kirchenanlage, romanische Apsis, barockes Langhaus, in der Apsis Wandmalerei um 1300), GRIESHEIM (romanischer Ostturm, im Kern gotischer Chor, barockes Langhaus 17. Jh.; Moses-Kanzel 1. H. 17. Jh.), SINGEN (Barockbau 1742; reicher Kanzelaltar 1800 von S. Dörnberg, Taufgestell um 1786), ELLEBEN (Barockbau 1729; spätgotischer Flügelaltar 1498 von V. Lendenstreich), RIECHHEIM (1647 und 1. H. 19. Jh.) und WÜLLERSLEBEN (klassizistisches Langhaus 1822, spätgotischer Turm; Kanzelaltar Ende 18. Jh.).

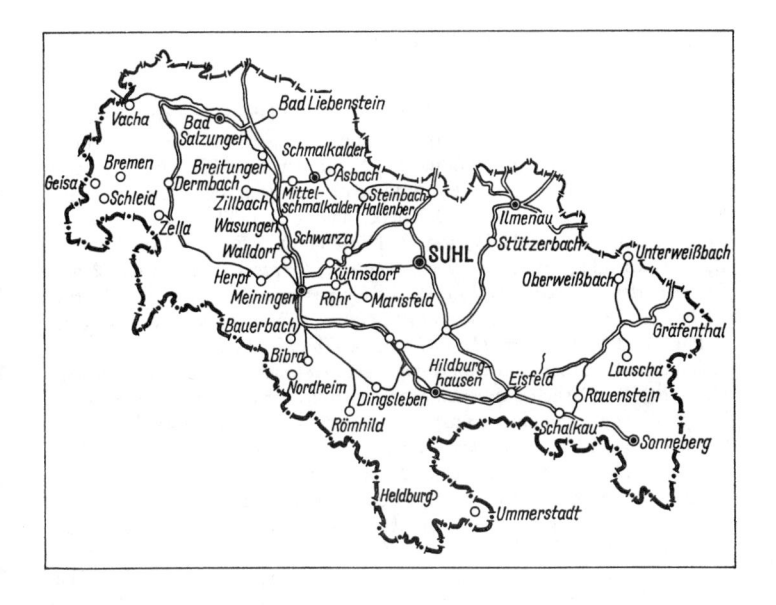

Bezirk Suhl

Die Kreise Suhl und Ilmenau

SUHL. Erste Erwähnung 1232, als Flecken 1445 bezeichnet, Kern der Streusiedlung zwischen der Hauptkirche und dem Karl-Marx-Platz, schon im 15. Jh. bedeutende Waffenproduktion, Stadtrecht erst 1527. 1952 Bezirkshauptstadt. Neugestaltung des Stadtzentrums nach dem Entwurf eines Kollektivs unter Leitung von O. Triebel und Angermüller und unter künstlerischer Mitarbeit von H. Hattop, W. Dörsch und W. Stötzer. Von den neuen Bauten besonders bemerkenswert: *Stadthalle der Freundschaft* (1971/72 nach Entwurf des Kollektivs H. Luther, die Haupttragkonstruktion vom Institut LENSNIIEP aus Leningrad projektiert) mit Wandbildern von W. Sitte, R. Paris und W. Neubert, *Hotel »Thüringen-Tourist«* (1966 nach Entwurf des Kollektivs H. Luther) und *Warenhaus »Centrum«* (nach Entwurf des Kollektivs H. Luther). – Östlich des neuen Stadtzentrums der als Fußgängerboulevard komplex restaurierte und rekonstruierte *Steinweg* mit dem historischen Markt, besonders bemerkenswert: *Haus Steinweg 26*, reiche Rokokofassade von 1756. – *Hauptkirche St. Marien*, einschiffiger, im Kern spätgotischer (1487–1491), jedoch zweimal abgebrannter und wiederaufgebauter (zuletzt 1753–1769) Bau, Chor mit dreiseitigem Schluß, an seiner Nordseite Turm mit Haube und Laterne; reicher Rokoko-Kanzelaltar und Orgelprospekt nach 1753 von K. Klemm aus Hildburghausen, rest. – *Kreuzkirche*, einschiffiger Barockbau (1731–1739) mit Stuckdecke, dreigeschossigen Emporen und doppelten Fen-

Suhl, Ernst-Thälmann-Platz

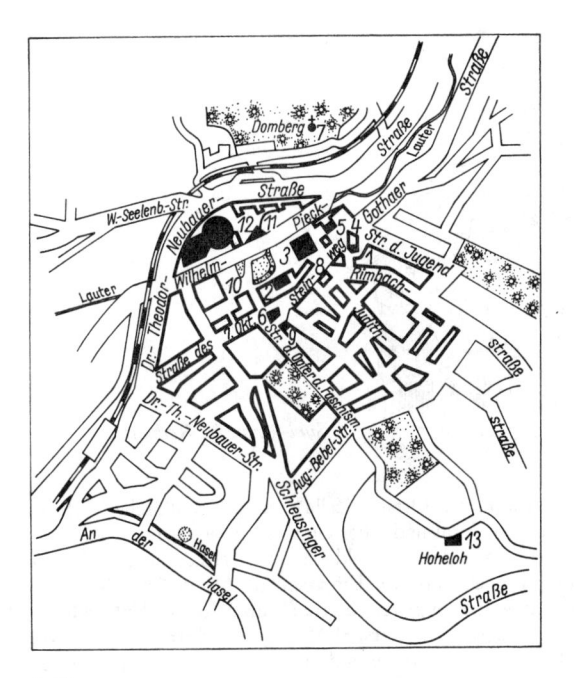

Suhl
1 Hauptkirche St. Marien, 2 Hotel »Thüringen-Tourist«, 3 Warenhaus »Centrum«, 4 Karl-Marx-Platz mit Waffenschmiedbrunnen (ehem. alter Markt), 5 Rathaus, 6 Kreuzkirche, 7 Bergmannskapelle, 8 Fußgängerbereich Steinweg, 9 Chor d. ehem. Gottesackerkirche, 10 Kulturelles Zentrum E.-Thälmann-Platz, 11 Waffen- und Heimatmuseum (ehem. Malzhaus), 12 Stadthalle d. Freundschaft, 13 Schul- und Volkssternwarte K. E. Ziolkowski

sterreihen, im Westen Chor und Sakristei mit dreiseitigem Schluß. Im Osten Turm mit Haube und Laterne; reicher barocker Kanzelaltar und Orgelprospekt der Entstehungszeit. – Südlich der Kreuzkirche *Chor der ehem. Gottesackerkirche*, erbaut 1618/19 mit Benutzung älterer Teile. – *Waffenmuseum* (Wilhelm-Pieck-Str. 11, ehem. Malzhaus, Fachwerkbau um 1650), größte Handfeuerwaffen-Sammlung der DDR, Geschichte der Suhler Waffenproduktion. – In SUHL-HEINRICHS: *Rathaus*, reicher Fachwerkbau von 1657 (rest.), das steinerne Erdgeschoß bereits 1551. – Zahlreiche *Fachwerkhäuser*, teilweise aus dem 16. Jh. – *Dorfkirche St. Ulrich*, 1116 urkundlich genannt, spätgotischer Bau (Chor 1452, Langhaus 1503 begonnen), im Chor Freskenzyklus des späten 15. Jh., in der östlichen Außenwand des Turmes Kreuzigungsgruppe (um 1486); reiches Sakramentshäuschen 1521, darin aufbewahrt vertrocknete Frauenhand (Reliquie?). – In SUHL-NEUENDORF weitere bemerkenswerte *Fachwerkhäuser*.

Suhl-Heinrichs, Rathaus

ZELLA-MEHLIS. *Pfarrkirche* (Ortsteil Zella), barocke Saalkirche (1768 bis 1773 mit Benutzung von Turm und Chor eines Baues aus dem 13. Jh.) über querovalem Grundriß nach dem Vorbild der Michaeliskirche in Ohrdruf (zerstört), hölzerne Kuppel, doppelte Emporen, im Osten Chornische, im Westen Turm mit Haube und doppelter Laterne; Kanzelaltar der Entstehungszeit. − *Pfarrkirche St. Magdalenen* (Ortsteil Mehlis), einschiffiger Barockbau (1731−1734) mit hölz. Tonnengewölbe und doppelten Emporen, im Westen übereckgestellter Turm (im Kern 13. Jh.), in seinem Erdgeschoß ehem. gotischer Chorraum mit Kreuzrippengewölben und Renaissancefresken; Kanzelaltar und Orgelprospekt Ende 18. Jh.

OBERHOF. Seit 1969 planmäßige Umgestaltung des Ortes zu einem der bedeutendsten Erholungszentren der DDR. Von den neuen Bauten besonders bemerkenswert: *Hotel »Panorama«* (1969/70 nach Entwurf des Kollektivs K. Martinković), *Gaststättenkomplex »Oberer Hof«* (1970/71 nach Entwürfen der Kollektive L. Schneider, K. Brandt, Lovrić und Djordvić) und *Ferienheim »Rennsteig«* (1972/73 nach einer städtebaulichen Konzeption von P. Seifert und H. Henselmann und nach Entwürfen der Kollektive H. Stengel, L. Schneider und D. Mönch).

SCHWARZA. *Wasserburg*, unregelmäßige Dreiflügelanlage (im Kern 13. Jh., 1538 und im 18. Jh. zum Wohnschloß umgebaut), drei- und viergeschossig, einige Räume mit Stuckdekorationen. − *Heimatstube* (Wasserburg), u. a. Trachten, Möbel, Hausrat und Arbeitsgeräte. − *Dorfkirche*, einschiffiger Barockbau (geweiht 1789) mit sechsgeschossigem Westturm; Kanzel 1654.

KÜHNDORF. *Johanniterburg*, im Kern nach 1291, später, besonders 1539−1583, mehrfach umgebaut, unregelmäßige Anlage um engen Hof, Hauptgebäude fünf- und sechsgeschossig, ferner Reste der Zwingerbefestigung (besonders ehem. Bergfried und runder Südostturm) und Große Scheune in der ehem. Vorburg erhalten. — *Dorfkirche*, einschiffiger, im Kern gotischer Bau (1323, 1520 und 1617 umgebaut) mit Emporen, dreiseitig geschlossener Chor mit Rippengewölbe, Westturm; reiche Kanzel 1630, Taufstein 1576, Pastorengrabstein 18. Jh.

ROHR. *Dorfkirche*, gegründet zwischen 815 und 824, einschiffiger, im Kern ottonischer Bau (10. Jh., im 16./17. Jh. mehrfach umgebaut, rest.) mit Kassettendecke, Emporen (17. Jh.) mit bemalten Brüstungen, Gaffköpfen und Heiligenfiguren, unter dem Chor dreischiffige ottonische *Krypta* mit ungefügen Kreuzgratgewölben, schlichten Pfeilern und halbkreisförmigen Nischen, über dem Chor Turm mit geschweiftem Satteldach; Kanzelaltar 1715, Orgelprospekt 1667. — *Befestigter Friedhof* (im Kern romanisch, 1629 erneuert und verstärkt) mit starkem Torturm und zwingerartigem Vortor. — Von den *Fachwerkbauten* des Ortes besonders bemerkenswert: Alte Baderei von 1686. — *Ehem. Nonnenklosterkirche St. Johannis*, gegründet im späten 12. Jh., einschiffiger frühgotischer Bau (nach 1250 mit Benutzung von Teilen einer romanischen Anlage) über langgestrecktem rechteckigem Grundriß, seit dem frühen 19. Jh. als Stall und Scheune genutzt.

MARISFELD. *Schloß* (jetzt Kinderheim), dreigeschossige Vierflügelanlage der Renaissance (1663–1665 mit älteren Teilen), Ecktürmchen mit geschweiften Hauben, reiches Hofportal. — *Dorfkirche*, einschiffige spätgotische Chorturmkirche (1497, 1711 barock erneuert) mit gewölbter Holzdecke und doppelten Emporen, Chor mit Kreuzgratgewölbe, Turm mit steinernem Spitzhelm; Kanzel und Orgelprospekt Anfang 18. Jh. — *Pfarrhaus*, reicher Fachwerkbau Mitte 17. Jh.

SCHLEUSINGEN. *Schloß Bertholdsburg* (jetzt Ausstellungszentrum mit heimatgeschichtlicher Abteilung), 1268 urkundlich genannt, unregelmäßige Vierflügelanlage um einen kleinen Hof in den Formen der Spätgotik und Renaissance (Hauptbauzeit Ende 15. und Anfang 16. Jh.), im Süden Residenzbau mit drei Ecktürmen und einem Treppenturm, neben dem Hauptturm zweigeschossige Loggia in reichen Renaissanceformen. Von den Räumen besonders bemerkenswert: Zweischiffiger gewölbter Raum mit Wandgemälden aus der Herkulessage (1. H. 17. Jh.) und alte Küche mit Kreuzgewölben. — *Heimatmuseum*, u. a. Bibliothek von 15 500 Bänden, darunter Handschriften, Inkunabeln und Notenhandschriften (10. bis 16. Jh.), Glasbläserei und Papierherstellung. — *Stadtkirche*, einschiffiges barockes Langhaus (1723) mit Flachdecke und dreigeschossigen Emporen, im Kern gotischer Chor mit dreiseitigem Schluß (1483–1498), an seiner Nordseite Turm (1608 umgebaut), an der Südseite im Kern gotische Ägidienkapelle (seit 1566 Erbbegräbnis der Grafen v. Henneberg). Bemerkenswerte Ausstattungsstücke: Altaraufsatz und Kanzel vermutlich 1629. Spätgotische Kreuzigungsgruppe 15. Jh. Schnitzfiguren (Christus und Apostel) um 1500. In der Ägidienkapelle elf Grabsteine der Grafen v. Henneberg, 15./16. Jh. — *Rathaus* nach 1586 mit Benutzung spätgotischer Formen (rest.), Erker und Portal mit Astwerkrahmen, sonst schlicht. — *Marktbrunnen* mit Standbild der Gräfin Elisabeth v. Henneberg um 1600. — *Gottesackerkirche* (Kreuzkirche). 1600–1604 mit Benutzung spätgotischer Formen, im späten 19. Jh. nach Osten erweitert; Grabdenkmäler 17./18. Jh.

STÜTZERBACH. *Goethehaus und Glasmuseum* (Sebastian-Kneipp-Str. 18), Goethezimmer mit historischer Einrichtung, drei museale Goetheräume, vier Räume Glasmuseum. — *Dorfkirche*, einschiffiger Barockbau (1714 und 1779) mit gewölbter Holzdecke, Westturm mit geschweifter Haube; Kirchstuhl Mitte 18. Jh., Grabstein nach 1729.

ILMENAU. *Amtshaus* (Goethe-Gedenkstätte), schlichter zweigeschossiger Bau (im Kern 1616, Neubau 1768), erhöhter Mittelbau mit Giebel. — *Museum* (Amtshaus), Goethezimmer mit historischen Möbeln, Alt-Ilmenauer Porzellan, Ilmenauer Silber- und Kupferbergbau. — *Rathaus*, zweigeschossiger Bau (1625, nach Brand 1752 wiederhergestellt), Eckerker, Mittelportal mit Wappenaufsatz, Turm mit geschweifter Haube. — *Historischer Marktplatz mit Hennebrunnen*, um 1752. — *Stadtkirche*, einschiffiger Renaissancebau (nach Brand 1603 mit Benutzung spätgotischer Teile, nach Brand 1752 unter Mitwirkung von G. H. Krohne wiederhergestellt, vollendet 1770) mit hölzernem Spiegelgewölbe und doppelten Emporen, Chor mit dreiseitigem Schluß, Westturm; reicher Kanzelaltar und Taufstein um 1760. — *Friedhof* mit Grabmal der Schauspielerin Corona Schröter, weitere Grabdenkmäler aus der Goethezeit. — *Zechenhaus* an der Sturmheide aus der Zeit des ältesten Bergbaus, erbaut 1691. — Südlich von Ilmenau das *Jagdhaus Gabelbach* (Nationale Gedenkstätte), erbaut 1783, umfassend rest., häufiger Aufenthalt Goethes; Museum, u. a. Dokumente, Zeichnungen und andere Erinnerungsstücke an Goethes Aufenthalte in Ilmenau und Umgebung. — Nördlich des Jagdhauses Gabelbach das *Goethehäuschen auf dem Kickelhahn* (Nationale Gedenkstätte), urspr. Jagdaufseherhütte, 1870 abgebrannt, später fast originalgetreu wiederaufgebaut (6. September 1780: »Über allen Gipfeln ist Ruh...«).

Bemerkenswerte Pfarr- und Dorfkirchen in BENSHAUSEN (klassizistisch 1791, spätgotischer Nordturm; Taufstein frühes 18. Jh.; im Ort bemerkenswerte Fachwerkbauten), CHRISTES (ehem. Wallfahrtskirche, dreischiffige spätgotische Basilika 1443, in der Sakristei spätgotische Wandgemälde), HINTERNAH (1614 in spätgotischen Formen; spätgotische Kreuzigungsgruppe Ende 15. Jh.), ALTENDAMBACH (vermutlich 1617 in spätgotischen Formen, bemalte Emporen; Kanzel 17. Jh.), VESSER (Barockbau 1710/11; Kanzelaltar 1796, Taufstein 1711), GEHLBERG (Barockbau 1751; Taufe Ende 18. Jh.), GERABERG (Barockbau 1749 bis 1753; reiche Ausstattung der Entstehungszeit), BÜCHELOH (romanischer Turmchor, barockes Langhaus 1729; Kanzelaltar und Taufengel 1. H. 18. Jh.), GEHREN (neugotisch 1830–1834), HERSCHDORF (Barockbau um 1689, im Kern gotischer runder Westturm; klassizistischer Kanzelaltar um 1860) und GROSSBREITENBACH (Barockbau 1680–1690; Reste von spätgotischen Flügelaltären, zwei barocke Statuetten 17. Jh.).

Stadt und Kreis Schmalkalden

Die Stadt Schmalkalden

Im Jahre 874 als Villa Smalacalta urkundlich genannt, fränkische Siedlung am Fuße des Schloßberges. In den Kämpfen zwischen Kaiser Heinrich IV. und Rudolf von Schwaben 1078 völlig zerstört. Allmähliche Entstehung eines Marktfleckens vermutlich in der 2. H. 12. Jh., erneute Zerstörung 1203. 1227 von Landgraf Ludwig dem Heiligen ausdrücklich als Stadt bezeugt. 1315 erste urkundliche Erwähnung der Stadtbefestigung. 1335 Verleihung der Rechte einer Reichsstadt. Von 1360 bis 1583 gemeinschaftliche Oberhoheit der Grafen von Henneberg und der Landgrafen von Hessen. Im 14. und 15. Jh. wirtschaftliche Blüte, vorwiegend durch Eisenerzbergbau in der Umgebung und Herstellung von Kleineisenwaren. 1525 Beteiligung der Bürgerschaft am Aufstand der Bauern im Grabfeldgau, Verlust der reichsstädtischen Privilegien. Von 1529 bis 1543 Tagungsort der evangelischen Stände (1531 Schmalkaldischer

Schmalkalden
1 Stadtbefestigung, 2 Schloß Wilhelmsburg, 3 Schloßkirche, 4 Kreis-Heimatmuseum, 5 Rathaus, 6 Stadtkirche St. Georg, 7 Hessenhof, 8 Große Kemenate, 9 Henneberger Hof, 10 Rosenapotheke, 11 Todenwarthsche Kemenate, 12 Stengelsches Haus, 13 Altes Kantorat, 14 Hospital, 15 Lutherhaus, 16 Pulverturm, 17 Melanchthonhaus

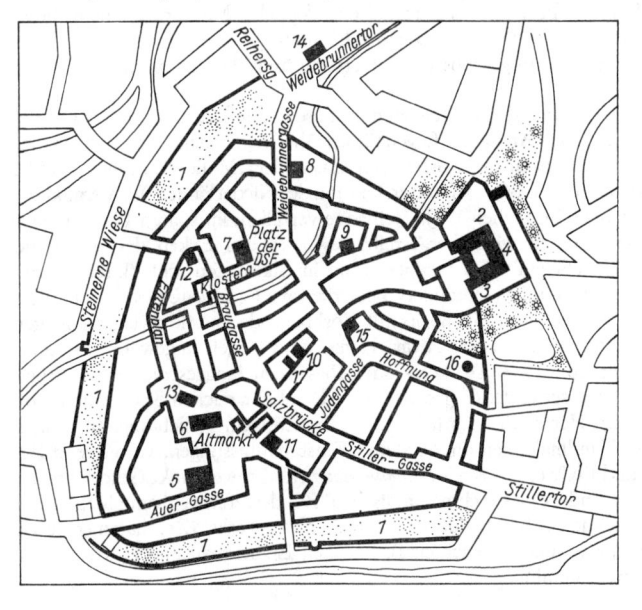

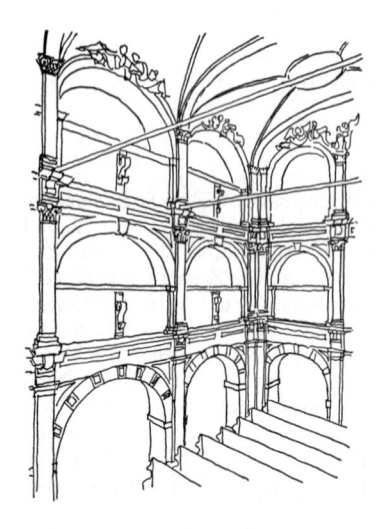

*Schmalkalden,
Schloßkapelle der Wilhelmsburg*

Bund). Nach dem Aussterben der Grafen von Henneberg 1583 vollständige Angliederung an Hessen. Um 1700 zweite Blütezeit des eisenverarbeitenden Gewerbes. 1866 Angliederung an Preußen. Bildungsstätten: Ingenieurschule für Schwermaschinenbau, Fachschule für Kindergärtnerinnen.

Stadtbefestigung. Fast vollständig erhaltener doppelter Mauerring, innere Mauer ab 1315, die äußere im wesentlichen 15. Jh., im 16. Jh. verstärkt. Von den Toren und Türmen der fünfgeschossige Pulverturm (um 1320) erhalten.

Schloß Wilhelmsburg (jetzt Kreis-Heimatmuseum, außerdem Diensträume des Stadt- und Kreis-Archivs). Regelmäßige Vierflügelanlage der Renaissance (begonnen 1585 nach Entwürfen von Ch. und H. Müller, eingeweiht 1590, Innenausstattung 1586–1590 unter Leitung des Niederländers W. Vernukken, vollendet 1627, im frühen 19. Jh. teilweise verfallen, im späten 19. Jh. in vereinfachten Formen wiederhergestellt, rest.), in den Ecken des annähernd quadratischen Schloßhofes Treppentürme, im Südwesten Schloßkirchenturm. Von den Innenräumen besonders bemerkenswert: *Schloßkapelle* (umfassend rest.) auf rechteckigem Grundriß mit Korbbogendecke und zweigeschossigen Emporen, an der Stirnseite Altar, Kanzel und Orgel, ungewöhnlich reiche Stuckarbeit von 1588. Bankett- oder Riesensaal langgestreckter, niedriger Raum mit Kassettendecke (rest.). Weißer Saal mit reichen Stukkaturen von 1590 (rest.). Herrenküche mit Herd und mächtigem Rauchfang. In einigen Räumen Wandmalereien an Tür- und Fenstereinfassungen, vorwiegend Beschlag- und Rollwerk. – *Kreis-Heimatmuseum,* als Schwerpunkt Geschichte des 16. Jh., besonders des Schmalkaldischen Bundes, ferner Sammlungen zur Geschichte des Schmalkaldener Kleineisenhandwerks (Zainhammer sowie Nagelschmiede aus Unterschönau), daneben Erzbergbau und Hüttenwesen, Ofenplattensammlung.

Rathaus. Dreigeschossiger, im Kern spätgotischer Bau (1419 urkundlich genannt, 1901–1903 erweitert und stark verändert), Treppengiebel, im Obergeschoß Audienzsaal, im Erdgeschoß Ratskeller (beide verändert), im oberen Treppenhaus hessischer Löwe mit Landes- und Stadtwappen (1583), im Rathausflur großes Wandgemälde: Schmalkalden am Ende des 16. Jh. nach einer Federzeichnung von Dilich im Marburger Staatsarchiv, gemalt von C. Simon.

Stadtkirche St. Georg. Dreischiffige spätgotische Hallenkirche (begonnen 1437, Chorweihe 1500, vollendet 1509, rest.) mit reichen Stern- und Netzgewölben sowie schlanken Achteckpfeilern, an der Brüstung der Westempore spätgotische Gemälde (Szenen aus dem Leben Christi) von 1503 (mehrere ehem. Brüstungsgemälde an den Kirchenwänden), einschiffiger Chor mit dreiseitigem Schluß, außen mit reicher Stabwerkdekoration, in seinen Fenstern moderne Glasgemälde von Ch. Crodel, an seiner Nordseite Sakristei, darüber ehem. Paramentenkammer (sog. Lutherstübchen), im Westen Zweiturmfront mit großem Fenster und Kielbogenportal, Südturm im Kern romanisch, Aufsätze und Kuppelhauben mit Laternen (1570/71). Bemerkenswerte Ausstattungsstücke: Kanzel 1669. Taufstein 1560. Kronleuchter 1642. In der ehem. Paramentenkammer spätgotischer Schnitzaltar (hl. Sippe) um 1520 (fränkische Arbeit), Schmerzensmann um 1500, Gemälde (Kreuzigung) nach 1430, Gemälde (Auferstehung Christi) um 1600 und Gemälde (büßender Hieronymus) Mitte 16. Jh., vermutlich niederländische Arbeit.

Hessenhof (Platz der DSF 5). Fachwerkbau (1551–1553, 1837 stark verändert) auf spätromanischen Fundamenten, im Keller sog. Trinkstube mit beachtlichen Resten eines spätromanischen Gemäldezyklus (Bilderfolge zu dem Artusroman »Iwein, der Ritter mit dem Löwen« von Hartmann von Aue), frühestes Zeugnis mittelalterlicher Profanmalerei auf dem Boden der DDR und der BRD (um 1220/50).

Von den *ehem. herrschaftlichen Häusern* besonders bemerkenswert: Große Kemenate (Weidebrunner Gasse 26/28) viergeschossiger spätgotischer Bau (um 1420, mehrfach umgebaut) mit Treppengiebeln. Henneberger Hof (Pfaffengasse 26), Wohnturm spätgotisch mit romanischen Resten, im 16. Jh. umgebaut, zwei Treppengiebel und runder Eckturm. Rosenapotheke (Steingasse 11), dreigeschossiger spätgotischer Bau (1. H. 15. Jh., Erdgeschoß 1948 umgebaut) mit Treppengiebel, im Mittelgeschoß breites, flachbogiges Fenster. Todenwarthsche Kemenate (Altmarkt), dreigeschossiger Renaissancebau (1575) mit spätgotischen Bestandteilen auf trapezförmigem Grundriß, Treppengiebel. – Von den zahlreichen *Fachwerk-Bürgerhäusern* besonders bemerkenswert: Lutherhaus (Lutherplatz) im Kern spätgotisch, barockes Treppenhaus, reiche barocke Stuckdecken. Stengelsches Haus (Schmiedhof 19) von 1580, Stuckdecken von 1589, an der Rückseite kleiner Garten. Liebaugsches Haus (Weidebrunner Gasse 20) Ende 16. Jh., im 2. Obergeschoß reiche Stuckdekorationen. Altes Kantorat (Kirchhof 9/10) von 1608; in nächster Nähe Alte Superintendentur (1669) und die ehem. Lateinschule (1658).

Friedhofskapelle. Einschiffiger Barockbau (1752–1760, rest.) mit hölzernem Tonnengewölbe und doppelten Emporen, großer Dachreiter mit Haube und Laterne; Kanzel 1680, Grabdenkmäler 16.–18. Jh.

Spitalkapelle. Einschiffiger gotischer Bau (1319–1339, um 1838 stark verändert) mit Kreuzrippengewölben, im Osten dreiseitiger Schluß. – Westlich der Kapelle *Hospital*, dreigeschossiger Barockbau (1743, 1838 umgebaut und erweitert) mit Glockentürmchen.

Im Ortsteil Weidebrunn *Neue Hütte* (Happelshütte), klassizistische Industrieanlage (1835) mit Hochofen auf Holzkohlebasis, das Hochofengebäude dreigeschossiger Fachwerkbau mit Mantelbau. Restaurierung seit 1966 als technische Schauanlage.

Der Kreis Schmalkalden

ASBACH. *Schaubergwerk »Finstertal«* (dem Heimatmuseum Schmalkalden angegliedert), Lehrbergwerk zur Veranschaulichung des einstigen Bergbaubetriebes im Kreis Schmalkalden. – *Dorfkirche*, Fachwerkbau (18. Jh., 1905 erneuert) mit gediegener Ausstattung der Entstehungszeit.

BREITUNGEN. *Klosterkirche* des ehem. Benediktiner-Klosters Herrenbreitungen (1049 urkundlich genannt), dreischiffige romanische Flachdecken-Basilika (geweiht 1112, nach 1555 als Schloßkirche eingerichtet, 1640 abgebrannt, 1662 und 1842 teilweise wiederhergestellt), auf der Südseite Stützenwechsel, Chor und Querschiff abgebrochen, eingebauter Westturm; Grabstein des Abtes Rotthardt, gest. 1541. – Die Klausur 1554–1565 zum *Schloß* umgebaut, schlichter, im wesentlichen noch spätgotisch wirkender Bau, dreigeschossiger, von zwei runden Treppentürmen flankierter Ostflügel (Fürstenhaus) mit paarweise gruppierten Vorhangbogenfenstern, daran anschließend Südflügel (Wirtschaftsgebäude mit Torhalle) und quadratischer Nordflügel. – *Dorfkirche* (Ortsteil Herrenbreitungen), einschiffiger Barockbau (1731) mit hölzernem Tonnengewölbe und zweigeschossigen Emporen, romanischer Westturm; Kanzel 1733, Orgelprospekt 1738. – Im Ortsteil Frauenbreitungen wertvolle *Fachwerkhäuser* aus den Jahren 1613, 1719 und 1724. – Sog. *Totenhofs-Kapelle* an der Farnbachbrücke im Ortsteil Herrenbreitungen, zweigeschossiger Fachwerkbau von 1726 auf älterem Sandstein-Erdgeschoß. – *Pfarrkirche* im Ortsteil Frauenbreitungen, einschiffiger Renaissancebau (1615) mit romanischen Teilen, zweigeschossige Emporen mit bemalten Brüstungen (Szenen aus dem Alten und Neuen Testament), Chor mit geradem Schluß und Kreuzrippengewölben, romanischer Westturm mit beschiefertem Fachwerkaufsatz. Bemerkenswerte Ausstattungsstücke: Spätgotischer Flügelaltar (im Schrein Maria mit den Hl. Barbara und Katharina, Flügelreliefs und -gemälde nach Motiven von Dürer und Schongauer) 1518. Kanzel 1616. Taufstein um 1617. – Im Ortsteil Frauenbreitungen ehem. *Amtshaus*, Renaissancebau (1606) mit Fachwerk-Obergeschoß, im Erdgeschoß Räume mit Stuckdecken, und *ehem.*

Edelhof, Renaissancebau (1606) mit Fachwerk-Obergeschoß, geräumige Diele.

MITTELSCHMALKALDEN-HAINDORF. *Wallfahrtskirche St. Marien*, einschiffiger spätgotischer Bau (begonnen 1444, vollendet vermutlich 1467) mit angebautem nördlichem Seitenschiff, flache Stuckdecken, doppelte Emporen, Chor mit dreiseitigem Schluß, quadratischer Westturm mit barocker Haube und Laterne; spätgotische »Krippe« (vermutlich Heiliges Grab) 15. Jh., Taufstein 1708, Reste des spätgotischen Chorgestühls.

STEINBACH-HALLENBERG. *Pfarrkirche*, einschiffiger Frühbarockbau (begonnen 1653, Turm vollendet 1698) mit gotisierenden Bestandteilen, hölzernes Tonnengewölbe, dreigeschossige Emporen, Westturm mit hölzernem Umgang; reiche Kanzel 1658, Taufstein 1657. — *Friedhofskapelle*, einschiffiger Fachwerkbau (1739 auf älteren Fundamenten) mit doppelten Emporen; Taufstein 1. H. 16. Jh. — *Burgruine Hallenberg*, 1245 urkundlich genannt, im Kern vermutlich spätromanisch (12. oder frühes 13. Jh.), Vor- und Hauptburg, in der Hauptburg Bergfried und Reste eines Palas mit abgerundeten Ecken.

ZILLBACH. *Jagdschloß*, zweigeschossiges klassizistisches Hauptgebäude (1790 und 1800), starker Mittelrisalit mit großem Giebeldreieck; Renaissance-Nebengebäude (1595), ehem. Bankettsaal um 1720 als Kirche eingerichtet, Fachwerk-Glockenturm von 1741.

Bemerkenswerte Fachwerkbauten in SCHWALLUNGEN (Wohnhäuser 16./17. Jh.), FAMBACH (mehrere Gehöfte 17./18. Jh.) und SPRINGSTILLE (stattliche Gehöfte 18./19. Jh.).

Bemerkenswerte Burgruinen bei HELMERS (Ruine Frankenberg, 1247 urkundlich genannt, Bergfried, Reste des Palas), FAMBACH (ehem. Schloß Todenwarth, 1456 urkundlich genannt, Reste der Mauer, Torhaus 16. Jh., nördliches Wohngebäude 17. Jh.) und TRUSETAL-AUWALLENBURG (Ruine Wallenburg, spätromanisch Mitte 13. Jh., Bergfried, Reste der Mauer).

Bemerkenswerte Herrenhäuser in SCHWALLUNGEN (sog. Kemenate, viereckiger Wohnturm vermutlich 1537) und ROSSDORF (Renaissancebau um 1600, Portal am Treppenturm 1713).

Bemerkenswerte Dorfkirchen in SPRINGSTILLE (Fachwerkbau 17. Jh., spätgotischer Turm; reicher Taufstein 18. Jh.), HERGES-HALLENBERG (Moses-Kanzel 1706, Taufstein 1747), STRUTH-HELMERSHOF (Barockbau 1771 bis 1773), FLOH (Barockbau 1711 mit gotisierenden Bestandteilen; Bergmannsgestühl 1766), SELIGENTHAL (Barockbau 1687–1698 mit gotisierenden Bestandteilen, bemalte Emporen; reicher Orgelprospekt 1693), TRUSETAL (Barockbau 1744, bemalte Emporen; Kanzel 1748), FAMBACH (im Kern romanischer Turm mit vier Schützenerkern, Langhaus Neubau von 1616 mit bemalter Decke und Emporen von 1778; Altar 1623, Kanzel 1620,

Taufstein 1629), WERNSHAUSEN (Barockbau 1723 mit Turm von 1698; Moses-Kanzel 1723, Taufstein 1622), ROSA (Renaissancebau 1615 mit Benutzung älterer Teile), ROSSDORF (Barockbau 1682–1733, Tonnengewölbe und Emporen, beide mit reicher Bemalung von 1697; Kanzel um 1700, Taufstein 1674, Orgelprospekt Mitte 18. Jh.; befestigter Friedhof) und ECKARDTS (Barockbau 1726, Turm um 1600; Kanzel um 1726, Taufstein 1575).

Kreis Bad Salzungen

BAD SALZUNGEN. *Rathaus*, schlichter, dreigeschossiger Barockbau (1790) mit Dachtürmchen. — Von den wenigen erhaltenen alten *Bürgerhäusern* (Stadtbrände 1640 und 1786) besonders bemerkenswert: »Hünscher Hof« Renaissancebau 1624, Hof mit Treppenturm. Sulzberger Str. 35 Renaissancebau um 1600, massives Erdgeschoß mit Rundbogenportal, Fachwerk-Obergeschoß. Fachwerkhaus in der Braugasse 6, 1619. — *Burg*, 12.–14. Jh., 1786 abgebrannt, bis 1792 in vereinfachter Form wiederaufgebaut, sehr schlicht. — *Stadtkirche*, klassizistische Saalkirche (1789–1791 von G. V. Koch aus Rodach, 1908/09 umgebaut) mit Emporen und eingebautem Westturm. — *Ruine der Husenkirche*, einschiffiger spätgotischer Bau (um 1500); Grabsteine 16.–18. Jh. — *St. Wendelskirche*, einschiffiger spätgotischer Bau (1481); spätgotische Kanzel 1496. — *Mahnmal der Opfer des Faschismus* (Rathenau-Park), 1958 von E. Wurzer.

BAD LIEBENSTEIN. *Burgruine*, bedeutende Reste eines gotischen Palas (vor 1360) sowie geringe Reste der Wehrmauer erhalten. — *Pfarrkirche*, klassizistischer Bau (1822) mit schlichter Ausstattung der Entstehungszeit. — *Ehem. Fürstenhaus*, zweigeschossiger klassizistischer Bau (1825), von dorischen Säulen getragene Vorhalle mit Giebeldreieck. — *Brunnentempel* von 1816. — In der näheren Umgebung mehrere Schlösser: Marienthaler Schlößchen klassizistisch 1808. Schloß Glücksbrunn (jetzt Klub der Werktätigen) Barockbau 1705. Schloß Altenstein (jetzt Erholungsheim), vollendet 1889; großer Park von 1798 bis 1803, darin Ruine der Burg Stein.

VACHA. *Stadtbefestigung*, erbaut um 1260. Beträchtliche Reste der Mauer und drei Rundtürme erhalten, an der Werra kastellartige Verstärkung des Befestigungssystems (sog. Burg) mit Rundturm und Kemenate. — *Werrabrücke* mit vierzehn Bögen, begonnen nach 1342, 1802–1806 erneuert. — *Haus Widemark* (Rathaus), viergeschossiger Fachwerkbau (1613 von H. Weber aus Hersfeld) mit massivem Erdgeschoß, Eck- und Seitenerker, reiche Schnitzereien. — *Stadtbrunnen* mit Statue des hl. Veit, Kopie nach dem Original von 1613. — *Stadtkirche*, einschiffiger klassizistischer Bau (1821–1824) mit Emporen, romanischer Westturm mit Säulenportal; schlichte Ausstattung der Entstehungszeit. — *Friedhofskirche* (urspr. Chor der Serviten-Klosterkirche, gegründet 1368), einschiffiger spätgotischer Bau (um 1390) mit Kreuzrippengewölben, in den

Dermbach, Fassade der katholischen Kirche

Schildbögen stark restaurierte spätgotische Wandgemälde (Ende 15. Jh.); Altaraufsatz 1616, Kanzel 17. Jh., Grabsteine 15.–17. Jh.

GEISA. Von der *Stadtbefestigung* (15./16. Jh.) beträchtliche Teile der Mauer mit runden und halbrunden Türmen namentlich an der Westseite erhalten. — *Ehem. Zehnthaus*, schlichter dreigeschossiger Barockbau (1719) mit Treppenturm. — *Stadtkirche*, spätgotischer Bau (um 1500, in der 2. H. 19. Jh. erneuert), Hauptschiff und nördliches Seitenschiff, an der Nordseite spätgotisches Portal, Chor mit dreiseitigem Schluß, Westturm; reiche Kanzel um 1700, spätgotischer Opferstock 1517, Taufstein um 1530, Flügelaltar Ende 15. Jh. — *Kapelle* auf dem Gangolfsberg, einschiffiger, im Kern spätgotischer Bau (1564 und 1624 umgebaut) mit Westempore (um 1700) und Renaissance-Außenkanzel (2. H. 16. Jh.); spätgotische Schnitzfiguren um 1520, Grabsteine 16. und 18. Jh.

DERMBACH. *Katholische Pfarrkirche*, einschiffiger Barockbau (1732–1735, rest.) mit Kreuzgewölben, reiche Ostfassade mit Wappenportal, darüber vier Statuen (Christus mit Maria und Joseph, darunter hl. Franziskus) in Nischen, mächtiger Volutengiebel; reiche Ausstattung der Entstehungszeit. — *Schloß* (jetzt von der NVA genutzt), schlichter zweigeschossiger Barockbau (1707). — *Evangelische Pfarrkirche*, dreischiffiger Barockbau (1714 mit Benutzung älterer Teile) mit hölzernem Tonnengewölbe, in den Seitenschiffen doppelte Emporen, im Kern spätgotischer Westturm; reiche Ausstattung des 18. Jh., spätgotisches Abendmahlsrelief um 1475. — *Kreis-Heimatmuseum*, u. a. Werkstatt eines Pfeifenkopfdrehers, Rhöner Bauernstube.

ZELLA. *Propsteikirche*, einschiffiger Barockbau (1715–1732, rest.) mit Kreuzgewölben, reiche Fassade über geschweiftem Grundriß mit Statuen und Figurengruppen (Himmelfahrt Mariae, ferner die Hl. Bonifatius, Valentin,

Benedikt und Sturmius), darüber Turm mit geschweifter Haube und Laterne; reiche Ausstattung der Entstehungszeit, spätgotisches Grablegungsrelief um 1500. – *Propsteigebäude*, langgestreckter zweigeschossiger Barockbau (1718) mit zwei Ecktürmen und geräumigem Treppenhaus.

BREMEN. *Katholische Pfarrkirche*, einschiffiger Barockbau (1730), eng verwandt mit der kath. Kirche zu Dermbach, reiche Fassade mit Wappenportal, zwei Statuen und Giebel; reiche Ausstattung der Entstehungszeit.

SCHLEID. *Katholische Pfarrkirche*, einschiffiger Barockbau (1743–1746) mit flachem Stichkappen-Tonnengewölbe, Chor durch weitvorspringende Wandpfeiler vom Hauptraum getrennt, reiche Fassade mit Wappenportal, drei Statuen und hohem Giebel, mittelalterlicher Ostturm mit barocker Haube; reiche Ausstattung der Entstehungszeit.

Weitere barocke Dorfkirchen mit reicher Ausstattung in STEINBACH (1736), BORSCH (1726–1737), KRANLUCKEN (1751), DIEDORF (1758) und WEILAR (1740–1743).

Bemerkenswerte Fachwerkbauten in MÖHRA (vorwiegend 17./18. Jh.), UNTERBREIZBACH (ältestes Haus 1602, sonst meist 17./18. Jh.) und PFERDSDORF (zahlreiche Häuser aus dem 18. Jh.).

Bemerkenswerte Burgruinen bei KIESELBACH (»Krayenburg« 1155 urkundlich genannt, beträchtliche Reste eines romanischen Palas), WALDFISCH (»Ringelstein« im 15. Jh. verfallen, geringe Reste) und KLOSTER ALLENDORF (»Frankenstein« künstliche Ruine von 1889).

Bemerkenswerte Schlösser und Herrenhäuser in LEIMBACH (um 1700), FRAUENSEE (Renaissancebau 1632–1634), DIETLAS (Schloß Feldeck ehem. Wasserburg, im Kern 12. Jh., im 17.–18. Jh. mehrfach verändert), WILDPRECHTRODA (ehem. Wasserburg, Hauptgebäude Spätrenaissancebau 17. Jh.), WEILAR (Barockbau Mitte 18. Jh.), GEHAUS (Barockbau ab 1716) und KALTENNORDHEIM (sog. Merlinsburg, vom alten Schloß nur Reste erhalten, ehem. Amtshaus 1752–1754, Steintor 1753).

Bemerkenswerte Pfarr- und Dorfkirchen in SCHWEINA (spätgotisch, 1696 barock ausgebaut; gediegene Ausstattung der Ausbauzeit), MÖHRA (spätgotischer Chor, barockes Langhaus 1699–1704; vor Kirche Lutherdenkmal 1862), KIESELBACH (spätgotischer Chorturm, Langhaus 1522, bemalte Emporen), DORNDORF (im Kern romanischer Turmchor, barockes Langhaus 1727/28, bemalte Decke und Emporen), GEISMAR (1863; barocke Ausstattung um 1700, spätgotischer Flügelaltar um 1490), KALTENLENGSFELD (gotischer Turmchor, barockes Langhaus 1721; Kanzel und Taufstein 1730), BERNSHAUSEN (Renaissancebau 1615) und STADTLENGSFELD (Barockbau 1790, im Kern romanischer Turm).

Kreis Meiningen

MEININGEN. Im Jahre 982 als königliches Eigentum urkundlich genannt, gegen Mitte des 12. Jh. planmäßige Anlage der Stadt in Anlehnung an eine Wasserburg der Bischöfe von Würzburg (an der Stelle des heutigen Schlosses), Grundriß in Form eines Rechtecks mit abgestumpften Ecken, Straßennetz in Rippen- und Gitterform. Von der *Stadtbefestigung* nur Reste der Mauer (zwei Wehrtürme) und des Zwingers erhalten. — *Schloß Elisabethenburg* (jetzt Staatl. Museen, Archiv, Rat der Stadt u. a.). Dreigeschossige barocke Dreiflügelanlage (1682–1692 von S. Rust, rest.) über E-förmigem Grundriß mit Benutzung von Teilen einer 1511 erbauten spätgotischen Burg (Nordflügel), im 19. Jh. mehrfach verändert, im Osten halbkreisförmiges Gebäude (»Rundbau«), urspr. zweigeschossig, 1837 um ein Stockwerk erhöht. Zahlreiche Räume mit wertvoller Ausstattung, besonders bemerkenswert: Geräumiges Treppenhaus, darüber Turm- oder Gartensaal, im Südflügel *Schloßkirche* (Rest. im Gange) mit reichen Stuckdekorationen (von P. und S. Rust), darüber der Riesensaal mit reicher Stuckdecke (beschädigt), ferner mehrere Räume mit Dekorationen im

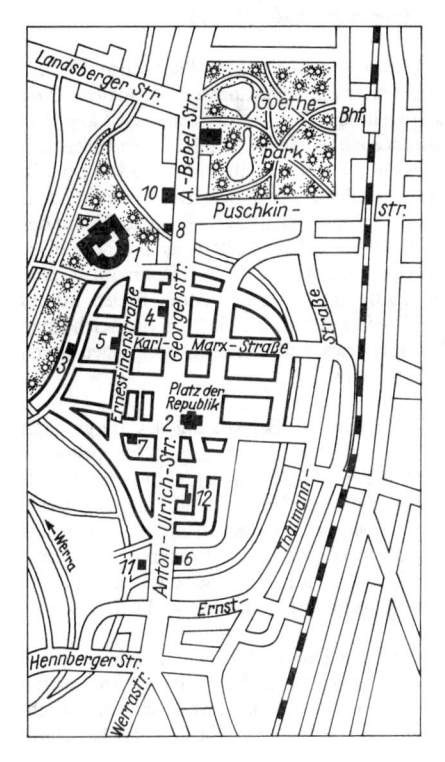

Meiningen
1 Schloß, 2 Stadtkirche,
3 Baumbachhaus,
4 Büchnersches Hinterhaus,
5 Alte Posthalterei,
6 Steinernes Haus, 7 Schlundhaus, 8 Henneberger Haus, 9 Theater, 10 Kreiskulturhaus, 11 Pulverturm,
12 Haus von 1450

Stil des Rokokos und des Klassizismus. — *Staatliche Museen* mit mehreren Abteilungen: Kunstsammlung (u. a. Werke der europäischen Malerei 15.–19. Jh.), Theatermuseum (u. a. Geschichte der Meininger Theaterreform), musikgeschichtliche Abteilung (u. a. Geschichte der Meininger Hofkapelle mit Briefen von H. v. Bülow, J. Brahms und R. Wagner), Max-Reger-Archiv (1911–1914 Hofkapellmeister in Meiningen), kulturgeschichtliche Abteilung (u. a. südthüringische Trachten im Baumbachhaus, Burggasse 22), naturwissenschaftliche Abteilung. — *Goethe-Park* (vormals Englischer Garten), begonnen 1782 (Gestalter und Pfleger: E. F. Buttmann, K. L. Buttmann, Th. Buttmann), künstliche Ruinen von 1793/94, zahlreiche Denkmäler (Jean Paul von Schwanthaler, Johannes Brahms von Hildebrand, Max Reger von Müller, Bechstein- oder Märchenbrunnen von Biez), fürstliche Gruftkapelle, alter Friedhof St. Martin (bis 1841 Begräbnisstätte). — *Kleines Palais* (jetzt Kindergarten), zweigeschossiger klassizistischer Bau (1821) mit ionischem Portikus, Rundsaal mit kassettierter Kuppel. — *Stadtkirche*, neugotischer Bau (1884–1889 von O. Hoppe) mit Benutzung des im Kern romanischen Nordwestturmes und des spätgotischen Chors (gewölbt 1443–1455); spätgotische Maria mit Kind um 1430, Grabdenkmäler 15.–17. Jh. — *Bürgerhäuser*, Beispiele in Fachwerk- und Steinbauweise (vorwiegend 16.–18. Jh.).

WALLDORF. *Ausgedehnte Wehrkirchenanlage* (vermutlich Mitte 15. Jh.), Ringmauer in Form eines Rechtecks mit runden Bastionstürmen an den Ecken (teilweise eingestürzt) und einem weiteren Turm an der östlichen Langseite. — *Dorfkirche*, einschiffiger Renaissancebau (Ende 16. Jh. mit älteren Teilen) mit Flachdecke und umlaufenden doppelten Emporen, Chor mit geradem Schluß, im Kern spätgotischer Westturm, möglicherweise Bergfried einer früheren Burganlage. Bemerkenswerte Ausstattungsstücke: Zwei Gemälde (Verrat des Judas und Dornenkrönung) um 1500. Kanzel vor 1649. Orgelprospekt 1693. Grabsteine 17. und 18. Jh., Marschalk v. Ostheim. — *Zwei Herrenhäuser:* Sog. Rotes Haus (Fachwerkbau um 1600) und Gasthaus »Zum Freien Ritter« (Fachwerkbau 1692). — *Jüdischer Friedhof* mit bis ins 17. Jh. zurückreichenden Grabsteinen. — *Höhle* (65 000 m^2 mit etwa 2 500 Säulen), entstanden durch jahrhundertelangen Abbau des Sandsteins.

HERPF. *Umwehrte Dorfanlage* mit doppelter Befestigung des Burgbezirks (später Kirche). Innen urspr. nahezu dreieckige Befestigung als Doppelmauer mit Rundtürmen und Gaden, an einigen Stellen in den Grundzügen noch erkennbar. Erste Kirche vermutlich 1497 mit Verwendung des ehem. Bergfrieds (13. Jh.) als Kirchturm, *Kirchenneubau* 1611–1620 in Renaissanceformen mit hölzernem Tonnengewölbe und zweigeschossigen Emporen, im Untergeschoß des Ostturmes Chor mit Orgelempore; Kanzel aus der Bauzeit, Altar mit Schranken, Orgel und Deckengemälde des Hauptraumes 1772.

WASUNGEN. *Rathaus*, dreigeschossiger Fachwerkbau (1522) mit massivem Erdgeschoß, an der Vorderseite zweigeschossiger Erker, im ersten Obergeschoß Saal mit alter Ausstattung. — *Amtshaus*, zweigeschossiger Fachwerkbau (1606/07) mit massivem Erdgeschoß, im Obergeschoß bewohnte

Räume mit reicher Barockausstattung (um 1700). – *Ehem. Adelshöfe:* Maienhof 1576, Fachwerkbau mit massivem Erdgeschoß. Marschalksches Damenstift 1596, Fachwerkbau mit massivem Erdgeschoß und Treppenturm, im Obergeschoß Stuckdecken der Zeit um 1630. Weyhenhof 1630–1632, Fachwerkbau mit massivem Erdgeschoß und steinernem Giebel, Saal mit alter Balkendecke, bewohnte Räume mit reichen Stuckdecken. – *Bürgerhäuser*, zahlreiche Fachwerkbauten (älteste Beispiele um 1600), besonders bemerkenswert: Engelsgasse 31 1596 und Engelsgasse 29 1620 und 1626. – *Stadtkirche*, einschiffiger Renaissancebau (1584–1596 mit Benutzung älterer Teile) mit hölzernem Tonnengewölbe und doppelten Emporen, an der Nordseite im Kern spätgotischer Turm, im Untergeschoß Taufkapelle und Sakristei; Kanzel um 1650, Taufstein 1609, Bildnisse 17./18. Jh. – Von der *Stadtbefestigung* nur Reste der Mauer und nördlich der Stadtkirche starker Turm (»Pfaffenburg«, rekonstruiert) von 1387 erhalten. – *Friedhofskirche*, im Kern frühmittelalterlich, an der Westseite des querrechteckigen Langhauses (urspr. Querschiff?) zugemauerter Triumphbogen mit einfachen Trapezkapitellen, spätgotischer Chor (um 1500); Kanzel 1613, Grabsteine 16.–18. Jh. – *Burgruine Maienluft*, Bergfried und Reste der Ringmauer erhalten, in der ehem. Vorburg Wirtschaftsgebäude.

BAUERBACH. *Schillerhaus*, von Friedrich Schiller nach seiner Flucht aus Württemberg vom Dezember 1782 bis Juli 1783 bewohnt; zwei Wohnräume der Familie v. Wolzogen, Arbeits- und Schlafzimmer Schillers mit historischen Möbeln als Gedenkstätte eingerichtet.

BIBRA. *Dorfkirche*, einschiffiger spätgotischer Bau (1492–1503, rest.) mit Flachdecke und Emporen, im Chor Kreuzrippengewölbe mit figürlichen Konsolen, an der Nordseite Turm, an der Südseite Sakristei, darüber Archivraum (urspr. Kapelle?), bedeutende Reste spätgotischer Wandgemälde (Jüngstes Gericht und hl. Christophorus). Von der reichen Ausstattung besonders bemerkenswert: Spätgotischer Kirchenväteraltar sowie zwei Seitenaltäre (Südseite: Verkündigung, Nordseite: Apostel), sämtlich um 1500 aus der Riemenschneider-Werkstatt. Spätgotische Schnitzfigur (St. Kilian) um 1500 aus der Riemenschneider-Werkstatt. Kanzel, Taufstein und Sakramentshaus aus der Erbauungszeit. Von den Grabdenkmälern (15.–17. Jh.) besonders bemerkenswert: Grabstein des Hans v. Bibra um 1500 aus der Riemenschneider-Werkstatt. – *Schloß*, zweigeschossiger Renaissancebau (1558) mit reichem Portal und Eckerker. – *Burgruine*, zerstört im Mai 1525, innere Ringmauer mit acht Wehrtürmen und Teile des Zwingers erhalten, urspr. sechs Kemenaten, davon eine (»Würzburger Kemenate«) erhalten.

NORDHEIM. *Dorfkirche*, einschiffiger Barockbau (1710/11 und ältere Teile, rest.) mit Flachdecke und Emporen, Chor mit geradem Schluß, darüber hoher Turm mit Doppeladler, an der Westseite Vorhalle auf vier Holzsäulen; reicher Altaraufsatz 1718, Kanzel um 1718, Bronze-Grabplatte des Caspar v. Stein 1633 von G. Werter aus Coburg. – *Rathaus*, zweigeschossiger Fachwerkbau (Anfang 18. Jh.) mit großem Treppenvorbau. – *Fachwerkhaus* von 1618.

RÖMHILD. Stadtgründung durch Graf Heinrich IV. von Henneberg-Hartenberg (1274–1317), planmäßige Anlage mit annähernd rechteckigem Grundriß, Straßennetz in Rippenform, Markt als Erweiterung der Hauptstraße etwa in der Mitte der Stadt. *Stadtkirche*, dreischiffige spätgotische Stufenhallenkirche (1450–1470 von Magister Albertus dem Steinmetz, 1609/10 erneuert, 1965 bis 1970 umfassend rest.) mit Kreuzrippen-, Netz- und Sterngewölben, im Osten und Westen je ein Chor mit dreiseitigem Schluß, an der Südseite Grabkapelle (1588), im Nordosten Turm. Von der reichen Ausstattung besonders bemerkenswert: Altaraufsatz 1686. Bronze-Standbild des Grafen Otto IV. von Henneberg um 1490 aus der Werkstatt P. Vischers d. Ä. Grabmal des Grafen Hermann VIII. und der Elisabeth v. Brandenburg nach 1507 von P. Vischer d. Ä. und seinen Söhnen. – *Schloß Glücksburg* (jetzt u. a. Heimatmuseum), im Kern spätgotisch (nach 1465), 1539 ausgebrannt, 1540–1546 in veränderten Formen wiederaufgebaut, 1676–1678 unter Leitung von Ch. Richter barock erweitert (sog. Vorderschloß), umfangreiche, um zwei Höfe gruppierte Anlage, an der Hoffront des sog. Hinterschlosses hoher Treppenturm, einige Nebengebäude aus Fachwerk. – *Heimatmuseum*, umfangreiche Sammlung zur dörflichen und städtischen Kultur des Grabfeldgaus. – *Prinzenpalais*, schlichter zweigeschossiger Barockbau (um 1770). – *Gottesackerkirche*, einschiffiger Barockbau (1708–1712 von Ch. Richter, rest.) mit Tonnengewölbe und Emporen; Grabsteine und Gedenktafeln 17./18. Jh. – Ungefähr vier Kilometer östlich von Römhild, im Sattel der beiden Gleichberge, das 1926 erbaute *Steinsburg-Museum*, vor- und frühgeschichtliche Sammlung mit wertvollen Funden von der Steinsburg (Kleiner Gleichberg), vorwiegend aus der Keltenzeit.

Bemerkenswerte Burgruinen in der HASSFURT BEI MEININGEN (»Habichtsburg« 1156 erwähnt, geringe Reste), auf dem SPITZBERG BEI WALLDORF (1340 vom Würzburger Bischof zerstört), bei HELMERSHAUSEN (Burg Hutsberg 1525 zerstört, Reste eines gotischen Palas und der Ringmauer) und HENNEBERG (Burg Henneberg Stammsitz des Hennebergischen Grafengeschlechts, erbaut vor 1037, zerstört 1525; großer Burghof, Kemenate, Kapelle, Palas, Verlies und Stallungen in Resten erhalten).

Bemerkenswerte Schlösser und Herrenhäuser in HELBA (Zweiflügelbau der Renaissance mit Staffelgiebel 1619), zwischen Meiningen und Walldorf SCHLOSS LANDSBERG (neugotisch 1836–1840 von A. W. Doebner, rest., jetzt Hotel), in AMALIENRUHE BEI SÜLZFELD (Lustschlößchen Sophienlust Barockbau um 1760/70), RUPPERS BEI STEDTLINGEN (sog. Kemenate, Renaissancebau auf hufeisenförmigem Grundriß 1592; nahebei Ruine der Peterskirche), HERMANNSFELD (Jagdschloß Fasanerie klassizistisch um 1790), SCHWICKERSHAUSEN (Renaissancebau begonnen 1540, im Erdgeschoß Halle mit Kreuzgewölben, Torhaus 1541, Keller- und Scheunengebäude 1579, Kuhstall 1595), UNTERMASSFELD (ehem. Wasserburg der Grafen v. Henneberg, Hauptgebäude 1538, starke Mauern mit Rundbastionen, nicht zugänglich) und ELLINGHAUSEN (Renaissancebau 1604).

Dorfkirchen mit stark befestigten Friedhöfen in STEPFERSHAUSEN (urspr. Kapelle, 1595 erweitert, 1702 barock umgebaut, reiche Emporen; Teile der Wehrmauer mit Torturm), KALTENSUNDHEIM (spätgotischer Chorturm 1492, Renaissance-Langhaus 1604, reicher Orgelprospekt um 1700; starke Wehrmauern auf Kalkfelsen), MITTELSDORF (Barockbau 1686; starker Chorturm), SÜLZFELD (Renaissancebau, reiches Südportal; Wehrmauer mit Turm und mehreren Gaden, inschriftlich 1524 und 1630/31), QUEIENFELD (Barockbau 1720 mit spätgotischem Turm; Wehrmauer, früher mit Wassergraben), MILZ (spätgotisch 1520 mit neugotischem Chor von 1845; Wehrmauer mit Wassergraben), LEUTERSDORF (Barockbau 1758 mit Nordturm von 1571, gediegene Ausstattung der Entstehungszeit; Wehrmauer, Torturm und mehrere Gaden), VACHDORF (Renaissancebau nach 1621; Wehrmauer, Torturm, hoher Eckturm, Reste von Rundbastionen, Gaden), EINHAUSEN (mittelalterliche Anlage, 1726–1729 umgebaut; starke Wehrmauer mit Torturm), ELLINGSHAUSEN (Barockbau 1775; Wehrmauer mit Gaden) und OBERMASSFELD (Renaissancebau 1634, gediegene Barockausstattung 1785; Teile d. Wehrmauer; auf der Werrabrücke 1534 erbautes Betkapellchen).

Weitere bemerkenswerte Dorfkirchen in UNTERKATZ (Barockbau 1724 bis 1726, Turm 1727; Gestühl und Emporen der Entstehungszeit, Kanzel 1792, Grabdenkmäler 17. Jh.), BETTENHAUSEN (Renaissancebau 1617 mit spätgotischen Teilen, reiches Südportal; reicher Kanzelaltar und Orgelprospekt um 1775, Grabdenkmäler 17./18. Jh.), DREISSIGACKER (frühere Kirche 1526 auf der Grabstätte der 1525 hingerichteten Bauern erbaut, jetzige Kirche 1863; jüdischer Friedhof mit Grabsteinen aus dem 18. und 19. Jh.), HELMERSHAUSEN (Barockbau 1736–1752 mit spätgotischen Teilen, hoher Turm; reiche Ausstattung der Entstehungszeit, Grabdenkmäler 16./17. Jh.), BERKACH (Renaissancebau um 1600, 1723 umgebaut, an der Westseite hölzerner Treppenvorbau von 1604, reicher Turm; spätgotische Madonna um 1500), BEHRUNGEN (im Kern spätgotisch 1518/19, nach 1656 erneuert; reicher Altaraufsatz und Orgelprospekt 18. Jh.), WOLFMANNSHAUSEN (im Kern spätromanischer Turmchor, Renaissance-Langhaus 1615–1618, reiche Felderdecke; gediegene Ausstattung um 1730, rest.), HAINA (spätgotischer Chor mit Sterngewölbe 1497, Langhaus 1837/38; Altaraufsatz 1733, Kanzel 1622, Grabdenkmal 1484) und JÜCHSEN (Renaissancebau 1628 bis 1638; Kanzel der Entstehungszeit; außerhalb des Ortes 1594 ummauerter Gottesacker mit Totenkirche von 1608/09, 1959 rest.).

Die Kreise Hildburghausen, Sonneberg und Neuhaus

THEMAR. *Stadtkirche St. Bartholomäus*, einschiffiger spätgotischer Bau (begonnen 1488, im 16.–18. Jh. mehrfach umgebaut) mit hölzernem Tonnengewölbe, doppelte Emporen mit Apostelfiguren und Bartmannsköpfen (um

1541), an der Nordseite spätgotisches Wandgemälde (hl. Katharina), Chor (rest.) mit dreiseitigem Schluß und bemaltem Netzgewölbe, an seiner Südseite Turm. Bemerkenswerte Ausstattungsstücke: Spätgotischer Flügelaltar (im Schrein Maria mit den Hl. Michael und Bartholomäus) um 1500 von H. Nußbaum aus Bamberg (rest.). Flügelaltar (Vesperbild) um 1500. Flügelaltar (Jakobus d. Ä. und St. Christophorus) Ende 15. Jh. Flügelaltar (Christus mit Aposteln) 15. Jh. Kanzel 17. Jh. Epitaph (Kreuzigung mit Stiftern) um 1600. — *Amtshaus*, reicher zweigeschossiger Fachwerkbau (1665) mit Giebel. — *Rathaus*, im Kern Bau von 1608, mehrfach umgebaut, rest. — Große Teile der *Stadtmauer* mit Türmen erhalten. — Von den *Fachwerkbauten* besonders bemerkenswert: Römhilder Str. 2 nach 1600 und Römhilder Str. 65 (Eckhaus) 1672.

KLOSTER VESSRA. *Ruine der Klosterkirche* des ehem. Prämonstratenser-Klosters, gegründet 1131, Ruine nach Brand von 1939, kreuzförmige romanische Pfeilerbasilika (geweiht 1138) im gebundenen System, Chor mit Apsis und zwei Nebenapsiden abgebrochen, am Nordende des Querschiffes ehem. Grabkapelle der Grafen v. Henneberg (geweiht 1182, jetzt Dorfkirche) mit wertvollen gotischen Fresken (1485), am Südende Grabkapelle der Äbte, zweitürmiger Westbau (begonnen nach 1201, vollendet um 1300), Turmhalle mit Kreuzrippengewölben, in ihrem Inneren Rücksprungportal, Ruine seit 1964 gesichert. — In der Klostermauer romanischer Torbau mit Säulenportal. — Neue Nutzung der Anlage als *Agrarhistorisches Museum* des Bezirks Suhl in Vorbereitung (z. T. schon realisiert).

DINGSLEBEN. In großen Teilen erhaltenes *Ortsbild* mit zahlreichen fränkischen Fachwerkhäusern, darunter Beispiele aus dem 17./18. Jh. — *Dorfkirche*, einschiffiger Barockbau (1730–1742) mit schlichter Ausstattung der Entstehungszeit und spätgotischem Taufstein.

Vessra, Klosterkirche, Westfassade

Hildburghausen, Marktplatz mit Rathaus

HILDBURGHAUSEN. Im 13. Jh. planmäßige Anlage der Marktsiedlung (Stadtrecht erst 1324), annähernd rechteckiger Umriß, Straßennetz in Rippenform, langgestreckter rechteckiger Marktplatz (schönes Ortsbild mit Rathaus und Häusern des 16.–19. Jh., komplex rest.), von der durchlaufenden Hauptstraße (jetzt um den Markt Fußgängerbereich) im Norden tangiert. *Rathaus*, dreigeschossiger, im Kern spätgotischer Bau (urspr. Wasserburg der Grafen v. Henneberg, 1395 zum Rathaus umgebaut, 1572 in Renaissanceformen erneuert) mit Volutengiebel und Dachreiter, seitlich Treppenturm mit welscher Haube. – *Heimatmuseum* (Rathaus), u. a. Sammlung der im Bibliographischen Institut Hildburghausen herausgegebenen Werke 1828–1874. – *Ehem. Regierungsgebäude* am Markt, dreigeschossiger Barockbau (18. Jh.), Treppenhaus und mehrere Räume mit reichen Rokoko-Stuckdekorationen (um 1750/60). *Stadtkirche* (Christuskirche), Barockbau (1781 bis 1785 von A. F. v. Keßlau) in Form einer Kombination von Zentral- und Langbau: Gemeinderaum über achteckigem Grundriß mit doppelten Emporen und hölzerner Kuppel, im Osten anschließend langer Chor mit geradem Schluß, über dem Chor Turm, im Norden Hauptportal mit Säulen und Segmentgiebel; gediegene Ausstattung der Entstehungszeit, Taufstein Mitte 17. Jh. – *Neustädter oder Waisenkirche*, einschiffiger Barockbau (1755–1775) mit hölzerner Flachdecke und doppelten Emporen, Westturm mit Oberbau von 1835; schlichte Ausstattung der Entstehungszeit. – *Katholische Kirche*, einschiffiger Barockbau (1722) mit Spiegelgewölbe, Deckengemälde und Dachreiter; reicher Altaraufsatz aus der 2. Hälfte des 18. Jh.

HELDBURG. *Veste Heldburg* (jetzt Kinderheim), unregelmäßige, den Gegebenheiten des Geländes angepaßte Renaissance-Anlage, hervorgegangen aus einer Burganlage des 13. Jh., bestehend aus dem Kommandantenbau mit Hexenturm im Südwesten (Turm im Kern mittelalterlich, um 1550/60 aufgestockt, Haus um 1550/60), dem Jungfernbau mit Treppenturm im Süden (im wesentlichen 1875/76), dem Heidenbau im Nordosten (1509/10 mit Benutzung älterer Fundamente, darin ehem. Schloßkirche, eingerichtet 1663–1665) und dem *Französischen Bau* im Südosten, 1560–1564 von N. Gromann, dreigeschossig, im Hof zwei Erker (Herren- und Frauenerker) mit reichem plastischem Schmuck, reiche Fenstereinfassungen, Treppenturm, an der Außenseite kurzer Flügel, im Innern einige Prunktüren und -kamine. – *Stadtkirche*, urspr. dreischiffige spätgotische Basilika (1502 bis 1537), 1819–1826 zur Hallenkirche umgebaut, hölzerne Tonnen- und Kreuzgratgewölbe, Emporen, einschiffiger Chor mit dreiseitigem Schluß und Sterngewölben, an seiner Nordseite Turm; Reliefs von einer Kanzelbrüstung 1536. – *Gottesackerkirche*, einschiffiger, im Kern spätgotischer Bau (1497 urkundlich genannt, 1602–1613 und 1866 erweitert), Chor mit dreiseitigem Schluß; Grabsteine 16. Jh. – Von den vielen *Fachwerkbauten* besonders bemerkenswert: Ehem. Amtsgericht 1. H. 17. Jh. und Thälmannstr. 1 1605, reiche steinerne Wappentafel. – Von der *Stadtbefestigung* mehrere Wehrtürme und Mauerstücke (vorwiegend nach 1550) erhalten.

UMMERSTADT. *Stadtkirche St. Bartholomäus*, einschiffiger Barockbau (1747/1748 mit im Kern spätgotischem Chorturm) mit Spiegelgewölbe und doppelten Emporen, Turm mit geschweifter Haube; Taufengel 2. H. 18. Jh. – *Marktbrunnen* von 1743. – *Gottesackerkirche* (Andreaskirche), einschiffige, im Kern romanische Chorturmkirche (1945 zerstört, wiederaufgebaut); Friedhofsbefestigung mit sog. Fronturm (16. Jh.). – Wertvolle *Fachwerkbauten*, u. a. Rathaus von 1558 und Coburger Str. 45, 17. und 19. Jh.

EISFELD. *Stadtkirche* (Dreifaltigkeitskirche), dreischiffige spätgotische Hallenkirche (Baubeginn des Turmes 1488, des Chores 1505, 1601 und 1632 ausgebrannt, wiederhergestellt, 1945 beschädigt, rest.) mit Kassettendecke (1651) und Renaissance-Rundpfeilern, einschiffiger Chor mit dreiseitigem Schluß und Netzgewölbe, an seiner Nordseite Turm, drei reiche spätgotische Portale; Taufstein 1634, Kanzel vermutlich 1661. – *Schulhaus*, zweigeschossiger Fachwerkbau (1575 und 1653) mit massivem Erdgeschoß, reiches Nordportal, in der Südmauer steinerne Figur (»Schulmännle«). – *Pfarrhaus*, reicher Fachwerkbau 1528 und 1632. – *Schloß* (jetzt Heimatmuseum), unregelmäßige Baugruppe mit Bergfried und Palas (»Steinernes Haus«), im Kern mittelalterlich, 1632 ausgebrannt, bis 1650 in schlichten Formen wiederaufgebaut. – *Otto-Ludwig-Heimatmuseum*, u. a. südthüringisch-fränkische Trachten, Kunsthandwerk der Gegenwart, Funde vom Gräberfeld bei Harras; angeschlossen die *Otto-Ludwig-Gedenkstätte*, Sammlung über Leben und Werk des Dichters Otto Ludwig (geb. 1813 in Eisfeld).

SCHALKAU. *Pfarrkirche*, einschiffiger, im Kern spätgotischer Bau (1516 bis 1520, Langhaus 1663 erweitert) mit Flachdecke, Chor mit Sterngewölben von 1884, an seiner Nordseite Turm von 1706; barockes Kruzifix 1711. – *Burgruine Schaumberg*, um 1147 urkundlich genannt, 1640 zerstört, nur geringe Reste erhalten.

RAUENSTEIN. *Burgruine*, Bau von 1349, zerstört 1640, Reste eines Torbaues, der Ringmauern und des Hauptturmes. — *Dorfkirche*, einschiffiger spätgotischer Bau (vermutlich 1453, mehrfach erneuert), Chor mit Rippengewölbe, Turm mit barocker Haube und Laterne; die Kanzel und der Taufstein spätgotisch 16. Jh.

SONNEBERG. *Deutsches Spielzeugmuseum* (Beethovenstr. 10), u. a. Eingeborenenarbeiten aus Asien, Amerika und Afrika, antikes Spielzeug aus Ägypten, Griechenland und Rom, deutsches Spielzeug von den Anfängen bis zur Gegenwart, Entwicklungsreihe der Puppe von 1700 bis zur Gegenwart, thüringisches Glas und Porzellan. — *Stadtkirche*, neugotisch 1843–1845 von C. A. v. Heideloff. — *Rathaus*, neugotisch 1844 von Heideloff. — *Dorfkirche* im Ortsteil Oberlind, im Kern frühgotischer Chorturm, spätgotisches Langhaus 1455, 1748 barock umgebaut, bemalte Emporen; spätgotischer Taufstein, Kanzel um 1697; befestigter Friedhof mit doppeltem Mauerring, Torbau und Zugbrücke von 1524.

LAUSCHA. *Museum für Glaskunst* (Oberlandstr. 10) u. a. Entwicklung der Lauschaer Glashüttenindustrie von 1597 bis zur Gegenwart, Figurenkunst, Christbaumschmuck, Glas im Dienste der Wissenschaft.

GRÄFENTHAL. *Pfarrkirche*, einschiffiger Barockbau (1724–1731 mit Benutzung spätgotischer Teile) mit hölzerner Spiegeldecke und dreigeschossigen Emporen, an der Nordseite des Chors Turm mit geschweifter Haube; reicher Kanzelaltar 1726 von J. J. Daniel aus Leutenberg, Grabdenkmäler 16./17. Jh., v. Pappenheim. — *Schloß Wespenstein*, 1337 urkundlich genannt, unregelmäßige Anlage, teilweise Ruine, Umbau 1518 mit älteren Teilen.

OBERWEISSBACH. *Pfarrkirche*, einschiffiger Barockbau (1767–1779) mit hölzernem Spiegelgewölbe und dreigeschossigen Emporen, Westturm mit geschweifter Haube; Kanzelaltar der Entstehungszeit, Orgelprospekt spätes 18. Jh. — *Friedrich-Fröbel-Haus* (Markt 10), Sammlung über Leben und Werk des Pädagogen F. Fröbel (geb. 1782 in Oberweißbach).

UNTERWEISSBACH. In der barocken *Dorfkirche* (1767, 1803 und 1845 ausgebaut) bemerkenswert: Spätgotischer Flügelaltar (im Schrein Maria mit hl. Nikolaus und hl. Stephanus) um 1510. Schlichte spätklassizistische Ausstattung 1845.

Bemerkenswerte Fachwerkbauten innerhalb von verhältnismäßig geschlossenen Dorfanlagen in EICHA, GLEICHAMBERG und LINDEN.

Bemerkenswerte Burgruinen bei HENFSTÄDT (»Osterburg«, Bergfried vermutlich 13. Jh., bedeutende Reste der Wehrmauern), in REURIETH (nach Zerstörung 1525 wiederaufgebaut, bedeutende Reste), bei SEIDINGSTADT (»Burg Strauf« 1156 urkundlich genannt, 1525 zerstört, bedeutende Reste, u. a. Turm und Palas um 1333), sämtlich im Kr. Hildburghausen.

Bemerkenswerte Schlösser und Herrenhäuser in HENFSTÄDT (Vorderes Schloß: Renaissancebau mit zwei Fachwerkobergeschossen und Treppenturm. Hinteres Schloß: zweigeschossige Anlage mit rechteckigem Treppenturmvorbau, 1595, erneuert 1743), BEDHEIM (ehem. Wasserburg im wesentlichen 16./18. Jh.), HELLINGEN (ehem. Wasserburg von 1515, im 18. Jh. und 1824 erneuert, urspr. Vierflügelanlage mit Ecktürmen, Teile des Ost- und Südflügels erhalten), WEITERSRODA (spätgotisch begonnen 1478, im 16./17. Jh. vergrößert, später mehrfach verändert), SCHWARZBACH (Renaissancebau 1592, später verändert), ERNSTTHAL BEI SCHÖNBRUNN (ehem. Jagdschloß, Renaissancebau mit Fachwerkobergeschoß 1603), EFFELDER (Hauptbau im Kern spätgotisch um 1470, Nebengebäude vermutlich 1533 und 18. Jh.), UNTERLIND (Barockbau, 1710), MUPPERG (Barockbau 1780) und STEINACH (Barockbau 1747–1755).

Bemerkenswerte Dorfkirchen in HENFSTÄDT (Chorturmkirche 1544 und 1704; Grabdenkmäler 16.–18. Jh., v. Zufraß und v. Hanstein), REURIETH (spätromanischer Chorturm mit bemaltem Gewölbe sowie Anbau mit bemalter Holzdecke von 1596, barockes Langhaus 1716–1720; spätgotisches Kruzifix Anfang 16. Jh.), ZEILFELD (Chorturm spätgotisch, barockes Langhaus 1734; spätgotische Reliefs), ROTH (im Kern romanischer Chorturm, Langhaus um 1600; reiche Kanzel 1738, Sakramentsschrein um 1480), BEDHEIM (spätromanischer Altarraum mit gotischen Wandgemälden, barockes Langhaus 1696–1699, rest.; Schwalbennestorgel 1721), STRESSENHAUSEN (im Kern romanische Chorturmkirche, 1719/20 barock erneuert; reiche Kanzel 17. Jh.), EISHAUSEN (Barockbau 1749), STREUFDORF (im Kern romanische Chorturmkirche, Ende 15.–Anfang 16. Jh. spätgotisch erneuert, barockes Langhaus 1706–1707; Moseskanzel 1650), LINDEN (Barockbau 1739 mit spätgotischen Teilen; reiche Kanzel 1740), GELLERSHAUSEN (Barockbau 1700 mit älteren Teilen, 1714 von A. Brückner aus Schweinfurt ausgemalt), RIETH (spätromanischer Chorturm, barockes Langhaus 1682; Kanzel 1780, Taufstein und Taufengel 18. Jh.), HELLINGEN (klassizistisch 1791–1794 mit Chorturm 16. Jh.), HESSBERG (spätgotischer Chorturm 1425, Langhaus 16. Jh.; Kanzel 2. H. 18. Jh., Taufstein 16. Jh.), VEILSDORF (Veitskirche: Gotische Chorturmkirche, erwähnt 1308, Umbauten 17. und 19. Jh.; Trinitatiskirche; Renaissancebau 1604), BRÜNN (1671 in spätgotischen Formen), CROCK (ehem. Wallfahrtskirche, spätgotisch 1489, mehrfach erneuert, bemalte Emporen 1621; spätgotischer Taufstein Anfang 16. Jh.), SACHSENBRUNN (im Kern spätgotische Chorturmkirche Ende 15. Jh., bemalte Emporen nach 1648; spätgotische Kreuzigungsgruppe Anfang 16. Jh.), SCHÖNBRUNN-UNTERNEUBRUNN (spätgotische Chorturmkirche 1490, 1723 in Fachwerk erweitert; Kanzel 1790, Orgelprospekt 1785), SCHNETT (klassizistisch 1811), GIESSÜBEL (barocker Zentralbau 1722), MEUSELBACH (Barockbau 1743; reiche Taufe der Entstehungszeit), WALLENDORF (Barockbau 1734; Kanzelaltar, Taufengel und Orgelprospekt der Entstehungszeit), GROSSNEUNDORF (Barockbau 1728–1731; gediegene Ausstattung der Entstehungszeit), JUDENBACH (Barockbau 1705; reiche Kanzel 1708), HEINERSDORF (spätgotischer

Chorturm nach 1493; spätgotische Schnitzfiguren 1493, Kanzel und Taufe 2. H. 18. Jh.), NEUHAUS (Bronze-Grabplatte und Alabaster-Epitaph nach 1611), MUPPERG (im Kern romanischer Chorturm, spätgotisches Langhaus, 1720–1722 barock umgebaut; reiche Moses-Kanzel um 1720), GEFELL (im Kern romanischer Chorturm, spätgotisches Langhaus um 1470, im 17./18. Jh. erneuert; befestigter Friedhof) und EFFELDER (spätgotische Chorturmkirche mit älteren Teilen, im 17. Jh. verändert, Chor mit Rippengewölben; befestigter Friedhof).

Bezirk Gera

Stadt und Kreis Gera

Die Stadt Gera

Im Jahre 995 als »terminus Gera« urkundlich genannt, 999 Übereignung des Gera-Gaues an das Stift Quedlinburg. Um 1200 Dorf und Wirtschaftshof des Stiftes Quedlinburg. Vor 1237 planmäßige Anlage der Stadt durch die Vögte von Weida in der Nähe des Quedlinburger Wirtschaftshofes und des sorbischen Dorfes Zschochern am Fuße der Ronneburger Höhe, rechtwinkliges Straßennetz in Gitterform, im Zentrum fast quadratischer Marktplatz, im Südosten Burg der Vögte von Weida (abgerissen). 1237 und 1292 urkundlich civitas genannt. Im 13. und 14. Jh. (bis 1329) allmählicher Übergang der Landesherrschaft an die Vögte von Weida. 1450 von den Sachsen und Böhmen erobert und niedergebrannt. 1487 Erneuerung des Stadtrechtes (»Geraer Statuten«). Im 15. und 16. Jh. wirtschaftliche Blüte, vor allem infolge von Tuchmacherei (»Gerische Tuche«) und Leineweberei, seit 1560 Abbau von Kupferschiefer, seit 1595 Wollzeugfabrikation. Von 1547 bis 1806 Lehen der böhmischen Krone. 1639, 1686 und 1780 große Stadtbrände. Bis 1918 Residenz der Fürsten Reuß (jüngere Linie). 1945 Zerstörung eines großen Teiles der Stadt durch anglo-amerikanische Luftangriffe. 1952 Bezirkshauptstadt. Großzügiger Wiederaufbau des Stadtzentrums, unter anderem Stadtzentrumsbereich *Rudolf-Breitscheid-Straße* (1976/77 nach Entwürfen der Kollektive L. Bortenreuter, D. Jantke, L. Weidemann, H. Petters, H. Vogler, H. Seidel, B. Kloth und R. Deckert). Weitere Neubaugebiete in den Außenbezirken, vor allem in Bieblach (Bergarbeitersiedlung), Langenberg und *Lusan* (seit 1973 nach der städtebaulichen Planung von L. Bortenreuter, D. Jantke, G. Schumacher, W. Burkhardt und H. Eckardt), geplant für 16 000 Einwohner.

Bauten und Sammlungen in der Innenstadt

Rathaus. Dreigeschossiger Renaissancebau (1573–1576 vielleicht von N. Gromann oder N. Teiner, nach Brand 1780 wiederaufgebaut 1783/84, dabei Entfernung der urspr. vorhandenen drei Renaissancegiebel, rest.) mit reichem Hauptportal im Untergeschoß des sechsgeschossigen Treppenturmes (57 m hoch) vor der Marktfront. – Am Markt die *Stadtapotheke*, zweigeschossiger Renaissancebau (1592 und 1606, rest.) mit reichem Eckerker. – Auf dem Markt der *Simsonbrunnen*, 1685–1686 von C. Junghans, durch Kopie ersetzt.

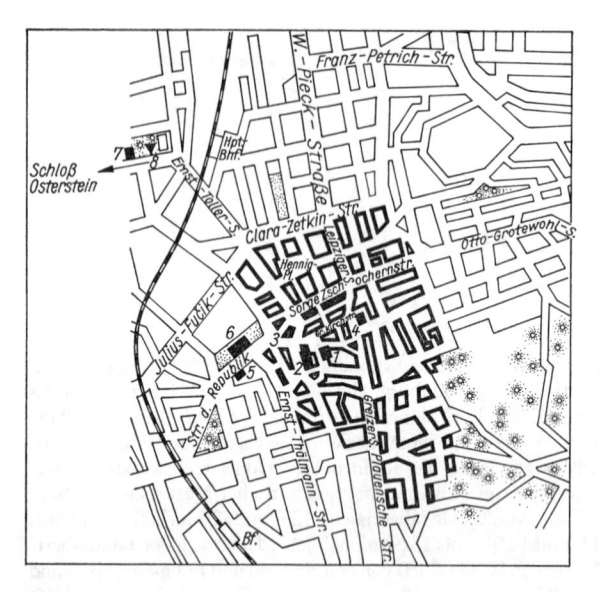

Gera
1 Rathaus und Simsonbrunnen, 2 Ehem. Regierungsgebäude, 3 Ehem. Zucht- und Waisenhaus mit Museum für Kulturgeschichte, 4 Salvatorkirche und Museum für Naturkunde (Schreibersches Haus), 5 Trinitatiskirche, 6 Interhotel »Stadt Gera«, 7 Orangerie, 8 OdF-Denkmal

Ehem. Regierungsgebäude. Dreigeschossiger Barockbau (1720–1722, nach Brand 1780 wiederhergestellt, Rest. im Gange) mit Benutzung von Teilen aus dem 16. Jh. (Nordflügel), viergeschossiger Mittelrisalit mit Pilastergliederung und Giebeldreieck.

Ehem. Zucht- und Waisenhaus (Straße der Republik 2, jetzt Museum für Geschichte). Dreigeschossiger Barockbau (1732–1738, nach Brand 1780 wiederhergestellt, 1945 stark beschädigt, restauriert) über rechteckigem Grundriß, kleiner Dachreiter. — *Museum für Geschichte*, u. a. Geschichte der revolutionären Arbeiterbewegung Ostthüringens, Stadtgeschichte, Möbel vom Schloß Osterstein, reußische Münzen, Gläser, Geraer Zeugdruck, graphische Sammlung (4000 Blätter).

Salvatorkirche. Dreischiffiger Barockbau (1717–1720 von D. Schatz, nach Brand 1780 unter Leitung von J. G. Dicke wiederaufgebaut), eingebauter Westturm (1781/82) mit geschweifter Haube und Laterne; einheitliche Jugendstilausstattung von 1903, rest. — Neben der Salvatorkirche das *Schreibersche Haus* (jetzt Museum für Naturkunde), dreigeschossiger Barockbau

(1687/1688 vermutlich von G. Zilli, rest.) mit reichem Barocksaal. — *Museum für Naturkunde*, u. a. Sammlung über Leben und Werk der fünf ostthüringischen Ornithologen (Brehm Vater und Sohn, Liebe, Hennicke, Engelmann).

Trinitatiskirche. Einschiffiger, im Kern gotischer Bau (14. Jh., 1611 vermutlich nach Westen erweitert, Turm 1899, Inneres rest.) mit dreiseitig geschlossenem Chor, an der Nordseite reiche spätgotische Außenkanzel (1500), urspr. an der Wolfgangskapelle; Epitaph Benedikt Pascha (Kreuzigung) 1630 und Grabmal J. F. v. Freiersleben, gest. 1770, von F. S. Schlegel, Kanzel mit Figuren 1612.

Bürgerhäuser: Steinweg 15 Barockbau 1706, Figurenportal. Große Kirchstr. 7 1712 mit älteren Teilen, nach Brand 1754 wiederaufgebaut, reiches Figurenportal. Große Kirchstr. 17 um 1765, Rokoko-Dekorationen. Ferbersches Haus (Greizer Str. 37/39) im wesentlichen spätes 18. Jh., Figurenportal um 1760. Modernes Appartementhaus Platz der DSF 3 mit 1967 eingebautem großem Portal von 1729.

Von der *Stadtbefestigung* Reste der gotischen Mauer mit einem Wehrturm am Stadtgraben erhalten, weitere Reste zum überwiegenden Teil beseitigt oder überbaut.

Bauten und Sammlungen im Ortsteil Untermhaus

Orangerie im ehem. Küchengarten (jetzt Kunstausstellungszentrum mit wechselnden Ausstellungen). Halbkreisförmige barocke Anlage (1729–1732, nach Kriegsbeschädigungen rest.) mit zweigeschossigem Mittelbau, daran anschließend zwei eingeschossige Zwischenbauten in Viertelkreisform, als Abschluß zwei zweigeschossige Pavillons. — In der Orangerie *Otto-Dix-Kabinett*,

Gera-Untermhaus, Orangerie

Ausstellung über Leben und Werk des Malers Otto Dix (geb. 1891 in Gera-Untermhaus). – Im Park *Mahnmal* für die Opfer des Faschismus.

Schloß Osterstein. Im Süden mächtiger, im Kern romanischer Bergfried (12. Jh.) und Reste des 1945 zerstörten Schlosses aus dem 17./18. Jh.

Pfarrkirche St. Marien. Einschiffiger spätgotischer Bau (Mitte 15. Jh. mit Benutzung romanischer Teile) mit hölzernem Tonnengewölbe und Emporen, Chor mit dreiseitigem Schluß und Kreuzrippengewölben, an seiner Nordseite Turm mit Blendmaßwerkgiebeln und schlanker Spitze; spätgotischer Flügelaltar (im Schrein Maria mit Kind und vier Szenen aus dem Marienleben) um 1500.

Wohnhaus Gries 5. Spätgotischer Bau (1519) mit Treppenturm aus Fachwerk.

Bauten in den übrigen Ortsteilen

Wasserschloß (im Ortsteil Tinz). Dreigeschossiger Barockbau (um 1745 von G. Hofmann) mit Pilastergliederung, Mittelrisalit mit Giebeldreieck, Treppenhaus mit Kreuzgewölben, Festsaal und mehrere Räume mit Rokoko-Stuckdekorationen.

Dorfkirche (im Ortsteil Langenberg). Im Kern romanischer Chorturm mit spitzem, in sich gedrehtem Helm von 1502, Chor und einschiffiges Langhaus im Kern spätgotisch (geweiht 1491, im 17./18. Jh. mehrfach umgebaut); spätgotischer Flügelaltar (im Schrein Maria mit den vierzehn Nothelfern) 1491, Taufstein 1618, Kanzelaltar 17. Jh.

Bemerkenswerte Dorfkirchen in den Ortsteilen KAIMBERG (Barockbau mit älteren Teilen um 1753, Turm um 1725), ALT-TAUBENPRESKELN (gotisch 14. Jh., Ende 15. Jh. spätgotisch umgebaut) und LUSAN (spätromanischer Turmchor, Langhaus Mitte 16. Jh., später verändert).

Der Kreis Gera

WEIDA. Entstehung durch Verlegung einer deutschen Siedlung von Wünschendorf-Veitsberg in das Weidatal (1152–1155), bestehend aus der Altstadt (Marktsiedlung um die Widenkirche) und der an die Osterburg angelehnten Neustadt (im Zentrum Neumarkt mit Rathaus und Peterskirche). Von der *Stadtbefestigung* (im wesentlichen Anfang 15. Jh.) Teile der Mauer mit einigen Wehrtürmen erhalten. – *Schloß Osterburg* (jetzt Heimatmuseum und Jugendherberge), gegründet zwischen 1163 und 1193, im Kern romanisch, in der Zeit der Spätgotik sowie im 16. und 17. Jh. (nach Brand 1633) ausgebaut, unregelmäßige Anlage um annähernd elliptischen, nach Norden offenen Hof, im Süden mächtiger Bergfried (im Kern 2. H. 12. Jh., obere Teile vermutlich 15. Jh.), an der Ostseite ehem. Rechnungsamt mit schlichtem Volutengiebel und dreigeschossiges Schloß (im wesentlichen 16./17. Jh., 1712 erneuert), vor der Vorderfront ehem. Kapelle mit romanischen Resten und Treppenturm, Reste der alten Befestigungsanlage, Schloßwache (jetzt Gaststätte) von 1717/1718. — *Kreis-Heimatmuseum*, u. a. Arbeitsgeräte der Gerber, Musterbücher der Weber, Weidaer Brotbank mit Modeln und Arbeitsgeräten. — *Rathaus*, dreigeschossiger Renaissancebau (1587–1589, nach Brand 1687 wiederhergestellt, Erweiterungsbau an der Ostseite 20. Jh.) mit paarweise angeordneten Fenstern, vor der Marktfront hoher Treppenturm mit geschweifter Haube und Laterne, Rundbogenportale. — *Ruine der Peterskirche*, einschiffiger romanischer Bau (2. H. 12. Jh., mehrfach zerstört und umgebaut), Chor mit dreiseitigem Schluß, romanischer Doppelturmbau mit vollständig erhaltenem Südturm. — *Klosterkirche* des ehem. Augustiner-Nonnen-Klosters, im Kern spätromanisch (nach 1238), seit 1527 als städtisches Kornhaus benutzt, im 19. Jh. zum Wohnhaus umgebaut. — *Ruine der Widenkirche*, einschiffiger spätromanischer Bau (Mitte 12. Jh., um 1340 durch gotischen Anbau vergrößert), Chor mit dreiseitigem Schluß, an seiner Südseite doppelgeschossige Kapelle mit zwei großen Rosenfenstern, von der doppeltürmigen Westfront (Anfang 13. Jh.) nur der Nordturm in voller Höhe erhalten. — *Stadtkirche* (ehem. Franziskaner-Klosterkirche), im Kern gotischer Bau (urkundlich 1267, nach Brand 1633 wiederhergestellt) mit Hauptschiff und angefügtem südlichem Seitenschiff (vermutlich nach 1533), Kassettendecke, Emporen, zwei Fürstenstühle, einschiffiger spätgotischer Chor mit dreiseitigem Schluß (Gewölbe 1933), an seiner Südwand Reste spätromanischer Wandgemälde (aus der Widenkirche), frühgotisches Westportal; gediegene Ausstattung im wesentlichen Mitte 17. Jh. (Kanzel 1642), barockes Kruzifix 1680. — *Ehem. Friedhof* (angelegt 1564) mit Renaissanceportal (1580), reicher Pestkanzel (1608), Erbbegräbnissen (16./17. Jh.) und zahlreichen Grabdenkmälern (17./18. Jh.).

WÜNSCHENDORF-VEITSBERG. *Veitskirche* (rest.), im Kern frühromanisch (möglicherweise 11. Jh.), in spätromanischer, hochgotischer und spätgotischer Zeit umgebaut und erweitert, Hauptschiff und nördliches Seitenschiff, Emporen mit bemalten Brüstungen, am Ostende des Seitenschiffes romanische Kapelle mit Kreuzrippengewölbe, Chor mit dreiseitigem Schluß und Kreuzrippengewölben, im Südfenster des Chors Reste von spätromanischen Glasmalereien, am Chorgewölbe und am Triumphbogen gotische Fresken (u. a. Anbetung der Könige und Weltgericht), an den Strebepfeilern des Chors gotische Passionsreliefs (um 1360), Westturm mit reichem spätgotischem Portal (1466 von P. Heyerliß). Bemerkenswerte Ausstattungsstücke: Spätgotischer Flügelaltar (Maria mit den Hl. Barbara und Katharina) um 1480. Kanzel 17. Jh. Taufstein Anfang 16. Jh. Überlebensgroßes Kruzifix um 1515, wohl von H. Witten. — Überdachte *Holzbrücke* von 1786, Anlage mittelalterlich. — WÜNSCHENDORF-MILDENFURTH. Die *Klosterkirche* des ehem. Prämonstratenser-Klosters, gegründet 1193, urspr. spätromanische kreuzförmige Pfeilerbasilika mit Kreuzgewölben im gebundenen System (1. H. 13. Jh.), seit 1556 zum Wohnhaus, nach 1617 zum Jagdschloß umgebaut; Restaurierung für Nutzung als Künstlerzentrum im Gange. Von der ehem. Basilika erhalten: Chorraum, Querhausarme und Vierungsturm, südlicher

Nebenchor, Ostteile vom Langhaus in geringen Resten, Teile des ehem. zweitürmigen Westbaus mit spätromanischem Stufenportal; reiche Kapitelle im Innern. Seitenschiffe und westlicher Teil des Mittelschiffs abgebrochen, übrige Teile in den Grundzügen erkennbar. Im Innern gewölbte Räume 16. Jh. Von den *Klostergebäuden* an der Südseite Refektorium, Kapitelsaal und Südflügel des Kreuzganges im sog. Brauhaus erhalten mit Bauteilen und Gewölben um 1500. *Ummauerung* in großen Teilen erhalten.

MÜNCHENBERNSDORF. *Pfarrkirche*, einschiffiger, im Kern spätromanischer Bau (um 1200, 1499–1502 umgebaut. 1907 Langhaus neugotisch erneuert), langgestreckter Chor mit dreiseitigem Schluß, Westturm; spätgotischer Flügelaltar (im Schrein Marienkrönung und die hl. Bischöfe Benedikt und Bonifatius) 1505 von V. Lendenstreich aus Saalfeld, Predella mit gemalten Flügeln.

BAD KÖSTRITZ. *Schloß*, ehemalige Vierflügelanlage (1689–1704), in der Mitte des erhaltenen Vorderflügels Torturm mit Haube und Laterne. Landschaftspark mit Kleinarchitekturen (im wesentlichen 1804). – *Heinrich-Schütz-Gedenkstätte* (ehem. Gasthof »Goldener Kranich«, Barockbau nach 1779, Thälmannstr. 1), Sammlung über Leben und Werk des Komponisten H. Schütz (geb. 1585 in Bad Köstritz).

RONNEBURG. *Pfarrkirche St. Johannis*, einschiffiger, im Kern spätgotischer Bau (15. Jh., mehrmals ausgebrannt und wiederaufgebaut, zuletzt 1888), Chor mit dreiseitigem Schluß, an seiner Südseite zweigeschossiger Anbau, Westturm. – *Schloß*, unregelmäßige, im Kern spätgotische Anlage (um 1520 mit Benutzung älterer Teile, im 17. Jh. und um 1850 um- und ausgebaut) um annähernd dreieckigen Hof, z. g. T. verfallen; im südlichen Teil »Rittersaal« (15. Jh.; rest.).

Bemerkenswerte Schlösser und Herrenhäuser in KAUERN (Barockbau 1701 mit Teilen aus dem 16. Jh., wertvolle Stuckdecken; an der Südwestseite Kapelle von 1703) und BURKERSDORF BEI WEIDA (einheitlicher rechteckiger Bau mit hohem Mansarddach 18. Jh.).

Bemerkenswerte Dorfkirchen in DORNA (im Kern frühgotischer Chor, spätgotisches Langhaus Ende 15. Jh.; spätgotischer Flügelaltar Ende 15. Jh., Kanzel und Taufstein 1681), CAASCHWITZ (Barockbau 1750/51 mit älteren Teilen; spätgotischer Flügelaltar um 1500, Kreuzigungsgruppe Anfang 16. Jh., Kanzelaltar der Entstehungszeit), HARPERSDORF (klassizistisch 1817), GEISSEN (spätgotischer Flügelaltar um 1500), WALTERSDORF (Barockbau 1752–1756), FRIESSNITZ (romanischer Turmchor, Langhaus und Kanzel 1592, Altaraufsatz und Taufe 17. Jh., Grabdenkmäler 17. Jh.), SCHÜPTITZ (romanischer Chorturm, Langhaus 18. Jh., spätgotischer Flügelaltar Anfang 16. Jh.), BURKERSDORF BEI WEIDA (romanische Anlage 12. Jh. mit erhaltener Apsis, Umbau 18. Jh., im Innern einheitliche Ausstattung und Bemalung aus der Umbauzeit), HUNDHAUPTEN (romanische Anlage mit Chorturm, Chorrechteck und Apsis 12. Jh.; spätgotische Holzskulpturen um 1500), ENDCHÜTZ (Barockbau 17./18. Jh. mit älteren Teilen; Kanzelaltar Ende 17. Jh., spätgotische Skulpturen um 1500, Grabdenkmal nach 1580), LINDA (zwei spätgotische Flügelaltäre), NIEBRA (spätgotischer einheitlicher Bau mit Verwendung älterer Teile, Turm an der Südseite, Inneres 2. H. 19. Jh. umgestaltet; großer Flügelaltar 1498, rest.) und REUST (spätgotischer Flügelaltar um 1500).

Die Kreise Eisenberg, Stadtroda und Pößneck

EISENBERG. *Schloß Christianenburg* (jetzt Verwaltungsgebäude), dreigeschossige barocke Anlage (begonnen 1677 unter Mitwirkung von J. W. Gundermann und J. M. Richter d. J.) über annähernd quadratischem Grundriß, Hauptfront mit Seitenflügel, Dachaufsatz mit Segmentgiebel und von zwei Säulen getragenem Balkon. — Im Ostflügel die *Schloßkirche* (1679 bis 1687, geweiht 1692, rest.) mit an drei Seiten umlaufenden Emporen und ungewöhnlich reichen Stuckdekorationen, ausgeführt von den Oberitalienern B. Quadro, G. Caroveri und Ch. Tavilli, Wand- und Deckengemälde (im Mittelfeld des Spiegelgewölbes Darstellung aus der Offenbarung Johannis, in der Chorkuppel Himmelfahrt Christi) von J. O. Harms. — *Rathaus*, aus zwei dreigeschossigen Renaissancebauten (1579 und 1593, erweitert 1702) bestehend, zwei Türme und zwei reiche Rundbogenportale (rest.). — *Mohrenbrunnen* von 1727. — *Superintendentur* am Markt 11, dreigeschossiger Renaissancebau (Ende 16. Jh.), in der Frontmitte auf der Nordseite achteckiger Treppenturm mit freitragender Steintreppe, reicher Eckerker, reiches Sitznischenportal, darüber flacher Erker. — *Pfarrkirche St. Peter* (Marktkirche), einschiffiger spätgotischer Bau (1494, 1585 und 1880 stark verändert), dreiseitig geschlossener Chor mit Rippengewölbe, querrechteckiger Westturm; vier Gemälde (Geburt Christi, Kreuzigung, Abendmahl, Ausgießung des hl. Geistes) um 1625. — *Kreis-Heimatmuseum* (Schloß Friedrichstanneck; Teehäuschen von 1750), u. a. Ur- und Frühgeschichte des Kreisgebietes, bäuerliche Volkskultur, Altenburger Tracht.

BÜRGEL. *Pfarrkirche*, im Kern spätgotisch, im 17. und 19. Jh. durchgreifend erneuert, an der Südseite spätgotisches Hauptportal mit Spätrenaissance-Einfassung (17. Jh.). — Von der *Stadtbefestigung* das Badertor (1234) mit Fachwerk-Torhaus (nach 1754) und Reste der Mauer erhalten. — *Keramisches Museum* (Badertor), Mustersammlung der Bürgeler Töpfereierzeugnisse 18./20. Jh. — *Brennofen* Töpfergasse 14, Mitte 17. Jh.

THALBÜRGEL. *Klosterkirche* des ehem. Benediktiner-Klosters, gegründet 1133, dreischiffige romanische Flachdecken-Basilika (im wesentlichen Mitte 12. Jh. bis um 1200, Verfall ab 1525 nach Aufhebung des Klosters, 1863 bis 1890 umfassende Wiederherstellungsarbeiten, letzte Restaurierung 1964 bis 1970)

Thalbürgel, Klosterkirche, Vorhalle

über kreuzförmigem Grundriß, Rechteckpfeiler mit je vier Dreiviertelsäulen und zwei vollen Säulen, Querschiff und Chor (urspr. mit fünf staffelförmig angeordneten Apsiden) nur noch in Resten vorhanden, im Winkel von Querschiff und Langhaus zwei Türme (vom Nordturm nur die unteren Geschosse vorhanden), im Westen reiches Säulenportal (ern.), davor Reste einer dreischiffigen Vorhalle mit Würfelkapitellen; spätgotisches Vesperbild um 1500, spätgotischer Viersitz, Lettnerreste 12. Jh. (rest.).

BAD KLOSTERLAUSNITZ. *Klosterkirche* des ehem. Augustiner-Chorfrauenstiftes, gegründet 1132, dreischiffige romanische Pfeilerbasilika (begonnen nach 1150, geweiht zwischen 1181 und 1185, seit dem 16. Jh. verfallen, 1855–1866 nach Plänen F. v. Quasts auf den freigelegten Fundamenten wiederaufgebaut) über kreuzförmigem Grundriß, an Chor und Querschiff Apsiden, im Westen der Kirche Doppelturmfassade; spätromanisches Kruzifix um 1235/40.

STADTRODA. *Pfarrkirche St. Salvator*, Renaissance-Zentralbau (letztes V. 16. Jh., 1638 ausgebrannt, 1650 und 1738 wiederhergestellt) über achteckigem Grundriß, umlaufende dreigeschossige Emporen, im Kern spätgotischer Chor mit dreiseitigem Schluß, auf dem Dach hölzerner Turm mit Haube; Moses-Kanzel 17. Jh., Grabsteine 17./18. Jh. – *Heiligkreuzkirche*, im Kern spätromanischer Turmchor (2. H. 12. Jh.) mit gotischem Kreuzrippengewölbe und Turmoberbau von 1826, einschiffiges barockes Langhaus (vermutlich 1681, mehrfach umgebaut) mit Flachdecke; spätgotische Schnitzfiguren. – *Ruine der Zisterzienser-Nonnen-Klosterkirche*, einschiffiger frühgotischer Bau (2. H. 13. Jh.) mit paarweise geordneten Fenstern, an der Nordseite urspr. seitenschiffsartiger Gruftanbau, im Westen Reste einer Nonnenempore, südlich neben dem Chor Tympanon mit Madonnenrelief. – *Schloß*, schlichter Barockbau (1663 und nach 1734). – Von der *Stadtbefestigung* das Rote Tor am Töpferberg erhalten.

WOLFERSDORF. *Jagdschloß Fröhliche Wiederkunft* (jetzt Jugendwerkhof), urspr. Renaissancebau (1547–1551 von N. Gromann) an der Nordseite eines großen, von einer niedrigen Mauer umzogenen Hofes, 1858 bis 1865 in neugotischen Formen ausgebaut.

NEUSTADT (ORLA). In der 2. H. 13. Jh. gegründet und mit Stadtrecht versehen (civitas seit 1287), planmäßige Anlage mit gitterförmigem Straßennetz, an der Hauptstraße der rechteckige Markt. Von der *Stadtbefestigung* (urkundlich 1325) Reste der Stadtmauer und einiger Wehrtürme erhalten. – *Rathaus*, spätgotischer Bau (begonnen 1495, vollendet um 1510/20, Rest. im Gange), an der Hauptseite ungewöhnlich reicher Erker, Freitreppe, Stabwerkportal und Zwerchhaus mit Maßwerkgiebel, östlicher Staffelgiebel mit Blendbögen und Fischblasenmaßwerk, einige Räume mit alten Balkendecken. – Von den *Bürgerhäusern* besonders bemerkenswert: sog. Lutherhaus (Rodaer Str. 12) dreigeschossiger Renaissancebau (1574) mit Erker. Ehem. Ratskeller Renaissancebau (16./17. Jh.). – *Schloß*, Barockbau (nach 1674) mit Benutzung von beträchtlichen Teilen eines spätgotischen Augustiner-Eremiten-Klosters, das eigentliche Schloß (südliches Hintergebäude) dreigeschossig, in der Mitte Portal mit Rustikaquaderung, Treppenhaus mit Kreuzgewölben. – Vor dem Schloß *Postsäule* von 1728. – *Stadtkirche St. Johannis*, dreischiffige spätgotische Hallenkirche (begonnen 1470, geweiht 1476, vollendet 1538) mit Flachdecken und Achteckpfeilern, einschiffiger Chor mit Sterngewölbe und dreiseitigem Schluß, an seiner Nordseite Turm. Bemerkenswerte Ausstattungsstücke: Spätgotischer Flügelaltar (im Schrein Johannes d. T. mit den Aposteln Simon und Judas Thaddäus, Flügelgemälde aus der Cranach-Werkstatt) 1510/12. Altarschrein (Anna selbdritt mit den Hl. Katharina und Dorothea) Anfang 16. Jh. Taufstein 1494. Grabdenkmäler 17./18. Jh. – In der spätgotischen *Hospitalkirche* (1914 bis auf die Grundmauern abgebrannt und in alter Form wiederaufgebaut) an der Rückwand des Kanzelaufbaus (1721) bemerkenswerter gemalter spätgotischer Flügelaltar (im Mittelfeld Kreuzigung nach P. Keil) Ende 15. Jh.

Neustadt/Orla, Rathaus

TRIPTIS. *Stadtkirche*, einschiffiger Barockbau (1775–1784) mit Flachdecke und Turm von 1827; Kanzelaltar und Taufe der Entstehungszeit. – In der Nähe der Stadtkirche mittelalterlicher *Bergfried* (25 m hoch), Rest des ehem. Schlosses. – *Gottesackerkirche*, einschiffiger Barockbau (1705, 1833 umgebaut), im Westen Dachreiter mit geschweifter Haube. – *Dorfkirche* im Ortsteil Döblitz, Wehrkirche des 13. Jh., bei der Restaurierung 1965 Freilegung von Fresken Anf. 15. Jh.

OPPURG. *Schloß Niederoppurg* (neue Nutzung in Vorbereitung), dreigeschossiger Barockbau (1708–1714, rest.) mit reich stuckierten Fassaden (1746/47 durch die Rudolstädter Werkstatt Müller), in der Mitte der Lang- und Schmalseiten Segmentgiebel, geräumiges Treppenhaus, in einigen Sälen und Zimmern Reste der alten Ausstattung, u. a. Stuckdecken, Tapeten und Öfen. – An der Südwestecke des Schloßhofes der sog. *Türkenhof*, Renaissancebau (nach 1537) mit wertvollem Deckengemälde, und Rundturm (Anfang 17. Jh. mit mittelalterlichen Resten). – *Steinbrücke* über die Orla, 17. Jh. – *Dorfkirche*, dreischiffiger Barockbau (1694–1696) mit korinthischen Säulen, im Mittelschiff Spiegelgewölbe mit reichen Stukkaturen und Gemälden, an der Südseite Herrschaftsloge, in der Südwestecke im Kern spätgotischer Turm (um 1500); reiche Ausstattung der Entstehungszeit, Grabdenkmäler 16. Jh., Prunksärge 17./18. Jh.

PÖSSNECK. *Rathaus*, dreigeschossiger spätgotischer Bau (1478–1532) mit Zierformen des Übergangs zur Renaissance, Marktfront mit überdachter Freitreppe und Halbkreisgiebeln (1530/32), an der Nordseite hoher Staffelgiebel mit reichen Zierformen von Blendmaßwerk und -nischen, im Erdgeschoß zweischiffige Halle mit Kreuzgratgewölben (Ratskeller), 1969 Farbgebung nach originalem Befund. – *Marktbrunnen* mit Marktbornmännchen (Sinnbild des wehrhaften Bürgers) 1521 (Kopie). – *Pfarrkirche St. Bartholomäus*, einschiffiger spätgotischer Bau (im wesentlichen 15. Jh., im 19. Jh. erneuert; Rest. im Gange) mit Flachdecke und Emporen, Chor mit Sterngewölbe, an der Südseite des Langhauses fünfgeschossiger Turm; Ausstattung aus dem späten 19. Jh. – *Alter Friedhof* mit Gottesackerkirche (13.–16. Jh., rest.), Grabdenkmäler 17./18. Jh. – Von den *Bürgerhäusern* besonders bemerkenswert: Wohlfartsches Haus am Markt Renaissancebau (1565) mit reichem Portal. – Von der *Stadtbefestigung* Reste der Stadtmauer und zwei Wehrtürme (Pulver- und Weißer Turm) erhalten, sämtlich 15. Jh.

WERNBURG. *Dorfkirche*, romanischer Chor, einschiffiges gotisches Langhaus mit Flachdecke (um 1830 erweitert), an der Nordseite des Langhauses Turm; spätgotische Sakramentsnische, Grabdenkmäler 17./18. Jh. – *Kapelle St. Veit*, spätgotischer Bau (um 1500), über dem vorgezogenen Chorrechteck Maßwerkgiebel und Dachreiter von 1684; Grabstein nach 1702.

RANIS. *Burg* (jetzt Heimatmuseum), gegründet vermutlich im 10. Jh., 1085 urk. genannt, im wesentlichen 13./14. Jh., bedeutende Erweiterung um 1600. Unregelmäßige, einem langgestreckten Bergrücken angepaßte Anlage, bestehend aus Vor- und Hauptburg sowie einer Unterburg um einen engen Hof. Am Eingang zur Hauptburg Torhaus mit Volutengiebeln, an der Süd- und Westseite des Hofes Palas (16. Jh., nach Brand 1646–1648 wiederhergestellt) mit zahlreichen Volutengiebeln, darin eingebaut ehem. Bergfried, ausgebaute Burggaststätte und Kemenate. — *Kreis-Heimatmuseum*, u. a. urgeschichtliche Funde aus der Ilsenhöhle und den Döbritzer Höhlen, Geschichte der Burg, Geschichte der Arbeiterbewegung im Kreisgebiet. — *Pfarrkirche Unser Lieben Frauen*, einschiffiger spätgotischer Bau (vermutlich 15. Jh., bei der Erneuerung 1870 entstellt). Bemerkenswerte Ausstattungsstücke: Taufstein Ende 17. Jh. Spätgotisches Abendmahlsrelief um 1520. Kreuzigungsrelief 1. H. 17. Jh. Grabmal des Ehepaars v. Breitenbauch, gest. 1627 und 1633.

Bemerkenswerte Fachwerkbauten in TAUTENHAIN (Nr. 81: Dreiseit-Fachwerkhof 1701 und 1767, westlich Wohnhaus mit reichem Fachwerkgiebel, südlich Wohnhaus mit Bohlenwand; Nr. 151: reicher Fachwerkgiebel und Obergeschoß 18. Jh.) und WEISSENBORN (August-Bebel-Str. 24: über massivem Erdgeschoß Fachwerkgeschoß und reicher Fachwerkgiebel, 17. Jh.), sämtlich Kr. Eisenberg.

Bemerkenswerte Schlösser und Herrenhäuser in SCHKÖLEN (ehem. Wasserburg, annähernd rechteckige Anlage mit vier Rundbastionen, entstanden vermutlich im 13. Jh., Rest. im Gange), HARTMANNSDORF (Wasserschlößchen Barockbau 1723, rest.; botanisch interessanter Park), KROSSEN (Bergfried um 1000, Schloß 1585, 1700–1712 durchgreifend erneuert, großer Festsaal mit illusionistischen Deckenmalereien italienischer Künstler 1712, rest.), SILBITZ (1604, im Innern ehem. Kapelle mit Stuck), WEISSBACH (sog. Rothvorwerk, Vierflügelanlage, Turm und Reste der Ummauerung erhalten. 16./17. Jh.), OBERPÖLLNITZ (unregelmäßige ovale Anlage der Renaissance 16. Jh.), LEMNITZ (Barockbau 18. Jh.), NIMRITZ (Renaissancebau mit Benutzung älterer Teile um 1560 und 17. Jh.) und KRÖLPA (Schloß Brandenstein Barockbau Anfang 18. Jh., Räume mit Stuckdekorationen und Gemälden).

Bemerkenswerte Pfarr- und Dorfkirchen in SCHKÖLEN (Barockbau 1756; spätgotische Schnitzfiguren), DOTHEN (spätgotische Kreuzigungsgruppe vermutlich 15. Jh.), WALPERNHAIN (ehem. Wehrkirche mit ältesten Teilen aus dem 11. Jh.), KROSSEN (älteste Teile 13. Jh., spätgotischer Chor, Langhaus Mitte 18. Jh. erweitert; Kanzel 1750, Epitaph um 1636), GRAITSCHEN (spätgotischer Chor, neben dem Südportal sog. Männchen; Kanzel 1663, Herrschaftsstuhl 1755, spätgotisches Kruzifix), SCHÖNGLEINA (im Kern spätgotisch, im 17. Jh. umgebaut und erweitert; reicher Kanzelaltar), GRÖBEN (spätgotischer Chor mit Sterngewölbe, barockes Langhaus 1709–1712; Kanzelaltar 18. Jh.), KLEINEBERSDORF (im Kern spätromanische Chorturmkirche, 1688 barock erneuert; spätgotischer Flügelaltar um 1500), MITTELPÖLLNITZ (klassizistischer Zentralbau 1826 unter Mitwirkung von C. W. Coudray), OTTENDORF (im Kern spätromanisch, nach 1648 barock erneuert; gediegene Ausstattung und Ausmalung 17. Jh.), LIPPERSDORF (Renaissancebau mit älteren Resten um 1630, Ausmalung 1718 von

M. Zanck; spätgotischer Flügelaltar um 1500, Flügel beschädigt), BREITEN-HAIN (spätgotischer Flügelaltar um 1500), STRÖSSWITZ (spätgotischer Flügelaltar um 1500), DREITZSCH (Barockbau 1703 mit Benutzung spätgotischer Teile, bemalte Decke und Emporen), SCHÖNBORN (romanischer Chorturm, barockes Langhaus; Gemälde mit Anbetung der Könige um 1500), BAHREN (Barockbau 18. Jh. mit kompletter Ausstattung und Ausmalung der Entstehungszeit), KÖTHNITZ (spätgotischer Flügelaltar um 1500), ARNSHAUGK bei NEUSTADT (Barockbau mit Benutzung spätgotischer Teile; Taufstein 1688, Altargemälde 1516 von P. Keil), LAUSNITZ bei NEUSTADT (Barockbau 1725; gediegene Ausstattung der Entstehungszeit), NEUNHOFEN (im Kern romanische Chorturmkirche, Innenraum mit reichen Barockdekorationen von 1699; zwei spätgotische Flügelaltäre 1487 und 1519), WEIRA (spätromanischer Chorturm mit Tonnengewölbe, barockes Langhaus Ende 17. Jh., bemalte Decken und Emporen), OBEROPPURG (mächtiger gotischer Turm mit vier Schützenerkern; reicher Altaraufsatz 1680), SCHWEINITZ (spätgotisches Triptychon mit Malerei von J. Klarner um 1500), BODELWITZ (romanischer Chorturm, barockes Langhaus; Kanzelaltar der Entstehungszeit des Langhauses, spätgotischer Flügelaltar um 1490), GÖSSITZ (Barockbau 1732, bemalte Holzdecke; Kanzel 1633, spätgotisches Schnitzrelief um 1500).

Stadt und Kreis Jena

Die Stadt Jena

Zwischen 881 und 899 als Jani erstmals erwähnt. Um 1230 planmäßige Gründung der Stadt auf dem westlichen Saaleufer durch die Herren von Lobdeburg, annähernd rechteckiger Grundriß, Straßennetz in Gitterform, Markt mit Rathaus als Kreuzungspunkt der teilweise gekrümmten Hauptstraßen. 1263 und 1287 als Stadt (civitas und oppidum) urkundlich genannt. Von 1331 bis 1349 im Vollbesitz des thüringischen Landgrafenhauses. 1332 Erteilung des gothaischen Stadtrechtes. Seit 1349 im Besitz des Hauses Wettin. 1353 landesherrliche Genehmigung einer Stadterweiterung nach der Saale hin. Die urspr. bedeutende landwirtschaftliche Eigenproduktion frühzeitig vom Weinbau verdrängt, bis in das 16. Jh. beträchtliche Weinausfuhr, daneben handwerkliche Produktion für den lokalen Markt. 1558 Gründung der Universität durch Kurfürst Johann Friedrich an Stelle der im Schmalkaldischen Krieg (1546/47) verlorenen Universität Wittenberg. 1741 an das Herzogtum Sachsen-Weimar-Eisenach. 1815 Gründung der Burschenschaft. 1846 Gründung der optischen Werkstätten Carl Zeiß. 1882 Gründung des glastechnischen Laboratoriums Schott & Gen. Im zweiten Weltkrieg Innenstadt durch anglo-amerikanische Luftangriffe zum größten Teil zerstört. Oktober 1945 Wiedereröffnung der Universität. Zwischen 1955 und 1965 Ausbau der optischen und pharmazeutischen Industrie (VEB Carl Zeiss Jena, VEB Jenapharm). Groß-

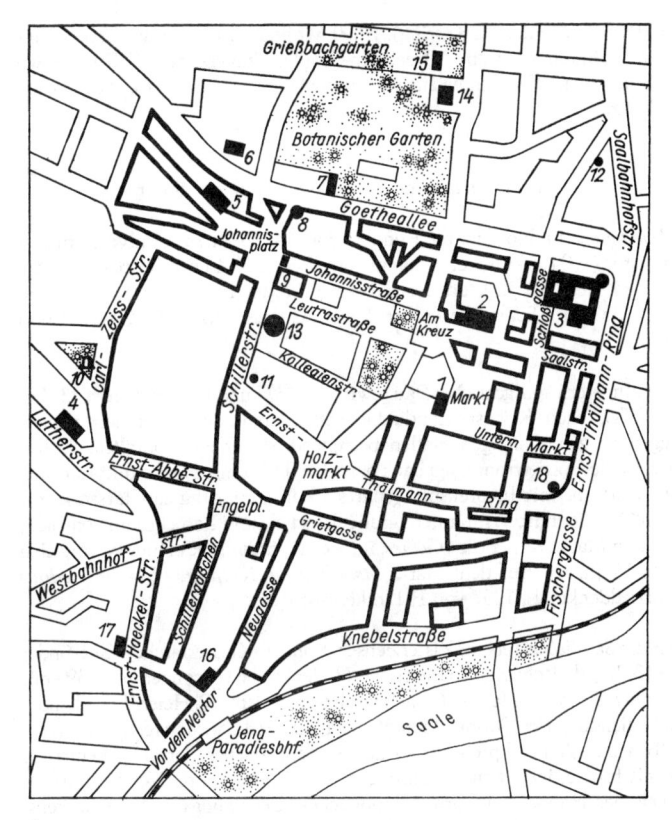

Jena
1 Rathaus, 2 Pfarrkirche St. Michael, 3 Hauptgebäude der Universität mit Burschenschaftsdenkmal, 4 Volkshaus, 5 Pfarrkirche St. Johannis, 6 Friedenskirche, 7 Goethe-Gedenkstätte, 8 Pulverturm, 9 Johannistor, 10 Ernst-Abbe-Denkmal, 11 Anatomieturm, 12 Karl-Liebknecht-Gedenkstätte, 13 Universitätshochhaus, 14 Planetarium, 15 Optisches Museum, 16 Phyletisches Museum, 17 Ernst-Haeckel-Haus, 18 Roter Turm

zügiger Neubau der Innenstadt nach einer von mehreren Kollektiven (u. a. H. Henselmann, L. Bortenreuter, H. Kirsch) erarbeiteten städtebaulichen Konzeption, bemerkenswert: *Hochhaus der Friedrich-Schiller-Universität* (1970–1973 nach einem Studienprojekt des Kollektivs H. Henselmann) und *Hochhaus des VEB Carl Zeiss* (1962/63 nach Entwurf des Kollektivs H. Schlag, dekorative Gestaltungen von B. Heller). Neue Wohngebiete vor allem im Norden der Stadt und in *Lobeda* (1968–1975 nach Entwürfen der Kollektive S. Klügel,

G. Pfeiffer, E. Mauke, R. Kesting), 5600 Wohnungen für etwa 22000 Einwohner. Bildungsstätten: Friedrich-Schiller-Universität (1979: etwa 6000 Studenten), Fachschule für wissenschaftlichen Gerätebau, Augenoptik und Medizin.

Bauten, Museen, Sammlungen und Gedenkstätten in der Stadt

Stadtbefestigung. Im Nordwesten Rundbastion (14./15. Jh.) mit Pulverturm und Johannistor (1304 urkundlich genannt) erhalten, dazwischen Reste der Stadtmauer (im Kern 14. Jh.), an der Südwestecke der Altstadt Anatomieturm (13. Jh.), an der Südostecke Roter Turm (Erdgeschoß 1430, Obergeschoß 19. Jh.).

Rathaus. Im Kern spätgotischer Bau (zwischen 1377 und 1380, Reste des 13. Jh., Turm 1755, nach Kriegsbeschädigung rest.), urspr. aus zwei nebeneinanderliegenden zweischiffigen Hallen bestehend, daher zwei parallele Walmdächer, in die Vorderfront eingebaut barocker Turm mit Haube und Laterne, daran Kunstuhr mit Figurenspiel (spätes 15. Jh.), Eingang zur Ratszeise mit reichem Oberlichtgitter, im Innern große Ratsdiele und Barockraum von 1683, rest. — Am Markt ferner die *»Göhre«,* im Kern spätgotisches Haus (vermutlich Anfang 16. Jh.). — Auf dem Markt *Standbild des Kurfürsten Johann Friedrich* (Hannfrieddenkmal), 1857 von F. Drake, rest.

Pfarrkirche St. Michael (ehem. Zisterzienser-Nonnen-Klosterkirche). Gegründet Mitte 13. Jh., dreischiffige spätgotische Hallenkirche (begonnen um 1390 mit Benutzung älterer Teile, 1486 nachweisbarer Meister P. Heierliß, vollendet 1506, Vollendung des Turmes 1555/56, nach Kriegszerstörung rest.) mit Sterngewölben und Achteckpfeilern, an der Südseite reiches Portal, einschiffiger Chor mit fünfseitigem Schluß, unter dem Chor Durchfahrt, Westturm urspr. mit welscher Haube, am Turm spätgotisches Kreuzigungsrelief. Bemerkenswerte Ausstattungsstücke: Kanzel 1507. Hölzernes Standbild des hl. Michael (»Angelus Jenensis«) 1. D. 13. Jh. Hl. Wolfgang Anfang 16. Jh. Bronze-Grabplatte für Martin Luther (urspr. für Wittenberg bestimmt, 1571 hier aufgestellt).

Von den wenigen erhaltenen *Bürgerhäusern* besonders bemerkenswert: Gasthof »Zur Rosen« (Johannisstr. 12) Renaissancebau 2. H. 16. Jh. Oberlauengasse 16 Renaissancebau 1596. Barockfassade Saalstr. 5 (um 1730). Fromannsches Haus (Goetheallee 18, Ende 18. Jh.), bedeutendes Zentrum des geistigen Lebens zur Goethezeit.

Hauptgebäude der Universität. 1905–1908 nach Entwurf von Th. Fischer; in der Aula »Aufbruch der Jenenser Studenten 1813«, 1908/09 von F. Hodler. — Im Vorgarten der Universität *Burschenschaftsdenkmal,* 1883 von A. Donndorf. — *Mensa der Universität,* 1928/30 nach Entwurf von O. Bartning und E. Neufert.

Karl-Liebknecht-Haus (Zwätzengasse 16). Ort der Osterkonferenz der revolutionären Arbeiterjugend (23./24. April 1916) gegen den imperialistischen Krieg.

Goethe-Gedenkstätte (Goetheallee 26, ehem. Inspektorhaus des Botanischen Gartens, jetzt Botanisches Institut, Abt. Spezielle Botanik). Ausstellung über Goethes naturwissenschaftliche Arbeiten in Jena, sein dichterisches Schaffen und sein Wirken als Förderer der Universität. — Auf dem Gelände des Botanischen Gartens das *Zeiß-Planetarium*, 1925/26 von H. Schlag. — Am Planetarium das *Griesbachhaus* (1784).

Pfarrkirche St. Johannis. Einschiffiger, im Kern romanischer Bau (vermutlich 11. Jh.) mit spätgotisch umgebautem Chor, 1903 durch Hinzufügen eines Querhauses und weiterer Anbauten entstellt; Grabstein Jutta Selbers (gest. 1382).

Friedenskirche. Dreischiffiger Barockbau (1686–1693 von J. Mützel, im 18./19. Jh. erneuert) mit Spiegelgewölbe und umlaufenden Emporen, dreiseitig geschlossener Chor mit Stichkappen, über dem Chor Turm mit Haube und Laterne; auf dem Friedhof zahlreiche wertvolle Grabdenkmäler, vorwiegend 17./18. Jh., Grabstätte von Carl Zeiß, Stationstafel (Sandstein) 1484 von P. Heierliß.

Heinrich-Heine-Schule. 1964/65 als Typenprojekt des VEB Hochbauprojektierung Gera erbaut, in der Eingangshalle Aluminiummalerei von K. Hanf.

Volkshaus. 1901–1903 auf Anregung Ernst Abbes nach Entwurf von A. Roßbach erbaut.

Ernst-Abbe-Denkmal. 1909–1911 nach Entwurf von H. van de Velde, im Innern vier Reliefs von C. Meunier (vom »Denkmal der Arbeit«) und Abbe-Büste von M. Klinger.

Jena, Abbedenkmal

Ernst-Haeckel-Haus (Berggasse 7, 1882/83). Sammlung über Leben und Werk des Naturforschers E. Haeckel (gest. 1919 in Jena).

Schiller-Gedenkstätte im Schillergarten (Schillers Gartenwohnhaus 1797 bis 1802, Schillergäßchen 2). Zimmer mit zeitgenössischem Mobiliar, Stiche aus Schillers Jenaer Bekanntenkreis, Ausstellung von Erstdrucken.

Archäologisches Institut (Kahlaische Str. 1, Voranmeldung). U. a. Sammlung griechischer und römischer Keramik und Gläser, Terrakotten, Kleinbronzen, Münzen (etwa 4400 Stück).

Bauten in den eingemeindeten Vororten

Dorfkirche (ehem. Wallfahrtskirche, Ortsteil Ziegenhain). Spätgotischer Bau (begonnen um 1424, Bautätigkeit um 1500 vor der Vollendung eingestellt), kurzes Langhaus, Reste von spätgotischen Wandmalereien, langgestreckter einschiffiger Chor mit dreiseitigem Schluß, im Südwesten im Kern romanischer niedriger Turm; Kanzelaltar 1694 – Auf dem Hausberg oberhalb des Ortes der *Fuchsturm*, romanischer Bergfried, Rest der ehem. drei Kirchbergschen Burgen.

Pfarrkirche (Ortsteil Lobeda). Einschiffiges Renaissance-Langhaus (im wesentlichen 1622) mit hölzernem Tonnengewölbe und Emporen, dreiseitig geschlossener spätgotischer Chor (2. H. 15. Jh.) mit Sterngewölbe, im Turmerdgeschoß und Chorraum Freilegung und Konservierung (1968) spätgotischer Wandmalereien. Bemerkenswerte Ausstattungsstücke: Kanzel 1556. Lesepult 1622. Spätgotische Maria mit Kind. Grabdenkmäler 16./17. Jh. – *Schloß* (sog. Untere Lobdeburg), schlichter dreigeschossiger, im Kern spätgotischer Bau (Anfang 16. Jh., später mehrfach umgebaut) mit Treppenturm. – In der Nähe des Ortsteiles die *Lobdeburg*, erbaut Ende 12. Jh., erhalten Reste des Berings mit Mauerturm und Toranlage sowie die Ruine des Wohnturms mit Palas und Kapelle, an der Ostwand der Kapelle Chorerker, am Palas spätromanische gekuppelte Fenster.

Bemerkenswerte Dorfkirchen in den Ortsteilen AMMERBACH (spätgotischer Flügelaltar Anfang 16. Jh.), LICHTENHAIN (im Kern romanisch, mehrfach umgebaut, an der Nordwand gotische Wandmalereien Anfang 15. Jh.; Kanzelaltar 1723), LÖBSTEDT (spätgotischer Chor, barockes Langhaus 1712; spätgotischer Flügelaltar Anfang 16. Jh., Kanzelaltar 1712, Taufe 17. Jh.), WÖLLNITZ (barocker Zentralbau 1740–1743), WENIGENJENA (sog. Schillerkirche, gotischer Chor 14. Jh., Langhaus mit spätgotischen Teilen) und ZWÄTZEN (romanisches Langhaus, spätgotischer Chor und Turm; reicher Kanzelaltar 18. Jh., spätgotischer Flügelaltar 1517).

Der Kreis Jena

CAMBURG. *Pfarrkirche*, dreischiffige spätgotische Hallenkirche (um 1520, im 19. Jh. neugotisch überarbeitet), im Kern spätgotischer Westturm mit hohem und schlankem Helm; Kanzelaltar 1712, Lesepultträger (Engel) 17. Jh., spätgotisches Relief (Kruzifix mit Maria und Johannes). *Burgruine*, runder romanischer Bergfried (vermutlich 12. Jh.) erhalten. — *Heimatmuseum* (ehem. Amtshaus von 1742), u. a. ur- und frühgeschichtliche Funde, Zinn, Töpferwaren und alte Möbel. — *Cyriakskirche* (1,5 km nordwestlich der Stadt), Ruine einer romanischen Pfeilerbasilika (vermutlich 12. Jh.) — Gedeckte *Holzbrücke* über die Mühllache. — Bei Tümpling (saaleabwärts) in den Fels gehauene romanische *Klause*.

FRAUENPRIESSNITZ. *Klosterkirche* des ehem. Zisterzienser-Nonnen-Klosters, einschiffiger spätgotischer Bau (14./15. Jh., urspr. dreischiffig, 1525 zerstört, Anfang 17. Jh. wiederaufgebaut, nach Brand 1638 wiederhergestellt, Rest. im Gange) mit Flachdecke, an der Nordseite seitenschiffsartiger zweigeschossiger Anbau mit Herrschaftsempore und Gruft der Schenken von Tautenburg (Grabsteine und Prunksärge), an der Südseite reiches Renaissance-Portal, Chor mit Kreuzrippengewölben, im Südwesten Turm; Taufstein 2. H. 16. Jh., schmiedeeiserne Gitter 17. Jh., Prunksärge 15.–17. Jh. — *Ehem. Amtshaus*, dreigeschossig mit hohem achteckigem Treppenturm und Portal (1605).

DORNBURG. *Drei Schlösser:* Nördliches oder altes Schloß (jetzt Feierabendheim), Gemengbau mit romanischen und spätgotischen Bestandteilen, unregelmäßige Dreiflügelanlage, eingebauter Hauptturm, im sog. Pfalzgrafenzimmer stark erneuerte Wandmalereien des 16. Jh. Mittleres Schloß, eingeschossiger Barockbau (1736–1747 von J. A. Richter und G. H. Krohne) mit anderthalbgeschossigem Mittelteil und zwei Seitenpavillons, Speise-, Fest- und Wohnräume mit reichen Rokoko-Stuckdekorationen und Porzellan aus China, Holland, Frankreich und Deutschland. Südliches Schloß (»Goetheschloß«, jetzt Goethe-Gedenkstätte), zweigeschossiger Renaissancebau (1539),

Dornburg, Rokokoschloß

Treppenturm mit reichem Portal (1608), drei Goethe-Gedenkzimmer mit persönlichen Einrichtungsgegenständen, rest. — Vor den Schlössern alter Park mit ehem. Marstallgebäude. — *Anger* mit Rathaus. — *Pfarrkirche*, einschiffiger Barockbau (1717 mit Benutzung spätgotischer Teile) mit hölzernem Spiegelgewölbe und dreigeschossigen Emporen, Chor mit dreiseitigem Schluß, Westturm; im Pfarrhaus Kelch von E. Lencker, Nürnberg Ende 16. Jh.

KAHLA. *Stadtbefestigung*, große Teile der Ringmauer (14. und 15. Jh.) erhalten, im Südwesten doppelter Mauerzug mit zwei Wehrtürmen. — *Pfarrkirche St. Margareten*, spätgotischer Chor mit dreiseitigem Schluß (vermutlich nach 1413), unter dem Chor dreischiffige Krypta (urspr. Durchgang), gotisches Langhaus (17. Jh. und 1792 Umbau) mit Flachdecke, im Südwesten Turm (1411–1413 und 1491); zwei Kanzeln 1554 (Stein) und 1615 (Holz), Taufstein 12. Jh. — *Gottesackerkirche*, einschiffiger spätgotischer Bau (1486, 1963 modernisiert). — Oberhalb von Kahla die *Leuchtenburg* (jetzt Heimatmuseum, Jugendherberge und Gaststätte), im Kern 13. Jh., im 19. Jh. stark verändert, spätromanischer Bergfried, an seinem Fuß Herrenhaus (1744) mit Kapelle, Ringmauer mit mehreren Wehrtürmen. — *Heimatmuseum*, u. a. Geschichte der Jagd im Gebiet um Kahla, historische Waffen, Geschichte des Porzellans. — *Gedenkstätte* (Friedhof) für etwa 650 von den Faschisten ermordete Zwangsarbeiter.

ORLAMÜNDE. *Burg*, 1115 urkundlich genannt, mächtiger Wohnturm vom Typ der Kemenaten (vermutlich 11. Jh.), Kastenbau von gewaltiger Mauerstärke, von den übrigen Gebäuden nur geringe Reste erhalten. — *Pfarrkirche St. Maria*, erster Bau 1504, 1767 und Ende 19. Jh. umgebaut, am Westturm und Treppentürmchen Teile des spätgotischen Baus erhalten; Bildnisrelief Johann Friedrichs des Großmütigen (Pappmaché) Mitte 16. Jh. — *Rathaus*, schlichter spätgotischer Bau (um 1500, 1864 erneuert).

Bemerkenswerte Schlösser und Herrenhäuser in LEHESTEN (ehem. Wasserschloß mit Turm, im wesentlichen Renaissancebau von 1550/51 mit späteren baulichen Zutaten), REINSTÄDT (viergeschossige Kemenate vermutlich gotisch), GUMPERDA (Barockbau Mitte 18. Jh.) und HUMMELSHAIN (1880 bis 1885 von E. v. Ihne; in der Nähe »Grünes Haus« mit Pirschanlage Rieseneck, angelegt Anfang 17. Jh., erweitert 1660 und 1715 bis 1727, einmalige Anlage in der DDR).

Bemerkenswerte Dorfkirchen in RODAMEUSCHEL (einschiffiges Langhaus mit runder Apsis, später umgebaut; gemalter Flügelaltar 1617), GROSSLÖBICHAU (im Kern spätgotisch 15. Jh.; spätgotischer Flügelaltar um 1500, Sakramentsnische 16. Jh.), KUNITZ (spätgotischer gemalter Flügelaltar 2. H. 15. Jh.), NEUENGÖNNA (spätgotischer Flügelaltar um 1500, rest.), ALTENGÖNNA (spätgotischer Flügelaltar um 1510), NERKEWITZ (gotische Anlage, erweitert im 18. Jh., im Chorraum umfangreicher Freskenzyklus und Sakramentsnische Anfang 15. Jh.), VIERZEHNHEILIGEN (einheitlicher spätgotischer Bau 1464–1467, Inneres im 19. Jh. umgebaut; Sakramentsnische 15. Jh.), MILDA (ehem. Wehrkirche, Ummauerung mit Eckturm zum großen Teil erhalten), REINSTÄDT (große spätgotische Wehrkirchenanlage von 1445 und 1473, am Langhaus Wehrgang erhalten, Westseite mit Gußerker, hoher Turm mit schlanker Spitze und Ecktürmchen), DORNDORF (Barockbau 1724 bis 1727, einheitliche Ausstattung der Entstehungszeit, großer Kanzelaltar, rest.), DIENSTÄDT (Anlage des 15. Jh., Umbau des Langhauses 18. Jh.; großer spätgotischer Flügelaltar um 1520), GUMPERDA (im Kern romanisch 1. H. 12. Jh., Umbau 1709, zwei romanische Tympana: Nordportal mit symbolischen Darstellungen, Südportal mit Sündenfall, beide 12. Jh.; spätgotischer Flügelaltar 1. V. 15. Jh., Epitaph 1712), LEUTRA (spätromanische Wehrkirchenanlage um 1200, Umbau 1791, Ostseite des Turmes mit Elfpaßfenster), MAUA (großer spätgotischer Chor 1468–1483; zwei spätgotische Flügelaltäre 2. H. 15. Jh. und um 1500), ROTHENSTEIN (große spätgotische Anlage, beg. 1437, Chor voll. 1506, 1863 durchgreifend erneuert; Christus in der Rast um 1500) und HUMMELSHAIN (spätgotischer Flügelaltar um 1500).

Kreis Rudolstadt

RUDOLSTADT. Anfang 9. Jh. als slawische Gründung (»Rudolfestat«) erwähnt, obere Burg der Grafen von Orlamünde 1264 urkundlich genannt, 1334 untere Burg und eine Hälfte der Stadt unter Herrschaft der Schwarzburger Grafen nachzuweisen, planmäßige Anlage Ende 13. und Anfang 14. Jh., daraus spätere Marktsiedlung, 1397 Marktrecht, ältestes Stadtrecht 1404, ab 1571 ständige Residenz der Fürstenlinie Schwarzburg-Rudolstadt, seit 1716 Residenzstadt des Fürstentums mit Kirche im Osten und Burg im Norden; rechtwinkliger Umriß, Straßennetz in Leiterform, der rechteckige Markt seitlich der südlichen Hauptstraße im Zentrum der Stadt. — *Schloß Heidecksburg*, Barockbau auf den Grundmauern eines 1735 abgebrannten Renaissanceschlosses und an Stelle älterer Burganlagen (12. bis 14. Jh.), begonnen 1737 nach Entwürfen von J. Ch. Knöffel aus Dresden, ab 1742 fortgeführt von G. H. Krohne, nach dessen Tod 1782–1786 weiterer Ausbau unter Leitung von P. C. Schellenschläger, vollendet Ende 18. Jh. unter Leitung von W. Thierry, Rest. im Gange. Unregelmäßige Dreiflügelanlage, Haupttrakt dreigeschossig mit flachem Mittelrisalit, Nord- und Südflügel sehr schlicht, am Südende des Haupttraktes Turm von 1744 mit reicher Haube und Laterne. *Säle und Kabinette mit reicher Rokoko-Ausstattung*, besonders bemerkenswert: Festsaal nach Entwurf von G. H. Krohne, Stuckdekorationen von J. B. Pedrozzi, Deckengemälde (Rat der Götter) 1744 von L. Deisinger. Rotes Kabinett mit Alkoven, Stuckdekorationen von J. B. Pedrozzi, Deckengemälde (Luna und Endymion) von L. Deisinger. Roter Saal, Wandbilder und Supraporten von C. W. E. Dietrich. Grüner Saal, Wandbilder 1765/66 von J. E. Heinsius. Grünes Kabinett, Holzbildhauerarbeiten von C. A. Kaendler und Reinthaler. Marmorgalerie, zwölf phantastische Landschaften 1751 von K. Ch. Reinthaler und J. C. Heintze. —

Im *Schloßpark* barockes »Schallhaus« (Anfang 18. Jh., um 1765 von P. C. Schellenschläger teilweise umgestaltet) und klassizistischer Horentempel (1797/98 von Ch. F. Schuricht aus Dresden). — *Staatliche Museen Heidecksburg*, Fest- und Wohnräume (s. o.), Gemäldegalerie (17.–20. Jh.), sakrale Plastik (14./15. Jh.), Porzellan, Schwarzburgische Münzsammlung, Waffensammlung »Schwarzburger Zeughaus« mit Hieb-, Stich- und Schußwaffen, örtliche ur- und frühgeschichtliche Bodenfunde, Kulturgeschichte, örtliche Geschichte der neuesten Zeit, große naturkundliche Sammlung und Ausstellung. — Angeschlossen *Volkskundemuseum »Thüringer Bauernhäuser«* (Große Wiese 2) im Heinrich-Heine-Park, zwei Fachwerkhäuser aus Unterhasel (1667) und Birkenheide (um 1700) mit Mobiliar, Hausrat und Arbeitsgeräten. — *Schloß Ludwigsburg*, barocke Dreiflügelanlage (1734–1741), die Flügel im stumpfen Winkel aneinanderstoßend, dreigeschossig, Haupttrakt mit Giebeldreieck, Festsaal mit gediegener Ausstattung (vermutlich 2. H. 18. Jh.). — *Altes Rathaus*, schlichter, im Kern spätgotischer Bau (1524, 1724 und 1784 barock umgebaut) mit barockem Dachtürmchen. — *Neues Rathaus* (ehem. Schwarzburgische Landesregierung), 1912 umgebauter Renaissancebau. — *Bürgerhäuser*, mehrere Beispiele aus der Zeit der Renaissance, schöne Portale. — *Stadtkirche*, dreischiffige Spätrenaissance-Hallenkirche (14. und 15. Jh., 1634–1636 umgebaut unter Beibehaltung vieler spätgotischer Eigentümlichkeiten, rest.) mit Kreuzrippengewölben und Achteckpfeilern, doppelte Emporen, an der Südseite reiches Portal, Chor mit dreiseitigem Schluß, im Kern spätgotischer Westturm; reiche Kanzel 1636, Altaraufsatz 2. H. 17. Jh., Grabdenkmäler 16./17. Jh. — *Dorfkirche* im Ortsteil Volkstedt mit spätgotischem Flügelaltar vor 1490. — *Dorfkirche* im Ortsteil Schaala, frühgotischer Turm mit spätgotischen Zinnen, barockes Langhaus um 1700; spätgotischer Flügelaltar mit Flügelgemälden nach Stichen von Schongauer um 1500; befestigter Friedhof.

BAD BLANKENBURG. *Burgruine Greifenstein*, weiträumige Anlage mit romanischen und gotischen Bestandteilen, dabei Teil der Burgkapelle, die Ruinen im Südosten im 19./20. Jh. ausgebaut, im ehem. Palas Burggaststätte und Heimatstube mit Darstellung der Burggeschichte, Bergfried 1927 erneuert; Rest. 1979 begonnen. — *Kirche*, im Kern 1385, nach Brand 1744 Neubau von 1749, einschiffig mit Holztonne. — *Rathaus*, nach Großbrand 1744 unter Einbeziehung älterer Bauteile 1750 errichtet. — *Friedrich-Fröbel-Museum* (Goetheweg 15), Gedenkstätte für den Pädagogen Fr. Fröbel und zur Erinnerung an die Gründung des Kindergartens 1840 in Blankenburg.

SCHWARZBURG. *Schloß*, 1071 als »Swartinburg« urkundlich genannt, nach Bränden 1736–1744 als Barockbau mit Benutzung älterer Teile erneuert, 1940 von den Faschisten ausgeplündert und zum Umbau als »Reichs-Gästehof« vorgesehen, Bauarbeiten 1942 eingestellt, unregelmäßige Anlage auf der langgestreckten Fläche eines Bergsporns, erhalten die Umfassungsmauern und das Dach des Hauptgebäudes, der Turm der Schloßkapelle und der separate Kaisersaal (1699–1718/19) mit reichen Stuckarbeiten, rest.

KÖNIGSEE. *Rathaus*, zweigeschossiger Barockbau (1719) mit flachem Mittel-

Paulinzella, Klosterkirche

risalit, auf dem Dach hoher Turm mit geschweifter Haube. – *Gottesackerkirche*, einschiffiger Barockbau (1711) mit gewölbter Holzdecke und Dachreiter; Gemälde 17./18. Jh.

PAULINZELLA. *Kirchenruine* des ehem. Benediktiner-Klosters, gegründet vor 1105, dreischiffige romanische Säulenbasilika (beg. 1112, geweiht 1124, nach der Säkularisation des Klosters 1534 verfallen und teilweise abgebrochen, rest.) im Hirsauer Schema, an den Hochschiffswänden Gurtgesimse und senkrechte Zierleisten zu den Kämpfergesimsen der schlichten Würfelkapitelle, im Osten Querschiff und dreischiffiger Chor, urspr. mit fünf staffelförmig angeordneten Apsiden, im Westen reiches Säulenportal, davor basilikale Vorkirche (Mitte 12. Jh.), urspr. mit zwei Türmen, der südliche Turm erhalten. – *Schloß* (jetzt Kinderheim), zweigeschossiger Renaissancebau (1. H. 17. Jh. mit Benutzung älterer Teile, im 18. Jh. verändert) mit paarweise angeordneten Fenstern, zwei Giebeln und Portal. – *Ehem. Amtshaus* (jetzt Oberförsterei), Fachwerkbau des 17. Jh. über massivem Erdgeschoß von 1542. – *Alter Zinsboden* des Klosters und (seit 1542) des landesherrschaftlichen Vorwerks, romanischer Unterbau mit Fachwerkaufsatz aus dem Spätmittelalter; Heimatstube mit Darstellung der Klostergeschichte.

GROSSKOCHBERG. *Schloß* (jetzt Goethe-Gedenkstätte), ehem. Wasserburg, unregelmäßige Vierflügelanlage der Renaissance (16./17. Jh., um 1730 barock verändert, umfassend rest.) mit Benutzung älterer Teile (Wohnturm), mehrere Giebel, auf Ostflügel Dachreiter. – *Großer Landschaftspark* mit klassizistischem Liebhabertheater von 1796/99. – *Goethe-Gedenkstätte*, darin u. a. Schreibtische der Charlotte v. Stein mit Goetheschen Aufschriften und Ofenschirm mit Goethezeichnung. – *Dorfkirche*, im Kern spätromanische Chorturmkirche (um 1200), einschiffiges Langhaus (im 15. Jh. spätgotisch umgebaut) mit bemaltem hölzernem Tonnengewölbe und Emporen, barocker

Chor (Ende 17. Jh.), Turm mit Barockhaube; spätgotischer Flügelaltar (im Schrein Maria und Erzengel Michael) um 1490, Kanzel 18. Jh., Grabdenkmäler 17./18. Jh.

Bemerkenswerte Burgruinen bei DORNDORF-RÖDELWITZ (Burgruine Schauenforst, mehrere Bauabschnitte seit 1222, im 17./18. Jh. verfallen, erhaltener Bergfried, »Hohe Wehr« und einige Mauerzüge sowie starkes Grabensystem) und WEISSEN (»Weißenburg« um 1400 erbaut, 1791 abgebrannt, Reste der Ringmauer, zahlreiche unterirdische Kammern und Gänge, Ende 18. Jh. Erneuerung im Geiste des Mittelalters, nach Erweiterungen seit 1945 Heilstätte).

Bemerkenswerte Pfarr- und Dorfkirchen in ZEIGERHEIM (im Kern romanische Chorturmkirche, frühgotisch umgestaltet; spätgotischer Flügelaltar 1490), OBERHASEL (spätgotischer Flügelaltar um 1505), KIRCHHASEL (spätgotisch. Flügelaltar um 1500), KOLKWITZ (befestigter Friedhof), NIEDERKROSSEN (spätgotisch 1408; gediegene Ausstattung Ende 18. Jh., Grabdenkmal nach 1631, v. Eichenberg), HEILINGEN (im Kern romanische Chorturmkirche innerhalb eines befestigten Friedhofs, Turm mit Sichtluken und Wasserspeiern, auf dem ehem. Zinnendach später aufgesetzte Haube; spätgotisches Chorgestühl 1498, Taufstein um 1500), NEUSITZ (spätgotischer Flügelaltar um 1510 von H. Gottwald von Lohr), KLEINKOCHBERG (spätgotischer Flügelaltar um 1500), ENGERDA (romanische Chorturmkirche 12./13. Jh.; spätgotischer Schnitzaltar um 1500), TEICHWEIDEN (spätgotischer Flügelaltar Anfang 16. Jh., Kanzel 1698), HEILSBERG (ehem. Wallfahrtskirche spätgotisch um 1500, romanischer Westturm; barocker Kanzelaltar mit spätgotischen Schnitzfiguren), TREPPENDORF (spätgotischer Flügelaltar um 1480), REMDA (Barockbau 1744 mit gotischem Ostturm; gediegene Ausstattung der Entstehungszeit), ALTREMDA (Barockbau 1778; Kanzelaltar und Taufe der Entstehungszeit), KIRCHREMDA (spätgotischer Flügelaltar um 1500 in barocken Kanzelaltar eingebaut), SUNDREMDA (Barockbau 1740 mit romanischem Ostturm; Kruzifix 17. Jh.), HAUFELD (Chorturmkirche mit Tonne, in dem romanischen Chor umfangreicher gotischer Freskenzyklus 14. Jh.), QUITTELSDORF (klassizistisch 1790 mit spätgotischem Südturm), MILBITZ bei PAULINZELLA (Barockbau 1767–1781; gediegene Ausstattung der Entstehungszeit), ROTTENBACH (spätgotischer Flügelaltar 1498), UNTERSCHÖBLING (spätgotischer Flügelaltar um 1500), OBERHAIN (Barockbau 1746, bemalte Holztonne; Kanzelaltar 1755), ALLENDORF (klassizistisch 1817) und DÖSCHNITZ (Barockbau 1732; reicher Kanzelaltar der Entstehungszeit aus einheimischem Marmor, spätgotischer Flügelaltar um 1500, Grabdenkmal um 1580).

Stadt und Kreis Saalfeld

Die Stadt Saalfeld

Im Jahre 899 als Curia Salauelda urkundlich genannt, karolingischer Königshof auf dem Petersberg an der Stelle des heutigen Schlosses. Vor 1014 von König Heinrich II. dem Pfalzgrafen Ezzo von Lothringen geschenkt, von dessen Tochter Richeza 1056 dem Erzbistum Köln übereignet. Zwischen 1167 und 1188 von Kaiser Friedrich Barbarossa durch Tausch wieder für das Reich erworben. Um 1190 Gründung der Stadt im Schutze des Benediktiner-Klosters auf dem Petersberg (gegr. 1081), ellipsenförmiger Umriß mit einer durch das Vorhandensein einer älteren Siedlung bedingten Einbuchtung im Nordosten, Straßennetz in Gitterform, rechteckiger Markt annähernd in der Mitte der Stadt an der Kreuzung mehrerer Straßen, abseits vom Markt die Stadtkirche St. Johannis, 1208 erstmals civitas genannt. Von 1208 bis 1389 im Besitz der Grafen v. Schwarzburg, seit 1389 unter der Herrschaft der Wettiner. Hohe wirtschaftliche Blüte im 14., 15. und 16. Jh., vor allem infolge des Abbaus von Erzen und Mineralien in der näheren Umgebung, Höhepunkt der architektonisch-künstlerischen Entwicklung (Johanniskirche und Rathaus, bedeutende Bildschnitzerwerkstätten). Im Dreißigjährigen Krieg Verarmung der Stadt.

Saalfeld
1 Rathaus, 2 Stadtkirche St. Johannis, 3 Thüringer Heimatmuseum (ehem. Franziskaner-Kloster), 4 Burgruine Hoher Schwarm, 5 Schloß, 6 Martins- oder Siechenkapelle, 7 Schlößchen Kitzerstein, 8 Oberes Tor, 9 Saaltor, 10 Blankenburger Tor, 11 Darrtor, 12 Stadtapotheke, 13 Stadtmauer

Saalfeld, Rathaus

Von 1680 bis 1735 Residenz des Herzogtums Sachsen-Saalfeld. 1826 zum Herzogtum Sachsen-Meiningen (bis 1918).

Bauten und Sammlungen in der Innenstadt

Von der *Stadtbefestigung* beträchtliche Reste der Stadtmauer (13./14. Jh.) und vier Tore (Saaltor 15. Jh., Oberes Tor, Blankenburger Tor, Darrtor 14. Jh.) erhalten, z. T. umgebaut.

Rathaus (am Markt). Spätgotischer Bau mit Renaissance-Bestandteilen (1526 bis 1537), dreigeschossige Zweiflügelanlage, an der Marktfront Treppenturm mit Spitzhelm, zwei Zwerchhäuser, reicher Erker und Eckerker, an der Seitenfront zwei Zwerchhäuser, im Erdgeschoß Räume mit Kreuzgewölben, im ersten Obergeschoß Säle mit Balkendecken, am Portal Saalfelder Elle. – Am Markt ferner die *ehem. Hofapotheke*, entstanden um 1180, 1468 von der Stadt erworben, nach Brand 1882 wiederhergestellt, alt nur das Erdgeschoß sowie wiederverwendete Architekturteile und Plastik (Lisenen, Friese und Gewände).

Stadtkirche St. Johannis. Dreischiffige gotische Stufenhalle (begonnen um 1380, 1425 teilweise benutzbar) mit Kreuzrippengewölben (1449 und 1456 von Meister Kretschmar aus Pößneck) und Bündelpfeilern, einschiffiger Chor mit dreiseitigem Schluß und Netzgewölbe (1514), zu beiden Seiten gotische Türme, im Tympanon des Südportals Anbetung der Könige, in dem des Westportals Jüngstes Gericht (um 1400), über dem Westportal hinter Außenempore großes Maßwerkfenster. Bemerkenswerte Ausstattungsstücke: Spätgotisches hl. Grab (nördliche Innenwand des Langhauses) 2. H. 14. Jh. Relief mit hl. Kümmernis (aus der Brückenkapelle) 1516. Lebensgroßer Johannes d. T. um

1505 von dem Riemenschneider-Schüler H. Gottwald. Mittelschrein eines Flügelaltars (Beweinung Christi) um 1475.

»Liden« an der Nordseite des Marktes, Laubengänge, im Mittelalter als Verkaufsstände dienend.

Ehem. Franziskaner-Kloster (Münzplatz 5, jetzt Heimatmuseum). Urspr. einschiffige frühgotische Klosterkirche (nach 1270) mit seitenschiffsartiger Erweiterung im Südwesten, jetzt Erdgeschoß dreischiffig mit niedrigen Kreuzgewölben (um 1820), Obergeschoß mit reich bemalter Stuckdecke (um 1725 von J. H. Ritter), jetzt Festsaal für Feiern und Konzerte, originaler Dachstuhl (15. Jh.). Die Klostergebäude um 1490–1515 umgebaut, Obergeschosse im wesentlichen um 1735 neu errichtet (für Schulzwecke), spätgotischer Kreuzgang sowie Kapellen (1500–1515). — *Thüringisches Heimatmuseum*, u. a. mittelalterliche Plastik (Altäre der Saalfelder Bildschnitzerwerkstätten, u. a. Flügelaltar aus Graba um 1520 von V. Lendenstreich), mittelalterliche Stadtgeschichte, Bergbau in Saalfeld (ab 1200), bäuerliche Volkskultur, Wiegen- und Frühdrucke, Notendrucke, Münzsammlung Saalfelder Prägungen (11. bis 19. Jh.).

Burgruine Hoher Schwarm. Ehem. Burg der Vögte von Saalfeld, viergeschossiger Wohnturm (Anfang 14. Jh.) mit zwei runden, das Gebäude überragenden Ecktürmen auf dem Grundriß eines unregelmäßigen Vierecks.

Ehem. Nikolaikirche. Burgkirche des jüngeren Königshofes, Vorläufer des Hohen Schwarm, im Kern romanisch (12. Jh.), seit dem 15. Jh. zu profanen Zwecken benutzt, im 19. Jh. zum Wohnhaus umgebaut.

Schlößchen Kitzerstein. (jetzt Musikschule). Dreigeschossiger spätgotischer Bau (begonnen 1435, vollendet 1. H. 16. Jh.) auf unregelmäßigem Grundriß, an der Ostseite polygonaler Anbau, sieben kleine Staffelgiebel.

Von den *Bürgerhäusern* besonders bemerkenswert: Stadtapotheke (Saalstr. 11) zweigeschossiger Renaissancebau (1617–1620) mit reichem Portal, Zwerchhäuser mit reichen Volutengiebeln, teilweise erhaltene Ausstattung, im Hof Laubengang. Haus Höhn (Saalstr. 17) zweigeschossiger Renaissancebau (1609) mit reichem Portal.

Schloß (jetzt Rat des Kreises). Dreigeschossige barocke Dreiflügelanlage (begonnen 1677 von W. Gundermann, nach einigen Unterbrechungen 1720 vollendet), Hauptportal mit Wappengiebel, auf dem Dach des Haupttraktes hölzernes Türmchen (1726), geräumiges Treppenhaus mit Stukkaturen von G. Caroveri und Deckengemälden. Im linken Flügel *Schloßkapelle* (1704 bis 1714 von Ch. Richter, Rest. im Gange), einschiffiger Bau über langgezogenem rechteckigem Grundriß mit umlaufender Empore, reiche Stuckdekorationen von B. und D. Luchese, Deckengemälde (im Mittelfeld Verherrlichung der hl. Dreifaltigkeit) von C. L. Castelli.

In der schlichten *Martins- oder Siechenkapelle* (im Kern romanisch, im 17./18. Jh. umgebaut) spätgot. Flügelaltar (im Schrein Kreuzigung) um 1500.

Anlagen und Bauten außerhalb der Innenstadt

Feengrotten (Feengrottenweg 2). Überreste eines mittelalterlichen Bergwerks, 1543 urkundlich genannt, Betrieb 1840 eingestellt, 1914 zugänglich gemacht; naturfarbige Tropfsteinhöhle, die Farben durch jahrhundertelange Abgeschlossenheit (Einsturz der Zugänge) von selbst gebildet.

Schlößchen (Ortsteil Obernitz). Renaissancebau von 1534 mit Zwerchhäusern, später verändert, jetzt Wohnhaus.

Bemerkenswerte Dorfkirchen in den Ortsteilen GRABA (spätgotischer Chor vollendet 1520, barockes Langhaus 1775–1778, spätgotischer Nordturm; großer Schnitzaltar 1510, einheitliche Rokoko-Ausstattung), GORNDORF (Wehrkirche, romanischer Ostturm, Langhaus 1793; Schnitzaltar um 1490) und KÖDITZ (romanisch 12. Jh., halbrunde Apsis; gemalter spätgotischer Flügelaltar).

Der Kreis Saalfeld

LEUTENBERG. *Schloß Friedensburg* (jetzt Gästehaus der Regierung), unregelmäßige, den Gegebenheiten des Geländes angepaßte Anlage (im Kern spätgotisch 15. Jh., im 17. Jh. um- und ausgebaut, nach Brand 1934 wiederhergestellt), die Gebäude in der Regel dreigeschossig, die Obergeschosse oft aus Fachwerk, Erker und Treppentürme, im Süden Bergfried. – *Stadtkirche,* einschiffiger klassizistischer Bau (1812–1815) mit Flachdecke und Emporen, Ostturm mit Haube; schlichte Ausstattung der Entstehungszeit, kleiner barocker Schmerzensmann.

KÖNITZ. *Schloß* (jetzt Feierabendheim), ehem. Burg, 1438 urkundlich genannt, unregelmäßige Anlage (Hauptbauzeit 1443–1562), im Westen und Süden je ein Flügel, im Osten mächtiger Bergfried, im Hof Treppenturm mit reichem spätgotischem Balkon, im Westflügel Remter mit Balkendecke. – *Dorfkirche,* einschiffiger spätgotischer Bau (Ende 15. Jh., im 17./18. Jh. umgebaut) mit gewölbter Holzdecke, Ostturm mit geschweifter Haube; Kanzelaltar und Taufe 17. Jh., Grabsteine 16.–18. Jh.

Bemerkenswerte Schlösser und Herrenhäuser in EYBA (unregelmäßige Dreiflügelanlage der Renaissance mit spätgotischen Teilen 1555 und 17. Jh., Reste der mittelalterlichen Wehranlage erhalten), KAULSDORF (Spätrenaissancebau auf T-förmigem Grundriß 1677, später stark verändert) und KAULSDORF-EICHICHT (Vierflügelanlage der Renaissance mit Fachwerk-Obergeschoß, Hauptbauzeit 1696.)

Bemerkenswerte Dorfkirchen in AUE AM BERG (spätgotischer Malaltar um 1500, romanisches Kruzifix 2. H. 12. Jh.), EYBA (romanischer Turmchor, barockes Langhaus 1720, bemalte Holzdecke; Taufengel 18. Jh.), HOHENEICHE (im Kern spätgotisch, im 17./18. Jh. umgebaut, bemalte Emporen um 1720; Kanzelaltar 1708), MARKTGÖLITZ (Barockbau 17. Jh. und 1733 mit älteren Teilen, reicher Kanzelaltar 18. Jh.; Friedhofsmauer mit Schießscharten), DÖHLEN (spätgotischer Flügelaltar, Saalfelder Werkstatt um 1510), OBERLOQUITZ (spätgotischer Flügelaltar, Saalfelder Werkstatt um 1510), REICHENBACH BEI UNTERLOQUITZ (spätgotische Skulpturen und Altarwerkreste 15. Jh. bis um 1500), LICHTENTANNE (spätgotischer Turmchor, barockes Langhaus um 1750; spätgotischer Flügelaltar um 1500), UNTERWELLENBORN (im Kern spätromanische Chorturmkirche Ende 12. Jh., gediegene Barock-Ausstattung 17./18. Jh., spätgotischer Flügelaltar, Saalfelder Werkstatt um 1512), UNTERWELLENBORN-RÖBLITZ (Wehrkirche mit mächtiger Wehrmauer, Chorturm romanisch, Langhaus 1640–1653 und 18. Jh.), OBERWELLENBORN (spätgotischer Flügelaltar um 1505 von H. Gottwald), REICHENBACH BEI SAALFELD (romanischer Turmchor, spätgotische Chorerweiterung, barockes Langhaus um 1745; spätgotische Schnitzfiguren um 1500), BUCHA (romanische Anlage, im 18. Jh. grundlegend umgebaut; Kanzelaltar Mitte 18. Jh.), REITZENGESCHWENDA (Barockbau 1711; gediegene Ausstattung der Entstehungszeit, spätgotische Altarwerkreste, Saalfelder Werkstatt Ende 15. Jh.), NEUENBEUTHEN (Barockbau 1769 mit mittelalterlicher Wehrmauer; gediegene Ausstattung der Entstehungszeit), ALTENBEUTHEN (romanischer Turmchor 12. Jh., gotische Sakristei 14. Jh., barockes Langhaus 1715; schlichte Barock-Ausstattung mit Deckenmalereien).

Die Kreise Lobenstein, Schleiz, Zeulenroda und Greiz

LOBENSTEIN. *Schloß*, sehr schlichter Barockbau (1718), einige Räume mit barocken und frühklassizistischen Stuckdecken. — Gegenüber vom Schloß die *ehem. Wache*, kleiner klassizistischer Bau. — *Parkpavillon*, schlichter Barockbau (1746–1748). — *Burg Lobenstein*, gegründet vermutlich um 1200, schon vor dem Dreißigjährigen Krieg wüst, erhalten Bergfried, Mauerreste und Rest eines Mauerturmes (jetzt Heimatstube). — *Jagdschlößchen Weidmannsheil* (jetzt Erholungsheim) im Ortsteil Saaldorf, neugotischer Bau von 1837, nach 1968 Instandsetzung.

SAALBURG. *Stadtbefestigung*, größere Teile der Stadtmauer (1313 urk., 1635 erneuert), mehrere Wehrtürme und Steintor (16. Jh.) erhalten, im Westen ferner Reste des Bergfrieds der ehem. Burg. — *Stadtkirche*, einschiffiger, im Kern spätgotischer Bau (15. Jh., im 16./17. Jh. umgebaut) mit Flachdecke und doppelten Emporen, Chor mit Kreuzgratgewölben, an seiner Nordseite Turm;

Altaraufsatz 1665, Kanzel und Taufstein 17. Jh., reicher Ofen (Fürstenloge) 17. Jh., Epitaph 1672. — *Ehem. Zisterzienser-Nonnenkloster Heiligenkreuz*, gegründet 1. V. 14. Jh., geringe Reste erhalten.

BURGK. *Schloß* (jetzt Museum), 1365 urkundlich genannt, unregelmäßige spätgotische Anlage (begonnen 1403, im 16.–18. Jh. ausgebaut) um annähernd dreieckigen Hof, zwei- bis fünfgeschossig, beachtliche Reste der mittelalterlichen Wehranlagen (u. a. Zwinger und Hungerturm). Jagdsaal mit bemalter Renaissancedecke, Schloßkapelle (im wesentlichen 1624/25) mit Silbermann-Orgel (1743), mehrere Prunkräume mit barocken und Rokoko-Stuckdecken sowie bemalten Wandtapeten, Schloßküche mit großem Kamin (Ende 16. Jh.). — *Heimat- und Schloßmuseum*, u. a. Gedenkräume für Johann Friedrich Böttger (geb. 1682 in Schleiz) und Dr. Konrad Duden (1868–1876 Direktor des Gymnasiums in Schleiz). — Im Schloßpark *Sophienhaus*, Rokokobau (1751 bis 1753) mit reichen Stuckdekorationen.

ZIEGENRÜCK. *Stadtkirche*, dreischiffige spätgotische Hallenkirche (vermutlich 15. Jh., 1656 ausgebrannt, bis 1668 wiederaufgebaut) mit Flachdecken, einschiffiger Chor mit geradem Schluß und Kreuzgratgewölbe, an seiner Ostseite Turm; reicher Alabaster-Taufstein Anfang 17. Jh. — *Pfarrhaus*, im Kern spätgotisch, reiches Renaissance-Portal (Anfang 17. Jh.), Räume mit Kreuz- und Tonnengewölben (rest.). — *Rathaus*, 16. Jh., mit Wappenstein von 1577. — *Schloß* aus dem 14./15. Jh., um 1550 abgebrannt, erhalten spätgotischer Wohnturm (Kemenate) aus dem 15. Jh.

SCHLEIZ. Burgsiedlung mit rechteckigem, langem Markt, durch Vereinigung mit der aus einem slawischen Dorf entstandenen Altstadt (1482) und der Heinrichstadt (1850) zur Gruppenstadt mit unregelmäßig geformter Fläche und radialem Straßennetz erweitert. — *Pfarrkirche St. Georg*, dreischiffige spätgotische Hallenkirche (im wesentlichen 15./16. Jh., 1690–1694 nach Brand wiederaufgebaut, 1945 schwer beschädigt, wiederaufgebaut), einschiffiger Chor mit dreiseitigem Schluß und Netzgewölbe, Westturm; reicher Altaraufsatz vollendet 1721 von J. S. Nahl aus Gera. — *Wolfgangkapelle*, 15. Jh., erneuert 1820. — *Bergkirche* (außerhalb der Stadt), einschiffiger spätgotischer Bau (15. Jh.) mit Benutzung von Teilen eines romanischen Vorgängerbaus (Westportal), Netzgewölbe, zwischen den nach innen gezogenen Strebepfeilern Emporen, Chor mit dreiseitigem Schluß, an seiner Nordseite Turm, an der Südseite Annenkapelle. Von der reichen Ausstattung (vorwiegend 17. Jh.) besonders bemerkenswert: Altaraufsatz 1635. Spätgotische Kanzel Ende 15. Jh., 1670 barock erneuert. Orgelprospekt und -flügel 1671. Fürstenloge 1658. Tumba Heinrichs des Mittleren, gest. 1500, Epitaph Heinrichs II. von Reuß, gest. 1639.

KIRSCHKAU. *Dorfkirche*, barocker Zentralbau (1753 von J. G. Riedel) über kreisförmigem Grundriß mit Kreuzarmen, über dem nördlichen Kreuzarm Turm mit reicher Haube und Doppellaterne; gediegene Ausstattung der Entstehungszeit.

PAUSA. *Amtsgerichtsgebäude* (früher Rathaus), klassizistischer Bau von 1823. — *Stadtkirche St. Michaelis,* klassizistischer Bau (1824/25) mit Benutzung älterer Grundmauern; Altarrelief (Pieta) von Dupré aus Carrara-Marmor. — *Altes Bad mit Naturpark,* Gebäude um 1850, im Park die jetzt unbenutzten alten Heilquellen in massiv ausgebautem Brunnen.

ZEULENRODA. *Rathaus,* dreigeschossiger klassizistischer Bau (1825 bis 1828 von Ch. H. Schopper, rest.) auf hohem Sockelgeschoß, die Hauptgeschosse mit Säulen- und Halbsäulengliederung, an den Ecken vier niedrige turmartige Aufsätze, in der Mitte hoher Turm mit Themis-Statue. — *Pfarrkirche zur hl. Dreieinigkeit,* einschiffiger klassizistischer Bau (1819/20 von Bauinspektor Taubert aus Schleiz und Ch. H. Schopper) mit Flachdecke und dreigeschossigen Emporen, lebhaft gegliederter Turm; schlichte Ausstattung der Entstehungszeit, bemerkenswertes Altarbild (Grablegung Christi) 1820 von E. Grünler. — *Bürgerhäuser,* am Karl-Marx-Platz (Markt) nahezu einheitliche klassizistische Bebauung, bemerkenswerte Einzelbauwerke: Karl-Marx-Platz 7 frühklassizistisch 1790/91, großes Haustor mit reichen Schnitzereien. Bleichenweg 23 Barockbau 1735, älteste Werkstätte des Zeulenrodaer Textilgroßgewerbes. »Zorns Häuschen« (auf der Höhe des Rabensleitehanges) barockes Weinberghaus vermutlich um 1700. — *Kunstgewerbe- und Heimatmuseum* (Aumaische Str. 30), u. a. Zeulenrodaer Strumpfwirkerei ab 1707, Möbelherstellung ab Mitte 19. Jh., Keramik, Kunstschmiedearbeiten.

AUMA. *Stadtkirche,* einschiffiger frühklassizistischer Bau (1793–1794 mit Benutzung spätgotischer Teile) mit Flachdecke und doppelten Emporen, im Osten dreiseitiger Schluß, im Südwesten zur Hälfte eingebauter Turm; Kanzelaltar Ende 18. Jh. mit Benutzung einer spätgotischen Grablegung Christi, spätgotische Schnitzfiguren. — *Pfarrhaus* (14. Jh. und 18. Jh.), im Erdgeschoß kapitelsaalartiger Wohnraum (jetzt verbaut), als Keller tiefe, mehrgeschossige Tonnengewölbe. — *Altes Rathaus,* zweigeschossiger frühklassizistischer Bau (1791 mit Benutzung von Grundmauern aus dem Jahre 1557), hoher Dachreiter mit geschweifter Haube. — *Postsäule,* Kopie nach dem Original von 1722.

HOHENLEUBEN. *Pfarrkirche,* einschiffiger klassizistischer Bau (begonnen 1786, Innenausbau vollendet 1851) mit Flachdecke, eingebauter Ostturm (1851); schlichte Ausstattung 1. H. 19. Jh. — *Burgruine Reichenfels,* urkundlich 1356, im 18. und 19. Jh. bis auf die heutigen Reste verfallen. — *Heimatmuseum* (Wirtschaftshof der Burgruine), u. a. Ur- und Frühgeschichte Thüringens, mittelalterliche Waffen, altes Handwerk in Hohenleuben (Zigarrenmacherei).

BERGA/ELSTER. *Schloß* (jetzt VEG), unregelmäßige Anlage über langgestrecktem Grundriß (im Kern 13./14. Jh.), neben Wehrmauern und verbauten Resten vor allem schlichter Barockbau (nach 1760) erhalten. — *Pfarrkirche,* einschiffig mit Flachdecke (1822–1827), im Osten Sakristei, darüber Turm mit geschweifter Haube; schlichte Ausstattung der Entstehungszeit.

ZICKRA. *Gedenkstätte* (ehem. Dorfgasthaus) zur Erinnerung an die Niederschlagung des Kapp-Putsches im März 1920 durch bewaffnete Arbeiterwehren aus Gera, Greiz, Werdau und Zeulenroda. In Zickra kapitulierten am 21. März 1920 zwei von den Arbeitern eingekreiste Reichswehrbataillone. — *Dorfkirche*, klassizistisch 1823 von Baumeister Keil aus Auma.

GREIZ. Planmäßige Stadtanlage nach 1300 (1359 erstmals Stadt genannt) am Fuß des steilen Schloßbergs, annähernd rechteckiger Umriß, Straßenanlage in Rippenform, dreieckiger Markt, die gesamte innere Stadt nach dem Stadtbrand von 1802 erneuert. *Oberes Schloß,* unregelmäßige Mehrflügelanlage (im Kern mittelalterlich, nach Brand ab 1540 wiedererrichtet, um 1700 und im 18. Jh. weiter ausgebaut) über annähernd elliptischem Grundriß, im Hof Querflügel und nach 1625 erneuerter Hauptturm mit geschweifter Haube, am Ostflügel zahlreiche Ziergiebel; Reste der Renaissance-Ausstattung, mehrere Säle und Zimmer mit Barock- und Rokokodekorationen. — *Unteres Schloß* (jetzt Heimatmuseum und Musikschule), urspr. 1564, nach Stadtbrand in schlichtem Klassizismus wiederaufgebaut (1802–1809), einige Raumausstattungen noch aus dieser Zeit, Anbau mit Turm 1885. — *Kreis-Heimatmuseum,* u. a. Ur- und Frühgeschichte, spätgotischer Flügelaltar aus Fraureuth, Kunsthandwerk, klassizistischer Festsaal, vogtländische Bauernstube, Bürgerzimmer um 1825, Geschichte der Greizer Textilindustrie und der örtlichen Arbeiterbewegung. — Klassizistische *Hauptwache* von 1817–1819. — *Sommerpalais* (im Leninpark, jetzt Bücher- und Kupferstichsammlung), zweieinhalbgeschossiger frühklassizistischer Bau (1779 bis 1789, rest.) auf rechteckigem Grundriß, an der Vorderfront flacher Mittelrisalit mit Giebeldreieck, im Erdgeschoß Gartensaal (ehem. Orangerie) und im Mittelgeschoß Repräsentationsräume und Festsaal, Wand- und Deckenstuck im Zopfstil. — *Staatliche Bücher- und Kupferstichsammlung,* hervorgegangen aus der ehem. fürstlichen Bibliothek zu Greiz (ca. 24 000 Bände, vorwiegend Werke der französischen Aufklärung und der Goethezeit, illustrierte Bücher und frühe Basler Drucke), Druckgraphik vorwiegend 17.–20. Jh., (ca. 12 000 Blätter, darunter 1 200 englische Schabkunstblätter sowie deutsche, englische und französische Karikaturen), Landkarten 16.–18. Jh. — Weiträumiger Landschaftspark *(Leninpark),* um 1650 kleiner barocker Lustgarten, 1827–1829 Beginn der Umwandlung in einen Landschaftspark nach englischem Vorbild, 1871–1885 planvolle Gestaltung nach Angaben des Muskauer Parkdirektors E. Petzold durch R. Reinecken. In der 1787 errichteten Rotunde (oberhalb des Parks) überlebensgroße Plastik eines sterbenden Kriegers von K. Albiker, 1926. — *Stadtkirche,* wiederaufgebaut nach Brand 1802 unter weitgehender Wahrung des bei der Erneuerung im 18. Jh. geschaffenen Äußeren, dreischiffig, über dem Mittelschiff gewölbte Holzdecke, in den Seitenschiffen Emporen, über dem Chor hoher Turm; schlichte klassizistische Ausstattung.

ELSTERBERG. *Burgruine,* im Kern spätromanisch (nach 1200 und Mitte 14. Jh.), erhalten Teile des Palas mit Kellergewölben, der Wehrmauer mit drei von urspr. fünf Wehrtürmen sowie des langgestreckten Zwingers zwischen der inneren und äußeren Mauer.

Bemerkenswerte ländliche Bauten in NEUMÜHLE-KREBSGRUND (Grellenschenke im Krebsgrund, Huthaus von 1753, Fachwerkbau mit Resten der Balkendecken), NITSCHAREUTH (Vierseithöfe beiderseits des Dorfangers, gepflegte Fachwerkhäuser des 18. Jh. mit Hoftorbogen) und NOSSWITZ (Hof Nr. 16 Umgebindehaus mit Fachwerk-Obergeschoß, Bienenstand mit Klotzbeuten), sämtlich im Kr. Greiz.

Bemerkenswerte Schlösser und Herrenhäuser in EBERSDORF (Barockbau 1690–1693, 1788 von C. F. Schuricht umgebaut, jetzt Pflegeheim, nur in Ausnahmefällen zugänglich, Festsaal mit reicher Stuckdecke; im Schloßpark Orangerie um 1700, jetzt Kulturzentrum und Café; Grabanlage für die Familie von Reuß, 1931 nach Entwurf von E. Barlach), SCHÖNBRUNN (Lustschlößchen Bellevue Rokokobau 1783), HIRSCHBERG (schlichter Barockbau 1678; an der Nordwestecke des Schloßbezirks Rundturm des 16. Jh.).

Bemerkenswerte Pfarr- und Dorfkirchen in HARRA (spätgotischer Flügelaltar Anfang 16. Jh., Grabdenkmäler 2. H. 16. Jh.), TITSCHENDORF (Barockbau 1777, Turm 1854; Kanzelaltar Anfang 18. Jh. mit spätgotischen Schnitzfiguren), HEINERSDORF (spätgotischer Flügelaltar um 1500), LIEBSCHÜTZ (1820 mit Benutzung älterer Grundmauern; spätgotische Schnitzfiguren um 1520, Grabdenkmal nach 1603, v. Roder), LIEBENGRÜN (Barockbau 1718 mit gotischen Teilen, bemalte Decke und Emporen; Kanzelaltar 18. Jh.), REMPTENDORF (im Kern gotisch, 1777 barock umgestaltet; spätgotische Schnitzfiguren um 1500, Grabdenkmal 1632, v. Machwitz), FRIESAU (Wehrkirche im Kern romanisch, zwischen 1415 und 1440 spätgotisch erweitert; drei spätgotische Flügelaltäre 1447 und Ende 15. Jh.), GRÄFENWARTH (Barockbau 1702 mit älteren Teilen, bemalte Decke und Emporen; Altaraufsatz Anfang 18. Jh., Kanzel Anfang 17. Jh.), KULM (spätgotischer Flügelaltar um 1480), GEFELL (klassizistisch 1802–1804; Orgel 1807 von J. G. Trampeli), TANNA (spätgotischer Chor, Langhaus nach 1640; Altaraufsatz um 1750, Taufstein 1661), OSCHITZ (spätgotisch 15. Jh., im 16. Jh. und 1614 erneuert; Altaraufsatz, Kanzel und Taufstein 1. H. 17. Jh.), NEUNDORF (im Kern spätgotisch, im 17./18. Jh. umgebaut; reiche Kanzel 1668, spätgotische Schnitzfiguren), RÖDERSDORF (spätgotisch um 1480; zwei spätgotische Flügelaltäre um 1500, Alabaster-Taufstein um 1608), THIERBACH (Barockbau um 1680 in befestigtem Friedhof; Altaraufsatz der Entstehungszeit), LÖSSAU (barocker Zentralbau 1763, Ausstattung der Entstehungszeit), OETTERSDORF (zwei Dorfkirchen, gotisch und barocker Zentralbau), PAHNSTANGEN (romanische Grundlage, barock umgebaut, sehr reiche volkskünstlerische Deckenmalerei; Kanzelaltar 1692), EBERSGRÜN (Hauptbauzeit 18. Jh., Turm urspr. als Wehrturm angelegt; spätgotische Schnitzfiguren), BERNSGRÜN (spätgotischer Flügelaltar um 1500, über dem Schrein spätgotisches Kruzifix), DOBIA (romanischer Turmchor, spätgotische Chorerweiterung, barockes Langhaus 17. Jh.; spätgotischer Flügelaltar um 1500 von P. Breuer), FÖRTHEN (spätgotischer Flügelaltar 2. H. 15. Jh.), BRAUNSDORF (Barockbau 1734 mit älteren Teilen, 1834 erneuert; klassizistischer Kanzelbau mit spätgotischen Schnitzfiguren), DÖHLEN-GÖH-

REN (Barockbau 1749 bis 1751, Altar- und Kanzelbau der Entstehungszeit; wertvolles Pfarrarchiv mit Bibliothek und Zinngeräten), TSCHIRMA (Chorturmkirche 13. Jh., 1703 grundlegend umgebaut, rest.; spätgotischer Flügelaltar Ende 15. Jh.), HOHNDORF (Barockbau 1784), GOTTESGRÜN (Barockbau 17. Jh.; reicher Altaraufsatz Anfang 17. Jh., Taufstein 16. Jh., Kanzel 17. Jh.), TEICHWOLFRAMSDORF (Barockbau 1770–1776; spätbarocker Kanzelaltar, Taufengel 18. Jh.), WERNSDORF (romanischer Turmchor, Langhaus im 18. Jh. barock umgebaut; Kanzel 17. Jh., spätgotische Schnitzfiguren um 1500) und WOLFERSDORF (im Kern romanischer Turmchor, Langhaus 1765 barock umgebaut; Kanzel 2. H. 17. Jh.).

Die Bezirke
Leipzig, Karl-Marx-Stadt und Dresden

Sachsen war im Mittelalter eines der reichsten deutschen Länder, vor allem dank den ergiebigen Silbervorkommen des Erzgebirges. Im Zentrum des sächsischen Bergbaugebietes, in Freiberg, schuf ein unbekannter Meister um 1230 das Wunderwerk der Goldenen Pforte. In Wechselburg entstand ungefähr zur gleichen Zeit der Lettner, in Pegau das Grabmal des Markgrafen Wiprecht v. Groitzsch.
Technische Neuerungen ermöglichten im 15. und 16. Jh. eine beträchtliche Steigerung der Silberproduktion. Weitere Fundstätten wurden erschlossen. Das »Berggeschrei« in Schneeberg (seit 1471) und Annaberg (seit 1492) lockte Tausende herbei, die im Bergbau ihr Glück zu machen hofften. Der Handel dehnte sich aus. Leipzig lief seinem alten Konkurrenten Erfurt endgültig den Rang ab. Auch die Produktion von Leinen und billigen Wollgeweben stieg so beträchtlich, daß Sachsen auf diesem Teilgebiet der Textilherstellung sogar die oberdeutschen Städte überflügelte.
Dieses Wachstum von gewerblicher Produktion und Handel, verursacht und vorangetrieben von der fortschreitenden Entwicklung frühkapitalistischer Elemente, bildete die Grundlage für einen grandiosen Aufschwung der Kunst. Sächsische und nach Sachsen eingewanderte Meister zogen die letzten Konsequenzen aus dem Kirchenbauprogramm der Spätgotik und erreichten so eine Vereinheitlichung des Raumes, welche die traditionelle Scheidung der Gemeinde in Priester und Laien weitgehend aufhob. In den Pfarrkirchen von Annaberg, Schneeberg und Pirna gehen Chor und Langhaus unmerklich ineinander über, die Pfeiler sind so schlank und in so weiten Abständen aufgestellt, daß sie dem Blick keine Schranke mehr setzen, Netz- und Sterngewölbe verwischen die Grenzen der Joche. Neben den Baumeistern arbeiteten Bildhauer und Maler von hohem Rang, wie der ältere Cranach, Peter Breuer, Hans Witten, Franz Maidburg und Hans Hesse.
Auch die Folgen des Dreißigjährigen Krieges wurden in Sachsen rascher überwunden als in anderen deutschen Gebieten. Bereits eine Generation nach dem Westfälischen Frieden hatten sich Handel und Gewerbe so weit erholt, daß die Errichtung einer Börse (1678 in Leipzig) und der Erlaß einer Handels- und Wechselordnung (1682) nicht länger aufgeschoben werden konnten. Die Fortschritte in der Manufakturentwicklung waren ebenfalls bedeutend, nicht zuletzt infolge der starken Förderung der Manufakturen durch die Landesherren. Im Unterschied zu Brandenburg-Preußen, dem klassischen Land des »Bauernlegens«, blieb der bäuerliche Besitz in Sachsen weitgehend erhalten; die sächsischen Bauern lebten besser und ungefährdeter als die von der Gutsherrschaft ausgebeuteten ostelbischen Kossäten und Tagelöhner. Diese ökonomischen Faktoren ermöglichten den sächsischen Kurfürsten eine weitgespannte

Politik, die 1697 zum Erwerb der polnischen Königskrone durch August den Starken führte.
August der Starke hatte in der Auswahl seiner Baumeister eine glückliche Hand. Da er es im Gegensatz zu anderen Bauherren des Barocks vermied, den Künstlern ins Handwerk zu pfuschen, konnten die Talente ihrer Berufung folgen, ohne sich mit dilettantischen Vorstellungen auseinandersetzen zu müssen. Das Resultat waren Werke, die trotz ihrer Bindung an den Zeitstil und trotz ihrer Einordnung in ein größeres Ganzes von unverwechselbarer persönlicher Eigenart sind. Pöppelmann und Permoser, die in glücklicher Werkgemeinschaft den Dresdener Zwinger schufen, gaben dem sächsischen Barock Geschmeidigkeit und Elastizität, George Bähr, der Meister der 1945 zerstörten Frauenkirche, verlieh ihm die hohe Würde des Monumentalen, der Franzose Longuelune dämpfte den Überschwang, indem er mit lateinischem Maßgefühl die Grundsätze architektonischer Gliederung zur Geltung brachte.
Mit dem Tode Augusts des Starken (1733) endete die große Zeit des sächsischen Barocks. Dem Sammlerehrgeiz seines Sohnes August III. verdankt die Dresdener Galerie ihre schönsten Stücke, darunter die Sixtinische Madonna von Raffael, Tizians »Zinsgroschen«, Correggios »Heilige Nacht« und Paolo Veroneses »Hochzeit zu Cana«, Der König, sonst ein schwacher und träger Monarch, setzte, wie Carl Justi schrieb, »Himmel und Erde in Bewegung, um alles, was noch irgend loszumachen war, an der Elbe zusammenzubringen«. Erst die Plünderungen und Brandschatzungen des Siebenjährigen Krieges entzogen der sächsischen Kunst den Nährboden, den sie zu ihrem Gedeihen brauchte.

Bezirk Leipzig

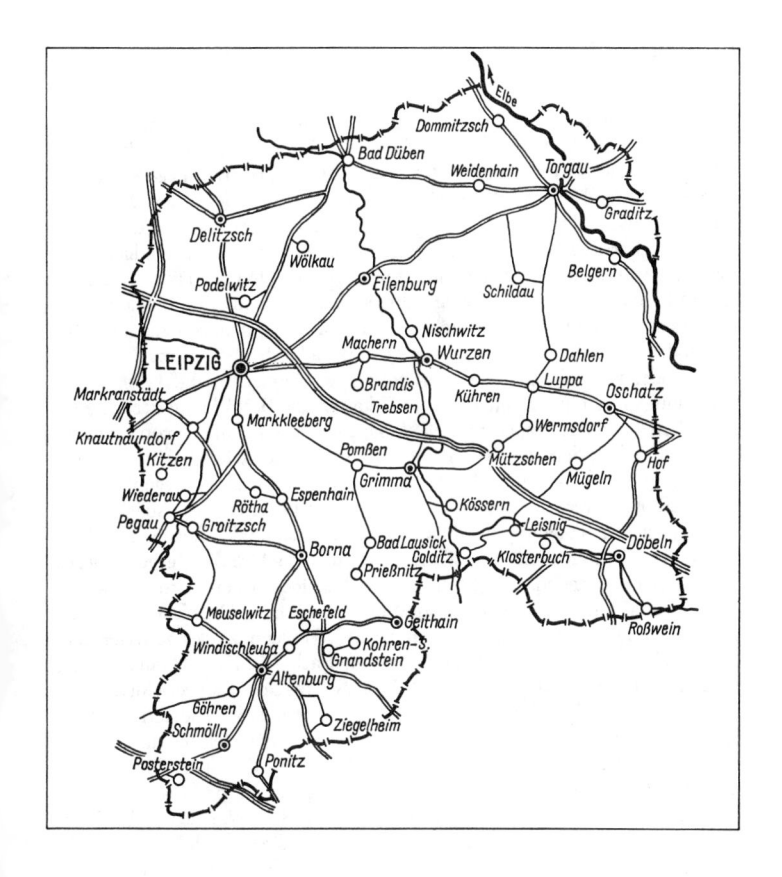

Leipzig

Schon vor dem 10. Jh. dichte slawische Besiedlung nachgewiesen. Um 1015 urkundliche Erwähnung eines deutschen Burgwardstützpunktes (urbs Libzi) auf dem ansteigenden Gelände südlich des heutigen Friedrich-Engels-Platzes. Nordöstlich der Burg Marktsiedlung am Schnittpunkt der alten Ost-West-Handelsstraße (»Hohe Straße«, etwa im Verlaufe des Brühl) und der Nord-Süd-Handelsstraße (»Via imperii«, Reichsstraße). Um 1165 urkundliche Erwähnung der Oster- und Michaelismärkte. Zwischen 1156 und 1170 Verleihung des Stadtrechtes (civitas Lipz), ungefähr gleichzeitig planmäßige Bebauung des Raumes der heutigen Altstadt um den Markt und die Thomaskirche sowie der östlich davon gelegenen Neustadt um die Nikolaikirche. Seit Mitte des 13. Jh. bedeutender Handelsplatz. 1409 Gründung der Universität. 1458 zusätzliche Verleihung eines Neujahrsmarktes. 1497 kaiserliche Bestätigung der Märkte. 1507 Verleihung des Stapel- und Niederlagerechtes im Umkreis von fünfzehn Meilen (115 km). Seit dem Beginn des 16. Jh. starker wirtschaftlicher Aufschwung (vorwiegend Handel mit der reichen Ausbeute des erzgebirgischen Silberbergbaus, ferner Buchdruckerei und Buchherstellung), spätgotische Erneuerung der Thomas- und Nikolaikirche, bedeutender Renaissance-Profanbau (u. a. Rathaus und Alte Waage). Während des Dreißigjährigen Krieges umfangreiche Schäden. Im 18. Jh. als Folge eines neuen wirtschaftlichen Aufschwungs reiche Bautätigkeit unter dem Einfluß des Dresdener höfischen Barocks (u. a. Alte Börse und Romanushaus), Höhepunkt des geistigen und künstlerischen Schaffens: Johann Sebastian Bach seit 1723 Thomaskantor, Johann Christoph Gottsched seit 1729 Professor für Poesie an der Universität, 1764 Gründung der Kunstakademie (A. F. Oeser), 1766 Theaterbau. 1776 Schleifung der alten Befestigung und Anlage des Grüngürtels um die Altstadt im Stil des englischen Landschaftsparks. 16. bis 19. Oktober 1813 Völkerschlacht bei Leipzig, entscheidender Sieg der russischen, preußischen, österreichischen und schwedischen Armeen über das Heer Napoleons. 1837 Eröffnung der ersten deutschen Ferneisenbahn von Leipzig nach Dresden. 1863 Gründung des Allgemeinen Deutschen Arbeitervereins. Im 19. Jh. rasche Ausdehnung der Stadt (z. T. durch Eingemeindung zahlreicher Industrievororte) und Umwandlung in eine Großstadt mit typischer dichter und hoher Überbauung, steigende Einwohnerzahlen (1815: 33 000, 1871: 100 000). Gegen Ende des 19. Jh. Umwandlung der traditionellen Warenmesse in eine Mustermesse. Bedeutender antifaschistischer Widerstandskampf (Georgi Dimitroff im Reichstagsbrandprozeß, Georg-Schumann-Gruppe). Im zweiten

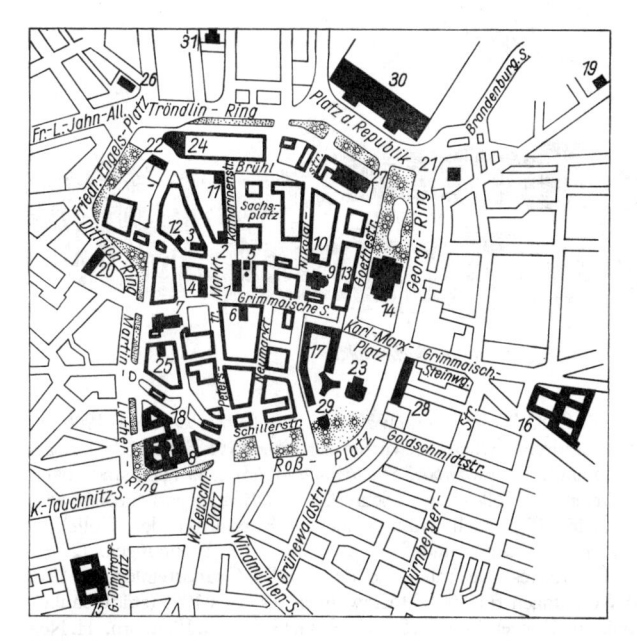

Leipzig
1 Altes Rathaus mit Stadtgeschichtlichem Museum, 2 Alte Waage, 3 Barthels Hof, 4 Messeamt, 5 Alte Börse und Goethedenkmal, 6 Auerbachs Keller, 7 Thomaskirche, 8 Neues Rathaus, 9 Nikolaikirche, 10 Alte Nikolai-Schule, 11 Romanushaus, 12 »Kaffeebaum«, 13 Kroch-Hochhaus, 14 Opernhaus, 15 Georgi-Dimitroff-Museum, 16 Grassimuseum, 17 Karl-Marx-Universität mit Hochhaus, 18 Stadthaus, 19 Lenin-Gedenkstätte, 20 Schauspielhaus, 21 Hochhaus Wintergartenstraße, 22 »Großer Blumenberg«, 23 Gewandhaus/Konzerthalle, 24 Kaufhaus »Konsument«, 25 Bach-Gedenkstätte, 26 Naturwissenschaftliches Museum, 27 Interhotel »Stadt Leipzig«, 28 Interhotel »Am Ring«, 29 Moritzbastei, 30 Hauptbahnhof, 31 Hotel »Merkur«

Weltkrieg Zerstörung eines Viertels der Innenstadt durch anglo-amerikanische Luftangriffe. Großzügiger Neubau des Stadtzentrums nach den städtebaulichen Entwürfen der Kollektive H. Siegel, W. Lucas und W. Geißler als wichtiges Handels- und Bildungszentrum der DDR, u. a. neuer *Universitätskomplex* am Karl-Marx-Platz (s. u.) und *Ensemble Sachsenplatz* (1969 nach städtebaulichen Entwürfen von A. G. Gross, H.-D. Wellner, W. Meisel, Brunnenplastiken 1972 von H. Müller, Keramiksäule zur Stadtgeschichte 1972 von H. Viencenz). Außerhalb des historischen Stadtkerns zahlreiche Neubaugebiete, u. a. *Wohnkomplex Straße des 18. Oktober* (seit 1968 Ausbau als Messemagistrale nach städtebaulichen Entwürfen der Kollektive H. Siegel und

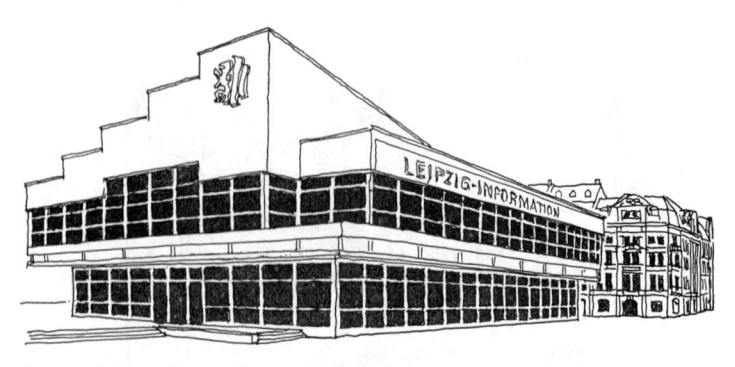

Leipzig, Informationszentrum am Sachsenplatz

W. Müller) mit 2288 Wohnungen, *Wohngebiet Großzschocher* (1964–1966 und 1972/73 nach städtebaulichen Entwürfen der Kollektive E. Schrödl, J. Bogen und H. Neumann), *Wohnkomplex Sellerhausen* (1963–1966 nach städtebaulichen Entwürfen der Kollektive E. Schrödl und J. Bogen) und *Wohnkomplex Schönefeld* (seit 1974 nach städtebaulichen Entwürfen der Kollektive A. G. Gross, H. D. Wellner und W. Meisel) mit 4150 Wohnungen. *Leipzig-Grünau*, zweitgrößtes Neubaugebiet der DDR, Grundsteinlegung 1976, ca. 38000 Wohnungen für 100000 Einwohner, bis etwa 1985 (städtebaulich-architektonische Konzeption: H. Siegel, A. G. Gıoss, G. Eichhorn, H. Neumann, H.-D. Wellner, W. Lingslebe und Kollektiv Verkehrsplanung K. Ackermann, W. Stein; Projekte: G. Walther, W. Scheibe, H. Berger und Kollektiv). Bildungsstätten: Karl-Marx-Universität, Technische Hochschule, Hochschulen für Pädagogik, Binnenhandel, Körperkultur, Grafik und Buchkunst, Musik, Theater, Institut für Literatur, Ingenieur- und Fachschulen, Deutsche Bücherei, Museen.

Bauten um den Markt

Rechteckiger Platz im Zentrum der Altstadt, auf dem sich die historischen Hauptstraßen der Stadt kreuzten. Im Kriege stark beschädigt, nach 1950 denkmalpflegerische Teilrekonstruktion der historischen Platzumbauung und Ergänzung durch im Maßstab angeglichene moderne Bauten.

Altes Rathaus (jetzt Stadtgeschichtliches Museum). Renaissancebau, begonnen 1556 unter Leitung von H. Lotter, ausgeführt von P. Wiedemann und S. Pfretzschner, 1672 erneuert, 1906–1909 umgebaut, 1943 stark beschädigt, bis 1950 wiederhergestellt. Langgestreckter zweigeschossiger Traufbau über rechteckigem Grundriß, im Dachgeschoß Zwerchgiebel, an der Marktseite über dem Hauptportal asymmetrisch angeordneter Turm mit barocker Haube und Laterne; im Großen Saal Prunkkamine (um 1610) von F. Fuß, krönende Figuren von F. J. Döteber. – *Museum für Geschichte der Stadt Leipzig*, u. a.

Gemälde (Eisenberg, Cranach, Oeser, Graff), Graphik (etwa 3 500 Blätter), Stadtansichten (etwa 24 000 Blätter), Theater- und Musikgeschichte, Münzen und Medaillen, Sondersammlung zur Völkerschlacht 1813, Sondersammlung zur Revolution 1848/49, Innungsmaterial.

Alte Waage (Ecke Katharinenstr.). Urspr. Renaissancebau 1555 von H. Lotter und P. Speck, 1943 zerstört, 1963/64 in den Formen des 16. Jh. wiederaufgebaut.

Barthels Hof (Markt 8). Typisches Leipziger Handelshaus, erbaut 1523 als Durchgangshaus mit großer Hofanlage, 1750 von F. Seltendorff barock umgestaltet.

Messeamt (Markt 11–15), 1963–1965 nach Entwürfen von R. Rohrer und R. Skoda.

Messehaus (Markt 16), 1961–1963 nach Entwürfen von F. Gebhardt, Buchmessehaus mit 5 900 qm Ausstellungsfläche, im Erdgeschoß Restaurant »Kiew«.

Königshaus (Markt 17), schlichter Barockbau 1706 von J. G. Fuchs, seit 1917 Teil eines Messehauses, 1965–1967 rest.

Alte Börse (hinter dem Rathaus am Naschmarkt). Frühbarockbau 1678–1687 nach Entwürfen von J. G. Starcke aus Dresden, ausgeführt von Ch. Richter, 1943 ausgebrannt, außen historisches Bild wiederhergestellt. Anderthalbgeschossig über hohem Sockelbau, Pilastergliederung, Portal mit doppeltem Giebel, reicher Dekor, vor der Südseite Freitreppe. — Vor der Börse *Denkmal des jungen Goethe*, 1903 von C. Seffner.

Auerbachs Keller (unter der Mädler-Passage). Rest des alten Auerbachschen Hofes, Gemälde zur Faustsage in den Räumen der historischen Gaststätte um 1615 von A. Bretschneider, stark erneuert.

Bauten südwestlich und südlich des Marktes

Thomaskirche. Gotischer Chor des 14. Jh. mit Benutzung spätromanischer Teile, spätgotisches Langhaus 1482–1496 von C. Roder (bis 1489) und C. Pflüger (Gewölbe), im späten 19. Jh. Erneuerung und Neugestaltung der Westfassade, Inneres rest. Dreischiffige Hallenkirche, Netzgewölbe mit unterschiedlichen Mustern, Emporen 1570 von H. Lotter, langgestreckter, von der Mittelachse abweichender Chor mit Kreuzrippengewölben, an seiner Südseite Turm, achteckiges Obergeschoß 1537 von H. Pfretzschner, Laterne 1702 von J. G. Fuchs. Von der Ausstattung besonders bemerkenswert: Bronzegrabplatte Johann Sebastian Bachs 1950 nach Entwurf von K. Nierade und W. Tiemann. Taufstein 1614. Kruzifix 1720 von C. F. Löbelt. Zahlreiche Grabdenkmäler

15.–17. Jh., darunter Arbeiten von S. Hermsdorf, W. Hillger und F. J. Döteber.

Neues Rathaus, 1899–1905 nach Entwürfen von H. Licht auf der Stelle der 1550 bis 1567 unter H. Lotter erbauten Pleißenburg, der Turm der historischen Pleißenburg als Rathausturm in den Baukomplex einbezogen.

Bürgerhäuser: Haus Grönländer (Petersstr. 24) Barockbau 1749/50, später teilweise umgebaut, Mittelerker. Haus »Zum Alten Kloster« (Klostergasse 5), viergeschossiger Barockbau (1753–1755) mit 15 Fensterachsen; Erdgeschoß 1976 rekonstruiert.

Bauten östlich und nördlich des Marktes

Nikolaikirche. Gegründet um 1165. Gotischer Chor des 14. Jh., spätgotisches Langhaus von B. Eisenberg, begonnen 1523, geweiht vermutlich 1526, Inneres 1784–1797 von J. F. C. Dauthe in Zusammenarbeit mit A. F. Oeser neugestaltet, 1971–1975 rest. Dreischiffige Hallenkirche, mit Stuck verkleidete Netzgewölbe, kannelierte Säulen mit Blattkapitellen, über den Kapitellen Kränze von Palmwedeln, in den Seitenschiffen Emporen, Chor mit reich stuckiertem hölzernem Tonnengewölbe, im Kern romanischer Westbau, seitliche Türme 14. Jh., Mittelturm 1555 von H. Lotter, Haube mit Laterne 1731. Von der Ausstattung besonders bemerkenswert: Altartisch, Kanzel und Taufstein um 1790. Spätgotischer Schmerzensmann 1. H. 15. Jh. Kanzel (in der südlichen Turmhalle) 1521.

Alte Nikolai-Schule (Am Nikolai-Kirchhof). Als älteste Stadtschule 1512 gegründet, verputzter Backsteinbau von 1568, umgebaut 1746.

Bürgerhäuser: Webers Hof (Hainstr. 3) fünfgeschossig. Untergeschosse aus dem 16., Obergeschosse aus dem 18. Jh., Erker 17. Jh. Romanushaus (Katharinenstr. 23) 1701–1704 von J. G. Fuchs aus Dresden (rest.) für den Bürgermeister Romanus erbaut, zweieinhalbgeschossig, dreizehn Achsen, Mittelrisalit mit Kolossalpilastergliederung und geschwungenem Giebel, reicher Dekor, geräumiges Treppenhaus. Freges Haus (Katharinenstr. 11) 1706/07 von J. G. Fuchs, reicher Mittelerker. Katharinenstr. 19 1748/49 vermutlich von G. Werner, langgestreckter Binnenhof. Katharinenstr. 21 um 1750 von F. Seltendorff, annähernd quadratischer Binnenhof. »Kaffeebaum« (Kleine Fleischergasse 4) im Kern 16. Jh., um 1725 von Ch. Döring umgebaut. Großer Blumenberg (Richard-Wagner-Platz) 1832 von A. Geutebrück.

Karl-Marx-Platz

Repräsentative Platzanlage des 19. und frühen 20. Jh. im Zuge des Grüngürtels vor der Altstadt, ehemals zwischen Grimmaischem Tor und Johannisvorstadt gelegen. Nach starken Kriegszerstörungen Neugestaltung als sozialistische Platzanlage mit Einbeziehung wertvoller älterer Bauten.

Bürohochhaus (Goethestr. 2), urspr. Bankhaus Kroch, 1927/28 von G. Bestelmeyer, Figuren der Glockenschläger von J. Wackerle.

Opernhaus, 1956–1960 nach Entwürfen eines Kollektivs unter Leitung von K. Nierade, Bildhauerarbeiten unter Leitung von W. Arnold, Metallarbeiten F. Kühn, dekorative Malerei H. Kinder, erster Theaterneubau der DDR, Einrangtheater mit 1 682 Plätzen.

Komplex Karl-Marx-Universität, 1968–1975 nach einem Grundkonzept von H. Henselmann, H. Siegel, A. G. Gross und H. Ullmann, zusammengesetzt aus dem Sektionshochhaus (142 m hoch), dem sechsgeschossigen Hauptgebäude (über dem Haupteingang Bronzerelief »Marxismus« von K. Schwabe, F. Ruddigkeit und R. Kuhrt), der zweigeschossigen Mensa, dem fünfgeschossigen Seminargebäude an der Universitätsstraße und dem Hörsaalkomplex mit Bibliothek als südlichem Abschluß; in den Hörsaaltrakt eingebaut das Schinkeltor, 1836 von K. F. Schinkel und E. Rietschel.

Die Ostseite des Platzes schließen die Neubauten der *Hauptpost* (1961–1964 nach Entwürfen von K. Nowotny) und des *Interhotels »Am Ring«* (1963–1965 nach Entwürfen von H. Ullmann und W. Scheibe). Neben dem Interhotel das *Europahochhaus* (jetzt Staatl. Versicherung), Stahlskelettbau 1929 von P. Burghardt.

Die Südseite des Platzes begrenzt das *Neue Gewandhaus,* 1977–1981, städtebaulich-architektonischer Entwurf Kollektiv unter Leitung von H. Siegel und R. Skoda; Projekt: R. Skoda, E. Göschel, V. Sieg und W. Sziegoleit. Großer Saal über 1 900 Plätze, Schuke-Orgel mit 6 638 Pfeifen und 89 Registern. Kleiner Saal 500 Plätze. Im Hauptfoyer Deckengemälde »Gesang vom Leben« von S. Gille. Im Klinger-Foyer Beethoven-Plastik. Gewandhausgalerie mit Tafelbildern zeitgenössischer Maler.

Bauten im Norden, Nordosten und Nordwesten

Hauptbahnhof. 1902–1915 nach Plänen von W. Lossow und M. H. Kühne als seinerzeit größter Personenbahnhof Europas erbaut, nach schweren Kriegsschäden Rekonstruktion zu einem der größten Kopfbahnhöfe Europas (26 Parallelgleise).

In der Nähe des Hauptbahnhofs bemerkenswert: *Interhotel »Stadt Leipzig«* (Richard-Wagner-Str. 1–6), 1963 nach Entwürfen von M. Böhme. – *Interhotel »Astoria«* (Platz der Republik 2), 1913–1915 von W. Lossow und M. H. Kühne, im Restaurant Zyklus »Fünf Erdteile« von W. Tübke (1958). – *Ringmessehaus* (Tröndlinring 9), 1922 und 1925/26 von G. Pflaume. – *Warenhaus* »konsument« (Brühl 1), 1966–1968 nach Entwürfen von G. Walther, M. Böhme,

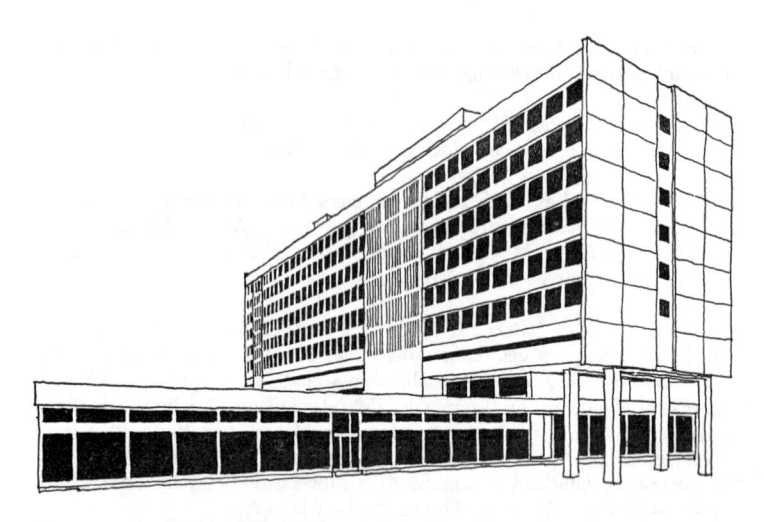

Leipzig, Interhotel »Stadt Leipzig«

L. Graf, P. Dick, S. Kurth und E. Winzer. – *Hotel »Merkur«* (Gerberstr. 15), 1979–1981, städtebauliche Einordnung H. Siegel, W. Wendorf; Entwurf und Projekt unter Leitung von Kohei Tanaka/Tokio.

Lenin-Gedenkstätte (Rosa-Luxemburg-Str. 19/21). Ehem. Verlagsgebäude der »Leipziger Volkszeitung«, in dem Anfang Februar 1912 unter Leitung Lenins mehrere Beratungen von Mitgliedern des ZK der SDAPR (B) mit Abgeordneten der bolschewistischen Duma-Fraktion stattfanden.

Gohliser Schlößchen (Menckestr. 23, jetzt Bach-Archiv). Barockbau 1755/1756 vermutlich von F. Seltendorff. Eingeschossig mit zweigeschossigem turmbekröntem Mittelteil, im Untergeschoß Steinsaal mit stuckierten Kreuzgewölben, im Obergeschoß Festsaal mit Deckengemälde (Lebensweg der Psyche) von A. F. Oeser, vollendet 1779. – Im Garten Denkmal Kurfürst Friedrich August III., 1780 nach Entwurf von A. F. Oeser; im Vorgarten Gellert-Sulzer-Denkmal, 1781 von Oeser. – *Bach-Archiv,* Handschriften und Erstdrucke Bachscher Werke, Bildnisse und Dokumente zur Bachgeschichte, Zeugnisse gegenwärtiger Bachpflege.

Schiller-Häuschen (Menckestr. 42), Sommerwohnung Friedrich Schillers 1785 (»Lied an die Freude«).

Versöhnungskirche Gohlis (Jonny-Schehr-Str. 16), Kirchenbau in Stahlbetonkonstruktion, 1929–1931 von H. Grotjahn.

Dorfkirche (Eutritzsch). Spätgotischer Bau mit Benutzung älterer Teile, rest. Einschiffig, spätgotische Netzgewölbe, annähernd quadratischer Westturm mit gewölbter Eingangshalle und zierlichem Backsteingiebel; spätgotischer Schnitzaltar (im Schrein Madonna mit Heiligen) um 1480.

Bemerkenswerte Dorfkirchen in den Ortsteilen WAHREN (im Kern frühgotisch, rest.; Taufstein 13. Jh., spätgotische Apostelfiguren), SCHÖNEFELD (klassizistisch 1820) und THEKLA (romanischer Granitbau 12. Jh., rest.).

Bauten im Westen und Südwesten

Zentralstadion (Friedrich-Ludwig-Jahn-Allee). 1954–1956 nach Entwürfen von K. Souradny, E. Jakowski und R. Lossner für 100 000 Zuschauer.

Deutsche Hochschule für Körperkultur (Instituts-, Hörsaal- und Bibliotheksgebäude längs der Friedrich-Ludwig-Jahn-Allee). 1952–1957 nach einem Entwurf von H. Hopp und K. Nierade.

Zentraler Kulturpark »Clara Zetkin«, entstanden 1954–1965 durch Zusammenfassung und Neugestaltung bereits vorhandener Gärten, u. a. des ehem. Palmengartens (1893) und des von P. J. Lenné 1858 entworfenen Johannaparks. Gesamtumfang: 133 ha. Zahlreiche kulturelle Einrichtungen. Am Parkeingang Karl-Tauchnitz-Straße Clara-Zetkin-Denkmal (1967 von W. Arnold).

Pädagogische Hochschule »Clara Zetkin« (Karl-Heine-Str. 22b), 1928 nach Plänen von H. Ritter und F. Baumeister.

Konsumzentrale (Plagwitz, Industriestraße 86–95). 1929–1932 nach Plänen von F. Höger.

Dorfkirche (Großzschocher). Romanischer Ostturm, spätgotischer Chor mit Stern- und Netzgewölben, barockes Langhaus 1713/14, 1908 stark verändert; gediegene Ausstattung, vollendet 1696 vermutlich nach Entwurf von J. C. Sandtmann, Grabmal E. Brandt, gest. 1570, von G. Schröter aus Torgau.

Bemerkenswerte Dorfkirchen in den Ortsteilen SCHÖNAU (reicher Altaraufsatz 17. Jh. von N. Rosman, reiche Kanzel Anfang 17. Jh.) und LEUTZSCH (spätgotischer Flügelaltar Anfang 16. Jh.).

Bauten im Süden und Südosten

Ehem. Reichsgericht (Georgi-Dimitroff-Platz 1, jetzt Georgi-Dimitroff-Museum), 1888–1895 nach Plänen von L. Hofmann und P. Dybwad. – *Georgi-Dimitroff-Museum,* Sammlung über Leben und Werk des bulgarischen Revolutionärs Georgi Dimitroff, u. a. Plenarsaal des ehem. Reichsgerichtes, Ort des Reichstagsbrandprozesses September—Dezember 1933. — *Museum für Geschichte der Stadt Leipzig, Abt. Arbeiterbewegung* (Georgi-Dimitroff-Platz 1), umfangreiche Bild- und Dokumentensammlung zur Geschichte der deutschen und der örtlichen Arbeiterbewegung, gegliedert in die Abteilungen 1830—1914, 1914—1918, 1918—1933, antifaschistischer Widerstandskampf 1933—1945. — *Museum der bildenden Künste* (Georgi-Dimitroff-Platz 1), mehrere Abteilungen: Altniederländische Malerei (u. a. J. van Eyck und R. van der Weyden), altdeutsche Malerei (u. a. Meister Francke, Schongauer, L. Cranach d. Ä., Baldung-Grien, Elsheimer), niederländische Malerei des 17. Jh. (u. a. Rembrandt, Hals, van Goyen, Terborch, Ostade, Brouwer), italienische Malerei 15.—18. Jh. (u. a. Tintoretto, Guardi, Canaletto), deutsche Malerei 2. H. 18. Jh. sowie frühe und späte Romantik (u. a. Graff, Tischbein, Koch, Friedrich, Carus, Blechen, Schwind, Spitzweg), deutsche Genre- und Porträtmalerei des 19. Jh. (u. a. Defregger, Rayski, Lenbach), deutsche Malerei 2. H. 19. Jh. und deutscher Impressionismus (u. a. Böcklin, Feuerbach, Marées, Thoma, Leibl, Menzel, Uhde, Trübner, Liebermann, Slevogt, großer Klinger-Saal), außerdeutsche Malerei 19. Jh. (u. a. Meunier, Corot, Segantini, Munch), deutsche Malerei 20. Jh. (u. a. H. Grundig, Lingner), Skulpturensammlung (u. a. Permoser, Canova, Thorwaldsen, Rodin, Meunier, Klinger, Kolbe, Lehmbruck, Barlach, Gaul), grafische Sammlung (etwa 40 000 Blätter).

Universitätsbibliothek (Beethovenstr. 6), 1887—1891, Pläne von A. Roßbach.

Hochschule für Musik (Grassistr. 8), 1887 nach Plänen von H. Licht.

Karl-Liebknecht-Gedenkstätte (Braustr. 15). Geburtshaus Karl Liebknechts (geb. 1871), Wohnstätte der Familie Wilhelm Liebknecht 1865—1881.

Grassimuseum (am Johannisplatz, Museum des Kunsthandwerks, Museum für Völkerkunde, Musikinstrumentenmuseum). 1925—1929 nach Plänen von W. Zweck und H. Voigt. — Anschließend der alte *Johannisfriedhof* mit historischen Grabstätten und Gruftbauten des 18. Jh. — *Museum des Kunsthandwerks,* Sammlungen noch zum überwiegenden Teil magaziniert, u. a. Keramik, Gläser, Zinn, Schmiedearbeiten, Medaillen, Möbel, Textilien, historische Kostüme. — *Museum für Völkerkunde* (z. T. magaziniert), u. a. Expeditionsmaterial aus Indien, Thailand, Birma, Korea, Westafrika (Sammlung Frobenius), der Südsee (Sammlung seit 1970 wieder zugänglich), Mittel- und Südamerika, Sibirien, Europa, ferner Bibliothek von 30 000 Bänden. — *Musikinstrumentenmuseum,* u. a. Instrumentarien aller Gattungen vom Mittelalter bis zur Neuzeit, europäische und außereuropäische Volksinstrumente.

Bayrischer Bahnhof (Bayrischer Platz). Erbaut 1842 von E. Pötzsch, ältester erhaltener deutscher Personenbahnhof.

Botanischer Garten (Linnéstr. 1). U. a. vier Warm- und zwei Kalthäuser, Warmwasseraquarium, zwei Kulturenhäuser; etwa 6 000 Pflanzenarten.

Großmarkthalle (Zwickauer Str. 40). 1927–1930 nach Entwurf von H. Ritter, die beiden Kuppeln als Stahlbetonschalengewölbe (75 m Spannweite) ausgeführt.

Russische Kirche (Semmelweisstr.). Gedenkstätte für die in der Völkerschlacht 1813 gefallenen 22 000 russischen Soldaten, 1912/13 nach Plänen von W. Propowski (Leningrad) in Anlehnung an Nowgoroder Kirchen des 16. Jh.

Deutsche Bücherei (Deutscher Platz). 1914–1916 erbaut nach Entwurf von O. Pusch; Sammlung aller deutschsprachigen Veröffentlichungen des In- und Auslandes mit rund 3,3 Millionen Bänden. — In der Deutschen Bücherei *Deutsches Buch- und Schriftmuseum*, u. a. Entwicklungsgeschichte der Schrift von den Anfängen bis zur Gegenwart, Buchwesen des Altertums und Mittelalters, Entwicklung des Buchdrucks, Buchkunst der Gegenwart.

Völkerschlachtdenkmal. 1898–1913 nach Plänen von B. Schmitz als Monument der Völkerschlacht 1813 errichtet (91 m hoch), plastische Arbeiten von F. Metzner und Ch. Behrens. — *Pavillon »Völkerschlacht 1813«* (Wilhelm-Külz-Park) mit großem Panorama der Völkerschlacht.

Gartenvorstadt Marienbrunn, 1912 nach Entwürfen von H. Strobel und L. Migge (gärtnerische Gestaltung), Siedlung aus zweigeschossigen Reihenhäusern.

Auf dem Südfriedhof *Denkmal für die Opfer des Faschismus* (von W. Arnold) mit den Grabstellen der hingerichteten Widerstandskämpfer Georg Schumann, Georg Schwarz, William Zipperer, Arthur Hoffmann, Alfred Frank, Kurt Kresse, Karl Jungbluth, Richard Lehmann, Wolfgang Heinze, Otto Engert u. a., sämtlich Mitglieder der führenden Widerstandsgruppe im sächsischen Gebiet (»Schumann-Engert-Kresse-Gruppe«), ferner Grabstellen von 80 Opfern des KZ-Außenlagers Abtnaundorf-Thekla.

Iskra-Gedenkstätte (Probstheida, Russenstr. 38). Druckort der gesamtrussischen marxistischen Arbeiterzeitung »Iskra« (Der Funke) vom Dezember 1900 bis etwa Mai 1901.

Dorfkirche (Stötteritz). Bemerkenswert durch das in den Kanzelaltar eingesetzte spätgotische Triptychon (um 1480), vermutlich Arbeit der Nürnberger Wolgemut-Werkstatt, möglicherweise von W. Pleydenwurff.

Rundling-Siedlung (Lößnig, Nibelungenring). Siedlungsanlage aus mehrstöckigen Wohnbauten, 1929/30 nach Entwürfen von H. Ritter kreisförmig um einen Mittelpunkt angelegt, zeittypischer Versuch zur Lösung einer komplexen Siedlungsplanung.

Torhaus des ehem. Schlosses Dölitz (Helenenstr. 24), zweigeschossiger Rechteckbau (um 1636), Sandsteinreliefs von J. H. Böhme; bedeutende Zinnfigurensammlung.

Kreis Leipzig

MARKKLEEBERG. *Landwirtschaftsausstellung der DDR* (agra), angelegt auf dem Gelände eines Landschaftsparks aus dem späten 19. Jh., durch Einbeziehung eines Teils des Dölitzer Holzes bedeutend erweitert und zum Naherholungsgebiet ausgebaut; 90 Hallen und Pavillons auf etwa 150 ha Gesamtfläche. — *Martin-Luther-Kirche* (Ortsteil Gautzsch), Barockbau 1717/18 vermutlich von D. Schatz, Westteil 1902 verändert, rest. Einschiffig, an drei Seiten umlaufende Empore, eingebauter Westturm mit Haube und doppelter Laterne; Kanzelaltar und Taufe der Entstehungszeit, Marmorbüste E. Ch. von Manteuffel Anfang 18. Jh., Umkreis der Schlüterschule. — *Herrenhaus* (Ortsteil Gautzsch, jetzt Krankenhaus), Barockbau angeblich Ende 17. Jh., Pilaster und Stuckdekorationen im wesentlichen 19. Jh. — *Herrenhaus* (Ortsteil Altmarkkleeberg, jetzt Kinderkrankenhaus), Barockbau Mitte 18. Jh., im 19. Jh. stark verändert. — *Auenkirche* (Ortsteil Altmarkkleeberg), urspr. gotisch, nach Brand 1612 erneuert, 1744 umgebaut.

ZWENKAU. *Stadtkirche St. Laurentius.* Barockbau 1712–1727 mit Benutzung des Westturms und der Umfassungsmauern eines spätgotischen Vorgängerbaus; Altaraufsatz mit Kreuzigungsgruppe 1726 von C. F. Löbelt, Taufstein 1731. — *Villa* (Friedrich-Ebert-Str. 26), 1930/31 nach Entwurf von A. Rading, im Innern Wandgestaltungen mit figürlichen Drahtreliefs von O. Schlemmer.

MARKRANSTÄDT. *Pfarrkirche St. Laurentius,* spätgotischer Bau 1518 bis 1525, um 1900 umgebaut. Annähernd quadratisches Schiff, Chor mit Sterngewölbe, zweigeschossiger Anbau mit Sakristei und Ratsempore, Westturm; Renaissance-Flügelaltar (im Mittelfeld figurenreiches Kreuzigungsgemälde) 1568. — *Heimatmuseum* (Platz des Friedens 5), u. a. ur- und frühgeschichtliche Funde aus der Umgebung, kleine Waffensammlung 1813–1848.

KNAUTNAUNDORF. *Dorfkirche,* spätgotisches Langhaus 15. Jh., 1719 verändert. Einschiffig, im Westteil Rest einer romanischen Rundkapelle Anfang 12. Jh., darüber Turmaufsatz von 1721; spätgotische Sakramentsnische um 1480.

KITZEN-HOHENLOHE. *Dorfkirche,* romanischer Bau, im Kern 12. Jh., nach 1200 umgebaut, rest. Zentralbau über kreuzförmigem Grundriß, Flachdecke, im Westturm Empore, an den Querflügeln Säulenportale mit Blattkapitellen, ausgeschiedene Vierung, gerader Chorschluß.

PODELWITZ. *Dorfkirche,* einschiffiger spätgotischer Bau (Ende 15./Anf. 16. Jh.) mit Netzgewölbe, älterer Westturm; spätgotischer Altar mit sechs Flügeln (im Schrein Maria mit den Hl. Georg und Mauritius) 1520.

Bemerkenswerte Herrenhäuser in GROSSDEUBEN (Barockbau um 1730 vermutlich von G. Werner, 1897 umgebaut), STÖRMTHAL (Barockbau 1693,

Seitenflügel 1786, Fassade 1790 verändert) und GUNDORF (Landschaftspark 1. H. 19. Jh. von P. J. Lenné).

Bemerkenswerte romanische Chorturmkirchen in GROSSPÖSNA (im 15. und 17. Jh. verändert), BAALSDORF (spätromanisch, in der Apsis spätgotische Wandgemälde um 1420), HIRSCHFELD (um 1721 umgebaut), ALTHEN (barockes Langhaus 1714), KURSDORF und KULKWITZ (Altaraufsatz 1708).

Weitere bemerkenswerte Pfarr- und Dorfkirchen in IMNITZ (spätgotischer Chor 1515, klassizistisches Langhaus 1794), GROSSDEUBEN (Barockbau 1716 von D. Schatz, rest.; spätgotischer Altar um 1520, Maria mit Kind um 1490, Grabdenkmäler 17. und 18. Jh.), STÖRMTHAL (Barockbau im wesentlichen 1722; spätgotisches Kruzifix Anfang 16. Jh.), ZUCKELHAUSEN (urspr. romanisch, 1791 und 1821 verändert), ENGELSDORF (spätklassizistisch 1832; gediegene Ausstattung der Entstehungszeit), PANITZSCH (barockes Langhaus 1705, romanischer Westturm; Friedhofsmauer mit Doppeltor), TAUCHA (Barockbau 1772–1774), DEWITZ (spätromanisch), LINDENTHAL (Barockbau um 1710; romanische Kesseltaufe, spätgotisches Kruzifix Anfang 16. Jh.), HÄNICHEN (im Kern romanisch, spätgotischer Chor, Langhaus 1905 erweitert), DÖLZIG (spätgotisch Anfang 16. Jh., 1706 umgebaut, gediegene Ausstattung der Umbauzeit), GUNDORF (im Kern romanisch, 1901 umgebaut; einheitliche Jugendstil-Ausstattung), QUESITZ (Barockbau 1757; reicher Taufstein 1515), SCHKEITBAR 1742 mit Benutzung romanischer Reste), EISDORF (im Kern romanisch, spätgotischer Chor), GROSSDALZIG (Barockbau 1775; Kanzelaltar der Entstehungszeit) und TELLSCHÜTZ (barockes Langhaus 1765, spätgotischer Turm).

Kreis Wurzen

WURZEN. 961 urkundlich genannt, auf dem höher gelegenen westlichen Teil das bischöfliche Stift mit dem 1114 erstmalig geweihten Dom, östlich davon die kurz nach 1284 angelegte Marktsiedlung. *Dom St. Marien* (ehem. Kollegiatstift), urspr. romanische Pfeilerbasilika, geweiht 1114, um 1260–1280 gotische Erweiterung nach Osten, Mitte 14. Jh. Einwölbung und Erhöhung des südlichen Seitenschiffes, spätgotischer Westchor 1503, östliches Chorpolygon 1508. Langgestreckter Grundriß (62 m), dreischiffiges Langhaus und einschiffiger Ostchor mit Kreuzrippen- und Sterngewölben, über dem nördlichen Seitenschiff Emporengang von 1555, jetzt durch Sänger- und Orgelbühne verstellt, Türme im Kern romanisch, Südturm mit Haube und Laterne 1673. Von der Ausstattung besonders bemerkenswert: Kanzel, bronzene Kreuzigungsgruppe und weitere Bronzewerke 1928–1932 von G. Wrba. Drei spätgotische Steinfiguren (Kaiser Otto I., Johannes d. Ev., hl. Donatus) um 1503. Doppelseitig gemaltes Kruzifix um 1530. Im Ostchor Denkmal für Johann IV. v. Saalhausen, gest. 1518. — *Nebengebäude:* Am Westchor die Kustodie, im Kern vermutlich 16. Jh., später verändert. Südlich davon ehem. Priesterseminar (Domplatz 6), vermutlich Mitte 16. Jh., dreigeschossig, Treppenturm. Nördlich vom Westchor ehem. Stiftsgebäude, Ende 15. Jh. als Kornhaus erbaut, Treppenturm, gegliederter Ostgiebel. — *Schloß* (nordöstlich vom Dom, jetzt Verwaltungsgebäude), spätgotischer Bau 1491–1497, 1519 teilweise abgebrannt und sofort nach dem Brand erneuert. Rechteckiger Grundriß, je ein Rundturm an der Südost- und Nordwestecke, dreigeschossig, einige Vorhangbogenfenster, eingebauter Wendeltreppenturm, über dem Spitzbogenportal reiches Wappen, an den Schmalseiten reiche Giebel, mehrere Räume mit reichen Zellengewölben. — *Wenzeslaikirche,* spätgotischer Bau Anfang 16. Jh., nach Brand 1637 erneuert, Inneres 1873/74 stark verändert. Dreischiffige Hallenkirche, Chor mit Sterngewölbe, stattlicher Westturm. — *Gottesackerkirche zum hl. Geist,* Backsteinbau um 1500, verfallen; auf dem befestigten Friedhof Denkmal für die Toten des Pestjahres 1607 (Turmbaldachin mit Sandstein-Kruzifix), um 1687. — *Bürgerhäuser:* Domgasse 2 (jetzt Heimatmuseum) 16. und 17. Jh., reiche Giebel, im Hof Arkadengang. Albert-Kunz-Str. 1 1503, erneuert nach 1637, Volutengiebel. Markt 6, Portal von 1676. Markt 11 um 1720. Mehrere Bürgerhäuser mit Sitznischenportalen, u. a. Domgasse 13 (spätgotisch) und Färbergasse 16 (1582). — *Heimatmuseum,* u. a. Erinnerungsstücke an den Schriftsteller und Kabarettisten Joachim Ringelnatz, geb. 1883 in Wurzen, Ur- und Frühgeschichte, bäuerliche Volkskunst und städtisches Handwerk 18./19. Jh., Materialien zur Geschichte der örtlichen Arbeiterbewegung. — *Spätromanische Chorturmkirche* (rest.) im Ortsteil Bennewitz. — *Gotische Chorturmkirche* (Langhaus 17. Jh.; Sandsteintaufe um 1600) im Ortsteil Deuben.

KÜHREN. *Dorfkirche,* spätromanischer Saal mit geradem Chor, im Chor 1952 freigelegte spätgotische Wandgemälde (Passion, Jüngstes Gericht und zahlreiche Heiligenfiguren in mehreren Bildstreifen übereinander), Mitte 15. Jh.; Taufstein um 1500, Kanzel 1616.

NISCHWITZ. *Schloß* (jetzt Pflegeheim), Barockbau 1745–1750 von J. Ch. Knöffel, im Siebenjährigen Krieg beschädigt, seit 1778 wiederhergestellt. Rechteckbau mit kurzen Seitenflügeln, zweigeschossig. Ehrenhof von Orangerie und Wirtschaftsgebäuden eingefaßt. Gartensaal mit Stuckornamenten, Wandgemälden und Deckenfresko (Triumph der Venus), letzteres vermutlich von S. Torelli, Treppenhaus mit Ausmalung von F. Preller d. J., Vestibül und Festsaal mit Stuckmarmorwänden, Wandgemälden und Deckenfresko (Sturz des Phaeton) vermutlich ebenfalls von Torelli. — In der Achse des Hauptgebäudes *Pavillon,* runder Saal mit zwei anstoßenden rechteckigen Räumen; vor dem Bau zwei Sandsteinfiguren vermutlich von P. Coudray. — *Dorfkirche,* 1667, erneuert und verändert 1752; Altaraufsatz (Verkündigung von Torelli) 1752, im Pfarrhaus Grablegung Christi vermutlich von L. Cranach d. J.

MACHERN. *Schloß* (jetzt Rat der Gemeinde), urspr. Wasserburg 16. Jh., vielfach umgebaut. Dreiflügelanlage, hoher Treppenturm, gewölbte Räume um 1566, Stuckdecken Ende 17. Jh., Rokoko-Kamine. — *Schloßpark*, seit 1760 als Landschaftspark angelegt, seit 1792 unter Leitung von E. W. Glasewald fortgeführt, von diesem auch die Gartengebäude: »Ritterburg« (jetzt Parkbühne) in Form eines Turmes, 1950 durch Brand beschädigt. »Tempel der Hygieia« klassizistischer Pavillon. Mausoleum der Familie Lindenau 1792, Pyramide, davor dorischer Giebelbau, Innenraum mit Kuppel. — *Dorfkirche*, Chor 15. Jh., Schiff im Kern romanisch, 1615 erweitert, Chor mit Ziegelrippenwölbung in Sternform; Grabdenkmäler 16.–18. Jh.

BRANDIS. *Schloß* (jetzt Feierabendheim), Barockbau 1727 vermutlich von D. Schatz. Asymmetrischer Grundriß, Haupttrakt dreigeschossig, elf Achsen, Mittelrisalit mit Giebeldreieck. Gartensaal mit stuckierten Kaminaufsätzen, dreiläufige Treppe und Rokoko-Jagdzimmer mit bemalter Wandbespannung, rest. Wirtschaftsgebäude und Torhäuser 1696, teilweise später verändert. — *Pfarrkirche*, spätromanisches Chorjoch mit Kreuzgratgewölbe, darüber Turm mit Aufsatz von 1732, spätgotischer Chor mit Netzgewölbe Ende 15. Jh., Langhaus im wesentlichen 17. Jh.; Altaraufsatz, Kanzel, Logen um 1700.

Bemerkenswerte Schlösser und Herrenhäuser in WÄLDGEN (Renaissancebau 16. Jh., umgebaut 1728), FALKENHAIN (urspr. Wasserburg 16. Jh., umgebaut 1761 und 1871), THALLWITZ (Renaissancebau 16. Jh., umgebaut 1892, rekonstruiert 1967; Park angelegt seit 1764 wohl von F. A. Krubsacius) und PÜCHAU (1888; Brücke 1564; sog. Heinrichsburg 16. Jh.).

Bemerkenswerte romanische Chorturmkirchen in SACHSENDORF (mehrere wertvolle spätgotische Figuren: Maria mit Kind um 1470, gerüsteter Heiliger Ende 15. Jh., Grablegungsrelief Anfang 16. Jh., Relief mit Anbetung des Kindes um 1500), RÖCKNITZ (spätgotischer Flügelaltar um 1500, Kanzel 1698) und BEUCHA.

Weitere bemerkenswerte Dorfkirchen in BURKARTSHAIN (spätgotische Chorturmkirche; Altaraufsatz 1702 von A. Lorentz aus Wurzen, Kanzel und Beichtstuhl 1690 von C. Kern, Grabdenkmäler 1565, 1574 und 1611, v. Holeufer), KNATEWITZ (spätgotisch Anfang 16. Jh., umgebaut Ende 17. Jh.), DORNREICHENBACH (im wesentlichen 1691 mit Benutzung gotischer Grundmauern; Grabdenkmäler 16.–18. Jh.), KÜHNITZSCH (Grabdenkmäler 16.–18. Jh., v. Plaussig), MÜGLENZ (Barockbau 1766 bis 1774 von J. G. Nacke aus Dahlen; spätgotische Schnitzfiguren um 1500), THAMMENHAIN (Grabdenkmäler 16.–18. Jh.), FALKENHAIN (romanischer Chor, Langhaus 1708; Altaraufsatz 1708), THALLWITZ (spätgotischer Chor mit Sterngewölbe 15. Jh. rest.; Grabdenkmäler 17. und 18. Jh., v. Holtzendorf), WASEWITZ (romanisch vermutlich 12. Jh.; Kanzel mit Kreuzigungsgemälde 1548, Cranach-Schule), PÜCHAU (an der Friedhofskapelle Grabdenkmal H. v. Bünau um 1760), NEPPERWITZ (spätgotischer Saal mit Sterngewölben, rest.), LEULITZ (spätgotischer Flügelaltar um 1500), POLENZ (Barockbau 1722–1725) und NITZSCHKA (Grabdenkmal um 1585).

Kreis Grimma

GRIMMA. *Schloß* (jetzt Verwaltungsgebäude), 1200 urkundlich genannt. Älteste Teile spätromanisch 13. Jh., ausgebaut 1389–1402, umgestaltet 1509 bis 1518. Je ein Flügel im Osten und Westen, durch Mauern verbunden, an der Nordseite des Westflügels Ruine eines Turmes, Ostflügel mit Treppenturm und reichem spätgotischem Giebel, annähernd quadratischer Raum mit Kreuzgratgewölbe auf Mittelstütze, vermutlich urspr. Kapelle. — *Rathaus*, im Kern spätgotisch 1442, nach Brand 1538 Wiederherstellung bis 1585, rest. Rechteckiger Grundriß, zweigeschossig, an der Westseite Freitreppe und viergeschossiger Giebel. — *Bürgerhäuser:* Markt 11 Mitte 16. Jh., Erker, Wendeltreppe, Rippengewölbe. Markt 15, Portal 1572, im Hof Turm mit Wendeltreppe. Markt 23 1724, Erker. Klosterstr. 5 (Döringsches Freihaus) 1618 bis 1621. — *Große Muldebrücke* (Dr.-Rudolf-Friedrichs-Brücke), Barockbau 1716 bis 1719 nach Plänen von M. D. Pöppelmann (Mittelteil durch Stahlkonstruktion ersetzt). — *Pfarrkirche Unser Lieben Frauen*, frühgotischer Bau mit spätromanischem Westwerk, begonnen um 1230/40, Ostteile vollendet um 1300. Dreischiffige Pfeilerbasilika mit Querschiff, Kreuzrippengewölbe, querrechteckiges Westwerk mit zwei Türmen und Glockenstube; spätgotischer Flügelaltar (im Schrein Geburt Christi) um 1520 vom Meister des Knauthainer Altars. — *Augustinerkirche*, frühgotischer Bau, begonnen um 1290, erneuert Anfang 15. Jh., rest. Einschiffig, hölzernes Stichkappentonnengewölbe, an der Nordseite Treppenturm, Westwand mit Treppengiebel und Giebelkreuz. — In der *Friedhofskirche zum hl. Kreuz* (begonnen 1566, umgebaut 1910) besonders bemerkenswert spätgotischer Altar mit dreifachen Flügeln (im Schrein hl. Nikolaus zwischen den Hl. Hyazinthus und Erasmus, auf den Flügeln Gemälde), erworben 1519, vermutlich Wittenberger Arbeit. — Von dem *Georgen-Hospital* (gegründet um 1240) nur die einschiffige Kapelle erhalten. — *Superintendentur*, 1810/11 an der Stelle der Kapelle des ehem. Zisterzienser-Nonnen-Klosters Marienthron, im Erdgeschoß Säulen und Bögen aus dem 13. Jh. — *Heimatmuseum* (Paul-Gerhardt-Str. 43), u. a. Geschichte der Arbeiterbewegung in Grimma 1900–1945. — *Mühlenmuseum* (Großmühle 2), u. a. Sackdruckmodeln, Mühlenspielzeug, Wanderbücher, Innungsgerät. — Im Ortsteil HOHNSTÄDT: *Göschenhaus* (Schillerstr. 25), Wohnhaus des Verlegers Georg Joachim Göschen (1752–1828), 1775 erbaut, 1795 von Göschen erworben, rest.; historischer Garten mit Gedenkstein, 1800 von Göschen angelegt. — *Herrenhaus*, Barockbau um 1700, schlicht, im Innern reicher Saal, sog. Mendelssohn-Saal. — *Dorfkirche*, romanischer Chor, Langhaus um 1840 umgebaut und erweitert. Einschiffig, Emporen mit bemalten Brüstungen, an der Südseite Kapelle mit Kreuzrippengewölben; Altaraufsatz (im Hauptfeld freiplastische Kreuzigungsgruppe) 1658 von A. Deyer aus Weißenfels, Kanzel und Taufstein 1653, Logenprospekt 1658. — Im Ortsteil NIMBSCHEN *Ruine des Zisterzienser--Nonnen-Klosters Marienthron*, um 1285 aus Grimma hierher verlegt, nur Reste eines größeren Gebäudes erhalten.

KÖSSERN. *Ehem. Jagdhaus*, Barockbau um 1710 nach Entwurf von M. D. Pöppelmann, rest. Rechteckiger Grundriß, zweigeschossig, elf Achsen, die mittleren fünf Achsen mit reichem Dekor. Im Obergeschoß großer Saal mit Stuckdekorationen und Deckengemälde (Darstellung des Olymp) sowie einige Räume mit Stuckdecken und Plafondmalereien.

COLDITZ. *Schloß* (jetzt Krankenhaus), gegründet im 11. Jh., im wesentlichen Renaissancebau 1578–1591 mit Benutzung spätgotischer Teile, Baumeister H. Irmisch und (seit 1585) P. Kummer d. Ä. Ausgedehnte unregelmäßige Anlage um zwei Höfe: Hauptbau (Hinteres Schloß) über annähernd halbkreisförmigem Grundriß, Tor und Umwallung 1464, dem Tor gegenüber Fürstenhaus mit Erker und Allerheiligenkapelle, letztere 1584 verändert, durch drei Geschosse reichend, Kreuzrippengewölbe, reiches Portal vermutlich von A. Walther (II), ferner Beamtenhaus 1. H. 17. Jh., Torbau vor dem Zwinger 1506 und Turmbau mit Giebeln um 1530. Vorderschloß mit ehem. Stall- und Wirtschaftsgebäuden. — *Torhaus* am Tiergarten 17. Jh., zweigeschossig mit Zwerchhaus, gequaderte Durchfahrt, Wappenbekrönung. — *Altes Rathaus*, Renaissancebau vollendet 1540, erneuert 1650 bis 1657, rest. Rechteckiger Grundriß, dreigeschossig, über drei Seiten je ein reicher Volutengiebel, Räume mit Netzgewölben und Frührenaissance-Details. — *Bürgerhäuser:* Tiergartenstr. 1 vermutlich 16. Jh., Wendeltreppe, Gewölbe. Forsthof 1 um 1590, Erker. Markt 21, gotischer Giebel. Markt 13, stattlicher Giebel 1660. — *Pfarrkirche St. Ägidien*, spätgotischer Chor mit Netzgewölbe 1. H. 15. Jh., Langhaus angeblich Anfang 16. Jh., mehrfach verändert; Altaraufsatz 1598, zwei Alabasterreliefs (Geburt und Taufe Christi) 1598 von M. Grünberger aus Freiberg. — *Friedhofskirche St. Nikolai*, romanischer Bau 12. Jh., einschiffig, Chor mit Tonnengewölbe und Apsis, romanisches Nordportal. — *Heimatmuseum* (Kurt-Böhme-Str. 1), u. a. Colditzer Steingutindustrie, Schmiedearbeiten.

MUTZSCHEN. *Schloß* (jetzt Schule), schlichter Barockbau 1703, erneuert 1754, zweigeschossig. — Schlichte *Bürgerhäuser* am Markt im wesentlichen 18. Jh. und Pfarre (Markt 193) 1725. — *Pfarrkirche* (urspr. Klosterkirche des Ordens der Marienknechte), Langhaus vermutlich romanisch, spätgotischer Chor. — *Friedhofskirche*, um 1600; Kanzel 1602, Kruzifix um 1660/70. — *Heimatstube* (Str. der Jugend), u. a. Barock- und Biedermeieröfen, Hubertusburger Steingut 18./19. Jh.

TREBSEN. *Schloß* (jetzt Wohnhaus), spätgotischer Bau 1522–1524, Hof 1783 durch Flügel mit Arkadengang geschlossen, Nordflügel an den Rest eines hochmittelalterlichen Rundturmes angelehnt, zahlreiche Räume mit Zellengewölben. — *Pfarrkirche*, Langhaus romanisch, spätgotischer Chor 1518, Westturm 1552 von L. Engelmann, Haube 1731.

POMSSEN. *Dorfkirche*, spätromanischer Bau mit Apsis und Westturm, im Süden Seitenschiff, Ausstattung aus der Zeit der Renaissance und des Barocks (u. a. bemalte Felderdecke, Emporen von 1668, Loge von 1686, Orgel 1660 von G. Richter); dreiteiliger Altaraufbau, nach 1573 von A. Lorentz aus Freiberg, Kanzel um 1660, Kruzifix 15. Jh., zahlreiche Denkmäler der Familie v. Ponickau, 16.–18. Jh.

Bemerkenswerte Schlösser und Herrenhäuser in COLLMEN (Barockbau 1723), PODELWITZ (Anlage des späten 16. Jh., urspr. Wasserburg, erneuert 1858, erweitert 1893, noch von Gräben umgeben und über zwei Brücken zugänglich), SEELINGSTÄDT (17. Jh., 1870 umgebaut, Saal mit bemalter Bretterdecke um 1670), AMMELSHAIN (Barockbau 1723) und OTTERWISCH (Barockbau 1728–1730, Dreiflügelanlage).

Bemerkenswerte Pfarr- und Dorfkirchen in DÖBEN (romanischer Chorturm, spätgotischer Chor, Langhaus 17. Jh.; Altaraufsatz 1591 von F. Ditterich d. Ä., Grabdenkmäler 12., 16. und 17. Jh.), HÖFGEN (vermutlich spätgotischer Umbau einer romanischen Anlage, Decke und Empore 1695 bemalt; Grabdenkmäler 17. Jh.; in der Nähe Wassermühle Anfang 18. Jh., Fachwerkbau mit erhaltener Mühlentechnik, rest.), LEIPNITZ (Barockbau 1701–1704; reiche Kanzel der Entstehungszeit), FREMDISWALDE (spätromanische Chorturmkirche, Langhaus im Kern vermutlich spätgotisch), CANNEWITZ (im Kern vermutlich gotisch, um 1662 verändert; reiche Kanzel 1612 von M. Kuntze aus Meißen, Grabdenkmäler 17. Jh.), NERCHAU (urspr. frühgotische Chorturmkirche, spätgotischer Chor Anfang 16. Jh., im 17. Jh. und 1783 umgebaut; spätgotischer Christus 1. H. 15. Jh.), NEICHEN (romanische Chorturmkirche mit spätgotischem Chor 1517; Altaraufsatz 1687 mit spätgotischen Schnitzfiguren), KLINGA (einheitliche spätromanische Anlage mit barocker Ausstattung), AMMELSHAIN (spätromanische Chorturmkirche vermutlich Mitte 13. Jh.; Grabdenkmäler 17. und 18. Jh.), NAUNHOF (spätgotisch, nach 1716 erneuert; Grabdenkmäler 16. und 18. Jh.), ERDMANNSHAIN (romanisch), ALBRECHTSHAIN (spätgotischer Flügelaltar um 1510), THRENA (spätgotischer Flügelaltar um 1500), BELGERSHAIN (Barockbau 1682–1686 von M. Beyer aus Cunnersdorf; reiche Ausstattung der Entstehungszeit), OTTERWISCH (im wesentlichen spätes 17. Jh. mit Benutzung älterer Teile; Grabdenkmäler 1545–1578, v. Hirschfeld, Arbeiten der Walther-Werkstatt), GROSSBUCH (frühgotische Chorturmkirche), LAUTERBACH (spätgotischer Flügelaltar um 1510), ETZOLDSHAIN (spätgotischer Flügelaltar um 1520), GROSSBARDAU (spätromanisch, vermutlich im 15. Jh. nach Osten erweitert, 1689 erhöht und eingewölbt), KLEINBARDAU (frühgotisch vermutlich Ende 13. Jh., später verändert), GLASTEN (frühgotische Chorturmkirche, Langhaus 1717 erweitert und mehrfach umgebaut) und GROSSBOTHEN (im Kern frühmittelalterlich, umgebaut 1676 und 1751).

Kreis Döbeln

DÖBELN. *Pfarrkirche St. Nikolai*, begonnen 1333 als frühgotische Basilika, nach mehrfachen Beschädigungen seit 1479 zur spätgotischen Hallenkirche umgebaut, Stern- und Kreuzrippengewölbe, an der Südseite Marienkapelle, in ihrem Innern reiches Portal, Westportal um 1370. Bemerkenswerte Ausstattungsstücke: Spätgotischer Altar mit dreifachen Flügeln (im Schrein die lebensgroßen Hl. Wenzel, Nikolaus und Leonhard) um 1520 vom Meister des Döbelner Hochaltars aus Freiberg, Flügelgemälde (Heilige und Nikolauslegende) von zwei unbekannten Meistern, rest. Kanzel 1599 von D. Schatz aus Colditz. Taufstein 1603 von H. Köhler d. J. Abendmahlsrelief nach 1500. Kelch um 1470. — *Gottesackerkirche,* 1857, aus dem Bau des 17. Jh. Felderdecke übernommen, bemalt 1685 von Ch. Weisse. — *Rathaus,* 1910–1912 nach Entwürfen von H. Licht und O. Richter in Neurenaissance- und Jugendstilformen.

ROSSWEIN. *Tuchmacherhaus,* urspr. Anfang 16. Jh., nach Brand 1806 umgebaut, an der Marktfront reiches Frührenaissanceportal von 1537. — *Pfarrkirche St. Marien,* begonnen um 1513, ausgebaut 1595–1611, nach Brand wiederhergestellt 1810–1815, Chor mit Netzgewölbe. — *Rathaus,* 1862 mit Benutzung spätgotischer Umfassungsmauern, Stabwerkportal von 1529.

LEISNIG. *Schloß Mildenstein* (jetzt Kreismuseum), 1081 urkundlich genannt. Im Kern romanisch, nach 1365 umgebaut und erweitert, im 16. und 17. Jh. verändert. Unregelmäßige Randbebauung: Im Süden Vorderschloß mit Kornhaus (ehem. Palas), im Osten Wohnbauten und romanische Martinskapelle (12. Jh.) mit Rundbogenportal und spätgotischem Chor (Anfang 15. Jh.), im Westen Neues Haus, im Hof mächtiger Rundturm. — *Kreismuseum,* u. a. sakrale Holzplastik 15./16. Jh., Waffen 17.–19. Jh., Münzen 16.–20. Jh. — *Pfarrkirche St. Matthäus,* spätgotischer Bau, im wesentlichen 2. H. 15. Jh. unter Mitwirkung des Meisters U. Halbritter, nach Brand wiederhergestellt 1637, umgebaut 1882, rest. Dreischiffige Hallenkirche, Sterngewölbe, an der Südseite Kapelle mit Netzgewölbe 1496, Chor mit Netzgewölbe, reiches Südportal; Altaraufsatz (im Mittelfeld Ecce homo) 1663/64 von V. Otte und J. Richter aus Meißen. — *Gottesackerkirche St. Nikolaus,* im wesentlichen 1540 und 1674, einschiffig, an der Ostseite Begräbniskapelle (jetzt Sakristei), Laube mit Korbbogenarkaden auf toskanischen Säulen; spätgotischer Flügelaltar (im Schrein Anna selbdritt) 1509, Kanzel 1577, Grabdenkmäler 16.–18. Jh. — *Superintendentur* (Kirchplatz 3), spätgotisch im wesentlichen 16. Jh., unregelmäßiger Grundriß, mehrgeschossige Ziergiebel, rest. — *Archidiakonat* (Kirchplatz 5), im Kern spätgotisch, nach Zerstörung 1656/57 wiederaufgebaut, später mehrfach verändert, rest., Sitznischenportal 1656. — *Miruspark* (jetzt Heimattierpark), angelegt 1866/67, künstliche Ruinen, darunter zahlreiche Bauteile aus Klosterbuch. — Im Ortsteil TRAGNITZ *Dorfkirche* mit spätgotischem Chor und kurzem Schiff (Jugendstilneubau von 1904); Altaraufsatz 1659 von V. Otte und J. Richter, Kanzel 1652, Sakramentshäuschen um 1480, Marienfigur 1. H. 15. Jh.

KLOSTERBUCH. *Ruine der Klosterkirche* des ehem. Zisterzienser-Klosters St. Maria, gegründet vor 1192. Romanischer Bau, urspr. dreischiffige kreuzförmige Basilika im gebundenen System, Chor von zwei tonnengewölbten Nebenkapellen flankiert, in den Chor eingebaut Kapelle des 17. Jh. — *Klostergebäude:* Ostflügel der Klausur, im Inneren völlig umgebaut. Im Südwesten des Klosterbezirkes ausgegrabene Reste eines größeren Gebäudes mit polygonal geschlossenem Chor. Im Osten die Abtei, im Kern 13. Jh., umgebaut Anfang 16. Jh., am Ostende Kapelle mit Kreuzrippengewölbe. Im Süden und Westen der Klausur Klostermauer.

Bemerkenswerte Schlösser und Herrenhäuser in CHOREN (Barockbau 1755 von S. Locke, jetzt Schule), NOSCHKOWITZ (urspr. Wasserburg, Ostflügel 15. und 16. Jh., sonst 17. Jh., reiche Gliederung der Baumassen), MOCKRITZ (im wesentlichen 16. und 17. Jh., 1945 zerstört, 1959 wiederaufgebaut, Zweiflügelanlage) und SITTEN (urspr. 16. Jh., 1729 umgebaut, Dreiflügelanlage).

Bemerkenswerte Pfarr- und Dorfkirchen in GLEISBERG (im Kern romanisch, später verändert; spätgotischer Flügelaltar 1519 vom Meister des Döbelner Hochaltars; befestigter Friedhof), ZSCHAITZ (im wesentlichen 1717, erhöht 1752; reicher Altaraufsatz 1655 von V. Otte und J. Richter, 1751 zum Kanzelaltar umgebaut), JAHNA (spätgotisch Anfang 16. Jh., 1679 von J. S. Lucas bemalte Felderdecke), TECHNITZ (1851/52 von Ch. F. Uhlig), MOCKRITZ (Grabdenkmäler 17. und 18. Jh.), RITTMITZ (Grabdenkmäler 17. und 18. Jh.), KIEBITZ (Barockbau 1773/74 von A. Klengel aus Dresden), SCHREBITZ (spätgotisch), GALLSCHÜTZ (romanisch), BÖRTEWITZ (spätgotischer Flügelaltar um 1520), SITTEN (spätgotisch; Grabdenkmäler 17. und 18. Jh.), ALTENHOF (romanisch vermutlich frühes 13. Jh.), GERSDORF (klassizistisch 1802 bis 1805; Kruzifix um 1510/15 von P. Breuer), WENDISHAIN (spätgotischer Flügelaltar um 1520), NAUHAIN (spätgotischer Flügelaltar 1504 von P. Breuer), SCHÖNERSTEDT (im Kern romanisch, mehrfach umgebaut; spätgotische Schnitzfiguren Ende 15. Jh.), REINSDORF (Barockbau nach 1676 mit Benutzung älterer Teile; spätgotischer Flügelaltar um 1520, Rokoko-Taufstein), WALDHEIM (1842 von Ch. F. Uhlig), OTZDORF (Barockbau 1713 mit romanischen Resten; Grabdenkmäler nach 1580 und um 1600), KNOBELSDORF (im Kern romanisch, in gotischer Zeit erneuert, 1893 stark verändert; romanisches Nordportal Ende 12. Jh.) und ZIEGRA (Barockbau 1769/70).

Kreis Oschatz

OSCHATZ. *Kirchplatz*, ältester Teil der Stadt, Gebäude im Kern meist 16. Jh., mehrere Sitznischenportale. — *Rathaus*, Renaissancebau 1536 von B. Kramer, vielfach verändert, 1842 durch Brand beschädigt, wiederaufgebaut nach Plänen von G. Semper. Dreigeschossig, an der Marktseite Freitreppe mit offener Laube, Wappen- und Bildnisreliefs an der Brüstung 1538 von Ch. Walther (I), ergänzt 1884, zahlreiche gewölbte Räume, im zweiten Obergeschoß getäfelte Ratsstube von 1595, erneuert 1884. *Altes Amtshaus* (Neumarkt 4, jetzt Vermessungsamt), Renaissancebau 1616 von S. Hoffmann, rest., stattliche Fassade mit Zwerchhaus und Volutengiebel. — *Brunnen* auf dem Neumarkt, 1588 von G. Richter aus Leipzig. — *Heimatmuseum* (Frongasse 1, ehem. Ratsfronfeste), u. a. Geschichte der Stadt und der örtlichen Arbeiterbewegung. — *Pfarrkirche St. Ägidien,* spätgotischer Bau nach 1443, 1842 ausgebrannt, 1846–1849 von C. A. v. Heideloff in nüchterner Art wiederhergestellt, Ostschluß rest. Dreischiffige Hallenkirche, langgestreckter Chor von zwei kürzeren Nebenchören begleitet, Stern- und Kreuzrippengewölbe, unter dem Ostschluß des Hauptchors achteckige »Krypta« (Substruktion) mit Sterngewölbe; Tafelgemälde (Legende aus dem Oschatzer Franziskanerkloster) vermutlich 16. Jh., 1670 übermalt, Grabdenkmäler Ende 16. und 17. Jh. — *Klosterkirche* des ehem. Franziskaner-Klosters, gegründet 1228, zweischiffige gotische Hallenkirche, im wesentlichen 1381–1428 mit Benutzung älterer Teile, Stern- und Netzgewölbe. — In der *Gottesackerkirche* bemerkenswerter spätgotischer Flügelaltar (im Schrein Maria in der Strahlensonne) um 1520. *Elisabethkapelle* im Archidiakonat (Puschkinstr. 8), um 1400, rest., Reste gotischer Wandmalereien. — *Schloßruine Osterland* (an der Straße nach Wermsdorf), vermutlich 13. Jh., Mauerreste einer Anlage von auffallend regelmäßigem Grundriß.

DAHLEN. *Schloß* (1973 durch Brand schwer beschädigt), Barockbau 1744–1751 vielleicht unter Mitwirkung Knöffels. Dreiflügelanlage, H-förmiger Grundriß, zweigeschossig, über dem Mittelrisalit Giebelaufsatz, an der Parkseite Rampe mit Terrassen und Grotte, »Weißer Saal« (erh.) mit reichen figürlichen Stuckdekorationen, Deckengemälde 1756–1759 von A. F. Oeser, Treppenhaus und »Kaisersaal« ebenfalls mit Gemälden von Oeser. — *Pfarrkirche Unser Lieben Frauen,* dreischiffige spätgotische Hallenkirche mit Netz- und Sterngewölben, Chor nach 1475, Langhaus mit einzelnen Renaissance-Elementen 2. H. 16. Jh.; spätgotische Schnitzfiguren um 1520 vom Meister des Döbelner Hochaltars, im Altarschrein von 1863 aufgestellt, Grabdenkmäler 16.–18. Jh., — *Heimatstube* (Wurzener Str. 1), u. a. Geschichte der örtlichen Arbeiterbewegung.

LUPPA. *Straßendorf* mit typischer obersächsischer Giebelstellung der Bauernhäuser. — In der stattlichen romanischen *Dorfkirche* bemerkenswerter spätgotischer Flügelaltar (im Schrein Maria zwischen vier Heiligen) 1. H. 15. Jh.

WERMSDORF. *Jagdschloß Hubertusburg* (jetzt Krankenhaus), Barockbau 1743 bis 1751 von J. Ch. Knöffel mit Benutzung von Teilen eines älteren Baus von 1721, rest. Vierflügelanlage, dreigeschossig, Eingangsfront mit ovalem Mittelrisalit, darüber hoher Dachreiter mit Zwiebelhaube, sparsamer figürlicher Schmuck der Fassaden vermutlich nach Entwürfen von L. Mattielli, Inneres größtenteils im Siebenjährigen Krieg zerstört, erhalten westlicher Ecksaal, ovaler Festsaal über der Eingangshalle (jetzt Heimatmuseum), großer Saal im Gartenflügel und Schloßkapelle im südlichen Teil des Eingangsflügels, letztere mit reichem figürlichem und ornamentalem Reliefschmuck, Hauptaltar von L. Matielli, Deckengemälde (Bekehrung des hl. Hubertus) von J. B. Grone, Gemälde der Seitenaltäre von L. Silvestre, Rokoko-Kanzel. — Vor der Eingangsfront *Nebengebäude* auf H-förmigem Grundriß, nach 1721 von J. Ch. Naumann, halbkreisförmige Erweiterung des Hofes seit 1733 von Knöffel; im Hof Sandsteinstatuen (Jahreszeiten), Arbeiten der Permoser-

Hubertusburg, Schloß

Werkstatt. – *Heimatmuseum und Bebel-Liebknecht-Gedenkstätte*, u. a. Ausstellung zur Geschichte der deutschen Arbeiterbewegung 1870/71–1890 mit besonderer Würdigung August Bebels und Wilhelm Liebknechts, 1872–1874 in Schloß Hubertusburg (damals Landesgefängnis) inhaftiert. – *Ehem. Jagdschloß* (jetzt Rat der Gemeinde), Renaissancebau begonnen 1609 an Stelle einer älteren Anlage von etwa 1575, nach 1617 durch S. Hoffmann umgebaut. Unregelmäßige Dreiflügelanlage, zweigeschossig, zahlreiche schwere Zwerchgiebel mit Voluten, in der Nordostecke Treppenturm mit welscher Haube und Laterne, am Nordflügel Erker. – *Jagdhaus* (jetzt Schule), Renaissancebau 1574, umgestaltet 1724 und 1816. – *Dorfkirche,* Ostteile romanisch, über dem Chor Turm von 1696, Langhaus 1704 nach Westen erweitert, verändert 1897; Altaraufsatz (Kreuzigung) um 1710.

MÜGELN. *Schloß* (jetzt Lehrlingsheim), im wesentlichen 17. und 18. Jh., drei massige Gebäudeflügel auf hufeisenförmigem Grundriß, über der Nordwestecke mächtiger Turm, darin »Bischofssaal« mit Sterngewölbe. – *Pfarrkirche St. Johannes,* dreischiffige spätgotische Hallenkirche Anfang 16. Jh.; zwei Altarflügel (Ölberg, Auferstehung) 1582 von M. Krodel d. Ä., Grabdenkmäler 16. und 17. Jh.

HOF. *Schloß* (jetzt Schule), altes Schloß (Zweiflügelanlage) Renaissancebau um 1570, neues Schloß Barockbau nach 1750, ebenfalls zweiflügelig, im Winkel hoher Treppenturm vermutlich 17. Jh. – Im *Park* Sandsteinfiguren (u. a. Bacchus mit Bacchantin, Andromeda) Mitte 18. Jh. vermutlich von L. Mattielli. – *Dorfkirche,* stattlicher barocker Saalbau (1692–1697 vermutlich von J. G. Fuchs) mit dreiseitig geschlossenem Chor und Westturm, Inneres 1844 umgestaltet; reicher Epitaph-Altar 1624 wohl von A. Schultze aus Torgau, Kanzel 1573, mehrere Grabdenkmäler 16./17. Jh.

Bemerkenswerte Dorfkirchen in ALTOSCHATZ (Grabdenkmäler 16. und 17. Jh., v. Grauschwitz und v. Bock), TERPITZ (Barockbau 1711/12), BORNA (Renaissancebau 1606, erneuert 1769; reicher Altaraufsatz nach 1605, Kanzel um 1550 vermutlich von S. Schröter d. Ä., Grabdenkmäler 17. und 18. Jh.), LAAS (romanisch, später verändert, rest.), CAVERTITZ (romanisch, mehrfach verändert; reicher Altaraufsatz um 1580 von E. de Brugk aus Freiberg, Grabdenkmäler 16. und 17. Jh., v. Schleinitz), SÖRNEWITZ (spätgotischer Flügelaltar um 1500), LAMPERTSWALDE (um 1680 mit Benutzung mittelalterlicher Reste; Grabdenkmäler 17. und 18. Jh., v. Thielau und v. Köckeritz), WELLERSWALDE (gotischer Chor, Langhaus 1702, Inneres 1782 und im 19. Jh. umgebaut), GROSSBÖHLA (Barockbau 1781), SCHMANNEWITZ (Barockbau 1731/32 nach Entwurf von G. Bähr, Turm und Emporen 1794, rest.), OCHSENSAAL (romanisch 12. Jh.), MAHLIS (Barockbau 1777/78, erneuert 1896; Rokoko-Orgelprospekt), LIPTITZ (1560; Grabdenkmäler um 1580 und um 1616, v. Grünrode), ABLASS (Chor vermutlich Ende 13. Jh., Langhaus im wesentlichen 17. und 18. Jh.), ALTMÜGELN (spätgotisch zwischen 1487 und 1512, 1720 bemalte Felderdecke; Grabdenkmäler 16. Jh.), SCHWETA (barocker Zentralbau 1751 bis 1753 unter dem Einfluß G. Bährs), NAUNDORF (Renaissancebau 1579 von J. Deckers aus Mügeln, 1742–1744 umgebaut), HOHENWUSSEN (im Kern vermutlich spätgotisch, im 17. Jh. umgebaut, bemalte Decke), CALBITZ (Barockbau 1724–1727 von D. Schatz), ZÖSCHAU (romanische Chorturmkirche) und LONNEWITZ (spätromanisch Anfang 13. Jh., rest.; spätgotischer Flügelaltar um 1510, Flügelgemälde von P. Grueber).

Stadt und Kreis Torgau

Die Stadt Torgau

Im 10. Jh. (973 erste urkundliche Erwähnung) Gründung der Burg auf einem Felsen unmittelbar am linken Elbufer zur Sicherung der Elbfurt. Westlich der Burg Entstehung einer Marktsiedlung (spätere Altstadt mit Marienkirche) auf annähernd dreieckigem Grundriß mit unregelmäßigem Straßenverlauf. Im 12. und 13. Jh. Entstehung der Kaufmannssiedlung (Neustadt) mit der Nikolaikirche westlich der Altstadt. 1243 Gründung eines Franziskaner-Klosters. Vermutlich zwischen 1255 und 1267 Verleihung des Stadtrechtes. Anfang 14. Jh. Mauerbefestigung urkundlich nachweisbar. 1482 großer Stadtbrand. Unter Kurfürst Friedrich dem Weisen (1486–1525) und seinen Nachfolgern Ausbau von Stadt und Schloß. Im 16. und 17. Jh. eine der wichtigsten Residenzen der sächsischen Kurfürsten. Nach 1811 Ausbau zur Festung. Nach 1889 Beseitigung der Befestigungsanlagen (Reste auf dem östlichen Elbufer). Im April 1945 Zusammentreffen sowjetischer und amerikanischer Truppen.

Schloß Hartenfels. Unregelmäßige Vierflügelanlage um annähernd dreieckigen

Hof, aus folgenden Flügeln bestehend: Johann-Friedrich-Bau im Südosten, 1533–1536 von K. Krebs, urspr. dreigeschossig (viertes Geschoß um 1800 hinzugefügt), dreizehn Achsen, Vorhangbogenfenster, am zweiten Obergeschoß vorgekragter Laufgang auf Konsolen, in der Mitte Großer Wendelstein mit Altan und doppelter Freitreppe, krönender Giebel der Krümmung des Grundrisses folgend, in Höhe des ersten Geschosses reiches Portal zum ehem. Festsaal, an der Südostecke Wächterturm mit zweigeschossigen Umgängen, ihm gegenüber reich dekorierter Runderker, an der Elbseite zwei runde Eckerker mit reichen Brüstungsreliefs. Albrechtsbau mit Theatersaalflügel im Südwesten, spätgotisch, begonnen um 1470 vermutlich unter Beteiligung Arnolds von Westfalen, 1482–1485 von C. Pflüger erweitert, als Palas mit vier Ecktürmen angelegt, an der Nordwestseite Kleiner Wendelstein, sein Netzgewölbe erst 1538. Westflügel im wesentlichen 1616–1623, zahlreiche Vo-

Torgau
1 Schloß Hartenfels mit Kreismuseum, 2 Rathaus, 3 Pfarrkirche St. Marien, 4 Alltagskirche, 5 Mohrenapotheke von 1503, 6 Denkmal der Begegnung

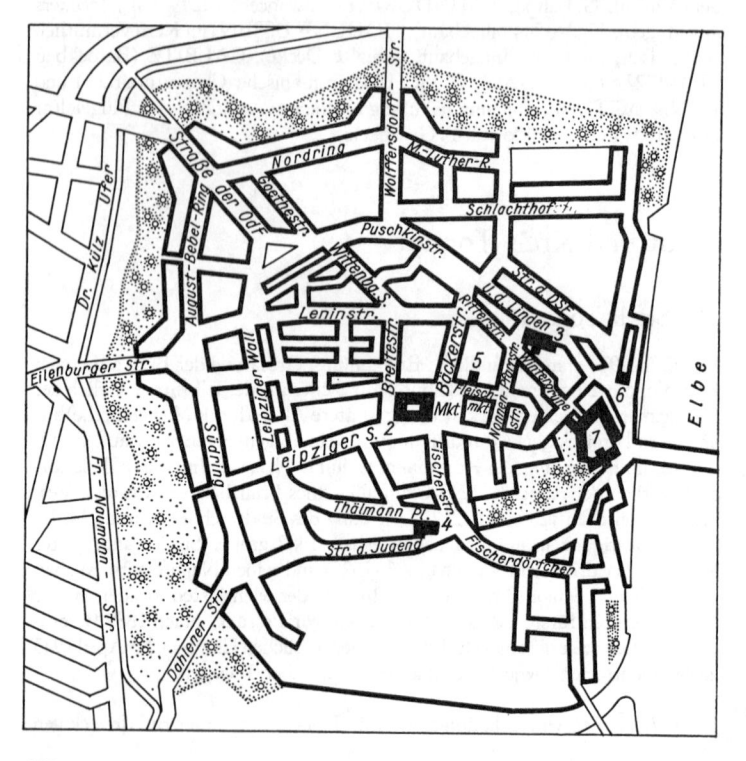

Torgau, Schloß Hartenfels, Wendelstein

lutengiebel, Eingangsportal um 1620 von H. Steger aus Dresden. Schloßkirchenflügel (jetzt z. T. Kreismuseum) im Nordosten nach 1540, an seiner Hofseite sog. Schöner Erker, 1544 vermutlich von S. Hermsdorf aus Leipzig, ungewöhnlich reiche Dekoration, an der Elbseite zwei große Rundtürme (Hasen- und Flaschenturm), in die linke Ecke des Flügels ehem. mittelalterlicher Bergfried eingebaut, im Innern des Schloßkirchenflügels gotische Martinskapelle Mitte 14. Jh., zweischiffig, Kreuzgratgewölbe. – *Schloßkirche,* am 5. Oktober 1544 von Martin Luther geweiht, erbaut von N. Gromann, durch drei Geschosse reichender Saal, Stern- und Netzgewölbe, umlaufende steinerne Emporen, an der westlichen Schmalseite Altar und Orgelempore, in der Mitte der nördlichen Langseite reiche Kanzel 1544 von S. Schröter d. Ä. – Restaurierung der Gesamtanlage im Gange, an den Außenfronten abgeschlossen. – In der Ostecke des Hofes Grabstein des Baumeisters Konrad Krebs (gest. 1540) von G. Diener. – *Kreismuseum,* u. a. historische Waffen und Rüstungen 16.–19. Jh., besonders von der Torgauer Geharnischten Kompanie, Geschichte der Festung Torgau.

Rathaus. Renaissancebau ab 1563–1565 von V. Wegern aus Dresden, 1971–1973 umfassend rest. Langgestreckter rechteckiger Grundriß, kurze Seitenflügel, an der Südostecke reicher Runderker 1577/78 von A. Buschwitz. – Im jetzigen Rathaushof ehem. *Nikolaikirche,* dreischiffige Pfeilerbasilika 2. V. 13. Jh., Langhaus verbaut, erhalten zwei Joche des südlichen Seitenschiffes mit Kreuzgratgewölben sowie vom Mittelschiff Pfeiler und Dienste mit Schaftringen und Knospenkapitellen, zweitürmige Westfassade. – Die den Rathaushof umgebenden *Gebäude* an der Breiten Straße von 1607, an der Scheffelstraße von 1608, an der Leipziger Straße 19. Jh.

Pfarrkirche St. Marien. Spätgotischer Bau mit romanischen Teilen, Chor um 1390 begonnen, Langhaus 1. H. 15. Jh., vollendet Anfang 16. Jh., rest. Dreischiffige Hallenkirche, Kreuzrippengewölbe, Langchor mit Zellengewölbe von 1480/90, spätromanischer Westbau mit zwei Türmen, Westportal Anfang 16. Jh., darüber Maßwerkrose vermutlich 1. H. 15. Jh. Bemerkenswerte Ausstattungsstücke: Hochaltar 1694–1698 von G. Simonetti, Gemälde von J. H. Sperling aus Halle. Kanzel 1582 von G. Wittenberger. Alabaster-Taufstein 1693 vielleicht von H. N. Meyer. Gemälde (vierzehn Nothelfer) etwa 1506/07 von L. Cranach d. Ä. Bronzegrabplatte Sophie von Mecklenburg 1504, Arbeit der Nürnberger Vischer-Hütte. Grabstein Katharina von Bora (Frau Martin Luthers), gest. 1552.

Alltagskirche (nach 1945 zum Theater umgebaut, jetzt Bernhard-Kellermann-Halle). Ehem. Kirche des Franziskaner-Klosters, dreischiffige spätgotische Hallenkirche mit Netz- und Zellengewölbe, begonnen vermutlich 1484, Einwölbung 1517 durch H. Meltwitz vollendet.

Bürgerhäuser. Spätgotische Bauten nach 1482: Leipziger Str. 26, im Erdgeschoß reiche Netz- und Sterngewölbe. Leipziger Str. 28, Ziergiebel. Renaissancebauten: Markt 2–4 Mitte 16. Jh., einheitliche Fassade mit vier Giebeln. Scheffelstr. 1 und 2 um 1560 und 17. Jh., Giebel. Nonnenstr. 7, Volutengiebel von 1580. Salvador-Allende-Str. 2 und 7 sowie Breitscheidstr. 43, kleinere Giebel. Breite Str. 9 Mitte 16. Jh. Wintergrüne 2 (Superintendentur) im Kern 16. Jh., später verändert. Barockbauten mit Stuckdecken: Wintergrüne 4, 1676. Ritterstr. 10, 1. H. 18. Jh., dreigeschossiger Mittelteil, Pilastergliederung. Zahlreiche spätgotische und Renaissanceportale, besonders bemerkenswert: Salvador-Allende-Str. 3 um 1520. Wittenberger Str. 6 um 1530. Salvador-Allende-Str. 8 Gaffköpfe.

Der Kreis Torgau

DOMMITZSCH. *Pfarrkirche St. Marien,* dreischiffige spätgotische Backstein-Hallenkirche (1443–1493, rest.) mit Flachdecken von 1745, Chor mit Sterngewölbe, mächtiger Westturm; gotische Schnitzfiguren 1. Dr. 14. Jh., Grabdenkmäler 18. Jh.

WEIDENHAIN. *Dorfkirche,* dreischiffige spätromanische Pfeilerbasilika (vermutlich 1. H. 13. Jh.), Chor mit Apsis, spätromanische Wandmalereien (Christus in der Mandorla, zwölf Apostel).

GNEISENAUSTADT SCHILDAU. *Pfarrkirche St. Marien,* im Kern spätromanische dreischiffige Pfeilerbasilika (rest.), im Mittelschiff gotische Kreuzrippengewölbe, Chor mit Apsis, mächtiger Westturm; spätgotischer Flügelaltar um 1500, Taufstein um 1600.

BELGERN. *Rathaus,* Renaissancebau 1575, erneuert 1661, rest. Rechteckiger

Grundriß, zweigeschossig, drei Volutengiebel, Sitznischenportal und Eingangspforte mit Wappen. – An der Südwestecke überlebensgroße Rolandsfigur 1610. – *Pfarrkirche St. Bartholomäus*, spätgotischer verputzter Backsteinbau 1509–1512, einschiffig, Sterngewölbe, doppelte Emporen des 17. Jh., reich geschnitzte Brüstungen und Prospekte von 1635, mächtiger querrechteckiger Westturm, im Obergeschoß Spitzbogenblenden und Vorhangbogenfenster; Altaraufsatz (Kreuzigungsgemälde) 1660. – *Ehem. Klosterhof und Diakonatsgebäude* (seit 1663 Pfarrhaus), im wesentlichen 1258, urspr. im Besitz von Klosterbuch, ältere Teile in Granit, spätgotische Zusätze in Backstein, erhalten ein Eckturm sowie Räume mit Kreuzgratgewölben im Erdgeschoß. – *Heimatmuseum* (Oschatzer Str. 11), u. a. ur- und frühgeschichtliche Funde aus der Umgebung.

GRADITZ. *Ehem. kurfürstlicher Landsitz* (jetzt VE Hauptgestüt), rest., Gutshaus (jetzt Klubhaus) Barockbau 1722 von M. D. Pöppelmann, die Seitenteile später. Langgestreckter rechteckiger Grundriß, zweigeschossig, dreizehn Achsen, Mittelrisalit mit Balkonvorbau und Wappenkartusche. – *Barockgarten* mit regelmäßigen Sternschneisen, darin achteckiger Teepavillon. – *Torhaus* zum Gestütshof 1800.

Bemerkenswerte Schlösser in TROSSIN (Barockbau 1747), KOBERSHAIN (Barockbau 18. Jh., im 19. Jh. erneuert) und TRIESTEWITZ (Renaissancebau wohl Ende 16. Jh., im 18. Jh. erweitert, rest.).

Bemerkenswerte Dorfkirchen in ZWETHAU (16. Jh., freistehender romanischer Glockenturm; Grabdenkmäler 16.–18. Jh., v. Leipzig), DÖBRICHAU (Fachwerkbau 17. Jh.), ROSENFELD (nach 1660), DAUTZSCHEN (im Kern romanisch, frühgotisch und barock verändert, rest.; Altaraufsatz um 1600), GROSSTREBEN (Barockbau 1. H. 18. Jh.), TROSSIN (Barockbau 1776), FALKENBERG (im Kern romanisch, barock verändert; Altaraufsatz 1669), ELSNIG (romanisch), NEIDEN (im Kern vermutlich mittelalterlich, erneuert 1657, rest.), ZINNA (romanischer Chor, Langhaus 17. Jh.), SÜPTITZ (im Kern romanisch, barock verändert, gotischer Chor, rest.), KLITZSCHEN (romanisch, Emporen und Logenprospekt mit reicher Wappenmalerei von 1730; gotisches Kruzifix 14. Jh.), LANGENREICHENBACH (romanischer Chor, barockes Langhaus; Kruzifix Anfang 16. Jh., Gemälde 16. Jh., Art der Cranach-Schule), KOBERSHAIN (17. Jh.), SITZENRODA (ehem. Teil eines 1198 gegr. Klosters, spätgotisch umgebaut 1571; spätgotischer Flügelaltar um 1500, Grabdenkmäler 1530–1648), TAURA (spätgotischer Flügelaltar Anfang 16. Jh.), LAUSA (spätgotischer Flügelaltar Ende 15. Jh.), WESSNIG (klassizistisch 1803), NEUSSEN (Barockbau 1779; spätgotische Schnitzfiguren Anfang 16. Jh.), BLUMBERG (Fachwerkbau 1694; Altaraufsatz und Kanzel der Entstehungszeit, Grabdenkmäler 17. Jh.), TRIESTEWITZ (Renaissance-Flügelaltar Anfang 17. Jh., Grabdenkmäler 16.–18. Jh., Runge) und BEILRODE (Barockbau 1751).

Die Kreise Eilenburg und Delitzsch

EILENBURG. Planmäßig angelegte Stadt (Straßennetz in Gitterform) auf einer Mulde-Insel, entstanden im Schutze einer im frühen 10. Jh. gegründeten Burg, in den letzten Kriegstagen 1945 zum großen Teil zerstört. Wiederaufbau bis 1957 (Projekt E. Meixner und R. Engel), dazu *Wohngebiet Eilenburg-Ost* (1961–1973 nach Plänen des Kollektivs J. Zuschneid, K. Viehweg, G. Mühlner und W. Brewieg) mit etwa 1 000 Wohneinheiten. – Von der *Burg* (seit dem 17. Jh. Ruine) erhalten: Sog. Sorbenturm an der Nordseite, im Kern 12. Jh. Zwei weitere Türme mit Zeltdächern vermutlich 14. Jh. und später. Ferner Teile der Ringmauer und ein gotisches Tor. Amtshaus um 1700. – *Kreis- und Stadtmuseum* (Mausberg 26), u. a. ur- und frühgeschichtliche Funde aus dem Kreisgebiet. – *Rathaus,* Renaissancebau 1544/45 mit Benutzung älterer Teile, mehrfach erneuert, Volutengiebel, laternenartiger Dachreiter. – In der 1444 begonnenen spätgotischen *Pfarrkirche St. Andreas und St. Nikolai* (1945 teilweise zerstört, Chor 1961 wiederhergestellt) bemerkenswerter spätgotischer Flügelaltar (im Schrein Maria mit Heiligen). – *Bergkirche St. Marien,* dreischiffige spätgotische Backstein-Hallenkirche (1516–1522) mit Netz- und Sterngewölben; Altaraufsatz 1. H. 17. Jh., Grabdenkmäler 16. Jh.

BAD DÜBEN. Von der 981 urk. genannten *Burg Düben* (jetzt Landschaftsmuseum) erhalten: Torturm mit Fachwerk-Obergeschoß, Haupthaus, Wächterhaus, Teile der Umfassungsmauern aus Eisenstein und gewölbte Keller. – *Landschaftsmuseum der Dübener Heide,* u. a. Burg- und Stadtgeschichte, Arme-Leute-Handwerk in der Dübener Heide. – Im Burggarten an der Mulde die letzte *Schiffmühle* der DDR und Freilichtbühne. – »*Goldener Löwe*« (ehem. Burgkirche), altertümliches Bauwerk mit Fachwerkoberteil, seit 1617. – Am Markt barockes *Bürgerhaus* mit Stuckfassade. – *Marktbrunnen,* 16./17. Jh. – *Rathaus,* nach dem Stadtbrand von 1716 wiederaufgebaut 1719. – An der Rathaus-Rückseite »*Alte Post*« mit Fachwerkgiebel des 17. Jh. – Als Seitenanbau des Rathauses die klassizistische *Wache*. – *Pfarrkirche St. Nikolai,* klassizistischer Bau 1810–1817, möglicherweise von C. I. Pozzi aus Dessau; schlichte Ausstattung der Entstehungszeit. – *Pfarrhaus,* Fachwerkbau des 17. Jh. – *Friedhofsportal,* Renaissancebau von 1577. – Im Ortsteil Alaunwerk »*Die lange Reihe*«, ehem. Bergarbeiter-Wohnhaus aus dem 17. Jh.

WÖLKAU. *Schloß* (jetzt Kulturhaus und VEG), Barockbau 17. und 18. Jh. (rest.), weiträumige Vierflügelanlage, am Südflügel Mittelrisalit mit Treppenhaus und Festsaal, einige Räume mit Stuckgewölben, ein Raum mit Rokoko-Täfelung. – *Dorfkirche,* Frühbarockbau 1676–1688, Kreuzgewölbe mit Stuckrippen in Form von Girlanden; Altaraufsatz (im Hauptfeld Kreuzigungsgruppe aus Marmor), Kanzel und Taufstein um 1700, Gemälde (Verkündigung) 15. Jh.

DELITZSCH. *Pfarrkirche St. Peter und Paul,* dreischiffige spätgotische Backstein-Hallenkirche (begonnen 1404, vollendet Ende 15. Jh.) mit Netz- und

Sterngewölben, außen am Chor Ölberggruppe mit lebensgroßen Figuren (um 1410); Epitaphe 16. und 17. Jh. — In der spätgotischen Pfarrkirche St. *Marien* in der Neustadt (1518, reiches Westportal 1729) besonders bemerkenswert: Spätgotischer Flügelaltar, gestiftet von der Schusterinnung (in der Predella die Hl. Crispinus und Crispinianus als Schuhmacher), Anfang 16. Jh., rest. Kanzel 1616 vermutlich aus der Werkstatt der Ditterich in Freiberg. — In der spätgotischen *Spitalkirche* (begonnen 1516) bemerkenswerter spätgotischer Altar mit doppelten Flügeln (im Schrein Maria zwischen zwei Heiligen) um 1520 und kleiner Schnitzaltar (Anna selbdritt) nach 1500. — *Schloß* (jetzt Museum), im wesentlichen 16. Jh., erneuert um 1690, an der Rückseite Treppenturm, an der Südostecke quadratischer Turm, Hauptportal 1692. — *Kreis-Heimatmuseum*, u. a. Ur- und Frühgeschichte des Kreisgebietes, historische Möbel, Taschen- und Standuhren 17.–19. Jh. — *Bürgerhaus* Ritterstr. 27, 16. Jh., Zwerchhäuser und Volutengiebel. — Von der *Stadtbefestigung* große Teile der Mauer sowie »Breiter Turm« (um 1400) und »Hallischer Turm« (16. Jh.) erhalten.

Bemerkenswerte Schlösser in HOHENPRIESSNITZ (Barockbau 18. Jh., im 19. und 20. Jh. umgebaut, rest., Dreiflügelanlage), SCHNADITZ (alte Wasserburg, 1655 erneuert, im Erdgeschoß Netzgewölbe, Turm aus dem 13. Jh.), TIEFENSEE (Renaissancebau, Hauptflügel Ende 16. Jh., übrige Flügel vermutlich 17. Jh.) und ZSCHEPPLIN (älterer Teil im Norden Frührenaissancebau 16. Jh., neuerer Flügel im Süden frühklassizistisch Ende 18. Jh. unter dem Einfluß von F. A. Krubsacius).

Bemerkenswerte Dorfkirchen in SCHÖNA (Barockbau mit romanischen Resten), AUDENHAIN (zwei Kirchen, die erste im wesentlichen 1836 mit Benutzung romanischer Grundmauern, die zweite spätgotisch), MOCKREHNA (romanische Chorturmkirche, rest.; Altaraufsatz, Kanzel und Taufstein Anfang 17. Jh.), BATTAUNE (spätgotischer Flügelaltar), WILDENHAIN (Barockbau 1782), AUTHAUSEN (spätromanisch, rest.), PRISTÄBLICH (Barockbau geweiht 1693), HOHENPRIESSNITZ (2. H. 17. Jh.; Grabdenkmäler um 1587 und 1599), GRUNA (Grabdenkmäler 16. und 17. Jh., v. Spiegel), GLAUCHA (romanischer Chor, barockes Langhaus; gediegene Ausstattung der Barockzeit, spätgotischer Flügelaltar Anfang 16. Jh.), SCHNADITZ (vermutlich 1686; spätgotischer Flügelaltar, reiche Herrschaftsloge), KRIPPEHNA (im wesentlichen 1763 mit Benutzung älterer Teile, dreischiffige Hallenkirche), ZSCHEPPLIN (spätgotisch; Frührenaissance-Taufstein), LIEMEHNA (im Kern romanisch, im 17. Jh. erneuert; gediegene Ausstattung des 17. Jh.), KLETZEN (spätgotischer Flügelaltar um 1500), HOHENLEINA (urspr. spätromanisch 1206–1208, um 1500 umgebaut und erweitert), HOHENRODA (1859; reicher Marmor-Kanzelaltar um 1700), BRINNIS (spätgotischer Flügelaltar um 1500), BEERENDORF (Westturm und Langhaus frühgotisch Ende 13. Jh., spätgotischer Chor 16. Jh., Südportal mit Hochreliefs), SPRÖDA (1733 mit Benutzung älterer Teile), LÖBNITZ (spätgotisch Anfang 16. Jh., 1688 erneuert; Altaraufsatz 1629 von G. Eckardt aus Freiberg, Grabdenkmäler 1584, 1599 und 1707, v. Schönfeld), PAUPITZSCH (im Kern vermutlich romanisch, im 15. Jh. nach Osten erweitert; reicher Kanzelaltar Ende 17. Jh.), BENNDORF (romanisch Ende 12. Jh.), SCHENKENBERG (Grabdenkmäler 16. bis 18. Jh.), ZAASCH (spätromanisch, Anfang 16. Jh. nach Osten erweitert; spätgotischer Flügelaltar um 1500), ZSCHERNITZ (spätgotischer Flügelaltar um 1500), LISSA (romanisches Langhaus, spätgotischer Chor), KÖLSA (spätgotisch 1522), WIEDEMAR (spätgotisch Ende 15. Jh., Langhaus 1728 ausgebaut), GLESIEN (romanisches Langhaus, spätgotischer Chor Anfang 16. Jh.; Grabdenkmäler 1697 und 1720), ZWOCHAU (spätromanisch, an den Außenwänden figürlicher Schmuck), HAYNA (spätromanisches Langhaus, spätgotischer Chor 15. Jh., an der Südseite reiches Portal), FREIRODA (im Kern spätromanisch, spätgotisch umgebaut), RADEFELD (spätgotisch; Kruzifix 15. Jh.), GREBEHNA (spätgotischer Flügelaltar), GERBISDORF (spätgotischer Chor 1522, Langhaus 2. H. 16. Jh.), ZSCHORTAU (spätgotischer Flügelaltar 1517, später mit Kanzel des 17. Jh. verbunden) und WOLTERITZ (urspr. romanisch, spätgotischer Chor Anfang 16. Jh., Langhaus barock umgebaut).

Kreis Borna

BORNA. *Stadtkirche St. Marien,* spätgotischer Bau, begonnen 1411, Chor vollendet 1434 von H. Wolffart aus Königsberg in Franken, Langhaus vollendet um 1456 von Moyses von Altenburg, rest. Dreischiffige Hallenkirche, im Mittelschiff Rippengewölbe mit fischblasenartigen Durchdringungen, im Kern romanischer Westbau; großer spätgotischer Altar mit dreifachen Flügeln (im Schrein vollplastische Gruppe der Heimsuchung) 1511 von H. Witten, rest. — *Kunigundenkirche,* dreischiffige romanische Backstein-Pfeilerbasilika (vor 1200), in der Hauptapsis romanische und im Langhaus spätgotische Wandmalereien (u. a. hl. Christophorus) 15. Jh.; kleiner spätgotischer Flügelaltar um 1510, Maria mit Kind Anfang 15. Jh. — *Rathaus,* urspr. spätgotisch 1438 von H. Wolffart, nach Brand 1668 stark verändert, erneuert 1887, Portal 1676, gewundene Säulen, Türflügel mit Knorpelornament. — *Bürgerhäuser:* Markt 23 (»Zum blauen Hecht«) 1674, großes Sitznischenportal. Markt 12 Rokokobau 18. Jh. Roßmarktstr. 1, Sitznischenportal und Volutengiebel. — *Reichstor* (»Das reiche Tor«), Barockbau 1753, welsche Haube. — *Heimatmuseum* (Reichstor), u. a. Ur- und Frühgeschichte des Kreisgebietes, Stadt- und Kreisgeschichte bis zur Gegenwart.

ESPENHAIN. *Klubhaus »Clara Zetkin«,* 1951/1952 nach Entwürfen von F. Gerhardt, H. Hemm und C. Müller, Kulturhaus der Werktätigen des Braunkohlenkombinats Espenhain.

RÖTHA. In der urspr. romanischen, jedoch mehrfach umgebauten *Pfarrkirche St. Georg* (rest.) bemerkenswerter Altaraufsatz um 1620 von J. de Perre aus Leipzig und Orgel 1721 von G. Silbermann. — *Marienkirche,* spätgotisch um

1510/20, rest., einschiffig, Netzgewölbe, Emporen, am Langhaus zweigeschossige Anordnung der Fenster, drei reiche Stabwerkportale, Backstein-Ziergiebel; spätgotischer Flügelaltar (im Schrein Marienkrönung) um 1520, Maria mit Kind um 1520 von S. Hermsdorf, Orgel um 1722 von G. Silbermann.

WIEDERAU. *Schloß* (jetzt Rat der Gemeinde), dreigeschossiger Barockbau 1705 vermutlich von J. G. Fuchs aus Leipzig, durch zwei Geschosse reichender Saal mit Doppelpilastern sowie Wand- und Deckengemälden. — *Dorfkirche,* vermutlich spätgotisch, 1796 und 1836 erneuert; schlichte Ausstattung um 1796, Epitaphe der Grafen v. Hennicke 18. Jh.

PEGAU. Königliche Gründung aus der 2. H. 12. Jh. neben einer schon 1012 urkundlich genannten Marktsiedlung. *Pfarrkirche St. Laurentius,* spätgotischer Backsteinbau 15. Jh., dreischiffige Hallenkirche mit Stern-, Netz- und Kreuzrippengewölben, an der nördlichen Chorwand Wandmalereien des 17. Jh., im Kern romanischer querrechteckiger Westbau. Von der Ausstattung besonders bemerkenswert: Grabmal des Markgrafen Wiprecht von Groitzsch (Liegender, trotz des Kissens unter dem Haupt als Standfigur aufgefaßt, in der Rechten Fahne, in der Linken Schild) um 1230/40, dem Kunstkreis Wechselburg-Freiberg nahestehend. Altaraufsatz 1621, Gemälde (als Hauptbild protestantische Allegorie der Erlösung) von J. Wendelmuth. Schmerzensmutter um 1510 von Hans Witten. — *Rathaus,* Renaissancebau 1559 nach Plänen von H. Lotter ausgeführt von P. Wiedemann aus Leipzig, 1670 teilweise zerstört, rest. Rechteckiger Grundriß, zweigeschossig, einfache Giebel, an der Marktseite Turm mit reichem Hauptportal, rechts vom Turm gotische Pforte. — *Heimatmuseum* (Ernst-Thälmann-Str. 16), u. a. Breunsdorfer Altar von 1510, mittelalterliche Keramik.

GROITZSCH. *Burg,* nach 1073 durch Wiprecht von Groitzsch als Zentrum seines ausgedehnten Herrschaftsbereiches ausgebaut, zwischen 1294 und 1306 zerstört, erhalten die Mauerreste einer romanischen Rundkapelle mit dreiviertelkreisförmiger Apsis und eines Bergfriedes (um 1100). — *Frauenkirche,* dreischiffige, im Kern romanische Basilika, mehrfach umgebaut, Westturm 1689. — *»Stadtturm«,* romanisch 2. H. 12. Jh., Westturm der zerstörten Aegidienkirche, im 16. und 17. Jh. Rüstkammer und Rathaus.

Bemerkenswerte Pfarr- und Dorfkirchen in ZEDTLITZ (im Kern spätgotisch, Langhaus im 18. Jh. stark verändert), WYHRA (spätgotischer Flügelaltar 1511), NEUKIRCHEN (spätgotisch mit romanischen Resten, barock verändert, rest.), EULA (spätgotisch 15. Jh., Langhaus 1859 verändert), DITTMANNSDORF (Frühbarockbau vermutlich 2. H. 17. Jh., rest.), KITZSCHER (Ostteil im Kern spätgotisch, um 1685 umgebaut und erweitert; zwei spätgotische Gemälde, Marienfigur 1. H. 15. Jh., Grabdenkmäler nach 1495 und nach 1677, v. Kitzscher), MÖLBIS (im wesentlichen 1688, rest.; Grabdenkmäler 18. Jh., v. Bose), OELZSCHAU (Grabdenkmal nach 1728, v. Ponickau), BEUCHA (spätromanisch Anfang 13. Jh., verändert 1789; Kanzelaltar 1599, Grabdenkmal nach 1680, v. Kötteritz), STEINBACH

(Barockbau 1717; gediegene Ausstattung der Entstehungszeit), TRAUTSCHEN (spätgotisch, gegründet 1475; Grabdenkmäler 16. und 17. Jh.), AUDIGAST (spätgotischer Chor 2. H. 15. Jh., Langhaus 1680 bis 1685), GROSS-STORKWITZ (spätgotischer Flügelaltar um 1500), AULIGK (gotisch vermutlich 14. Jh., erneuert 1702 und 1863; Altaraufsatz 1639), HOHENDORF (wohl romanisch mit spätgotischem Chor, rest.; spätgotische Anna selbdritt 1519, Schmerzensmutter Anfang 16. Jh.), RAMSDORF (Grabdenkmäler 1597 und 1606, v. Bünau), REGIS-BREITINGEN (Ortsteil Regis: Barockbau vermutlich 1693 mit Benutzung älterer Teile; Ortsteil Breitingen: spätromanische Turmhalle, frühgotischer Chor Ende 13. Jh., Langhaus 1699), GÖRNITZ (spätgotischer Chor 15. Jh., Langhaus 1594 erneuert; spätgotischer Flügelaltar 1502) und LOBSTÄDT (spätgotisch um 1490, im 17. und 19. Jh. verändert; spätgotische Altarflügel, Grabdenkmäler 1551, 1563 und 1603).

Stadt und Kreis Altenburg

Die Stadt Altenburg

Allmähliche Entwicklung der Stadt im Schutze der Burg (976 urkundlich genannt), diese im 12. Jh. Mittelpunkt eines staufischen Reichsterritoriums zwischen Saale und Mulde (terra Plisnensis). Nordwestlich der Burg das wohl hauptsächlich von Slawen bewohnte Suburbium Podegrodici (jetzt Pauritz), im Südwesten die im 2. V. 12. Jh. urkundlich genannte Kaufmannssiedlung um den »Alten Markt« (jetzt Brühl), südlich und westlich dieser Siedlung die in der 2. H. 12. Jh. planmäßig im Gitterschema angelegte Neustadt (1192 novum forum). 1172 Weihe des Bergerklosters in Gegenwart Kaiser Friedrichs I. Ende 12. Jh. Mauerbefestigung von Kaufmannssiedlung und Neustadt unter Ausschluß von Pauritz. 1205 erstmalig Nennung als Stadt. 1256 älteste erhaltene Aufzeichnung des Stadtrechtes. Im 13. Jh. mehrfacher Besitzwechsel, seit 1328 in der Hand der Wettiner. Im 15. Jh. allmähliche Bebauung des Nikolaiviertels. Im 19. Jh. Beseitigung der Stadtmauer. Von 1603 bis 1672 und von 1826 bis 1918 Residenz des Herzogtums Sachsen-Altenburg. Bildungsstätten: Institut für Lehrerbildung, Fachschulen für Papierherstellung und Landwirtschaft, Naturkundliches Museum »Mauritianum«.

Schloß. Weiträumige Anlage auf steil abfallender Bergzunge, bestehend aus: Hausmannsturm im Osten, im Kern 10. Jh., im Innern stufenloser Wendelaufgang. Mantelturm (»Flasche«) im Norden, 11. Jh. Schloßkirche (s. u.). Hauptschloß im Westen, Dreiflügelanlage, linker Flügel (»Kirchensaalflügel«) mit Renaissance-Galerien (rest.) und Treppenturm, im wesentlichen Anfang 17. Jh., die übrigen Teile seit 1706 (Hauptbauzeit 1723 bis ca. 1730) von G. Samuel Vater, Wand- und Deckenmalereien von J. H. Ritter. Junkerei westlich des Mantelturmes 16. und 17. Jh. Kornhaus im Osten und Prinzenpalais im Süden Neubauten nach 1868 und 1871. Roßschwemme in der Mitte

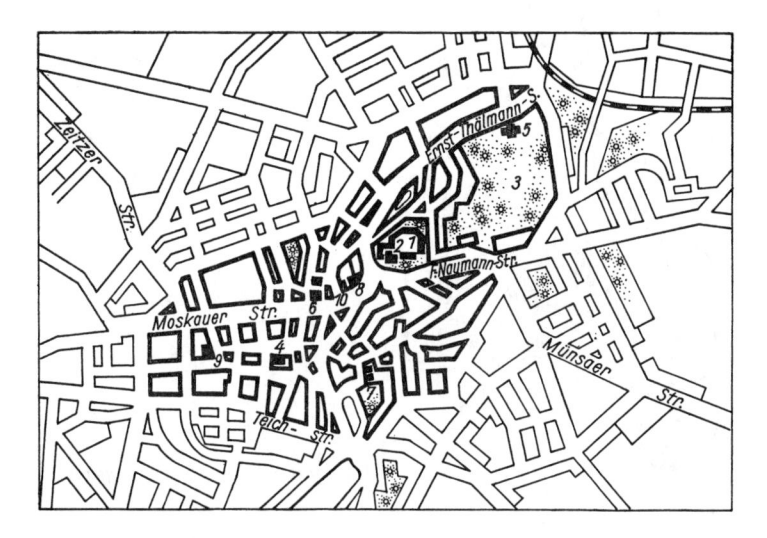

Altenburg
1 Schloß, 2 Schloßkirche, 3 Park des Friedens (ehem. Schloßgarten), 4 Rathaus, 5 Staatliches Lindenau-Museum, 6 Pfarrkirche St. Bartholomäi und Skatbrunnen, 7 »Rote Spitzen«, 8 Landestheater, 9 Bruderkirche, 10 Seckendorffpalais

des Hofes mit Neptunsäule von 1602. Innerer Torturm nordöstlich der Schloßkirche spätgotisch Anfang 15. Jh., mehrfach verändert. Äußeres Torhaus 15. Jh., spätgotischer Backstein-Ziergiebel. Schloßauffahrt 1725 von G. S. Vater, am Fuße zwei Obelisken mit Herkules und Minerva, Triumphtor 1742 bis 1744 von J. Ch. Martini. — *Schloßkirche*, spätgotischer Bau, Chor geweiht 1413, 1444 durch Brand beschädigt, Gewölbe vermutlich unter Leitung von Moyses von Altenburg neu errichtet. Kurzes zweischiffiges Langhaus, langgestreckter Chor, Netz- und Sterngewölbe (1466), reich dekorierte Strebepfeiler, an der Südseite Altan auf hohen Substruktionen. Reiche Ausstattung 1645 bis 1649 unter Leitung von Ch. Richter, besonders bemerkenswert: Altaraufsatz von J. Petzoldt (II) aus Schneeberg. Kanzel 1595, erneuert und bemalt nach 1645. Taufe um 1650. Orgel von H. G. Trost, vollendet 1738, rest. Spätgotisches Chorgestühl. Bronzegrabplatte der Kurfürstin Margarete von Österreich, gest. 1486, vermutlich Frühwerk von P. Vischer d. Ä. — *Schloß- und Spielkartenmuseum*, u. a. Ur- und Frühgeschichte des Kreisgebietes (Schatzfund von Kriebitzsch), Baugeschichte und politische Geschichte der Burg seit dem 10. Jh., Altenburger Bauerntrachten, Kartenmacherwerkstatt um 1600, Erzeugnisse der Altenburger Spielkartenfabrik (gegründet 1832). — *Schloßgarten* (Park des Friedens), erste Anlage 1593 bezeugt, Anfang 18. Jh. Umgestaltung zum Barockgarten, nach 1827 in Landschaftspark umgewandelt, möglicherweise nach Plänen von P. J. Lenné. — *Bauten im Schloßgarten:* Teehaus und

Altenburg, Schloßkirche mit Auffahrt

Orangerie Barockbauten 1712 von J. H. Gengenbach, im Obergeschoß des Teehauses Saal mit Deckenmalerei und reichen Stukkaturen. Schönhaus 1730 von G. S. Vater, Ruine.

Rathaus. Renaissancebau 1562–1564 nach Plänen von N. Gromann unter Leitung von C. Böschel aus Chemnitz, Bildhauerarbeiten vermutlich von H. Werner aus Gotha, 1663 erneuert. Annähernd quadratischer Grundriß, dreigeschossig, in der Mitte der Marktfront Treppenturm mit welscher Haube, zwei Eckerker mit Reliefbildnissen und szenischen Reliefs, mehrere reiche Portale, im Erdgeschoß Ratskeller mit Kreuzgratgewölben, im ersten Obergeschoß zweischiffiger Vorsaal mit Balkendecke, über der Tür zum Bürgermeisterzimmer Relief mit Darstellung des Jüngsten Gerichts.

Bürgerhäuser. Renaissance: Kanzleigebäude am Brühl 1471 und 1522, umgebaut 1604. Sporengasse 2 urspr. 1569, überarbeitet 1605. Teichstr. 12 Anfang 17. Jh. Brüdergasse 7, Eckerker. Pohlhof 1631 mit Benutzung älterer Reste, mehrfach erneuert, Backstein-Ziergiebel. Barock: Seckendorffsches Haus am Brühl 1724 vermutlich von D. Schatz, reicher plastischer Schmuck, gewölbtes Treppenhaus, Saal mit Stuckfries. Moskauer Str. 5 (ehem. Amtshaus) 1725 vermutlich von J. G. Hellbrunn. Moskauer Str. 14 (ehem. Haus Stadt Gotha) 1. H. 18. Jh. vermutlich von Hellbrunn. Moskauer Str. 24 1. H. 18. Jh. vermutlich von Hellbrunn. Moskauer Str. 20 Anfang 18. Jh., zweigeschossiger Erker. Moskauer Str. 40 2. H. 18. Jh. John-Schehr-Str. 6 1749. Teichstr. 2 Mitte 18. Jh. Bei der Brüderkirche 4 2. H. 18. Jh. Bei der Brüderkirche 1 um 1800.

Staatliches Lindenau-Museum (Ernst-Thälmann-Str. 5). Kunstgeschichtliche Sammlung, u. a. griechische und etruskische Vasen, italienische Malerei der

Vor- und Frührenaissance (umfangreichste Sammlung ihrer Art außerhalb Italiens, darunter Werke von S. Martini, L. Memmi, B. Daddi, Masaccio, Fra Angelico, Lippi, Botticelli, Signorelli, Perugino, Costa), Malerei und Plastik 16.–20. Jh., darunter Werke von L. le Nain, Qu. de Latour, Rayski, Uhde, Klinger, Rohlfs, Dix, Ehmsen, Felixmüller, Rodin, Meunier, Maillol, Kolbe, Lehmbruck, Barlach, Marcks, Seitz, Cremer, ferner Gipsabgußsammlung.

Pfarrkirche St. Bartholomäi. Gegründet vermutlich zwischen 1125 und 1137, dreischiffige spätgotische Hallenkirche (Ende 15. Jh.) mit Kreuzrippengewölben, mächtiger Westturm 1660–1669 von Ch. Richter. Unter dem südlichen Seitenschiff romanische Krypta (2. H. 12. Jh., jetzt nicht zugänglich), quadratischer Grundriß, Kreuzgratgewölbe auf Mittelstütze, Blatt- und Kopfkapitelle, Apsis.

»Rote Spitzen« (jetzt Ausstellung sakraler Plastik 14.–18. Jh.). Doppeltürmiges Westwerk der 1172 geweihten und 1588 abgebrochenen romanischen Kirche des Augustiner-Chorherrenstiftes (Bergerkloster), fünfgeschossig, breite Ecklisenen, Bogenfriese und Deutsches Band, in den Obergeschossen gekuppelte Rundbogenöffnungen, Südturm mit Spitzhelm von 1570, Nordturm mit geschweifter Haube von 1618.

Nikolaiturm. Glockenturm der im 16. Jh. abgetragenen Kirche des Nikolaiviertels, romanischer Unterbau, achteckiger Aufsatz von 1609.

Theater. 1869–1871 von O. P. Brückwald, Werk der Semper-Schule.

Der Kreis Altenburg

WINDISCHLEUBA. *Schloß* (jetzt Internat), urspr. Wasserburg 14. Jh., aus dieser Zeit Reste der Befestigung und vier runde Ecktürme, in der Zeit der Spätgotik und Renaissance ausgebaut, 1881–1887 stark modernisiert, erhalten einige Rokoko-Räume sowie sog. Jagdzimmer mit bemalten Tapeten aus der Zeit der Romantik. – *Dorfkirche,* einschiffiger spätgotischer Bau mit Benutzung romanischer Teile (vollendet 1507), Netzgewölbe, umlaufende Empore, Chor mit Sterngewölbe, romanischer Westturm. – Im Dorf alte *Schmiede* und *Fachwerkbauten* (17.–19. Jh.).

MEUSELWITZ. *Orangerie* im ehem. Schloßgarten, Barockbau um 1725 nach Entwurf von D. Schatz, 1945 ausgebrannt, wiederaufgebaut, Mittelpavillon mit geschweifter Haube, leicht geschwungene Seitenflügel, Eckpavillons, reiche Bauplastik. – *Pfarrkirche St. Martin,* Frühbarockbau 1687, rest., dreischiffige Hallenkirche, im Osten zweischiffiges Querhaus, Kreuzgratgewölbe, toskanische Säulen, Ostseite mit Turm (1741) als Fassade gestaltet; barockes Kruzifix um 1700, Grabplatten 16. Jh.

GÖHREN-ROMSCHÜTZ. *Schloß* (jetzt LPG-Büro), barocke Wasserschloßanlage 1712, rechteckiger Grundriß, dreigeschossig, an der Nord- und Südseite flacher Mittelteil mit Giebelabschluß, Treppenhaus mit doppelläufiger Stiege, Saal mit reicher Rokoko-Ausstattung. – *Dorfkirche,* barocker Zentralbau über achteckigem Grundriß mit Benutzung eines spätgotischen Chorschlusses, geweiht 1737.

ZIEGELHEIM. *Dorfkirche* (ehem. Wallfahrtskirche), spätgotischer Bau 1508 bis 1517 vermutlich von P. Pausche aus Rochlitz, querrechteckiger Grundriß des Langhauses, Netz- und Sterngewölbe, Emporen mit Brüstungsgemälden um 1642, mächtiger Westturm; Altaraufsatz 1670, Kanzel 1657, spätgotischer Taufstein, Marienfigur 1. H. 15. Jh.

Bemerkenswerte Schlösser und Herrenhäuser in LANGENLEUBA-NIEDERHAIN (Barockbau 1707 möglicherweise von J. G. Fuchs, Vierflügelanlage) und BREITENHAIN (Wasserburg im wesentlichen Mitte 16. Jh.).

Bemerkenswerte spätgotische Dorfkirchen in SAARA (mit Benutzung romanischer Reste, barock verändert), EHRENHAIN (1748 verändert, rest.; Grabdenkmäler 16.–18. Jh.), BOCKA (nach Brand 1950/51 wiederhergestellt), TREBEN (1450–1473; Grabdenkmäler 16. Jh. und um 1600, v. Bünau), LUCKA (vollendet um 1517, mehrfach verändert), ROSITZ (1516, verändert 1877), MONSTAB (1497–1520; spätgotisches Vesperbild; im Pfarrhaus Lutherbildnis 1611, rest.), TEGKWITZ (vollendet 1521; reiche Kanzel 1708), GÖDERN (1507, barock verändert) und KOSMA (1498–1511, barock verändert).

Weitere bemerkenswerte Dorfkirchen in RASEPHAS (Chorturmkirche im Kern romanisch, spätgotischer Chor Mitte 15. Jh.; Taufstein 1516), MOCKERN (romanischer Chor, spätgotisches Langhaus 1519, barock verändert), STÜNZHAIN (1585, im 17. Jh. und 1720 umgebaut), GÖPFERSDORF (romanischer Chor, spätgotisches Langhaus), GARBISDORF (Barockbau nach 1746), FLEMMINGEN (romanischer Chor, spätgotisches Langhaus 16. Jh., reiches spätromanisches Säulenportal Ende 12. Jh.), LANGENLEUBA-NIEDERHAIN (romanischer Chor, Langhaus Ende 16. Jh., 1903 erneuert; Reste der barocken Ausstattung, Grabdenkmal nach 1714, v. Kuntsch), NEUENMÖRBITZ (im wesentlichen 1742, verändert 1843), GERSTENBERG (Langhaus vermutlich gotisch, Chor spätgotisch um 1472, mehrfach verändert) und BREITENHAIN (romanischer Chor, spätgotisches Langhaus 1505).

Kreis Geithain

GEITHAIN. *Pfarrkirche St. Nikolai,* spätromanischer Westbau mit reichem Portal, aus der Achse nach Süden gerücktes gotisches Chorpolygon 14. Jh., dreischiffiges spätgotisches Hallen-Langhaus (begonnen 1504) mit bemalter Felderdecke (1594/95 vermutlich von A. Schilling aus Freiberg), achteckige

Pfeiler mit Rippenansätzen; Altaraufsatz um 1611 von M. Grünberger aus Freiberg, Kanzel 1597 von P. Becker aus Freiberg. — *Pfarrhaus,* spätgotisch Anfang 16. Jh. mit Benutzung romanischer Teile und Renaissance-Ausstattung (Zellengewölbe und Malereien von 1562). — *Marienkirche* (ehem. Wallfahrtskirche, Ortsteil Wickershain), im Kern romanische Turmhalle, spätgotischer Chor mit Sterngewölben 1424, einschiffiges Langhaus 1475 zu quadratischem Saal erweitert.

PRIESSNITZ. *Dorfkirche,* im Kern spätgotisch, 1616 umgebaut und erweitert, rest.; reiche Ausstattung von 1616, besonders bemerkenswert: Altaraufsatz vermutlich von J. de Perre aus Leipzig und J. Wendelmuth aus Pegau. Relief (Christus im Grabe) von Michael Zinger. Gedenkbild für A. v. Einsiedel von J. de Perre. Marmorgrabmal H. v. Einsiedel, gest. 1671. — *Dorfrathaus,* Fachwerkbau 18. Jh. (rest.). — *Herrenhaus mit Gutshof,* frühbarock, im 18. Jh. erweitert, sehr große Anlage.

BAD LAUSICK. *Pfarrkirche St. Kilian,* dreischiffige romanische Pfeilerbasilika 1. V. 12. Jh., Turm 1737–1739, rest., Chor mit Apsis, reiches Westportal; spätgotischer Flügelaltar (Marienkrönung und Heilige) um 1500, romanischer Taufstein, Orgel 1722 von G. Silbermann, ergänzt 1791 von J. G. Trampeli.

KOHREN-SAHLIS. *Pfarrkirche St. Gangolf,* urspr. dreischiffige Pfeilerbasilika des Übergangsstils, Obergaden vermutlich im 15. Jh. durch Anlage eines spätgotischen Hallenkirchendaches zerstört, im Mittelschiff Netzgewölbe, in den verschieden breiten Seitenschiffen Kreuzrippengewölbe, Chor mit Apsis und Kreuzgratgewölben; Epitaph-Altaraufsatz 1616/17, Grabdenkmäler 17. bis 19. Jh. — *Burg* (urspr. slawische Anlage, jetzt Ruine), oval gestreckter Grundriß, zwei starke romanische Rundtürme erhalten. — Am *Herrenhaus* im Ortsteil Sahlis (Barockbau 18. Jh., oft umgebaut) Rokoko-Garten mit Kinderfiguren der Jahreszeiten und Gartenpavillon mit Deckenmalereien des 17. Jh. — *Töpfermuseum* mit Erzeugnissen des alteingesessenen Töpferhandwerks 17. bis 20. Jh. — *Ehem. Musikpavillon* (1829) im Park des ehem. Herrenhauses (Ortsteil Rüdigsdorf), Zyklus »Amor und Psyche« 1838 von M. v. Schwind, rest.

GNANDSTEIN. *Burg* (jetzt Kreismuseum), gegründet vermutlich im 10. Jh., annähernd rechteckige Anlage mit zwei Höfen, von den Bauten besonders bemerkenswert: Romanischer Palas (1180–1190, in spätgotischer Zeit erhöht) an der Südseite des kleinen inneren Burghofes, im Hof 35 m hoher Bergfried (um 1100). An der Südseite des großen Burghofes gotischer Palas, an der Nordseite Kapellenflügel (Ende 15. Jh.), dieser mit dem Palas und der ehem. Kemenate im 18. und frühen 19. Jh. zur Dreiflügelanlage mit Bogengang zusammengefaßt. — *Burgkapelle,* spätgotisch (rest.), einschiffig, Zellengewölbe in Sternform, steinerne Empore; drei spätgotische Flügelaltäre um 1502/04, P.-Breuer-Werkstatt. — *Kreismuseum,* u. a. einzelne Gemälde von Graff, Tischbein, Hackert und Rayski. — *Dorfkirche,* spätgotisch, vollendet 1518; spätgotische Kanzel 1518, Epitaphe und Grabsteine (v. Einsiedel) 15.–18. Jh., mehrere davon vollplastisch und bemalt.

ESCHEFELD. *Dorfkirche,* romanisches Langhaus und spätgotischer Chor, an der Südseite schlichtes Rundbogenportal; figurenreicher Schnitzaltar mit sechs Flügeln (im Mittelschrein Maria mit zwei Heiligen) um 1510, Kanzel 17. Jh., spätgotischer Taufstein.

Bemerkenswerte Schlösser und Herrenhäuser in FROHBURG (mehrfach umgebaute mittelalterliche Burganlage, »Steinsaal« mit Wandgemälden von C. L. Kaaz um 1800, rest.), HOPFGARTEN (1677 bis 1679 von Ch. Richter aus Leipzig), WOLFTITZ (spätgotisch 15. Jh., umgebaut 1625, Zweiflügelanlage) und SYHRA (urspr. mittelalterliche Wasserburg, um 1620 umgebaut).

Bemerkenswerte Pfarr- und Dorfkirchen in NIEDERGRÄFENHAIN (im Kern frühgotische Turmhalle, Langhaus und Chor spätgotisch 2. H. 15. Jh.), FRAUENDORF (Turmhalle 14. Jh., spätgotischer Chor, jüngeres Langhaus), FRANKENHAIN (spätgotischer Flügelaltar Anfang 16. Jh.), TAUTENHAIN (gotisch vermutlich Anfang 14. Jh., erneuert Anfang 17. Jh., 1951/52 rest. und von C. Felixmüller ausgemalt), EBERSBACH (spätgotischer Flügelaltar 1502 von J. Naumann aus Altenburg), HOPFGARTEN (spätgotischer Flügelaltar 1514), NENKERSDORF (spätgotischer Flügelaltar 1519), SCHÖNAU (spätgotischer Flügelaltar Anfang 16. Jh.), BENNDORF (spätgotischer Flügelaltar 1506), FROHBURG (spätgotisch 15. Jh., Chor um 1425, dreischiffige Hallenkirche; Grabplatte M. v. Kreuczen, gest. 1555), GREIFENHAIN (urspr. spätromanische Chorturmkirche, in 1. H. 15. Jh. spätgotisch erweitert), RODA (spätgotisch 15. Jh. mit Benutzung älterer Teile; befestigter Friedhof), ALTMÖRBITZ (gotisch 14. Jh., im 16. und 17. Jh. verändert), NIEDERSTEINBACH (im Kern spätromanische Chorturmkirche, Langhaus im 19. Jh. verändert, barock bemalte Decke), OBERGRÄFENHAIN (urspr. spätromanische Chorturmkirche, barock verändert), BREITENBORN (urspr. romanische Chorturmkirche, spätgotisch und barock verändert), JAHNSHAIN (romanisches Langhaus, spätgotischer Chor um 1500), RATHENDORF (spätgotischer Flügelaltar 1510 von F. Geringswald aus Altenburg), OSSA (im Kern spätromanisch, um 1500 erweitert, Langhaus 16. oder 17. Jh.; Kanzel und Taufstein um 1680) und SYHRA (spätgotisch Anfang 16. Jh. mit Benutzung romanischer Teile; Epitaph-Altaraufsatz 1586 von M. Krodel d. Ä., Grabdenkmäler 16. und 17. Jh., v. Einsiedel).

Kreis Schmölln

SCHMÖLLN. *Rathaus,* Barockbau 1772 mit Benutzung einiger spätgotischer Teile, dreigeschossig, an der Marktseite Freitreppe und kleiner Turm, spätgotisches Sitznischenportal und Vorhangbogenfenster. — *Pfarrkirche St. Nikolaus,* dreischiffige spätgotische Hallenkirche (begonnen Mitte 15. Jh.), nach

Brand 1772 erneuert (verputzte hölzerne Gewölbe); spätgotisches Vesperbild Anfang 15. Jh. — *Gottesackerkirche*, spätgotisch um 1482, erneuert 1884.

POSTERSTEIN. *Burg* (jetzt Museum). Im wesentlichen 16. Jh., unregelmäßige Gebäudegruppe, im Osten und Süden an großen mittelalterlichen Rundturm angelehnt, Frührenaissanceportal, gewölbtes Treppenhaus mit Balustrade, Saal mit zellengewölbtem Erker, an der Südostseite Erker auf vierfach gestaffelter Bogenkonsole. — *Kreis-Heimatmuseum*, u. a. Burg- und Ortsgeschichte im Mittelalter, Steinnuß-Knopfindustrie, 19. Jh., Geschichte der Arbeiterbewegung im Kreisgebiet 1868–1945. — *Dorfkirche*, spätgotisch, im 17. und 18. Jh. stark verändert; Altarbaldachin, Kanzel und Herrschaftsloge in volkstümlichem (»wildem«) Barock 1689 von J. Hopf, Grabsteine 16. Jh., v. Pflugk.

PONITZ. *Schloß* (jetzt u. a. Kreisarchiv), zweigeschossiger Renaissancebau (1574) mit mehreren Schweifgiebeln und einem Sitznischenportal mit Stabwerkrahmung. — *Dorfkirche*, Barockbau 1733 (rest.), bemerkenswerte Orgel 1735 bis 1737 von G. Silbermann; Grabdenkmäler 16.–18. Jh., v. Thumbshirn.

Bemerkenswerte Schlösser und Herrenhäuser in DOBITSCHEN (Barockbau, begonnen 1696) und LÖBICHAU (klassizistisch um 1800, im späten 19. Jh. verändert, Vierflügelanlage).

Bemerkenswerte Pfarr- und Dorfkirchen in GÖLLNITZ (spätgotisch Anfang 16. Jh., barock verändert), MEHNA (Langhaus im Kern romanisch, spätgotischer Chor 1488, Inneres 1739 erneuert), DOBITSCHEN (Barockbau 1702; Grabmal nach 1738, v. Echt), GROSS-STECHAU (spätgotischer Chor, Langhaus vermutlich 1793), NÖBDENITZ (romanischer Chor, Langhaus vermutlich spätgotisch, später verändert; reiche Kanzel 2. H. 17. Jh.), THONHAUSEN (urspr. romanische Chorturmkirche, im 18. Jh. stark verändert; Kanzel 1761 von F. Weber), WETTELSWALDE (urspr. romanische Chorturmkirche, Langhaus im wesentlichen 18. Jh.), WEISSBACH (gotisch, erneuert 1869; Epitaph-Altaraufsatz Ende 16. Jh.), GÖSSNITZ (spätgotisch begonnen 1491, mehrfach umgebaut; in der Nähe alter Pfarrhof von 1653), BORNSHAIN (spätgotisch mit Benutzung romanischer Teile, erneuert 1886), NAUNDORF (romanisch), GROSSMECKA (urspr. romanische Chorturmkirche, spätgotisches Langhaus um 1510), GIEBA (Barockbau 1729 von J. A. Küntzel aus Taltitz; Grabdenkmal nach 1585, v. Rußwurm), ZÜRCHAU (gotisch; Schnitzfiguren um 1500) und MALTIS (spätgotisch 16. Jh., 1851 erweitert; Kanzel 17. Jh.).

Bezirk Karl-Marx-Stadt

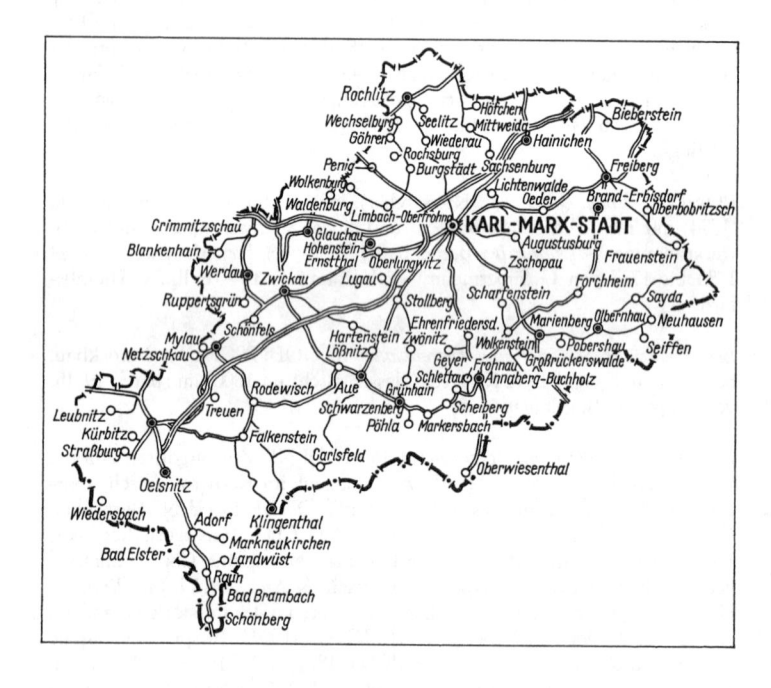

Karl-Marx-Stadt

1136 Gründung des Benediktiner-Klosters auf dem Schloßberg nahe der Kreuzung zweier alter Handelsstraßen (Salz- und Frankenstraße). In den sechziger Jahren des 12. Jh. planmäßige Anlage der Stadt Chemnitz (gitterförmiges Straßennetz innerhalb eines annähernd kreisförmigen Umrisses) südlich des Klosters. Roter Turm Sitz des »Geleites« für den Salzsteig, vielleicht erst nachträglich in die Stadtbefestigung (erste Anlagen Ende des 12. Jh.) einbezogen. Um 1165 Gründung der Stadtkirche St. Jakobi. Im 13. Jh. Entstehung der Johannis- und Nikolaikirche. 1308 Eingliederung in den sich herausbildenden meißnischen Territorialstaat (bis dahin reichsunmittelbar). Im 14. Jh. Verstärkung der Befestigung durch Vormauer mit Zwinger, Graben und Grabenmauer. Im 15. und 16. Jh. wirtschaftlicher Aufschwung durch Tuchmacherei, Weberei, Färberei und Fernhandel. Höhepunkt der architektonisch-künstlerischen Entwicklung. 1531–1555 Dr. Georg Agricola (Humanist und Förderer des Berg- und Hüttenwesens) mehrfach Bürgermeister der Stadt. Im Dreißigjährigen Krieg großer Stadtbrand (1631) und wirtschaftlicher Niedergang. Im 18. Jh. allmähliche Erholung (Ende 17. Jh. Entstehung von Baumwollwebereien und Strumpfwirkereien, Mitte 18. Jh. Kattundruckerei. Ende 18. Jh. Einführung der Maschinenweberei). Beachtlicher klassizistischer Fabrikbau, u. a. Spinnmühlen, planmäßige Erweiterung der Vorstädte und Beseitigung der Befestigungsanlagen bis 1860, Entwicklung zur Industriegroßstadt (sächsisches Manchester), bedeutende Leistungen des Jugendstils. Starke Arbeiterbewegung unter Fritz Heckert. Im Februar/März 1945 weitgehende Zerstörung des historischen Stadtkerns durch anglo-amerikanische Luftangriffe. 1952 Bezirkshauptstadt, 1953 Umbenennung in Karl-Marx-Stadt. Großzügiger Wiederaufbau, erste Schwerpunkte in den Außenbezirken (Südviertel, Altchemnitz, Siegmar-Schönau), 1959–1975 Neugestaltung des Stadtzentrums nach städtebaulichen Entwürfen der Kollektive R. Weißer, L. Hahn, R. Nestler, N. Griebel und K.-J. Beuchel, vielgeschossige Bebauung bei gleichzeitiger Auflockerung und Durchgrünung der bebauten Fläche, Anlage des Verkehrsnetzes mit Fußgängerbereichen und Verlegung des Durchgangsverkehrs in Tangenten an den Rand des Zentrums. Bildungsstätten: Technische Hochschule, Ingenieur- und Fachschulen für Maschinenbau, Textiltechnik, Werkstofftechnik, Textilmaschinen, Werkzeugmaschinen und Textiltechnologie, Pädagogisches Institut.

Von den neuen architektonischen Ensembles bemerkensw.: *Straße der Nationen*:

(1963–1966 nach Entwürfen der Kollektive W. Pester, H. Neubert und
H. Gitschel), in der Nähe des Interhotels »Moskau« drei kleine Brunnenanlagen
(»Spielende Kinder« von H. Diettrich, »Jugendliche im Regen« von J. Belz,
»Völkerfreundschaft« von G. Kohl), *Rosenhof* (1963–1966, achtgeschossige
Wohnbauten nach Entwürfen der Kollektive J. Gitschel, M. Schunk, H. Reiche
und H. Förster, Wohnhochhaus 1963/64 nach Entwurf des Kollektivs
R. Weißer, M. Schunk, H. Förster und G. Kröner) als gärtnerisch gestaltete
Ruhezone im Bereich des Marktes, umgeben von repräsentativen Läden und
Gaststätten, und an der Karl-Marx-Allee der *Komplex Stadthalle und Interhotel*

Karl-Marx-Stadt
1 Schloßbergmuseum, 2 Schloßkirche, 3 Interhotel »Kongreß« und Stadthalle,
4 Karl-Marx-Monument und Haus der Staatsorgane, 5 Altes Rathaus, 6 Stadtkirche
St. Jakobi, 7 Städtische Museen, 8 Städtisches Opernhaus, 9 Siegertsches Haus,
10 Roter Turm, 11 Technische Hochschule, 12 Hauptbahnhof, 13 Pfarrkirche St. Johannis, 14 Warenhäuser, 15 Fritz-Heckert-Gedenkstätte, 16 Interhotel »Moskau«,
17 Karl-Marx-Platz

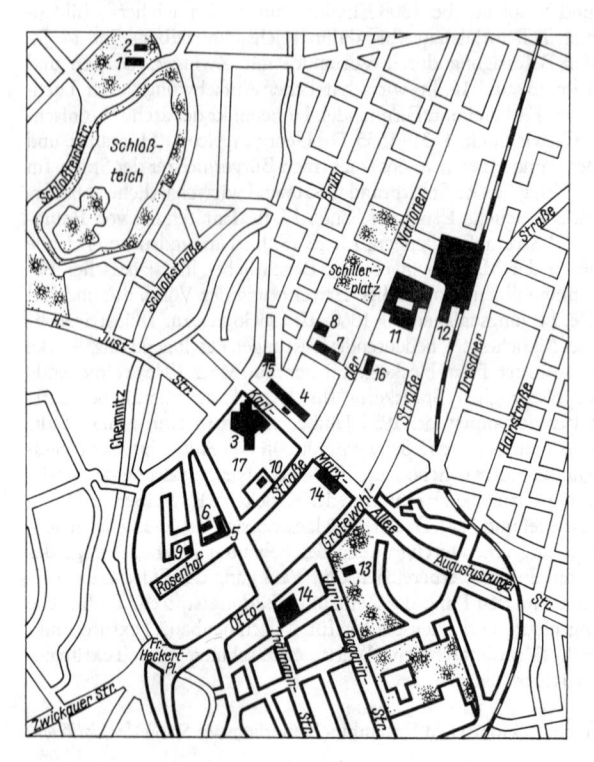

Karl-Marx-Stadt, Rosenhof

»Kongreß« (1969–1974 nach Entwürfen der Kollektive R. Weißer, H. Förster, K. Reimann, P. Koch, S. Krieger, K. Wienke und W. S. Rubinow). Im Großen Foyer der Stadthalle Plastik »Galileo Galilei« von F. Cremer. Vor dem Haus der Staatsorgane in der Karl-Marx-Allee das *Karl-Marx-Monument*, 1971 von L. Kerbel, in der Nähe das *plastische Ensemble »Lobgedichte«* (»Lob des Lernens« und »Lob der Dialektik« von J. Jastram, »Lob des Revolutionärs« von E. Roßdeutscher, Stele »Lob des Kommunismus« und Bildwand »Lob der Partei« von M. Wetzel), fertiggestellt 1972.

Am südwestlichen Stadtrand das *Wohngebiet »Fritz Heckert«* (begonnen 1974 nach einer Gesamtkonzeption der Kollektive K.-J. Beuchel, R. Nestler, G. Kirbach, E. Weigel, H. Lohse, W. Seidel, N. Griebel, W. Müll), drittgrößtes Neubaugebiet der DDR, sieben Wohnkomplexe mit 37 000 Wohnungen für etwa 100 000 Einwohner.

Der Schloßberg

Ehem. Benediktiner-Klosterkirche St. Maria (Schloßkirche). Gegründet 1136, erster Bau vermutlich 2. V. 12. Jh., spätgotischer Neubau mit Benutzung von Ostteilen des alten Baus vermutlich unter Mitarbeit von A. Günther, begonnen nach 1484, Chorweihe 1499, um 1525 Umbau zur Halle, Erneuerungen und Turmausbau im 19. Jh., rest. Dreischiffige Hallenkirche, Sterngewölbe, schlanke Achteckpfeiler, im nördlichen Seitenschiff schmale Empore, im Osten Querschiff (Südflügel im Kern romanisch), Chor von romanischen Nebenchören mit Tonnengewölben flankiert, in den Chorgewölben spätgotische Malereien (Evangelisten) um 1530, freigelegt 1950–1957. Nordseite der Kirche als Schauseite ausgebildet, zweigeschossige Anordnung der Fenster, in der Mitte urspr. ungewöhnlich reiches Hauptportal (begonnen um 1503/05 von H. Witten, vollendet bis 1525 von F. Maidburg; 1973/74 wegen Gefährdung abgebaut, nach 1975 in das Innere versetzt), viergeschossig mit Astwerk-

*Karl-Marx-Stadt,
Nordportal der Schloßkirche*

Dekoration, in der Portalzone kaiserliches Stifterpaar Lothar und Richenza sowie zwei Äbte, im zweiten Geschoß Marienkrönung zwischen den beiden Johannes sowie die Hl. Benedikt und Scholastika, darüber Gnadenstuhl, umgeben von musizierenden Engeln; Geißelsäule um 1515 von H. Witten, zwei Gemälde (Marter des hl. Jakobus, Maria mit Heiligen) 1518–1520 von L. Cranach d. Ä.

Ehem. Klostergebäude (jetzt Schloßbergmuseum). Nur Teile der Klausur südlich der Kirche erhalten, östlicher Kreuzgangflügel um 1274, Kreuzrippengewölbe, reiche figürliche Konsolen, Ostseite des Südtraktes vermutlich zwischen 1499 und 1514, Vorhangbogenfenster, Wabengiebel. Nach 1546 Umwandlung der Klausur in ein kurfürstliches Schloß, dabei Umgestaltung der Außenseiten und teilweiser Umbau des Innern. – *Schloßbergmuseum,* stadt- und kulturgeschichtliche Sammlung, u. a. spätgotische Plastik um 1500 (Heiliges Grab um 1480, Schmerzensmutter von H. Witten), Schlosser- und Kunstschmiedearbeiten, Bauernmöbel, Chemnitzer Weberstube Mitte 19. Jh., Geschichte der Chemnitzer Arbeiterbewegung; im Garten Architekturteile 13. bis 17. Jh.

Bauten im Stadtkern

Altes Rathaus. Urspr. spätgotisch 1496–1498, Umgestaltung des Inneren 1556/1557 und 1617–1619 (1945 stark beschädigt, wiederhergestellt), in der

Mitte der Marktfront Turm (1486) mit reichem Renaissance-Portal (Judith und Lukretia) von 1559, Gebäudeteil östlich des Turmes 1911; im Westteil Rekonstruktion der früheren Ratsherrenstube (jetzt Trausaal) mit Sterngewölbe von 1557. — An der Rückseite der *Hohe Turm*, vermutlich stadtburgartige Eigenbefestigung des 12. Jh. für den Stadtvogt, im 14. Jh. dem Rathausbau angegliedert, mehrfach verändert und erneuert, 1945 stark beschädigt, 1949 bis auf das barocke Achteckgeschoß und die Haube wiederaufgebaut. — *Neues Rathaus*, 1907–1911 von R. Möbius, bemerkenswert vor allem durch seine reine Jugendstil-Ausstattung. Im Ratssaal Wandgemälde (Arbeit, Wohlstand, Schönheit) 1917 von M. Klinger.

Stadtkirche St. Jakobi. Um 1165 gegründet, dreischiffige spätgotische Hallenkirche (Langhaus um 1350/65, Chor-Hallenumgang und westliche Vorhalle Anfang 15. Jh., rest., 1875–1879 und 1911/12 Jugendstil-Langhaus-Verkleidung mit Anbau), 1945 stark beschädigt, 1946–1959 Wiederherstellung des Chors, Wiederaufbau des Langhauses noch nicht abgeschlossen; spätgotischer Flügelaltar von P. Breuer (1505), Kanzel mit Kreuzigungsgemälde von A. Göding (1612), Taufstein 17. Jh.

Roter Turm. Urspr. Sitz des »Geleites« für den Salzsteig, untere Teile 12. Jh., Backstein-Obergeschoß Ende 15. Jh., 1945 beschädigt, rest.; jetzt von Gaststättenkomplex umgeben. — *Museum Roter Turm*, u. a. Ergebnisse der Stadtkernforschung und Chemnitzer Gerichtswesen.

Pfarrkirche St. Johannis. Ursprünglich ein Jugendstilbau von 1913. 1978 Jugendstilformen weitgehend beseitigt. Heute im wesentlichen ein Neubau unter Benutzung spätgotischer Teile. Reste eines spätgotischen Astwerkportals gefunden, Taufstein 1565. — An der Johanniskirche *Park der Opfer des Faschismus* (ehem. Johannisfriedhof) mit Mahnmal für die Opfer des Faschismus von Hans Diettrich (1952) und Marx-Engels-Denkmal von Walter Howard (1957). Randbebauung bestimmt durch die Backsteinbauten der ehem. Industrieschule (jetzt Berufsschule I, 1928), des ehem. Realgymnasiums (jetzt EOS Karl Marx, 1929) und des ehem. Verwaltungsgebäudes der Wasserwerke (jetzt Rat der Stadtbezirks Süd, 1927).

Bürgerhäuser. Siegertsches Haus (Markt 20) Barockbau 1737–1741 von J. Ch. Naumann, rest. Karlstr. 9–13 spätklassizistisch 1854/55.

Theaterplatz. Geschlossene Platzanlage des frühen 20. Jh., im wesentlichen gebildet aus dem Opernhaus (1906–1909 von R. Möbius, 1945 zerstört, 1947 bis 1951 verändert wiederaufgebaut), dem Museum (ebenfalls von R. Möbius, weitgehend erhaltene Jugendstil-Innengestaltung), einer neugotischen Kirche und dem Hotel »Chemnitzer Hof«. — *Städtische Kunstsammlungen* (Theaterplatz), mehrere Abteilungen: Deutsche Malerei des späten 18. Jh. (u. a. Graff und Klengel), deutsche Malerei des 19. Jh. (u. a. Friedrich, Dahl, Carus, Kersting, Richter, Spitzweg, Rayski), Malerei des späten 19. Jh. und deutscher Impressionismus (u. a. Klinger, Hodler, Uhde, Liebermann, Slevogt, Corinth,

Sterl), deutscher Expressionismus (u. a. Schmidt-Rottluff und Hofer), französische und deutsche Plastik des 19. und 20. Jh. (u. a. Rodin, Maillol, Degas, Lehmbruck, Barlach, Marcks, Blumenthal, Kolbe, Scheibe), graphische Sammlung (etwa 1400 Zeichnungen und Aquarelle 1750 bis Gegenwart, etwa 8000 Blatt Druckgraphik 16.–20. Jh., darunter Daumier und Kollwitz).

Warenhäuser. HO-Warenhaus »Centrum« (Otto-Grotewohl-Str.) 1912/13 von W. Kreis, 1958–1962 mit verändertem Erdgeschoß wiederaufgebaut. HO-Warenhaus (Karl-Marx-Allee) 1929/30 von E. Mendelsohn.

Bauten im Norden und Osten

Ehem. Kattundruckerei (Müllerstr. 31). Industriebau von 1851, verändert 1891.

Stiftskirche Unser Lieben Frauen (Ebersdorf). Im 15. Jh. Wallfahrtskirche, spätgotischer Bau 1. V. 15. Jh. an Stelle eines romanischen Vorgängerbaues, rest. Asymmetrische zweischiffige Hallenkirche mit Kreuzrippengewölben, an der Nordseite des Langhauses doppelgeschossige Kapelle, Chor mit Netzgewölbe, reich profilierte Portale mit Krabben und Kreuzblumen, an der Südwestecke des Langhauses zur Hälfte eingebauter Turm. Von der ungewöhnlich reichen Ausstattung besonders bemerkenswert: Spätgotischer Hochaltar mit dreifachen Flügeln (im Schrein Maria zwischen den Hl. Barbara und Dorothea, Flügelgemälde von H. Hesse) 1513. Überlegensgroßes Kruzifix und zwei Pulthalter (Diakon und Engel) um 1515 von H. Witten. Sitzmadonna 2. V. 14. Jh. Vesperbild um 1420/30. Maria mit Kind um 1430/40. Hl. Hieronymus 1. H. 15. Jh., Marmor, burgundische Arbeit. Grabstein Dietrich v. Harras (Geharnischter auf einem Löwen) zwischen 1502 und 1505 von H. Witten. – Südöstlich der Kirche die *Marienkapelle*, spätgotischer Zentralbau (1. V. 15. Jh.) mit Sterngewölbe. – Von der *Friedhofsbefestigung* Teile der Mauer sowie zwei Tortürme (1. V. 15. Jh.) nordwestlich und südlich der Kirche erhalten. – *Brettmühle*, klassizistisch 1834 von J. T. Heinig.

Bemerkenswerte Dorfkirchen in den Ortsteilen GLÖSA (spätgotischer Flügelaltar um 1520, Umkreis des H. Witten, Flügelgemälde aus der Schule des G. Lemberger), HILBERSDORF (1866; spätgotische Beweinung Ende 15. Jh.) und ADELSBERG (1569, im 18. und 19. Jh. erneuert; Taufstein 1611).

Bauten im Süden und Westen

Gedenkstätte »Der Kämpfer« (Karl-Immermann-Str. 23), 1919–1933 Redaktionsgebäude des Organs der KPD »Der Kämpfer« und Sitz der Bezirksleitung der KPD und des KJVD Erzgebirge/Vogtland. In einigen Räumen Ausstellung zur Geschichte der örtlichen Arbeiterbewegung.

Ehem. Haus Esche (Parkstr. 58). Jugendstilbau 1902/03 von H. van de Velde.

Ehem. Spinnmühle in Harthau (Klaffenbacher Str. 49). Klassizistisch 1804, Comptoir- und Wohngebäude 1807. – Dorfkirche im Kern mittelalterlich, umgebaut 1765; Kanzelaltar 1. H. 18. Jh.

Bemerkenswerte Dorfkirchen in den Ortsteilen ALTCHEMNITZ (1889; Gemälde mit Darstellung des protestantischen Glaubensbekenntnisses Mitte 16. Jh.) und REICHENHAIN (im Kern mittelalterlich, erneuert 1778 und 1817–1822; spätgotische Schnitzfiguren Anfang 16. Jh.).

Kreuzkirche in Kassberg. Großer Saalbau mit freistehendem Glockenturm, 1936 von O. Bartning, 1951–1954 wiederhergestellt.

Ehem. Spinnmühle in Schönau (Zwickauer Str. 219). Schlichter klassizistischer Bau des frühen 19. Jh.

Johanneskirche in Reichenbrand. Klassizistische Saalkirche mit doppelten Emporen 1804–1810 von J. T. Lohse; gediegene Ausstattung der Entstehungszeit.

Burg in Rabenstein (jetzt Museum). Im Kern 12. Jh., mehrfach erneuert, rest. Von der Oberburg erhalten: Bergfried und zweigeschossiges Wohngebäude (im Obergeschoß Reste von Wandmalereien 1. H. 17. Jh.). Westteil der Oberburg in den Umfassungsmauern erkennbar. Ausdehnung der Unterburg 1957 bis 1959 durch Grabung festgestellt. – *Burgmuseum,* u. a. Geschichte der Burg, Grabungsergebnisse, historische Waffen und Eisengerät. – Neben der Burg *Herrenhaus* (jetzt Feierabendheim), schlichter Barockbau von 1776, verändert 1903. – *Rabensteiner unterirdische Felsendome,* altes Kalksteinbergwerk, 1907 stillgelegt, jetzt Schaubergwerk, die beiden oberen Sohlen begehbar. In der Nähe *Kalkbrennofen* (seit 1964 Demonstrationsobjekt). – In der *Pfarrkirche von Rabenstein* (1852–1854) bemerkenswert: Epitaph-Altaraufsatz gestiftet 1620. Taufstein 1595 von M. Hegewald. – Neben der Kirche *ehem. Herrenhaus* (jetzt VEG), schlichter klassizistischer Bau von 1838, Walmdach 1980 abgebrannt.

Die Kreise Karl-Marx-Stadt und Zschopau

BURGSTÄDT. *Rathaus* (urspr. Stapel- und Wohnhaus), schlichter dreigeschossiger Barockbau 1761–1763. – In der spätgotischen *Pfarrkirche* (Chor 1522) bemerkenswertes Schnitzrelief mit Versinnbildlichung der lutherischen Lehre 1692 von Ch. Suttinger und E. Fischer. – Östlich der Kirche *Torturm* (sog. Seigerturm), im Kern vermutlich spätgotisch, erneuert 1678.

EHRENFRIEDERSDORF. *Pfarrkirche St. Nikolai,* zweischiffiger spätgotischer Bau (Chor vermutlich Anfang 14. Jh., Langhaus 15. Jh., rest.) mit Kreuzrippengewölben, über dem Chor mächtiger Turm; spätgotischer Altar mit dreifachen Flügeln (im Schrein Marienkrönung zwischen den Hl. Katharina und Nikolaus) um 1507 von H. Witten und dem Maler H. v. Cöln. — *Greifenstein-Museum*, u. a. Arbeiten der Schnitzergemeinschaft Ehrenfriedersdorf, Zinnbergbau 16.–19. Jh.

WOLKENSTEIN. *Schloß* (jetzt Wohnhaus), Kernbau um 1500, später mehrfach umgebaut, ältere Teile vor allem im Nordosten. — *Stadttor* mit Figur des hl. Bartholomäus, Anfang 16. Jh. — In der urspr. wohl spätgotischen *Pfarrkirche St. Bartholomäus* (1687 abgebrannt, 1689 wiederaufgebaut) bemerkenswerter Altaraufsatz 1648 vermutlich von J. Böhme.

SCHARFENSTEIN. *Burg* (jetzt Kinderheim), unregelmäßige ringförmige Anlage mit Bergfried, urkundlich genannt 1349/50, 1921 durch Brand zerstört, 1921/22 in Anlehnung an die alten Formen wiederaufgebaut.

ZSCHOPAU. *Burg Wildeck* (jetzt Wohnungen und Dienststellen), unregelmäßige Mehrflügelanlage mit Bergfried (»Dicker Heinrich«), gegründet vermutlich im 12. Jh., nach 1545 umgebaut, im 19. Jh. verändert, rest. — *Bürgerhäuser:* Am Markt zweigeschossiges Gebäude (zeitweise als Rathaus benutzt) Mitte 16. Jh., Treppenturm, reiches Portal. L.-Würkert-Str. 1 und Spinnereistr. 211 (1805) klassizistisch, letzteres mit Laube an der Rückseite. Johannisstr. 2 Fachwerkbau 16. Jh. — *Pfarrkirche St. Martin,* spätgotisch (gegründet 1494), Innenausstattung nach 1751 von J. G. Ohndorff; spätklassizistischer Kanzelaltar 1859.

Bemerkenswerte Schlösser und Herrenhäuser in AUERSWALDE (Barockbau 18. Jh., gegenüber sog. Kellerhaus mit Renaissanceportal 2. H. 16. Jh.), MITTELFROHNA (Barockbau 1774; im Garten Chinesischer Pavillon) und KLAFFENBACH (Renaissancebau mit spätgotischen Elementen 1. H. 16. Jh., urspr. Wasserburg).

Bemerkenswerte Dorfkirchen in NEUKIRCHEN (im wesentlichen 1760; hl. Christophorus 17. Jh.), MITTELBACH (spätgotischer Flügelaltar um 1512, Witten-Werkstatt), PLEISSA (Barockbau 1740), RÖHRSDORF (im Kern romanisch um 1200, Chorturm 1. V. 15. Jh., 1770 Chorerweiterung; zusammengesetztes Altarwerk: Marienfigur 15. Jh., Gemälde 1641), BRÄUNSDORF (spätgotischer Flügelaltar 1517), MÜHLAU (im Kern mittelalterlich, erneuert 1785 und 1795; spätgotische Schnitzfiguren 1501), MITTELFROHNA (1820), NIEDERFROHNA (spätgotisch, vollendet 1519, nach Brand erneuert 1912; barocke Kreuzigungsgruppe 1690 von A. Petzold), TAURA (spätgotisch um 1500, Holzdecke mit Gemälde 1698 von T. Perthes), CLAUSSNITZ (spätgotisch, geweiht 1513, verändert 1722–1734, befestigter Friedhof), WITTGENSDORF (im Kern mittelalterlich, 1729 erweitert; spätgotisches Kruzifix), AUERSWALDE (romanisch spätes 12. Jh., rest.; spätgot. Flügelaltar 1503, Arbeit aus Altenburg), NIEDERLICHTENAU (Barockbau 1746 bis 1754; Altaraufsatz Anfang 17. Jh., Kanzel 1615), EUBA (spätgotischer Flügelaltar Ende 15. Jh.), KLEINOLBERSDORF (spätgotischer Flügelaltar um

1500/02 von P. Breuer), DITTERSDORF (Barockbau 1730; reicher Kanzelaltar), EINSIEDEL (klassizistisch 1822–1827 von Ch. F. Uhlig, 1945 ausgebrannt, Äußeres 1966 rest.). WEISSBACH (im wesentlichen 1782), GELENAU (Renaissancebau 1585; Kanzel und Taufstein 1581 von A. Lorentz, Anna selbdritt Anfang 16. Jh. vom Meister der Freiberger Domapostel), DREBACH (klassizistisch 1825 von Ch. F. Uhlig) und GROSSOLBERSDORF (spätgotisch um 1400. 1643 nach Westen erweitert; Altarwerk um 1645 von J. Böhme, reiche Kanzel 1647).

Stadt und Kreis Annaberg-Buchholz

Die Stadt Annaberg-Buchholz

Nach Entdeckung der ersten Erzgänge am Schreckenberge (1492) seit 1495 Planung einer geregelten Siedlung am Hang des Pöhlberges in der traditionellen Form der deutschen Gründungsstadt (regelmäßiges Straßennetz mit rechtwinkligem Markt). 1496 Baubeginn und Verleihung des Stadtrechtes an die »newe stat bey dem Schreckenberge« (1501 durch kaiserliches Privileg in Annaberg umbenannt). Seit 1497 Entstehung der Siedlung St. Katharinenberg im Buchholz unterhalb von Annaberg. 1510 Befestigung von Annaberg mit

Annaberg-Buchholz
1 Stadtkirche St. Annen, 2 Bergkirche St. Marien, 3 Hospitalkirche St. Trinitatis, 4 Rathaus, 5 Adam-Ries-Denkmal, 6 Frohnauer Hammer, 7 Herrenhaus

Annaberg, Annenkirche, Portal der alten Sakristei

fünf Toren und neunzehn Türmen fast vollendet (nur noch geringe Reste sichtbar). Im 16. Jh. Hochblüte des Silber- und Zinnbergbaus. 1590 Einführung des Posamentiergewerbes durch protestantische Wallonen. Im 17. und 18. Jh. mehrere Stadtbrände, zuletzt 1837. Neue Industriezweige nach 1945: Elektrotechnik und Metallwaren (Aluminiumguß, Kupferringe und Maschinenbau).

Stadtkirche St. Annen. Spätgotischer Bau, begonnen 1499, geweiht 1519, Abschluß der Arbeiten 1525 (unter Bauleitung von C. Pflüger, Peter von Pirna und seit 1515 J. Heilmann von Schweinfurth, komplexe Rest. des Innern 1980 abgeschlossen). Bedeutendste obersächsische Hallenkirche, dreischiffig, Sterngewölbe, sehr schlanke und gekehlte Achteckpfeiler, zwischen den nach innen gezogenen Strebepfeilern steinerne Emporen mit balkonartigen Ausbuchtungen, an der Nord- und Südseite des Langhauses querschiffsartige Anbauten, am Langhaus zweigeschossige Anordnung der Fenster (untere mit Vorhangbögen), an der Südwestecke stark vorspringender Turm. *Bauplastik* von ungewöhnlich hoher Qualität: Schöne Pforte (Westende des nördlichen Seitenschiffes) 1512 von H. Witten, urspr. an der 1604 zerstörten Franziskanerkirche, 1577 in die Annenkirche übergeführt, im Türbogenfeld Vision des hl. Franziskus (Gnadenstuhl, von Engeln umgeben, rechts der kniende Heilige, links kniende Maria). Portal der Alten Sakristei (Südosten des Langhauses) 1518 vermutlich von F. Maidburg, eines der frühesten Renaissancewerke in Sachsen. Reliefs an den Emporenbrüstungen 1520–1522 von F. Maidburg, Zyklus mit Szenen aus dem Neuen Testament, ferner einige Szenen aus dem Alten Testament und in den zwanzig östlichen Feldern die menschlichen Lebensalter. Über der Tür der Neuen Sakristei (Nordosten) Schlußstein mit Motiv aus der Danielsage, zwischen 1520 und 1522 von H. Witten. Kleines Kreuzigungsrelief (Südwand) zwischen 1520 und 1525 von H. Witten. In den Gewölben der Seitenschiffe Halbfiguren von Propheten und Königen des Alten Testaments, Arbeiten von Ch. Walther (I). Von der reichen *Ausstattung* besonders bemerkenswert: Renaissance-Hauptaltar (Wurzel Jesse) 1522 von A. Daucher aus Augsburg. Spätgotischer Bergaltar mit doppelten Flügeln (im Schrein Geburt Christi, auf der Rückseite gemalte Darstellungen aus dem Bergmannsleben von H. Hesse) aufgestellt 1521. Gemalter Flügelaltar (im Mittelfeld Christus und die Ehebrecherin, Cranach-Schule, in den Seitenfeldern Maria auf der Mondsichel und hl. Katharina von H. Hesse), nachträglich zusammengestellt, jetzt hinter dem Hauptaltar. Münzeraltar (im Schrein Maria mit Kind), gestiftet 1522, von Ch. Walther (I). Bäckeraltar (Beweinung Christi), aufgestellt 1515, von Ch. Walther (I). Pflockscher Altar (Marientod mit Stiftern) nach 1521, Cranach-Schule. Kanzel (am Korb Anna selbdritt und Kirchenväter, im unteren Feld des Aufganges Bergmann bei der Arbeit im Stollen) 1516 von F. Maidburg. Taufstein um 1515 von H. Witten. Anna selbdritt um 1500 von P. Breuer. Hl. Andreas um 1500 vom Meister der Freiberger Domapostel.

Bergkirche St. Marien. Im Kern spätgotische dreischiffige Hallenkirche (1502 bis 1511), 1604 abgebrannt, bis 1616 in Renaissanceformen wiederaufgebaut; reicher Intarsienstuhl 1617.

Hospitalkirche St. Trinitatis. 1685 mit Benutzung der Reste eines älteren Baues von 1529; Friedhof, angelegt 1506, Schwibbogen-Lauben.

Rathaus. Urspr. Renaissancebau 1533–1538, 1751 fast ganz erneuert; einige gewölbte Räume und Zimmer des Berghauptmanns aus dem 17. Jh.

Superintendentur. Im Erdgeschoß Archivraum mit Stuckgewölben von 1678.

Bürgerhäuser. Von spätgotischen Bauten erhalten: Gasthof »Wilder Mann« (Markt) Anfang 16. Jh., Zellensterngewölbe. Ehem. »Goldene Gans« (jetzt Stadtbücherei) um 1508, reiches Portal, Zellensterngewölbe und Balkendecke. Frohnauer Gasse 2. Kupferstr. 8. Münzgasse 2. Bemerkenswerte Beispiele der Renaissance: Fleischergasse 12 um 1600, Sitznischenportal, in der Kehlung Engelsfigur mit Wappen. Johannisgasse 15 1605, Portal mit Diamantquadern.

Erzgebirgsmuseum (Gr. Kirchgasse 16, spätgotisch), u. a. Bergbau im oberen Erzgebirge 13.–19. Jh., Handklöppelei, Posamentier-Meisterstücke, erzgebirgisches Volkskunstschaffen.

Von der Ausstattung der 1945 zerstörten *Pfarrkirche St. Katharinen* (Wiederherstellung ohne die vorherige Wölbung 1981 abgeschlossen) im Ortsteil Buchholz erhalten: Spätgotischer Flügelaltar (Mittelbild mit hl. Wolfgang und Darstellungen vom Ursprung des Annaberger Bergbaues) um 1515 von H. Hesse und mehrere Tafeln des ehem. Hochaltars um 1520 von H. Hesse. Wiederaufstellung der Tafelbilder in der urspr. Flügelaltarform in Vorbereitung.

In der *Dorfkirche des Ortsteiles Kleinrückerswalde* (Barockbau 1780) bemerkenswert: Spätgotischer Flügelaltar (im Schrein Maria zwischen hl. Margarete und hl. Bischof) und Kelch, beide Ende 15. Jh., sowie barockes Baumstamm-Kruzifix.

Der Kreis Annaberg-Buchholz

FROHNAU. *Hammerwerk* (jetzt Technisches Museum), entstanden im 14. Jh. als Mühle, später Münze, in der Mitte des 17. Jh. zum Zain-, Zeug- und Schaufelhammer ausgebaut, 1904 stillgelegt, breit gelagerter Bau mit hohem Schindeldach, originale technische Einrichtung erhalten. – *Wohnhaus,* 1697, rest., Obergeschosse aus Fachwerk mit reichen Schnitzereien.

GEYER. *Wachtturm* (jetzt Heimatmuseum) zum Schutze des Friedhofseinganges, Unterbau vermutlich Ende 14. Jh., achtseitiger Aufsatz 2. H. 16. Jh. vielleicht von H. Lotter. – *Heimatmuseum,* u. a. heimischer Zinnbergbau und Hieronymus-Lotter-Stube (gest. 1580 als Gutsbesitzer in Geyer). – *Freihof* auf dem Geyersberg (Lotterhof), 1566 von H. Lotter erworben und umgebaut, später durch Anbauten verändert. – *Begräbniskapelle St. Wolfgang,* schlichter spätgotischer Bau um 1500. – Vom alten *Schützenhof* (urkundlich genannt 1466) Treppenturm mit Pilasterportal um 1560 erhalten.

SCHEIBENBERG. *Pfarrkirche St. Johann,* Renaissancebau 1559–1571, erneuert 1754–1756, rest.; spätgotischer Flügelaltar (im Schrein Grablegung Christi) um 1500, Grabdenkmäler 17. Jh. – Auf dem ehem. Friedhof Kellermannsche Gruft, kleiner Kuppelbau von 1626. – *Bürgerhäuser:* Apotheke am Markt 1743, Vierflügelbau, reiche Stuckdecken. Kirchgasse 4 Mitte 18. Jh. Breitscheidstr. 41 18. Jh. Gartenstr. 1, Sitznischenportal.

SCHLETTAU. *Schloß* (jetzt Wohnhaus), ehem. Wegekastell, gegründet vielleicht um 1200, vermutlich nach 1429 umgebaut, später verändert, im Norden Rundturm und Fenster mit Vorhangbögen. – Sog. *Reuterhaus* (Schloßplatz), Barockbau 1701. – *Ehem. Baumwollspinnerei,* klassizistisch 1825 von J. T. Lohse. – *Pfarrkirche St. Ulrich,* dreischiffige spätgotische Hallenkirche (Chor 1888/89 Langhaus 1. H. 16. Jh.) mit Stern- und Kreuzrippengewölben; Altaraufsatz 1663, Kanzel 1687.

OBERWIESENTHAL. *Gaststättenkomplex »Fichtelberghaus«,* 1967 nach Entwurf des Kollektivs der Architekten Heilmann, Reimann und Sandner, Innenraumgestaltung mit Beteiligung zahlreicher namhafter Kunsthandwerker. – *FDGB-Erholungsheim »Am Fichtelberg«,* 1973–1975 nach Entwürfen der Kollektive K. Schlesier, H. Zaglmaier, G. Gabriel, U.-O. Grimm, L. Brambach, Ch. Gabriel, J. Auerswald, K. Müller, W. Sehm, K. Windisch, H. Pahl und H. Jacobi.

Bemerkenswerte Pfarr- und Dorfkirchen in TANNENBERG (spätgotischer Flügelaltar 1521 von Ch. Walther, Grabdenkmäler 16. Jh.), ELTERLEIN (urspr. spätgotisch, im 17. Jh. umgebaut; Taufstein 1697 von S. Tauscher), CROTTENDORF (Renaissancebau 1653/54, erweitert 1896; reiches Altarwerk 1699 von Th. Meyer aus Freiberg), CRANZAHL (spätgotischer Flügelaltar 1514 von P. Breuer), NEUDORF (Renaissancebau 1599; drei Schnitzfiguren 1515 von P. Breuer), BÄRENSTEIN (Renaissancebau 1655, erweitert Anfang 18. Jh.), JÖHSTADT (Renaissancebau 1675–1677; reiches Altarwerk 1676 von A. Petzoldt), KÖNIGSWALDE (Renaissancebau 1656), GRUMBACH (spätgotisch; barocke Kreuzigungsgruppe und Anbetung der Könige), STEINBACH (spätgotischer Flügelaltar Anfang 16. Jh.), MILDENAU (klassizistisch 1834–1839 von Ch. F. Uhlig, rest.) und GEYERSDORF (1862; im Altaraufsatz spätgotische Darstellung im Tempel 1519, Maria auf der Mondsichel um 1500).

Die Kreise Marienberg und Brand-Erbisdorf

MARIENBERG. Regelmäßige Anlage mit quadratischem Markt inmitten des rechtwinkligen Straßennetzes, gegründet 1521 als Tochterstadt von Annaberg. *Pfarrkirche St. Marien,* spätgotischer Bau 1558–1564 in Anlehnung an die Kirchen in Annaberg und Pirna, 1610 ausgebrannt, 1616 wiederaufgebaut, Säulen und Gewölbe von A. Klengel, rest. Dreischiffige Hallenkirche, Kreuzgratgewölbe von 1669 bis 1675, toskanische Säulen, in den Seitenschiffen Emporen, Turm mit Zwiebelhaube von 1616. Bemerkenswerte Ausstattungsstücke: Altaraufsatz 1617 von A. Helmert, Gemälde 1616 von K. Fabritius. Zwei Bergmannsleuchter 1614, rest. 1743. Zwei lebensgroße Bergmannsfiguren 1687. Spätgotischer Flügelaltar (im Schrein Maria zwischen Petrus und Paulus) Ende 15. Jh. Kleiner Flügelaltar (Anna selbdritt) Anfang 16. Jh. Grabdenkmäler 17. und 18. Jh. – *Rathaus,* Renaissancebau 1539 von J. Hoffmann, später durch Brände stark beschädigt, Turm mit Doppellaterne, reiches Portal. – *Bürgerhäuser:* Markt 14 (1539), 6 (2. H. 16. Jh.) und 5 (1545). Zschopauer Str. 16 (im Erdgeschoß Raum mit gotischem Rippengewölbe) und 20 (1556). Äußere Wolkensteiner Str. (altes Bergmagazin) 1809, dreigeschossiger Bruchsteinbau mit hohem Krüppelwalmdach. – *Heimatmuseum* (im Turm des Stadttors Zschopauer Straße), u. a. Geschichte des Silber- und Zinnbergbaus bis 1907.

GROSSRÜCKERSWALDE. *Wehrkirche,* spätgotisch 15. Jh., rest., einschiffig, Kassettendecke (18. Jh.), Emporen mit bemalten Brüstungen, unterhalb des Daches Wehrgang mit Schießscharten; zwei Gemälde von 1583 mit Darstellung der Pest in Rückerswalde, Grabsteine 17. Jh. – *Herrenhaus,* schlichter Barockbau im wesentlichen 18. Jh.

POBERSHAU. *Schaubergwerk,* Grubenbau des 16. und 17. Jh., 1945 zerstört, 1958/59 im Rahmen des Nationalen Aufbauwerkes wiederaufgebaut.

OLBERNHAU. In der schlichten *Pfarrkirche* (im wesentlichen 1639) bemerkenswertes Altargemälde (Abendmahl in beiderlei Gestalt) 1648 von J. Fink aus Freiberg. – *Haus der Heimat* (Ernst-Thälmann-Platz 7, ehem. Erbgericht, im Kern 16. Jh.), u. a. Geschichte der Spielwarenindustrie und der Saigerhütte. – *Saigerhütte* im Ortsteil Grünthal, stark befestigte Anlage, gegründet 1537, ausgebaut und befestigt nach 1567, rest., Mauer mit Schießscharten zum größten Teil erhalten, besonders bemerkenswert: Althammer mit alter technischer Einrichtung (jetzt Schauobjekt) aus dem 17. Jh., Hammerschenke mit Glockentürmchen Ende 17. Jh., gut erhaltene Arbeiterhäuser. – In der barokken *Dorfkirche* des Ortsteils Oberneuschönberg (Exulantenkirche, 1695) fast unberührt erhaltene Ausstattung der Entstehungszeit.

SEIFFEN. *Erzgebirgisches Spielzeugmuseum* (Ernst-Thälmann-Str. 73), u. a. künstlerischer Nachlaß der Seiffener Laien-Bildschnitzer A. Müller, K. Müller und L. Hiemann. – *Reifendrehwerk* von 1760, Schauanlage. – *Dorfkirche*, barocker Zentralbau (1779, rest.) mit umlaufenden Emporen, an vier Seiten symmetrische Treppenanbauten, hohes Zeltdach und Glockentürmchen; gediegene Ausstattung der Entstehungszeit.

NEUHAUSEN. *Schloß Purschenstein* (jetzt Kulturzentrum), im wesentlichen 14.–16. Jh., 1643 durch Brand schwer beschädigt. Von der urspr. Anlage erhalten: Nördlicher Rundturm, südlicher Treppen- und Kapellenturm (in der Kapelle vier Glasgemälde von 1612, Arbeiten der Seiffener Glashütte) und im Westflügel reicher Barocksaal Mitte 18. Jh.

FORCHHEIM. *Dorfkirche*, barocker Zentralbau (1719–1726 von G. Bähr und J. G. Fehre, rest.) auf dem Grundriß eines griechischen Kreuzes, im Achteck angeordnete zweigeschossige Emporen, zentraler Glockenturm; Kanzelaltar, Taufstein und Orgel (von G. Silbermann) der Entstehungszeit, spätgotischer Flügelaltar (im Schrein Maria mit zwei männlichen Heiligen) Mitte 15. Jh., Flügel getrennt aufgestellt. – *Schloß* (jetzt Kindergarten), schlichter Renaissancebau (16. Jh.) mit Treppenturm, Zwerchhäusern und Giebeln.

SAYDA. *Pfarrkirche St. Marien*, dreischiffige spätgotische Hallenkirche (Chor Ende 14. Jh., Langhaus nach 1502) mit Netzgewölben, an der Südseite Vorbau mit gedrehten Rippengewölben und dreieckige Vorhalle mit Zellengewölben; Epitaphe 16. und 17. Jh., v. Schönberg. – *Hospital St. Johann*, gegründet 1467, schlichter Barockbau mit Fachwerkobergeschoß 1784. – Neben dem Hospital *Begräbniskirche*, im Kern spätgotisch 1508, mehrfach erneuert.

DORFCHEMNITZ. *Eisenhammer* (Schauanlage), gegr. 1567, heutige Gestalt 1844. – *Dorfkirche*, Barockbau 1700; zahlreiche Grabplatten v. Hartitzsch 16. u. 17. Jh.

FRAUENSTEIN. *Burg* (im Kern 12. Jh., 1272 genannt), von der 1683 abgebrannten Anlage erhalten: Nordturm (»Dicker Merten«), Ruinen des Palas, Südturm, kleiner Hof mit Zisterne, innere Mauer mit Schießscharten sowie die Ringmauer in einer Gesamtlänge von ca. 250 m mit sechs der ehem. sieben

Mauertürme. — *Schloß* (jetzt Museum und Kinderferienheim), Zweiflügelanlage der Renaissance (1585–1588 von H. Irmisch, im 17. und 18. Jh. beschädigt), dreigeschossig, im Winkel Treppenturm mit Rundbogenportal, Hauptportal in toskanischer Ordnung mit Wappenaufsatz, im Erdgeschoß Saal und Halle mit Kreuzgratgewölben. — *Heimatmuseum,* u. a. Plastik aus Kirchen der Umgebung, Sammlung über Leben und Werk des Orgelbauers Gottfried Silbermann (geb. 1683 in Kleinbobritzsch b. Frauenstein). — *Friedhofskapelle,* im wesentl. 1616.

BRAND-ERBISDORF. *Bergmännisches Heimatmuseum* (Huthaus zum Reußen, erbaut 1837, Jahnstr. 14, z. Z. geschlossen), u. a. Bergmanns- und Aufbereitungsgeräte, Barten, Uniformen, Markscheidegeräte, Fördertonne, Erzkasten, Erzkübel, bergmännische Bastelarbeiten. — In der spätgotischen *Pfarrkirche* (nach Brand 1624 erneuert) bemerkenswerter lebensgroßer Bergmann 1585 von S. Lorentz.

Burgen in RAUENSTEIN (jetzige Gebäude meist 17./18. Jh.) und NIEDERLAUTERSTEIN (gegründet vermutlich spätes 12. Jh., seit 1639 Ruine).

Bemerkenswerte Pfarr- und Dorfkirchen in MAUERSBERG (1951/52 nach dem Vorbild der alten Wehrkirche, Stiftung des Dresdener Kreuzkantors Rudolf Mauersberger), SATZUNG (Barockbau Ende 17. Jh.), KÜHNHAIDE (Barockbau 1691), RÜBENAU (barocker Zentralbau Anfang 18. Jh.), ZÖBLITZ (Barockbau 1729 von J. Ch. Simon aus Dresden; Orgel 1742 von G. Silbermann), LAUTERBACH (spätgotische Wehrkirche 2. H. 15. Jh., 1663 und 1776–1779 umgebaut, rest.; spätgotischer Flügelaltar Anfang 16. Jh., Maria mit Kind 1502/05 von P. Breuer), LENGEFELD (1886; reicher Orgelprospekt 1726), DÖRNTHAL (Wehrkirche im Kern vermutlich 13. oder 14. Jh., Chor 1520 bis 1539, bemalte Kassettendecke; spätgotischer Flügelaltar Anfang 16. Jh., großes Kruzifix 16. Jh.), PFAFFRODA (Silbermann-Orgel von 1715), LIPPERSDORF (urspr. Wehrkirche, im Kern Anfang 13. Jh., mehrfach umgebaut; Altaraufsatz um 1613, Freiberger Arbeit), MITTELSAIDA (Wehrkirche vermutlich 15. Jh., im 16. Jh. erweitert; Grabdenkmäler 16.–18. Jh.), CÄMMERSWALDE (spätgotisch 1419–1422; Orgel 1763 von A. G. Oehme), NASSAU (spätgotisch nach 1526; Silbermann-Orgel), BURKERSDORF (spätgotisch Anfang 16. Jh., Emporen und Decke bemalt), ZETHAU (Barockbau 1736; Orgel 1788 von A. G. Oehme; ummauerter Friedhof mit Torhaus), HELBIGSDORF (spätgotisch, 1726 erweitert; reiche Kanzel 17. Jh., Silbermann-Orgel 1728, Epitaph Ende 17. Jh.), LICHTENBERG (1648, umgestaltet 1799), WEIGMANNSDORF (Grabdenkmäler 1577 u. 18. Jh.), GROSSHARTMANNSDORF (Barockbau 1737/38, rest.; Altargemälde 1738 von J. B. Grone, Kanzel 1738 von J. F. Lücke, Orgel 1741 von G. Silbermann), LANGENAU (urspr. spätgotisch, 1663 und Anfang 18. Jh. verändert) und St. MICHAELIS (im Kern romanisch, 1697–1700 erweitert; ummauerter Friedhof mit Torhaus).

Stadt und Kreis Freiberg

Die Stadt Freiberg

Allmähliches Zusammenwachsen der Altstadt aus mehreren Siedlungskernen, daher unregelmäßige Straßenführung im Norden und Osten. Erste Siedlung das zwischen 1156 und 1161 gegründete »Christianesdorph« am östlichen Ufer des Münz-(Loßnitz-)Baches. Nach Entdeckung von reichen Silbervorkommen (1168) Herausbildung einer Bergmannssiedlung, nach ihren Bewohnern – Bergleuten aus dem Harz – »civitas Saxonum« (Sächsstadt) genannt (wahrscheinlich im Bereich der ehem. Donatskirche, jetzt Donatsfriedhof), zur Sicherung der Siedlung Errichtung einer markgräflichen Schutzburg (später Schloß Freudenstein) und Herausbildung eines Burglehns. Um 1180 Anlage einer Siedlung mit rechteckigem engem Straßennetz um die Nikolaikirche. Zwischen 1210 und 1215 planmäßige Anlage der Oberstadt um den Obermarkt (rechtwinkliges Straßengitternetz, im Zentrum rechteckiger Marktplatz), danach erst Ausbau des Untermarktes. 1218 urkundlich Friberch genannt. Um 1230 Gründung des Franziskaner- und Dominikanerkloster. Während des gesamten Mittelalters größte sächsische Stadt, Blütezeiten der Freiberger Kunst in der 1. H des 13. Jh. (Goldene Pforte) und um 1500 (Neubau des Domes, Tulpenkanzel, Meister der Freiberger Domapostel). Stadtbrände 1375, 1386, 1471 und 1484. 1765 Gründung der Bergakademie, seit 1945 Zentrum der montanwissenschaftlichen Lehre und Forschung in der DDR, zahlreiche Forschungsinstitute, u. a. für Nichteisenmetalle, Aufbereitung und Brennstoffe, nach 1951 Bau eines Hochschulviertels im Nordwesten der Stadt.

Dom und Untermarkt

Dom Unser Lieben Frauen. Gegründet im letzten V. 12. Jh., erster Bau Ende 12. Jh., nach dem Stadtbrand von 1484 vollständiger Neubau des Langhauses durch J. und B. Falkenwalt, vollendet 1500, 1585–1594 Umgestaltung des Chors zur Grablage der protestantischen Wettiner (Architekt G. M. Nosseni), letzte Restauration 1959–1971. Dreischiffige Hallenkirche, Netzgewölbe, schlanke Achteckpfeiler, zwischen den nach innen gezogenen Strebepfeilern Emporen mit balkonartigen Ausbuchtungen. Die Grablage der Wettiner vom Langhaus abgetrennt, im Ostteil zweigeschossige Renaissance-Wandgliederung in Form von Epitaphen, am Gewölbe Ankündigung des Jüngsten Gerichtes, illusionistisches Ineinandergreifen von Stuckplastik und Malerei. Am Langhaus zweigeschossige Anordnung der Fenster, niedriger Nordwestturm in der Flucht des nördlichen Seitenschiffes, Südwestturm (1931 aufgestockt) über die Flucht des Seitenschiffes nach Süden vortretend. Strebepfeiler des ehem. Chors (Grablage) durch Einfügen von Sockelprofilen und Kapitellen in ionische Pilaster umgewandelt. *Goldene Pforte* spätromanisch um 1230, urspr. farbig gefaßt an der Westfront der romanischen Kirche, Ende 15. Jh. an die Südseite versetzt, eines der frühesten und bedeutendsten deutschen Beispiele

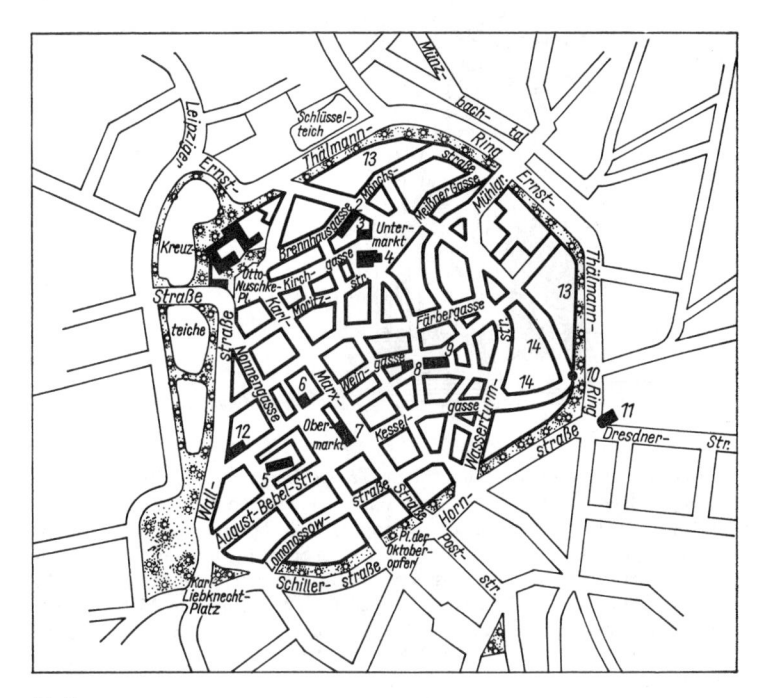

Freiberg
1 Schloß Freudenstein, 2 Mineraliensammlung, 3 Ehem. Thümerei mit Stadt- und Bergbaumuseum, 4 Dom Unser Lieben Frauen, 5 Petrikirche, 6 Ratskeller (ehem. Kaufhaus), 7 Rathaus, 8 Stadttheater, 9 Nikolaikirche, 10 Donatsturm, 11 Jakobikirche, 12 Naturkundemuseum, 13 Reste d. Stadtbefestigung, 14 Donats- und Pfarrgasse (ehem. Sächsstadt)

für die umfassende Verbindung von Architektur und Plastik, das Programm wahrscheinlich durch die Zisterzienser von Altzella vermittelt: Am linken Gewände (von außen nach innen) Daniel, Königin von Saba, König Salomo und Johannes d. T., am rechten Gewände Aaron, Bathseba, König David und Nahum, zu ihren Füßen und über ihren Häuptern Menschen- und Tierköpfe, im Tympanon thronende Madonna, links die hl. drei Könige, rechts Joseph und Erzengel Gabriel. In der ersten figürlichen Archivolte (von innen gerechnet) Marienkrönung und vier Erzengel, in der zweiten Abraham, die Seele der Gerechten empfangend, Apostel und Evangelisten, in der dritten zwei Engel, die Taube des hl. Geistes verehrend, Apostel und Evangelisten, in der vierten Auferstehende, darunter einige Aktfiguren, im Scheitel Auferstehungsengel. Von der *Ausstattung* des Langhauses besonders bemerkenswert: »Tulpenkanzel« (Korb und Schaft als phantastisches Gewächs gebildet, am Korb die vier

Freiberg, Dom, Goldene Pforte

Kirchenväter, unter der Baumstamm-Treppe Bergmann als Stützfigur und Prophet Daniel) um 1510 von H. Witten. »Bergmannskanzel« (Korb und Treppe von je einem Bergmann getragen) 1638. Spätromanische Triumphkreuzgruppe um 1230. Apostel-Zyklus an den Strebepfeilern um 1500/05 vom Meister der Freiberger Domapostel (vermutlich Ph. Koch). Orgel 1711 bis 1714 von G. Silbermann. Fürstenloge 1726/27 nach Entwurf von M. D. Pöppelmann. Zahlreiche Epitaphe 16.–18. Jh., darunter Arbeiten von F. Ditterich d. J. und G. Löbelt aus Leipzig. – Von der Ausstattung der Grablage (rest.) besonders bemerkenswert: In der Mitte Kenotaph des Kurfürsten Moritz (gest. 1553), aufgestellt 1563, Entwurf von B. und G. de Thola, Ausführung von H. Wessel aus Lübeck und A. van Zerroen aus Antwerpen, mächtiger dreigeschossiger Aufbau aus verschiedenfarbigem belgischem Marmor und Alabaster, bekrönt von der lebensgroßen knienden Gestalt des Kurfürsten. In der Südkapelle Grabmal der Kurfürstinnen Sophie von Sachsen (gest. 1711) und Wilhelmine Ernestine von der Pfalz (gest. 1706), plastischer Schmuck 1702–1704 von B. Permoser. An den Wänden des östlichen Chorteiles lebensgroße Bronzefiguren kniender Fürsten in reicher architektonischer Umrahmung, mit einer Ausnahme bis 1594 von C. de Cesare aus Florenz. – Von den *Nebengebäuden des Doms* besonders bemerkenswert: Spätgotische Annenkapelle (1512), zweischiffig, Rippengewölbe in »gewundener Reihung«; reicher Epitaph-Altaraufsatz 1674 von J. H. Böhme d. Ä., Madonna auf Engelskonsole 1513 von F. Maidburg, Putzritzzeichnung von 1236 aus der Kirche von Aue-Zelle. Im Kreuzgangjoch neben der Annenkapelle Begräbniskapelle der Familie v. Schönberg mit Stukkaturen (1672) von J. B. Haller; Epitaph (Kreuzigungsgruppe aus Alabaster) um 1672 von J. H. Böhme d. Ä., Taufstein gestiftet 1604.

Ehem. Thümerei Spätgotischer Gebäudekomplex nördlich des Doms: Früherer Domherrenhof (jetzt Stadt- und Bergbaumuseum) nach 1484, dreigeschossiges Eckhaus, an der Südseite Treppenturm, im Erdgeschoß Zellengewölbe (u. a.

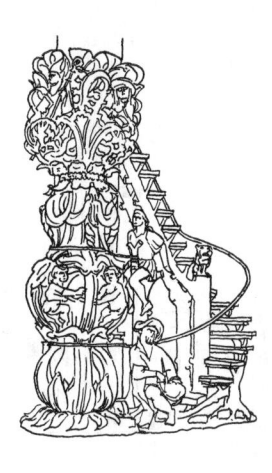

Freiberg, Dom, Tulpenkanzel

ehem. Refektorium). Häuser Untermarkt 1 (Superintendentur) und 2, in Nr. 2 Kreuzrippengewölbe. Ehem. Rektorat, zweigeschossiges Giebelhaus, Treppenturm, im Erdgeschoß Zellengewölbe. Domgasse 6 (ehem. Superintendentur), Eckhaus, Vorhangbogenfenster, hofseitiger Treppenturm. — *Stadt- und Bergbaumuseum,* u. a. obersächsische Plastik um 1500, darunter Werke von P. Breuer, Kunsthandwerk vorwiegend 17. und 18. Jh., darunter Pretiosen der Freiberger Berg- und Hüttenknappschaft, Geschichte und Technologie des Freiberger Bergbaus, bergmännische Volkskunst, Freiberger Betstube mit Kleinorgelwerk.

Bürgerhäuser: Untermarkt 5 umgebaut 1696. Untermarkt 21 Spätrenaissancebau, Erdgeschoß spätbarock verändert. Kirchgasse 11, ehem. Freihaus Anfang 16. Jh., nach 1679 Oberbergamt, Stern- und Netzgewölbe. Kirchgasse 13 Spätrenaissancebau, Portal mit schildhaltenden Bergleuten. Kirchgasse 15 Barockbau um 1670, urspr. Vierflügelbau, an der Hofseite des Nordflügels Rundturm. Brennhausgasse 5 Renaissancebau um 1550, Portal mit doppelter Pilasterstellung. Moritzstr. 24, Portal von 1589. Herderstr. 2 im Kern 2. H. 16. Jh., zwei Portale mit Bergmannshermen Mitte 17. Jh. Meißner Gasse 11, Spätrenaissancebau, Erker um 1670, rest. Meißner Gasse 22, reiches Renaissanceportal von 1540, rest. Mönchstr. 1 (sog. Unterhof) Anfang 16. Jh. und 1670.

Schloß Freudenstein (jetzt Jugendklub). Großer Renaissancebau 1566–1579 von H. Irmisch mit Benutzung älterer Reste, Steinmetzarbeiten von A. Lorentz, 1784–1805 Umwandlung in ein Militärmagazin, Rest. vorgesehen, annähernd rechteckige Anlage mit zwei Höfen, durch wiederholte Umbauten entstellt.

Von dem ehem. *Franziskaner-Kloster* (Mitte 16. Jh. abgebrochen) nur ein zweigeschossiges spätgotisches Gebäude (Mönchsstr. 3) mit Kielbogenfenstern und Zellengewölben erhalten.

Freiberg, Markt mit Rathaus

Beachtliche Reste der *Stadtbefestigung* (Anfang 15. Jh.) zwischen Schloß Freudenstein und Mönchsstr. erhalten.

Oberstadt und Obermarkt

Rathaus. Spätgotischer Bau Anfang 15. Jh. (Turm zwischen 1429 und 1442), vielfach überarbeitet, zuletzt 1857 und 1920, rest. Langgestreckter rechteckiger Grundriß, zweigeschossig, vor der Marktfront quadratischer Turm, Erker 1578 von A. Lorentz, Hauptportal 1775, an der Rückseite turmartiger Risalit mit Schweifdach 1672, von den Innenräumen erhalten: Flur des Obergeschosses mit drei spitzbogigen Arkaden, nordwestlich davon die frühere Ratsstube (Stadtverordnetensaal) mit Balkendecke, daneben ehem. Rats- bzw. Silberkammer (jetzt Archiv) mit Archivausstattung von 1635, ferner in der Südwestecke des Obergeschosses Ratssitzungszimmer mit Stichkappen-Muldengewölbe (Schrankeinrichtung von 1700) sowie im Turm kleine Lorenzkapelle mit Sterngewölbe und Kielbogenportal.

Kaufhaus (Ratskeller, Obermarkt 16), Renaissancebau 1545/46 vermutlich von S. Lorentz d. Ä., dreigeschossiges Eckgebäude, an der Marktseite reiches Frührenaissance-Portal, an der Kaufhausgasse Saaltrakt, im Erdgeschoß zweischiffig mit Kreuzgewölben auf toskanischen Säulen, im Obergeschoß Festsaal von 1685 mit Ausmalung Anfang 18. Jh.

Petrikirche. Vorgängerbau etwa 1210–1218, kreuzförmige Basilika mit Doppelturmfront und Rundtürmen über Nebenapsiden, nach Brand 1729–1734 Umbau zur Hallenkirche und Einwölbung, dreischiffig mit Querschiff und kuppeligen Kreuzgewölben im Mittelschiff, im Westen zwei Türme (Fauler und

Petriturm), ein dritter (Hahnenturm) an der Ostseite des südlichen Querschiffsarmes; Kanzel 1733, Taufstein und Lesepult 1734 von J. Ch. Feige d. Ä., Orgel 1733–1735 von G. Silbermann.

Bürgerhäuser: Obermarkt 1 im Kern spätgotisch, rest., im Innern Bergmannsdecken. Obermarkt 4 Barockbau 1680/81. Obermarkt 6 Frühbarockbau 1669, Mittelerker. Obermarkt 10 Frührenaissancebau 1542, dreigeschossiger Giebel mit Pilastern und Gesimsen. Obermarkt 17 Frührenaissancebau um 1530, reiches Portal von P. Speck, an der Hofseite Treppenturm. Obermarkt 18, Relief (Gottvater) um 1515 vermutlich von F. Maidburg. Obermarkt 23 (ehem. Ratsapotheke) spätgotisch um 1500, barock überarbeitet. Petriplatz 5 Renaissancebau Mitte 16. Jh. Petriplatz 7 spätgotisch um 1500, Backsteingiebel. Karl-Marx-Str. 27, 29 und 31 1616/17 von S. Hoffmann, Nr. 27 mit Volutengiebel, reichem Eckerker und Wendelstein. Karl-Marx-Str. 44–46 Barockbau Ende 18. Jh., weiträumiges Stiegenhaus. Karl-Marx-Str. 16 Frühbarockbau 1668 von M. Böhme (drittes Obergeschoß 1861). Karl-Marx-Str. 23 Barockbau um 1730, verändert 1874, dreiachsiger Mittelrisalit. Karl-Marx-Str. 50 und 58, reiche spätgotische Fenster mit Stabwerk. Waisenhausstr. 10 (Naturkundliches Museum) spätgotisch Anfang 15. Jh., umgebaut 1882, aus westlichem Giebelhaus und östlichem Breithaus um 1672 zusammengefügt. August-Bebel-Str. 1a Barockbau um 1765, August-Bebel-Str. 13, größeres spätgotisches Kaufmannshaus von 1516. August-Bebel-Str. 46 spätgotisch um 1500, Sitznischenportal, im Erdgeschoß Sterngewölbe. Borngasse 20, Portal um 1610. Enge Gasse 1, an der Ecke Nische mit Anna selbdritt 1515 vom Meister der Freiberger Domapostel.

Kornhaus (jetzt Lagerhaus). Dreigeschossiger spätgotischer Bau um 1490, in die Stadtbefestigung einbezogen.

In Donats- und Pfarrgasse (ehem. Sächsstadt) noch einige *Bergarbeiterwohnhäuser* aus dem 16. Jh.

Bauten um die Nikolaikirche

Nikolaikirche (jetzt profaniert). Dreischiffige spätgotische Hallenkirche (Chor Ende 14. oder Mitte 15. Jh., Langhaus nach 1484) mit romanischen Türmen um 1185, das Innere 1750–1752 durch J. Ch. Knöffel und J. G. Ohndorff barock umgestaltet. Bemerkenswerte Ausstattungsstücke: Hochaltar 1752 von J. G. Stecher, Plastik von G. Knöffler, Altarbild (Himmelfahrt Christi) von C. W. E. Dietrich. Kanzel und Taufe 1752 von J. F. Geilsdorf.

In der neugotischen *Jakobikirche* (1890–1892) bemerkenswert: Reicher Altaraufsatz 1610 von B. Ditterich und S. Grösgen. Taufstein 1555 von H. Walther (II). Orgel 1716/17 von G. Silbermann, Prospekt von E. Lindner. Altarkruzifix aus Elfenbein, um 1710 von B. Permoser. — Auf dem *Donatsfriedhof* (gegr. 1521) Grabdenkmäler 18./19. Jh.

Beachtliche Reste der *Stadtbefestigung* zwischen Terrassen- und Donatsgasse, darunter der spätgotische Donatsturm (15. Jh.), dreigeschossig mit Ringgewölben, oberes Geschoß mit Geschützöffnungen, Kegeldach von 1515.

Bauten außerhalb der Altstadt

In der *Johanniskirche* (1659–1661, 1958 stark vereinfacht wiederhergestellt) südwestlich des Scheringer-Parks bemerkenswerter spätgotischer Flügelaltar (im Schrein Anna selbdritt) Anfang 16. Jh., Altenburger Arbeit.

Krematorium. 1927/28 nach einem Entwurf von G. Salzmann.

Grube Alte Elisabeth (Fuchsmühlenweg). Bereits im 16. Jh. erwähnt, älteste Dampfförderanlage des Erzgebirges (1848–1850), schindelgedeckte Gebäude und Schornsteine, Schacht mit alter Radstube, Schlägelort von 42 m Länge, Gebläse in gotisierenden Formen (1830), bis 1925 in Betrieb; jetzt Lehrgrube der Bergakademie, die Übertageanlagen Besichtigungsobjekt.

Ehem. Abrahamschacht (Himmelfahrtsgasse), gut erhaltene Großanlage des Freiberger Bergbaus um 1840: Treibehaus für Wassergöpelanlage 1839, Bergschmiede 1834, Scheidebank 1840/42, Setzwäsche 1834, Verwaltungsgebäude 1846, Huthaus 1813, Mannschaftshaus um 1790.

Der Kreis Freiberg

BIEBERSTEIN. *Altes Schloß* (jetzt privat genutzt), auf alten Grundmauern 1721 als Eremitage eingerichtet. – *Neues Schloß* (jetzt Jugendherberge), im wesentlichen 1666 mit Benutzung mittelalterlicher Teile, um 1710 stark verändert, verschobener rechteckiger Grundriß. – *Dorfkirche*, im wesentlichen 1676 mit Benutzung älterer Teile; Altaraufsatz 1679, Plastik von J. S. Kirmser d. Ä., Malereien von Ch. Gärtner aus Freiberg.

OBERBOBRITZSCH. In der *Dorfkirche* (im Kern mittelalterlich, 1710 erneuert, Äußeres im 20. Jh. entstellt) ungewöhnlich reicher spätgotischer Flügelaltar (im Schrein die Hl. Katharina, Nikolaus und Barbara) von 1521, die Gemälde unter süddeutschem Einfluß, sowie Silbermann-Orgel von 1716.

Bemerkenswerte technische Denkmäler in GROSS-SCHIRMA (ehem. Grube Churprinz Friedrich-August, großes Fachwerkhuthaus vom Ende des 18. Jh. und neugotischer Unterer Wächter um 1830), ZUG (Huthaus Beschert Glück mit mächtigem Krüppelwalmdach und schlankem Dachreiter, erbaut 1780) und HALSBACH (große Straßenbrücke von 1569 über die Mulde).

Bemerkenswerte Schlösser in WEISSENBORN (burgartig geschlossene Anlage, im wesentlichen spätgotisch 16. Jh.) und REINSBERG (unregelmäßige Anlage, nach Brand bis 1648 auf mittelalterlichen und Renaissance-Grundlagen wiederaufgebaut).

Bemerkenswerte Pfarr- und Dorfkirchen in WEISSENBORN (spätgotisch 16. Jh.; Taufstein 1560, Grabdenkmäler 16. und 17. Jh., Felderdecke mit Malereien 17. Jh.), TUTTENDORF (Barockbau 1705–1710, reiche Stuckdecke), NAUNDORF (Barockbau 1783; auf dem Friedhof Grabstein eines Fuhrmanns, gest. 1580), NIEDERSCHÖNA (im wesentlichen 1755; Silbermann-Orgel 1715/16), OBERSCHAAR (im Kern mittelalterlich; kleiner Altaraufsatz 1662), DITTMANNSDORF (Renaissancebau 1594; Kanzel Ende 16. Jh., Arbeit der Lorentz-Werkstatt), NEUKIRCHEN (Barockbau 1693–1695 und 1741, angefügt an den romanischen Chorturm, in der ehem. gotischen Apsis beachtliche Gewölbemalereien 14. Jh.; bedeutende barocke Ausstattung von 1741, aus dem Vorgängerbau achtzehn Tafeln mit Szenen aus dem Neuen Testament 3. V. 16. Jh.), HIRSCHFELD (zweischiffiger Renaissancebau 1582 in spätgotischer Tradition mit Netzgewölben; Grabstein v. Mengental, gest. 1556), REINSBERG (Barockbau 1771–1773), SIEBENLEHN (Barockbau 1764–1766), LANGHENNERSDORF (spätgotisch 1530–1534, an der Nordseite Wendelin-Kapelle Ende 13. Jh.), WEGEFAHRT (Grabdenkmäler 17. Jh.), KLEINSCHIRMA (im Kern 14. Jh.; Altaraufsatz 1614 von B. Ditterich; in der Nähe barocker Gasthof, Dreiflügelanlage) und OBERSCHÖNA (Barockbau 18. Jh.; Kanzelaltar 1766 von J. G. Stecher).

Die Kreise Flöha und Hainichen

AUGUSTUSBURG. *Jagdschloß* (jetzt Motorrad-, Tierkunde- und Jagdmuseum sowie Jugendherberge), Renaissancebau, erster Entwurf wohl italienischer Herkunft, Bauleiter 1568–1572 H. Lotter aus Leipzig, unterstützt von E. van der Meer, Oberaufsicht ab 1572 Graf Rochus zu Lynar, von den Steinmetzen urkundlich genannt P. Wiedemann aus Leipzig, N. Hofmann aus Halle und N. Gromann, 1798–1802 von Ch. T. Weinlig nüchtern wiederhergestellt, um-

Augustusburg, Schloßportal

fassende Restaurierung im Gange. Vierflügelanlage um einen Hof in Form eines griechischen Kreuzes, quadratische Eckbauten mit gedrungenen turmartigen Aufsätzen, im Norden, Westen und Süden durch schmale Flügel, im Osten durch Schloßkapelle miteinander verbunden, in der Mittelachse des Nord- und Südtraktes Portale, über dem Südtor Glockenturm, von der Ausstattung der Wohn- und Festräume nur Reste erhalten: im sog. Hasensaal Bilderzyklus nach dem Motiv der verkehrten Welt (Krieg der Hasen gegen die Menschen) sowie Wandgemälde im Venussaal, beide von H. Göding. — *Schloßkapelle,* einschiffiger Raum mit Tonnengewölben und an drei Seiten umlaufenden zwei- und dreigeschossigen Emporen, entworfen 1568 von E. van der Meer, geweiht 1572, rest. Bemerkenswerte Ausstattungsstücke: Altaraufsatz 1571 von W. Schreckenfuchs aus Salzburg, Gemälde (Kurfürst August mit Familie vor Gekreuzigtem) von L. Cranach d. J. Kanzel 1573, Brüstungsgemälde (Marienleben und Passion Christi) von L. Cranach d. J. — *Nebengebäude:* Im Norden Torhaus (nur mittlerer Teil alt), im Süden Stallhof mit Wirtschaftsgebäuden (Kutschensammlung), in seiner Mitte Brunnenhaus mit Göpelwerk (nach Brand 1831). — *Gaststättenräume* mit historischer Ausmalung. — In der kleinen Stadt unterhalb des Schlosses spätklassizistische *Pfarrkirche* (1840 bis 1845) mit Ausstattung des späten 19. Jh.

OEDERAN. *Rathaus,* Renaissancebau 1575, verändert 1780, an der Nordwestecke Runderker mit figürlichen Reliefs und Ornamenten, im Erdgeschoß zweischiffige gewölbte Halle. — In der spätgotischen *Pfarrkirche St. Marien* (erneuert 1709–1727, eingreifend rest. 1890–1892) bemerkenswerte Orgel 1725–1727 von G. Silbermann. — *Heimatmuseum* (Pfarrgasse 5), u. a. Weberstube und erzgebirgische Volkskunst sowie Materialien zur Geschichte der Stadt und der örtlichen Arbeiterbewegung.

LICHTENWALDE. *Schloß* (jetzt von der Kulturakademie des Bezirks genutzt), Barockbau 1722–1726, eklektizistisch verändert 1905–1907, Dreiflügelanlage, Mittelbau mit Portalrisalit und Dachreiter, Treppenhaus mit zweiläufiger Stiege, im Chinazimmer (ehem. Porzellankammer) Wandverkleidung mit chinesischen Motiven. — *Schloßkapelle* (östlich des Nordtraktes), im Kern 15. Jh., einschiffig, Kreuzrippengewölbe, Chor mit Flachdecke; Altaraufsatz und Taufstein 18. Jh. — Südlich der Kapelle Pavillon mit Pilastergliederung und Ornamenten Anfang 18. Jh. — *Schloßpark,* hervorragendes Beispiel der barocken Gartenkunst 1730–1737, Entwurf vielleicht von Z. Longuelune, Ausführung in Anlehnung an den Boseschen Garten in Leipzig von A. F. Wehmann aus Braunschweig, Plan nicht vollständig verwirklicht, erhalten Pavillons an der großen Brunnenanlage und mehrere Skulpturen an den Treppen und Wasserkünsten; umfassende Rest. im Gange.

SACHSENBURG. *Schloß* (jetzt Jugendwerkhof), spätgotisch 1488 von H. Reynhart mit Benutzung älterer Teile, im Dreißigjährigen Krieg entstellt, später mehrfach verändert, Erneuerung nach Dachstuhlbrand seit 1979. Unregelmäßige, dem Rand des Berges folgende Anlage um einen annähernd dreieckigen Hof, Vorhangbogenfenster, im Erd- und Hauptgeschoß einige

Höfchen, Schloß Kriebstein

Räume mit Zellengewölben, im Ostteil einschiffige Kapelle mit Kreuzrippengewölbe. — In der urspr. romanischen *Dorfkirche* (im 18. und 19. Jh. verändert) bemerkenswerter gemalter spätgotischer Flügelaltar (im Schrein Anbetung der Könige) um 1500.

MITTWEIDA. *Pfarrkirche St. Marien,* urspr. frühgotisch, 1450 abgebrannt, seit 1454 in spätgotischen Formen wiederaufgebaut, Chor von Arnold von Westfalen, angeblich 1467 gewölbt, Ausbau des Langhauses bis ins 16. Jh. Dreischiffig, Netzgewölbe, nördliches Seitenschiff wesentlich niedriger als die anderen Schiffe, Chor mit Sterngewölbe aus der Achse nach Süden gerückt, Nordportal mit figürlichem Schmuck (um 1430), reiches Fenster-Maßwerk, mächtiger quadratischer Westturm (im wesentlichen 1516—1522); Altaraufbau 1661 von V. Otte und J. Richter aus Meißen, Sakramentshaus spätes 15. Jh., Kanzel 1667 von A. C. Buchau aus Dresden. — *Bürgerhäuser:* Emmerichsches Eckhaus am Markt, Sitznischenportal mit reicher Frührenaissance-Bekrönung. Am Markt ferner einige schlichte Häuser des 18. Jh. — *Heimatmuseum* (Kirchberg 3/5), u. a. Plastik aus Kirchen der Umgebung 15.—17. Jh.

HÖFCHEN. *Burg Kriebstein* (jetzt Kreismuseum), unregelmäßige Anlage auf annähernd ovalem Grundriß, Hauptbauzeit 1384—1408, nach 1471 Tätigkeit Arnolds von Westfalen, weiterer Ausbau um 1564, 1866 stark verändert. Besonders bemerkenswert die Kapelle (spätromanisch um 1200) mit Kreuzgratgewölbe sowie Wand- und Deckenmalereien aus der 1. H. 15. Jh.; im sog. Bauernsaal spätgotischer Flügelaltar (im Schrein Heilige) um 1507 und gemalter Flügelaltar (Alexiuslegende) um 1520, Freiberger Arbeit. — *Kreismuseum,* u. a. Geschichte der Burg und der bäuerlichen Frondienstbarkeit bis zum 19. Jh.

HAINICHEN. In der *Pfarrkirche* (1896—1899) bemerkenswerter spätgotischer Flügelaltar (im Schrein Anna selbdritt mit hl. Sippe) 1515 und Flügelaltar

(Nikolaus zwischen zwei weiblichen Heiligen) Anfang 16. Jh. – *Heimatmuseum* (Platz der DSF 9), u. a. Sammlung über Leben und Werk des Dichters Ch. F. Gellert, geb. 1715 in Hainichen.

Bemerkenswerte Pfarr- und Dorfkirchen in FLÖHA (spätgotisch Ende 15. Jh., Langhaus 1741 umgebaut, rest.; spätgotischer Flügelaltar um 1500, Taufstein um 1595 von M. Hegewald), SCHELLENBERG (Barockbau 1777 von J. Ch. Uhlmann), DITTMANNSDORF (gemalter spätgotischer Flügelaltar 1497 von H. Hesse), LEUBSDORF (Barockbau 1790), BORSTENDORF (klassizistisch 1820), GROSSWALTERSDORF (klassizistisch 1829–1831 von Ch. F. Uhlig; gediegene Ausstattung), KLEINHARTMANNSDORF (spätgotisch Ende 15. Jh.; Anna selbdritt um 1510 vermutlich vom Meister der Freiberger Domapostel), GAHLENZ (Barockbau 1765–1768 von J. Ch. Uhlmann und J. G. Ohndorff), FRANKENSTEIN (Barockbau 1746; reicher Kanzelaltar Mitte 18. Jh., Silbermann-Orgel 1752), LANGENSTRIEGIS (spätgotischer Flügelaltar um 1520), FRANKENBERG (Barockbau 1741 von J. G. Ohndorff; Messing-Grabplatten 1680 und 1751; in der Nähe zweigeschossiger Renaissancebau mit hohem Giebel 1553), RINGETHAL (urspr. romanisch, 1490 verändert), ROSSAU (urspr. romanisch, Anfang 16. Jh. umgebaut, Ausstattung 18. Jh.; spätgotischer Flügelaltar 1521, Christus im Elend um 1500, Kreuzigungsgruppe und trauernde Maria Anfang 16. Jh.), BEERWALDE (Grabdenkmäler 16.–18. Jh., v. Ponickau) und MARBACH (Barockbau 1770).

Kreis Rochlitz

ROCHLITZ. *Schloß* (jetzt Heimatmuseum und Behördenhaus), als Burgward gegründet, im Kern 12. und 13. Jh., in der Zeit der Spätgotik gründlich umgestaltet, Vorburg im Osten 1645 zerstört, Ruinen 1717 abgetragen. Die Gebäude des Oberschlosses um unregelmäßigen Hof gruppiert: Im Osten sog. Querhaus, in seinem Obergeschoß mehrere Räume mit reichen Balkendecken und Vorhangbogenfenstern, mit dem Querhaus verbunden die einschiffige Kapelle (Reste spätgotischer Wandmalereien), im Norden Fürstenhaus (erneuert 1537–1547, Obergeschoß um 1590), im Inneren großer und kleiner Wendelstein, im Süden niedrige Gebäude aus verschiedenen Bauzeiten, am Westende die sog. Jupen, zwei mächtige Türme (Anfang 13. Jh., um 1390 erneuert) mit gotischen Spitzhelmen. – *Heimatmuseum*, u. a. bemalte bäuerliche Keramik 18./19. Jh. – *Rathaus*, klassizistisch 1828. – *Bürgerhäuser:* Rathausstr. 20 1805–1817, Dreiflügelbau. Mühlgraben 10 (ehem. Baderei) 1707. Mühlplatz 5, Renaissance-Portal von 1678. – *Petrikirche*, dreischiffige spätgotische Hallenkirche (Chor 1470, Langhaus 1476, Gewölbe 1499) mit Netz- und Sterngewölben. – *Kunigundenkirche*, dreischiffige spätgotische Hallenkirche (gewölbt 1476) mit Netz- und Sterngewölben, Langhaus über annähernd quadratischem Grundriß, seine Südseite als Hauptschauseite ausgebildet, im

Westen querrechteckiger Turmunterbau mit achteckigem Mittelturm und seitlichen Turmstümpfen. Von der Ausstattung besonders bemerkenswert: Spätgotischer Hochaltar mit dreifachen Flügeln (im Schrein Kaiser Heinrich II. und Kaiserin Kunigunde zwischen Anna selbdritt und Apostel Thomas) 1513 vom Meister der Freiberger Domapostel (Ph. Koch), qualitätvolle Flügelgemälde, die vier Tafeln der ersten Wandlung (Apostel und Nothelfer) vielleicht von Hans Dürer. Gemalter Flügelaltar (Passahmahl) um 1521 von einem Cranach-Schüler. Altarschrein (Anna selbdritt mit den Hl. Katharina und Barbara) Anfang 16. Jh. Zwei Tonfiguren (Heinrich und Kunigunde) um 1476.

WECHSELBURG. *Stiftskirche* des ehem. Augustiner-Chorherren-Stiftes Zschillen, gegründet vor 1168, romanischer Bau zwischen 1160 und 1180 (Teilweihe 1168), Inneres im 15. Jh. und 1683/84 umgestaltet, letzte Erneuerung bis 1974. Dreischiffige Pfeilerbasilika mit Querschiff, im Mittelschiff Netzgewölbe von 1474, in den Seitenschiffen Kreuzrippengewölbe 15. Jh., Chorgewölbe 1872, am Westende des Langhauses Empore, an den Ostseiten der Querschiffsarme Apsiden, Chor mit Apsis, ihre Außenseite mit Lisenen, Halbsäulen und Rundbogenfriesen gegliedert, an der Nordseite des Langhauses offene Vorhalle mit zwei Säulenportalen (im linken Tympanon Kampf des Basilisken mit dem Löwen, im rechten Agnus Dei), querrechteckiger Westbau. *Bildwerke des spätromanischen Lettners* um 1230–1235, der Lettner gegen 1683 abgebrochen, die Bildwerke lange Zeit in der Kirche verteilt, 1971/72 Rekonstruktion des Lettners: Über dem mittleren Durchgang die Kanzel, an der Vorderseite Christus mit den Evangelistensymbolen, begleitet von Maria und Johannes d. T., an der linken Seite Aufrichtung der ehernen Schlange, an der rechten Opferung Isaaks; an der Lettnerwand Salomo, Prophet und Abraham (rechts) sowie Daniel, David und Melchisedek (links). Über dem Lettner Triumphkreuzgruppe, zu Häupten Christi Gottvater mit der Taube, in den seitlichen Dreipässen je ein Engel, am Fußende des Kreuzes der wiedererweckte Adam, zu Füßen von Maria und Johannes zwei unterworfene Könige, Heidentum und Judentum symbolisierend. Grabmal des Stifterpaares Dedo von Groitzsch (gest. 1190) und seiner Frau Mechthild (gest. 1189), um 1235. — Das schlichte barocke *Schloß* (jetzt Kinderheilstätte) auf den Grundmauern der romanischen Klausur, westlich davon sog. Kleines Schloß, teilweise spätgotisch, im Barock stark verändert. In den Grundzügen erhaltener barocker Schloßgarten. — *Torbauten:* An der Nordseite der Stiftskirche Torbau von 1476, im Nordosten äußeres Tor, im Kern spätgotisch, im 18. Jh. erweitert. — *Pfarrkirche St. Otto*, einschiffiger Barockbau (1730–1737) mit reicher Stuckdecke; Kanzel und Taufe der Entstehungszeit, Altaraufsatz (im Mittelteil Kreuzigungsgemälde 1837 von L. Castelli) 1737.

GÖHREN. *Eisenbahnbrücke* über die Zwickauer Mulde, 1869–1871, zweigeschossig mit 21 Bögen. — In der spätromanischen *Dorfkirche* in Göhren bemerkenswerter spätgotischer Flügelaltar (im Schrein Anna selbdritt mit den Hl. Katharina und Georg) aus dem Jahre 1512 von F. Geringswald aus Altenburg.

ROCHSBURG. *Schloß* (jetzt Museum und Jugendherberge), gegründet im 12. Jh., unregelmäßige, den unterschiedlichen Geländehöhen angepaßte Anlage, im wesentlichen spätgotisch zwischen 1470 und 1482 (1472–1475 Mitwirkung Arnolds von Westfalen urkundlich gesichert), durchgreifende Umbauten nach den Bränden von 1547 und 1582, beendet 1596. Der Hauptbau mit vier Flügeln um annähernd rechteckigen Hof, besonders bemerkenswert: im Westflügel Kemenate mit eingebautem Wendelstein, im Ostflügel hochmittelalterlicher Bergfried, Alte Kemenate mit Stichkappen-Tonnengewölbe des 16. Jh. sowie die St.-Annen-Kapelle, trapezförmiger Grundriß, Netzgewölbe vor 1523 von C. Kraft, reicher Altaraufsatz 1576 von A. Lorentz, inmitten des Hofes altes Brunnenhaus. Im Westen der Kernburg Wirtschaftsgebäude und Pulverturm, im Nordosten Haupteingang mit Torturm und Rundbastion, vor der Brücke kleines Rondell, nordöstlich der Burg Lusthaus des 16. Jh., Rundbau mit umlaufender Holzgalerie. – *Schloßmuseum*, u. a. Barock-, Rokoko-, Empire- und Biedermeierzimmer. – In der romanischen *Dorfkirche* (2. H. 12. Jh.) bemerkenswertes Freigrab des Wolf v. Schönburg und seiner Frau nach 1581 von S. Lorentz aus Freiberg.

PENIG. In der spätgotischen *Pfarrkirche Unser Lieben Frauen auf dem Berge* (1476–1515, Turm 1476–1494, bemalte Felderdecke 1688 von C. Seitz, rest.) besonders bemerkenswert: Altaraufsatz 1564 von Ch. Walther (II). Taufstein 1609 von G. Eckhardt. Holzkruzifix 1619. Luther als Junker Jörg 1537 von L. Cranach d. Ä. Grabdenkmäler 16. und 17. Jh., darunter Arbeiten von A., S. und U. Lorentz. – *Friedhofskirche St. Ägidius* (urspr. Pfarrkirche von Altpenig), schlichter romanischer Bau aus der 2. H. 12. Jh. – *Schloß* (jetzt Wohnhaus), schlichter Renaissancebau des 16. Jh., stark verändert. – *Rathaus*, dreigeschossiger Renaissancebau (1545/46) mit reichem dreiteiligem Hauptportal. – *Bürgerhäuser:* Platz der Solidarität 8 17. Jh., Portal. Platz der Solidarität 9 1748, Tür mit reichen Schnitzereien. Fritz-Gröbe-Platz 6, Tür von 1730. Karl-Marx-Str. 11 18. Jh.

WIEDERAU. *Clara-Zetkin-Gedächtnisstätte* (ehem. Pfarrhaus, Geburtshaus von Clara Zetkin), Sammlung über Leben und Werk der großen Sozialistin, Mitbegründerin der III. Internationale und Führerin der proletarischen Frauenbewegung, geb. 1857.

SEELITZ. *Dorfkirche* (ehem. Wallfahrtskirche), spätgotisch (Anfang 16. Jh., rest.) mit Netz- und Sterngewölben; Altaraufsatz und Kanzel 1771 von J. G. Stecher aus Penig, spätgotischer Flügelaltar (im Schrein Anna selbdritt) Anfang 16. Jh., figürliche Grabdenkmäler 1592 und 1601.

Bemerkenswerte Pfarr- und Dorfkirchen in KÖNIGSFELD (Barockbau 1754; reicher Epitaph-Altar 1613 von M. Röhling aus Freiberg, Kanzel 1636 von Ch. Hiller aus Penig), ELSDORF (romanisch um 1200), LUNZENAU (Barockbau 1787–1789), MARKERSDORF (spätromanisch 1. H. 13. Jh., später verändert), TOPFSEIFERSDORF (spätgotischer Flügelaltar Anfang 16. Jh., Grabdenkmäler 2. H. 16. Jh.), KÖNIGSHAIN (Barockbau

1764–1766), ERLAU (spätgotisch mit Renaissance-Elementen um 1541; spätgotischer Flügelaltar um 1500), NAUNDORF-GEPÜLZIG (Barockbau 1778), CROSSEN (im Kern romanisch; spätromanischer Taufstein, spätgotische Schnitzfiguren), SCHWEIKERSHAIN (Totenschilde 18. und frühes 19. Jh.), ALTGERINGSWALDE (spätgotischer Flügelaltar um 1500) und ZETTLITZ (spätklassizistisch 1847/48 von Ch. F. Uhlig; spätgotischer Flügelaltar Ende 15. Jh.).

Die Kreise Hohenstein-Ernstthal, Glauchau und Werdau

HOHENSTEIN-ERNSTTHAL. In der barocken *Pfarrkirche St. Christophorus* (1756/57 nach Plänen von J. G. Ohndorff mit Benutzung älterer Fundamente, 1889 außen und innen verändert) im Ortsteil Hohenstein bemerkenswerter Taufstein um 1610 von M. Hegewald und Orgelprospekt Mitte 18. Jh. — *Bürgerhäuser:* Friedrich-Engels-Str. 1 Fachwerkbau 17. Jh. Markt 6 und 30, Dresdener Str. 19 und 34 Barockbauten. In der Hermannstr. Weberhäuser.

OBERLUNGWITZ. *Dorfkirche,* klassizistisch 1804; Kanzel und Taufe der Entstehungszeit. — *Dorfkirche* (ehem. Abtskapelle des Klosters Grünhain), im wesentlichen 1750, im 19. Jh. verändert; Reste eines spätgotischen Flügelaltars um 1500. — In NIEDERLUNGWITZ *Blockspeicher* (Waldenburger Str. 15) aus dem 18. Jh. sowie *Drei- und Vierseithöfe* in Fachwerkbauweise.

WOLKENBURG. *Schloß* (jetzt Wohnhaus), unregelmäßige Anlage um annähernd ovalen Hof, im Kern vermutlich 13. Jh., besonders im 18. Jh. stark verändert, im Ostflügel Hauptsaal mit klassizistischen Stuckarbeiten (Ende 18. Jh.). — In der gotischen *Alten Dorfkirche* (um 1400) bemerkenswerter Epitaph-Altaraufsatz 1657 von J. Böhme. — *Neue Dorfkirche* (früher Schloßkirche), klassizistisch 1794–1804 von J. A. Giesel, farbige Felderdecke, an den Längsseiten Portikus-Vorbauten mit gußeisernen Reliefs (Lauchhammer-Güsse) nach Entwürfen von Ch. D. Rauch; in der Taufkapelle Gemälde (Christus und die Kinder) von F. A. Oeser und H. V. Schnorr v. Carolsfeld. — *Schloßpark* mit zahlreichen Lauchhammer-Eisenkunstgüssen, u. a. nach Entwürfen von Th. Wiskotschill.

WALDENBURG. *Pfarrkirche St. Bartholomäus,* zweischiffiger spätgotischer Bau (begonnen 1. H. 15. Jh., eingewölbt 2. H. 15. Jh.) mit Netz- und Sterngewölben; Epitaph H. v. Schönburg 1567 von Ch. Walther (II). — *Kath. Kapelle,* interessanter Neubau von 1965. — *Heimatmuseum* (Geschwister-Scholl-Platz 1), u. a. sakrale Kunst, darunter zwei Arbeiten von P. Breuer, Waldenburger Steinzeug, Bauernmöbel. — In der Nähe des Ortes *Park Grünfeld,* urspr. Barockanlage, 1780–1795 in großen Landschaftspark (104 ha) umgewandelt, mehrere Gartenarchitekturen, darunter Mausoleum (1813 bis 1819) sowie Badehaus und Gesundheitsbrunnen (um 1790).

GLAUCHAU. *Schloß Hinterglauchau* (jetzt Städtisches Museum), unregelmäßige Anlage um annähernd dreieckigen Hof, im wesentlichen um 1480 und 1527–1534 mit Benutzung älterer Teile. Hauptflügel an der Ostseite vermutlich unter dem Einfluß Arnolds von Westfalen, in seinem Erdgeschoß Kapelle mit Kreuzrippengewölbe, im Obergeschoß sog. Steinerner Saal (um 1720 in mehrere Räume unterteilt) mit reicher Stuckdecke, am Nord- und Westflügel Giebel, Erker und Astwerkportale nach 1525. – *Städtisches Museum,* u. a. spätgotische Plastik, Gemälde und Plastik des 19. und 20. Jh. (Gaul, Klinger, Kolbe, Kuehl, Sterl), graphisches Kabinett; Meißener Porzellan (Kaendler-Figuren, Marcolini-Service). – *Schloß Forderglauchau* (jetzt Kreisbibliothek und Archiv), hufeisenförmige Anlage, 1527 bis 1534 vermutlich unter Leitung von A. Günther aus Komotau, später mehrfach verändert. – In der barocken *Pfarrkirche St. Georg* (1726–1728 mit Benutzung gotischer Umfassungsmauern) bemerkenswert: Spätgotischer Flügelaltar (im Schrein Anna selbdritt) um 1510. Orgel 1730 von G. Silbermann. – *Gottesacker* (angelegt 1556) mit reichem Renaissance-Portal von 1580/85. – *Dorfkirche* (Ortsteil Gesau), Barockbau 1741; Kanzelaltar (Moses und Aron) 2. H. 18. Jh. und sitzender Taufengel 1756. – Spätromanische *Dorfkirche* im Ortsteil Jerisau.

CRIMMITSCHAU. *Pfarrkirche St. Laurentius,* dreischiffige spätgotische Hallenkirche (1513, Chor bereits 14. Jh.) mit Sterngewölben von Assmann Pfeffer. – *Gedenkstätte Crimmitschauer Textilarbeiterstreik 1903/04* (Straße der Befreiung 1). – Im Ortsteil Frankenhausen *Zisterzienser-Nonnen-Kloster,* gegründet um 1290, ein ehem. Wohn- und ein Wirtschaftsgebäude mit spätgotischen Giebeln erhalten. – In der urspr. romanischen *Dorfkirche* (1729 erneuert) bemerkenswertes spätgotisches Kruzifix um 1500.

BLANKENHAIN. *Schloß* (jetzt Landwirtschaftsmuseum), urspr. mittelalterliche Wasserburg, im wesentlichen 16.–18. Jh., nach Brand 1661 wiederaufgebaut und mehrfach verändert, rest., rechteckiger Grundriß, dreigeschossig, zwei Treppentürme. – In der *Dorfkirche* (im wesentlichen 1714 mit Benutzung älterer Teile) bemerkenswerte Schnitzfiguren vom ehem. Altar 17. Jh.

WERDAU. *Pfarrkirche St. Marien,* einschiffiger Barockbau (1760–1764 von S. Locke aus Dresden) mit Spiegelgewölbe und umlaufenden Emporen; Altaraufsatz, Kanzel und Orgelprospekt der Entstehungszeit. – *Kreis- und Stadtmuseum* (Uferstr. 1), u. a. Werdauer Hauben, Zinn, Musikspielwerke.

RUPPERTSGRÜN. *Dorfkirche,* einschiffiger spätgotischer Bau (begonnen 1513) mit Sterngewölben und umlaufenden steinernen Emporen, getragen von Säulen mit Renaissance-Kapitellen; Kanzel und Taufstein der Entstehungszeit.

Bemerkenswerte Pfarr- und Dorfkirchen in BERNSDORF (überlebensgroßes Kruzifix 1515/20 von P. Breuer), WÜSTENBRAND (zwei Flügel eines Altars um 1511/12, Werkstatt des H. Witten), LANGENBERG (spätgotischer Flügelaltar um 1520), LANGENCHURSDORF (zwei kleine Altäre um 1480 vermutlich von J. Naumann aus Altenburg), RÖDLITZ (urspr. romanisch, 1863 erweitert), CALLBERG (Barockbau 1770–1796), GRUMBACH (1816/1817; Kruzifix um 1510 von P. Breuer), LOBSDORF (1792/93 von M. Zschirpe aus Kuhschnappel), WEIDENSDORF (ursprüngl. spätgotisch, im 18. Jh. verändert, bemalte Decke und Emporen), REMSE (urspr. spätromanisch, im 18. Jh. verändert), NIEDERWINKEL (spätgotischer Flügelaltar Ende 15. Jh.), KAUFUNGEN (spätromanisch Anfang 13. Jh.; spätgotischer Flügelaltar um 1510; in der Nähe Zweiflügelanlage der Renaissance 16. Jh.), SCHWABEN (im Kern gotisch, spätgotisches Westportal), OBERWIERA (1821/22; spätgotische Schnitzfiguren), MEERANE (im Kern romanisch, mächtiger romanischer Chorturm 2. H. 12. Jh., rest.), WALDSACHSEN (im Kern romanisch, 1561 und 1730 verändert), NIEDERSCHINDMAAS (urspr. spätgotisch, im 18. und 19. Jh. verändert, bemalte Emporen), SCHLUNZIG (spätgotischer Flügelaltar um 1510/20), WERNSDORF (Chor um 1420, Langhaus 1786), KÖNIGSWALDE (spätgotischer Flügelaltar 1515 von D. Maler aus Zwickau), STEINPLEIS (spätgotische Kreuzigungsgruppe), LANGENBERNSDORF (zwei Kirchen, doch nur die eine bemerkenswert: spätgotisch 1517, erneuert 1614; spätgotischer Flügelaltar um 1500, Renaissance-Flügelaltar 1590 von Ch. L. Müller aus Annaberg), LANGENHESSEN (spätgotischer Flügelaltar 1508 vermutlich von L. Herrgott aus Zwickau), OBERALBERTSDORF (urspr. romanisch, erneuert 1740, bemalte Decke und Emporen; Anna selbdritt, Kruzifix und Heilige spätgotisch), NIEDERALBERTSDORF (im Kern vermutlich 16. Jh.) und LANGENREINSDORF (urspr. spätromanisch 1. H. 13. Jh., nach Bränden 1467 und 1515 verändert, bemalte Felderdecke und Emporen; spätgotischer Flügelaltar um 1500, Kanzel 16. Jh.).

Stadt und Kreis Zwickau

Die Stadt Zwickau

Allmähliches Wachstum der Stadt, ausgehend von einer 1118 als Zzwickaw urkundlich erwähnten Kaufmannssiedlung um den Nikolaiplatz (jetzt Regerplatz) am Muldeübergang der Handelsstraße Altenburg–Prag. Um 1160 erste Erweiterung der Siedlung vor allem nach Norden, die westliche Hälfte der Umwallung ungefähr im Verlauf von Braugasse und Burgstraße. Zu Beginn des 13. Jh. planmäßige Anlage des Stadtteils nördlich vom Hauptmarkt (regelmäßiges Straßengitternetz), der beiden Vorstädte um die Marien- und Katharinenkirche und wahrscheinlich auch der Burg Osterstein im Nordosten. 1212 urkundlich Stadt (oppidum) genannt. Noch im 13. Jh. Bau der steinernen

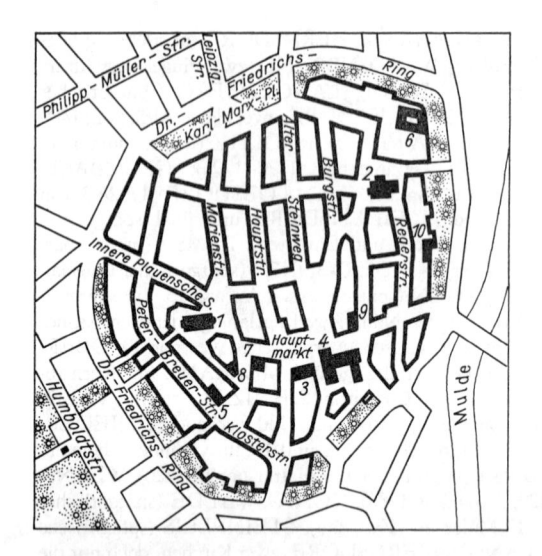

Zwickau
1 Pfarrkirche St. Marien, 2 Pfarrkirche St. Katharinen, 3 Rathaus, 4 Stadttheater (ehem. Gewandhaus), 5 Ehem. Wirtschaftshof des Klosters Grünhain, 6 Schloß Osterstein, 7 Robert-Schumann-Haus, 8 Schiffchenhaus, 9 Dünnebierhaus, 10 Pulverturm mit Stadtmauer, 11 Stadtpark mit Robert-Schumann-Denkmal und VdN-Mahnmal

Befestigungsanlage (seit 1798 abgetragen, erhalten nur der Pulverturm in der Regerstraße) unter Einbeziehung der Burg und der Vorstädte. Im 15. und 16. Jh. wirtschaftliche Blüte (Beteiligung am erzgebirgischen Silberbergbau und Tuchmacherei), Höhepunkt der Architektur- und Kunstentwicklung in Zwickau. Im späten 19. Jh. infolge der wachsenden Bedeutung des Steinkohlenbergbaus (Zwickau-Oelsnitzer Steinkohlenrevier) Entwicklung zur Industriestadt. In Vorbereitung des Wohnungsbauprogramms 1971–1976 Flächenabrisse zwischen Hauptstraße und Mulde unter Erhaltung von Katharinenkirche, Alter Posthalterei, Schloß Osterstein und anderer wertvoller Bauten. Bildungsstätten: Bergingenieurschule »Georgius Agricola«, Ingenieurschule für Kraftfahrzeugbau, Robert-Schumann-Konservatorium.

Bauten in der Altstadt

Pfarrkirche St. Marien (Dom). Gegründet nach 1206, erster Bau im Winter 1327/28 abgebrannt, weitere Brände 1383 und 1403, 1453–1470 spätgotischer Neubau des Chors, 1476–1483 Umgestaltung und Erweiterung der Westpartie unter Leitung von N. Eichhorn, Neubau des Langhauses 1506 bis 1537 unter

Leitung von P. Harlaß und C. Teicher (ab 1507), 1563–1565 Erneuerung der Chorgewölbe und -pfeiler durch Nickel und Ph. Hofmann, Turmaufsatz 1671/72 von J. Marquard. Dreischiffige Hallenkirche, Netz- und Sterngewölbe, schlanke Achteckpfeiler ohne Kapitelle, zwischen den zur Hälfte nach innen gezogenen Strebepfeilern Emporen mit kanzelartigen Ausbuchtungen, darunter Kapellennischen, an der Nordseite doppelläufige Wendeltreppe, am Westende des nördlichen Seitenschiffes ehem. Kreuzkapelle, der dreischiffige Hallenchor wesentlich schmaler als das Langhaus, flacher, fünfseitiger Schluß, an seiner Nordseite Sakristei und Empore, im Norden und Süden der Turmhalle Seitenhallen sowie zweigeschossige Anbauten mit Räumen unterschiedlicher Bestimmung (im Süden »Vorhalle« und »Kalandstube«, im Norden »Olearium« und »Liberei«), Nordseite des Langhauses besonders reich: zweigeschossige Anordnung der Fenster mit trennendem Blendmaßwerkstreifen, Strebepfeiler mit Kielbögen, Spitzbogenportal mit Astwerkschmuck. Von der reichen *Ausstattung* besonders bemerkenswert: Spätgotischer Hochaltar mit dreifachen Flügeln (im Schrein Maria mit den Hl. Magdalena, Katharina, Barbara und Margarete, auf den Flügeln Gemälde mit Szenen aus dem Marienleben und der Passion Christi) 1479, Arbeit der Nürnberger Wolgemut-Werkstatt, die vier Marienbilder eigenhändige Arbeit von M. Wolgemut, die Schreinfiguren vielleicht von Veit Stoß, die Passionsbilder von einem jüngeren Werkstattgenossen. Frührenaissance-Kanzel und Taufstein 1538 von P. Speck, Tonmedaillons der Kanzel um 1560 von J. Elsesser, Zinnfries am Taufstein 1678 von D. Bötticher. Mobiles Heiliges Grab (Schrein mit turmartigem Aufbau, über 5 m hoch) 1507 von M. Heuffner. Vesperbild (Kapelle an der Nordseite) 1502 von P. Breuer. Ratsstuhl 1617 von P. Corbinian. Großes spätgotisches Altarkreuz aus Bergkristall. Zahlreiche Grabdenkmäler aus dem 16. und 17. Jahrhundert, darunter Arbeiten von J. Böhme, J. H. Böhme d. Ä., A. Petzoldt, A. Schleiff und W. Krodel.

Pfarrkirche St. Katharinen. Gegründet zwischen 1206 und 1219, erster Bau möglicherweise 1328 abgebrannt, Chor und Westturm vermutlich Ende 14. Jh., Umwandlung des Mittelschiffes und Neubau der Seitenschiffe im wesentlichen 2. H. 15. Jh., letzte Restauration 1957–1961. Dreischiffige Hallenkirche, Netz- und Sterngewölbe sowie (im südlichen Seitenschiff) Gewölbe mit gekurvten Kreuzformen und Maßwerkzier, langgestreckter einschiffiger Chor mit Kreuzrippengewölbe, an seiner Nordseite achteckige Sakristei mit Sterngewölbe, Westturm aus der Achse nach Süden gerückt. Von der Ausstattung besonders bemerkenswert: Gemalter Altar mit doppelten Flügeln (in der Mitte Fußwaschung Christi, links Kurfürst Friedrich der Weise mit hl. Bartholomäus, rechts Herzog Johann der Beständige mit hl. Jakobus) um 1517, Arbeit der Cranach-Werkstatt. Kanzel 1538 von P. Speck. Großes Kruzifix Anfang 16. Jh. Christus mit der Siegesfahne um 1497/98 von P. Breuer. Ledernes Altarantependium (Abendmahl) 1661.

Schloß Osterstein (u. a. eine Gedenkstätte für den hier 1933 ermordeten Arbeiterfunktionär Martin Hoop), gegründet nach 1212, im wesentlichen Neubau 1587–1590 vielleicht unter Mitwirkung von H. Irmisch, nach Zerstörung 1632 wiederhergestellt, Westflügel 1806/07. In den Komplex einbezogen *Korn- und Zeughaus* von 1481.

Rathaus. Im Kern spätgotisch 1403, Umbau 1679 unter Leitung von W. C. v. Klengel, neugotische Umgestaltung 1862, vom alten Bau erhalten: Jakobskapelle (jetzt Rats- und Empfangssaal) 1473–1477, einschiffig, Kreuzrippengewölbe, Tür an der Westseite 1538.

Gewandhaus (seit 1823 Stadttheater). Spätgotischer Bau mit Renaissance-Elementen, 1522–1525 von F. Schultheiß vermutlich nach einem Entwurf von J. Heilmann, rest., zweigeschossig, hohes Satteldach, an den Ecken Rundpfeiler mit astwerkbekrönten Tabernakeln, an der Marktseite reicher fünfgeschossiger Giebel mit Halbsäulen, gekurvten Stegen und Freibögen, Dachreiter von 1745, in der Eingangshalle Gewölbe in »gewundener Reihung«.

Ehem. Wirtschaftshof des Klosters Grünhain (Peter-Breuer-Str. 3, jetzt Ostflügel der Bergingenieurschule). Im Kern gotisch um 1300, umgebaut im 15. Jh., rest., langgestreckter rechteckiger Grundriß, am Südende Kapelle mit Kreuzgewölben auf Mittelpfeiler. – *Bergingenieurschule »Georgius Agricola«,* 1952 nach einem Entwurf des Kollektivs W. Adler.

Bürgerhäuser: Hauptmarkt 8 1479, dreigeschossiges Eckhaus, Staffelgiebel. Hauptmarkt 17/18 (sog. Kräutergewölbe). Innere Dresdner Str. 1 (sog. Dünnebierhaus) 1480, dreigeschossig, Staffelgiebel. Katharinenkirchhof 3 (Alte Posthalterei) 16. Jh. vermutlich von P. Speck, 1963 durch Kopie ersetzt. Innere Plauensche Str. 1 Barockbau 1. H. 18. Jh. Klosterstr. 1 16. Jh., mehrfach verändert, Erker. Münzstr. 12 (sog. Schiffchen) Kopie nach Bau vom Anfang 16. Jh., spitzwinkliger Grundriß, dreigeschossig, schmaler Eckgiebel.

Robert-Schumann-Haus (Hauptmarkt 5). Geburtshaus des Komponisten Robert Schumann (geb. 1810), Neubau 1956 als Nationale Gedenkstätte; zahlreiche Originalhandschriften und Erstdrucke.

Bauten und Sammlungen außerhalb der Altstadt

Stadtpark am Schwanenteich. Erste Anlage nach einem 1850 angefertigten Entwurf von E. Petzoldt, nach 1945 von H. Sperling zum Kulturpark umgestaltet, Gartenteil am Schumanndenkmal 1947, Schwanenbrunnen 1935.

Städtisches Museum (Lessingstr. 1, nordwestlich der Altstadt). Kunst- und kulturgeschichtliche Sammlung, u. a. Plastik von der Gotik bis zum Barock, Gemälde 17.–20. Jh., darunter Werke von Graff, Liebermann, Kuehl und Pechstein, graphische Sammlung (etwa 8000 Blätter), Porzellan, darunter Erzeugnisse der Zwickauer Porzellanmanufakturen Ch. Fischer (1845 bis 1894) und F. Kästner (seit 1883); in der Bibliothek Buchhandschriften, Inkunabeln sowie Erstdrucke Müntzers und Luthers.

In der *Dorfkirche des Ortsteils Auerbach* (1934) bemerkenswerter spätgotischer Flügelaltar (im Schrein Maria mit Johannes d. T. und hl. Margarete) 15. Jh. mit barocken Flügelgemälden.

Schloß im Orsteil Planitz. Barocke Zweiflügelanlage (1. H. 18. Jh.), durch Wirtschaftsgebäude zum unregelmäßigen Rechteck geschlossen, an der Nordseite Mittelbau mit Pilastergliederung und Giebel. – Im Park *Teehaus* von 1769, zweigeschossig, umlaufende Galerie, Freitreppe. – In der *Dorfkirche* (1585–1587, bemalte Felderdecke des 17. Jh.) bemerkenswert: Altaraufsatz (im Mittelteil Abendmahlsrelief) 1592 von S. Lorentz aus Freiberg. Rundkanzel 1592. Großes spätgotisches Kruzifix 15. Jh. Schmiedeeisernes Gitter 16./17. Jh. – *Lukaskirche,* neugotisch 1873–1876 von G. L. Möckel.

Der Kreis Zwickau

SCHÖNFELS. *Burg Altschönfels* (jetzt Museum und Kulturzentrum), geschlossene zweihöfige Anlage auf annähernd ovalem Grundriß (rest.), im wesentlichen spätgotisch (um 1480) auf hochmittelalterlicher Grundlage, im höher gelegenen Hof Bergfried mit Holzgalerie und Wehrgang, im nördlichen Trakt neben dem Turm Raum mit Netzgewölben und Wappenschlußsteinen (um 1500), über der Einfahrt des östlichen Vorhofes Burgkapelle (Ende 15. Jh.) mit Netzgewölben, gemaltem Renaissance-Flügelaltar (um 1600 von M. Krodel d. J.) und reicher Kanzel (Ende 17. Jh.). – *Schloß Neuschönfels* (jetzt Rat der Gemeinde), schlichter Renaissancebau aus dem 2. V. 16. Jh., seitlich vorgelagert zwei Rundbauten mit Schießscharten. – In der *Dorfkirche* (1625–1628, rest.) bemerkenswert: Epitaph-Altaraufsatz 1625 (Kanzel erst 1839 eingefügt). Spätgotischer Flügelaltar (im Schrein hl. Martin zu Pferde) Ende 15. Jh. Kruzifix mit vier Stiftern 1625.

HARTENSTEIN. *Schloßruine,* im wesentlichen 16. Jh., 1945 zerstört. – *»Weißes Roß«* am Markt, Fachwerkbau mit Portal 1625 von J. Böhme. – In der *Pfarrkirche* (1869/70) großes spätgotisches Kruzifix. – *Schloß Stein* (jetzt Heimatmuseum und Erholungsheim, Ortsteil Stein), bestehend aus Ober- und Niederburg: Oberburg teilweise noch romanisch, doppelte Mauern, Innenmauer mit Wehrgang, an der Westseite Palas über Rundbastion, romanischer Bergfried. Niederburg im wesentlichen 14.–16. Jh., nur der westliche und ein Teil des südlichen Flügels erhalten, im Südwesten Rundturm mit Spitzhelm (vermutlich 14. Jh.). – *Heimatmuseum,* u. a. Leben und Werk des Dichters Paul Fleming, geb. 1609 in Hartenstein.

Bemerkenswerte Herrenhäuser in WIESENBURG (im Kern mittelalterlich, vermutlich im 18. Jh. verändert, Grundriß in Form eines gestreckten Dreiecks) und WILDENFELS (im Kern 12. Jh., im 16. und 18. Jh. stark verändert, Kern- und Vorburg, um zwei Höfe gruppiert, im Südflügel klassizistischer Saal von 1782, rest.).

Bemerkenswerte Pfarr- und Dorfkirchen in LICHTENTANNE (in der Friedhofskapelle spätgotischer Flügelaltar um 1509 von P. Breuer), EBERSBRUNN (klassizistisch 1820), HIRSCHFELD (spätgotischer Flügelaltar 1518), ROTTMANNSDORF (romanische Chorturmkirche, Inneres 1892 stark verändert), CULITZSCH (Barockbau 1770–1773; Altaraufsatz 1770 mit Benutzung einiger Schnitzfiguren von P. Breuer), STANGENGRÜN (urspr. romanische Chorturmkirche, Langhaus nach 1524 erweitert; Altar 1509 von P. Breuer), BÄRENWALDE (Barockbau 1732–1736; Bornkinnl 1673 vermutlich von J. H. Böhme d. Ä.), HARTMANNSDORF (spätgotisch 15. oder 16. Jh.; zwei Altarflügel und Predella um 1512 von P. Breuer), KIRCHBERG (Barockbau 1764; kleiner spätgotischer Christus in der Rast), WEISSBACH (spätgotisch 1515/16, umgebaut 1694, bemalte Decke und Emporen; spätgotischer Flügelaltar um 1518/20 von P. Breuer, reiche Kanzel 1693, Kruzifix 1695, lebensgroße Holzschnitte von Luther und Melanchthon 16. Jh.), LANGENBACH (Barockbau 1754/55), SCHÖNAU (im Kern romanisch, 1755 und 1885 verändert; Schnitzfiguren 1506 von P. Breuer), HÄRTENSDORF (spätgotischer Flügelaltar 1509/10 von P. Breuer, Grabdenkmäler 1558 und 1602, v. Wildenfels), THIERFELD (romanische Chorturmkirche, 1732/34 und 1841 erweitert, umfangreiche gotische Wand- und Gewölbemalereien um 1300; Kreuzigungsgruppe 15. Jh., großes Sakramentshaus 15. Jh.), ZSCHOKKEN (im Kern mittelalterlich), VIELAU (Barockbau 1709/1710 von A. Jacobi aus Leipzig), MÜLSEN ST. NICLAS (Langhaus 1636, bemalte Kassettendecke; gediegene Ausstattung zwischen 1796 und 1800), MÜLSEN ST. JACOB (im Gemeindesaal spätgotischer Flügelaltar um 1512 von P. Breuer), MÜLSEN ST. MICHELN (Barockbau 1750; hl. Michael um 1510 von P. Breuer), THURM (großer Barockbau 1729–1731; spätgotischer Flügelaltar 1508 von P. Breuer, Grabdenkmal W. v. Weißbach, gest. 1584, von S. und U. Lorentz) und CROSSEN (spätgotisch um 1476, Gewölbemalereien 17. Jh.; spätgotischer Flügelaltar um 1520 von L. Herrgott aus Zwickau).

Die Kreise Stollberg, Aue und Schwarzenberg

LUGAU. *Spinnereigebäude*, klassizistisch 1812 vermutlich von J. T. Lohse, dreigeschossig, hohes Mansardendach, Eckbetonung durch große Halbsäulen. — In der *Dorfkirche* (1843) bemerkenswertes Kruzifix 1502 von P. Breuer. — Nordwestlich der Kirche *Torturm* (1508 und 1697), vermutlich ehem. befestigter Eingang zum Friedhof.

STOLLBERG. *Pfarrkirche St. Marien*, zweischiffiger spätgotischer Bau (Chor Ende 14. Jh., Langhaus 2. H. 15. Jh.) mit Kreuzrippengewölben; spätgotischer Flügelaltar (im Schrein Maria mit den Hl. Barbara und Katharina) 1516 sowie Grabdenkmäler des 17. Jh. — In der *Pfarrkirche St. Jakobi* (urspr. spätgotisch 2. H. 15. Jh.) bemerkenswertes lebensgroßes Kruzifix 1662 von J. H. Böhme d. Ä.

ZWÖNITZ. In der *Pfarrkirche St. Trinitatis* (im wesentlichen 1688–1692 vermutlich von J. Paul aus Adorf mit Benutzung älterer Teile) bemerkenswerter Kanzelaltar Ende 17. Jh. von G. Ulrich. — *»Bergmeisterhaus«* (jetzt Kindererholungsheim), zweigeschossiger Barockbau (2. H. 18. Jh.), stattliches Walmdach mit Mansardengeschoß. — Ehem. *Papier- und Pappenfabrik Wintermann,* 1611 urkundlich erwähnt, zweiflügeliger Fachwerkbau von 1781, 1840 in eine Pappenfabrik umgewandelt, technische Einrichtung von 1850 erhalten.

GRÜNHAIN. *Pfarrkirche St. Nikolaus,* klassizistisch 1808–1812 von J. T. Lohse; Kanzelaltar und Orgel der Entstehungszeit. — *Zisterzienser-Kloster St. Maria und St. Nikolaus,* gestiftet um 1232, erhalten Klostermauer, sog. Fuchsturm, turmartiges Torgebäude und Umfassungsmauern einer ehem. Scheune. — Am Klostereingang ehem. *Amtshaus,* klassizistisch 1832.

MARKERSBACH. *Dorfkirche,* spätgotischer Chor mit Kreuzrippengewölbe (2. H. 15. Jh., rest.), einschiffiges Langhaus im 17. Jh. umgebaut, rest., bemalte Holzdecke und bebilderte Emporen (volkskünstlerische Arbeiten), Reste spätgotischer Wandmalereien; spätgotischer Flügelaltar (im Schrein Maria auf der Mondsichel) 2. H. 15. Jh., Kanzel 1610.

PÖHLA. *Wohnbauten* (ehem. Hammerherrenhäuser), meist klassizistisch um 1800, in der jetzigen Gemeindeverwaltung bemerkenswertes Treppenhaus, die ehem. Pfeilhammerschänke stattlicher Fachwerkbau, am sog. Pächtergut Sitznischenportal, darüber Eisenplatte mit Wappen (1687).

SCHWARZENBERG. *Schloß* (jetzt Kreisgericht und Museum), unregelmäßige Mehrflügelanlage, spätgotisch (1433) mit Benutzung von Resten des 12. Jh. (Bergfried), 1555–1558 Neubefestigung und Umbau des »Oberhauses« zum kurfürstlichen Jagdschloß, 1709 und im 19. Jh. verändert, Rest. im Gange. — *Museum »Erzgebirgisches Eisen«,* u. a. Nagelschmiede des 19. Jh. und Erzeugnisse der erzgebirgischen Gußstätten. — *Pfarrkirche St. Georg,* breiter einschiffiger Barockbau (1690–1699 von J. G. Roth, rest.), mit Engelsfiguren geschmückte Holzdecke, querschiffsartige Anbauten; Altaraufsatz 1699, mit Silber belegtes Kruzifix Ende 17. Jh., schmiedeeiserne Altarschranken 1737, Chorgitter Ende 17. Jh.

AUE-ZELLE. *Stiftskirche* des ehem. Augustiner-Chorherren-Stiftes »Klösterlein«, gegründet 1173, der einschiffige Bau im Kern romanisch, 1758 umgebaut, Inneres 1948 verändert, an der Nordseite barocke Herrschaftsloge; Altaraufsatz und Kanzel 2. H. 17. Jh.

LÖSSNITZ. *Rathaus,* schlichter Renaissancebau (1606/07, nach Brand wiederhergestellt 1617) mit bemerkenswertem Rundbogenportal, flankiert von Caritas und Justitia. — *Pfarrkirche St. Johannis,* klassizistisch 1817–1826 im wesentlichen nach einem Entwurf von R. Rigel aus Wien, umlaufende Emporen, Altarraum im Halbrund von Logen umgeben, Baldachin-Kanzelaltar; auferstandener Christus um 1505 vermutlich von P. Breuer.

SCHNEEBERG. Bergstadt, gegründet wohl 1471 (Berg- und Stadtrecht 1481), unregelmäßige Anlage mit fast kreisrundem Stadtkern, die Straßenführung dem bergigen Gelände angepaßt, im Mittelpunkt der unregelmäßige große Markt (jetzt Käthe-Kollwitz-Platz). *Pfarrkirche St. Maria und St. Wolfgang,* spätgotischer Bau 1515–1540 nach dem Plan des Baumeisters H. Meltwitz, ferner F. Lobwasser und W. Riediger (Emporen), 1673–1676 Erhöhung des Turmes nach einem Riß von J. H. Böhme d. Ä., 1945 bis auf die Umfassungsmauern und den Turm zerstört, Wiederaufbau im Gange. Dreischiffige Hallenkirche, Sterngewölbe, steinerne Empore, umlaufend unter Einbeziehung des Chors, im Südwesten querrechteckiger Turm. – In der *Hospitalkirche St. Trinitatis* (1567–1575, erneuert 1739) bemerkenswerte Ausstattungsstücke aus der Wolfgangskirche: Spätgotischer gemalter Flügelaltar (in der Mitte Kreuzigung) 1539 von L. Cranach d. Ä. Taufstein 1714 von J. C. Hahnel. Epitaph-Gemälde (Taufe Christi) 1561 von W. Krodel. Gemälde (Paulus vor dem Richter) um 1580 von M. Krodel d. Ä. Drei Tafelgemälde (Paulus von M. Krodel d. Ä., Bartholomäus von M. Krodel d. J., Johannes d. T. von unbekanntem Schneeberger Meister) 1583. – *Bürgerhäuser:* Ernst-Schneller-Platz 1, 2 (1722) und 3 mit reichen Barockfronten. Fürstenhaus (jetzt Sparkasse) 1721, erneuert 1954, am Mittelteil Pilastergliederung. Bortenreuther-Haus am Rosa-Luxemburg-Platz (jetzt Museum) 1725 von J. Ch. Naumann, zweigeschossig, Pilastergliederung, reiches Portal. – *Museum für bergmännische Volkskunst und Heimatgeschichte,* u. a. erzgebirgische Volkskunst, Schnitz- und Bastelarbeiten, Scherenschnitte, Klöppelei, Zinnguß. – *Liebfrauenkirche* (Ortsteil Neustädtel), einschiffiger spätgotischer Bau (Anfang 15. Jh., Inneres im 17. Jh. verändert, rest.) mit doppelten Emporen, an der Nordseite des Chors Turm. Bemerkenswerte Ausstattungsstücke: Altaraufsatz Anfang 18. Jh. Schmiedeeisernes Lesepult Anfang 18. Jh. Orgel 18. Jh. von Ch. W. Trampeli. Kruzifix 1653 von J. Böhme. Epitaphe 16. und 17. Jh.

CARLSFELD. *Dreifaltigkeitskirche,* Barockbau 1684–1688 von J. G. Roth, rest. Zentralbau über gestrecktem achteckigem Grundriß, Gemeinderaum quadratisch mit abgeschrägten Ecken, dreigeschossige Emporen, im Osten und Westen Sakristei und Vorhalle, flankiert von Treppen, geschweifte achtseitige Kuppel (Holzkonstruktion) mit Dachgaupen, reich gegliederte Laterne; reicher Kanzelaltar aus dem Jahre 1688 von J. H. Böhme d. J., darüber die Orgelempore.

Bemerkenswerte Wohn- und Werkgebäude in ANTONSTHAL (Silberwäsche »Unverhofft Glück«, 1831, seit 1965 Schauanlage für Erzaufbereitung), AUERHAMMER (Wohnhaus vermutlich 17. Jh., zweigeschossig, Uhrtürmchen, im Erdgeschoß Balkendecke), EIBENSTOCK (Umgebindehäuser 17. oder 18. Jh.: Carlsfelder Steig 1, Vordere Rehmer-Str. 22 und sog. Steigerhaus sowie Lohgasse 4 17. Jh., massives Erdgeschoß, Sitznischenportal), SOSA (Umgebindehäuser: Straße der DSF 11, Rieseberger Str. 14 und 18 sowie Hänelberg 2), OBERPFANNENSTIEL (Auer Str. 41 Barockbau 1796, reiche Tür), und KÜHNHAIDE (Walthermühle 1593, Fachwerk-Obergeschoß), sämtlich Kreis Aue.

Carlsfeld, Dreifaltigkeitskirche

Bemerkenswerte Dorfkirchen in AUERBACH (Barockbau 1745 mit Benutzung älterer Teile; spätgotische Schnitzfiguren), GORNSDORF (klassizistisch Anfang 19. Jh.; Taufengel 18. Jh.), MEINERSDORF (klassizistisch 1812; Schreinaltar um 1500), LEUKERSDORF (spätgotischer Flügelaltar um 1518 von P. Breuer), URSPRUNG (spätgotischer Flügelaltar 1513 von P. Breuer), ERLBACH (spätgotischer Flügelaltar um 1490), KIRCHBERG (spätgotisch vermutlich 16. Jh.; Gregorsmesse 1521 von P. Breuer), OELSNITZ (Barockbau 1724, rest.; spätgotische Schnitzfiguren um 1500), WILDBACH (klassizistisch 1804 bis 1806), SCHLEMA (1953; Reste eines Schnitzaltars um 1500), GRIESBACH (im Kern romanisch, erweitert 1747; Mittelschrein eines Flügelaltars 2. H. 15. Jh.), ZSCHORLAU (urspr. spätgotisch 1413, erweitert 1659; Kreuzigungsgruppe spätes 17. Jh.), HUNDSHÜBEL (Barockbau 1784–1788; gediegene Ausstattung der Entstehungszeit), STÜTZENGRÜN (Barockbau 1701; reicher Kanzelaltar der Entstehungszeit), SCHÖNHEIDE (Barockbau 1773, umgebaut 1902/03; Taufstein 1775), EIBENSTOCK (1864–1868; Kruzifix Anfang 16. Jh.), SOSA (1616/17; Kreuzigung mit Stiftern 1646), BOCKAU (spätgotisch 1429, erneuert 1637 und 1860, bemalte Decke; Altaraufsatz 1617), LAUTER (1628; Altaraufsatz und Kanzel 17. Jh.), OBERPFANNENSTIEL (neugotisch 1819; gediegene Ausstattung der Entstehungszeit), BERNSBACH (Zentralbau 1681, rest.; Kanzelaltar 1681 von A. Petzoldt), BEIERFELD (Epitaphe und gußeiserne Grabplatten 17. Jh.), RASCHAU (im wesentlichen 17. Jh., rest.; an der Empore Kreuzwegstationen aus Ton, vermutlich Anfang 19. Jh.), ERLA-CRANDORF (Barockbau 1712) und BREITENBRUNN (1559, rest.; spätgotische hl. Barbara Anfang 16. Jh.).

Die Kreise Reichenbach und Auerbach

REICHENBACH. In der barocken *Pfarrkirche St. Petri und Pauli* (1720 mit Benutzung älterer Reste, rest.) bemerkenswert: Orgel 1723–1725 von G. Silbermann. Kruzifix um 1680. — In der *Trinitatiskirche* (17./18. Jh., 1898 umfassend erneuert) bemerkenswerter spätgotischer Flügelaltar (im Schrein Maria, von Engeln umgeben) 2. H. 15. Jh. — *Neuberin-Gedenkstätte* (Johannesplatz 3), Sammlung über Leben und Werk der Theaterleiterin Karoline Neuber, geb. 1697 in Reichenbach.

MYLAU. *Burg* (jetzt Rathaus und Museum), umfangreiche Baugruppe mit zwei unregelmäßigen Höfen, im Kern Ende 12. Jh., Ende 19. Jh. Restaurierung und Umbau des Palas zum Rathaus, dabei das Innere völlig verändert und das Äußere stark beeinträchtigt, 1907/08 Neubau des südwestlichen Gebäudekomplexes im äußeren Hof. — *Heimatmuseum,* u. a. sakrale Plastik 15. bis 17. Jh., Mylauer Stoffdruck bis 1910, naturkundliche Exponate. — In der *Pfarrkirche* (1887) Silbermann-Orgel von 1730/31. — Im Westen der Stadt die *Göltzschtalbrücke* (bemerkenswertes technisches Denkmal aus der Frühzeit des Eisenbahnbaus), 1846–1851 von den Ingenieuren A. Schubert und R. Wilke.

NETZSCHKAU. *Schloß* (im Norden der Stadt), von der spätgotischen Anlage (2. H. 15. Jh., rest., Inneres um 1672 erneuert) erhalten: Südflügel mit westlichem Rundturm, Vorhangbogenfenster und Stabwerkportale, im Inneren urspr. Balkendecken, um 1627 mit Stuckdekorationen überzogen, reicher Kachelofen von 1627. — *Schloßkirche* (südwestlich vom Schloß), Neubau 1838 bis 1840 (rest.) mit schlichter Ausstattung der Entstehungszeit.

TREUEN. *Pfarrkirche St. Bartholomäus,* klassizistischer Bau (1809) mit dreigeschossigen Emporen. — *Wohnhaus* (zum ehem. unteren Gut gehörig), Barockbau (vermutlich 2. H. 17. Jh.) über rechteckigem Grundriß, Fachwerkgiebel und Treppenturm mit welscher Haube.

RODEWISCH. In der barocken *Pfarrkirche St. Peter* (1729–1736 mit teilweiser Benutzung älterer Umfassungsmauern, rest.) bemerkenswert: Reste eines spätgotischen Flügelaltars um 1516 von P. Breuer. Kruzifix 1669 vermutlich von B. Böhme. — Im Ortsteil OBERGÖLTZSCH: *Ehem. Gut,* 1937–1939

Mylau, Göltzschtalbrücke

ausgegrabene Ringwallanlage mit den Grundmauern eines Festen Hauses aus dem frühen 13. Jh.; im Bereich des Gutes ehem. *Herrenhaus* (jetzt Museum), schlichter Bau des 17. Jh., und *Schlößchen* des 16. Jh. (rest.), rechteckiger Grundriß, an der Westseite zwei Erker, im Saal reiche Decke des 17. Jh. — *Heimatmuseum*, u. a. Ausgrabungsfunde (Keramik, Werkzeuge, Geräte) 14.–16. Jh.

FALKENSTEIN. *Heimatmuseum* (Platz der DSF), u. a. vogtländische Trachten, Falkensteiner Holzschnitzereien seit 1840, Jagd und Waldgewerbe. — *Pfarrkirche zum hl. Kreuz*, neugotisch 1869 von dem Semper-Schüler Ch. F. Arnold aus Dresden.

Bemerkenswerte Pfarr- und Dorfkirchen in NEUMARK (spätgotisch, Langhaus 1739 umgebaut, rest.; Kruzifix um 1500 von P. Breuer), LIMBACH (um 1635; reiche Kanzel Mitte 17. Jh.), WALDKIRCHEN (im Kern spätromanisch 13. Jh., umgebaut 1722, erneuert 1835; gediegene spätklassizistische Ausstattung), PLOHN (spätgotischer Flügelaltar um 1520), RÖTHENBACH (spätgotischer Flügelaltar 1516 von P. Breuer), ROTHENKIRCHEN (1795–1800; Kanzelaltar und Taufe der Entstehungszeit, Orgel 1798 von J. G. und Ch. W. Trampeli), AUERBACH (Laurentiuskirche neugotisch 1834–1839 mit Benutzung älterer Umfassungsmauern, erneuert 1953) und BERGEN (im Kern spätgotisch, erneuert 1870; im Altaraufsatz spätgot. Schnitzfiguren).

Die Kreise Klingenthal und Oelsnitz

KLINGENTHAL. *Pfarrkirche*, barocker Zentralbau (1736/37, rest.) über achteckigem Grundriß, umlaufende dreigeschossige Emporen, hohes kuppelartiges, dreifach gestuftes und geschweiftes Dach mit Laterne; Kanzelaltar der Entstehungszeit.

MARKNEUKIRCHEN. *Paulusschlössel* (jetzt Museum), Spätbarockbau 1784, an der Nord- und Südseite zwei halbrunde turmartige Vorbauten, an der Hofseite und am Westflügel Laubengang und Galerie. — *Musikinstrumentenmuseum*, u. a. Instrumentarium der europäischen Musik und Instrumente der Islam-Kultur, des Fernen Ostens, Afrikas und Amerikas. — *Pfarrkirche St. Nikolai*, bemerkenswerter spätklassizistischer Bau von 1848.

LANDWÜST. Im Dorf viele gute Beispiele der vogtländischen Holzbauweise, besonders bemerkenswert: *Haus Dorfstr. 48*, 1782, eingeschossiger Blockbau mit Giebelumgebinde, reicher Fachwerkgiebel. — *Bauernhausmuseum*, sehenswerte volkskundliche Sammlung, zusammengetragen von dem Genossenschaftsbauern W. Wunderlich aus Landwüst.

BAD BRAMBACH. In der *Pfarrkirche* (1844 bis 1846) bemerkenswert: Altaraufsatz 1751 von J. S. Zeitler aus Grün. Spätgotisches Kruzifix.

SCHÖNBERG. *Schloß* (jetzt Rat der Gemeinde), im Kern vermutlich spätgotisch, mehrfach verändert, an der Südseite des eingebauten Turmes spätgotischer Erker, im Inneren reiche Stuckdecken von 1685. — *Forsthaus,* zweigeschossiger Barockbau des 18. Jh. — In der *Dorfkirche* (1910/11) bemerkenswert: Altaraufsatz und Kanzel 1707.

RAUN. *Dorfanlage,* zahlreiche Blockhäuser mit »Umschrot«, Giebelumgebinde und stattlichen Fachwerkgiebeln Egerländer Art.

BAD ELSTER, *Halle der Marienquelle,* 1959 nach einem Entwurf von H. Kind, Quellenschale von F. Kühn, Farbgestaltung und Schmuckfenster von B. Kretzschmar. — In der neugotischen *Pfarrkirche St. Trinitatis* (Ende 19. Jh.) bemerkenswert: Spätgotische Schnitzfiguren um 1500. Drei volkstümliche Gemälde (Petri Fischzug, Abendmahl, Kreuzigung) vermutlich alle aus dem 18. Jahrhundert.

ADORF. *Freiberger Stadttor* (jetzt Heimatmuseum), breit gelagerter Bau mit Fachwerk-Obergeschoß, im Kern mittelalterlich, nach Brand 1768 erneuert. — *Heimatmuseum,* u. a. Erzeugnisse der heimischen Perlmutt-Industrie, vogtländische Bauernstube. — *Stadtkirche St. Michael,* Jugendstilbau nach Brand 1904.

OELSNITZ. *Pfarrkirche St. Jakobi,* erster Bau vermutlich 13. Jh., Neubau um 1340, wiederholt abgebrannt und wiederaufgebaut, zuletzt 1859–1867, puristische Erneuerung des Innern 1899, rest. Zweischiffige Hallenkirche über unregelmäßigem Grundriß mit Sterngewölben, Querschiff mit Armen von unterschiedlicher Länge, in den Winkeln zwischen Chor und Querschiff je ein quadratischer Turm; Taufstein 1833 von E. Rietschel, Altargemälde (Kreuzigung) 1770 von Ch. Langer aus Eger, schmiedeeisernes Grabgitter (südlicher Vorraum) 17. Jh. — *Katharinenkirche* (ehem. Hospitalkirche), 1612–1616 mit Benutzung eines spätgotischen Chors; Kanzel um 1600, spätgotisches Kruzifix 1515. — *Heimatmuseum,* u. a. Stadt- und Kreisgeschichte 13.–19. Jh., Oelsnitzer Weberstube 19. Jh., örtliche Arbeiterbewegung 1903 bis 1945. — *Burg* (jetzt Heimatmuseum, Ortsteil Voigtsberg), 1270 urkundlich genannt, älteste Teile aus dem 13. Jh., Neubauten 1405, Inneres 1856 verbaut. Hauptburg durch breiten Zwingergraben geschützt, unregelmäßige Gebäudegruppe auf dem Südende der Kuppe, an der Angriffsseite drei Türme, im Hof Bergfried, an der Ostseite kleine einschiffige Georgskapelle mit Kreuzrippengewölbe.

WIEDERSBERG. *Burgruine,* vermutlich um 1200, an der Ostseite Fundamente zweier Türme und Schildmauer, zwischen Vor- und Hauptburg Torturm, innerhalb des Burghofes sog. Jägerhaus, sein Untergeschoß vermutlich Rest des alten Palas. — *Alter Gasthof,* Fachwerkbau mit massivem Untergeschoß, in der Gaststube Holzdecke von 1727. — Vom ehem. *Herrenhaus* (Renaissancebau Mitte 16. Jh.) Treppenturm mit welscher Haube erhalten. — In der *Dorfkirche* (im wesentlichen 1730) bemerkenswerter Kanzelaltar und Taufengel 1730 von J. N. Knoll aus Hof.

Bemerkenswerte Herrenhäuser in DOBENECK (Barockbau 1729) und POSSECK (im Kern 14. Jh., später verändert, Hufeisenanlage).

Bemerkenswerte Dorfkirchen in ARNOLDSGRÜN (1833; Reste eines Schnitzaltars um 1500), TALTITZ (Grabdenkmäler 16.–18. Jh.), PLANSCHWITZ (im Kern mittelalterlich, erneuert 1670 und 1850; drei Relieffiguren um 1500), HEINERSGRÜN (spätgotisch, erneuert 1748), BOBENNEUKIRCHEN (Barockbau 1706/07; reicher Kanzelaltar 1704 von J. N. Knoll), POSSECK (Barockbau 18. Jh.), TRIEBEL (1535/36, zuletzt erneuert 1957; befestigter Friedhof mit Torhaus), EICHIGT (im Kern spätromanisch, Chor 14. Jh., Langhaus 1545 umgebaut), UNTERWÜRSCHNITZ (im Kern mittelalterlich; Altaraufsatz 1744 von J. S. Zeitler) und WOHLBACH (vermutlich spätes 13. Jh.).

Stadt und Kreis Plauen

Die Stadt Plauen

Anfang 12. Jh. Gründung einer offenen deutschen Marktsiedlung an der Kreuzung wichtiger Handelsstraßen, die Böhmen und die süddeutschen Gebiete mit dem Norden und Osten verbanden, diese Siedlung (mit der Johanniskirche) 1122 als vicus plave urkundlich genannt. Um 1220 Übergang der Herrschaft von den Grafen von Everstein auf die Vögte von Weida und Gera und den Deutschen Orden, planmäßiger Ausbau zur Stadt nach dem Schema der deutschen Gründungsstädte (gitterförmiges Straßennetz mit großem rechteckigem Markt), Burgneubau der Vögte auf einem Hügel östlich der Stadt. Zwischen 1230 und 1240 Bau einer Steinbrücke über die Weiße Elster. In der Mitte des 13. Jh. Anlage einer Neustadt am Fuße der Burg, Bau der Stadtbefestigung (erhalten Nonnenturm mit Bastei östlich der Lutherkirche) mit Einbeziehung von Burg und Neustadt. Kurz nach 1300 Bau des ersten Rathauses. 1430 Hussiteneinfall, Stadtbrand. 1548 großer Stadtbrand, weitere Brände 1585, 1635, 1732 und 1844. In der Mitte des 18. Jh. Gründung von Musselin- und Baumwollmanufakturen (»Plauener Spitzen«). 1944/45 Zerstörung eines bedeutenden Teiles der Altstadt durch anglo-amerikanische Luftangriffe. Bis 1975 über 18000 Wohnungen neugebaut oder wiederaufgebaut, u. a. *Wohngebiet Bahnhofstraße* mit etwa 1000 Wohnungen und *Neubauviertel »Seehaus«* (1969–1971) im Westen der Stadt. 1970/1973 Neubau des völlig zerstörten Oberen Bahnhofs.

Pfarrkirche St. Johannis. Weihe des ersten Baus 1122. 1224 Neubau als Basilika mit Vierung und westlicher Doppelturmfront, nach 1548 Umbau, 1815 und 1885 erheblich verändert, 1945 stark beschädigt, Wiederaufbau abgeschlossen. Dreischiffige Hallenkirche, niedrige Sterngewölbe, zwischen den zur Hälfte nach innen gezogenen Strebepfeilern dreiseitig umlaufende Empore, im Osten

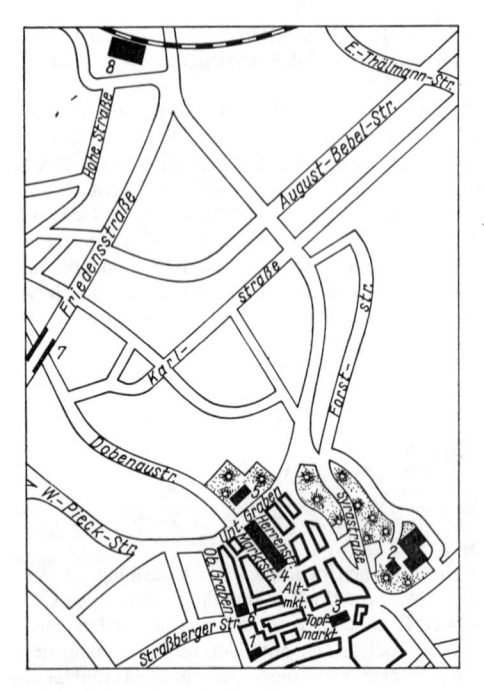

Plauen
1 Schloß Eberstein mit Malzhaus, 2 Schloß der Vögte (Ruine), 3 Pfarrkirche St. Johannis, 4 Altes Rathaus, 5 Lutherkirche (ehem. Gottesackerkirche), 6 Vogtländisches Kreismuseum, 7 Friedensbrücke, 8 Hauptbahnhof

Querschiff, Chor mit sechsteiligem Rippengewölbe, an seiner Nordseite Kapelle der Vögte von 1322 mit Sterngewölbe, zweigeschossige Anordnung der Langhausfenster, im Westen Zweiturmfront. Von der Ausstattung bemerkenswert: Spätgotischer Flügelaltar (im Schrein Maria mit Johannes d. T. und weiblicher Heiligen) Anfang 16. Jh. Kanzel 2. H. 17. Jh. Taufstein um 1520. Gotisches Kruzifix 14. Jh. Pastorenbildnis 1896 von R. Sterl.

Malzhaus. Barockbau 1727 mit Einbeziehung der Reste der mittelalterlichen *Burg der Eversteiner,* diese vermutlich Ende 11. Jh., rechteckiger Grundriß, im Erdgeschoß Raum mit Tonnengewölben (um 1200), an der Südseite Mauerturm (um 1200), hoher Dachaufbau aus dem 18. Jh. mit mehreren Schüttböden.

Rathaus. Spätgotisches Rathaus eingebaut in den Rathausneubau von 1912, dieser in wuchtigen neubarocken Formen, der spätgotische Bau von einem Meister aus dem Umkreis des Arnold von Westfalen, rest. Rechteckiger Grundriß, zweigeschossig, Vorhangbogenfenster, im Süden mehrgeschossiger Renaissance-Pilastergiebel (nach 1548), innen mehrere bemalte Balkendecken.

Gottesackerkirche (seit 1883 Lutherkirche). Barocker Zentralbau (1693 bis 1722, 1945 beschädigt, 1950/51 wiederhergestellt) über dreipaßartigem Grundriß, doppelte Emporen, im Westen von zwei Treppentürmen begleiteter Turm mit Haube und Laterne; spätgotischer Altar mit doppelten Flügeln (im Schrein großes Beweinungsrelief), Ende 15. Jh. von einem Erfurter Meister, einer der bedeutendsten Altäre im Bezirk Karl-Marx-Stadt.

Schloß der Vögte. Teilweise zerstört 1430, abgebrannt 1548, Neubau 1670 bis 1674 mit Benutzung der alten Reste, 1945 abermals zerstört, Bergfried (sog. Roter Turm) wiederaufgebaut, Querhaus der Hauptburg und Nordturm erhalten und gesichert.

Nur *barocke Bürgerhäuser* erhalten: Straßberger Str. 13 (Wimmersches Haus) 2. H. 18. Jh., reiche Rokoko-Stuckdecken. Weißbachsches Haus am Mühlgraben, um 1778 als Kattundruckerei erbaut, rest. Nobelstr. 9, 11 und 13 (jetzt Vogtländisches Kreismuseum) letztes V. 18. Jh., in Nr. 11 großer und reicher Festsaal von 1786, in urspr. Farbgebung rest., Nr. 13 mit Mittelrisalit, Giebeldreieck und Girlandenschmuck. — *Vogtländisches Kreismuseum,* u. a. Ur- und Frühgeschichte des Vogtlandes, Geschichte der Stadt und des Kreises bis zur Gegenwart, Geschichte der örtlichen Arbeiterbewegung, Weberei und Kattundruckerei (Weberstube, Kaufmannskontor von 1780, Zinngießerwerkstatt Anfang 19. Jh.), bäuerliche Volkskunst des Vogtlandes, vogtländische Trachten, vogtländische Bauernmöbel, Erzeugnisse der Plauener Spitzen- und Gardinenproduktion.

In der *Dorfkirche* des Ortsteils Oberlosa (Barockbau 1786) schlichte Ausstattung der Entstehungszeit und Orgel (1786/88 von J. G. und Chr. W. Trampeli).

Der Kreis Plauen

LEUBNITZ. *Schloß* (jetzt Schule), zweigeschossiger klassizistischer Bau (1794) mit Pilastergliederung, Saal mit Wandgliederung aus farbigem Stuckmarmor, rest. — *Dorfkirche,* spätgotisch (Chor 1517), rest., im Westen Stabwerkpforte; Kanzelaltar 2. H. 17. Jh., Taufengel 1731.

STRASSBERG. *Dorfkirche,* Renaissancebau mit spätgotischen Bestandteilen 2. H. 16. Jh. (angeblich 1576), einschiffig, Kreuzgratgewölbe, zwischen den nach innen gezogenen Strebepfeilern Emporen, im Westen mächtiger viergeschossiger Querbau, im zweiten Geschoß Betstube mit Wandgemälden von 1626, Turmaufsatz mit welscher Haube und Laterne; spätgotischer Flügelaltar (im Schrein Anna selbdritt) um 1500, Geißelung Christi um 1500, Orgel 1802 von J. G. Trampeli.

KÜRBITZ. *Dorfkirche*, Renaissancebau 1624–1626, rest. Dreischiffige Hallenkirche, Kreuzgratgewölbe, bemalte Pfeiler, in den Seitenschiffen Emporen, die drei westlichen Joche des südlichen Seitenschiffes als Begräbniskapelle benutzt, Wandgemälde des 17. Jh., Logeneinbauten 17./18. Jh., Westportal in toskanischer Ordnung, mächtiger Westturm mit gedrückter Haube. Bemerkenswerte Ausstattungsstücke: Spätgotischer Flügelaltar (im Schrein Maria zwischen Petrus und Paulus) um 1500, Hofer Werkstatt. Kanzel 1626. Orgelprospekt 1720 von J. N. Knoll. Grabdenkmäler 16. und 17. Jh., v. Feilitzsch.

Bemerkenswerte Dorfkirchen in THEUMA (spätgotischer Flügelaltar 1512), RUPPERTSGRÜN (vorwiegend 17. Jh., barocke Ausstattung angeblich von Ch. Preller aus Elsterberg; Epitaph v. Dölau, gest. 1657), STEINSDORF (spätgotischer Flügelaltar 1497 von P. Breuer), JÖSSNITZ (im wesentlichen 1755; großes Gemälde 16. Jh., Arbeit der Cranach-Werkstatt), KAUSCHWITZ (1763 in einem runden Wartturm eingerichtet), SYRAU (im wesentlichen 17. Jh.; spätgotische Anna selbdritt, Grabsteine um 1640/45 von J. Böhme), RODERSDORF (im Kern spätgotisch, 1662 verändert; reicher Kanzelaltar um 1700), THOSSEN (gotisch 14. Jh., am Triumphbogen gotische Wandmalereien; spätgotischer Flügelaltar 1. V. 16. Jh.), KLOSCHWITZ (1618; Kruzifix 1689), KEMNITZ (Barockbau 1734; reicher Kanzelaltar 1. V. 18. Jh. vermutlich von J. N. Knoll), MISSLAREUTH (Grabdenkmäler 17. Jh., v. d. Heide), SCHWAND (im Kern vermutlich romanisch, umgebaut 2. H. 15. Jh.; stark befestigter Friedhof, Ringmauer mit Schießscharten) und GEILSDORF (1834; Kruzifix Anfang 18. Jh.).

Bezirk Dresden

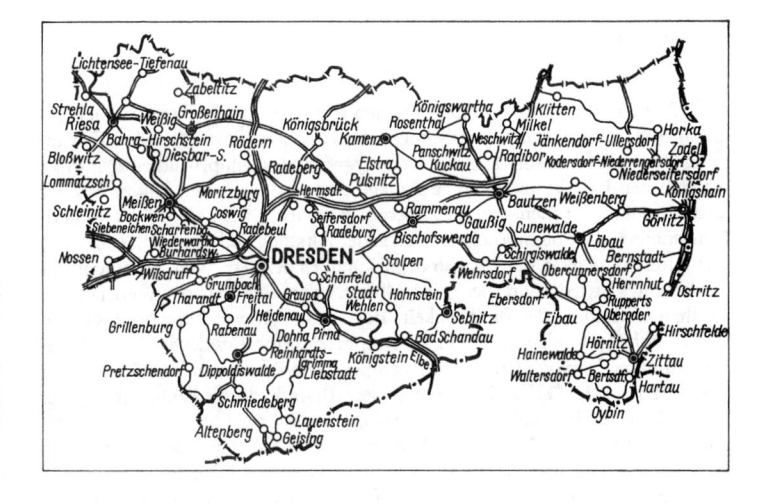

Dresden

Um 1200 Erbauung einer markgräflichen Burg am Taschenberg (südlich des heutigen Theaterplatzes) zum Schutze des Elbübergangs. 1206 erste Erwähnung Dresdens (vom sorbischen drezdzany = Ort der Sumpfwaldleute) in einer schriftlichen Quelle, planmäßige Anlage der Stadt auf dem linken Elbufer (gitterförmiges Straßennetz, im Zentrum Altmarkt), 1216 als civitas urkundlich genannt. 1287 Steinbrücke zwischen der Altstadt und dem rechtselbischen Ort Altendresden (spätere Neustadt) urkundlich bezeugt. 1403 Verleihung des Stadtrechtes an Altendresden. Seit 1485 ständige Residenz der Wettiner. Im 16. Jh. Verstärkung der Bautätigkeit, Beginn der Umwandlung des bis dahin relativ unbedeutenden Ortes in eine repräsentative Residenzstadt: Schloßneubau unter Herzog Georg dem Bärtigen (1500–1539) und Kurfürst Moritz (1541–1553), nach 1520 Erweiterung der Altstadt durch Einbeziehung der Vorstadt um die Frauenkirche, 1548 Anlage des Neumarktes sowie der Moritz- und Augustusstraße. Nach 1694 (Regierungsantritt Augusts des Starken, seit 1697 auch König von Polen) Umwandlung Dresdens in eine der schönsten barocken deutschen Residenzstädte: Wiederaufbau des 1685 abgebrannten Altendresden als einheitliche Barockstadt (1732 in Neue Königstadt Dresden umbenannt), Bau des Zwingers, Neubau der Frauenkirche und der Elbbrücke, künstlerische Ausgestaltung der altstädtischen Elbfront, Bürgerhausbau unter starkem Einfluß der in höfischen Diensten stehenden Architekten (u. a. Pöppelmann, Longuelune, de Bodt und Knöffel). Unter August II. (1733–1763) Bau der Katholischen Hofkirche und Ausbau der Dresdner Kunstsammlungen (u. a. Erwerbung von Raffaels Sixtinischer Madonna). 1760 schwere Beschießung der Stadt durch die Preußen. In der Mitte und der 2. H. 19. Jh. erneuter Aufschwung der Bautätigkeit unter dem Einfluß des damals führenden deutschen Architekten G. Semper (Gemäldegalerie, Opernhaus). Am 13./14. Februar 1945 Zerstörung der Altstadt und des größten Teiles der Neustadt durch mehrere schwere anglo-amerikanische Luftangriffe. Wiederaufbau des Stadtzentrums nach dem städtebaulichen Richtlinienentwurf eines Kollektivs unter Leitung von P. Sniegon unter Mitwirkung des Berliner Kollektivs J. Näther mit dem Ziel, im Stadtkern selbst Fußgängerbereiche (u. a. neue Prager Straße) zu schaffen; Wiederaufbau zahlreicher historischer Baudenkmäler. Bildungsstätten: Technische Universität, Hochschule für Bildende Künste, Hochschule für Musik »Carl Maria v. Weber«, Paluccaschule, Medizinische Akademie »Carl Gustav Carus«, Militärakademie »Friedrich Engels«, Hochschule für Verkehrswesen »Friedrich List«, Zentralinstitut für

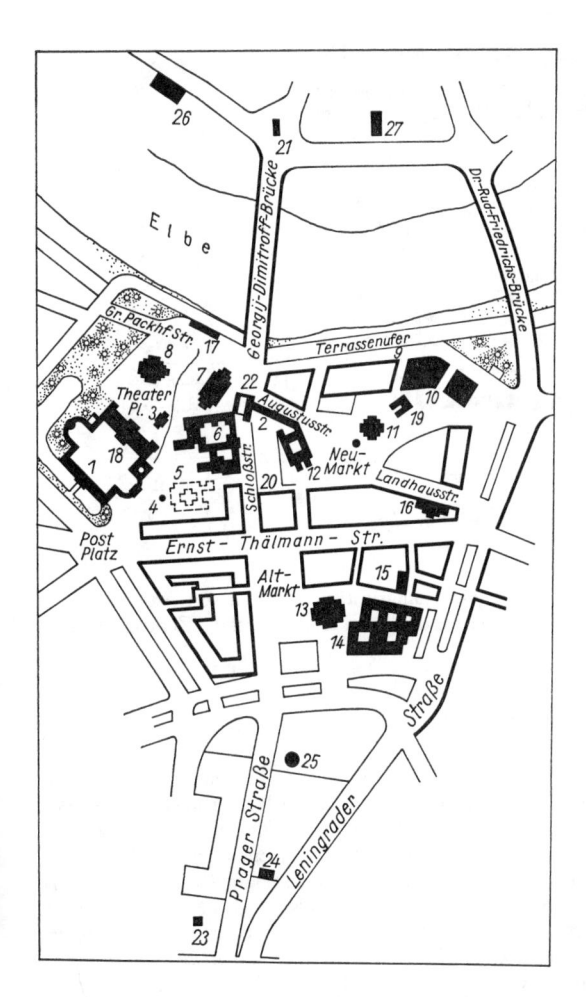

Dresden
1 Zwinger (Staatliche Kunstsammlungen), 2 Langer Gang, 3 Altstädter Wache, 4 Cholerabrunnen, 5 Taschenbergpalais, 6 Schloß, 7 Katholische Hofkirche, 8 Opernhaus, 9 Brühlsche Terrasse, 10 Albertinum, 11 Ruine der Frauenkirche und Luther-Denkmal, 12 Johanneum, 13 Kreuzkirche, 14 Neues Rathaus, 15 Gewandhaus (Hotel), 16 Landhaus, 17 Gaststätte »Italienisches Dörfchen«, 18 Gemäldegalerie, 19 Coselpalais, 20 Kulturpalast, 21 Goldener Reiter, 22 Georgentor, 23 Lenindenkmal, 24 Hotel »Newa«, 25 Filmtheater »Prager Straße«, 26 Japanisches Palais, 27 Museum für Volkskunst

Dresden, Wohnblock am Pirnaischen Platz

Kernphysik in Rossendorf, Forschungsinstitut Manfred von Ardenne, Sächsische Landesbibliothek, Sächsisches Landeshauptarchiv, Zentrale Kunstbibliothek.

Prager Straße und Altmarkt

Prager Straße. Neubau 1965–1978 als verbindende Fußgängerzone zwischen Hauptbahnhof und Altmarkt nach der städtebaulichen Grundkonzeption des Kollektivs P. Sniegon, K. Röthig und H. Konrad. Von den Bauten besonders bemerkenswert: *Interhotel »Newa«* (1968–1970 nach Entwürfen der Kollektive C. Kaiser, M. Arlt, H. Fuhrmann und J. Weinert), *Hotels »Bastei«, »Königstein« und »Lilienstein«* (1968/69 nach Entwürfen des Kollektivs M. Arlt, K. Haller und K.-H. Schulze), *Filmtheater* (1970–1972 nach Entwürfen des Kollektivs G. Landgraf, W. Heischkel und Th. Wagenführ), *Restaurant »International«* (1970–1972 nach Entwürfen des Kollektivs H.-J. Richter, G. Gruner und L. Johne) und *Centrum-Warenhaus* (1970–1978 nach Entwürfen des Kollektivs F. Simon und G. Fokvari). Am Südende der Prager Straße *Lenindenkmal* (1974 von G. Jastrebenetzki aus Leningrad), inmitten des Ensembles *Pusteblumen- und Schalenbrunnen* (nach Entwürfen von K. Bergmann und L. Wirth).

Altmarkt (1370 urkundlich genannt, Name seit 1550). Neugestaltung des urspr. viel kleineren Platzes 1953–1958 unter Mitwirkung der Architekten H. Schneider, K. Röthig und H. Konrad (Bebauung Ostseite) sowie J. Rascher, G. Guder und G. Müller (Bebauung Westseite). Am Altmarkt und in seiner unmittelbaren Umgebung sind folgende Bauten besonders bemerkenswert:

Kulturpalast, 1966–1969 nach Entwurf des Kollektivs W. Hänsch und H. Löschau unter Berücksichtigung eines Ideenvorschlags von L. Wiel, an der Westseite (Schloßstraße) monumentales Wandbild »Der Weg der roten Fahne« (von G. Bondzin unter Mitwirkung einer Arbeitsgemeinschaft der Hochschule für Bildende Künste Dresden), am Haupteingang Bronzetüren »Vom Fischerdorf zur sozialistischen Großstadt« (1969 von G. Jäger).

Kreuzkirche. Barockbau 1764–1792 von J. G. Schmidt, Ch. F. Exner (Gliederung des Äußeren) und G. A. Hölzer (Turm), 1945 ausgebrannt, nach 1950 wiederhergestellt. Einschiffig mit verputzter Lattenkuppel, elliptisch angeordnete dreigeschossige Emporen, außen Kolossalpilaster, an den Langseiten Portalrisalite, eingebauter Turm in Anlehnung an den Turm der Hofkirche.

Neues Rathaus. 1906–1912 nach Entwürfen von K. Roth und E. Bräter, 1945 ausgebrannt, wiederhergestellt, 100 m hoher Turm mit Aussichtsplattform, bekrönt von der Figur des »goldenen Mannes« (von R. Guhr). – An der Südostecke des Rathauses *Eselsreiter* von G. Wrba.

Gewandhaus (Ringstr. 1, jetzt Hotel). Dreigeschossiger frühklassizistischer Bau (1768–1779 nach Plänen von J. F. Knöbel, 1945 ausgebrannt, wiederaufgebaut) mit Lisenengliederung und schwach hervortretenden Risaliten, über dem Mittelrisalit Giebeldreieck. – Am Gewandhaus *Dinglingerbrunnen,* nach 1718.

Landhaus (Ernst-Thälmann-Str. 2, jetzt Museum für Stadtgeschichte). Viergeschossiger frühklassizistischer Bau 1770–1776 von F. A. Krubsacius für die sächsischen Landstände errichtet (1945 zerstört, wiederaufgebaut), starker

Dresden, Landhaus, Treppe

Mittelrisalit mit abgerundeten Ecken, monumentales Treppenhaus von ungewöhnlich reicher Gliederung. — *Museum für Stadtgeschichte*, u. a. Geschichte Dresdens und der Dresdener Arbeiterbewegung.

Bauten um den Theaterplatz

Zwinger. Barockbau 1711–1728 von M. D. Pöppelmann, bildhauerischer Schmuck von B. Permoser und seiner Werkstatt, B. Thomae, P. Heermann und J. Ch. Kirchner (heute zum großen Teil durch Kopien ersetzt), 1945 sehr schwer beschädigt, Wiederaufbau des Äußeren bis 1964 abgeschlossen. Monumentaler Renn- und Festspielplatz (Hof von 107 m Breite und 116 m Länge, durch die Seitenhöfe mit Segmentbogenschluß Erweiterung der Querachse auf 204 m), im Süden der Anlage das Kronentor (Obergeschoß nach allen vier Seiten offen, geschwungene Kuppel, bekrönt von vier Adlern und der polnischen Königskrone), im Osten und Westen anschließend schmale Galerien (vor den zum Hof gekehrten Fronten je drei Wandbrunnen), an diese anschließend, in Nordsüdrichtung verlaufend, im Westen der *Mathematisch-Physikalische Salon* und im Osten der *Zoologische Pavillon* (saalartige eingeschossige Bauten über den Galerien, den Galerien vorgelegt Rampen mit geschwungenen Treppen), vom Nordende der beiden Pavillons ausgehend zwei Bogengalerien, in ihrem Scheitelpunkt im Westen der *Wallpavillon* und im Osten der *Glockenspielpavillon* (beide über geschwungenem Grundriß, das Erdgeschoß offen, an den Pfeilern Hermen, im Obergeschoß Festsaal, als Abschluß Atlas mit der Weltkugel), an die Bogengalerien im Norden anschließend der *Französische Pavillon* (Westen) und der *Deutsche Pavillon* (Osten), in Aufbau und Gliederung den ihnen entsprechenden Pavillons im Süden gleichend, westlich des Französischen Pavillons, vom Hof aus nicht sichtbar, das *Nymphenbad*, Hof mit Wasserbecken und Springbrunnen, ringsum von Grottenarchitektur umgeben, in den Nischen Nymphenfiguren, an der Wallseite Kaskade mit Delphinen, Tritonen und Najaden. — *Staatlicher Mathematisch-Physikalischer Salon*, in den

Dresden, Zwinger, Wallpavillon

Beständen u. a. historische Instrumente und Apparate aus den verschiedensten Gebieten der Naturwissenschaft. — *Porzellansammlung,* in den Beständen u. a. Grabbeigaben von der Han- bis zur Tang-Dynastie, Frühporzellane der Sung-Dynastie, Porzellane der Ming-Dynastie, umfassendste Sammlung des frühen Meißner Porzellans. — Im Zoologischen Pavillon *Sammlung* von Jagdwaffen und -geräten aus der Zeit Augusts des Starken. An der Nordseite des Zwingerhofes, den Zwinger zum Theaterplatz verdeckend, die *Gemäldegalerie,* 1847–1854 von G. Semper, 1945 ausgebrannt, wiederaufgebaut. Zweigeschossiger Bau über langgestrecktem rechteckigem Grundriß, Mittelteil mit flacher Kuppel, Bauplastik von E. Rietschel und E. J. Hähnel.

Gemäldegalerie — Alte Meister (Westflügel der Sempergalerie), bedeutendste Gemäldesammlung der DDR, zahlreiche Abteilungen: Altdeutsche Meister (u. a. Dürer, Holbein, Baldung-Grien, Cranach d. Ä.), altniederländische Meister (u. a. Jan van Eyck), niederländische Meister des 17. Jh. (u. a. Rembrandt, Rubens, van Dyck, Hals, Vermeer), italienische Meister des 15./16. Jh. (u. a. Raffael, Tizian, Giorgione, Veronese), spanische Meister des 17. Jh. (u. a. Velazquez und Murillo), französische Meister des 17. Jh. (u. a. Poussin und C. Lorrain), deutsche Meister des 17. Jh. (u. a. Elsheimer), italienische, französische und deutsche Meister des 18. Jh. (u. a. Canaletto, Watteau, Pesne, Graff), Pastelle (u. a. Carriera, Latour, Liotard). — *Historisches Museum* (Ostflügel der Sempergalerie), u. a. Prunkwaffen, Orientalica, Prunkkleidung des sächsischen Hofes 16. bis 18. Jh.

Marstall (hinter dem Zwinger). Weiträumige klassizistische Vierflügelanlage (1794/95 von C. T. Weinling), an der Rückseite Reithalle, Giebelrelief (antikes Wagengespann) von F. Pettrich; einbezogen in den Werkstättenkomplex der Dresdner Staatstheater.

Großes Haus der Staatstheater (gegenüber dem Kronentor des Zwingers). 1912–1914 von H. M. Kühne und W. Lossow, 1945 ausgebrannt, bei der Wiederherstellung (bis 1948) Zuschauerraum in vereinfachten Formen aufgebaut.

Altstädter Wache. Klassizistischer Bau 1830–1832 nach Entwurf von K. F. Schinkel ausgeführt von J. Türmer, Mittelbau als Antentempel gebildet, zum Schloß Vorhalle mit ionischen Säulen, im Giebeldreieck Saxonia von J. Hermann, im Giebelfeld der Theaterplatz-Seite Mars von F. Pettrich.

Cholerabrunnen (am Taschenbergpalais). 18 m hoher neugotischer Bau (1843 nach Entwurf von G. Semper) mit Fialen und Kreuzblume.

Taschenbergpalais. Barockbau 1707–1711 von M. D. Pöppelmann, westlicher Seitenflügel 1756 von J. H. Schwarze, östlicher 1763 von Ch. F. Exner, 1945 ausgebrannt, Ruine gesichert.

Schloß. Große Renaissance-Vierflügelanlage mit Benutzung mittelalterlicher

Reste: Haupthof um 1550 nach Entwurf von C. V. v. Wierandt ausgeführt durch B. und H. Kramer, Kleiner Schloßhof 1592/93 von P. Buchner und H. Irmisch, Ausbau des Hausmannsturms 1672 durch W. C. v. Klengel zum heutigen Schloßturm. Wiederaufgebaut das Georgentor sowie Räume im Südflügel, ferner die unteren Räume des Torhauses an der Schloßstr. Rest. die Räume des Grünen Gewölbes im Westflügel (Ausstellungszentrum), Pretiosensaal mit Gewölbestukkaturen von 1554. Umfassender Wiederaufbau in Vorbereitung.

Katholische Hofkirche. Barockbau, begonnen 1739 nach einem Entwurf von G. Chiaveri, vollendet 1755 unter Mitarbeit von S. Wetzel (bis 1750), J. Ch. Knöffel (bis 1752) und J. H. Schwarze, 1945 ausgebrannt, Wiederaufbau abgeschlossen, seit 1971 Rekonstruktion des urspr. Zustands mit weitgehender Wiederherstellung der alten Bemalung. Dreischiffige Basilika mit Mulden- und Tonnengewölben, zwischen Mittelschiff und Seitenschiffen Prozessionsumgang, darüber zweiter Umgang mit Logen, in den vier Winkeln zwischen Turm bzw. Sakristei und Seitenschiffen ovale Kapellen. Viergeschossiger Turm auf ovalem Grundriß, die beiden oberen Geschosse völlig in Pfeiler- und Säulengruppen aufgelöst, über dem Langhaus flache Dächer, durch Balustraden oder Attiken sowie einen dichten Kranz von Statuen verdeckt (Statuen von L. Matielli 1738–1746). Von der Ausstattung besonders bemerkenswert: Kanzel 1712–1722 von B. Permoser. Gemälde des Hauptaltars (Himmelfahrt Christi) und der Seitenaltäre 1750/52 von A. R. Mengs. Orgel 1750–1753 von G. Silbermann. Marmorstatue einer hl. Magdalena vor 1666 von F. Baratta. Silbernes Kruzifix (4,20 m) von 1756 und sechs Silberkandelaber von 1752 von J. I. Bauer aus Augsburg. In der Johann-Nepomuk-Kapelle Vesperbild aus Meißner Porzellan von F. Preß (1974). In der Gruft zwei Marmorstatuetten des gegeißelten Christus um 1718 und 1728 von B. Permoser sowie Sarkophage sächsischer Könige und Prinzen.

An der Stelle der *Gaststätte »Italienisches Dörfchen«* (1911–1913 von H. Erlwein) standen einst die Häuser der an der Hofkirche beschäftigten italienischen Steinmetzen.

Opernhaus. 1871–1878 nach Entwurf von G. Semper ausgeführt von seinem Sohn M. Semper, 1945 ausgebrannt, Wiederaufbau bis 1984. Hauptfassade zum Theaterplatz segmentbogenförmig vortretend, zweigeschossig, hoher Mittelbau, bekrönt von Pantherquadriga (von J. Schilling), drittes Geschoß und Bühnenhaus (Giebeldreieck) zurückgesetzt.

Denkmäler auf dem Theaterplatz: Reiterstandbild des Königs Johann 1889 von J. Schilling. Carl Maria v. Weber 1860 von E. Rietschel.

Bauten an der Brühlschen Terrasse und um den Neumarkt

Die Brühlsche Terrasse war einst Teil der im 16. Jh. angelegten Befestigung der Altstadt. Heinrich Graf von Brühl, Premierminister Augusts II., ließ sie vor 1740 zu einer Gartenanlage ausbauen und beauftragte J. Ch. Knöffel, an ihrem Westende ein Palais und daneben ein Bibliotheksgebäude sowie einen Galeriebau zu errichten. Von diesen Bauten ist nichts erhalten geblieben: Das Palais Brühl wurde 1899 abgebrochen, an seiner Stelle steht heute das ehem. *Landtagsgebäude* (1901–1906 von P. Wallot). Die Brühlsche Bibliothek mußte 1897 der *Sekundogenitur* (von G. Frölich) weichen, die jedoch im Grundriß dem Vorgängerbau gleicht. An der Stelle des Galeriebaus befindet sich heute die *Akademie der Künste* (1885–1894 von C. Lipsius). Die breite *Treppe am Schloßplatz* schuf G. F. Thormeyer im Jahre 1814 (Gruppen der Tageszeiten 1868 von J. Schilling, Bronzeneuguß von 1908). Am Ostende der Terrasse steht das Albertinum (s. u.), ursprünglich ein Zeughaus, erbaut 1559–1563 nach Plänen von C. Voigt v. Wierandt, doch mehrfach umgebaut, zuletzt 1884–1887, 1945 beschädigt und als Museums- und Ausstellungsgebäude wiederhergestellt. Aus dem 18. Jh. sind folgende Werke erhalten: die *Hofgärtnerei* hinter der Bastei (um 1750, 1945 ausgebrannt, 1955/56 als Reformierte Kirche wiederhergestellt), ein *Brunnenbecken*, bekrönt von einem Knaben mit Delphin (um 1750 von P. Coudray, Plastik durch Kopie ersetzt), und zwei *Sphingen* mit weiblicher Figur (von G. Knöffler). Auf der Terrasse stehen die *Denkmäler* von Ernst Rietschel (1872 von J. Schilling) und Gottfried Semper (1892 von J. Schilling). Am Fuße der Terrasse, an ihrer Nordostecke, hat das älteste Denkmal Dresdens, das *Moritzmonument* (nach 1553 von H. Walther II), seinen Platz gefunden. Es stellt dar, wie der vom Tod bedrängte Kurfürst Moritz das Kurschwert seinem Bruder August übergibt.

Im Albertinum: *Gemäldegalerie – Neue Meister*, bedeutende Sammlung deutscher Malerei des 19. und 20. Jh.: Romantik (u. a. Friedrich und Richter), Genremalerei des 19. Jh. (u. a. Waldmüller und Spitzweg), Realisten des 19. Jh. (u. a. Rayski, Menzel, Leibl), Deutschrömer (Böcklin, Feuerbach, Marées), deutscher Impressionismus (u. a. Liebermann, Corinth, Slevogt), deutscher Expressionismus (u. a. Nolde, Hofer, Schmidt-Rottluff), sozialistische Kunst (u. a. Kollwitz, Dix, Hans und Lea Grundig, Felixmüller, Lingner und Nagel), Malerei des französischen Impressionismus und Nachimpressionismus (u. a. Manet, Monet, Renoir, Degas, van Gogh, Gauguin, Toulouse-Lautrec). – *Grünes Gewölbe*, größte deutsche Pretiosensammlung, u. a. Goldschmiede- und Juwelierarbeiten 15.–18. Jh., besonders bemerkenswert die Arbeiten von M. Dinglinger (Jaspisschale mit den zwölf Arbeiten des Herkules, »Bad der Diana«, Kaffeegeschirr Augusts des Starken, »Hofstaat von Delhi am Geburtstag des Großmoguls«, ein Tafelschmuck mit 132 Figuren), Elfenbein- und Bernsteinarbeiten, Bronzekleinplastik. – *Skulpturensammlung*, bedeutende Sammlung antiker und neuzeitlicher Plastik: Ägyptische Plastik und Kleinkunst, kretisch-mykenische Kunst, griechische Kunst von den Anfängen bis zur Spätzeit (vor allem römische Kopien nach griechischen Originalen), römische Kunst, italienische, französische und deutsche Meister 15.–18. Jh., französische und deutsche Meister 19./20. Jh. – *Münzkabinett*, in den Beständen u. a. 147 000 Münzen und Medaillen, besonders deutsche und italienische Renaissancemedaillen, Sammlung der Wettiner Münzprägungen.

Frauenkirche. Barockbau, 1722 erster Entwurf von G. Bähr, 1725 Gegenentwurf von J. Ch. Knöffel, 1726 zweiter Entwurf von G. Bähr mit Benutzung wesentlicher Teile des Gegenentwurfes, im selben Jahr Baubeginn, Weihe 1734, nach dem Tode Bährs (1738) Kuppel und Laterne von seinem Schüler J. G. Schmidt vollendet, 1945 zerstört, Erhaltung der Ruine als Mahnmal für die Opfer des Bombenkrieges vorgesehen. — Vor der Ruine *Denkmal Martin Luthers*, 1855 von A. Donndorf.

Ehem. Polizeipräsidium (jetzt Volkspolizeikreisamt, Schießgasse), 1895–1900 von J. Temper, reicher Neurenaissancebau. — Gestaltung des Neumarkts in enger Anlehnung an die ursprüngliche Form beabsichtigt, bisher ausgeführt: Flügelbauten des *Coselpalais* (nach 1760 von J. H. Schwartze).

Johanneum (am Neumarkt, jetzt Verkehrsmuseum). 1586–1591 von P. Buchner als Stallhof erbaut, vielleicht unter Mitarbeit von G. M. Nosseni, 1729 bis 1744 zur Gemäldegalerie (bis 1856) umgebaut, nochmaliger Umbau 1872 bis 1876, 1945 beschädigt, wiederhergestellt. Dreiflügelanlage mit Schauseite zum Jüdenhof, Freitreppe 1729 vermutlich von M. v. Fürstenhoff, im Erdgeschoß dreischiffige Halle mit Kreuzgratgewölben; seit 1975 Rekonstruktion des Stallhofes im urspr. Charakter eines Festspielhofes der Renaissance mit Stechbahn und Pferdeschwemme. — Links neben der Schauseite des Johanneums *Portal* der ehemaligen Schloßkapelle, Renaissancebau um 1555, Entwurf von J. M. de Padua, Ausführung von H. Walther (II), 1945 beschädigt, rest. — Vor der Schauseite des Johanneums der *Friedensbrunnen* (seit 1683 Türkenbrunnen), Brunnentrog 1648, bekrönende Figur der Friedensgöttin Irene 1683 von C. M. Süssner. — Zwischen dem Johanneum und dem Georgentor des Schlosses der *Lange Gang* (Rest. 1979 abgeschlossen), zum Hof durch 22 toskanische Rundbogenarkaden geöffnet, neben dem Georgentor Jagdtor mit plastischem Schmuck von A. Walther (III), an der Außenseite des Langen Ganges (Augustusstraße) Wandgemälde (Porzellankacheln) des Fürstenzuges (1872–1876), rest. — Im Hof vor den Arkaden zwei *Bronzesäulen* für das Ringelstechen, gegossen 1601 von M. Hillger nach Entwürfen von G. M. Nosseni.

Bauten im westlichen Teil der Altstadt und in der Friedrichstadt

Annenkirche (Annenstr.). Schlichter Barockbau (1764–1769 von J. G. Schmidt, 1945 stark beschädigt, bis auf den oberen Abschluß wiederhergestellt) mit viergeschossigem Westturm.

Ehem. Zigarettenfabrik Yenidze (jetzt VEB Tabakkontor), entworfen 1909 von M. Hammitzsch in Form einer Moschee mit bunter gläserner Kuppel und Minaretten.

Palais Marcolini (seit 1845 Stadtkrankenhaus Dresden-Friedrichstadt). Langgestreckter zweigeschossiger Barockbau (1727 vermutlich von J. Ch. Naumann, nach 1774 von J. D. Schade eingreifend umgebaut, im 19. und 20. Jh. mehrfach verändert), in der Mittelachse kleiner Ehrenhof, Hermen an den Torpfeilern vor dem mittleren Haupttrakt um 1785 von Th. Wiskotschill, Löwen vor den Flügelbauten nach 1778 von J. B. Dorsch. Von der urspr. Ausstattung erhalten das Napoleon- und das Chinesische Zimmer (um 1780 von T. Weinlig). — Im Garten *Neptunbrunnen* (reichste Brunnenanlage Dresdens), vollendet 1746 von L. Mattielli nach einem Entwurf von Z. Longuelune, Fels- und Grottenarchitektur mit Kolossalfiguren, als Bekrönung Neptun und Amphitrite. — *Matthäuskirche,* 1728–1732 wohl von M. D. Pöppelmann, 1945 zerstört, wiederaufgebaut.

Alter Katholischer Friedhof (Friedrichstr. gegenüber dem Marcolini-Palais). Angelegt 1721; große Kreuzigungsgruppe von B. Permoser in der Friedhofskapelle, Grabdenkmal Karoline Pettrich (gest. 1803) von F. Pettrich.

Von den schlichten barocken *Bürgerhäusern* der Friedrichstadt erhalten: Friedrichstr. 28 und 33; Friedrichstr. 44: Gartengrundstück mit Geburtshaus Ludwig Richters.

Bauten im östlichen und südöstlichen Teil der Innenstadt und im Großen Garten

Ehem. Kunstgewerbemuseum (Güntzstr. 34). 1901–1909 von W. Lossow und H. Viehweger. — *Kupferstich-Kabinett,* bedeutendste graphische Sammlung der DDR, etwa 500 000 Blatt europäischer Zeichnungen und Graphik vom 15. Jh. bis zur Gegenwart, ferner Sammlung japanischer Holzschnitte, künstlerische Fotografien, 1 850 Bände illustrierter Bücher. — *Zentrale Kunstbibliothek,* 30 000 Bände zu allen Gebieten der bildenden Kunst, 25 000 Ornamentstiche.

Eliasfriedhof (Güntzstr.) Angelegt nach der Pest 1680, ältester erhaltener Begräbnisplatz der Stadt; zahlreiche Grabdenkmäler des 18. und 19. Jh.

Bezirks- und Kreisgericht (Lothringer Straße), 1888–1892 von A. Roßbach, kastellähnlicher Monumentalbau im Stil der Florentiner Renaissance, 1945 ausgebrannt, rest.

Großer Garten. Barockanlage mit schnurgeraden Alleen in der Längs- und Querachse, begonnen 1676, Ausgestaltung unter Leitung des Gartenkünstlers J. F. Karcher, Mittelpunkt der Anlage der Garten um das Palais, mit Wasserbecken und sechs von urspr. acht Kavalierhäusern (1694 von J. G. Starcke), 1945 stark beschädigt, seit 1950 Ausgestaltung zu einem sozialistischen Kulturpark (Bau der Pioniereisenbahn und des Freilichttheaters). — Von den einst zahlreichen *Gartenplastiken* erhalten: Am Westende zwei Zentaurengruppen von A. Corradini, im Palaisgarten Gruppe »Die Zeit entführt die Schönheit« von P. Balestra (1. H. 18. Jh.), am östlichen Haupttor (um 1719) Statuengruppen (links Meleager und Atalante, rechts Venus und Adonis) aus der Schule

Dresden, Palais im Großen Garten

Mattiellis. – *Palais,* Frühbarockbau 1678–1683 von J. G. Starcke, 1945 ausgebrannt, Ruine gesichert. H-förmiger Grundriß, zweieinhalbgeschossig, vor dem Mittelbau Freitreppe und Mittelrisalit mit gekuppelten Säulen und Segmentgiebel, ungewöhnlich reicher plastischer Schmuck von J. und C. M. Süssner, A. C. Buchau, C. M. Dietze und G. Heermann. Am Großen Garten *Botanischer Garten* (Stübelallee 2), u. a. Quartiere mit geographischen, systematischen und biologischen Gruppen.

Deutsches Hygiene-Museum (Lingnerplatz 1, in der westlichen Verlängerung der Hauptallee des Großen Gartens). 1928–1930 von W. Kreis.

Bauten in der Neustadt

Georgi-Dimitroff-Brücke (früher Augustusbrücke). Urspr. 1727–1731 nach Plänen von M. D. Pöppelmann, Neubau 1907 von W. Kreis.

Blockhaus (am Neustädter Brückenkopf). Barockbau, begonnen 1730 von Z. Longuelune, Mezzaningeschoß 1749 vermutlich von J. Ch. Knöffel, 1945 ausgebrannt, Wiederaufbau als Wohngebietsgaststätte im Gange.

Reiterstandbild Augusts des Starken (»Goldener Reiter«, Neustädter Markt). Modell um 1730 von J. J. Vinache, Ausführung von L. Wiedemann, in Kupfer getrieben und feuervergoldet, 1736 aufgestellt, rest.

Jägerhof (Köpckestr. 4, jetzt Museum für Volkskunst). Renaissancebau 1568 bis 1613, urspr. Vierflügelanlage, erhalten zweigeschossiger Westflügel mit Volutengiebel und drei Treppentürmen mit welschen Hauben. – *Staatliches Museum für Volkskunst,* u. a. Keramik, Schmiedearbeiten besonders 18. Jh., Spielzeug, Volkstrachten.

Dreikönigskirche (Pfarrkirche der Neustadt). Barockbau 1732–1739 nach Plänen von M. D. Pöppelmann, Innenausbau von G. Bähr, Turm 1854 bis 1857 von Haenel und Marx, 1945 ausgebrannt, Wiederaufbau begonnen.

Japanisches Palais (am Karl-Marx-Platz, Landesmuseum für Vorgeschichte und Staatliches Museum für Völkerkunde). Barockbau, 1715 als »Holländisches Palais« begonnen, 1729–1731 unter Oberleitung von M. D. Pöppelmann und nach Entwürfen von Z. Longuelune, J. de Bodt und vermutlich auch J. Ch. Knöffel erweitert und ausgebaut, 1782–1786 zum Museum umgestaltet, 1945 ausgebrannt, Wiederaufbau im Gange. Vierflügelanlage, zweieinhalbgeschossig, an den Ecken Pavillons mit geschwungenen Dächern, an den Seiten dreiachsige Mittelrisalite, die der Stadt- und Elbseite besonders stark hervortretend, über beiden Risaliten kuppelartige Dächer, im Hof am Elbflügel und an den Seitenflügeln schmale Galerie, von Chinesen-Hermen getragen (um 1730 von J. Ch. Kirchner und J. M. Oberschall). – *Landesmuseum für Vorgeschichte* (Ausstellung z. Z. noch nicht zugänglich), Sammlung zur Ur- und Frühgeschichte Sachsens, besonders reichhaltig Lausitzer Kultur. – *Staatliches Museum für Völkerkunde* (Ausstellung z. Z. noch nicht zugänglich), völkerkundliches Material besonders aus Ozeanien, Neuseeland, Nordasien und Westafrika. – Vor dem Japanischen Palais *Denkmal des Königs Friedrich August I.*, 1843 von E. Rietschel.

Torhäuser am ehem. Weißen oder Leipziger Tor (Karl-Marx-Platz). Klassizistisch 1827–1829 von G. F. Thormeyer, 1945 ausgebrannt, der nordöstliche Bau wiederhergestellt.

Von den *Bürgerhäusern* der Neustadt einige Beispiele erhalten, besonders bemerkenswert: Straße der Befreiung 9, 11, 13 (Kügelgen-Haus, bemalte barocke Decken, rest.), 15, 17 (1750, im Hof Pavillon) und 19, sämtlich 18. Jh. Rähnitzgasse 19 1730 von J. G. Fehre. In der Friedrich-Engels-Str. mehrere dreigeschossige Häuser (um 1730), beachtenswert vor allem Nr. 5, nach 1732. Große Meißner Gasse 15 vor 1718, 1733 zum Kanzleigebäude umgebaut, möglicherweise unter Mitwirkung von M. D. Pöppelmann. In der Antonstr. mehrere klassizistische Wohnhäuser um 1820. In der Nieritzstr. geschlossene Bebauung von 1844.

Friedhöfe: Innerer Neustädter Friedhof (Friedensstr.) angelegt 1732. Alter Israelitischer Friedhof (Pulsnitzer Str.) angelegt 1751.

Kraszewski-Haus (Nordstr. 28). Wohnung des polnischen Dichters Josef Ignacy Kraszewski 1873–1879 während seines Aufenthaltes als Emigrant.

Bauten in den nördlichen und westlichen Außenbezirken

Gartenstadt (in Hellerau). Bebauungsplan 1907/08 von R. Riemerschmid, Reihenhäuser von R. Riemerschmid (Wohnhausgruppen mit Läden am Marktplatz), H. Muthesius und H. Tessenow (Heideweg), »Deutsche Werkstätten für Handwerkskunst« nach 1909 von R. Riemerschmid, Festspielhaus 1910 bis 1912 von H. Tessenow.

Schloß (in Übigau, jetzt Verwaltungsgebäude eines VEB). Zweigeschossiger Barockbau (1724/25 von J. F. Eosander von Göthe) über rechteckigem Grundriß, urspr. im Obergeschoß offene Bogengänge, diese nur noch an der Gartenfront erhalten, Erdgeschoß mit Rustikaquaderung, Mittelachse durch Wappen betont. — *Barocke Gartenanlage* mit Brüstungsmauer und zweiläufiger Treppe zur Elbe, in den Grundzügen erhalten.

Bemerkenswerte Dorfkirchen in den Ortsteilen WILSCHDORF (2. H. 13. Jh., Wandmalereien 2. H. 15. Jh., rest.; Altaraufsatz und Kanzel um 1600), KLOTZSCHE (klassizistisch 1810/11), KADITZ (im wesentlichen spätgotisch um 1500; stattlicher Kanzelaltar 1756; Pfarrhaus 1686, Diakonat 1. H. 18. Jh.) und BRIESNITZ (spätgotisch 1474 mit frühgotischen Teilen; Grabdenkmäler 17. und 18. Jh.).

Bauten in den südlichen und südöstlichen Außenbezirken

Der Bau der *Universitätsstadt* im Südviertel (südwestlich des Friedrich-Foerster-Platzes) wurde um 1900 begonnen. Von den damals errichteten Bauten ist der Beyer-Bau (1910–1913 von M. Dülfer) besonders bemerkenswert. Der Bombenangriff im Februar 1945 vernichtete 85 % der Hochschulgebäude. Am 1. Oktober 1946 konnte der Lehrbetrieb an drei Fakultäten wieder aufgenommen werden. Die Investitionen allein für Neubauten betrugen von 1959–1963 über 42 Millionen Mark. Unter anderem wurden folgende Institutsgebäude neu errichtet: Das Institut für Werkzeugmaschinen, die Halle des Instituts für Fördertechnik, das Lehrgebäude Mathematik und Physik (Zellescher Weg 19) mit Hörsälen von 600 und 800 Plätzen sowie die Institute für Botanik und Landmaschinentechnik. — Im Hof des Georg-Schumann-Baus (ehem. Landgericht) *Gedenkstätte* für die hier von den Faschisten hingerichteten Widerstandskämpfer, Bronze-Ehrenmal 1962 von A. Wittig.

Denkmal (Räcknitzhöhe) für den General Jean Victor Moreau, gefallen 1813. Entwurf von G. F. Thormeyer, Ausführung von G. Ch. Kühn.

Christuskirche (in Strehlen). 1906 nach Entwürfen von R. Schilling und J. Gräbner, ursprüngliche Innenraumgestaltung wurde 1978/80 wiederhergestellt.

Dorfkirche (in Leubnitz). Einschiffiger spätgotischer Bau (Chor 1511, Langhaus um 1720 nach Norden erweitert) mit bemalter Felderdecke (1671 von G. Lukas); Altaraufsatz (im Mittelfeld Kreuzigung) 1730 von J. B. Reinboth und J. Ch. Ebhardt sowie mehrere Grabdenkmäler 16.–18. Jh., darunter Arbeiten von A. und S. Lorentz.

Krematorium (Johannis-Friedhof an der Wehlener Str. in Tolkewitz). 1908–1912 nach Entwurf von F. Schumacher.

Bemerkenswerte Dorfkirchen in den Ortsteilen PLAUEN (wertvolle Grabdenkmäler 17./18. Jh.), LOCKWITZ (im wesentlichen 1670; reicher Altaraufsatz 1623 und 1660) und LEUBEN (Grabdenkmal Hans v. Dehn-Rothfelser, gest. 1561).

Bauten in den östlichen Außenbezirken (einschl. Pillnitz)

Schlösser in Loschwitz: Schloß Albrechtsburg (jetzt Pionierpalast), spätklassizistisch 1850–1854 von dem Schinkel-Schüler A. Lohse. Villa Stockhausen, sog. Lingner-Schloß (jetzt Klub der Intelligenz), spätklassizistisch nach 1850 von A. Lohse. Schloß Eckberg (jetzt Studentenheim der TU) spätromantischer Bau, als mittelalterliche Burg angelegt, 1859–1861 von Ch. F. Arnold.

Loschwitzer Brücke (»Blaues Wunder«). 1893 nach Plänen von Köpke und Krüger (141 m Spannweite).

Pillnitz
1 Wasserpalais, 2 Bergpalais, 3 Neues Palais, 4 Englischer Pavillon, 5 Orangerie, 6 Chinesischer Pavillon, 7 Löwenkopf, 8 Florastatue

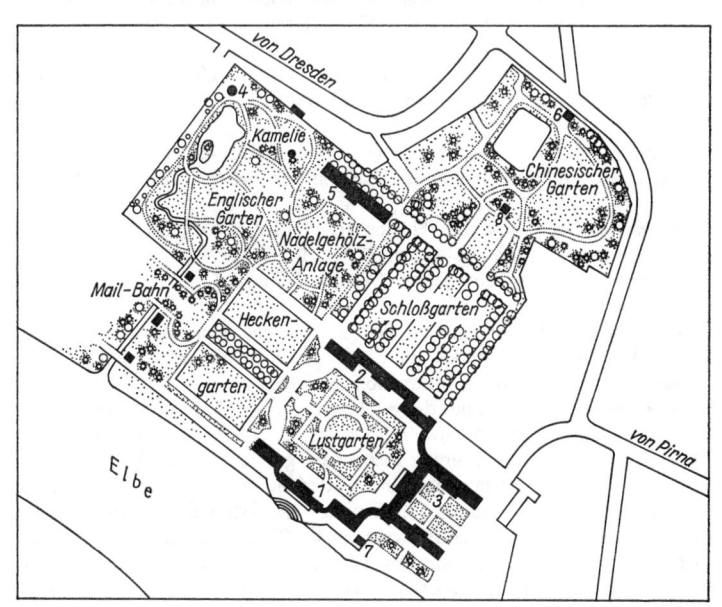

Dresden, Schloß Pillnitz, Wassertreppe

Schillerhäuschen (Schillerstr. 19). Ehem. Gartenhaus des Körnerschen Weinberges in Loschwitz.

Martin-Andersen-Nexö-Gedenkstätte (Weißer Hirsch, Collenbuschstr. 4). Wohnhaus des dänischen Dichters von 1952 bis zu seinem Tode 1954.

Fernseh- und UKW-Turm (Wachwitz) mit Café, 1969 nach Entwurf des Kollektivs K. Nowotny, J. Braune und H. Rühle.

Carl-Maria-von-Weber-Gedenkstätte (Hosterwitz, Dresdener Str. 44). Weinbauernhaus, Sommerwohnung des Komponisten zwischen 1818 und 1826.

Schifferkirche Maria am Wasser (Hosterwitz). Im Kern spätgotisch, 1704 barock vergrößert und umgebaut, über dem Westgiebel Türmchen mit Zwiebelhaube; Abendmahlsrelief im Kanzelaltar 1644 von C. Buchau.

Schlösser und Gärten in Pillnitz. Weiträumige, aus mehreren Gebäuden bestehende Anlage, entstanden im Laufe von ungefähr einem Jahrhundert: *Wasserpalais* am Elbufer Barockbau 1720/21 von M. D. Pöppelmann, zweigeschossig, zur Elbe hin dreigeschossig, an der Gartenseite Portikus, an den Enden Pavillons, geschweifte Dächer in Anlehnung an ostasiatische Vorbilder, vor der Elbseite große Treppenanlage mit Anlegestelle für Gondeln. *Bergpalais* 1723/24 von Pöppelmann, Wiederholung des Wasserpalais, diesem gegenüberliegend. Zu seiten von Wasser- und Bergpalais zweigeschossige *Flügelbauten* 1788–1791 nach Entwurf von Ch. T. Weinlig mit Benutzung eines Entwurfes von Longuelune aus dem Jahre 1725, ausgeführt von Ch. F. Exner. *Neues Palais* (Museum für Kunsthandwerk) im Südosten der Anlage 1818–1826 von Ch. F. Schuricht, mit den Flügelbauten von Wasser- und Bergpalais durch Galerien verbunden, an der Rückseite zwei Flügel, den sog. Fliederhof einschließend, im Innern großer Festsaal (1822/23 von Schuricht) mit Malereien von C. Vogel v. Vogelstein und Schloßkapelle. Nordöstlich des neuen Palais Schloßwache von 1824. Ständige Werterhaltungsarbeiten an allen Gebäuden, dabei Wiederherstellung der barocken bzw. klassizistischen Farbigkeit. — *Museum für Kunsthandwerk*, in den Beständen u. a. koptische Stoffe, Möbel von der Gotik bis zum 20. Jh., europäische und orientalische Keramik, ostasiatisches Porzellan. — *Schloßpark*, in der von Wasser- und Bergpalais flankierten Zufahrtsachse Barockanlage mit weiträumigem Parterre, Heckenquartieren und Maillebahn (Maille = golfähnliches Spiel der Rokokozeit), um 1785 Erweiterung des Parkes vorwiegend nach Norden und Nordosten im landschaftlichen Stil. — *Bauten im Park:* Orangerie (hinter dem Bergpalais) um 1730 von Z. Longuelune, im 19. Jh. verändert. Zweigeschossiger Rundtempel klassizistisch 1789 von Weinlig. Chinesischer Pavillon 1804 von Schuricht. — *Bauten außerhalb des Parkes:* Gotische Ruine 1785 von J. D. Schade. Weinbergkirche (nordöstlich vom Schloßkomplex) Barockbau 1723–1727 von Pöppelmann; reicher Altaraufsatz (1648 von J. G. Kretzschmar) und mehrere wertvolle Grabdenkmäler 16./17. Jh.

Kreis Dresden

SCHÖNFELD. *Schloß* (jetzt Schule), dreigeschossiger Renaissancebau (begonnen 1573) auf rechteckigem Grundriß, Zwerchgiebel mit Voluten, zur Hälfte eingebauter Treppenturm, im Erdgeschoß Gewölbe, in den Obergeschossen einige bemalte Kassettendecken. — *Dorfkirche*, spätgotisches Langhaus (vermutlich 15. Jh.), Renaissance-Chor mit Rippenstrahlgewölbe (1676); Altaraufsatz (Abendmahl von J. Eywigk aus Pirna) 1658.

RADEBERG. *Schloß Klippenstein* (jetzt Heimatmuseum), Renaissancebau zwischen 1543 und 1568 von H. v. Dehn-Rothfelser mit Benutzung mittelalterlicher Reste, erneuert 1628 durch E. Eckhardt, Umbau des Daches 1772, Hauptgebäude um einen länglich dreieckigen Hof gruppiert, an der Westseite eingebauter Turm, an der Südseite Freitreppe mit Portal. Im Westen und Nordwesten der Anlage Vorburg. — *Heimatmuseum*, u. a. urgeschichtliche Funde aus der näheren Umgebung, Stadtgeschichte. — In der *Pfarrkirche* (urspr. spätgotisch 1486, mehrfach stark verändert) reiche Kanzel und Taufe 1730 von J. Ch. Feige d. Ä.

SEIFERSDORF. *Schloß* (jetzt Rat der Gemeinde), urspr. um 1530, neugotischer Umbau nach Plänen von K. F. Schinkel vollendet 1822, nahezu quadratischer Grundriß, an der Gartenseite kleiner Hof mit Torbau, Zinnenkranz. — In der *Dorfkirche* (Renaissancebau 1605, Äußeres 1892 umgebaut) bemerkenswerter Epitaph-Altaraufsatz von 1604/05 und wertvolle Grabdenkmäler

Moritzburg, Schloß

16. bis 18. Jh. — *Seifersdorfer Tal*, seit 1781 von Gräfin Ch. v. Brühl in eine romantische Parklandschaft umgestaltet, von den einst zahlreichen Denkmälern (u. a. Altar der Tugend, Ruine der Vergänglichkeit, Hütte des Petrarca) nur Reste erhalten.

HERMSDORF. *Schloß* (jetzt Feierabendheim), erste Anlage 16. Jh., Neugestaltung 2. H. 17. Jh., nach Brand 1729 von G. Bähr erneuert. Schloßbezirk von Mauer mit vier runden Ecktürmen eingefaßt, davon drei erhalten, im Turm rechts vom Eingang Kapelle mit reichen Stuckornamenten (Ende 17. Jh.), Schloß zweigeschossig über langgestrecktem Grundriß, in der Mitte und an den Seiten achteckige Türme, die beiden Portale um 1570, im Erdgeschoß breiter Korridor mit reichen Gewölben, im Obergeschoß reicher Festsaal (Decke Ende 19. Jh.). — Weiträumiger *Park* mit bedeutenden Resten einer barocken Anlage, Sandsteinstatue (Apollo) in der Art der Zwingerplastik, Puttengruppe um 1730 von A. Bitkow.

MORITZBURG. *Jagdschloß* (jetzt Barockmuseum), urspr. Renaissancebau 1542–1546 von H. v. Dehn-Rothfelser, kleinere Veränderungen 1580–1660, Kapelle 1661–1672 von W. C. v. Klengel, 1723–1736 barocker Umbau und Erweiterung durch M. D. Pöppelmann, Z. Longuelune und J. de Bodt, Innenausstattung von R. Leplat und anderen Meistern. Seit 1961 umfassende Rest. im Gange, Wiederherstellung der illusionistischen Fassadenmalerei begonnen. Rechteckiger Grundriß, dreigeschossig, die Rundtürme durch kurze Flügel mit dem Hauptbau verbunden, im Westen und Osten starke Vorsprünge, im westlichen Vorsprung Kapelle, im östlichen Festsaal mit kostbarer Geweihsammlung. Kapelle mit sehr reichen Stuck- und Sandstein-Dekorationen, Deckengemälde (Himmelfahrt Christi) um 1670 von J. Fink, Altaraufbau 1672, Kanzel von Ch. Krockner, Heerespaukerstand (rechts vom Altar) und Fürstenloge. In der Mittelachse des Hauptbaues weiträumige Eingangshalle mit

Kreuzgratgewölben, zahlreiche Räume mit wertvoller Ausstattung, u. a. Raum mit Federtapete, Monströsensaal (verkrüppelte Geweihe) mit Gemälden von L. Rossi, Zimmer mit Ledertapeten des 18. Jh. — Rings um das Schloß *Terrassenanlage,* die Balustraden mit Vasen und Puttengruppen geschmückt, meist aus den Werkstätten von Kirchner und Thomae, am Hauptaufgang zwei große Statuen von Piqueuren. An allen vier Seiten, symmetrisch zu den Achsen, je zwei kleine Pavillons, im Norden ferner zwei größere Kavalierhäuser. — *Barockmuseum,* kunstgewerbliche und kulturgeschichtliche Sammlung, u. a. Möbel, chinesische und japanische Porzellane, Meißner Porzellan, deutsche Gläser, höfische Bildnisse, Galakutschen und Sänften, Jagdwaffen. Gedächtnisstätte für Käthe Kollwitz, gest. 1945 in Moritzburg. — *Hellhaus* (900 m nordöstlich vom Jagdschloß), schlichter Barockbau um 1770. — *Fasanerieschlößchen* (jetzt Museum für Vogelkunde und Vogelschutz), Spätbarockbau 1769–1782 vielleicht von J. D. Schade und J. G. Hauptmann, rest., zweigeschossig mit geschweiftem Dach, Plattform, Balustrade und Laterne, an allen vier Seiten schmale Felsterrasse mit Pflanzen- und Tierplastiken, sehr kleine Innenräume. — Westlich des Schlößchens Bassin mit Figurengruppe (Leda mit dem Schwan) von C. F. Schäfer, östlich kleiner Hafen mit Mole und Leuchtturm (um 1780). — Auf dem Weg vom Schloß zum Fasanenschlößchen die »*Churfürstliche Waldschänke«,* erbaut 1780, 1967 zu einem Hotel mit Restaurant ausgebaut; in den Räumen Jagd- und Tierbilder sowie 50 m langer Fries (Jagdzug des Kurfürsten Johann Georg I.).

RADEBEUL. *Indianer-Museum* (Hölderlinstr. 15), völkerkundliche Sammlung, u. a. Arbeitsgeräte, Waffen, Bekleidung, Schmuck nordamerikanischer Indianer. — *Staatliche Puppentheatersammlung* (Barkengasse 6), Geschichte der deutschen Puppentheater und der anderer Länder, Puppen aller Spieltechniken, Spiel- und Textbücher. — Im Ortsteil NIEDERLÖSSNITZ: *Minckwitzscher Weinberg* (Rolf-Helm-Str.), bestehend aus Wohnhaus (Barockbau nach 1713), Lusthaus (1729) und Pavillon (verputzter Fachwerkbau 1713). — *Weinberghaus Friedstein* (Bergstr.), Barockbau 1771/72, mächtiger Unterbau mit Tonnengewölbe, achteckiger Mittelbau mit kurzen seitlichen Flügeln. — *Altfriedstein* (Brühlstr.), Barockbau 1742, Glockentürmchen. — *Wackerbarths Ruhe* (Friedrichstr., jetzt VE Weingut), barocke Anlage 1727–1729 vermutlich von J. Ch. Knöffel, bestehend aus dem Hauptgebäude (1853 stark verändert) mit zweiarmiger Treppe, dem Belvedere auf halber Höhe des Berges und dem Jakobsturm von 1743. — Im Ortsteil OBERLÖSSNITZ: *Bennoschlößchen* (Bennostr. 35), zweigeschossiger Renaissancebau (um 1600) mit Volutengiebeln. — *Meinholds Weinberg* (Weinbergstr. 19), zweigeschossiger Barockbau (18. Jh.) auf winkelförmigem Grundriß mit Fachwerk-Obergeschoß. — *Spitzhaus* (auf der Höhe über Meinholds Weinberg, jetzt Gaststätte), zweigeschossiger Renaissancebau (um 1650) mit geschweiftem Dach und Zentraltürmchen, 1901 durch Anbauten entstellt. — *Haus Sorgenfrei* (Augustusweg 48), frühklassizistisch (1786–1789 vermutlich von J. A. Giesel), über dem Mittelteil Dachaufbau mit Glockentürmchen, zu beiden Seiten je ein eingeschossiges Gartenhaus. — *Haus Hoflößnitz* (Knollweg, jetzt Heimatmuseum), zweigeschossiger Renaissancebau (1650 von E. Eckhardt als »Berg- und Lusthaus« unter

Kurfürst Johann Georg I. erbaut) mit Fachwerk-Obergeschoß, vor der Nordseite Treppenturm mit welscher Haube, im Erdgeschoß Mittelraum mit Kreuzgratgewölben, im Obergeschoß Saal mit reicher Ausmalung, Deckengemälde (brasilianische Vögel) von A. van den Eeckhout, neben dem Saal vier Räume mit ähnlicher Ausschmückung, die Gemälde u.a. von C. Wiebel und Ch. Schiebling, Sandstein-Kamine und reiche Meißner Öfen. — *Heimatmuseum*, u. a. Geschichte des Weinbaus im Lößnitzgebiet.

NIEDERWARTHA. *Pumpspeicherwerk*, 1929/30 nach Plänen des Architekten Högg.

Bemerkenswerte Schlösser und Herrenhäuser in ROCKAU-HELFENBERG (im Kern Barockbau um 1775 von J. G. Kuntsch, Anfang 19. Jh. klassizistisch umgebaut, vielleicht von G. F. Thormeyer) und WACHAU (Barockbau seit 1730, hufeisenförmiger Grundriß, großes Vestibül, zweiarmige Treppe).

Bemerkenswerte Dorfkirchen in GROSSERKMANNSDORF (Barockbau 1702 mit Benutzung älterer Teile; gediegene Ausstattung der Entstehungszeit), WALLRODA (spätgotischer Flügelaltar Anfang 16. Jh.), WACHAU (1820; in der Sakristei Porzellan-Kruzifix des 18. Jh., Meißner Arbeit), WEIXDORF (Renaissancebau um 1650; Grabdenkmäler 17.–19. Jh.), GROSSDITTMANNSDORF (Renaissancebau geweiht 1605, im 18. und 19. Jh. verändert) und STEINBACH (spätgotischer Flügelaltar um 1450, in Altaraufsatz des 17. Jh. eingefügt).

Die Kreise Großenhain und Riesa

GROSSENHAIN. Gegründet 1088 durch den böhmischen König Wladislaw an der »Hohen Straße« von Thüringen nach Schlesien, regelmäßiges Straßennetz mit großem Markt und straßenförmigem Frauenmarkt, 1744 abgebrannt und in der Folge wiederaufgebaut. *Stadtkirche St. Marien*, Barockbau 1744 bis 1748 von J. G. Schmidt (Schüler von G. Bähr, Meister der Frauenkirche in Dresden) mit Benutzung älterer Teile. T-förmiger Grundriß, Muldendecke, rings umlaufende doppelte Empore, reicher Kanzelaltar (1755) und Orgel an der Nordseite, im Osten fünfseitig geschlossen, über dem Schluß schlanker Turm mit Haube und Laterne (1801); spätgotischer Flügelaltar (im Schrein Maria mit zwei weiblichen Heiligen) 1499, rest. — Von der spätgotischen *Ruine des Nonnenklosters der Reuerinnen* (2. H. 15. Jh., 1540 abgebrannt) erhalten: Turm und Nordwand des Chores, von den Klostergebäuden der ehem. Konventssaal (verbaut) mit Zellengewölben, darüber Refektorium und Dormitorium. — *Bürgerhäuser*, aus der Zeit vor dem Stadtbrand von 1744: Frauenmarkt 2 Barockbau 1. H. 18. Jh., dreigeschossiger Fronterker. Die nach 1744 errichteten Häuser sehr schlicht. — *Kreismuseum* (Kirchplatz 4), u. a. Münzfunde, Ofenplatten, Spielzeug, Ur- und Frühgeschichte des Kreisgebietes.

RÖDERN. In der *Dorfkirche* (Mitte 17. Jh.) zahlreiche Grabdenkmäler, davon besonders bemerkenswert: Heinrich v. Beschwitz und Frau (Geharnischter und Frau in Zeittracht), gest. 1541 bzw. 1537, von S. Hermsdorf. Christoph v. Beschwitz (Geharnischter mit faltigem Waffenrock), gest. 1540, vermutlich von Ch. Walther (I).

WEISSIG. *Forsthaus*, klassizistisch 1804, rechteckiger Grundriß, dreigeschossig, sieben Achsen, an den Schmalseiten eingeschossige Anbauten, an der Rückseite apsisartiger Anbau mit Strebepfeilern.

ZABELTITZ. *Palais* (jetzt Schule), Barockbau 1728 von J. Ch. Knöffel unter Verwendung eines Renaissancebaues, rest., dreigeschossig, eingezogener Mittelteil, aufgemalte Gliederung, an der Gartenseite Vorbau, rings von Wassergraben umgeben. — *Barocke Gartenanlage* ebenfalls von Knöffel, in der Achse des Parks 160 m langer Teich, dahinter Weiher, mehrere Gartenplastiken des 18. Jh. — *»Großer Stall«* (jetzt Landambulatorium), langgestreckter zweigeschossiger Renaissancebau (um 1590 von P. Buchner), Volutengiebel, an der Gartenseite Treppenturm, im Mittelteil des Erdgeschosses zweischiffige Halle mit toskanischen Säulen. — In der *Dorfkirche* (Renaissancebau 1581, Inneres rest.) bemerkenswert: Kanzel und Taufstein um 1580, letzterer von Ch. Walther (II).

LICHTENSEE-TIEFENAU. *Schloßkirche*, einschiffiger Barockbau (1716/17 vermutlich von G. Bähr, rest.) mit Stuckdecke, Pilastergliederung und Emporen; reiche Ausstattung der Entstehungszeit (u. a. Silbermann-Orgel). — Barocker *Schloßpark* mit vier Pavillons, rest.

STREHLA. *Schloß*, vier unregelmäßig angeordnete Flügel um einen annähernd quadratischen Hof (15. und vor allem 16. Jh., Nordflügel um 1890 verändert), im Westen Schildmauer und zwei Türme, hinter dem Erker des Südwestturms Trinkstube mit Zellengewölbe und Malereien (Jagdszene, Zeltlager) von 1532, im Hof drei Treppentürme, am Ostflügel Maßwerkgiebel und Vorhangbogenfenster. — An der Stadtseite *Vorburg* mit Torhaus (um 1560), seitlich Bastion. — *Rathaus*, schlichter Barockbau von 1756. — In der spätgotischen *Pfarrkirche* (15. und 16. Jh., rest.) besonders bemerkenswert: Altaraufsatz (im Mittelfeld Auferstehung, seitlich lebensgroße Holzfiguren des Stifters und seiner Frau) 1605 von F. Ditterich d. Ä. aus Freiberg. Kanzel aus farbig glasierter Keramik 1565 von M. Tatze. Grabdenkmal H. v. Beschwitz, gest. 1496, vollplastische Standfigur in Ritterrüstung. Grabdenkmäler 15.–18. Jh., v. Pflugk.

RIESA. *Ehem. Klosterkirche St. Marien*, gegründet 1119, einschiffiger spätgotischer Bau (vermutlich nach 1429), Chor mit Sterngewölben von 1622, Westturm mit achteckigem Glockengeschoß, geschweifter Haube und Laterne 1745; spätgotische Predella (Gregorsmesse) Anfang 16. Jh. — Die *Klostergebäude* sehr verbaut, im Nord- und Ostflügel romanische Reste, im Westflügel Kapitelsaal (Mitte 15. Jh.), Südflügel Ende 16. Jh. zum Schloß umgebaut, im

19. Jh. stark verändert, jetzt Rathaus. — *Heimatmuseum* (Poppitzer Platz 3), u. a. Stadtgeschichte vom ausgehenden Mittelalter bis zur Gegenwart. — *Trinitatiskirche*, 1894–1897 von J. Kröger als romanischer Zentralbau, Innenraum rest.

ZEITHAIN. *Ehrenhain* für über 70 000 von den Faschisten ermordete sowjetische Kriegsgefangene. — *Dorfkirche*, im wesentlichen Renaissancebau von 1594, bemerkenswerte Grabdenkmäler v. Schleinitz 17./18. Jh. sowie Friedhofstor von 1612. — In der Nähe des Ortes vier *Obelisken* von 1730 zur Erinnerung an das »Lustlager von Zeithain« unter August dem Starken.

BLOSSWITZ-RAGEWITZ. *Gedenksäule* von 1520 im ehem. Schloßpark, Schmerzensmann mit kniendem Geharnischten, errichtet zur Erinnerung an »dieses Gartens Anfänger und Pflancer« (Georg v. Schleinitz, gest. 1501).

BAHRA-HIRSCHSTEIN. *Schloß* (jetzt Kinderheim), mittelalterliche Gründung, um 1700 verändert und ergänzt, um kleinen Hof gruppierte unregelmäßige Anlage, älteste Teile an der Südspitze, im Westen Turm mit barocker Haube, die zweigeschossige Südseite regelmäßig gegliedert.

DIESBAR-SEUSSLITZ. *Schloß* (jetzt Feierabendheim), barocke Dreiflügelanlage (1726 von G. Bähr, rest.), der südliche Seitenflügel mit der Klosterkirche verbunden, geräumiger Flur mit zweiarmiger Treppe, im Mittelsaal und in einigen anderen Räumen Stuckdecken, Wandbespannungen und Kamine. — Seitlich vom Schloß teilweise erhaltene *barocke Gartenanlage*, 1953 wiederhergestellt, in der Achse, auf der Höhe einer Terrasse, barockes Gartenhaus (»Heinrichsburg«), ihm gegenüber, auf der anderen Seite des Schlosses, barockes Winzerhaus (»Luisenburg«), barocke Gartenplastik — *Ehem. Nonnenklosterkirche*, gegründet 1271, urspr. gotisch, 1726 von G. Bähr barock umgebaut, einschiffig, massiger Dachreiter mit geschweifter Haube; reicher Kanzelaltar, Orgel und Orgelempore aus der Zeit des Umbaus, Grabdenkmäler 13.–17. Jh.

Bemerkenswerte Schlösser und Herrenhäuser in SCHÖNFELD (im Kern Renaissancebau 1570–1590, 1882 vollständig umgebaut), TAUSCHA (Renaissancebau 2. H. 17. Jh.), DOBRA-ZSCHORNA (Renaissancebau 1537 mit Benutzung älterer Reste, winkelförmiger Grundriß), CUNNERSDORF (Renaissancebau 17. Jh., winkelförmiger Grundriß), NAUNHOF (Barockbau 1705, verändert 1757, dreiläufige Treppe), LENZ-DALLWITZ (Barockbau Mitte 18. Jh., hufeisenförmiger Grundriß), RIESA-GRÖBA (Barockbau um 1700, Säulenvorhalle um 1820), BOBERSEN (Barockbau 1696), RÖDERAU-PROMNITZ (Renaissancebau 1603, Dreiflügelanlage, Südflügel 1728 verändert) und STAUCHA (Barockbau Mitte 18. Jh.).

Bemerkenswerte Dorfkirchen in LENZ (Barockbau 1700/10; Altaraufsatz um 1600, volkskünstlerische Arbeit), NAUNHOF (Grabsteine 16./17. Jh.), REINERSDORF (Grabdenkmal Georg v. Kummerstädt, gest. 1559, vermutlich von S. Schröter d. Ä.), WÜRSCHNITZ (Barockbau 1. H. 18. Jh.; reicher Taufstein um 1600), TAUSCHA (Altaraufsatz 1745 von J. J. Kändler), SACKA (im Kern romanisch, 1667–1670 umgebaut; Grabdenkmäler 16. bis 18. Jh.), SCHÖNFELD (Grabdenkmäler 16.–18. Jh.), PONICKAU (spätgotischer Flügelaltar vermutlich 1511), BLOCHWITZ (Renaissancebau um 1665 mit Benutzung gotischer Reste, bemalte Kassettendecke und Emporen), STRAUCH (romanisch Anfang 13. Jh.), GÖRZIG (spätgotischer Flügelaltar Anfang 16. Jh.), WALDA (spätgotischer Flügelaltar Anfang 16. Jh.), SKASSA (Barockbau 1756; spätgotischer Flügelaltar Ende 15. Jh.), BORITZ (Barockbau 1755; spätgotischer Flügelaltar um 1520), FRAUENHAIN (spätgotischer Flügelaltar Anfang 16. Jh.), NIESKA (barocker Zentralbau 1751), JACOBSTHAL (Barockbau 1775), PAUSSNITZ (spätgotischer Flügelaltar Anfang 16. Jh.), LORENZKIRCH (Chor spätromanischer Backsteinbau 13. Jh., in der Apsis Reste von Malereien), GOHLIS (spätromanischer Chor in Form eines Dreiviertelkreises, urspr. vielleicht selbständiger Rundbau), RIESA-GRÖBA (Barockbau 1720; Grabdenkmäler 17./18. Jh.), RIESA-PAUSITZ (Barockbau 1755; spätgotische Schnitzfiguren Anfang 16. Jh., Grabdenkmäler 16.–18. Jh.), RÖDERAU (Barockbau 1785–1787), CANITZ (Barockbau 1697 auf romanischer Grundlage), BLOSSWITZ (spätgotisch Anfang 16. Jh., umgebaut 1697–1699, Westturm mit reicher Haube; Kanzelaltar 1705 von V. Walther, Grabdenkmäler 16.–18. Jh., v. Schleinitz), STAUCHA (1861–1863 nach Plänen von Ch. F. Arnold), JAHNISHAUSEN (Barockbau 1793, ovaler Grundriß), MEHLTHEUER (Barockbau 1747), SEERHAUSEN (spätgotischer Flügelaltar um 1510/20) und PRAUSITZ (Barockbau 1775–1778).

Stadt und Kreis Meißen

Die Stadt Meißen

928/29 Gründung der Burg Meißen (bei Thietmar von Merseburg »Misni« genannt) durch König Heinrich I. zur Sicherung der deutschen Feudalherrschaft über die unterworfenen slawischen Gaue Daleminzien und Nisan. 968 Gründung des Bistums Meißen durch Kaiser Otto I. Vermutlich noch im 10. Jh. Anlage einer ersten Siedlung (burggräflicher Jahrmarkt) unterhalb der Burg in der Gegend des heutigen Theaterplatzes (1002 urkundlich bezeugt). Im späten 10. Jh. Besiedlung des Afraberges durch ritterliche Burgmannen, später auch durch Domherren (von Abgaben befreite und rechtlich selbständige Siedlung). Die Markgrafschaft Meißen seit 1125 erblich in der Familie der Wettiner. Gegen Ende des 12. Jh. planmäßige Anlage der markgräflichen Stadt auf dem Gelände zwischen Burgberg, Afra-Freiheit und Theaterplatz, in der Mitte viereckiger Marktplatz mit vier Ausfallstraßen, die Stadtbefestigung spätestens 1220 vollendet (Reste nur im Bereich der Afra-Freiheit erhalten). 1205 Gründung des Augustiner-Chorherren-Stiftes St. Afra. 1295 erste urkundliche Nennung der Stadt. Mit dem wirtschaftlichen und politischen Aufstieg der Bürgerschaft im 15. Jh. (1446 Erwerbung der vollen Gerichtshoheit) bedeutende Steigerung der Bautätigkeit (u. a. Frauenkirche, Rathaus, Franziskanerkirche). 1543 Gründung der Fürstenschule. 1637 Zerstörung eines großen Teiles der Stadt durch die Schweden. 1710 Einrichtung der ersten europäischen Porzellan-Manufaktur in der Albrechtsburg. Im 19. Jh. allmähliches Wachstum der Stadt, vor allem ins Triebischtal, infolge der fortschreitenden Industrialisierung. Um 1900 Eingemeindung einiger Orte rechts der Elbe. Bildungsstätten: Hochschule für landwirtschaftliche Produktionsgenossenschaften, Ingenieurschule für Kraft- und Arbeitsmaschinen, Fachschule für Klubleiter.

Meißen
1 Albrechtsburg, 2 Dom St. Johannis Evangelistae und St. Donati, 3 Bischofsschloß, 4 Domherrenhöfe, 5 Kornhaus, 6 Mittel- und Vordertor sowie Schloßbrücke, 7 Kirche des ehem. Augustiner-Chorherren-Stiftes St. Afra, 8 Afranische Pfarre, 9 Kurien und Freihöfe, 10 Frauenkirche mit Tuchmachertor, 11 Rathaus, 12 Stadtmuseum (ehem. Franziskaner-Kirche), 13 Stadt-Theater, 14 Jakobskapelle, 15 Martinskirche auf dem Plossen, 16 Klosterruine zum Heiligen Kreuz, 17 Kändlerbrunnen

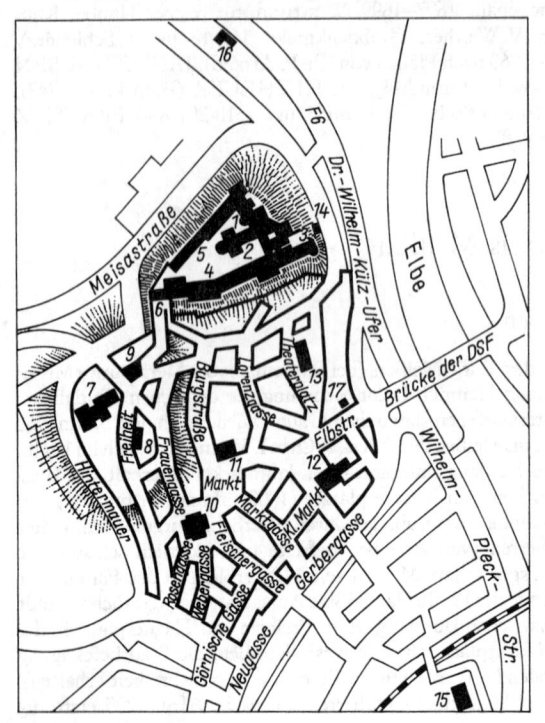

Meißen, Burgberg

Bauten auf dem Burgberg

Der Burgberg hat ungefähr die Form eines Dreiecks. Mit Ausnahme des Doms, der mitten auf dem Domplatz liegt, sind die Bauten an der Bergkante aufgereiht: An der Ostseite die Albrechtsburg, im Südosten das ehem. Bischofsschloß, im Süden die Domherrenhöfe und im Norden das Kornhaus. Der Zugang befindet sich an der westlichen Spitze des Dreiecks.

Albrechtsburg (kunstgeschichtliche Sammlung). Spätgotischer Bau, begonnen 1471 von Arnold von Westfalen (gest. 1481), um 1489 im wesentlichen vollendet, um 1525 Ergänzungsarbeiten, im Dreißigjährigen Krieg beschädigt, seit 1662 Wiederherstellungsarbeiten, von 1710 bis 1864 Produktionsstätte der Porzellan-Manufaktur, 1864–1881 durchgreifende Erneuerung und Ausmalung vieler Räume (Darstellungen aus der Geschichte Meißens und Sachsens) durch Professoren der Dresdener Kunstakademie, nach 1945 Instandsetzungsarbeiten, seit 1963 systematische denkmalpflegerische Wiederherstellung mit dem Ziel, den spätgotischen Zustand so weit wie möglich zu rekonstruieren. Dreigeschossig mit ausgebautem Dachgeschoß über unregelmäßigem Grundriß, die Geschosse durch schmale Gesimse voneinander abgesetzt, große Vorhangbogenfenster, am Dachgeschoß Aufbauten mit Dreiecksgiebeln (sog. Lukarnen), vor der Hoffassade Großer Wendelstein, im Kern runder, von offenem Loggienumgang ummantelter Treppenturm mit Wendeltreppe (viertes Geschoß mit Helm, Ergänzung des 19. Jh.), im Winkel zwischen Ost- und Nordflügel Kleiner Wendelstein. Im ersten Obergeschoß Großer Saal sowie Großer und Kleiner Bankettsaal, fast durchweg mit figurierten Rippengewölben, an der Ostseite des Großen Saales Hauskapelle mit Zellengewölbe, im zweiten Obergeschoß u. a. Wappensaal mit kurvierenden Rippengewölben (um 1525 vermutlich von J. Heilwig von Schweinfurt), als Gewölbeanfänge die Büsten der Wappenhalterinnen (von Ch. Walther I), die übrigen Räume mit reichen Zellengewölben, im dritten Obergeschoß Räume mit Holzbalkendecken. — *Kunstgeschichtliche Sammlung*, u. a. sächsische sakrale Plastik 15./16. Jh., darunter Einzelwerke von H. Witten und P. Breuer (Restbestand der Sammlung des ehem. Altertumsmuseums im Palais des Großen Gartens zu Dresden), ferner Entwicklungsbeispiele aus der frühen Produktion der Meißner Porzellan-Manufaktur.

Dom St. Johannis Evangelistae und St. Donati. Frühgotischer Bau an der Stelle eines romanischen Vorgängerbaus, vermutlich etwa 1265 begonnen, im 14. Jh. Ausbau des Langhauses, um 1400 Westportal, um 1425 Fürstenkapelle vor dem Westportal (1443–1446 eingewölbt), 1471–1481 Ausbau des dritten Turmgeschosses durch Arnold von Westfalen, um 1530 Georgskapelle südlich der Fürstenkapelle (1677 von W. C. v. Klengel neu ausgestattet), Turmaufsätze und -helme 1904–1909 von K. Schäfer; umfassende Rest. im Gange. Dreischiffige Hallenkirche mit Querschiff, Kreuzrippengewölben und Bündelpfeilern, der durch einen Lettner (um 1260) abgetrennte einschiffige Chor dreiseitig geschlossen (im mittleren Chorfenster Glasgemälde um 1270, mehrfach erneuert), zweigeschossiger, nicht zum Chor geöffneter äußerer Umgang, in der Fürstenkapelle (vor dem Westportal des Langhauses) Netzgewölbe mit nasenbesetzten Vierpässen, die Wanddienste durch hölzerne Standbilder auf Konsolen unterbrochen, diese zusammen mit den Figuren des Langhaus-Westportals einen einheitlichen Zyklus bildend. Von den Osttürmen nur der südliche (»Höckriger Turm«) weitergeführt (obere Geschosse 2. H. 14. Jh., achteckiges Geschoß mit durchbrochenem Helm 1. H. 15. Jh.), im Winkel zwischen südlichem Seitenschiff und westlicher Querschiffswand zweigeschossige achteckige Johanneskapelle (2. H. 13. Jh.), blockhaftes Untergeschoß der Westtürme mit Lisenengliederung, zweites Geschoß mit reichem Blendmaßwerk, drittes mit Spitzbogenöffnungen und darin sichtbaren Treppenläufen. — *Bildwerke des 13. Jh.:* Im Chor an der Nordseite Kaiser Otto I. und Kaiserin Adelheid, an der Südseite Johannes d. Ev. und St. Donatus, in der Johanniskapelle Maria, Johannes d. T. und Diakon, sämtlich um 1260/70 von Meistern der Naumburger Werkstatt, letzter großer Zyklus nach Bamberg, Magdeburg und Naumburg.
— Von der *Ausstattung* besonders bemerkenswert: Gemalter spätgotischer Hauptaltar (Mittelbild: Anbetung der Könige, linker Flügel: Philippus und Jakobus minor, rechter Flügel: Bartholomäus und Jakobus maior) Anfang 16. Jh., Werk eines niederländischen oder in den Niederlanden geschulten Meisters. Laienaltar vor dem Lettner (Mittelbild: Kreuzigung, Opfer Abrahams und Aufrichtung der ehernen Schlange) angeblich 1526, Arbeit der Cranach-Werkstatt. Flügelaltar (Beweinung Christi mit Engelreigen, in den Flügeln zwei Apostel mit Stiftern) 1534 von L. Cranach d. Ä. Kanzel 1591. Chorgestühl vermutlich 1529. — Von den zahlreichen *Grabdenkmälern* besonders bemerkenswert: Tumba Friedrichs des Streitbaren (gest. 1464) in der Fürstenkapelle, rings um die Tumba Bronze-Grabplatten, größtenteils Ar-

beiten der Nürnberger Vischer-Werkstatt. In der Georgskapelle Bronze-Grabplatten der Herzogin Barbara (gest. 1534) und des Herzogs Georg (gest. 1539). — *Nebengebäude:* Südlich des Chors kleiner Kreuzgang (Süd- und Ostflügel 1470/71) mit Zellengewölben. An der Ostseite des Kreuzganges Maria-Magdalenen-Kapelle (jetzt Lapidarium) aus dem späten 13. Jh. Östlich des Chors Archiv von 1482. Nordöstlich des Chors Sakristei (Anfang 16. Jh.) auf unregelmäßigem Grundriß, Sterngewölbe auf Mittelsäule, Vorhangbogenfenster.

Bischofsschloß (jetzt Kreisgericht). Dreigeschossiger spätgotischer Bau (begonnen nach 1476, vollendet nach 1518, Inneres 1912 stark verändert) auf annähernd rechteckigem Grundriß, Vorhangbogenfenster, an der Hofseite Treppenturm, an der Südostecke mächtiger Rundturm (»Liebenstein«), Räume mit Zellengewölben.

Domherrenhöfe: Domplatz 5 (Domdechantei) spätgotisch 1526, mehrfach verändert, über dem Sitznischenportal Statue Johannes d. Ev. Domplatz 6 (Domherrenhaus) zweigeschossiger Barockbau 1726–1728. Domplatz 7 (Dompropstei) unregelmäßige spätgotische Dreiflügelanlage (1497–1503), Vorhangbogenfenster, im Hof umlaufende Galerie, Erdgeschoßräume mit Zellengewölben. Domplatz 8 (ehem. Wohnhaus Kändlers) urspr. spätgotisch, mehrfach verändert, reicher barocker Treppenanlauf in Form einer aufgerichteten Vase vermutlich von Kändler.

Kornhaus. Zusammen mit der Albrechtsburg als Marstall, Vorrats- und Gästehaus errichtet, 1897 zu einem Wohnhaus umgebaut.

Brücken und Tore: Mitteltor urspr. gotisch, 1875 völlig verändert. Schloßbrücke vor dem Mitteltor (Verbindung zwischen Burgberg und Afraberg) angeblich 1221–1228, zwei Bögen, einer davon als städtische Rüstkammer genutzt, Brüstungsmauern mit Zinnen. Vorderturm seit dem 16. Jh. mit dem Burglehen (Freiheit 2) im Obergeschoß verbunden, an der Stadtseite reicher Spätrenaissance-Giebel, 1910 erneuert.

Befestigung. Mauerreste zwischen Albrechtsburg und Bischofsschloß sowie im Westen zwischen Mitteltor und Kornhaus (Zinnen 19. Jh.) erhalten.

Bauten auf der Afrafreiheit

Kirche des ehem. Augustiner-Chorherren-Stiftes St. Afra. Im wesentlichen gotisch nach 1205, eingewölbt Ende 14. Jh. und 1480 (nördliches Seitenschiff), Rest. im Gange. Dreischiffige Basilika mit Kreuzrippengewölben, das nördliche Seitenschiff wesentlich niedriger als das südliche, an der Südseite des Langhauses Schleinitzkapelle (1408) und Vorhalle mit Sterngewölbe (Ende 15. Jh.), Chor mit geradem Schluß, an seiner Nordseite Sakristei, darüber Bibliothek (1504) und Taubenheimsche Kapelle (gestiftet 1454), niedriger Turm mit

Dachreiter von 1766; Altaraufsatz (im Mittelfeld Ecco homo, links Christus als Gärtner, rechts Christus mit ungläubigem Thomas) um 1660 und Kanzel (gestiftet 1657) von V. Otte und dem Maler J. Richter, Grabdenkmäler 15.–18. Jh. – Von den mittelalterlichen *Stiftsgebäuden* erhalten: Kreuzgang (vermutlich Mitte 15. Jh.) mit Kreuzrippengewölben, Ostflügel von Barbarakapelle gebildet, ferner an der Nordwestecke des Kreuzganges die Klosterküche (1. V. 16. Jh.) mit Zellengewölbe und in der Nähe des Pönitenzturmes die ehem. Propstei, im Kern spätgotisch, Erker im Ohrmuschelstil (um 1660/1670); die Gebäude 1965/66 rest. und zu Kulturräumen umgestaltet.

Afranische Pfarre (Freiheit 7). Urspr. festes Haus mit Verteidigungsturm (vermutlich 14. Jh.), im 16.–18. Jh. erweitert und umgebaut, unregelmäßiger Grundriß, am ehem. Turm Renaissance-Eckerker von 1535, Räume mit Kreuzgratgewölben, Balken- und Stuckdecken.

Kurien und Freihöfe: Freiheit 1 (Jahnaischer Freihof), urspr. Eigenbefestigung des 12. Jh., bestehender Bau im wesentlichen 1609/10 mit Benutzung älterer Teile, zwei rechtwinklig angeordnete Flügel, Treppenturm, reiches Sitznischenportal von B. Barthel d. Ä. Freiheit 2 (Burglehen), urspr. Eigenbefestigung, bestehender Bau im wesentlichen Mitte 16. Jh., am Hohlweg große Toreinfahrt mit steilem Gang zum Hof. Freiheit 6 (Domherrenhaus) im Kern vermutlich 14. Jh., Äußeres im 18. Jh. verändert, Gebäude um unregelmäßigen Hof gruppiert. Freiheit 9 (Superintendentur) urspr. spätgotisch, nach 1850 stark verändert. Freiheit 11 (Domherrenhaus), spätgotisches Portal von 1485. Freiheit 12 (Diakonat), spätgotisches Portal. Rote Stufen 5 spätgotisch um 1510, an den Schmalseiten Backsteingiebel, Spitzbogenportal, rest.

Befestigung. Reste hinter dem St. Afra-Kloster erhalten, dort auch Pönitenzturm mit reizvollem Backstein-Pfeilergiebel.

Bauten in der Stadt

Frauenkirche. Dreischiffige spätgotische Hallenkirche (nach 1455, eingewölbt vermutlich um 1500, Inneres im 16. und 17. Jh. verändert) mit Netzgewölben, Langhaus breiter als lang, Chor mit dreiseitigem Schluß, mit dem Mittelschiff unter einheitlichem Satteldach, über den Seitenschiffen Giebel mit Zwerchdächern, Westturm mit barocker Haube und Laterne; spätgotischer Flügelaltar (im Schrein Marienkrönung) um 1500, kleiner gemalter Flügelaltar (Beweinung) um 1480, Grabdenkmäler 15.–18. Jh. – An der Südseite des ehem. Stadtfriedhofs das *Tuchmachertor*, Spätrenaissancebau um 1600, rest.

Rathaus. Spätgotischer Bau um 1472 unter Mitwirkung Arnolds von Westfalen mit Benutzung von Resten einer alten Eigenbefestigung, später mehrfach verändert. Rechteckiger Grundriß, infolge des abfallenden Geländes Westteil zweigeschossig, Ostteil dreigeschossig, an der Marktseite drei hohe Zwerchhäuser, an den Schmalseiten Blendengiebel.

Meißen, Tuchmachertor

Franziskaner-Kirche (jetzt Stadtmuseum, Rathenauplatz 3). Gegründet um 1258, urspr. dreischiffige spätgotische Hallenkirche (1447–1457, Chor 1823 abgebrochen), bei Einrichtung zum Museum in zwei Geschosse unterteilt. – Von den *Klostergebäuden* erhalten: Nordflügel des Kreuzganges sowie Teile des Westflügels, ferner ehem. Ostflügel, 1855 versetzt und seitdem im spitzen Winkel zur Kirche verlaufend. – An Stelle der abgebrochenen Gebäude die *Rote Schule*, neugotisch 1885 von K. A. Schramm, rest. – *Stadtmuseum*, kultur- und stadtgeschichtliche Sammlung, u. a. Ur- und Frühgeschichte des Kreisgebietes, Meißner Stadtansichten (etwa 3000 Blatt), bäuerliche Keramik Sachsens, Böhmens, der Slowakei und Rumäniens, Öfen und Kachelöfen, Klein- und Standuhren, Uhrkloben, Geschichte der örtlichen Arbeiterbewegung. Im Kreuzgang Grabplatten und Skulpturen, darunter von J. J. Kändler.

Theater (Theaterplatz). Urspr. Kaufhaus über langgestrecktem rechteckigem Grundriß, 1545–1547 von A. Ottenbach, 1851 zum Theater umgebaut, Neugestaltung des Innenraums um 1960.

Jakobskapelle (Leipziger Str., jetzt Feierabendheim). Spätgotisch Ende 15. Jh., im 19. Jh. stark verändert, quadratischer Grundriß, Dachreiter.

Getreide-Schütthaus (Schloßberg 9). Barockbau (18. Jh., im 19. Jh. stark verändert) über langgestrecktem rechteckigem Grundriß, dreigeschossig, unter dem Dach drei Schüttböden.

Bürgerhäuser. Von den zahlreichen Beispielen besonders bemerkenswert: Markt 4 (Apotheke) Renaissancebau 1560, an der Marktseite zwei Zwerchhäuser, an der Marktgasse Volutengiebel. Markt 5 Renaissancebau 1548, Volutengiebel. Markt 9 (Bennohaus) spätgotisch um 1470/80 unter dem direkten Einfluß Arnolds von Westfalen. Umbau 1570/80, rest., Erdgeschoß

Zellengewölbe. An der Frauenkirche 3 (Bahrmannsches Brauhaus) Renaissancebau 1569–1571, trapezförmiger Grundriß, reiches Portal, reicher Volutengiebel. Görnische Gasse 4 Renaissancebau um 1580, im Hof Treppenturm. Marktgasse 13 Portal von 1602. Kleinmarkt 10 Spätrenaissancebau 1607. Burgstr. 8 Barockbau um 1670, Fassade mit Stuckverzierungen, Hof mit Holzgalerien. Burgstr. 9 Renaissancebau 1536, reiches Portal. Burgstr. 11 Barockbau 18. Jh., dreigeschossiger Arkadenhof. Burgstr. 28 Barockbau Anfang 18. Jh. Burgstr. 32 (zum Rathaus gehörig) Renaissancebau 16. Jh., im Hausflur Netzgewölbe.

Bahnhof. 1928 nach einem Entwurf von W. Kreis.

Martinskirche (auf dem Plossen). Romanisch vermutlich um 1200, 1437 wiederhergestellt, Inneres im 17. Jh. erneuert, 1885 erweitert, einschiffig, Chor mit Apsis; Kanzel 1516.

Schauhalle der Staatlichen Porzellan-Manufaktur (Leninstr. 9). Modellsammlung von den Anfängen bis zur Gegenwart (u. a. zahlreiche Modelle Kändlers), angeschlossen Vorführwerkstatt (nur im Sommerhalbjahr geöffnet).

Nikolaikirche (im Triebischtal). Urspr. romanisch 12. Jh., vermutlich 2. H. 13. Jh. umgebaut und erweitert, 1923–1928 zur Gefallenen-Gedenkstätte umgestaltet (Ausmalung und Ausstattung mit Porzellan-Epitaphen von P. Börner); Sandsteinfigur (hl. Nikolaus von Myra) Ende 14. Jh.

Bauten in den eingemeindeten Vororten

Ruine des Benediktiner-Nonnen-Klosters zum hl. Kreuz (Ortsteil Klosterhäuser). 1217 an die heutige Stelle verlegt, spätromanisch 1. H. 13. Jh., seit Mitte des 16. Jh. allmählicher Zerfall. Von der Kirche erhalten die unteren Teile von Haupt- und südlicher Nebenapsis, Reste der nördlichen Chor- und Hauptschiffswand sowie im Norden des Chors die Sakristei und der Raum unter der eingebauten Empore, von der Klausur erhalten der Ostflügel mit Sprechsaal, Kapitelsaal, Refektorium und Wärmstube sowie Reste des Süd- und Westflügels.

Wolfgangskirche (Ortsteil Obermeisa). Spätgotisch seit 1471, Westteil vermutlich erst 1516, einschiffig mit Kassettendecke; Altaraufsatz um 1660 vermutlich von V. Otte, spätgotisches Kruzifix.

Im Ortsteil CÖLLN: *Herrenhaus* (Dresdner Str. 24), Spätrenaissancebau vermutlich 2. H. 17. Jh., Treppenturm mit welscher Haube. — *Urbanskirche,* einschiffiger Barockbau (1691–1701) mit Kanzel von 1655 (V. Otte) und Altaraufsatz von 1701.

Im Ortsteil ZSCHEILA: *Ehem. Weinberghaus* auf dem Kapellenberg

(Zscheilaer Str. 19, zum Krankenhaus gehörig), zweigeschossiger Renaissancebau (vermutlich 17. Jh.) auf annähernd quadratischem Grundriß, Giebel, Sitznischenportal. — *Dreifaltigkeitskirche*, frühgotisch vermutlich Mitte 13. Jh., Schiff 1667 bis 1669 eingewölbt, im östlichen Chorjoch gotische Malereien (u. a. Christus in der Mandorla und Jüngstes Gericht), querrechteckiger Westturm; Altaraufsatz um 1655 vermutlich von V. Otte.

Der Kreis Meißen

LOMMATZSCH. *Pfarrkirche*, spätgotisch, Langhaus 1504–1521 von P. Ulrich (Peter von Pirna), Chor 1520/21, rest., urspr. als dreischiffige Hallenkirche geplant, doch nur als einschiffiger Saal mit Holzdecke ausgeführt (jetzige Pfeiler und Gewölbe um 1890), spätromanischer Westturm (von P. Ulrich erhöht), Walmdach mit drei Spitzhelmen; Altaraufbau 1714 von P. Heermann, Kanzel 1619 von P. Steudtke, Grabdenkmäler 16.–18. Jh. — Auf dem *Friedhof* (angelegt 1528) Gruft des Apothekers Bernhardt, klassizistischer Achteckbau mit haubenförmiger Kuppel (nach 1827). — *Rathaus*, schlichter Barockbau, vollendet 1738 von Ch. Reißig, 1908 stark verändert. — *Heimatmuseum* (Kirchplatz 7), u. a. ur- und frühgeschichtliche Funde, Stadtgeschichte, Innungswesen, bäuerliches Arbeitsgerät.

SCHLEINITZ. *Schloß*, unregelmäßige Anlage, im wesentlichen 16. Jh., urspr. von Wassergraben umgeben, Reste zweier Rundtürme, Hauptgebäude über annähernd quadratischem Grundriß, Kapelle mit reichem Sterngewölbe; Brücke über den ehem. Graben 1781.

NOSSEN. *Schloß* (jetzt u. a. Heimatmuseum), unregelmäßige Anlage um annähernd ovalen Hof, 1180 genannt, an der Hofseite des Saalbaus (1554–1557) Treppenturm mit spätgotischer Spindeltreppe und Renaissanceportal, an der Grabenseite drei Halbrundtürme, an der Außen- und Hofseite des Gebäudes an der Südseite (1628–1630) je drei Giebel, vor dem mittleren Giebel der Hofseite Treppenturm mit Haube und Laterne, Brücke und Küchenbau an der Nordseite 1667 von. W. C. v. Klengel. — *Heimatmuseum*, u. a. bürgerlicher Hausrat sowie einzelne höfische Barockmöbel. — *Pfarrkirche*, urspr. Renaissancebau (1565 von A. Lorentz aus Freiberg) unter Verwendung von Bauteilen des Klosters Altzella, 1577, 1680 und 1719 durch Brände beschädigt, beim Wiederaufbau stark verändert, an der West- und Südseite frühgotische Portale aus Altzella. — *Ruine des Zisterzienser-Klosters Altzella* (Ortsteil Zella) gestiftet 1162, in der 2. H. 16. Jh. abgebrochen, 1810 Anlage eines Landschaftsparks (Entwurf J. G. Hübler) unter Einbeziehung der Ruinenreste. Von der Kirche (dreischiffige spätromanische Basilika im gebundenen System, Grundrißmarkierung durch Platten) nur zwei Ruinenreste der Westfront erhalten, auf dem Gelände des ehem. Chors Mausoleum (1677–1680, Westfassade und Ausstattung 1787–1804 von Ch. A. Franck, rest.) Von der Klausur erhalten: Konversenhaus des Westflügels, im Erdgeschoß zweischiffiger romanischer Saal mit Kreuzgratgewölben (rest., jetzt Lapidarium), im Obergeschoß Konversendormitorium, großer Saal mit mächtiger Holzbalkendecke. Östlich der Klausur Reste einer Kapelle (gew. 1472), nordöstlich davon Ruinen der Abtei, in der Nähe der Abtei Betsäule (Anfang 15. Jh.). Das Kloster von Bruchsteinmauer umgeben, im Westen Klostertor, monumentales rundbogiges Stufenportal, rest.

BURKHARDSWALDE. *Dorfkirche* (ehem. Wallfahrtskirche), dreischiffige spätgotische Hallenkirche (3. V. 15. Jh.) mit Flachdecken, Chor mit Netzgewölbe, niedriger Westturm; Altaraufsatz 1619 von M. Kuntze.

SCHARFENBERG. *Burg* (jetzt Heimatmuseum und Wohnungen), unregelmäßige, von Ringmauern umgebene Anlage, im 13. Jh. zuerst genannt, nach Zerstörungen im Dreißigjährigen Krieg 1654 ausgebaut, Zugang über Brücke, diese von zwei Türmen flankiert, Durchfahrt mit Sterngewölbe (Mitte 16. Jh.), hofseitiges Portal romanisch um 1200 (bei Umbauten hierher versetzt), im Nordwestbau überwölbte Hofstube (14. Jh.), Südflügel um 1560.

BOCKWEN-SIEBENEICHEN. *Schloß* (jetzt Schule,) Vierflügelanlage um langgestreckten rechteckigen Hof, ältere Teile um 1550, angefügte Dreiflügelanlage 1745, der ältere Teil turmbewehrter Rechteckbau. – *Försterhaus*, eingeschossiger Renaissancebau (Ende 16. Jh.), reiches Portal mit Sitznischen, darüber Gaupe mit Voluten. – Park aus der Zeit der Romantik.

COSWIG. *Pfarrkirche*, spätgotisch 1497, verändert 1735, rest., bemalte Kassettendecke (u. a. Jüngstes Gericht) von 1611, an der unteren Empore Gemäldezyklus (Passion Christi) ebenfalls 1611, Westturm mit Volutengiebeln; spätgotischer Flügelaltar (im Schrein Maria mit zwei weiblichen Heiligen) Ende 15. Jh. in einem Gehäuse des 17. Jh. – *Heimatmuseum* (Kirchstr. 6), u. a. urgeschichtliche Funde, Ortsgeschichte, Innungsfahnen und Geräte 19. Jh.

Bemerkenswerte Schlösser und Herrenhäuser in ZEHREN-SCHIERITZ (Renaissancebau im wesentlichen 1556 und 1601, Zweiflügelanlage), SORNITZ (Renaissancebau Mitte 16. Jh.), HEYNITZ (im wesentlichen spätgotisch 1. V. 16. Jh., um 1850 und 1920 umgebaut, zwei Renaissanceerker 1585), DEUTSCHENBORA (Renaissancebau 16. Jh., im 18. Jh. verändert), ROTSCHÖNBERG (unregelmäßige Vierflügelanlage im wesentlichen Spätgotik und Renaissance), TAUBENHEIM (unregelmäßige Vierflügelanlage im wesentlichen Renaissancebau 16. Jh., im 19. und 20. Jh. stark verändert), KLIPPHAUSEN (mehrfach umgestalteter Bau des 16.–18. Jh.), WEISTROPP (Dreiflügelanlage urspr. 1601, Nordflügel 1662, Umbauten 1723 und 1873/74), GAUERNITZ (urspr. Renaissancebau, im Stil der Neurenaissance des 19. Jh. ausgebaut, große Anlage) und SCHARFENBERG-BATZDORF (16. und 17. Jh., im Saalbau Rittersaal mit mächtiger Balkendecke).

Bemerkenswerte Dorfkirchen in OBERAU (Barockbau 1680/81), GRÖBERN (Barockbau 1686), ZEHREN (Barockbau 1756–1775; Grabdenkmäler 16. bis 18. Jh.), LEUBEN (Grabdenkmäler 16./17. Jh.), PLANITZ-DEILA

(Barockbau 1727), KRÖGIS (Barockbau 1733), MILTITZ (Barockbau 1740; Grabdenkmäler 16.–19. Jh.), RAUSSLITZ (Barockbau 18. Jh. mit Benutzung älterer Teile), RÜSSEINA (Barockbau 1728–1786), DEUTSCHENBORA (Barockbau 1698, erneuert und erweitert 1739; Taufstein 1562), ROTSCHÖNBERG (klassizistisch 1829, umgebaut 1883; reicher Altaraufsatz 1. V. 17. Jh. vermutlich von B. Ditterich, Grabdenkmäler 16.–19. Jh., v. Schönberg), HEYNITZ (Barockbau 1720 mit Benutzung älterer Teile), TANNEBERG (Grabdenkmäler 16.–18. Jh., darunter Arbeit von A. Walther II), TAUBENHEIM (Renaissancebau 16. Jh. mit Benutzung älterer Teile, bemalte Holzdecke, Chor mit Zellengewölbe; Kanzel 1598 und Altaraufsatz 1606 von H. Köhler d. Ä.). RÖHRSDORF (Barockbau, seit 1737 nach einem Plan des Landbauschreibers J. Ch. Simon), WEISTROPP (Renaissancebau 1601 mit Benutzung spätgotischer Teile; Kanzel 1607 und Taufstein 1602 von B. Barthel d. Ä.), GAUERNITZ-CONSTAPPEL (im Kern spätromanisch, später stark verändert, 1884 erweitert; Altartafel mit Beweinung 1. H. 16. Jh., Umkreis der Cranach-Werkstatt), SCHARFENBERG-NAUSTADT (Renaissancebau 1598, später verändert; Epitaph-Altaraufsatz 1606 von H. Köhler d. J., Kanzel und Taufstein 1596 von H. Köhler d. Ä., Wandgrab Alexander v. Miltitz nach 1738 von J. J. Kändler) und COSWIG-BROCKWITZ (Barockbau 1737).

Die Kreise Freital und Dippoldiswalde

WILSDRUFF. In der *Pfarrkirche St. Nikolai* (1896) bemerkenswert: Sandstein-Altaraufsatz 1631 von C. Klüppel aus Pirna. In der Turmhalle romanisches Säulenportal. — *Jakobikirche* (ehem. Begräbniskirche), einschiffiger romanischer Bau (12. Jh.), Chor mit Apsis, Rundbogenportale und -fenster, Dachreiter von 1591; Altaraufsatz und Kanzel nach 1584, Grabdenkmäler 16.–19. Jh. — *Schloß*, schlichter Barockbau um 1700, urspr. Dreiflügelanlage. — *Rathaus*, schlichter Barockbau 1. H. 18. Jh., 1897 stark verändert, Portal mit sächsisch-polnischem Wappen 1755. — *Heimatsammlung* (Gezinge 12), u. a. erzgebirgische Heimatkunst, besonders Schnitzereien.

FREITAL. *Haus der Heimat* (Burgker Str. 61), ehem. Renaissanceschloß des 16. Jh., 1840 neugotisch umgebaut, klassizistischer Festsaal 1820; in der Sammlung bemerkenswert: Gemälde von O. Dix und G. Kuehl, Plastik von G. Kolbe und G. Schmidt, graphische Blätter, bergmännische Volkskunst, Knappschaftsfahnen und Uniformen.

RABENAU. *Heimatmuseum* (Schulstr. 2), u. a. Werkstatt und Wohnung einer Stuhlbauerfamilie um 1860, Sammlung in Rabenau hergestellter Stühle von 1750 bis zur Gegenwart. — *Pfarrkirche*, einschiffiger Renaissancebau (1642) mit Benutzung eines älteren Chors; Altaraufsatz und Kanzel Mitte des 17. Jahrhunderts.

THARANDT. In der *Pfarrkirche* (1626–1629, erneuert 1807, rest.) bemerkenswert: Spätromanisches Säulenportal (um 1220/30) unbekannter Herkunft. Spätgotische Kreuzigungsgruppe um 1500. Figürliche Grabsteine 17. Jh. — Von der im 12. oder 13. Jh. gegründeten *Burg* nur Reste der Ruine des Hauptbaus erhalten. — *Forstbotanischer Garten* (angelegt 1811, mehrmals erweitert, zuletzt 1951, Fläche: 18 ha) mit *Schweizerhaus* (1842). — *Distanzsäule* von 1730, restauriert.

GRILLENBURG. *Jagdschloß* (jetzt Fakultät für Forstwirtschaft der TU Dresden), schlichter Renaissancebau, 1558 unter Leitung von H. v. Dehn-Rothfelser, im 18. Jh. stark verändert, zweigeschossig mit Risaliten an beiden Fronten, über der Mitte Uhrtürmchen.

GRUMBACH. *Dorfkirche*, einschiffiger Renaissancebau (1610 mit mittelalterlichem Kern), bemalte Felderdecke (biblische Szenen) 1674 von G. Unger, massiger Dachreiter; reicher Altaraufbau 1688, Kanzel 1612 vermutlich von S. Hoffmann aus Freiberg.

PRETZSCHENDORF. *Dorfkirche*, Barockbau (1731–1733 von J. Ch. Simon) über gestrecktem achteckigem Grundriß, an der Nordseite hoher Turm mit achteckigem Glockengeschoß; Altar, Kanzel und Orgel der Entstehungszeit, spätgotisches Kruzifix Ende 15. Jh.

DIPPOLDISWALDE. *Schloß* (jetzt Verwaltungsgebäude), Renaissancebau zwischen 1530 und 1550 mit Benutzung älterer Teile, 1632 abgebrannt, in der 2. H. 17. Jh. umgebaut und erweitert, Nordflügel 1840. Besonders bemerkenswert: Dreigeschossiger und zwei Achsen breiter Mittelbau der Hofseite (um 1530/40), Pilastergliederung mit reichem Dekor in Anlehnung an den Georgenbau des Dresdner Schlosses. — *Rathaus*, spätgotisch Ende 15. Jh. mit Renaissance-Bestandteilen (Nordgiebel nach 1540, Ostportal 1534), Ratssitzungszimmer mit spätgotischem Gewölbe und zwei reichen Portalen. — *Bürgerhäuser:* Platz des Friedens 7 stattliches Renaissanceportal von 1543. Platz des Friedens 22 klassizistisch 1. H. 19. Jh., von dorischen Säulen flankiertes Portal. Freiberger Str. 18, ehem. Lohgerberei Ende 18. Jh., jetzt Kreismuseum, Rekonstruktion im Gange. Käthe-Kollwitz-Str. 22 (Alte Wache) klassizistisch 1836. — *Pfarrkirche St. Marien und Laurentius*, dreischiffige spätgotische Hallenkirche (Anfang 16. Jh., nach Brand 1632 Wiederaufbau, rest.) von fast quadratischem Grundriß mit Sterngewölben und doppelten Emporen, der einschiffige, dreiseitig geschlossene Chor mit bemalter Kassettendecke (1642 von H. Panitz), spätromanischer Westturm (2. V. 13. Jh.) mit achteckigem Aufsatz (1685 nach Plänen von W. C. v. Klengel); Altaraufsatz (Kreuzigung von J. Fink) 1670, Kanzel und Taufstein Mitte 17. Jh. — *Nikolaikirche*, dreischiffige Basilika des Übergangsstils (vermutlich Mitte 13. Jh., im 19. und 20. Jh. erneuert) mit flachen Holzdecken, einschiffiger Chor mit Kreuzrippengewölbe und fünfseitiger Apsis, Reste der alten Ausmalung erhalten, Kleeblatt- und Rundbogenfriese; spätgotische Kreuzigungsgruppe (Anfang 15. Jh.) und hl. Nikolaus (2. H. 14. Jh.).

REINHARDTSGRIMMA. *Schloß* (jetzt Schule), zweigeschossiger Barockbau (1767 von J. F. Knöbel, rest.) auf hufeisenförmigem Grundriß, Pilastergliederung, Mittelrisalit, an der Gartenseite bogenförmig vorspringender Mitteltrakt, im Obergeschoß Saal mit vier großen Landschaftsgemälden, Raum mit Delfter Kacheln. — In der spätgotischen *Dorfkirche* (um 1500, 1742 umgebaut) bemerkenswert: Sandstein-Altaraufsatz gestiftet 1601. Kanzel 1672 mit Gemälden von J. Hennig. Orgel 1729/30 von G. Silbermann.

SCHMIEDEBERG. *Dreifaltigkeitskirche*, barocker Zentralbau (1713–1716 von G. Bähr, die alte Farbigkeit des Inneren 1960/61 wiederhergestellt) in Form eines griechischen Kreuzes mit sehr kurzen Armen, der östliche Arm mit segmentförmiger Ausbuchtung, im Achteck angeordnete dreigeschossige Emporen, flache Decke, sich durchkreuzende Walmdächer mit zentralem Glockentürmchen; Kanzelaltar, Taufstein (von B. Thomae) und Orgel der Entstehungszeit, Wachsbüste einer Frau v. Aleman vermutlich von F. W. Dubut.

LAUENSTEIN. *Burg* (jetzt Heimatmuseum), 1243 erstmals erwähnt, spätgotische Anlage (14. und 15. Jh., im 16. und 17. Jh. umgebaut und ergänzt, rest.) auf unregelmäßig dreieckigem Grundriß mit vorgelagertem weiträumigem Wirtschaftshof, nordwestliche und nördliche Teile der Burg Ruinen, östlicher Teil mit zwei Rund- bzw. Halbrundtürmen und einem quadratischen Turm, im westlichen Teil Saal mit reicher Stuckdecke und Schloßkapelle mit spätgotischen Maßwerkfenstern und Kopfkonsolen von M. Schwenke, im Obergeschoß des Torhauses kleiner Saal mit Stuckgewölbe und Kopfkonsolen. — *Schloß- und Heimatmuseum*, u. a. Barockmöbel, bäuerliche Volkskultur 18./19. Jh., Erzeugnisse der Spielwarenindustrie. — *Pfarrkirche*, dreischiffige spätgotische Hallenkirche (Ende 15. Jh., Langhaus nach Brand 1594 mit Benutzung der erhaltenen Teile erneuert), Sterngewölbe mit wechselnden Mustern, schlanke Achteckpfeiler mit dorisierenden Kapitellen, einschiffiger Chor mit dreiseitigem Schluß, an seiner Nordostseite Bünau-Kapelle, Renaissancebau um 1600 unter Mitwirkung von L. Hornung aus Pirna, reiches Portal, Bünausches Familienepitaph aus Sandstein mit Alabaster, Achat und Jaspis; Epitaph-Altaraufsatz, Kanzel und Taufstein Ende 16. Jh. von M. Schwenke.

GEISING. *Kaufhaus* (Saitenmacherhaus), barocker Fachwerkbau 1688, im massiven Erdgeschoß ehem. Kaufmannsladen mit Kreuzgewölben und Wohnräume mit geschnitzten Holzdecken. — *Pfarrkirche* (spätgotisch 1484–1513, 1689/90 umgebaut, 1867 erneuert); spätgotischer Flügelaltar (im Schrein auferstandener Christus mit Maria und Maria Magdalena) um 1510.

ALTENBERG. *Pochwerk und Zinnwäsche*, Schauanlage (Technisches Museum) in einem Blockbau des 17. Jh., u. a. Aufbereitungsanlage mit Pochreihen, Schöpfrad, Langstoßherden in Funktion; Darstellung »500 Jahre Altenberger Zinnbergbau«, historische Darstellung nach Agricola.

Bemerkenswerte Schlösser und Herrenhäuser in PESTERWITZ-NEUIMPTSCH

(Jochhöhschlößchen, barockes Weinberghaus 1794), BANNEWITZ-NÖTHNITZ (Renaissancebau 1. H. 17. Jh., 1872 teilweise umgebaut, Dreiflügelanlage; Johann Joachim Winckelmann 1748–1752 Bibliothekar in Nöthnitz), LUNGKWITZ (Renaissancebau Mitte 16./Anfang 17. Jh., Zweiflügelanlage), REICHSTÄDT (Renaissancebau 1535, verändert 1765, Vierflügelanlage; in der Achse des Schlosses barocke Gartenanlage) und BÄRENSTEIN (15. und 16. Jh., ältester Teil der südliche Rundturm, nach 1958 Ausbau als Erholungsheim).

Bemerkenswerte Pfarr- und Dorfkirchen in LIMBACH (Barockbau 1778, umgebaut 1895; Grabdenkmäler 16./17. Jh.), BLANKENSTEIN (Barockbau 1738, umgebaut 1879), MOHORN (spätgotisch 1496, Schiff 1889 verändert), KLINGENBERG (Barockbau 1742; reicher Kanzelaltar), HERZOGSWALDE (Renaissancebau 1596, 1752–1763 umfassend erneuert; gediegene Ausstattung aus der Zeit der Erneuerung), KESSELSDORF (Barockbau 1725, Innenausbau von G. Bähr), FÖRDERGERSDORF (spätgotischer Flügelaltar um 1510), SOMSDORF (im Kern spätromanisch, 1711 einheitlich ausgestaltet, rest.; Altaraufsatz 1724 von B. Thomae), POSSENDORF (spätgotisch, vollendet 1596 von N. Matig), FREITAL-DÖHLEN (Grabdenkmäler 16./17. Jh.), KREISCHA (spätgotisch vermutlich 16. Jh.; Altarretabel 1630, rest.), GLASHÜTTE (spätgotisch um 1520–1535, wiederholt erneuert, bemalte Kassettendecke von 1668; Bergmannskanzel 1650, Altaraufsatz 1613), JOHNSBACH (Barockbau mit Zentralbaucharakter 1750 von A. Hünigen), BÄRENSTEIN (spätgotisch nach 1495, 1738/39 von J. G. Ohndorff aus Freiberg wiederhergestellt, rest.; barocke Ausstattung 1738/39), HARTMANNSDORF (spätgotisch 1512 mit Benutzung älterer Teile, bemalte Holzdecke und Emporen, Reste spätgotischer Wandmalereien), REICHSTÄDT (vier Bildnisgrabsteine um 1608 von D. Schwenke, Grabdenkmal R. v. Schönberg 1781 nach Entwurf von F. A. Krubsacius), RUPPENDORF (spätgotischer Flügelaltar um 1500), HÖCKENDORF (spätgotischer Flügelaltar um 1515) und SEIFERSDORF (spätgotischer Flügelaltar 1518).

Stadt und Kreis Pirna

Die Stadt Pirna

Im 11. oder 12. Jh. Errichtung einer Burg (der Name Sonnenstein erst 1606 urkundlich bezeugt) am linken Elbufer zum Schutze der Handelsstraße nach Böhmen. Um 1200 planmäßige Anlage einer Marktsiedlung am Fuße der Burg, rechteckiger Marktplatz von bedeutenden Abmessungen und annähernd regelmäßiges Straßengitternetz. 1233 erste urkundliche Erwähnung des Ortes. Vor 1245 Verleihung des Stadtrechtes. 1292 Stapelrecht erstmalig erwähnt. 1298 vom Bistum Meißen an Böhmen abgetreten. Um 1300 Beginn des Baues einer starken Stadtbefestigung (im 19. Jh. bis auf geringe Mauerreste ab-

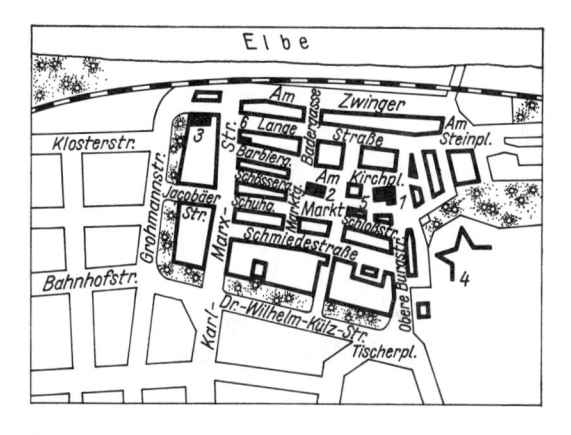

Pirna
1 Stadtkirche St. Marien, 2 Rathaus, 3 Klosterkirche und Stadtmuseum, 4 Ehem. Festung Sonnenstein, 5 Canalettohaus, 6 Engelserker

getragen, die Wälle und Gräben zu Anlagen umgestaltet). 1404/05 als böhmisches Lehen (bis 1809) an Meißen zurückgegeben. Seit dem 15. Jh. Erweiterung durch Vorstädte im Süden und Westen, wachsende Bedeutung als Verschiffungshafen für die Erze des Erzgebirges. Nach 1500 Höhepunkt der architektonisch-künstlerischen Entwicklung. 1639 von den Schweden zerstört. Nach dem Dreißigjährigen Krieg allmähliche Entwicklung des Tuchmachergewerbes (heute Kunstseiden- und Zellstoffindustrie, feinmechanische und elektrotechnische Betriebe, Apparate- und Anlagenbau).

Stadtkirche St. Marien. Erster Bau vermutlich 13. Jh., spätgotischer Neubau 1466–1479, davon erhalten der Turm, heutiger Bau 1502–1546, Hauptmeister P. Ulrich (Peter von Pirna), erneuert 1802 und 1889. Dreischiffige Hallenkirche mit ungewöhnlich reicher Gewölbebildung: Im Mittelschiff Netzgewölbe, am Ostende des Mittelschiffes Rippen in kräuselnden Verschlingungen (»gewundene Reihungen«), die tiefsten Ausläufer naturalistisch als Baumstämme mit »wilden Männern« gebildet, in den Seitenschiffen Sterngewölbe, im Ostjoch des südlichen Seitenschiffes drei von den Kappen abgelöste »Schleifen- und Hobelspanrippen«, in den Gewölben umfangreicher Gemäldezyklus (Szenen aus dem Alten und Neuen Testament, typologisch geordnet) 1544 bis 1546. An der Südwestecke des Langhauses zur Hälfte eingebauter Turm (Haube vermutlich 18. Jh.), riesiges Dach mit einer Gesamthöhe von 19,5 m. Von der Ausstattung besonders bemerkenswert: Großes Altarwerk (in der Mitte Sintflut und Auferstehung, seitlich Jakobsleiter und Elias Himmelfahrt) 1611 von M. und D. Schwenke vermutlich mit Beteiligung von A. v. Saalhausen. Spätgotische Kanzel um 1525. Taufe mit Kindergruppen 1561. Grabdenkmäler 16. bis 18. Jh., darunter Werke von M., D. und H. Schwenke.

Pirna, Marienkirche

Rathaus. Urspr. spätgotisch 1485, Umbau seit 1555 durch W. Blechschmidt, abermaliger Umbau nach Brand 1581, im 19. Jh. verändert. Vom urspr. Renaissancebau einige Portale, Fenster sowie drei Giebel erhalten, Turm von 1718 mit Kunstuhr von 1612.

Klosterkirche des ehem. Dominikaner-Klosters. Urspr. gotisch um 1300, in der 2. H. 14. Jh. umgestaltet, nach Kriegsschäden bis 1957 wiederhergestellt. Zweischiffige Hallenkirche mit Kreuzrippengewölben, Reste mittelalterlicher Wand- und Gewölbemalereien (Ende 14. Jh.); spätgotischer Flügelaltar um 1510/1520 (Thüringer Arbeit) und spätgotische Kreuzigungsgruppe. – An der Nordseite *Kapitelsaalgebäude* (jetzt Stadtmuseum), spätgotisch 2. H. 15. Jh., zweischiffig, Raum im Obergeschoß ähnlich gestaltet. – *Stadtmuseum*, u. a. Ur- und Frühgeschichte im Kreisgebiet, städtische und bäuerliche Volkskultur 17./19. Jh.; polytechnisches Kunstseidenmuseum.

Bürgerhäuser. Von den zahlreichen Beispielen besonders bemerkenswert: Markt 3 spätgotisch um 1500, Kielbogenportal. Markt 7 (sog. Canalettohaus) spätgotisch, Umbau um 1520. Markt 9, Barockportal von 1673, reiche Wendeltreppe. Markt 12 Renaissancebau 1548. Schloßstr. 13 Renaissancebau um 1530, Hof mit Galerien. Schmiedestr. 49 Spätrenaissancebau 1. H. 17. Jh., Eckerker. Barbiergasse 10 Spätrenaissancebau 1624, Eckerker (sog. Engelserker) 1624. Lange Str. 10, reiches Barockportal 1730. Niedere Burgstr. 1 Renaissancebau 1540, reiches Portal mit Reliefbildnis des Baumeisters W. Blechschmidt. Obere Burgstr. 1 Spätrenaissancebau um 1615, reicher Erker (sog. Teufelserker).

Postdistanzsäule von 1722, rest.

Ehem. Festung Sonnenstein. Im wesentlichen 2. H. 16. Jh. mit Benutzung hochmittelalterlicher Teile, 1639 erheblich beschädigt, im 19. Jh. verändert, erweitert und teilweise ganz neu errichtet, erhalten Teile der alten Substruktionen und einige Bastionen.

In der *Dorfkirche* des Ortsteils Zuschendorf (Renaissancebau 1559) bemerkenswert: Altargemälde mit Stifterbildnissen um 1546 von H. Göding. Sakristeitür mit Intarsienschmuck 1680. – In enger Verbindung zur Kirche das *Schloß*, urspr. spätgotisch, 1533 erweitert, später mehrfach umgebaut.

Der Kreis Pirna

HEIDENAU-GROSS-SEDLITZ. *Barockgarten*, erste Anlage 1719–1723 von J. Ch. Knöffel im Auftrage des Grafen Wackerbarth, zweite, nicht vollendete Anlage 1723–1727 nach Plänen von M. D. Pöppelmann, J. Ch. Knöffel und Z. Longuelune im Auftrage Augusts des Starken, rest. Die Anlage aus drei Teilen bestehend: Im Westen Hauptportal (ehem. Hoftor des Landhauses in Dresden, 1960 hierher versetzt), Rasenparterre, Untere Orangerie (urspr. von Pöppelmann oder Knöffel, 1861–1864 nach verändertem Entwurf neu erbaut), Orangerieparterre und Fontänenanlage mit rahmender Doppeltreppe und musizierenden Putten (»Stille Musik«). In der Mitte Obere Orangerie (1720 von Knöffel), Broderieparterre, terrassierte Rasenfläche (»Eisbassin«) und Kaskadenanlage. Im Osten Friedrichsschlößchen (1872–1874, jetzt Gaststätte) mit schlichteren Anlagen. Von den Gartenplastiken besonders bemerkenswert: Zwei Sphinge zwischen Broderie- und Rasenparterre von F. Coudray. Jahreszeiten am Rand des unteren Orangerieparterres vermutlich von J. Ch. Kirchner. Doppelfigurengruppen am Fuß der ehem. Kaskade vermutlich von B. Thomae.

DOHNA. *Pfarrkirche St. Marien*, dreischiffige spätgotische Hallenkirche (Chor vermutlich Anfang 15. Jh., Langhaus um 1500) mit Kreuzrippen- und Sterngewölben; spätgotischer Flügelaltar (1518) und reicher spätgotischer Taufstein (Anfang 16. Jh.). – *Pfarrhaus*, spätgotisch 1493. – *Ratskellergebäude*, Portal Mitte 16. Jh., im Erdgeschoß Raum mit Kreuzgratgewölben. – *Heimatmuseum* (Pfarrstr. 6), u. a. ur- und frühgeschichtliche Funde aus der Umgebung.

Großsedlitz, Barockpark, Stille Musik

GORKNITZ-GAMIG. *Schloß* (jetzt von VEG genutzt), Renaissancebau 16. Jh., im 18. und 19. Jh. stark verändert, Halle der Gartenseite von G. Semper, an der Eingangsseite Treppenturm. — *Kapelle* (auf einer Anhöhe neben dem Schloß, jetzt von VEG genutzt), spätgotisch 1. D. 16. Jh., das Äußere modernisiert, quadratischer Grundriß, Sterngewölbe, an der Westseite Treppenturm von 1506.

WEESENSTEIN. *Schloß* (jetzt Museum), weiträumiger Gebäudekomplex (14.–19. Jh., rest.) auf hohem Felsen über der Müglitz, durch drei Höfe miteinander verbunden. Ältester Teil Rundturm (um 1300, Haube 18. Jh.), die Gebäude um den Turm achtgeschossig, die Geschosse teilweise aus dem Felsen gehauen, im sechsten Geschoß Schloßkapelle (1738–1741 nach Entwurf von J. G. Schmidt unter Mitarbeit von A. Hünigen) mit reicher Ausstattung der Entstehungszeit, östlich davon Vorburg (1575) mit reichem Hauptportal, Innenräume teilweise mit reicher Stuckierung, Rokoko-Wandmalereien und Tapeten mit chinesischen Motiven, Festsaal mit Stuckdecke von 1619 und französischer Ledertapete des frühen 18. Jh., illusionistische Bemalung der Außenwände teilweise wiederhergestellt. — Barocke Gartenanlage zwischen 1740 und 1781 mit Pavillon und Resten barocker Gartenplastiken; unterhalb des Schlosses Gartenflügel, in seinem Hauptsaal klassizistische Stuckarbeiten.

LIEBSTADT. *Schloß Kuckuckstein* (jetzt Heimatmuseum), spätgotisch nach 1402 mit Benutzung älterer Grundmauern, im 16., 17. und 19. Jh. weitgehend umgestaltet, rest., kleiner rechteckiger Hof, in der Nordostecke mächtiger Turm, Westflügel mit Vorhangbogenfenstern. — *Heimatmuseum*, u. a. Geschichte des sächsischen Bauernaufstandes von 1790. — In der spätgotischen *Pfarrkirche* (um 1500) bemerkenswert: Drei spätgotische Altartafeln (Kreuzabnahme, Kreuztragung, Auferstehung) spätes 15. Jh., niederländische Arbeit, rest.

KÖNIGSTEIN. *Festung* (jetzt Museum), weiträumige Anlage auf steilem Tafelberg hoch über der Elbe, im Kern 1. H. 12. Jh., fortifikatorischer Ausbau begonnen Mitte 16. Jh., vollendet Ende 16. Jh., im 17. und 18. Jh. ergänzt und ausgebaut, rest. Von den Bauten der Festung besonders bemerkenswert: Haupteingang nach 1590 von P. Buchner. Brunnenhaus (1735 von J. de Bodt) mit 152,5 m tiefem Brunnen. Altes Zeughaus von 1594 von P. Buchner, im Erdgeschoß Halle mit Kreuzgratgewölben und mächtigen Rundsäulen, im ersten Geschoß Zelle August Bebels während seiner Haftzeit 1874. Gardehaus (alte Kaserne) von 1598. Christiansburg (später Friedrichsburg) 1589 von P. Buchner, 1721 verändert, zweigeschossiges Lusthaus über achteckigem Grundriß mit Freitreppe. Johann-Georgen-Burg, umgestaltet 1619, darin die ehem. Wohn- und Arbeitsräume J. F. Böttgers 1706/1707. Magdalenenburg 1622/23. Neues Zeughaus 1631, darin Johannessaal, dreischiffig mit Kreuzgratgewölben. Garnisonkirche mit Resten des 13. Jh., mehrfach umgebaut, besonders 1515 und 1631. — *Museum*, im Alten Zeughaus u. a. sächsische Geschütze 15. bis 18. Jh., im Neuen Zeughaus Sammlung moderner Waffen.

— *Pfarrkirche St. Marien*, einschiffiger Barockbau, 1720–1724 unter Mitwirkung von G. Bähr, nach Brand Neubau 1810 bis 1822 mit Benutzung der alten Umfassungsmauern; großer klassizistischer Kanzelaltar um 1810. — *Distanzsäule*, Kopie nach dem Original von 1727.

BAD SCHANDAU. In der *Pfarrkirche St. Johannis* (im Kern spätgotisch, 1645 und nach 1704 umgebaut, Inneres 1876 verändert) bemerkenswerter Altaraufsatz 1574–1579 von H. Walther (II). — *Brauhof* (Marktplatz 10), Portal von 1680, an der Hofseite Treppenturm. — *Heimatmuseum* (Badallee 10/11), u. a. Entwicklung der Elbschiffahrt und des Klettersports, Arbeitersportler als Widerstandskämpfer.

STADT WEHLEN. *Burg*, gegründet vermutlich 1. H. 13. Jh., urkundlich erwähnt 1262; erhalten Burgmauern, Kellergewölbe und »Trommel« (Rundbau an der Nordseite). — *Heimatmuseum* (Lohmener Str. 18), u. a. Geschichte der heimischen Sandsteinindustrie, Zeichnungen und ein Gemälde von R. Sterl. — *Robert-Sterl-Haus* (gegenüber von Stadt Wehlen), Gedächtnisstätte für den Maler Robert Sterl (1867–1932), zahlreiche Gemälde, im parkähnlichen Garten Grab des Künstlers.

GRAUPA. *Richard-Wagner-Gedenkstätte* (Aufenthalt des Komponisten Mai bis Juli 1846, Arbeit am »Lohengrin«).

Bemerkenswerte Schlösser in OTTENDORF (Renaissancebau 16. Jh., hufeisenförmige Anlage, vorderer Bau im 17. Jh. hinzugefügt, im 18. Jh. verändert) und STRUPPEN (spätgotisch frühes 16. Jh., im ersten Geschoß gewölbte Räume.)

Bemerkenswerte Pfarr- und Dorfkirchen in RÖHRSDORF (Barockbau 1749 von A. Hünigen), BURKHARDSWALDE (spätgotisch Anfang 16. Jh.), OTTENDORF (gotisch 14. Jh.; Altaraufsatz und Kanzel 1591 von F. Ditterich d. Ä.), BORNA (Barockbau 1753; marmorner Kanzelaltar 1756 von A. S. Aglio), BÖRNERSDORF (klassizistisch nach 1812 mit Benutzung älterer Teile), OELSEN (spätgotisch um 1500), BAD GOTTLEUBA (spätgotisch um 1525, Kreuzrippen- und Netzgewölbe, Astwerkportal), REINHARDTSDORF (spätgotisch vermutlich Anfang 16. Jh., 1675–1678 erneuert; spätgotischer Flügelaltar 1521, barocker Altaraufsatz 1684) und STRUPPEN (spätromanisch, im 16. Jh. verändert, Chorturmkirche).

Die Kreise Sebnitz und Bischofswerda

SEBNITZ. In der *Pfarrkirche St. Petrus und Paulus* (spätgotischer Chor Ende 15. Jh., Langhaus 1616, 1928 entstellend rest.) bemerkenswert: Gemälde an der Emporenbrüstung 1689 von G. Burchardy aus Dresden. Reste spätgotischer

Wandmalerei. Altaraufsatz 1586 von M. Kotte aus Schandau. – *Heimatmuseum* (Bergstr. 9), u. a. umfassende Sammlung von Werken der Volkskunst des 19. Jh., Erzeugnisse der Kunstblumen- und Petroleumlampenindustrie 19. Jh.

HOHNSTEIN. *Burg* (jetzt Jugendherberge und Gedenkstätte für die Opfer des faschistischen Konzentrationslagers 1933/34), umfangreicher Gebäudekomplex, urspr. wohl 15. und 16. Jh., durch Um- und Neubauten stark verändert. Am ersten Hof großes Gebäude (vermutlich 16. Jh.), an seiner Rückseite sechseckiger Turm, mittlerer Teil mit hohem quadratischem Turm und Durchgang zum zweiten Hof, dieser großenteils erneuert. – *Stadtkirche*, Barockbau 1725–26 von G. Bähr mit Benutzung der Umfassungsmauern einer älteren Kirche, rest. Schiff von annähernd quadratischem Grundriß mit abgeschrägten Ecken, Chor mit Kreuzgratgewölbe, über dem Chorjoch massiger Turm mit geschweifter Haube und Laterne; Kanzelaltar und Taufe der Entstehungszeit. – Von den *Fachwerkhäusern* des Ortes bemerkenswert: Rathaus (vermutlich 1688) und Apotheke (1721).

STOLPEN. *Veste* (jetzt Museum), umfangreicher Gebäudekomplex, südlich über der Stadt auf hohem Felsen, im wesentlichen 16. Jh., 1675 von W. C. v. Klengel mit Bastionen ausgestattet, großer Teil nur als Ruinen erhalten. Von den Bauten besonders bemerkenswert: Im Osten Bastion (»Klengelsburg«) und Festungstor. Im Westen des ersten Hofes Kornhaus (1518), dreischiffige Halle (Marstall) mit Kreuzgratgewölben auf Rundsäulen. Im Westen des zweiten Hofes viergeschossiger Johannisturm (»Coselturm«) von 1509, im Erdgeschoß Zellengewölbe, die oberen Räume mit Kreuzgratgewölben und Dekorationen des 18. Jh., und Schösserturm (1476–1484). Im dritten Hof (»Kanonenhof«) Seigerturm mit Volutengiebel (um 1560). Die Gebäude des vierten Hofes (Bischofshaus, Kapelle, Siebenspitzenturm und Kapitelturm) nur als Ruinen oder in Ruinenresten erhalten. – *Schloßmuseum*, u. a. Geschützmodelle 16./17. Jh., Hieb-, Stich- und Feuerwaffen, Folterkammer mit Folterwerkzeugen, mittelalterliche Kräuterküche. – In der *Pfarrkirche* (urspr. spätgotisch um 1490, im 18. und 19. Jh. stark verändert) bemerkenswert: Taufe, Altaraufsatz und Kanzel Anfang 18. Jh. – *Amtshaus* (am Markt), schlichter Barockbau um 1690.

BISCHOFSWERDA. *Rathaus*, dreigeschossiger klassizistischer Bau (1818 von G. F. Thormeyer) mit Freitreppe. – Von den klassizistischen *Bürgerhäusern* besonders bemerkenswert: Ehem. Gasthof zum Goldenen Löwen (an der Straße nach Bautzen) nach 1813, Mittelteil mit Kolossalnische und eingestellten dorischen Säulen als Balkonträger. – *Pfarrkirche St. Marien* (jetzt Christuskirche), dreischiffige Hallenkirche mit dreigeschossigen Emporen, urspr. spätgotisch 1497, abgebrannt 1813, Wiederaufbau in klassizistischen Formen 1815/16 von G. F. Thormeyer; schlichte Ausstattung des frühen 19. Jh. – *Begräbniskirche* (jetzt Kreuzkirche), einschiffiger Spätrenaissancebau um 1650, 1814 erneuert; überlebensgroßes Sandstein-Kruzifix (um 1535 vermutlich von Ch. Walther I), Kanzel mit figürlichen Reliefs (Mitte 16. Jh. von H. Walther II), Renaissance-Ausstattung aus der Schloßkapelle Stolpen.

RAMMENAU. *Schloß* (jetzt Kreismuseum mit Fichte-Gedenkstätte), zweigeschossiger Barockbau (1721–1735, rest.) über hufeisenförmigem Grundriß mit hohem Kellergeschoß, erhöhter Mittelrisalit mit Giebeldreieck, weiträumiger barocker Wirtschaftshof mit zweigeschossigem Torhaus, vor der Gartenseite Landschaftspark. Von den Innenräumen besonders bemerkenswert: Treppenhaus mit gemalten Architekturen in der Art A. F. Oesers, chinesisches Zimmer (gemalte Tapeten) des 18. Jh., pompejanisches und bulgarisches Zimmer (um 1800). — *Fichte-Museum*, Sammlung über Leben und Werk des Philosophen Johann Gottlieb Fichte, geb. 1762 in Rammenau. — *Dorfkirche*, Barockbau 1736–1749; Kanzelaltar und Taufstein 2. H. 18. Jh.

PULSNITZ. *Pfarrkirche St. Nikolai*, urspr. spätgotisch Anfang 16. Jh., nach Brand 1742 Wiederaufbau (bis 1745) mit Benutzung der alten Umfassungsmauern nach Plänen von A. Hünigen, einschiffig mit hölzerner Flachkuppel, zweigeschossiger ovaler Emporeneinbau, Chor mit Rundbogen-Tonnengewölbe, an seiner Südseite Sakristei (jetzt Rietschel-Gedächtnis-Kapelle) mit Zellengewölbe, an seiner Nordseite Turm; Terrakotta-Altaraufsatz (1796 von J. G. Lehmann) und Kanzel (um 1600 von F. Ditterich d. Ä.). — Auf dem *Friedhof* (angelegt 1815) Grabdenkmal F. E. Rietschel und Frau nach 1854 von E. Rietschel. — *Altes Schloß* (jetzt Verwaltung der Tbk-Heilstätte), zweigeschossiger Renaissancebau um 1600, Sitznischenportal. — *Neues Schloß* (jetzt Tbk-Heilstätte), zweigeschossiger Barockbau von 1718 über langgestrecktem rechteckigem Grundriß, an der Hofseite Vorbau mit Giebel und Wappenkartusche. — *Rathaus*, wiederholt veränderter Renaissancebau von 1555, Schauseite mit geschweiftem Pfeilergiebel, Sitznischenportal, Flur mit Zellengewölbe. — *Perfert* (zum Gut Nr. 1 gehörig), befestigter Bauernspeicher, zweigeschossiger Fachwerkbau vermutlich um 1420 — *Heimatmuseum* (Platz der Befreiung), u. a. Gedenkraum für den Bildhauer Ernst Rietschel, geb. 1804 in Pulsnitz.

DEMITZ — THUMITZ. *Granitmuseum* (VEB Lausitzer Granit), Sammlung über die Entwicklung der Granitindustrie von den Anfängen bis zur Gegenwart. — *Schloß* (Ortsteil Thumitz), schlichter zweigeschossiger Barockbau (18. Jh.) mit hohem Mansarddach.

Bemerkenswerte Schlösser und Herrenhäuser in LANGBURKERSDORF (Renaissancebau 1611 mit Benutzung älterer Teile, im Erdgeschoß Raum mit Kreuzgratgewölben und Deckengemälden), DITTERSBACH (Renaissancebau zwischen 1555 und 1563, im 19. Jh. stark verändert; im Park Tempelchen und Belvedere auf der »Schönen Höhe« 1830–1832 von J. Türmer) und GROSSHÄNCHEN-PANNEWITZ (einheitliche Barockanlage, bestehend aus Herrenhaus, Wirtschaftsgebäuden und Ställen).

Bemerkenswerte Pfarr- und Dorfkirchen in HINTERHERMSDORF (Barockbau 1690), ULBERSDORF (17. Jh.; reicher Taufstein 1602), STÜRZA (Spätrenaissance-Flügelaltar 1. H. 17. Jh.), LOHMEN (Barockbau 1786 bis 1789 von J. D. Kayser, rest.; gediegene Ausstattung der Entstehungszeit), DITTERSBACH (nach 1662; Silbermann-Orgel 1726), RÜCKERSDORF

(Barockbau im wesentlichen nach 1766), GROSSHARTAU (Barockbau 1794), GOLDBACH (Barockbau Mitte 18. Jh.), NEUKIRCH (Grabdenkmäler 17.–19. Jh., v. Huldenberg), BRETNIG-HAUSWALDE (im Kern gotisch, im 18. Jh. barock erneuert und verändert; Taufstein 1714 von J. Ch. Kirchner), UHYST AM TAUCHER (klassizistisch 1801), PUTZKAU (Grabdenkmäler 16./17. Jh.) und GROSSRÖHRSDORF (Barockbau 1731–1736).

Kreis Kamenz

KAMENZ. Planmäßige Anlage der Stadt (um 1200) auf einem Plateau westlich der Marienkirche, quadratischer Marktplatz und acht regelmäßig angeordnete Häuserblöcke. *Stadtkirche St. Marien*, spätgotischer Bau, begonnen um 1400, vollendet um 1480, erneuert 1887. Urspr. dreischiffige Hallenkirche, nach 1429 Anbau eines zweiten Seitenschiffes im Norden, Netzgewölbe mit wechselnden Mustern, schlanke Achteckpfeiler ohne Kapitelle, reiches Fenstermaßwerk, je zwei Schiffe unter einem Satteldach zusammengefaßt, in der Nordwestecke Turm mit barockem Aufsatz. Von der reichen Ausstattung besonders bemerkenswert: Großer spätgotischer Hauptaltar (im Schrein Maria mit Johannes d. T. und Johannes d. Ev.) Ende 15. Jh. Michaelisaltar (St. Michael als Seelenwäger) 1498. Kleiner Flügelaltar (Brustbild Christi) 1505. Spätgotische Triumphkreuzgruppe, Kruzifix Anfang 15. Jh., Seitenfiguren um 1500. Schreinartiger Reliquienbehälter mit zwei Armreliquiaren Ende 14. Jh. Kanzel 1566, bemalt von A. Dreßler. Drei Votivgemälde (Kreuzigung, Altes und Neues Testament) 1542 von W. Krodel. Im nördlichen Seitenschiff reich bemalter Braunaer Herrschaftsstand um 1580. – Im Südosten der Marienkirche als Teil der Stadtbefestigung die *Katechismus-Kirche*, gestiftet 1338, erneuert 1724, bemalte Holzdecke und Emporen, unterhalb des Daches Schießschartengeschoß. – *Rathaus*, 1842 von C. A. Schramm aus Zittau. – Südlich vom Rathaus die *Fleischbänke*, klassizistisch nach 1842, gewölbter Laubengang. – Auf dem Markt der *Andreasbrunnen*, 1570 in der Art des Ch. Walther (II). – *Malzhaus* (Zwingerstr. 7), zweigeschossiger Renaissancebau (Ende 16. Jh.) mit hohem Dach, unter dem Dach vier Schüttböden, im Erdgeschoß dreischiffige Halle mit Kreuzgewölben. – *Barmherzigkeitsstift* (jetzt Krankenhaus), klassizistisch 1824, zur Dreiflügelanlage erweitert 1828, in der Kapelle Altaraufsatz um 1600. – *Museum der Westlausitz* (Pulsnitzer Str. 16), u. a. ur- und frühgeschichtliche Sammlung mit Funden aus der jüngeren Steinzeit, der Bronzezeit, der Lausitzer Kultur und der Eisenzeit. – *Franziskaner-Klosterkirche*, dreischiffige spätgotische Hallenkirche (1493–1507) mit Netzgewölben und schlanken Achteckpfeilern ohne Kapitelle. Von der Ausstattung besonders bemerkenswert: Spätgotischer Annenaltar (im Schrein und in den Flügeln hl. Sippe) um 1512. Franziskusaltar (Stigmatisation des hl. Franziskus) um 1520. Heilandsaltar (Christus zwischen den Hl. Franziskus und Bernhard) 1513. Marienaltar (Maria zwischen den Hl. Wolfgang und Ottilie) um 1510. – An der Nord- und Ostseite Reste der Klostermauer als Teil der *Stadtbefestigung*,

*Kamenz, Marienkirche,
Sakramentsnische und Dreisitz*

südwestlich der Kirche ehem. Klostertor, im späten 18. Jh. mit Wohnhaus überbaut, sonst von der Stadtbefestigung außer einigen Mauerresten nur der Pulsnitzer Torturm (urspr. wohl 15. Jh., nach 1842 verändert) und ein runder Mauerturm in der Zwingerstraße erhalten. – *Lessingmuseum* (Lessingplatz 3), Sammlung über Leben und Werk von Gotthold Ephraim Lessing, geb. 1729 in Kamenz. – *Justkirche* (Begräbniskirche), gotisch 14. Jh., im Chor vollständiger gotischer Wandgemäldezyklus (u. a. Leben Christi, kluge und törichte Jungfrauen) um 1380; spätgotischer Flügelaltar (Marienkrönung) um 1500.

ELSTRA. *Rathaus*, schlichter Barockbau (nach 1717) über winkelhakenförmigem Grundriß. – In der dreischiffigen barocken *Pfarrkirche* (1726) bemerkenswert: Altaraufsatz mit Gemälde von C. W. E. Dietrich (1733) und Kanzel (1734 vermutlich von A. Böhmer).

PANSCHWITZ-KUCKAU. *Klosterkirche* des Zisterzienser-Nonnen-Klosters Marienstern (gegründet 1248), erster Bau Mitte 13. Jh., dann Ende 13. Jh. Hallenkirche, heutiger Bau in den 60er Jahren des 14. Jh. beg., 1424 beschädigt, danach renoviert, rest. Dreischiffige Hallenkirche über langgestrecktem rechteckigem Grundriß mit Kreuzrippengewölben, das südliche Seitenschiff zum Kreuzgang gezogen, oben als Empore zum Langhaus geöffnet, im Westen Nonnenempore, Westfassade 1720/21 barock umgestaltet, im Nordfenster der Ostwand Glasgemälde (weibliche Heilige, hl. Benedikt, hl. Bernhard) um 1370/80. Von der Ausstattung besonders bemerkenswert: Hochaltar 1751 von F. Lauermann aus Prag. Spätgotischer Flügelaltar (im Schrein Maria Magdalena, von Engeln getragen) um 1520. Schreinaltar (Anna selbdritt) um 1500. Vesperbildgruppe Mitte 14. Jh. Schmerzensmann 1718 und Schmerzensmutter

1720 vermutlich von M. W. Jäckel aus Prag. Reiche barocke Grabmalplastik, zumeist von Prager Künstlern. — *Klausur* südlich der Kirche, Kreuzgang mit Kreuzrippen- und Zellengewölbe, im Ostflügel der Klausur Kreuzkapelle und Kapitelsaal mit Kreuzrippengewölben (vermutlich Mitte 13. Jh.), Teile des Ost- und Südflügels barock umgestaltet, Westflügel (Äbtissinnenhaus) Neubau des 17. Jh., an der Nordwestecke Turm mit barocker Haube, Pforte mit ovalem Oberlicht 1687. — *Neuer Konvent* (südlich des Ostflügels der Klausur), dreigeschossiger Barockbau (1789–1792) über rechteckigem Grundriß, 1878 nach Süden erweitert. — Außerhalb der Klausur mehrere barocke *Denkmäler*: Mariensäule 1720, Nepomuksäule 1721, Dreifaltigkeitssäule 1723, Brunnen mit böhmischem Löwen, Kruzifix und Schmerzensmutter 1725, alle vermutlich von M. W. Jäckel. — *Cisinski-Gedenkstätte* (Cisinskistr. 16), Sammlung über Leben und Werk des sorbischen Volksdichters J. Barths, genannt Cisinski, geb. 1856 in Kuckau, gest. 1909 in Panschwitz.

ROSENTHAL. *Wallfahrtskirche*, dreischiffige barocke Hallenkirche (1778, 1945 schwer beschädigt, Wiederherstellung abgeschlossen) mit Kreuzgratgewölben, Westturm mit geschweifter Haube und Laterne. — *Brunnenkapelle*, achteckiger Barockbau (1766) mit Haube und Laterne, im Inneren Marienbrunnen. — *Administratur*, barocke Dreiflügelanlage von 1755, starker Mittelrisalit mit Giebeldreieck.

KÖNIGSBRÜCK. *Schloß* (jetzt Tbk-Heilstätte), dreigeschossiger Barockbau (um 1700) mit aufgemalter Pilastergliederung, vor dem Schloß Wirtschaftshof mit Torhaus (18. Jh.), vom alten Schloß (Renaissancebau 16. Jh.) nur Rest erhalten. — In der barocken *Pfarrkirche* (begonnen 1682 von Ch. Gottschick aus Pirna und G. F. Spieß aus Großenhain) bemerkenswert: Altaraufsatz 1692. Zwei spätgotische Tafelgemälde (Kreuzigung und Geißelung Christi) 1475. — In der *Hospitalkirche* (1578/79, im 17. und 18. Jh. verändert) bemerkenswert: Barocker Flügelaltar um 1728. Spätgotisches Kruzifix Anfang 16. Jh.

Bemerkenswerte Schlösser und Herrenhäuser in BRAUNA (Barockbau um 1700, umgebaut Anfang 19. Jh., seitlich Kapelle von 1835), HÖCKENDORF (schlichter Barockbau 18. Jh.) und OBERLICHTENAU (Barockbau um 1730, rest., Festsaal mit reicher Stuckdekoration; in den Grundzügen erhaltener barocker Park mit reicher Gartenplastik, rest.).

Bemerkenswerte Dorfkirchen in CROSTWITZ (Barockbau 1772, Inneres 1899 umgebaut; in der Nähe Christussäule und Sebastians-Standbild 1735), OSTRO (Barockbau 1772, 1934 nach Osten erweitert; schlichte Ausstattung der Entstehungszeit), BISCHHEIM (klassizistisch 1803/04), REICHENBACH (Barockbau 1749 mit älteren Resten), OBERLICHTENAU (Grabdenkmäler 18. Jh.), HÖCKENDORF (vermutlich 16. Jh., Ausmalung des 17. Jh. von P. Conrad aus Dresden), SCHWEPNITZ (Barockbau 1747; Grabdenkmäler 18. Jh.), OSSLING (klassizistisch 1805), NEBELSCHÜTZ (Barockbau 1740 bis 1743; reicher Altaraufsatz 1744, rest.) und PRIETITZ (Epitaph-Altaraufsatz 1646, Grabdenkmäler 17./18. Jh.).

Stadt und Kreis Bautzen

Die Stadt Bautzen

Um das Jahr 1000 Gründung der Ortenburg auf der Hochfläche über dem Spreetal, Grenzfeste der Markgrafen von Meißen am Schnittpunkt zweier wichtiger Handelsstraßen (Halle–Wroclaw, Brandenburg–Prag). Am östlichen Fuße der Burg Entstehung einer Marktsiedlung mit der Pfarrkirche St. Peter (Dom), 1002 als civitas budussin und urbs urkundlich erwähnt. Um 1200 planmäßige Anlage der Stadt östlich und südöstlich vom Dom mit der Reichenstraße als Hauptachse und mehreren Parallelstraßen. 1213 Verleihung des Stadtrechtes durch König Ottokar I. von Böhmen. Noch im 13. Jh. Entwicklung der Vorstadt im Osten und Süden. 1346 Haupt des Lausitzer Sechsstädtebundes. Im 15. Jh. Einbeziehung der Nikolai- und Michaeliskirche in das Befestigungssystem am Steilhang des Spreetals. 1429 erfolglose Belagerung durch die Hussiten. 1620 von den Sachsen in Brand geschossen und erobert. 1634 von den Kaiserlichen niedergebrannt. Weitere Stadtbrände 1686, 1709 und

Bautzen
1 Ortenburg, 2 Museum für Geschichte und Kultur der Sorben, 3 Dom St. Peter, 4 Rathaus, 5 Domstift, 6 Ehem. Ständehaus (Stadt- und Kreisbibliothek), 7 Nikolaikirche (Ruine) und -friedhof, 8 Nikolaiturm, 9 Mönchskirche (Ruine), 10 Burgwasserturm, 11 Mühlbastei, 12 Michaeliskirche, 13 Alte Wasserkunst, 14 Hexenhäuschen, 15 Mönchenbastei, 16 Lauenturm, 17 Neue Wasserkunst, 18 Deutsch-Sorbisches Volkstheater, 19 Stadtmuseum, 20 Reichenturm, 21 Wendischer Turm, 22 Schülerturm, 23 Liebfrauenkirche, 24 Taucherkirche, 25 Gerberbastei (Jugendherberge), 26 Haus der Sorben (Museum für sorb. Schrifttum), 27 Sowjetisches und polnisches Ehrenmal

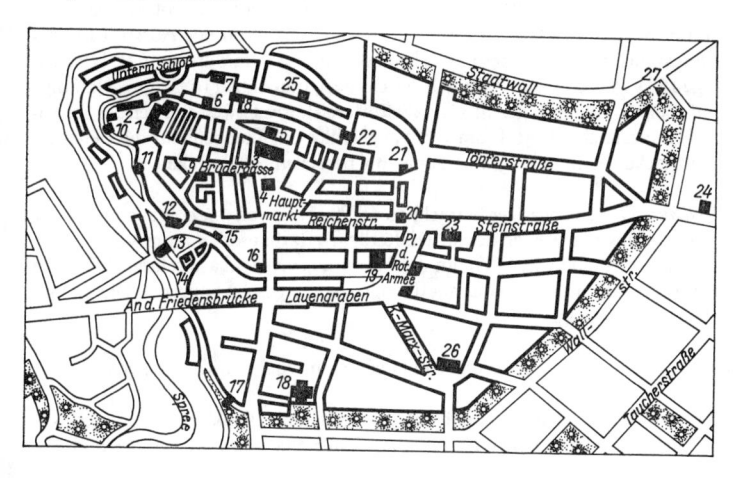

1720. 1945 Zerstörung fast aller Turmbekrönungen, rest. Kultureller Mittelpunkt des Sorbentums (u. a. Domowina, Institut für sorbische Volksforschung, sorbisches Lehrerbildungsinstitut).

Ortenburg. Spätgotischer Neubau 1483–1486, im Dreißigjährigen Krieg stark beschädigt, in der 2. H. 17. Jh. ausgebaut, im 19. Jh. umgebaut. Von den Baulichkeiten besonders bemerkenswert: *Hauptgebäude* (Schloß), im Kern spätgotisch, Mitte 17. Jh. von E. Eckhardt umgebaut, dreigeschossig, an der Vorderfront drei reiche Zwerchhäuser von 1698, im ersten Obergeschoß Audienzsaal mit reicher Stuckdecke (Putten, Karyatiden, Fruchtgehänge, neun Reliefs mit Darstellungen aus der Geschichte der Lausitz), 1662 von den italienischen Stukkateuren Vietti und Comotan. – *Schloßturm,* spätgotisch, Zinnenkranz, über der Durchfahrt Ädikula mit Sitzbild des ungarischen Königs Matthias Corvinus (1486 von B. Gauske), im zweiten Obergeschoß Schloßkapelle, darin kleiner Balkon mit reicher Maßwerkbrüstung. – *Ehem. Hofrichterhaus,* Spätrenaissancebau von 1649.

Dom St. Peter. Gotischer Bau, vermutlich zwischen 1293 und 1303 sowie in der 2. Hälfte 15. Jh. errichtet, vollendet 1497, rest., seit 1524 der Chor katholisch und das Langhaus protestantisch (Simultankirche). Dreischiffige Hallenkirche mit Netzgewölben und schlanken Achteckpfeilern, im Süden des Langhauses viertes Schiff mit Sterngewölben (1456–1463), die östlichen Teile des Langhauses mit dem nicht abgesetzten Chor von der Mittelachse nach Süden abweichend, fünfseitig geschlossener Chorumgang, im südlichen Seitenschiff reiche Maßwerkfenster, der Westbau im Kern frühgotisch, urspr. nur ein Turm geplant, von den nach einer Planänderung vorgesehenen zwei Türmen nur der Südturm ausgeführt, seine Barockhaube 1664 von M. Pötzsch. Von der Ausstattung des katholischen Teiles besonders bemerkenswert: Hochaltar 1722 bis 1724 von G. Fossati, Figuren von B. Thomae, Altarbild (Petrus empfängt den Schlüssel) von G. A. Pellegrini. Lebensgroßes Kruzifix 1714 von B. Permoser. In der Sakristei Rokoko-Altaraufsatz 2. H. 18. Jh. Von der Ausstattung des protestantischen Teiles besonders bemerkenswert: Altaraufsatz 1644. Fürstenloge 1673/74. – *Domstift* (nördlich des Domes), Barockbau 1683, unregelmäßige hufeisenförmige Anlage, die vierte Seite durch kurze Erweiterungen der Seitenflügel und reiches Portal (um 1755) abgeschlossen, Treppenhaus mit bemalter Holzdecke (Anfang 18. Jh.), Räume mit barocken Stuckdecken.

Rathaus. Dreigeschossiger Barockbau (1729–1732 von J. Ch. Naumann unter Verwendung von Resten des mittelalterlichen Rathauses), vor der Vorderfront Turm mit Haube von 1705, am Turm Statue eines Geharnischten (1576), an der Rückseite Treppenhaus mit Doppeltreppe, geschwungenem Giebel und Pilastergliederung.

Alte Kaserne (jetzt Finanzamt). 1843 nach Entwurf von G. Semper.

Michaeliskirche. Kleine dreischiffige spätgotische Hallenkirche (begonnen vermutlich nach 1429, vollendet 1498, rest.) mit Netzgewölben, an der Südseite

des Chors Turm mit Wehrgang und Spitzhelm; reicher Taufstein 1597 von
M. Schwenke, Altaraufsatz 1693, Kanzel 1638.

Mönchskirche (ehem. Franziskaner-Klosterkirche). Gotisch, begonnen um 1300,
seit 1598 Ruine, nur Teile der Nordwand mit Spitzbogenfenster und Portal
erhalten.

Nikolaikirche. Zweischiffiger spätgotischer Bau (15. Jh.), seit 1634 Ruine, an der
Südseite Turm, vor der Nordseite Wehrgang als Teil der Stadtbefestigung. —
In der Ruine Grabdenkmäler 18./19. Jh.

Bürgerhäuser. Von den zahlreichen Barockbauten besonders bemerkenswert:
Hauptmarkt 7 um 1730. Hauptmarkt 8 um 1720/30. Fleischmarkt 6 1670.
Fleischmarkt 8 um 1710. Reichenstr. 4 nach 1720, reiche Pilastergliederung.
Reichenstr. 5 nach 1720, Erker. Reichenstr. 12 2. H. 17. Jh., reiche Stuckornamente um 1720. Reichenstr. 14 nach 1709, reiche Stuckornamente. Innere
Lauenstr. 6 zwischen 1709 und 1720, reiche Stuckornamente, an den Seiten
allegorische Figuren. Innere Lauenstr. 8 nach 1720, Kolossalpilaster. Heringsgasse 1 1720–1724, Giebeldreieck, Eckerker. Heringsgasse 11 nach 1720.
Wendische Str. 6 um 1710. An den Fleischbänken 7 1790. Schloßstr. 10 und
12 (ehem. Bautzener und Görlitzer Landhaus) um 1665. Schloßstr. 21 um
1700, Erker. Burgplatz 6 um 1680. Die meisten Häuser 1971–1975 rest.

Stadtmuseum (Platz der Roten Armee 1a). Kunst- und kulturgeschichtliche
Sammlung, u. a. Gemäldegalerie (Cranach d. Ä., Pesne, Graff, Uhde, Thoma,
Trübner, Liebermann, Slevogt sowie bemerkenswerte Sammlung von Ju-
gendstilmalerei), Plastik der Gotik und des Barocks (u. a. Permoser und sein
Kreis), graphisches Kabinett (etwa 27 000 Blatt, darunter Handzeichnungen),
Möbel und Kunsthandwerk. Oberlausitzer Volkskunst (in der Ortenburg).

Museum des sorbischen Schrifttums (Sorbenhaus am Postplatz 2). Literatur-
geschichtliche Sammlung, u. a. Erstdrucke und Stiche.

Stadtbefestigung. Urspr. zwei Mauerringe, entstanden im 14. und 15. Jh., die
innere Befestigung zu beträchtlichen Teilen, die äußere nur in spärlichen Resten
erhalten, besonders bemerkenswert: Lauentorturm Anfang 14. Jh., Barockhaube mit Laterne 1739. *Reichentorturm* 1490–1492, reicher Barockaufsatz
1715–1718 von J. Ch. Naumann, infolge Senkung aus dem Lot gewichen, rest.,
am Turm Denkmal Kaiser Rudolfs II. 1577 von M. Michael aus Görlitz.
Wendischer Tortum vermutlich Ende 15. Jh., Zinnenbrüstung und Pyramidenhelm. Schülertor, an der Feldseite Kreuzigungsrelief Anfang 15. Jh. Gerberbastei von 1503. Nikolaitor von 1522. *Alte Wasserkunst* an der Michaeliskirche
(jetzt technisches Museum) nach 1558 von W. Röhrscheidt d. Ä., rechteckiges
Untergeschoß mit Wehrgang, darin Schöpfwerk zur Versorgung der Stadt mit
Trinkwasser, sich verjüngender Rundturm mit gemauertem Helm, im Inneren
Sterngewölbe. Neue Wasserkunst am ehem. äußeren Lauentor 1606–1610 von
W. Röhrscheidt d. J., im 18. Jh. erneuert.

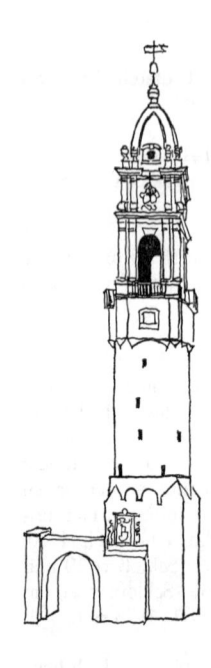

Bautzen, Reichentorturm

Liebfrauenkirche. Urspr. gotisch (vermutlich 14. Jh.), 1429 stark beschädigt, bis 1443 wiederaufgebaut, im 17. und 19. Jh. mehrmals umgebaut, rest., einschiffig, Kreuzgratgewölbe des 17. Jh., an der Nordseite Turm; die meisten Ausstattungsstücke aus dem 18. Jh.

Taucherkirche. Renaissancebau 1598/99 angeblich von W. Röhrscheidt d. J., 1620 abgebrannt, bis 1627 wiederaufgebaut, im 19. Jh. mehrmals verändert. — Auf dem *Taucherfriedhof* mehrere reiche Gruftkapellen des 18. Jh. sowie zahlreiche Grabdenkmäler des 17., 18. und 19. Jh.

Der Kreis Bautzen

WEISSENBERG. *Rathaus,* zweigeschossiger Barockbau (1787/88 mit Benutzung älterer Teile), an der Vorderfront hoher Rundturm mit barocker Haube, an seinem Fuß Wendeltreppe. — *Heimatmuseum »Alte Pfefferküchlerei«* (August-Bebel-Platz 34, 17. Jh., rest.), u. a. Backofen und Backgeräte 18./19. Jh. — In der *Pfarrkirche* (im Kern spätromanisch, im 17. und 18. Jh. verändert) bemerkenswerter Altaraufsatz 1666 von M. Bubenick.

MILKEL. *Schloß* (jetzt Schule), zweigeschossiger Barockbau (um 1720 mit Benutzung von Teilen des 16. Jh.), Schauseite von zwei Rundtürmen flankiert, erhöhter Mittelrisalit mit Giebeldreieck, im Obergeschoß Rokoko-Festsaal,

Räume mit Empire-Ausstattung. – In der *Dorfkirche* (1857) bemerkenswerter Kanzelaltar 1686.

RADIBOR. *Herrenhaus* (jetzt Schule), zweigeschossiger Barockbau (1709 bis 1719) auf annähernd quadratischem Grundriß, in der Mitte schmaler Lichthof, Mittelrisalit mit Giebeldreieck, dreiarmige Treppe. – In den beiden *Kirchen* des Ortes zahlreiche wertvolle spätgotische und barocke Schnitzfiguren sowie ein Schreinaltar (Maria mit den Hl. Barbara und Georg) um 1450.

NESCHWITZ. *Schloß* (jetzt Vogelschutzstation), zweigeschossiger Barockbau (1723, rest.) auf rechteckigem Grundriß, in der Mitte Pilastergliederung und dreiachsiger Dachaufbau, an den Schmalseiten Statuen von B. Thomae. – *Barocke Gartenanlage*, Parterre mit zwei Wasserbecken, am Schnittpunkt von Haupt- und Nebenachse vier Pavillons (einer davon abgerissen), mehrere Statuen (vermutlich von J. Ch. Kirchner); westlich der Barockanlage Landschaftspark. – In der einschiffigen *Dorfkirche* (Renaissancebau Anfang 17. Jh. Chor 1693, 1945 zerstört, bis 1953 wiederaufgebaut) bemerkenswert: Altaraufsatz um 1605 von M. Schwenke aus Pirna. Spätgotische Triumphkreuzgruppe. – *Pfarrhaus*, zweigeschossiger Barockbau von 1728; im Kirchensaal Altaraufsatz um 1600 vermutlich von D. Schwenke.

KÖNIGSWARTHA. *Schloß* (jetzt Fachschule), zweigeschossiger Barockbau (vor 1796) auf rechteckigem Grundriß, an der Gartenfront starker Mittelrisalit mit abgerundeten Ecken und aufgesetztem Halbgeschoß, vor der Hauptfront sechs Statuen (1750), Arbeiten der Permoser-Werkstatt. – Östlich vom Schloß Orangerie und weiträumiger *Landschaftspark* (um 1800). – *Dorfkirche*, einschiffiger Frühbarockbau (17. Jh. mit Benutzung gotischer Teile), Chor mit figurierten Kreuzgratgewölben, hoher Westturm; reicher Altaraufsatz frühes 17. Jh., zwei reichgeschnitzte Wandepitaphe des 18. Jh.

Königswartha, Schloß, Rückseite

GAUSSIG. *Schloß* (jetzt Erholungsheim), urspr. Barockbau Anfang 18. Jh., um 1800 vermutlich von Ch. F. Schuricht klassizistisch überarbeitet, an der Hofseite drei starke Risalite, runde Vorhalle mit ionischen Säulen, Gartensaal mit Hermenpilastern, daneben Raum mit Delfter Kacheln; gute Gemäldesammlung. — Der urspr. barocke Garten um 1800 zum *Landschaftspark* umgestaltet, drei Pavillons um 1800. — In der *Schloßkapelle* (1873/74) bemerkenswerter spätgotischer Flügelaltar (im Schrein Maria mit den Hl. Katharina und Barbara) um 1480.

SCHIRGISWALDE. *Domstiftliches Herrenhaus*, Barockbau (17./18. Jh.) auf rechteckigem Grundriß, dreigeschossig, dreiläufige Treppe, im zweiten Obergeschoß Räume mit gemalten Tapeten (um 1830). — Auf dem Markt Gruppe von *Laubenhäusern* aus der 2. H. 17. Jh. — *Heimatmuseum* (Hentschelgasse 3), u. a. bäuerliche Sakralkunst 15. und 18. Jh. — *Pfarrkirche*, einschiffiger Barockbau (1739–1741 vermutlich von Z. Hoffmann aus Hainspach in Nordböhmen, rest.) mit Stichkappen-Tonnengewölbe, an den Langseiten drei flache Kapellen, Chor mit Apsis, Westturm von 1866; Ausstattung der Entstehungszeit.

WEHRSDORF. *Straßendorf*, typische Oberlausitzer Dorfanlage mit reicher Umgebindehaus-Architektur. — *Dorfkirche*, barocker Saalbau von 1725 mit gutem Kanzelaltar der Entstehungszeit.

Bemerkenswerte Herrenhäuser in KRECKWITZ (Barockbau um 1760), WURSCHEN (Barockbau 1. H. 18. Jh. mit älteren Teilen, von Wassergraben umgeben), KLEINBAUTZEN-PREITITZ (Barockbau um 1780), GUTTAU (klassizistisch nach 1813, in der Mitte offene Halle mit dorischen Säulen und Giebeldreieck), SPREEWIESE (Barockbau 1729), SDIER (Barockbau 1719), WILTHEN (Barockbau Anfang 18. Jh.) und KLEIN-FÖRSTCHEN (Barockbau 1. V. 18. Jh.; in der Nähe ehem. Vorwerk Dreistern klassizistisch Anfang 19. Jh.).

Bemerkenswerte Dorfkirchen in HOCHKIRCH (Barockbau 1720, an der Südseite Gruft des 17. Jh., hinter dem Altar Denkmal des in der Schlacht bei Hochkirch 1758 gefallenen Feldmarschalls Jakob Keith), NOSTITZ (Barockbau vollendet 1679, erweitert 1866; Grabdenkmäler 18. Jh.), BARUTH (Barockbau 1705; Grabdenkmäler 16./17. Jh.), KLEINBAUTZEN (Barockbau vollendet 1680; Grabdenkmäler 17./18. Jh.), PURSCHWITZ (Barockbau 1722, nach Brand 1814–1816 wiederaufgebaut), MALSCHWITZ (Barockbau 1716; reicher Kanzelaltar 1709), GUTTAU (klassizistisch 1816; schlichte Ausstattung der Entstehungszeit), KLIX (Altarretabel um 1580 vermutlich von Ch. Walther II, Grabdenkmäler 16.–18. Jh.), KLEINWELKA (Barockbau 1758, erweitert 1856, Herrnhuter Brüdergemeinde), GÖDA (dreischiffige spätgotische Hallenkirche mit Netzgewölben um 1514, Turmbau romanisch um 1220/30, rest.; spätgotische Kanzel 1514, Grabdenkmäler 16. bis 18. Jh.), SOHLAND (klassizistisch 1823/24 von K. Ch. Eschke aus Zittau) und TAUBENHEIM (geweiht 1645, wiederhergestellt 1662; auf dem Friedhof Grabdenkmäler 17./18. Jh.).

Kreis Löbau

LÖBAU. *Rathaus*, dreigeschossiger Barockbau (1711 von Maurermeister Rößler aus Zittau mit Benutzung älterer Teile), an der Marktseite Laubengang, spätgotischer Turm mit Zinnenkranz, Bürgermeisterzimmer mit Stuckdecke und Gemälde (1713 von N. Prescher aus Zittau). — *Bürgerhäuser:* Am Markt einige stattliche Barockhäuser (nach 1710). In der Badergasse Gruppe von schlichten Giebelhäusern. — *Stadtmuseum* (Johannisstr. 5), u. a. sakrale Plastik, Waffen, Lausitzer Bauernschränke. — *Arbeitergedenkstätte »Hopfenblüte«* (ehem. Gasthaus um 1700, rest., Platz der Befreiung 11), Gründungslokal der KPD-Ortsgruppe Löbau, im Erdgeschoß Ausstellung über die Geschichte der Arbeiterbewegung im Kreis Löbau. — *Pfarrkirche St. Nikolai*, spätromanischer Chor (13. Jh.), gotisches Langhaus (14. Jh.), 1884/85 stark verändert, urspr. zweischiffig, an der Südseite drittes Schiff von 1742, unter dem östlichen Chorjoch Krypta; Grabdenkmäler 17. Jh. — *Pfarrkirche St. Johannis* (ehem. Franziskaner-Klosterkirche), spätgotisch (vermutlich 15. Jh.), im 17. und 19. Jh. erneuert, einschiffig, von der Achse abweichender Chor mit Kreuzrippengewölbe, unter seinem Schluß von außen zugängliche Krypta, schlanker Turm; spätgotisches Kruzifix. — Auf dem *Alten Friedhof* (1544 genannt) mehrere reiche barocke Grüfte. — *Aussichtsturm* auf dem Löbauer Berg, frühes eisernes Bauwerk (1853/54) aus dem Eisenhüttenwerk Bernsdorf.

KITTLITZ. *Dorfkirche*, großer Barockbau (1749–1769, seit 1752 unter Leitung von A. Hünigen aus Zittau) auf rechteckigem Grundriß (34,5 m×17,5 m) mit abgeschrägten Ecken, einschiffig mit gewölbter Putzdecke, umlaufende doppelte Emporen, massiger Westturm mit achteckigem Glockengeschoß; gediegene Ausstattung der Entstehungszeit, Grabdenkmäler 16.–18. Jh.

CUNEWALDE. *Dorfkirche*, ungewöhnlich großer Barockbau (1780–1793) auf rechteckigem Grundriß (45×18 m), einschiffig mit Flachdecke, dreigeschossige Emporen, im Osten dreiseitiger Schluß, insgesamt 3000 Sitzplätze, Turm mit Putzlisenen; reiche Kanzel 1656, Maria und hl. Nikolaus 15. Jh.

EBERSBACH. *Pfarrkirche*, einschiffiger Barockbau (Langhaus 1682, Ostteil 1726–1733) mit bemaltem hölzernem Tonnengewölbe, der Ostteil über dreiviertelkreisförmigem Grundriß mit hölzernem Kuppelgewölbe, umlaufende dreigeschossige Emporen, Westturm mit achteckigem Glockengeschoß 1682; Baldachinaltar 1787, Orgelprospekt 1685. — *Heimatmuseum* (Humboldtbaude, Schlechteberg 1), u. a. bäuerliche Volkskultur der Oberlausitz aus dem 18. und 19. Jh.

OBERCUNNERSDORF. *Dorfkirche*, großer Barockbau (vermutlich 17. Jh., 1691 und 1746 erweitert) auf rechteckigem Grundriß (47 m×14 m), umlaufende doppelte Emporen, Turm mit geschweifter Haube und Laterne; Orgelempore Ende 17. Jh., Altaraufsatz 1691. — Zahlreiche *Weberhäuser* aus dem 17.–19. Jh.

Eibau, Umgebindehaus

EIBAU. *Dorfkirche*, großer einschiffiger Barockbau (1703–1707) mit Kreuzgratgewölben, zwischen den nach innen gezogenen Strebepfeilern dreigeschossige Emporen, Turm mit geschweifter Haube und doppelter Laterne. – Im Dorf zahlreiche stattliche *Wohnhäuser* des 18. Jh., meist Beispiele der Oberlausitzer Umgebinde-Bauweise, viele mit Portalen aus Granit oder Sandstein, besonders bemerkenswert: Haus Nr. 252, im Obergeschoß bemalte Wand- und Deckentäfelung. – *Heimat- und Humboldtmuseum* (Beckenbergstr. 12), u.a. heimische Keramik, Gläser, Schnitzereien (18.–20. Jh.).

OBERODERWITZ. *Dorfkirche*, großer klassizistischer Bau (1816–1818 von K. Ch. Eschke aus Zittau) auf rechteckigem Grundriß (41,7 m×18,8 m), einschiffig, umlaufende dreigeschossige Emporen, insgesamt 1 500 Sitzplätze, Turm mit geschweifter Haube.

RUPPERSDORF. *Schloß Niederruppersdorf* (jetzt Kinderheim), dreigeschossiger Barockbau (1752 von A. Hünigen), Portal mit Wappenaufsatz, Rokoko-Saal. – *Dorfkirche*, spätromanisch (13. Jh.), einschiffig, Chor mit Apsis; Kanzelaltar 1782, Orgelgehäuse um 1770.

HERRNHUT. Gegründet 1722 von Böhmischen und Mährischen Brüdern, die wegen ihres Glaubens aus ihrer Heimat vertrieben worden waren und auf den um Herrnhut gelegenen Gütern des Grafen Zinzendorf (Stifter der Herrnhuter Brüdergemeinde) Zuflucht gefunden hatten. *Gemeinhaus (Kirche) der Brüdergemeinde*, Barockbau 1756/57, 1945 zerstört, bis 1953 wiederaufgebaut, rechteckiger Grundriß, an der nördlichen Schmalseite Orgelchor, Dachreiter. – *Chorhaus der Witwen*, schlichte barocke Häusergruppe (1759–1761, 1780 erweitert), zweigeschossig. – *Schloß*, zweigeschossiger Barockbau (1781, 1945 zerstört, nach 1975 wiederaufgebaut), flacher Mittelrisalit mit Giebeldreieck, an der Gartenseite zwei kurze Flügel. – *Vogtshof* (jetzt Verwaltung), barocke Dreiflügelanlage (1730–1734, die Flügel 1746, rest.) zweigeschossiger Haupttrakt, Mittelrisalit mit Dacherker. — *Wohnhäuser,* schlichte, in der Regel eingeschossige Barockbauten (nach 1722). — *Friedhof am Hutberg,* regelmäßige Anlage (1730, mehrfach erweitert), von Lindenalleen in »Quartiere« eingeteilt, rechts die Männergräber, links die der Frauen, unter den herrschaftlichen Gräbern in der Mitte das Grab von Nikolaus Ludwig Graf von Zinzendorf, gest. 1760. — *Völkerkundemuseum* (Goethestraße 1), Sammlung aus der Missionstätigkeit der Brüdergemeinde, völkerkundliches Material u. a. aus Tibet, Süd- und Ostafrika, Surinam, Alaska, Labrador, Grönland und Australien. — *Heimatmuseum »Alt-Herrnhuter-Stuben«* (Comeniusstr. 6).

BERNSTADT. *Pfarrkirche St. Marien,* im Kern spätromanisch 13. Jh., im 15. und 16. Jh. gewölbt, nach Brand 1686 wiederhergestellt, kreuzförmiger Grundriß, einschiffig, Netz-, Stern- und Kreuzrippengewölbe, hoher Ostturm mit geschweifter Haube und Laterne; Grabdenkmäler 16.–18. Jh. — *Ehem. Rathaus,* schlichter klassizistischer Bau (nach 1828), dreigeschossig, Mittelrisalit.

Bemerkenswerte Schlösser und Herrenhäuser in OPPACH (urspr. wohl Barockbau, Anfang 19. Jh. neugotisch umgebaut; im Ort barocke Schäferei von 1794), BEIERSDORF (Barockbau 18. Jh.), WOHLA (Barockbau Anfang 18. Jh.), GLOSSEN (barocke Dreiflügelanlage 1688), BERTHELSDORF (Barockbau 1772; im Ort schlichte Barockhäuser der Herrnhuter Brüdergemeinde um 1790) und RENNERSDORF (Schloß Oberrennersdorf Barockbau um 1740).

Bemerkenswerte Dorfkirchen in LAWALDE (Barockbau 1777), OPPACH (urspr. gotisch, 1785–1787 nach Westen erweitert), SCHÖNBACH (Barockbau 1780), NEUSALZA-SPREMBERG (Barockbau 1678/79 von H. Sarn aus Bautzen, 1859 umgebaut, Kirche der böhmischen Exulanten), NIEDERCUNNERSDORF (Barockbau 1794), NEUGERSDORF (Barockbau 1738; reicher Kanzelaltar 1753), BERTHELSDORF (Barockbau 1724 mit Benutzung älterer Reste), RENNERSDORF (urspr. spätgotisch, im 18. und 19. Jh. stark verändert; Altaraufsatz 1739) und HERWIGSDORF (reicher Kanzelaltar und Logenprospekt um 1717 von Bildhauer Pausewang aus Bautzen, Grabdenkmäler 18. Jh.).

Stadt und Kreis Zittau

Die Stadt Zittau

Wohl noch vor 1230 planmäßige Anlage der Stadt an einer wichtigen Paßstraße nach Böhmen, Marktsiedlung mit gitterförmigem Straßennetz und ursprünglich sehr großem, später erheblich verkleinertem Marktplatz. Noch im 13. Jh. Erweiterung der Stadtanlage nach Osten (Neustadt). Erste Ummauerung 1255 unter König Ottokar II. von Böhmen. Um 1300 Einbeziehung der Neustadt

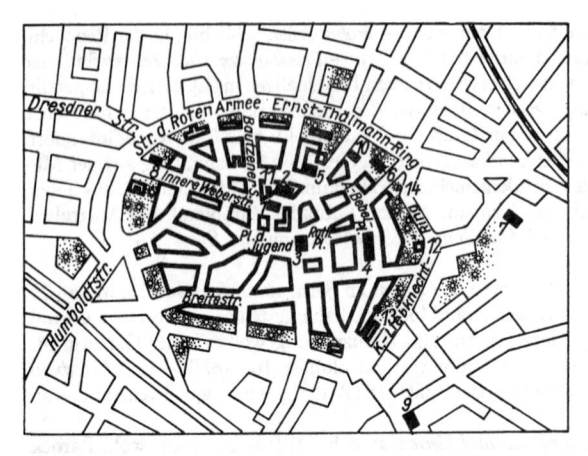

Zittau
1 Johanniskirche, 2 Altes Gymnasium, 3 Rathaus und Marsbrunnen, 4 Marstall und 3 Brunnen, 5 Petri-Pauli-Kirche und Stadtmuseum, 6 Kreuzkirche, 7 Frauenkirche, 8 Weberkirche, 9 Hospitalkirche St. Jakob, 10 Baugewerkenschule, 11 Dornspachhaus, 12 Fleischerbastei, 13 Kleine Bastei (Stadtmauerturm), 14 Schleifermännelbrunnen

in den Mauerring. 1346 Beitritt zum Sechsstädtebund. 1412 Lösung von Böhmen, Vereinigung mit der Oberlausitz. Im 14. und 15. Jh. wirtschaftliche Blüte (vorwiegend Tuchmacherei und Leineweberei). Seit 1513 Verdoppelung des Mauerringes. 1589 und 1608 Stadtbrände. Im Prager Frieden 1635 Sachsen zugesprochen. 1757 von den Österreichern beschossen und erheblich beschädigt. Im 19. Jh. Abriß der Stadtbefestigung und Schaffung einer repräsentativen Ringbebauung (u. a. Baugewerkeschule, Schulbauten, Theaterneubau, Wohnhäuser) mit Einbeziehung einiger mittelalterlicher Bauten. Nach 1945 gegründete Bildungsstätten: Ingenieurschule für Elektroenergie, Fachschule für Bauwesen.

Johanniskirche. Urspr. spätgotisch 15. Jh., 1757 abgebrannt, Neubau begonnen 1768 von A. Hünigen, mehrfach unterbrochen, 1798 wegen konstruktiver Mängel eingestellt, klassizistischer Umbau 1834–1837 nach Entwurf von K. F. Schinkel, Bauausführung K. A. Schramm, 1899 verändert, rechteckiger Grundriß, dreischiffig mit Kassettendecke, im Osten Zweiturmfront mit großer Eingangsnische.

Altes Gymnasium (nördlich der Johanniskirche). Langgestreckter zweigeschossiger Renaissancebau (nach 1571, im 17. und 18. Jh. erweitert und wiederhergestellt), drei Zwerchhäuser, Portal von 1602, an der Fassade Grabstein des Nik. Dornspach (Gründer des Gymnasiums), gest. 1580.

Rathaus. 1840–1845 von K. A. Schramm mit Benutzung eines Entwurfes von K. F. Schinkel. – Vor dem Rathaus an der Westseite des Marktes der *Marsbrunnen* von 1585, Kandelabersäule mit Statue des Mars.

Marstall, zugleich Rüstkammer und Getreidemagazin (August-Bebel-Platz). Spätgotisch 1511, um 1730 umgebaut, rechteckiger Grundriß, dreigeschossig, im Dachraum vier Schüttböden, an der südlichen Schmalseite Stadtschmiede von 1715. – Südlich des Marstalls der *Samariterinnenbrunnen* von 1679. – Nördlich des Marstalls der *Herkulesbrunnen* von 1708 (vielleicht von J. M. Hoppenhaupt) und der *Schwanenbrunnen* von 1710.

Petri-Pauli-Kirche (ehem. Franziskaner-Klosterkirche). Frühgotischer Chor 2. H. 13. Jh., spätgotisches Langhaus 15. Jh., 1685–1662 unter Leitung von M. Pötzsch aus Bautzen verändert und neu ausgestattet, zweischiffig mit Kreuzrippengewölben, am Schiff barocke Betstuben (u. a. Noacksche Betstube von 1696), an der Südseite des Chors schlanker und hoher Turm mit geschweifter Haube und Laterne von 1758; reicher Altaraufsatz 1668, reiche Kanzel 1668 von G. Bahns und H. Bubenick, Grabdenkmäler 15. bis 18. Jh. – *Ehem. Klostergebäude* (jetzt Stadtmuseum), im Ostflügel zwei Räume mit Sterngewölben (Ende 14. Jh.) sowie im Obergeschoß Mönchszellen zu seiten eines Mittelganges, der Westflügel (sog. Hefter-Bau) 1662 von M. Pötzsch umgebaut, reicher Renaissance-Nordgiebel, an der Westseite Treppenturm, im Erdgeschoß ehem. Refektorium mit Resten gotischer Wandmalerei, im zweiten Obergeschoß ehem. Bibliothekssaal von 1709, Pilastergliederung und Stuckdecke mit großem Deckengemälde (Pandora vor den olympischen Göttern) von N. Prescher; Klosterhof mit Gruftkapellen und Gittern. – *Stadtmuseum,* u. a. wertvolle und umfangreiche Sammlung zur dörflichen und städtischen Volkskultur der Südlausitz, Keramik aller bedeutenden Herstellungsorte vom rheinischen bis zum Lausitzer und schlesischen Steinzeug, Fayencen der wichtigsten deutschen und böhmischen Manufakturen, besonders reiche Sammlung Zit-

Zittau, Grüner Brunnen

tauer Fayencen, umfangreiche Sammlung böhmischer, sächsischer und schlesischer Gläser, reiche Sammlung von Innungsaltertümern. – Vor dem Stadtmuseum *Grüner Brunnen*, 1679 von M. Fröhlich.

Kreuzkirche. Zweischiffiger spätgotischer Bau (Anfang 15. Jh.) über quadratischem Grundriß, Sterngewölbe auf Mittelpfeiler, Reste spätgotischer Wandgemälde; spätgotische Kreuzigungsgruppe (2. H. 15. Jh.), übrige Ausstattung nach 1651. – Auf dem Friedhof mehrere reiche barocke Gruftkapellen.

Frauenkirche (ehem. Johanniter-Kirche). Dreischiffiger Bau des Übergangsstils (um 1260), westlicher Teil 1538 abgebrochen, östlicher seit 1572 zur selbständigen Kirche eingerichtet, Kreuzrippen- und Kreuzgratgewölbe; Renaissance-Flügelaltar (im Schrein spätgotische Maria) 1619, Kanzel 1619 von M. Greger.

Weberkirche (Dreifaltigkeitskirche). Spätgotisch, urspr. vor der Stadtmauer an einen Turm des Webertores angebaut, einschiffig, zwei Treppentürme, Dachreiter; barocke Grabdenkmäler.

Hospitalkirche St. Jakob. Einschiffiger gotischer Bau (gegründet Anfang 14. Jh., wiederholt verändert) mit Kreuzrippengewölben, Westportal mit freihängendem Maßwerk, Türmchen von 1778; Altaraufsatz und Kanzel um 1680.

Bürgerhäuser. Von den zahlreichen Beispielen aus der Zeit der Renaissance und des Barocks besonders bemerkenswert: August-Bebel-Platz 23 Barockbau 1681. August-Bebel-Platz 32 Renaissancebau vor Mitte 16. Jh. August-Bebel-Platz 34 Renaissancebau Mitte 16. Jh., 1748 verändert. Platz der Jugend 4 Barockbau 1689, reicher Erker. Platz der Jugend 9 Barockbau 1710, Mittelrisalit mit Giebeldreieck. Platz der Jugend 10 Barockbau 1707 und 1760, Fronterker. Platz der Jugend 24 Barockbau 1678. Bautzener Str. 2 (Dornspach-Haus) Renaissancebau 1553. Portal und Giebel aus dem 17. Jh., Hof mit Säulenumgang. Bautzener Str. 6 Barockbau 1745, reicher Eckerker. Weberstraße 12 Barockbau um 1770, reiches Portal. Weberstr. 14 Barockbau 1763, Fronterker. Weberstr. 20 Barockbau 1710–1717, ungewöhnl. reiches Portal.

Baugewerkeschule (jetzt Berufsschule). 1846–1848 von K. A. Schramm in Anlehnung an die Berliner Bauakademie Schinkels.

Der Kreis Zittau

HIRSCHFELDE. *Pfarrkirche St. Peter und Paul*, zweischiffiges spätgotisches Langhaus mit Sterngewölben (vermutlich 15. Jh.), einschiffiger gotischer Chor mit Rippengewölbe (vermutlich 14. Jh.), Emporen mit Gemälden von N. Prescher (1726), an der Südwestecke massiger Turm, rest.; Altaraufsatz und Kanzel 1718, darüber Orgel. – Am Markt mehrere *Vorlaubenhäuser*, 18./19. Jh.

HÖRNITZ. *Schloß Althörnitz* (jetzt FDGB-Ferienheim), dreigeschossiger Renaissancebau (1654 von Meister Valentin aus Zittau) über rechteckigem Grundriß, an den Lang- und Schmalseiten Giebel, zwei Türme, der kleinere von 1853.

BERTSDORF. *Dorfkirche*, einschiffiger Barockbau (1672–1676 von A. Klengel aus Dresden) mit Kreuzgratgewölben und umlaufenden Emporen, Westturm mit zierlicher Haube; Kanzel 1696 von Ch. Bürger und J. C. Edelwehr aus Zittau, reicher Orgelprospekt 1751.

OYBIN. *Burg und Kloster*, Baubeginn der Burg um 1316, aus dieser Zeit die beiden Tortürme, Reste der Zwingermauer und der westlichen Burgmauer sowie Teile des Hauses vor der Kirche erhalten, unter Kaiser Karl IV. der teilweise erhaltene langgestreckte Rechteckbau am nördlichen Felsenrand, im Jahre 1365 Gründung des mit Cölestinermönchen aus Avignon besetzten Klosters unmittelbar neben der Burg. — *Klosterkirche* (Ruine), einschiffiger gotischer Bau, 1366–1384 mit Beteiligung von Meistern der Parler-Schule, 1577 abgebrannt, 1681 durch Felssturz beschädigt, der untere Teil der Südwand aus dem gewachsenen Fels herausgearbeitet (der schmale Umgang hinter der Südwand 1515), Chor mit dreiseitigem Schluß, vor der Nordseite zweigeschossige Galerie, ihr unteres Geschoß (sog. Kreuzgang) unter dem Fußbodenniveau der Kirche, das obere Geschoß mit Kapellen, an der Südwestecke Turm. — In der barocken *Dorfkirche* (1709, erweitert 1732–1734) bemerkenswert: Kanzelaltar von 1773. Emporen und Decke, bemalt 1723 und 1737 von J. Ch. Schmied.

WALTERSDORF. Typische *Streusiedlung* mit zahlreichen stattlichen Um-

Oybin, Ruine der Klosterkirche

gebindehäusern, davon einige mit Obergeschossen in Blockbauweise, zahlreiche Türstöcke, meist 2. H. 18. Jh. – In der barocken *Dorfkirche* (1713) bemerkenswerter Rokoko-Orgelprospekt von 1766.

GROSS-SCHÖNAU. Stattliche *Umgebindehäuser* des 18. und 19. Jh., z. T. mit interessanten Steinportalen, besonders bemerkenswert das alte Armenhaus. – *Heimat- und Damastmuseum* (Schenaustr., Kupferhaus, ehem. Damastmanufaktur, erbaut 1807), u. a. Entwicklung der Weberei von der Leinwand bis zur Frottierware mit vier verschiedenen Webstühlen. – In der barocken *Dorfkirche* (1705) bemerkenswert: großer Altar mit Gemälde (Auferstehung) von J. E. Zeissig, gen. Schenau (1786).

HAINEWALDE. *Neues Schloß* (jetzt Wohnungen), barocke Dreiflügelanlage 1749–1755, 1883 unter Tilgung fast aller Barockformen durchgreifend verändert, über großartigem Terrassengarten gelegen. – Von dem *Alten Schloß* nur das Torhaus von 1564 erhalten. – *Dorfkirche*, stattlicher Barockbau 1705 bis 1711 von J. Kirchstein aus Bautzen, Schiff mit Kreuzgewölbe und doppelten, auch um den Chor herumgeführten Emporen, Westturm mit Haube und Laterne; einheitliche Ausstattung aus der Entstehungszeit von J. M. Hoppenhaupt aus Zittau. – Auf dem Friedhof die *Kanitz-Kyausche Gruftkapelle*, ungewöhnlich reicher Barockbau von 1715, wahrscheinlich von F. Bühner aus Gabel in Nordböhmen. – Im Ort zahlreiche stattliche *Umgebindehäuser*.

HARTAU. *Burg Karlsfeld*. 1357 von Kaiser Karl IV. gegründet, in den Hussitenkriegen 1424 niedergebrannt, Stumpf des quadratischen Bergfrieds sowie Reste der Ringmauer erhalten.

Bemerkenswerte Dorfkirchen in WITTGENDORF (Barockbau 1754–1756, erneuert 1811; Kanzelaltar 1755 von J. Ch. Atte, Grabdenkmäler 17./18. Jh.), OBERSEIFERSDORF (Barockbau 1715–1717; Altaraufsatz 1747 von D. Martin aus Marienthal), NIEDERODERWITZ (Barockbau 1719–1726 nach dem Vorbild der Kirche in Bertsdorf), SPITZKUNNERSDORF (Barockbau 1712–1716 von J. Kirchstein aus Bautzen nach dem Vorbild der Kirche in Bertsdorf; Grabdenkmäler 17./18. Jh.), HERWIGSDORF (vermutlich 17. Jh. mit Benutzung mittelalterlicher Reste), JONSDORF (Barockbau 1730/31 von J. G. Scholze aus Zittau; Grabdenkmäler 18. Jh.) und LÜCKENDORF (Barockbau 1690).

Die Stadt Görlitz und die Kreise Görlitz und Niesky

Die Stadt Görlitz

Im Jahre 1071 als Gorelic (Dorf nördlich der späteren Altstadt im Umkreis der um 1100 gegründeten Nikolaikirche) urkundlich genannt. Um 1220 Entstehung

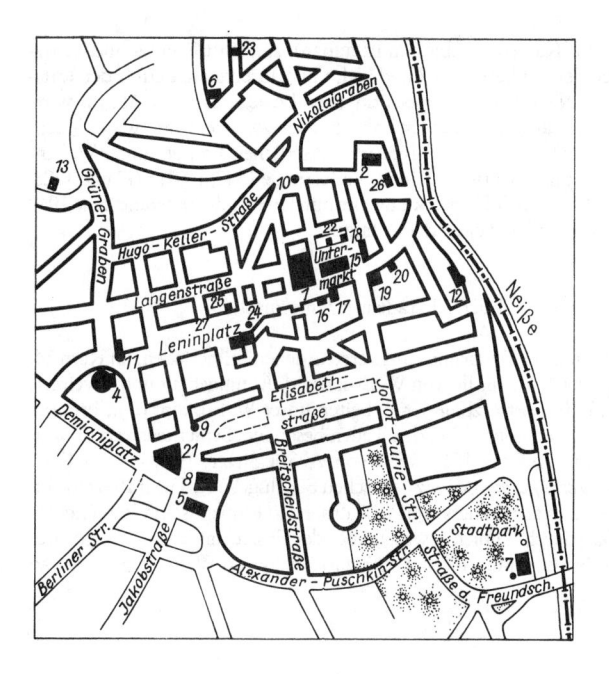

Görlitz
1 Rathaus und Neptunbrunnen, 2 Pfarrkirche St. Peter und Paul, 3 Dreifaltigkeitskirche (ehem. Franziskanerkloster), 4 Kaisertrutz (Museum), 5 Frauenkirche, 6 Nikolaikirche, 7 Stadthalle und Meridianstein, 8 Warenhaus, 9 Dicker Turm, 10 Nikolaiturm, 11 Reichenbacher Turm und Humboldthaus, 12 Ochsenbastei, 13 Heiliges Grab, 14 Lange Lauben, 15 Alte Börse und Alte Waage, 16 Schönhof, 17 Goldener Baum, 18 Ratsapotheke, 19 Stadtmuseum, 20 Biblisches Haus, 21 Naturkundemuseum, 22 Flüsterbogen, 23 Finstertor, 24 Schwibbogen und Kunstbrunnen, 25 Görlitzinformation, 26 Waidhaus (Rentamt), 27 Verrätergasse

des östlichen Teiles der Altstadt entlang der Neiße am Fuße einer Burg, die den Neißeübergang sowie das Straßenkreuz Thüringen–Schlesien (Hohe Straße) und Böhmen–Ostsee deckte, unregelmäßige Anlage mit dem Untermarkt als Zentrum. In der Mitte des 13. Jh. planmäßige Erbauung des westlichen Teiles der Altstadt, regelmäßiges Straßengitternetz, im Zentrum der langgestreckte Obermarkt mit der 1234 gegründeten Franziskaner-Klosterkirche (Oberkirche). Seit dem ausgehenden 13. Jh. Anlage einer starken Befestigung (Doppelmauer mit zahlreichen Mauertürmen und Wiekhäusern), die meisten Werke zwischen 1838 und 1848 abgetragen. Gegen Ende des 13. Jh. Ausbildung der bürgerlichen Selbstverwaltung. 1339 Verleihung des Stapelrechtes für Waid. 1346 Gründung des Oberlausitzer Sechsstädtebundes (Görlitz,

Bautzen, Zittau, Kamenz, Löbau und Lauban), zunächst Schutz- und Trutzbündnis gegen den räuberischen Landadel, dann Interessenbündnis der Ratsoligarchien zur Niederhaltung oppositioneller Bewegungen. Im 15. Jh. wirtschaftliche Blüte (ausgedehnter Zwischenhandel vor allem mit Waid, Tuchweberei), 1525 großer Stadtbrand. 1633 von kaiserlichen Truppen unter Wallenstein beschossen und erstürmt. Weitere Stadtbrände 1642, 1691, 1717 und 1726. Zwischen 1840 und 1880 Entwicklung zur mittleren Industriestadt. Seit 1949 Erneuerung von großen Teilen der Altstadt.

Bauten im östlichen Teil der Altstadt mit Untermarkt

Rathaus (Untermarkt). Baugruppe aus verschiedenen Stilperioden, im Kern 14. und 15. Jh., in der 1. H. 16. Jh. von W. Roskopf d. Ä. umgebaut und erweitert, in der 2. H. 16. Jh. Fortsetzung der Arbeiten unter W. Roskopf d. J., Fronten im späten 19. Jh. verändert. Von den Teilen besonders bemerkenswert: Turm, Unterbau 14. Jh., Aufsatz 1511–1516 von A. Stieglitzer, Haube nach 1742. *Freitreppe und Verkündigungskanzel* zwischen Südflügel und Turm 1537/38 von W. Roskopf d. Ä., Kanzelreliefs von A. Walther, Säule mit Justitia 1591 (Reliefs und Säule 1951 durch Kopien ersetzt), über der Pforte am Turm Wappen des Königs Matthias Corvinus 1488. *Archivflügel* 1534 von W. Roskopf d. Ä., an

Görlitz, Rathaus

der Hofseite im Erdgeschoß Bogenhallen, im Obergeschoß korinthische Pilaster. Gerichtserker am Gerichtsflügel 1564. Von den Innenräumen besonders bemerkenswert: Kleiner Ratssitzungssaal, Holzdecke, Täfelung und Portal 1564–1566 von H. Marquirt. Ratsarchiv, Holzdecke 1568 von H. Marquirt. Oberbürgermeisterzimmer, Spiegelgewölbe mit Stuckzierat Anfang 18. Jh. — Auf dem Untermarkt *Neptunsbrunnen*, 1756 von J. G. Mattausch.

Bürgerhäuser. Ungewöhnlich reichhaltiger Bestand von Renaissance- und Barockhäusern, oft mit Benutzung von mittelalterlichen Teilen, umfassende Wiederherstellungsarbeiten im Gange; besonders bemerkenswert: Untermarkt 2 Renaissancebau 1525. Untermarkt 3 Renaissancebau 1535, im 16. und 17. Jh. verändert, Halle mit Netzgewölbe. Untermarkt 4 (jetzt Gaststätte) im Kern spätgotisch frühes 16. Jh., Renaissance-Fassade, Halle mit Netzgewölbe. Untermarkt 5 im Kern spätgotisch um 1500, Prunkgemach mit Wandgemälden (u. a. Anbetung der Könige, rest.) um 1515. Untermarkt 8 Renaissancebau um 1530, Portal von 1556. Untermarkt 14 (ehem. Waage) Renaissancebau um 1600 von J. Roskopf, ionische Dreiviertelsäulen, Kragsteine mit Köpfen, darunter Baumeisterporträt. Untermarkt 23 Renaissancebau 1536. Untermarkt 24 (ehem. Ratsapotheke) Renaissancebau 1550, Eckerker. Untermarkt 25 im Kern spätgotisch frühes 16. Jh., Halle. Neues Kaufhaus am Untermarkt Barockbau 1706–1714, Mittelportal 1714 von C. G. v. Rodewitz. Brüderstr. 8 (»Schönhof«) Renaissancebau 1526 von W. Roskopf d. Ä., Eckerker, reiche Pilastergliederung, Portal von 1617. Brüderstr. 11 Renaissancebau 1547 von W. Roskopf d. Ä. Peterstr. 3 Barockbau 1685, Mittelerker. Peterstr. 4 Barockbau vermutlich nach 1691, Hof mit vorkragenden Gängen auf Konsolen. Peterstr. 8 1528, Halle. Peterstr. 16 im Kern spätgotisch frühes 16. Jh., Halle. Peterstr. 17 Renaissancebau um 1560. Renthaus (ehem. Freihof) nahe der Peter- und Pauls-Kirche im Kern wohl 13. Jh. Neißstr. 29 (»Biblisches Haus«) Renaissancebau 1570, zwischen den Geschossen Reliefs mit Szenen aus dem Alten und Neuen Testament. Neißstr. 30 (jetzt Kulturgeschichtliches Museum der Oberlausitz) Barockbau 1726–1729, Hofflügel und Hinterhaus z. T. mit offenen Umgängen. Kränzelstr. 27 (»Goldener Anker«) Renaissancebau um 1545. Handwerk 22 Barockbau 1717, reicher Schmuck. In hohem Maße beachtenswert auch die spätmittelalterlichen Langen Lauben an der Südseite und die Hirschlauben an der Ostseite des Untermarktes.

Pfarrkirche St. Peter und Paul. Spätgotischer Neubau mit Benutzung von Teilen einer spätromanischen Basilika (Westbau mit vermutlich hierher versetztem Portal), begonnen 1423 unter Leitung von H. Knoblauch und H. Baumgarten, 1457 Weihe der Unterkirche (Georgen-Kapelle), 1490–1497 Einwölbung und Vollendung durch C. Pflüger, U. Laubanisch und B. Börer, 1691 durch Brand beschädigt, bis 1712 wiederhergestellt, 1889–1891 erneuert (dabei Turmhelme aus Beton), rest. Fünfschiffige Hallenkirche, Sterngewölbe mit wechselnden Mustern, schlanke Pfeiler, der Chor auf umfangreichen Substruktionen ruhend, unter dem Chor die vierschiffige Georgen-Kapelle, Netz- und Sterngewölbe, an der Westwand Gemälde (Christus und die zwölf Apostel) um 1515, hohes Satteldach, die äußeren Seitenschiffe mit Pultdächern, am Westbau Portal (um

1230/40, im 15. Jh. verändert) mit reichem ornamentalem Schmuck; Altaraufsatz 1695 von G. Heermann aus Dresden, Kanzel 1693, Ratsgestühl um 1695, schmiedeeisernes Gitter der Taufkapelle 1617 von H. Mantler.

Stadtbefestigung. Von den Resten in diesem Teil der Stadt besonders bemerkenswert: Nikolaitorturm mit barocker Haube und »Finstertor« mit Scharfrichterhaus von 1666/67.

Bauten im westlichen Teil der Altstadt mit Leninplatz (Obermarkt) und Demianiplatz

Oberkirche (ehem. Franziskaner-Klosterkirche). Gotischer Chor (zwischen 1371 und 1381) mit Kreuzrippengewölbe, spätgotisches Langhaus (im 15. Jh. verändert und erweitert) mit Netzgewölbe, an der Südseite Seitenschiff (urspr. Kreuzgangflügel) und Barbara-Kapelle, in den Gewölben des Seitenschiffes Malereien (u. a. Engelskonzert) Mitte 15. Jh., an der Nordseite des Chors Turm mit barocker Haube. Von der Ausstattung bemerkenswert: Altaraufsatz 1713 von C. G. v. Rodewitz. Kanzel 1670. Chorgestühl 1485. Spätgotischer Altar mit doppelten Flügeln (im Schrein Maria in der Strahlensonne) um 1510. Schmerzensmann um 1500. Große Grablegungsgruppe 1492 von H. Olmützer. Kreuzigungsgemälde mit Stifterpaar, 1524 vermutlich von F. Han. — Vor der Oberkirche *Rolandsbrunnen* von 1590, Kriegerfigur (um 1670) 1958 Kopie.

Stadtbefestigung. Von den Resten in diesem Teil der Stadt besonders bemerkenswert: Kaisertrutz (jetzt Museum), begonnen 1490, umgebaut 1850, Rundbau von 19 m Durchmesser, Mauerstärke stellenweise 4,5 m. Reichenbacher Torturm, Unterbau vermutlich 14. Jh., zylindrischer Oberteil 1484, barocker Aufsatz 1782. Frauenturm (jetzt Jugendklub) neben dem ehem. Frauentor, Görlitzer Stadtwappen 1477 von B. Gauske.

Städtische Kunstsammlungen. In drei Gebäuden untergebracht: Kaisertrutz, u. a. mittelalterliche Plastik und Malerei, deutsche Malerei 19./20. Jh. (Rayski, Uhde, Trübner, Kuehl, Corinth, Slevogt, Sterl, A. Kanoldt und sein Schülerkreis), deutsche Plastik 20. Jh. (Seitz, Cremer, Lammert, Grzimek). Reichenbacher Torturm, Waffensammlung. Neißstr. 30, u. a. graphisches Kabinett (etwa 30 000 Blätter), Volkskunst, Münzsammlung, Oberlausitzer Bibliothek der Wissenschaften.

Bürgerhäuser. Von den wenigen in diesem Teil der Stadt vorhandenen Beispielen besonders bemerkenswert: Leninplatz 29 Barockbau 1718, Kolossalpilaster. Langenstr. 1 Renaissancebau 1557.

Ehem. Annen-Kapelle am Frauentor (jetzt Turnhalle und Aula). Einschiffiger spätgotischer Bau (1506–1512 von A. Stieglitzer) mit Netzgewölbe, Statuen unter Baldachinen (u. a. Maria und Anna selbdritt), an der Nordseite Baumeisterbüste, über dem Nordportal Verkündigungsgruppe.

Kaufhaus am Demianiplatz. 1912/13 von dem Architekten Schmanns aus Potsdam in Anlehnung an das von A. Messel erbaute Kaufhaus Wertheim in Berlin, Jugendstil-Ausstattung.

Frauenkirche. Dreischiffige spätgotische Hallenkirche (1449–1486) mit Netzgewölben, im Westjoch des Langhauses reiche steinerne Orgelempore, querrechteckiger Westturm mit barocker Haube, Doppelportal mit Verkündigungsgruppe, in den Leibungen musizierende Engel.

Bauten nördlich der Altstadt

Nikolaikirche. Dreischiffige spätgotische Hallenkirche, begonnen 1452, weitergeführt nach 1515 unter Leitung von W. Roskopf d. Ä., vollendet 1520 vermutlich von A. Stieglitzer, 1925 zur Gefallenen-Gedächtnisstätte umgestaltet (pseudogotische Betongewölbe), rest., an der Südseite unvollendetes Portal mit Kreuzigungsrelief und Statuen vermutlich 1517; barocker Altaraufsatz nach 1717. – Auf dem *Nikolai-Friedhof* zahlreiche barocke Grüfte und Grabdenkmäler, vor allem bemerkenswert das Grab des Philosophen Jakob Böhme, gest. 1624 in Görlitz.

Heiliges Grab. Erbaut 1481–1504 von C. Pflüger und B. Börer im Auftrage des Jerusalempilgers G. Emmerich, aus drei Teilen bestehend: Hl.-Kreuz-Kapelle, zweigeschossig, zu ebener Erde die Adams-Kapelle, kryptenartiger Raum mit Netzgewölbe, darüber die Kreuzkapelle mit kurvig geführten Gewölberippen, auf dem Satteldach schlanker Dachreiter. Salbhäuschen, kleiner rechteckiger Raum mit Sterngewölbe, darin Vesperbild um 1500 vermutlich von H. Olmützer. Grabkapelle, Rechteck mit halbkreisförmigem Schluß, auf dem flachen Dach offenes Kuppeltürmchen, orientalischen Vorbildern nachgeahmt.

Bauten in den Vierteln südlich der Altstadt

Stadthalle (Straße der Freundschaft). Typischer und künstlerisch bedeutender Repräsentationsbau aus der Zeit vor dem ersten Weltkrieg, vollendet 1912.

Neißeviadukt. Technisches Denkmal des frühen Eisenbahnbaus von bedeutenden Dimensionen (475 m Länge, 32 Bögen), 1844–1847 von G. Kießler.

Kreuzkirche (Erich-Mühsam-Str.). 1913–1916 nach Plänen von R. Bitzan aus Dresden.

Dorfkirche (Ortsteil Weinhübel). Spätgotisch Anfang 16. Jh., rest., annähernd quadratisches Schiff, Stichkappen-Tonnengewölbe mit aufgelegtem Netzrippenwerk, Chor mit Sterngewölbe; Altaraufsatz 2. H. 17. Jh., Kanzel und Taufengel 2. V. 18. Jh.

Die Kreise Görlitz und Niesky

DEUTSCH-OSSIG. *Dorfkirche*, barocker Saalbau (im wesentlichen 1715 bis 1718 von Sammhammer) mit spätgotischem Turm (voll. 1449) in der Südwestecke, im Schiff Kreuzgratgewölbe mit Rokokobemalung, rest.; von der reichen Ausstattung aus der Bauzeit besonders bemerkenswert: Kanzelaltar von C. G. v. Rodewitz.

OSTRITZ. *Pfarrkirche*, spätromanischer Chor (1. H. 13. Jh.) mit Kreuzrippengewölbe, einschiffiges spätgotisches Langhaus (1427, verändert 1615), Turm mit reicher Barockhaube; Kanzel 1609, Hochaltar 1773. – *Andachtssäule* (Görlitzer Str.) von 1716. – *Kreuzigungsgruppe* (Hutberg) von 1711. – Im Ortsteil MARIENTHAL: *Klosterkirche* des Zisterzienser-Nonnen-Klosters, gegründet 1234/38, einschiffiger frühbarocker Bau (2. H. 17. Jh., vermutlich nach 1683 umgestaltet, rest.) mit Stichkappen-Tonnengewölbe auf breiten Pilastervorlagen, in den Westjochen Nonnenempore, niedriger Turm mit geschweifter Haube. – *Konventsgebäude*, Barockbau 1743/44, dreigeschossiger Haupttrakt, nach Westen und Osten zweigeschossige Flügelbauten, mit Kuppel über niedrigem Tambour abschließend, unter der Kuppel im Nordflügel *Michaeliskapelle*, geweiht 1756, reiche Ausstattung der Entstehungszeit, Kuppelfresken (Anbetung der ehernen Schlange und des Kreuzes) angeblich von G. B. Casanova aus Dresden. – In der *Klausur* Kapitelsaal, zwei Refektorien mit Tonnengewölben sowie zweigeschossige Bibliothek (1752) mit barocker Ausstattung und Deckengemälde (Zerstörung des Klosters durch die Hussiten). – *Nebengebäude* aus dem 1. V. 18. Jh., u. a. Lusthaus (Anfang 18. Jh.) und Brauerei (um 1721). – *Brunnen* mit Dreifaltigkeitssäule 1716. – *Sandsteinfigur* des hl. Nepomuk von 1755. – *Stationsberg* mit kolossaler Kreuzigungsgruppe von 1728.

REICHENBACH. *Pfarrkirche St. Johannis*, zweischiffiger spätgotischer Bau (vermutlich 15. Jh. mit Benutzung von romanischen Teilen) mit Kreuzrippen- und Sterngewölben; Altaraufsatz 1685, Kanzel 1688. – *Kapelle St. Anna*, einschiffiger spätgotischer Bau (um 1500) mit Kreuzrippen- und Sterngewölben.

KÖNIGSHAIN. *Steinstock*, zweigeschossiger Frührenaissancebau (um 1530) über rechteckigem Grundriß, Portal mit Halbsäulen. – *Altes Schloß*, Renaissancebau über rechteckigem Grundriß, an der Längsseite zwei quadratische Türme. – *Neues Schloß* (jetzt Schule), barocke Dreiflügelanlage (Mitte 18. Jh.) mit zweigeschossigem Haupttrakt und Pavillons an den Enden der eingeschossigen Flügel. – *Dorfkirche*, spätromanisch (13. Jh.), im Schiff Stichkappen-Tonnengewölbe mit angeputzten Graten (1573), Chor mit Apsis und spätgotischem Sterngewölbe, Westturm mit barocker Haube; Altaraufsatz um 1750.

ZODEL. *Dorfkirche*, im wesentlichen gotisch 14. Jh., rest., Schiff mit Netzgewölbe, im Chor Kreuzrippengewölbe, bemerkenswerte Reste von gotischen

Wandmalereien (u. a. Christus mit Evangelistensymbolen, Heilige) aus der 2. H. 14. Jh. unter böhmischem Einfluß; kleiner spätgotischer Flügelaltar 1504, Kanzel 17. Jh.

KODERSDORF-NIEDERRENGERSDORF. *Dorfkirche*, im Kern spätromanisch 13. Jh., im 17. Jh. verändert, im Schiff Stichkappen-Tonnengewölbe mit aufgelegtem Gratnetz, Chor mit Apsis und Kreuzgratgewölbe, an der Südwestecke massiger Turm; Taufstein 1732, Bildnisgrabsteine 16./17. Jh., v. Nostitz, Wiesner.

JÄNKENDORF-ULLERSDORF. In der Renaissance-*Dorfkirche* (1629, im 18. Jh. verändert) bemerkenswert: Altaraufsatz 1630 von B. Hoffmann aus Görlitz. Kanzel und Emporen bemalt 1630 von J. Culmann aus Görlitz. Grabsteine und Epitaphe 17./18. Jh.

HORKA. *Dorfkirche*, frühgotischer Chor (13. Jh.) mit Kreuzrippengewölben, Schiff (17. und 18. Jh.) mit flachen Kreuzgratgewölben, an der Südseite des Chors hoher Turm; Altaraufsatz 1667. — *Friedhof mit Wehrmauer*, vermutlich 13. Jh., im 15. Jh. erhöht, Wehrgang und Zinnenkranz. — *Bibliotheksbau* mit Durchgang zum Friedhof 1741.

NIEDER-SEIFERSDORF. *Dorfkirche*, einschiffiger frühgotischer Bau (13. Jh., im 17. Jh. verändert) mit Resten von spätgotischen Wandgemälden (Passionsszenen); spätgotischer Flügelaltar, nachträglich zusammengestellt, daher aus verschiedenen Zeiten (1. H. 15. Jh. und um 1500). — *Friedhof mit Wehrmauer*, Torbau von 1665.

KLITTEN. In der urspr. spätgotischen *Dorfkirche* (1945 ausgebrannt, wiederhergestellt) bemerkenswert: Altaraufsatz (im Mittelfeld Abendmahl mit Luther und Melanchthon) gestiftet 1587, Arbeit der Schule L. Cranachs d. J. Reiche Kanzel Anfang 18. Jh. — *Gedenkstätte der sozialistischen Waffenbrüderschaft* zur Erinnerung an die im April 1945 gefallenen Soldaten der 2. Polnischen Armee.

Bemerkenswerte Schlösser und Herrenhäuser in LEUBA (Barockbau 1696), SOHLAND (klassizistisch 1803 mit Benutzung älterer Teile), EBERSBACH (mittelalterliche Anlage auf unregelmäßig hufeisenförmigem Grundriß, von Wassergraben umgeben, Westseite 1508 wiederholt umgebaut), LUDWIGSDORF (Renaissancebau auf T-förmigem Grundriß 2. H. 16. Jh.), SEE (Barockbau Anfang 18. Jh.) und SPREE (Barockbau 1749; Landschaftspark).

Bemerkenswerte Pfarr- und Dorfkirchen in SCHÖNAU (spätromanisch 13. Jh., 1880 verändert; Friedhofsmauer mit Torhaus), HAGENWERDER-TAUCHRITZ (Barockbau 1686), BERZDORF (spätromanisch Mitte 13. Jh., im 15. Jh. ausgebaut), JAUERNICK-BUSCHBACH (spätgotisch, im 19. Jh. verändert; Friedhof mit Wehrmauer), FRIEDERSDORF (im Kern spätromanisch Mitte 13. Jh., wiederaufgebaut 1661–1663 von M. Pötzsch aus Bautzen; reicher Altaraufsatz 1668 von G. Bahnisch aus Zittau), GERSDORF (spätromanisch 13. Jh., im 15. Jh. umgebaut), MARKERSDORF (spätromanisch 13. Jh., im 15. und 17. Jh. verändert), LUDWIGSDORF (spätromanisch Mitte 13. Jh.), EBERSBACH (zweischiffiger spätgotischer Bau 2. H. 15. Jh.; Altaraufsatz 1723, Taufstein 1591, Grabdenkmäler 15.–18. Jh.), ARNSDORF (spätromanisch 1. H. 13. Jh., nach 1430 erneuert), BUCHHOLZ (Barockbau um 1700), GEBELZIG (spätgotisch, im 18. Jh. verändert), DIEHSA (spätgotisch 15./16. Jh.), KOLLM (Barockbau 1738; Grabdenkmäler 17./18. Jh.), GROSS-RADISCH (klassizistisch 1801; spätgotischer Flügelaltar 15. Jh.), KREBA (Barockbau 1681–1685 mit Benutzung älterer Teile, reiches Südportal; Grabdenkmäler 17.–19. Jh.), PETERSHAIN (spätgotisch vermutlich 15. Jh.; spätgotischer Flügelaltar um 1520, Grabdenkmäler 18. Jh.), SEE (Grabdenkmäler spätes 16. Jh.), HÄHNICHEN (spätgotisch vermutlich 15. Jh., im 17. Jh. verändert; reicher Altaraufsatz 1709) und ROTHENBURG (klassizistisch Anfang 19. Jh., nach 1945 wiederhergestellt).

Sachworterklärungen

(mit Benutzung des »Wörterbuches der Kunst« von J. Jahn, Berlin 1957, und des »Lexikons der Kunst«, Bd. I–V, Leipzig 1968–1978)

Achse, Gerade, um die sich die Punkte einer Figur oder eines Körpers mit einer gewissen Regelmäßigkeit ordnen; in der Baukunst meist zur Kennzeichnung einer Hauptrichtung oder der senkrechten Teile eines Gebäudes gebraucht, im zweiten Fall oft mit den übereinanderliegenden Fenstern identisch.

Ädikula, kleiner Aufbau über Portalen, Fenstern und Nischen, meist mit einem Relief geschmückt.

Akanthus, Ornamentform, einer in Südeuropa heimischen staudenartigen Pflanze nachgebildet, seit dem 5. Jh. v. u. Z. in der Kunst nachweisbar.

Altan, vom Boden aus gestützter Balkon, auch Söller genannt.

Amphitheater, meist halbrundes Freilichttheater der griechischen und römischen Antike mit ansteigenden Sitzreihen.

Anger, Platz in der Dorfmitte, um den sich die Höfe ordnen, in der Stadt meist straßenartiger Markt von beträchtlicher Längenausdehnung.

Anna selbdritt, Darstellung der hl. Anna mit ihrer Tochter Maria und dem Jesusknaben.

Antentempel, einfache Form des griechischen Tempels, bei der die seitliche Begrenzung der Vorhalle von den verlängerten Längswänden gebildet wird.

Antependium, Altarvorsatz aus Metall oder Holz; eigentl. die Bekleidung der Altarvorderseite durch einen reichen Stoffbehang.

Antiquarium, Sammlung von Altertümern, Antikensammlung.

Apsis, meist halbrunde Altarnische am Chor und an den Seitenschiffen.

Arabeske, Ornament aus Blatt- und Rankenwerk, urspr. hellenistischer Herkunft, von den Meistern der Renaissance übernommen, in Deutschland seit etwa 1520.

Archivolte, Stirn und Laibung eines Rundbogens, hier meist Bogenlauf im romanischen und gotischen Gewändeportal.

Architrav, Hauptbalken, in der antiken und klassizistischen Baukunst der auf den Säulen waagerecht aufliegende und den Oberbau tragende Balken.

Arkade, auf Pfeilern oder Säulen ruhende Bogenstellung, Bogengang.

Armarium, Wandschrank zur Aufbewahrung von Geräten des christlichen Kultus.

Atrium, Hauptraum des römischen Wohnhauses, Vorhof der altchristlichen Basilika.

Attika, das Dach verdeckende niedrige Wand über dem Hauptgesims eines Bauwerks, oft mit Statuen besetzt.

Augustiner, im 13. Jh. gegründeter Bettelmönchsorden, dessen Mitglieder nach den Regeln des hl. Augustin lebten.

Baldachin, urspr. Prunkhimmel aus Seidenstoff, hier meist steinernes Schutz- und Prunkdach über den Köpfen gotischer Statuen.

Bandelwerk, Dekorationsmotiv aus Bändern und Ranken, besonders beliebt in der Kunst des 18. Jh.

Barock, von portug. barocco = schiefrund, ungleich; Stil der europäischen Kunst von etwa 1600 (für die deutschen Gebiete erst ab 1650) bis 1750.

Basilika, drei- oder fünfschiffiger Kirchentyp (Abb. zeigt Querschnitt) mit hohem Mittelschiff und niedrigen Seitenschiffen.

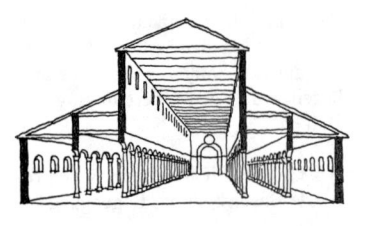

Belvedere, hochgelegener Gebäudeteil mit schöner Aussicht, Aussichtspunkt in Parkanlagen, Name von Lustschlössern.

Belt, Almosenbrett aus Metall oder Holz.

Benediktiner, im Jahre 529 vom hl. Benedikt von Nursia gegründeter Mönchsorden, einer der ältesten Orden Europas.

Beschlagwerk, aus symmetrisch geordneten Bändern, Leisten und geometrischen Flachkörpern bestehende Ornamentform des 17. Jh.

Blende, ein dem Mauerkörper hinzugefügtes (vorgeblendetes) dekoratives architektonisches Motiv (Blendbögen, Blendarkaden).

Bögen, 1) Rundbogen, 2) Flach-, Stich- oder Segmentbogen, 3) Kleeblattbogen, 4) Spitzbogen, 5) Kielbogen, 6) Vorhangbogen.

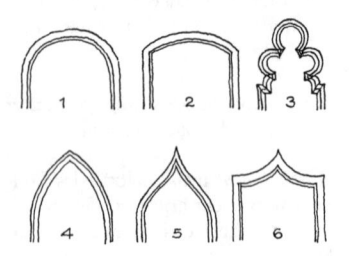

Bornkinnl, vollplastische Holzstatue des Jesuskindes.

Böschung, geneigte Ebene, hier meist zur Kennzeichnung einer von der Senkrechten abweichenden (»geböschten«) Erdgeschoßmauer gebraucht.

Bündelpfeiler, um einen Pfeilerkern geordnete Gruppe von kleinen und großen Dreiviertelsäulen (»Dienste«).

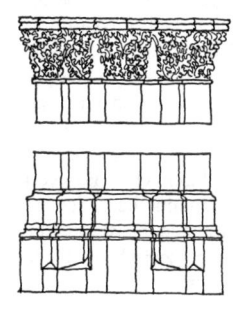

Burg, Wehrbau auf der Höhe eines Berges (Höhenburg) oder im Schutze des Wassers (Wasserburg), oft aus einer Vorburg und einer Hauptburg bestehend; in der Hauptburg befinden sich gewöhnlich der Bergfried und der Palas.

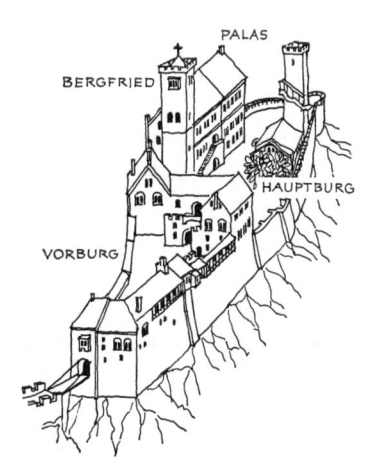

Calidarium, Warmbad in den römischen Badeanstalten.

Campanile, freistehender Glockenturm der italienischen Kirchen.

Camposanto, ital. Name für Friedhof, meist rechteckiger, von kreuzgangähnlichen Hallen umschlossener Hof.

Chor, östlicher Teil des Kirchenraumes, urspr. den Geistlichen vorbehalten, die sich hier zum Chorgesang versammelten. Die gebräuchlichsten romanischen Chorformen sind (1) der Staffelchor, (2) der Dreikonchenchor und (3) der einfache Chor mit Apsis; in der Gotik baute man häufig (4) Chöre mit Umgang und Kapellenkranz.

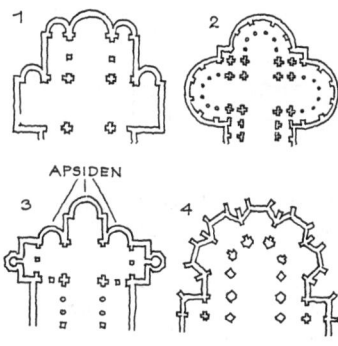

Chorschranke, Trennwände, die den Chor seitlich und manchmal auch rückwärts umgeben, meist aus Stein, seltener aus Holz.

Chorturmkirche, Dorfkirchentyp, bei dem der Turm auf den Chor gesetzt worden ist, also im Osten liegt.

Christus in der Kelter, den Opfertod symbolisierende Darstellung Christi, meist Thema von Holzschnitten.

575

Christus in der Rast, Darstellung des erschöpft auf einem Stein sitzenden leidenden Christus.

Ciborium, auf Säulen ruhender steinerner Altarüberbau.

Dachformen, 1) Pultdach, 2) Satteldach, 3) Walmdach, 4) Mansardendach, 5) Zeltdach, 6) Kegeldach, 7) Pyramidendach.

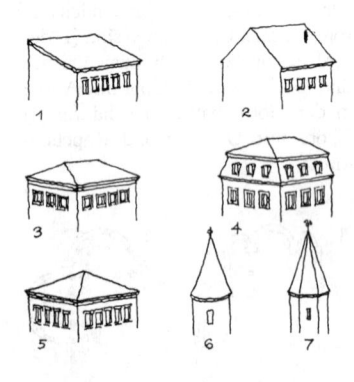

Dachreiter, schlankes Türmchen auf dem First des Daches.

Dekor, Ausschmückung, Gesamtheit der Schmuckmotive (Ornamente) an einem Gegenstand.

Dekoration, die gesamte, für das Schmücken einer gegebenen Situation notwendige Ausstattung.

Dienst, einer Wand, einem Pfeiler oder auch einer Säule vorgelegtes dünnes Säulchen (s. auch Bündelpfeiler).

Dirnitz, spätmittelalterliche Bezeichnung eines kleinen heizbaren Wohngemaches oder eines kleinen selbständigen Wohnbaus in einer Burg.

Docke, die gedrechselte Stütze eines hölzernen Geländers.

Dominikaner, im Jahre 1216 vom hl. Dominikus gegründeter Bettelmönchsorden, seit 1232 mit der Glaubensgerichtsbarkeit (Inquisition) betraut, in den deutschen Gebieten oft Predigermönche genannt.

Doppelkapelle, kirchliches Bauwerk mit zwei übereinanderliegenden gewölbten Kulträumen, meist mit Verbindungsöffnung zwischen Ober- und Untergeschoß.

Dormitorium, Schlafsaal der Mönche im Kloster.

Dreiflügelanlage, regelmäßiger Gebäudetyp, aus dem (1) Haupttrakt (Corps de logis) und den beiden (2) Seitenflügeln bestehend, in der Barockzeit häufig für Schlösser benutzt.

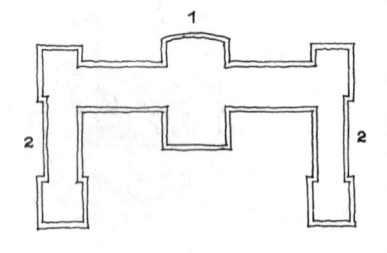

Drolerie, drollige Darstellung mit Menschen, Tieren und Fabelwesen, besonders häufig an den Chorgestühlen.

Ecce homo, Darstellung Christi mit Dornenkrone und Spottmantel.

Ecclesia und Synagoge, Darstellung des Neuen und des Alten Testaments als weibliche Gestalten, dabei die Ecclesia stets als Siegerin charakterisiert.

Eckblatt, blattartige Verzierung an den vier Ecken einer Säulenbasis.

Eklektizismus, unschöpferische und unselbständige Vereinigung zusammengetragener Stilelemente.

Empire, klassizistische Stilrichtung zur Zeit des ersten Kaiserreiches unter Napoleon I.

Empore, tribünen- oder galerieartige Anlage in Kirchenräumen.

Epitaph, Gedächtnismal für einen Verstorbenen, meist an der Wand der Kirche aufgestellt oder aufgehängt.

Estrich, fugenloser Fußboden, meist aus Gips, Kalk oder Lehm.

Evangelistar, Buch mit Auszügen aus den Evangelientexten, auch Perikopenbuch genannt.

Exedra, halbrunde Erweiterung an einem Säulengang, oft gleichbedeutend mit Apsis.

Fasanerie, meist in einem Park gelegenes Gehöft, in dem Fasanen gezüchtet wurden.

Fensterrose, mit Maßwerk gefülltes kreisförmiges Fenster, in spätromanischer und gotischer Zeit besonders über Portalen und in Querschiffsgiebeln.

Festes Haus, Herrenhaustyp des 16. und 17. Jh. mit einigen wenigen Wehranlagen, entwicklungsgeschichtlich zwischen Burg und Schloß stehend.

Feston, Bogengehänge aus Gewinden von Blättern, Blumen und Früchten.

Fiale, türmchenartiger Bauteil auf gotischen Bauwerken (s. Wimperg).

Franziskaner, im Jahre 1209 vom hl. Franziskus von Assisi gegründeter Bettelmönchsorden, besonders tätig in der Kranken- und Armenpflege, in den deutschen Gebieten oft Barfüßer genannt.

Fresko, auf feuchten Kalkputz aufgetragene Wasserfarbenmalerei.

Fries, plastischer oder gemalter Flächenstreifen mit figürlichen oder ornamentalen Motiven.

Frigidarium, kaltes Bad in den römischen Badeanstalten.

Fünte, niederdeutscher Name des bronzenen Taufkessels.

Gadem, eigentl. eingezäunter Raum, auch Stockwerk oder Reihe von Gemächern, ferner einräumige Hütte.

Gaffköpfe, meist an Emporen oder Pfeilern angebrachte Köpfe mit weitaufgerissenen Augen.

Gaupe, Dachhäuschen, kleines Giebelfenster mit Walmdach.

Gebundenes System, auf dem Quadrat aufbauendes architektonisches Ordnungsprinzip des romanischen Stils, daher auch »quadratischer Schematismus« genannt. In der Regel bildet das Vierungsquadrat die bestimmende Maßeinheit: Die Länge des Mittelschiffs beträgt ein Vielfaches dieses Quadrats, die Seitenschiffe erhalten die halbe Breite des Mittelschiffs, so daß auf ein quadratisches Langhausjoch je zwei quadratische Seitenschiffsjoche kommen.

Gemengbau, Bau mit verschiedenen ineinander verschachtelten stilistischen Bestandteilen, die sich nicht ohne weiteres voneinander trennen lassen.

Gesims, ein aus der Mauerflucht vorgekragtes waagerechtes Bauglied.

Gewölbe, 1) Tonnengewölbe, 2) Kreuzgratgewölbe, 3) Kreuzrippengewölbe, 4) Sterngewölbe, 5) Netzgewölbe, 6) Muldengewölbe, 7) Spiegelgewölbe.

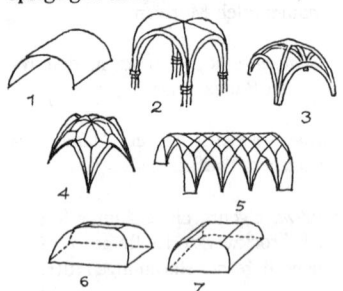

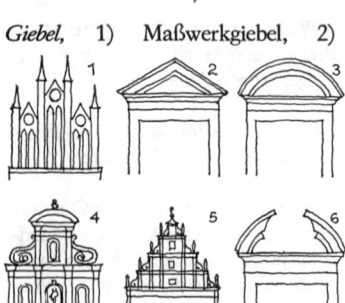

Giebel, 1) Maßwerkgiebel, 2) Dreiecksgiebel, 3) Segmentgiebel, 4) Volutengiebel, 5) Staffelgiebel, 6) gesprengter Giebel.

Gnadenstuhl, Darstellung Gottvaters mit dem Kreuz oder dem Leichnam Christi in Händen, darüber die Taube des hl. Geistes.

Gotik, Stil der europäischen Kunst vom 13. Jh. bis zum Anfang des 16. Jh., die Bezeichnung zuerst von den Italienern der Renaissance in abschätzigem Sinne gebraucht, seit dem frühen 19. Jh. wertfreie Stilbezeichnung.

Grisaille, Malerei grau in grau.

Groteske, Ornamentform, bei der aus fein verästeltem Rankenwerk pflanzliche Formen sowie Menschen- und Tierfiguren gebildet werden.

Gurtbogen, gurtartiger Verstärkungsbogen eines Gewölbes in der Querrichtung.

Hallenkirche, drei- oder fünfschiffiger Kirchentyp (Abb. zeigt Querschnitt) mit annähernd gleicher Höhe — im Gegensatz zur Basilika — von Mittelschiff und Seitenschiffen.

Herme, rechteckiger Schaft, dessen oberes Ende einen Kopf (oft Porträtbüste) trägt.

Hirsauer Bauschule, Hirsauer Schema, Sondergruppe innerhalb der romanischen Baukunst, ausgehend von der schwäbischen Klosterkirche St. Peter und Paul in Hirsau; für die Bauschule charakteristisch der Staffelchor, die steilen Verhältnisse des Mittelschiffs, die Verwendung von Säulen mit Würfelkapitellen und der Verzicht auf Gewölbe und Krypten.

Hochaltar, Hauptaltar einer Kirche; die anderen Altäre werden als Neben- oder Votivaltäre bezeichnet.

Impluvium, Wasserbecken zur Aufnahme von Regenwasser im Atrium des römischen Hauses.

Intarsia, Einlegearbeiten aus andersfarbigen Hölzern, Elfenbein, Perlmutter, Schildpatt oder Metall zur Verzierung von Möbeln und sonstigen Holzgegenständen.

Joch, Gewölbeeinheit, meist der zwischen zwei Gurtbögen befindliche Teil eines Kreuz- oder Tonnengewölbes.

Kalands-Kapelle, Gotteshaus der Kalanden, einer im 13. Jh. aus Geistlichen und Laien gebildeten Bruderschaft, die für lebende und verstorbene Mitglieder betete und Messen stiftete.

Kämpfer, Teil einer Mauer, eines Pfeilers oder einer Säule, auf dem ein Bogen oder ein Gewölbe aufgelegt worden ist.

Kannelierung, Verzierung eines Säulen- oder Pfeilerschaftes mit Rillen.

Kanzelaltar, Verbindung eines Altaraufbaus mit einer Kanzel, typisch für die protestantischen Kirchen des 18. und 19. Jh.

Kapitell, oberer Teil (Kopf) von Säule, Pfeiler oder Pilaster; 1) romanisches Würfelkapitell, 2) spätromanisches Kelchblockkapitell, 3) frühgotisches Knospenkapitell, 4) gotisches Blattkapitell.

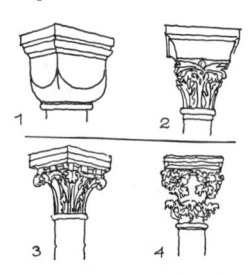

Kapitelsaal, Versammlungsraum des Konvents (Gemeinschaft der Vollmönche) eines Klosters oder des Kapitels (Gemeinschaft der stimmberechtigten Geistlichen) eines Stifts, meist zweischiffig.

Kartusche, Zierglied, bestehend aus einer schildartigen Fläche und einem aus Schmuckmotiven gebildeten Rahmen.

Karyatide, Gebälkträger in Form einer weiblichen Statue; männliche Gebälkträger heißen Atlanten.

Kasel, Meßgewand des katholischen Priesters.

Kassettendecke, in eine Anzahl von Feldern aufgeteilte flache oder gewölbte Decke.

Kathedrale, in Westeuropa übl. Bezeichnung für Bischofskirche (Dom).

Kavalierhaus, kleines Gästehaus in der unmittelbaren Umgebung des Schlosses oder auch im Schloßpark gelegen.

Kehle, Winkelbereich, der beim linearen Zusammenstoß zweier Flächen entsteht, die nicht in einer Ebene liegen, in der Baukunst meist als Hohlkehle an Gesimsen.

Kemenate, heizbares Wohngemach, auch kleiner selbständiger Wohnbau.

Kenotaph, zum Gedächtnis an einen Verstorbenen errichtetes Grabmal.

Klassizismus, Stil der europäischen Kunst von etwa 1770 bis 1840, charakteristisch der Anschluß an den Stil der griechischen und römischen Klassik.

Klausur, ausschließlich den Mönchen vorbehaltener Bezirk eines Klosters.

Knagge, Kantholz des Fachwerkbaus, meist am Fuß oder Kopf einer hölzernen Stütze angeschraubt.

Knorpelwerk, frühbarocke Ornamentform von knorpelartig-teigigem Aussehen.

Knotensäule, Doppelsäule, deren Schäfte in halber Höhe einen starken steinernen Knoten bilden.

Kolonnade, Säulengang mit geradem Gebälk.

Konsole, ein aus der Mauer vortretender Tragstein.

Konverse, Laienmönch des Zisterzienserordens, vorwiegend für manuelle Arbeiten verwendet.

Krabbe, gotisches Blattornament, meist auf den Kanten der Turmhelme und Giebel angebracht.

Kreuz, christliche Symbolform mit vielen Varianten, in den deutschen Gebieten am häufigsten das (1) griechische und (2) lateinische Kreuz.

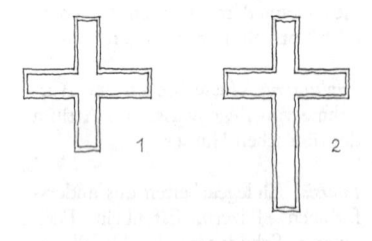

Kreuzblume, die kreuzförmig ausladende, aus Blattwerk gebildete Spitze gotischer Türme, Giebel, Wimpergen und Fialen.

Kreuzgang, meist gewölbter und in Bogenstellungen geöffneter Gang um den Binnenhof eines Klosters.

Krypta, halb unterirdischer Raum unter dem Chor der Kirche zur Aufbewahrung von Reliquien oder als Grabstätte von Würdenträgern.

Langhaus, Bauteil der Kirche westlich des Querschiffs, von dem Mittelschiff und seinen Seitenschiffen gebildet.

Lapidarium, Raum zur Aufbewahrung von Steinmetzarbeiten.

Laterne, durchbrochenes Türmchen auf dem Scheitel einer Kuppel.

Lettner, Schranke zwischen Chor und Mittelschiff.

Leuchterengel, Engel, der einen Leuchter in den Händen hält.

Levitensitz, Dreisitz für den Priester und seine beiden Diakone, im Chor aufgestellt.

Lisene, senkrechter, flacher Mauerstreifen ohne Basis und Kapitell.

Loggia, von Pfeilern oder Säulen getragene Bogenhalle vor dem Erdgeschoß eines Hauses, in den deutschen Gebieten auch Laubengang genannt.

Magistrale, Hauptstraßenzug einer Stadt.

Mandorla, mandelförmiger Heiligenschein, auch Mandelglorie genannt.

Maßwerk, Bauornament der Gotik, das mit dem Zirkel konstruiert (»gemessen«) ist; die am häufigsten anzutreffenden Maßwerkformen sind der Dreipaß, der Vierpaß und die Fischblase.

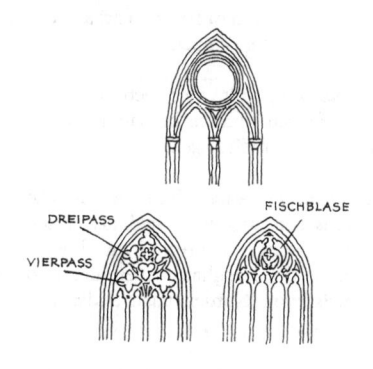

DREIPASS
VIERPASS
FISCHBLASE

Mausoleum, monumentales Grabdenkmal, meist in Form eines Gebäudes.

Medaillon, rund oder oval gerahmtes Bild bzw. Relief.

Mezzanin, Halb- oder Zwischengeschoß von geringerer Höhe als die Vollgeschosse.

Model, vertiefte Gußform oder erhabene Druckform für Zeug- und Tapetendruck.

Moriskafiguren, auch Maruskafiguren genannt, oft als Neger oder Orientalen dargestellte Figuren, die den Moriskentanz, einen Modetanz des 15. Jh., tanzen.

Münster, in Süddeutschland übliche Bezeichnung für eine Bischofskirche, gleichbedeutend mit Dom und Kathedrale.

Najade, Quellnymphe in der antiken Sage.

Novize, auf Probe in einen Orden eingetretener Mönch, der noch nicht die Mönchsgelübde abgelegt hat.

Obelisk, hoher rechteckiger, sich nach oben verjüngender Steinpfeiler mit pyramidenförmiger Spitze.

Obergaden, auch Lichtgaden, die von Fenstern durchbrochene Mittelschiffswand über den Seitenschiffen einer Basilika.

Orangerie, der Orangenzucht und der Aufbewahrung von Orangenbäumen dienendes Gebäude.

Orgelprospekt, Schauseite der Orgel, oft reich verziert.

Pagode, asiatischer Tempel in Form eines Turmes, dessen Stockwerke je ein eigenes Dach besitzen.

Palas, repräsentatives Wohngebäude in Pfalzen und Burgen.

Palmette, dem Blatt der Fächerpalme nachgebildetes, streng symmetrisches Ornament, bereits im 2. Jahrtausend v. u. Z. verwendet.

Pantheon, Rundtempel im alten Rom, größter Kuppelbau der Antike, Vorbild für viele barocke und klassizistische Bauten.

Paradies, Vorhof der altchristlichen Basilika, von einigen Bauschulen der Romanik übernommen, manchmal zu vorkirchenartigen Vorhallen umgebildet.

Paramente, Gewänder der Geistlichen, Stoffbekleidung der Altäre und Kanzeln.

Parlatorium, Sprechzimmer für Besucher in Klöstern.

Pergola, Laube oder Laubengang aus Pfeilern und Säulen, an den Seiten und als Bedachung hölzernes Gitterwerk als Halt für rankende Pflanzen.

Pfeiler, senkrechte Stütze mit meist recht- oder vieleckigem Grundriß.

Pilaster, Wandpfeiler mit Basis, Schaft und Kapitell.

Poenitentiarium, Arrestzelle in den Klöstern, Raum, in dem die Bestrafung ungehorsamer Mönche vollzogen wurde.

Polygon, Vieleck.

Portal, Haupteingang, meist trichterförmig in die Wand eingefügt, oft Gegenstand besonderer architektonischer und plastischer Ausschmückung; in der Romanik Rundbogenportal, in der Gotik Spitzbogenportal mit Wimperg vorherrschend.

Portikus, säulengetragener Vorbau an der Haupteingangsseite.

Prämonstratenser, im Jahre 1121 in Prémontré (Frankreich) vom hl. Norbert gegründeter Mönchsorden, der im Unterschied zu anderen Orden nur Geistliche aufnahm.

Predella, Altarstaffel, Untersatz eines Flügelaltars.

Presbyterium, Priesterraum der Kirche, im Unterschied zum Gemeinderaum.

Putto, nackter kleiner Knabe mit oder ohne Flügel.

Putzquaderung, Nachahmung der Natursteinquaderung in einfachem Putz.

Pylon, festungsartiger Torbau der ägyptischen Tempel.

Quadriga, mit vier nebeneinander laufenden Pferden bespannter zweirädriger Streitwagen.

Querschiff, -haus, Teil der Kirche zwischen Chor und Langhaus, dessen Längsachse senkrecht zur Längsachse des Langhauses verläuft, also meist von Norden nach Süden angelegt.

Rautenfenster, Fenster in Form eines schiefwinkligen Parallelogramms, dessen vier Seiten einander gleich sind.

Refektorium, Speisesaal in einem Kloster.

Regular-Fortifikation, streng nach den Regeln der italienischen Festungsbaukunst errichtete Befestigungsanlage des 16. und 17. Jh.

Relief, eigentl. erhabene Arbeit, Form der Bildhauerkunst, bei der Figuren oder Ornamente aus einer Fläche hervortreten, an die sie gebunden sind.

Reliquiar, Behälter zur Aufbewahrung der Überreste (Reliquien) eines Heiligen.

Remter, deutscher Ausdruck für den Speisesaal eines Klosters.

Renaissance, abgeleitet von dem ital. rinascitá = Wiedergeburt, Stil der europäischen Kunst von etwa 1420 (für die deutschen Gebiete erst ab etwa 1520) bis um 1600 (für die deutschen Gebiete bis etwa 1650).

Retabel, Altaraufsatz.

Risalit, ein aus der Fluchtlinie des Baukörpers in seiner ganzen Höhe vortretender Gebäudeteil.

Rocaille, schnörkelhaftes, oft asymmetrisches Muschelwerk, wichtigstes Dekorations- und Ornamentmotiv des Rokokos.

Rokoko, Stil der Endphase des Barocks von etwa 1730 bis 1770/80.

Rollwerk, bandartig eingerolltes Ornament des 16. Jh.

Romanik, Stil der europäischen Kunst von etwa 1000 bis in die 1. H. 13. Jh.

Romantik, um die Wende vom 18. zum 19. Jh. entstandene literarische und künstlerische Bewegung, in Deutschland zunehmend von subjektiv-idealistischen und antiprogressiven Auffassungen beeinflußt; spiegelte sich in der Architektur vor allem in dem Versuch wider, die Gotik von neuem zu beleben (Neogotik).

Rondell, Rundplatz, in den meist mehrere Wege oder Straßen münden.

Rosette, Ornament von kreisrundem oder mit einem Kreis zu umschreibendem Umriß, das die Form einer runden Blüte nachbildet oder schematisch andeutet.

Rotunde, kleiner Rundbau oder Rundraum.

Rustika, Mauerwerk, dessen Quadern an der Vorderseite nur grob bearbeitet sind.

Sakramentshäuschen, oft turmartiger Behälter für das Gefäß mit der Hostie (Abendmahlsbrot).

Sakristei, dem Presbyterium angefügter Raum zur Aufbewahrung von Gegenständen und Geräten, die für den Gottesdienstablauf erforderlich sind.

Salvator mundi, Darstellung Christi als Herr der Christenheit, auch Majestas domini genannt.

Sarkophag, kunstvoll verzierter Sarg aus Stein, Ton, Holz oder Metall.

Säule, Stütze in Rundform, unterteilt in Basis, Schaft und Kapitell.

Säulenportal, repräsentativer Eingang, vor dessen schräge Seitenwände Säulen gestellt sind.

Schalenturm, zur Stadtseite offener Turm der Stadtmauer.

Scheidbogen, Bogen, der in mehrschiffigen Räumen die Joche zweier Schiffe voneinander scheidet.

Schiff, der durch gereihte Stützen fixierte längsgerichtete Abschnitt eines Innenraums.

Schlußstein, Wölbstein am Scheitelpunkt eines Gewölbes, in der Gotik oft mit Ornamenten oder Figuren geschmückt.

Schmerzensmann, Darstellung Christi mit allen Leidensmerkmalen und den Marterwerkzeugen (Kreuz, Dornenkrone, Lanze, Nägel).

Simultankirche, von zwei Konfessionen (meist evangelisch und katholisch) ständig benutzte Kirche.

Spindeltreppe, eine um eine Spindel sich windende Treppe, meist Wendeltreppe genannt.

Spolien, Teile eines Kunstwerkes, die anderen Werken entnommen worden sind.

Stele, aufgestellte Platte aus Stein, meist Grabdenkmal oder Weihgeschenkträger.

Stichkappe, in die Rundfläche eines Deckengewölbes einschneidende Gewölbekappe.

Stigmatisation, Erscheinen der Wundmale Christi bei Personen, die sich in religiöser Ekstase befinden.

Strebebogen, -pfeiler, Teile des gotischen Strebesystems: Der Strebebogen nimmt den Schub des Hochschiffsgewölbes auf und leitet ihn über das Seitenschiff zu dem Strebepfeiler, der ihn auffängt.

Stützenwechsel, Wechsel von Säule und Pfeiler im Mittelschiff einer romanischen Basilika, oft als einfacher Stützenwechsel ausgeführt (Pfeiler – Säule – Pfeiler), manchmal aber auch als „sächsischer Stützenwechsel" (Pfeiler – Säule – Säule – Pfeiler).

Supraporte (auch Sopraporte), Feld über der Tür, oft mit Gemälde ausgestattet.

Tabernakel, aus Säulen und Dach bestehendes Ziergehäuse, oft gleichbedeutend mit Ciborium.

Tambour, zylindrischer Teil zwischen dem Baukörper und der Kuppel.

Terrakotta, gebrannte Tonerde.

Tondo, Gemälde oder Relief in Rundform.

Traufenhaus, Haus, das im Unterschied zum Giebelhaus mit der Traufseite zur Straße gekehrt ist.

Treppenturm, ein vor den Baukörper gestellter Turm mit Wendeltreppe.

Triforium, Laufgang unter den Fenstern von Mittelschiff, Querschiff und Chor, besonders in der Gotik.

Triglyphe, eigentl. Dreischlitz, ein Block mit drei senkrechten Rinnen auf dem Tragbalken des griechischen Tempels.

Triptychon, Flügelaltar mit einem Mittelbild und zwei beweglichen Seitenflügeln, Hauptform des Altarretabels vom 13.–16. Jh.

Triton, Meergott der griechischen Sage.

Triumphbogen, 1. Ehrenbogen der römischen Antike, oft mit mehreren Durchfahrten, von der Renaissance und dem Barock übernommen und weitergebildet; 2. Bogen, der den Chor einer Basilika vom Mittelschiff trennt.

Triumphkreuz, auf dem Triumphbalken hoch oben zwischen Chor und Langhaus angebrachte Kreuzigungsdarstellung, in der Regel mit Maria und Johannes als Begleitfiguren.

Trophäe, dekorative Gruppe aus verschiedenartigen Waffen, in der Renaissance und im Barock oft als Verzierung gebraucht.

Tumba, Grabmal, bestehend aus einem rechteckigen Unterbau und einer auf ihm liegenden Grabplatte.

Tympanon, Bogenfeld eines Portals.

Vesperbild (ital. Pietà), Darstellung Mariens mit dem toten Christus auf dem Schoß.

Vestibül, Vorhof, Vorhalle, Eingangshalle.

Vierung, Kreuzungsstelle von Langhaus und Querhaus in der mittelalterlichen Basilika.

Vierungsturm, Turm über der Vierung romanischer Kirchen.

Volute, Zierglied mit spiralförmiger Einrollung, meist an Giebeln.

Wehrkirche, eine mit befestigungstechnischen Einrichtungen versehene oder von Wehrbauten umgebene Kirche.

Welsche Haube, mehrfach geschweifte Turmhaube.

Wendelstein, Treppenturm der Spätgotik und Renaissance.

Westbau, quergelagerter Westteil eines Kirchenbaus, meist als Turm oder Turmgruppe ausgebildet.

Westwerk, turmartiger Sakralbau, in der Art einer Vorkirche an die Westseite einer Bischofs- oder Klosterkirche angefügt, Sonderform der karolingischen Kunst.

Wiekhaus, kleiner hausartiger Auslug auf der Stadtmauer, meist für den Wächter bestimmt.

Wimperg, Ziergiebel der Gotik über Portalen und Fenstern, meist mit Maßwerk gefüllt (siehe auch Fiale).

Zelebrantensitz, Sitz für jene Priester und Priestergehilfen (Diakone), welche die Messe abhalten (zelebrieren).

Zentralbau, Bau mit einem Grundriß in Form eines Kreises, eines Vielecks oder eines griechischen Kreuzes.

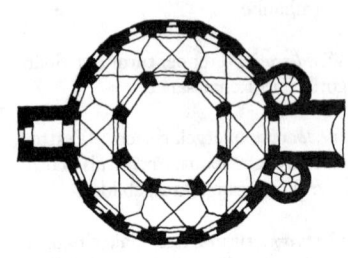

Zisterzienser, im Jahre 1098 in Citeaux (Cistercium) bei Dijon gegründeter Mönchsorden, dessen Laienbrüder zu körperlicher Arbeit verpflichtet waren. Die Klöster der Z. lagen meist in unwegsamen Gebieten, die von den Mönchen dann kultiviert wurden.

Zopfklassizismus, klassizistische Stilrichtung zwischen 1760 und 1780 von nüchternem Gepräge.

Zwerchgiebel, kleiner Giebel an der Traufseite eines Daches, dessen First quer zu dem des Hauptdaches verläuft.

Zwerggalerie, auch Zwergarkade, meist dicht unter dem Dachansatz gelegene, aus der Mauerdicke ausgesparte niedrige Bogenreihe auf Zwergsäulchen.

Zwinger, ein zwischen der äußeren und inneren Ringmauer einer Befestigung liegender Umgang, der später gern zur Abhaltung von Festen benutzt wurde. Diese Lage innerhalb des alten und inzwischen verschwundenen Befestigungssystems gab dem Dresdener Z. seinen Namen.

Register
Historischer Gedenkstätten (Auswahl)

Allstedt	Thomas-Müntzer-Gedenkstätte 273
Angermünde	Ehm-Welk-Gedenkstätte 161
Arnstadt	Johann-Sebastian-Bach-Gedenkstätte 356
	Gedenkstätte für die Opfer des Faschismus 356
Bauerbach	Schillerhaus 375
Berlin	Gedenkstätte für die Opfer des Faschismus und Militarismus (Neue Wache) 19
	Bertolt-Brecht-Haus 30
	Friedhof der Märzgefallenen 31
	Spanienkämpfer-Denkmal 31
	Schloß Niederschönhausen 32
	Johannes-R.-Becher-Haus 32
	Ernst-Busch-Haus 32
	Gedenkstätte der Sozialisten 34
	Sowjetisches Ehrenmal im Treptower Park 36
Birkenwerder	Clara-Zetkin-Gedenkstätte 125
Blankenburg, Bad	Friedrich-Fröbel-Gedenkstätte 404
Brandenburg/Havel	Gedächtnisstätte für die Blutzeugen der evangelischen Kirche 1933–1945 im Dom 138
Buckow	Brecht-Weigel-Haus 156
Burg	Hermann-Matern-Gedenkstätte 193
Cottbus	Carl-Blechen-Gedenkstätte 167
Crimmitschau	Gedenkstätte Crimmitschauer Textilarbeiterstreik 1903/04 488
Dömitz	Fritz-Reuter-Gedenkstätte 80
Dora (Kr. Nordhausen)	Nationale Mahn- und Gedenkstätte 330
Dornburg (Kr. Jena)	Goethe-Gedenkstätte 401
Dresden	Kraszewskihaus 517
	Gedenkstätte im Georg-Schumann-Bau (ehem. Landgerichtsgebäude) 518
	Schillerhäuschen 520
	Carl-Maria-v.-Weber-Gedächtnisstätte 520
	Martin-Andersen-Nexö-Gedenkstätte 520
Eisenach	Gedenkstätte »Eisenacher Parteitag 1869« 344

	Lutherhaus 344
	Bachhaus 344
	Reuterhaus mit Richard-Wagner-Sammlung 345
	Lutherstube in der Wartburg 345
Eisfeld	Otto-Ludwig-Gedenkstätte 380
Eisleben, Lutherstadt	Lenindenkmal 276
	Gedenkstätte »Bürgergarten« 277
	Luthers Geburtshaus 277
	Luthers Sterbehaus 277
Erfurt	Gedenkstätte »Erfurter Parteitag 1891« 309
	Luther-Gedenkstätte 310
Frankfurt/Oder	Heinrich-v.-Kleist-Gedenkstätte 151
Freyburg/Unstrut	Turn- und Sportmuseum 279
Gardelegen	Gedenkstätte »Isenschnibber Feldscheune« 212
Gotha	Gedenkstätte »Tivoli« 352
Großkochberg	Goethe-Gedenkstätte 405
Güstrow	Ernst-Barlach-Gedenkstätte 87
Halle/Saale	Monument der revolutionären Arbeiterbewegung 236
	Händelhaus 240
Heringsdorf, Seebad	Maxim-Gorki-Gedenkstätte 69
Hohnstein	Gedenkstätte für die Opfer des faschistischen Konzentrationslagers 1933/34 546
Ilmenau-Gabelbach	Goethehäuschen auf dem Kickelhahn 364
Jena	Goethe-Gedenkstätte 399
	Karl-Liebknecht-Haus 399
	Schiller-Gedenkstätte 400
	Ernst-Haeckel-Haus 400
Kahla	Gedenkstätte für ermordete Zwangsarbeiter 402
Kamenz	Lessing-Museum 548
Karl-Marx-Stadt	Fritz-Heckert-Gedenkstätte 460
	Karl-Marx-Gedenkstätte 461
	Gedenkstätte »Der Kämpfer« 464
Klitten	Gedenkstätte der sozialistischen Waffenbrüderschaft 571
Kloster auf Hiddensee	Gerhart-Hauptmann-Gedächtnisstätte 63
Köstritz, Bad	Heinrich-Schütz-Gedenkstätte 390
Langenstein-Zwieberge (Kr. Halberstadt)	Gedenkstätte für die Opfer des faschistischen Konzentrationslagers »Malachit« 227
Leipzig	Lenin-Gedenkstätte 426

	Schillerhäuschen 426
	Georgi-Dimitroff-Museum 427
	Karl-Liebknecht-Gedenkstätte 428
	Iskra-Gedenkstätte 429
	Gedenkstätten Südfriedhof 429
	Völkerschlachtdenkmal 429
Löbau	Gedenkstätte »Hopfenblüte« 557
Ludwigslust	Gedenkstätte für die Opfer des faschistischen Konzentrationslagers »Reiherhorst« 79
Lützen	Gustav-Adolf-Gedenkstätte 288
Magdeburg	Erich-Weinert-Gedenkstätte 192
Mühlhausen	Gedenkstätte des Deutschen Bauernkrieges 337
Oberweißbach	Friedrich-Fröbel-Haus 381
Oßmannstedt	Wieland-Gedenkstätte 322
Panschwitz-Kuckau	Cisinski-Gedenkstätte 549
Potsdam	Gedenkstätte des Potsdamer Abkommens 1945 122
Prettin-Lichtenburg	Gedenkstätte für die Opfer des faschistischen Konzentrationslagers 1933–1936 179
Quedlinburg	Klopstockhaus 267
Rammenau	Johann-Gottlieb-Fichte-Gedenkstätte 547
Ravensbrück	Nationale Mahn- und Gedenkstätte 129
Reichenbach	Neuberin-Gedenkstätte 498
Sachsenhausen (Kr. Oranienburg)	Nationale Mahn- und Gedenkstätte 127
Salzwedel	Gedenkstätte »Familie Marx« im Jenny-Marx-Geburtshaus 209
Seelow	Gedenkstätte der Befreiung 156
Sömmerda	Gedenkstätte für die im März 1920 ermordeten Sömmerdaer Arbeiter 324
Stavenhagen, Reuterstadt	Fritz-Reuter-Literaturmuseum 97
Stolberg	Thomas-Müntzer-Gedenkstätte 271
Stützerbach	Goethehaus 364
Tabarz	Theodor-Neubauer-Gedenkstätte 353
Waltershausen-Schnepfenthal	GutsMuths-Gedenkstätte 353
Weimar	Herderkirche 314
	Kirms-Krackow-Haus 314
	Kassengewölbe auf dem Jakobsfriedhof 314

	Goethe-Nationalmuseum mit Goethehaus 315
	Schillerhaus 315
	Wittumspalais 315
	Goethes Gartenhaus 318
	Goethe-Schiller-Gruft 318
	Liszthaus 318
	Hauptfriedhof, Denkmal der Märzgefallenen 318
	Nationale Mahn- und Gedenkstätte Buchenwald mit Ernst-Thälmann-Gedenkstätte 319
	Schloß Tiefurt 319
Weißenfels	Gustav-Adolf-Gedenkstätte 288
	Heinrich-Schütz-Gedenkstätte 288
Wermsdorf-Hubertusburg	Bebel-Liebknecht-Gedenkstätte 440
Wiederau (Kr. Rochlitz)	Clara-Zetkin-Gedächtnisstätte 486
Wittenberg, Lutherstadt	Lutherhaus mit Reformationsgeschichtlichem Museum 253
	Melanchthon-Gedenkstätte 253
	Schloßkirche mit Thesentür 255
Wöbbelin	Theodor-Körner-Gedenkstätte 79
Zeithain	Ehrenhain für ermordete sowjetische Kriegsgefangene 526
Zickra	Gedenkstätte zur Erinnerung an die Niederschlagung des Kapp-Putsches durch bewaffnete Arbeiterwehren 414
Ziegenhals	Ernst-Thälmann-Gedenkstätte 148
Zwickau	Martin-Hoop-Gedenkstätte 491
	Robert-Schumann-Haus 492

Ortsregister

Alle Orte, die im laufenden Text einen eigenen Absatz erhalten haben, sind durch Großbuchstaben hervorgehoben.

A
Abbendorf 211
Abbenrode 233
Abberode 264
Ablaß 441
Abtshagen 61
ADERSLEBEN 227
Aderstedt (Kr. Bernburg) 260
Aderstedt (Kr. Halberstadt) 229
ADORF (Kr. Oelsnitz) 500
Ahlsdorf 281
Ahrensdorf 148
Ahrenshagen 47
Ahrenshausen 335
Ahrenshoop 47
AKEN 260
Albrechtshain 436
Allendorf 406
Allmenhausen 331
ALLSTEDT 273
Alsleben 260
Altbukow 50
ALTDÖBERN 173
Altefähr 64
Altenau 181
ALTENBERG 539
Altenbeuthen 411
ALTENBURG (Bez. Leipzig) 450 bis 453
Altenburg (Kr. Bernburg) 260
Altenburg (Kr. Wernigerode) 232
Altendambach 364
Altengönna 402
ALTENHAUSEN 214
Altenhof 438
ALTENKIRCHEN 63
Altenklitsche 198
Altenroda 282
ALTENTROPTOW 95
Altenweddingen 220
ALTFRIEDLAND 157
Altgeringswalde 487
Althen 431
Althof 50
Altjeßnitz 244
ALT KRÜSSOW 134
ALTLANDSBERG 155
Altliebel 171
Alt-Madlitz 157
Altmörbitz 456
Altmügeln 441
Altoschatz 441
Altremda 406
ALTRUPPIN 131
Alt-Schönau 102
ALT-SCHWERIN 100
Altwarp 109
Amalienruhe bei Sülzfeld 376
Ammelshain 436
Ammern 341
AMPFURTH 219
Anderbeck 229
ANGERMÜNDE 161
Ankershagen 102
ANKLAM 107
ANNABERG-BUCHHOLZ 467 bis 470
ANNABURG 178
Annenwalde 105
Anrode 341

591

Antonsthal 496
Apfelstädt 312
APOLDA 322
ARENDSEE 206
Arensberg 213
ARKONA 63
ARNEBURG 204
Arnoldsgrün 501
Arnsdorf (Kr. Görlitz) 572
Arnsdorf (Kr. Jessen) 181
Arnshaugk 396
ARNSTADT 354–356
ARTERN 273
ASBACH 368
ASCHERSLEBEN 261
Atterwasch 171
Audenhain 447
Audigast 450
Audorf 213
Aue am Berg (Kr. Saalfeld) 411
Aue-Aylsdorf (Kr. Zeitz) 290
AUE-ZELLE (Kr. Aue) 495
Auerbach (Bez. Karl-Marx-Stadt) 499
Auerbach (Kr. Stollberg) 497
Auerhammer 496
Auerswalde 466
AUGUSTUSBURG 481
Auleben 331
Auligk 450
Aulosen 207
AUMA 413
Ausleben 220
Authausen 447
Axien 181

B
Baalsdorf 431
Badeborn 271
Badeleben 220
Badendiek 89
Badersleben 229
Badingen 133
Badresch 109
Bärenstein (Kr. Annaberg-Buchholz) 471

Bärenstein (Kr. Dippoldiswalde) 540
Bärenwalde 494
Bagow 142
BAHRA-HIRSCHSTEIN 526
Bahren 396
Bahrendorf 219
Balgstedt 281
BALLENSTEDT 269
Ballin 109
Ballwitz 94
Bannewitz-Nöthnitz 540
BARBY 221
Bardenitz 146
Barenthin 136
Bargendorf 94
Barleben 216
Barnstädt 282
BARTH 46
Bartow 98
Baruth (Kr. Bautzen) 556
BARUTH (Kr. Zossen) 147
Basdorf 160
BASEDOW 97
Battaune 447
Battin 181
Batzlow 157
BAUERBACH 375
Baumgarten 205
BAUTZEN 551–554
Bebertal 215/16
Bechlin 133
Beckendorf 220
Bedheim 382
BEELITZ (Kr. Potsdam) 124
Beelitz (Kr. Stendal) 205
Beerendorf 447
Beerfelde 157
Beerwalde 484
Beese 213
Beesenlaublingen 260
Beesenstedt 243
BEESKOW 153
Beetz 127
BEETZENDORF 212
Behlendorf 157
Behrenhoff 69
Behren-Lübchin 98

Behringen 326
Behrungen 377
Beichlingen 326
Beidendorf 55
Beierfeld 497
Beiersdorf 559
Beilrode 445
BELGERN 444
Belgershain 436
BELITZ 96
Belkau 205
Bellin 89
Belling 109
Bellingen 216
Bellstedt 331
Below 83
BELZIG 143
Bendeleben 331
Benndorf (Kr. Delitzsch) 448
Benndorf (Kr. Geithain) 456
Bennin 77
Benshausen 364
Benthen 83
Bentwisch 47
Benzin 83
Berendshagen 50
BERGA 413
Berge (Kr. Gardelegen) 213
Berge (Kr. Nauen) 128
Berge (Kr. Osterburg) 207
Bergen (Kr. Auerbach) 499
Bergen (Kr. Oschersleben) 220
BERGEN (Kr. Rügen) 61
Bergholz 146
Bergrade 83
Berka v. d. Hainich (Kr. Eisenach) 348/49
BERKA/Werra (Kr. Eisenach) 346
BERKA, BAD (Kr. Weimar) 321
Berkach 377
Berkau 213
BERLIN 13–36
BERNAU 158
BERNBURG 257
Bernitt 88
Bernsbach 497
Bernsdorf 489
Bernsgrün 415
Bernshausen 372
BERNSTADT 558
Bernterode 335
Berthelsdorf 559
Bertikow 106
Bertkow 207
BERTSDORF 563
Berzdorf 571
Bessin 64
Betten 178
Bettenhausen 377
Beucha (Kr. Borna) 449
Beucha (Kr. Wurzen) 433
BEUREN 332
BEUSTER 206
Bexheim bei Deersheim 229
BEYERNAUMBURG 273
Bibow 89
BIBRA 375
BIEBERSTEIN 480
Biegen 157
Bielen 331
Biendorf 260
Bierstedt 211
Biesenthal 213
Bilzingsleben 275
Binde 211
Bindfelde 204
Birkenfelde 335
BIRKENWERDER 125
Bischdorf 297
Bischheim 550
Bischofroda 348
BISCHOFSWERDA 546
BISMARK 213
BITTERFELD 243
Bittstedt 357
BLANKENBURG (Kr. Wernigerode) 231
BLANKENBURG, BAD (Kr. Rudolstadt) 404
Blankenfelde 148
Blankenförde 103
Blankenhagen 47
BLANKENHAIN (Kr. Weimar) 321

BLANKENHAIN (Kr. Werdau) 488
BLANKENHEIM-KLOSTERRODE 273
BLANKENSEE 146
Blankenstein 540
Bleddin 257
BLEICHERODE 328
Blindow 106
Blochwitz 527
Blösien 297
Bloßwitz 527
BLOSSWITZ-RAGEWITZ 526
Blumberg (Kr. Angermünde) 163
Blumberg (Kr. Bernau) 160
Blumberg (Kr. Torgau) 445
Blumenthal-Horst 136
Bluno 171
Bobbin 64
Bobenneukirchen 501
Bobersen 526
Bocka 454
Bockau 497
BOCKWEN-SIEBENEICHEN 536
Bodelwitz 396
Bodendorf 215
Börnersdorf 545
Börnicke 160
Börtewitz 438
Börzow 56
Bössow 56
Bohlendorf 64
Boitin 89
BOITZENBURG 103
Boldevitz 64
Bombeck 211
Boritz 527
BORNA (Bez. Leipzig) 448
Borna (Kr. Oschatz) 441
Borna (Kr. Pirna) 545
Borne (Kr. Belzig) 146
Borne (Kr. Staßfurt) 222
BORNHAGEN 335
Bornsdorf 177/78
Bornshain 457
Bornum-Trüben 195

Borsch 372
Borstendorf 484
Bottendorf 275
Bottmersdorf 220
Bräunsdorf 466
Brahmow 169
BRAMBACH, BAD 499
BRAND-ERBISDORF 473
BRANDENBURG 136–141
Branderoda 282
BRANDIS 433
Brandshagen 61
Brauna 550
Braunsdorf 415
Bredenfelde 109
Bredereiche 133
BREHNA 243
Breitenbach 290
Breitenborn 456
Breitenbrunn 497
Breitenhain (Kr. Altenburg) 454
Breitenhain (Kr. Neustadt/Orla) 396
Breitenworbis 335
BREITUNGEN 368
BREMEN 372
Bretnig-Hauswalde 548
Bretsch 207
BRIESEN 168
Briest 163
Brietzke 195
Brinnis 447
BRISTOW 97
Brohm 94
Brücken 275
BRÜEL 88
Brünn 382
Brüsenhagen 136
BRÜSSOW 106
Brumby 222
Brunn 94
Buberow 133
Bucha 411
BUCHFART 321
Buchholz (Kr. Görlitz) 572
Buchholz (Kr. Röbel) 102
Buchholz (Kr. Stendal) 204

Buckau 142
Buckow (Kr. Calau) 174
BUCKOW (Kr. Strausberg) 156
Buckow (Kr. Eberswalde) 160
Bücheloh 364
Bücknitz 142
Bülitz 205
Bülow 75
Bülstringen 216
Bündorf 297
BÜRGEL 391
Büste 213
Bützer 142
BÜTZOW 88
Buko 251
BURG (Bez. Magdeburg) 193
Burg-Dorf 169
Burgdorf 281
Burgheßler 287
BURGK 412
Burgkemnitz 244
Burgliebenau 297
BURGSCHEIDUNGEN 279
BURG SCHLITZ 97
BURGSTÄDT 465
BURG STARGARD 94
Burgtonna 326
Burgwalde 335
Burgwerben 290
Burkartshain 433
Burkersdorf (Kr. Brand-Erbisdorf) 473
Burkersdorf (Kr. Gera) 390
BURKHARDSWALDE (Kr. Meißen) 536
Burkhardswalde (Kr. Pirna) 545
Buro 259
Burxdorf 181
BUTTELSTEDT 321
BUTTSTÄDT 323

C
Caaschwitz 390
Cämmerswalde 473
Cahnsdorf 178
Calau 174
CALBE 221
Calbitz 441
Callberg 489
CALVÖRDE 214
CAMBURG 401
Cammin (Kr. Neubrandenburg) 94
Cammin (Kr. Rostock) 47
Canitz 527
Cannewitz 436
CAPUTH 124
CARLSFELD 496
Carlow 77
Carmzow 106
Carwitz 102
Cattenstedt 233
Cavertitz 441
Chemnitz 95
Choren 438
CHORIN 159
Christes 364
Christinendorf 148
Claußnitz 466
Cochstedt 264
Cölpin 94
Cösitz 260
COLDITZ 435
Collmen 436
COSWIG (Kr. Meißen) 536
COSWIG (Kr. Roßlau) 249
Coswig-Brockwitz (Kr. Meißen) 537
COTTBUS 165–168
Cramon 75
Cranzahl 471
Crawinkel 357
CREUZBURG 347
CRIMMITSCHAU 488
CRIVITZ 75
Crock 382
Crossen (Kr. Rochlitz) 487
Crossen (Kr. Zwickau) 494
Crostwitz 550
Crottendorf 471
Culitzsch 494
CUNEWALDE 557
Cunnersdorf 526

D

Dabergotz 133
Daberkow 98
Dachrieden 341
Dänschenburg 47
Dahlen (Kr. Neubrandenburg) 94
DAHLEN (Kr. Oschatz) 439
Dahlen (Kr. Stendal) 204
Dahlewitz 148
Dahlwitz 157
DAHME 175
Dahnsdorf 146
Dallmin 83
Dambeck (Kr. Perleberg) 83
DAMBECK (Kr. Salzwedel) 210
Dambeck (Kr. Wismar) 55
Dammwolde 102
Damshagen 56
Dankensen 211
Dannefeld 213
Danstedt 229
Dargitz 109
DARGUN 96
Darlingerode 233
Dassow 56
Daubitz 171
Dautzschen 445
Dedelow 106
Deersheim 229
Deesdorf 229
Deetz 195
Dehlitz a. d. Saale 290
DELITZSCH 446
Demen 75
Demern 77
DEMERTHIN 135
DEMITZ-THUMITZ 547
Demker 216
DEMMIN 95
Dennewitz 147
Denstedt 322
DERENBURG 232
DERMBACH 371
Derwitz 125
DESSAU (Bez. Halle) 244—249
Dessau (Kr. Osterburg) 207
Dessow 136

Detershagen 194
Detzel 215
Deulowitz 171
Deuna 335/36
Deutschenbora 536/37
DEUTSCH-OSSIG 570
Dewitz 431
Diedersdorf 148
Diedorf (Kr. Bad Salzungen) 372
Diedorf (Kr. Mühlhausen) 341
Diehsa 572
Diekhof 88
Diemitz 102
Dienstädt 403
DIESBAR-SEUSSLITZ 526
DIESDORF 211
Dieskau 243/44
Dietlas 372
DINGELSTÄDT 332
Dingelstedt 229
DINGSLEBEN 378
DIPPOLDISWALDE 538
Dissen 169
Dittersbach 547
Dittersdorf 467
Dittmannsdorf (Kr. Borna) 449
Dittmannsdorf (Kr. Flöha) 484
Dittmannsdorf (Kr. Freiberg) 481
DOBBERTIN 80
Dobberzin 163
Dobbin 89
Dobbrun 207
Dobeneck 501
DOBERAN, BAD 47—49
DOBERLUG-KIRCHHAIN 176
Dobia 415
Dobitschen 457
Dobra (Kr. Bad Liebenwerda) 182
Dobra-Zschorna (Kr. Großenhain) 526
Dodendorf 219
Döbbelin 204/05
Döbbersen 77
DÖBELN 436
Döben 436
Döbrichau 445
Döhlen (Kr. Saalfeld) 411

Döhlen-Göhren (Kr. Zeulenroda) 416
Döllnitz (Saalkreis) 244
Dölzig 431
DÖMITZ 80
Dönstedt 215
DÖRINGSDORF 333
Dörnthal 473
Dörstewitz 297
Döschnitz 406
DOHNA 543
Dolgen 102
Domersleben 219
DOMMITZSCH 444
Donndorf 275
DORA, EHEM. LAGER 330
DORFCHEMNITZ 472
Dorna 390
DORNBURG (Kr. Jena) 401
DORNBURG (Kr. Zerbst) 194
Dorndorf (Kr. Bad Salzungen) 372
Dorndorf (Kr. Jena) 403
Dorndorf (Kr. Nebra) 282
Dorndorf (Kr. Rudolstadt) 406
Dornheim 357
Dornitz 243
Dornreichenbach 433
Dornstedt 281
Dosdorf 357
Dothen 395
Drahnsdorf 177
Drasdo 181
Drebach 467
Dreetz 136
DREHNA 176
Dreilützow 77
Dreißigacker 377
Dreitzsch 396
DRESDEN 506–521
Dreska 182
Dretzel 198
Dreveskirchen 55
Drewen 136
Drewitz 171
Dröbel 260
Drosedow 102
DROYSSIG 289

DRÜBECK 232
DÜBEN, BAD 446
DÜRRENBERG, BAD 297
Dütschow 83

E
EBELEBEN 328
Ebersbach (Kr. Geithain) 456
Ebersbach (Kr. Görlitz) 571/72
EBERSBACH (Kr. Löbau) 557
Ebersbrunn 494
Ebersdorf 415
Ebersgrün 415
EBERSWALDE 159
Eckardts 370
ECKARTSBERGA 286
Eckstedt 312
Effelder 382/83
EGELN 222
Eggersdorf 222
Egstedt 311
EHRENFRIEDERSDORF 465
Ehrenhain 454
Ehrenstein 357
EIBAU 558
Eibenstock 496/97
Eicha 381
Eiche 125
Eichenbarleben 216
Eichholz 195
Eichigt 501
Eichstedt 205
Eickelberg 89
Eickendorf 222
Eigenrode 341
EILENBURG 446
Eilenstedt 229
Eimersleben 216
Einhausen 377
Einsiedel 467
Eisdorf (Kr. Leipzig) 431
Eisdorf (Saalkreis) 243
EISENACH 342–346
EISENBERG 391
EISENHÜTTENSTADT 154
EISFELD 380

Eishausen 382
EISLEBEN, LUTHERSTADT 276
Eixen 47
Elende 331
Elleben 358
Ellingshausen 376/77
ELLRICH 330
Elmenhorst 56
Elsdorf 486
Elsnig 445
ELSTER, BAD 500
ELSTERBERG 414
ELSTERWERDA 181
ELSTRA 549
Elterlein 470
Elversdorf 216
Elxleben 312
Emden 215
Emersleben 229
Emseloh 275
Endschütz 391
Engelsdorf 431
Engerda 406
Engersen 213
Erdmanndhain 436
ERFURT 301–311
ERKNER 155
Erla-Crandorf 497
Erlau 486
Erlbach 497
Ermlitz 297
ERMSLEBEN 262
Ermstedt 312
Ernstthal bei Schönbrunn 382
Ershausen 335
ERXLEBEN (Kr. Haldensleben) 214
Erxleben (Kr. Osterburg) 207
ESCHEFELD 455
Espenfeld 357
ESPENHAIN 448
Estedt 213
Ettenhausen 349
ETTERSBURG 321
Etzoldshain 436
Euba 466

Eula 449
Eyba 410/11

F
Fahrenwalde 109
Falken 349
Falkenberg (Kr. Osterburg) 207
Falkenberg (Kr. Torgau) 445
Falkenhagen 136
Falkenhain 433
Falkenrehde 128
FALKENSTEIN 499
FALKENSTEIN, BURG 263
Falkenwalde 106
Fambach 369
Farnrode 349
Farnstädt 282
FAULENROST 97
Feldberg 102
Ferch 125
Ferchland 198
Ferchlipp 207
Fergitz 105
Fernbreitenbach 349
Fichtenberg 181
Fincken 102
FINSTERWALDE 176
Fischbeck 198
Fischwasser 178
Flechtingen 216
Flemendorf 61
Flemmingen (Kr. Altenburg) 454
Flemmingen (Kr. Naumburg) 287
Flemsdorf 163
Flessau 207
Flinsberg 335
Flöha 484
Floh 369
Fördergersdorf 540
Förderstedt 223
Förthen 415
FORCHHEIM 472
FORST 169
Frankena 178
Frankenberg 484
Frankenhain (Kr. Arnstadt) 358

Frankenhain (Kr. Geithain) 456
FRANKENHAUSEN, BAD 274
Frankenroda 348
Frankenstein 484
FRANKFURT/ODER 150–152
Frankleben 297
FRANZBURG 60
Frauendorf 456
Frauenhain 527
FRAUENMARK 81
FRAUENPRIESSNITZ 401
Frauensee 372
FRAUENSTEIN 472
FRECKLEBEN 264
Fredersdorf (Kr. Angermünde) 163
Fredersdorf (Kr. Belzig) 146
FREIBERG 474–480
Freienbessingen 331
Freienhagen 335
Freienhufen 174
FREIENWALDE, BAD 160
Freiroda 448
FREITAL 537, 540
Fremdiswalde 436
Fretzdorf 136
FREYBURG/UNSTRUT 279
FREYENSTEIN 134
Friedersdorf (Kr. Bitterfeld) 244
Friedersdorf (Kr. Finsterwalde) 178
Friedersdorf (Kr. Görlitz) 571
FRIEDLAND 94
FRIEDRICHRODA 353
Friedrichshagen 56
FRIEDRICHSMOOR 79
FRIEDRICHSWERTH 352
Friesau 415
Frießnitz 390
Frömmstedt 326
Frohburg 456
FROHNAU 470
FROSE 261
FÜRSTENBERG (Kr. Gransee) 129
Fürstensee 102
FÜRSTENWALDE 155
FÜRSTENWERDER 104

G
Gablenz 171
GADEBUSCH 76
Gadegast 181
Gahlenz 484
Galenbeck 94
Gallschütz 438
Gamstädt 312
Gangloffsömmern 326
Ganzkow 94
Garbisdorf 454
GARDELEGEN 211
Garlipp 205
Garlitz 143
GARTZ 162
Garwitz 83
Garz (Kr. Havelberg) 198
GARZ (Kr. Rügen) 62
Gatersleben 264
Gatterstädt 282
Gauernitz (Kr. Meißen) 536
Gauernitz-Constappel (Kr. Meißen) 537
GAUSSIG 556
Gebelzig 572
Gebra-Ost 331
Gefell (Kr. Sonneberg) 383
Gefell (Kr. Schleiz) 415
Gehaus 372
Gehlberg 364
Gehren (Kr. Ilmenau) 364
Gehren (Kr. Luckau) 178
Gehrendorf 213
Geilsdorf 504
GEISA 371
GEISING 539
Geisleden 335
Geismar (Kr. Bad Salzungen) 372
Geismar (Kr. Heiligenstadt) 336
Geißen 390
GEITHAIN 454
Gelenau 467
Gellershausen 382
GENTHIN 197/98
Genzien 207
GEORGENTHAL 353
GERA 385–388

Geraberg 364
Gerbershausen 335
Gerbisbach 181
Gerbisdorf 448
GERBSTEDT 264
GERNRODE 270
Gersdorf (Kr. Döbeln) 438
Gersdorf (Kr. Görlitz) 572
Gerstenberg 454
GERSTUNGEN 346
GERSWALDE 105
Geusa 298
Gevezin 95
GEYER 470
Geyersdorf 471
Gieba 457
Gielsdorf 157
Giesenslage 207
Gießübel 382
Gingst 64
Gischow 83
Gladau 198
Glashütte 540
Glasten 436
Glaucha 447
GLAUCHAU 488
Gleichamberg 381
Gleina (Kr. Nebra) 281
Gleina (Kr. Zeitz) 290
Gleisberg 438
Glesien 448
Glewitz 61
Glienike 136
Glossen 559
GLOWE-SPYKER 63
Gnadau 222
GNANDSTEIN 455
Gnevezow 98
GNOIEN 96
Göda 556
Gödern 454
Gödnitz 195
GÖHREN (Kr. Rochlitz) 485
GÖHREN-ROMSCHÜTZ (Kr. Altenburg) 453
Göhrendorf 282
GÖLLINGEN 275

Göllnitz (Kr. Finsterwalde) 178
Göllnitz (Kr. Schmölln) 457
Göpfersdorf 454
Görike 136
Göritz 106
GÖRLITZ 564–569
Görmar 341
Görne 142
Görnitz 450
Görsbach 331
Görschen 287
Görsdorf 178
Görzig (Kr. Großenhain) 527
Görzig (Kr. Köthen) 260
Görzke 146
Gössitz 396
Gößnitz 457
Gohlis 527
Gohre 204
Goldbach 548
GOLDBERG 81
Goldebee 55
Goldenbow 77
GOLSSEN 174
Golzig 177
Gommern 194
GORKNITZ-GAMIG 544
Gorlosen 80
Gornsdorf 497
Gorsleben 275
GOSECK 288
Goßmar 178
GOTHA 349–352
Gottesgrün 416
Gottleuba, Bad 545
Gottstedt 312
Grabow (Kr. Belzig) 146
Grabow (Kr. Burg) 194/95
GRABOW (Kr. Ludwigslust) 79
Grabsleben 354
GRADITZ 445
Gräbendorf 148
Gräfendorf 147
Gräfenhain 354
GRÄFENHAINICHEN 251
Gräfenroda 358
GRÄFENTHAL 381

GRÄFENTONNA 325
Gräfenwarth 415
Grävenitz 205
Graitschen 395
Gramelow 94
GRAMZOW 105
GRANSEE 128
Granskevitz 64
Granzin 77
Grassau 205
GRAUPA 545
Grebbin 83
Grebehna 448
Greifenhain 456
Greifenstein 335
GREIFFENBERG 161
GREIFSWALD 65–68
GREIZ 414
Gressow 55
Greven 83
GREVESMÜHLEN 54
GRIEBENOW 60
Griesbach 497
Griesen 251
Griesheim 358
Grießen 171
Grillenberg 275
GRILLENBURG 538
GRIMMA 434
Grimme 195
GRIMMEN 60
Grockstädt 282
Gröben 395
Gröbern (Kr. Gräfenhainichen) 252
Gröbern (Kr. Meißen) 536
GRÖBZIG 259
GRÖNINGEN 217
GROITZSCH 449
Groppendorf 216
GROSS-AMMENSLEBEN 215
Großbadegast 261
Großbardau 436
Groß-Bartensleben 216
Großbartloff 335
GROSSBEEREN 147
Groß-Bisdorf 61
Großbodungen 335

Großböhla 441
Großbothen 436
Großbreitenbach 364
Großbrüchter 331
Groß-Brütz 75
Großbuch 436
GROSSBURSCHLA 348
Groß-Chüden 211
Großdalzig 431
Großdeuben 430/31
Großdittmannsdorf 524
Groß-Eichsen 77
Großenehrich 330/31
Großengottern 341
GROSSENHAIN 524
Großen-Lukow 98
Großenlupnitz 349
Großerkmannsdorf 524
Großfahner 312
Großfurra 331
Groß-Germersleben 220
GROSS-GIEVITZ 99
Groß-Glienicke 125
Großhänchen-Pannewitz 547
Großharthau 547
Großhartmannsdorf 473
Groß-Jehser 174
GROSSJENA 286
Groß-Kiesow 69
GROSSKMEHLEN 174
GROSSKOCHBERG 405
Großkorbetha 290
Groß-Kreutz 125
Groß-Leuthen 174
Großlöbichau 402
GROSSLOHRA – AMT LOHRA 329
GROSSLOHRA – MÜNCHEN-LOHRA 329
Groß-Machnow 148
Großmecka 457
Großmölsen 311
Groß-Mohrdorf 61
GROSSMÜHLINGEN 221
Groß-Nemerow 94
Großneundorf 382
Großolbersdorf 467

Groß-Oßnig 169
Groß Pankow 83
Groß-Partwitz 171
Groß-Pinnow 163
Großpösna 431
Groß-Raden 89
Groß-Radisch 572
GROSS-RIETZ 153
Großröhrsdorf 548
Groß-Rodenburg 222
Groß-Rossau 207
Groß-Rottmersleben 216
Großrudestedt 312
GROSSRÜCKERSWALDE 471
GROSS-SALITZ 76
Groß-Schierstedt 264
Großschirma 480
GROSS-SCHÖNAU 564
GROSS-SCHÖNEBECK 158
Groß-Schoritz 64
Groß-Schwarzlosen 216
Groß-Schwechten 205
Großstechau 457
Großstorkwitz 450
Groß-Teetzleben 98
Groß-Tessin 55
Großthiemig 182
Großtreben 445
Groß-Upahl 89
Großvargula 326
Großwaltersdorf 484
Groß-Warnow 84
Groß-Wokern 99
Großwülknitz 260
Groß-Wulkow 198
Groß-Zicker 64
Grube 84
Grünberg 109
GRÜNHAIN 495
Grünow (Kr. Angermünde) 163
Grünow (Kr. Neustrelitz) 102
Grüssow 102
Grumbach (Kr. Annaberg-Buchholz) 471
GRUMBACH (Kr. Freital) 538
Grumbach (Kr. Hohenstein-Ernstthal) 489

Gruna 447
GUBEN 169
Gübs 195
GÜLTZ 95
Günterberg 163
Günterode 336
GÜSTEN 221
Güstow 106
GÜSTROW 84–87
Gützkow (Kr. Greifswald) 69
Gützkow (Kr. Altentreptow) 98
Guhrow 169
Gulben 169
Gulow 84
Gumperda 402/03
Gundorf 431
Gusow 157
Gustow 64
Gutengermendorf 133
Guthmannshausen 326
Guttau 556

H
Hachelbich 331
HADMERSLEBEN 217
Hähnichen 572
Hämerten 204
Hänchen 169
Hänichen 431
Härtensdorf 494
Hagenwerder-Tauchritz 571
Hain 331
Haina 377
HAINEWALDE 564
HAINICHEN (Bez. Karl-Marx-Stadt) 483
Hainrode 331
HALBERSTADT 223–227
HALDENSLEBEN 213
HALLE/SAALE 235–242
Halsbach 480
HAMERSLEBEN 218
Hanshagen 69
Harbke 219/20
Hardisleben 326
Harpersdorf 390

Harra 415
Harsleben 229
HARTAU 564
Hartenberger Forst 232
HARTENSTEIN 493
Hartmannsdorf (Kr. Dippoldiswalde) 540
Hartmannsdorf (Kr. Eisenberg) 395
Hartmannsdorf (Kr. Zwickau) 494
HARZGERODE 270/71
Haseloff 146
Hassel (Kr. Stendal) 205
Hassel (Kr. Zeitz) 290
Haßleben 312
Haufeld 406
Hauröden 335/36
Haus Zeitz 260
HAVELBERG 195
Hayna 448
Haynsburg 290
HECKLINGEN 221
Heeren 204
HEIDENAU-GROSS-SEDLITZ 543
HEILIGENDAMM 50
Heiligenfelde 207
HEILIGENGRABE 134
Heiligenhagen 50
HEILIGENSTADT 333
Heiligenthal 265
Heilingen 406
Heilsberg 406
Heimburg 233
Heinersdorf (Kr. Fürstenwalde) 157
Heinersdorf (Kr. Lobenstein) 415
Heinersdorf (Kr. Sonneberg) 382
Heinersgrün 501
Helba 376
Helbigsdorf 473
HELDBURG 379
HELDRUNGEN 273
HELFTA 277
Helle 136
Hellingen 382
Helmers 369
Helmershausen 376/77

Helmsdorf 335
Henfstädt 381/82
Henneberg 376
Herda 349
Herges-Hallenberg 369
Hergisdorf 281
Heringen 331
HERINGSDORF 69
Hermannsfeld 376
HERMSDORF (Kr. Dresden) 522
Hermsdorf (Kr. Senftenberg) 174
HERPF 374
Herrmannsacker 330
Herrnburg 56
HERRNHUT 558
Herschdorf 364
Herwigsdorf (Kr. Löbau) 559
Herwigsdorf (Kr. Zittau) 564
HERZBERG (Bez. Cottbus) 179
Herzberg (Kr. Neuruppin) 133
Herzfelde (Kr. Strausberg) 157
Herzfelde (Kr. Templin) 105
Herzogswalde 540
Hessen 229
Heßberg 382
Heteborn 264
HETTSTEDT 263
Hetzdorf 109
Heuthen 335
Heygendorf 275
Heynitz 536/37
HILDBURGHAUSEN 379
HILLERSLEBEN 215
HIMMELPFORT 129
Hinterhermsdorf 547
Hinternah 364
Hirschberg 415
Hirschfeld (Kr. Freiberg) 481
Hirschfeld (Kr. Leipzig) 431
Hirschfeld (Kr. Zwickau) 494
HIRSCHFELDE 562
Hobeck 195
Hochkirch 556
Höckendorf (Kr. Kamenz) 550
HÖFCHEN 483
Höfgen 436

HÖRNITZ 563
Hörselgau 354
Hötensleben 220
Höwisch 207
HOF 440
Hohenbucko 181
Hohendodeleben 219
Hohendorf (Kr. Borna) 450
Hohendorf (Kr. Wolgast) 69
Hoheneiche 411
Hohenfinow 160
Hohengandern 336
Hohengöhren 198
Hohenkirchen (Kr. Gotha) 354
Hohenkirchen (Kr. Wismar) 55
Hohenlangenbeck 211
Hohenleina 447
Hohenleipisch 182
HOHENLEUBEN 413
Hohen-Luckow 50
Hohenmocker 98
Hohenmölsen 290
Hohennauen 142
Hohenprießnitz 447
Hohenroda 447
Hohenseeden 198
Hohenselchow 163
Hohen-Sprenz 88
HOHENSTEIN-ERNSTTHAL 487
Hohenthurm 244
HOHEN-VIECHELN 54
Hohen-Wangelin 102
Hohenwarthe 194
Hohenwerbig 146
Hohenwulsch 204/05
Hohenwussen 441
Hohenziatz 195
HOHENZIERITZ 102
Hohndorf 416
HOHNSTEIN 546
Holleben 243
Hollenbach 341
Holzendorf (Kr. Prenzlau) 106
Holzendorf (Kr. Strasburg) 109
HOLZHAUSEN (Kr. Arnstadt) 357

Holzhausen (Kr. Kyritz) 136
Holzzelle 281
Hopfgarten 456
Hoppegarten 157
Hoppenrade (Kr. Gransee) 133
Hoppenrade (Kr. Pritzwalk) 135
Hoppenstedt 279
Horburg 297
HORKA 571
Hornburg 281
Horno 171
Hornstorf 55
Horsmar 341
HORST (Kr. Grimmen) 61
Horst (Kr. Pritzwalk) 135
HOYERSWERDA 170
Hoym 264
Hummelshain 402/03
Hundeluft 251
Hundhaupten 390
HUNDISBURG 214
Hundshübel 497
HUYSBURG 228

I

Ichstedt 275
ICHTERSHAUSEN 357
Iden 207
Ihlenfeld 94
Ihlewitz 265
Ihlow 147
Ilfeld 331
Ilfeld-Wiegersdorf 331
Illmersdorf (Kr. Cottbus) 169
Illmersdorf (Kr. Jüterbog) 147
ILMENAU 364
ILSENBURG 232
Ilsestein 233
Imnitz 431
Insel 205
Isterbies 195
Iven 109
IVENACK 98
Ivenrode 216

J

Jabel 136
Jacobsthal 527
JÄNKENDORF-ULLERSDORF 571
Jänschwalde 171
Jagetzow 98
Jahna 438
Jahnishausen 527
Jahnshain 456
Jakobshagen 105
Japenzin 109
Jarchau 205
Jatzke 94
Jaucha 290
Jauernick-Buschbach 571
Jeggau 213
JENA 396—400
Jerchel 213
JERICHOW 197
Jesendorf 89
Jeserig 146
Jessen 181
JOACHIMSTHAL 158
Jöhstadt 471
Jördenstorf 99
Jößnitz 504
JOHANNSTORF 55
Johnsbach 540
Jonsdorf 464
Judenbach 382
Jüchsen 377
Jüdenberg 252
Jürgenstorf 99
JÜTERBOG 144

K

Kaakstedt 105
Kabelitz 198
Kade 198
KAHLA 402
Kahren 169
KALBE 213
Kalkhorst 55, 56
Kaltenlengsfeld 372
Kaltennordheim 372
Kaltensundheim 377
Kambs (Kr. Bützow) 88
Kambs (Kr. Röbel) 102
KAMENZ 548
Kamern 198
Kampehl 136
Kannawurf 275
KAPELLENDORF 322
Karbow 83
Karchow 102
KARL-MARX-STADT 459—465
KARLSBURG 68
Karnitz 64
Karow (Kr. Genthin) 198
Karow (Kr. Lübz) 83
Karsdorf 282
Kartlow 98
Kartzitz 64
Kasel 177
Kasnevitz 64
Katzow 69
Kauern 390
Kaufungen 489
Kaulsdorf 410
Kauschwitz 504
KAVELSTORF 45
Kayna 290
KELBRA 272
Keller 133
KEMBERG 256
Kemnitz (Kr. Greifswald) 69
Kemnitz (Kr. Plauen) 504
Kenz 47
Kerkow 163
Kerspleben 311
Kesselsdorf 540
Kessin 47
KETZÜR 142
Keula 331
Kiebitz 438
Kieselbach 372
KIRCH BAGGENDORF 60
Kirchberg (Kr. Stollberg) 497
Kirchberg (Kr. Zwickau) 494
Kirchdorf (Kr. Wismar) 55
Kirchedlau 260
Kirchgandern 335

Kirch-Grubenhagen 102
Kirchhasel 406
Kirch-Kogel 89
Kirch-Mulsow 50
KIRCHOHMFELD 332
Kirch-Rosin 89
Kirchremda 406
Kirch-Stück 75
Kirchworbis 336
KIRSCHKAU 412
Kistritz 290
Kittendorf 99
KITTLITZ 557
KITZEN-HOHENLOHE 430
Kitzscher 449
Kladrum 83
Kläden (Kr. Osterburg) 207
Kläden (Kr. Stendal) 205
Klaffenbach 466
Klein-Ammensleben 216
Kleinau 207
Klein-Badegast 261
Kleinballhausen 326
Kleinbardau 436
KLEINBARTLOFF 333
Kleinbautzen 556
Kleinbautzen-Preititz 556
Kleinbreitenbach 358
Klein-Döbbern 169
Kleinebersdorf 395
Kleinförstchen 556
Kleingestewitz 287
Kleingrabe 341
Kleinhartmannsdorf 484
Klein-Helle 98
Kleinkochberg 406
Klein-Kreuz 142
KLEINMACHNOW 124
Kleinmühlingen 222
Kleinmutz 133
Kleinolbersdorf 466
Klein-Quenstedt 229
Klein-Rossau 207
Klein-Santersleben 215/16
Klein-Schierstedt 264
Kleinschirma 481
Kleinwelka 556

Klein-Woltersdorf 136
Kleinwülknitz 260
Klepps 195
Kleptow 106
Kleßen 142
Kletzen 447
Kletzke 84
Klieken 252
Klinga 436
Klingenberg 540
KLINGENTHAL 499
Klink 102
Klinken 83
Klipphausen 536
KLITTEN 571
Klitzschen 445
Klix 556
KLOCKENHAGEN 46
Klockow 94
Klöden 181
Kloschwitz 504
Klossa 181
KLOSTER AUF HIDDENSEE 63
Kloster-Allendorf 372
KLOSTERBUCH 437
Klosterfelde 160
KLOSTERLAUSNITZ, BAD 392
KLOSTERMANSFELD 276
KLOSTER-NEUENDORF 212
KLOSTER VESSRA 378
KLOSTER ZINNA 145
KLÜTZ 54
Knapendorf 297
Knatewitz 433
KNAUTNAUNDORF 430
Knobelsdorf 438
Kobershain 445
KODERSDORF-NIEDER-RENGERSDORF 571
KÖLLEDA 324
Kölln 98
Kölsa 448
Kölzow 47
Königsberg 136
Königsborn 194
KÖNIGSBRÜCK 550

Königsburg 232
KÖNIGSEE 404
Königsfeld 486
KÖNIGSHAIN (Kr. Görlitz) 570
Königshain (Kr. Rochlitz) 486
Königsmark 207
KÖNIGSTEIN 544
Königswalde (Kr. Annaberg-Buchholz) 471
Königswalde (Kr. Werdau) 489
KÖNIGSWARTHA 555
KÖNIGS WUSTERHAUSEN 148
KÖNITZ 410
KÖNNERN 259
Körba 181
Körbelitz 195
Körchow 77
KÖSEN, BAD 286
KÖSSERN 434
KÖSTRITZ, BAD 390
KÖTHEN 259
Köthnitz 396
Kötzschlitz 297
KOHREN-SAHLIS 455
Kolkwitz (Kr. Cottbus) 169
Kolkwitz (Kr. Rudolstadt) 406
Kollenbey 297
Kollm 572
Komptendorf 169
Koserow 69
Kosma 454
Koßdorf 181
Kossebau 207
KOSSENBLATT 153
Kotelow 94
Kotzen 143
Kraak 77
KRANICHFELD 321
Kranlucken 372
Krayne 171
Kreba 572
Kreckwitz 556
Kreischa 540
KREMMEN 127
Kretzschau 290
Kreuzebra 335
KREVESE 205

Kreypau 298
Krien 109
Krieschow 169
Krippehna 447
Krögis 537
Krölpa 395
Kröpelin 50
KROMLAU 170
Kromsdorf-Nord 323
Kromsdorf-Süd 323
Kroppen 174
KROPPENSTEDT 222
Krosigk 244
Krossen (Kr. Eisenberg) 395
Krossen (Kr. Luckau) 177
Krottorf 219/20
Krüden 207
Krüssau 195
Krumke 206/07
Kühlungsborn-Ost 50
KÜHNDORF 362
Kühnhaide (Kr. Aue) 496
Kühnhaide (Kr. Marienberg) 473
Kühnitzsch 433
KÜHREN 432
Kümmritz 177
KÜRBITZ 504
Kuhfelde 211
Kuhsdorf 136
Kuhz 106
Kulkwitz 431
Kulm 415
KUMMEROW 97
Kunersdorf 160
Kunitz 402
Kunow 163
Kuppentin 83
Kursdorf 431
KYFFHÄUSER, BURG 274
KYRITZ 135

L
LAAGE 87
Laas 441
Laase 89
Labrun 181

Ladeburg 160
Lärz 102
Lambrechtshagen 47
Lampertswalde 441
Lancken (Kr. Rügen) 64
LANCKEN (Kr. Parchim) 81
LANCKEN-GRANITZ 62
Landow 64
LANDSBERG BEI HALLE 242
LANDSKRON, SCHLOSS-
RUINE 107
LANDWÜST 499
Langburkersdorf 547
Langeln 233
Langenau 473
Langenbach 494
Langenberg 489
Langenbernsdorf 489
Langenchursdorf 489
Langenhanshagen 47
Langenhessen 489
Langenleuba-Niederhain 454
Langennaundorf 181
Langenreichenbach 445
Langenreinsdorf 489
LANGENSALZA, BAD 325
Langensalzwedel 204
LANGENSTEIN-Zwieberge 227
Langenstriegis 484
Langenweddingen 219
Langhennersdorf 481
Lanz 80
Lassahn 77
Lassan 69
LAUCHA 279
Lauchhammer 174
Lauchröden 348
LAUCHSTÄDT, BAD 296
LAUENSTEIN 539
Lausa 445
LAUSCHA 381
LAUSICK, BAD 455
Lausigk 261
Lausnitz 396
Lauta 171
Lauter 497
Lauterbach (Kr. Grimma) 436

Lauterbach (Kr. Marienberg) 473
LAUTERBACH (Kr. Rügen) 62
Lawalde 559
Lebus 157
Legde 84
LEHDE 172
Lehesten 402
LEHNIN 141
Lehsen 77
Leiha 298
Leimbach 372
Leinefelde 335
Leipnitz 436
LEIPZIG 420–429
Leislau 287
LEISNIG 437
LEITZKAU 193
Leizen 102
Lemnitz 395
Lengefeld 473
Lengenfeld 341
Lenterode 335
Lenz 526
Lenz-Dallwitz 526
LENZEN 80
Leopoldshagen 109
LETZLINGEN 212
Leuba 571
Leuben 536
LEUBNITZ 503
Leubsdorf 484
Leukersdorf 497
Leulitz 433
Leuna-Göhlitzsch 298
Leuna-Kröllwitz 298
Leuna-Ockendorf 298
Leuna-Rössen 298
LEUTENBERG 410
Leutenthal 323
Leutersdorf 377
LEUTHEN-WINTDORF 168
Leutra 403
Levenhagen 69
Levin 98
Libbesdorf 261
Lichtenberg 473
LICHTENHAGEN 45

LICHTENSEE-TIEFENAU 525
Lichtentanne (Kr. Saalfeld) 411
Lichtentanne (Kr. Zwickau) 494
LICHTENWALDE 482
Lichterfelde 207
Liebengrün 415
Liebenrode 331
Liebenstein (Kr. Arnstadt) 357
LIEBENSTEIN, BAD (Kr. Bad Salzungen) 370
LIEBENWALDE 127
LIEBENWERDA, BAD 179
LIEBEROSE 153
Liebschütz 415
LIEBSTADT 544
Liebstedt 323
Liedekahle 177
Liemehna 447
Liepen 109
Liepgarten 109
LIETZEN 156
Limbach (Kr. Freital) 540
Limbach (Kr. Reichenbach) 499
Linda 391
LINDAU 194
Linden 381/82
Lindena 178
Lindenau 174
LINDENBERG (Kr. Beeskow) 153
Lindenberg (Kr. Bernau) 160
Lindenberg (Kr. Demmin) 98
Lindenthal 431
Linderbach 311
Lindewerra 336
LINDOW (Kr. Neuruppin) 131
Lindow (Kr. Strasburg) 109
Lindstedterhorst 213
Lindtorf 205
Lippersdorf (Kr. Marienberg) 473
Lippersdorf (Kr. Stadtroda) 395
Liptitz 441
Lissa 448
Lissen 290
LOBENSTEIN 411
Lobsdorf 489
Lobstädt 450
LOBURG 193

Lockstedt 213
LODERSLEBEN 279
LÖBAU 557
LÖBEJÜN 242
Löben 181
Löbichau 457
Löbnitz (Kr. Delitzsch) 447
Löcknitz 108
Lögow 136
Löhme 160
Lössau 415
Lössen 297
LÖSSNITZ 495
Löwenberg 133
Löwenbruch 148
Lohmen (Kr. Güstrow) 89
Lohmen (Kr. Sebnitz) 547
Lohsa 171
LOITZ 96
LOMMATZSCH 535
Lonnewitz 441
Lorenzkirch 527
Lucka 454
LUCKAU 175
LUCKENWALDE 146
LUDORF 100
LUDWIGSBURG 68
Ludwigsdorf 571/72
LUDWIGSFELDE 147
LUDWIGSLUST 78
Lübars 195
LÜBBEN 172
LÜBBENAU 172
Lübbersdorf 94
Lübow 55
Lübsee 89
LÜBTHEEN 77
LÜBZ 81
Lüchfeld 133
Lückendorf 564
LÜDERSDORF (Kr. Bad Freienwalde) 160
Lüdersdorf (Kr. Eberswalde) 160
Lüdershagen (Kr. Güstrow) 89
Lüdershagen (Kr. Ribnitz-Damgarten) 47
Lühburg 98

Lüsse 146
Lüssow 88
Lütgendorf 102
LÜTZEN 288
Lützlow 106
Lützow 77
Lüffingen 213
LUGAU (Kr. Finsterwalde) 177
LUGAU (Kr. Stollberg) 494
Luko 251
Lungkwitz 540
Lunstädt 298
Lunzenau 486
LUPENDORF-ULRICHS-
  HUSEN 99
Luplow 98
LUPPA 439
LYCHEN 103

M
MACHERN 432
Mägdesprung 271
Märkisch-Wilmersdorf 148
MAGDALA 322
MAGDEBURG 186–192
Mahlis 441
Mahlwinkel 216
MALCHIN 97
Malchow (Kr. Prenzlau) 106
MALCHOW (Kr. Waren) 100
Malschwitz 556
Maltis 457
Mangelsdorf 198
Mannstedt 326
MANSFELD 263
Marbach 484
MARIENBERG 471
MARIENBORN 218
MARISFELD 363
MARKEE-MARKAU 125
MARKERSBACH 495
Markersdorf (Kr. Görlitz) 572
Markersdorf (Kr. Rochlitz) 486
Markgrafpieske 157
MARKKLEEBERG 430
MARKNEUKIRCHEN 499

MARKRANSTÄDT 430
Markröhlitz 290
MARKSUHL 347
Marktgölitz 411
Marlow 47
Marsow 77
Marth 335
Martinfeld 335
MARTINSKIRCHEN 179
Martinsrieth 275
MARXWALDE 156
Massen 178
Maua 403
Mauersberg 473
Mechow 102
MECKLENBURG-DORF 54
Meerane 489
Mehltheuer 527
Mehna 457
Mehringen 264
Mehrstedt 341
Meinersdorf 497
Meineweh 290
MEININGEN 373
MEISSEN 527–535
Melkow 198
Mellen 84
MELLENTHIN 69
Mellingen 323
Melz 102
Melzow 106
MEMLEBEN 281
Menkin 109
Menteroda 341
Merbitz 243
MERSEBURG 291–296
Mertendorf 287
Meseberg (Kr. Gransee) 133
Meseberg (Kr. Osterburg) 207
Mestlin 83
Meßdorf 213
Meuselbach 382
MEUSELWITZ 453
MEYENBURG 134
MEYENDORF 219
MICHAELSTEIN, KLOSTER-
  RUINE 231

Miersdorf 148
Middelhagen 64
MIHLA 348
Milbitz 406
Milda 403
Mildenau 471
MILKEL 554
Milow 84
Miltern 204
Miltitz 537
Milz 377
Minsleben 233
MIROW 100
Mißlareuth 504
Mittelbach 466
Mittelfrohna 466
Mittelpöllnitz 395
Mittelsaida 473
MITTELSCHMALKALDEN-HAINDORF 369
Mittelsdorf 377
Mittelsömmern 326
MITTENWALDE 148
MITTWEIDA 483
Mockern 454
Mockrehna 447
Mockritz 438
Möbiskruge 155
Möckern (Kr. Zerbst) 195
Möckern-Lühe (Kr. Zerbst) 195
Mödlich 80
Möhra 372
Mölbis 449
Möllenbeck (Kr. Neustrelitz) 102
Möllenbeck (Kr. Stendal) 205
Möllendorf 207
Möllern 287
Mönchow 69
Möringen 205
Mohorn 540
Mollenstorf 102
Molschleben 354
MOLSDORF 311
MOLTZOW-RAMBOW 100
Monstab 454
MORITZBURG 522
Morsleben 216

Morungen 275
Motzen 148
MÜCHELN (Kr. Merseburg) 296
MÜCHELN (Saalkreis) 242
MÜGELN 440
Müglenz 433
Mühlau 466
Mühlbeck 244
MÜHLBERG (Kr. Bad Liebenwerda) 180
Mühlberg (Kr. Gotha) 354
Mühlen-Eichsen 77
MÜHLHAUSEN 336–340
Mühlstedt 251
Müllersdorf 243
Müllrose 155
Mülsen St. Jakob 494
Mülsen St. Michel 494
Mülsen St. Niclas 494
MÜNCHEBERG 156
MÜNCHENBERNSDORF 390
Mürow 163
Mupperg 382/83
Murchin 109
MUSKAU, BAD 170
MUTZSCHEN 435
MYLAU 498

N
Nägelstedt 326
Nätebow 102
Nassau 473
NAUEN 125
Nauendorf 323
Nauhain 438
NAUMBURG 282–285, 287
Naundorf (Kr. Freiberg) 481
Naundorf (Kr. Oschatz) 441
Naundorf (Saalkreis) 244
Naundorf (Kr. Schmölln) 457
Naundorf-Gepülzig (Kr. Rochlitz) 487
Naundorf bei Seyda (Kr. Jessen) 181
Naunhof (Kr. Grimma) 436
Naunhof (Kr. Großenhain) 526
Nazza 348

Nebelin 84
Nebelschütz 550
Nebra 281/82
Nedlitz 195
Neetzow 109
Nehringen 61
Neichen 436
Neiden 445
Neindorf 219/20
Neinstedt 271
Nemsdorf 282
Nenkersdorf 456
Nennhausen 142/43
Nepperwitz 433
Nerchau 436
Nerkewitz 402
NESCHWITZ 555
Nesenitz 213
NETZSCHKAU 498
NEUBRANDENBURG 91–93
Neubukow 50
Neuburg 55
Neudorf 471
Neuenbeuthen 411
Neuendorf (Kr. Eberswalde) 160
Neuendorf (Kr. Worbis) 336
Neuendorf auf Hiddensee
  (Kr. Rügen) 64
Neuengönna 402
NEUENHAGEN 160
Neuenkirchen (Kr. Greifswald) 69
Neuenkirchen (Kr. Hagenow) 77
Neuenkirchen (Kr. Neubrandenburg) 94
Neuenkirchen (Kr. Rügen) 64
Neuenklitsche 198
Neuenmörbitz 454
Neuermark 198
Neugattersleben 260
Neugersdorf 559
Neuhaus 383
Neuhausen (Kr. Cottbus) 169
NEUHAUSEN (Kr. Marienberg) 472
Neuhausen (Kr. Perleberg) 83
NEUKALEN 96
Neukirch 548

Neukirchen (Kr. Borna) 449
Neukirchen (Kr. Freiberg) 481
Neukirchen (Kr. Karl-Marx-Stadt) 466
Neukirchen (Kr. Osterburg) 207
NEUKLOSTER 54
Neulingen 207
Neumark (Kr. Reichenbach) 499
Neumark (Kr. Weimar) 323
Neumarkt 147
Neumühle-Krebsgrund 415
Neundorf 415
Neunhofen 396
NEURUPPIN 131
Neusalza-Spremberg 559
Neusitz 406
Neußen 445
Neustadt (Kr. Nordhausen) 330/31
Neustadt (Kr. Worbis) 335/36
NEUSTADT/DOSSE
  (Kr. Kyritz) 135
NEUSTADT/ORLA (Kr. Pößneck) 393
NEUSTADT-GLEWE 79
NEUSTRELITZ 101
Neutornow 160
Neutz 243
NEUZELLE 153
Neverin 94
Niebra 391
Nieden 109
Niederalbertsdorf 489
Niederbösa 331
Niedercunnersdorf 559
Niederfrohna 466
Niedergörsdorf 146
Niedergräfenhain 456
Niedergrunstedt 323
Niederholzhausen 287
Niederklobikau 297
Niederkrossen 406
Niederlandin 163
Niederlauterstein 473
Niederlichtenau 466
Niederlungwitz 487
Niederndodeleben 216
Niederoderwitz 564

Niederorschel 335
Niederröblingen 275
Niederroßla 323
Niederschindmaas 489
Niederschöna 481
NIEDER-SEIFERSDORF 571
Niederspier 331
Niedersteinbach 456
Niederstreba 323
NIEDERWARTHA 524
Niederwinkel 489
Niederwünsch 297
Niegripp 194
Niemberg 244
NIEMEGK 143
NIENBURG 257
Niepars 61
Nieska 527
Niewitz 174
Nimritz 395
Nischwitz 432
Nitschareuth 415
Nitzow 198
Nitzschka 433
Nöbdenitz 457
Nordgermersleben 216
NORDHAUSEN 329
NORDHEIM 375
Noschkowitz 438
NOSSEN 535
Nossendorf 98
Noßwitz 415
Nostiz 556
Nottleben 312
Nudow 125
Nunsdorf 148

O
Oberalbertsdorf 489
Oberau 536
Oberbeuna 298
OBERBOBRITZSCH 480
Oberbösa 331
OBERCUNNERSDORF 557
Oberellen 348/49
Obergräfenhain 456

Ober-Greißlau 290
Oberhain 406
Oberhasel 406
OBERHOF 362
Oberklobikau 297
Oberlichtenau 550
Oberloquitz 411
OBERLUNGWITZ 487
Obermaßfeld 377
Obernissa 311
OBERODERWITZ 558
Oberoppurg 396
Oberpfannenstiel 496/97
Oberpöllnitz 395
Oberrißdorf 281
Oberröblingen 281
Oberschaar 481
Oberschöna 481
Oberseifersdorf 564
Oberspier 331
Oberteutschenthal 243
OBERWEISSBACH 381
Oberwellenborn 411
OBERWIESENTHAL 470
Oberwiera 489
Oberwünsch 297
Obhausen 281
Ochsensaal 441
Oderberg 160
OEBISFELDE 212
OEDERAN 482
Oelsen 545
OELSNITZ (Bez. Karl-Marx-Stadt) 500
Oelsnitz (Kr. Stollberg) 497
Oelzschau 449
Oesterbehringen 326
Oettersdorf 415
Ogkeln 257
OHRDRUF 353
Ohrsleben 220
OLBERNHAU 471
Ollendorf 311
Olvenstedt 216
Oppach 559
Oppelhain 178
Oppershausen 341

613

OPPURG 394
ORANIENBAUM 251
ORANIENBURG 125
ORLAMÜNDE 402
Orpensdorf 207
ORTRAND 174
Oschätzchen 181
OSCHATZ 438
OSCHERSLEBEN 217
Oschitz 415
Osmarsleben 223
Osmünde 244
Ossa 456
Oßling 550
OSSMANNSTEDT 322
OSTERBURG 205
OSTERHAUSEN-SITTICHEN-
  BACH 278, 281
Osterweddingen 219
OSTERWIECK 228
OSTERWOHLE 211
Ostrau 243
OSTRITZ 570
Ostro 550
Ottendorf (Kr. Pirna) 545
Ottendorf (Kr. Stadtroda) 395
Ottenhausen 326
Otterstedt 331
Otterwisch 436
Ottleben 220
Otzdorf 438
OYBIN 563

P
Pahnstangen 415
Panitzsch 431
PANSCHWITZ-KUCKAU 549
Pansevitz 64
Papitz 169
Paplitz 198
Parchen 198
PARCHIM 81
Paretz 128
Parey 198
PARKENTIN 50
Parum 89

Paserin 178
PASEWALK 106
Passee 55
Passow (Kr. Angermünde) 163
PASSOW (Kr. Lübz) 81
Patzig 64
PAULINZELLA 405
Paupitzsch 447
PAUSA 413
Paußnitz 527
Pechern 171
Pechüle 146
Peckatel 103
PEGAU 449
Peißen 244
PEITZ 168
PENIG 486
PENKUN 106
PENZLIN 99
PERLEBERG 82
Pessin 127
Pesterwitz-Neuimptsch 539
PETERSBERG BEI HALLE 242
Petershain 572
PETSCHOW 45
Pettstädt 290
Petzow 125
Peulingen 205
Pfaffroda 473
Pferdsdorf 372
Pfiffelbach 323
Pietzpuhl 194
Pinnow (Kr. Angermünde) 163
Pinnow (Kr. Schwerin) 75
PIRNA 540–543
Planitz-Deila 536
Planschwitz 501
Plate 75
PLATTENBURG 82
PLAU 82
PLAUE 357
PLAUEN 501–503
Pleißa 466
Plessow 125
Plößnitz 244
Plötzkau 260
Plötzky 222

Plohn 499
Plüschow 55
POBERSHAU 471
PODELWITZ (Kr. Leipzig) 430
Podelwitz (Kr. Grimma) 436
Pödelist 287
PÖHLA 495
PÖSSNECK 394
Pötewitz 290
Polenz 433
POMSSEN 435
Ponickau 527
PONITZ 457
Porep 136
Poritz 213
POSA 288
Poseritz 64
Posseck 501
Possendorf (Kr. Freital) 540
Possendorf (Kr. Weimar) 323
POSTERSTEIN 457
Postlin 83
POTSDAM 113–124
Pouch 243, 244
Pragsdorf 94
Pratau 256
Prausitz 527
Prebberede 98
Preddöhl 136
Predel 290
PRENZLAU 104
PREROW 46
Preschen 171
Prestin 75
PRETTIN 179
Pretzien 222
PRETZSCH 256
PRETZSCHENDORF 538
Preußnitz 146
Pribbenow 99
Pribsleben 98
Priemern 207
Priepert 102
Prießen 178
PRIESSNITZ 455
Priesteblich 447
Prietitz 550

Prillwitz 103
PRITZWALK 134
Pröttlin 84
Prötzel 157
PROFEN 290
Prohn 61
Proseken 55
Proßmarke 181
PUDAGLA 69
Püchau 433
PÜGGEN 211
Pütte 61
PULSNITZ 547
Purschwitz 556
PUTBUS 62
Putlitz 135
Putzar 109
Putzkau 548

Q
Qualitz 89
QUEDLINBURG 265–269
Queienfeld 377
Quenstedt 264
QUERFURT 278
Quesitz 431
QUILOW 107
Quittelsdorf 406
Quitzow 84

R
RABEN 143
RABENAU 537
Rackith 256
RADEBERG 521
RADEBEUL 523
Radefeld 448
Radensleben 133
RADIBOR 555
Radisleben 264
Raduhn 83
Ragow 148
Rahnsdorf 256
Rakow 61
Rambin 64

615

RAMMELBURG 263
RAMMENAU 547
Ramsdorf 450
Ranies 222
RANIS 394
Rappin 64
Raschau 497
Rasephas 454
RASTENBERG 324
Rathendorf 456
RATHENOW 142
Rathsfeld 275
Rathsleben 207
Rattey 109
Rauen 157
Rauenstein (Kr. Marienberg) 473
RAUENSTEIN (Kr. Sonneberg) 381
RAUN 500
Raußlitz 537
RAVENSBRÜCK 129
Reckahn 142
RECKNITZ 87
Reddeber 233
Redefin 77
Redekin 198
Reez 47
REGENSTEIN, Burg 231
Regis-Breitingen 450
Rehmsdorf 290
REHNA 75
REICHENBACH (Kr. Görlitz) 570
Reichenbach (Kr. Kamenz) 550
REICHENBACH (Bez. Karl-Marx-Stadt) 498
Reichenbach bei Saalfeld 411
Reichenbach bei Unterloquitz (Kr. Saalfeld) 411
Reichenberg 157
Reicherskreuz 171
Reichstädt 540
Reinberg 61
Reinersdorf 526
Reinhardtsdorf 545
REINHARDTSGRIMMA 539
REINHARZ 256
Reinholterode 335
Reinkenhagen 61

Reinsberg 480/81
Reinsdorf (Kr. Döbeln) 438
REINSDORF (Kr. Nebra) 279
REINSHAGEN 87
Reinstädt 402/03
Reiser 341
Reitzengeschwenda 411
Remda 406
Remplin 98
Remptendorf 415
Remse 489
Rengelrode 335
Rengerslage 207
Rennersdorf 559
Renz 64
RERIK 50
Retgendorf 75
Rethwisch 50
Retschow 50
Rettwitz 323
Retzow 102
Reurieth 381/82
Reust 391
RHEINSBERG 129
Rhoden 229
RIBNITZ-DAMGARTEN 46
RICHTENBERG 60
Riechheim 358
RIEDEBECK 176
Rieder 271
RIESA 525
Riesa-Gröba 526/27
Riesa-Pausitz 527
Riesigk 251/52
Riessen 155
Rieth 382
Riethnordhausen 275
Rietschen 171
Rietzneuendorf 174
Rimbach bei Bornhagen 336
Rindtorf 205
Ringenwalde (Kr. Strausberg) 157
Ringenwalde (Kr. Templin) 105
Ringethal 484
Ringleben 275
Ristedt 213
Rittermannshagen 99

Rittgarten 106
Rittmitz 438
Ritze 211
Rochau 205
ROCHLITZ 484
ROCHSBURG 486
Rockau-Helfenberg 524
Roda 456
Rodameuschel 402
Rodersdorf 504
RODEWISCH 498
Röbel 100
Röcken 290
Röcknitz 433
Röckwitz 98
Röderau 527
Röderau-Promnitz 526
RÖDERN 525
Rödersdorf 415
Rödigsdorf 323
Rödlin 102
Rödlitz 489
Röglitz 297
Röhrig 336
Röhrsdorf (Kr. Karl-Marx-Stadt) 466
Röhrsdorf (Kr. Meißen) 537
Röhrsdorf (Kr. Pirna) 545
RÖMHILD 375
Rönnebeck (Kr. Gransee) 133
Rönnebeck (Kr. Osterburg) 207
RÖTHA 448
Röthenbach 499
Rövershagen 47
Roga 94
Rogätz 215/16
Roggenstorf 56
ROHR 363
Rohrberg 213
Rohrsheim 229
Rolofshagen 61
RONNEBURG 390
Rosa 370
Rosenfeld 445
Rosenow (Kr. Altentreptow) 98
Rosenow (Kr. Templin) 105
ROSENTHAL 549
Rosian 195

Rositz 454
Roskow 142
Rossau 484
Roßdorf (Kr. Genthin) 198
Roßdorf (Kr. Schmalkalden) 369/70
ROSSEWITZ 87
ROSSLA 272
ROSSLAU 249
ROSSLEBEN 273
ROSSOW 135
ROSSWEIN 437
ROSTOCK 40–44
Rostocker-Wulfshagen 47
Roth 382
Rothenburg (Kr. Niesky) 572
Rothenkirchen 499
Rothenklempenow 109
Rothenstein 403
Rotschönberg 536/37
Rottenbach 406
Rottmannsdorf 494
RUDELSBURG, BURGRUINE 286
RUDOLSTADT 403
Rübenau 473
Rückersdorf (Kr. Finsterwalde) 178
Rückersdorf (Kr. Sebnitz) 547
RÜDERSDORF-KALKBERGE 155
Rüdigershagen 335
Rüdnitz 160
RÜHN 88
Rühstädt 84
Rüsseina 537
Ruest 83
RUHLA 347
Ruhland 174
Rumpshagen 102
Ruppendorf 540
Ruppers bei Stedtlingen 376
RUPPERSDORF 558
Ruppertsgrün (Kr. Plauen) 504
RUPPERTSGRÜN (Kr. Werdau) 488
Russow 50
Rusteberg bei Marth 335
Rustenfelde 335

617

S
Saal 47
Saalborn 323
SAALBURG 411
SAALECK 286
SAALFELD 407–410
Saara 454
Saaringen 142
Saarmund 125
Saarow-Dorf 157
Sachau 257
Sachsenbrunn 382
Sachsenburg (Kr. Artern) 275
SACHSENBURG (Kr. Hainichen) 482
Sachsendorf 433
SACHSENHAUSEN (Kr. Oranienburg) 127
Sachsenhausen (Kr. Weimar) 323
Sacka 527
Sagard 64
SALLGAST 177
Sallmannshausen 349
Salow 94
Salsitz 290
SALZUNGEN, BAD 370
SALZWEDEL 207–210
Samtens 64
SANDAU 197
SANDERSLEBEN 264
SANGERHAUSEN 272
Sanitz 47
St. Michaelis 473
Sanne (Kr. Osterburg) 207
Sanne (Kr. Stendal) 205
Sarnow 136
Satzung 473
Saxdorf 182
SAYDA 472
Schachtebich 336
Schafstädt 297
SCHALKAU 380
Schallenburg 326
SCHANDAU, BAD 545
SCHAPRODE 62
SCHARFENBERG 536
Scharfenberg-Batzdorf 536

Scharfenberg-Naustadt 537
SCHARFENSTEIN 466
Schartau 205
Scharteucke 198
SCHEIBENBERG 470
Schellenberg 484
Schellsitz 287
Schenkenberg 448
Schenkendorf (Kr. Königs-Wusterhausen) 148
Schenkendorf (Kr. Luckau) 177/78
Schenkenhorst 125
Scherbda 349
Schermcke 220
Schermen 194
Schierau 244
SCHILDAU 444
Schildfeld 77
SCHIRGISWALDE 556
Schkauditz 290
Schkeitbar 431
Schkölen 395
Schkopau 297
Schlabendorf 178
Schlagenthin 198
SCHLAGSDORF 76
Schlalach 146
Schlanstedt 229
Schleberoda 282
SCHLEID 372
Schleife 171
SCHLEINITZ 535
SCHLEIZ 412
Schlema 497
SCHLETTAU (Kr. Annaberg-Buchholz) 470
Schlettau (Saalkreis) 244
SCHLEUSINGEN 363
Schloen 102
Schloßvippach 312
SCHLOTHEIM 341
Schlunzig 489
SCHMALKALDEN 365–368
Schmannewitz 441
Schmarsow (Kr. Demmin) 98
Schmarsow (Kr. Pasewalk) 109
Schmerwitz 146

Schmetzdorf 142
Schmiedeberg (Kr. Angermünde) 163
SCHMIEDEBERG (Kr. Dippoldiswalde) 539
SCHMIEDEBERG, BAD (Kr. Gräfenhainichen) 256
SCHMÖLLN (Bez. Leipzig) 456
Schmölln (Kr. Prenzlau) 106
Schnaditz 447
Schnarsleben 216
SCHNEEBERG 496
Schnellmannshausen 349
Schnett 382
Schochwitz 243
Schöna 447
Schönau (Kr. Geithain) 456
Schönau (Kr. Görlitz) 571
Schönau (Kr. Zwickau) 494
Schönbach 559
SCHÖNBERG (Kr. Grevesmühlen) 55
SCHÖNBERG (Kr. Oelsnitz) 500
Schönberg am Damm (Kr. Osterburg) 207
Schönborn (Kr. Finsterwalde) 178
Schönborn (Kr. Pößneck) 396
Schönbrunn (Kr. Hildburghausen) 382
Schönbrunn (Kr. Lobenstein) 415
SCHÖNBURG 287
SCHÖNEBECK 220
SCHÖNEBECK-SALZELMEN 220
Schöneiche 157
Schönermark 106
Schönerstädt 438
Schönewalde (Kr. Finsterwalde) 178
Schönewalde (Kr. Herzberg) 181
Schönfeld (Kr. Demmin) 98
SCHÖNFELD (Kr. Dresden) 521
Schönfeld (Kr. Großenhain) 526/27
Schönfeld (Kr. Havelberg) 198
Schönfelde 157
SCHÖNFELS 493
Schöngleina 395
Schönhagen 335
SCHÖNHAUSEN 197

Schönheide 497
Schönwerder 106
Schollene 198
Schorbus 169
Schorrentin 98
Schorstedt 205
SCHRAPLAU 278
Schrebitz 438
Schünow 148
Schüptitz 390
SCHULPFORTE 286
Schulzendorf 160
SCHWAAN 87
Schwaben 489
Schwallungen 369
Schwand 504
Schwanebeck (Kr. Bernau) 160
SCHWANEBECK (Kr. Halberstadt) 228
Schwaneberg (Kr. Oschersleben) 220
Schwaneberg (Kr. Prenzlau) 106
Schwanefeld 216
Schwante 127
Schwarz 102
SCHWARZA 362
Schwarzbach 382
SCHWARZBURG 404
SCHWARZENBERG 495
SCHWEDT 161
Schweikershain 487
Schweina 372
Schweinitz (Kr. Jessen) 181
Schweinitz (Kr. Pößneck) 396
Schweinrich 136
Schwemsal 252
Schwenda 275
Schwepnitz 550
SCHWERIN 71—75
Schwerstedt 323
Schweta 441
Schwickershausen 376
Schwinkendorf 99
Sdier 556
SEBNITZ 545
See 571/72
Seebach (Kr. Eisenach) 349
Seebach (Kr. Mühlhausen) 341

Seebergen 354
SEEBURG 277
Seega 275
Seehausen (Kr. Artern) 275
SEEHAUSEN (K. Osterburg) 205
Seehausen (Kr. Prenzlau) 106
SEEHAUSEN (Kr. Wanzleben) 219
Seelingstädt 436
SEELITZ 486
SEELOW 156
Seelübbe 106
Seerhausen 527
Seidingstadt 381
Seifersdorf (Kr. Dippoldiswalde) 540
SEIFERSDORF (Kr. Dresden) 521
SEIFFEN 472
Selchow 148
Seligenthal 369
Sembten 171
Semlow 47
SENFTENBERG 173
Senzke 127
Serrahn 89
Sewekow 136
SEYDA 178
Siebenlehn 481
Siedenbollentin 98
Siedengrieben 213
Sielow 169
Siethen 148
Sietow 102
Sietzsch 244
Sieversdorf (Kr. Fürstenwalde) 157
Sieversdorf (Kr. Kyritz) 136
Silbitz 395
Silstedt 233
Singen 358
Sitten 438
Sitzenroda 445
Skassa 527
Slate 83
Söllenthin 84
SÖMMERDA 324
Sörnewitz 441
Sohland (Kr. Bautzen) 556
Sohland (Kr. Görlitz) 571
Sollschwitz 171

Sommerschenburg 219
Sommersdorf 220
Sommerstorf 102
Somsdorf 540
SONDERSHAUSEN 327
SONNEBERG 381
SONNEWALDE 176
Sornitz 536
Sorno 178
Sosa 496/97
Spaatz 142
Späningen 213
SPANTEKOW 107
Sperenberg 148
Spergau 298
Spitzkunnersdorf 564
Spören 244
Sponholz 94
Spree 571
Spreewiese 556
Spreewitz 171
SPREMBERG 170
Springstille 369
Spröda 447
Sprötau 326
STADTILM 357
Stadtlengsfeld 372
STADTRODA 392
STADT WEHLEN 545
Stäbelow 47
Staffelde 204
Stahnsdorf 125
Stangengrün 494
Stapel (Kr. Hagenow) 77
Stapel (Kr. Osterburg) 207
Stapelburg 232
Stappenbeck 211
Starkow 61
STASSFURT 221
Staucha 526/27
STAVENHAGEN 97
Stecklenberg 271
Stedten 281
Stedtfeld 348
STEFFENSHAGEN 50
Stegelitz (Kr. Burg) 195
Stegelitz (Kr. Templin) 105

Steigra 282
Steinach 382
Steinbach (Kr. Annaberg-Buchholz) 471
Steinbach (Kr. Bad Salzungen) 372
Steinbach (Kr. Borna) 449
Steinbach (Kr. Dresden) 524
Steinbach (Kr. Nebra) 282
STEINBACH-HALLENBERG 369
Steinbrücken 331
Steinfeld 205
Steinhagen 61
Steinhöfel (Kr. Angermünde) 163
Steinhöfel (Kr. Fürstenwalde) 157
Steinpleis 489
Steinsdorf 504
Steinthalleben 275
Stempeda 331
STENDAL 199–202
STEPENITZ 134
Stepfershausen 376
STERNBERG 88
Steuden 243
Stiege 233
Stölln 142
Störmthal 430/31
Stötterlingen 229
STÖTTERLINGENBURG 228
STOLBERG 271
STOLLBERG 494
Stolpe (Kr. Angermünde) 163
Stolpe (Kr. Oranienburg) 127/28
STOLPEN 546
Stoltenhagen 61
Stolzenhain (Kr. Herzberg) 181
Stolzenhain (Kr. Bad Liebenwerda) 181
Storbeck 207
Storkau 204
Stralendorf 75
STRALSUND 56–60
STRASBURG 107
STRASSBERG 503
Strauch 527
STRAUPITZ 172
STRAUSBERG 156

Straußfurt 326
STREHLA 525
Stresow 195
Stressenhausen 382
Streufdorf 382
Strößwitz 396
Strubensee 133
Struppen 545
Struth-Helmershof 369
STÜLPE 146
STUER 100
Stünzhain 454
Stürza 547
Stützengrün 497
STÜTZERBACH 364
Sükow 84
Sülldorf 219
Sülstorf 75
SÜLZE, BAD 46
Sülzfeld 377
Sülzhayn 331
Süptitz 445
SUHL 360/61
SULZA, BAD 322
Sundremda 406
Swantow 64
Sydow 198
Syhra 456
Sylbitz 244
Sylda 264
Syrau 504

T
TABARZ 353
Tätzschwitz 171
Taltitz 501
Tangerhütte 216
TANGERMÜNDE 202–204
Tanna 415
Tanneberg 537
Tannenberg 470
Tannroda 322
Tarnow 89
Tarthun 222
Taubenheim (Kr. Bautzen) 556
Taubenheim (Kr. Meißen) 536/37

621

Taucha 431
Tauer 171
Taura (Kr. Karl-Marx-Stadt) 466
Taura (Kr. Torgau) 445
Tauscha 526/27
Tautenhain (Kr. Eisenberg) 395
Tautenhain (Kr. Geithain) 456
Techentin 83
Technitz 438
Teetz 136
Tegkwitz 454
Teicha 244
Teichweiden 406
Teichwolframsdorf 416
Tellschütz 431
TELTOW 124
TEMPLIN 103
TEMPZIN 88
TENNSTEDT, BAD 325
Terpitz 441
Teschendorf 128
TESSIN 46
TETEROW 96
Teuchern 290
TEUPITZ 147
Teutleben (Kr. Gotha) 354
Teutleben (Kr. Sömmerda) 326
Thal 348
THALBÜRGEL 391
THALE 271
Thalheim 244
Thallwitz 433
Thammenhain 433
Thamsbrück 326
Thangelstedt 322
THARANDT 538
Thelkow 47
THEMAR 377
Theuma 504
Thierbach 415
Thierfeld 494
Thörey 357
Thomsdorf 105
Thonhausen 457
Thossen 504
Threna 436
Thulendorf 47

Thurm 494
Thyrow 148
Tiefensee 447
TILLEDA 274
Titschendorf 415
Tonndorf 322/23
Topfseifersdorf 486
Toppel 198
TORGAU 441–444
Tornau 205
Trageburg 232
Tramm 75
Tranitz 169
Trautenstein 233
Trautschen 450
TREBBIN 146
Trebbus 178
Treben 454
Trebitz (Kr. Wittenberg) 256
Trebnitz (Kr. Bernburg) 260
Trebnitz (Kr. Merseburg) 297
TREBSEN 435
TREFFURT 348
Tremmen 128
TRENT 62
Treppendorf 406
TREUEN 498
TREUENBRIETZEN 144
Tribohm 47
TRIBSEES 60
Triebel 501
Triestewitz 445
TRIPTIS 394
Tröbnitz 178
Trollenhagen 94
Tromsdorf 287
Trossin 445
Trusetal-Auwallenburg 369
Tschirma 416
Tucheim 198
TÜTZPATZ 95
Tuttendorf 481

U
Uchtdorf 216
Uchtenhagen 207

Udars 64
Uder 336
Udestedt 312
UECKERMÜNDE 108
Uenglingen 205
Uenze 84
Üplingen 220
Üselitz 64
Ufhoven 326
Uhyst (Kr. Bischofswerda) 548
Uhyst (Kr. Hoyerswerda) 171
Ulbersdorf 547
UMMENDORF 218
UMMERSTADT 380
Umpferstedt 323
Unseburg 222
Unterbreizbach 372
Unter-Greißlau 290
Unterkatz 377
Unterlind 382
Untermaßfeld 376
Unterrißdorf 281
Unterschöbling 406
Unterstuhl 349
UNTERWEISSBACH 381
Unterwellenborn 411
Unterwellenborn-Röblitz 411
Unterwürschnitz 501
Ursprung 497
USEDOM 69
Utenbach 323
Uthleben 331
Utzberg 323
Utzedel 98

V
VACHA 370
Vachdorf 377
Varchenthin 102
Vehlefanz 127/28
Vehlitz 195
Vehlow 136
Veilsdorf 382
Velgast 61
Vellahn 77
Veltheim 229

Venz 64
VERCHEN 96
Vesser 364
Vesta 298
VETSCHAU 173
Vettin 136
Vielau 494
Vielbaum 207
Vielist 102
Vierraden 163
Vierzehnheiligen 402
Vietgest 88
VIETLÜBBE 76
Vietmannsdorf 105
Vilmnitz 64
Vilz 47
Vipperow 102
Vitt 64
VITZENBURG 279
Vockerode 252
Völpke 220
Völschow 98
Voigtstedt 275
VOLKENRODA 341
Volkenshagen 47
Volkerode 335
VOLKMARSKELLER 232
Vollenborn 335
Vorbeck 75
Vorland 61

W
WAASE 63
Wachau 524
Wachow 128
WACHSTEDT 333
Wäldgen 433
Wahlhausen 335
Wahrburg 205
WALBECK (Kr. Haldensleben) 214
WALBECK (Kr. Hettstedt) 263
Walda 527
Walddrehna 178
WALDENBURG 487
Waldfisch 372
Waldheim 438

623

Waldkirchen 499
Waldow 174
Waldsachsen 489
Walkendorf 98
WALLDORF 374
Wallendorf (Kr. Hildburghausen) 382
Wallendorf (Kr. Merseburg) 297
Wallhausen 275
Wallroda 524
Wallstawe 211
Wallwitz 195
Walpernhain 395
Walsleben (Kr. Neuruppin) 133
Walsleben (Kr. Osterburg) 207
Waltersdorf (Kr. Gera) 390
Waltersdorf (Kr. Luckau) 178
Waltersdorf (Kr. Sömmerda) 326
WALTERSDORF (Kr. Zittau) 563
WALTERSHAUSEN 353
Wandersleben 354
Wandlitz 160
Wangen 282
Wangenheim 354
Wanzer 207
WANZKA 101
WANZLEBEN 217
Warbende 102
Warchau 142
Wardow 88
WAREN 99
Warlitz 77
Warsleben 220
Wartenburg 256
Wartin 163
Warza 354
Wasewitz 433
Wasserleben 233
Wasserthaleben 330
WASUNGEN 374
Wattmannshagen 89
Weberstedt 326
Wechmar 354
WECHSELBURG 485
Wedendorf 77
WESENSTEIN 544
Wefensleben 220

Weferlingen 216
Wegefahrt 481
WEGELEBEN 227
Wegendorf 157
WEHRSDORF 556
WEIDA 388
WEIDENHAIN 444
Weidensdorf 489
Weigmannsdorf 473
Weilar 372
WEIMAR 312–320
Weira 396
WEISDIN 101
Weißagk 171
Weißandt 261
Weißbach (Kr. Eisenberg) 395
Weißbach (Kr. Schmölln) 457
Weißbach (Kr. Zschopau) 467
Weißbach (Kr. Zwickau) 494
Weißen 406
WEISSENBERG 554
Weißenborn (Kr. Eisenberg) 395
Weißenborn (Kr. Freiberg) 480/81
WEISSENBORN-LÜDERODE 332
WEISSENFELS 287
WEISSENSEE 324
WEISSIG 525
WEISSWASSER 170
Weistropp 536/37
Weitendorf (Kr. Güstrow) 88
Weitendorf (Kr. Rostock) 47
Weitendorf (Kr. Wismar) 55
Weitersroda 382
Weixdorf 524
Welbsleben 264
Welle 204
Wellerswalde 441
Welsleben 222
Weltzin 98
WENDELSTEIN 281
Wendishain 438
Wenigenlupnitz 349
Wentdorf 84
WERBEN 206
Werbig 147
WERDAU 488

Werder (Kr. Jüterbog) 147
Werder (Kr. Potsdam) 125
Werle 80
WERMSDORF 439
WERNBURG 394
WERNIGERODE 229–231
Wernikow 136
Wernsdorf (Kr. Glauchau) 489
Wernsdorf (Kr. Greiz) 416
Wernshausen 370
WESENBERG 101
Weßnig 445
Westenbrügge 50
Westerburg 229
Westeregeln 222
Westerhausen 271
Wettelswalde 457
WETTIN 242
Wetzenow 109
Wiedemar 448
WIEDERAU (Kr. Borna) 449
WIEDERAU (Kr. Rochlitz) 486
WIEDERSBERG 500
Wiek 64
Wiendorf 88
Wienrode 233
Wiepersdorf 146
Wiepke 213
WIESENBURG (Kr. Belzig) 143
Wiesenburg (Kr. Zwickau) 493
Wiesenfeld 335
Wildau 178
Wildbach 497
Wildberg 98
Wildenau 181
Wildenbruch 125
Wildenfels 493
Wildenhain 447
WILDPARK 124
Wildprechtroda 372
WILHELMSTHAL 347
Wilkendorf 157
Willmersdorf 160
WILLRODA 311
WILSDRUFF 537
Wilsickow 109
WILSNACK, BAD 83

Wilthen 556
WIMMELBURG 277
Windehausen 331
WINDISCHLEUBA 453
Winkel 275
WINTERFELD 213
Winterstein 354
Wipfra 358
Wippach 282
Wipperdorf-Mitteldorf 331
Wippra 264
WISMAR 51–54
Wittbriezen 125
WITTENBERG, LUTHER-
  STADT 252–255
WITTENBERGE 83
WITTENBURG 77
Wittenhagen 102
Witterda 312
Wittgendorf 564
Wittgensdorf 466
WITTICHENAU 171
WITTSTOCK 133
Woddow 109
Wöbbelin 79
WÖLKAU 446
Wörbzig 260
WÖRLITZ 249
Woffleben 331
Wohla 559
Wohlbach 501
Wohlmirstedt 282
Wohlsdorf 260
Wolde 98
WOLDEGK 107
WOLFERSDORF (Kr. Stadtroda) 393
Wolfersdorf (Kr. Greiz) 416
Wolferstedt 275
Wolfmannshausen 377
Wolfshagen 83
Wolftitz 456
WOLGAST 68
WOLKENBURG 487
WOLKENSTEIN 466
Wolkramshausen 331
Wolkwitz 98

Wollenrade 207
Wollin 109
WOLMIRSTEDT 215
Wolsier 142
Wolteritz 448
Woltersdorf 163
Wolterslage 207
Woosten 83
WORBIS 332
Wormsdorf 220
WREDENHAGEN 100
Wriezen 160
Wüllersleben 358
WÜNSCHENDORF-
 VEITSBERG 389
WÜNSCHENDORF-
 MILDENFURTH 389
Würdenhain 181
Würschnitz 527
Wüstenbrand 489
Wulfersdorf 136
Wulferstedt 220
Wulkenzin 95
Wurschen 556
WURZEN 431
Wust 198
WUSTERHAUSEN 135
Wusterhausen 69
Wustermark-Dyrotz 128
Wusterwitz 142
Wustrau 133
Wuthenow 133
Wutike 136
Wyhra 449

Z
Zaasch 448
ZABELTITZ 525
Zachow 102/03
ZAHNA 255
Zahren 102
Zahrensdorf 77
Zapkendorf 88
ZARRENTIN 77
Zaschendorf 89
Zechlin Dorf 133

Zechlin Flecken 133
Zeddenick 195
Zedtlitz 449
ZEHDENICK 128
Zehna 89
Zehren 536
Zehren-Schieritz 536
Zeigerheim 406
Zeilfeld 382
ZEITHAIN 526
ZEITZ 289
ZELLA (Kr. Bad Salzungen) 371
Zella (Kr. Mühlhausen) 341
ZELLA-MEHLIS 362
Zerben 198
ZERBST 194
Zerrenthin 109
Zethau 473
Zettemin 99
Zettlitz 487
Zeuchfeld 282
ZEULENRODA 413
Zichow 163
Zichtau 213
Zickhusen 75
ZICKRA 414
Zieckau 177
ZIEGELHEIM 454
ZIEGENHALS 148
ZIEGENRÜCK 412
Ziegra 438
Zieko 252
ZIESAR 142
Ziethen 109
ZILLBACH 369
Zilly 229
Zinna 445
Zirkow 64
Zirzow 95
Zislow 102
ZITTAU 559–562
Zittow 75
ZODEL 570
Zöblitz 473
ZÖRBIG 243
Zöschau 441
Zorbau 290

ZOSSEN 147
Zschaitz 438
Zscheiplitz 282
Zschepplin 447
Zscherben 243
Zschernitz 448
Zschocken 494
ZSCHOPAU 466
Zschorlau 497
Zschortau 448
Zuchau 222
Zuckelhausen 431
Zudar 64
Zühr 77
Zürchau 457

Züsedom 102
Zützen (Kr. Angermünde) 163
Zützen (Kr. Luckau) 177
Zug 480
Zurow 55
Zweedorf 77
Zweimen 297
Zweimen-Dölkau 297
Zwenkau 430
Zwethau 445
ZWICKAU 489–493
Zwiedorf 98
Zwochau 448
ZWÖNITZ 495

Reisenotizen

Reisenotizen

Reisenotizen

Reisenotizen

Reisenotizen

Reisenotizen

Reisenotizen
___

Reisenotizen

Reisenotizen

Reisenotizen

Reisenotizen

Reisenotizen

Reisenotizen